贞丰县志

ZHEN FENG XIAN ZHI

(1991—2010)

贞丰县史志征集编纂委员会　编

方志出版社
Publishing House of Local Records

贞丰县史志征集编纂委员会

名誉主任　张玉龙

主　　任　郑梦英

副 主 任　陈　磊　李正渊　马　莉　杜一平　陈克鑫

委　　员　冉福江　赵　彬　吴德安　黄廷彩　黄　龙　徐　鹤
　　　　　陈良红　葛　翀　徐丽江　王　赟　唐仲嵘　程　尧
　　　　　罗明俊　梁　松　黄　飞　王建良

任过贞丰县史志征集委员会成员名录

（2002 年 9 月至 2019 年 3 月）

名誉主任　贺登祥　李　杰　陈湘飏

主　　任　秦昌政

副 主 任　陈学农　李正全　张　茂　段　棚　欧荣安　杨丽敏
　　　　　陈兴林　冉隆斌　冯　勇　王才丽　蒙立胜　潘吉友
　　　　　田　涛　陈　啸　邓安贵　田丽敏　徐正祥　韦昌荣

委　　员　王　勇　韦　莽　梁　峰　杨　羽　赵立彪　王克华
　　　　　王光云　陈　勇　王元志　韦保明　胡顺军　岑绚国
　　　　　李端铭　商必飞　肖　兵　罗　勇　王义文　商必彪
　　　　　仵忠恆　梁正国　黄　林　唐仲嵘　叶　莉　闵全能
　　　　　余忠彬　吴　明　余　甫　欧荣泽　王忠仕　黄正国
　　　　　杨芝云　王　崇　王建敏　刘洪奎　王贞黔　龚德勇
　　　　　冯　云　曾祥伟　韦保铁　罗金伦

《贞丰县志（1991—2010）》编辑顾问

顾　　问　李正全　王明华　卢盛芳　余光黔　余忠华　潘吉华
　　　　　冯华弟　张丕基　王文信　马文华　杜相礼　韦正律
　　　　　梁正国　向仕学　余祯祥　李辽黔　黄朝用　刘定斌

《贞丰县志（1991—2010）》编辑部

（2003年5月—2012年3月）

主　　编　李端铭
副 主 编　李大文
编　　辑　邵灵珑　刘　萍　胡　超　吴定生
　　　　　韦修华　倪红松　罗金伦

（2012年3月—2017年12月）

主　　编　黄　飞
副 主 编　刘德仁　李大文
编　　辑　冯华弟（特邀）　王文信（特邀）　吴定生
　　　　　韦修华　李大文　胡　超　罗金伦　李　晶
打　　字　黄海燕　李　荣
校　　改　张丕基　梁正国　向仕学　余祯祥
　　　　　韦正律　黄朝用　李辽黔　刘定斌

《贞丰县志（1991—2010）》保密审查人员

罗信亮　陈建英

《贞丰县志（1991—2010）》初审人员

卢赤坤　田丽敏　韦昌荣　冯华弟　黄　飞　梁　松
罗信亮　汪富强　毛天松　朱明辉　马　烨　刘德仁
向仕学　王文信　李大文　刘定斌　钟代金　胡　超

《贞丰县志（1991—2010）》复审人员

王淑芳　李正江　付元友

《贞丰县志（1991—2010）》终审人员

梁贵钢　钟　莉　陆　震　范同寿　周声浩　车秀琴

领导活动

2005 年 11 月 4 日，中共贵州省委书记钱运录（左一）到贞丰水银洞金矿调研

2004 年 2 月 8 日，贵州省政府省长石秀诗（左一）到贞丰水银洞金矿考察调研

2006 年 8 月 12 日，贵州省政府代省长林树森（右一）考察调研贞丰水银洞金矿

2003 年 9 月 3 日，贵州省人大常委会副主任龚贤永（中）在贞丰县视察

2008 年 5 月 29 日，贵州省委副书记王富玉（中）在贞丰考察石漠化治理

2008 年 10 月 10 日，贵州省政府副省长谢庆生（左一）视察贞丰山地运动会筹备工作

城乡面貌

2003 年，县城金丰大道

2005 年，县城塔山大道夜景

2006 年建成的珉山公园大门

2006 年建成的县城桂花街

2006 年建成的县城康筑小区

2007 年，县城金丰路夜景

2008 年，县城一角

2008 年建成的贞丰宾馆

2008 年，县城新区永丰大道

2009 年，县城盛丰大厦夜景

2010 年，县城夜景（供电大楼）

2010 年，县城一角

2010 年，县城永丰大道

2010 年建成的贞丰中学新校园

2010 年，县城老街（中街）

2010 年，县城老街（十字街）

2002 年，者相镇纳孔民族村

平街乡小花江布依寨

自然风光

双乳峰

北盘江峡谷

挽澜坝子

珉谷镇纳山村风光

珉谷镇纳马村田垮组七星田

珉谷镇前一布依寨

者相镇三岔河风景区

白层镇猫坡村古榕树

文化活动

2003 年，贞丰“六月六”布依族风情节会场一角

2008 年，贞丰“六月六”布依风情节长号迎宾

2009 年，贞丰“六月六”布依风情节演出会场之一

“六月六”风情节，布依族八音队演出布依八音坐唱

2010 年“六月六”风情节，平街乡辣子地自然村苗族芦笙舞

2009 年，贞丰苗族“二月二”走亲节

2010 年，贞丰苗族“二月二”走亲节会场

2010 年，贞丰苗族“二月二”走亲节圆桌宴

2007 年，贞丰县布依学会成立

2010 年，贞丰县苗学会成立

2006 年 12 月 27 日，《小说选刊》贞丰创作基地揭牌仪式在三岔河举行

民族风情

布依族群众在珉谷镇必克村对唱山歌

珉谷镇必克村布依人家

珉谷镇小商品市场，布依族绣花鞋制作

珉谷镇赶场天，“套线簾”交易

珉谷镇赶场天，“纱线”和“竹筘”交易

珉谷镇岩鱼村布依族婚礼·接亲路上

沙坪乡布依族男女勒尤合奏

沙坪乡布依族妇女吹奏木叶

“六月六”，珉谷镇必克村布依族杀鸡祭田

“三月三”，珉谷镇岩鱼村布依族草龙舞

珉谷镇苗族人家

苗族“二月二”舞台表演及游行活动

苗族送彩蛋

苗族包粽子

苗族接新娘进门

苗族板凳舞

平街乡辣子地自然村苗族女子参加“六月六”风情节表演

民族工艺

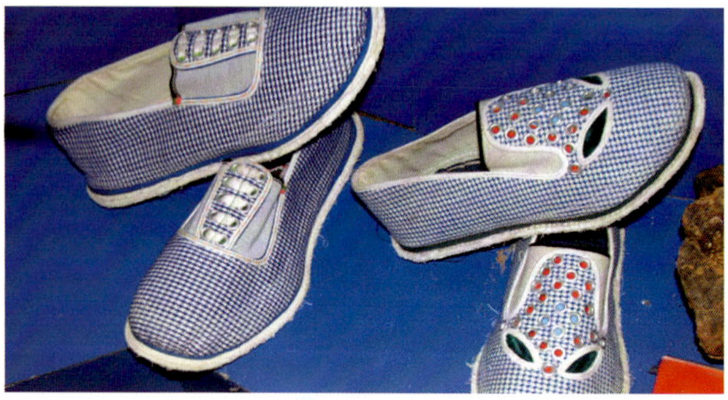

1	2
3	4
5	6
7	

1. 布依族女式绣花布鞋
2. 布依族男式布鞋
3. 布依族女式绣花布鞋
4. 布依族古服饰
5. 鲁贡镇布依族服饰
6. 沙坪乡布依族服饰
7. 珉谷镇布依族服饰

苗族纺织花布

苗族编花带

苗族搓蚕丝线

苗族绞棉线

苗族中年男子服饰

苗族中老年妇女服饰

苗族青年妇女服饰

苗族中青年妇女服饰

苗族少女服饰

苗族儿童服饰

苗族儿童帽

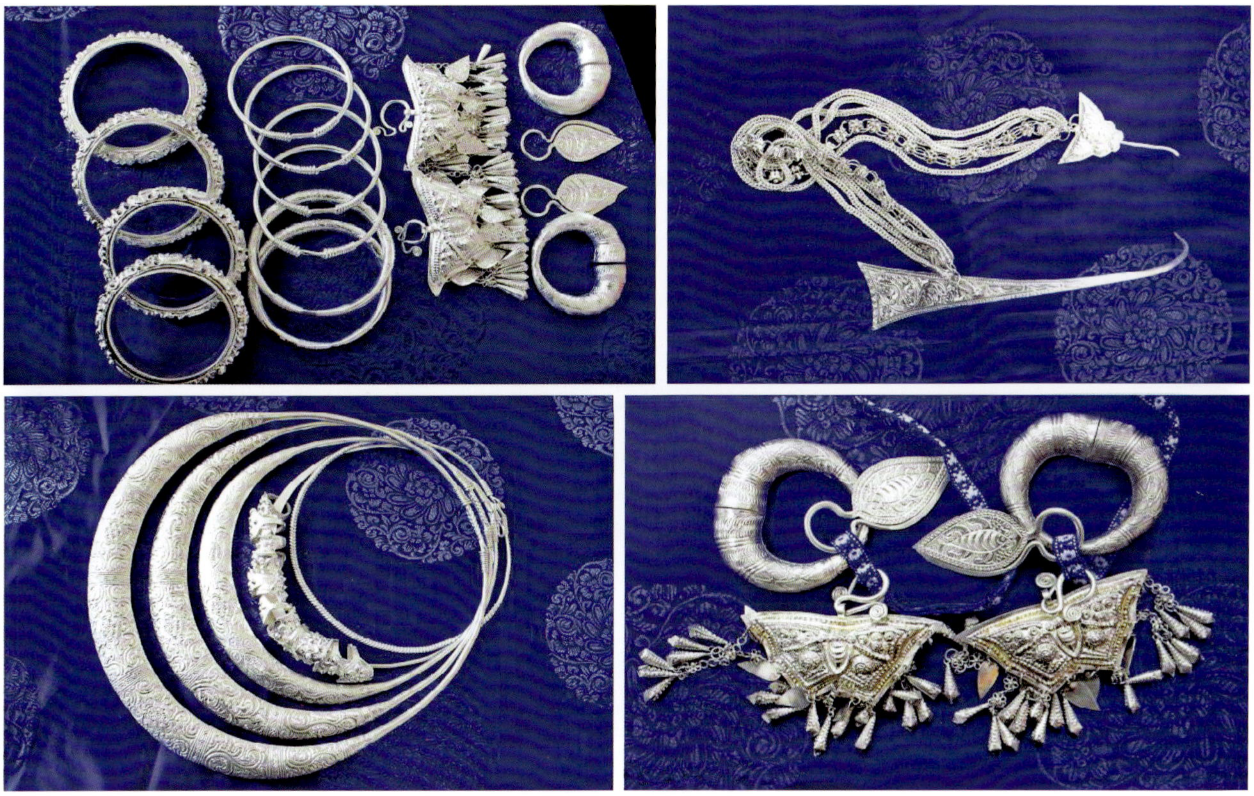

苗族银首饰

珉谷镇、者相镇苗族妇女服饰

珉谷镇、者相镇苗族妇女服饰

平街乡辣子地苗族妇女服饰

汉族、布依族、苗族通用祭祀雕花龙烛

布依族吊丧用纸花伞

历史文化

2009 年修复的县城文昌宫

国家级非物质文化遗产（古法造纸）

古城文化街

省级非物质文化遗产（手工靛染）

国家级非物质文化遗产（勒尤齐奏）

位于沙坪乡石柱村境内的大红岩壁画

大红岩壁画之梅花鹿图形

大红岩壁画之狩猎图形

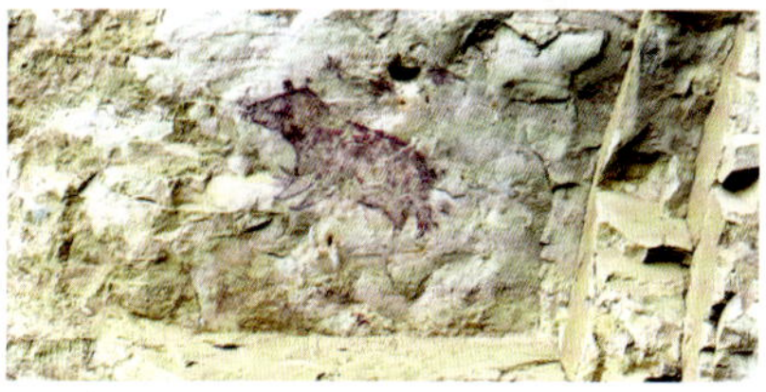

大红岩壁画之走兽（猪）图形

大红岩壁画之男女舞蹈图形

大红岩壁画之凤凰舞图形

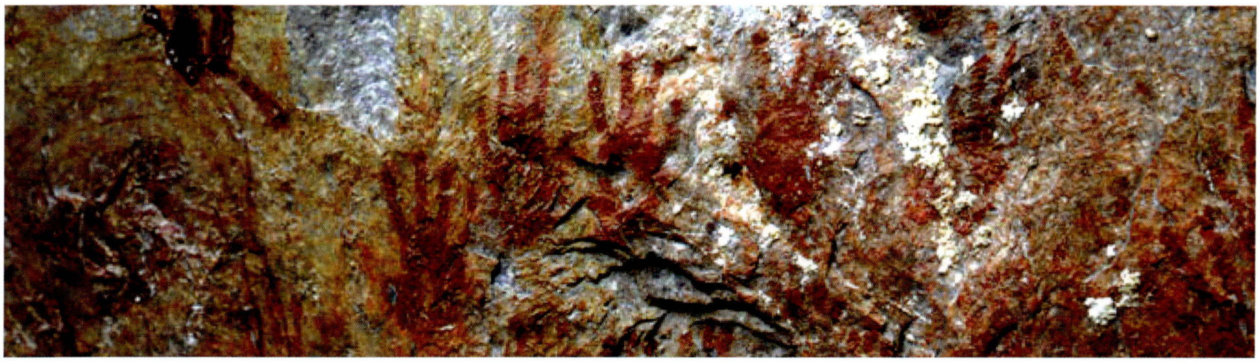

大红岩壁画之手印图形

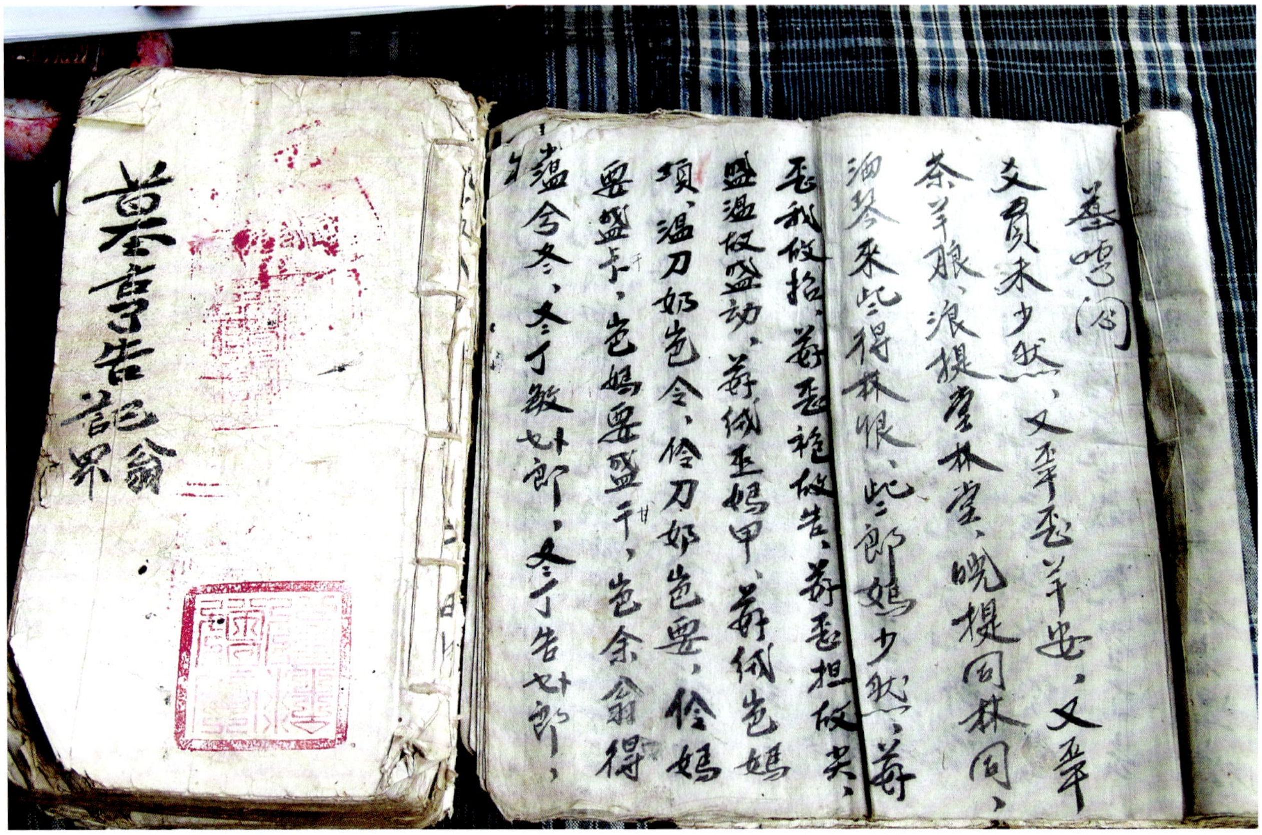

州级非物质文化遗产（北盘江镇岜浩村手抄布依族摩经）

位于平街乡境内，花江铁索桥南岸的摩崖石刻群

龙场镇对门山村布依族铜鼓十二调，被列入国家级非物质文化遗产名录

布依族铜鼓十二调表演现场

特色食品

贞丰糯米饭

贞丰月饼

贞丰皮蛋

贞丰豆豉

贞丰糕粑

贞丰粽子

贞丰布依族五色糯米饭和糍粑制作现场

贞丰特色糕点盒

农 业

白层镇甘蔗林

2010 年，鲁容乡孔明村火龙果种植基地一角

珉谷镇项肖村西瓜地一角

连环乡砂仁

2008 年，北盘江镇顶罈花椒基地一角

2009 年，珉谷镇坪上村金银花基地采摘现场

白层镇四月李采摘现场

珉谷镇鹅田村黄花梨基地一角

连环乡桃园

连环乡生姜地劳动现场

鲁贡镇早番茄采摘现场

长田乡烤烟辨烟现场

小屯乡薏仁米地

挽澜乡水稻田坝

小屯乡永和畜禽科技发展中心养鸡场

2000 年，者相镇养鹅场一角

鲁贡镇下江黑猪

者相镇高龙草场肉牛放养场一角

珉谷镇大碑茶场

珉谷镇竹林堡油菜地

工 业

2009 年，挽澜乡环旦煤矿

2005 年开工建设，位于沙坪乡的锦丰公司贞丰烂泥沟金矿

2010 年，位于小屯乡的紫金公司贞丰水银洞金矿

贞丰县黄金产品

2005 年动工，2010 年竣工发电的贞丰董菁水电站大坝

位于连环乡的大田河水电站

基础设施

1993 年 1 月 7 日，黔西南州副州长杨昌文（右四）到白坟水库指导工作

1997 年建成的白层大桥

2003 年竣工通车的关兴公路北盘江大桥

2003 年竣工通车的关兴公路银洞湾隧道

2003 年竣工通车的关兴公路

2008 年建设通航的贞丰百层港

2008 年建成蓄水的水车田水库大坝

水车田水库一角

2010 年，水车田水库引水渠建设工地

2010 年，农业技术人员检查水窖

2010 年，抗旱救灾捐款仪式在贞丰宾馆举行

2010 年特大旱灾，顶罈花椒种植基地受灾情况一角

2010 年，成都军区装甲旅某连赴贞丰抗旱救灾

2010 年特大旱灾，中铁十九局项目部送水到沙坪乡者丫村

2010 年特大旱灾，贞丰县苗学会送救灾物资到白层猫坡村

精神文明建设

党员干部到白层镇红军长征过贞丰纪念碑前接受革命传统教育

2008 年，实施电视“村村通”工程

2009 年，文明生育示范村（街道、社区）颁奖现场

贞丰县城赶场天，有关部门上街进行法制宣传

2008 年，工作人员进农家安装“村村通”设备

2007 年 8 月 15 日，贞丰县第二轮修志工作动员大会

2008 年 1 月 16 日，贞丰县第二轮修志业务培训会

2016 年 10 月 26 日，贞丰县第二轮县志初审会议在县纪委三楼会议室召开

2017 年 1 月 5 日，贞丰县第二轮县志终审会议在省方志办召开

贞丰县部分荣誉

国家级非物质文化遗产
铜鼓十二调
中华人民共和国国务院公布
中华人民共和国文化部颁发
2006年6月

国家级非物质文化遗产
皮纸制作技艺
中华人民共和国国务院公布
中华人民共和国文化部颁发
2006年6月

国家级非物质文化遗产
布依族勒尤
中华人民共和国国务院公布
中华人民共和国文化部颁发
2008年6月

授予：贵州省贞丰县
Zhenfeng county of Guizhou province
Is Awarded the Honorable Title of
中国金县
Gold County of China
中国黄金协会
China Gold Association
二零零九年十一月
November, 2009

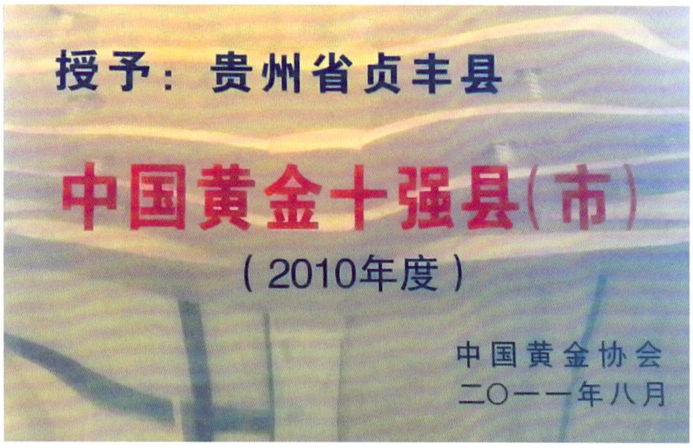
授予：贵州省贞丰县
中国黄金十强县(市)
(2010年度)
中国黄金协会
二〇一一年八月

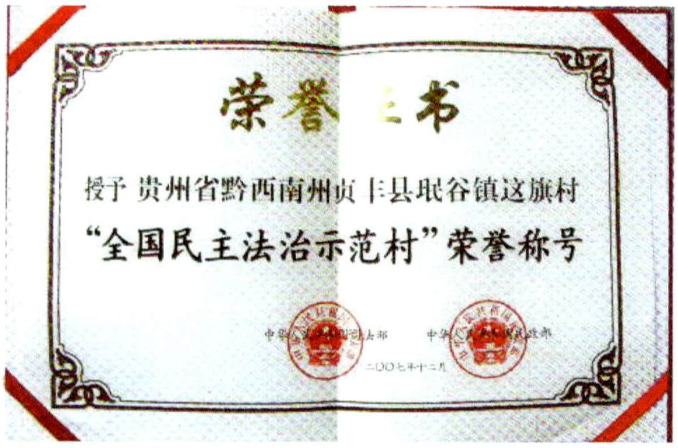
荣誉 书
授予 贵州省黔西南州贞丰县珉谷镇这旗村
“全国民主法治示范村”荣誉称号

序 一

县之有志，犹国之有史。古人云：“治天下者，以史为鉴；治郡国者，以志为鉴”。编修地方志书是中华民族优良传统，我们党和政府历来重视地方志编修工作。《贞丰县志（1991—2010）》历经十多载，在八十多个部门，八十多名编写人员广征博采，搜集各种资料两百多万字的基础上，经县志办全体人员严格考证，精心编纂而成。

1991 年至 2010 年，县委、县政府以经济建设为中心，坚持四项基本原则，坚定不移地走改革开放之路，抢抓西部大开发机遇，加快发展，深化改革，同心同德，励精图治，农业连年丰收，工业持续增长，交通运输日新月异，市场繁荣，购销两旺，旅游迅速发展，文教科技蒸蒸日上，人民生活不断改善。《贞丰县志（1991—2010）》，运用辩证唯物主义和历史唯物主义的立场、观点、方法，取前人修志之精华，弃旧志之弊端，分门别类，客观地记述了贞丰县 1991 年至 2010 年二十年的历史沿革、自然地理、政治、军事、经济、社会、风俗、人物等方面的历史和现状，使人们前有所稽，后有所鉴。

《贞丰县志（1991—2010）》对贞丰从自然到社会、从历史到现状、从经济基础到上层建筑，都作了详尽的记述，浸透了编纂者的心血。县志的出版，体现了贞丰县历史文化工作又取得了新的成绩，它将为促进贞丰县历史文化、民族文化资源优势转化成为经济优势发挥积极作用。

我在贞丰工作时间不长，县情了解不深，寥寥数言，不能尽意，勉为志序，以待后人。

中共贞丰县委书记　张玉龙

2020 年 7 月

序　二

《贞丰县志（1991—2010）》是全面系统地记述本行政区域自然、政治、经济、文化的资料性文献，是传承历史，肯定功绩，充分展示成果，反映贞丰县经济社会发展状况的书籍。编纂县志是社会主义精神文明建设和文化工作的重要内容之一，是促进经济社会发展的需要。

本县志较全面地记载1991年至2010年，全县人民在中共贞丰县委领导下所取得的辉煌成就；反映我县产业结构、城乡面貌、教育事业、群众生产生活条件等方面发生的巨大变化。黄金、煤炭、水电工业经济成为全县的经济支柱。2010年，全县黄金总产量7589.3千克、原煤开采量201.7万吨、发电量318579万度，工业总产值占全县总产值58.77%；建成县城菜园商贸区、南环路、塔山大道、永丰路等新城区和者相、龙场、北盘江小城镇以及纳孔民族旅游村寨；基本普及九年义务教育和基本扫除青壮文盲工作通过国家验收；实现村村通公路、通电、通电话（视）。该志书展示贞丰二十年改革开放、招商引资取得的丰硕成果。资料丰富，内容全面，是贞丰县一部有参考价值的历史文献，它将为人们认识贞丰，建设贞丰，振兴贞丰发挥作用，它将有助于人们在工作中从实际出发，扬长避短，兴利除弊，发挥优势，继往开来。

1991年至2010年，我县在社会主义商品经济和市场经济建设中积累了丰富经验。县志认真总结各方面的经验、教训。这是一笔宝贵财富，也是一面镜子，不仅给我们提供借鉴，而且给我们以智慧。

我县各级党委、政府和广大干部，正肩负着全面深化改革，全面从严治党，全面建设小康社会，全面依法行政的社会历史重任，应多读历史书，了解过去二十年我县在改革开放，建设社会主义商品经济和社会主义市场经济建设中的成功经验、教训，才能把握现在，展望未来，才能在工作中减少和避免失误，促进全县经济社会健康发展。

贞丰县人民政府县长　郑梦英

2016年9月

凡 例

一、本志以马克思列宁主义、毛泽东思想、邓小平理论、“三个代表”重要思想、科学发展观、习近平新时代中国特色社会主义思想为指导，坚持辩证唯物主义和历史唯物主义的观点与方法，客观、全面、系统地记述1991—2010年贞丰县自然、经济、政治文化和社会的历史与现状，充分发挥地方志存史、资政、教化的作用，激发人民群众建设家乡的热情。

二、本志为《贞丰县志》（1994版）续志，坚持存真求实、详近略远的原则，按照志书的体例和有关要求进行编纂，力求做到思想性、科学性和资料性的有机统一。

三、本志上限原则上自1991年1月1日，下限至2010年12月31日。为衔接前志，部分事类据事上溯或下延。

四、本志行文一律用现代汉语文体，名称一般用全称，但如文字过多过长，在第一次出现时注明已经流行的简称，其后则用简称。数字书写，习惯用语中数字，用汉字表示；统计性、绝对数字和年份、百分比等一律用阿拉伯数字。

五、统计数据以县统计局核定的数字为准，统计局没有的，则由有关部门审核后提供。地名使用以地名行政管理部门明确的为准。计量一律使用公制。大事记按大事发生的时间顺序，采用编年体记述。

六、人物部分设传略、简介、名录三个层次。按照通例，生不立传。立传人物，以对社会有较好影响的已故本籍人物为主，兼收对本县有重大贡献的已故外籍人士，如革命烈士、革命干部、社会贤达和能工巧匠等。排列顺序，以入传者逝世的时间先后为序；人物简介，以出生时间先后为序。本籍在县内外担任过正县、处（军队副团）级以上职务至离退休，或外籍人士在贞丰县担任过正县级职务并在贞丰离退休，以及省部级以上劳模、获高级称职以上等，均视其在世与否、职级和社会影响分别入传、简介、名录三个层次。

七、本志部分篇、章设无题小序，对本篇、章内容做简要介绍，或叙述某些特殊的难以归属的综合性资料。

八、本志所用资料主要来源于档案、统计部门和有关单位的文献资料，也采用一些实物和口述资料。

九、本志采用公元纪年，中华人民共和国成立以前的年份按历史纪年书写，括注公元年号；“解放”指“1949年12月19日”以后。

目 录

第二篇 人口 民族 宗教

第三篇　政党　群众团体

第四篇　政权　政协

第五篇 政法 军事

第六篇　基础设施

第七篇 经济综合管理

第八篇　工业　乡镇企业

第九篇　农　业

第十篇　商贸流通

第十一篇　财税　金融

第十二篇 人事劳动和社会保障

第十三篇 教育 科技

第十四篇　文化　体育

第十五篇　旅　游

第十六篇　医疗卫生

第十七篇 民 政

第十八篇　社会生活

人　物

概 述

一

贞丰县位于贵州省黔西南布依族苗族自治州东部，地处北纬 25° 7′ ~ 25° 44′，东经 105° 25′ ~ 105° 56′ 之间。距省府所在地贵阳约 187 千米，距州府所在地兴义约 100 千米。贞丰县东隔北盘江、清水江与镇宁、望谟两县相望，南跨大田河与册亨县相邻，西隔龙山山脉与兴仁、安龙两县接壤，北与关岭县以北盘江水相隔，国土面积 1511 平方千米。2010 年，第六次全国人口普查，全县总人口 41 万人，其中少数民族占总人口 48.3%，布依族占总人口 40%，苗族占总人口 7%。县人民政府驻珉谷镇，县城海拔 1040 米。县境内气候大部分时间受亚热带季风性湿润气候影响，东南部冬无严寒、西北部基本夏无酷暑，常年平均气温 16.78 摄氏度，年降雨量在 1000~1400 毫米之间，无霜期 260~340 天。1992 年，县城总面积 2 平方千米；2010 年，县城总面积 6 平方千米。

贞丰县地秦为夜郎属地，汉分属牂牁、同亭两郡，晋属夜郎郡，南北朝属东爨，唐属明州，后属罗殿国，宋属泗城羁縻州，元属罗那州，隶金竹府。明县境北盘江以东部分属泗城州，其余部分县地属安隆长官司。清顺治十八年（1661）升泗城州为府，康熙五年（1666），于泗城府地置西隆州，县地东南部隶西隆州，其余部分仍隶泗城府。雍正五年（1727）八月，划西隆州的罗烦、册亨等四甲半，泗城的长坝、罗斛等共十六甲，设永丰州，州治长坝，隶南笼府，于册亨设州同，分理册亨、罗烦诸甲，于罗斛设州判，分理罗斛、桑郎诸甲。雍正七年（1729），州治移珉球（今贞丰县城）。乾隆七年（1742），筑城墙，城中居民七百五十余户。乾隆十四年（1749），罗斛州判划地改隶贵阳府定番州（今惠水县）。嘉庆二年（1797）九月，改永丰州为贞丰州。民国 2 年（1913），改贞丰州为贞丰县，改册亨州同为册亨县，同属贵西道。民国 12 年（1923）废道，贞丰县直隶省。民国 24 年（1935），贞丰县属贵州省第三行政督察区（专员公署设在兴仁），民国 29 年（1940），划清水江和北盘江以东境地设望谟县，其余部分仍属贞丰县地域。

1949 年中华人民共和国成立至 1952 年，贞丰县隶属兴仁专署；1952 年撤销兴仁专署，建立兴义专区，贞丰县隶属兴义专区；1956年撤销兴义专区，贞丰县划归黔南布依族苗族自治州；1958年，撤销贞丰县并入兴仁县，划归安顺专区；1961年恢复贞丰县，仍隶属安顺专区；1963年，贞丰县划归黔南布依族苗族自治州，由安顺专区代管；1965年恢复兴义专区，贞丰划归兴义专区；1966年，国务院批准成立贞丰布依族苗族自治县；1981年9月21日，撤销兴义专区，设立黔西南布依族苗族自治州；1982年5月1日，召开建立黔西南布依族苗族自治州大会，同时撤销贞丰布依族苗族自治县，恢复贞丰县，隶属黔西南布依族苗族自治州。

二

贞丰县历史悠久。1993年，贵州省考古研究所考古队到贞丰白层、者相、龙场、鲁容、鲁贡等乡镇，发现66件夜郎时期文物。2006年10月至2007年1月，贵州省考古研究所又到贞丰，发现白层镇坡扪村，鲁容乡洒若、孔明、孔索、坝油等村有磨制石器；平街乡小花江村附近马马崖石壁上，有墨画“七马图”和石刻文字群；沙坪乡石柱村南面2千米处一座高180米、宽400米的岩石上，有用红色颜料（疑为朱砂）绘制猪、牛、鹿、蛇、狗、孔雀、男女集体劳作、手印等图像的巨幅岩画。据有关专家初步判断，岩画可能产生于一万年以前。三国时，蜀汉武侯诸葛亮南征，汉兴亭侯李恢率大军从关岭西进至者相，在名叫大地头处建营地，筑土城墙，操练兵马。清朝初年传入贞丰窑上的古陶制作工艺，传入贞丰小屯一带的土法造纸工艺等还在传承。

贞丰有“小贵阳”之称。中华人民共和国成立之前，陆上交通不如水上交通方便，大量货物多数从水路运输，清朝嘉庆24年（1819），贞丰县白层渡口辟为官渡，是北盘江上的一个重要码头，为贵州通往桂粤的水上门户，被称为“黔桂锁钥”。当时广东、广西的“洋油”“洋纱”“洋布”等生活必用品，通过船只运到白层渡口，再经人挑马驮运往安顺、贵阳等黔中地区。黔中黔北等地油桐、生姜、辣椒等土特产品运到贞丰白层渡口，再用船运往广西和广东。当时的白层渡口，每天都有上百只船在江面上来来往往，络绎不绝，穿梭不息。白层曾是繁荣一时的商品集散地，很多贵阳客商常宿住贞丰县城，日久天长，贵阳人的生活习惯、衣着服饰、说话口音等，对贞丰人影响很大。贵阳流行的服饰贞丰也很快流行，贵阳有“黔剧团”，贞丰也成立“黔剧团”，连县城街名也与贵阳相同，如“大西门”“油榨街”“大南门”等。尤其贵阳人口音对贞丰人的潜移默化很明显，贞丰人的口音与贵阳人的口音相近，加之县城商贸云集经济繁荣；因此，贞丰有“小贵阳”之称。

贞丰山川秀丽。县城北面约13千米处有天下奇峰“双乳峰”，有玲珑别致的“竹林堡”石林；者相镇西南面约1千米处有集静、雅、奇、秀为一体的国家级水利风景区三岔河；北盘江镇境内有雄奇险峻的北盘江大峡谷；县境西部有天然生物基因库龙头大山自然保护区等。自然景观得天独厚。

贞丰民族风情浓郁。贞丰县是少数民族聚居之地，有布依族、苗族、回族、仡佬族、黎族、瑶族等10多种少数民族，其中布依族和苗族人数较多，占全县总人口47%以上。布依族遍及全县13个乡镇，苗族主要居住在珉谷、龙场、者相、挽澜、连环等乡镇。岩鱼、必克、小花江、郎所、鲁贡、沙坪、白层、鲁容等布依族村寨，还保持着古朴的生活习俗和丰富多彩的民族风情。布依八音、布依铜鼓十二则、山歌古歌、浪哨浪冒、舞蹈、舞龙舞狮等布依族民间文艺体育活动经久不衰。其中布依花灯、布依铜鼓十二则、布依族勒尤、布依族“三月三”、布依族服饰被列入国家级非物质文化遗产保护名录；布依族“三月三”“六月六”风情节声名远播。苗族板凳舞、敬酒歌、打花脸等风俗和“二月二”走亲节风情浓郁，别具一格。

贞丰县是革命老区。在这块土地上涌现出不少忧国忧民的仁人志士。咸丰5年（1855），在太平天国革命的影响下，鲁容乡里逢寨布依族韦阿清组织“百灵教”，利用“百灵教”大造舆论，在清水江、北盘江沿岸宣传反清思想，招贤纳士，组织练武，准备攻打县城。光绪24年（1898），时任白层河厘金总办吴家瑞，在贞丰县城文昌宫创办“仁学会”，宣传维新变法思想。受维新变法先进思想的影响，光绪29年（1903）11月，彭显臣、钟振玉等参加革命团体“贵州自治学社”成为骨干。同年12月，胡刚、付良弼回贞丰，组建“贵州自治学社贞丰分社”，对推动贵州的社会变革产生了极大的影响。民国2年（1913），孙中山发动讨袁运动，自治学社彭显臣、孔广钧等10余人积极参加孙中山组织的革命活动，在广州遇害，为新民主主义革命献出了宝贵的生命。民国19年（1930），红八军一纵队到蔗香休整，曾到现今的珉谷、连环、白层、鲁容、沙坪等乡镇辖区内开展革命活动。民国24年（1935）4月，毛泽东、朱德率领中央红军长征经过贞丰，开展革命宣传活动、打富济贫，有一连红军留下，在鲁贡镇洛艾建立苏维埃红色政权和革命游击队，播下了革命火种。在红军长征过贞丰宣传革命真理的影响下，抗日战争时期，沙坪乡洛六布依寨韦子安、韦安周，在中共黔桂边委卡法连队的帮助下成立抗日义勇军，开展抗日救亡活动，后被国民党顽固派杀害。民国32年（1943），王凯、钱正兴、范纯武、袁必学等，在中共安顺地下党安排下，组织成百上千农民武装攻打县城，赶走县长，反抗国民党统治；事后遭到国民党贞丰县政府当局残酷镇压，王凯、范纯武被害。范纯武被害之前撰有“三六奔波风尘中，刀光剑影斗雌雄。陈胜吴广今又在，血染征衣山河红”诗句，表现了革命的英雄主义。中华人民共和国成立前夕，杨天擎、龙裕信在中共入黔人民解放委员会的领导下，建立盘北游击队第八支队，开展革命活动，迎接贞丰解放。贞丰具有光荣的革命历史。1998年6月17日，中共贵州省委、贵州省人民政府将贞丰列为革命老区县。

三

贞丰是中国产金大县之一。县境内矿产资源较丰富，已勘探发现有金、锑、镁、铁、煤、大理石、冰洲石等。黄金矿遍及大部分乡镇，远景储量500吨以上。仅烂泥沟金矿储量就达100吨以上，属国家特大型金矿。2000年，通过招商引资，由澳大利亚澳华黄金有限公司与中方合资组建锦丰矿业有限公司，2006年开始产出黄金，2010年产黄金5.7吨。水银洞金矿储量50吨以上，2001年，引进福建紫金矿业公司成立贵州紫金矿业有限公司开采，2003年7月投产，当年产黄金562千克，2010年产黄金1.85吨。据勘探发现背斜金矿储量50吨以上。鲁容乡卡务村，白层镇那郎村等地也有金矿。2010年，全县黄金产量7589.3千克，成为中国产金大县之一。2009年11月，贞丰县在中国黄金高层论坛暨“中国金县”授牌大会上，获得“中国金县”匾牌，2010年列为中国黄金十强县。

贞丰县煤矿资源丰富。龙场镇、挽澜乡的龙头大山一带，煤矿理论储量1.72亿吨以上。1990年后，招商引资对煤矿进行开发，原煤开采量逐年上升。2010年，开采原煤2010.77万吨。

贞丰水能资源较丰富，是北盘江流域水电基地。境内北盘江、大田河两条较大河流，落差大，水能丰富，可开发利用建水电站的潜力大。2005年，引进贵州黔源电力集团投资开发水能，在北盘江贞丰境内建设装机容量88万千瓦的董箐电站，2009年12月发电。2003年，招商组建贵州省大田河水电开发有限公司开发利用大田河水能，建设落生电站和大地电站，总装机容量10万千瓦，2006年发电。此外，北盘江马马崖河段水能达80多万千瓦，可开发利用建设水电站，全县水能年发电量可达318579万千瓦时。

贞丰是中国花椒之乡。贞丰土地肥沃，物产甚多。主要出产稻谷、玉米、小麦、油菜、花生、黄豆、甘蔗、砂仁、茶叶、药材和各种水果。1991年后，县政府实施十万亩花椒、十万亩甘蔗、十万亩砂仁、十万亩经果林项目，调整农业产业结构，促进农民增收。花椒、甘蔗、砂仁、经果林种植面积逐年增加，初具规模。尤其是北盘江镇低海拔的顶罈喀斯特地区实施花椒项目，取得很大的经济效益、生态效益和社会效益，水土流失、石漠化得到有效控制，当地农民因种花椒而脱贫致富，被人们认为不适宜人居住的地方，今当地群众却过上幸福生活。1999年4月7日，国务院副总理温家宝到贞丰县顶罈花椒基地考察调研，对在石山坡上种花椒的举措给予赞扬。贞丰县在顶罈片区喀斯特地貌区种植花椒，治理水土流失和石漠化、增加群众经济收入的效果明显，被上级总结为“顶罈模式”进行宣传和推广。

四

贞丰交通条件逐渐完善。全县村村通公路，乡乡通油路。贞丰至关岭、贞丰至安龙公路等级多次提升改造，关岭至兴仁高等级公路从县境经过。贞丰到兴义高速公路约有100千米，贞丰至贵阳高速公路约有187千米。北盘江水运已经通航，贞丰县白层港是贵州省通江达海的重要港口之一，从北盘江水路可到达广州。贵阳经贞丰至兴义的铁路建设正在规划，“十三五”期间计划有铁路经过。贞丰已形成水、陆并存的交通运输格局，交通日益便捷。

贞丰产业结构逐步优化。1991 年至 2010 年，贞丰县坚持改革开放，与时俱进，以经济建设为中心，抢抓西部大开发机遇，开拓创新，调整产业结构，把经济工作重点转向工业，实施工业富县和城镇化带动战略，招商引资开发利用矿产资源和水能资源，加快城镇建设，推广科技兴农，发展甘蔗、花椒、砂仁、烤烟、经果林等农特产业。加快社会主义商品经济和市场经济建设，促进了全县政治、经济和各项事业的发展。

政治体制改革稳步推进。根据上级关于政治体制改革的精神，结合贞丰实际，县委、县政府加强民主政治和法治建设，实行党政分开、政企分开、机构改革和人事制度改革，实施公务员制度，发挥人大常委会和人民政协的法律监督与民主监督职能作用，促进政府依法行政，司法机关依法办案，确保全县发展稳定大局。1991 年，开展撤区并乡建镇工作，将原来的 6 个区、1 个区级镇、34 个乡撤并，组建 6 个镇 7 个乡。2007 年，进行村级整合，将全县 280 个行政村整合为 156 个行政村。1994 年，进行了一次县级机构改革，县委工作部门由 13 个调整为 5 个，县政府工作部门由 53 个调整为 33 个，群众团体由 9 个调整为 7 个。2004 年，进行县乡机构改革，县委工作部门由 5 个调整为 8 个，县政府工作部门由 33 个调整为 25 个，群众团体调整为 8 个，乡镇党政工作部门各设置 4 个。2010 年，县政府进行机构改革，将 25 个工作部门调整为 23 个。

经济体制改革不断深化。1995 年，在全县农村开展第二轮土地承包工作，深化和稳定农业生产责任制。耕地承包期延长 50 年，非耕地承包期延长 60 年。2002 年，对荒山和小型水利设施管理使用权实行承包、租赁，实行农村税费改革，取消屠宰税、乡统筹费、教育费附加、农民义务工、村集体提留费。2004 年，除征收烟叶税外，取消农业特产税。2006 年，全面取消农业税。1996 年，开展企业产权制度改革，实行政企分开，转换企业经营管理机制，推行企业自主经营管理和整合重组。1998 年，对企业进行清产核资，采取产权转让、租赁、股份制、破产等形式，对企业进行体制改革。

工业持续稳定发展。2000 年之前，工业发展缓慢，2000 年，工业总产值 14216 万元，为全县工农业总产值的 25%。2000 年后，县委、县政府提出工业强县战略，把经济工作重心转移到工业上来，招商引资、引进技术开发矿产资源和水能资源，建设烂泥沟金矿厂、水银洞金矿厂，整合煤厂，修建董箐水电站、大田河梯级水电站。工业成为全县经济支柱。2010 年，全县黄金总产量 7589.3 千克，开采原煤 210.7 万吨，发电量 318579 万千瓦时，工业总产值 438304 万元，工业总产值为工农业总产值 81.6%。

城乡建设步伐加快。1991 年至 2010 年，贞丰县争取上级项目资金和招商引资，加强城乡建设。建设县城富民路、菜园商贸区、黄金大道、建设路、塔山大道、内环路，使县城面积扩大了两倍；实施者相、龙场、北盘江、长田、挽澜小城镇建设项目，建设者相镇纳孔村、龙场镇定塘村、平街乡小花江村。城乡面貌焕然一新。

教育、科技、卫生、文化事业健康发展。1991 年至 2010 年，贞丰教育工作取得较大成绩，2002 年，实施了基本普及九年义务教育和基本扫除青壮文盲的“两基”工程，教育基础设施不断完善。2007 年，“两基”工程经省政府验收为合格县。2009 年，通过国家验收为合格县。2010年全县有幼儿园23所，小学151所，初中15所，高中1所，职业中学1所，有教师3400人，在园幼儿2933人，在校小学生54886人、初中生21717人、高中生3329人、职业中学生442人，当年高考总分达到二本录取分数线的有312人。2010年，全县有各类专业技术人员4630人，其中高级技术人员98人、中级技术人员1166人、初级技术人员3366人。

科技人才队伍不断壮大。2010年，全县有公立卫生医疗机构36个，其中县属卫生医疗机构5个、乡镇卫生机构31个，公职医疗卫生人员444人，病床800张。全面实施新型农村合作医疗制度，卫生医疗条件日益完善。1991年至2010年，举办10次“三岔河之秋”笔会，邀请省内外著名作家、贞丰籍在外地工作的文艺工作者参加笔会，培训乡土文艺人才，创作文学作品宣传和推介贞丰，编辑出版《金都艺苑》《圣地贞丰》《布依金城贞丰》散文集。2003年创办《北盘江》文艺刊物，丰富群众文化生活，为文学创作爱好者提供平台。文艺创作人才不断涌现，许多作品在省内外报刊发表并获奖，产生较好社会影响。

旅游事业蓬勃发展。县境属喀斯特地貌，少数民族集居地，山奇水秀，风景优美，民族风情浓郁，旅游资源丰富。全县100多个景点，景观得天独厚。双乳峰景点为天下奇观，地质极品，举世无双；国家级水利风景区三岔河是休闲、度假、疗养的天堂；北盘江大峡谷雄奇险峻，似人间仙境；竹林堡石林自然天成，巧夺天工；布依族“三月三”祭山节，“六月六”风情节，苗族“二月二”走亲节，别具特色。贞丰旅游资源丰富，冬无严寒，夏无酷暑，气候宜人，空气清新，是天然的大氧吧。节假期间，双乳峰、三岔河、纳孔布依村、北盘江大峡谷游客爆满。因得天独厚的自然条件，全国山地体育运动会在三岔河设分会场和全国露营活动基地。旅游事业日新月异。

综合经济实力逐步提高。2010年，全县工农业总产值537172万元，为1991年48倍，其中农业总产值98868万元，为1991年11倍，工业总产值438304万元，为1991年203倍。1991年，工业总产值为工农业总产值19.4%；2010年，工业总产值为工农业总产值的81.5%；财政总收入70189万元，为1991年82倍，存款余额386843万元，为1991年89倍，贷款余额172414万元，为1991年34.6倍；商品零售总额56478万元，为1991年11.5倍，农民年人均纯收入3332元，为1991年的5.8倍。2010年，社会保障制度逐步建立和完善，人民群众精神文化生活水平明显提高，城镇建设和新农村建设日新月异，工业经济突飞猛进，民营企业层出不穷，城乡面貌焕然一新，全县呈现欣欣向荣的景象。

贞丰有许多资源优势，发展潜力较大，前景美好。全县人民勤劳智慧，精神振奋，正在信心百倍地艰苦奋斗，加快转型，加速发展，让贞丰大地更加丰茂。

大事记

1991 年

1 月 7 日，县政协四届常务委员会召开第一次会议，学习中共十三届七中全会精神；听取和讨论县人民政府通报的《关于贞丰县“八五”规划》方案、实施“星火计划”科技扶贫“一四五”工程情况；县政协秘书长刘应新汇报滇黔两省北盘江流域政协工作协作会议筹备情况。

2 月 20 日，县委、县政府召开全县撤区并乡建镇工作大会，全县撤区并乡建镇工作正式启动。

2 月 27 日，县人大常委会审议通过《贞丰县撤区并乡建镇总体方案》。撤销城关区、龙场区、者相区、牛场区、白层区、鲁贡区及所辖的 36 个乡（镇），将原来的区、乡、镇调整合并。建立珉谷、龙场、兴北、者相、白层、鲁贡 6 个镇和连环、挽澜、小屯、长田、平街、鲁容、沙坪 7 个乡。

3 月 11 日至 18 日，全县撤区并乡建镇后，各乡镇召开第一次党员代表大会和人民代表大会，选举产生乡镇党政领导班子。

3 月，县人大常委会依法作出撤销挽澜乡九届人大二次会议违法选举一名副乡长的决定。

4 月 8 日，政协贞丰县第四届第二次会议在县城召开，会期 4 天。

4 月 9 日，贞丰县第九届人民代表大会第二次会议在县城召开。

4 月 30 日，贞丰县残疾人联合会第一次代表会议在县城召开，副县长谢培德出席会议并讲话。

7 月 30 日，贞丰县突降暴雨，遭遇特大水灾，县城国家粮食仓库部分粮食被洪水淹没，县师范学校两间教室被洪水冲垮，造成 2 人死亡。

10 月 18 日，贞丰县第九届人大常委会第七次会议审议通过《珉谷镇内环路街区建设规划》，珉谷镇内环路街区用地规划 7 万平方米，其中城市道路用地（富民路）9600 平方米、农贸市场 2100 平方米。拆迁农户 22 户 1444.4 平方米，搬迁人口 98 人；拆迁单位 39 个，面积618.4平方米，道路两侧安置个体商户57户，单位12个。

10月30日，县委、县政府向州委呈报《1991年秋季农业自然灾害情况统计报告》。全县农作物总播种30.42万亩，受灾19.3万亩（旱灾4.5万亩，水灾10.8万亩，风雹灾2.5万亩，虫灾1.5万亩），成灾10.3万亩，因灾粮食减产7332吨，死亡5人，甘蔗减产4000吨，烤烟减产96吨，大牲畜死亡56头，民房倒塌342间、损坏627间。受灾人口8.8万人。

12月1日，县委、县政府决定征收矿产资源补偿费，作为矿产资源开发勘察和开发利用科研基金。由县矿管办或乡镇政府征收，按矿产品的销售额或企业产值的一定比例在税前计征。征收标准为：①一般金属矿产品3%；②特种矿产品（如金、银、冰洲石、宝石等）5%~7%；③非金属矿产品（如砂、石、黏土、煤、重晶石、石灰石、陶土等）2%；④自采自用的矿产品（如水泥厂等）按企业内部矿石结算价计征。全民所有制企业按季度征收，乡镇集体和个体采矿按月征收，煤炭和陶土按运载量在出境时交纳。

1992年

1月3日，县深化流通体制改革协调领导小组成立。县长王安会任组长，副县长谢培德任副组长。

1月25日，县委、县政府召开扫盲工作总结表彰会，对37个先进集体和119名先进个人进行表彰。

2月29日，县政府成立县残疾人三项康复工作领导小组，副县长冷清贵任组长，县委常委、宣传部部长余光黔任副组长。

3月18日，全县科技兴农会议在县城召开。县委书记田忠明，县长王安会，副县长谢培德、冷清贵、王典霖出席会议。会上宣布科技兴农奖惩办法。

4月11日，副州长王胜业到贞丰检查工作，县长王安会，副县长王成芳、谢培德陪同检查，并汇报贞丰糖厂、安龙至坝草公路、兴仁至贞丰110千伏输变电线路建设情况。

4月13日，政协贞丰县四届三次会议在县城举行，会期3天。

4月14日，贞丰县人大九届三次会议在县城举行，会期3天。

4月20日，白层大桥桥位踏勘会议在县城召开。出席会议有的省州高级工程师、州交通局局长吴培炎，县长王安会，县委副书记殷明华，副县长王成芳及县交通局领导干部等15人。

5月22日，县委、县政府决定采取动员群众集资的办法修复“文笔塔”，成立“贞丰县修复文笔塔领导小组”，县人大常委会主任余忠华任名誉组长，县政府副县长冷清贵任组长。

7月30日至8月1日，省矿产储量管理局在贵阳召开烂泥沟金矿区磺厂沟矿段中间勘探地质报告审查会，县委书记田忠明，县委副书记、县长王安会参加会议。

1993 年

1 月 8 日，全县经济工作会议在县城召开，县委书记王安会，代县长严世涛，副县长冯云弟、王成芳、谢培德、王典霖、冷清贵、毛继恩出席会议。会议提出：①科技兴农要在全州做到“保二争一”；②计划生育工作在全州要做到“保三争二”；③林业生产要在甩掉“黄牌”，跨入全省造林成绩显著县行列的基础上再上一个新台阶；④蚕桑生产要本着实事求是的原则，以珉谷镇、者相镇、龙场镇等乡镇为重点，积极稳妥地发展；⑤争取全县治安综合治理达标；⑥力争民兵预备役基层连队建设达标；⑦ 1993 年完成各项国民经济指标。

1 月 13 日，中共贞丰县第七次代表大会在县城召开，会期 2 天。

3 月 26 日，政协贞丰县五届一次会议在县城举行，会期 4 天。

3 月 27 日，贞丰县人大十届一次会议在县城举行，会期 4 天。

6 月 15 日，贞丰县军事设施保护委员会成立，县长严世涛任主任，常务副县长冯云弟、县人武部部长武治友、预备役团团长申世贵任副主任。

9 月 15 日，县长严世涛，副县长冷清贵率有关部门负责人到者相召开现场办公会。会议认为：者相镇农贸市场建设领导小组将县级文物保护单位者相观音阁下殿划给县保险公司是违法行为，权属是县政府，粮食部门只有使用权，无处理权。会议责令纠正错误。

10 月 23 日，县城镇建设总结工作会议在县城召开。县长严世涛主持会议，县委书记王安会，县人大常委会主任王天恒，县人大常委会党组副书记谢安勇，县政协副主席黄友群及相关部门负责人出席会议。会议总结内环路小区建设经验和教训，对城镇建设工作进行安排部署。

11 月 4 日，县长严世涛主持召开蚕桑生产贷款使用情况工作会议，处理土产公司和蚕业开发公司有关问题。副县长谢启新，毛继恩参加会议。

1994 年

1 月 4 日，贞丰县普及教育工作领导小组成立，县长严世涛任组长，县委副书记袁兵，县委常委、宣传部部长余光黔，副县长冷清贵任副组长。

2 月 8 日，县农业综合开发扶贫利用世界银行贷款项目领导小组成立，常务副县长冯云弟任组长，县委副书记王立辉、副县长谢启新任副组长。

3 月 24 日，县人大常委会审议通过《县人民政府机构改革方案》。

3 月 28 日至 4 月 3 日，县委、县人大、县政府、县政协领导率有关部门主要领导分赴各乡镇召开现场办公会，重点检查计划生育、春耕备耕、烤烟生产、普教验收工作开展情况。

4月5日，政协贞丰县五届二次会议在县城举行，会期4天。

4月6日，贞丰县人大十届二次会议在县城举行，会期4天。

4月9日，副县长王成芳主持召开贞丰县2000门数字程控电话建设项目会议，成立“贞丰县2000门数字程控电话建设领导小组”，安排相关工作。县长严世涛出席会议。

5月26日，贞丰县整顿医疗秩序领导小组成立，县委副书记王立辉任组长。

9月13日至14日，珉谷镇城市总体规划大纲汇报会在县城举行，县委副书记王大文，县人大常委会主任王天恒，副县长王成芳、刘红，县人大常委会党组副书记谢安勇，县政协党组副书记孙健康及相关部门主要领导出席会议。

11月20日，县委、县政府印发《关于加快个体、私营经济发展的意见》文件。

11月26日，副县长王成芳主持召开调整珉谷镇城市总体规划方案会议。县长严世涛，县人大常委会主任王天恒，县委副书记王立辉，县政协主席皮国民，州建设局局长张自强以及有关部门负责人和技术员出席会议。

1995年

3月31日，政协贞丰县五届三次会议在县城举行，会期4天。

4月1日，贞丰县人大十届三次会议在县城举行，会期4天。

5月23日，贞丰县查禁和取缔非法组织“门徒会”工作领导小组成立，县委副书记余兴权任组长。

7月1日，县国民经济和社会发展“九五”计划和2010年规划编制工作领导小组成立，县长严世涛任组长，常务副县长冯云弟、县委副书记王立辉任副组长。

7月3日，贞丰县布依族“六月六”歌节在三岔河举行。

8月3日，县长严世涛主持召开行业税收征管会议，县委书记安金黎，副县长冷清贵、谢启新、高跃进及有关部门负责人出席会议。会议决定三岔河酒厂的税费由国税局按每500克0.6元综合计征；个体酒坊按每500克0.7元综合计征税费；外销的牛肉干厂暂按每吨600元征收。桐油集团公司要加强对小规模桐油加工企业的管理，并代征税款。

8月9日，县初级卫生保健委员会成立，县长严世涛任主任，县委副书记王大文、副县长冷清贵、县人大常委会副主任池滨泉、县政协副主席黄友群任副主任。

9月13日，县长严世涛主持召开《妥善解决小屯乡部分村组因3个锑冶炼厂烟尘造成环境污染农作物减产导致群众上访的问题》会议，县委副书记张美树，副县长谢启新及有关部门、乡镇负责人出席。

10月6日，贞丰县全民健身指导委员会成立，副县长冷清贵任主任。

12 月 1 日，白层大桥建设工程开工典礼在白层渡口举行。

12 月 4 日，全民健身启动仪式在灯光球场举行。州体委主任解正祥出席启动仪式，并参加环城长跑活动。

12 月 8 日，1995 年至 1996 年榨季蔗农会议在白层糖厂召开，县委副书记王大文，县委常委、宣传部部长余光黔，县人大常委会副主任谢培德，副县长谢启新、高跃进及有关部门、乡镇负责人和蔗农代表出席会议。

1996 年

1 月 15 日，县委、县政府印发《关于进一步发展甘蔗生产的意见》，决定 2000 年全县建成 10 万亩稳产高产甘蔗生产基地，每年新增甘蔗 1 万亩以上，对白层、鲁容、鲁贡、沙坪、珉谷、连环 6 个乡镇的甘蔗种植进行安排，采取清查土地资源、做好规划、合理布局，实行干部抓甘蔗责任制、增加科技含量、加快品种改良、设立甘蔗发展基金等办法发展甘蔗生产。

3 月 25 日，县“两基”领导小组成立。县长严世涛任组长，县委副书记王大文，县委常委、宣传部部长余光黔，县人大常委会副主任池滨泉，县政府副县长冷清贵，县政协副主席黄友群任副组长。

4 月 4 日，县“中国/联合国儿童基金会合作扶助贫困地区初等教育项目”工作领导机构成立，县委书记安金黎任组长，县长严世涛、县人大常委会主任王天恒、县政协主席皮国民任副组长。

4 月 10 日，县委、县政府成立清理领导干部住房问题领导小组，县委副书记王大文任组长。

4 月 15 日，政协贞丰县五届四次会议在县城举行，会期 4 天。

4 月 16 日，贞丰县人大十届四次会议在县城举行，会期 4 天。会议审议通过《贞丰县国民经济和社会发展第九个五年计划》。

4 月 23 日，县委、县政府转发州委、州政府《关于严肃擅自开采黄金原生矿的紧急通知》，要求停止一切生产活动，于 4 月 30 日前无条件撤出矿山。

5 月 9 日，县实施国家公务员制度领导小组成立。县长严世涛任组长，县委副书记王大文、常务副县长冯云弟任副组长。

5 月 10 日，县人口与计划生育暨计划生育三结合领导小组成立。县委书记安金黎任组长，县长严世涛、县委副书记王大文、副县长冷清贵任副组长。

5 月 14 日，全县领导干部会议召开，贯彻落实中央、省、州“严打”工作会议精神，部署全县夏季“严打”斗争行动方案，宣布县委、县政府《关于干部职工参与赌博的处罚决定》，县长严世涛出席会议并讲话。

6月18日，五六九六三部队预备役军官评授军衔工作领导小组成立，县委书记安金黎任组长，五六九六三部队团长向德权、县人武部政委张正全、县委副书记王立辉、常务副县长冯云弟、望谟县常务副县长王建一任副组长。

是日，县国防动员委员会成立。县委书记安金黎任第一主任，县长严世涛任主任，县人武部部长武治友任常务副主任。

7月4日，县政府防汛抗旱指挥部召开紧急会议，县长严世涛主持会议，县委副书记王立辉、副县长谢启新、龙洪达及成员单位负责人出席会议，对防汛抗旱工作进行安排。

8月29日，县委、县政府印发《关于建立县委书记县长接待日制度的通知》，公布县委书记、县长（包括党政副职）接待时间、地点以及联系电话和联系时间。

是日，贞丰县旅游服务中心建设工作会议在县城召开。县委书记安金黎，县委副书记潘兴出席会议。

9月19日，1996年发行100万元福利彩票领导小组成立，副县长谢启新任组长，县委常委、宣传部部长余光黔任副组长。决定于10月26日在县城发行福利彩票。

11月21日，县绿色工程领导小组成立。县委副书记王立辉任组长，县委副书记张凤刚、常务副县长冯云弟、副县长龙洪达任副组长。

12月5日，县国家安全领导小组成立。县委副书记王大文任组长，常务副县长冯云弟任副组长。

1997年

2月26日，县委颁发《中共贞丰县委关于1997年农村基层组织建设工作的安排意见》，开展创建“五个好”（领导班子好、政治思想好、学习好、工作作风好、工作成绩好）乡镇活动。选好支部书记和村委会主任，加强农村党员队伍建设，选拔培养村级后备干部。加强乡镇党委的思想政治建设和作风建设，乡镇“七所八站”（派出所、司法所、财政所、工商所、税务所、运管所、村镇建设管理所7个所；农业技术推广站、林业工作站、兽医工作站、农机工作站、水利工作站、土地管理站、计生服务站、乡镇企业管理站8个站）、乡镇企业党组织建设。确保乡镇村有人办事。

3月10日，政协贞丰县五届五次会议在县城举行，会期4天。

3月11日，贞丰县人大十届五次会议在县城举行，会期4天。

4月15日，县支柱产业和重点工作领导机构成立，下设12个领导小组。县委书记安金黎任县烤烟支柱项目领导小组组长，县委副书记王大文任县黄金支柱项目领导小组组长，县委常委、宣传部部长余光黔任县蔗糖支柱项目领导小组组长，副县长高跃进任县煤炭支柱项目领导小组组长。

4月30日，全长173米的白层大桥竣工通车，鲁容乡主要靠船渡的交通条件得到改善。

7 月 8 日，县长王立辉主持召开处理珉谷镇戈然村 4 家冶炼厂环境污染问题会议，会议决定戈然村附近 4 家冶炼厂停产整顿，做好污染损失赔偿。县委副书记张凤刚、副县长王成芳、高跃进出席会议。

7 月 23 日，县信访工作领导小组成立。县委副书记王大文任组长，副县长谢启新、县人大常委会副主任王定元任副组长。

是日，县劳务输出工作领导小组成立。县委副书记王大文任组长，县委常委、组织部部长秦廷书，副县长谢启新、冷清贵任副组长。

9 月 6 日，县扶贫攻坚项目总体规划领导小组成立。县长王立辉任组长，县委副书记杨庆、副县长谢启新任副组长。

9 月 18 日，县医疗药品市场秩序整顿领导小组成立。县长王立辉任组长，县委副书记王大文、副县长冷清贵任副组长。

12 月 19 日，县委印发《贞丰县乡镇党政群机构编制调整方案》的通知，推进政事、政企职责分开，转变政府职能。

12 月 26 日，县对口扶贫领导小组成立。县长王立辉任组长，县委副书记张凤刚、副县长谢启新、龙洪达任副组长。

1998 年

2 月 12 日，中共贞丰县第八次代表大会在县城举行，会期 2 天。

2 月 13 日，县委、县政府印发《一九九八年工作要点》，提出“151056”工作思路，即“一个中心，五个重点，十件实事，五项工作，六条措施”。“一个中心”是扶贫攻坚；突出“五个重点”（培植黄金、烤烟、蔗糖、畜牧业、煤炭、花椒、辣椒，抓好产业结构调整，加快小城镇建设步伐，大力发展非公经济，推进国有企业改革）；办好“十件实事”（一是实施县城至牛场三岔路三级公路改造，二是完成安坝公路、县城至白层公路改造和新修三河至挽澜公路，三是解决 1.5 万人饮水问题，四是新修 20 个村通村公路，五是力争实现村村通电，六是完成糖厂日榨 750 吨甘蔗技改工程，七是启动义教工程项目，八是改建 8 所乡村学校，完成一中教学楼和牛场中学教学楼建设，九是实施三岔河、竹林堡游路建设，十是加快实施“金都商住城”、富民路的延伸和兴北、者相、龙场的小城镇建设）；“五项工作”（抓好思想文化建设，加强精神文明建设，抓好人口生态建设，强化民主法制建设，加强党的建设）；强化“六条措施”（更新观念，优化环境，转变机关职能，壮大“实业”队伍，加强指导，调整工作方法）。

3 月 3 日，政协贞丰县六届一次会议在县城举行，会期 4 天。

3 月 4 日，贞丰县人大十一届一次会议在县城召开，会期 4 天。

4 月 6 日，县民主评议行风工作领导小组成立。常务副县长谢启新任组长，县委常委、县纪委书记、县政法委书记曾祥刚任副组长。

4月9日，县委、县政府印发《贞丰县1998年度社会治安综合治理“平安工程”创建治安模范县活动实施方案》。

5月4日，贞丰县联合国人口基金生殖健康/计划生育项目领导小组成立。县长王立辉任组长，州计生局副局长吕纪进任副组长，县委常委、宣传部部长李正全为成员。

6月18日，中共贵州省委、省政府批准贞丰县为革命老区县。

7月21日，贞丰县布依族“六月六”歌节领导小组成立。常务副县长谢启新任组长，县委常委、宣传部部长李正全，副县长余陈丽任副组长。

8月6日，贞丰县城至牛场公路改造工程在县城举行开工典礼。

8月8日，县委印发《全县农村基层组织建设三年目标分年度实施计划的通知》。

1999年

2月24日，县委、县政府印发《县属机关和乡镇财政管理体制实施办法》。

2月25日，县委、县政府印发《一九九九年工作要点》：一是打好扶贫攻坚战。二是努力实现财政增收和农民增收。三是突出五个重点（扩大科技兴农提高粮食产量；上一批项目即兴北至县城公路，纳山岗、三岔河水库除险加固，水车田水库，珠防工程，水泥厂扩大，县城电网改造，白层码头建设，改变基础设施面貌；调整产业结构；加快小城镇建设步伐；发展非公有制经济）。四是办好十件实事（即完成兴北至县城公路改造，完成5所学校义教工程，完成县城中心大道及塔山大道主体工程，完成者相沙坡商贸区主要道路基础建设，完成20个村通电建设，完成30个地面卫星接收站建设，解决1.82万人和1.92万头（匹）牲畜的饮水困难；改造贞丰至卡子、汽车站至左旗桥头公路建设）。

3月13日，贞丰县人大十一届二次会议在县城召开，会期4天。

同日，政协贞丰县六届二次会议召开，会期3天。

4月7日，国务院副总理温家宝到贞丰顶罈花椒基地考察。

5月4日，县无规定动物疫病区建设项目领导小组成立。县长王立辉任组长，常务副县长谢启新、副县长冯永光任副组长。

6月30日，县国家生态环境建设重点工程工作领导小组成立。县长王立辉任组长，常务副县长谢启新、副县长冯永光任副组长。

7月26日，县商品粮基地建设领导小组成立。县长王立辉任组长；县委常委、县委办主任欧荣安，副县长冯永光任副组长。

8月17日，县长王立辉主持召开煤炭税费征收项目和标准会议，煤炭征收项目为矿产资源补偿费、煤炭维检费、乡镇企业管理费、环保排污费、水土保持费、增值税、所得税、资源税、城建和教育附加费共9项。征收标准：原煤按每吨14元计税；焦炭按每吨28.8元计税。

8月18日，县环境目标考核领导小组成立。县长王立辉任组长，副县长谢培德任副组长。

2000年

3月3日，县委、县人大、县政府、县政协、县纪委、县法院、县检察院、县公安局8个领导班子，开展为期2个月以“讲学习、讲政治、讲正气”为主要内容的党性党风教育活动启动。

3月5日，县委主持召开“三讲”教育动员大会，县委书记安金黎、省委巡视组组长杨秀清出席会议并讲话。

3月14日，政协贞丰县六届三次会议在县城举行，会期4天。

3月15日，贞丰县人大十一届三次会议在县城举行，会期4天。

5月26日，贞丰县纠风暨民主评议行风工作会议召开。

8月31日，县人大常委会审议通过《贞丰县人大常委会进行司法监督和审议“一府两院”工作报告暂行办法》。

10月19日，贞丰县领导班子“三讲”教育回头看活动情况通报会议在县城召开，县委书记安金黎，县长王立辉，州“三讲”教育回头看活动指导组组长覃登涛出席会议并讲话。

12月26日，贞丰至牛场公路改造工程举行竣工典礼大会，省、州有关部门领导及县委书记安金黎、县长王立辉出席会议。

12月30日，关岭至兴仁高等级公路建设项目在龙场镇举行开工典礼。

2001年

3月2日，中共贞丰县委八届三次全委扩大会议召开，县委书记安金黎作《统揽全局，突出重点，抢抓机遇，扎实工作，为全面推进兴贞富民宏伟事业再上台阶而努力》的报告，县长王立辉作《抢抓机遇，狠抓落实，确保“十五”计划开好局起好步》。

3月16日，龙头大山发生火灾，县政府组织全县百名干部赴龙头大山灭火。火灾面积约200亩。

同日，政协贞丰县六届四次会议在县城举行，会期4天。

3月17日，贞丰县人大十一届四次会议在县城举行，会期4天。

4月25日，县“严打”整治工作领导小组成立。县委书记安金黎任组长。

6月4日，全县“百日剿毒大会战”动员大会召开。县委常委、政法委书记曾祥刚出席会议并讲话。

8 月 19 日，贞丰三岔河生态科技示范园建设现场办公会在三岔河召开。州委书记许正维，省计委主任赵家兴，州委常委、县委书记安金黎出席会议。会议决定：建设养殖业示范项目、种植业示范项目、沼气节能示范项目、基础设施建设项目，逐步将其建成全州农业科普教育培训基地。

8 月 22 日，国家大型商品粮黔西南州优质玉米基地建设工作会议在三岔河召开。州委书记许正维，省计委领导，省农业厅领导，常务副州长王胜业，副州长张定书、杜泽忠、王宏宇、万大志、张守恩及本州各县（市）领导出席会议。

8 月 28 日，贞丰至安龙公路改造工程开工典礼在珉谷镇中坝村钟家地举行。州委书记许正维，州委常委安金黎，副州长李月成，县委书记贺登祥，代县长张国华，县人大常委会主任余光黔，县政协主席王天恒及安龙县委书记王立辉，州政府副秘书长贺明森出席开工典礼。

9 月 13 日，全县行政机关推行政务公开工作会议召开。

11 月 12 日，县委、县政府组织县机关和珉谷镇机关干部及群众近千人到鹅田村，建设千亩黄花梨基地和千亩示范草场。

11 月 20 日，州委常委、组织部部长钟德普到鹅田村调研，将鹅田村定为“三个代表”学教联系点。县委常委、州扶贫工作队队长方俊任指导组组长。

12 月 24 日，全县县级党政机关作风教育整顿工作会议召开，县委书记贺登祥出席并讲话。

12 月 28 日，县人大常委会审议通过《在县城区内限制燃放烟花爆竹的规定》。

12 月 29 日，县委、县政府印发《贞丰县县级党政机构改革实施意见》和《贞丰县乡镇机构改革方案》。

2002 年

1 月 8 日，全州农田水利基本建设现场会在贞丰县召开。会议要求各县（市、区）要切实加强领导，鼓足干劲，集中力量投入农田水利基本建设；着力解决施工中存在的突出问题，抓紧把资金落实到位。

1 月 29 日，县委、县政府全体会议召开。会议提出“六四五工程”。“六”指：①做大特色农业（甘蔗、草地畜牧业、烤烟）；②做大城镇（建设珉山公园、天然广场、这阳河道、金都商住区、电影院市场、黄金大道、客车北站、水厂）；③做大两金（煤、金）；④做大电力（鲁贡电站、高滩电站）；⑤做大建材（水泥、页岩砖厂、大理石厂）；⑥做大旅游业。“四”指：①水车田水库建设；②三岔河生态园建设；③退耕还林还草工程；④ 2000 口沼气池建设。“五”指：①加强党对各项工作的领导；②创造良好的经济和社会环境，处理好改革与发展的关系；③加强科教兴县工作，确保普九目标实现；④加强人口与资源环境和扶贫工作，有效实施可持续发展战略；⑤加强宣传开放带动工作。

3月17日，政协贞丰县六届五次会议在县城举行，会期4天。

3月18日，贞丰县人大十一届五次会议在县城举行，会期4天。

7月1日，贵州省人民政府批准兴北镇更名为北盘江镇。

8月31日，省委书记钱运录，省委常委、省委秘书长庹文升和省有关厅局领导在州委书记许正维、州长黄康生陪同下，到贞丰县考察。省委书记钱运录对贞丰县基础设施建设作出指示：一是县人民会场的建设，由省计委解决50万元，省财政厅解决30万元。二是县公安局办公大楼建设资金可以向省政法委申请。三是中学教学楼建设的资金有两个渠道：由省财政协调50万元；从省扶贫办的扶贫信贷资金争取250万元，要给省扶贫办报项目。四是由省财政厅解决50万元资金用于糖厂技改；旧城改造要走资产置换的路子，要抓住机遇，搞好结构调整，千方百计增加农民收入。

9月9日，县委召开常委扩大会。会议听取县计生局局长唐鹏程、挽澜乡党委书记王义文就挽澜乡大坪组、水麻庆组的计划生育工作情况汇报；县教育局局长王光云的“两基”工作汇报；县民族宗教事务局局长黄飞的宗教工作汇报。会议就以上三项工作作出安排部署。

同日，县委、县政府对教育战线128名优秀教师、48名优秀班主任、33名优秀教育工作者进行表彰。

9月11日，县委、县政府组成联合调查组，深入全县13个乡镇水稻产区进行灾情调查，将调查结果向上级汇报和向全县通报。

9月17日至18日，州委常委、州政府副州长李月成，州政府副秘书长王林到贞丰县检查贞册、贞安公路建设进展情况。

9月19日，州政协主席王敬祥率州交通局，对关岭至兴仁公路贞丰段施工、北盘江大桥建设、三岔河生态农业示范园建设情况进行调研。

同日，县委、县政府召开全县农村税费改革实施动员会，安排农村税费改革工作。

11月18日，县政府召开新建贞丰中学有关问题的专题会议，就贞丰中学的建设工作进行研究。

11月30日，州委常委、统战部部长安金黎，州政府副州长曾庆忠深入贞丰县白层镇、鲁贡镇，就龙滩电站移民工作进行调研。

2003年

1月3日，县委扩大会议召开，研究旧城改造拆迁方案。

1月9日，县政府召开专题会议，研究双乳峰景区规划。

1月20日，中国共产党贞丰县第八届第五次全体会议召开。会议讨论决定中国共产党贞丰县第九次代表大会召开时间、议程以及中国共产党贞丰县八届委员会工作报告、中国共产党贞丰县八届纪律检查委员会工作报告。

1月21日至24日，中国共产党贞丰县第九次代表大会召开，州委常委、组织部部长到会指导。会议选举产生新一届县委常委、书记、副书记和县纪委常委、书记、副书记。贺登祥当选为县委书记，陈学农当选为县委副书记；罗元香当选为县纪委书记，韦昌荣、张永平、龚修明当选为副书记。

2月12日，县委书记贺登祥检查鲁贡镇、珉谷镇种草养畜工作。指出要因地制宜，发展皇竹草种植。

2月14日，县政府召开县长办公会议，研究“贞丰三立中学”征地建校有关事宜。

2月17日，政协贞丰县七届一次会议在县城举行，会期4天。

2月18日至21日，贞丰县第十二届人民代表大会第一次会议召开。会议选举产生县十二届人大常委会主任、副主任、委员；县人民政府县长、副县长，县人民法院院长，县人民检察院检察长。余光黔当选县人大常委会主任，付华芬、罗福魁、杨昌贵、韦礼尧、黄桂荣当选为副主任。欧荣安、刘瑞、王丽蓉、毛仕诚、黄德武等当选为副县长。同时选举县人民法院院长和县人民检察院检察长，陈喜扩当选为县人民检察院检察长。

2月23日，州委书记许正维、副州长杜泽忠一行，在县委书记贺登祥陪同下，对贞丰珉谷镇七星湖小流域治理工程、北盘江流域贞丰境内梯级电站建设进行调研。

3月7日，州委书记许正维、副书记田忠明，州政府巡视员吴柳年到贞丰县鲁贡电站、烂泥沟金矿考察。

3月10日，州委书记许正维、副书记田忠明率全州县（市）党政主要领导及分管农业副县长到珉谷、者相镇参观种草养畜、玉米肥球育苗移栽。县委书记贺登祥等县领导陪同。

3月21日，县委、县政府印发《关于做好二○○三年农业和农村工作的意见》。

4月17日，县人大常委会制定《贞丰县人大常委会议事规则》。

4月23日，县委、县政府召开“贞丰县非典型肺炎防治工作紧急会议”。贯彻落实全州非典型肺炎防治工作紧急会议精神，通报全县非典型肺炎防治工作情况，安排全县非典型肺炎防治工作。

5月1日至3日，贵州省高级人民法院党组书记、院长张春林到贞丰县，对审判法庭建设工作进行调研，州委常委、统战部部长安金黎和县领导贺登祥、余光黔陪同。

5月7日，县委召开常委扩大会。县委书记贺登祥主持。各乡镇党委书记、乡镇长、县直有关部门负责人列席会议。会议听取副县长王丽蓉关于全县“非典”防治工作情况报告，部署“非典”防治工作和农业农村工作。

5月15日，县委、县政府召开全县防治“非典”和经济工作紧急会议。会议传达贯彻州防治“非典”和经济工作会议精神，部署全县“非典”防治工作和经济工作。

5月23日，县委、县政府召开全县改善投资环境工作会议。各部门正股级以上干部参加会议。

6月16日，县委书记贺登祥到者相高龙示范草场调研时强调：示范草场建设要切实转变传统种植、养殖观念，要抓住主要环节进行科学规划，科学种、养，提高科技含量，增加经济效益。

8月8日，州委书记许正维到连环、平街等乡镇调研。许正维强调：贞丰砂仁产业必须加大种植力度，尽快将砂仁种植面积扩大。许正维到平街乡考察马马岩电站进站公路建设情况时强调，平街乡要依托马马岩电站建设，调整产业结构，发展经济。

8月28日，中国·贞丰布依族风情节活动在三岔河举行。

9月3日，省人大常委会副主任龚贤永到贞丰视察，州人大常委会主任龙刚、县人大常委会主任余光黔陪同。

9月4日，县人大常委会审议通过《禁止在城区燃用烟煤的规定》。

10月30日，县委、县政府召开“两基”迎检动员会。县机关副股级以上干部，乡镇党委书记、乡镇长、分管教育领导、教辅站站长参加会议。

11月1日，县政府召开黄金开发专题会议。就鲁容乡卡务金矿一带开展黄金地质勘探进行研究。

11月20日，中共贞丰县委九届二次全体扩大会议在县城召开。会议讨论通过县委、县政府《关于加快工业经济发展的决定》《关于抓工作落实的有关规定》两个重要文件。

12月28日，关岭至兴仁高等级公路竣工通车仪式在北盘江镇北盘江大桥举行。

2004年

1月31日，县委、县政府召开全县经济工作会议。总结2003年全县深化改革、工农业生产等经济工作情况；安排2004年经济工作，提出了科技兴农、产业结构调整、工业生产的奋斗目标。

2月8日，省政府省长石秀诗、省政府秘书长王远海，带领省交通厅、省财政厅、省计委、省农业厅、省农办负责人到水银洞金矿调研，州委书记许正维、州长班程农，县委书记贺登祥陪同。

2月11日，政协贞丰县七届二次会议在县城举行，会期4天。

2月12日，贞丰县人大十二届二次会议在县城举行，会期4天。

2月25日上午，县委召开常委会议。决定成立协调解决水银洞金矿群众阻工事件指挥部，是日晚，指挥部成员赴水银洞金矿开展工作。

3月12日，县委书记贺登祥主持召开县委常委扩大会议，研究“大牛圈”工程实施方案。

3月30日，州委书记许正维，州委常委、副州长侯卫东考察马马岩、董箐电站进站公路建设情况。

3月31日，由北盘江开发公司主持，省电力设计部门专家、省直有关部门负责人、黔西南州、安顺市及两州（市）有关县领导参加北盘江流域马马岩、董箐电站建设座谈会在三岔河望湖宾馆召开。州委书记许正维，州委常委、副州长侯卫东，县委书记贺登祥，县政协主席王明华，副县长黄德武和安顺市政府、镇宁县政府、关岭县政府主要领导出席会议。

4月10日至11日，全州财源建设研讨会在三岔河召开。州委书记许正维，州长班程农，州委、州政府副州级以上干部，全州八县（市）委书记、县（市）长出席会议。

5月12日，省黔源公司董事长陈实到马马岩调研。州委书记许正维，县委书记贺登祥陪同。

是日下午，贺登祥出席在安龙县乔马草场召开的电站建设汇报会。

5月16日，全国人大常务委员会副委员长许嘉璐到贞丰顶罈花椒基地视察。

5月27日，省地方志办公室主任彭钢、副主任罗再麟、州史志办副主任康惠、余波到贞丰检查工作。

6月17日，县委召开常委扩大会议。研究三岔河生态园土地权属纠纷问题和水银洞金矿二期征地有关问题。会议由县委书记贺登祥主持。

6月30日，县人大常委会审议批准《贞丰县农村独生子女户和二女绝育夫妇社会养老保障管理办法》和《贞丰县殡葬管理暂行办法》。

9月2日，州委副书记田忠明到贞丰县检查“大牛圈”工程。州畜牧局局长毛继恩、县领导贺登祥、陈学农、柴邦丽陪同。

是日，副州长曾庆忠在州政府主持召开烂泥沟金矿建设用地专题会议，县委常委、副县长邵银生及锦丰公司总经理约翰·埃尔森作工作汇报。

12月11日，全省民族村保护建设工作现场会在三岔河召开。省建设厅、省旅游局及有关县领导参加。副省长吴嘉甫出席并讲话。

12月17日，国家发改委石漠化问题调研组王心怀一行到贞丰县调研。省计委主任刘远坤、州委书记许正维、州委副书记田忠明、副州长杜泽忠、县委书记贺登祥陪同。

12月27日，州委书记许正维、副州长杜泽忠率州直有关部门负责人到贞丰三岔河参加贞丰县七星海子小流域综合治理方案审查会。

2005年

1月21日，县政府召开会议，安排烂泥沟金矿开工事宜。

1月24日，全县保持共产党员先进性教育活动会议召开，州委督导组组长李刚、县领导出席。

3月11日，政协贞丰县七届三次会议在县城举行，会期4天。

3月12日，贞丰县人大十二届三次会议在县城举行，会期4天。

4 月 11 日，省委常委、省军区政委、少将蒋崇安到贞丰县检查武装工作，州委常委、兴义军分区政委王万杰，县委书记贺登祥陪同。

5 月 20 日，省委副书记王富玉到贞丰县调研。州长班程农，州政协主席王胜业，州委常委、宣传部部长谢凤莲，县委书记贺登祥陪同。

6 月 6 日，贵州锦丰矿业有限公司烂泥沟金矿开工典礼在沙坪乡烂泥沟举行，黔西南州委书记许正维，州人大常委会主任龙刚，副州长付贵林、曾庆忠，中国黄金总公司开发部经理王佐成，贵州省国土资源厅副厅长麻少玉，澳大利亚澳华黄金有限公司首席执行官杰克·科林、锦丰公司总经理约翰·埃尔森，贞丰县委、县人大、县政府、县政协领导出席。

7 月 11 日，中国·贞丰“六月六”布依族风情节在三岔河举行，省委副书记王富玉，州委书记许正维、州长班程农、州人大常委会主任龙刚出席。

是日，县布依学会筹备组和县民宗局，在必克大寨立全省第二块、全州第一块布依族溯源碑。

8 月 25 日，县委、县政府召开白（层）龙（场）公路建设、珉山公园开发和旧城改造设计方案研讨会。

8 月 26 日，县委、县政府召开紧急会议，就处理大田河电站建设移民阻工事件进行安排部署。

8 月 31 日，县委、县政府召开全县“大牛圈”建设工作会议。

9 月 6 日至 7 日，州委巡回检查组组长王殿宗一行，到贞丰县检查第二批保持共产党员先进性教育活动进展情况，县委副书记陈学农陪同。

9 月 8 日，省委常委、公安厅厅长刘光磊，副厅长张宜华、林连华到贞丰县公安局调研，州长班程农、州人大常委会主任龙刚、州公安局政委李世奎、贞丰县长陪同。

10 月 20 日至 23 日，贞丰县第九届“三岔河之秋”笔会隆重举行，州长班程农，州委常委、宣传部部长谢凤莲，县委、县人大、县政府、县政协领导出席。

10 月 24 日，州委副书记田忠明到挽澜乡、平街乡检查“大牛圈”建设情况，县委书记贺登祥陪同。

11 月 4 日，省委书记钱运录到贞丰调研，州委书记许正维、州长班程农，县委书记贺登祥陪同。

是日，省委副书记孙淦到贞丰县检查农业农村工作及石漠化治理情况，州委副书记、州纪委书记朱玉，县委副书记陈学农等领导陪同。

11 月 7 日，县委召开常委扩大会议，通报省委书记钱运录视察贞丰县的指示精神；传达州委中心学习组学习会议精神；听取县政府有关工作及评选、推荐文明单位工作情况汇报；审议康筑二期规划设计方案。县委、县人大、县政府、县政协领导出席。

11 月 22 日，县委召开常委扩大会议。会议听取并讨论城市建设、贞丰中学建设、氰化钠厂建设、新型农村合作医疗项目实施；县直部门第三批保持共产党员先进性教育活动；扶贫和建设社会主义新农村工作。县委、县人大、县政府、县政协领导出席。

2006 年

2 月 8 日，省委书记石宗源到贞丰水银洞金矿调研。州委书记许正维，县委书记贺登祥陪同。

2 月 20 日，政协贞丰县七届四次会议在县城举行，会期 4 天。

2 月 21 日，贞丰县人大十二届四次会议在县城举行，会期 4 天。

2 月 22 日，县委、县政府表彰人口计生工作先进单位和个人。

5 月 20 日，贞丰布依族铜鼓十二则、小屯古法造纸被国家公布为首批国家级非物质文化遗产。

8 月 12 日，贵州省政府省长林树森到贞丰水银洞金矿考察调研。

8 月 16 日，县委、县政府印发通知，重申乡科级以上领导干部不准驾公车的规定。

10 月 20 日，县委、县政府在红军长征抢渡北盘江的白层渡口，隆重举行“白层古渡红军纪念碑”揭幕仪式。州委书记许正维出席揭幕仪式并为纪念碑揭幕，老红军代表、中央电视台大型电视节目《我的长征》摄制组、有关部门负责人、各界群众代表参加揭幕仪式。

10 月 22 日，中国人民解放军第二炮兵部队援建的平街乡小花江村“八一”希望小学落成。

是日，河南省军区援建的鲁贡镇洛艾村“八一”爱民学校落成。

11 月 13 日，外交部赴黔西南考察团，到三岔河、双乳峰、纳孔布依村寨等地考察。

11 月 15 日，董箐电站实现大江截流。

12 月 16 日，政协贞丰县八届一次会议在县城召开，会期 3 天。会议听取县政协工作报告和提案工作报告，选举县政协八届委员会。

12 月 17 日，贞丰县十三届人大一次会议在县委礼堂召开。会议由县人大常委会主任余光黔主持，大会代表 184 人，出席代表 182 人。会议议程：听取和审议贞丰县人民政府工作报告；审议贞丰县 2006 年元月至 11 月国民经济和社会发展计划执行情况（草案）报告；审议贞丰县 2006 年元月至 11 月财政预算执行情况（草案）报告；听取和审议贞丰县人大常委会工作报告；听取和审议贞丰县人民法院工作报告；听取和审议贞丰县人民检察院工作报告；选举县人大常委会主任、副主任，县人民政府县长、副县长，县人民法院院长，县人民检察院检察长。

12 月 27 日至 29 日，贞丰县第十届“三岔河之秋笔会”在三岔河望湖宾馆隆重举行，知名作家陈建功、杜卫东、范小青，黔西南州委副书记廖飞、贞丰县县级领导和相关部门领导、省州文艺爱好者参加笔会。

12 月 27 日，小屯水银洞金矿尾库发生溃坝，县委、县政府组织部分机关干部和民兵应急分队投入抢险救灾。

12 月 29 日下午，县委在县委礼堂召开中国共产党贞丰县第十次代表大会。会议应出席代表 125 名，实到代表 119 名。会议选举 39 名出席中共黔西南州第五次代表大会代表。

2007 年

1 月 11 日，县委、县政府在县委礼堂召开全县经济工作会议。总结贞丰县 2006 年经济工作，提出 2007 年经济工作奋斗目标：完成生产总值 16.8 亿元，与 2006 年相比增长 23.6%；财政总收入 2.18 亿元以上，同比增长 20%以上，地方财政收入 1.08 亿元以上，同比增长 13%以上；城镇居民人均可支配收入 6780 元，同比增长 10%；农民人均纯收入达 2070 元，同比增长 7.7%；粮食总产量 11.98 万吨，同比增长 1.5%。

3 月 3 日，州委书记陈敏，州委副书记、州长陈鸣明及州相关部门领导和贞丰县委、县人大、县政府、县政协领导参加贞丰至望谟公路贞丰段改建工程开工仪式。

是日，州委书记陈敏，州委副书记、州长陈鸣明在贞丰调研时强调：新农村建设要狠抓基础产业，突出特色农业，发展乡村旅游业，促进全州新农村试点村建设扎实推进。

3 月 18 日，贵州锦丰公司烂泥沟金矿生产出第一块黄金。

6 月 6 日，全国人大常委会副委员长许嘉璐，出席在黔西南州召开的“国家林业局、贵州省人民政府省级林业联系点第七次会议”时，专程到贞丰县顶罈花椒基地和珉谷镇牛坪村金银花基地考察。

6 月 8 日，印度共产党全国执委会委员、全印农协秘书长阿图·卡·安坚等一行 10 人到贞丰县，就贞丰的农业项目和农村建设进行考察。

6 月 27 日，贞丰县首届布依族古歌大赛在县委礼堂举行。

7 月 2 日，省委原副书记、省纪委书记曹洪兴等一行到贞丰考察旅游资源，建议各级党委政府，相关部门要保护好双乳峰这一独特的自然景观。州委书记陈敏、州长陈鸣明、州委副书记廖飞，贞丰县委书记、县长陪同调研。

7 月 16 日，贞丰县布依学会成立，潘吉华当选为会长，向往、黄正国为常务副会长，黄飞、蒙立胜等为副会长。

8 月 23 日至 25 日，县委、县政府组织对全县“两基”、复查“普实”验收工作进行自查评估。

8 月 25 日，州委书记陈敏在贞丰县双乳峰参加“聚焦金州——中国主流电视台黔西南风光旅游电视片邀请大赛”时，就黔西南州旅游资源、三农问题等接受参加大赛活动的中央电视台记者专访。

11 月 28 日，贞丰县在县委多媒体会议室召开史志编修工作会议，就《中国共产党贞丰县历史》第一卷和《贞丰县志》续修篇目进行研讨，县史志编纂委员会副主任李正全、田涛及其成员40余人参加会议。

12月26日，贞丰县人大十三届二次会议在县城召开，会期4天。

2008年

1月13日，宁波市海曙区副区长石贤义、宁波市银行业协会秘书长王余堂带领考察团一行12人，到贞丰考察2007年宁波帮扶项目及2008年拟建帮扶项目。

1月，贞丰发生历史罕见的凝冻灾害，给群众生产生活带来极大困难。

2月2日下午4点半，县委常委扩大会议召开。会议传达中央政治局常委、国家副主席习近平调研贵州灾情时的讲话。县领导要求采取措施关爱群众，确保全民有衣穿，有被盖，有饭吃，绝对不能出现冻死、饿死人的现象。

2月7日，贞丰县召开教育工作会议。县委常委、副县长杨丽敏出席会议。就义务教育阶段教科书全部由中央免费提供作出具体安排。

2月16日，贞丰县在县委多媒体会议室召开凝冻灾害灾后重建工作会议。

3月12日，省计生委副主任法淑兰一行到贞丰县检查2008年第一季度计划生育工作。

3月20日，政协贞丰县八届二次会议在县城召开，会期3天。

3月21日，贞丰县人大十三届三次会议在县城举行，会期3天。

3月27日，中央电视台《布依人家》电视剧导演胡净、制片主任刘沛等到贞丰县，对电视剧《布依人家》的拍摄进行选点。州委宣传部副部长陈学农与贞丰县委书记陪同。

5月6日至9日，电视剧《绝地逢生》外景拍摄组到贞丰县选点。

5月29日，省委副书记王富玉一行，到北盘江镇顶𬇙片区擦耳岩村花椒基地考察。

6月7日，贞丰县布依族吹奏乐器勒尤被国务院列入国家级第二批非物质文化遗产名录。

6月19日，贞丰县副县级以上领导干部会议，在县政府多媒体会议室召开。会议传达中共中央总书记胡锦涛、国务院总理温家宝关于全国经济、奥运会以及抗震救灾重要讲话精神。

6月20日，电视剧《绝地逢生》拍摄开机仪式在县委常委会议室举行。

7月6日，贞丰县在县城塔山大道举办全省首届布依族古歌大赛。

7月9日，中国南方布依古城保护与可持续发展高端论坛在贞丰宾馆开幕。贵州省委副书记王富玉，省委常委、宣传部部长谌贻琴，副省长谢庆生分别发来贺信，预祝此次论坛取得圆满成功。

8月14日，电视连续剧《绝地逢生》关机仪式在贞丰宾馆举行。

8月28日，副省长谢庆生到贞丰检查首届全国山地体育运动会筹备工作情况。

9月9日，省人口计生委副主任彭翔率调研组一行到贞丰，就开展“整合各级计划生育技术服务机构功能，探索建立计生技术服务网络协作服务机制”“进一步扩大计划生育优质服务覆盖面”进行专题调研。

10月10日，副省长谢庆生率省体育局相关部门人员，在副州长童其芳、州体育局局长胡丹禄陪同下到贞丰县，对全国山地运动会贞丰赛区比赛情况进行考察。

10月14日，贵州省计划生育委员会副主任王忠，到贞丰县龙场镇定塘村了解2008年度计划生育工作情况。

11月6日，贞丰县违法用地、违法建房“两违”清理工作会在县委礼堂召开，州纪委副书记王官忠、县领导以及全县13个乡镇、县直属机关单位负责人参加会议。

12月20日，贞丰县清理查处违法用地和违法建设工作会议召开。会议要求：各职能部门要切实加强事前防范，提前介入；要严格依法行政、规范土地管理，层层落实查处违法用地和违法建设的责任；加大查处力度，全面遏制违法用地和违法建设的多发势头。

2009年

1月4日，政协贞丰县八届三次会议在县城举行，会期3天。

1月5日，贞丰县人大十三届四次会议在县城举行，会期3天。

2月23日至24日，州督查组到贞丰，对中央新增项目投资建设情况进行检查。贞丰县共实施中央新增投资项目30个，总投资7149.31万元，其中中央资金3150.57万元。项目包括保障性安居工程，农村民生工程，农村基础设施建设工程，农村医疗卫生服务体系项目，节能减排和生态工程。项目全部开工建设，完成投资2981.4万元。

2月26日，贞丰首届苗族“二月二”走亲节，在珉谷镇左旗苗寨举行。黔东南州黄平县苗族群众应邀组队参加。

3月17日，贞丰县苗学会成立，杨昌贵当选为苗学会会长，杨俊、王昌武、龙凤阔、潘琼为常务副会长，雷启才、杨正武、吴启林为副会长。

3月29日，贞丰布依族“三月三”祭山节活动在岩鱼布依寨举行。

4月8日，州委副书记廖飞在贞丰县相关领导的陪同下，到珉谷镇岩鱼村调研农村文化建设。

4月26日，贞丰县城管局部分职工从白层码头乘船往乐元途中发生翻船事故，县城管局1名职工在翻船事故中死亡。

6月29日，中央统战部研究室副主任张健带领调研组，到北盘江镇顶罈片区对“统一战线与农村改革发展”课题进行调研。

7月11日，《中国纪检监察报》社副社长王秋林，北京、天津、安徽、四川、山东等省市纪委相关领导组成的考察团，到小屯乡龙井村考察古法造纸。

7月28日，贞丰“六月六”布依族风情节在岩鱼布依寨举办；中国布依文化论坛在县城举行。

8月20日，董箐电站大坝下闸蓄水成功。

8月21日，州委书记陈敏，州委副书记、州长陈鸣明在董箐水电站视察时强调：董箐水电站下闸蓄水成功，下一步要做好库区整体发展规划，搞好库区环境建设，把生态环境建设和库区群众增收结合起来，积极与地方政府团结合作，协调发展，为社会和谐进步做出贡献。

9月8日，贞丰县第二批深入学习实践科学发展观活动总结暨第三批学习实践活动动员会议在县委礼堂召开。会议传达中央、省委和州委召开的第二批深入学习实践科学发展观活动总结暨第三批学习实践活动动员会议精神，总结贞丰县第二批深入学习实践科学发展观活动，安排部署第三批学习实践活动。

9月14日至15日，受省纪委、省监察厅委托，遵义市纪委、安顺市纪委、黔西南州纪委一行10余人组成的反腐败源头治理检查组到贞丰检查反腐倡廉工作。

9月12日至16日，贞丰县组织全县13个乡镇党委副书记、县直机关各部门党务工作者共50余人赴黔东南州镇远县、黄平县，遵义市余庆县、遵义会议会址、红军山等地考察学习。

11月15日至18日，省委党建扶贫工作队组织贞丰县鲁容乡乡村干部、人大代表及部分乡村教师共50人到遵义考察学习。

11月21日，贵州省委常委、宣传部部长谌贻琴，带领省发改委、省水利厅、省文化厅等单位领导到贞丰调研石漠化治理、布依文化发展、旅游景点开发工作。

11月，在中国黄金高端论坛上，中国黄金协会授予贞丰县“中国黄金县”匾牌。

12月23日，州委副书记、州长陈鸣明到长田乡细余村和长田乡计生服务站调研。

12月24日至25日，省委学习实践活动第二巡查组组长陆蓉一行3人，在州委学习实践活动办常务副主任李建勋陪同下，到贞丰检查指导第三批学习实践活动。

12月29日，贞丰县2009年经济社会发展情况汇报会召开。州委常委、常务副州长付贵林到会指导，会议总结2009年贞丰县经济社会发展情况，安排2010年经济工作。

2010年

1月17日17时35分，贞丰、关岭、镇宁三县交界处（北纬25°29′，东经105°75′）发生地震，震源深度7千米。者相镇董岗组部分房屋受损，有少量牲畜伤亡。

1月28日，州委副书记廖飞、州委副秘书长吕天华、州建设局领导前往者相镇董岗组地震现场了解灾情。

1月至4月，贞丰县发生百年难遇特大旱灾，造成许多村寨人畜饮水困难，农作物受灾严重，夏粮大幅度减产。

3月8日，政协贞丰县八届四次会议在县城召开，会期3天。

3月9日，贞丰县人大十三届五次会议在县城举行，会期3天。

3月17日，贞丰第二届苗族“二月二”走亲节，在珉谷镇左旗村举行，贵州省原省长王朝文，黄平县、凯里市、雷山县、台江县等苗族群众组队参加。

3月28日，州委书记陈敏到贞丰了解旱灾情况，要求县委、县政府认真落实抗旱工作责任制，将任务落实到部门，落实到人，组织干部深入抗旱一线，千方百计确保群众生活用水。

3月29日，省红十字会常务副会长罗志雄，省、州武警消防部队官兵带着20吨大米，10台抽水机和2000桶矿泉水，到贞丰县受灾最严重的沙坪乡，慰问少数民族灾民。

4月1日，成都军区副政委段录定率队，在贵州省军区司令员凌峰及兴义军分区政委康新平陪同下到达贞丰，指导抗旱救灾工作。成都军区驻滇集团军装甲旅出动14辆军用卡车、201名官兵带着水桶、发电机、抽水机、灭火器等抗旱救灾物资抵达贞丰县，支援抗旱救灾。

4月7日，召开县委常委会议，传达学习中共中央政治局常委、国务院总理温家宝到黔西南州检查抗旱工作时的讲话精神，研究全县抗旱救灾工作。

4月10日，省委组织部党建扶贫工作队队长田华年率省委党建扶贫工作队，深入白层镇坝桥村指导抗旱救灾工作，帮助群众解决实际困难。

4月11日，州委常委、兴义军分区政委康新平，到贞丰县重灾区沙坪乡指导抗旱救灾工作，慰问驻扎在沙坪乡的抗旱救灾官兵。

4月20日，州委书记陈敏到北盘江镇，慰问支援贞丰抗旱救灾的成都军区驻滇集团军装甲旅全体官兵。成都军区驻滇集团军装甲旅官兵驻贞丰县支援抗旱期间，共出动抗旱救灾车辆97台次，官兵2625人次，为群众送水301吨，送粮食2000千克，浇灌花椒、火龙果、板栗等农作物2465亩；修建拦水坝65米、水池5个、水渠300多米。

是日，州委书记陈敏深入平街乡、长田乡、北盘江镇、沙坪乡和鲁贡镇，检查指导春耕生产和抗旱工作。

4月25日，驻国家民委纪检组组长、中央检查组组长杜鹃在省长助理郝嘉伍、常务副州长付贵林陪同下，到贞丰县检查中央新增投资项目建设情况和抗旱救灾工作。

同日，双乳峰景区正式开业。

5月21日，黔东南州委副书记、州长李飞跃率考察团一行，在州委书记陈敏陪同下，到贞丰考察双乳峰景区。

6月11日，《中国共产党贞丰县历史》第一卷（1930—1978）进行县级评审。

8月15日，州长陈鸣明到贞丰考察董箐电站、龙场工业园、连环氰化钠加工厂等重点工程建设情况。

9 月 28 日，县委十届九次全体（扩大）会议在双乳峰景区隆重召开。

9 月 29 日，州委常委、州政法委书记罗黔生率州委重点项目督察组一行 10 人到贞丰，对重点项目完成情况进行督察。

10 月 8 日，州委书记陈敏深入龙场镇年产 100 万吨焦炭和 4×12 兆瓦发电清洁型焦电技改项目工程现场，就贞丰循环经济工业园区建设情况进行调研。

12 月 1 日，贞丰县在县城塔山大道隆重举行新型农村社会养老保险养老金首发仪式，州委书记陈敏、州长陈鸣明出席。

12 月 31 日，据县统计局和有关部门统计，全县生产总值 35.8 亿元，增速为全州第一；财政收入 7.02 亿元，增速为全州第一；固定资产累计完成 89.41 亿元，农民人均纯收入 3332 元。

第一篇　区域　环境　资源

贞丰县区域建置历史上变化多次。曾属夜郎国、夜郎郡、明州、罗殿国、泗城州（府）、西隆州、安隆长官司。雍正五年（1727），云贵总督鄂尔泰建议，吏部批复划泗城州的长坝、罗斛、桑郎等甲，西隆州的罗烦、册亨等16甲设永丰州，州治设在长坝。1729年，州治移到珉球（今贞丰县城）。1797年，改永丰州为贞丰州。1913年，改贞丰州为贞丰县，隶属贵西道，后属兴仁专区。1949年，中华人民共和国成立后，贞丰县曾先后隶属兴仁专区、安顺专区、黔南州、兴义专区。1982年，撤销兴义专区，建立黔西南布依族苗族自治州，贞丰县隶属黔西南布依族苗族自治州。

县内有龙山、烟山、长贡等山脉；有北盘江、清水江、大田河、挽澜河等河流；有三岔河水库、纳山岗水库、水车田水库、白坟水库等人工湖；有双乳峰、三岔河风景区和北盘江峡谷等奇山秀水。县境大部分地方冬无严寒，夏无酷暑，生态良好，空气清新，环境优美，气候宜人。

境内水资源、土地资源、生物资源、动物资源、历史文化资源和矿产资源丰富。其中金矿储量约500吨，占全国黄金总储量的5.4%。

第一章　区域建置

民国29年（1940）3月之前，贞丰县政区包括今望谟县。民国29年（1940）3月，划贞丰县原第五区、第六区8个联保和罗甸、关岭、紫云三县边沿地设立望谟县，其余原4个区仍属贞丰县。从此，贞丰县政区未发生变化。1991年至2010年，全县辖6个镇7个乡。

第一节 地理位置及区域

贞丰县位于贵州省西南部、黔西南布依族苗族自治州东部。地处北纬25°7′~25°44′、东经105°25′~105°56′之间，东隔北盘江、清水江与镇宁、望谟县相望，南与册亨县连接，西与安龙、兴仁县毗邻，北与关岭县一江之隔。地势由西北向东南呈阶梯状下降，形成多级台面，西部龙头大山主峰公龙山为最高点，海拔1966.4米，南部洛凡河汇入北盘江处为最低点，海拔324米，相对高差为1642.4米。山地约占总面积的69.46%，丘陵占23.03%，坝子占6.5%，水域占1.01%。县境东西宽52千米，南北长67千米，境域总面积为1511平方千米。

第二节 建置沿革

贞丰县地西汉之前属夜郎国。

西汉 建元六年（公元前135），县地为夜郎属地。

元鼎六年（公元前111），县境西北部属谈指县地，东南部属夜郎县地，均隶牂牁郡。新始建国元年（公元9），王莽改制，县境分属谈指、同亭两县地，隶同亭郡。

东汉 建武元年（公元25），郡、县恢复原名，县地仍属牂牁郡的谈指、夜郎二县。

三国 蜀建兴三年（225），诸葛亮平定“南中”，将牂牁郡划分为牂牁、建宁、兴古三郡，县地仍属牂牁郡之谈指、夜郎二县。魏景元四年（263），蜀国被魏国灭后，牂牁郡属魏国。咸熙二年（265），晋受禅，县地划入晋国。

晋统一后，全国设19州，牂牁郡隶益州，县境属牂牁郡。建兴元年（313），牂牁郡被划分为牂牁、平夷、夜郎三郡，县地属夜郎郡。

南北朝梁承圣年间（552—554），县地属“东爨”或东爨乌蛮。

唐 贞观二十一年（647），置羁縻明州，隶江南道（后改称黔中道）黔州都督府。会昌二年（842），封阿佩为罗殿王，以明州地为罗殿国，县地属罗殿国。

宋 属罗殿（蕃）国，隶广南西路。

元 属泗城州，泗城州隶湖广行省广西两江宣慰司。

明 永乐元年（1403），划泗城州地置安隆长官司，治所设在今广西隆林县，县地除北盘江东部分隶泗城州外，其余大部分地区隶安隆长官司。

清 顺治十八年（1661），升泗城州为泗城府，以岑继禄为土知府，安隆长官司废，县地为泗城土府地。康熙五年（1666），划泗城府部分地方置西隆州，治所仍为今广西隆林县，隶广西思恩军民府，县境东南部的坡稿、沙坪、尼罗等地隶西隆州，其余仍隶泗城府。

雍正五年（1727），云贵总督鄂尔泰奏书：设永丰州，划红水河和南盘江之南属西隆州，划红水河和南盘江之北置永丰州。雍正五年（1727）10月4日，吏部审议批复割泗城府的长坝、罗斛、桑郎等甲，划西隆州的罗烦、册亨等甲，共十六甲归贵州，置永丰州，州治在长坝（今望谟县复兴镇平绕），雍正七年（1729），州治移至珉球（今贞丰县珉谷镇老城）。

嘉庆二年（1797），改永丰州为贞丰州，隶兴义府。贞丰州为州、甲、亭三级行政机构。知州为流官，由清廷调派。

宣统三年（1911），贞丰州行政区划为8个甲、68个亭、7个村102个寨：

上江一甲，在城西北，辖8个亭9个寨；

上江二甲，在城东北，辖8个亭1个村13个寨；

上江三甲，在城西，辖8个亭1个村12个寨；

上江四甲，在城东北，辖8个亭14个寨；

下江一甲，在城东南，辖9个亭14个村18个寨；

下江二甲，在城东南，辖9个亭14个村；

下江三甲，在城东，辖9个亭10个村；

下江四甲，在城东，辖9个亭1个村12个寨；

宣统三年（1911）10月10日，辛亥革命爆发。11月4日，贵州独立，成立大汉军政府。

民国元年（1912），滇军入黔，解散大汉军政府，组织贵州都督府，贞丰州仍隶兴义府。

民国2年（1913）1月15日，北洋政府颁布《划一现行各省地方行政官厅组织令》，将府厅、州一律改为县，贵州省于9月施行，年底完成。贞丰州以州直辖地改为贞丰县，册亨州同改为册亨县。府州撤销后，贵州省恢复道的建置，全省分为黔中、黔东、黔西（贵西）三道。贞丰县隶黔西道。同时，依县的大小划分为三个等级，贞丰县为二等县。

民国12年（1923），贵州废除道一级建置，贞丰县直隶于贵州省。

民国16年（1927），国民政府令改县公署为县政府、县知事为县长。

民国19年（1930），贵州省设立自治筹备处，调整行政区划，县以下划分区、乡（镇），每县4个区至10个区，每区10个乡（镇）至50个乡（镇），百户以上村庄设乡、百户以上街市设镇，不满百户的村庄、街市联合编乡，乡、镇皆不超过千户。区设区公所，乡、镇设乡、镇公所。乡、镇下设闾，闾下设邻，以5户为邻，25户为闾。至民国21年（1932）划编完成，贞丰县编为10个区、27个镇、73个乡。

第一区公所驻珉球镇，辖珉球、挽澜、花碗窑3个镇及东城、广桑、大碑、石鹅、必克、敬孝、植菜、吉羊、革故、双峰、跨河、通安、国光、联合、大同、龙蟠、木发共17个乡。

第二区公所驻全民镇，辖全民镇及忠贤、孝友、仁智、爱华、信城、义勇、和霭、平安、德昌共9个乡。

第三区公所驻太平镇，辖太平、文山、大同、三槐4个镇及李屯、葡萄、葫芦、礼仁、安仁共5个乡。

第四区公所驻会昌镇，辖会昌、王家、飞凤3个镇及水桥、定边、连云、继贤、志孔、兰亭、槐荫、纳溪、坡柳、红树、丰乐、龙井共12个乡。

第五区公所驻鲁贡镇，辖鲁贡、居安、八乡、坡稿4个镇及长乐、桐林、坡兰、高炉、和平共5个乡。

第六区公所驻白层镇，辖白层、陆邻、孔鲁、兴仁4个镇及兴学、附城、知义、沿江共4个乡。

第七区公所驻统万镇，辖统万、落炎、石屯3个镇及詹阡、行洞、渠道、翁村、自由、罗汉、盘龙、罗强、者康共9个乡。

第八区公所驻王母镇，辖王母镇及开明、古盛、联合、永宁共4个乡。

第九区公所驻新兴镇，辖新兴镇及伏开、新屯、罗王、归化共4个乡。

第十区公所驻蔗香镇，辖蔗香、白洋、永乐3镇及聚贤、乐康、山谷、峥嵘4个乡。

民国24年（1935），贵州省划行政督察区，贞丰隶第三行政督察区，专员公署设兴仁（民国26年移驻安顺，民国37年移回兴仁），推行保甲制度。县以下划分为区、联保、保、甲四级行政组织。至民国26年（1937），贞丰县行政区划编整完毕，设7个区，22联保、107保、2300甲。区设区公所，联保设办事处，保、甲设保、甲长。第一区公所驻县城，第二区公所驻者相，第三区公所驻龙场，第四区公所驻白层，第五区公所驻石屯，第六区公所驻王母，第七区公所驻蔗香。

民国28年（1939），全县行政区划调整为6个区、31联保、226保、2249甲。

第一区：辖城内旧城街、城外小街、乔林、纳磨、偏冈、花碗窑6个联保。

第二区：辖者相、牛场、长田、太平街、邓家屯、明望、犀牛洞、者坎8个联保。

第三区：辖龙场、王家河、王家屯、小屯、头毛5个联保。

第四区：辖毛安、皎贯、鲁贡、坡稿4个联保。

第五区：辖罗炎、王母、石屯、蛮结4个联保。

第六区：辖蔗香、罗王、伏开、打贯4个联保。

民国29年（1940），设立望谟县，原隶贞丰县的五、六两区的8个联保，70保，612甲、7174户划归望谟县。贞丰县余4区，23联保，156保、1637甲。

民国30年（1941），推行"新县制"，废区与联保，设乡、镇。乡、镇设乡、镇公所。至民国31年（1942）划编完毕。全县分为11个乡（镇），即鼎昌镇公所驻县城、文焕镇公所驻龙场、寿山镇公所驻者相、陶安乡公所驻牛场、晓炎乡公所驻平街、显臣乡公所驻头毛、时范乡公所驻挽澜、哲卿乡公所驻连环、时钦乡公所驻鲁贡、思敬乡公所驻巧贯、虎生乡公所驻白层。民国32年（1943），增设道治乡，乡公所驻这艾，同时对保甲进行调整，全县共有119保，1495甲。

民国32年（1943），设者相区署，驻者相，辖寿山、陶安、晓炎、道治4个乡（镇）。民国33年（1944）7月15日裁撤。

1949年10月1日，中华人民共和国成立。12月19日，贵州省第三行政督察区军、政机关通电起义，宣布全区和平解放，随即成立兴仁专区人民解放委员会。12 月 24 日，贞丰县人民解放委员会成立。

1950 年 2 月 3 日，中国人民解放军 147 团进驻贞丰。3 月 1 日，贞丰县人民政府成立，隶属兴仁专区。5 月 1 日，改鼎昌镇为城关镇；文焕镇为龙场乡；时范乡为挽澜乡；时钦乡为鲁贡乡；虎生乡为白层乡。全县划为 3 个区、1 个直辖镇。第一区：辖龙场、挽澜、显臣、思敬 4 个乡。第二区：辖寿山镇及爱田、晓炎、陶安 3 个乡。第三区：辖白层、鲁贡、哲卿 3 个乡。区设区人民政府，为县下一级行政机构。乡、镇设乡、镇人民政府，受区人民政府领导。城关镇人民政府直属县人民政府领导。9 月，增设城关区，区公所驻县城。将城关镇和一区的思敬乡划归城关区。自此，区人民政府改称区公所。废除民国时期的保甲，全县建立 239 个行政村，1836 个行政组。并先后在行政村建立农民协会，在行政组建立农会小组。

1951 年 4 月，成立县联合政府筹备委员会。6 月 25 日，各族各界人民代表会议选出联合政府委员和正副县长。6 月 26 日，宣布贞丰县联合政府成立。

1952 年 12 月 4 日，兴仁专区改称兴义专区，贞丰县属兴义专区。

1953 年 7 月起，各乡镇分期分批开展普选，结合普选调整行政区划，全县划为 6 个区、55 个乡（镇）。区设区公所，为县人民政府派出机构，乡、镇设人民政府，为基层政权机构。

第一区公所驻城关，辖城关镇及白腊、菜园、坡轰、旗洋、巧贯、岩鱼、必克、鹅田 8 个乡。

第二区公所驻龙场，辖龙场、定塘、三河、坡柳、头猫、尾洒、小屯、木桑、水桥 9 个乡。

第三区公所驻者相，辖者相镇及烟坡、纳窝、平寨、这艾、弄联、平袍 6 个乡。

第四区公所驻牛场，辖牛场、水井、新屯、岩脚、平街、营盘、长田、河基、陇塔 9 个乡。

第五区公所驻连环，辖和平、联合、盘龙、石屯、挽澜、板赖 6 个乡。

第六区公所驻毛安，辖毛安、坝桥、那郎、鲁容、鲁贡、纳翁、皎贯、江油、管路、坡稿、者秧、沙坪、尼罗、弄羊、板昌 15 个乡。

1955 年 4 月，贞丰县第一届人民代表大会第三次会议根据《中华人民共和国宪法》（以下简称《宪法》）规定，选出县人民委员，组成县人民委员会。县、乡（镇）人民政府改称人民委员会。

1956 年 7 月，撤销兴义专区。8 月，黔南布依族苗族自治州成立，贞丰县改隶黔南州。12 月，全县 55 个乡（镇）合并为 26 个，区的建置不变。城关区辖城关镇及旗洋、巧贯、白腊 3 个乡；龙场区辖龙场、三河、头猫、小屯 4 个乡。者相区辖者相镇及明望、这艾 2 个乡。牛场区辖牛场、平街、长田 3 个乡。连环区辖盘龙、和平、石屯、挽澜 4 个乡。白层区辖毛安、鲁容、纳翁、皎贯、坡稿、沙坪、鲁贡、弄羊 8 个乡。

1958 年 12 月，撤销贞丰县，并入兴仁县，划归安顺专区。原贞丰县区域内设立城关、龙场、者相、牛场、连环、白层 6 个公社、50 个管理区。

1961 年 8 月，恢复贞丰县建置，仍隶安顺专区。公社恢复为区。管理区恢复为公社。

1963 年，贞丰县又被划归黔南布依族苗族自治州，由安顺专区代管。

1965 年 7 月，恢复兴义专区建置；8 月，贞丰县复隶兴义专区。11 月 13 日，经国务院批准，以原贞丰县行政区域设立贞丰布依族苗族自治县，撤销贞丰县。仍隶兴义专区。

1967 年 5 月 12 日，建立“毛泽东思想贞丰布依族苗族自治县革命委员会”，取代县人民委员会。区、公社、生产大队相继建立革命委员会，生产队先后建立革命生产委员会。

是年 9 月 29 日，根据贵州省革命委员会的通知，毛泽东思想贞丰布依族苗族自治县革命委员会改为贵州省贞丰布依族苗族自治县革命委员会。

1981 年 4 月，改贞丰布依族苗族自治县革命委员会为贞丰布依族苗族自治县人民政府。各区革命委员会恢复区公所名称。

是年 9 月 21 日，国务院批准撤销兴义地区建置，在原行政区域设立黔西南布依族苗族自治州，撤销贞丰布依族苗族自治县，恢复贞丰县，1982 年 5 月 1 日正式成立黔西南州，贞丰县隶黔西南州至今。

治所 贞丰县人民政府驻珉谷镇，距州府兴义约 100 千米，距省城贵阳 187 千米。

第三节 区划演变

1991 年后，为加强基层政权建设，减少管理环节，撤销城关区、者相区、牛场区、龙场区、白层区、鲁贡区 6 个区、2 个乡级镇、34 个乡，重组建 6 个镇 7 个乡，升格为正科级（局级）。

一、乡（镇）的建立及行政区划分

根据中共中央、国务院《关于加强农村基层建设工作的通知》精神，按照省委、省政府的安排部署和省委六届五次扩大会议、州委二届三次扩大会议要求，以及《黔西南州人民政府关于贞丰县撤区并建镇文件方案的批复》意见，贞丰县撤区并乡建镇工作自 1991 年 2 月 20 日起正式实施。

新组建的 6 个镇 7 个乡是：珉谷镇、龙场镇、者相镇、兴北镇、白层镇、鲁贡镇、连环乡、挽澜乡、小屯乡、长田乡、平街乡、鲁容乡、沙坪乡。其辖区范围分别是：

珉谷镇：辖原珉谷镇左旗办事处、南门办事处和珉谷办事处，原城关区大碑乡、岩鱼乡、白腊乡以及盘龙乡的牛坪、坪上、长安、核桃 4 个村，镇政府驻地珉谷。

龙场镇：辖原龙场区的龙场镇、定塘乡、三河乡、坡柳乡，镇政府驻地龙场。

者相镇：辖原者相区的者相镇、纳窝乡、这艾乡和平袍乡的茅坪、坡烂云两个村。镇政府驻地者相。

兴北镇：辖原牛场区的牛场乡、青杠林乡和顶罈乡，镇政府驻地牛场（2002 年更名为北盘江镇）。

白层镇：辖原白层区的毛安乡、坝桥乡，原城关区盘龙乡的纳扛、纳坡、福味 3 个村和原者相区平袍乡的坡扪、平袍、新龙坪、交阳、坡烂 5 个村，镇政府驻地毛安。

鲁贡镇：辖原鲁贡区的鲁贡乡、坡稿乡和弄羊乡，镇政府驻地鲁贡。

连环乡：辖原城关区的和平乡、联合乡和者塘乡的屯上村和红稗坝村，乡政府驻地关山。

挽澜乡：辖原城关区的挽澜乡、者塘乡的者塘村、店子村 2 个村，乡政府驻地挽澜。

小屯乡：辖原龙场区的小屯乡、头猫乡和木桑乡，乡政府驻地小屯。

长田乡：辖原牛场区的大长田乡，乡政府驻地长田，1993 年移至尖坡。

平街乡：辖原牛场区的平街乡，乡政府驻地平街。

鲁容乡：辖原白层区的鲁容乡、纳翁乡、皎贯乡和板绕乡，乡政府驻地沙坝。

沙坪乡：辖原鲁贡区的沙坪乡、尼罗乡和板昌乡，乡政府驻地沙坪。

1991 年贞丰县撤区并乡建镇时 13 个乡镇基本情况一览表

表 1–1–1

项目 乡镇	总面积（平方千米）	耕地面积（亩）	总户数（户）	总人口（人）			村（居）民委委员（个）	村（居）民小组（个）	少数民族人口比例（%）
				合计	其中				
					男	女			
珉谷镇	156.55	38150	13402	53102	27148	25954	44	259	46.03
龙场镇	115.12	24843	6988	29556	15000	14556	22	162	29.41
者相镇	131.64	25186	7133	29962	14843	15119	23	162	50.19
兴北镇	107.86	18413	5786	2252	11264	11261	20	133	25.98
白层镇	154.66	22219	2665	19859	10213	9646	30	126	77.72
鲁贡镇	158.17	22163	4189	19602	9780	9822	31	126	94.49
连环乡	79.6	9916	3463	14400	7332	7068	12	82	57.04
挽澜乡	93.25	10090	3313	13739	6872	6867	12	65	71.29
小屯乡	87.38	19383	6808	28062	14366	13696	22	153	11.84
平街乡	82.59	12646	4084	16881	8601	8280	11	110	19.37
长田乡	60.54	14336	3944	16439	8202	8237	12	99	20.32
鲁容乡	138.04	16864	2089	14238	7215	7023	15	86	86.87
沙坪乡	145.6	19394	2853	14616	7334	7282	26	85	86.42
合计	1511	254750	69437	292981	148170	144811	280	1638	48.14

二、乡镇机构设置及编制

（一）行政机构设置及编制

乡镇设党委、政府和人大主席团，党委设办公室、组织、宣传、纪委、统战、团委、妇联工作部门 7 个；政府设办公室、农经办、教科文卫办、计统办、民政办、武装部共 6 个职能部门；乡镇设人大主席团。全县乡镇行政编制总数为 492 人，其中党委 169 人、政府 291 人、人大 32 人。各乡镇行政人员编制为：珉谷镇 48 人、龙场镇 42 人、者相镇 42 人、兴北镇 40 人、白层镇 40 人、鲁贡镇 40 人、连环乡 33 人、挽澜乡 33 人、小屯乡 35 人、长田乡 33 人、平街乡 33 人、鲁容乡 38 人、沙坪乡 35 人。

（二）事业机构设置及编制

乡镇设教育组、卫生院、计生服务站、计划生育办、村镇建设管理所、财政所、工商所、农推站、林业站、水利站、畜牧兽医站、乡镇企业管理站、运管站、农机站、土管站、文化站、广播站共 17 个事业单位（计划生育办与计划生育服务站实行两块牌子、一套人马合署办公）。共有中小学教师编制总数为 2157 人，其中珉谷镇 392 人、龙场镇 232 人、者相镇 250 人、兴北镇 215 人、白层镇 156 人、鲁贡镇 147 人、连环乡 91 人、挽澜乡 92 人、小屯乡 122 人、长田乡 95 人、平街乡 110 人、鲁容乡 132 人、沙坪乡 123 人。

（三）政法和垂直部门机构设置

乡镇政法机构设派出所、司法所、法庭；垂直部门机构有税务所、邮电支局、营业所等，编制另行确定。

（四）乡镇所属机构，原则上为站股级，个别单位根据上级文件规定另行明确

1991 年贞丰县撤区并乡建镇后乡镇机构及人员编制一览表

表 1-1-2

项目 乡镇	党委										政府									人大主席团	总计	省州	
	书记	副书记	办公室	组织	纪委	宣传	统战	团委	妇联	合计	乡镇长	副乡镇长	办公室	农经办	计统办	民政办	武装部	教科文卫办	合计			税务所	邮电所
珉谷镇	1	2	2	2	2	1	1	1	1	13	1	3	5	11	3	3	3	3	32	3	48	20	—
龙场镇	1	2	2	2	2	1	1	1	1	13	1	3	4	9	2	2	3	2	26	3	42	10	8
者相镇	1	2	2	2	2	1	1	1	1	13	1	3	4	9	2	2	3	2	26	3	42	8	7
白层镇	1	2	2	2	2	1	1	1	1	13	1	3	4	7	2	2	3	2	24	3	40	10	7
鲁贡镇	1	2	2	2	2	1	1	1	1	13	1	3	4	7	2	2	3	2	24	3	40	8	6
兴北镇	1	2	2	2	2	1	1	1	1	13	1	3	4	7	2	2	3	2	24	3	40	15	7
连环乡	1	2	2	2	2	1	1	1	1	13	1	2	4	3	2	2	2	2	18	2	33	—	3
挽澜乡	1	2	2	2	2	1	1	1	1	13	1	2	4	3	2	2	2	2	18	2	33	—	—
小屯乡	1	2	2	2	2	1	1	1	1	13	1	2	4	5	2	2	2	2	20	2	35	—	3
长田乡	1	2	2	2	2	1	1	1	1	13	1	2	4	3	2	2	2	2	18	2	33	—	3
平街乡	1	2	2	2	2	1	1	1	1	13	1	2	4	3	2	2	2	2	18	2	33	—	3
鲁容乡	1	2	2	2	2	1	1	1	1	13	1	2	4	7	2	2	3	2	23	2	38	—	3
沙坪乡	1	2	2	2	2	1	1	1	1	13	1	2	4	5	2	2	2	2	20	2	35	—	3
合计	13	26	26	26	26	13	13	13	13	169	13	32	53	79	27	27	33	27	291	32	492	71	56

1991 年贞丰县撤区并乡建镇后乡镇事业单位及编制一览表

表 1–1–3

项目 乡镇	事业单位正式职工编制数																
	教育组	中小学校	卫生院	建设管理所	运管所	财政所	工商所	农推站	林业站	水利站	兽医站	农机站	土管站	企业管理站	文化站	广播电视站	计生服务站	合计
珉谷镇	4	280	45	3	2	6	8	7	5	5	8	3	4	3	3	3	3	392
龙场镇	4	130	40	3	2	6	5	7	5	5	7	3	3	3	3	3	3	232
者相镇	4	160	30	3	2	5	6	7	4	5	6	3	3	3	3	3	3	250
兴北镇	4	120	35	3	2	6	6	6	4	5	6	3	3	3	3	3	3	215
白层镇	4	75	30	3	2	5	4	6	3	2	5	2	3	3	3	3	3	156
鲁贡镇	4	65	30	3	2	5	3	6	5	3	4	3	3	3	3	3	2	147
连环乡	3	40	10	2	2	4	2	5	5	2	4	2	2	2	2	2	2	91
挽澜乡	3	40	10	2	2	4	3	5	4	3	4	2	2	2	2	2	2	92
小屯乡	3	70	10	2	2	4	2	5	5	3	4	2	2	2	2	2	2	122
长田乡	3	45	10	2	2	4	2	4	4	3	4	2	2	2	2	2	2	95
平街乡	3	60	10	2	2	4	2	4	3	3	4	2	2	2	2	3	2	110
鲁容乡	4	75	10	2	2	4	4	6	5	2	4	2	2	2	3	2	3	132
沙坪乡	3	70	10	2	2	4	3	5	5	3	4	2	2	2	2	2	2	123
合计	46	1230	280	32	26	61	50	73	57	44	64	31	33	32	33	32	33	2157

1991 年贞丰县撤区并乡建镇后政法系统编制一览表

表 1–1–4

乡镇	派出所	法庭	司法所	合计
珉谷镇	18	4	1	23
龙场镇	7	4	1	12
者相镇	5	4	1	10
兴北镇	7	4	1	12
白层镇	5	4	1	10
鲁贡镇	5	4	1	10
连环乡	3	4	1	8
挽澜乡	3	4	1	8
小屯乡	4	4	1	9
长田乡	3	4	1	8
平街乡	3	4	1	8
鲁容乡	3	4	1	8
沙坪乡	3	4	1	8
合计	69	52	13	134

三、村（街道）整合

1991 年撤区并乡建镇时，全县有 6 个镇 7 个乡，280 个村委会，16 个居委会。

1991 年贞丰县撤区并乡建镇乡（镇）、村建置一览表

表 1-1-5

乡镇名称	村委会名称	居委会名称
珉谷镇	中坝村　菜园村　南门村　塔山村　湾丘村　左旗村　阴潭村　东门村　坡西村　坡袤村　这旗村　对家寨村　纳山村　打革村　白腊村　戈然村　纳妹村　纳尧村　烟山村　大碑村　河堡村　顶肖村　鹅田村　巧贯村　纳马村　李家屯村　前一村　纳磨村　纳蝉村　纳核村　坡板村　叶家弯村　坡脚村　坡森村　合心村　中心村　林用村　大丫口村　戈邑村　田坝村　核桃村　牛坪村　坪上村　长安村	南大街　田坝街　鱼塘街　洗布河街　油榨街　新市街
龙场镇	里田村　下水桥村　落阴塘村　新园村　后海子村　干坝子村　龙场村　上水桥村　对门山村　河家寨村　枪杆寨村　向家寨村　三河村　李家庄村　坡敖村　田坝村　白马山村　童家屯村　大坪田村　定塘村　围寨村　五里岗村	龙场街道
者相镇	干海村　平桥村　者坎村　猫坡村　纳孔村　坡敖村　平寨村　罗卜寨村　罗帐村　新寨村　打村村　坡哈村　冬妹村　许洞村　旗上村　这艾村　田湾村　坝岗村　坡烂云村　茅坪村	一街　二街　三街　虎崖街　鼓楼街　文化街
兴北镇	顶坛村　坡厂村　猫猫寨村　者颡村　大岭村　邑浩村　左家屯村　板围村　查耳岩村　银洞湾村　水淹坪村　打章村　岩脚村　董畔村　下坝村　金井村　纳慢村　新屯村　象鼻岭村　青杠林村	兴北街道
白层镇	毛安村　白层村　福怀村　巧苗村　这洞村　平赖村　里纳村　那郎村　和平村　纳艾村　纳笑村　喜鹅村　暗定村　坝桥村　马中岭村　岩方村　大水井村　这内村　翁麻村　猫坡村　毛山村　兴隆村　福味村　纳扛村　纳坡村　平袍村　坡扪村　交阳村　坡烂村　新龙坪村	糖桥街
鲁贡镇	鲁贡村　管路村　纳丰村　坡山村　毛闷村　坡扒村　落纳村　平夯村　暗老村　落东村　落艾村　里便村　落项村　落半村　坡艾村　板怀村　坡稿村　者冗村　牛棚村　打嫩村　者央村　巧年村　者状村　塘上村　坡半村　弄羊村　大湾村　平乃村　蘑扒村　林桃村　者蘑村	—
连环乡	连环村　打忙村　巧岩村　桥梁村　落怀村　纳传村　八甲村　喜练村　大田村　坡棉村　纳暗村　屯上村	—
挽澜乡	纳坎村　窑上村　勇跃村　坝木村　板赖村　坡旗村　纳洼村　板光村　者岩村　店子村　者塘村　红稗坝村	窑上居委会
小屯乡	小屯村　仁朝村　分水岭村　半坡村　龙井村　下寨村　纳山岗村　高寨村　牛草坪村　木桑村　头猫村　大地村　下头猫村　土石田村　石板田村　尾洒村　纳弯村　大山村　纳秧村　方坪村　集贤村　赵家坪村	—
长田乡	长田村　大地村　七甲村　甘田村　黑石村　犁头村　雨北村　尖坡村　细余村　陇塔村　瓦厂村　普子村	—
平街乡	平街村　大水塘村　顶岸村　下岩村　小花江村　营盘村　冗染村　卡房村　长猫村　大红岩村　廖家屯村	—
鲁容乡	鲁容村　孔索村　洒若村　鲁花村　纳翁村　过翁村　拉旦村　纳腊村　皎贯村　落烟村　卡务村　板绕村　江油村　里秀村　坝郎村	—
沙坪乡	沙坪村　落六村　大寨村　这年村　者垭村　者要村　者索村　坡兰村　砍碰村　顶烘村　邑内村　泥罗村　尾烈村　石柱村　孔桃村　坝围村　白泥田村　亭上村　里怀村　板昌村　破岩村　尾鹅村　纳拢村　里弄村　龙论村　落括村	—

2006年开展建立社区工作，将全县16个居委会撤并为6个社区。即，老城社区、新园社区、金丰社区、龙场社区、者相社区、北盘江社区。原来的乡镇不变，保留糖桥居委会和窑上居委会。

2007年开展村级整合，将全县280个村委会整合为156个村委会。

2007年贞丰县村级整合后乡（镇）村（居）委会（社区）一览表

表1-1-6

乡镇名称	合计	村委会	居委会	社区
珉谷镇	25	塔山村　左旗村　阴滩村　坡旗村　东门村　纳尧村　纳山村　纳妹村　白腊村　中坝村　牛坪村　顶肖村　盘龙村　大碑村　河堡村　鹅田村　林用村　必克村　巧贯村　岩鱼村　戈岜村　纳马村　纳么村　对家寨村　菜园村	—	老城社区 永丰社区
龙场镇	13	龙场村　三河村　坡柳村　定塘村　坪坝村　围寨村　新童村　龙河村　上水桥村　五里岗村　对门山村　后海子村　龙山村	—	新园社区
者相镇	11	者相村　纳孔村　平桥村　猫坡村　新寨村　冬妹村　这艾村　董箐村　旗上村　萝卜寨村　坡烂云村	—	兴者社区
兴北镇	11	金井村　董畔村　岜浩村　者颡村　新屯村　岩脚村　北盘江村　青杠林村　银洞湾村　查尔岩村　猫猫寨村	—	三岔路社区
白层镇	16	白层村　这洞村　里纳村　巧苗村　福怀村　兴隆村　猫坡村　这内村　坡烂村　平袍村　坡扪村　坝桥村　纳杠村　那郎村　纳笑村	糖桥居委会	—
鲁贡镇	16	弄洋村　么扒村　林桃村　者央村　坡扒村　管路村　坡艾村　巧年村　打嫩村　暗老村　者冗村　坡稿村　洛艾村　鲁贡　毛闷村　板怀村	—	—
连环乡	8	屯上村　纳暗村　纳传村　坡棉村　大田村　关山村　连环村　巧岩村	—	—
挽澜乡	9	挽澜村　兴农村　板光村　店子村　纳坎村　拥跃村　窑上村　者塘村	窑上居委会	—
小屯乡	11	木桑村　集贤村　仁朝村　小屯村　龙井村　米冲村　头猫村　纳秧村　尾洒村　水银洞村　石板田村	—	—
长田乡	7	金叶新村　雨柏村　甘田村　瓦厂村　细余村　陇塔村　长田村	—	—
平街乡	7	平街村　卡房村　顶岸村　营盘村　冗染村　花江村　大水塘村	—	—
沙坪乡	14	沙坪村　大寨村　者索村　尾烈村　者坎村　这年村　顶烘村　尼罗村　里怀村　尾俄村　金山村　板昌村　龙论村　烂泥沟村	—	—
鲁容乡	10	孔明村　鲁容村　里秀村　板绕村　江育村　皎贯村　卡务村　落烟村　纳腊村　纳翁村	—	—

第四节　勘　界

贞丰县历来没有开展行政区域界线勘定工作，边界两县基本上以传统习惯线为界进行行政管理和从事生产生活。1996 年，贞丰县根据《国务院关于开展勘定省、县两级行政区域界线工作有关问题的通知》和《省人民政府关于开展勘定省内行政区域界线工作的通知》文件要求，按照黔西南州人民政府的安排，启动勘界工作，历经 4 年，于 2000 年完成县级行政区域勘界工作任务，边界两县人民政府正式签订协议书，确定行政区域界线。贞丰县行政区域界线共有 6 条。

一、贞丰与关岭行政区域界线概况

贞丰、关岭两县接壤的有 6 个乡（镇）。即贞丰的平街乡、北盘江镇、者相镇，关岭县的普利乡、花江镇、板贵乡。两县接边的村民组有贞丰县的下九盘、小花江、辣子地、王家槽子、大石板、报公寨、银洞湾、庞家寨、平子头、麻窝、马家坪、坝岗、堡堡上、大竹山、董岗 15 个村民组和关岭县的下瓜、科力寨、干耳盘、火炉箐、板贵、坝山、磨石寨、韩家寨、蒿枝地、大坪、仙人掌、偏朝、付家寨 13 个村民组。

边界线由西北向东自兴仁、贞丰、关岭三个县边界线交会点起到贞丰、关岭、镇宁三个县交会点止，全长 33.396 千米。

边界线的起点位于落水洞沟与北盘江中心线的交点，即兴仁县的回龙镇梭江组、贞丰县平街乡的下九盘组、关岭县普利乡下瓜组。沿北盘江中心线以北为关岭县，沿落水洞河流中心线逆流而上，西南为兴仁县、东南为贞丰县。

边界线终点在关岭与镇宁的界河白水河同北盘江中心线相交处，关岭与镇宁的界河白水河同北盘江中心线相交处，位于贞丰县者相镇董岗、关岭县板贵乡田坝村、镇宁县良田乡顶坛村。贞丰县、镇宁县和关岭县边界三个县交会点起西北方向转西，以北盘江中心线为界，北为关岭县，南为贞丰县，东为镇宁县。

边界线共埋两个同号双立界桩（A、B 桩），1A 桩位于贞丰县北盘江镇大石板村民组北面约 500 米，花江大桥南头公路北边 1 米处。1A 界桩在 A、B 界桩方向线上距北盘江河道中心 50 米。在磁方位角 289° 16′ 距离 25 米处为一东北角；东磁方位角 338° 16′ 距离 250 米处为花江大桥桥头西端；在磁方位角 335° 16′ 距离 19 米处为花江大桥桥头东端。1B 桩位于关岭县板贵乡窝公地村民组西南 500 米花江大桥北头公路南 1 米处。

二、贞丰与镇宁行政区域界线概况

贞丰和镇宁县接壤的有 7 个乡（镇），即贞丰县的者相镇、白层镇、鲁容乡，镇宁县的六马乡、良田乡、简嘎乡、打帮乡。两县接边的村有贞丰县旗上村、茅坪村、坡烂村、新龙坪村、坡扪村、洒若村、纳腊村、鲁花村、纳翁村共 9 个村，镇宁县的顶坛村、坝草村、马口洞村、喜艾村、毛栗村、翁元村共 6 个村，共计 15 个村。

边界线自贞丰、关岭、镇宁三县边界线交会点起至贞丰、望谟、镇宁三县边界线交会点止，全长 28.401 千米。

边界线的起点位于贞丰县者相镇的董岗、关岭县板贵乡田坝村、镇宁县良田乡顶坛村三县交会白水河与北盘江交汇的北盘江中，起西北方向转西，以北盘江中心线为界，北为关岭县、南为贞丰县、东为镇宁县。

边界终点在贞丰县、镇宁县、望谟县三县边界交会处，位于贞丰县鲁容乡纳翁村、望谟县石屯镇喜独村、镇宁县简嘎乡翁元村的三县的交叉点，清水江南面为贞丰，西北面为镇宁、东南面为望谟。

边界线埋有单立双面型青石界桩 1 个，位于贞丰县鲁容乡洒若村到镇宁马口洞的小路东边坎上 6 米处，在磁方位角 143° 30′ 距离 295 米为山嘴，高程 688.0 米；在磁方位角 314° 30′ 距离 165 米处为小山头，高程 570.4 米；在磁方位 328° 10′ 距离 97 米处为小土堡，高程 570.5 米。

三、贞丰县与望谟县行政区域边界线概况

贞丰县与望谟县接壤的有 6 个乡镇，即贞丰县的鲁容乡、鲁贡镇、沙坪乡，望谟县的石屯镇、乐元镇、油迈乡。接边的村民组有贞丰县的边油、新寨、过翁、下旁、中旁、打道、磨龙、坪磨、巧嫎、坝郎、龙头山、大岩脚、里便、里闹、喜眉、下磨扒、坝社、平乃、大湾、林落、龙论、坝乐、孔桃、竹山、毛孔、坝围、坝赖、白尼田、洛列共 29 个和望谟县的喜年、喜满、东化、喜独、六妹、东元、纳管、里上、潭龙、里好、云保、坝怀、板降 13 个，共计 42 个。

边界线自贞丰、望谟、镇宁三县边界线交会点至贞丰、望谟、册亨三县边界交会点止，全长 48.43 千米。

边界线的起点位于贞丰县鲁容乡纳翁村、望谟县石屯镇喜独村、镇宁县简嘎乡翁元村，三县交会点在清水江中心线与喜档沟中心线交叉处，南面属贞丰县，东南属望谟县，西北面属镇宁县。

边界终点在贞丰县沙坪乡白尼田村、望谟县乐元镇板降村、册亨县花冗乡洛凡村三县交会处，以洛凡河中心线与北盘江镇中心线交叉点沿北盘江中心线向东南延伸，西北面为贞丰县辖区，东北面为望谟县辖区。

边界线埋有同号双立青石界桩，分别位于北盘江两侧。贞丰县界桩点位于贞丰县沙坪乡孔桃村竹山组北盘江西岸，距边界线 110 米，在磁方位角 63° 44′，距离 535 米处为一山头，高程为 553.1 米，磁方位角 176° 29′ 距离 620 米处为一岔路，高程为 357.5 米，磁方位角 311° 29′，距离 458 米处为一个山头，高程为 443.8 米。

望谟界桩位于望谟县乐元镇纳管村北盘江东岸。

四、贞丰与册亨县行政区域边界线概况

贞丰与册亨县接壤的有 6 个乡（镇），即贞丰县连环乡、鲁贡镇、沙坪乡；册亨县坡妹镇、庆坪乡、岩架镇等。接边村民组有贞丰县四方洞、巧达、堡堡上、田湾、大田河、铜瓢湾、纳坡、田坎头、坡盎、纳岸、纳顶、纳半、大湾、纳风、落闹、打嫩、牛棚、塘新寨、岜内、这年、顶翁、者要、者丫、石柱、烂泥沟、白泥田共26个和册亨县大坪子、水井湾、龙井、龙磨、坡马、张家、岜凡、纳盘、营盘上、龙大湾、纳荣、坝子头、岜达、纳弄田、新寨、纳每、打兰、中寨、洛干、弄鲁、关塘、松林、上新寨、狮子头、大水井、洛凡、浪界共27个，两县共计53个。

边界线由贞丰、册亨、安龙三县边界线交会点起呈西东走向至贞丰、望谟、册亨三县边界交会点止，全长55.01千米。

边界线起点位于贞丰县连环乡四方洞组、册亨县坡妹镇岜凡村、安龙县梨树乡坡老村，全线均以河为界。

边界线终点在贞丰、望谟、册亨三县边界交会点，位于贞丰县沙坪乡白泥田组、望谟县油迈乡板降组、册亨县岩架镇洛凡村浪界组，三县交界点在河道。

贞丰县与册亨县边界线共埋有两个界桩点，一为单立三面型石质界桩，位于贞丰册亨的边界线起点（连环乡四方洞组）。在磁方位角55° 51′，距离408米处为一山头，高程为941.1米；磁方位角162° 11′，距离404米处为一个山头，高程为1001米，磁方位角356° 11′，距离340米处为一个山头，高程为876米。另一界桩点为双立单面型石质界桩，位于贞丰县连环乡大田组大田河桥东端，距边界线40.56米，在磁方位角20° 56′，距离324米处为一个山头，高程930.6米；磁方位角106° 26′，距离320米处为一个山头，高程965.6米，磁方位角237° 26′，距离465米为一个山头，高程941.2米。

册亨县桩埋于大田河桥对面册亨县境。

五、贞丰与安龙县行政区域边界线概况

贞丰与安龙县接壤涉及5个乡镇，即安龙县龙山镇、梨树乡；贞丰县龙场镇、挽澜乡、连环乡。两县接边村有安龙县坡利、回花坪、纳院、利沃、四门洞、立度、纳坡、大山、宜拉、纳黑共10个村；贞丰县鸡筛田、大冲、向家寨、黄泥堡、观音岩、安家箐、学堂坪、野猪坪、马房、水麻箐、大坪、贺家箐、窑上、柏枝坡、上那洛、新水井、下那洛、板光、石界碑、江家湾、盘海、小寨、湾子头、白沙洞、杨冗坪、丁家洞、四方洞共27个村民小组。

边界线由北向南自兴仁、贞丰、安龙三县边界线交会点起至贞丰、安龙、册亨三县边界线交会点上，全长30.36千米。

边界线起点位于兴仁县屯脚镇纳英村、贞丰县龙场镇枪杆寨村贺家箐组、安龙县龙山镇坡利村三县交会点，西东走向。

边界线终点在贞丰县连环乡屯上村四方洞组，册亨县坡妹镇岜凡村，安龙县梨树乡坡老村三县交会点。

贞丰与安龙县边界线共埋有三个界桩，起点桩为单立三面型石质界桩，位于兴仁县屯脚镇纳村，贞丰县龙场镇枪杆寨村贺家箐组三县交界处，在磁方位角14° 05′，距离563米处为一个山头，高程为1816米；磁方位角110° 20′，距离92米处为一个山头，高程为1956米，磁方位角300° 35′，距离498米处为一个山头，高程为1796米。

中间界桩在贞丰县挽澜乡红稗坝村盘海组，安龙县梨树乡暗河村交会处，为单立双面型石质界桩，磁方位角 18° 41′，距离 124 米处为一个山头，高程为 1161 米；磁方位角 84° 56′，距离 690 米处为一个山头，高程为 1126.7 米，磁方位角 148° 11′，距离 316 米处为一个山头，高程为 1151 米。

终点界桩位于贞丰县连环乡屯上村四方洞组、册亨县坡妹镇岜凡村、安龙县梨树乡坡老村三县边界处，为单立三面型石质界桩，位于贞丰县境内，磁方位角 55° 51′，距离 408 米处为一个山头，高程为 941.1 米；磁方位角 162° 11′，距离 404 米处为一个山头，高程为 1001 米；磁方位角 356° 11′，距离 340 米处为一个山头，高程为 876 米。

六、贞丰与兴仁县行政区域边界线概况

贞丰兴仁两县接壤有 7 个乡（镇），即贞丰县龙场镇、小屯乡、长田乡、平街乡 4 个乡（镇），兴仁县新马场乡、巴铃镇、回龙镇 3 个乡（镇）。边界线上的村民组有贞丰县下九盘、下岩、顶岸、水泥、湛家麻窝、古谷冲、旧寨、袁家查、田坎脚、戛陇、鲁家坡、上长冲、山背后、雨北、冬瓜林、石科凼、梨头寨、堡寨、关家箐、大地、石灰窑、坪上、陈家田、黑石头、杉树林、三家寨、桃子湾、大沟边、阮龙坡、下牛草坪、大垭口、石门坎、海子、牛家湾、南洞河、纳角水井、水淹坪、坝口、李家湾、样榜田、对门山、李家庄、普子脚、杉树田、蔡家寨、枪杆寨、落阴寨、贺家寨共 48 个；兴仁县九盘、坪寨、回龙、计屯、圹山、白泥、安山、新坪、孔寨、杨家湾、卡子、灰渣、汪寨、白水田、栋青、合心、彭家庄、百卡、纳英 19 个。

贞丰、兴仁边界线自贞丰、兴仁、关岭三县交会点起至贞丰、兴仁、安龙三县交会点止，全长 52.97 千米，边界线呈北南走向。

边界线起点位于贞丰县平街乡下岩村九盘组、兴仁县马场乡九盘村梭江组、关岭县普利乡下瓜村上瓜组支流河中心线与北盘江中心线交会处。

边界线终点位于贞丰县龙场镇枪杆寨村贺家箐组、兴仁县屯脚镇纳英村、安龙县龙山镇坡利村三县交会处。

边界线共埋有界桩三个，第一个界桩位于贞丰县长田乡梨头寨村保上组，兴仁县回龙镇扁山村边界上，为单立双面型石质界桩，在磁方位角 48° 50′，距离 455 米处为一个山头，高程 1417.5 米，磁方位角 110° 05′，距离 543 米处为一个山头，高程为 1365 米，磁方位角 225° 20′，距离 137 米处为一水井。第二个界桩位于贞丰县龙场镇上水桥村、兴仁县卡子村交界的贞丰境内，为单立双面型青石质界桩。在磁方位角 119° 35′，距离 158 米处一涵洞，高程为 1335.1 米，磁方位角 208° 50′，距离 345 米处为一个山头，高程为 1351.8 米，磁方位角 264° 35′，距离 420 米处为一个山头，高程为 1344.7 米。第三个界桩位于贞丰县龙场镇枪杆寨村贺家箐组，兴仁县屯脚镇油英村、安龙县龙山镇坡利村边界的安龙县境内。在磁方位角 14° 05′，距离 563 米处为一个山头，高程为 1816 米，磁方位角 110° 20′，距离 92 米处为一个山头，高程为 1956 米，磁方位角 300° 35′，距离 498 米处为一个山头，高程为 1796 米。

第二章　城乡概况

贞丰县城位于县境中部，坐落在长贡山脉与炎山山脉两岭之间的平缓坝子。东至东门寨子，南界锅底冲和中坝寨子，西抵坡轰、左旗村寨，北界这洋、塔山寨子。城区面积 6 平方千米。城中心海拔 1040 米，四周皆山，山多奇秀，坝子中的这洋河自西向东流经湾丘、桥望、这样、塔山田坝，汇于者马山林西侧沟谷，跌入头塘、二塘，穿过三拱桥，汇入东门海子，潜流出界。全县有 6 个镇 7 个乡。其中珉谷、龙场、者相、北盘江、挽澜、小屯、长田、平街 8 个乡镇主产粮食、烤烟；连环、白层、鲁贡、沙坪、鲁容 5 个乡镇盛产甘蔗、板栗、砂仁、芭蕉等经济作物，也是布依族聚居人口较多的乡镇。

第一节　县　城

县城历史悠久，古称珉谷大寨，因老城北面的珉球石亦称珉谷。清雍正七年（1729），永丰州州治移驻珉谷。嘉庆二年（1797）九月，改名贞丰州。民国 2 年（1913），改名贞丰县至今。乾隆七年（1742），筑石城，城中居民 750 余户，城区面积 0.8 平方千米。随着历史的变迁、社会的发展，城区面积逐步向西南方向发展，至 1993 年，城区面积扩展到 3.5 平方千米，主要街道有油榨街、田坝街、南大街、洗布河街、新市街、小街、民族路、解放路、富民路、建设路等。1998 年后，先后规划建设菜园商贸区，县城内环路及街心花园十字交叉道至供电大楼等，城市规模扩大，城区面积增至 5.4 平方千米，至 2008 年，又陆续建成黄金大道、金丰大道、永丰大道、塔山大道、南环大道等，县城面积扩大到 6 平方千米。尤其是金都、康筑、辰宇等房地产开发商的入驻，使贞丰城市建设日新月异，面貌焕然一新，三层至八层楼房鳞次栉比，高楼林立，十余层、二十余层的楼房逐步凸现。县城有省、州驻贞单位、县直党政军机关团体、县属各企事业单位 100 余个，有珉谷镇 3 个社区和阴滩村、这旗村、弯丘村、塔山村、东门村、牛坪村等与县城紧密相连，加上常年流入人口，2010 年县城常年居住人口 7 万余人。

县城是贞丰县治所和政治、经济、文化、教育、科技、交通、信息中心。1991 年以后利用资源、区位优势，招商引资，发展工商业，加大基础设施建设，形成多条公路干线纵横交错的交通枢纽，每天发往兴仁、兴义、昆明、安顺、贵阳、百色、安龙、册亨、望谟等地和县内乡镇的客车达 100 班次，建立电讯、邮政、传真、电视、广播等信息系统，兴修自来水、供电、照明等公用设施，改善居住环境、生活条件。

贞丰文化、教育、体育、卫生、邮电、通讯等发展迅速。文化馆、图书馆、体育场、游泳池和各种理疗、保健、歌舞厅、茶室、网吧等设施俱全。城内有县委党校、职业中学、高级中学各1所、初级中学2所、完全小学6所、公办幼儿园2所，有民办三立中学1所、托儿所4所，有县人民医院、县中医院、博爱医院（民营）、永丰医院（民营）、县疾控中心、县保健站和珉谷卫生院，各种诊所、药店、超市等分布全城，医疗、技术、设备日益先进，公共设施较为完善。

第二节　乡　镇

珉谷镇

政　区

地理位置　珉谷镇位于北纬25° 21′ ~25° 39′，东经105° 26′ 15″ ~105° 44′。地处贞丰县中部，东与白层镇接壤，南连挽澜乡、连环乡，西与龙场镇、小屯乡毗邻，北接者相镇。镇人民政府驻塔山大道旁。珉谷镇是贞丰县政治、经济、文化中心，县城在珉谷镇。

政区沿革　南宋理宗宝祐元年（1253）至清雍正五年（1727），先后隶属广南西路罗殿国、广西两江宣慰司泗城州安隆长官司、广西省泗城府西隆州。清雍正五年（1727），设置永丰州，隶属永丰州；清嘉庆二年（1797），改永丰州为贞丰州，隶属贞丰州；民国2年（1913），改贞丰州为贞丰县，隶属贞丰县。雍正七年（1729），因珉球地势平坦，环境条件较好，气候宜人，永丰州治从长坝（隶属今望谟县）移至珉球。雍正九年（1731），建州署于珉球。民国19年（1930），设置珉球镇，隶贞丰县第一区。民国28年（1939），辖城内旧城街，城外小街、乔林、纳磨、偏冈、花碗窑6个联保。民国31年（1942年），更名鼎昌镇。1950年5月，改为城关镇，9月设城关区。1958年12月，贞丰县并入兴仁县，城关区改为贞丰公社，隶属兴仁县。1961年8月，恢复贞丰县，贞丰公社恢复为城关区，城关管理区恢复为城关公社。1983年，城关公社改为城关镇，隶属城关区。1984年7月，将城关镇与旗洋乡合并，建立珉谷镇，升级为区级镇，镇政府驻地珉谷。1991年3月，撤区并乡建镇，将原岩鱼、大碑、白腊三乡和原盘龙乡牛坪村、坪上村、桃核村、长安村并入珉谷镇，辖50个村（居）委会。2007年，实施村级整合，将50个村（居）委会整合为25个村和3个社区。

政区划分　2010年年末，辖岩鱼、林用、必克、戈岜、巧贯、纳马、纳么、纳尧、纳山、对家寨、纳妹、白腊、顶肖、河堡、大碑、鹅田、盘龙、牛坪、中坝、塔山、左旗、菜园、阴滩、东门、坡旗25个行政村和老城、永丰、菜园3个社区，下辖23个居民小组，280个村民小组。

人口面积　2010年年末，辖区总人口73677人，其中农村人口56941人，汉族占总人口55%，布依族、苗族、回族等13个少数民族占总人口的45%，其中布依族占少数民族人口69.3%，苗族占26.5%，回族占2.7%。

辖区东西最大距离16.2千米，南北最大距离15.1千米，总面积158.03平方千米。其中，陆地157.7平方千米，占99.8%；水域0.328平方千米，占0.2%，人口密度473人/平方千米。

自然条件

地形地貌　境内为低中山地貌，地势由西北向东南呈阶梯状下降，岩溶盆较集中，山地、丘陵主要集中在镇域西北、南部区域，其中山地约占全镇总面积47.23%。最高峰长贡山海拔1453.1米，最低点位于盘龙，海拔840米，高差613.1米。

气候　年平均气温16.5℃，极端最低气温-2.7℃，极端最高气温35.6℃。年平均降水量1356.5毫米，年平均降雨数为203.3天，最多达248天，最少为162天。

水文　境内属北盘江水系。主要河流这洋河、观音洞河从不同方向流入东门海子，贞丰背斜以北地下水流经坡板、岩鱼流入东门海子。

矿藏　境内矿藏资源主要有石灰石、金、锑、铜、镁、重晶石、白云石、萤石、页岩、大理石等。其中白云石储量和萤石矿储量最多。

自然灾害　主要自然灾害有干旱、冰雹、大风、洪涝、连阴雨、倒春寒等。旱灾出现最多，2009年8月至2010年4月，持续干旱8个月，总降水量仅230.6毫米。暴雨3年1遇，1991年7月31日，出现降水量达216.3毫米的特大暴雨，县城居民财物损失严重。连阴雨10天以上年平均2次。冰雹年平均2.5次，集中出现在春季4月中旬至夏季8月下旬，大风年平均出现4.3次，多出现于每年3月至5月，最大风速8级。

经　济

农业　耕地面积35700亩，人均0.48亩。

粮食作物以稻谷、玉米、小麦为主。2010年生产粮食21065吨，其中，稻谷14520吨，玉米5893吨，小麦278吨。主要经济作物有烤烟、油菜、蔬菜、花生、金银花、桃子、李子、黄花梨、樱桃、葡萄。其中，烤烟产量110吨，油菜籽产量54吨，蔬菜种植面积9300亩、产量38140吨，金银花干花产量23吨，李子产量3800吨。

畜牧业以饲养猪、牛、羊和家禽为主。2010年年末，生猪存栏17201头，全年出栏20928头；牛存栏10926头，全年出栏2387头；羊存栏3089只，全年出栏1854只；家禽存栏123556羽，全年出栏144778羽。全年肉类产量2037吨，禽蛋产量521吨。

2010年年末，树林面积68000亩，林木覆盖率29%；果树面积14300亩，产量5800吨；农民人均纯收入3494元。

坪上村在石山上种金银花，既绿化荒山又增加经济收入，是石漠化治理有效措施，被称为“坪上模式”进行推广。

工业 2010年，工业总产值占GDP的比重已超过20%，主要以食品加工、建筑材料、铸造、制造等为主。贞丰县水泥厂建在塔山西北约500米山腰上。

商业贸易 2010年年末，共有商业网点781个，从业1895人；社会商品零售总额7.9亿元。县城驻珉谷镇，全县最大集贸市场在珉谷镇，6天赶一次集。

财政金融 2010年，财政收入1.01亿元。其中，营业税3411万元，企业所得税1303万元，存款余额3.4亿元，贷款余额1.02亿元。

社会事业

文化艺术 2010年年末，有文化馆（站）1个，新华书店1个，（社区）文化服务中心26处，各类文化专业户63户，各类图书馆（室）86个，藏书60余万册；音乐、美术、书法、摄影及文学业余创作队伍1000余人，主要文化艺术团队有紫金艺术团和长青艺术团。

地方特色民间艺术形式多样，主要有苗族板凳舞、布依族龙灯舞和布依族勒尤等。

教育 2010年年末，有幼儿园9所，在园幼儿3120人，专任教师63人；小学57所，在校学生10916人，专任教师633人；初中3所，在校学生5769人，专任教师271人；高中1所，高级职业中学1所，在校生3560人，专任教师202人。小学适龄儿童入学率99.8%。

医疗卫生 2010年年末，有镇属医疗卫生机构1个，门诊部（所）1个，病床42张，固定资产总值181.61万元，专业卫生人员29人；其中执业医师7人、执业助理医师9人、注册护士5人，村卫生室17个。28个村（居）民参加新型农村合作医疗51434人，参保率90%。

体育 2010年年末，有县体育场1个，容纳观众1500余人。学校体育场35个。永丰社区、金都小区安装健身器材两处。

广播电视 县城及周边有线电视用户9500户，入户率98%。25个村实现“村村通”，有“村村通”用户12000户，入户率86%。

旅游 有珉山公园，珉球石，蛤蟆石，马二元帅府，文昌宫，文笔塔，岩鱼布依寨，必克布依寨和纳马、左旗苗寨等旅游景点。

基础设施

交通 境内有贞（丰）安（龙）公路过境14千米，贞（丰）望（谟）公路过境6千米，贞（丰）册（亨）公路过境 4 千米，贞（丰）卡（子）公路过境 8 千米，安坝公路过境 8 千米。95%以上自然村寨通公路，12 个村修通水泥路或沥青公路。

运输　有县客运站一个，日发客运汽车 294 班次。

给排水　年供水 258 万立方米，排水管道 202.88 千米，镇区主要道路两侧铺设排水管道 158 千米。

供电　2002 年，实现村村通电、一户一表、同网同价。2010 年，拥有变电站（所）2 座，主变压器 18 台，总容量 45.7995 万千伏安；高压输电线路 81 条，总长度 3377.507 千米。年用电量 4.5 亿千瓦时，综合电压合格率 96.8%，供电可靠率 99.7%。

水利建设　境内有观音洞饮水灌溉工程，银洞水库饮水灌溉工程两处。

龙场镇

政　区

地理位置　龙场镇位于北纬 25° 27′ ~25° 29′，东经 105° 27′ ~105° 33′。地处贞丰县西部，东接珉谷镇，南临安龙县龙山镇，西接兴仁县巴铃镇，北连小屯乡和兴仁县回龙镇。镇人民政府驻龙场社区，距县城 17 千米。

政区沿革　清代属安南县（今晴隆县）会昌里。民国 3 年（1914），划归贞丰县；民国 19 年（1930），设立会昌镇，隶属第四区公所；民国 28 年（1939），隶属第三区公所（驻地龙场），设龙场联保；民国 30 年（1941）废区与联保，设乡、镇，改名文焕镇。1949 年 5 月，改为龙场乡；1950 年 5 月，隶属第一区公所（龙场），设龙场乡；1953 年 7 月，隶属第二区公所（龙场），下设龙场乡；1958 年 12 月，贞丰县并入兴仁县，隶属兴仁县，更名龙场人民公社，下设龙场管理区；1961 年 8 月，恢复贞丰县及龙场区，下设龙场人民公社；1984 年 4 月，改龙场公社为龙场镇；1991 年 3 月，撤区并乡建镇，撤龙场区，将原坡柳乡、三河乡、定塘乡并入龙场镇。

政区划分　2010 年年末，辖龙山、三河、坡柳、五里岗、坪坝、对门山、围寨、新童、定塘、后海子、上水桥、龙河、龙场 13 个村及 1 个龙场社区，下设 163 个村民小组。

人口面积　2010 年年末，辖区总人口 40620 人，其中农村人口 38013 人，汉族占总人口 69.65%，布依族、苗族 2 个少数民族，占总人口 30.35%。

辖区东西最大距离 23.68 千米，南北最大距离 33.88 千米，总面积 115.12 平方千米。其中陆地 112.82 平方千米，占 98%，水域 2.3 平方千米，占 2%，人口密度 354 人 / 平方千米。

自然条件

地形地貌 境内为中低山区地貌，地势西高东低，南高北低逐渐平缓，大部分为山地。最高峰位于龙头大山的“公龙山”，海拔 1966.8 米，最低点位于坡柳村董鲁，海拔 800 米，高差 1166.8 米。

气候 年平均气温 16℃。1 月平均气温 8.9℃，极端最低气温 -4℃，7 月平均气温 25℃，极端最高气温 31℃，农作物生长期平均 190 天左右，无霜期平均 260 天，年均日照数 1549.2 小时，年总辐射 102.40 千卡 / 平方厘米。年平均降水量 1200~1400 毫米，降雨集中在每年的 5 月至 8 月，6 月至 7 月最多。

水文 境内属北盘江水系。河流主要有龙山至三河至水车田水库，河道长约 7 千米；后海子至水车田水库，河道长约 4 千米；上水桥至水车田水库，河道长约 5 千米等五条。水域面积 2.3 平方千米。

矿藏及其他自然资源 境内矿产资源主要有煤、重晶石、粘土矿、金属镁、铁矿、石灰岩等。原煤储量 1.7 亿吨，可开采量 1.2 亿吨，分布在龙山、三河、坡柳一带。

有省级自然保护区——龙头大山，有珍稀动植物 300 余种。

自然灾害 主要有风雹、旱涝、山体滑坡等。2009 年 8 月至 2010 年 4 月，发生百年不遇的干旱，造成部分农村饮水困难，粮食大幅度减产；2005 年 4 月 27 日，发生冰雹灾害，降冰雹时间约 15 分钟，涉及境内 13 个村 1 个社区，受灾面积 14 平方千米，损失 315 万元。

经 济

农业 耕地面积 24720 亩，人均 0.6 亩。可利用林地 42000 亩。

粮食作物以稻谷、玉米、小麦为主。2010 年，生产粮食 13268 吨，其中，稻谷 8968 吨、玉米 4100 吨、小麦 200 吨。主要经济作物以油菜、烤烟、梨子、桃子、李子、茶叶、蔬菜为主，油菜籽产量 47 吨，烤烟 790 吨；种植“七月新红宝”“十月脆蜜桃”等反季节经果林 5000 亩，产量 980 吨，“状元笔”贡茶 500 余亩，产量 50 吨，产值 2200 万元。

畜牧业以饲养猪、牛、羊和家禽为主。2010 年年末，生猪存栏 12195 头，全年出栏 13700 头；牛存栏 4853 头，全年出栏 1600 头；羊存栏 1021 只，全年出栏 800 只；家禽存栏 80256 羽，全年出栏 98850 羽。全年肉类产量 1531 吨，禽蛋产量 412 吨。

2010 年年末，树林面积 2 万亩，林木覆盖率 12.97%；农民人均纯收入 3460 元。

工业 主要有采煤、炼焦炭、生产铁合金和二氧化硅、精洗煤、制砖等。2010 年，有煤矿企业 5 家，洗煤厂 3 家，铁合金厂 1 家，砖厂 7 家，重工业园区和循环经济工业园区 1 个。

商业贸易 2010 年年末，有集镇商业网点 500 余个，从业 1560 人。龙场市场是全镇最大集市，6 天赶一次集。

财政金融　2010 年，财政总收入 7500 万元，存款余额 8000 万元，贷款余额 1.35 亿元。

社会事业

文化艺术　2010 年年末，建成镇综合文化办公楼。有村级文化活动室 14 个，各类图书馆 14 个，藏书 3 万余册。有省、州级文物保护单位（定边城遗址）1 处，有国家级非物质文化遗产保护（布依族铜鼓十二则）1 项。

教育　2010 年年末，有幼儿园 10 所，在园幼儿 1044 人，专任教师 38 人；小学 15 所，教学点 2 个，在校学生 5296 人，专任教师 262 人，小学适龄儿童入学率 99.87%；初中 2 所，在校学生 2069 人，专任教师 108 人，初中适龄人口入学率 99.8%。

医疗卫生　2010 年年末，有镇卫生院 1 个，病床 37 张，固定资产总值 300 万元，专业卫生人员 30 人。村（居）民参加新型农村合作医疗参保率 98%。

体育　2010 年年末，有体育场（含学校）19 个，其中 4 个村安装健身器材。

广播电视　1971 年 10 月，建成广播站，“组组通”广播覆盖率 100%。1996 年 12 月，建成有线电视站，有 3 个村、1 个社区 2200 户通数字电视，占全镇用户 18.4%，“村村通”电视 10 个村，覆盖率 81.6%。

旅游　境内有龙头大山自然保护区，定边（定头）城遗址，水车田水库等旅游景点。

基础设施

交通运输　境内有 309 省道及关（岭）兴（仁）高等级公路过境。关兴高等级公路过境 16 千米。辖区内有三河至者塘、龙场至龙山、龙场至者相公路和通村通组公路，总长 119.5 千米。拥有货运汽车 297 辆、客运汽车 28 辆。

邮政电信　2010 年，有邮政储蓄所 1 个，电信企业 1 个，服务网点 2 个，电话交换机容量 1000 门，固定电话用户 400 户，普及率 4%，移动电话全覆盖，互联网用户 210 户。

水利设施　有全县最大水库水车田水库。水车田水库位于童家屯村，蓄水量 1200 万立方米。

公共交通　2002 年，建成龙场镇客运站。2010 年，日发客运汽车 55 班次，日均客运量 500 余人次，其中龙场至广东、浙江等日均客运量 40 余人次。

给排水　建有自来水厂 1 座，年供水 136 万立方米，镇区主要道路两侧均铺设排水沟。

供电　2002 年，辖区内各村、组农户用电实现全覆盖，实行“一户一表”、同网同价。2010 年，有 3 个变电站，供电可靠率 98%。

者相镇

政　区

地理位置　者相镇位于北纬 25° 27′ ~25° 36′，东经 105° 37′ ~105° 47′。地处贞丰县北部，东与镇宁县良田乡、关岭县板贵乡隔北盘江相望，西与小屯乡、长田乡毗邻，南与珉谷镇、白层镇接壤，北与北盘江镇相接。镇人民政府驻者相村沙坡商贸小区，距县城 18 千米。

政区沿革　清雍正五年（1727），设置永丰州，隶属永丰州；嘉庆二年（1797），改永丰州为贞丰州，隶属贞丰州；民国 2 年（1913），改贞丰州为贞丰县，隶属贞丰县；民国 3 年（1914），建者相镇，隶贞丰县；民国 28 年（1939），设第二区（者相）；民国 30 年（1941），废区设寿山镇；民国 32 年（1943），设者相区。1953 年 7 月，改为第三区（者相）；1956 年 12 月，恢复者相区；1958 年 12 月，贞丰县并入兴仁县，撤区建者相公社，隶属兴仁县；1961 年 8 月，恢复贞丰县及者相区，隶属贞丰县；1965 年 11 月，撤贞丰县，设自治县，隶贞丰布依族苗族自治县；1983 年 7 月，复称者相镇；1991 年 3 月，撤区并乡建镇，将原来的者相镇、这艾乡、纳窝乡和平袍乡的坡烂云村并入者相镇。

政区划分　2010 年年末，辖者相、猫坡、纳孔、萝卜寨、平桥、新寨、冬妹、这艾、董箐、旗上、坡烂云共 11 个村民委员会，1 个兴者社区，178 个村民小组。

人口面积　2010 年年末，辖区总人口 42017 人，其中农村人口 39684 人，汉族占总人口 49.1%；布依族、苗族、黎族、仡佬族、回族、土家族共 7 个少数民族占总人口 50.9%，超过千人的有布依族、苗族，其中布依族占少数民族人口 74.91%，苗族占 23.99%。

辖区东西最大距离 17 千米，南北最大距离 14 千米，总面积 131.54 平方千米。其中陆地 126.16 平方千米，占 95.9%；水域 5.38 平方千米，占 4.1%。人口密度 313 人 / 平方千米。

自然条件

地形地貌　境内地处低中山区地带，地势西高东低，地形呈三级梯状分布，地势平缓，多丘陵槽坝，最高点位于猫坡村坡作大坡，海拔 1342 米，最低点位于董箐村董箐组，海拔 400 米，高差 942 米。

气候　多年平均气温 16.5℃，极端最低气温 -4.7℃，极端最高气温 35℃；无霜期年平均 339 天，最长 365 天，最短 271 天。年平均日照时数 1418.8 小时，年总辐射 102.58 千卡 / 平方厘米。年平均降水量 1356.5 毫米，年平均降雨天数 205.3 天。

水文　境内属北盘江水系。主要有明望河、洗布河、三岔河，河流总长36千米。

矿藏　境内矿产资源主要有汞、水晶矿、金矿等。

自然灾害　主要有旱涝、冰雹、大风、霜冻、连阴雨、倒春寒等。连旱出现在2009年8月至2010年4月，总降水量230.6毫米，造成全镇大范围干旱，农作物受损2050万元。雹灾平均5年2遇，风灾每年夏季均有发生。

经　济

农业　耕地面积24885亩，人均0.59亩。

粮食作物以稻谷、玉米、小麦为主。2010年，生产粮食13198吨，其中，水稻7335吨、玉米5258吨、小麦153吨。经济作物以种植油菜、蔬菜、烤烟为主，油菜种植12195亩，产量171吨；蔬菜种植4200亩，产量8200吨；烤烟种植2100亩，产量310吨。

2010年年末，大牲畜存栏11000头（匹）。其中牛8576头，马2424匹，全年大牲畜出栏2800头（匹）；生猪年末存栏13326头，全年出栏14000头；羊年末存栏3930只，全年出栏1350只；家禽年末存栏72340羽，全年出栏85000羽。全年肉类总产量1436吨，全年禽蛋产量439吨。

2010年年末，树林面积3万亩，林木覆盖率16%；农民人均纯收入3400元。

工业　境内有装机88万千瓦的董箐电站，电站位于董箐村与镇宁县交界的北盘江（茅口以下）干流下游。

商业贸易　2010年年末，共有商业网点105个，从业160人。者相市场是全镇最大集市，6天赶一次集。者相市场历史悠久，在黔西南民间曾有“头青山、二者相、三龙广”的口碑。者相市场规模曾名列黔西南乡场第二位。

财政金融　2010年，财政总收入1567万元，比上年增长141%，存款8550万元，贷款4007万元。

社会事业

文化艺术　2010年年末，有镇文化站、广播电视站各1个，有村（社区）级文化活动中心12个，各类文化专业户45户，各类图书馆8个，藏书3万余册。

教育　2010年年末，有幼儿园6所，在园幼儿1130人，专任教师45人；有小学8所，在校学生6700人，专任教师241人，小学适龄儿童入学率100%；初中1所，在校学生1534人，专任教师78人，初中适龄人口入学率98%；小学升初中升学率100%。

医疗卫生　2010年年末，有镇、村两级医疗卫生机构12个，门诊部（所）7个，有病床50张，固定资产总值180万元，专业卫生人员21人。其中执业医师5人、执业助理医师1人、注册护士2人。新型农村合作医疗参保率100%。

体育 2010年年末，有体育场（含学校）10个，其中灯光篮球场1个。

广播电视 1994年12月，建成者相镇广播电视站。2004年8月，开通有线电视，有线电视用户1530户，入户率68.3%。安装“村村通”5080户，电视综合覆盖率98%。

旅游 境内有三岔河省级风景区，国家AAAAA级旅游景区双乳峰，纳孔布依族旅游村，杨氏庄园，北盘江峡谷等景点。

基础设施

交通运输 境内有关岭至兴仁高等级公路、省道贞丰至安龙二级油路（里程12千米）穿境而过。镇区至董箐油路12千米，骑龙至者坎油路2千米，村组公路通达率100%。

邮政电信 2010年年末，有邮政分局1个，电信企业3个，服务网点9个，电话交换机总容量3000门，固定电话用户1700户，电话普及率70%，移动电话用户12500户，互联网用户700户。

水利设施 三岔河水库蓄水370万立方米。

公共交通 2006年，建成者相镇客运站，日发客运汽车80班次，日均客运量2000余人次。

给排水 1984年，建成者相镇自来水厂，有深水井1口，年供水3.28万立方米。镇区主要道路两侧铺设排水管道10.5千米。

供电 1999年，实施村村通电工程。2002年，实现户户通电、一户一表和同网同价。2010年，建设110千伏安变电站，供电可靠率98%。

北盘江镇

政　区

地理位置 北盘江镇位于北纬25°32′~25°44′，东经105°38′~105°43′，地处贞丰县北部，南与者相镇毗邻，西与平街乡、长田乡接壤，东北与关岭县板贵乡隔河相望，镇人民政府在三岔路社区，海拔1230米，距县城28千米。

政区沿革 雍正五年（1727），设置永丰州，隶属永丰州；嘉庆二年（1797），改永丰州为贞丰州，隶属贞丰州；民国2年（1913），改贞丰州为贞丰县，隶属贞丰县。民国19年（1930），隶属第二区（者相）；1950年5月，隶属第二区寿山镇（者相）；1953年7月，设第四区（牛场）；1956年7月，更名为牛场区；1958年12月，贞丰县并入兴仁县，隶属兴仁县，牛场区改为牛场公社；1961年8月，恢复贞丰县和牛场区；1965年11月，隶属贞丰布依族苗族自治县；1991年3月，撤区并乡建镇，将原牛场区顶罈乡、牛场乡及青杠林乡合并，建兴北镇；2002 年 7 月 1 日，兴北镇更名为北盘江镇。

政区划分　2010 年年末，辖北盘江、岜浩、猫猫寨、者颡、青杠林、董畔、岩脚、新屯、金井、查耳岩、银洞湾、三岔路社区，共 11 个村委会，1 个社区，134 个村民小组。

人口面积　2010 年年末，辖区总人口 34854 人，其中农村人口 34113 人，汉族占 76.52%，布依族、苗族、仡佬族、黎族共 4 个少数民族，占 23.48%。

辖区东西最大距离 11.63 千米，南北最大距离 14.24 千米，国土总面积 108.08 平方千米，人口密度 322 人 / 平方千米。

自然条件

地形地貌　境内南高北低，东北面丘陵北盘江河谷斜坡地带切割深，岩山广布，水土缺乏。中部地势相对平坦。最高点位于旧屋基大坡主峰，海拔 1850 米，最低点位于流经马家坪畜牧场的北盘江主干道上，海拔 375 米，高差 1475 米。

气候　年平均气温 15.8℃，极端最低气温 -3℃。7 月平均气温 25℃左右，极端最高气温 34℃，最低月均气温 12℃，最高月均气温 26.5℃，无霜期年均 300 天，最长 350 天，最短 265 天，年均日照数 1549.2 小时，年总辐射 102.58 千卡 / 平方厘米。年平均降雨日数为 180 天，最多达 200 天，最少为 160 天，极端年最大降雨量 1528.7 毫米，极端年最少降雨量 880 毫米，年均降水量 1100 毫米，降雨集中在每年 5 月至 8 月，6 月至 7 月最多。

矿产资源　境内矿产资源主要有大理石、冰洲石，地质储量 6000 万立方米，可采量 250 万立方米。

自然灾害　主要自然灾害有旱灾、水灾、冰雹、大风、低温冷冻、连阴雨、倒春寒、山体滑坡、泥石流等。旱灾是最为常见的自然灾害，主要发生在 3 月至 8 月。最严重旱灾发生在 2009 年 8 月至 2010 年 4 月，连续干旱 200 多天，全镇农业经济作物受灾面积 7.2 万亩，造成直接经济损失 1320 余万元。

经　济

农业　耕地面积 18150 亩，人均 0.52 亩。

粮食以种植稻谷、玉米、小麦为主。2010 年，生产粮食 7931 吨，其中稻谷 5278 吨，玉米 2444 吨，小麦 155 吨。经济作物主要有蔬菜、油菜、烤烟、花椒、金银花、茶叶等，油菜籽产量 55 吨。2010 年，种植蔬菜 2055 亩，产量 4500 吨；花椒林 2 万多亩；种植烤烟 2955 亩，收购烟叶 197 吨；金银花面积 4000 亩，产干花 1.5 吨；李子面积 1.5 万余亩，产量 50 吨。北盘江镇顶罈花椒基地出产的花椒麻味纯，香味浓。2001 年，注册“顶罈花椒”商品标识；2007 年，中国经济协会授予北盘江顶罈片区“中国花椒之乡”称号；2010 年，顶罈花椒获地理标志产品。

畜牧业以养猪、羊、牛、家禽为主。2010年年末，生猪存栏13658头，全年出栏12658头；羊存栏1023只，全年出栏1250只；牛存栏9134头，全年出栏720头；家禽存栏72665羽，全年出栏82665羽。全年肉类产量13380吨，禽蛋产量421吨。

2010年年末，树林面积6.66万亩，林木覆盖率41.8%；农民人均纯收入3227元。

工业 以花椒加工、大理石开采为主。2010年，拥有工业企业7家，职工182人。其中贞丰县顶罈椒业有限公司是一家从事花椒及其他农产品加工销售的企业，总产量460吨，总产值1180万元，多次获得省、州、县表彰，被认定为州级农业龙头企业、贵州省著名商标。

商业贸易 2010年，财政总收入552万元，比上年增长17.5%，其中企业所得税282万元；2010年年末，境内金融机构各类存款余额6248万元，贷款余额4930万元。

社会事业

文化艺术 2010年年末，建有镇文化服务中心1个，村级文化中心12个，各类图书室12个，藏书20余万册。

教育 2010年年末，有幼儿园1所，学生460人，专任教师18人；小学18所，在校学生4775人，专任教师284人，小学适龄儿童入学率99.6%；初中1所，在校学生1400人，专任教师76人。

医疗卫生 2010年年末，有镇中心卫生院1个，病床28张，医生9人，护士12人；医院1所，有病床20张，医生19人，护士19人，村级卫生室15个；其中执业医师1人，执业助理医师5人，注册护士1人，固定资产0.5亿元。新型农村合作医疗参加人数30615人，参保率89.74%。

体育 2010年年末，有体育场（含学校）6个。各村、社区体育活动中心配有体育健身设施。

广播电视 1998年8月，开通有线电视。2010年年末，电视台开通73个频道，有线电视用户780户，安装“村村通”3976户，电视综合覆盖率90%。

旅游 有北盘江大峡谷，关兴公路北盘江大桥，马家坪农牧场观光农业等景点。

基础设施

交通运输 境内有省道210线32千米，关（岭）兴（仁）高等级公路24千米，贞（丰）安（龙）公路8千米横贯镇境。通航河道1条，属北盘江一级河道，位于董箐电站库区与查耳岩码头之间，长28.40千米。

邮政电信 2010年年末，有邮政支局1个，电信企业两个，服务网点8个，固定电话用户500户，移动电话用户7000户。

公共交通 2010 年，建成北盘江镇客运站。

给排水 1991 年，开始用自来水。2010 年，有供水管道 85 千米，日供水 20 吨。镇区主要街道两侧铺设排水管道 4000 米。

供电 1999 年，实施村村通电工程。2002 年，实现户户通电、一户一表、同网同价。2007 年，北盘江镇供电所、变电站迁至三岔路社区，供电可靠率 96%。

白层镇

政 区

地理位置 白层镇地处贞丰县东部，北盘江中游，位于北纬 25° 25′ ~25° 28′ ，东经 105° 43′ ~105° 48′ ，东与鲁容乡隔北盘江相望，西与珉谷镇和连环乡毗邻，东南与望谟县石屯镇隔北盘江相邻，南与鲁贡镇相连，西北与者相镇为邻，东北与镇宁县良田乡隔北盘江相望，镇人民政府驻白层村，距县城 18 千米。

政区沿革 清雍正五年（1727），设置永丰州，隶永丰州；嘉庆二年，改永丰州为贞丰州，隶贞丰州；民国 2 年（1913），改贞丰州为贞丰县，隶贞丰县；民国 12 年（1923），设第六区（白层）；民国 24 年（1935），改为第四区；1953 年 7 月，设第六区（毛安）；1958 年 12 月，贞丰并入兴仁县，隶属兴仁县，设白层公社；1961 年 8 月，恢复贞丰县，白层公社恢复白层区；1991 年 3 月，撤区并乡建镇，将原毛安乡和坝桥乡合并设置白层镇。

政区划分 2010 年年末，辖白层、里纳、猫坡、这洞、巧苗、坝桥、这内、那郎、纳扛、纳笑、福怀、坡烂、坡扪、平袍、兴隆 15 个村，糖桥 1 个居委会，下设 126 个村民小组。

人口面积 2010 年年末，辖区总人口 25878 人，其中农村人口 24666 人。布依族占总人口 71.57%，汉族、苗族、侗族、壮族、瑶族、蒙古族 6 个民族占 28.43%。苗族占少数民族人口的 23.92%。

辖区东西最大距离 27 千米，南北最大距离 49 千米，总面积 156.01 平方千米。其中陆地 149.56 平方千米，占 95.87%；水域 6.45 平方千米，占 4.13%。人口密度为 170 人 / 平方千米。

自然条件

地形地貌 白层镇处于北盘江河谷地带，地势西高东低，中南部沟谷纵横，间有串珠状盆槽地和成片草坡，中北部多为低山河谷槽坝。最高点位于纳扛村坡阳山，海拔 1050 米；最低点位于里纳村与鲁贡镇交界处，海拔 375 米；高差 675 米。

气候 气候炎热，属典型的亚热带气候。夏季高温酷热多雨，冬季暖和，春温高于秋温。

年平均气温 22.1℃，1 月平均气温 11℃，极端最低气温 1℃，7 月平均气温 29℃，极端最高气温 41℃。无霜期年平均 360 天，最长 365 天。年平均日照时数 1645.2 小时，年总辐射 102.58 千卡 / 平方厘米。年平均降雨日数 203.3 天，最多达 248 天，最少为 162 天。年平均降水量 1079.2 毫米，极端年最大降水 1453.8 毫米，极端年最小降水量 880 毫米，降雨集中在每年 5 月至 8 月，6 月至 7 月最多。

水文　境内属北盘江水系，有诗湾河、坝桥河、那郎河等，其中那郎河水源经小屯、头猫、大碑，时明时潜流入境内，在白岩丫口山脚流出，河流长 37.7 千米，流域面积 241 平方千米，多年平均流量 4.3 立方米 / 秒，年均径流总量 1352 立方千米。

矿藏及其他自然资源　境内已探明地下矿藏有黄金、铁等。其他资源有水能、风能、热能等。

自然灾害　主要有冬春干旱、洪涝等。2009 年秋至 2010 年夏，发生百年不遇特大旱灾，全镇各种农作物受灾面积 3.3 万亩，成灾面积 8000 亩，造成直接经济损失 4000 多万元；全镇受灾人口 22886 人，造成 19440 人、6833 头（匹）大牲畜饮水困难。

经　济

农业　2010 年，耕地面积 13785 亩，人均 0.54 亩。

粮食作物主要以种植水稻、玉米为主。2010 年，生产粮食 4813 吨，其中，水稻 1343 吨，玉米 3165 吨，小麦 48 吨。经济作物主要是以种植甘蔗、砂仁、李子、火龙果为主。2010 年，甘蔗种植面积 26250 亩，产量 27100 吨。

畜牧业以饲养牛、马、猪、羊、家禽为主。2010 年年末，牛存栏 5346 头，全年出栏 812 头；生猪存栏 3976 头，全年出栏 6814 头；马存栏 668 匹，全年出栏 182 匹；羊存栏 690 只，全年出栏 550 只；家禽存栏 44568 羽，全年出栏 67810 羽。全年生产肉类 780 吨、禽蛋 290 吨。

2010 年年末，树林面积 7.62 万亩，森林覆盖率 34%；农民人均纯收入 3358 元。

工业　2010 年，工业生产总值 9.95 亿元，规模以上工业企业 5 个，职工 560 人，实现工业增加值 3.26 亿元，比上年增加 13%；其中大中型工业企业 1 家，职工 350 人，实现工业增加值 1.08 亿元，比上年增加 26%。境内有贞丰县白糖厂，金州港船舶制造厂，那郎一、二、三级水电站。

商业外贸　2010 年年末，共有商业网点 15 个，从业 64 人；乡村集贸市场 2 个（白层市场，坝桥市场），6 天赶一次场。

财政金融　2010 年，财政收入 3577.91 万元，其中国税完成 929.38 万元，地税完成 2648.53 万元。2010 年年末，拥有金融机构 2 个，存款余额 5159 万元，比上年增长 22%；贷款余额 4978 万元，比上年下降 9%。

社会事业

文化艺术　2010年年末，有镇文化站1个，村级文化活动中心16个，各类图书室27个，图书7万余册。

教育　2010年年末，有小学17所，在校学生2510人，专任教师143人，小学适龄儿童入学率99.3%；初中1所，初中在校生1233人，专任教师35人，初中适龄人口入学率96%；小学升初中升学率、九年义务教育覆盖率均为98%。

医疗卫生　2010年年末，有镇、村两级医疗卫生机构5个，门诊部（所）5个，病床19张，固定资产总值235万元，专业卫生人员17人；其中执业医师6人、执业助理医师3人、注册护士4人。新型农村合作医疗参加率98.7%。

体育　2010年年末，拥有体育场地（含学校）12个，总面积5040平方米。

广播电视　2010年年末，电视开通75个频道，有线电视用户130户，无线电视用户5000余户，安装“村村通”5000户，电视综合覆盖率83.9%。

旅游　境内有白层古渡风光，红军长征抢渡北盘江纪念碑，龙滩水电站库区风光，鸡冠石风光等景点。

基础设施

交通运输　境区有省道309过境11千米，贞丰至望谟油路过境12千米，董箐电站进站油路过境3千米，鲁（贡）白（层）油路过境10千米；有西南水运出海通道北盘江高等级航道1条，境内全长40千米；建有白层港口3个作业区，年吞吐量500万吨。临时客运码头1个，货船10艘；其中500吨船舶1艘，1000吨船舶4艘，1200吨船舶5艘。2010年，水陆客运总量26万人次，货运总吞吐量100万吨。

邮政电信　2010年年末，有邮政所1个，电信企业1个，服务网点1个；固定电话用户200户，移动电话用户1.44万户，普及率80%；互联网用户100户。

公共交通　有临时客运站1个，客运车辆6辆。

供电　1991年，实施村村通电工程。2002年，实现户户通电、一户一表、同网同价。2010年年末，镇区拥有35千伏变电站2座，主变压器2台，总容量6300千伏安；高压输电线路4条，10千伏线路总长179.1千米，400伏以下线路总长194.5千米；用电负荷8545千伏安，综合电压合格率99.92%，供电可靠率99.86%。

给排水　境内有自来水管道50千米，年供水12.36万吨。

鲁贡镇

政　区

地理位置　鲁贡镇位于北纬25° 7′ 6″ ~25° 21′，东经105° 42′ ~105° 55′，地处贞丰县南部，东与望谟县石屯镇隔河相望，南与沙坪乡毗邻，西与册亨县坡妹镇相连，北与白层镇相接，西北与连环乡接壤，镇人民政府驻地鲁贡村，距县城27千米。

政区沿革　清宣统三年（1911）前，隶属贞丰州；民国2年（1913），贞丰州改为贞丰县，册亨州同改为册亨县，鲁贡隶属册亨县；民国3年（1914），坡稿、鲁贡从册亨县划入贞丰县；民国19年（1930），设立第五区（鲁贡），置鲁贡镇；民国28年（1939），撤第五区，隶属第四区（白层），置鲁贡、坡稿联保；民国30年（1941），更名时钦乡；1950年5月，隶第三区（白层），更名鲁贡乡；1953年，隶属第六区（毛安），设鲁贡乡；1956年12月，隶属白层区，置鲁贡乡；1958年12月，贞丰县并入兴仁具，隶属兴仁县，设鲁贡人民公社；1961年8月，恢复贞丰县和鲁贡区；1965年11月，隶属贞丰布依族苗族自治县；1991年3月，撤区并乡建镇，将原鲁贡、坡稿、弄洋乡合并为鲁贡镇。

政区划分　2010年年末，辖鲁贡、管路、坡艾、板怀、毛闷、坡扒、打嫩、洛艾、者冗、坡稿、巧年、暗老、者央、林桃、么扒、弄洋16个村民委员会，下设126个村民小组。

人口面积　2010年年末，辖区总人口24069人；其中，农村人口23755人。汉族占总人口3.6%，布依族占总人口96%。

辖区东西最大距离13千米，南北最大距离14.2千米，总面积158.17平方千米，人口密度每平方千米153人。

自然条件

地形地貌　地势由西北向东南呈阶梯状逐渐下降，属低热河谷山地地貌。最高点位于管路村落半组（九脑山）云盘山顶，海拔1148米；最低处位于北盘江边么扒江段，海拔375米；高差773米。

气候　境内夏季高温酷热，冬季暖和。年平均气温17.5℃，最低气温7℃，1月平均气温8.1℃，极端最低气温-2℃，7月平均气温30.8℃，极端最高气温36.5℃，无霜期年平均360天，最长365天，最短330天，年平均日照时数1418.8小时，年总辐射102.58千卡/平方厘米；年平均降水量1000毫米，极端年最大降水量1453.8毫米，极端年最小降水量754.3毫米，降雨集中在每年5月至8月，6至7月最多。

水文　境内河流属北盘江水系。主要河流有鲁贡河由西向东流经管路村、鲁贡村、板怀村、毛闷村、坡扒村汇入北盘江坡扒渡口，河长5千米，年均流量0.89立方米/秒；大田河经鲁贡、坡稿流入这年海子，河长11千米，年均流量11立方米/秒。

矿藏资源 境内有大理石、金矿。

自然灾害 主要自然灾害有旱灾、洪涝、暴风等。2010年，旱情严重，全镇农作物受旱面积1.41万亩；2009年8月至2010年5月，总降水量仅为237毫米，因旱农作物绝收面积0.84万亩，占播种面积60%，损失2000万元。

经　济

农业 全镇耕地总面积34455亩，人均耕地1.43亩。

粮食作物主要以稻谷、玉米、小麦为主。2010年，生产粮食6223吨，其中稻谷1562吨、玉米4274吨、小麦87吨。经济作物主要以种植甘蔗、蔬菜、李子为主。甘蔗种植面积7560亩，产量7800吨；蔬菜种植面积1300亩，产量500吨；四月李种植面积0.5万亩，产量1250吨。

畜牧业以养猪、牛、马、羊、家禽为主。2010年年末，生猪存栏7802头，全年出栏7471头；牛存栏5312头，全年出栏632头；马存栏1360匹，全年出栏324匹；羊存栏580只，全年出栏700只；家禽存栏45146羽，全年出栏66550羽。2010年，生产肉类773吨，禽蛋290吨。2010年年末，树林面积4万亩，林木覆盖率25.3%。农民人均纯收入3061元。

鲁贡镇本地黑香猪又称北盘江下江猪。黑香猪出栏体重一般不超过100公斤，肉质香嫩。

工业 镇域内有大田河一、二级水电站，装机10万千瓦。

商业外贸 2010年年末，有80个商业网点，从商人数360人；乡镇农贸市场2个，（鲁贡老市场和新市场），6天赶一次集。

财政金融 2010年，财政总收入1102万元，金融机构存款余额760万元，贷款余额3280万元。

社会事业

文化艺术 2010年年末，有镇文化服务中心1个，村级图书室6个，藏书4.8万余册。有布依古歌老年合唱团1个，成员45人，以布依族歌舞为主。古乐有闇老村勒尤队。

教育 2010年年末，有小学22所，在校学生4092人，专任教师148人；初中1所，在校学生485人，专任教师35人。全镇小学适龄儿童入学率99%，初中学龄人口入学率96%。

医疗卫生 2010年，有镇医疗机构1个，病床20张，专业医务人员19人；村级卫生室16个，医务人员31人；其中执业医师4人，执业助理医师2人，注册护士3人。学校医务室1个，专业医务人员1人，固定资产8万元。全镇2.35万村民参加新型农村合作医疗，参保率91.24%。

体育 2010年年末，17个校点均有篮球场，并配备体育器材。

广播电视 2010年，有线电视用户100户，开通73个频道，村村通覆盖4552户，广播电视覆盖率87.5%。

基础设施

交通运输 境内有贞（丰）望（谟）公路横穿而过，全长14千米；通村公路11条，村级公路覆盖率100%；通组公路15条，长146千米。硬化通村公路4条20千米。

邮政电信 2010年年末，有邮政所1个，电信网点（含代办处）6个，固定电话用户108户，移动电话用户1.1万户。

公共交通 2010年，建成鲁贡镇客运站，日发客运汽车10班次，日均运客量180人次。

给排水 截至2010年，建成小水池小水窖1250口，供水管道46千米，有安全取水点36处。

供电 1999年，实施村村通电工程。2002年，实现户户通电、一户一表、同网同价。2009年，鲁贡镇变电站建成，供电质量不断提高。

连环乡

政 区

地理位置 连环乡位于北纬25°16′08″~25°15′56″，东经105° 41′ 39″ ~105° 33′ 39″ 。地处贞丰县南部，东与白层镇和鲁贡镇相接、南与册亨县坡妹镇隔大田河相望，西与挽澜乡接壤，北与珉谷镇相邻，乡人民政府驻地关山村，距县城11千米。

政区沿革 宣统三年（1911）前，隶贞丰州。民国2年（1913），改贞丰州为贞丰县，隶贞丰县。民国19年（1930），隶一区（珉球）置联合乡。民国30年（1941），设哲卿乡。1953年7月，在连环设置第五区；1958年12月，贞丰县并入兴仁县，撤销连环区，置联合和平管理区，隶属兴仁县贞丰公社；1961年8月，恢复贞丰县，隶属贞丰县城关区称联合公社、和平公社；1984年，撤销公社成立联合乡、和平乡；1991年3月，撤区并乡建镇，将和平乡、联合乡和原者塘乡红稗坝村、屯上村合并建置连环乡。

政区划分 2010年年末，辖关山、连环、纳传、大田、纳暗、坡棉、屯上、巧岩8个村民委员会，84村民小组，112个自然村寨。

人口面积 2010年年末，辖区总人口18674人，其中农村人口17851人。布依族占总人口47.5%，汉族、苗族、仡佬族3个民族占总人口52.5%，苗族占少数民族人口17.72%。

辖区东西最大距离7.6千米，南北最大距离6.8千米，国土面积79.59平方千米。其中陆地面积78.59平方千米，水域面积1平方千米。人口密度240人/平方千米。

自然条件

地形地貌 境内地势西北高东南低，南部属低山河谷山地地貌。最高点坡棉村坡棉组海拔1078米，最低点坝河组海拔541米，高差537米。境内有自然景观四方洞，洞内钟乳石形态丰富，有旅游开发价值。

气候 年平均气温16.5℃。1月平均气温7.2℃，极端最低气温-2.5℃；7月平均气温24.5℃，极端最高气温33.6℃；最低月均气温15.7℃。无霜期年平均340天，最长365天，最短280天；0℃以上持续期325天。年平均日照1418.8小时，最少日照天数160天；极端年最大降雨量1747.2毫米，极端年最少降雨量888毫米；年降雨集中在5月至8月，6月至7月最多。

水文 北盘江重要支流大田河流经境内。

矿产资源 页岩建材资源遍及全乡，探明乡境蕴藏铝矿和金矿。

自然灾害 主要自然灾害有干旱、连阴雨、倒春寒、冰雹、暴雨、霜冻等。2009年8月至2010年5月，发生严重旱灾。旱灾造成全乡约1万人缺水，粮食作物和经济作物大面积受灾，经济损失450万元。

经 济

农业 2010年，耕地面积12180亩，人均0.65亩，粮食作物以种植水稻、玉米为主。2010年，生产粮食5602吨，其中水稻3175吨，玉米2293吨，小麦72吨。经济作物有砂仁2.5万亩，生姜1万亩，辣椒4000亩，板栗2.5万亩，李子3000亩，粽子叶1000亩。

畜牧业以养猪、牛、羊、家禽为主。2010年年末，生猪存栏6364头，全年出栏6658头；牛存栏5424头，全年出栏5424头；羊存栏792只，全年出栏200只；家禽存栏44180羽，全年出栏31480羽；全年肉类总产量738吨，禽蛋产量99吨。2010年年末，树林面积7万亩，林木覆盖率61%；农民人均纯收入3360元。

工业 2010年，境内有装机10.6万千瓦的大田河电站及装机5200千瓦的大田河丰发一、二级电站；有氰化钠厂1个，页岩砖厂3个；砖厂年生产能力6000万块。

商业外贸 2010年年末，共有商业网点18个，从商30人；乡政府驻地关山和大田河桥边各有1个乡村市场，6天赶一次集。

财政金融 2010年，财政收入180万元。

社会事业

文化艺术　2010年年末，有乡文化服务中心1个，农家书屋8个，藏书0.4万册。

教育　2010年年末，有小学11所，小学在校学生1750人，专任教师84人；初中1所，在校学生561人，专任教师34人。小学适龄儿童入学率100%，初中适龄人口入学率96%，小学升初中升学率100%。

医疗卫生　2010年年末，有乡级卫生机构1个，固定资产90万元，专业卫生人员7人；其中执业助理医师2人，注册护士6人。新型农村合作医疗参保率96%。

体育　2010年年末，有农民体育健身场1个。

广播电视　2010年年末，全乡8个村安装2004套村村通，电视覆盖率85%。

基础设施

交通运输　309省道贞（丰）安（龙）二级公路连环段4千米、贞（丰）册（亨）公路连环段19千米穿境而过。

邮政电信　2010年年末，邮政业务总量30万元；电信服务网点1个，电话交换机总容量330门，固定电话用户55户，电话普及率1.2%；移动电话用户2386户，普及率12.6%；互联网用户30户。

供电　1999年，实施村村通电工程。2002年，实现村村通电、一户一表、同网同价；供电可靠率90%。

挽澜乡

政　区

地理位置　挽澜乡位于北纬25° 21′ ~25° 25′，东经105° 29′ ~105° 36′ 之间。地处贞丰县城西面龙头大山山麓，东与珉谷镇接壤，南与连环乡和安龙县笃山乡交界，西与安龙县龙山镇相连，北与龙场镇毗邻。乡人民政府驻地挽澜村，距县城12千米。

政区沿革　宣统三年（1911）前，隶属贞丰州。民国2年（1913），改贞丰州为贞丰县，隶属贞丰县。民国19年（1930），隶属贞丰县第一区（珉谷），置挽澜镇；民国28年（1939），仍隶贞丰县第一区，置花碗窑联保；民国30年（1941），设时范乡；1950年5月，改名为挽澜乡。1953年7月，隶属第5区（连环）；1958年12月，贞丰县并入兴仁县，隶属兴仁县贞丰上游人民公社；1961年8月，恢复贞丰县建制，隶属城关区，改设挽澜公社；1965 年 11 月，隶属贞丰布依族苗族自治县；1984 年 7 月，复名挽澜乡；1991 年 3 月，撤区并乡建镇，将原者塘乡者塘村、店子村并入，置挽澜乡。

政区划分　2010 年年末，辖挽澜、纳坎、拥跃、窑上、兴农、板光、者塘、店子 8 个行政村和 1 个居民委员会，65 个村民组，64 个自然村寨。

人口面积　2010 年年末，辖区总人口 17840 人，其中农村人口 17716 人。布依族占总人口 44%，苗族、汉族两个民族占总人口 56%，其中，苗族、汉族各占 50%。

辖区东西最大距离 23.57 千米，南北最大距离 11.4 千米，国土面积 91.4 平方千米。其中陆地面积 89.42 平方千米，占总面积的 97.83%；水域面积 1.98 平方千米，占 2.17%；人口密度为 191 人 / 平方千米。

自然条件

地形地貌　地处龙头大山与长贡山之间的河谷槽地地带，属低中山地地貌，地势东北与西南高，中部平缓，境内岩溶发育多溶洞、多伏流。最高点位于龙山山脉鸡关山，海拔 1688.3 米；最低点位于者塘村哪拉河处，海拔 840 米；高差 848.3 米。

气候　年平均气温 17.3℃，1 月平均气温 7.5℃，极端最低气温度 2.5℃；7 月平均气温 25℃，极端最高气温 35℃；最低月均气温 17.2℃，最高平均气温 31℃；无霜期年平均 340 天，最长 365 天，最短 350 天。0℃以上持续期 330 天。年平均日照 200 天，最少 160 天。极端年最大降雨量 1747.2 毫米，极端年最少降雨量 888 毫米；年降雨集中在 5 月至 8 月，6 月至 7 月最多。

水文　境内河流属北盘江水系，挽澜河由西向东再向南延伸贯穿境内，长 48 千米，年均径流量 4.39 立方米 / 秒。

矿藏资源　已探明矿产有煤、陶土、锰、金属镁、耐火砂、页岩、石英砂等。煤储量 1.7 亿吨以上，陶土储量 1 亿多吨。挽澜被誉为土法制陶之乡。

自然灾害　主要有冰雹、旱涝、地质灾害、绵雨凝冻、倒春寒等。2010 年 1 月至 5 月，发生严重旱灾，全乡半数以上村民小组受灾，受灾人口 1 万人次；农作物受灾面积 5250 亩，0.2 万余人饮水困难，粮食减产 8 万余千克；直接经济损失 220 余万元，其中农业经济损失 160 余万元。

经　济

农业　2010 年，有耕地面积 11985 亩，人均 0.67 亩。

粮食作物主要以种植水稻、玉米为主。2010 年，生产粮食 5613 吨；其中水稻 4931 吨，玉米 563 吨，小麦 53 吨。主要经济作物有马铃薯、油菜、茶叶。2010 年，种植马铃薯 3165 亩，产量 3750 吨；种植油菜 2235 亩，产量 18 吨。

畜牧业以养猪、牛、羊、家禽为主。2010年年末，生猪存栏6316头，全年出栏9680头；羊存栏620只，全年出栏672只；牛存栏5286头，全年出栏778头；马存栏438匹，全年出栏96匹；家禽存栏44760羽，全年出栏46978羽。全年肉类总产量1071吨，禽蛋产量262吨。

2010年年末，树林面积5.54万亩，林木覆盖率41.5%；农民人均纯收入3382元。

工业 挽澜乡是贞丰县煤炭工业基地。2010年末，有证煤矿11对，原煤开采量150万吨以上。

商业外贸 2010年年末，共有商业网点80个。境内有挽澜和窑上乡村集贸市场2个；挽澜场6天赶一次场，窑上场3天赶一次场。

财政金融 2010年，财政总收入1亿元，比上年增长45%。其中地方财政收入4925万元。金融机构存款余额3853万元，贷款余额3675万元。采煤是财政收入的主要来源。

社会事业

文化艺术 2010年年末，有乡文化站1个，村级文化活动中心8个。有创作于明洪武年间的坡齐布依花灯，有列为省级非物质文化遗产名录的窑上古法制陶技艺和布依蓝靛靛染工艺。

教育 2010年年末，有幼儿园5所，在园幼儿460人，专任教师30人；小学6所，在校学生2146人，专任教师86人，小学适龄儿童入学率99%；初中1所，在校学生625人，专任教师39人。初中适龄人口入学率、小学升初中升学率、九年义务教育覆盖率98.8%。

医疗卫生 2010年年末，有1个乡级医疗卫生机构，4个村级卫生室，病床20张，固定资产总值36.35万元，专业卫生人员11人；其中执业医师1人、执业助理医师3人、注册护士2人。新型农村合作医疗保险参保率为100%。

体育 2010年年末，有体育场（含学校）7个，配备有体育器材。

广播电视 2010年年末，农村广播电视“村村通”工程开通52个频道，村村通覆盖2477户，广播电视覆盖率70%。

旅游 境内有窑上土法制陶工艺，龙头大山风光。乡境南部崇山峻岭，动植物资源丰富，绿荫塘至南岔河有桫椤树，是天然动植物基因库。

基础设施

交通运输 有贞（丰）安（龙）二级公路经过乡境，有挽澜至纳坎、挽澜至窑上、挽澜至高家岩等30千米矿区公路。进村进寨公路硬化工程31条共18.29千米，联户路硬化9.9千米。年客运总量11.5万人次、货运总量183万吨。

邮政电信　2010年年末，有电信企业1家，服务网点9个，电话交换机总容量2812门，固定电话用户560户，电话普及率12.4%；移动电话用户2100户，普及率11.57%。

供电　1999年，实施村村通电工程。2002年，实现村村通电、一户一表、同网同价；供电可靠率不断提高。

小屯乡

政　区

地理位置　小屯乡位于北纬25°24′23″~25°41′35″，东经105°29′12″~105°37′59″，地处贞丰县西北部，东与者相镇接壤，南与珉谷镇相连，西同龙场镇相依，北同长田乡及兴仁县回龙镇相邻。乡人民政府驻地小屯村，距县城26千米。

政区沿革　民国3年（1914），仁朝、头猫、尾洒等寨从安南县拨入贞丰县；民国19年（1930），隶第四区（龙场）；民国28年（1939），小屯、头猫隶第三区（龙场）联保；民国30年（1941），废区与联保设显臣乡（头猫）。1953年7月，设小屯乡人民政府，隶属第二区（龙场）；1958年12月，贞丰县并入兴仁县，属兴仁县龙场人民公社，置小屯管理区；1961年8月，恢复贞丰县，龙场人民公社恢复为龙场区，设置小屯公社，隶属龙场区；1984年4月，改设小屯乡，隶属龙场区；1991年3月，撤区并乡建镇，将小屯乡、头猫乡、木桑乡合并设立小屯乡。

政区划分　2010年年末，辖水银洞、木桑、集贤、仁朝、小屯、龙井、米冲、头猫、石板田、纳秧、尾洒11个村民委员会，154个村民小组。

人口面积　2010年年末，辖区总人口36727人，其中农村人口36191人。汉族占总人口86.5%；布依族、苗族2个民族占总人口13%；其中布依族占少数民族总数74.08%，苗族占14.81%。

辖区东西最大距离21.2千米，南北最大距离15.2千米，总面积87.38平方千米。人口密度418人/平方千米。

自然条件

地形地貌　境内地形由西向东逐渐下降，属中山高中山地貌，沟谷缓坡地带有少量梯田坡土分布。最高点位于木桑村大坡头、海拔1738米，最低点位于纳秧村落水洞、海拔1100米，高差638米。

气候　多年平均气温14.5℃，1月平均气温5℃，极端最低气温-4.7℃（2008年1月），7月平均气温22℃，极端最高气温36.5℃（2009年8月）；无霜期年平均300天，最长345天，最短245天；年平均日照数1549.2小时，年总辐射102.58千卡/平方厘米，0℃以上持续期360天。年平均降雨日数180天，最多200天，最少160天，极端年最大降雨量1528.7毫米，极端年最少降雨量890毫米，年平均降水量1377毫米，降雨集中在每年的5月至8月，6月至7月最多。

水文　境内属北盘江水系，那摩河、纳郎河在境内地表和地下时明时潜，有地下泉水和暗河露头，地下水资源丰富，那摩河自北向东汇入北盘江，境内河道长6.2千米。

矿藏资源　境内矿产资源主要有金、锑、莹氟石、铁、煤。其中金矿地质储量200金属吨，可采储量185金属吨，主要分布在水银洞村。

自然灾害　主要自然灾害有冰雹、旱涝、霜冻、连阴雨、倒春寒等。雹灾和洪涝灾每年均有不同程度发生，主要集中在每年的5月至8月。最严重的一次旱灾发生在2009年8月至2010年4月，造成1.5万亩小麦、油菜受灾，减产125吨；最严重的一次凝冻灾害发生在2007年12月至2008年1月，造成经济损失85万元。

经　济

农业　耕地面积17640亩，人均0.48亩。

粮食作物以种植水稻、玉米、薏仁米为主。2010年，生产粮食9827吨，其中水稻3091吨，玉米4293吨，薏仁米1880吨，小麦120吨。主要经济作物有油菜、茶叶、蓝靛、生漆、烤烟。2010年，有茶园5000亩，产干茶243吨；产油菜籽40吨、烤烟261吨。

畜牧养殖业以养猪、牛、马、家禽为主。2010年年末，生猪存栏8424头，全年出栏7919头；牛存栏5770头，全年出栏989头；马存栏970匹，全年出栏174匹；家禽存栏44950羽，全年出栏58000羽；全年肉类总产量932吨、禽蛋总产量308吨。2010年年末，树林面积5万亩，林木覆盖率39.8%；农民人均纯收入3454元。

工业　主要有水银洞金矿。2010年，境内贵州紫金矿业有限公司生产黄金2107.176千克。

商业外贸　2010年年末，共有商业网点75个，从业92人。境内有头猫1个乡村集贸市场，6天赶一次集。

财政金融　2010年，财政总收入9500万元。其中营业税收入270万元，增值税收入7万元。

2010年年末，境内金融机构，各类存款余额4287万元，贷款余额4450万元。

社会事业

文化艺术　2010年，有乡文化服务中心1个，农家书屋11个，藏书11万余册。

地方特色民间艺术有古法造纸，布依铜鼓十二则，陈氏花灯等。其中古法造纸列入国家级非物质文化遗产保护名录。

教育　2010年年末，有小学18所，在校学生4331人，专任教师161人，小学适龄儿童入学率100%；初中3所，在校学生1151人，专任教师69人，初中适龄人口入学率99.5%；小学升初中升学率99.79%，九年义务教育覆盖率99.6%。

医疗卫生　2010年年末，有乡级卫生医疗机构1所，病床20张，固定资产总值1200万元，专业卫生员15名；其中执业医师5人，执业助理医师10人。11个村均有村卫生室，95%的村民参加新型农村合作医疗。

体育　2010年年末，有学校体育场地19个，体育健身场地4个。

广播电视　2010年，开通有线电视网，有线电视用户27户，数字电视用户27户；安装“村村通”3163户。电视覆盖率98%。

旅游资源　有纳山岗水库风光和国家级非物质文化遗产龙井村古法造纸工艺。

交通运输　有关兴高等级公路7.5千米穿过。村组间部分道路铺混凝土硬化和油化，村组通公路率100%。

水利设施　境内纳山岗水库蓄水570万立方米，小屯水库蓄水87万立方米，大山水库82万立方米。

邮政电信　2010年年末，有电信分局1个，电话交换机总容量2000门。固定电话户600户，电话用户普及率6.5%；移动电话用户13200户，移动电话普及率34.9%；互联网用户180户。

供电　1999年，实施村村通电工程。2002年，实现村村通电，一户一表，同网同价；供电质量明显提高。

长田乡

政　区

地理位置　长田乡位于北纬25° 31′ ~25° 37′，东经105° 31′ ~105° 36′，地处贞丰县北部，东与北盘江镇相邻，南与小屯乡及者相镇相连，西与兴仁县回龙镇接壤，北与平街乡相接，乡人民政府驻地金叶新村（尖坡），距县城36千米。

政区沿革　清宣统三年（1911）前，东部大部分先后隶属永丰州和贞丰州；西面大部分隶安南县（晴隆）和普安县。民国3年（1914），部分村寨由兴仁县拨入，隶属贞丰县；民国19年（1930），隶属贞丰县第二区（者相）；民国24年（1935），隶属第二区（者相），称长田联保；民国31年（1942），新县制废区与联保，设乡、镇，隶属寿山镇（者相）；1953年7月，设置长田乡，隶属牛场区；1958年12月，贞丰县并入兴仁县，隶属兴仁县牛场公社，更名长田管理区；1961年8月，恢复贞丰县，隶属贞丰县牛场区，改称长田公社；1984 年 7 月，更名为大长田乡；1991 年 3 月，撤区并乡建镇，恢复长田乡；1993 年，乡政府由长田村迁往金叶新村（尖坡）。

政区划分 2010 年年末，辖细籴、陇塔、甘田、雨柏、长田、瓦厂、金叶新村 7 个村民委员会，94 个村民小组，70 个自然村寨。

人口面积 2010 年年末，辖区总人口 22748 人，其中农村人口 22094 人。汉族占总人口 82.4%；布依族、苗族、仡佬族、瑶族、白族等 6 个少数民族，占总人口 17.6%，其中布依族占少数民族总人口 46.3%。

辖区东西最大距离 35 千米，南北最大距离 33 千米，总面积 60.54 平方千米。其中陆地面积 60 平方千米，占 99.1%；水域面积 0.54 平方千米，占 0.9%；人口密度 375 人/平方千米。

自然条件

地形地貌 境内地势由西北向东南呈阶梯状逐步下降，小盆地、石灰岩分布广泛，山地面积占 48.1%，丘陵面积占 43.3%，山间平坝面积占 8.6%。最高点位于西部黑石茶场，海拔 1560 米；最低点为东部瓦厂，海拔 1150 米；高差 410 米。

气候 年平均气温 14.6℃。1 月平均气温 3℃，极端最低气温 -4.9℃；7 月平均气温 21.6℃，极端最高气温 31.5℃；无霜期年平均 300 天，最长 345 天，最短 250 天。年日照时数 1549.5 小时，年总辐射 102.58 千卡/平方厘米。0℃以上持续期 280 天。年均降水量 1376.9 毫米。年均降雨日数 180 天，最多 200 天，最少 160 天，极端年最大降雨量 1528.7 毫米，极端年最少降雨量 880 毫米；降雨集中在每年 5 至 8 月，6 月至 7 月最多。

水文 境内属北盘江水系，地下多小溪伏流，时明时潜、穿溶洞而出。

矿藏资源 矿产资源主要有黄金、硫黄、铁等，主要分布在瓦厂村，金矿储量 60 金属吨。

自然灾害 主要有干旱、连阴雨、倒春寒、冰雹、暴雨、霜冻等。旱灾是最常有的自然灾害，2009 年 8 月至 2010 年 4 月，出现严重旱灾，全乡粮食作物减产 3150 吨，烤烟减产 175 吨，损失 276 万元。

经 济

农业 耕地面积 13965 亩，人均 0.61 亩，可利用林地面积 9624.9 亩，草地面积 3733 亩。

粮食作物以水稻、玉米、薏仁米、小麦为主。2010 年，粮食总产量 7386 吨，其中，水稻产量 2205 吨，玉米 4312 吨，薏仁米 460 吨，小麦 123 吨。经济作物主要有烤烟、油菜、蓝靛、茶叶、竹子、生漆等。2010 年，种植烤烟 6210 亩，产量 760 吨；茶园 3500 亩，产量 76 吨；油菜产量 40 吨。

畜牧业以养殖猪、牛、马、家禽为主。2010 年年末，生猪存栏 7024 头，全年出栏 6954 头；

牛存栏 4282 头，全年出栏 652 头；马存栏 305 匹，全年出栏 121 匹；羊存栏 195 只，全年出栏 124 只；家禽存栏 36410 羽，全年出栏 30251 羽；全年肉类总产量 756 吨，禽蛋产量 210 吨。2010 年年末，树林面积 15000 亩，林木覆盖率 16.4%；农民人均纯收入 3200 元。

商业贸易 2010 年年末，有商业网点 10 个，境内有尖坡市场和长田村市场 2 个。

财政金融 2010 年，财政总收入 500 万元，比上年增长 10%。

社会事业

文化艺术 2010 年年末，有乡文化站 1 个，村级文化活动中心 7 个，农民文化家园 7 个，各类图书室 10 个，藏书 1 万余册。有八音乐队，由 120 多名当地布依族村民组成。

教育 2010 年年末，有小学 9 所，在校学生 2568 人，专任教师 125 人，小学适龄儿童入学率 98.5%；初中 1 所，在校学生 1287 人，专任教师 57 人，初中适龄人口入学率 97.8%。小学升初中升学率 100%。

医疗卫生 2010 年年末，有乡级医疗卫生机构 1 个，门诊部（所）1 个，有病床 22 张，固定资产总值 60 万元，专业卫生人员 9 人；其中执业医师 1 人，执业助理医师 5 人。村民参加新型农村合作医疗参保率 100%。

体育 2010 年年末，有体育场地 12 个（含学校）。

广播电视 2010 年，广播电视村村通工程覆盖 7 个行政村，覆盖率 100%。

基础设施

交通运输 关（岭）至兴（义）高等级公路 10 千米和 648 县道 14 千米从境内穿过。通村公路 7 条，总长 31 千米。

水利设施 境内白坟水库，蓄水量 439 万立方米。

供电 1999 年，实施村村通电工程。2002 年，实现村村通电，一户一表，同网同价；供电可靠率和质量明显提高。

平街乡

政 区

地理位置 平街乡位于东经北纬 25° 37′ ~25° 44′，105° 32′ ~105° 38′，地处贞丰县北部，东与关岭县板贵乡隔北盘江相望，南与北盘江镇接壤，西与兴仁县马场乡相连，北与关岭县花江镇毗邻。乡人民政府驻平街村，距县城 39 千米。

政区沿革 清雍正五年（1727），设置永丰州，隶属永丰州；清嘉庆二年（1797），改永丰州为贞丰州，隶属贞丰州；民国19年（1930），设置太平镇，隶属第二区；民国28年（1939），隶属第二区（者相），为太平街联保；民国30年（1941），隶属第二区（者相），更名晓炎乡；1953年，更名平街乡，隶属第三区（牛场）；1958年12月，贞丰县并入兴仁县，隶属兴仁县牛场人民公社，设平街管理区；1961年8月，恢复贞丰县，隶属贞丰县牛场区，为平街公社；1984年，设置平街乡，隶属牛场区；1991年3月，撤区并乡建镇，置平街乡。

政区划分 2010年年末，辖平街、顶岸、花江、营盘、冗染、卡房、大水塘7个村民委员会，100个村民组，78个自然村寨。

人口面积 2010年年末，辖区总人口24356人。其中农村人口23867人，汉族占总人口79.06%。境内有13个少数民族，占总人口20.94%，其中布依族占少数民族总人口的78.32%。

辖区东西最大距离9.3千米，南北最大距离8.9千米，总面积82.54平方千米。其中陆地81.8平方千米，占总面积99%；水域0.7平方千米，占总面积1%；人口密度295人/平方千米。

自然条件

地形地貌 境内地形西高东低，南高北低，大部分为山间小盆地。最高点位于大地后山，海拔1286米；最低点位于冗染村辣子地，海拔430米；高差856米。

气候 年平均气温15℃。1月平均气温4.8℃，7月平均温度21.6℃，极端最高气温34.5℃，最低月均气温3.9℃。无霜期年平均300天，最长345天，最短250天。年日照时数1549.5小时，年总辐射102.58千卡/平方厘米。0℃以上持续期280天。年平均降雨日数180天，最多200天，最少160天；年均降雨量1200毫米，极端年最大降雨量1528.7毫米，极端年最少降雨量880毫米；降雨集中在每年5月至8月，6月至7月最多。

水文 境内属北盘江水系，关沟河由关沟水库从西向东流入北盘江，河道长9千米，流域面积31平方千米，年平均流量0.57立方米/秒，年均径流量179万立方千米。

自然灾害 主要自然灾害有冰雹、旱涝、风灾、连阴雨、霜冻、倒春寒等。旱灾是最常有的自然灾害，2009年8月至2010年4月，出现严重旱灾，全乡粮食作物减产3080吨，烤烟减产160吨，经济损失200万元。

经　济

农业 耕地面积13320亩，人均0.55亩。

粮食作物以水稻、玉米、小麦为主。2010年，生产粮食6373吨，其中水稻2613吨，玉米3578吨，小麦142吨。主要经济作物有李子、花椒、生姜、油菜、烤烟等，其中油菜籽产量 53 吨，烤烟产量 380 吨，李子产量 50 吨，花椒产量 3 吨，生姜产量 9 吨。

畜牧业以养殖牛、猪、羊、家禽为主。2010 年年末，牛存栏 5551 头，全年出栏 923 头；生猪存栏 10046 头，全年出栏 10220 头；羊存栏 1819 只，全年出栏 950 只；家禽存栏 44260 羽，全年出栏 34116 羽；全年肉类总产量 1066 吨、禽蛋产量 25 吨。2010 年年末，树林 50000 亩，林木覆盖率 43%；农民人均纯收入 3300 元。

商业外贸　2010 年年末，有商业网点 5 个，社会商品销售总额 0.28 亿元，比上年增加 12%；有平街和云盘 2 个集市，6 天赶一次集。

财政金融　2010 年，财政总收入 260 万元，其中国税 52.36 万元、地税 207.64 万元。

社会事业

文化艺术　2010 年年末，有乡文化站 1 个，有村级文化活动中心 7 个，各类图书室 7 个，藏书 15 万册；有省、州级文物保护单位 5 处。

教育　2010 年，有完全小学 5 所，在校学生 2389 人，专任教师 103 人，小学适龄儿童入学率 99.05%；初中 1 所，在校学生 527 人，专任教师 32 人，初中适龄人口入学率 98.25%；小学升初中升学率 98.6%。

医疗卫生　2010 年年末，有乡、村两级医疗卫生机构 7 个，门诊部（所）3 个，有病床 80 张，固定资产总值 500 万元，专业卫生人员 22 人；其中执业医师 5 人，执业助理医师 6 人，注册护士 11 人。村民参加新型农村合作医疗参保率 98.64%。

广播电视　2010 年年末，开通 80 个电视频道，有线电视用户 4300 户，其中数字电视用户 2000 户，“村村通”用户 1900 户，电视覆盖率 70%。

体育　2010 年，有 8 个体育场（含学校），1 个村级健身场地。

旅游　境内有北盘江大峡谷自然风光、花江铁索桥、花江铁索桥摩崖石刻、红军长征过贞丰战斗遗址和小花江布依族风情、李晓炎故居等旅游景点。

基础设施

交通运输　境内有平街至牛场油路 11 千米，纳哈田至小花江油路 25 千米和小花江码头 1 座；水路运输线路 1 条；通村公路 6 条，总长 57.2 千米。年客运量 2.19 万人次，货运总量 0.4 万吨。

邮政电信　2010 年，有电信服务网点 1 个，固定电话用户 386 户，普及率 7.72%；移动电话用户 3061 户，普及率 12.3%；互联网用户 123 户。

水利设施　境内关沟水库蓄水量 65 万立方米。

供电　1999 年，实施村村通电工程。2002 年，实现村村通电，一户一表，同网同价；供电可靠率和质量明显提高。

沙坪乡

政 区

地理位置 沙坪乡位于北纬 25° 7′ 59″ ~25° 9′ 4″，东经 105° 50′ 59″ ~105° 52′ 59″ 之间。地处贞丰县南部，东与望谟县乐元镇隔北盘江相望，南与册亨县岩架镇相接，西与册享庆坪乡毗邻，北与鲁贡镇相连。乡人民政府驻地沙坪村，距县城 46 千米。

政区沿革 清雍正五年（1727）设置永丰州前，板昌、尼罗、沙坪隶属广西西隆州；后隶永丰州上江二甲那藜亭、眥羊半亭。民国 3 年（1914），眥年、尼罗、沙坪从册亨县，板昌从关岭县拨入贞丰县。民国 19 年（1930），隶第五区（鲁贡）；民国 28 年（1939），隶属第四区（白层）鲁贡联保；民国 30 年（1941），废区联保，隶时钦乡（鲁贡）。1950 年 5 月，隶属第三区（白层）鲁贡乡；1953 年 7 月，隶属第六区（毛安），置沙坪乡、板昌乡、尼罗乡；1958 年 12 月，贞丰县并入兴仁县，隶兴仁县，置鲁贡公社，改置沙坪管理区，板昌管理区，尼罗管理区；1961 年 8 月，恢复贞丰县，隶鲁贡区，称沙坪公社；1965 年 11 月，隶贞丰布依族苗族自治县；1984 年 7 月，恢复沙坪乡；1991 年 3 月，撤区并乡建镇，将板昌乡、尼罗乡并入沙坪乡。

政区划分 2010 年年末，辖沙坪、尼罗、金山、板昌、尾烈、里怀、顶烘、大寨、者索、这年、者坎、烂泥沟、龙论、尾俄 14 个村民委员会，下设 81 个村民组。

人口面积 2010 年年末，辖区总人口 20208 人，其中农村人口 19998 人，布依族占总人口 87.29%，汉族占 12.53%。

辖区东西最大距离 16.64 千米，南北最大距离 13.44 千米，总面积 148.38 平方千米，人口密度 136 人 / 平方千米。

自然条件

地形地貌 辖区地形东北高，东南低，中部平缓，为低山槽坝。最高点位于顶烘村坡砍山，海拔 1165 米；最低点位于烂泥沟村洛列组洛凡河与北盘江交汇处，海拔 375 米；高差 790 米。

气候 年平均气温 19℃ ~20℃。1 月平均气温 8.1℃，极端最低气温 -1℃；7 月平均气温 30.8℃，极端最高气温 36.5℃；无霜期年平均 363 天，最长 365 天，最短 360 天；0℃以上持续期 360 天。年平均日照数 1645.2 小时，年总辐射 102.58 千卡 / 平方厘米。年平均降雨数 203 天，最多 248 天，最少 162 天。年平均降水量 1000 毫米，极端年最大降水量 1453.8 毫米，极端年最小降水量 754.3 毫米。降雨集中在每年 5 月至 8 月，6 月至 7 月最多。

水文　北盘江、大田河分别从境内东北、西南边沿穿过。境内尼罗河长 9 千米，从北向南流入大田河，流域面积 26 平方千米，年径流量 0.39 立方米 / 秒，年均径流总量 12.3 亿立方米。

矿藏资源　境内探明地下矿藏主要有金、锑、砷、铝、铁、煤、大理石等。已开发的国家级特大型金矿——烂泥沟金矿，位于境内南部烂泥沟村，矿区面积 12.84 平方千米，地质储量 450 金属吨。

自然灾害　主要自然灾害有旱灾、冰雹、洪涝、暴风、连阴雨等。2008 年，发生雪凝灾害；2009 年 8 月至 2010 年 4 月，遭受百年一遇大旱灾；经济损失 3800 万元。

经　济

农业　耕地面积 23070 亩，人均 1.15 亩，可利用林地 9.05 万亩，牧草地 1.44 万亩。

粮食作物以水稻、玉米、小麦为主。2010 年，生产粮食 6235 吨，其中水稻 532 吨、玉米 5649 吨、小麦 32 吨。主要经济作物有甘蔗、板栗、梨子等，2010 年，甘蔗面积 8400 亩，产量 31000 吨；板栗 1.2 万亩，挂果 0.1 万亩，产量 500 吨；油菜籽产量 30 吨。

畜牧业以养猪、牛、马、羊、家禽为主。2010 年年末，生猪存栏 7198 头，全年出栏 6685 头；牛存栏 5898 头，全年出栏 565 头；马存栏 1027 匹，全年出栏 116 匹；羊存栏 580 只，全年出栏 248 只；家禽存栏 44630 羽，全年出栏 45393 羽。全年肉类总产量 730 吨，禽蛋产量 261 吨。

2010 年年末，树林面积 9 万亩，林木覆盖率 48%；农民人均纯收入 2780 元。

工业　烂泥沟金矿年处理矿石量 120 万吨，细菌氧化厂日处理精金矿 790 吨，规模名列世界第三位。2010 年，烂泥沟金矿全年生产黄金 5528.92 千克；沙坪乡被誉为中国黄金第一乡。

商业外贸　2010 年年末，有商业网点 26 个，从业 104 人。境内有沙坪市场和金山市场 2 个，6 天赶一次集。

财政金融　2010 年，财政总收入 2.65 亿元，比上年增长 19.55%。其中地方财政收入 1.36 亿元，比上年增长 19.93%；营业税 413.17 万元，增值税 108.51 万元，企业所得税 11.08 万元。2010 年年末，金融机构存款余额 2402 万元，贷款余额 3275 万元。

社会事业

文化艺术　2010 年年末，有乡文化服务中心 1 个，村级农家书屋 14 个，藏书 6 万余册。金山村石柱大红岩岩画列为县级文物保护单位。

教育 2010年年末，有小学13所，在校学生2613人，专任教师84人，小学适龄儿童入学率99.7%；初中1所，在校学生312人，专任教师26人，初中适龄人口入学率97.15%；小学升初中升学率100%。

医疗卫生 2010年年末，有乡卫生院1所，诊所3个。乡卫生院有病床3张、固定资产100万元、专业卫生人员12人；其中主治医师1人，执业助理医师3人，注册护士2人。新型农村合作医疗参保率97%。

体育 2010年年末，有体育场（含学校）14个，配备有体育器材。

广播电视 2010年年末，有“村村通”电视用户3724户，覆盖率85%。

旅游 石柱大红岩壁画，这年海子自然风光。

基础设施

交通运输 贞（丰）望（谟）公路穿境而过，长70千米，通村公路14条。

邮政电信 2010年，有电信营业网点1个，移动营业网点1个，固定电话用户180户，电话普及率7.8%；移动电话用户7800户，普及率39.65%；互联网用户67户。

供电 1999年，实施村村通电工程。2002年，实现村村通电，一户一表，同网同价；供电可靠率明显提高。

鲁容乡

政　区

地理位置 鲁容乡位于北纬25° 18′ ~25° 32′，东经105° 44′ ~105° 55′之间。地处贞丰县东部北盘江畔，三面环水；东隔清水江与望谟县石屯镇相望，南隔清水江与望谟县乐元镇相邻，西隔北盘江与白层镇相依，北与镇宁县良田乡接壤。乡人民政府驻地鲁容村，距县城27千米。

政区沿革 清雍正五年（1727），设置永丰州，隶永丰州上江二甲坡冒半亭；宣统三年（1911），隶贞丰州上江四甲百层亭。民国2年（1913），改贞丰州为贞丰县，隶贞丰县；民国19年（1930），隶第六区（白层）；民国28年（1939），隶属第四区（白层）。民国30年（1941），隶虎生乡；1950年5月隶属第三区白层乡；1953年隶属第六区（毛安）；1956年12月，隶属白层区；1958年12月，贞丰县并入兴仁县，隶属兴仁县白层公社，改称鲁容管理区；1961年8月，恢复贞丰县隶属白层区，称鲁容公社；1965年11月，隶属贞丰布依族苗族自治县白层区；1984年7月，更名为鲁容乡，仍隶属白层区；1991年3月，撤区并乡建镇，将板绕、皎贯、纳翁3个乡并入鲁容乡。

政区划分 2010年，辖鲁容、孔明、里秀、板绕、江育、皎贯、落烟、纳腊、纳翁、卡务10个村民委员会，下设86个村民小组。

人口面积 2010年年末，辖区总人口19425人。其中，农村人口19215人，布依族占总人口86.7%，汉族、仡佬族2个民族占总人口13.30%。

辖区东西最大距离13.75千米，南北最大距离10.9千米，总面积138.04平方千米。人口密度141人/平方千米。

自然条件

地形地貌 辖区地形由西北向东南呈阶梯状下降。最高点在落因村五台山，海拔1001米，最低点江育村清水江渡口，海拔375米，高差626米。

气候 年平均气温19.1℃。1月平均气温9.8℃，极端最低气温-1℃；7月平均气温27.5℃，极端最高气温36.5℃；无霜期年平均360天，最长365天，最短350天；0℃以上持续期363天。年平均日照时数1645.2小时，年总辐射102.58千卡/平方厘米。年平均降雨天数203.3天，最多248天，最少162天，年平均降水量1095.2毫米，极端年最大降水量1453.8毫米，极端年最小降水量880毫米。降雨集中在每年5月至8月，6月至7月最多。

水文 境内三面环水，属龙滩电站淹没库区，库区长25千米。鲁容河长9.5千米，流域面积25平方千米，年均径流总量120万立方米。皎贯河长15千米，流域面积34.6平方米，年均径流总量148万立方米。板绕河长10.4千米，流域面积19.2平方千米，年均径流总量88万立方米。

矿藏资源 境内有黄金、钨、铅、锌、锰等矿产资源。

自然灾害 主要有旱涝、山体滑坡、冰雹、风灾等。2009年8月至2010年4月，出现严重旱灾，人畜饮水极度困难，全乡农作物受损1350万元；水灾、地质灾害最严重一次发生在2010年6月28日至29日，24小时降雨量202.5毫米，强降雨导致纳翁村过翁组、卡务村平么组、纳腊村六力组出现滑坡地质灾害，280户受灾，损失2240万元。

经 济

农业 2010年，耕地面积63855亩，人均3.3亩。

粮食作物主要以种植水稻、玉米为主。2010年，生产粮食4758吨，其中水稻576吨，玉米3885吨，小麦13吨。主要经济作物有甘蔗、大豆、花生等。2010年，甘蔗种植面积7650亩，产量21300吨；大豆种植面积1335万亩，产量228吨；花生300亩，产量110吨。

畜牧业以养牛、马、猪、家禽为主。2010年年末，牛存栏5469头，全年出栏715头；

马存栏700匹，全年出栏151匹；猪存栏7155头，全年出栏6009头；羊存栏593只，全年出栏490只；家禽存栏45039羽，全年出栏45039羽。2010年，肉类总产量746吨，其中猪肉589吨、牛肉85吨、羊肉7吨；禽蛋产量172吨。2010年年末，树林面积4万亩，林木覆盖率21%；农民人均纯收入2352元。

工业　主要有船舶制造。金州港船舶制造厂位于里秀村白层大桥下游约300米。

商业外贸　2010年年末，有商业网点3个，从业14人。境内有纳翁村集贸市场1个。

财政金融　2010年，财政总收入780万元，存款余额1730万元，贷款余额1634万元。

社会事业

文化艺术　2010年年末，建成乡科教文化信息服务中心1个，有村级农家书屋10个，藏书3万余册。

教育　2010年年末，有幼儿园2所，在园幼儿97人，专任教师4人；小学7所，在校学生2332人，专任教师95人，小学适龄儿童入学率93.2%；初中1所，在校学生676人，专任教师31人，初中适龄人口入学率68.3%；小学升初中升学率100%。

医疗卫生　2010年年末，有乡级医疗卫生机构1个，门诊部（所）6个，有病床20张，固定资产总值57万元，专业卫生人员21名；其中执业医师3人，执业助理医师1人，注册护士1人。村民参加新型农村合作医疗参保率96.51%。

体育　2010年年末，有体育场（含学校）2个，看台设座椅50张。鲁容、孔明、拉旦3个村安装健身器材。

广播电视　2010年12月，开通数字电视，安装“村村通”电视3356户，电视覆盖率80%。

基础设施

交通运输　境内有省道309线过境，西南出海通道7千米。全乡10个村通公路，总长235千米。

邮政电信　2010年年末，固定电话用户20户，移动电话用户8000户；鲁容村和里秀村开通互联网。

供电　1999年，实施村村通电工程。2002年，实现村村通电，一户一表，同网同价；供电可靠率提高。

第三章　自然环境

贞丰县地处云贵高原向广西低山丘陵过渡地带，地表起伏较大；境内有高山峡谷，江河溪流；水资源较丰富，植被较好，山清水秀；冬无严寒，夏无酷暑，四季分明，空气清新；是适宜人居的最佳环境和动植物生长之地。

第一节　地　质

一、出露地层概况

贞丰县境内出露地层有二叠系、三叠系和四叠系，分布较广泛。二叠系与石炭系过渡层不明显。根据岩性的差异，碳酸盐岩地层约占 60%，碎屑岩类约占 40%。

二叠系与石炭系过渡层。主要由泥质石灰岩与砂页岩组成。分布县境东南边缘零星出露。

二叠系散布于县境西北与东南边缘。主要由灰岩、浅灰色灰岩组成，分布于东南部边缘的坡稿、沙坪、大田河流域一带。上统龙潭组煤系，主要由砂岩、页岩和灰岩夹煤层组成，分布于西北边缘的木桑、小屯以及东南面的白层里纳、鲁贡坡岜一带。

三叠系遍布县境各地。县境中部珉谷、者相、牛场一带主要由灰绿色砂岩，泥岩夹泥灰岩组成。上部主要由紫红砂岩、杂色砂岩、砂质泥岩夹少量灰岩组成。白层、鲁贡一带，由砂质页岩，钙质页岩夹薄层泥灰岩组成。挽澜龙山一带为把南组、火把冲组、二桥组。把南组主要由砂岩，泥页岩互层组成，并夹少量灰岩与炭质页岩；火把冲组主要由石英砂岩、泥页岩、炭质页岩和煤层组成，二桥组主要由砂质泥岩、石英砂岩组成，并夹炭质页岩。

第四系，分布于挽澜河中上游地段（挽澜至三河）沿线的河流开阔地带及山麓沿线，主要由石灰华与坡积，洪积岩组成。

2002 年，《贞丰县地质调查报告》资料显示，贞丰县蕴藏着丰富的矿产资源。煤储量在 6 亿吨以上；金储量 500 金属吨，且含量高，Au 平均为 6.96×10—6。

二、地质构造

贞丰县地质构造大致通过两期不同方向构造运动形成。一组为早期印支与燕山期构造运动，该期境内地块受南、北向强烈挤压，形成了贞丰背斜为主的褶皱构造，绝大部分褶曲两翼发育；另一组为后期的燕山期运动，该期境内地块进一步活动化，以受东西向挤压为主，同时也受东北、西南向压挤、张性、挤扭性断裂产生，大小断裂交织成网。特别是县境中西部地带构造复杂，地壳明显上升，溶蚀、侵蚀和剥蚀作用的加剧，裂点、瀑布、跌失逐渐形成，岩溶与非岩溶地貌特征突出。以剥蚀为主的槽谷山地集中于县境西部，以溶蚀为主的岩溶地貌，集中于县境中部和中北部，以侵蚀为主的低中山河谷山地，集中于县境东南部和北盘江沿岸。

第二节　地　貌

贞丰县地处云贵高原向广西低山丘陵过渡的斜坡地带，地势由西北向东南呈阶梯状逐级下降，形成多级台面。西部龙头大山主峰公龙山为县境内最高点，海拔1966.8米；东南角洛凡河汇入北盘江处，是境内最低点，海拔324米；相对高差1642.8米。由于地层岩性不同，在内外应力互相作用下，形成了境内多样化地貌。据其成因，可分为山原槽谷、低山丘陵和岩溶盆地、河谷山地三大形态。

山地约占全县总面积的69.46%，丘陵占23.03%，坝地占6.5%，水域占1.01%。

以剥蚀为主的中低山山原槽谷地貌，分布于县境西南部的龙头大山与挽澜河流域和西北部的小屯、木桑、长田一带。龙头大山山脉海拔1000~1966.8米，以陡峻高山和若干高低台阶状地貌为主，山麓沿线为挽澜河流域。挽澜河是该片区最低侵蚀基准点，海拔900米左右，梯田坡土分布于河流两岸地势较平缓处。西北部的小屯、木桑、长田一带，山脉时断时续，沟谷缓坡地带有较少量的梯田坡土分布。

低山丘陵、岩溶盆地、峰林地及石牙、残牙等地貌，集中于县境中部地区。该区地势由北向东南逐渐变缓，坝地逐渐增多，岩溶地貌较为突出，海拔900~1300米。珉谷、龙场、者相镇一带，山脉较低而较平缓，坝田、坝地集中连片。珉谷到者相公路以东，残丘、盆地相间分布，双乳峰是典型的岩溶地貌，公路以西大碑至纳格一带，为峰林地区。县城附近残留有少量的石牙、残牙。

县境东南部和北盘江沿岸，海拔900米以下；县境北盘江上段九盘到白层沿岸，多为峡谷地貌。北盘江大峡谷悬崖峭壁，小花江一带峭壁上，瀑布飞流直下，两岸石旮旯地分布较多。境内北盘江下段白层、鲁贡地区，受北盘江一、二级支流控制，河流侵蚀作用强烈，沟谷纵横，河谷深切；缓地地带有少量梯田坡土，多数陡坡开垦为农地，水土流失极为严重。

第三节　山脉水系

一、山脉　贞丰县属乌蒙山区。主要山脉有烟山山脉、龙山山脉和长贡山脉。烟山山脉西高东低，西起木桑大坡，东至塔山，全长20余千米；木桑大坡海拔1620.8米，烟山坡顶海拔1381米。龙山山脉西高东低，西起纳艾，东至洛凡河，全长40余千米；最高处公龙山顶、海拔1966.8米，最低处洛凡河、海拔324米，高差1642.8米。长贡山脉西起忙田，东至福压，全长30余千米；最高处长贡坡、海拔1453.1米，最低处丝湾河与那郎河交汇处、海拔555米。全县平均海拔1024.4米。

二、水系　贞丰属珠江水系。主要河流有北盘江、大田河、清水江、丝湾河、东门河、鲁贡河、三岔河。人工湖有纳山岗水库、三岔河水库、白坟水库、小屯水库、云洞水库、皂瓦水库；2010年，建成水车田水库。贞丰县河流和湖泊分布县境东南、西南部和西、北部。其中流域面积大于20平方千米的14条，河流总长389.4千米。北盘江源于乌蒙山北麓，经关岭向南流经贞丰，成为贞丰县东北面的界河，长93.5千米，流域面积1057.3平方千米；清水江属打邦河下游，从镇宁向西流经贞丰县汇入北盘江，河长22.5千米，流域面积62平方千米；大田河源于贞丰县凤凰山南麓和龙头大山北麓，河长55.5千米，流域面积242.5平方千米。那摩河和鲁贡河流域面积分别为156.3、95.9平方千米，尼罗河、坡稿河、坝桥河、皎贯河、关沟河流域面积均大于30平方千米。

北盘江自北向南流经贞丰县东缘。贞丰段自下九盘起至坡们、坝草，是贞丰县与关岭、镇宁两县界河，河长20.25千米。由清水江交汇处到洛凡河汇合口，为贞丰县与望谟县界河，河长73.25千米。大田河从巧达向东南流经连环、鲁贡、沙坪三乡镇，成为贞丰县与册亨县界河，河长22.5千米。小屯河、那郎河、鲁贡河为北盘江一级支流，属县境内流河。其他中小支流广泛分布境内，组成贞丰县的主要地表水系。

水量。贞丰县河流大部分属雨源型河流，河流流量随季节雨量大小发生变化，一般5月进入汛期，9—11月汛期结束，6—10月流量约占全年流量的78%，洪枯流量极为悬殊，1∶30至1∶90不等。表现了本区河流暴涨暴落的特点。

境内年平均径流模数16.8升/秒·平方千米，西南部为19.6升/秒·平方千米，西北部为18.7升/秒·平方千米，东南部14.3升/秒·平方千米。县境产水量，平水年为7.79亿立方米，丰水年为9.76亿立方米，枯水年为6.54亿立方米。江河过境容水量丰富，北盘江平水年为57亿立方米，丰水年为68亿立方米，枯水年为47亿立方米；大田河平水年为37亿立方米，丰水年为46亿立方米，枯水年为29亿立方米。全县水资源总量，平水年可达120亿立方米，特枯年也不少于90亿立方米。

北盘江、清水江河流切割较深，水位低，水低田高、难以利用。大田河、那郎河中上游及其支流河流下切作用较弱，地面相对起伏较小，河流在这些地方经不同标高丘陵、盆地，在其纵剖面上表现为逐级下落形态，上游坡度一般小于下游坡度。在碳酸盐岩地区则多为伏流，大田河出现较大伏流后，形成了这年海子，其他小伏流也会出现一些小海子。小屯至那郎河属典型的伏流河。由于伏流河的出露，经一些小盆地造成漏斗状，形成“七星田”和螺丝河。

水能。贞丰县境河流切割较深，坡度较大，多呈阶梯状，比降一般为1∶30，较缓者1∶50，陡者为1∶10。水流湍急，水能资源丰富。

北盘江、清水江、大田河的始高程与终点高程之差分别为174米、60米和521米，有较集中的落差。境内其他11条河流，始点与终点高差，那郎河为1118米，小屯、那郎河伏流为997米，挽澜河460米，全县江河流水能理论蕴藏量共计200多万千瓦。

地下水。贞丰县地下水由大气降水及地表水通过裂隙节理、岩溶洼地、溶蚀漏斗、构造断裂等补给。境内地质构造复杂多变，但其体系皱曲较平缓，地层倾角不大，可溶性岩层大面积出露，岩溶较多，地下水资源丰富。用枯流模计算，储量2.4亿立方米/年。

第四章　气　候

贞丰县属亚热带温和湿润季风气候。地势由西北向东南倾斜，呈阶梯形，东南部山高谷深，局部地区气温差异明显。东南部冬无严寒，西北部夏无酷暑，县境内大部分地区无霜期较长，雨热同季。一般情况下，春季冷暖气团交替出现，天气很不稳定，常出现大风和倒春寒。夏季受东南面海洋湿空气环流影响，南风多，湿度大，雨水较多。当西太平洋高压西伸和海洋台风在两广登陆，会给县境带来降雨。秋季持续时间短，降温快，北方冷空气较强时，南下形成秋风。当冷暖气团势均力敌时，常发生秋雨连绵。冬季受西北和北方冷空气环流南下控制，多北风，较冷的干燥大陆性气团湿度低、降水少，常出现“干冬”现象。冷气团南下路径长，达县境已变性，影响不是很大，但也有降雪、冰冻等现象。天气波动形成的灾害性天气有干旱、冰雹、倒春寒、暴雨、秋风、大风等。

第一节　气候要素

一、气温

1991年以前，贞丰县常年平均气温16.7℃；1991年至2010年，年平均气温16.78℃。7月最热，平均气温23.5℃；1月最冷，平均气温7.4℃。县城最高温度36.5℃，最低气温0℃。中部地区无霜期340天以上，县内各地因海拔高度不同气温也不同，一般海拔每上升或下降100米，年平均气温就下降或上升0.58℃。东南部的北盘江、清水江、洛凡河等海拔在800米以下地区，年平均气温在17.3℃以上；6月至8月平均气温高于25℃，其中7月为26℃。白层镇毛安村高温中心区，年平均气温20℃。西北部海拔在1400米以上地带是全县低温区，年平均气温低于14.5℃；木桑一带低温中心区，年平均气温14.2℃，其余地区年平均气温在15℃至17℃之间。

二、气压

1964年7月1日，贞丰县气象局始测量气压。1991年至2010年间，气压值多在876.0毫巴至916.0毫巴之间变化，常年平均值894.5毫巴。极高值916毫巴，出现在1992年11月9日；极低值876.2毫巴，出现在1999年3月17日。

三、湿度

1959年3月1日，始测量空气湿度。1991年至2010年，平均相对湿度80%。最小湿度6%，出现在2010年3月1日。湿度最小在3月，湿度最大在7月。

四、日照

1961年1月1日，始测量日照时数。1991年至2010年，年均日照时数13425小时，占太阳日照时（日照百分率）的30%。日照最少年（1995年）987.5小时，日照最多年（1997年）1620.7小时。

五、降水

1959年1月1日，始测量降水量。1991年至2010年底，降水总量26372.9毫米，年均降水量1318.6毫米，年均降水日数210天，日均降水量3.6毫米。年降水量最多的是1995年，降水量1624.8毫米；年降水量最少的是2009年，降水量948.4毫米。日降水量大于100毫米10天，日最大降水量216.3毫米，出现在1991年7月31日。降水量持续时间最长的是20天，发生在1991年6月29日至7月18日。

全县降雨量的分布是由西北向东南逐渐减少，常年多雨区在珉谷镇、龙场镇、者相镇、北盘江镇、小屯乡、长田乡、平街乡、挽澜乡，常年降水量1200毫米至1400毫米；少雨区在白层镇、鲁贡镇、鲁容乡、沙坪乡，常年降雨量在1000毫米至1200毫米之间。每年5月至9月降水较多，强降雨常出现在6月至8月，1月和12月较少。

六、风

县内常出现东风和东南风，风向季节性变化不明显，但同一风向在季节分配上有一定规律，冬季偏北风频率高，夏季偏北风较少；春季和夏季东南风多，冬季少。春季大风日数较多，冬季较少。大风常伴随暴雨和冰雹。2007年6月8日，出现狂风，极大风速26米/秒，造成严重风灾。

第二节　气候特征

贞丰县气候四季分明，年际差异小。

一、春季

春季是冬夏交替季节，县境上空盛行偏南气流，三月温度较高，水汽稀少，难于形成云致雨，造成春旱。4月初逐渐降雨，5月份雨量一般达到150毫米以上，春季降雨量285.8毫米，占全年降雨量的20%。春季还出现大风天气，为全年大风出现最多的季节。

有些年份还会出现倒春寒、霜冻、冰雹等灾害性天气。

二、夏季

夏季是一年中气温最高、湿度最大、雨量最集中的季节。常年6月至8月降雨量总计713.7毫米，占全年降雨量的55%。1991年至2010年的20年间，出现在夏季的暴雨35次，概率为77%，降雨时间没有规律，有时连续几天降大雨，有的年份半月以上没有降雨，发生伏旱。

三、秋季

秋季是夏冬季的过渡性季节。气温逐渐下降，早晚气温低，中午气温高，昼夜温差较大。9月份过后，冷空气入侵，秋风秋雨呈现，气温急剧下降，有时连续3天以上，对晚稻成长不利，形成灾害。秋季日平均温度在19℃左右。

四、冬季

冬季是一年中最冷的季节。冬季昼短夜长，降雨较少，日平均气温在10℃以下。偶有降雨气温会急剧下降到2℃至3℃，天气湿冷。由于云贵高原屏障作用，南下入侵的冷空气被削弱，出现零摄氏度以下温度天数很少。冬季由于夜长昼短，日照相对少，常出现多雾和霜降的天气。

1991年至2010年贞丰县气温、日照统计表

表1-4-1

年份	气温（摄氏度）			日照时数
	1000米以上海拔地区气温			
	年平均气温	最高气温	最低气温	
1991	16.7	35.4	1.4	1299.9
1992	16.1	33.1	1.3	1462.6
1993	16.6	32.3	0.4	1419.8
1994	16.9	34.3	1.7	1150.9
1995	16.1	35.0	0.7	987.5
1996	15.8	32.0	0.4	1045.2
1997	16.4	32.1	1.3	1035.3
1998	17.4	35.0	0.5	1300.4
1999	16.9	32.9	2.0	1216.1
2000	16.1	32.9	2.8	1137.1
2001	16.9	34.9	0.3	1255.4
2002	17.3	33.9	0.6	1394.0
2003	17.5	34.8	0	1345.4
2004	16.7	35.0	0.2	1321.5

续表 1-4-1

年份	气温（摄氏度）			日照时数
	1000 米以上海拔地区气温			
	年平均气温	最高气温	最低气温	
2005	16.8	35.7	0	1127.2
2006	17.1	33.9	0	1318.7
2007	17.0	33.2	0.3	1391.5
2008	16.2	34.9	1.5	1309.5
2009	17.2	33.0	1.1	1466.0
2010	17.3	35.6	0.3	1521.4

1991 年至 2010 年贞丰县降雨、冰雹、雪、凝冻、无霜期统计表

表 1-4-2

年份	年降雨（mm）	日最大降雨（mm）	暴雨日数	最大降雨发生日	降冰雹（次）	降雪（次）	凝冻（次）	无霜期（天）	备注
1991	1421.1	216.3	2	7 月 31 日	0	2	1	365	—
1992	1178.2	106	2	7 月 21 日	4	8	1	352	—
1993	1497.9	108.2	3	6 月 22 日	2	10	5	327	—
1994	1320.6	74.7	4	6 月 14 日	0	1	0	292	—
1995	1624.8	71.7	4	9 月 8 日	0	3	0	354	—
1996	1231.7	56.1	2	8 月 29 日	2	1	4	330	—
1997	1503.5	53.7	2	5 月 5 日	3	6	0	337	—
1998	1163.4	137.6	3	7 月 9 日	4	3	1	325	—
1999	1471.9	132.5	3	7 月 1 日	0	1	2	343	—
2000	1409.9	79.9	4	6 月 8 日	1	7	7	366	—
2001	1372.5	61.5	3	6 月 10 日	0	0	0	365	—
2002	1214.2	90.2	3	8 月 15 日	2	1	0	365	—
2003	1215	79.6	2	6 月 21 日	0	2	6	355	—
2004	1066.1	86.8	2	7 月 5 日	3	6	1	325	—
2005	1125.2	126.4	2	8 月 21 日	2	1	2	365	—
2006	1179.1	63	3	6 月 24 日	1	1	0	341	—
2007	1508.7	106.9	2	6 月 8 日	2	3	1	336	—
2008	1574.9	128	4	5 月 28 日	2	3	8	282	—
2009	948.4	119.6	2	6 月 9 日	0	2	0	252	—
2010	1345.8	101.5	3	7 月 21 日	1	1	1	334	—

1991 年至 2010 年贞丰县发生自然灾害统计表（发生灾害在相应栏画“√”）

表 1-4-3

年份	旱灾	水灾	冰雹灾	凝冻灾	风灾	倒春寒	秋风	备注
1991	—	√	√	—	√	—	—	—
1992	—	—	—	—	—	—	√	—
1993	√	—	—	—	—	—	—	—
1994	—	—	—	—	—	—	—	—
1995	—	—	—	—	—	—	—	—
1996	√	—	—	—	—	—	√	—
1997	—	—	—	—	—	—	—	—
1998	—	√	—	—	—	—	—	—
1999	—	—	—	—	—	—	—	—
2000	√	—	—	—	—	—	—	—
2001	—	√	—	—	—	—	—	—
2002	—	√	—	√	—	—	√	—
2003	—	—	—	—	—	—	—	—
2004	—	—	—	—	—	—	—	—
2005	—	—	—	—	—	—	—	—
2006	—	—	—	—	—	√	—	—
2007	—	—	—	—	√	—	—	—
2008	—	—	—	√	—	√	—	—
2009	√	—	√	—	√		—	—
2010	√	√	√	—	—	√	√	—

第三节　灾害性天气

一、干旱

1991 年至 2010 年，干旱发生较频繁，春夏秋冬都曾出现干旱，春旱和伏旱危害最大，严重影响农业生产的正常开展。春季和冬季受西部和西北部来的干燥空气影响，湿度小，蒸发量大，雨水少，造成干旱。2 月至 3 月降水量大都少于 60 毫米形成干旱，有些年干旱延长至 5 月、6 月。从 1991 年至 2010 年，20 年间有 3 年发生春旱，尤其是县境东南部春旱发生频率更高。1993 年、1996 年、2010 年发生的春旱影响大，损失严重，春耕生产不能正常进行，夏收作物大幅度减产，许多村寨人畜饮水困难。2009 年 9 月至 2010 年 5 月，连续 8 个月干旱，百年难遇。县境内的纳山岗水库、三岔河水库、白坟水库放水到死水位，许多小型水库、山塘干涸，不少沟河断流，水源条件差的村庄人畜饮水极为困难，春耕生产不能正常进行。引起国务院的重视，安排国家抗旱防汛机构、水利、民政等部门到贞丰指导抗旱救灾，调动中国人民解放军成都军区装甲旅部队赴北盘江镇顶罈片区和沙坪乡参加抗旱救灾。

二、冰雹

冰雹多出现在 3 月至 5 月，有时也发生在 7 月、8 月。从 1991 年起，县政府出资由县气象局成立防冰雹专业队，实施人工影响天气，下冰雹次数逐年减少。

县内下冰雹较多的主要区域是县域北部和中部，即平街乡、长田乡、北盘江镇、小屯乡、者相镇、龙场镇、珉谷镇。

下冰雹主要路径为：小屯、头猫、大碑、岩鱼、坝桥、平袍。

冰雹灾曾造成房屋砸坏、农作物（主要是夏粮）绝收等损失。

三、倒春寒

倒春寒天气常发生在谷雨之后至清明之前，一般是 4 年至 6 年一遇。1991 年至 2010 年发生 5 次，2008 年发生的凝冻灾害就是一次严重的倒春寒。倒春寒的出现，会造成春耕生产不能正常进行，影响适时播种和人们正常生活，并造成冻死耕牛等情况。

四、暴雨

县内暴雨常出现在 6 月至 8 月。1991 年至 2010 年，发生 2 次特大暴雨，造成洪涝灾害。1991 年 7 月 30 日至 31 日，大部分乡镇普降特大暴雨，降雨量达 216.3 毫米，县城大部分街道被洪水淹没 1 米多深，洪水将位于珉山公园的汽油库围墙冲垮、将位于金湖湾的原贞丰师范学校两间校舍冲毁，2 人死亡；位于汽油厂的县级国家粮仓进水，农村许多房屋倒塌。2001 年 6 月 10 日，全县普降暴雨，许多公路被洪水冲毁，农村部分房屋倒塌，东门海子、坡稿海子、这年海子等全县海子周围农田被淹，禾苗损失大。沙坪海子当年就有 800 亩甘蔗被洪水淹没 6 天，损失惨重，无收成。

五、秋季低温（又称秋风）

8 月、9 月，连续出现 3 天以上日均气温低于 20℃的天气称秋季低温。秋季低温严重影响水稻扬花授粉，使水稻颗粒不饱满或空壳，稻谷大幅度减产。秋季低温对稻谷生产危害很大。

六、大风

1991 年至 2010 年，总计出现大风 24 天，平均每年出现 1.2 天。大风天气常出现在每年的 3 月至 4 月。发生大风时，不少房屋、甘蔗、果树等都有不同程度的受灾，造成重大损失。大风常伴随着降大暴雨或下冰雹，危害很大。

七、凝冻

县域内在海拔 1300 米以上地区基本年年发生，一般地区较少发生，每隔 3 年至 5 年发生一次。2008 年 12 月至 2009 年 2 月，发生持续 2 个多月的凝冻，几十年难遇，历史上罕见。小屯乡、龙场镇尤为严重，电线、电杆结冰较厚，负载过重造成电线断裂、电杆倒塌，并出现严重的公路结冰，电信、供电、交通运输不能正常运行，部分耕牛被冻死，竹木被压断倒塌等。

第五章　环境保护

贞丰县环境保护局的前身是贞丰县城乡建设环境保护局（以下简称城建局），成立于1982年10月，同年，经县人民政府研究，成立贞丰县环境保护委员会及办公室，办公室设在城乡建设环境保护局。1986年，成立排污收费监理站；1991年，成立贞丰县环境监理站，隶属贞丰县城乡建设环境保护局。2001年11月，正式成立贞丰县环境保护局，下设直属事业机构环境监理监测站，全局核定编制9名，机关工勤人员1名，财政全额拨款（2005年7月，改为监察大队和监测站）。2006年12月，增加监测站事业编制4名，全局核定编制14名，财政全额预算。其中，行政编制3名，事业编制10名（包括监察大队、监测站人员），工勤人员1名。

第一节　环境状况

一、环境特点

贞丰县地质上在燕山运动和第四纪冰川作用下，以及随着人类社会发展，环境具有如下特点。

（一）山多平地少，生态环境问题突出

贞丰县在地质地貌上被称为“八山一水一分田”，由于自然力和人为破坏，生态失调、环境逐步恶化。

1. 自然灾害频繁。由于生态失调，生物链被破坏，抗御自然灾害能力减弱，旱灾、水灾、雹灾、倒春寒、秋风、秋雨频繁发生，虫害、病害、鼠害对农业生产极为不利。

2. 水土流失加剧。随着人口增加，毁林开垦种粮造成植被破坏，水土流失加剧。

3. 石漠化严重。全县岩溶地区占69.1%，强度、极强度石漠化达60多万亩，占整个国土面积30%左右。

（二）城乡环境污染越来越严重

城镇人口密度大，燃煤、厂矿企业排污，使城乡水体、大气污染越来越严重。农村环境污染也在加剧。

（三）矿产开发对环境污染破坏严重

贞丰县矿产资源丰富，但有些厂矿开发设施、设备、工艺落后，资源利用率低，排污技术跟不上，对环境污染严重。特别是煤炭生产，有上百个土法炼焦点周围寸草不生，对周围农作物影响极大；黄金开采，对水体也有一定污染。

二、环境质量

（一）水环境质量

贞丰河流属珠江流域北盘江水系，主要河流有北盘江及支流大田河、清水江、挽澜河、小屯—那郎河，北盘江受六盘水洗煤影响，受到重度污染，人畜基本上不能饮其水；大田河常年水质优于Ⅲ级，清水江常年水质优于Ⅱ级，其他河流小溪水质都优于Ⅲ级。

2005 年，赵家坪发生一次水源污染事故，影响下游人畜饮水。

（二）大气环境质量

贞丰县城周围有山坡包围，小风静风频率高，逆温层低，大气污染物多于2000年之前，城内烧高流煤燃料形成大量二氧化硫气流层，造成煤烟型污染。2006 年 3 月起，县环保部门在县城开展大气环境质量监测，设立固定取样点 3 个，监测点显示县城大气环境受到轻度污染。

第二节　环境监测

一、水环境监测

2007 年，水银洞金矿“12・27”事故后，贞丰县水环境监测站每周一、三、五对白坟水库及周边 5 个群众饮用水源点进行监测，并及时向县政府报告。水环境监测由此启动。

二、城市环境空气质量

2006 年 2 月初，贞丰县城区空气监测工作启动，全城共设立固定取样点三个（老城区、新城区、城中心），监测二氧化硫、氮氧化物、可吸入颗粒物。2006 年 2 月 5 日起，公布第一期县城区空气质量。

三、声环境监测

噪音污染一般只有汽车行驶和建筑工地机械施工噪声，噪音在50分贝至60分贝之间。

第三节　环境治理

一、污染源调查

贞丰县自开展环境保护工作以来，污染源调查工作取得了一定成效。但由于缺乏专业技术人员和必要的监测设备，污染源调查工作水平低，基本数据不能全面掌握。

（一）河流污染源调查

贞丰县地处北盘江中下游，县境内共有河流 24 条，流域面积大于 20 平方千米的有 14 条，大部分属于北盘江一级支流，均属珠江水系，集雨面积 1511 平方千米，多年平均降水量128.44毫米，多年平均径流深548毫米，多年平均径流总量8.49亿立方米。

挽澜河：挽澜河发源于兴仁县大垭口，流经兴仁、贞丰、册亨三县汇入北盘江。总流域面积约2220平方千米，河流总长112千米，落差1281米。在贞丰境内河长48千米，流域面积247平方千米，年均径流总量1381万立方米，多年平均流量4.39立方米/秒。

挽澜河流经龙场、挽澜两个乡镇，而两个乡镇又是产煤区。因此，主要污染来自煤炭的开采。一是煤矿井下废水没有进行处理直接向河里排放；二是煤矸石等废料废渣倒在河床里，给挽澜河造成了严重污染。

县境内其他河流：由于没有矿产资源开发和工业企业，主要污染物为农药和生活污水。较为严重的是白层河，由于县城区没有建成污水处理厂，城区生活污水、医疗废水和一些小型加工企业工业废水直接排放，使白层河污染较为严重。其他河流水质较好。

（二）乡镇工业污染源调查

改革开放以后，随着招商引资力度的不断加强，一些资源型开发企业逐步落户。主要有煤炭、黄金、大理石、重晶石开采和一些加工企业，以及1家铁合金厂，7家页岩砖厂，2家石灰厂，1家钢球厂。

2001年年底，县环保局成立，开展工业污染源调查工作。由于没有专业技术人员和监测设备，对主要污染源的相关数据不能全面掌握，所获取的数据都是根据企业自己申报或进行物料衡算方式。通过调查，工业污染源主要有：

一是煤炭开采，主要污染物为煤矿井下废水、煤矸石，使河流受到严重污染；

二是黄金开采，主要污染物为废渣和乱堆乱放，容易形成水土流失；

三是改良焦炭厂没有污染治理设施，二氧化硫、粉尘等污染物长期超标排放；

四是城市生活污水未经处理直接排放，对河流造成污染；

五是工业噪声、建筑施工噪声、交通噪声和社会噪声扰民现象比较突出。

（三）放射性污染源调查

全县使用放射源的企业共3家，共有放射源10个。其中，水银洞金矿3个，烂泥沟金矿6个，水泥厂1个。

二、水污染防治

（一）水域污染防治与保护

由于煤矿企业没有污染治理设施，煤矿井下废水未经处理直接排放，致使挽澜河受到严重污染。2005年8月，县人民政府下发《关于加强煤矿污染治理的通知》后，各煤矿企业才开始着手对井下废水进行治理。到2006年9月，有11家有证矿安装污染治理设施，对井下废水进行处理。

（二）地表水环境功能区划分

贞丰县没有开展地表水环境功能区分类工作。

（三）水环境工业污染与防治

贞丰县境内向河流排放污水的企业主要有白层糖厂。2002年，白层糖厂投资200万元对污水进行治理。通过常年监测，设施运行正常，所排放废水达到工业废水排放标准。

三、大气污染防治

（一）烟污染防治和控制二氧化硫、酸雨污染

贞丰县大气污染源主要是焦炭厂、铁合金厂、水泥厂以及县城区经营性燃煤炉灶。焦炭厂于2009年年底被关闭。铁合金厂于2006年8月18日投入试生产，其设施运行状况还未进行监测。水泥厂于2003年通过达标验收。2003年，县人民政府成立以分管环保副县长为组长的取缔县城区经营性燃煤领导小组，开展县城区经营性燃煤炉灶取缔工作，倡导使用清洁能源，收到良好的效果。

（二）控制机动车尾气污染

贞丰县没有开展机动车尾气监测工作，机动车年审由州监测站具体负责。

四、噪声污染防治

（一）制定噪声污染防治规章

2003年，贞丰县人大常委会制定《关于在县城区禁放烟花爆竹的规定》。

（二）环境噪声功能区划分

贞丰县没有开展环境噪声功能区划分工作。

（三）噪声污染管理

根据噪声污染防治的法律法规，贞丰县环保局、公安局等部门按照各自职能，各司其职，各负其责，严格执法，使噪声污染得到有效控制。

五、固体废物与危险废物污染防治

（一）固体废物产生与处置

贞丰县固体废物的产生主要来源于煤炭、黄金、大理石、重晶石开采，其产生量为2003年8.70万吨，2004年43.39万吨，2005年52.52万吨，2006年87.49万吨，2007年92.90万吨，所产生的固体废物都没有进行综合利用。由于一些企业没有专门的堆放场地，容易形成水土流失。

（二）危险废物产生与处置

贞丰县危险废物主要是水银洞金矿尾矿渣，有专门尾矿库堆放。

第四节　生态建设

一、生态农业示范区保护

贞丰县在发展规划中，专门规划了工业小区，农业生态示范区。建立三岔河农业生态示范园一个，与贵州大学农学院、四川农业大学等院校和科研部门对生态农业示范区的土壤、水源、大气、农产品、相关理化指标进行分析，将生态园农产品申报为无公害食品，争取绿色产品有机食品品牌。

二、生态林建设

采取“造、封、管、用”等措施，使贞丰县森林覆盖率、森林面积、森林蓄积量三个指标同步较大增长。在人工林方面，2002 年，贞丰县人民政府颁布《贞丰县工程造林管护公告》；在天然林方面，严格执行 1999 年黔西南州人民代表大会四届四次全会《关于黔西南州天然林保护办法》的规定；2003 年，全面启动天然林保护工程。1997 年，成立龙头大山自然保护区（属于州级保护区），总面积 11.3 万亩。2002 年、2003 年、2004 年，分别建立沙坪乡马家堡、平街乡小花江、北盘江镇银洞湾县级自然保护区 3 个，总面积 6.6 万亩。

三、水资源保护

为了保护和合理利用水资源、控制水体污染，严格执行《贵州省实施〈中华人民共和国水法〉办法》。2003 年起，每年开展“环保世纪行”和“六五”世界环境日一系列执法检查工作。县人民政府行文规定：工厂废水必须按指定地点排放，金矿点氰化钠矿渣必须严格消毒，不能直接向水体倾倒，违者罚款或责令停产。县城废水必须排入地下水道，严禁向地上排放。2008 年，开工建设城区污水处理厂；2010 年，开始处理污水。

2010 年，贞丰县人民政府划定云洞水库水源保护区和纳山岗水源保护区。保护区集雨区域一律禁止建厂，确保饮水安全。

四、水土保持治理

贞丰县水土保持工作起步较晚，20 世纪 80 年代初在县水电局设水土保持站，治理成效不显著。至 2005 年年底，全县启动小流域治理工程、“珠江”试点工程，完成第一期 1376.6 万元投资计划，完成治理水土流失面积 388 平方千米，建成蓄水池 264 座、沉沙池 24 座、拦沙坝 7 座、沟渠 4.7 千米；整治沟道 16.3 千米、实施坡改梯工程 4.33 万亩、生物措施造林 2.93 亩，其中经济林 1.45 万亩。封育治理 3.3 万亩。投入的流域治理和工程造林，水土流失和石漠化基本上得到遏制，缓解了贞丰县水土流失急剧的状况。

第六章　自然资源

境内土地资源、矿产资源、水资源、森林资源和动物资源较多。这些资源是生产生活在这片土地上人民群众的宝贵财富，为全县经济社会发展提供了条件。

第一节　土地资源

一、土壤

（一）土壤分布。贞丰县因地貌类型不同，海拔高低悬殊，气候变化和不同生物气候，在成土母质综合作用下，境内土壤随海拔高度上升呈现垂直性分布。东南海拔 900 米以下地带多为红壤，中部和西部海拔 900~1500 米地带多为黄壤，西部龙头大山山脉海拔 1500 米以上多为山地黄棕壤，同时又由于成土母质、地形地貌、水文条件及人为活动影响，出现一些地带性土壤，如石灰土、紫色土、水稻土等相间交织于黄壤和红壤地带。

（二）土壤类型。据 1984 年第二次土壤普查结果，土壤分为山地黄棕壤、黄壤、红壤、石灰土、紫色土、水稻土、沼泽土和潮土 8 个类型、25 个亚类、71 个属、142 个土种。

（三）土壤资源。

1. 山地黄棕壤面积 2100 公顷，占全县土壤总面积的 1.61%，土层高度为 40~60 厘米。有机质丰富，含量为 11.54% ~14.36%，酸碱度 4.5 左右，全氮含量 0.5~0.6%，速效磷为 8~10PPm，速效钾为 157~188PPm。

2. 黄壤面积 35726.67 公顷，占全县土壤总面积的 27.3%，有机质含量 1.2% ~16.39%，酸碱度 4~6.5，全氮含量 0.1% ~0.85%，速效磷 0~50PPm，速效钾 42~309PPm。

3. 红壤面积 47613.33 公顷，占全县土壤面积 36.33%，有机层 1.19% ~10.24%，全氮含量 0.09% ~0.63%，速效磷 0~27PPm，速效钾 51~490PPm。

4. 石灰土，面积 29653.33 公顷，占全县土壤面积 22.66%，是贞丰县面积最大的地域性土壤，酸碱度 6.5~8，有机质 1.2% ~12.62%，全氮含量 0.12% ~0.81%，速效磷 0~40PPm，速效钾 52~364PPm。

5. 紫色土、沼泽土和潮土，面积 726.67 公顷，零星分布，占全县土壤面积的 0.56%。

6. 水稻土，面积 15046.67 公顷，占全县土壤面积 11.50%，有机质 1.28% ~9.99%，全氮含量 0.07% ~0.53%，速效磷 0~40PPm，速效钾 30~335PPm。因发育层次组合而异，又分为潜育型、潴育型、淹育型、沼泽型、侧渗型和矿毒型水稻土。

（四）土壤分级。贞丰县根据土壤的发育层次、障碍层次、质地黏重情况、坡度不同、酸碱度含量不同、含氮量、速效磷、速效钾含量及耕层等不同因素划为不同的土地级别。

贞丰县土地分级统计表

表 1-6-1　　　　单位：公顷

类别 级别	水田	旱地	自然土	合计	占土地（%）	备注
一级	—	—	—	—	—	—
二级	1650.47	290.26	—	1940.73	1.28	属宜耕类
三级	8832.80	8409.07	—	17241.87	11.43	属可耕类
四级	4554.00	23226.93	75.27	27856.20	18.46	属基本宜耕类
五级	—	12611.27	2050.93	14662.20	9.72	旱地属不宜耕类，部分自然土宜林类
六级	—	—	16231.27	16231.27	10.76	属宜林类
七级	—	—	52933.40	52933.40	35.08	属宜牧类
八级	—	—	20034.33	20034.33	13.27	属难利用地类
合计	15037.27	44537.53	91325.20	150900	100	—

说明：资料来源于《贞丰县土壤普查成果》

二、土地资源

（一）土地分类

1. 贞丰县在第二次土壤普查基础上开展土地利用现状调查。从 1990 年下半年开始到 1994 年年底，历时近四年时间，1994 年成果验收。根据土地用途划分为三种类别，即农用地、建设用地和未利用地。按《现状调查规程》划分为耕地、园地、林地、草地、居民点及工矿用地、交通用地、水域和未利用地 8 个一级类，46 个二级类和 50 个三级类。

2. 贞丰县土地二级分类。耕地分为水田、望天田、旱地、水浇地和菜地 5 个二级类，园地分为果园、菜园、橡胶园、桑园和其他园地 5 个二级类，林地分为有林地、疏林地、灌木林地、未成林造林地、迹地和苗圃 6 个二级类，草地分为人工草地、改良草地和天然草地 3 个二级类，居民点及工矿用地分为城镇用地、农村居民点用地、独立工矿用地、特殊用地 4 个二级类，交通用地分为公路、农村道路、码头用地 3 个二级类，水域分为河流水面、湖泊水面、水库水面、坑塘水面、滩涂沟渠、水工建筑 7 个二级类，未利用地分为荒草地、裸土地、裸岩石砾地、田坎 4 个二级类。

3. 三级分类。贞丰县土地三级分类主要是耕地、园地、有林地、独立工矿用地、交通用地和未利用地。其中耕地分为五年一熟、一年二熟的水田、旱地和粮林间作地。园地分为果园和间作果园、菜园和间作菜园，有林地分为用材林、经济林、薪炭林、防护林和竹林地。独立工矿用地分为独立工矿企业、采石采矿场用地和其他独立工矿用地，特殊用地分为国家用地、陵墓用地。公路用地分为国家公路和地方公路用地。农村道路用地分为机耕道和农村小道用地。滩涂地分为河滩和湖滩地。沟渠用地分为灌溉沟渠和排水沟渠用地。裸岩石砾地分为裸岩和石砾地。田土坎地又分为田坎和土坎地。

（二）土地资源现状

土地分类面积，总面积为 150867.03 公顷。

1. 一级分类面积耕地 61234.97 公顷，占土地总面积 40.59%；园地 973.64 公顷，占土地总面积 0.6%；林地 22736.01 公顷，占土地总面积 15.07%；草地 33394.6 公顷，占土地总面积 22.2%；居民点及工矿用地 5065.27 公顷，占土地总面积 3.36%；交通用地 811.35 公顷，占土地总面积的 0.54%；水域地 1337.94 公顷，占土地总面积 0.89%；未利用地 25239.9 公顷，占土地面积 16.73%。

贞丰县土地一级分类统计表

表 1-6-2　　　　单位：公顷

乡镇名称	总面积	耕地	园林	林地	草地	居民点及工矿用地	交通用地	水域	未利用地
全县	150867	61234.97	913.64	22736.01	33527.97	5067.27	811.34	1337.94	25239.9
珉谷	15813.61	5794.13	104.6	1030.59	2458.31	602.03	125.65	48.95	5649.35
连环	8068.42	4528.69	1.93	1545.01	412.51	193.83	50.25	64.46	1219.73
挽澜	9194.71	2179.64	10.35	1513.79	3781.87	186.07	34.49	101.03	1387.48
龙场	11477.89	4594.11	195.89	1477.44	2802.16	615.37	56.3	78.46	1658.17
小屯	8605.3	5355.73	95.26	995.35	216.08	353.89	66.23	84.77	1437.99
者相	12837.19	5178.88	39.62	490.61	4273.54	478.93	64.05	114.31	2197.25
北盘江	11376.07	3616.35	166.39	1152.04	2990.82	474.13	68.08	50.6	2857.66
长田	5963.77	2606.77	129.29	520.28	702.96	306.6	318.33	21.99	1644.23
平街	8323.13	2432.09	0.83	723.71	3132.62	353.12	24.61	30.51	1625.3
白层	15624.31	6538.31	12.61	2564.19	4010.26	359.15	67.87	160	1911.92
鲁容	13499.56	4559.41	0.94	1737.14	5973.55	220.71	86.97	194.96	725.75
鲁贡	15920.84	8421.71	43.14	3367.29	1809.71	518.05	67.1	190.99	1502.85
沙坪	14162.58	5375.16	112.78	5618.59	963.23	403.37	68.08	198.92	1422.44

说明：资料来源《贞丰县土地利用现状调查报告》

2. 土地二级分类面积。据贞丰县土地利用现状调查，土地二级分类共有 31 个二级类。

贞丰县土地二级分类统计表

表 1-6-3　　　　　　　　　　　　　　　　　　　　　　　　单位：公顷

一级分类	二级分类面积					
耕地	水田	望天田	水浇地	旱地	菜地	—
61234.97	10830.33	2245.2	—	47886.5	272.85	—
园地	果园	桑园	菜园	橡胶园	其他园地	—
913.64	373.03	2.1	58.51	—	—	—
林地	有林地	灌木林	疏林地	未成林造林地	迹地	苗圃
22736.01	19200.01	3108.11	257.85	25.27	144.77	0.01
草地	天然草地	改良草地	人工草地	—	—	—
33527.97	33527.97	—	—	—	—	—
居民点及工矿用地	城镇	村庄	独立工矿用地	特殊用地	—	—
5065.27	163.41	4668.33	140.93	92.59	—	—
交通用地	公路	农村道路	港口码头	—	—	—
811.34	273.59	536.87	0.88	—	—	—
水域	河流	水库	坑塘	滩涂	沟渠	水工建筑
1337.94	709.01	153.99	74.36	50.76	345.01	4.81
未利用地	荒草地	裸土地	裸岩石砾地	田土坎	—	—
25239.9	332.88	0.8	15898.16	9008.06	—	—

说明：资料来源于《贞丰县土地利用现状调查》

3. 耕地坡度级分类。贞丰县土地利用现状调查，根据耕地坡度大小不同，分成不同坡度级的耕地，0 坡度为一级，0 度 ~2 度为一级，2 度 ~6 度为一级，6 度 ~15 度为一级，15 度 ~25 度为一级，25 度 ~35 度为一级，35 度以上为一级。

贞丰县耕地坡度分级面积统计表

表 1-6-4　　　　　　　　　　　　　　　　　　　　　　　　单位：公顷

项目 坡度	耕地	占耕地面积（%）	其中				
			水田	望天田	旱地	菜地	备注
P0（0°~2°）	3240.29	5.29	1774.52	265.1	1134.57	66.11	—
P1（2°~6°）	7329.91	11.97	3944.47	599.55	2713.46	72.43	—
P2（6°~15°）	7633.54	12.47	2516.01	546.87	4483.79	86.89	—
P3（15°~25°）	17305.93	28.26	2061.46	803.31	14395.26	45.89	—

续表 1-6-4

项目 坡度	耕地	占耕地面积（%）	其中				
			水田	望天田	旱地	菜地	备注
P4（25°~35°）	14586.51	23.82	3557.03	20.71	14208.58	1.53	—
P5 ＞ 35°	11138.77	18.19	178.15	10.3	10950.92		—
合　计	61234.97	100	10830.31	2245.31	47886.57	272.85	—

说明：资料来源于《贞丰县土地利用现状调查》

4. 坡耕地资源情况。经过土地利用现状调查，进一步了解全县耕地资源和使用状况。2000 年，全国开展土地大调查，对 15 度以上耕地进行调查登记核实，是否宜耕。调查结果，全县坡地宜耕面积为 10229.35 公顷，占坡地的 55.97%；不宜耕面积为 8047 公顷，占 44.03%。

第二节　水资源

贞丰县境内的 24 条河流属于珠江水系，流域面积大于 20 平方千米的有 14 条，属于北盘江一级支流。县界河流有北盘江、清水江、大田河。多年平均降雨量 1211 毫米，多年平均径流量 8.49 亿立方米，人均占有水量 2931.9 立方米 / 年。除了县境内产生的地表水外，还有 3 条界河产生的过境客水：北盘江在县境内集雨面积 16737.9 平方千米，年约入境水量 105.6 亿立方米；大田河在县境内集雨面积 2352 平方千米，入境水量 11.4 亿立方米；清水江在县境内集雨面积 2116.6 平方千米，入境水量 10.1 亿立方米，多年平均入境水量共 127 亿立方米。多年平均地下水总量 2.45 亿立方米。全县蓄水工程 44 处，总蓄水量 3493.6 万立方米。按照国家标准 GB3838—88 地表水质量标准，在观音洞、白层桥下、者塘桥下选 3 个水源区监测断面，评价结果为Ⅲ类，确定县境内地表水综合评价各项指标除锰和大肠菌超标外，其他均达到地表水质量Ⅲ类标准。

北盘江、清水江、大田河在县境内水能理论蕴藏量共 100 多万千瓦。那郎河、挽澜河、那摩河等 24 条河流水能理论蕴藏量共 200 多万千瓦。具有开发价值的 3 条界河已经开发 2 条：北盘江董箐电站装机量 88 万千瓦，大田河丰发一级水电站装机容量 3200 千瓦，丰发二级水电站装机容量 8 万千瓦，鲁贡大地电站装机容量 2 万千瓦。

贞丰县主要河流理论蕴藏量统计表

表 1-6-5

河名	计算断面			河长（千米）	始点海拔高程（米）	终点海拔高程（米）	高差（米）	集雨面积（平方千米）	年均径流总量（万立方米）	多年平均流量（立方米/秒）	理论蕴藏量（kiwi）
	名称	位置									
		东经	北纬								
北盘江	大田河汇流处	105°54′	25°07′	93.5	493	319	174	1057.3	118944	378.2	1645564
大田河	河口	105°54′	25°07′	55.5	840	319	521	342.5	12423	39.5	301884
清水江	河口	105°51′	25°19′	22.5	399	339	60	62	14090	44.8	26369
关沟河	河口	105°37′	25°41′	9	1122	470	652	31	179	0.57	3645
坝桥河	河口	105°47′	25°26′	10.2	700	385	315	37	179	0.57	1761
鲁容河	河口	105°47′	25°25′	9.5	620	355	265	25	120	0.38	987
皎贯河	河口	105°51′	25°21′	15	910	359	551	34.6	148	0.47	2540
鲁贡河	河口	105°49′	25°19′	23.5	850	340	510	95.9	491	1.56	7804
坡稿河	消水洞	105°47′	25°13′	6.5	740	620	120	39	198	0.63	741
尼罗河	消水洞	105°49′	25°09′	9	730	430	300	26	123	0.39	1147
板绕河	河口	105°49′	25°20′	10.4	850	339	511	19.2	88	0.28	1403
那摩河	河口	105°42′	25°31′	39.1	1485	367	1118	156.3	613	1.95	21386
小屯河至那郎河	河口	105°48′	25°24′	37.7	1350	353	997	241	1352	4.3	42056
挽澜河	四方河	105°38′	25°18′	48	1300	840	460	247	1381	4.39	19810
合计	—	—	—	389.4	—	—	—	—	150329	—	2077097

说明：北盘江、大田河、清水江三条河全流域面积分别为25830平方千米、2292平方千米和1880平方千米。

第三节　野生动植物资源

一、野生动物

（一）贞丰县曾有虎、豹、豺狼，到20世纪60年代，基本绝迹。兽类主要有野山羊、野兔、野猪、獐子、竹溜、猴子、水獭、旱獭、穿山甲、黄鼠狼等。

（二）禽鸟类主要有野鸡、野鸭、竹鸡、布谷鸟、斑鸠、杜鹃、画眉、土画眉、黄豆雀、麻雀、啄木鸟、老鹰、猫头鹰、饿老鹳、燕子、鸳鸯、秧鸡、喜鹊、打鱼郎、乌鸦等。

（三）两栖类主要有蛤蚧、蛙、宽头大角蟾等。

（四）爬行类主要有乌梢蛇、眼镜蛇、菜花蛇、秤杆蛇、四脚蛇、五步蛇等。

（五）水生类主要有鲤鱼、鲢鱼、花鱼、胡子鱼、团鱼、鳝鱼、泥鳅、黄辣丁、虾、螃蟹、水蛇等。

（六）其他动物主要有蝴蝶、蜻蜓、螳螂、蟋蟀、蚂蚁、蜘蛛、马蜂、牛角蜂、蜜蜂、萤火虫、蝗虫（蚂蚱）、螺丝、蚌、蜗牛、蚂蟥、蚯蚓、蜈蚣、蟑螂等。

二、野生植物

（一）用材树木主要有杉树、松树、红椿树、毛椿树、香椿树、枫香树、蓝靛木、梓木树、樟树、岩桑树、柏杨树、苦楝树、泡桐树、金丝榔树（榉木）、丝栗树、木棉树、木瓜树、桦树等，还有紫荆树、桂花树、万年青树、银杏树、榕树、桫椤树等珍贵树木。

（二）果树类主要有核桃树、板栗树、石榴树、拐枣树、黄果树、柿子树、桃子树、李子树、杏子树、枇杷树、橄榄树、杨梅树、樱桃树、刺梨树、野梨子树等。

（三）经济林木主要有杜仲树、构皮树、油桐树、油茶树、茶树、棕树等。

（四）竹类主要有青竹、绵竹、斑竹、刺竹、粉竹、苦竹、笼毛竹、撩剑竹等。

（五）药材类主要有何首乌、蒲公英、葛根、皂角、金钱草、车前草、刺五加、桑葚子、艾草、女贞子、鱼腥草、枸杞、益母草、绞股蓝、独脚莲、野茉莉、柴胡、土茯苓、板蓝根、金银花、月季花、茅草根、五味子、接骨草、砂仁、赤小豆、马鞭草等百余种。

（六）草类主要有节节草、茅草、蓑草、野青草、狗尾草、水草等60余种。

（七）菌类主要有香菇、鸡枞菌、三堂菌、茅草菌、青㭎菌、木耳。

（八）薯类主要有山药、芋头、魔芋等。

第四节　矿产资源

贞丰县蕴藏较丰富的矿产资源。现有资料记载，境内有煤、黏土岩、石黄砂、高岭土、石灰石、水晶石、萤石、金、锑、砷、汞、锰、铁、金属镁、铝土及钍石矿等十多种。1992年后，金、锑、黏土岩、石英砂、煤已开采利用。

一、非金属矿

（一）煤。主要是烟煤，据1983年贵州省矿产储量表第五分册记载，龙头大山向斜主要采煤层保有储量6亿吨；无烟煤，主要分布在县西北部的木桑、小屯一带，储量不大。

（二）石灰岩。贞丰县境内石灰岩分布较广，多用于建筑。2006年，有40个年产砂石8万立方米的砂石厂。

（三）重晶石。重晶石矿主要分布在龙场镇弯子村北面，产于第四系坡积物中，矿体规模小，储量为13.2万吨。

（四）制砖页岩。主要分布于龙场镇、挽澜乡、连环乡及白层镇，资源丰富。

（五）萤石矿。主要分布在小屯乡牛草坪北面一带和白层镇播老一带。

二、金属矿

1. 金矿，20 世纪 90 年代以来，在贞丰县境内发现金矿点 20 余处。矿区覆盖范围 363.5 平方千米。资源储量约为 500 金属吨。

贞丰县矿产资源储量状况调查表

表 1-6-6

矿产名称	储量单位	保有储量	资源储量
金矿	金属吨	175	500
煤矿	万吨	49287	60287
水泥灰岩	亿吨	—	0.20
建筑用砂石	万立方米	2000	2000
重晶石	万吨	7.3	13.2
大理石	万平方米	—	30

贞丰县金矿分布于赖子山背斜：烂泥沟、塘新寨、红旗坡、洛东等；那郎背斜：烂山沟、那郎；皎贯背斜：纳哥、卡务；赵家坪背斜：赵家坪、普子和新寨背斜。

烂泥沟金矿产于中云叠统边阳组碎屑岩中，平均含 Au6.96×10-6，主矿体 600 余米，斜深 570 米，厚度 4~16 米，最厚 33.01 米，平均厚度 10.79 米，Au 最高 18.32×10-6，包裹于黄铁矿中。

第二篇　人口　民族　宗教

贞丰县境内有汉族、布依族、苗族、仡佬族、回族、瑶族、黎族等民族。中华人民共和国成立后，历届县委、县人民政府重视人口和民族宗教工作，分别成立人口、民族宗教工作机构，专门负责人口和民族宗教工作，贯彻落实党和国家的人口和民族宗教政策。1965年，启动计划生育工作，实行计划生育，控制人口过快增长，促进人口与经济社会协调发展。加强教育和医疗卫生工作，提高人口文化程度和身体素质。采取多种形式宣传党和国家民族宗教政策、民族区域自治法等法律法规，把民族宗教政策落到实处，民族歧视旧思想基本消除，全县形成了各民族大团结的和谐局面。

第一章　人口概况

1991年至2010年，全县按照上级政府关于人口、医疗卫生和教育工作政策，实行计划生育，实施生殖健康项目，开展妇女保健和优生优育工作，实施基本普及九年义务教育和基本扫除青壮年文盲工程，使人口基本按计划增长，公民的身体素质和文化程度有很大提高，人均寿命增加，60周岁以上老人逐年增多。2010年，全县有100周岁以上老人9个，人口性别比例较正常。

第一节　人口总量

1990年，全县总人口289572人。出生人口5060人，出生率17.57‰；死亡2126人，死亡率7.38‰；自增人口2934人，人口自然增长率10.19‰。2003年，全县出生人口

4431人，出生率12.78‰；死亡2039人，死亡率5.88‰；自增人口2392人，人口自然增长率6.9‰。与1990年相比，人口自然增长率下降3.29‰。2010年，全县出生人口4609人，出生率11.75‰；死亡2127人，死亡率5.42‰；自增人口2482人，人口自然增长率6.33‰。

1991年至2010年贞丰县人口自然变动情况统计表

表2-1-1

项目 年份	户数	年末总人口	出生		死亡		自然增长	
			人数	‰	人数	‰	人数	‰
1991	69437	292981	4063	13.95	1644	5.64	2419	8.30
1992	69463	294671	4058	13.81	1953	6.65	2105	7.16
1993	69786	295794	3155	10.69	1876	6.35	1279	4.33
1994	69929	298041	3721	12.53	2046	6.89	1675	5.64
1995	70794	305285	4619	15.36	2130	7.08	2489	8.28
1996	71809	306865	4746	15.56	2298	7353	2448	8.02
1997	72064	309790	4980	16.07	2142	6.91	2839	9.21
1998	73637	312927	4457	14.24	2083	6.66	2374	7.62
1999	74472	327848	4911	15.45	2130	6.70	4089	12.87
2000	76164	336194	5778	17.19	2240	6.60	3538	10.52
2001	76460	340091	5507	16.93	1993	5.86	3514	10.33
2002	77723	342706	4749	13.86	2006	5.85	2678	7.84
2003	80909	346590	4431	12.78	2039	5.88	2392	6.9
2004	82360	350899	4669	13.30	2113	6.02	2556	7.28
2005	83325	357740	4764	13.45	2124	5.99	2640	7.46
2006	85416	363868	4314	11.96	1786	4.96	2528	7.01
2007	88389	369125	5217	14.12	2445	6.62	2772	7.50
2008	91179	374695	4782	12.86	2447	6.58	2335	6.28
2009	95692	383665	4724	12.46	2057	5.42	2667	7.03
2010	100486	401093	4609	11.75	2127	5.42	2482	6.33

第二节　人口分布

一、分布

1990年，第四次人口普查，全县6个区、1个区级镇，城关区人口最多，有59052人，占全县总人口20.5%；珉谷镇人口最少，有22479人，占全县总人口7.82%。全县38个乡（镇办事处），人口过万的10个，不足4000人的7个，其余各乡镇人口均在4000人至10000人之间。1991年，撤区、并乡、建镇，全县划分为6镇7乡，每个乡镇人口均达万人以上。2010年年底，13个乡镇中，珉谷镇人口最多，有73677人；挽澜乡人口最少，有17840人。

1991年年末至2010年年末贞丰县各乡镇人口统计表

表2-1-2　　单位：人

年份＼乡镇	珉谷	龙场	者相	北盘江	白层	鲁贡	连环	小屯	挽澜	平街	长田	沙坪	鲁容	合计
1991	53102	29566	29962	22525	19859	19602	14400	28062	13739	16881	16439	14616	14238	292981
1992	53249	30050	30044	22654	19704	19705	14465	28268	13893	16979	16500	14829	14331	294671
1993	52939	30460	29934	22682	19969	19870	14641	28485	13808	17049	16659	14873	14425	295794
1994	53508	30683	30021	22899	20326	20016	14972	28536	13878	17083	16749	14950	14420	298041
1995	55002	31169	31040	23146	22542	20178	15061	28939	14362	17275	17006	15031	14534	305285
1996	55527	31548	31303	23264	20744	20349	15289	29422	14426	17477	17252	15449	14815	306265
1997	56063	31962	31622	23370	21012	20510	15429	29850	14506	17631	17371	15594	14870	309790
1998	56668	32386	31654	23655	21257	20697	15570	30293	14604	17699	17472	15732	15240	312927
1999	57443	33780	33443	25718	22302	21229	15688	32440	14899	19128	19010	16957	15811	327848
2000	64074	34290	32358	26387	21779	21610	16175	32798	15685	19491	19162	16382	16003	336194
2001	64288	34589	33744	26756	22001	21849	16363	33092	15847	19739	19355	16616	15852	340091
2002	64342	35078	33889	27050	22093	22098	16518	33367	15911	19823	19449	16984	16104	342706
2003	63488	35157	34116	29611	21853	22222	16546	33781	15980	20218	19538	17363	16717	346590
2004	64995	35314	34476	29934	22742	22284	16600	34019	16180	20407	19618	17520	16810	350899
2005	66428	35785	35746	30348	22877	22861	16701	33915	16334	21193	20227	17636	17689	357740
2006	67676	36377	36604	30872	23292	22964	17262	34459	16721	21383	20618	17723	17917	363868
2007	68931	36868	37366	31327	23693	23079	17531	34722	17119	21663	20871	17918	18127	369215
2008	69399	37736	37719	32341	23961	23188	17809	34831	17433	22114	21362	18583	18219	374695
2009	69965	39234	38323	33103	24536	23329	18622	35896	17616	22626	21868	19346	19201	383665
2010	73677	40620	42017	34854	25878	24069	18674	36727	17840	24356	22748	20208	19425	401093

1991 年年末至 2010 年年末贞丰县城乡人口统计表

表 2-1-3

年份＼项目	其中			
	农业人口（人）	占总人口（%）	城镇人口（人）	占总人口（%）
1991	274106	93.6	18875	6.4
1992	275852	93.6	18819	6.4
1993	276475	93.5	19319	6.5
1994	277403	93.1	20638	6.9
1995	284537	93.60	18748	7.0
1996	287832	93.0	19033	7.0
1997	290545	93.8	19245	6.2
1998	293205	93.7	19722	6.3
1999	307422	93.8	20426	6.2
2000	313000	93.1	23194	6.9
2001	316016	92.9	24075	7.1
2002	318358	92.9	24348	7.1
2003	323869	93.4	22721	6.6
2004	327691	93.4	23082	6.6
2005	335279	93.7	22461	6.3
2006	340371	93.5	23497	6.5
2007	344319	93.2	24896	6.8
2008	349134	93.2	25561	6.8
2009	357455	93.2	26210	6.9
2010	373339	93.0	27754	7

2000 年年末贞丰县各乡镇人口统计表

表 2-1-4

乡镇＼项目	总户数	总人口（人）	其中			人口自增率(‰)
			男（人）	女（人）	非农业人口（人）	
合　计	76164	336194	173419	162775	23194	10.52
珉谷镇	14920	64074	32211	31863	15354	8.71
者相镇	7825	32358	17424	14934	2087	10.97
龙场镇	7891	34290	17542	16748	1832	9.44

续表 2-1-4

项目 乡镇	总户数	总人口（人）	其中			人口自增率(‰)
			男（人）	女（人）	非农业人口（人）	
北盘江镇	5918	26387	13847	12540	1067	6.97
白层镇	5141	21779	11245	10534	532	11.02
鲁贡镇	4463	21610	11093	10517	283	8.98
小屯乡	7212	32798	16501	16297	398	12.04
平街乡	4330	19491	10266	9225	217	13.64
长田乡	4554	19162	9679	9483	280	9.81
挽澜乡	3614	15685	8161	7524	691	12.81
沙坪乡	3402	16382	8696	7686	149	9.71
鲁容乡	3366	16003	8316	7687	164	11.94
连环乡	3528	16175	8438	7737	140	17.50

二、密度

1990 年，第四次全国人口普查，全县人口密度 192 人 / 平方千米。县内各区相比，珉谷镇人口密度最大，705.33 人 / 平方千米；鲁贡区人口密度最小，110.29 人 / 平方千米。全县 36 个乡（镇）比较，中心地区人口密度高于边远地区，集镇高于农村，人口密度每平方千米超过 300 人的乡镇 7 个，每平方千米不足 100 人的乡镇 4 个，其余 25 个乡镇人口密度每平方千米在 100 人至 300 人之间。2000 年，第五次全国人口普查，贞丰县 222 人 / 平方千米；2010 年，第六次全国人口普查，人口密度 265 人 / 平方千米。贞丰县人口密度均高于州、省、全国的人口密度。

2000 年、2010 年贞丰县乡镇人口密度统计表

表 2-1-5

项目 乡镇	面积（平方千米）	2000 年		2010 年	
		人口（人）	密度（人 / 平方千米）	人口（人）	密度（人 / 平方千米）
合　计	1511	336194	222	401093	265
珉谷镇	156.8	64074	411	73677	473
者相镇	131.64	32358	241	42017	313
龙场镇	115.12	34290	298	40620	354
北盘江镇	107.86	26387	244	34854	322
白层镇	154.66	21779	143	25878	170

续表 2-1-5

乡镇＼项目	面积（平方千米）	2000 年		2010 年	
		人口（人）	密度（人/平方千米）	人口（人）	密度（人/平方千米）
鲁贡镇	158.7	21610	137	24069	153
小屯乡	87.38	32798	373	36727	418
平街乡	82.5	19491	236	24356	295
长田乡	60.54	19162	315	22748	375
挽澜乡	91.4	15685	167	17840	191
沙坪乡	145.6	16382	110	20208	136
鲁容乡	138.04	16003	116	19425	141
连环乡	79.6	16175	207	18674	240

第三节　人口构成

一、民族构成

贞丰是少数民族聚居县，居住着布依族、苗族、回族、瑶族等少数民族，万人以上的有布依族和苗族，布依族和苗族人口占全县总人口 40%以上。1965 年 11 月 13 日，国务院批准成立贞丰布依族苗族自治县。1985 年 5 月，黔西南布依族苗族自治州成立，贞丰布依族苗族自治县改为贞丰县。2000 年，第五次全国人口普查，全县有 24 种民族，总人口 314785 人，其中汉族 161358 人，占 51.26%；各种少数民族占 48.74%。2003 年年底，全县人口 346590 人，其中汉族 179178 人，占 51.69%；各种少数民族占 48.31%。2010 年，第六次全国人口普查，全县总人口 417403 人；其中少数民族 193300 人，占全县总人口 46.31%。

2000 年贞丰县第五次人口普查民族构成统计表

表 2-1-6

民族＼项目	总人口（人）	其中		各民族人口占总人口（%）
		男（人）	女（人）	
合　计	314785	159996	154789	—
汉　族	161358	82165	79193	51.26
布依族	125058	63242	61816	39.72
苗　族	23054	11700	11354	7.3

续表 2-1-6

项目 民族	总人口（人）	其中		各民族人口占总人口（%）
		男（人）	女（人）	
回　族	1230	664	566	0.64
黎　族	1612	957	655	0.5
仡佬族	1357	688	669	0.43
瑶　族	359	223	136	0.11
彝　族	212	104	108	0.07
壮　族	185	83	102	0.06
蒙古族	43	14	29	0.01
藏　族	6	2	4	—
维吾尔族	13	5	8	—
朝鲜族	10	5	5	—
满　族	41	18	23	0.01
侗　族	99	50	49	0.03
白　族	73	42	31	0.02
土家族	31	10	21	0.01
土　族	7	3	4	—
哈尼族	8	4	4	—
傣　族	8	3	5	—
畲　族	8	5	3	—
水　族	2	2		—
京　族	10	6	4	—
塔塔尔族	1	1	—	—

说明：每次全国人口普查与每年年末人口统计的时间和口径不同，普查人口数与年末人口数就不同

2003 年贞丰县民族人口分布情况统计表

表 2-1-7　　　　单位：人

族别 乡镇	总人口	汉族	布依族	苗族	回族	黎族	仡佬族	瑶族	侗族	彝族	壮族	土家族	其他
合　计	346590	179178	139248	24223	1141	1173	957	253	41	35	149	8	184
珉谷镇	63488	32923	21644	7829	789	79	189	—	—	13	22	—	—
者相镇	34116	17916	12402	3684	10	32	9	25	13	6	11	8	—
龙场镇	35157	22253	6904	5476	207	17	159	40	—	—	—	—	101
北盘江镇	29611	22341	6438	390	21	331	23	37	—	13	12	—	5

续表 2-1-7

族别 乡镇	总人口	汉族	布依族	苗族	回族	黎族	仡佬族	瑶族	侗族	彝族	壮族	土家族	其他
白层镇	21853	5115	15709	891	61	5	—	18	—	3	51	—	—
鲁贡镇	22222	801	21369	—	—	—	52	—	—	—	—	—	—
小屯乡	33781	29577	3306	502	28	18	200	22	—	—	53	—	75
平街乡	20218	15958	3414	453	22	336	4		28	—	—	1	3
长田乡	19538	16090	2968	10	—	355	4	111	—	—	—	—	—
挽澜乡	15980	4332	8120	3528	—	—	—	—	—	—	—	—	—
沙坪乡	17363	2551	14806	3	3	—	—	—	—	—	—	—	—
鲁容乡	16717	2433	13966	1	—	—	317	—	—	—	—	—	—
连环乡	16546	6888	8202	1456	—	—	—	—	—	—	—	—	—

2010年贞丰县第六次人口普查情况统计表

表 2-1-8　　　　单位：户、人

项目 乡镇	户数	人口			非农业人口	户口待定人数	少数民族					
		合计	其中				布依族	苗族	仡佬族	黎族	其他民族	小计
			男	女								
合　计	93703	417403	214749	202654	27639	17356	156831	30853	1738	1446	2432	193300
珉谷镇	20928	82636	42275	40361	16712	2202	24839	9361	117	143	1144	35604
龙场镇	9003	41537	21217	20320	1509	1880	4845	6795	173	19	458	12290
者相镇	10212	46434	23448	22986	2283	2323	17190	5632	45	69	101	23037
北盘江镇	7371	33765	17438	16327	2018	961	7388	353	49	420	112	8322
鲁贡镇	5137	25114	12732	12382	362	2211	24022	8	9	3	—	24042
白层镇	5678	25681	13409	12272	776	1027	18054	1026	46	15	174	19315
长田乡	5594	22562	11646	10916	534	764	3522	48	76	381	140	4167
平街乡	5009	24447	12590	11857	387	1080	3989	596	5	363	64	5016
小屯乡	8520	37805	19577	18228	838	1989	3966	711	281	27	234	5219
挽澜乡	4170	19352	10351	9001	842	921	7708	5069	3	4	—	12784
连环乡	3860	18932	9626	9306	291	731	9051	1219	381	1	—	10652
鲁容乡	4094	18999	9655	9344	209	393	15749	10	549	0	—	16308
沙坪乡	4127	20139	10785	9354	878	874	16508	25	4	1	5	16544

说明：全县第六次人口普查少数民族共19.33万人，占总人口46.3%

二、年龄构成

2000年，第五次全国人口普查统计，贞丰县人口年龄结构如下：

少年儿童：全县15周岁以下少年儿童109748人，占总人口34.86%；

青年：全县15周岁至24周岁青年44855人，占总人口14.25%；

壮年：全县男25周岁至59周岁，女25周岁至54周岁壮年劳动力123399人，占总人口39.21%；

老年人：全县男60周岁、女55周岁以上老年人36783人，占总人口11.68%。

2000年贞丰县第五次全国人口普查人口年龄结构统计表

表2-1-9　　单位：人

项目 年龄	小计	其中		项目 年龄	小计	其中	
		男	女			男	女
合　计	314785	159996	154789	50—54周岁	12539	6340	6199
0岁	7463	3670	3793	55—59周岁	11165	5506	5659
1—4周岁	28254	14585	13669	60—64周岁	10975	5466	5509
5—9周岁	35119	18702	16417	65—69周岁	7606	3719	3887
10—14周岁	38912	20319	18593	70—74周岁	6297	2963	3334
15—19周岁	24594	13240	11354	75—79周岁	3581	1542	2039
20—24周岁	20261	10045	10216	80—84周岁	1896	696	1200
25—29周岁	25287	12516	12771	85—89周岁	563	184	379
30—34周岁	26579	13506	13073	90—94周岁	154	46	108
35—39周岁	21393	10674	10719	95—99周岁	43	14	29
40—44周岁	16194	8220	7974	100周岁以上	9	4	5
45—49周岁	15901	8039	7862	—	—	—	—

三、性别构成

随着社会发展和计划生育工作的开展，人口性别比有所变化。根据每年统计数字显示，1949—1985年，全县女性多于男性。自1986年起至2003年，男性多于女性，总的趋势是男性增长过快。

1991年至2010年贞丰县人口性别比例统计表

表2-1-10

项目 年份	总人口（人）			占总人口数（%）		性别比（女=100）
	合计	男	女	男	女	
1991	292981	148170	144811	50.6	49.4	102
1992	294671	149083	145588	50.6	49.4	102
1993	295794	150389	145405	50.8	49.2	103
1994	298041	152193	145848	51.1	48.9	104
1995	305285	155627	149658	51	49	104
1996	306865	156866	149999	51.1	48.9	105
1997	309790	158229	151561	51	49	104
1998	312927	159680	153247	51	49	104
1999	327848	168374	159474	51.4	48.6	106
2000	336194	173419	162775	51.6	48.4	107
2001	340091	174262	165829	51.2	48.8	105
2002	342706	175178	167528	51.1	48.9	105
2003	346590	177633	168957	51.25	48.75	105
2004	350899	179947	170952	51.28	48.72	105
2005	357740	184620	173120	51.60	48.4	105
2006	363868	187331	176537	50.81	49.19	102
2007	369215	189758	179457	51.39	48.61	106
2008	374695	192791	181904	52.63	47.37	104
2009	383665	197484	186181	51.47	48.53	105
2010	401093	206738	194355	48.45	51.55	105

四、文化构成

2000年，第五次全国人口普查结果显示，全县小学以上文化程度（含扫盲脱盲数）人口188249人，占人口总数55.99%，比1990年第四次人口普查上升16.23%。其中，研究生4人，大学本科279人，大学专科1508人，中专4019人，高中4689人，初中40085人，小学132684人，脱盲4981人。2003年，全县在校学生数74867人，比1990年的38621人增加36246人，平均每年增加2788人，小学入学率98.9%；毕业率：高中100%，初中98.9%，小学98.2%，平均毕业率98.5%。入学率比1990年72.18%上升26.72%。

2000 年贞丰县人口普查男女受教育程度统计表

表 2-1-11

	含 6 周岁以上人数		
	合　计	男	女
总　计	271648	137821	133827
未上学	83399	20257	63142
脱盲数	4981	847	4134
小　学	132684	78862	53822
初　中	40085	30266	9819
高　中	4689	3513	1176
中　专	4019	2676	1343
大学专科	1608	1163	345
大学本科	279	233	46
研究生	4	4	—

五、职业构成

2003 年，全县农业人口 323869 人，占总人口 93.44%；非农业人口 22721 人，占总人口 6.56%；未办户口常住户人口 689 人，占总人口 0.2%。在农业人口中，劳动力 190875 人，占农业人口 58.94%。按性别分：男劳动力 98372 人，占农村劳动力 51.54%；女劳动力 92503 人，占农村劳动力 48.46%。按工种分：从事农业者 136073 人，占农村劳动力 71.28%；从事工业者 5429 人，占农村劳动力 2.84%；从事建筑业者 5434 人，占农村劳动力 2.85%；从事交通运输及邮电业人员 2999 人，占农村劳动力 1.57%；从事批零贸易及餐饮业人员 6091 人，占农村劳动力 3.19%；从事其他行业者 34849 人，占农村劳动力 18.26%。

第二章　计划生育

1965 年，贞丰县开始实行计划生育工作。1967 年至 1972 年，由于“文化大革命”运动，计划生育工作中断。1973 年至 1979 年，计划生育工作开展不正常。1980 年后，县委、县政府采取一系列切实可行措施，组织计划生育工作队深入乡村开展工作，打开计划生育工作局面，人口控制工作取得明显成效。1991 年至 2010 年，县委、县政府进一步重视人口控制工作，为控制人口过快增长，使人口与社会经济协调发展，将人口与计划生育工作列为重要工作，一直由县委常委、宣传部长和一位副县长分管计划生育工作，乡（镇）由一位党委副书记或副乡（镇）长分管计划生育工作，并成立工作机构。

1991 年，计划生育工作以县为主，抽调县直各单位部分干部职工，组成计划生育工作队深入乡（镇）、村、组开展计划生育工作。1993 年，计划生育工作以乡（镇）为主，组织计划生育工作专业队，常年开展工作，贯彻执行计划生育以宣传教育为主、避孕为主、经常性工作为主的“三为主”方针。1997 年至 1999 年，实行计划生育工作以村为主，强化村党支部、村（居）委会责任，实行民主管理，开展优质服务，形成“县领导、乡负责、村为主”的计划生育工作格局。其间，县委、县政府高度重视计划生育工作，在用人上，安排工作能力强的干部充实计划生育工作部门，加大对计划生育工作经费投入，建设基础设施，改善工作条件，实行工作责任制，属地管理原则，由乡（镇）党委、政府与县委、县政府签订计生工作责任状，乡（镇）计生股与县计划生育局签订计生业务工作责任状的“双向”工作责任制，加强计划生育工作，控制人口过快增长。

第一节　工作机构

贞丰县计划生育工作机构随着国家对计划生育工作的重视逐渐发展。1997 年，县、乡（镇）计划生育工作机构基本能适应全县计划生育工作需要。

一、行政机构

1965 年，成立县计划生育办公室，负责全县计划生育工作。1984 年，县计划生育办公室改为县计划生育委员会，实行委员制。1994 年，县计划生育委员会改为县计划生育局，为县政府组阁局。2003 年，县计划生育局改为县人口与计划生育局。1991 年 3 月，撤区并乡以前，各区、乡（镇）配备 1 名计划生育专职干部专门负责计划生育工作，撤区并乡建镇以后，全县 13 个乡（镇）建立计划生育股，专门开展计划生育工作。2008 年，全县对村级进行整合后，全县各村（居）民委员会配备副主任（人口主任）专门抓计划生育工作。

二、业务机构

计划生育工作是技术性工作，为适应工作需要，县政府建立县计划生育技术指导站。1992 年后，陆续建设乡（镇）计划生育服务站，配备计划生育业务人员，开展计划生育业务工作，为计划生育对象提供技术服务，推动计划生育工作的开展。2010 年，全县共有计划生育技术人员 90 人，其中执业医师 16 人，占计划生育技术人员总数 17.7%；执业助理医师 25 人，占计划生育工作人员总数 27.7%。计划生育业务机构基本健全，技术人员队伍不断壮大，完全能承担全县计划生育业务。

第二节　政策措施

为有效控制人口过快增长，县委、县政府制定一系列政策实行计划生育。提倡国家公职人员一对夫妇只允许生一个孩子，夫妇双方都是少数民族的国家公职人员可以生两个孩子，但第二个孩子与第一个孩子出生时间必须间隔 4 年以上。1997 年之后，夫妇一方是国家公职人员只能生一个孩子。农业户口一对夫妇允许生两个孩子，第二孩出生时间必须与第一孩出生时间相隔 4 年以上。不论是国家公职人员还是农业户口夫妇，必须到计划生育行政机构办理准生证才能生孩子。

为鼓励少生优生，提倡一对夫妇只生一个孩子。县委、县政府创新利导机制，制定农村独生子女户、二女户子女就学优惠政策，读学前班和高中阶段，在贞丰县公办学校就读的免交学杂费；考取一类本科大学的一次性奖励 10000 元，考取二类本科大学的奖励 8000 元，考取三类本科院校的奖励 5000 元，就读大专以上职业院校的奖励 3000 元，在校读书期间每人每学期补助 2000 元生活费；农村独生子女和二女绝育夫妇死亡的，每人一次性给予 2000 元安葬费等。国家公职人员办理独生子女证，只生一个孩子的，每月补助 5 元的独生子女保健费至 14 周岁。独生子女在就业时优先录用，独生子女户的国家公职人员退休后生活费提高 5%。

为推进计划生育工作的开展，1996 年 5 月，县委、县政府实行计划生育生产和生活相结合的“计划三结合”。随着经济的发展，“计划三结合”与时俱进，2006 年后，推行计划生育与发展经济、扶贫济困和建设文明幸福家庭“三结合”。

采取召开各种会议，举办宣传栏、知识竞赛，利用广播、电视、电影、文艺演出、宣传车，制作固定宣传标语等多种形式宣传计划生育，提倡晚婚晚育，少生优育，提高人口素质。使计划生育政策家喻户晓，人人皆知。引导群众更新生育观念，认识计划生育的意义。营造计划生育工作氛围，促进计划生育工作的开展。

第三节　管理措施

县委、县政府高度重视计划生育管理，实行属地管理、村为主等方法和措施，加强计划生育管理。

一、属地管理

实行计划生育属地管理，明确由乡（镇）党委、政府负责辖区的计划生育工作，使计划生育工作落到实处。坚持计划生育政策不变，人口控制目标不变，党政“一把手”负总责不变的“三不变”，加强计划生育管理。将计划生育人口控制目标落实到乡（镇），实行量化考核，并将考核结果作为年度考核的重要内容，实行奖惩和作为评先选优、提拔使用干部的重要依据之一。县委、县政府每季度组织计划生育督查组到各乡（镇）检查计划生育工作进展情况，根据检查结果对13个乡（镇）计划生育工作完成情况进行排名，对名列后3位的乡（镇）进行通报批评，在排名最后的乡（镇）召开全县计划生育促进会，并挂黄牌警告，会议费用由其乡（镇）承担，乡（镇）党委书记、乡（镇）长分别在会上作整改表态发言。对在一年内召开两次以上促进会及年终计划生育人口控制名列全州后10位的乡（镇），党委书记、乡（镇）长和分管领导，实行引咎辞职，不引咎辞职的由县委、县政府责令引咎辞职，强化管理。

二、分类指导重点管理

经过季度检查，根据各乡（镇）计划生育工作情况，实行分类指导、重点管理。把名列全县后3位的乡（镇）列为重点管理对象，针对乡（镇）的薄弱环节进行重点指导，督促其改进工作方法，突破难点。

三、计划生育村为主

发挥村级基层组织在计划生育工作中的作用。从2003年开始，在全县推行由村党支部和村民委员会承担计划生育工作主要任务，实行村民自治村为主的工作机制。发挥村党支部、村民委员会主体作用，组织发动群众互相监督，民主管理，对生育、节育等情况进行公示，通过召开群众或群众代表会议选举村人口主任，制定村计划生育公约，民主选举妇女管理组长，落实村组计划生育干部报酬等，逐步推进计划生育村为主。

推行计划生育村为主中，有部分村发挥一定作用，有一些村没有发挥作用。

第四节　计生技术服务

1984年，县政府在县城建立县计划生育指导站，专门开展计划生育技术服务和指导工作。1991年，撤区并乡建镇后，全县13个乡（镇）逐步建立乡（镇）计划生育服务站，并配手术台、B超、消毒、药物保管箱等必要的计划生育工作设备，陆续开展计划生育技术服务工作。1991年，各乡（镇）计生服务站都能作妇科检查等计划生育服务。为群众就近提供计划生育服务，方便群众。2000年，乡（镇）计划生育服务站开展计划生育知情选择、产前产后服务和出生干预等技术服务内容，计划生育服务范围不断扩大，为提高人口素质发挥了积极作用。

第三章　汉　族

1994 年 10 月，贵州人民出版社出版的《贞丰县志》记载，“元至正十年（1350），泗城屯军，王、黄二将北渡红水河，占有罗蕃地，罗蕃王东徒今罗甸县，王、黄二将成为贞丰土司”，王、黄二将及其随行兵员多数是汉族。明代以前，境内很少有汉人居住。明代调北征南、清代改土归流等随官到贞丰的汉族人口逐渐增加，到中华人民共和国成立时，汉族人口占全县总人口的 50%左右。

第一节　人口分布

汉族是县境内人口最多、分布较广的民族。全县 13 个乡镇都有汉族，大多数居住在城镇或交通较方便，地势较平坦，水源条件和自然环境较好的乡镇，极少数汉族居住在边远山区和条件较差的村寨。如沙坪乡石柱村、破岩村，白层镇里纳等汉族村寨离县城均超过 30 千米，山高坡陡，交通不便，土地贫瘠，水源缺乏。县域中部、西北部、北部汉族人口较多，东南部和南部汉族人口少。

2000 年贞丰县汉族人口分布情况统计表

表 2-3-1

乡镇名称	总人口（人）	其中		备注	乡镇名称	总人口（人）	其中		备注
		汉族（人）	占总人口（%）				汉族（人）	占总人口（%）	
珉　谷	63488	32923	51.9	—	平街	20218	15958	79	—
者　相	34116	17916	52.5	—	长田	19538	16090	82.2	—
龙　场	35157	22253	63.3	—	连环	16564	6888	41.6	—
北盘江	29611	22341	75.4	—	挽澜	15980	4332	27.1	—
白　层	21853	5115	23.4	—	鲁容	16717	2433	14.6	—
鲁　贡	22222	801	3.6	—	沙坪	17363	2551	14.7	—
小　屯	33781	29577	87.6	—	合计	346590	179178	51.7	—

第二节 居 住

大多数汉族居住在县城或乡镇政府所在地，交通较方便、自然环境较好，只有极少数汉族村寨处于自然环境较差的边远山区。

1991 年至 2010 年，20 年间，县内汉族住房发生很大变化，茅草房逐年减少，瓦房尤其是砖混结构楼房不断增加。2010 年，全县城乡基本没有茅草房，60%的人家修建钢筋混凝土楼房，有的还修建了别墅。大部分房屋冬暖夏凉，安全可靠，宽敞明亮，有的还在外墙贴瓷砖或刷外墙漆作外装饰，屋内地面安地板砖，内墙刮瓷粉，窗子安铝合金或塑钢窗壳、玻璃门窗。房屋外面美观，屋内整洁干净，居住条件大大改善。

第三节 服 饰

1991 年后，县内汉族服饰多样化，做工和布料质量不断提高，种类不断增多。城乡市场上涤纶、涤棉、呢绒、纯毛、真皮服装比较普遍，服装款式新颖，花样很多。男女服装主要有西装、牛仔服装、夹克装、休闲装、运动装、皮衣皮裤、马夹、毛绒衣、T 恤衫、衬衣、西装短裤、棉衣棉裤等；女装还有连衣裙、短裙、超短裙、裙裤、健美裤、裤袜、灯笼裤流行。尤其是中青年妇女穿裤袜后再穿西装短裤在外面为较时尚的打扮。传统的汉族服装一件衣服一般是一种布料，同种颜色，1995 年后出现一件衣服用两三种不同颜色的布料缝成；以前服装左右要求对称，以对称为美。进入 2000 年后有不少衣服左右不对称，以不对称为美，穿唐装、中山装、青年装和四个暗包的逐年减少。

由于汉族服装款式新颖，高、中、低档应有尽有，能满足不同层次消费者的要求和选择，穿起来比少数民族服装便于劳作，经久耐用，深受各民族喜爱。因此，其他少数民族中的中青年人平时都改穿汉族服装，在重大民族节日和参加民族活动时才穿本民族服装。

第四节 风 俗

一、婚俗

县内汉族传统婚姻有许多清规戒律和风俗。同姓不通婚，不同辈分不通婚，近亲婚配只允许和姨妈家开亲。侄女嫁给姑妈的儿子叫“亲上加亲”，不允许甥女嫁舅家，否则，叫“还母猪种”。允许招赘娶上门，但所生子女必须一顶二姓。通常是男到 18 周岁，女到 16 周岁即可以结婚。1991 年以后，县内汉族和其他少数民族，绝大多数都遵守《中华人民共和国婚姻法》（以下简称《婚姻法》）规定办理婚姻登记手续，也有极少数未达到法定婚龄（男22周岁，女20周岁）就结婚的现象。汉族结婚一般要经过提亲、开庚、订婚、接亲等程序。

提亲 男女未婚青年认识，交往产生爱情，认为适合结为夫妇，男方便请一个能说会道的媒人提礼品到女方家求婚。经过三回九转，女方家有许配的意愿，男方再请两个媒人带上点心、礼品到女方家，女方家收下点心、礼品，设宴款待媒人，请内亲陪餐，将点心、礼品分送内亲，表示女方家同意亲事。

开庚 开庚又叫开“八字”。男方将求婚者的出生年、月、日、时写在红纸上，并粘折成“庚帖”，由媒人送到女方家，再由女方家将姑娘的出生年、月、日、时填在“庚帖”上，由媒人带回男方叫“开庚”或“回帖”。男女双方各执庚帖一份，作为凭证。

订婚 订婚又叫烧香或报日子。男方备礼金几千元或上万元，衣料或衣服6套至12套、猪肉60千克、酒两坛或两箱（瓶装）、糍粑、水果糖、点心、蛋糕等彩礼，由两位押礼先生率亲朋好友8人至10人，将所备彩礼、结婚日期单送到女方家，叫“过礼”。女方家回礼一般为鞋子（皮鞋或布鞋）、袜子、枕头套一对等物。订婚（农村称烧香）当天，女方家办喜筵招待内亲至戚。女宾席上，每桌8包喜糖，内有瓜子、花生、水果糖等，饭后由女宾带回家。此后，女方家根据男方家报的婚期准备嫁妆，筹办酒席。

接亲 接亲即正式结婚。婚期前一天，男方家洒扫庭院，张贴红对联，高挂红灯笼。接亲吉时前一小时左右，男方请两位押礼先生带领接亲队伍，抬上猪肉约20千克（一方一肘）、散酒两坛、喜糖、新娘全身服装、红烛两对、香、钱纸和燃烛、开坛、开盒、梳妆、山盟海誓、扶亲、引宾、司厨红封（内有人民币偶数，金额为若干元或几十元）等彩礼到女方家接新娘。去接亲时，由一个男童高擎“天作之合”彩旗，一对童男童女提着红灯笼走前面，后面跟着押礼、新郎、陪郎等接亲队伍，一路上唢呐声声，锣鼓喧天。接亲队伍到女方家，女方家便安排祭祖宗，押礼要发红封给厨师和点香烛、开酒瓶的堂中伯叔、舅父。然后，押礼司礼指导新郎向女方家祖宗三跪九叩之后就晚餐。发亲时辰一到，押礼在堂中请主人家发亲，新娘穿上新郎家送去的新衣，由多子多福的妇女扶着向祖宗牌位、父母、兄嫂行礼告别，接着由新郎撑伞、新娘兄或弟背出大门，在男女送亲客和接亲队伍的簇拥下，由唢呐开道，向新郎家进发。新娘到达新郎家门前，新娘又由另一个多子多福的妇女扶进堂屋。此时，堂屋红烛闪耀，香烟缭绕，乐声悠扬，鞭炮声声。新郎和新娘在一片喧闹声中拜堂成婚。拜堂时，一般要先拜天地、父母，然后夫妻对拜就入洞房。是日，男方家大摆酒席招待参加婚礼的客人。大多数客人散席后，在堂屋摆长席，家族围席而坐，叫“吃团圆饭”。席间，由新郎执盘，一一介绍族亲戚，并敬双杯酒。“团圆饭”散席后，便开始闹新房，宾主嬉戏，非常热闹。

回门 婚后第三天，新婚夫妇由男女亲朋好友陪同回娘家拜祖宗，会亲人，称为回门。新郎新娘一般要以猪肉一方、猪腿一肘、酒两壶和香烛、火炮等为礼品。娘家要摆酒席招待，称为回门酒。晚饭后，岳父岳母赠送女婿、女儿衣服各一套、鞋子各一双、小碗两个、筷子两双，由新郎、新娘带回家。至此，婚礼结束。

居住农村的汉族基本上沿袭传统婚俗，居住城镇和机关单位汉族结婚大部分简化了程序。2000年后，有条件的汉族接亲时不走路，要扎花车和组织车队去接亲，并全程录像作为纪念。

二、丧俗

汉族的长辈临终，子孙环侍病榻前，恭听遗嘱。气绝时燃放爆竹一挂，以示祛邪。焚烧纸钱，称为落气钱。此时，举家哀号，悲痛万分。亲友代为张罗，在家神和大门两边，各贴一张白纸。大门站枋上贴一对孝联，横额上书写“当大事”三个大字，表示哀悼。柩前供奉“灵魂”和“铭旌”上书逝者姓名。门外墙上贴“讣告”一张，告知众亲友安葬日期。如有亲人远居异地，则请人带信（后改为打电话或发信息）通知，近者（特别是长辈去逝）则由主孝到大门外磕头告之，称为报丧。然后请“土工子”（装殓者）为逝者沐浴、整容、更衣、入殓。待亲人到齐并瞻仰遗容后，方能封棺。随即礼请阴阳先生帮忙选择墓地，择葬期。请“道士先生”为逝者开路、做道场、超度亡魂。还用竹子、杉椏、白纸扎灵堂，灵前悬挂逝者遗像。亲友闻知噩耗，纷纷前来吊唁，男女孝子要分别磕头行礼，表示恭敬。

自老人辞世之日，全家晚辈都要戴孝，头包白孝帕，身穿白布孝衣，肩披麻布孝搭，腰系麻绳，称为“披麻戴孝”。男孝子还得手杵出丧棒。孝家还发孝帕给来吊丧的亲朋好友。分发孝帕的范围、多少根据丧家经济能力而定。有经济条件的孝家发“满孝”，即凡来送礼吊唁者孝家都发给孝帕。

安葬前一日为开堂日，内亲至戚前来下祭吊唁。多以祭幛、挽联、祭碗、香烛、纸制作奠仪。女婿还要一头猪、一只羊和祭碗、花圈等来祭奠。下祭者在灵前磕头，男女孝子也在灵前跪回礼。晚20：00至23：00，道士先生带领孝男孝女绕灵柩转圈，称“绕棺”。农村还遗留唱孝歌习俗。

开堂之日，富裕人家请“先生”来灵前举行“朝奠”“夕奠”仪式，读祭文和“蓼莪”之诗，缅怀父母“劬劳”。请“大宾”点主，即用红笔点在死者“神主牌”上，以便放置神龛，朝夕祭奠。充当“大宾”，一般是德高望重入过学的绅耆。是日，孝家办酒席招待亲友。席间，由一人组织孝子到摆席处向亲友表示谢意，当主持者高呼：“孝子叩谢，明天早上某点钟，请众亲友帮忙送老人上山。”孝子立即向众亲友下跪。众亲友停筷起立，表示还礼，并招呼孝子“快起快发”。晚上孝家安排人煮稀饭、米粉招待亲友。叫吃老人饭，沾死者福气。

出殡之日凌晨，请众亲友将灵柩移于门外，叫移丧。抬丧、送丧者都要先吃早餐，叫送饱丧。“道士先生”在灵前敲念一阵后，将一只雄鸡立于棺材上，叫站笼鸡。有不少人家还扎丧罩，用两条白布作拉纤，然后缓缓出殡，即发丧。在抬丧往墓地路上，男主孝右手执“引魂幡”、左手捧逝者遗像，其他男孝手杵出丧棒低头躬身缓缓行于灵柩前，女孝子在灵柩后放声号丧，众亲友随行于送丧行列两旁。一路上，火炮声、唢呐声和道士的鼓钹声，连续不断，还一路在灵柩前抛撒钱纸。若遇桥梁，管事人高喊“孝子搭桥”，男主孝立即扑在桥上，灵柩从其身上抬过。抬到半路，停下休息，孝子跪谢众亲友。大部分送葬者和女孝子告别灵柩回家，一部分亲友和男孝子继续送丧至墓地。

灵柩下圹时，由阴阳先生定好墓向。孝子跪在灵柩上，道士念咒语，令“土工子”挖两把泥土放进孝子前后衣襟里，叫“前兜金，后兜银”。然后倒退走离灵柩和墓穴。再由“土工子”垒坟，孝家添土、焚香、点烛、烧“望山钱”以及纸扎的金童玉女、金山、银山、灵房、花圈和用钱纸封成的“包”等冥物。

从安葬之日起，每天傍晚，孝子连续送火三天。同时，按道士开的“七单”，烧纸钱，每逢七天烧一次，按七的倍数增加。逢“煞期”（回殃），还要供菜饭，全家外出避“煞”。存在一定的迷信色彩。

三、喜庆

寿辰　即是生日，亦称“寿诞”。一般年满花甲（60周岁）才祝寿。富裕人家祝寿时大办酒席，来祝寿的都是内亲至戚或好友。祝寿礼物有衣服、帽子、鞋子、衣料、寿对、寿彩、寿字、猪肉、糕点等。其中最特别的是寿桃。寿桃一般用面粉制成，也有用鲜桃。取传说中“蟠桃献寿”之意。庆寿天，“家神”（家中堂屋正对大门设置的供台）点起香烛，寿星（寿翁或寿婆）穿戴整齐，先向“家神”磕头行礼，然后端坐于堂中央，接受儿孙和亲友拜寿。晚辈行叩首礼，平辈行拱手礼。寿筵一般是早面午席，宴客前要先敬祖宗，然后开席款待亲朋。席间猜拳、敬酒，祝福寿星健康长寿，直到酒足饭饱才散。给小孩过生日，叫“接尾巴”，大人要给小孩穿新衣、吃红鸡蛋，祝小孩健康成长。

满月酒　满月酒又称月米酒。妇女生头胎满月这天，娘家便邀约亲友去女儿家吃月米酒。吃月米酒时，一般赠送背带、童装、儿童首饰、玩具、衣料、甜酒、米、鸡、蛋等礼物。过去去吃月米酒的都是妇女，2000年后，在城镇也有不少男人去吃月米酒。月米酒与其他喜酒不同，中午一般先吃甜酒煮汤圆，晚上才摆酒席招待客人。生第二胎一般都不办月米酒，有头胎生女孩，第二胎生男孩的，也办月米酒，有重男轻女的表现。

贺新房　也叫“烧锅底”。新居落成或乔迁新居，主人办酒席祝贺新居落成或迁入新居时，外家要购买一对大红灯笼、一床至两床棉被或毛毯、一套沙发、一套餐桌、一挑柴、一担米、一套炊具（电饭锅、电磁炉）、一台电冰箱等礼物，并邀约亲朋好友来祝贺。富裕的外家还要赠送几千元甚至上万元贺礼。

四、传统节日

春节　春节是传统节日，贞丰俗称过年，从除夕至元宵。春节前夕，要搞一番大扫除，把衣服蚊帐、家具全部洗得干干净净，有的还把房间粉糊得焕然一新，叫“打扬尘”。除夕之日，先把香炉安设好，然后在门窗上贴上春联，下午敬菩萨、烧纸，傍晚敬供祖宗，然后举家围坐共进晚餐（叫团年饭），当晚，孩子给长辈拜年，长辈给晚辈“压岁钱”。年长的多通宵不眠（守岁）。初一、初二时兴挑水进屋，叫“送金水、银水”。做生意的人家，初二凌晨一到两点，在大门外设供桌，供桌上摆上烫熟的刀头肉（长方体的祭用猪肉）一块、雄鸡一只敬供财神，然后燃烛、焚香、点炮，叫“打牙祭”。

元宵　元宵是春节的最后一天，即农历正月十五，民俗须到祖坟上点亮纸灯笼，放鞭炮，放烟花，叫“亮灯”。坟墓集中之处，灯火辉煌，爆竹声声，烟花冲天。时值初春，草木枯黄，存在一定的火灾隐患。

清明节　每年清明节，家家户户都到坟地扫墓。清明前一日或二日为寒食节，寒食节可任意给坟上添土，修整坟墓等。扫墓，贞丰俗称“上坟”或“挂纸”。上坟的形式可繁可简，经济条件好的人家在坟上杀猪、宰羊祭奠祖坟，请亲朋好友一起到坟上吃上坟酒。

端午节　农历五月初五端午节，又叫端阳节。节日这天，县境汉族和其他少数民族一样，家家在大门两旁悬挂菖蒲和艾草，以示驱邪免灾；还饮雄黄酒，吃饺子、三角粽等食品；用雄黄酒喷洒室内外，以免蛇虫入室。节日傍晚，人们三五成群结伴出游，摘取石榴花到泉边洗眼睛预防眼病，成为节日的一件乐事。乡间农村群众，多赶在早上进县城或到附近乡镇集市卖草药，这一天，全县城镇出现一年中绝无仅有的草药市场。县城中的大南门至贞宸花园小区街道两旁卖中草药地摊鳞次栉比，平时不易搜寻到的药材都可以买到。已经出嫁的女儿一般都回娘家过节。

中元节　旧时称农历正月十五为上元，农历七月十五为中元，农历十月十五为下元。中元节正好在七月中，俗称“七月半”。贞丰汉族过的是农历七月十四，家家“接老祖公”回家，追念已故先人。逝去未满三年的，从农历七月初一接，称为“接新亡”。一般的从农历七月初十接。接先人的晚上，家家点香点烛，迎接先人亡灵，在亡灵案前摆满糕点和水果。自此，每天早晚都设膳敬供，中午还用汤圆、糕粑、饺子等敬供。农历七月十三或十四的下午要烹饪佳肴，斟酒送祖宗亡灵回程。傍晚烧袱送行，叫“烧包”。包内有金银纸折成的金银锭、纸钱和冥衣冥裤等；纸钱用白纸包好，写上供奉（火化）时间、亡者姓名称谓及在世子孙（男丁）姓名。

中秋节　农历八月十五，正值秋季之中，称“中秋”。中秋之夜有赏月，吃月饼、核桃、板栗、瓜果等风俗。在乡村，大多数用新糯米打糍粑过节，儿童们在月老下煮月亮稀饭，给节日增加乐趣。旧俗还有在当天偷别人家瓜果煮食，不视为小偷的风俗；所谓“八月十五，乱拿乱撸”。

重阳节　“重阳”是农历九月初九，因《易经》以奇数为阳，偶数为阴，九月九日正好是两阳数，所以称为“重阳”，也称“重九”。重阳节在城市里半数以上已淡忘，在农村基本上都过重阳节，过节那天，家家户户用新糯米打“重阳粑”庆丰年。

第五节　教育　文化

县境大多数汉族居住在县城、乡镇政府附近或交通较方便的地方。离县城学校和乡镇中心学校较近，学校教学条件较好，师资力量较强。大部分汉族经济条件较好，家长重视子女教育，子女入学率较高，学习条件较优越。汉族小学生在学习中不存在语言障碍，可直接投入学习。其他少数民族小学生大部分刚入学时现学习汉语，教师在教学中要先教汉语再教课本知识，实行“双语”教学。县城、乡镇政府附近汉族文化水平要比其他少数民族稍高。边远山区汉族文化水平与其他少数民族基本相同。

第六节　经济状况

1991 年之前，县内汉族农民主要经济来源为农业，绝大多数汉族农民以种水稻、玉米、油菜、蔬菜、果树为主。连环乡汉族兼种砂仁和生姜；小屯乡汉族兼种板蓝根生产蓝靛；白层镇汉族兼种甘蔗；挽澜乡窑上汉族兼生产土陶罐等日常生活用具；居住城镇的汉族以从事商业和手工业为主。1991 年后，随着商品经济和市场经济建设的发展，农村汉族在从事农业生产的基础上，发展畜牧业、加工业、建材（筑）业，增加经济收入。

1995 年后，根据沿海地区的用工需要，县有关部门组织农村剩余劳力赴广东省、浙江省等地务工。一部分中青年人在贞丰县及附近县（市）从事运输和建筑等。到 2000 年，外出务工的农村剩余劳力较多，外出务工获得经济收入成为农村家庭经济的主要来源，占总收入 60% 至 70%。有不少外出务工者学得一技之长后回乡创业，成为贞丰县致富带头人。汉族与其他兄弟民族一样，经济来源不再是单一的农业，家庭种养殖、外出务工、经商和自主创业等多业并举，已成常态。

第四章　布依族

据史书记载和近现代考古发掘，秦汉时期，贵州南部和西南部包括贞丰县在内，就有布依族先民的生产活动和生活痕迹。布依族在贞丰境内生产生活历史悠久。布依族是在全县各乡镇分布最多的少数民族。在历史发展长河中，布依族勤劳智慧，坚持不懈地发展生产、发展经济，生产生活方式丰富多彩，形成了独特的风俗习惯，创造了独具特色的山歌、古歌、戏剧、音乐、舞蹈等民族文化。

第一节　族源　族称

一、族源

历史上关于布依族族源众说纷纭。中华人民共和国成立后，不少专家学者反复考证历史文献和比较考古发掘，推断贞丰布依族是先秦两汉时期居于南盘江、红水河沿岸濮人的一支发展而来，是从南盘江、红水河沿岸逐渐逆水而上定居贞丰县的民族之一。

在历史发展长河中，布依族融合了一些外来民族。县境部分布依族家谱记载，明洪武年间“调北征南”，其祖先由江西、湖南、广西而来，逐渐融入当地布依族。如县境《黄氏家谱》记载，元末明初，江西宁江府新喻县谷山村人黄郎展，奉命赴北盘江流域平乱有功，朝廷封为安远将军；黄郎展奉令留守岩鱼、顶岗（今顶疆），并凿观音洞之水，垦顶岗、把兰（今挽澜）大坝之田。贞丰、望谟、关岭、镇宁等县黄氏布依族人都自称为黄展郎后裔。

二、族称

布依族有自称和他称两种。自称：布依族历来以“布越”“濮越”“卜越”自称。“布越”与“布依”基本同音。现在的“布依”是根据“布越”之音而定。布依族内部还以居住地域不同有不同的互称。居住县境北部北盘江、平街、长田、者相的称为“布纳”，居住在县境中部珉谷镇、挽澜乡的称为“布央”，居住在县境南部白层、鲁贡、鲁容、沙坪和连环等乡镇的称为“布拉”。

他称：布依族他称随时代变迁而异。据史料记载，秦汉之前称“布越”或“百越”，两汉六朝时期称“僚人”“夷僚”，唐、宋称“蛮”，元、明、清和民国时期称“仲家”“夷”。

中华人民共和国成立后，民族工作部门征得大多数布依族的意见，报国务院批准，1953 年统称布依族。

第二节　语言文字

一、语言

贞丰县布依族有完整的语言。布依族语言属汉藏语系、壮侗语族、壮傣语支，同壮语、侗语、傣语、水语等有密切关系，尤其是与壮语北部方言没有多大差别，两者完全能互相交流。由于长期与汉族交流，布依语吸收了不少汉语词汇。贞丰布依语属布依语的第一土语区，区内词汇基本相同，只有声调差异。珉谷、者相、北盘江、龙场等县城附近和县境北部的布依语声调略高，县境南部白层、鲁贡、鲁容、沙坪的布依语声调略低。

布依语是古老的民族语言之一。词汇丰富，语音、词汇、语法等方面都有规律。东南亚泰国、越南、老挝等国的部分民族语言与布依语基本相近。

二、文字

布依族原来没有文字。中华人民共和国成立后，国务院、国家民委组织专家、学者深入布依族地区考察，借鉴汉族语言文字创造的经验，于 1956 年创制以拉丁字母为基础的拼音文字。1981 年 10 月，对布依文方案做了修改，全部采用拉丁字母组成。1985 年 3 月，贵州省民族事务委员会对布依文方案做进一步修改，并在全省布依族地区推行。当时，贞丰县民族工作部门在县民族中学举办过 4 期布依文培训班，200 多人参加学习；参训人员大部分能应用日常使用的文字。1991 年以后，由于各种原因，布依文推广工作没有引起重视而中断。

第三节 人口分布及居住环境

一、人口分布

据县统计局年报统计：1991 年，境内有布依族 117146 人，占全县总人口 39.98%；2004 年，140678 人，占全县总人口 40.09%；2010 年，第六次全国人口普查，全县布依族有 156831 人，占全县总人口 39.1%。全县各乡镇均有布依族居住，呈现县城周边及东部、东南部、南部、东北部布依族住户居多，西北部偏少的分布状况。如位于县域东南部的鲁贡镇，全镇除大塆、大岩脚村纯是汉族（大坪杂居）外，其余村寨均是布依族，布依族人口占全镇总人口 95%以上。

1991 年贞丰县布依族人口分布情况统计表

表 2-4-1

乡镇名称	人口数（人）	占总人口（%）	乡镇名称	人口数（人）	占总人口（%）
总　计	117146	39.98	兴北镇	5597	24.85
珉谷镇	17130	32.26	长田乡	2855	17.98
连环乡	7110	49.38	平街乡	2784	16.49
挽澜乡	6266	45.61	白层镇	14481	72.92
龙场镇	3496	11.83	鲁容乡	12018	84.41
小屯乡	2879	10.26	鲁贡镇	18508	94.42
者相镇	11297	37.7	沙坪乡	12625	86.38

2010 年贞丰县第六次人口普查布依族人口分布统计表

表 2-4-2

乡镇名称	布依族人口（人）	占总人口（%）	乡镇名称	布依族人口（人）	占总人口（%）
合　计	156831	37.57	长田乡	3522	15.55
珉谷镇	24839	30.10	平街乡	3989	16.32
龙场镇	4845	11.66	小屯乡	3966	10.49
者相镇	17190	37.02	挽澜乡	7708	39.83
北盘江镇	7388	21.88	连环乡	9051	50.21
鲁贡镇	24022	95.65	鲁容乡	15749	82.89
白层镇	18054	70.30	沙坪乡	16508	81.97

二、自然环境

布依族村寨大多建在河、溪沿岸和田坝边缘地带，房屋依山而建，傍水而筑，居住地环境优美，资源丰富。上半县大部分布依寨前面是开阔的坝子，后面和两边是山坡，树木成林。白层、鲁贡、鲁容、沙坪四个乡镇的布依寨还有古榕树、芭蕉林等。大部分布依寨附近有河流或水井，水源条件较好，山清水秀。也有的布依寨居住在山坡上，水源缺乏，离城镇较远，交通困难，生产生活条件较差，但有矿产资源；如沙坪乡烂泥沟、鲁容乡卡务布依寨附近就有丰富的金矿。

第四节　经济状况

一、种植　境内珉谷、挽澜、者相等上半县乡镇的布依族以种水稻、玉米、小麦为主，白层、鲁容、鲁贡、沙坪等下半县乡镇布依族以种玉米、甘蔗为主，兼种大麦、高粱、小米、薏仁米、黄豆、豇豆、红苕、南瓜、黄瓜、丝瓜、芋头等。随着经济社会的发展，布依族群众的思想观念不断转变，在种植水稻上，逐年淘汰传统的“麻粘”“小阳谷”“小贵阳”等谷种，摒弃传统的“满天星”插秧法。1998 年，采用“两段育秧”新技术；1994 年，引进水稻“旱育稀植”育秧技术，种植汕优 63、冈优 22、冈优 12、冈优 527、11 优 838、K 优 5 号、D 优 63、D 优 527、特优 559、金优 725 等优良品种，稻谷亩产翻番。

1994年后，境内布依族地区和其他兄弟民族一样，种植杂交玉米“兴黄单 89—2”“兴黄单 999”“正大 619”等品种，一般亩产 300 千克至 400 千克，比种常规种子每亩增产 75 千克以上。引进“贵农 10 号”“兴麦 5 号”“兴麦 7 号”等优良小麦种，一般亩产 150 千克至 200 千克。1988 年，开始引进杂交油菜“油研 4 号”“油研 5 号”“油研 7 号”“杂选 1 号”“黔油 12 号”等品种。种植杂交油菜产量大幅度提高，出油率 40%左右，比老品种出油率高 20%以上，增加经济效益。20 世纪 90 年代以后，由于推广种植水稻、玉米、油菜等优良品种，采用科学种植法，布依族地区农户经济收入有所提高，生活质量有所改善。

境内布依族人根据当地气候、土壤等条件，调整产业结构，培育特色产业，发展甘蔗、花生、砂仁、辣椒、生姜、桃、李等种植。以布依族聚居区鲁容乡为例，2010 年，新种植甘蔗 553 亩，宿根 3507 亩；种植杂交玉米正大 619 品种 3850 余亩；种植花生 7000 亩、早熟蔬菜 200 余亩、板栗 300 亩、火龙果 2500 余亩、桉树 4468 亩、千年桐 8799 亩。乡政府全年为纳腊村、孔明村等农户购买耕牛和能繁母牛 150 余头，为孔明、鲁容等村购买二元杂交猪、生态黑猪和能繁母猪 100 余头，共发放能繁母猪补贴 14464.62 元。布依族占全镇总人口 95.65%的鲁贡镇，在遭受百年一遇的旱灾情况下，2010 年，仍新植甘蔗 400 余亩。在低热河谷地带规范化种植 500 余亩反季节蔬菜和 200 余亩速生蔬菜。全是布依族的沙坪乡者索村，1999年后引进新品种板栗苗，经数年努力，2010年人均有10多亩板栗树，板栗种植户年收入多的三四万元，少的也有数千元。沙坪乡砍碰村布依族罗正伦是甘蔗种植大户，家庭年人均纯收入五千余元，修建两栋两层钢混楼房，有价值20多万元的大货车和10多万元的丰田小轿车。

二、养殖　养牛、养猪、养鸡等成为布依人家的普遍现象。1998年后，不少布依人家专门饲养母猪和肥猪，成为养殖专业户。如白层镇纳笑村的王天松，1991年外出务工期间学会科学养殖技术；2010年，在贞丰县顶肖村创办林下养鸡场，注册成立生源特色种养农民专业合作社，采取"基地＋农户＋公司"的运作模式，带动群众共同致富。鲁贡镇以"公司＋农户＋基地"的黑猪养殖产业模式出栏5500头，产值990万元；全镇大牲畜出栏比上年增加317头（匹），家禽类比上年增加2148羽。

1991—2001年沙坪乡布依族聚居区粮食生产和生猪发展情况统计表

表2-4-3

年度	粮食总产量（吨）	比上年增减（%）	生猪年末存栏数（头）	比上年增减（%）
1991年	2103	66.51	3687	–15.01
1992年	1888	–11.39	28.43	–29.69
1993年	2335	23.68	1872	–34.15
1994年	2208	–5.44	3650	94.98
1995年	2717	23.05	3720	1.92
1996年	3609	12.96	3639	–21.77
1997年	3453	12.51	3403	–6.49
1998年	4372	26.61	3000	–11.84
1999年	4510	3.16	4100	36.67
2000年	4800	6.43	4862	18.58
2001年	4949	3.10	4898	0.74

三、编织　20世纪90年代后，用手工纺纱织布的布依族妇女逐年减少，取而代之的是用机械纺线织布。有的妇女赶"转转场"做纱线生意或开店铺做线纱批发，有的租房机织布匹或开办刺绣厂、制衣厂。白层镇纳笑村残疾人梁忠美创办布依刺绣厂，出售布依服饰、墙画、领带等工艺品，供不应求，远销美国、英国、日本等国家。随着工业的发展，外出务工人员增多，男子竹编的背篓、粪箕、挑箩、筛子等越来越少。编制鸟笼的技艺有很大提高，精雕细刻的鸟笼十分俏市。珉谷镇前一村黄廷峯的鸟笼制作技艺，2009年被列入州级非物质文化遗产名录。

四、外出务工　境内各行业布依族匠人纷纷外出务工增加经济收入。木工。20世纪

80年代，部分木工利用农闲时间在居所附近帮人修建房屋，制作家具；县城周边的木匠则早出晚归，到县城做木活。进入20世纪，农村建瓦房越来越少，布依族木匠队伍也逐渐减少，剩下极少数在城镇装修房屋、制作家具。石工。有一般石工和技术石工（俗称“石匠”）两种。20世纪90年代以前，石工大多数是建造屋基、砌墙等重体力活。随着砖混、钢混建筑的增多，机械设备的投入，石匠工具不断更新，石匠很少用手锤、錾子，多数采用切割机开石、切割石材，打磨机打磨石板、石碑等，经济效益明显提高。砖工。境内布依族地区20世纪90年代以前较少有砖工、板筋工、装修工等工匠。21世纪以来，随着现代建筑需要，布依族砖工队伍应运而生，大的自然村寨都有几个或十几个砖工，有的组成建筑队伍。布依族村寨房屋建造基本出自他们之手，城镇建设也有他们辛劳的汗水。2010年，砖工月收入3000元左右，杂工约1800元。除少数专业队外，大多是半工半农（即农闲外出、农忙务农），不出县境。20世纪90年代到广东、浙江打工的布依族逐年增加。据调查，远离家乡外出打工有三大好处：一是可以不管家务杂事，一心一意找钱；二是减少左邻右舍的人情活；三是减少村寨礼尚往来的开支。2010年，据沙坪乡统计，全乡外出务工人员一年经济收入合计约300万元。调查材料显示：农村住宅修建费90%以上靠外出打工，单靠种、养（殖）建房的极少。2008年以后，打工者人人佩戴手机、户户有一部以上摩托车，家用电器一应俱全，有的还买轿车，修建新房屋。在打工人群中，有举家外出数年不回乡的，有在外安家准备长期不返乡的，也有不少勤劳聪明的打工者，在务工时认真学艺并积攒资金，数年后回乡创办工厂或从事种植养殖业，成为当地致富带头人，如白层镇纳笑村的王天松等。

境内布依族有临时性、季节性、长期性务工等不同情况。根据县统计局调查资料表明，农民经济收入呈上升趋势，人均纯收入除遇特大自然灾害年景外，每年都在攀升。

1991年至2010年贞丰县农民人均收入情况统计表

表2-4-4　　单位：元

年度	农民人均纯收入	比上年增减（%）
1991年	205	—
1992年	209	1.9
1993年	247	8.74
1994年	365	4.77
1995年	415	13.6
1996年	572	37.83
1997年	1080.60	88.81
1998年	1201.55	11.2
1999年	1291.66	7.49

续表 2-4-4

年度	农民人均纯收入	比上年增减（%）
2000 年	1298	0.54
2001 年	1361	4.8
2002 年	1418	4.2
2003 年	1500	5.8
2004 年	1649	9.93
2005 年	1805	9.46
2006 年	1922	6.48
2007 年	2152	11.97
2008 年	2518	17.01
2009 年	2868.46	13.89
2010 年	3332.19	16.2

第五节　习　俗

一、服饰

男子服饰　20 世纪 90 年代以后，老年人在重大节日或走亲访友时仍身穿有领、布扣的靛染青布长衫，头缠靛染小方格头帕或青帕，有的用方格花帕或青帕为腰带，脚穿布鞋、胶鞋或皮鞋，平时着土布便装或汉装。中青年人平时穿深蓝、灰色土布便服，参加重大活动时须缠小方格靛染头帕。2003 年，布依族"六月六"风情节期间及以后，部分地方的中、青年服饰有所改进，方格或长条土布长袖衬衫改为短袖，袖子稍宽，袖口处镶绣花纹样（本地话称之为"栏杆"）。此服饰在民族节日及旅游服务行业穿戴者居多。沙坪一带的服饰：头包斜纹或方块头帕（头帕两头捆有小棉球穗垂（流苏），本地话叫"要须"），身穿 7 个布扣的细方格土布对襟衣，下装青色直筒裤，脚穿蓝色小方格土布鞋。

妇女服饰　自 20 世纪 90 年代后，县境布依族妇女受外来服饰文化影响，服饰在保持布依族基本特征的基础上，款式、纹样和装饰等多有改进。珉谷镇、者相镇、北盘江镇、龙场镇、白层镇的妇女，热天用白帕包头，冷天用小方格帕或青帕包头。包头帕分为盘头式和角式（又称牛角式）。在隆重节日和婚庆场合，不论天气冷热须包小方格头帕，禁忌白帕、白鞋、白衣。上装为窄领、宽胸、右侧开扣，肩部用三寸宽靛染青布盘肩，袖宽稍短、边缘镶"栏杆"，袖口接五寸五长靛染青布、接头处镶"栏杆"，前后两幅衣摆呈弧形。中青年衣不过臀，常穿浅蓝、灰色上衣；下装均着青色吊裆直筒裤，裤口宽大；脚穿布鞋、胶鞋或皮鞋；胸挂用靛染青色土布作底，中间镶嵌绸缎胸花（绣各种图案），胸花下端用“栏杆”镶成八字的围腰，围腰边两条腰带用质优色鲜的绸缎缝制，并于腰带末端再镶“栏杆”，打活结于后腰。有的手戴金、银戒指和银、玉手镯。多数青年妇女在热天头包盘式头帕，身穿白底条纹布上衣，胸挂银链、拴围腰，下装直筒裤。鲁贡村青年妇女头辫绕头，头包折叠成条形的大方格靛染帕子；身穿立领、盘肩、右襟，衣摆、袖口绣花并镶“栏杆”的花格宽袖靛染上衣；下装裤脚镶两道“栏杆”的青色吊裆直筒裤。龙场镇何家寨中青年妇女上装窄领、盘肩，袖口、右襟缝缀草绿色绒布并镶“栏杆”，袖口接头处上端镶三道银白色“栏杆”，围腰短窄、胸花宽大，其上端左右挂两枚如银圆般大小并有银质要须的饰物；下装着裤脚镶两道“栏杆”的靛染青色直筒裤。龙场镇对门山及龙头山脚下50周岁以上布依族妇女，仍头包青帕或白帕，身穿袖小、右侧开扣、不盘肩、不镶边短衣，下装为青色长裤；青年妇女大多着汉装。沙坪一带的妇女，头包两块至三块各长约两米，宽40厘米，自染自编的方式头帕，头帕有青、蓝、白等花纹，其花纹有斜纹、方块、圆圈等精美图案。在包头帕前，先用内帕将长发束好，再戴镶有银颗、银花的发箍、银盘，扎银簪银链，再包上八字形的角形头帕；身穿窄领、宽胸、右侧开扣、袖口接五寸宽靛染青布，盘肩与衣袖接头处均镶“栏杆”，前后衣摆成弧形，胸前挂靛染青布作底、胸花宽大、打活结于后腰的围腰（也有上活扣的），手戴银镯或玉镯，下装为靛染青色吊裆直筒裤，脚穿布扣的花格绣花布鞋。2003年，布依族“六月六”风情节期间及以后，境内布依族妇女对夏装作适当改进，主要有三种服饰：一是头包角形头帕、别蝴蝶形粉红色别针，身穿淡蓝色绸缎斜襟宽袖短衣；夏装为天蓝色镶边百褶长裙，裙前系绣有图案的条形围腰，脚穿各式绣花布凉鞋。二是头包盘式头帕；上装窄领宽胸、袖口接15厘米宽紫色绣花绸缎，再镶上一圈“栏杆”缝缀10厘米宽淡绿色绣花绸缎，胸挂短窄绿绸缎围腰，胸花上端及左右镶两道八字形的“栏杆”，两条腰带打活结于后腰；下装为天蓝色丝绸直筒裤。三是无领、短袖，用绿色绸缎制作上装，用10厘米宽淡灰色花绸缎为衣襟，用黄、红、绿、蓝、紫等色丝线绣成各种图案的短围腰；下装为黄色绸缎，裤脚镶15厘米宽绿绸缎和“栏杆”的直筒裤。

二、饮食

县境内珉谷、者相、挽澜、龙场等田坝地区的布依族以大米为主食。鲁贡、沙坪、鲁容等山区在2003年以前以玉米为主食，2004年以后，由于调整产业结构，政府多渠道助农增收，因地制宜，种植甘蔗、板栗、砂仁、生姜、花椒等作物，饮食结构发生质的变化，山区的布依人与田坝地区的布依人一样，都以大米为主，玉米为辅。沙坪、尼罗等边远山区也逐渐改变生活习惯，修水窖、建厕所、种蔬菜，将剩余的豇豆、南瓜、青菜等晒干后保存，以备在没有新鲜蔬菜时食用。布依人常以辣椒、花椒、生姜、蒜葱等为佐料，拌上芹菜、折耳根、蕨苔等野生蔬菜食用。肉食多为猪、牛、鸡、鸭、鹅、狗肉。2002年以前，多数烧柴、煤，用铁锅装木甑蒸煮食品，边远山区还用铁三脚架架鼎罐焖饭。2003年后，大多改用电饭锅、电炒锅等。逢年过节或客人多时才用大灶大锅和甑子蒸饭、用大锅炒菜。

玉米面、小麦面、荞面较少食用。红苕、马铃薯等多为零食。

（一）糯食

粽粑。春节包形状像枕头的“枕头粽”。“枕头粽”有白粽和灰粽两种。白粽用白糯米拌草果、食盐等佐料包成；灰粽用黑糯米或白糯米添加细筛筛过的糯稻谷草灰或酥麻秆灰搅拌后包成。端午节常包“三角粽”，多为素食。

粽粑制作方法：将糯米筛簸干净，加入适量食盐、草果粉等佐料，倒入微热的大锅内，将熟猪油与之搅拌均匀，把洗净擦干的粽粑叶摊开，舀拌好料的糯米倒在粽粑叶上，在米中嵌入条形猪排骨、五花肉、鸡肉和板栗等，然后把粽粑叶裹上米料并卷成扁圆形，用稻草芯捆上3节至5节、修边剪叶装入锅内。先用大火煮沸，后用文火煮4至5个小时，将粽粑翻煮一次，至熟为止。三角粽多用蛮竹叶或斑竹叶包裹，原料、煮法与“枕头粽”大同小异。布依族粽粑味美可口，营养丰富，样式美观。枕头粽是布依人春节期间祭祖、走亲访友必备之物。过去，人们把粽粑包得大而油，象征家庭富有，包扎得美观整齐则视为家庭主妇心灵手巧。1992年，布依族粽粑逐渐走向市场，者相、龙场、北盘江等较大乡镇都有粽粑摊或作坊。2010年，县城有8户人家专门从事粽粑加工和销售。为了延长保质食用期，拓展市场，有商家引进了真空和礼品包装，产品远销海内外。在春节和端午节期间，经营户粽粑供不应求。贞丰布依族灰粽已成为贞丰较有影响力的特色食品。

布依人家自食的粽粑还有米豆和豇豆粽粑。其制作方法是在拌好佐料的糯米中、加入适量米豆或豇豆。米豆粽、豇豆粽营养丰富，风味独特，老少喜食。

糍粑（即糯米粑）。境内布依人过节或有红白喜事时都打糍粑。春节、“四月八”牛王节、“九月九”重阳节以及婚丧嫁娶、立房造屋、认亲谢师、走亲访友等都要打糍粑。制作方法是：将搓淘干净的糯米浸泡数小时，滤干上甑蒸熟后倒入木质粑盆中，用“7”字或“1”字形打粑勾（棒）在粑盆中来回搅动、推拎成黏状后不断翻搅舂打，直至黏成柔软一团，再用舂出油的芝麻或熟黄豆面作引子，用手抓、捏并拍成手掌大小的圆形。若结婚、立房、祝寿等，要捏成塔式粑，并画上红色喜庆吉祥图案。过去，大年三十晚上打糍粑除用于祭祖外，须捏如茶盘般大的“挡雷粑”，待春雷响起时，大人用此粑在小孩头上边绕边念吉语，然后烧吃，祈祷雷公保佑小孩健康成长。21世纪，已不大时兴。糍粑热吃清香柔和，烧烤香脆回甜；泡于水缸煮甜酒水，软绵细嫩，回味无穷。

布依族自食的糍粑，大多以熟米豆舂烂拌盐、葱、姜等佐料或炒芝麻拌砂糖为馅，糯粘搭配，口感极好。

褡裢粑。“七月半”布依族家家都做褡裢粑，它是节日标志性食品，祭祖、走亲访友不可少。制作方法：将糯米淘洗晒干，磨成面，伴少许冷水，捏成约9厘米、厚约1厘米、宽约4厘米的长方体，然后将其包于槽中，裹在洗净半焉芭蕉叶两端内，中间空处相连。制作素褡裢粑时，以酥麻、红糖、核桃仁等佐料为馅；制作荤褡裢粑，以剁碎的五花肉，切细的葱、蒜叶及草果粉末等混合料为馅。做好的褡裢粑因形如古代用的褡裢而得名。褡裢粑蒸熟后即可食用。2000年后，有的布依人家把香蕉或芭蕉打成浆，与糯米面拌和制作“芭蕉褡裢粑”。

逢年过节，境内布依族还有少数人家制作糯玉米粑和吊浆粑，节日食品多种多样。

油糯米饭。布依人家接亲时，新娘家招待接亲客和男女歌手，必备油糯米饭作夜宵。制作方法：将上等糯米淘洗干净，浸泡数小时，取出滤干，上甑蒸至半熟，喷淋少许冷水，将砂仁、草果、葱、盐、肉末与糯米同蒸熟后，倒入盛有适量熟猪油的热锅内翻转均匀，即可食用。

糯米饭油而不腻，味美可口，是布依族招待贵客的传统美食。

五色糯米饭。用红、黑、白、黄、紫染成的五色糯米饭，是境内布依族过“三月三”“六月六”“七月半”等传统节日的特色食品。制作方法是：选用颗粒饱满、晶莹透亮的糯米洗淘干净，分盛于盆（钵）中，用植物“一线红”（有的叫观音草）煮成紫色，仙米菜（汉菜、苋菜）煮成红色，糯米饭花（黄草花、密蒙花）煮成黄色，枫香叶煮成黑色的水汁分别浸泡一夜，滤干后，将四色糯米及本色糯米置于甑中蒸熟即可。五色糯米饭色鲜味美，清香可口，提神补气。如今，境内布依族五色糯米饭已成为“农家乐”餐桌上的特色食品，为中外游客青睐。

糯玉米粑（糯嫩玉米粑）。将糯嫩玉米（也有与嫩黄豆）打磨成浆，用洗净的芭蕉叶或芭蕉芋叶包裹上甑蒸熟即可食用。其味细嫩香甜，柔软可口。糯吊浆粑。把糯玉米浸泡后打磨成浆，滤尽谷壳和水分，阴干后可随时取用。糯吊浆粑与甜酒同煮，细嫩香甜；与蔬菜荤煮，细滑味鲜。糯玉米粑。将洗淘晒干的糯玉米加工成面，筛去谷壳，拌少许冷水上甑蒸，多次喷淋冷水至熟，倒入木质粑盆中打制而成。糯玉米粑清香微甜，火烤味道更佳。

（二）土酒

土酒（俗称“便当酒”）是布依族家庭用自产的粮食酿成。酒在布依族饮食生活中占有重要的位置。逢年过节、婚丧嫁娶、迎来送往、祭祀活动等都离不开酒。布依族人民在长期的生产劳动中，创造了自成体系的酿酒工艺，从制酒药到酿酒都有传统的工艺流程。酒的种类有：糯米酒、大米酒、苞谷酒、甘蔗酒、刺梨酒、红苕酒、芭蕉酒等若干种。除特制的糯米酒酒精度稍高外，一般多在25度左右，酒味醇香。每年秋收后春节前，每家都酿制几锅土酒自饮和待客。每户家庭主妇都是酿酒能手，每村均制有数套酿酒炊具，无偿轮流使用。大米酒酿制方法：把大米浸泡蒸熟后倒在大簸箕上，摊开使大米饭温度降至约10度，将酒药撒于米饭上，用特制木铲将其搅拌均匀，装入陶缸里，封紧缸口。约半个月，待米饭产生乙醇味后，若需烤酒，则舀出数瓢发酵的米饭倒进大锅，加适量冷水搅拌，用酒甑罩严，用米糠塞缝，甑顶放置装冷水的天锅，甑锅相接处用湿帕密封，然后烧火煮沸发酵好的米饭。当酒开始从枕槽中流出，一要掌握火候；二是天锅水温度达到40℃左右就要加冷水，保证天锅水在30℃左右；三要见好就收，酿酒时间以换两锅冷水为宜，酿出的酒才淳厚无怪味。

糯米酒、苞谷酒等酿制方法与米酒酿制方法相同。

甜酒，是布依族必备食品之一。每年春节前，每户都要选择优质糯米，经过淘洗、浸泡、滤干、上甑蒸熟、晾开，待其温度下降至10度左右时，加酒药（曲）搅拌均匀，倒入锅（盆），盖上秧被，保温3天至7天，使其发酵成甜酒后，装入陶缸（俗称“斗坛”）盖紧备食。甜酒可兑凉水饮用，可取汁（俗称“甜酒凉”）当酒喝，可煮糍粑等食用。是布依人家招待客人的早餐或夜宵食品。

（三）肉食

境内布依族肉食以猪、鸡、鸭、鹅、狗肉为主，男人偏爱狗肉和牛肉。以前多数妇女不吃狗、牛、羊肉。20世纪90年代后，许多妇女也吃狗、牛、羊肉。在农村布依族聚居区，绝大多数农户每年春节前都杀年猪，腌腊肉，装香肠，制血豆腐等。

腊肉。腌制方法：将肉切成长条块，按5千克猪肉用200克盐、50克花椒面、50克酒。反复搓透后放进陶缸里，五天左右取出晾干（有太阳晒尤佳）水分后，将其挂于家中灶头吊架上，让柴火烟熏烤；或用甘蔗渣、松枝等的烟火熏烤十天半月后，取出悬挂风干即可。若挂于通风透气的木板房内，腊肉味道更美。猪肝、心肺、肚子、大肠等腌制及熏烤方法与腊肉相同。腌制的腊肉色褐味香，油而不腻，保存期长。“农家饭馆”一年要腌制数次腊肉，满足客人的需求。者相镇纳孔村“农家乐”的腊肉、腊猪肝、猪肚子深受客人喜爱。

香肠。布依族春节前必备食品。在过去，是小孩在“三月三”野外“躲虫”“四月八”上山放牛饭盒里不能少的肉食，是布依人家招待宾客的特色菜。境内许多“农家乐”餐馆经营的香肠，常常供不应求。制作方法是：用猪前夹或后腿肉切成薄片，与花椒面、姜汁、八角、红糖、盐等搅拌均匀后，灌装进猪的小肠内，将其晾挂三五日，用干柴、松柏枝叶、黄果皮、甘蔗渣熏烤而成。香肠可煮或蒸食。

鸡八块。布依族若有贵宾（特别是亲家）光临，都要杀鸡砍“鸡八块”，配上四盘五碗酒席招待。“鸡八块”即将煮熟的大公鸡砍成八大块。一般是将鸡头连颈砍成一块，两只翅膀砍为两块，胸砍作两块，两腿砍成两块，尾部砍成一块。鸡头连颈招待上席的主客，鸡尾为主人自己享用，其余的六块分给其他客人和陪客。表达主人对客人的尊重和热情。近年来，“鸡八块”多次用在布依族“六月六”“三月三”节日招待外宾宴会上，成为贞丰布依族的特色菜肴。

狗肉。布依族男性喜食狗肉，男士招待客人或邀约朋友“打平伙”（平摊费用），都选狗肉。选购狗时常有“头黄二黑，三花四白”之说。认为黄狗的肉最好，黑狗肉次之，花狗肉第三，白狗肉第四。其烹饪流程：将狗打杀、烫水浇淋、刮毛洗净，烧黄表皮、热水浸泡、反复刮洗、取出内脏、砍成数块入锅炖煮；汤中加入生姜、鲜花椒叶、顺藿香、黄果皮、砂仁、薄荷等佐料。熟后切肉成片，配上拌有花椒（鲜椒最好）、蒜泥、葱花、辣椒、食盐、酱油等佐料的蘸水食用。有的将生狗肉切成片加佐料烹饪，制作黄焖狗肉。2000年以前，鲁贡、沙坪等场天大多有狗肉“干（汤）锅”摊，为赶场者提供场地、炊具、柴火及佐料煮狗肉汤锅。摊点曾经红火一时。2001年后，仅有鲁容乡的纳翁场有“干锅”摊，其余的均改摊子为狗肉店。布依狗肉，做法多样，有炖、烤、灌狗香（蹦）肠等，风味独特，味道鲜美。

活血。烹饪“活血”（猪活血，鸡活血）。制作方法：用猪的胸叉骨、喉管和瘦肉剁碎，在锅里加蒜、姜、辣、酱、酒、花椒、砂仁等佐料，煎炒掺汤煮熟，舀在大缸钵或搪瓷盆里，然后把血倒进肉汤里搅拌，稍待凝固片刻，便可食用。

境内大多数布依人还喜欢食牛肉（尤其是黄牛肉）、鱼肉、蜂蛹和竹节虫蛹等。

（四）豆类食品

豆腐。县境内布依人家都会制作豆腐。方法是将黄豆筛选洗净，放入水缸中浸泡后捞出，按每千克黄豆 6 千克水比例磨豆浆，把磨出的豆浆液装入布袋中，捏紧袋口，将挤压出来的生浆倒入锅内煮沸后，用酸菜汤点浆，约 20 分钟，把凝结的豆腐倒在铺着棉布的木箱内，盖上木板加压，把水挤压出，便成豆腐块。境内布依族自制的豆腐原汁原味，营养丰富，沙坪一带布依族自制的豆腐尤受消费者青睐，龙场、者相豆腐逐渐打入县城市场。

血豆腐。是布依族春节期间宴请宾客的特色菜之一，制作方法是将豆腐榨干后放于微热锅中，与猪油、五花肉丁、草果粉、姜末、花椒粉、食盐和适量猪血搅拌均匀，捏成拳头大小形状，轻放于用稻草铺垫的大筛上，用木炭文火烘烤或散置于灶头上，使其水干油现，紧板色鲜。蒸熟的血豆腐香而不腻。

豆豉。分为水豆豉、干豆豉、砂砂豆豉三种。

制作豆豉一般选在每年的冬、腊月间，其原因：一是收回的黄豆已干透，水分少；二是该季节温度低，豆豉容易储存，同时方便春节后农忙食用。制作方法：将本地优质黄豆筛好簸净，用冷水浸泡一夜，淘洗干净后滤干蒸熟，将熟透的黄豆趁热倒进口袋迅速扎紧袋口，装入有稻草铺底围边的箩筐里，用稻草覆盖表面，用重物压紧，不让透气，使其温度保持较长时间。三天后，当芳香的豆豉味溢出，豆豉发酵成功，即将豆豉放置于簸箕里冷却阴干，把食盐、花椒、生姜、砂仁、八角、茴香等香料，与豆豉搅拌均匀装坛。一个星期后，用自酿的低度白酒（15 度左右）或姜水倒入坛里（淹没豆豉表面），加盖密封，一个月后即可食用，即为水豆豉。将发酵后的豆豉拌上食盐、花椒、生姜等，晒干即为干豆豉。把黄豆磨碎、蒸熟，采用豆豉发酵法，即成砂砂豆豉。豆豉色泽淡黄，香味特殊，是炒腊肉、苦葱等菜的好佐料，更是做辣椒蘸水的调味品。2008 年以后，贞丰地摊火锅，推出豆豉辣椒火锅，深受消费者青睐。贞丰砂砂豆豉与贞丰灰粽一样，已成为名声远播的地方特色食品。

霉豆腐。大多数布依人家在春节前都要制作霉豆腐。制作方法是将豆腐块压干，切成小正方形蒸熟，在竹筐或纸箱内铺垫干稻草，趁热将豆腐颗一层稻草一层逐层往上摆，最上面用稻草盖上，约一个星期，待豆腐颗长出白绒绒的霉衣，将花椒、食盐倒入碗中，搅拌均匀，将豆腐颗多批次放入白酒中，然后把浸泡在酒中豆腐拈起来放进调料碗中翻滚，使之四面沾匀调料后，将豆腐拈出装入坛中约半个月，再加入低度（15 度左右）酒，密封坛子口，一个月后即可食用。

民族特色菜。境内布依族每年都要制作酸笋、酸辣椒、细酸菜等，装入坛中，坛口边加水用土缸钵盖严，防止空气进入，需食即取。2000 年以后，市场繁荣，交通便捷，冰箱等电器普及，酸笋等民族特色菜，制作的数量都要比20世纪90年代少得多，有的甚至不制作，随需随买。

（五）糖类食品

土制红糖。土制红糖是境内布依族主要甜食，结婚贺寿、走亲访友、探望病人等都以土制红糖作礼品。土制红糖在布依人的生活中不可缺少。虽然境内机械糖厂产量日增，生产优质白糖，但土制红糖仍占有一定市场。

贞丰布依族土制红糖历史悠久，工艺较为复杂。需制作木质榨糖机，选长2米、宽70厘米坚硬枋子刨光打眼制成木架，用老树铁芯制成一大一小两个齿轮滚筒安在木架中间，大齿轮上部安牛拉的横杆，枋子穿眼处的上下左右有能加减的活动楔子，调节滚筒的平衡和对称，保证榨糖效果。榨糖制作流程：榨糖机安在甘蔗集中且能挖坑安锅便于作业的地方，砍好甘蔗除去蔗叶，把甘蔗送进两个滚筒中间，一人赶牛拉动齿轮转动，榨出蔗汁后，滤去蔗渣，将蔗汁倒入地锅烧火煮至沸腾，又滤糖渣，后猛火熬煮，糖汁冒泡约40分钟后，改用微火，当糖泡变成淡红色或黄色时，将糖汁倒入糖箱并迅速用木刀刮平，使糖面平整、厚薄均匀。待糖完全冷却后，将切割好的糖块按每堆18块码放，用蔗叶包装，竹条捆扎存放。

20世纪90年代后，除交通不便的高山地区仍使用传统的木质榨糖机外，一般多改用机械榨糖机，但仍沿用传统的土法工艺制作红糖。

附：

鲜美的五花糯米饭

黄　丹

由于时常外出采访和上课，我到过省内不少县城。在我的印象中，那些小县城大多卫生环境较差，街道也比较狭窄。贞丰却是其中的异类，宽敞的街面上扫得很干净，没有飞扬的尘土纸屑，也没有随处可见的塑料袋和污水，道路两旁虽有不少旧木房，却并不使人觉得与现代化的楼房不协调。在城中随意走走，就可以感受到一种清清爽爽的纯净和浓郁的古朴气息，心里一下子就喜欢上了贞丰这座县城。

向来把“民以食为天”奉为至理名言的我，每到异地，头一件重要的事就是去品尝当地的美食，到了贞丰自然也不例外。托了省电视台的福，由于此行是协助《开心旅程》栏目组拍一期介绍贞丰风景名胜、民风民俗的节目，当地旅游局特地给我们安排了一个“导游”；又由于同行诸位志同道合，俱为嘴馋之人，不用讨论便一致决定先拍贞丰的特色风味小吃一版块。于是一伙人拥着“导游”直奔贞丰美味而去，倒也颇为壮观。

说到贞丰的特色小吃，首推“五花糯米饭”。记得还在贵阳读大学那会儿，因为食堂的饭菜不好吃，学校门口那家“贞丰糯米饭”生意出奇地好。去吃糯米饭的人络绎不绝，赶上吃饭时间去，常常连个坐的地方也找不到，只能买了带走。我是那儿的常客，那糯米饭是不是正宗的贞丰特色我不知道，可真的很好吃，食量不大的我每次都能将一份吃得颗粒不剩。这次好不容易亲自到贞丰，正宗的“贞丰糯米饭”自然是要好好品尝一下的啦。

只见老板娘将蒸熟的糯米饭倒入油锅内加盐搅匀，用炭火烘烤着，又将切成薄片的腊肉铺在碗底，两三分钟后，锅里的油热了，翻滚煎炸着锅内的米饭。老板娘舀起一勺糯米饭盖在先前铺好的腊肉片上，又在饭上撒下香酥鸭片、榨菜丝、凉拌折耳根和油炸花生米，再放上一点自制的油辣椒。或许正是由于糯米饭中加了腊肉、鸭片、榨菜丝、折耳根、花生米五种佐料，才叫作“五花糯米饭”的吧。不一会儿，一碗油铿铿、亮晶晶的五花糯米饭端至面前，黝黑的榨菜丝、鲜红的油辣椒是多么的赏心悦目，光是那诱人的香气就已经让人垂涎欲滴，忍不住食欲大振了。大学时代校门口的“贞丰糯米饭”一直让我念念不忘，可是直到今天，我才真正知道正宗的贞丰糯米饭是怎样的：饱满的米粒香糯绵软，油炸鸭片金黄松脆，细细的榨菜丝甘美可口，再配上红红的油辣椒，酥脆的花生米，肥而不腻，油而不闷，香辣爽口，入口香糯，回味悠长；最特别的还要数碗底那层腊肉片，一般的腊肉片都是暗红色或红棕色的，这个却是鲜红的，不仅肉色鲜艳，肉质酥松，还另有一股子甘甜，吃完之后齿缝留香。一问之下，才知道这腊肉是用布依族传统方法特制的，先把猪肉与适量的食盐、花椒、蒜苗、香粉、红糖等搓透沤于坛中，三五天后取出晾晒，再用松柏树叶、甘蔗渣等熏烤至干而成，用这种方法制成的腊肉不但色鲜味香，而且保存期长，终年可食。吃“五花糯米饭”一定还要配上三合汤，即用鹅肉、鸡肉与筒子骨熬成的汤，再用豆芽来吊味。三合汤有些像云南的过桥米线，表面上不冒一丝热气，可若你一大口喝下去，肠子都会被烫穿，实际上它的表面是一层厚厚的油，正确的喝法是先把上面的油吹开，再小口小口慢慢喝，一碗下肚，五脏六腑无不熨帖，喝完之后口中的鲜美之味长久不衰。

享用完“五花糯米饭”后，又在“导游”带领下一一品尝了贞丰的特色美味狗灌肠（即把狗心肺、背脊骨剁碎，调进狗血中，再加盐、薄荷、顺和香、砂仁、蒜苗等佐料和适量糯米面，拌匀灌入刮洗净的狗肠中，与狗肉同锅煮熟，最后用菜籽油煎至金黄色食用）、猪活血（把猪胸叉骨、脾脏和瘦肉剁碎煮熟，加上盐、葱蒜等，舀出倒入生猪血盆内，搅拌匀待其凝固后切成小块食用）、酸菜汤等，直到把大伙儿撑得肚子圆滚滚，跟非洲豺狗似的，才心满意足地离开县城，去往城郊的风景点拍摄。

（选自2003年7月汕头出版社出版的《圣地贞丰》散文集，作者系贵州师范大学教师）

第六节　居　住

布依族村寨大多依山傍水，绿树成荫。珉谷镇、者相镇、兴北镇、龙场镇、挽澜乡的布依族村寨前一般有田坝溪流，后面有靠山；鲁贡镇、白层镇、鲁容乡、沙坪乡、连环乡布依族受地理条件所限，大多居住山顶或半山腰上，少部分住在河溪两岸；布依族村寨规模一般为三四十户，也有上百户，甚至几百户的寨子。布依族寨名多为布依语汉字音。有以居住地山形地貌特征取名，有以田坝、稻田、小溪等作地名。据中央民族大学教授、博士生导师周国炎 2009 年调查，贞丰县布依语的“山”即“坡”含此语素的地名有：坡稿、坡冒、坡轰等128个自然村寨，其中“坡”出现在地名名词词首或前面带有“大”“小”“上”“下”等表示村寨规模或方位的布依语地名有 69 个。汉字“岜”“把”“巴”是布依语“陡峭的崖壁”或“石山”的意思。县境内以“岜”作地名有 5 个，如岜浩、戈岜等。布依语称地势较为平坦的坝子为“董”“硐”，境内自然村以上含“董”的地名有董龙、董箐等；布依语称稻田为“纳”，境内以“纳”作为地名的有 126 个（含重复地名），如纳核、纳蝉、纳磨、纳坡等。凡属“纳”的村寨，基本是布依语地名。布依语称小溪为“里”“喜”，境内含“里”的地名 18 个，如里扒、里送等；含“喜”的 5 个，如喜鹅、喜练等。此外，寨名还有根据布依族神话故事或首领而得名的，如“巧贯”（即汉语“首领”）等。

随着经济社会的发展以及人们思想的解放，布依族住房建筑质量和形式也与时俱进，不断发展变化，住房建设逐步向县城、乡（镇）政府所在地、公路两旁转移。20 世纪 90 年代中期，房屋结构有几种类型，一是房屋上部是木柱木板木结构，楼上住人，下部为石墙，楼下关牲畜或堆放杂物。二是沙坪乡、鲁容乡的部分布依族人家仍以黄泥筑土墙建屋，用茅草或石棉瓦盖顶，房屋多为一楼一底。三是用砖砌墙，青瓦盖顶，以山墙替代柱瓜的砖木结构瓦房。四是用石料砌基脚和山墙，内木外石结构或外石内砖结构，砖砌窗墙，安玻璃窗，顶盖瓦。五是砖混结构平房。2003 年以后，境内布依族房屋建筑出现多元化，大多数以钢筋水泥为主，开始重视内外装饰。趋向实用和美观，逐步向现代型建筑风格转变。

境内布依族房屋建筑各有特点。者相镇纳孔村大多数是三滴水风火墙建筑。房屋为三开间平房或楼房，内为穿斗式木结构，木门木壁木楼板，神位、龛联、门联、窗联均为硬木刻制，万字格窗棂，水泥地皮或瓷砖地板，顶盖青瓦，垛脊砌风火墙，刷石灰浆。珉谷镇必克村，平街乡小花江村传统式建筑。三开间房屋，内为穿斗式木架结构，外墙均为石墙或砖墙，盖青瓦，垛脊，正中间堂屋为祭奠祖宗；堂屋两边为套间，里间为卧室，一边外室为厨房（有的作卧室），另一外间有的做卧室或安织布机，小染缸等。富有之家或人口多的家庭在正房一侧或两侧修“边厦”，作为厨房或堆放杂物、做卫生间、牛圈。县城、乡镇政府所在地附近及移民新区大多数是砖混、钢混建筑。外贴瓷砖装饰墙面，安装不锈钢防盗门，安玻璃窗或万字格木质窗棂，一般为一两层。第一层中间为堂屋，中堂挂祖宗牌位，摆四方桌，电冰箱等；其余的为卧室、书房、厨房或作纺纱织布、染布房。

境内布依族人家注重建造新房，有的按传统习俗，杀雄鸡架罗盘选屋基，择吉日良辰开工，迁入新居，接祖宗，开财门，贺新房等。大凡贺新房，主人家的三亲六戚及村里大多数人家都要送米送钱作礼品礼金，主人家杀猪办酒席招待。2003 年以后，房屋建筑基本上没有木架结构，原来贺房时的“上梁”仪式也随之改变；主人的外家约人前来祝贺行至房前时，主人亲率唢呐客、族中能说会道者端酒到大门外迎接。双方吟诵四言八句，或对唱山歌，回答不上的被罚酒，你敬我推，欢声四起，场面热闹。过去“上梁”时用印红花糍粑从梁上撒下来的风俗逐年减少。进入 21 世纪后，大多用饼干或小额硬币来抛撒，烘托喜庆气氛，既保留了布依族古朴的传统习俗又节约。有的人家为增添喜庆内容，中午在堂屋摆连桌席，请外家或贵宾入席就餐后接着摆上水果、花生、瓜子、糖果、酒、茶等，外家、主人家分边而坐，主人方敬酒敬烟、说“四言八句”对外家表示谢意，外家方即席吟唱贺词或唱山歌祝华堂生辉，福星高照等。你来我往，热闹非凡。在布依族村寨，房屋竣工后若不举行贺房仪式，就请魔师开财门，家族中每户来 1 人，提数斤大米、一块红糖或两瓶酒来祝贺，这样的人家每村都有，约占建房户的 5%~10%。

布依族自然寨，大多由两三大姓家族组成。也有的自然村寨，一姓家族人口占全村总人口的 80% 以上。以前全是一姓的村寨较多。到 2010 年，境内没有一村一姓的村寨。

第七节　婚姻　丧葬

一、婚姻

布依族婚姻一般要经过择偶、提亲、订婚、结婚等程序。

择偶　进入 20 世纪 90 年代，境内布依族男女青年外出务工逐年增多，利用过年过节、走亲访友、赶场天唱山歌、“浪哨”“浪冒”的人越来越少。1995 年后，通过“浪哨”“浪冒”增进友谊建立感情的传统方式更少。2008 年，唱山歌“谷温”（用布衣语唱布依歌）都是已婚中年男女。青年男女择偶的形式有：①两人均在外打工，从认识到相知，逐步建立恋爱关系的自主婚姻。②经人牵线搭桥，逐步加深了解并征得双方父母同意后，请媒提亲的婚姻。“父母之命，媒妁之言”的包办婚姻基本消除。

提亲　男方看上女方后，请媒人带着红糖等礼物上女方家提亲，若女方家不退回礼物，即是同意，否则就是不同意。不过，女方一般不收首次提亲礼物，以显身贵。男方家再请媒人登门求亲，连续三次，每次礼物数量都有所增加，表示诚心诚意。若收礼物并招待媒人吃饭，求亲成功。“事不过三”，若三次求亲，女方都退回礼物，这门亲事就不成。

订婚　女方家收男方求亲礼物后，男方择佳期请人打糍粑 500 个左右（糍粑印“双喜”或“红花”），挑 4 包红糖、一挑米酒、猪肉一方一肘、衣物、皮鞋、礼金（根据其家庭经济状况）1 万至 10 万元，红烛、纸钱、香等分别用红纸条捆扎，请两位能说会道、家庭和谐、受人尊敬的中年妇女或中年男子，率数名（双数）女青年带礼物到女家订婚。届时，女方家便筹备酒席在堂屋招待男方，并请家族及邻里乡亲作陪。席间，“普视”（男方使者）当众清点礼金、礼物给女方家，接着大家先后唱古歌祝贺男女婚姻美满幸福，满屋欢声笑语，喜气洋洋，热闹非凡。“吉日去喜日回”是订婚的规矩。是日傍晚，“普视”一行人挑着女家回赠的布匹、布鞋等礼物回男方家报喜。男方家备好酒席，宴请内亲及邻里乡亲，少则几桌，多则几十桌酒席祝贺。

结婚 1991年后，尤其是2000年后，境内布依族结婚程序和仪式不断简化，但必要的礼节仍在沿袭。经过订婚选好婚期后，①女方选择吉日举行缝制蚊帐被盖仪式。女方家根据男方家择定的日子，邀约族中、邻里妇女来帮忙剪裁蚊帐、被套等嫁妆，请寨里德高望重且子孙发达的老妇人开剪并在席上吟唱祝福语，说吉利话。②接亲。婚期前一天，男方家请押礼先生率二十多名男女青年挑猪肉约20千克（一方一肘）、糍粑数百个、红糖2包至4包、米酒一挑等礼品去接亲。③祭祖接亲。男方家用熟猪头、刀头肉、糍粑、酒、米饭敬祭祖宗。押礼先生在堂前边吟诵祝福语边给新郎挂红戴花，新郎向祖宗牌位行三跪九拜礼，礼毕，新郎在唢呐队、押礼先生、陪郎等簇拥下前去接亲。1991年至2007年，多数接亲队伍是走路，很少组织“五马三桥”。2008年后，交通方便的村寨，组织车队接亲。④抛撒拦路粑。女方家儿童在寨前用竹竿拦阻接亲队伍，接亲客须用专备的糍粑向小孩抛撒，接亲队伍趁小孩只顾捡粑粑之机，拆除拦路物，趁机入村。⑤红封请人。到女方家后，女方的女青年主动接接亲礼物去收藏，要举行祭女方祖宗时，押礼要用钱与收藏者赎回礼物。押礼先生还须用备好的红封请引宾带路，封钱请厨师做菜，请族中长老开盒、燃烛，请外家开坛，请寨中女代表商谈“青年费”数额等。礼金礼品要周全，缺一不可。⑥新郎拜祖。请厨师用新郎家带来的酒、肉供奉女方家祖宗。女方家父母赠新郎全新的深蓝色土布上衣，花格蓝帕子、皮鞋。新郎当堂穿上，燃烛点香、押礼先生祝词，新郎向祖宗牌位行三跪九拜礼，向堂公伯叔及帮忙人等行三个跪礼。⑦夜宵“谈判”。接亲当晚，女方家族中妇女要向押礼先生索要夜宵费，从而展开讲价还价活动，谈妥后就进行山歌“谷温”对唱，其实质是女家以此形式邀约女青年到家与自己的女儿、与接亲客联欢一夜，增添喜气。主人家以传统美食——肉蒸糯米饭招待。⑧发亲。押礼先生于发亲良辰前请求女方家父母发亲。请“八字先生”在供有雄鸡刀头的供桌上填写鸾书封好后，让“小押轿”头也不回地先背回新郎家。新娘闺房哭泣，在伴娘的搀扶下跪拜祖宗、跪别父母后，用一把竹筷向后抛撒，意为后家（外家）人健康快乐。新郎三跪九拜祖宗，跪拜岳父母及堂公伯叔，与接亲队伍接新娘回家。⑨拜堂。新娘的嫁妆须经摩师念咒语逐一“扫煞”后搬进新房，押礼先生须在门前举行“回车马”仪式，意为驱除邪气，万事大吉。新娘在伴娘的搀扶下，跨过门槛前的马鞍和燃亮的七芯灯，新郎打伞在门里迎新娘进入堂屋，接着押礼先生就主持新郎新娘拜堂，堂上红烛光闪烁，新郎新娘频频跪拜，唢呐乐队用横笛吹奏欢快的《拜堂调》，鼓、钹、碰铃等器乐轻敲细打，堂上欢声笑语，门前爆竹声震天，长号齐鸣，唢呐声声，屋内外喜气洋洋。拜堂之后，新娘进入洞房。⑩新娘赠礼。中午饭后，中堂摆席宴请两位伴娘。席间，伴娘将新娘赠给新郎父母、兄弟、姐妹，堂中伯叔、伯母、婶嫂等的被褥、床单、布匹、布鞋等礼物一一分送，得礼物者均回赠不少于市场同等价值的红封。⑪新娘村外迎接送亲客。临近晚餐时候，新娘到村口（有的到半路）迎接送亲的女友，以示礼貌和对故友的思念。晚饭后，本村男青年与送亲客对唱山歌“谷温”通宵达旦，第二天中午饭后送亲客才离去。

新娘在夫家住三天后，由几位少女（一般是新郎之妹等）挑着糍粑、猪肉等礼物送新娘回门。婚后，在农忙季节或夫家有红白喜事才由母亲或族中少女去接新娘来住几天又返家，数年后才坐家。2000年前后新婚夫妇，大多婚后双双外出务工，与汉俗基本相同。在家务农的，仍遵从传统习俗，一年或几年后新娘才到夫家居住。有的打工者在外自主结婚，未举行布依族传统婚礼，数年后携妻带子回家才举行布依族婚礼。

随着《婚姻法》的颁布实施，境内布依族地区抢婚现象已绝迹，包办婚姻的现象极少。离婚、复婚、招赘按《婚姻法》有关规定办理。

二、丧葬

烧落气钱　老人一逝世，就立即将尸体移到堂屋，并放鞭炮，在尸体前烧纸钱。

报丧　布依语称“报房”。老人逝世后，即请人去外家报丧。让亲戚知道噩耗和开堂祭奠日期。

入殓　布依语称“素匪”。用艾叶煮水洗逝者全身，整容，然后穿寿衣后方入殓，入殓将尸体仰卧棺材内，再盖上亲族晚辈及众媳送的白布若干层，死者口中含银片。待亲人到齐与死者最后告别，然后盖棺、封棺、擂铜鼓、鸣炮、全家举哀。灵柩停放有两种形式，一种是置于堂屋正中两张长凳上，脚往大门；一种是顺梁放置，用木料垫着。前者是土司习惯，后者是土民习俗，停丧最短三天，长者十多天甚至几十天。停丧期间，孝子守灵，吃睡在灵堂中，立“望山钱”（布依语称“当稿”），望山钱所用白纸张数，按逝者享年一岁一张，加上天、地、爹、娘、南斗星、北斗星各一张，高吊于丧家门前长竿顶上，意为死者登天堂的“天梯”。摩公用布依语念《摩经》治丧。治丧有高派和平派两档次，高派布依语称“编尚”，平派称为“编凳”，档次不同，程序和内容也不一样。

开堂祭奠　布依语称“枯椰”，是治丧最隆重的一天。从早到晚，吊丧队伍络绎不绝。吊丧祭品、亲疏有别。亲者有请唢呐、备祭席、祭幛、花蟠、旗伞、钱罗引吊、香烛、鞭炮。吊丧队伍行近丧家，先鸣炮报信，孝子到门前跪迎。吊丧队进入灵堂，呈上祭席，等待摩师举行吊唁仪式。吊唁开始，吊丧者先燃烛点香，与孝子同跪灵前，直至摩公念完经文，才让另一吊唁者。引人注目的是女婿和外家的吊丧仪式。死者外家在当天被称为“赛房”（鬼官），“赛房”由外家两位长辈充当。外家吊丧的纸伞以红、绿纸为主，祭幛为白棉布，与众不同。“赛房”吊丧队伍行至丧家附近时，孝子脱下孝衣打白纸伞迎接，并一一敬双杯酒后，哭着回到灵旁跪着。女婿来吊丧，摩公有意刁难，索要慰劳酒菜，封钱，否则不举行吊丧仪式，旁观者趁机逗挑取乐，当女婿正跪拜岳父（母）灵柩时，舅母子趁机用锅烟墨涂在女婿脸上，一旦脸上被涂上烟墨，女婿便抢夺凶手的白孝帕来擦烟墨。高派治丧，是日还举行“砍戛”仪式。“砍戛”是布依族古朴庄重的丧葬仪式，牛场、者相一带还较盛行。“砍戛”意为杀牛替死者消灾免难。牛为大女婿所献，仪式由摩公主持。举行时，将牛拴在“鬼粧”上，摩公带孝子、女婿等绕着鬼粧转舞，摩公念《砍戛经》后，剪下牦分给众孝妇们，意为“留牛种”。砍戛时由女婿带着唢呐队到法场吹奏参加砍替。摩公一声命下，执法者用刀砍向牛颈，牛血喷出，待牛死后，就地煮食，大碗喝酒，大碗吃肉。

出殡下葬　开堂第二日早晨，按吉时将灵柩移到大门外绑扎，用一只公鸡立于灵柩上押丧，一人前行丢“买路钱”，众人帮忙抬灵柩往墓地，孝子持引魂幡走灵柩前，众孝送葬，吹唢呐、执旗伞，众多送葬者随后，抬灵柩过桥时，孝子要扑在桥上搭桥。临近墓地，先去挖墓穴者（破土）弃锄去躲避，由送葬众亲友接着挖好墓穴后，用雄黄、朱砂在穴中画八卦图，写荣华富贵等字，再把“押丧”公鸡放入啄食，称“滚井”。然后取出鸡，又烧钱纸称“暖井”下葬，拨正墓向，孝子首先捧土放棺木上，众人接着垒坟填土完成后，把旗伞盖于坟上。葬后49天，孝家请家族来集中举行脱孝衣仪式，脱孝后才能洗孝服。孝子服孝三年，布依语叫“得要”。三年中，孝子作客不坐上席，不吃鸡头。三年期满，家族、亲友集中孝家集中理发，会餐除孝。

第八节　节　日

境内布依族节日大多源于古代农业祭祀。祭土地神希望五谷丰登，祭山神望消除灾害、人畜兴旺，祭龙神以求风调雨顺、物阜年丰，祭祖愿子孙发达、人才辈出。一年除农历十月、冬月两个月外，月月都有节日过，有的地方在九月逢九必过。春节、元宵节、了年节、清明节、三月三、四月八、端午节、六月六、七月半、八月十五、九月九、灶王节等仍沿袭传统习俗。20世纪80年代以来，“三月三”“六月六”两节在保留传统习俗的基础上，节日活动内容不断丰富。布依族所有的传统节日上轮县志已记载，本轮县志仅对春节前杀年猪习俗和县委、县政府着重打造的三月三、六月六布依族风情节进行记述。

一、春节　春节是布依族最隆重的节日，布依语称“根香老”。布依人过春节前要杀猪、腌腊肉、灌香肠、做血豆腐、打粑粑、包粽粑和备米酒等年货。每年腊月中旬后，布依人就开始忙着准备年货，一直忙到大年三十夜。

杀猪是布依人家过大年的头等大事。有没有年猪，是衡量一家人当年生产生活和经济收入状况的重要标志。因此，布依人家不管平时多忙，总要想方设法喂一头肥猪过年。能不能杀猪过年，不仅体现年景，而且期盼来年吉祥如意和让全家人高高兴兴，欢度春节。以前，杀年猪时常常将猪尿包吹鼓起来拿给家里小孩作玩具，小孩将尿包拿到寨中向小伙伴们展示和炫耀，为家里有年猪而自豪。杀年猪时要等在外面工作、经商、求学的家人到齐，然后选择吉日良辰，并请家族中、村寨中青壮年帮忙。要杀猪前首先点香插在神龛上的香炉中，同时把堂屋的杂物搬出，抬来条桌摆在堂屋中间准备好接血的盆。随后，从猪圈里把猪逮住，拖到堂屋中的条桌上，并按住猪的四肢，抓住猪尾，不许猪乱动后，由杀猪老手帮忙杀猪。杀年猪要一刀过命，一般不能复刀。能够一刀杀死，意味着来年家庭万事如意，一切顺利。杀猪时除安排专人接活血外，还要剪下猪毛丢到猪圈，祈祷来年还有年猪。接着将猪抬到装满沸水的大锅边烫毛刮净，将条桌抬到院坝，下猪头，破猪肚翻猪肠。要将猪的颈（称二脖）割下，取出粉肠及猪肺，剔出些骨头和肉做煲汤肉、活血招待帮忙的亲友。杀年猪给春节增添浓浓的年味。

二、“三月三”　每年农历三月初三或三月的第一个寅日，布依族村寨都要举行“扫寨”“祭山神”等活动。境内布依族过“三月三”的时间因地域而异，珉谷、挽澜部分村寨和白层、鲁容、鲁贡、沙坪等大部分地区布依族过农历三月初三；者相、龙场、小屯、北盘江、长田、平街以及珉谷的岩鱼、必克等地布依族过农历三月的第一个寅日。不论何日过三月三，其内容、程序均大同小异，须经过“扫寨”“祭山神”“躲虫”等过程，以古朴、原始、神秘的方式表达布依族人民对平安和谐的期盼，对粮食丰收的愿望以及对幸福生活的追求。

“三月三”前一天，“八家头”就挨家挨户收钱收米用于祭山神；家庭主妇准备糍粑、糯米饭和香肠、鸡蛋、腊肉给小孩外出“躲虫”时用餐。“三月三”早上，成年男人和男孩在寨老安排下有的扫寨，有的到山神庙杀猪祭山神，有的守村寨路口、不准村外人进村，各司其职，各负其责。祭山神禁杀白鸡、白猪或杂毛猪；祭山神时全寨保持安静，禁止喧哗；名声不好者、配偶有身孕者不能炒菜供饭，不能跨越饭菜；供前禁尝祭品；敬山神仪式结束要等寨老发令才能用餐；啃过的骨头不能乱丢，须统一装入石坑封存，意为封死害虫恶兽，不让其危害庄稼和人类。

2009年，县布依学会在岩鱼村举办“三月三”祭山活动，在按照传统习俗举行的基础上，于远离山神庙的羊场堡举行全县性的布依族山歌“谷温”（布依古歌）、勒尤、木叶吹奏、民族歌舞、棍术等布依族民间文体活动。邀请省州布依学会及邻县布依学会莅临参观指导。节日既有古朴、神秘的场景，又有外来客人积极参与。同年9月，贵州省人民政府公布贞丰县布依族“三月三”为第三批省级非物质文化遗产。2010年后，县委、县政府每年都支持县布依学会分别在鹅田、纳格布依寨等举办“三月三”。不久，县文化部门又向国家有关部门申报，争取将“三月三”列为国家级非物质文化遗产名录。

三、“六月六”　每年布依族全寨插完秧（叫关秧门）后，都过“六月六”，庆祝插秧结束。如果六月初六之前全寨插完秧，就六月初六过节，若六月初六前插不完秧，六月十六前栽完秧，就在六月十六过节，六月十六还栽不完秧，就只有在六月二十六才过节。“六月六”当天，家家户户带着五色糯米饭、刀头肉等祭品到田边杀鸡祭田，祈求田神护佑，风调雨顺，无病虫害，秋收时五谷丰登粮满仓。过“六月六”时，由于栽秧等重要农活已经完成，转向田间管理，农活不忙，因此，是男女青年浪哨浪冒（男女青年邀约在一起玩耍，相互认识、加深了解、增进友谊）的机会。布依族青年男女到“花园”（每村青年相会的场所）浪哨浪冒，中老年人祭田神后回家祭祖宗。岩鱼布依寨还组织全寨家家户户集资买牛或买猪祭土地神。1977 年，岩鱼公社革委会与县文化馆在公社所在地羊场堡举行全县性的首届布依族“六月六歌节”，邀请者相、牛场、龙场、鲁贡、白层区组织布依歌队前来进行山歌、布依古歌（“谷温”）比赛，举办美术、书法、篮球比赛，放映电影等活动，在全县甚至全兴义地区都产生了很大的影响。之后，每年歌节大多在岩鱼举行，有些年必克、挽澜、猫猫寨也曾举办。随着节日内容的不断丰富，参加人数的逐年增多，特别是历届县委、县政府的高度重视和支持，布依族“六月六歌节”规模越来越大。1989 年，县委、县政府在国家级水利风景名胜区三岔河举行“六月六”歌节。2003 年，县委、县政府将布依族“六月六歌节”改为布依族“六月六风情节”，提升了节庆活动的内容和扩大了规模，在三岔河畔修建水上舞台、布依铜鼓广场、图腾柱等建筑，充实和丰富了节日的民族文化元素。节日那天，各乡镇布依族服饰方队、苗族服饰方队的服饰各具特色，既有不同地域的古装，也有与时俱进的新服饰以及歌舞队、纺车队在广场上展示。上午 9 点 30 分，在三岔河水上舞台举行文艺演出。布依族、苗族古歌、山歌，省级以上非物质文化遗产实物及民族服饰在台上展示。同时在广场旁的民族风情园举办土特产品展销、招商引资、斗鸡、斗鸟等活动。为了使节日更具吸引力和提升档次，请中央电视台赵宝乐、周涛作节目主持人，邀请孙悦、孙楠、任静、郭达等明星以及贵州省民族歌舞团加盟助阵。整个三岔河景区人山人海，观众不计其数，拥挤得水泄不通，活动极为隆重，文化氛围浓郁，影响广泛。之后，贞丰县连年分别在岩鱼、必克、纳孔等布依族村寨举办布依族“六月六风情节”。布依族“六月六”风情节已成为黔西南州重要节日。2006 年 7 月 19 日，贵州省十届人大二十二次会议批准修正的《黔西南州布依族苗族自治条例》规定“六月六”作为全州节日，放假休息一天。2007 年 5 月 29 日，贵州省人民政府公布贞丰县布依族“六月六”入选第三批省级非物质文化遗产名录。

第九节　文　艺

一、布依族文学

布依族文学以口头文学为主，以口头形式流传在县内的民族文学有古神话、传说、故事、童话、寓言和诗歌、歌谣等。1991 年至 2010 年，县内文学爱好者收集整理新传说，这些口头文学反映了布依人的独特生活方式、精神风貌、风俗习惯和心理状态。

传说故事　布依族传说故事一般为散文体。比较流行的有古时的《开天辟地》《无娘儿》《芒耶寻谷种》《洪水潮天》《十二重天》《十二个太阳》及一些地名的来历等。其中《开天辟地》说的是天地形成和人类的起源；《无娘儿》说的是劳动人民受剥削、受压迫的苦难；《芒耶寻谷种》说的是布依族农耕的来历。中华人民共和国成立后，布依族文学爱好者用汉文字将传说记载，并编辑《布依族民间故事集成》。

1991 年后，县内布依族文学爱好者深入民间调研，搜集流传在民间的故事并用汉文记载了《双乳峰的传说》《岩鱼紫色河的传说》《“四月八”的传说》《招赘考试》《人不见老天见》《布依族铜鼓十二则的传说》等民间故事，被报刊登载。布依族童话、寓言的内容涉及面广，大部分涉及礼仪、风物、农事、天文和各种习俗等。

诗歌、歌谣 流传在县内的布依族诗歌、歌谣有用布依语吟唱的《摩经》“谷温”（古歌），“谷温”分为劳动生产歌、习俗歌、情歌、逃婚歌、孤儿歌、光棍（单身）歌、反抗歌、嘱咐歌等。情歌大多是布依族男女青年追求自由恋爱婚姻思想感情的表达形式。在社会发展进程中，布依族与汉族的交往越来越多，受汉族文化的影响，布依族还创作了用汉语唱诵的布依山歌，也称新民歌。

《摩经》是县内布依族口头代代相传的长篇叙事诗，它反映布依人在蒙昧和古时候的生活习俗，描写布依族的劳动和生活方式，叙述孤儿的苦难生活经历；歌颂母爱和酷爱自由、向往光明的强烈愿望；对家庭、社会礼规的倡导和对品行道德、文明生活的说教。《摩经》以布依丧礼中追悼亡灵时诵唱的形式存在，具有多种功用，内容丰富，文学色彩浓厚，并具音乐性、戏剧性、舞蹈性为一体。县内较大的布依寨基本上都有摩公，他们每人都有用汉字记音手抄《摩经》。布依族的“谷温”、山歌、歌谣、颂歌、悲歌，从形式上有四句歌、长篇歌、盘歌、排歌等。布依族还有一种自由式的韵体口头文学，出口成章而押韵，用布依语唱诵叫“垛比”。

布依族所有诗歌、歌谣都是韵文体。一般有头韵、文中韵、尾头韵，句式长短不一等，结构不拘一格，构思巧妙，语句朴实通俗易懂好记，有哲理，为人们喜闻乐听。它不但形象地反映布依人的心理素质、生活特点，而且富有鲜明的地方特色。有不少民间诗歌、歌谣在县内长期流传，经久不衰。布依族民歌随着社会的进步也在发展。中华人民共和国成立后，布依人创作了不少新民歌反映新旧社会对比，忆苦思甜；新民歌歌颂中国共产党的领导和社会主义新中国，歌唱党和国家的惠民政策和新农村建设等。

布依山歌选：

恋　歌

妹家房子起得高，
高挂二胡矮挂箫。
哪时得妹一家坐，
郎拉二胡妹吹箫。

哥是一只花蝴蝶，
妹是一张花树叶。
借妹花树住一夜，
不伤枝来不伤叶。

情　歌

好口水井在岩脚，
太阳出来照不着。
郎变犀牛来吃水，
妹变鲤鱼来会合。

哥妹情意重如山，
千言万语说不完。
要是哥妹情意断，
除非天垮黄河干。

赞　歌

情妹站成一排排，
一样衣裳一样鞋。
不打胭脂不打粉，
赛过从前祝英台。

看着情妹走过来，
眉毛弯弯好人才。
走到人前逗人爱，
走到花园逗花开。

谦卑歌

郎十八来妹十七，
两人打伙喂画眉。
画眉拿给别人去，
留个空笼给郎提。

对门对户一排街，
花树对着漆树栽。
妹是花树人人爱，
哥是漆树无人挨。

劳动歌

想吃刺梨要上山，
想吃鲜鱼要下潭。
想要来年收成好，
一年四季不要闲。

心想唱歌就唱歌，
心想打鱼就下河。
郎拿鱼钩妹撒网。
随你打到哪条河。

新民歌

政协会议聚群英，
建言献策惠民生。
三农问题须重视，
农民致富有信心。

人大会议传佳音，
三农政策合民心。
国家取消农业税，
小康建设民欢心。

附：

难忘故乡布依歌

韦昌国

我是故乡的一片树叶，每一根叶脉都打着故乡深刻的烙印。无论飘到哪里，心里揣着的，总是故乡那棵高大的树，常常在记忆里招摇。

老家的巧贯布依寨，是个古老的村庄，早在清代设立永丰州以来，上百户人家的房屋，就已经从山脚下层层叠叠地堆砌到半山腰上，形成了规模不小的山寨。远远看去，那些密密匝匝的瓦房，像一片片巨大的鱼鳞，掩映在枫香、泡桐、桃树、梨树……和楠竹的绿荫中。

在村庄的半山上，有一片宽阔的林地，是专门开辟出来的“囊哨”场所。每年春节，寨子里的山歌往往从那里发端，然后在一年中绵延不绝。

当新年的第一缕阳光洒向山寨的时候，首先映红的是青年男女的脸。因为整个正月，他们都不用干活，而是专心“囊哨”。布依话“囊”是坐的意思，“哨”是小姑娘，引申出来就是谈恋爱的意思。一般每一个寨子，“囊哨”都有个专门的去处，或一个山坡、一片树林，或一处河湾、一片开阔的草地，开辟成“恋爱角”后，年年都在那里聚会。正月初三过后，亲戚走完了，男士成群结队，女士相邀搭伴，穿上最漂亮的衣服，纷纷汇聚“恋爱角”，寻找意中人。

相会之初，彼此距离都很远。男士们当然要主动啦，他们随手摘下一片树叶，吹起山歌曲调，召唤本村和附近村寨的阿妹们。吹木叶是布依族男青年“囊哨”必备的基本功，这有些难度，从小就要训练。一片小小木叶，可以吹出各种山歌调子，高亢而优美，兼有发信号和欣赏的双重功能。

看到阿妹们从家门、寨口、竹林下一个个地冒出来了，这时就扯开嗓子，长长地呼出一声超高八度的“欧——！”声震山野，回音四荡。那边的人就停下脚步，慢慢转过身来，聚成一堆。在男士的阵阵木叶声中，阿妹们也就亮开嗓子，唱起山歌来。

开始是群体对唱，慢慢地，双方在歌声中渐渐走近，相距几十米停住，阿妹们在小花伞的半遮半掩中娇羞地笑。这时候，双方队伍里都会推推搡搡，推出一个人来打头阵，单打独斗对唱山歌。被推出来的人，又因为胆怯或者害羞，拼命地往回钻，背后的人就死死地将他（她）抵住，因此人堆里总会爆发出笑声。

要不了多久，早已相识的情侣，或是临时相互看中的双方，就会在歌声中慢慢走到一边，然后再慢慢地离开人群，到一个僻静的角落，或树下，或竹林，或溪边，单个互诉衷肠。男女单独相处的时候，也有继续唱歌的，但多数是说话，声音越来越小，越来越小，最后变成了喁喁私语。

布依青年在“囊哨”过程中，其实说的不一定都是情话，唱的不一定都是情歌。比如有一种叫作“谷弯”的谈心方式，其实是布依族的叙事长诗，内容有诉说生活贫穷的，有感叹命运多舛的，有议论孤儿寡母可怜的等，内容十分丰富。这些话题，都是代代口传下来，有的长达几个小时。说到动情处，男女双方泪流满面也毫不稀奇。“囊哨”达到这样的效果，双方以后的感情发展也就可以想见了。

布依青年寻找意中人，除了身强力壮、人品端正，重要的还有唱山歌。山歌是布依族男女相识、相知的媒介，在歌场上，有什么话要说、要问，都要通过山歌来完成，如果你跑上前去，对一个阿妹说：“请问小妹贵姓，家在哪里？”那你一定没戏了。所以不会唱山歌的人，其实是失去了自由恋爱的好机会，难以找到好对象。也因为如此，布依青年几乎没有不会吹木叶、弹三弦、吹嘞优、唱山歌的，其中的佼佼者，男士得到赠送的绣花鞋垫无以计数，女士所到之处，无异于今天受到追捧的明星超女。

在正月里“囔哨”的方式，还有丢花包。花包是姑娘们用布缝成的二十厘米见方的布包，里面装稻谷糠，上面绣花，四角有彩色丝线流苏。男女双方对阵，被看中了的话，阿妹会用花包“打”你，你接了可以还击，也可以丢给你看中的其他姑娘。如果对方不接或者接了不再丢回来给你，那么你多数就没指望了。这有些像电视里的“玫瑰之约”，均是自由双向选择。但花包在传情达意中，可以做到不著一言，就把内心的想法清清楚楚地表达。这样的羞涩婉转，远远胜过“玫瑰之约”赤裸裸的当面对话，即使被拒绝了也不至于难堪。

布依山歌对唱，最为壮观、热闹，而最让人振奋的是男女青年的集体对歌，这其实就是打擂台。

他们相互邀约好后，看中了寨子里的哪一家，就派代表上门联系，恳求主人家开辟堂屋作对歌堂。主人家除了提供场地，还要免费提供茶水、消夜。歌堂落实后，男女青年们如约陆续到来，同时来的，还有全寨的男女老少。他们既是忠实的听众和粉丝，也是庞大的亲友团。这样的歌会，其实就是在开办民间音乐会，孩子们来看热闹，老人们在这里回忆自己的青春岁月。

按照规矩，前面三首歌是唱给主人家的，内容均为感激之情，以此对他家的热情招待表示感谢。之后转入正题——山歌对唱。

布依歌谣种类很多，有唱布依族民间传说的古史歌、故事歌，唱父母恩情的忆恩歌，唱人生悲惨遭遇的鳏寡歌、孤儿歌，唱建房造屋时的建房歌，丧葬时的登仙歌，还有相互问答的盘歌、较量智慧的猜歌等，情歌只是其中的一部分。

按照爱情发展的顺序，布依情歌又分为初识歌、试探歌、赞美歌、相会歌、盟誓歌、送别歌，还有苦情歌、逃婚歌等。总之，男女列阵对歌，需要展示的是综合实力，这就不仅仅限于谈情说爱的内容。当然，还是情歌唱起来最有味，最能吸引听众。

初识歌如

好久不走这方来，
这方凉水起青苔。
扒开青苔吃凉水，
不为情妹郎不来。

赞美歌如

情妹长得像朵花，
一晚能纺三斤纱。
两天织得九丈布，
怎样叫我不爱她！

送别歌如

送郎送到大桥头，
桥脚河水向东流。

男方回唱

生不丢来死不丢，
除非蚂蟥生骨头，

劝哥莫学桥下水，
水流东海不回头。

除非白岩生菌子，
白岩生菌哥才丢。

这些歌词，善用比兴手法，明白晓畅，情真意切，可谓布依情歌的精品。

夜幕低垂，灯火通明，满屋生辉。青年男女两支队伍，少则各五六人，多则各十几人甚至几十人，分坐堂屋两端。一般是一人领唱，众人附和，也有双方推出本队高手单独过招的，主要用以展示个人实力。领唱的自然是本队的佼佼者，不但声音优美，歌路广阔，而且反应灵敏。因为山歌对唱不仅仅是爱情歌，还有其他很多内容，有时候对方唱过来，一时间答不上，现编现唱也是常常需要的。真要回不过去，现场观众就会起哄，对方也会唱山歌善意挖苦一番。这时候，寻找意中人已经不是主要任务，而是捍卫本队的荣誉了。如果阿妹们来自外地，而本寨的男士们对不上、唱不赢，全寨子都会大失面子。而且肯定会很快传出去，四乡八里的乡亲就会说："某某寨子的小伙子们没出息，对歌对输了。"

由于事关重大，在对歌之前，双方往往都要认真准备，精心策划，歌场一开，无不全力以赴。那场面，有时紧张到惊心动魄。这样的对歌，废寝忘食、满身流汗是常事，要是双方旗鼓相当，一场对歌可通宵达旦，甚至长达一两天。所以，布依寨子的男女青年对歌，不仅仅是智力的较量，有时还是体力、毅力的角逐……

因为有了山歌，再苦再累再贫穷，欢乐总是不缺少；因为有了山歌，布依乡村的生活在历史的长河中，总是波翻浪涌、生生不息……

如今，我走出故乡已经很多年了，那炊烟袅袅的村庄，那光滑的石板路、长满青苔的石寨门，以及优美而深情的布依山歌，总是令我难以忘怀。这么多年来，故乡已经发生了很大变化，但是无论如何变化，只要山歌还在，"乡村音乐会"还在，布依山村就会活色生香，处处显得生机勃勃……

（选自《金都散文集》）

二、布依族艺术

音乐、舞蹈　布依族能歌善舞，爱好音乐、舞蹈。长期流传于县内布依族中的音乐有：布依族唢呐调、八音、铜鼓十二调、姊妹箫调、木叶调、勒尤调、戏剧音乐等乐曲；舞蹈主要有舞龙、高台舞狮、铜鼓舞。

中华人民共和国成立后，尤其1991年后，县内布依族音乐爱好者创作了《三月三》《纺织谣》《飞楞飞》《酒歌》等布依族新歌曲；编排《纺织舞》《打糍粑舞》《扒肩舞》《糠包舞》《刷把舞》《饰韵》《捶布舞》等舞蹈。

三、布依族主要工艺

纺织　布依族勤劳智慧，以前适宜种植棉花地方的布依族都自己种棉花来纺线织布，不产棉花地方的布依族到外地买棉花或棉线来织布。从棉花到织布，全系手工操作，不但具有较高的工艺水平，而且织出的土布质量好、经久耐穿、图案和花纹美观大方。2000年以后，随着社会的发展，布依人在传承传统纺织工艺基础上，利用机械和电力进行纺织。

如必克村个别户从外地引进电动织布机来织布，白层镇纳笑村、挽澜乡坡齐村等一些布依族妇女到县城开办纺织坊，从事纺织业。布依族织的土布，销路越来越广，远销海内外，县内有不少其他民族也穿布依服饰。

印染 布依族不但能自己种棉纺线织布，还能染布。染料主要用土靛，石灰、酒等。采用平板染、蜡染、扎花染方法，染出青、蓝、灰等色彩艳丽的各色土布。县内长田、小屯乡是土靛的产地，县城、北盘江、长田、者相、龙场、头猫等市场都有卖土靛的街（点）。全县布依妇女有 50%都会染土布。珉谷镇纳么村、前一村（纳利、顶江）有些布依人家从事染布业，有染布作坊，将印染作为经济收入的主要来源。

木雕、石雕 县内布依族讲究石木工艺，以前布依族住房的吊瓜、门包、窗户，堂屋的神龛上常雕刻各种花纹。日常用的春凳、架子床、桌椅、神灯多有木雕，在墓碑上雕狮子、花草等图案。大的布依村寨都有石木雕刻艺人，布依族石木艺人层出不穷。2000 年后，有的布依石木艺人、工匠还到县城或外地开石木雕作坊，弃农从事装修房屋、石雕、石刻行业。

唢呐制作 以前，县内有不少布依寨都有工匠制作唢呐，有的还将唢呐拿到市场上出售。1991 年后，县内制作唢呐的布依族匠人越来越少，仅有北盘江镇金井村、鲁贡镇者冗村有制作唢呐匠人，在市场上很难有唢呐出售。

银首饰加工 布依族银饰加工历史悠久，珉谷镇巧贯布依寨有肖氏银匠世家。加工银首饰的种类较多，常见的有手圈、银玲等。中华人民共和国成立后，随着国家民族政策的落实，为扶持布依族银饰加工业，满足布依族消费者需求，县民族、商业部门安排县城百货公司后院两间房屋作银饰加工作坊，为巧贯寨肖氏银匠进城从事布依银首饰加工业提供了条件，方便了消费者。

竹编 竹编工艺是布依族传统工艺之一。日常用的竹编用具有：囤箩、背箩、撮箕、提篮、篾帽（斗笠）、鸟笼等。其中鸟笼款式新颖，做工精细，鸟笼门边刻的花鸟、龙凤等图案非常精美。挽澜乡坝木村，珉谷镇前一村、坡生村，小屯乡纳央村匠人制作的鸟笼远销广州、南宁、贵阳、遵义、兴义等地。

剪纸 布依族在日常生活中使用较广。妇女服装围腰花、鞋尖花，吊丧的花幡旗伞、钱罗引吊等都是布依族艺人所剪。其图案形状多种多样，造型美观。

第五章 苗 族

苗族是中国人口较多的古老民族之一。苗族与其他民族共同推动社会的进步发展，创造了中华文明。在中华人民共和国成立以前，苗族和其他少数民族一样受到统治阶级的歧视和压迫，过着饥寒交迫、颠沛流离的生活，是一个经常被迫迁徙的民族。贞丰县境内的苗族多数迫于生存，于清嘉庆二年（1797）开始，陆续从黔东南和云南迁徙到贞丰居住。

第一节　族源　族称

一、族源

苗族族源，曾有“九黎”“三苗”“南蛮”“贵州土著”等，众说纷纭，据论各异。考其史料，“南蛮”和“贵州土著”等之说只是“流”而不是“源”，苗族的族源当追溯到远古的“九黎”和“三苗”。苗族源于“九黎”“三苗”。

根据苗族古歌相传，苗族先民曾在陕西和山西，后来向黄河下游和长江中下游迁徙，逐渐发展成部落联盟——“九黎”“九黎”的首领叫蚩尤。《国策·楚语》注释中说“九黎，蚩尤之徙也”。在“九黎”的发展时期，黄河上游以黄帝为首的另一部落日益强大，打败了邻近的炎帝部落，黄帝部落与炎帝部落融为华夏民族的最先主体，他们向东发展受到“九黎”所阻，经多年征战，“九黎”战败，一部分融入华夏，一部分迁徙南下，退居长江中下游，与其他一些部落会合，发展成“三苗”部落，部落首领叫“驩兜”。现在，黔东方言的苗族有的自称“嘎兜”，凯里市五里桥桥角冲的侗族称苗族为“嘎动”。“嘎兜”和“嘎动”是“驩兜”的谐音。

“三苗”部落人多，居住在洞庭湖、鄱阳湖和衡山一带，发展很快。尧、舜、禹三代以“苗氏不服”为借口，起兵攻“三苗”“三苗”战败，被驱赶到南方深山老林，称其后裔为“南蛮”。春秋战国时期，七雄之一的楚国，其主体居民就是“三苗”之后。在历史发展中，苗族先民由部落人沦为历代奴隶制王朝的奴隶，另一部分迁徙到古黔中地，今川东南、湘西、黔东一带居住。而今各地苗族都认为祖先是尤公。

二、族称

中华人民共和国成立以前，苗族有自称和他称两种。

苗族自称　苗族语言比较复杂，生活在各地的苗族一般都用各地方言。操不同方言的苗族对自己族称也不同，东部方言的苗族自称“果雄”；中部方言的苗族自称“瑁”或“嘎闹”；西部方言的苗族自称“蒙”。尽管方言不同，自称不同，却是同源，同属一个民族。贞丰县苗族多属中部方言（黔东方言），历来自称“瑁”，也有少数属西部方言，自称“蒙”。

苗族他称　苗族的他称随着时代的发展，曾发生过几次变化。远古称“九黎”“三苗”，秦汉后称“蛮”或“盘瓠蛮”，唐宋始称“苗”。那时的苗泛指南方所有的少数民族，不单指现在的苗族。明、清才把其他一些少数民族区分，例如把布依族称为“仲家苗”，把水族称为“水家苗”，把侗族称为“峒家苗”，仡佬族称为“仡佬苗”等。由于苗族居住分散，各地苗族的语言和服饰都有差异。中华民国时期，曾根据语言和服饰把苗族分称为长裙苗、短裙苗、红苗、黑苗、白苗、麻布苗、歪梳苗、花苗等。中华人民共和国成立后，根据大多数苗族人民的意愿，统称为“苗族”。

第二节　语言文字

一、语言

苗族居住分散，居住各地的苗族一般都有自各不同的方言，比较复杂。据 1956 年中国社会科学院少数民族调查第二工作队调查，苗族语言分为东部方言（湘西方言）、中部方言（黔东方言）、西部方言（川、黔、滇方言）三种。尽管各地方语言不同，但却是同源。

贞丰县苗族大多数由于生活所迫和为躲避统治阶级的镇压，1797 年后，陆续从黔东南迁徙到贞丰居住，此外，还有从云南省小槽迁移到珉谷镇下烟山、烂泥箐、核桃村，长田乡沙厂，平街乡辣子地等村寨的苗族，属川黔滇方言。因此，贞丰县苗族大多数属中部方言（黔东方言），少数属西部方言和川黔滇方言。苗族方言是苗族交流的重要形式。在中华人民共和国成立以前，有部分苗族只会苗族语，不懂汉语，尤其是妇女和儿童会说汉语的不多。中华人民共和国成立后，随着社会的发展及《中华人民共和国民族区域自治法》（以下简称《民族区域自治法》）的颁布实施，尤其是 20 世纪 90 年代普及教育和扫除青壮年文盲工作的开展，进入 21 世纪后，大多数苗族在使用苗族语言的同时，能说汉话、熟悉汉语。与布依族村寨相邻或杂居的苗族，经常与布依族来往和交流，有不少苗族会布依族语言。有的青少年还在学校和外出工作时学会英语等外国语言。

二、文字

苗族在历史上曾经创造本民族的文字，但由于经常迁徙，没有创造成功。1956 年，中国社会科学院、中央民族学院同有关省、自治区组成民族语言调研组赴湖南省、云南省、贵州省、广东省和广西壮族自治区调研后，利用拉丁字母创造了黔东方言、湘西方言和川黔滇方言苗文，在各地苗族中试行推广。1982 年，贞丰县民族部门曾举办 3 期苗文师资培训班，培养苗文教师和骨干，准备推广苗文。后来由于苗文的推广应用工作没有长期坚持，到 21 世纪基本失传，只有极少数苗族还记得基本的知识。2010 年，县委、县政府要求全县各单位门牌都同时用汉文、布依文和苗文。

第三节　人口分布及居住环境

一、人口分布

贞丰县苗族大部分居住在水源条件较好、地势较平坦的田坝地区。据 2010 年调查统计，全县苗族聚居的自然村寨有 62 个，苗族与布依族杂居的有 18 个村寨，苗族与汉族杂居的有 89 个村寨，苗族、布依族、汉族杂居的有 49 个村寨。人口最多的苗族自然村寨是珉谷镇左旗寨子，共有 336 户、1483 人，其次是者相镇新寨，有 211 户、948 人。全县 13 个乡镇中 10 个乡镇有苗族居住，苗族总人口 30853 人，其中珉谷镇 9361 人，龙场镇 6795 人，者相镇 5632 人，挽澜乡 5069 人，白层镇 1026 人，连环乡 1219 人，小屯乡 711 人，北盘江 353 人，平街乡 596 人，长田乡 48 人。鲁贡、鲁容、沙坪 3 个乡镇没有苗族村寨，但有苗族 13 户 43 人。

二、居住环境

贞丰县苗族大多数住在田坝，少数住山坡上或河谷旁，一般聚族而居，多则百余户，少则有五六户。中华人民共和国成立前，苗族住宅较为简陋，住茅草屋和落地棚较多。中华人民共和国成立后，苗族经济有了很大发展，住房条件逐渐改善，很多人家建起木结构的瓦房，一般为三间，中间为中堂，供进膳、待客和供奉祖宗，其余两间为房间（卧室）。1991 年后，随着贞丰社会经济的发展，苗族陆续修建砖混结构的楼房，到 21 世纪基本上没有茅草房和落地棚。居住条件明显改善，住房与县内汉族、布依族没有多大差别。

三、左旗苗寨

左旗苗寨位于县城西郊的山脚，2010 年年末，有 336 户 1483 人，是贞丰县最大的苗寨，苗族人口占全寨人口 96%以上，村寨后的山上绿树成林，古木参天，民房依山而筑，沿公路而建，错落有致，风景秀丽，气候宜人，土地肥沃，村民勤劳，物产丰富，人杰地灵。中华人民共和国成立后，左旗苗寨人才辈出，杨昌贵历任县人民政府副县长、县人大常委会副主任和县苗学会会长，杨昌俊任县政协副主席，杨盛明任贵州铝厂工程公司党委书记，杨俊任贞丰县检察院副检察长，杨正武任龙场镇人大主席团主席；2003 年，苗族姑娘田景芬被选拔为黔西南州苗族形象大使和黔西南州电视台苗语播音员。

左旗苗寨苗族同胞热情好客，性格开朗，豪爽大方，能歌善舞。当苗族节日和村寨人户办红白喜事时，常常有成群结队的男女对唱山歌、古歌，跳板凳舞、芦笙舞等民间舞蹈，苗族风情浓郁。尤其是苗族“二月二”走亲节最有特色，引起县委、县政府和有关部门的关注和重视。

为挖掘和弘扬苗族文化，展示苗族风情。2009 年，在县委、县政府的支持下，贞丰县苗学会于农历二月初二在左旗苗寨举办贞丰县首届苗族“二月二”走亲节，黔东南州黄平县苗族代表和黔西南州苗学会及安龙县、兴仁县苗族代表会集左旗苗寨，共度“二月二”苗族走亲节。贞丰县首届苗族“二月二”走亲节活动产生很大影响。2010 年 3 月 17 日（农历二月初二），贞丰县举办苗族“二月二”走亲节，历任贵州省人民政府省长、全国人大常委会民族工作委员会主任、贵州省苗学会名誉会长王朝文，历任中共贵州省委常委、贵州省军区政委、贵州省苗学会会长杨光林等，应邀到左旗苗寨出席“二月二”走亲节，黔东南州黄平、凯里、施秉、雷山、台江和本州的安龙、兴仁等县（市）苗族代表也前来左旗共度佳节。

左旗“二月二”苗族走亲节活动内容丰富多彩，除进行苗族传统的走亲活动外，还举行苗族歌舞表演、服饰展示等。来自各地的苗族代表队分别表演苗族飞歌、大地飞歌、牵手走苗寨、板凳舞、芦笙舞等文艺节目。

第四节　经济状况

1995年以前，县内苗族农民经济收入主要靠种水稻、玉米、小麦、油菜、蔬菜等农作物。1995年后，随着改革开放的深入，市场经济建设的发展，苗族农民与时俱进，根据市场需求发展农产商品，除种植传统农作物外，还因地制宜地发展特色农产品。者相镇纳窝一带苗族群众利用水源条件饲养商品鹅上万羽；珉谷镇纳马村苗族群众根据本地自然条件种植商品蔬菜（早苞谷、早瓜豆等）上千亩供应县城，既解决县城的菜篮子问题，又增加了经济收入；挽澜乡苗族农户种植脱毒马铃薯几百亩出售县内外，提高耕地经济效益。

1995年后，不少苗族中青年在县人力资源中心组织下，到广东、浙江一带打工，一些中青年在本地从事运输、建筑、饮食服务业。珉谷镇塔山村被征地农民在新汽车站附近摆摊、开饮食店。2000年后，苗族农民外出务工、经商、搞运输等收入占全年收入60%以上。一些外出务工苗族学到一技之长后，回乡创业，成为乡土人才。珉谷镇左旗村和纳马村有的苗族青壮年在外务工学到食用菌、蘑菇栽培技术后，回来创办了食用菌、蘑菇栽培园等。

苗族的经济状况同其他兄弟民族一样，收入逐年增加，越来越好。

第五节　习　俗

一、服饰

贞丰县苗族主要有黔东方言黄平苗族服饰，黔东方言台江土语苗族服饰和川、黔、滇方言苗族服饰，因方言的差异主要有三种服饰。

苗族男装较简单。过去老年男性头包青色棉布帕，上身穿青色对襟布纽扣长衫，腰系青色宽腰带，下身穿青色或蓝色直筒裤，脚穿布鞋。中青年上身穿青、蓝色对襟布纽扣短衣。中华人民共和国成立后，大多数中青年男性衣着与汉族等相同，与时俱进。

苗族女装虽繁复但很美丽。贞丰境内黔东方言黄平土语苗族服饰、黔东方言台江土语苗族服饰和川黔滇方言苗族服饰在用料、色彩等方面都有差异，各有特色。因不断融合、同化，贞丰黔东方言黄平土语和台江土语女装差异不大。

黔东方言苗族女装以棉布染成深紫和青色作底，在衣领、胸部后衣片等处的绣花边沿上分别镶红、绿、蓝等色绸缎作装饰，其中蓝绸缎较宽些，在衣片、衣袖、胸部等处再嵌上绣有龙凤或几何图案等的绣片。老年妇女的后衣片不绣花，上衣大领无纽扣，系织花带于背后。下身着百褶长裙，裙脚织红、黄、绿等色花边，前后各系青色刺绣围片。头包青色头帕，头帕分内外层，内层用三角形头帕包住长发，外层用四方形头帕包成椭圆形，并有丝络、刺绣等吊其四周，双耳均佩戴大耳环或扭丝耳环。头右髻插银头片，青年妇女和姑娘还在头上佩戴5颗40厘米长的银链，银链连接银蝴蝶插头上，再戴银项圈、银手镯等银饰品。苗族的背带、童帽精美，背带布满绣花、挑花和织花，色彩鲜艳，做工精细。童帽有猫头帽、虎头帽、瓦房帽等。帽上绣有花纹图案，并钉有“十八罗汉”，边上吊有铃铛丝络等，很美丽。操西部方言的苗族因分方言和土语区，服饰较复杂，服饰使用编织和刺绣、蜡染等技艺。女装上衣前胸开襟、无扣、衣短齐腰，红布作高领，下衣用细白麻布做成百褶裙，裙脚下沿边镶6厘米宽的红布，头顶包红色粗毛帕，在衣裙相连的腰间系飘带，围腰系于上身前，飘带束于身后，飘带头还缀细瓷珠，银链等。西部方言区另一服饰是发束于头顶，包大盘青帕，盘帕的外圈套一绣花带，下沿缀满6厘米长的细米瓷，串珠下端吊银铃、银刀等银饰，耳吊细耳环、上衣右开襟，用花边装饰托肩和袖口及衣领，下身系裙，裙有的用蜡染布料缝制，有的用白线青线织格子布制作。

苗族女装结构工序复杂，制作费工时，尤其是青年女装制作几个月甚至一年才完成一套。随着时代的进步，苗族服饰与时俱进，女装越来越靓丽。

二、饮食

境内苗族主食大米、苞谷、小麦等。20世纪前，苗族蒸饭用两木甑，农忙时，清早蒸好，可食一天。此外，还常用铁锅、鼎罐焖饭。菜肴方面，喜食辣、酸二味。煮面食常放韭菜。食牛、狗、鱼肉，吃牛肉、狗肉必加花椒。苗族普遍嗜酸，每家均自制酸菜，除细酸菜外，还有酸辣面、酸笋子、酸辣子。豆豉、霉豆腐、魔芋豆腐、腊肉、香肠、血豆腐、干巴菜、糟肉等，亦是苗族群众喜食之肴。贞丰苗族喜食糯食，逢年过节，走亲访友，婚娶等均少不了糯米粑，种类有糍粑、油粽粑、糯苞谷粑等。

贞丰苗族以酒为贵，几乎户户酿酒。酒类有烧酒、甜酒、药酒等，节日、婚丧、待客均以酒款待。狗肉、鸡肉稀饭，是苗族特色食品。

三、婚姻

苗族婚姻须经过择偶、说亲、定亲和结婚等过程。

择偶　苗族青年通过公开社交活动相识相恋称为“游方”（旧称“摇马郎”），贞丰苗族沿袭这一传统习惯初步选择配偶。第二阶段是交换信物，订立婚约。

择偶标准　姑娘选择配偶一般为勤劳勇敢，家境较好，身体健康，懂礼貌。男青年选姑娘标准是善良，能操持家务，会绣花、织布、缝衣等。苗族一般都是异姓通婚，同姓不同宗的也可通婚。

说亲　苗语称 hnait nibe，直译是“说媳妇”。男女双方“游方”后，直接或间接告知父母，由男方请媒提亲。提亲用两包糖（重50克），一包给媒人，一包由煤人带到女方家。女方家若认可便说：“缓后再说，希望往后多走。”收下礼物。若不同意则道：“我家姑娘还小，还不懂事，等几年再说。”将糖交媒人带回。若女方家同意，隔不多久，男方家再买一包糖请媒人第二次去试探。若无变化，算提成亲，双方协商订婚事宜。接着男方找人择吉日，宰鸡宴请媒人、族亲等到女方家协商婚事。宴席上人们轮流看鸡眼、鸡舌，若两支鸡眼大小相等，晶状体平滑、清亮，鸡舌根软骨对称，弯曲一致，认为是好兆头，婚姻幸福美满。定下吉日，再请媒人带领二至三人带上 10 千克红糖、杂糖若干封（封数按女方至亲每户一封定）到女方家，主人只留下 10 千克红糖，一封杂糖，其余分送至亲家族中，表明姑娘已许配。

定亲　吉日，男方备猪肉 5 千克，公鸡 1 只，大米 1 斗 2 升，鸭 4 只，彩礼若干，前往女方家定亲。主人邀三亲六戚陪客共餐，当众交接点清彩礼，算是正式订亲。

接亲　苗语称“seik nieeb”（审妮），意为接亲。苗族接亲常在秋收后举行。接亲日，双方备办酒席，女方家在前一天办，男方家第二天办。接亲时，男方家备 1 只公鸡、12 个红蛋，请 3 个小伙子带到女方家去接亲。这 3 个小伙苗语称：“knat dad nieeb”（卡答涅），意为“接亲客”。3 个小伙各有任务，去时提鸡者，回来时负责挑女方家打发的糯米饭；提红蛋者，负责背衣服（共两套，一套是向儿孙满堂的老人借来配样的素装，一套是新娘的新衣，供过门时穿）；空手者，负责挑女方家打发的一块猪肉（2 千克至 3 千克）和一只开叫公鸡。

接亲客走近女方家时，两位老年妇女斟酒献茶，一一喝完后方能进门。祭祖毕，设宴于中堂，女方舅父坐上席，酒过三巡，新娘的舅父拿出直径 3 厘米、长 70 至 100 厘米，刻有尺度的竹棒给席上人传看。舅父对众解释刻度的含意道：“Nix diangb bieeb bai li-angl，xix gheib bieed bat dail，niangx kab bieeb bat bangl，dial dias dot wieed，dial hxat niangb hsab……”，意为“礼金三百两（银子），鸡鸭三百只，牛角（代表牛数）三百对，富者找到妻子，贫者在旁观看……”反复说明索要的礼金很少，合情合理。接亲长者一再说明礼金太多，要求减少。达成协议后，舅父请一老人破竹为两半，男女方各存一半，作为结婚证据。代表男方的长老，拿出 4 封红包，分别酬谢舅父、新娘父母、刻竹标和破竹者。苗语称此仪式为“Buk daok”（音译“补岛”，直译“开豆”），意为“给双方发结婚证件”。一切谈妥，补齐礼金，老人散席。轮到三位迎亲客入席，姑娘们前来索要腰带帕（两条青色腰带、一个网袋，捆装新娘衣裙用），以对歌方式进行。迎亲客输了，乖乖地交出，姑娘输了，转请年长者好言乞求。当姑娘索要的腰帕、网袋到手后，乘机用锅烟涂抹迎亲客的脸部，围观众人欢呼雀跃。席后，三位青年被引到异姓人家住宿。姑娘端来的洗脚水里加入紫、蓝色染料，青年的脚被染得乌黑，逗得众人大笑，取乐一番，才换清水洗脚。

礼金　男方交付的彩礼有银饰、鸡、鸭、酒、米和小菜钱等项。银饰包括项圈 5 个，银手镯 5 对（纯银），银链 5 根、银插片 5 块，银泡块 64 枚。鸡 1 只、鸭 6 只、米 5 斗（60 千克），酒 5 锅（约 25 千克），猪肉两块（2~3 千克），小菜钱 10 元至 20 元等。2005 年后，还增加皮鞋、金银首饰、糯米 1 斗 2 升，鲜猪肚一个等。彩礼由女方舅父点收。

发亲　次日清晨，女方家设宴招待接亲客、送亲客（新娘的女友 5 人至 30 人）后，打发接亲客起程。用一只公鸡配一块 3 千克猪肉组成一挑交接亲领队挑上，另一挑糯米饭交给一位青年挑，再请一青年背上新娘礼服、雨伞出门，两位老年妇女站立大门两侧斟酒敬茶送行。忌讳未饮敬酒者参与送行。路过第一条小沟时，挑糯米饭者停留沟边；稍许，一位老太太手端一个甑盖托着一碗糯米、一碗肉赶来送行，并对挑糯米饭的青年说“Dinged gad fen gad halt defang gad jingo gad hired”，意为“还回分家饭，兄弟姐妹各自成家立业，大家都荣华富贵。”小伙听后抓三小撮糯米饭放在甑盖上的碗里，从肉碗里抓回几片肉；然后，老太太端回女方家去。老太太一路上抓糯米饭和肉分给路旁小孩，只留少许回供女方家神。小伙挑着担子赶上接亲队，路上将糯米饭分给放牛或玩要的小孩吃。

新娘进屋后，由两位姑娘接下新娘衣服、雨伞，并扶新娘背靠左侧中柱，侧身而坐。祭祖时，新郎烧香、磕头。拜堂结束，新娘和伴娘在堂中就餐。

开柜 陪嫁姑娘的一张柜子里，装着毛线衣、毯子、枕头、枕巾、背绣、被子、垫单等物。女方家专门请两个青年抬到男方家，柜子钥匙由两人保管。男方主人急于开柜取出展示，请两位老太索钥匙开锁，索要钥匙时先进行对歌赛，对歌时柜子四角各摆一碗酒，谁唱走了调，就被罚酒。开柜仪式完毕，客人方能入席就餐。

寻红蛋 新娘床铺一般要请一老年妇女铺就。铺床时，老太太把 4 个红蛋藏于床角，铺好后由 4 个小孩进去找红蛋，众人围观。

新娘挑水 新娘拜过堂吃完饭后，由新郎家安排族中姑娘领新娘去井边挑水，挑近大门时，新娘上前走三步，由男方家安排姑娘接担子进屋。

回门 苗族新婚时，新郎和新娘不同房，路程近的，当天就回娘家，路程远的，新娘由伴娘陪同宿一至两夜后方回娘家，苗族称此为“回门”。回门时新郎家备一只公鸡，一只公鸭，一块猪肉，10 千克至 15 千克米，一绺红丝线，10 元至 20 元钱，盐巴适量，仍由前去接亲的三个小伙作陪送新娘回娘家。新郎家又组织 5~7 位老人，携带 15 千克大米，猪肉 2~3 千克，鸡、鸭各一只，跟着“回门”队伍，遥遥护送，确保新娘途中安全。三个青年人挑的礼物先往新娘家房屋下面的一异姓人家，几个老人挑的直接送到女方家，作晚餐和消夜之用。第二天清晨，姑娘们催促三个青年起床煮饭做菜。煮饭时，姑娘们有意揭开甑盖、折火，让饭难以煮熟，乘机讥笑。饭菜做好后，举行祭祖，接亲时挑糯米饭的青年站在供桌旁朗诵长篇叙事诗，苗族称此诗为“HaCk nix dab”（霞略达），全诗长达 277 句。此仪式苗语叫“Xix dab”（略达），意为“追悼、祭祀”。姑娘站在旁边监督，若朗诵错了，可用小竹棒打，若监督不严，桌上的肉被小孩偷吃一片，就可结束朗诵。进餐结束，小伙子用红丝线向姑娘赎回腰带，姑娘将丝线分给众人。午饭后，女方家拿出一个酒缸盛 1 千克酒，加上一对小酒杯送给小伙们供在归途中饮用。青年走后，女方家备一块 2 千克至 3 千克猪肉，一只鸭、一壶酒，请人挑着护送舅父回家，一桩婚事就此结束。

接新媳妇 婚后次年农历二月初二前，新郎的母亲邀一妇女为伴，携带一只鸡，一包糖前去接儿媳，无论路程远近，须住一宿。次日，新媳妇收拾行装随婆婆到丈夫家去。但一般只住三至五天又返回娘家，该年秋天再被接去帮助收割。部分富裕人家，农历二月初二邀五六个亲戚，备一只鸡、一块肉及糖果等，主动将姑娘送到男方家去。男方厚礼相待，家族叔伯兄弟也轮流请去做客，款待数日，方返回。如此往返一、二年，新媳妇才长期住在夫家，正式成家。

领婚　由男方秘密地将姑娘领到家成婚。苗语称“Yell nieCe”（叶涅），意为“领媳妇”。领婚都是男情女愿建立的家庭，幸福美满，离婚现象极少。领婚一般在晚上或姑娘外出赶场、做客等时候进行。事前男女定妥时间地点。领婚途中，不能随意到苗寨借宿，万一借宿，得先杀一只公鸡给主人家“挂红”。领婚成亲的当晚，夫妻即可同居。婚后八天之内，男方须请两人前去向女方家长言明领婚一事，尽力从中疏通，使女方家长承认这桩既成事实的婚事。应允后，男方备6只鸭、1只公鸡、25千克猪肉、40千克酒、60千克米、5圈项圈、5对手圈、5根银链，蝴蝶银片、银插钩各一，62个银泡，分一次或两次送到女方家。回门、办酒等与正常婚姻相同。领婚，往往事中受阻，有的一次不成，领二次，个别历经三次才成功。近年来，领婚成亲者较多。

上门　苗语称“jig jig”（娶己），意为招婿上门。上门也须经说亲、定亲、交礼金、举行婚礼等程序。对上门婚姻，苗族历来都是一视同仁，排挤打击上门女婿的个别家族，会受到社会舆论的谴责。

苗族婚姻，耗资较大。近年来，从订婚到结婚，一般要花费上万元。婚后，每逢春节和六月六，男方必须去外家拜年，苗语称“Khueed jud hib”（客局西）。拜年礼物除了粑粑数量多达150个（每个重200克左右）外，还要搭上腊肉一块（4千克），鸡1只等礼物。如此连续三年后才逐渐减少礼物数量。

离婚　苗族中亦有少数离婚者。历史上，苗族离婚方式有二：一是年轻人要求离婚，双方老人通过协商，退还一定礼物后，解除婚姻。往往是“男人不愿丢金钱，女人不愿丢财物”。另一种是，各奔一方，互不干涉，多半是女方不告而辞，远走他乡。1991年后，都是通过法律程序离婚。

半坡寨苗民的婚姻　半坡寨苗民也是通过自由择偶成婚，程序不太复杂。男女青年相识后，告知其父母，男方由父母请一男性媒人（不带任何东西）到女方家去说亲。隔一段时间，媒人再次空手到女方家讨取姑娘的生辰八字，男方找“八字先生”按姑娘的生辰择定吉日，确定婚期，托人告知女方。婚日，男女双方自备酒席，男方另请一媒与原媒做伴，请两个接亲客和新郎以及一个陪郎共6人去接亲，不带任何礼物。次日，新娘与接亲队一道步行到男方家，伴送新娘的有族中一大伯、新娘的哥嫂和姑爹等四个。若嫁妆多，则多找人送达男方家。新郎家安排亲友向送亲客，连敬两杯酒。新娘进门之日，男方家备办酒席。第二天，送亲客离去，新娘留下与新郎同房。三天后夫妇带上简单礼品一道“回门”。近者，只吃一顿饭，远者只住一夜，夫妻返回，共同生活，成家立业。

烟山寨苗族婚姻　烟山寨的苗族一般选择龙场天（虎日）和狗场天请两个媒人去说亲。双媒中，主要者称“头媒”，次者称“二媒”。两媒人领着求婚男青年到女方家去求亲。晚上八九点钟走近女家大门口，取出洞箫反复吹奏“开门调”。主人闻声开门问：“你们是何方人？为何半夜叫门？”媒人答：“我们来自远方，路过你们寨子，天已黑不能走路，借主人家宿一夜，明早好上路，望主人开恩！”三人进屋后，媒人把一把伞、一空布袋挂在神龛上。然后宾主坐于堂中，头媒开言：“俗话说，只有请不动的山，没有请不动的人，某家有一青年，已长大成人，今天同我们一道来提你家这朵米花（指姑娘），看你们的意见如何？”说罢，次媒领求婚男青年给家神磕三个头，以表真心。当晚，主人厚礼相待，安排食宿（通常安住楼上）。客人就寝后，全家商议决定，若不同意，于次日清晨待客人下楼，将两碗冷甜酒水递上，表示拒绝。媒人也知其意，忙取东西败兴而走。有的并不甘心，多次前去提亲，女方就会拿牛屎粘在伞上或放进布袋里，表示不许再来纠缠。若是同意，客人起床后，主人立即给客人端洗脸水，忙着备饭待客。成功后的第六天，男方请一位押礼先生和三人至四人陪同，带 5 千克糖、7 千克米、5 千克猪肉到女方家请客，席上把礼金谈妥，告知婚期。古时礼金十二块银圆左右，1991 年后礼金为几千元甚至上万元。

结婚，多选在农历十月、冬月和腊月。结婚前两天，媒人、新郎和押礼先生等带上一只公鸡、一壶酒和 1.5 千克米前去接亲。接亲客到的第二天，女方家办酒。第三天早上发亲时，女方家提一只母鸡放入鸡笼与公鸡配成对挑回男方家，邀请寨上配对夫妻 3 人至 10 桌人送姑娘到男方家，新娘步行。送亲客到达，有两个小伙在村旁敬“双杯酒”，送亲客连住两晚方返回。婚后第三天，新娘、新郎和两个伴娘，带上一壶酒、1.5 千克米同去回门，住上一宿，一道返回。6 天至 12 天后，再由公婆护送新娘回娘家。下年大年初二，女婿带上 1.5 千克米、一壶酒、一块猪肉和按女方家族每户一对粑粑到岳母家拜年，顺便接回新娘。

四、丧葬

贞丰操黔东方言的苗民，丧葬程序大致有：

送终　老人病危，及时通知亲属到来，将病人移到堂屋，亲属日夜守护直至落气，以示送终。

装殓　人逝世后，请一老人拿香、纸到井边取水回来烧热，清洗遗体，男性剃发、净身、更衣（穿衣三件，穿裤两条），衣袋内塞进 5 片银子。女性梳头、净身、剪下头帕吊须，更衣（三件衣服，两条裙子，衣带、裙带不能打结），脚包裹腿，穿好鞋袜。取下耳环，塞 5 片小银于衣袋内。装殓时忌生人挨边，恐人将铁、铜丢入棺里。传说，铜铁在棺内，亡灵永世不能翻身，且受大苦，遭大难，后裔亦同受折磨，贫寒无度。装殓好后，停柩中堂，脚朝大门，停丧期最少一天，最多十二天。

报丧　老人逝世后，丧家安排请人向亲戚报丧，报丧不带任何东西，报丧人至少要喝主人家一杯酒或一口凉水，不能空口离去。

开堂吊丧在出丧前一天举行。吊丧日，丧家杀猪或牛待客。20 世纪 80 年代前，苗族办丧事杀牛不剐皮，将毛刮净，切成大方块煮熟待客，事后把牛角陈列于家神下方祭供，代代相传，不能扔掉。每个吊丧队，都要举行吊丧仪式。女婿吊丧，一般要下猪羊祭。亲戚多的人家，吊丧仪式从早至晚，耗时一天。

开路出丧　出丧日，开路先生在出丧前唱完丧葬古歌，共约 414 句。因各家祖籍不同略有增减。大意是：古代人能返老还童，花开不谢，果熟不落。后来小妖婆、螺蛳公作怪，导致花会谢，果会落，人会死，长命者百岁，短命者只几小时。然后引出死者名称、年龄，引渡亡灵投祖。告慰亡灵，生死天定，无须牵挂，不要流连，不要带着家属的灵魂跟随去，他们还要抚育小辈，赡养老人。嘱咐亡灵归去要与历代亡灵和睦相处，在回归道上，鸡要走在前，亡灵跟后走，莫在途中多停留，路途遥远又艰辛，要经过艰苦跋涉方能到达天界。告知亡灵，天界里有芦笙场、锣鼓场、阎王殿、森逻宫。天界的集市是人赶白天鬼赶夜间，人赶两旁，鬼赶中间等。

先生念完后，用阴刀敲破棺上木炭碗，将一只小鸡踩死抛到大门外。此时，众人将棺移到大门外绑扎，棺上系一只公鸡，孝子引路，唢呐、锣鼓、鞭炮齐鸣，哭声大作，一鼓作气将灵柩抬到安葬地点。

下圹　墓穴挖好后，用雄黄粉在坑底画“富贵双全”字样，经“滚圹”“热圹”后，移灵柩入穴，孝子爬到棺盖上唤死者三声，用后衣摆兜少许泥土于棺盖正中撒下，在左、右、后各挖一锄泥土盖棺，然后走开。众人接着填土垒坟，若死者为男性，在坟前放置生前用的烟杆，坟上放一茶罐和插上长钱纸吊。

入葬后连续三天傍晚，孝子要给新坟送火送饭。第一晚送到坟上，第二晚送至半路，第三晚送到出门后的第一个岔路口。三天后举行“复山”，所有孝子在“复山”这天“脱孝”，孝衣三洗涤、收藏。老人过世三年内，春联只能用黄、绿两色，每年须在“清明”前扫墓。

半坡寨、烟山寨苗民的丧葬　半坡寨苗民的丧葬与操黔东方言苗民的丧葬不同点主要有：灵柩停放方式因姓氏而异：杨姓顺房梁，其他姓不顺房梁。丧礼不吹唢呐，只吹芦笙、敲大鼓。孝子只系麻，不着孝衣、孝帕。出丧不用公鸡站灵柩，不用道士开路念经。“复山”只在坟上添土，不挂纸，清明扫墓也只培土。烟山村的苗民丧葬亦有独特处，主要是：洗尸体用帕留到“翻魂”那天烧掉；兴做道场，吹唢呐、芦笙和击鼓；安葬七个月后要接舅父来烧伞（舅父带来一把旧伞，放在簸箕内，用死者生前穿的衣服、头帕盖在上面，簸箕下点一盏菜油灯，供上饭菜，焚香化纸后送亡灵到门外，半路，将簸箕、衣服等全部烧掉，此称“翻魂”）。

五、信仰与禁忌

（一）信仰

县境苗民中，自然崇拜、图腾崇拜和祖先崇拜都很浓厚。自然崇拜是崇拜巨石、大树、大桥、岩洞等；图腾崇拜，多是崇拜蝴蝶、雀鸟、龙蛇、枫树等。县境苗民，户户供奉祖先，逢年过节，婚丧喜庆，都要虔诚供奉。祖先崇拜是苗族主要祭祀活动。

过阴。苗语称“Ait daib hmaib”（哀呆埋）或“Dik daib hmaib”（狄呆埋）。生病，请端公或巫婆来祈求神灵，除病保安，寻查鬼神。

打老魔。通过“过阴”察出所犯鬼神后，举行祭供鬼神活动，称为“打老魔”，苗语称“Hxad gid”（下格）。苗族的端公和巫师人为地把鬼神分为许多种类，给每一类定出名称、代号和祭品，贞丰苗族地区盛行的有21种之多。

属相。21世纪前，苗族迷信属相者很多，凡受灾罹难，没有生育者，多是责怪命运不好，往往求助于他族或本族算命（测字）先生，占卜吉凶，寄托予以解除逆境。21世纪后，随着社会的发展、苗民文化素质的提高、世界观转变，生死由命、富贵在天的落后观念逐渐减少，相信科学的人越来越多。

架桥。苗族中流传“修桥补路、积德无数”的谚语。因此，苗族地区“架桥”盛行。“架桥”苗语称“ghatjex”（戛纠）。架桥先要择好吉日和找好一处人行通道而尚未架有沟桥的地点，然后请老魔公到该地举行“架桥”祭祀。

拜保爷。也叫找干爹、干妈，苗语叫“Hob bak ngat”。若小孩体弱多病，哭闹不休，饮食不佳等，就找保爷。认为找保爷后，小孩就会身体健康，平安成长。拜保爷的方式有：一是请八字先生择日期，舀一碗水放在神台上，第一个走进家门的外人，即为保爷；二是正月初五、十五领小孩去敬桥，第一个碰上的行人即为保爷；三是给小孩推算，应找何姓氏、何年龄、何职业的人为保爷，寻着合适人选后，请人从中撮合，应允后，备好礼物，择好吉日领小孩前去拜保爷。

立挡箭碑（亦称指路碑）。小孩经常病，整日哭闹，便请老魔公推算，若小孩是寅日出生的，认为是“箭日”，须立“挡箭碑”。于是备一只鸡、一张弓、一支箭、一块写好字的石板或木板，请老魔公在岔路口立一块指路碑。

扫寨。苗语称“夕昂”，当寨上发生不吉（如寨上遇陨星坠落，深夜牛吼，其他鸟兽怪叫等），就要进行“扫寨”。“扫寨”祭礼多用牛作祭品，由巫师将牛拉到寨中，念《还牛经》，并派人把守路口，不许外人入寨。然后挨家挨户用水淋灭火塘、灶坑里的火，再拿一把芭茅草扫刷房子每个角落。事后各户派一代表（男性）集中到指定地点，听巫师念经，然后将牛杀死，就地煮食。

（二）禁忌

1.大年初一早晨要等男人去别家拜年后，别家的妇女才能进屋，否则认为会对主人家不利。

2.大年初一至十五忌缝衣、磨面、碾米、舂碓等有关“翻转”的事，否则一年之内会遭暴风雨灾害。

3.重要节日忌讳在别家过节，被接来过节的姑太、姑妈、姑娘等除外。

4.农历八月十五晚上忌讳骂人，认为骂人是好了别人，自己会遭遇灾难。

5.凡是大门插有草标的，忌别家妇女进屋。

6.家里举行驱鬼的当天和次日，忌别家女性进屋。

7.忌男青年单独带领一姑娘进家，更不允许住宿。

8.在外死亡的尸体不许入寨。

9.忌半夜牛叫，公鸡早啼，碗、缸钵等不敲自破，煮饭响声异常，新娘平地跌跤，绑腿自动松脱，猪、狗、牛爬上屋面等。认为这些都是灾难临头之兆。

10. 每年第一次听到春雷，人们立即拍被盖、衣服，名叫“抖虱子”，若不这样，当年要遭蝗虫、天旱等灾害。

11. 见到日食或月食，认为是青蛙吃太阳、月亮，人们要敲盆敲碗，为太阳、月亮解除危机，也为人类解除灾难。

12. 忌外来年轻女客在紧靠神龛和大门槛上坐，否则有损于祖宗。

13. 当楼下有男性老人，长辈在座时，忌讳姑娘在楼上走动，否则是非常不礼貌的举动。

14. 结婚忌遇寨上死人，忌雷鸣；迎亲路上，若两家迎亲队伍相遇，双方新娘、伴娘须互换手巾，迎亲男子则争走“上路”。

15. 部分潘姓忌吃狗肉。

潘姓的媳妇忌披蓑衣。龙姓忌在大门的插销上挂东西，大门槛和房门槛上忌放东西，若违反，家中会出现老蛇。腊月初一，部分龙姓忌食牛肉，王姓忌饭后喝酒，忌三黏米煮甜酒吃。田姓腊月二十九忌食荤。

21 世纪后，随着科学思想的传播，人们原始宗教意识观念逐渐淡薄，青少年很少受这些禁忌约束。

第六节　节　日

县境苗族一年中的节日有：大年、正月十五（元宵节）、二月初二、三月清明、四月八、五月端午、六月六、七月半、八月十五、九月重阳等。每个节日都有自己的特点。过大年、正月十五（元宵节）、二月初二、七月半较为隆重。其中，正月十四和七月半要接出嫁的姑妈、姑娘回来过节。

一、大年　苗语称“Nagx Nieex Hliub”，即过大年。过大年是苗族一年中最隆重的节日。冬月下旬后，就有的苗民杀年猪、灌香肠、腌腊肉、做血豆腐等。腊月二十以后，忙打豌米粑、吊浆粑等。除夕前，忙包油粽粑，忙筹备年货。

除夕　苗语称“Hmangt nieex bieeb jet”，意为年三十夜。除夕之夜，家家宰鸡杀鹅祭祖，焚香化纸鸣炮。祭祖毕后全家团圆共就餐，围炉守夜，忌讳串门。

初一早上，男孩早起开大门（忌讳女人开门），然后可到寨上任何一家去拜年，主人赏给小孩压岁钱。各户热甜酒粑粑祭祖。初二早上，姑娘争先挑“新水”。初二后，男青年走村串寨玩乐，成年男子上山打猎走亲访友。1991 年后，随着动物保护等法律法规颁布，打猎活动逐渐被禁止。正月十五以后，除走亲访友外开始备耕。

二、二月初二　是县境苗族的独特节日。早上，家家户户煮红蛋，用自编的网套装上两三个，分给小孩玩乐食用。新接媳妇的人家，借机去接媳妇来做活，平常人家煮腊肉香肠吃，不祭祖。2009 年农历 2 月初二，县财政安排资金在县城附近的左旗村举办首届苗族二月二走亲节，邀请黔东南州黄平县苗族同胞来走亲。当他们打着“追寻远方亲人，黄平苗胞走亲来了！”横幅走进贞丰宾馆，贞丰县苗族热情相迎，活动十分隆重。之后，苗族“二月二”走亲节成为贞丰县的重大节日之一。

三、三月清明 各家煮黄糯米饭吃（用马钱科植物密蒙花“Buddleja offieinalieMaxim”汁染就），妇女上坡采清明菜［菊科植物，学名 Anapbalis nCpalensi（spraeng）Handmazz）］煮水取汁拌糯米面做成清明粑吃。清明前后，家家进行扫墓挂纸活动。

四、四月八 农历四月八，贞丰操黔东方言的苗民只煮糯米饭吃，不祭祖。以前男青年结队上山摘竹笋，下河捕鱼，捉蛤蚌，下田捅黄鳝等。儿童则结队上山摘小杨梅吃。1991 年后只煮糯米饭吃。

五、五月端午 家家户户买肉祭祖。大门、窗子两旁悬挂菖蒲、艾枝，人人喝雄黄酒。认为这样就能避魔鬼、瘟疫、蚊虫、野兽和老蛇等。认为这天采药，药效最好。有的相邀上山采药到市场出售。端午节，县城草药市上种类繁多，其中大部分系苗民所采。

六、六月六 各家各户包“枕头棕粑”煮食，也是妇女回娘家过节的节日。初婚妇女回娘家过节，娘家杀狗款待。

七、七月半 过节日期因姓氏而异，有的过七月十四，有的过七月十五，大部分都祭祖，同时要接已出嫁的姑娘和姑妈回来一起过节。若稻子初步成熟，则摘取新稻与糯米饭一同祭祖，让祖先先“尝新”。晚上，每家在大门外每距一米插一炷香，直到岔路口，表示接粮食归家，苗语称“Seik bieex gad”（接粮花）。小孩聚集一起玩橙香（在棚瓜、茄子或橙子上插小木棒做手柄，再在其上插上若干香柱），苗语称“Gueid Bod hxangd”（扛香果）。

八、八月十五 只买肉，蒸糯米饭吃，不祭祖亦不供月亮。晚上，小孩们邀约到田间地头去“偷”瓜、葵花、花生、地瓜、红苕、芋头等来煮吃。

九、九月重阳 家家用新糯谷打粑粑吃，不祭祖，邻里习惯互赠粑粑，同祝收成好。

半坡村的苗民大年三十晚不祭祖，只焚香烧纸。正月十五不隆重，不祭祖宗，正月末过“了年”，祭祖。不过三月清明和四月八。端午、六月六、七月半等节只买肉吃，不祭祖。

烟山村的苗民过春节从初一起，每天早上要煮甜酒粑供祖宗，直到正月十五。二月无节日。清明上坟不宰鸡。不过四月八、八月十五和九月重阳。

第七节　文　艺

一、苗族民间文学

县内苗族民间文学大体分为诗歌、神话、传说、故事等。

诗歌包括古歌、苦歌、反歌、情歌、酒歌、儿歌等。诗歌多与歌唱的形式流传，并多数是五言诗，不押韵，只押调，较长的叙事诗，可以随情节发展而转调，段落不限。苗族诗歌反映苗族人民古时游耕生活，揭露丑恶、反抗压迫和剥削，向往幸福生活的思想感情，激励苗族人民斗志。尤其是苗族情歌内容丰富，感情色彩浓郁、曲调优美，委婉动听，长期在苗族中流传。

神话、传说、故事 县内流传的苗族神话、传说、故事，内容丰富，有对人类起源，天地形成等朴素的解释，具有浓郁的神话色彩，内容和情节很有感染力，《苗王》《茅草仙姑》等不少神话、传说、故事一直流传。

苗族童谣、谜语、谚语 县内苗族人民在漫长的生产生活中，创造了丰富的童谣、谜语、谚语。童谣是苗族妇女教儿童说唱的歌谣，有说有唱，有三字一句、五字一句、六字一句等，说唱时朗朗上口，节奏感强。谜语内容广泛，涉及天文及万事万物。形式有单句、双句、三句和多句谜语以及混合句谜语。谚语大体分为农事谚语和生活谚语。

苗族山歌（苗调汉语歌） 县内苗族在生产生活中创作了旋律优美、节拍分明，很有特色的山歌。山歌一般以四句为一首，每句7个字。是男女在劳动之余或社会交往中进行对唱的艺术形式。主要有情歌、酒歌、叙事歌等，涉及生产生活和思想感情等各方面。

苗族诗歌选：

古歌

年歌（五言诗）

说说年就到，
讲讲春就来。
年来怎样来，
春到怎样到？
我唱我不懂，
转请你分明。
你唱你知道，
请告诉我们。

等等年就来，
想想春就到。
年来一股风，
春到一股气。
你为什么不知道，
是这样的呢！

正月做那样！
正月接姑妈，
接姐妹回家，

山歌

情　歌

见妹站成一排排，
一样衣服一样鞋。
一样人才一样美，
可惜哥们配不来。

有心放水放到田，
有心连妹连几年。
有心连妹连到老，
不像阳雀叫半年。

想妹想得病在身，
买把锄头挖药根。
千药万药吃不好，
见妹一眼病脱身。

细细马儿跑过沟，
见妹人才哥要逗。
见妹人才哥要买，
买你人才盖九州。

生要连来死要连，
生死要连一百年。
哪个九十七岁死，
奈河桥上等三年。

想妹多来想妹多，
想妹多了病来磨。
吃饭犹如吃砂子，
走路就像断了脚。

劳动歌

割草打柴不用焦，
只要得把好镰刀。

好块大田在半山，
这头有水那头干。

来过劳动年。
……。

上山砍柴连割草，
连柴带草几大挑。

自从挖沟把水引，
细水长流田不干。

新民歌

二月里来好唱歌，
男女老少来对歌。
人人都把歌来唱，
歌颂现在好生活。

改革开放实惠多，
招商引资政策活。
农村经济发展快，
建设小康民欢乐。

二、苗族艺术

苗族音乐 苗族音乐有唢呐调，板凳舞曲、芦笙舞曲、情歌、飞歌、酒歌、古歌调、山歌调等乐曲。古歌曲调简练，结构严谨，节拍明快，用真声演唱，带有朗诵形式。多为中、老年人演唱。酒歌曲调平稳朴质，起伏不大，具有较强的表现力。飞歌（又称苗族大歌）曲调奔放高亢嘹亮，节奏欢快，多为青壮年演唱。情歌曲调旋律优美动人，音调圆润，一般轻声低唱，唱时虽多为假声，却情声并茂。

苗族舞蹈 苗族传统舞蹈主要是板凳舞和芦笙舞。板凳舞一般为苗族妇女在一起喝酒喝到兴奋时，每人拿两张小板凳，边拍边舞，舞步有三进三退、二步半、一步半、连步跳等，舞步优美、明快，舞步跳错者往往被罚喝酒，参加跳舞人数不限。苗族板凳舞对舞台没有严格要求，可设舞台也可在普通庭院表演，雅俗共赏。芦笙舞主要在平街乡辣子地苗寨流传，以双人舞为主，旋律变化多，节奏比较明快自如，有大旋转，立高桩，鸭子步，大翻滚等带杂技性的舞蹈。

三、苗族工艺

苗族工艺主要有挑花、染布、刺绣、织花和银首饰制作等。

挑花 以前苗族妇女都会挑花。1991 年后，苗族女儿童不像以前那样十多岁就以跟母亲学挑花，而是以读书为主，顾不上学挑花。因此，2000 年后，会挑花的苗族妇女比以前少。苗族挑花工艺独特，不先取样，随手就挑，而且反面挑正面看。图案多为蝴蝶、狮子、鱼、龙、石榴、桃子、花草等。色彩鲜明，美观大方。

刺绣 以前，苗族妇女善于刺绣。苗族妇女的裙、头巾和背带都有图案复杂、做工精细的刺绣。图案主要有鸟兽、虫鱼、花草等。一件苗族妇女服装需要半年左右时间才绣成。2000 年后，会刺绣的苗族妇女逐渐减少，有一些苗族妇女服装是从市场上购买或定做。

织花 苗族妇女不但会挑花、刺绣，还会织花。苗族妇女腰装上的花带、花块、背带等的织花完全出自苗族妇女之手。织花图案同样有鸟兽、虫鱼、花草和方形、菱形等。1995 年后，珉谷镇左旗村、塔山村许多苗族妇女还采用织花工艺织各种色彩艳丽的领带，先是作礼品赠送客人，后来逐渐成为商品。2000 年后，苗族织花领带供不应求。

染布 苗族妇女服装以青色为主，所用布料都是苗族妇女自染。苗族染布工艺流程独特，染出的青布黑里透红，比较美观，但容易褪色。

银首饰制作　苗族妇女佩戴的银项圈、银耳环、银链、银铃铛、银手镯、银泡、银戒指、银簪等银首饰都是苗族银匠制作。龙场镇定塘村围寨杨氏银匠制作的银首饰质量最好。县民族工作部门和商业部门在1994年就安排县城百货公司后院两间房屋作银饰加工作坊，让围寨杨氏银匠进城和布依族银匠肖成顺在一起加工苗族银首饰，方便苗族妇女的需求。

第六章　其他少数民族

县境内除人口较多的布依族、苗族外，还有仡佬族、回族、瑶族、蒙古族、彝族、黎族、壮族、满族、侗族、白族、哈尼族、傣族、水族、土家族、京族、畲族等少数民族。其中仡佬族、回族和瑶族有独特民族风俗习惯，其余的少数民族主要是党政机关、驻军、厂矿、企业、学校中的干部职工，没有独特的风俗。本章仅记述仡佬族、回族和瑶族基本情况。

第一节　仡佬族

一、人口分布及自然环境

1990年，全国第四次人口普查，全县共有仡佬族1080人，占全县总人口0.38%；2000年，第五次全国人口普查，全县仡佬族人口1357人，占全县总人口0.43%；2010年，第六次全国人口普查，全县有仡佬族1738人，占全县总人口0.43%。仡佬族主要聚居在连环乡坡棉村坡帽自然寨、鲁容乡后山自然寨两个村寨，仡佬族与布依族、汉族杂居的有龙场镇大槽村1个自然寨；仡佬族与汉族杂居的有龙场镇大土、纳角、水井、下水桥，小屯乡的大寨、十块田，长田乡的堡上，鲁容乡的那垭、磨岜9个自然寨；仡佬族与布依族杂居的有鲁贡镇洛半自然寨；仡佬族与回族、汉族杂居的有龙场镇上水桥。

县内仡佬族姓氏有：罗、田、王、朱、鄢、祝、杨、雷、文、郭、汪、兰、缸、梁、郑等10多个姓氏。

连环乡坡帽和鲁容乡后山仡佬族自然村寨都地处边远山区，住在高山上，交通不便，离县城20多千米，土地贫瘠，人均耕地少，水源缺乏，粮食和经济作物收入低，历史上仡佬族人民生活十分贫困。坡帽、后山在解放前还是深山老林。解放后，尤其是改革开放后，党和政府为坡帽、后山仡佬族村寨修通了公路，架通了输电线路，坡帽和后山等仡佬族群众的生产生活条件得到明显改善，但由于自然条件的局限，阻碍了当地产业更进一步的发展。

二、族源　族称

根据有关史料记载，仡佬族古时属“百濮”的一支，很早就生活在川、滇、湘交界一带，后称“僚人”。仡佬族的族称在历史上依次为僚、葛僚、仡佬、传僚、飞头僚、打牙、仡佬等。仡佬族何时在贞丰居住，未发现有史料记载。县内各民族均称他们为仡佬。仡佬族历来自称卜仡、仡佬。

三、语言

县内仡佬族有本民族语言，仡佬族语言属汉藏语系，尚未确定语族。由于县内仡佬族村寨附近多为布依族、汉族和苗族村寨，仡佬族人经常与汉族、布依族、苗族往来，仡佬族人许多会布依语、汉语，有的还会苗语。仡佬语仅在家里和本村、本族中使用。在社会交往中通用汉语，在某些场合则用布依语进行交流。

四、仡佬族饮食习惯

仡佬族大多以玉米为主食，兼食小米、旱谷、高粱、荞子、红苕等。日常菜肴多以自种蔬菜为主，辅之以竹笋、芹菜、马蹄菜等野生植物。客人到家或有人帮忙办事，除备酒肉外，还喜欢做豆腐款待。仡佬族男性喜欢饮自酿的水酒，女性喜欢吃糯米或糯苞谷煮的甜酒。

五、仡佬族风俗习惯

服饰　清代，县境内仡佬族中、老年男性头包青布帕子，上身穿长衫、系腰带，下身穿大吊裆长裤，脚上夏秋穿草鞋、冬春穿布鞋。男青年穿排纽扣对襟短衣。妇女身穿小袖短衣，长裙，衣裙脚边绣有各种花纹，脚穿尖头绣花布鞋，头包青色或花格帕子。民国时期，妇女的衣服改为宽袖大领，右侧开扣，衣长于膝，布料全系家庭妇女自纺自织，自染自缝。现在男性服装改同布依族一样。妇女改穿父母装，与鲁贡街上的布依族妇女服装一样，并普遍喜好青、蓝两色。

居住　解放前，县境仡佬族住房大多为草房，用竹笆篑围就。经济条件好一点的人家，则建土墙房屋，但房顶仍多盖草，几乎没有瓦房。房屋矮小，两间房舍的人户居多。如坡帽村解放前全寨 27 户人家，最大的房子是三柱二瓜，其余全系硬三柱的矮小房子。建三间房的人户，正中一间作堂屋，堂屋两边，分别作卧房、厨房之用。解放后，仡佬族人民的住房大有改善。1991 年后，坡帽有不少农户建了五柱八瓜的穿斗式大瓦房，有的还修建水泥平房。部分人家除正房外，还另建厢房、灶房、牛圈等，逐渐达到食宿分开，人畜分居。坡帽村民还在房前屋后，大量种植竹、木、果树，美化居住环境，注意改变环境卫生。地处鲁容乡的后山村，大部分人家修建了宽大的房子，过去的叉叉房、爬地房已全部绝迹。

婚姻　贞丰县仡佬族的婚姻，历来都是一夫一妻制。以前婚姻形式有父母包办和男女青年通过“穷啰”（恋爱）自由选择对象两种。包办婚姻的形式各种各样，有开背带亲的，有开童子亲的，甚至有指腹为亲的。这些封建包办婚姻，在解放后已逐步被自由婚姻所代替。结婚主要经过以下程序。

选择对象和求婚。男女青年选择对象，一般都是通过“穷啰”和对唱山歌等形式，相互了解，建立感情之后而定的。当姑娘选中心上人之后，就将心事及时告知女友，通过女友把事传开，使自己的父母，兄嫂们心中有底。小伙子也同样告知自己的父母，让父母早日请媒去求亲。

仡佬族求亲的时候，只请一个媒人，男女均可，但要能说会道、酒量过人。媒人去说亲时，一般要带上一壶米酒，两个酒杯，一双用红线或红纸缠两头的筷子，三炷香和小伙子穿过的一件衣服。媒人进到姑娘家后，习惯上，姑娘的父母对媒人一般是不予理睬。而有经验的媒人则不管这些，自己主动将两个酒杯并排摆在堂屋中的四方桌上，斟满酒，把小伙子的衣服叠好放在桌上，红筷放在两酒杯中间。然后用很有诗意的仡佬语向主人道明来意。大意是“某家某人今日托我登上龙门来求凤，不管怎样，天晴要求下雨，下雨要求天晴，沟里要让水流，大路要给一条走”。说完，便双手端起酒杯敬女方家的主事人（父母或祖父母）。这杯敬酒是最关键的一杯酒，习惯上同意开亲就喝，不同意就拒绝喝。不过，凡是第一次的求婚酒，主人一般是不立即喝。即使是对求婚者各方情况都很了解，心里也愿开这门亲，表面上也要装作谢绝。当天就叫媒人把酒拿回去，但在言谈中留有一定余地。媒人自然也心照不宣。时隔不久，又来求婚，甚至反复再三，女方家才喝下求婚酒。女方家这样做，一是考验男方家是否真心诚意求婚，二是这样做才显得自家女儿的高贵。对于不中意的男家，第一次或第二次媒人来求婚时，主人就果断地拒绝，不留任何余地。并一再说明，以后若再来求婚，就要把酒倒丢。这样，男家再也不会来求婚了。当然，也有个别人家第一次就把求婚酒喝了的。解放后，随着思想意识的进步，喝头回酒的人家渐渐增多。

在仡佬族村寨，如果男女青年早就有意或男方各方面都很好，当看见媒人提酒进某家门，乘媒人在桌上摆酒时，寨上的女青年会相邀躲在房间里或门背后，悄悄观察被求婚家父母动向。若是老人慷慨把酒喝下，女青年互相示意，悄悄地走开；若是老人有意刁难，一再推卸，一再拖延，女青年们就会站出来帮助媒人说话，会有礼貌地对老人说：“听说他家煮的酒甜，拿来的酒香，喝了不会有那样不好，你们老人家喝得。”姑娘的父母在女青年的劝告下，爽快地说：“你们都说喝得，我们就喝了。”于是高高兴兴接过酒杯，一饮而尽。随着，姑娘的兄弟、嫂子、姐妹一齐涌上堂来领受媒人的敬酒。尔后，全家老幼又回敬媒人一满杯酒。若遇几代同堂的家庭，回敬的酒常使媒人大醉而归。因为主人家回敬的酒，一杯也不能推辞。习惯认为，女家回敬酒的人愈多，愈证明全家对这门亲事的满意度高。

“丢布”和“盘郎”。女方家喝了求婚酒后，紧接着男方家就要去“丢布”。若系包办婚姻，一般是请媒人代替。若系自由婚姻，则由男方亲自前去“丢布”，以便让女方的亲戚认识和观察人品。“丢布”，要带一匹 4 米长的土布赠给姑娘，作为订婚信物。此过程，仡佬人称为“丢布”。“丢布”日，女方家备办一两桌酒席，请家族中叔伯和寨上长老及外婆家派来的代表，陪伴新姑爷吃订婚酒。陪席者会在酒席间不时向男方提出一些有关生产等方面的问题，仡佬人称之为“盘郎”。若男方能一一作答，在座的人都为姑娘择得如意郎君而高兴。待男方返回时，女方家将姑娘亲手做的一双青帮毛白边布鞋送给男方，仡佬人称为“交聘鞋”。

“要书”和“送吉”。仡佬族“丢布”后，就算正式缔结了婚姻。结婚前，男方用红纸作为“庚书”，按男左女右的规矩，写好男方姓名、年庚，请媒人送到女方家。女方家同样将女儿姓名、年庚填于右边交媒人带回，此为“要书”，也称“要八字”。男方便请人按“庚书”择定结婚吉日。吉日择定后，用红纸将吉日写上，同时封一个内装12元钱的红封，请人送到姑娘家，这一过程称“送吉”。12元红封称为“酒礼钱”。从“送吉”到接亲这段时间，女方父母忙着为女儿备办嫁妆，姑娘忙着备办自身穿戴。

结婚仪式。仡佬族人结婚，不兴骑马坐轿，新娘都是步行，除个别外，一般新郎不去接亲。结婚时，男女双方都要备办酒席，女方家前一天办，男方家结婚日办。去接新娘时，男家要备猪肉一方一肘（各5千克），雄鸡一只，酒一挑，布匹四段（每段2.7米），写着“出阁”“燃烛”“司厨”“梳妆”等字样的红封（分别封一元二角或六角钱）和香、烛、鞭炮等礼物，交押礼先生带到女方家去。去接亲的人，除押礼外，还要找尚未结婚的男女青年各1人，称“童男童女”，负责带着红绸带去牵引新娘。同去的还有唢呐队和挑礼物的青年男女若干人。晚上，寨上姑娘纷纷前来陪伴将要出阁的女友“坐夜”，一来表示祝贺，二来互相畅叙别情。天快亮时，新娘更装，女友们为她梳妆。天亮后，新娘在女友的陪同下，到堂屋跪拜祖宗，然后面朝门外，站立堂中。这时，前来接亲的童男童女，站在离新娘五、六步远的地方，把随身带来的红绸（4米长）牵开，男女各拿一头，男的把红绸一端抛给新娘，新娘接住后，她的女友便迅速帮她将红绸系在腰上，童男童女便轮流牵着新娘向男方家的路上走去。习惯认为牵引路程越远，以后夫妻的感情就越深厚。当日，陪送新娘前往的还有送亲客若干人，多为新娘女友。其中有四男二女是必不可少的，仡佬族称此六人为“六亲送嫁”。当接亲、送亲队伍在押礼先生带领下到男方家时，送亲的“六亲”因男方家还未举行“进亲”礼，不能马上进入男方家，由押礼先生把他们暂时安排在别的人家休息。新娘随接亲队步行到新郎家门外停下，等待押礼先生举行“扫煞”习俗。“扫煞”完毕后，由一位中年妇女扶引新娘进入屋里举行“进亲”仪式。新娘新郎同拜祖宗、天地，然后新娘进入洞房，新郎则与童男童女一道去把送亲的“六亲”接到家中。

婚后四天，新婚夫妇提一壶酒，一块猪肉（2千克）同到娘家去“回门”。娘家招待二人吃一餐饭后，夫妻二人又同路返回（不能返程的，当晚夫妻二人分开到别家住宿，不能住宿娘家），从此以后夫妻就长期生活在一起。

仡佬族婚后生育第一个孩子时，孩子降生后三天之内，要分别抱一只鸡去向外家和媒人报喜。生男孩用公鸡报喜，外家用母鸡作回礼；生女孩则用母鸡报喜，外家用公鸡作回礼。小孩满月择吉日办满月酒，外家要送来背带，亲戚送鸡、鸡蛋和糯米等礼物。办满月酒的当天，全寨忌拉磨、舂碓，以示恭贺。

在仡佬族中，哥哥死了，弟弟可娶兄嫂“填房”为妻，若弟弟逝去，则严禁兄娶弟媳为室。

节日 境内仡佬族一年中的节日，与周围布依族的节日相似，只有部分节日保留有本民族的特性。如春节，仡佬族人年三十晚接祖宗，正月初三送祖宗。送祖宗时，要挑着粑粑和一只火腿送一段路程，然后将火腿挂在路旁树上，待天将晚才去提回来。后来因火腿多有遗失，才改为送到大门外即可。元宵节，仡佬族过十四，不过十五。

每年二月第一个羊场天，仡佬族过“二月羊”节，是仡佬族独特的节日。三天节日里，仡佬寨要祭山神、封山，不许外人进入。

四月八，仡佬族过“四月八”要祭山神，还要打粑粑喂牛和将糍粑粘在每头牛的两只角上。

七月半，仡佬族过的是七月十二和十三两天。

丧葬　仡佬族的丧葬大体分为报丧、装殓、葬礼、开路等程序。

仡佬族老人病危时，其亲属子女均在身旁服侍。一旦逝去，立即烧香化纸，记下逝世时辰，并派人选择安葬吉日和葬地，然后请寨邻帮忙去给亲友报丧。

装殓，必须由摩师主持，死者入棺后，其女儿、媳妇，每人要拿 1 米至 2 米白布，由摩师按年龄顺序，口念咒语，一一点交亡灵，覆盖于死者身体上面，然后封棺。

接到报丧的亲友，都按时备办祭品前来吊丧。女婿和新结婚的亲属，要备灵房、纸马和一桌荤席的祭品。一般亲友只备几炷香，一叠钱纸和一只鸡到灵前祭拜。凡是客人的吊祭品，都要经过摩师念经点交亡灵。祭奠之日，丧家要杀一头 15 千克重的“倒头猪”祭奠，以表最后的孝心。次日，进行出丧、落土、安葬等。当众人帮忙安葬完毕返回丧家时，摩师在归途中，杀一只鸡，取出鸡肠挂在一根刺条上，摩师手拿刺条左右上下挥动，口中念念有词，给生人“出魂”，为亡灵招魂，回家举行“开路”。“开路”仪式在丧家中堂举行，堂中安放一张四方桌，桌上放一升稻谷或大米，供插香、烛之用。孝男孝女跪在桌子两旁化纸，亲友们站在旁边围观。“开路”仪式一开始，摩师骑着稻草绑扎成的草马（只限于男性），手摇铜铃，左右摆舞，在鼓、锣声中高唱“开路”经。唱不多时，放下铜铃，挥舞竹拷，有拍节地舞出各种动作，边舞边唱，在场人不时随声合唱。舞唱结束，摩师将挂着鸡肠的刺条砍断，把炒好的数升糯谷花抛撒到围观的人群中去，众人争拾糯谷花。习惯认为凡拾得多者，样样吉利。然后摆席款待亲友，饭后各自返家，丧葬结束。

丧葬后，逝者的子女要守“七吉”，即在四十九天之内忌吃鱼虾，不理发，不洗孝衣，以表敬孝。

仡佬族人的坟堡前无碑，只将五块石头重叠堆在坟前即可。仡佬族人的信仰、禁忌等习俗，大多与邻近的布依族相同。

第二节　回　族

回族最早于清康熙年间迁入贞丰，之后逐年增多。据史料记载，入住贞丰的回族主要来源于江南吴、越，西北陕、甘，西南云南三个地区和本省盘县大河铺等地方。其迁徙方式主要是随军、经商等。

一、人口分布

贞丰县回族大多数居住县城，少部分居住在乡镇。县城回族姓张、孙、杨三姓较多，其余有马、桂、丁、陈、达、阮、李等姓氏。1953 年，第一次全国人口普查，全县有回族人口 394 人；1964 年，第二次全国人口普查，全县回族人口 416 人；1982 年，第三次全国人口普查，全县回族人口 627 人；1990 年，第四次全国人口普查，全县回族人口 940 人；2000 年，第五次全国人口普查，全县回族人口 1230 人；2010 年，第六次全国人口普查，全县回族人口 1246 人。回族人口占全县总人口的 0.31%。

贞丰县回族基本用汉语进行交流，只有在清真寺等特定地方举行宗教活动时，才使用一些相关回族（穆斯林）语言。

二、经济状况

回族大多数居住县城，有条件从事手工业、商业、饮食服务业，从事农业的极少。回民重视教育，读书人较多，文化素质较高，经营有方。大多数人家经济状况与当地其他民族群众比较，处于中上水平，生活比较稳定。

服饰 民国以前，回民女子出门时，身穿短衣、头戴白帽或黑色面纱罩头并披在肩上，中华人民共和国成立后，逐渐与汉族女子服饰相近。除男女在礼拜时穿长衫，头戴六角形白色帽和个别老年人仍穿长衫、头包白布帕外，平时回民服饰与汉族相同。

饮食 回民不食用猪、狗、马、驴、蛇、乌鸦等动物肉，不吃病死的动物肉，不吃动物血、腰子等。食用牛、羊、鸡、鸭等动物肉时，按教规必须请阿訇宰杀，但随着社会的发展，有些回民也自己宰杀。若念经祭祀祖先宰牲，必须请阿訇“大净”（沐浴）后宰杀。回民过春节，家家都腌制“牛干巴”（腌牛肉）。回族腌制牛肉有独特工艺，纯香质好，保质期长，有蒸食、煎炒等多种庖制方法。

贞丰回民有勤俭节约的好传统。无论是婚丧嫁娶，还是新居落成，升学酒，都不大操大办，只办本民族的筵席，席上不备烟、酒。平时主食大米、麦面、玉米等，逢年过节时制作油香，油香用麦面粉加糖水揉拌后油炸而成。油香酥脆可口，以前只是作为祭祀祖先或“主麻”日食用。随着社会的发展，回民生活水平的提高，回民随时都可食用油香；随着商品意识和市场经济意识的增强，还有的回民专门租门面（商铺），或在街上摆摊做起卖油香的生意。

居住 回族大多数居住在清真寺周围，回民住房与当地居民住房相同。回族讲究清洁卫生，家中餐具及一切家具等物经常保持清洁。

三、习俗

婚俗 县境回族，在清代和中华民国时期，“父母之命，媒妁之言”的包办婚姻较多。其婚俗与汉族婚俗程序大体相同，区别只在名称和礼物方面。其婚俗程序大体是：

问话 又称“提话”，由男方请媒人到女方家说亲，若女方长辈同意，男方要备办衣料一件或一套，糖、茶数斤（称“三色礼”），由媒人择日携至女方家，女方家收受“三色礼”后，亲事即算说成。回族称此为“问话”。

认亲 亲事说成后，第一年春节，男方必须到女方家拜年，拜年礼物仍为“三色礼”，稍有调整为红糖、茶叶、粑粑三样，数量多少视女方家族和内亲多少而定。男方拜年礼物送到后，再由女方家长带着送到女方亲戚家逐家拜年“认亲”。

递期（订婚）　由男方请媒人带大五色、小五色（即五套衣料布、五双鞋面布）和袜子两双到女方家商定结婚的大至日期，回族婚期一般选在冬、春两季。

报日子　也称“发八字”，结婚期商定后，由男方请阿訇择定两个相隔十天左右的具体日期交女方家选择，称“报日子”。阿訇择吉日不像汉族需要按男女双方生庚择定，只需排除每月的“亢”“娄”“牛”“兔”值日或逢单日期即可。具体日期择定后，男方请人带上书单（结婚期单）和羊一只（或在结婚前送去一腿牛腿，供女方家办席用）、鸡一双、鸭一双、糖一大包、糯米 15 千克、盐、茶数斤，棉衣一件，鞋、袜一双至两双，白布两匹，“礼金”若干元，作为打嫁妆或所谓“针线银子”之用（解放前一般为小洋 12 元）。“报日子”须在婚期前半年或三个月以前举行，以便女方有时间备办嫁妆。

接亲　婚日前一天，由押礼、接亲众人抬轿（现改车）一乘，缝制好衣服一套，新梳篦、蜡烛及大折盒、小折盒（内装币 3 至 8 元均可）前往女方家。女方本人必须换上男方送来的新衣，表示结束父母抚养，将要离开父母去成家立业。同时将发辫盘梳成“转转”发型，表示已婚。

出亲　出亲前子夜，姑娘的父母要请一“福寿双全”的妇人给姑娘梳妆打扮。天刚透亮，由姑娘的亲兄弟背其上轿（车）“出亲”，越早越好，预示早出早发。女方有 2 人至 4 人作送亲客一同前往，不用任何响器和火炮。

婚典　婚日前一天，男方家除请人去接亲外，需请阿訇及族中长老、乡老等到家念喜经（也称“尔默里”），一则以示阿訇、族长、乡老前来给主家恭贺，二则主家告慰先灵为后代在“等约”（世上）成家而高兴。这样的“尔默里”，女方家也可进行。新娘到家的当天，男方家铺设经堂，备办糕点，请阿訇前来证婚。阿訇跪在经堂上打“讨白”（念忏悔经）和念祝贺类的喜经。打“讨白”其意是替新婚男女在世上吃错（吃了禁忌食品）、做错（做了不义之事）进行忏悔。此时，新郎、新娘须面对阿訇跪下，静听阿訇念经，讲“默舍勒”（回族的规矩和道理）。

经堂上的糕点，阿訇并不吃，而是念到喜经时，阿訇抓起糕点投向新郎、新娘，表示祝愿新婚夫妇和睦偕老，子孙昌盛，称为“撒喜果”。阿訇“撒喜果”时，新郎、新娘须极恭敬地牵衣接住，继而恭立，同入洞房。然后用手帕或净纸将“喜果”包好，放在枕头边，以示珍贵。“喜果”不能分人吃，只能由夫妻共享。“打喜果”是回族婚礼的高潮。当新婚夫妇牵衣接住“喜果”同进洞房时，早已等在那里的青少年客人一拥而上，将准备好的糖果点心，争先恐后地抛向新郎、新娘。阿訇、乡老及宾客等围观者也笑逐颜开，好心的老太太或送亲娘们见“喜果”打得密集，急忙用自己的身体遮挡新婚夫妇。于是，打的打，闹的闹，遮的遮，躲的躲，男女老少，皆大欢喜。“打喜果”只能在洞房外进行，当新郎新娘进入洞房后，就不能再打，回族不闹新房。

按婚礼习俗，新婚之夜，新郎、新娘要早起“洗头”（沐浴全身），以后每 7 天要洗一次。

中华民国时期，与异族通婚者，若男女有一方不是回族，必须经过“进教”仪式，方允许结婚。中华人民共和国成立后，尤其到21世纪后，与异族通婚者渐增。婚俗也逐步简化。

丧俗 回族对死者都要安葬，只是对夭折的少年儿童的安葬仪式略简单一些。按伊斯兰教的规矩，人在“归回”（死亡）之前，家人不得提及忧事，不管自觉与否，要格外显得和睦亲密，病人将要气绝时，家人不可号啕大哭，好让死者安心“归回”。气绝后，将死者手足顺伸，为其换上新衣、裤、鞋、袜，衣服要空一只袖子不穿，万一没有新衣，干净旧衣也可。人死后移停，不能使用自家的木板，更不能随意找块门板了事。要用清真寺专制的“停床”。死者移停堂屋里，头北脚南面西。一表先祖自西而来，二表朝向西亚伊斯兰圣地。安放停当后，就为死者盖上一幅长2.33米的白布，脚下烧质地好的料香，最好是檀香、沉香，意在驱邪避浊。

死者安葬在回民公共坟山内。贞丰回民共有大小公共坟山三处，即校场坝、这洋、塔山。安葬不择吉日，一般停柩一天，最多两天。教规认为“七人奔土如奔金”，故早死晚埋最好。丧葬不用棺木，一律土葬。坟茔也异于其他民族。其墓穴是：先在地上挖深“明坑”，再从明坑底部尽头子掘一直径2.3米、高1米的窑洞，洞门上圆下方，高65厘米、宽55厘米，另置一块边长为85厘米的正方形石质掩板，以备届时掩闭窑门。

治丧期间，丧家不举火，饮食、漱洗全由本族邻居或亲友供给。一家有丧事，本民族均去帮忙。亲友吊唁一律不放鞭炮，不送花圈、挽联等祭品。吊唁时不向死者遗体行礼，不举行吊唁仪式，严禁吸烟、喝酒，更不准嬉笑喧哗。

临殡葬时，要由阿訇主持为死者沐浴，其程序是：由死者的直系亲属到井里挑来净水烧热，然后请族中亲友二人为死者沐浴。穿上特制的“卡蕃”（长约12米、宽2米白布做成的兜单，大小共三层，最里层为“小襟”，前长后短，中层较外层短，称“小卧单”，外层则须比死者身长1米左右，称“大卧单”）。用“卡蕃”包好遗体后，再用一条长2米的白布系在腰部，最后用麻绳扎好长过遗体头、脚的“大卧单”两头。这样，就可将遗体安放在“经匣”内（“经匣”是族中共用之物，只用其抬死者到墓地，并不随死者埋入坑内）。回族不请“土工子”抬丧，全由本族青壮年帮忙。出丧时，先由阿訇举行殡礼，下葬时也要由阿訇举行仪式。仪式结束后，由族中一人先到窑里，于窑内遍洒香料，以防蛇、虫、蚁等侵犯。再将“默特”（遗体）由“经匣”内抬出，四人牵红毡罩住，移送坟坑。先入窑内的人接住将遗体头北脚南平睡于坑内，解下扎大卧单的麻绳和白布腰带，使死者头露出，面部朝西，一切弄妥后，窑内的人退到坑外，众亲友用石板掩好窑门，严密封闭，最后用泥土填平明坑，安葬程序即告结束。凡参加治丧活动者，如沐尸、缝“卡蕃”、抬丧、下葬等，必须大净，否则不得参与。

下葬后三天，丧家才请阿訇到家中举行“尔默里”，同时请曾来帮忙的亲友“口道”（即吃油香或汤圆），以示感谢。待到七天、满月、周年还得请阿訇举行“尔默里”。每次“尔默里”必到死者坟上查看坟墓是否完好。还请阿訇到坟上念“数勒”，称之为“游坟”。同时每次都要请亲友“沾好”（赴宴）。

回族不分贫富，葬礼都相同，没有特殊。若有孤老遗少“归回”后若无人料理，亲戚、族人皆不会旁观，均力所能及地帮助安葬。

其他 回族的婴儿出生几天后，要请阿訇到家里来，由家属将婴儿抱出卧房，阿訇接过婴儿俯视祝贺。贺毕，给婴儿取个回族名字。族戒，回族族戒有：一不准抽“三烟”（香烟、旱烟、鸦片烟）；二不准喝酒，更不能酗酒滋事；三不准赌博；四不准宿娼；五不准要流氓。民国时期，回民若触犯以上条戒，要受当地阿訇的教育或给予打“荆条”或罚款处分。斋戒，“把斋”是回族人民的风俗习惯之一。按教规规定，成年人要在“斋月”（接祖先亡灵回家的日期）把斋。“把斋”在天未亮以前吃食物，天亮以后“把斋”人不能进食，也不能喝水。要等到黄昏时阿訇念经举行开斋仪式后，才能进食，阿訇必须如此“把斋”一个月，有的也只“把斋”几天或十几天。“把斋”的时间为回历8月29日，约为农历的某月初二或初三开始，按回历时间则为每三年轮换一次，如上三年为9月初开始，下三年则为8月初。参加“把斋”的人，有阿訇和大多数“乡老”和少数老年妇女。

四、信仰

回族信仰伊斯兰教。清真寺是伊斯兰教徒举行宗教仪式、传授宗教知识的场所。贞丰县最早的清真寺始建于清嘉庆年间。同治元年（1862），“白旗”起义军首领之一的马斯俊建阁楼为清真寺，后于民国年间改建为女子学堂。马斯俊建立阁楼清真寺后，第一任阿訇为马泰云；同治三年（1864），马到兴义府城任阿訇，其职由张子芳继任。白旗军失败后，阁楼为官府占据。光绪元年（1875），回民集资于后排街辟地另建清真寺，即今清真寺。在寺中任阿訇者，始为张子芳，继为张直斋、李阿訇（佚名）、保贡才（二年）、马伊玛姆（佚名）、林国安、叶发昌（三年）、马必仲（二年，兴仁人）、杨华堂、林国安（1948年至1952年）、马礼学（半年）、保兴义（1953年至1956年）、马采廷（1956年至1987年，云南人）、马明（鸣）歧（宁夏固原人）、陈绍荣（普安青山人）、陈兴达（普安青山人）。

五、文化 教育

贞丰县回民大多居住县城，生活稳定，经济条件较好，读书人较多，是县境文化素质较高的民族之一。早在清乾隆、嘉庆、道光期间，回民中的张、孙二姓就出过拔贡、举人。民国年间，贞丰县共出本科大学生6人，其中：汉族3人，回族2人，布依族1人。当时，全县每2万人中有一名大学生，而回族则平均270人中就有一名大学生。中华人民共和国成立后，回族人民受教育的人更多，基本无文盲，人才辈出。据县政协编辑的回族文史资料记载，回族历任副县（处）级干部的有6人，乡（科）级干部有32人，高级职称专业技术人员25人，中级职称有27人。1988年，赵强参加高考，以优异成绩被北京大学录取；1995年，考取北京大学博士，被聘为中国科学院高能物理所“百人计划”研究员，任高能所物理研究室核物理研究组组长。

六、节日

县境回族，同样重视过旧历年（春节）、中秋节、端午节等民间传统节日外，还过回族传统节日。回族的传统节日按其性质分为集体过节和各家各户过节两种。集体过的节日有 4 个，届时要在清真寺宰牛羊、念经、聚餐，其他民族也可参加。属于单家遵守或纪念的节日有 3 个，只在每个家庭中举行。

圣纪节 圣纪节是纪念伊斯兰教创始人穆罕默德诞生日，按《古兰经》规定，教历每年三月的任何一天都可作为圣纪日。贞丰回民把 3 月 12 日定为圣纪节日。届时，回民汇集于清真寺，聆听吟诵《古兰经》或由阿訇讲解伊斯兰教义，并宰牛羊会餐，费用由参加会餐的人员负担。

古尔邦节（亦称“宰牲节”） 教历每年 12 月 10 日，为祭安拉（真主）考验易卜拉欣真诚而将羊子换子的故事。这一天除在清真寺宰牲过节外，有的人家家里还宰鸡全家过节。

开斋节 亦称尔德（译音）节，时间为教历每年的 10 月 1 日，“斋月”结束后的第一天（如不能看见“月牙”出现，改为第二天）。是日，家家都做“油香”，用盘子装送到清真寺集中，待“开斋”仪式后分发给参加节日的每一个人（不分民族，以示欢度节日）。回民之间还互赠“油香”。中午，各家各户大都到祖坟上去点香祭祀祖先，修整坟墓。

亡人节 即“盖得尔节”。又名“二十八节”。伊斯兰教民认为，每年的斋月是祖先亡灵到真主的朝房（清真寺）聚会的日子。斋月的二十八日，全体回民集中到清真寺举行“尔默里”，怀念和超度亡灵。

拜拉物夜（译音） 又叫“走节”，时间为“斋月”前一个月的初二开始到十六为止。这段时间里，回民每家都宰鸡或做“油香”，请阿訇到家里来念一段经，祈求全家平安。

文开斋 教历 9 月 1 日至 12 日，为了爱惜牲畜，回民在这期间不宰牛、羊及鸡、鸭等。

第三节 瑶 族

一、人口分布

县境内的瑶族于明末清初迁入贞丰，随后逐渐增加，后由于各种原因有一部分瑶族迁出，留下少数瑶族人。为避免遭到排斥、歧视等麻烦，有些被逼改装易服，改称布依族。1981 年，开展民族识别工作，瑶族人在消除了各种顾虑后，才恢复自己真正的族别名称，全县共有瑶族人口 252 人。1990 年，第四次全国人口普查时，全县共有瑶族人口 413 人，为全县总人口 0.14%，占全县少数民族总人口 0.29%。2000 年，全县瑶族总人口 457 人。2010 年，全县瑶族总人口 504 人。全县没有瑶族聚居的村寨，瑶族与布依族、汉族杂居在北盘江镇猫猫寨、下坝，者相镇平桥，长田乡白坟、何基坡等自然寨。

瑶族主要有韦、黄、罗、卢、岑等 6 个姓氏，其中韦姓最多。

二、语言 文化

县境内瑶族语言早已失传，在日常生活中通常用布依语或汉语进行交流。虽然在举行丧葬仪式时，瑶族摩师为死者“开路”，照本宣科地念诵瑶族“开路”摩经，但不知其意思。

瑶族多数居住在边远山区，交通不便。中华人民共和国成立前，大多数瑶族人没有条件读书，能够入学的人只是个别，大多数是文盲。中华人民共和国成立后，特别是进入21世纪后，贞丰县实施普及九年义务教育和扫除青少年文盲“两基”攻坚工程，瑶族小学适龄儿童入学率95%以上，初中适龄入学率90%以上。瑶族人的文化素质明显提高。

三、经济、生活状况

县境瑶族居住地，古时候是深山老林，交通闭塞，与外界的交往很少，田地极少，生产条件极差。瑶族人的经济来源仅有刀耕火种的农业生产、简单粗放的饲养牲畜和农闲时打猎等，经济来源单一，收入很低。瑶族人的生活极为贫困。

中华人民共和国成立后，瑶族人民的经济和生活发生了很大变化。1980年，落实生产责任制后，瑶族人民的温饱问题基本解决，生产生活条件逐渐改善。尤其是1991年至2010年，随着社会主义商品经济和市场经济建设的发展，国家西部大开发、扶贫攻坚政策的贯彻落实，瑶族在国家惠民政策扶持下，发展农业生产、实行科技兴农，发展多种经营，调整农业结构，组织剩余劳力外出打工和经商等，经济收入明显提高。加之国家实施村村通电、村村通公路、村村通电视工程和农房改造工程，瑶族人的生产生活条件明显改善，生活水平有很大提高。

四、习俗

县境内瑶族大多数杂居在汉族或布依族村寨，许多习俗已受汉族或布依族同化，服饰、婚姻、节日、礼仪等，已和他们杂居村寨的布依族、汉族相同，仅保持丧葬习俗。瑶族在安葬时，必须请瑶族摩师念瑶语为死者“开路”和进行“砍替”，并跳“掩牛”舞。传说，瑶族祖先去世时，因儿女贫穷，悄悄把领主的牛拉来“砍替”，刚把牛拉到丧场杀死，领主家派一群家丁蜂拥而至，前来捉贼，主持丧葬的摩师随机应变，安排孝子将牛拖到丧房后面用树枝树叶将牛掩盖，又指点孝女将丧棒敲破一头当作响拷，在铜鼓伴奏下，手牵手围着丧场边唱边跳，打打闹闹，男男女女，老老少少，混舞一场，乐趣横生，逗得前来捉贼找牛的众家丁捧腹大笑而回。从此，瑶族丧葬就兴起“砍替”和跳“掩牛舞”的习俗。瑶族出丧不丢“买路钱”，不请“阴阳先生”择墓地，不下罗盘定墓向。只请一位老年人将一把锄头往天空抛，锄头落地时口朝向何方，墓向就朝何方。

第七章 民族工作

中华人民共和国成立后，县委、县人民政府历来重视民族工作，贯彻落实党和国家的民族政策、法律法规，关心少数民族群众生产生活，帮助少数民族发展经济和教育文化，提高少数民族生活水平和文化水平，培养少数民族人才和干部；在招生、招工、招干和征兵工作中，优先照顾少数民族；安排专项经费加强民族村寨水电路基础设施建设和开展文化提升工作。1991年至2010年，县民族工作成绩显著。

第一节　机　构

1950年4月10日，贞丰县民族事务委员会成立，为县民族事务工作机构；1959年至1961年7月，贞丰县并入兴仁县，贞丰县民族事务委员会并入兴仁县民政局；1961年8月恢复贞丰县，贞丰县民族事务委员会同时恢复；1966年又撤销，民族事务由县民政局履行；1981年恢复县民族事务委员会，实行委员制；1994年撤销委员制，设民族事务局，为县政府组阁局。2001年机构调整，将宗教工作调整由民族事务局负责，建立县民族宗教事务局，负责民族宗教工作。

1950年至2004年上半年，民族工作机构大部分时间设在县委或县政府办公楼；2004年上半年，民族宗教事务局筹资修建办公楼，民族宗教工作机构从县政府办公楼迁到新办公楼。2007年，县政府招商引资建设中大街商业区，拆除民族宗教事务局办公楼，县民族宗教事务局搬回县政府大院办公楼办公。

贞丰县民族工作机构名称及主要领导变化情况一览表

表2-7-1

机构名称	职务	姓名	性别	民族	籍贯	任期		备注
						到任	卸任	
民族事务委员会	主任	张景融	男	回	贞丰	1950	1951	1951年撤销机构
民族事务委员会	主任	杨汉周	男	布依	贞丰	1963	1965.12	1962年恢复机构
民族事务委员会	副主任	马良辅	男	回	贞丰	1962.8	1965.12	1965年12月撤销
民族事务委员会	副主任	马良辅	男	回	贞丰	1980.9	1983.4	1980年9月恢复
民族事务委员会	主任	张奇凤	女	回	贞丰	1984.1	1985.6	—
民族事务委员会	副主任	杨再喜	男	苗	贞丰	1984.1	1985.6	主持工作
民族事务委员会	主任	杨再喜	男	苗	贞丰	1985.11	1994.4	—
民族事务局	局长	张仁勇	男	回	普安	1994.5	1997.10	—
民族事务局	局长	罗周环	男	布依	贞丰	1997.11	2001.8	—
民族宗教事务局	局长	黄　飞	男	布依	贞丰	2001.11	2007.3	—
民族宗教事务局	局长	黄正国	男	布依	贞丰	2007.3		—

第二节　民族事务

一、少数民族干部培养

组织、人事和民族部门开展培养少数民族干部工作，落实民族干部政策和《民族区域自治法》，使少数民族干部脱颖而出。据统计，截至2010年年底，县籍布依族副省（部）级领导干部有蒙素芬（女）；布依族正地（厅）级领导干部有韦茂文、卢盛芳（副厅级享受正厅级待遇），苗族正地（厅）级领导干部有李学书；布依族副地（厅）级领导干部有曾庆忠、黄国瑄（正处级享受副厅级待遇），苗族副地（厅）级领导干部有杨昌文、冯云弟、潘立德；布依族正县（处）级领导干部有王国富、王子益、岑国学、余忠华、潘吉藻、潘国龙、王天恒、梁显庄、梁忠贤、杨松、罗文健、蒙惠萍（女）、余陈丽（女）、余兴荣、农文成、岑樵、韦鸿宁，苗族正县（处）级领导干部有程实、朱德海、杨盛明，回族正县（级）领导干部有童红（女）、桂月清；布依族副县级领导干部有潘吉华、潘龙、陆邦国、陆金洪、陆兴忠、王天珍（女）、王应恒、王定元、王成方、梁忠恒、梁忠远、梁峰、蒙万林、蒙荣荣、蒙洪敏（女）、罗国信、罗文舜、罗福魁、罗阳富、余兴权、韦礼尧、韦莽、韦廉舟、毛仕诚、农庆国（正科级享受副县级待遇）、农文海、黄吉福、向立富、李可迅，苗族副县级领导干部有潘启荣、潘德明、杨昌贵、杨昌俊、杨文俊、杨启信、杨鲤菊（女）、冯华弟、冯勇、龙大海、龙大学、张建益、张建英、张明媚（女）、石文华、吴文祥，回族副县级领导干部有马良辅、马丽红（女），少数民族干部不但数量上大幅度增加，素质也有很大提高。2010年，全县少数民族干部1636人，占全县干部总数34%，比1990年增加193人；大专以上学历495人，比1990年增加311人，增加近两倍。县处级干部17人，比1990年增加8人；副科级以上干部124人，比1990年增加24人，中级以上职称98人，布依族干部1239人，苗族干部161人，回族干部117人，其他少数民族干部119人，少数民族女干部522人，占少数民族干部32%。全县各条战线、各行业均有少数民族干部，县级党政机关部门178人，政法机关95人，教育部门868人，卫生部门209人，宣传文化部门33人，农林水畜牧部门89人，在基层乡（镇）工作164人，担任乡（镇）领导54人。少数民族干部在各自岗位上兢兢业业、勤勤恳恳工作，为贞丰县社会经济发展和社会稳定努力工作。

二、民族经费管理、使用

1991年后，县民族工作部门积极向上级争取民族经费，上级下达的民族经费指标逐年增加，特别是2001年后，争取民族经费的力度进一步加大，上级下达的民族经费指标增加幅度较大，促进全县少数民族生产、生活条件改善，民族教育、卫生等各项事业发展步伐加快。

县民族工作部门不但积极向上级争取民族经费，而且加强管理，合理使用，使民族经费发挥应有的社会经济效益，充分体现党和国家对少数民族的关心和照顾，使少数民族感受到党和政府的温暖。

三、民族村寨保护建设

县民族部门对民族村寨保护建设和民族风俗旅游点进行初步规划。2001年，争取省民宗委将者相镇纳孔布依寨列为全省20个民族村保护建设示范点；仅2002年至2005年，县民族宗教部门争取了78万元民族经费修建纳孔布依寨公路、步行路和寨门，对部分民居进行维修和保护。珉谷镇纳蝉村列为A级民俗旅游点，逐步开发和建设。完成珉谷镇左旗苗寨和必克布依大寨的保护和开发调研报告。2003年，县委、县政府修建三岔河民族风情园。民族村寨保护建设工作启动。

四、民族村寨基础设施和民族建房

1991年至2010年，争取421.5万元民族经费投入少数民族村寨水、电、路建设和建房工作，实施珉谷镇纳山村、这旗村长贡组、者相镇平寨村、龙场镇五里岗村、长田乡细余村、鲁容乡坝郎等人畜饮水和兴北镇金井村、龙场镇对门山村引水灌溉工程；架设龙场镇对门山村、沙坪乡坝围村输电线路；新（改建）县城至岩鱼、纳蝉至必克、挽澜乡长田村至板光村、者相镇这艾至田湾村、小屯乡头猫至纳央村、白层镇大坪村至新寨、鲁贡镇打嫩至牛棚、沙坪乡乐元码头至孔桃村、沙坪村至顶烘村、鲁容乡纳翁至拉旦、里外至江育、连环乡马家堡至喜洋村等公路。投入84.5万元用于少数民族房屋建设，累计帮助348户1492人解决住房问题。

五、民族教育

县民族部门和教育部门以及有关乡（镇）政府在办好县民族中学、沙坪民族学校的基础上，在珉谷镇一小办5至6年级寄宿制民族班；2002年，在贞丰中学办寄宿制高中民族班。在少数民族幼儿和初小班级坚持“双语”教学。投入186.5万元改善民族地区教学条件和补助少数民族贫困生、奖励优秀生，修建珉谷一小民族班教学楼和民族班食堂、民族中学学生食堂和宿舍，还修建牛场中学、连环乡纳歪小学、龙场镇对门山村小学、沙坪乡尼罗村小学等。

六、民族卫生事业

争取32万元民族经费，修建珉谷镇卫生院、鲁容乡卫生院和兴北镇卫生院业务楼，使少数民族地区群众医疗条件有所改善。

七、民族扶贫

1990年后，认真实施龙场镇对门山民族村农业综合开发项目，对少数民族群众进行农业科技培训，推广农业适用技术，帮助和引导村民调整农业产业结构，修引水渠、学校、村活动室，实施通电工程。使对门山村生产、生活条件明显改善，大部分少数民族脱贫，逐步致富。

2003年，民族宗教事务局牵头负责沙坪乡“两基”工作和尼罗村帮扶工作。为帮助沙坪乡改善教学条件，组织县直九个单位，制作766套课桌帮扶沙坪乡，为全县的“两基”工作做出积极的努力；帮助尼罗村修建学校、制定扶贫计划、调整产业结构，寻找致富门路。

八、民族文化保护

挖掘布依族鼓铜十二则、花灯、勒尤、八音、服饰、铜鼓舞、纺织舞、刷把舞、筛铃舞和苗族芦笙舞、板凳舞等。县文化部门组建珉谷镇岩鱼百人唢呐队、者相镇纳孔民族歌舞队、长田乡郎所八音演奏队、挽澜乡花灯表演队，全县13个乡（镇）均有舞龙或舞狮队。一年一度的布依族“六月六”歌节越办越有特色。特别是2003年，县委、县政府举办“8·28”

布依族风情节，邀请中央电视台节目主持人周涛、赵保乐，明星孙悦、孙楠、郭达、付笛生、任静到三岔河主持和表演节目，全县13个乡（镇）民俗表演队，展示丰富多彩的民族风情，中央、省内外电视台、新闻单位记者对风情节进行录制、报道和宣传，不但对民族文化起到了保护作用，而且对宣传贞丰，提高贞丰知名度也起到了极大的推动作用。

民族部门创作的布依风情短篇小说《沉默的青龙山》在《贵州民族报》等报刊发表。收集翻译布依族《摩经》。县政府在三岔河畔修建民族文化广场和水上民族舞台。

1991年至2010年贞丰县民宗局争取上级民族项目经费情况统计表

表2-7-2　　　　单位：万元

经费 年度	上级拨经费数	其　中									
		人畜饮水	引水灌溉	农村用电	公路	教育	卫生	建房	农业	民族村建设	其他
1991	14.5	—	—	—	—	10	—	4.5	—	—	—
1992	8	—	—	—	—	—	—	5	3	—	—
1993	18	—	—	—	—	13	—	5	—	—	—
1994	5	—	—	—	—	—	—	5	—	—	—
1995	14.5	—	—	—	—	10	—	4.5	—	—	—
1996	15.5	—	—	2	2	7	—	4.5	—	—	—
1997	18	—	—	—	2	9	—	4	3	—	—
1998	44.6	—	—	—	2	13	25	4.6	—	—	—
1999	34.5	6	8	—	8	5	2	5.5	—	—	—
2000	34.5	3	—	5	17	—	5	4.5	—	—	—
2001	59	16	8	—	16	9	—	5	—	5	—
2002	66.4	3	—	—	45	5	—	4.4	—	9	—
2003	78	5	—	—	32	16	—	10	—	15	—
2004	46.5	9	—	—	21	8	—	—	5	—	3.5
2005	107	8	6	—	20	11	—	5	5	49	3
2006	83	7	7	—	44	17	—	8	—	—	—
2007	90	14	4	—	24	13	—	—	—	35	—
2008	144.6	11	—	—	36	18.6	—	5	—	70	4
2009	116	36	—	—	4	16	—	—	—	60	—
2010	174	8	7	—	64	5	—	—	—	90	—
合计	1171.6	126	40	7	337	185.6	32	84.5	16	333	10.5

第八章　宗　教

1949 年之前，县境内有佛教、道教、伊斯兰教和天主教活动场所，宗教神职人员绝大多数是外来人员。中华人民共和国成立后，宗教神职人员纷纷离开贞丰，县内信教民众越来越少，天主教场所停止活动，佛教道教活动不正常，只有伊斯兰教活动比较正常。县民族宗教部门贯彻落实党和国家民族政策，积极为宗教界办实事，解决实际问题，维护宗教的合法权益。

第一节　宗教状况

贞丰县教徒相对较少，但佛教、道教、伊斯兰教、天主教、基督教都有信徒。中华人民共和国成立前，信教者稍多，有佛教、伊斯兰、天主教等宗教场所。中华人民共和国成立后，信教群众越来越少，只有设在县城的清真寺（伊斯兰教堂）一直存在，并正常开展宗教活动。1950 年后，其他宗教场所就不再存在。

一、佛教

佛教传入贞丰较早，清末民初较盛行。佛教的教民多数是汉族，其他民族信仰佛教的不多。信佛教者除有少数常住庙宇吃斋念佛外，还有许多在家中吃斋念佛，有的在每年农历二月、六月、九月吃斋或到佛教场所参加活动。中华人民共和国成立后，随着社会的发展，人们思想观念的改变，唯心主义思想者逐年减少，佛教教徒先后逝世，佛教教民极少。2010 年，据宗教部门统计，全县佛教徒只有 30 多人。

2010 年，贞丰县招商引资开发双乳峰作为旅游景点，投资商奇峰公司为丰富旅游内容，经有关部门审批建设“贞观寺”佛教场所，从外地聘请佛教神职人员开展佛教活动。由于贞丰县佛教教徒不多，平时贞观寺里烧香拜佛的人较少。

二、道教

道教是中国汉族固有的宗教，属本土教。贞丰县部分布依族也信仰道教。清道光 20 年（1840），贞丰开始出现职业道士，并在龙场建有道教庙宇“万寿宫”，平时有道士 2 个。贞丰县职业道士不多，但由于汉族和布依族信仰道教，因此在较大的汉族、布依族村寨都有业余道士为人们念经，驱妖除邪，画符念咒，操持丧事等。

中华人民共和国成立后，道教庙宇和职业道士不再存在，但道教在贞丰县根深蒂固，虽没有宗教场所，信仰道教者还存在。

三、伊斯兰教

贞丰县信仰伊斯兰教的大多数是回族。1861 年，马仲率领“白旗军”即回族起义军攻克贞丰城后，在城内修建阁楼为清真寺。1871 年，官府把清真寺划为珉球书院和学堂。1875 年，贞丰县城回民集资重新在城内后排街修建清真寺，占地约 350 平方米，建筑面积约 300 平方米。中华人民共和国成立后，由于清真寺年久失修成危房，国家曾多次拨款维修。2005 年，为改善伊斯兰教活动条件，保障信教群众的安全，国家拨专款 10 余万元，清真寺管委会组织回民集资对清真寺大殿进行改建，拆原来的砖瓦房，重新修建二层楼的水泥平房约 300 平方米。清真寺长期聘请 1 名宗教神职人员执教。2010 年，全县回民 1246 人。县城清真寺是贞丰县合法的宗教场所。

四、天主教

1881 年，天主教传入贞丰，传教士首先将教堂建在县城南大街东段（今县司法局干部职工宿舍）。1901 年，贞丰县城发生火灾，天主教堂被烧毁。1936 年，天主教神甫陆方济组织教民集资在南大街中段处重新修建一座天主教堂，另外在龙场镇三河的杨家院、者相街上的碗市上、白层码头老街分别设分教堂。贞丰解放后，1951 年，传教士纷纷离开贞丰，天主教徒所剩无几，所有的天主教堂不存在。2010 年，全县天主教徒只有 10 余人。

五、基督教

1939 年，丹麦的严慕生带领波兰的叶教士、美国的艾教士、山东的何兴林等传教士，到贞丰县城租用晓街上杨显卿和钟铸斋民房传布基督教。后来由于信教人不多，又无固定经费维持传教，严慕生等相继离开贞丰。中华人民共和国成立后，贞丰信仰基督教的人极少。

第二节　宗教事务

一、宗教事务机构

1950 年 2 月，贞丰县人民政府成立后，贯彻执行党和国家宗教政策，明确宗教事务工作机构，由县民族事务委员会负责宗教事务。1952 年，撤销县民族事务委员会。1962 年，恢复县民族事务委员会。1965 年，又撤销县民族事务委员会。县民族事务委员会被撤销期间，均由县政府办公室明确专人负责宗教事务工作。1986 年，县政府办公室内设宗教侨务科负责宗教和侨务工作。1994 年，县民族事务委员会改为县民族事务局，县政府将宗教事务工作调由县民族事务局负责。2001 年，县民族事务局改为县民族宗教事务局，负责全县民族宗教工作。2003 年，成立县宗教协调工作领导小组，由县委副书记陈学农任组长，县政府副县长毛仕诚任副组长，县委统战部、县民族宗教事务局、县教育局、县民政局、县妇联等单位主要负责人为成员；乡（镇）成立宗教工作联络小组，村（街）明确 1 名宗教联络员；建立县、乡（镇）村宗教网络，加强宗教事务管理。

二、宗教政策宣传

县宗教事务部门历来重视宣传宗教政策法规工作，贯彻执行党和国家的宗教政策。县宗教事务部门多次深入宗教场所和信教群众中宣传国务院1994年颁布的《宗教场所管理条例》和《中华人民共和国境内外国人宗教活动管理规定》法规以及宗教政策。教育信教群众遵守中华人民共和国的宗教法规、执行国家宗教政策，爱国爱教，坚持自主办教。引导宗教与社会主义相适应。2004年11月30日，国家《宗教事务条例》颁布，同年12月，县民族宗教事务局采取印宣传资料、召开信教群众座谈会等形式，宣传国家《宗教事务条例》《贵州省宗教场所管理办法》等法规。据统计，仅2004年12月至2005年11月，县民族宗教事务局深入宗教场所和信教群众召开各种会议36次，发宗教政策和法规宣传资料1万余份，贴《宗教事务条例》《贵州省宗教场所管理办法》共1260张。

三、保护宗教合法权益

位于县城后排街的伊斯兰教宗教场所清真寺于1873年修建，房屋为砖木结构，已有100多年历史，2004年已成严重危房。县民族宗教事务局争取县财政资金、上级宗教部门补助资金和组织清真寺管委会筹资修缮清真寺房屋。避免了事故的发生，确保伊斯兰教活动的正常进行和信教群众的安全。

清真寺经济来源少，神职人员生活困难。县民族宗教部门和县委统战部主动与县民政部门等单位联系，落实神职人员的生活补助资金，帮助神职人员解决生活困难。

在每年的圣纪节、古尔邦节、开斋节三个节日，县民族宗教部门都分别补助清真寺500元至1000元节日活动经费。

2009年，县民族宗教部门争取上级拨款，在菜园村辖区内的回族坟山地砌围墙，防止被他人侵占。

四、宗教管理

县民族宗教部门依法管理宗教。坚持保护合法，制止非法，抵御渗透，打击犯罪的宗教工作要旨，维护合法宗教的正当权益和正常的宗教活动。按照宗教政策、法规的规定，认真开展宗教事务工作，对宗教场所进行年检。通过年检，掌握和了解宗教场所的基本情况，对符合《宗教场所管理有关规定》的报上级宗教部门发给年检合格证书，不符合规定的指导宗教场所负责人进行整改或令其停止宗教活动。2003年，县宗教协调领导小组组织宗教调研组对全县的宗教场所和信教群众进行一次普查，了解全县的宗教状况，对全县宗教场所和信教群众进行登记。通过普查，当时全县只有位于县城的清真寺伊斯兰教宗教场所符合宗教法规有关规定，属合法的宗教场所；发现珉谷镇龙井上面的基督教活动点、者相镇虎山公园的佛教活动点、平街乡冗染村者令组基督教活动点，不符合国家宗教法规有关规定，没有办理宗教场所有关手续，县宗教协调领导小组通知停止宗教活动，对相关人员进行教育疏导。制止非法的宗教活动，维护合法宗教的正常活动秩序。

第三篇 政党 群众团体

中国共产党贞丰县委员会（以下简称中共贞丰县委）认真学习贯彻执行党的政策，加强党组织建设，建立健全县级国家机关党委、党组、乡（镇）党委、企业和村级基层党组织；改革干部选拔、任用、考核、管理办法，培养年轻干部；通过多种形式进行理论宣传教育，培训党员干部，开展社会主义思想教育、党的基本路线教育、“三讲”教育、“三个代表”重要思想教育、科学发展观教育等系列重大教育活动。党员干部的综合素质明显提高，各级党组织成为全县改革开放和经济建设的领导核心。政治建设、组织建设、党风廉政建设和反腐败斗争取得阶段性的效果，精神文明建设成效明显，民族宗教政策进一步得到落实，信访、机要、保密、史志工作正常开展，工会、妇联、共青团等工作取得新成绩。县委领导全县人民进行改革开放，以经济建设为中心，根据贞丰实情，提出并实施科教兴县、工业强县、旅游活县和城镇带动发展战略，政治经济和社会各项事业有较大发展。

第一章 中共贞丰县委

历届中共贞丰县委坚定不移地贯彻执行上级党委决策部署，组织领导全县党组织和全县人民进行社会主义革命和建设，改善人民群众生产生活条件。1991 年至 2010 年，县委把工作重心转移到经济建设，领导全县进行改革开放，招商引资，搞活经济；加强基础设施建设，加强教育科技工作力度，加快了全县经济社会发展步伐，城乡面貌日新月异。全县政治稳定、民族团结、社会和谐、人民安居乐业。

1991—2010 年，中共贞丰县委以马克思列宁主义、毛泽东思想、邓小平理论、“三个代表”重要思想和科学发展观为指导，始终贯彻执行中共中央、中共贵州省委、中共黔西南州委的方针政策，牢牢把握“抓住机遇，深化改革，扩大开放，促进发展，保持稳定”

的工作大局，重视思想政治工作和组织建设，加强民主政治建设，发挥各级党组织的战斗堡垒作用和共产党员的先锋模范作用，以经济建设为中心，正确处理改革、发展、稳定的关系，团结带领全县人民共同致力于社会主义政治文明、物质文明和精神文明建设。经过20年的艰苦努力，全县经济迅速发展，社会全面进步，人民群众生活水平明显提高。其间，先后获得“全省财源建设先进县”“全国老龄工作先进县”等称号，涌现出全国教育系统劳动模范叶甲山，全国优秀教师周邦国，全国优秀体育教师刘远镇，全国“纪念中国人民抗日战争胜利60周年金质奖章”获得者董占富，全国民族团结进步先进个人获得者詹正兴，全国民族团结进步模范个人获得者姜定普等一批先进模范人物。

第一节　工作机构

1991—2010年，县级党委工作机构先后经历五次改革。1991年，县级党委工作机构设置办公室、纪律检查委员会、组织部、宣传部、统一战线工作部、政法委员会、直属机关工作委员会、政策研究室、党校、党史办公室、离退休干部工作局。

1994年3月，根据黔西南州机构编制委员会《关于批准〈贞丰县党政机构改革方案〉的通知》精神，县级党委工作机构设置办公室、纪律检查委员会、组织部、宣传部、统一战线工作部、政法委员会和直属机关工作委员会。

1996年，根据中共黔西南州委《关于调整、规范县市机构改革后机构设置的通知》精神，县级党委工作机构设置办公室、组织部、宣传部、统一战线工作部、政法委员会、离退休干部工作局、直属机关工作委员会、纪律检查委员会。

2001年12月，县级党委工作部门设置办公室、组织部、宣传部、统战部、政法委员会、机构编制委员会办公室、直属机关委工作员会、纪律检查委员会。

2007年，增设县委对外宣传办公室，同时挂县人民政府新闻办公室牌子，为归口县委宣传部管理的副科级行政机构，设兼职主任1名，人员编制在宣传部编制内调剂解决。

2008—2010年，县级党委工作机构没有增减，设置办公室、组织部、宣传部、统一战线工作部、政法委员会、离退休干部工作局、直属机关工作委员会、纪律检查委员会。

第二节　党员代表大会

1991—2010年，中共贞丰县委先后召开第六、七、八、九、十次代表大会。每次党员代表大会上，县委工作报告均对上一届工作作总结，根据中央、省、州的精神，结合贞丰县实际对全县中心工作作部署，提出奋斗目标和主要措施，号召全县各级党组织党的领导干部带领群众为实现各个时期的目标任务而努力奋斗。

一、中共贞丰县第六次代表大会

1990年9月5—8日，中共贞丰县第六次代表大会在县城召开，出席大会的正式代表202名，列席代表50名。在正式代表中，各级干部131人，占64.85%；各类专业技术人员24人，占11.88%；农村党员代表54人，占26.73%；工人党员代表3人，占1.49%；各条战线先进模范人物12人，占5.94%；解放军、武警4人，占1.98%；妇女代表28人，占13.86%；少数民族代表109人，占53.96%。年龄在35周岁以下的代表30人，占14.85%；1949年10月1日前入党的1人，占0.5%；1949年10月到1966年5月期间入党的49人，占24.26%；“文化大革命”期间入党的73人，占36.14%；粉碎江青反革命集团后入党的81人，占40.1%；大专以上学历的27人，占13.24%；中专、高中学历的35人，占17.16%。大会审议和通过县委书记田忠明代表中共贞丰县第五届委员会所作的题为《在克服困难中前进，在保持稳定中发展，为实现兴贞富民的目标努力奋斗》的工作报告；审议和通过中共贞丰县第五届纪律检查委员会工作报告；选举产生中共贞丰县第六届委员会和中共贞丰县第六届纪律检查委员会。

大会以无记名投票方式，采取差额选举办法选举产生中共贞丰县第六届委员会和纪律检查委员会。王立辉、王安会、王定元、王明育、韦昌荣、韦德伦、付汉生、皮国民、田忠明、孙建康、安德荣、杨开明、杨启信、余兴权、余光黔、余忠华、张正全、罗国祯、林顺珍、胡德明、唐方明、聂国文、徐康诰、梁文兴、龚放、蒙万林、潘立德27人当选中共贞丰县第六届委员会委员。王门开、王永平、王兴邦、王定元、王明华、韦成永、龙大海、陆家福、杨德华、周映权、郭旺龙、黄正琴、梁绍金13人当选中共贞丰县第六届纪律检查委员会委员。

在中共贞丰县第六届委员会第一次全体委员会上，王安会、王立辉、王定元、田忠明、余兴权、余光黔、杨光宗、张正全、姬保山、龚放、潘立德当选县委常委。田忠明当选县委书记，王安会、杨光宗、姬保山、潘立德当选县委副书记。

在中共贞丰县第六届纪律检查委员会第一次全体委员会上，选举王定元、杨德华、王永平、陆家福、王明华为县纪委常委；选举王定元任县纪委书记，杨德华、王永平任副书记。

二、中共贞丰县第七次代表大会

1993年1月13—15日，中共贞丰县第七次代表大会在县城召开，出席大会的正式代表205名，列席代表51名，特邀代表14名。在正式代表中，各级干部127人，占61.95%；各类专业技术人员24人，占11.71%；农民党员代表64人，占31.22%；工人党员代表3人，占1.46%；解放军、武警2人，占0.96%；妇女党员代表30人，占14.63%；少数民族党员代表88人，占42.93%；中华人民共和国成立后至1966年5月期间入党的25人，占12.2%；1966年6月至1976年10月期间入党的71人，占34.63%；1976年11月至1983年12月入党的36人，占17.56%；1984年以后入党的73人，占36.61%；大专以上文化程度的33人，占16.1%；中专、高中文化程度的56人，占27.32%；初中文化程度的61人，占29.76%；小学文化程度的55人，占26.83%；35周岁以下的51人，占24.88%。大会审议和通过中国共产党贞丰县第六届委员会工作报告，审议通过中国共产党贞丰县纪律检查委员会工作报告；选举中国共产党贞丰县第七届委员会和第七届中国共产党贞丰县纪律检查委员会。县委副书记王安会在大会上作《加快改革开放步伐，加速社会经济发展，为全面推进我县的两个文明建设而努力》的报告。

大会以无记名投票方式，采取差额选举的办法，选举产生中共贞丰县第七届委员会和纪律检查委员会。选举王安会、严世涛、张正全、王天恒、简志伦、余兴权、冯云弟、王立辉、张仁勇、杨德宝、张金祥、毛玉国、杨明超、吴德武、付汉生、李正全、曾祥刚、岳天才、谢启新、余光黔、王明育、梁文兴、付华芬、皮国民、鲍忠云25人为中共贞丰县第七届委员会委员。选举付华芬、杨德华、王永平、陆家福、李靖、朱卫平、潘德光、王明华、王健、李绍武、王芝红、左绍清、邓兴北、陆德文、王友连、韦通云、王榜达、韦玉明、余祯荣、韦保明、龙大海、李京汉、潘乃发23人为中共贞丰县第七届纪律检查委员会委员。

在中共贞丰县第七届委员会第一次全体委员会上，选举王立辉、王安会、付华芬、冯云弟、严世涛、余兴权、余光黔、张正全、简志伦为中共贞丰县第七届委员会常务委员，选举王安会为县委书记，严世涛、余兴权、王立辉为副书记。

在中共贞丰县第七届纪律检查委员会第一次全体委员会上，选举王永平、王明华、付华芬、杨继明、杨德华为中共贞丰县纪律检查委员会常务委员。选举付华芬为县纪委书记，王永平、杨德华为副书记。

三、中共贞丰县第八次代表大会

1998年2月12—15日，中共贞丰县第八次代表大会在县城召开，出席大会的正式代表215名，列席代表101名。在正式代表中，各级干部118名，占54.88%；各条战线代表97名，占45.12%；解放军、预团、武警代表4名，占1.86%；少数民族代表107名，占49.77%；妇女代表39名，占18.14%；50周岁以下的党员代表184名，占85.58%，年龄最大的69周岁，最小的22周岁，平均年龄40.3岁。大会听取和审议县委书记安金黎代表中共贞丰县第七届委员会所作的题为《以十五大精神为动力，努力把我县各项事业全面推向二十一世纪》工作报告；听取和审议中共贞丰县第七届纪律检查委员会工作报告；选举中共贞丰县第八届委员会和中共贞丰县第八届纪律检查委员会。大会选举安金黎、王立辉、刘民能、秦廷书、谢启新、曾祥刚、邱佑杰、王勇、王天恒、王由显、王光云、王远光、王丽蓉、王祯黔、毛仕诚、龙丰远、杨明超、李降能、肖德荣、余光黔、余陈丽、张仁勇、张春山、郑各明、柏永伦、高振敏、唐鹏程、黄德武、商必彪、谢培德、曾立、曾刚为中共贞丰县第八届委员会委员；选举韦廷文、韦昌荣、左绍清、田维英、杨德华、张永平、陆德文、胡成刚、赵立彪、饶远招、龚修明、梁光吉、梁勤香、曾祥刚、雷启才、潘庆彪、唐朝海为中共贞丰县第八届纪律检查委员会委员。

在中共贞丰县第八届委员会第一次全体会议上，选举安金黎、王立辉、刘民能、秦廷书、谢启新、曾祥刚、李正全、邱佑杰为中共贞丰县第八届委员会常务委员，选举安金黎为县委书记，王立辉、刘民能为副书记。

在中共贞丰县第八届纪律检查委员会第一次全体委员会上，选举曾祥刚、杨德华、韦昌荣、赵立彪、田维英、张永平、龚修明为中共贞丰县纪律检查委员会常务委员，选举曾祥刚为县纪委书记，杨德华、韦昌荣为副书记。

四、中共贞丰县第九次代表大会

2003年1月21—24日，中共贞丰县第九次代表大会在县城召开，出席大会的正式代表219名，列席代表108名。在正式代表中，各级领导干部119名，占54.34%；工业、农业、政法、财贸、科技、文教、卫生、体育等第一线党员100名，占45.66%；各条战线的劳动模范、先进工作者31名，占14.16%；解放军、武警部队代表2名，占0.91%；少数民族代表112名，占51.14%；妇女代表45名，占20.55%；大专以上文化程度的党员86名，占39.27%；50周岁以下的党员174名，占79.45%。大会听取和审议县委书记贺登祥代表中共贞丰县第八届委员会所作的工作报告，中共贞丰县第八届纪律检查委员会工作报告；选举产生中共贞丰县第九届委员会及其书记、副书记、常委；选举中共贞丰县第九届纪律检查委员会及其书记、副书记、常委。

在中共贞丰县第九届委员会第一次全体委员会上，选举贺登祥、张国华、张明全、陈学农、李正全、欧荣安、马成明、李祖胜、罗元香、冯勇、陈晴为中共贞丰县第九届委员会常委；选举贺登祥为县委书记，张国华、张明全、陈学农为副书记。

在中共贞丰县第九届纪律检查委员会第一次全体委员会上，选举罗元香、韦昌荣、张永平、龚修明、冯元弟、赵立彪、雷启才、黄如生为中共贞丰县纪律检查委员会常务委员，选举罗元香为县纪委书记，韦昌荣、张永平、龚修明为县纪委副书记。

五、中共贞丰县第十次代表大会

2006年10月18—19日，中共贞丰县第十次代表大会在县城召开，出席大会应到代表236名，实到代表234名。大会听取和审议县委书记张国华代表中共贞丰县第九届委员会所作的题为《全面贯彻落实科学发展观，为建设文明和谐的小康贞丰而努力奋斗》工作报告，中共贞丰县第九届纪律检查委员会工作报告；选举中共贞丰县第十届委员会及其书记、副书记、常委；选举中共贞丰县第十届纪律检查委员会及其书记、副书记、常委。

在中共贞丰县第十届委员会第一次全体委员会上，选举中共贞丰县第十届委员会委员。王才丽、王成芳、王明华、韦莽、贝启真、毛仕诚、邓安贵、冉福江、付华芬、冯勇、冯登坤、刘德义、李万忠、李正全、杨光武、杨昌贵、杨丽敏、吴建华、邱建华、余甫、余光黔、邹浩、张国华、陆兴江、陈兴林、欧荣安、罗勇、赵显雄、胡顺金、贺春秀、夏云江、郭玉海、黄长春、黄德武、梁启超、梁绍宇、蒋正华、曾立、蒙勇、窦万文、廖科周、潘建农当选为委员，选举严峰、杨秀英、曾宇、王建敏、丁盛、蒙立胜、柏永伦为候补委员；选举张国华、郭玉海、李正全、冯勇、邹浩、陈兴林、曾立、杨丽敏、贺春秀、贝启真为县委常委；选举张国华为县委书记，郭玉海、李正全为副书记。

在中共贞丰县第十届纪律检查委员会第一次全体委员会上，选举贝启真、韦昌荣、雷启才、黄如生、张继善、王立高、曾敏为县纪委常务委员，选举贝启真为县纪委书记，韦昌荣、雷启才为县纪委副书记。

中共贞丰县第六届至第十届委员会领导名录一览表

表 3-1-1

类别 届次	职务	姓名	性别	民族	籍贯	任职时间	备注
第六届	书　记	田忠明	男	汉　族	贵州大方	1990.9—1993.1	—
	副书记	王安会	男	布依族	贵州安龙	1990.9—1993.1	—
		严世涛	男	汉　族	贵州盘县	1992.8—1993.1	※
		杨光宗	男	苗　族	贵州凯里	1990.9—1993.1	州挂职干部
		姬保山	男	汉　族	山　东	1990.9—1993.1	省挂职干部
		潘立德	男	苗　族	贵州贞丰	1990.9—1991.5	调出
		殷明华	男	布依族	贵州贵阳	1992.4—1993.1	州挂职干部
		袁　兵	男	汉　族	贵州兴义	1992.5—1993.1	州挂职干部
		余兴权	男	布依族	贵州贞丰	1992.8—1993.1	—
	常　委	王立辉	男	汉　族	贵州贞丰	1990.9—1993.1	县委办主任
		王定元	男	布依族	贵州贞丰	1990.9—1993.1	县纪委书记
		余兴权	男	布依族	贵州贞丰	1990.9—1992.8	县组织部部长
		余光黔	男	汉　族	贵州贞丰	1990.9—1993.1	县宣传部部长
		张正全	男	汉　族	贵州贞丰	1990.9—1993.1	县人武部政委
		龚　放	男	汉　族	贵州贞丰	1990.9—1992.9	※ 调出
		简志伦	男	苗　族	贵州兴义	1992.9—1993.1	县组织部部长
第七届	书　记	王安会	男	布依族	贵州安龙	1993.1—1994.5	调出
		安金黎	男	黎　族	贵州兴仁	1994.6—1998.2	—
	副书记	严世涛	男	汉　族	贵州盘县	1993.1—1996.10	※ 县长
		殷明华	男	布依族	贵州贵阳	1993.1—1994.1	州挂职干部
		袁　兵	男	汉　族	贵州兴义	1993.1—1994.1	州挂职干部
		余兴权	男	布依族	贵州贞丰	1993.1—1995.10	—
		王立辉	男	汉　族	贵州贞丰	1993.1—1998.2	—
		王大文	男	布依族	贵州安龙	1994.5—1997.11	—
		刘民能	男	汉　族	贵州晴隆	1997.11—1998.2	—
		张美树	男	汉　族	贵州贵阳	1995.2—1996.1	省挂职干部
		潘　兴	男	汉　族	—	1996.2—1997.1	省挂职干部
		张凤刚	男	汉　族	—	1997.2—1998.3	州挂职干部
		杨　庆	男	汉　族	—	1997.3—1998.3	省挂职干部

续表 3-1-1

类别 届次	职务	姓名	性别	民族	籍贯	任职时间	备注
第七届	常　委	付华芬	女	汉　族	贵州贞丰	1993.1—1998.2	县纪委书记
		冯云弟	男	苗　族	贵州贞丰	1993.1—1997.5	副县长
		余光黔	男	汉　族	贵州贞丰	1993.1—1998.2	县宣传部部长
		张正全	男	汉　族	贵州贞丰	1993.1—1997.3	县人武部政委
		简志伦	男	苗　族	贵州兴义	1993.1—1994.11	县组织部部长
		秦廷书	男	黎　族	贵州晴隆	1996.6—1998.2	县组织部部长
		谢启新	男	汉　族	河南濮阳	1997.11—1998.2	副县长
		曾祥刚	男	汉　族	贵州贞丰	1997.11—1998.2	县纪委书记
		李正全	男	汉　族	贵州贞丰	1997.11—1998.2	县宣传部部长
		欧荣安	男	汉　族	贵州贞丰	1997.11—1998.2	县委办公室主任
第八届	书　记	安金黎	男	黎　族	贵州兴仁	1998.2—2001.8	—
		贺登祥	男	布依族	贵州安龙	2001.8—2003.1	—
	副书记	王立辉	男	汉　族	贵州贞丰	1998.2—2001.8	县长
		刘民能	男	汉　族	贵州晴隆	1998.2—1998.8	—
		秦廷书	男	黎　族	贵州晴隆	1998.2—1998.8	—
		董朝阳	男	汉　族	贵州兴义	1998.5—1998.8	—
		张明全	男	瑶　族	湖南宁远	2000.8—2003.1	※
		梁　波	男	—	—	1998.2—1999.2	挂职
		尹维国	男	—	—	1998.2—2001.2	挂职
		丁军生	男	汉　族	河南汝州	1998.3—2000.2	省挂职干部
		郑德川	男	—	—	2000.2—2001.2	挂职
		张国华	男	回　族	四川简阳	2001.8—2003.1	※
		王治斌	男	布依族	贵州兴仁	2001.8—2002.6	※
		陈学农	男	彝　族	贵州兴义	2002.6—2003.1	—
		王明华	男	汉　族	山东莘县	2002.12—2003.1	—
		汪建初	男	汉　族	—	2001.8—2003.1	挂职干部
	常　委	谢启新	男	汉　族	河南濮阳	1998.2—2000.10	副县长
		邱佑杰	男	汉　族	遵义凤冈	1998.2—1998.8	县人武部政委
		曾祥刚	男	汉　族	贵州贞丰	1998.2—2003.1	县政法委书记
		李正全	男	汉　族	贵州贞丰	1998.2—2003.1	县宣传部部长
		欧荣安	男	汉　族	贵州贞丰	1998.2—2003.1	县委办公室主任

续表 3–1–1

类别 届次	职务	姓名	性别	民族	籍贯	任职时间	备注
第八届	常　委	王治斌	男	布依族	贵州兴仁	1998.2—2002.6	※ 县组织部部长
		郝明星	男	汉　族	贵州兴义	2000.8—2002.12	县纪委书记
		陈学农	男	彝　族	贵州兴义	2001.8—2002.6	县组织部部长
		马成明	男	回　族	贵州兴仁	2001.8—2003.1	县人武部政委
		胡丹录	男	汉　族	贵州安龙	1998.6—1999.6	州驻贞工作队队长
		方　俊	男	汉　族	重庆涪陵	2000.6—2002.8	州驻贞党建扶贫工作队队长
第九届	书　记	贺登祥	男	布依族	贵州安龙	2003.1—2006.2	—
		张国华	男	回　族	四川简阳	2006.2—2006.10	※
	副书记	张国华	男	回　族	四川简阳	2002.3—2006.2	※ 县长
		郭玉海	男	苗　族	贵州普安	2006.2—2006.10	※
		张明全	男	瑶　族	湖南宁远	2003.1—2005.4	※
		陈学农	男	彝　族	贵州兴义	2003.1—2006.10	—
		王明华	男	汉　族	山东莘县	2003.1—2003.2	—
		罗元香	女	汉　族	贵州安龙	2005.3—2006.10	—
		李正全	男	汉　族	贵州贞丰	2005.9—2006.10	—
		汪建初	男	汉　族	—	2003.1—2003.2	省挂职干部
		范永海	男	苗　族	—	2003.5—2004.5	省挂职干部
		钱　斌	男	汉　族	江苏昆山	2004.3—2005.5	省驻贞党建扶贫工作队队长
	常　委	李正全	男	汉　族	贵州贞丰	2003.1—2005.9	县宣传部部长
		欧荣安	男	汉　族	贵州贞丰	2003.1—2006.10	常务副县长
		罗元香	女	汉　族	贵州安龙	2003.1—2006.10	县纪委书记
		李祖胜	男	布依族	贵州晴隆	2003.1—2006.5	县组织部部长
		马成明	男	回　族	贵州兴仁	2003.1—2005.4	县人武部政委
		冯　勇	男	苗　族	贵州贞丰	2003.1—2006.10	县统战部部长
		陈　晴	男	黎　族	贵州晴隆	2003.1—2006.5	珉谷镇书记
		邹　浩	男	汉　族	贵州兴义	2005.4—2006.10	县人武部政委
		高　松	女	汉　族	贵州安顺	2006.5—2006.10	挂职干部
		李本琴	女	汉　族		2003.5—2004.5	州驻贞党建扶贫工作队队长
		陈兴林	男	布依族	贵州安龙	2006.5—2006.10	县组织部部长

续表 3-1-1

届次＼类别	职务	姓名	性别	民族	籍贯	任职时间	备注
第十届	书　记	张国华	男	回　族	四川简阳	2006.10—2008.3	※
		郭玉海	男	苗　族	贵州普安	2008.3—	※
第十届	副书记	郭玉海	男	苗　族	贵州普安	2006.10—2008.3	※ 县长
		余越前	男	布依族	广东饶平	2008.3—	※
		李正全	男	汉　族	贵州贞丰	2006.10—	—
		陈国芳	男	汉　族	贵州兴义	2007.3—2007.12	州挂职干部
		马俊平	男	汉　族	天津静海	2009.3—2010.3	省驻贞丰党建扶贫工作队队长
		刘　俊	男	汉　族	贵州安顺	2010.3—	省驻贞丰党建扶贫工作队队长
		向立富	男	布依族	贵州贞丰	2010.3—	州驻贞丰党建扶贫工作队队长
	常　委	冯　勇	男	苗　族	贵州贞丰	2006.10—	县宣传部部长
		邹　浩	男	汉　族	贵州兴义	2006.10—2008.4	县人武部政委
		陈兴林	男	布依族	贵州安龙	2006.10—	县组织部部长
		曾　立	男	汉　族	贵州贞丰	2006.10—	※ 常务副县长
		杨丽敏	女	汉　族	贵州遵义	2006.10—	副县长
		贺春秀	女	布依族	贵州普定	2006.10—2008.4	县政法委书记
		贝启真	男	布依族	贵州望谟	2006.10—	县纪委书记
		闫诗学	男	汉　族	贵州兴仁	2008.4—	县人武部政委
		梁　宇	男	汉　族	广东高州	2008.4—	县政法委书记
		高　松	女	汉　族	贵州安顺	2006.10—2007.4	省挂职干部
		宋建波	男	汉　族	河北迁西	2008.8—2010.2	省挂职干部
		陆建华	男	汉　族	—	2010.5—	挂职干部
		孙取莉	女	回　族	贵州普安	2010.10—	州挂职干部

说明：表中姓名右边备注栏有 ※ 者，为因违法违纪受到行政处罚或刑法处罚。

第三节　全体委员会议

县委全委会主要对全县党的建设、政治建设、经济建设、文化建设及其他全局性重大问题作出决策；制定贯彻落实上级党组织和县党代会决议、决定的实施方案；听取和审议县委常委会的工作报告，监督和评议常委会及其成员的工作；决定召开党的代表大会；选举县委常委会和书记、副书记，通过县纪律检查委员会全体会议选举产生县纪律检查委员会委员和书记、副书记；对常委会提请决定的问题或必须由全委会决定的其他重要问题作出决策。

县委全委会原则上每年召开1次，遇重要情况可随时召开，2003年起，全县各乡（镇）党委书记、乡（镇）长，县属各单位主要负责人列席。会议议题由县委常委会议决定，议题确定前，一般都征求委员的意见。全委会召开的时间、议题，在会议召开之前通知各委员。全委会必须有三分之二以上委员到会才举行，委员因事不能参加会议的，应当请假。全委会对重要事项进行表决时，以赞成票数超过应到会委员人数的半数以上为通过，未到会委员的意见不计入票数，对委员会委员、候补委员作出撤销党内职务、留党察看处分或开除党籍的决定，必须由全委会三分之二以上委员同意，并经上级党的委员会批准。在特殊情况下，可以由常务委员会作出处理决定，待召开全委会时予以确认。表决可以根据讨论事项的不同内容，分别采取举手表决、无记名投票、记名投票或其他方式。会议决定多项事项的，进行逐项表决。如讨论的意见不一致，且赞成与不赞成人数相接近时，除了在紧急情况下必须按多数人意见执行外，应暂缓作出决定，并进一步开展调查研究，交换意见，充分酝酿后复议表决；提交党的代表大会决定；在特殊情况下，将争议的情况向上级党组织报告，以请求指示等方式处理。

第四节　常委会议

县委常委会在全委会闭会期间，行使委员会职权，执行上级党组织的指示和县党代表大会的决议，主持日常工作。

主要内容是召集全委会，向全委会负责并报告工作；对应由全委会决定的事项先进行审议和提出意见；组织实施上级党组织的指示和全委会的决议；对贞丰县经济建设、政治建设、文化建设、社会建设、党的自身建设中的重要问题进行研究，并作出决定；审议以县人大、县政府、县政协党组名义报县委常委会决定的涉及全县改革发展稳定和经济、政治、文化、社会各项事业等方面重大事项；对县级国家机关、人民团体、经济组织、文化组织和其他非党组织的领导机关中的党组织请示的重要问题作出决定，按照干部管理权限和有关规定，推荐提名、任免干部，负责教育和管理干部；以县委名义向上级党组织请示、报告工作，向下级党组织发布指示、通报，制定以县委的名义发出重要文件；对必须由县委常委会决定的其他重要问题作出决定。

县委常委会议，一般每月召开一次，必须时酌情召开；会议由县委书记主持，县委书记因事外出时，委托县委副书记召集并主持。2006年后，县人大常委会主任、县政协主席列席县委常委会议，并发表意见。会议议题，由县委书记确定，或由县委书记委托县委副书记确定。县委常委会议召开时间、议题，一般在会前通知各个常委和县人大常委会主任、县政协主席。拟在会上研究讨论的议题文件（重要涉密的除外），在会前送达县委常委和县人大常委会主任、县政协主席审阅，然后在会上讨论决定。县委常委会议必须有半数以上常委到会才能召开（讨论干部任免等重大问题时，应有三分之二以上常委到会才能召开）。常委因事不能参加会议，应在会前请假。会议根据讨论事项的具体情况，分别采取口头、举手、无记名投票或记名投票的方式进行表决。会议决定多个事项的，实行逐项表决。县委常委会议结束后，由县委办公室根据会议决定的事项编发会议纪要，经县委书记或县委书记委托副书记审定后印发县委常委、县人大常委会主任和县政协主席以及有关单位。县委常委会研究的事项（除涉密外），一般都以适当的方式在一定范围公布。

县委常委会决定的事项，由县委办公室及时通知承办各部门和单位抓好落实，县委、县政府督查室同有关部门检查工作落实情况，并在一定范围通报。

第五节　重要决策

1991年2月20日，中共贞丰县委印发《关于建镇并乡撤区中党代会召开的安排意见》。意见要求：各乡（镇）撤并后，须于3月15日前开完党代会，会期2天。这次乡（镇）党代会不设代表资格审查委员会、选举委员会和主席团，选举前，应将选举办法交代表大会通过。选举办法包括选举的内容、名额、候选人的确定、选举方式和时间、选票的填写、候选人、当选人的排列、监票人、计票人的产生方法、票箱设置、选票计票和选举纪律。乡（镇）党委、纪委班子实行差额选举，党委正副书记、纪委书记实行等额选举。候选人须获得实到会正式代表半数以上的赞成票方能当选。党委正副书记、纪委书记，可同党委、纪委委员一次选举产生，也可在新一届党委召开第一次全委会上选举产生。

1991年5月5日，中共贞丰县委印发《关于在我县农村开展社会主义思想教育的意见》。根据中共中央、国务院《关于1991年农业和农村工作的通知》规定，在农村开展社会主义思想教育。明确社会主义思想教育的重点和任务。主要任务：用社会主义思想占领农村阵地，全面贯彻落实党在农村的各项方针政策，加强以党支部为核心的农村基层组织建设。教育重点：开展社会主义制度优越性、党的基本路线、爱国主义和集体主义、社会主义法制、发展商品经济的教育。在对农民进行普遍教育的基础上，重点要抓好农村基层干部、共产党员和共青团员的教育，教育他们坚定社会主义信念、树立全心全意为人民服务的思想，带领群众自力更生、艰苦奋斗，走勤劳致富、共同富裕的道路。方法步骤：全县农村社会主义思想教育分为三批进行：第一批，1991年5月在挽澜乡开展教育工作试点；第二批，7—8月在珉谷镇、者相镇、龙场镇、兴北镇、挽澜乡、沙坪乡开展教育工作；第三批，在1992年适当时候，完成其他6个乡（镇）的教育工作。

1992年6月20日，中共贞丰县委、贞丰县人民政府作出《关于进一步加快个体、私营经济和乡镇企业发展的规定》。规定要求：一是进一步放宽开办条件。允许一业为主、多种经营或多形式联合经营；大力发展与农、林、牧、副、渔紧密相连的农副产品加工业；凡是放开的农副产品，除国家和集体外，个体户也可以经营；适当降低注册资金，一般企业法人（非公司企业）注册资金从3万元降到1万元、批发商公司从50万元降到20万元、生产性公司和零售商业公司从30万元降到10万元、服务性公司从10万元降到5万元。二是发展横向经济联合。鼓励在自愿互利的基础上，不受行业、区域和所有制性质的限制，可以实行一厂两制或一厂多制。三是乡镇企业、联办企业、私营企业开办或新增经营项目，除国家法律规定和国务院、省政府决定、批准或授权实行许可证的以外，均可放开经营。四是乡镇企业、联办企业和私营企业，为适应业务开展的需要，经工商行政管理机关批准，可以直冠县名。五是逐步推进股份制。采取股份制的方式，大力发展独办、联办的私营企业和乡镇企业。六是努力解决乡镇企业的发展资金。每年按地方财力的3%安排投入乡镇企业，由乡镇企业主管部门安排使用，由金融部门监督管理。七是鼓励从县外引进资金（国家正常的拨贷除外）、技术和人才，发展全县乡镇企业、“三型”企业和私营企业。引进无偿资金，由受益方从引资总额中一次性提取5%~10%，作为奖金奖给引资者；引进有偿资金，使用期在三年以上，资金开始投入使用后，由受益方从引资总额中提取1%~1.5%，作为奖金奖给引资者；引进新技术、新工艺、新项目，有明显成效的，由受益方从新增税后利润中提取3%，作为奖金奖给引资者；新增税利超过30%以上的企业，可以从新增税后利润中提取5%~10%，作为基金奖给创办者或承包人；承包亏损、倒闭乡镇企业创利后，承包人可以从税后利润中提取30%归个人；各种奖励均免征个人收入调节税。八是乡镇企业可从销售额中按2%的比例提取销售费用。进入成本，对于推销产品有贡献的人员可以一次性发给奖金；对乡镇企业产值连续两年利税贡献大的，对乡（镇）党政领导或主管乡镇企业的领导，对技术革新，发明创造，领办、创办、承包乡镇企业的有功人员，可以一次性发给奖金。九是大力发展集体工业企业。凡进行技术改造的集体工业企业，其新增固定资产超过原有固定资产净值一倍以上，或新增产值超过上年50%以上的，新增的产品税、增值税、营业税，可按税收管理权限报批，给予减征或免征1~3年税收的优惠照顾；凡新创办的集体工业企业，工商、金融、城建、土管等部门提供相应的优惠方便，税务部门从低从轻征收投资方面的调节税，对企业免征3~5年所得税。十是对从事个体经济的残疾人、生活贫困的孤寡人员、荣誉退役军人和边远村寨就地经营的个体工商户，视其经营状况，按照税收管理权限报批，可以减征或免征税费。

1994年4月1日，中共贞丰县委、贞丰县人民政府印发《关于加快发展我县畜牧养殖业的意见》。县委把畜牧养殖业作为发展全县农村经济、切实增加农民收入的支柱产业。意见的发展目标：“八五”期末，肉类总产量4750吨、蛋类320吨，畜牧业产值3557万元，占农业总产值的30%以上；“九五”期末，肉类总产量8000吨、蛋类500吨、水产品150吨，畜牧业产值5730万元，占农业总产值的35%以上，力争实现农民出售畜产品、水产品人均收入400元。意见要求调整畜牧养殖业结构。稳步发展生猪，大力发展牛羊，加快发展禽、蛋、鱼、奶，逐步建立起节粮型、食草型、商品牲畜群结构。要求依靠科技兴牧、增加养殖业投入。推广生猪的“两推五改”综合配套技术，牛的人工授精改良和本地品种选育技术。成立县畜牧养殖业发展基金，一是按上年度畜牧业产值的0.5%列入当年预算，二是支农周转金按不低于20%的比例划拨，三是继续执行屠宰税的15%返还用于畜禽防疫，四是由畜牧部门向肥猪、牛、羊交易买方按每头分别收取3元、5元、1元的技术改造费。

1995年2月28日，中共贞丰县委印发《关于加强农村基层组织建设的意见》。决定用一年的时间，在珉谷镇、者相镇、龙场镇、白层镇、鲁贡镇、连环乡、挽澜乡开展以加强村级组织建设为重要内容的“四个一”工程。成立农村基层组织建设领导小组及其办公室，从县直机关抽调30名“四个一”工作队队员、各乡镇抽5人直接开展此项工作。整个工作分为宣传动员、调查摸底、组织落实和总结验收四个阶段。7—9月为组织落实阶段，该阶段是整个工作的重点。主要任务是开展建立健全以党支部为核心的村级组织配套建设。要以党支部为重点，做好村委会、共青团、妇代会、民兵、治保、合作经济等组织配套建设。要突出建设一个好的领导班子，尤其要选好一个好支书。在组织发展方面，重点培养和考察35周岁以下的优秀中青年入党积极分子。经过一年的考察培养，每个村至少要发展1名党员。

1995年12月26日，中共贞丰县委作出《关于在全县开展“奋战九五、富民升位”大讨论的安排意见》。1996年是全县实施“九五”计划的第一年，县委决定从1995年12月29日至2月15日，在全县开展“奋战九五、富民升位”大讨论。意见要求：该次大讨论要以邓小平同志建设有中国特色社会主义理论为指导，坚持党的基本路线，学习贯彻十四届五中全会、省委七届四次全会精神。此次大讨论分为动员学习、总结经验、制定目标和总结表彰四个阶段。在1996年2月1日至1996年2月10日为制定目标阶段，要求各单位要根据县委县人民政府1996年的工作要点和“建议”，制订本单位1996年工作目标，拟订本部门1996年工作目标责任制；各乡镇理清思路，作出三年计划、五年规划，制订1996年工作目标责任制。这次大讨论要与机关干部思想、纪律、作风整顿，以及乡镇换届工作结合起来。

1996年1月15日，中共贞丰县委《关于进一步发展甘蔗产业的意见》，设立甘蔗发展基金大力扶持甘蔗产业。

1996年11月20日，中共贞丰县委、贞丰县人民政府印发《贞丰县行政机关工作人员过渡为国家公务员的实施意见》。规定：全县国家行政机关、党的机关和行使政府行政职能（含从事行政管理活动的事业单位）在“三定”方案确定时在编在岗的具有国家干部（含聘用干部）身份的工作人员；参照试行《国家公务员暂行条例》的单位，符合国家公务员的基本条件及职位任职条件的人员两类人员列入过渡对象。凡由县级以上检察、纪检、监察机关立案审查尚未作出结论的人员；1994年10月1日以后受党内行政警告处分未满半年，受党内严重警告处分或行政记过、记大过、降级处分未满一年，受党内撤职或留党察看、行政撤职处分未满两年的人员；因健康原因，连续病休一年以上的或两年内累计有一年未上班且不能坚持正常工作的人员（不包括因公受伤在治疗期间的人员）；新录用试用期未满的人员；非组织同意自行离职学习一年以上的人员；兼任企业或营利性事业单位职务尚未辞去所兼职务的人员；1995年度考核不称职的人员；未取得公务员过渡培训合格证的人员；“停薪留职”和仍从事经商办企业的人员（按组织程序经组织审批创办或领办项目的人员除外）九类人员列入暂缓过渡对象。凡是正在受刑事处罚、劳动教养的或给予开除留用察看行政处分尚在处分期的人员；按照《国家公务员暂行条例》第七十四条规定应以辞退的人员；本单位人员过渡时已达到离退休年龄的人员（按有关文件规定并经批准延退或留任的人员除外）及按有关政策规定已办理或决定办理提前退休手续的人员；本人提出书面要求，自愿不过渡为国家公务员的人员三类人员不列入过渡对象。

1998年2月13日，中共贞丰县第八次代表大会审议通过全县“151056”工作思路的决定。“151056”工作思路，即“一个中心，五个重点，十件实事，五项工作，六条措施”。“一个中心”是扶贫攻坚；突出“五个重点”（培植黄金、烤烟、蔗糖、畜牧业、煤炭、花椒产业，抓好产业结构调整，加快小城镇建设步伐，大力发展非公经济，推进国有企业改革）；办好“十件实事”（实施县城至牛场三岔路三级公路改造，完成安坝公路、县城至白层公路改造和新修三河至挽澜公路，解决1.5万人饮水问题，新修20个通村公路，力争实现村村通电，完成糖厂日榨750吨甘蔗技改工程，启动义教工程项目，改建8所乡村学校、贞丰县第一中学和牛场中学教学楼建设，实施三岔河、竹林堡旅游路建设，实施“金都商城”、富民路延伸和兴北、者相、龙场小城镇建设）；“五项工作”（抓好思想文化建设，加强精神文明建设，抓好人口生态建设，强化民主法制建设，加强党的建设）；强化“六条措施”（更新观念，优化环境，转化机关职能，壮大“实业”队伍，加强指导，调整工作方法）。

2002年4月24日，中共贞丰县委印发《关于贯彻落实〈公民道德建设实施纲要〉的意见》。意见指出：全县公民教育文化水平较低，个别干部群众效率意识、竞争意识、自立意识、创新意识和民主法治制意识不强，公民道德建设方面存在不少问题。在全县范围内开展公民道德建设，坚持以为人民服务为核心，以集体主义为原则，以爱祖国、爱人民、爱劳动、爱科学、爱社会主义为基本要求，以社会公德、职业道德、家庭美德为着力点，按照“爱国守法、明礼诚信、团结友善、勤俭自强、敬业奉献”的二十字道德规范要求，在广大机关干部、职工中，加强爱岗敬业、诚实守信、办事公道、服务群众、奉献社会的职业道德教育，加强文明礼貌、助人为乐、爱护公物、保护环境、遵守纪律的社会公德教育，加强尊老爱幼、男女平等、夫妻和睦、勤俭持家、邻里团结的家庭美德教育。在学校，加强对学生进行“五爱”“五讲”“四美”教育，加强关心献给他人、衷心献给祖国、爱心献给社会、孝心献给父母、信心留给自己的教育。在农村，重点开展移风易俗，崇尚科学教育。在厂矿，加强企业员工的主人翁意识教育，树立“爱厂如家”“厂兴我荣、厂衰我耻”的观念；加强对企业员工的质量意识教育，强化“质量第一、信誉第一”观念，反对掺杂使假，反对假冒伪劣。

2003年2月22日，中共贞丰县委、贞丰县人民政府印发《贞丰县“两基”攻坚基础设施建设实施方案》。方案要求，从2003年2月至2003年8月15日，全面完成新建62所中小学教学楼、19所学校学生宿舍楼、改造21所小学危房、完善126所中小学五项配套建筑设施任务，投入资金3638.33万元。所有项目建设在县“两基”工作领导小组的领导下，主要由教育局负责实施，有关部门配合，教育、建设部门抽派人员，分成两个组负责具体工程实施管理，危房改造和附属工程主要由乡镇教辅站和学校具体实施；县质监站负责项目质量监督；县发展改革局负责组织有关单位验收。

2005年1月20日，中共贞丰县委印发《关于在全县开展以实践“三个代表”重要思想为主要内容的保持共产党员先进性教育活动的实施意见》。意见规定，全县开展先进性教育活动的目标要求是：提高党员素质、加强基层组织、服务人民群众、促进各项工作。方法步骤是：全县先进性教育活动从2005年1月开始，开展学习动员、分析评议、整改提高三个阶段的集中学习教育。分三批进行，每批用半年左右的时间，到2006年6月结束。第一批（2005.1—2005.6）：县委、县人民政府、县人大、县政协机关，县法院、县检察院、县人民团体机关，县委、县人民政府直属事业单位及部门管理的事业单位，党组织关系在县的中央和省州驻县单位。第二批（2005.7—2005.12）：乡镇党委政府机关、企业、事业单位，包括街道社区和社会团体、社会中介组织，县派驻乡镇的基层单位，国有企业和非公有制企业的党组织，城镇中小学。第三批（2006.1—2006.6）：农村基层党组织，包括党组织关系在村的企事业单位，农村中小学校等；承担先进性教育活动组织和指导工作的各级有关机关、部门。

2009年3月13日，中共贞丰县委制订《中共贞丰县委常委会开展深入学习实践科学发展观工作方案》。方案规定，县委常委会从2009年3月至2009年8月参加第二批深入学习实践科学发展观活动，围绕提高思想认识、解决突出问题、创新体制机制和促进科学发展的主要目标，重点开展以“践行科学发展观，推进贞丰新跨越”为主题的“三谈”活动，一是邀请县委常委、专家学者讲谈如何“解放思想抓落实、推动发展构和谐”，深化对科学发展观的理解，增强科学发展观的意识；二是在贞丰政务协同网、贞丰电视台、贞丰科学发展观学习实践活动专题网站上开辟专栏，请群众围绕“贞丰大发展，我该怎么干？”或“我为贞丰发展做什么？”开展解放思想大讨论访谈；三是在贞丰政务协同网、贞丰电视台、贞丰科学发展观学习实践活动专题网站开设“常委信箱”，开通“热线电话”等，形成推进科学发展观的合力。在解放思想大讨论中，县委常委带头，组织分管部门围绕“践行科学发展观，推进贞丰新跨越”主题，开展“我为贞丰发展献良策”解放思想大讨论活动。在专题民主生活会前，县委书记要同班子成员谈心，着重指出思想、工作、作风方面存在的问题；常委间要相互谈心，交换看法。在专题民主生活会上，重点查找个人和班子在贯彻落实科学发展观方面存在的突出问题，查找党性党风党纪方面群众反映强烈的问题，深刻剖析原因，开展严肃认真的批评和自我批评。在整改落实阶段，常委结合工作分工，成立由牵头部门、责任部门组成的专项小组，实行“挂号”整改，集中解决。由县委常委带头，组织县处级干部、乡科级干部、千名党员深入农村、企业、学校、社区等基层单位开展“千名党员下基层服务科学发展”大行动。

2010年4月14日，中共贞丰县委印发《关于农村“能人党员”工程的实施意见》。采取上下联动、左右互动的方式，逐步把农村致富能手培养成为党员，把党员培养成致富能手，把党员中优秀的致富能手培养成为村组干部或后备干部，形成“人人想入党，个个争当村干部”的良好氛围；提高农村党员带头致富和村级党组织带领群众共同致富的能力，实现能人带动、共谋发展、共同富裕。意见要求：一是摸清底数，建立四个台账。各乡（镇）围绕现有的致富能手、贫困党员和贫困群众的数量、结构、分布和贫困原因，登记造册、建档立卡，制定帮扶措施和家庭经济增长计划，把政治觉悟高、带富能力强者确定为入党积极分子进行重点培养，适时吸收加入党组织。二是建立党内生产发展基金。县财政划拨100万元建立发展基金专户，户均1万元或2万元，用于扶持农村党员、预备党员发展种植业和养殖业，养殖项目、蔬菜类种植项目1年期限归还本金，经果林种植项目3年期限内归还本金。三是实行“三个倾斜”，扶持“能人党员”。各有关部门要对有发展潜力的党员实行“贷款倾斜、项目倾斜、培训倾斜”，激励农村党员发展生产，引导他们走在发展农村经济的前列，发挥示范带动作用，成为带领群众共同致富和发展农村经济的中坚力量。四是搞好“三个结对”，让农村党员富起来。县（乡）有关部门与村结对、县（乡）机关党员与农村党员结对、农村党员中的致富能人与本村贫困党员结对，开展帮扶工作，最终让农村党员先富起来。五是培育能人党员示范户，实行示范带动。重点选择扶持相对年轻、有一定知识、有耕地或荒山的党员，通过产业结构调整率先致富。每个村每年至少要选择3名以上党员进行重点扶持，让他们成为党员示范户。

2010年9月28日，中共贞丰县第十届委员会第九次全委（扩大）会议审议通过《关于加快推进城镇化发展的意见》《关于加快新型工业化发展的意见》《关于加快推进农业产业化发展的意见》和《关于加快推进旅游国际化发展的意见》。加大招商引资力度，加快民营经济发展和工业化进程，调整产业结构，开发旅游资源。在龙场镇建设循环经济工业园区，在县城西郊建设轻工业园区。

第六节　政法工作

一、队伍建设

（一）抓学习、提高政法干警素质

1991年至2010年，全县政法系统加强干警的政治理论学习，强化业务知识技能培训，创新培训方式。一是组织干警赴外地学习先进经验；二是请上级业务部门领导到贞丰县讲课。举办各种类型培训班。从1995年开始，县政法委多次举办综治维稳国安业务知识培训班；县检察院举办计算机普及应用培训班，驾驶培训班；县法院选派1人参加全国纪检监察业务培训，12人次参加省法院培训，20人参加全国司法系统西部法官培训，30人次参加中级人民法院培训，以会代训 216 人次，参加全县法律法规考试和计算机初、中级培训 341 人次；县司法局举办普法骨干培训班等。

开展向济南交警、孔繁森、任长霞、蒋庆、廖兴国、宋鱼水等先进人物、先进事迹学习活动。使全县政法干警树立正确世界观、人生观、价值观，坚定理想信念，增强公仆意识。

开展纪律作风教育整顿活动；1993 年，开展纪律作风教育整顿活动，2000 年以后开展“公正执法树形象”、保持共产党员先进性教育活动。

（二）强化队伍的监督管理，从严治警

开展清理不适应从事政法工作人员的工作。

1991 年开始，为纯洁政法队伍，提高政法部门的执法水平，维护政法干警的良好形象，开展清理不适应从事政法工作人员的工作，将有违法违纪行为和文化、业务素质差的干警清理出来后，调离政法部门。1992 年 12 月，清理调离政法部门 10 人，其中，公安局 4 人、检察院 1 人、法院 3 人、司法局 1 人、政法委 1 人。1994 年，成立政法干警违法违纪案件调查组；1995 年，县委政府对县政法队伍建设提出要求：一是继续开展清调不适合从事政法工作的干警工作，出现一个，清调一个；二是对政法干警实行“三严政策”（调入严格把关、进入严格管理、违法违纪的严肃查处）。

加强制度建设，严格管理队伍。县政法部门加大政务、警务、检务、审务公开力度，接受人大、政协和人民群众的监督，提高工作透明度。不断健全、完善内部规章制度，强化制度管理机制。县公安局先后制定完善《关于队伍管理若干规定的实施细则》《关于对违法违纪民警实行警闭措施的具体办法》《局领导带班查岗制度》《关于严格执法质量考评的规定》《执法过错责任追究制》等 20 余项规章制度和管理措施，对权、钱、枪、酒、色、车、赌等方面作了明确的纪律要求；以贯彻执行公安部“五条禁令”为契机，用制度管人、管事、管物，每年还组织对制度的落实进行两次检查，发现问题及时整改。县检察院制定《党组民主生活会制度》《党组成员考核制度》《中层领导干部年度考核办法》《干警一事一奖一罚制度》《干警效绩考评办法》等 20 多种规章制度，并认真贯彻落实。县法院健全了《工作岗位责任制》《干警管理制度》《审判工作管理制度》《思想政治工作和党风廉政建设工作制度》《后勤保障管理制度》五个方面五十二项制度。县司法局制定《贞丰县司法局行政效能建设十项制度》。

完善监督体系，强化监督职能。20 年来，政法各部门健全完善了纪检监察科室，同政工部门形成整体合力，贯彻办案责任制，执法责任制等制度，强化对干警的监督机制。

二、社会治安综合治理

1991 年至 2010 年，社会治安综合治理有序推进。

（一）综治机构落实

建立县社会治安综合治理委员会及其办公室，成员 40 人，综治办公室兼职 1 人，专职 2 人；乡镇设社会治安综合治理委员会及其办公室。全县所有行政村和居委会，128 个县级以下机关企事业单位均成立综治领导小组，成员 2125 人。

（二）城乡群防群治队伍

全县共有治保委员会 294 个，882 人；调解委员会 296 个，1344 人；治安联防队及护矿、护路、护电、护林队 392 个，1960 人；保安公司 1 个 25 人。

（三）建立治安防控体系

建立矛盾纠纷排查调处机构和突发治安问题排查报告制度，坚持各单位、各部门按月向县综治办、维稳办报告矛盾纠纷排查、调处结果；加强对中小学生的法制教育，整顿学校及周边治安秩序。全县 128 所中小学全部配兼职法制副校长，对中小学生进行法制教育，预防青少年违法犯罪；坚持“严打”斗争和专项治理整顿，“打防并举、标本兼治、重在治本”的方针，遏制可防性案件的发生；开展对“两劳”释放人员的安置、帮教工作；加强流动人口、暂住人口管理；预防重大安全事故、交通事故、火灾事故的发生；利用广播电视等媒体开展综治宣传活动，增强全民法律意识和法制观念；层层签订治安责任状，城镇、社区均建立联防队，负责辖区内的治安联防工作，全县共有 10 个联防队，150 人；住宅小区、院落单位招聘保安，负责小区院落的治安防范，重要物资、易燃、易爆物品由专人守护、管理；重点工程施工区、矿山设公安值勤室和保安队，负责治安防范工作；组织农村多发偷牛盗马的村组，成立护村护寨队轮流值班防范；建立信息网络，政府、派出所、村与村、组电话互通信息，发挥信息网络作用，减少治安案件和刑事案件的发生；在城区实施“巡守控”一体化建设，以公安民警为主组建巡防大队，24 小时在城区街道巡逻，及时处置治安等案件。2006 年，县人武部招聘 15 名民兵组建治安应急分队，县公安局招聘交警协勤 13 名。2007 年，县公安局招聘治安警务协勤人员各 30 名，交警协勤人员 38 名。协助公安机关负责城内的治安巡防和处突等工作；投资 160 余万元在县城主要街面设置 21 个电子探头，设置县 110 指挥平台等视频监控系统；在县城设立三个社区警务室和 6 个治安岗亭，在农村建立 15 个农村警务室，全县共设“110”报警点 1300 个。

（四）取得的成效

由于坚持推进社会治安综合治理各项措施的落实，把维护社会稳定放在政法工作的首位，确保了全县政治稳定、社会安定。1993 年，经省社会治安综合治理委员会检查、考评、验收评定，贞丰县为综治达标红旗单位。1998 年，虽然县委政府高度重视政法综治工作，县属各部门、单位、乡镇工作力度不减，但受财力困难的制约，经费投入硬件设施跟不上，综治工作由“红旗县”降为“合格县”。1999 年，县委、县政府加大综治工作力度，明确提出重新夺回“红旗县”创模范的奋斗目标。在全县政法、综治职能机关、部门、单位和乡镇的共同努力下，2002 年，经省委检查验收，贞丰县重新被授予社会治安综合治理达标“红旗县”荣誉称号。

三、开展“严打”专项斗争

1991 年至 2000 年，根据全国人民代表大会常务委员会《关于严惩严重危害社会治安的犯罪分子的决定》和上级党委政府及政法部门的安排，县政法委牵头，县委、县政府各部门派员参与，公安、检察、法院联合办公，各司其职，各负其责，从重从快严厉打击了严重刑事犯罪分子。通过开展“严打”，震慑了犯罪分子，教育了人民，减少各类刑事犯罪，有效地维护社会稳定，社会治安明显好转。

四、表彰见义勇为

（一）建立见义勇为组织和奖励基金

1991年至2010年，县综治委重视“见义勇为”工作。1994年5月31日，县综治办转发《贵州省维护社会治安见义勇为公民表彰奖励规定》。1996年11月，建立贞丰县“见义勇为奖励基金会”及办公室，办公室设在县政法委，主任由政法委干部担任。

（二）加强宣传教育，弘扬见义勇为

1991年至2010年，以五月综治宣传活动为契机，宣传见义勇为精神，县综治委组织有关部门利用赶场天在县城街心花园摆摊设点宣传135次、发放宣传资料63万（份）、组织宣传车巡回13个乡镇16个场坝宣传45次、在广播电视上经常有声音有画面、办宣传栏3000余期、办简报3600期，受教育群众达21万余人次。通过宣传奖励见义勇为政策，许多群众能用法律武器保护自己的合法权益，敢于同不法分子做斗争。为弘扬见义勇为精神，1996年元月12日，县委、县政府召开干部群众会，对1995年12月20日发生在连环乡大田河桥头特大持械抢劫案件中，涌现出见义勇为，勇斗邪恶的14名干部群众进行表彰。

第七节 组织建设

一、党员队伍建设

（一）党员发展

按照新时期党建的总体目标和要求，县委把党员队伍建设作为经常性的基础工作，按照“坚持标准，保证质量，改善结构，慎重发展”的建党方针和建党程序，注意把生产第一线的优秀分子吸收到党内，加强对党外积极分子的考察、教育、培养工作，做到成熟一个吸收一个，有计划有步骤地发展党员。

1991年，县委侧重在党组织力量比较薄弱的乡（镇）村发展党员，重视发展边远民族山区生产第一线的优秀青年入党，为党组织增添新鲜血液，当年发展新党员41名。同年，全县共有党员6967名，其中：妇女党员747名，占总数的10.72%；少数民族党员3615名，占总数的51.89%；35周岁以下党员1372名，占总数的19.69%；60周岁以上党员1266名，占总数的18.17%；大专以上党员256名，占总数的3.67%；初中及以下党员5845名，占总数的83.90%；农民党员4712名，占总数的67.63%；干部党员1477名，占总数的21.20%。

1994年，根据中共中央组织部《关于进一步加强在青年中发展党员工作的意见》，在党建方面突出“三个重点”，实行“三个倾斜”（生产第一线的优秀分子、各行各业骨干、党的力量薄弱部门和单位）。是年，发展党员136名，其中，农业生产第一线党员63名，占46.32%；中专高中以上文化程度的56名，占41.18%；少数民族58名，占42.65%；女党员27名，占19.85%。

1998年，县委制订《贞丰县1998—2000年党员发展规划》。在党员发展中，严格按照“坚持标准，保证质量，改善结构，慎重发展”的方针，严格把好入口关，将工作重心放在对入党积极分子的培养上，重点考察入党动机，加强教育培养，是年发展党员107名。

1999年，实行党员发展工作年报、季报制度，对各基层党委党员发展工作进行督促检查和业务指导。7月份，专门对各基层党委组织委员进行发展党员业务培训，按照《贞丰县1998—2000年党员发展规划》和年度实施计划，发展党员。全年发展新党员352名，超计划2名。

2000年，制作发展党员工作程序图、入党积极分子培养登记表、预备党员考察表，进一步规范党员发展工作程序。开展女党员发展情况调查，重视女党员发展工作。全年发展党员270名，其中女性35名，少数民族党员131名，35周岁以下173名，高中以上文化121名，党员队伍结构进一步改善。

2003年，按照新党章规定，重点在工人、农民、知识分子和干部中发展党员，加强在生产、工作第一线和高知识群体、青年中发展党员，逐步改善党员队伍结构和分布，解决农村党员结构不合理问题。县委明确要求每个农村党支部每年至少要培养5名以上入党积极分子，发展2名以上党员。全年共培养入党积极分子569名，列为发展对象300名，发展党员60名。

2004年，县委组织部采取“一规划二制度”抓党员发展，制订《2004年至2006年党员发展规划和年度实施计划》，出台《目标管理责任制》和《调查督查机制》。是年发展党员116名，比上年同期增加56名，其中，妇女48名，少数民族141名，35周岁以下的154名，大学本科文化的11名，大学专科的46名，中专、高中学历的136名，初中及以下的86名。开展培养入党积极分子650名，发展党员109名，其中78%是农村致富能手、生产能手、科技种植养殖能手。

2005年，开展“三培两带”、无职党员设岗定责活动，发挥党员先锋模范作用，发展农村年轻有文化农民党员，全年培养入党积极分子593名，发展党员276名，其中，农村党员150名，占总数的54.3%；少数民族103名，占总数的37.3%；35周岁以下的184名，占总数的66.6%；大学本科文化的24名，大学专科的50名，中专、高中学历的78名，初中及以下的124名；生产、工作一线的243名，占88%。

2007年，县委组织部制订《贞丰县2007—2012年发展党员五年规划》，重点发展农村年轻、有文化的青年入党，夯实党员队伍基础，改善村级班子后继乏人问题。2007年，全县有党员9307名，其中，妇女党员1220名，占总数的13.11%；少数民族党员4398名，占总数的47.25%；35周岁以下党员1651名，占总数的17.74%；大专以上党员1635名，占总数的 17.57%；农民党员 6126 名，占总数的 65.82%；干部党员 2330 名，占总数的 25.04%。

2009 年，全县发展新党员 246 名，占入党积极分子总数的 26.92%。

2010 年，坚持发展党员“十六字”方针，按照《2010 年发展党员规划》，加大发展党员工作力度，全县培养入党积极分子 798 名，发展党员 268 名。同年，全县有党员 6966 名，其中，妇女党员 747 名，占总数的 10.72%；少数民族党员 3615 名，占总数的 51.89%；35 周岁以下党员 1372 名，占总数的 19.69%；60 周岁以上党员 1266 名，占总数的 18.17%；大专以上党员 256 名，占总数的 3.67%；初中及以下党员 5845 名，占总数的 83.90%；农民党员 4712 名，占总数的 67.63%；干部党员 1477 名，占总数的 21.20%。

（二）教育管理

各级党委把党员教育管理列为经常性党建工作重点。采取多种途径，对党员进行教育，严格要求党员认真履行义务，做一名合格的共产党员。

1991—1993 年，贯彻执行中共中央《关于加强党同人民群众联系的决定》，按照中共黔西南州委的部署，全县开展“为民办实事、为党争光辉”活动。各基层党组织采取不同形式开展“双为”活动。是年，全县参加“双为”活动 5000 多人次，其中党员 1000 多人次。通过“双为”活动，加强党同人民群众的联系，增强党组织的凝聚力。体现最突出的是 1991 年 7 月 30 日全县遭受特大暴雨洪涝灾害，广大党员战斗在抗洪救灾最前列，涌现出先进集体 45 个、先进个人 150 名。

1994 年，开展党员电化教育工作。县委组织部、县文体广电局，利用县城闭路电视开展党员电教工作，组织基层党组织收看中组部电视教育片。县委组织部与州委组织部联合拍摄电教专题片 1 部。全县乡镇共建电教播放点 8 个，占乡镇总数 61.54%，流动播放点 5 个，共播放电教片 12 场次，受教育党员 2350 人。

1995—1997 年，中共十四届四中全会决定，用三年时间在全体党员中有计划、有步骤地开展建设有中国特色社会主义理论和《中国共产党党章》的学习活动。1997 年“七一”期间，举办党员以学理论学党章为主要内容的党建知识竞赛活动。以开展党员、干部“双学”“三讲”活动为平台，对广大党员干部进行党性党风教育。使党员坚定共产主义信念，牢记全心全意为人民服务的宗旨。

1999 年，组织党员学习中央、省、州关于深入揭批邪教的有关文件，提高广大党员的政治觉悟；加强党员电教化教育工作，全年共组织征订电教片 14 套，自行录制有关电教节目 12 个，在县电视台播放 18 次，乡（镇）播放 230 场次。

2000 年，加强履行党员义务的教育管理工作、党费收缴、民主生活会制度建设、流动党员管理工作。印发《关于改进我县乡科级党员领导干部民主生活会的实施意见》，组织各基层党委、党组召开民主生活会；农村党员培训、党员电教化教育工作正常开展。

2001—2003 年，加强和改进党员教育管理，坚持和完善民主评议党员制度，探索流动党员、下岗失业职工党员、离退休职工党员管理新机制。研究处置不合格党员工作，疏通党员队伍“出口”。当年开除16名违法违纪党员，对33名违纪党员作出处分。

2004年，县委组织部印发《关于认真搞好2004年农村支部书记、党员培训工作的通知》。采取三条措施加强培训指导：一是加强组织领导。培训工作由乡镇党委书记亲自抓，要求利用农闲时间对农村党员、村支部书记及入党积极分子进行理论及农业实用技术的培训。二是采取联合培训方式，县委组织部、乡镇党委与县农业局联合举办科技兴农培训班，培训农村党员5000多人次，支部书记276名，农村预备党员142名，入党积极分子1000多名。三是要求各乡镇培训3天以上，党员参训率80%以上。省、州党建扶贫工作队将鲁容乡、沙坪乡部分村支书、主任及致富带头人共40多人送到贵阳、兴义等经济较发达地区参观学习培训。省扶贫工作队联系省级农业专家到鲁容乡作种植业知识培训，培训党员和村组干部500人次。党员电化教育工作有新发展，建成村级光盘播放点10个，村级基本型站点22个，县委党校C级站1个，学校光盘播放点60个。

2005年，根据中央、省委和州委关于开展保持共产党员先进性教育活动的统一部署，全县有计划分步骤地开展保持共产党员先进性教育活动。第一批参加保持共产党员先进性教育活动的共有71个单位（部门），91个支部，1343名党员，其中在职党员980名；离退休党员363名；下岗失业、解除劳动关系、流动党员47名。第二批参加保持共产党员先进性教育活动主要是乡镇机关、企事业单位和中小学校等单位，参加的基层单位共212个，党组织119个，党员1495名。第三批先进性教育活动的党组织有289个，6139名党员，其中农村（社区）党组织288个，党员6128名。参加学习教育活动的党员6139名，农民党员6128名。

2006年，通过表彰先进、示范带动抓党员教育工作。按照中央、省委、州委的部署，开展表彰先进基层党组织和全县优秀党员工作。获省表彰的优秀党员1名；获州表彰的先进基层党组织5个，优秀党员10名，优秀党务工作者5名；县表彰的先进基层党组织30个，优秀党员60名，优秀党务工作者30名。在党员电教化工作中，加强基础设施建设和宣传工作。采取“抓示范、带大面”的工作思路，投入资金1.1万余元，为小屯乡半坡村、珉谷镇左旗村、龙场镇童家屯村等5个乡（镇）的8个村党员活动室站点增添教育教学设施。发挥农口部门和县电视台的优势，投入2万余元配置课件拍摄、编辑等设备，抽调电视台记者负责党员教育课件拍摄。是年，全县共开展集中学习培训700余次，为农民提供致富信息1000余条，通过培训掌握1至2门实用技术的农民达1.5万余人，掌握实用技术实现年增加收入1000元以上的农户有3000余户。借助电视、报纸等媒介力量，营造良好远程教育工作氛围。县远程办纂写简报30余期，各乡（镇）、村撰写简报100余期；《劳动时报》《黔西南日报》《黔西南新闻》等媒介采用远程教育新闻信息10余篇（条）。

2007—2010年，采取灵活有效的措施，加强流动党员的管理。各基层党组织对县域内的流动党员进行“拉网式”摸底排查，建立流动党员档案。各村党支部对辖区内流动党员建立档案，做到“六个掌握”，即掌握党员基本情况、掌握外出时间、掌握从事的职业、掌握流动地址、掌握联系方法、掌握党费交纳情况；将流动党员活动证发放工作与流动党员思想教育和走访慰问工作结合，采取定点发、上门访、电话问、专人送、邮政寄等多种方式，确保把活动证发放到流动党员手中。2007 年，全县共发放流动党员证 91 本。争取省、州、县三级匹配经费 58000 多元用于县维修 34 个村级活动室站点的运行维护；投入资金 11000 余元，为 5 个乡（镇）8 个村党员活动室站点配置电脑桌、资料柜、电视柜、农户需求意见箱教育教学设施。集中培训站点操作管理员 2 期，培训 500 多人次；采取部门联动、村校联动、上下联动、党群联动四个工作措施，开展村校“互动共赢”试点工作，明确 3 个村级学校为示范点。

2010 年，全县共建立县、乡两级流动党员管理服务站 14 个，设立党员服务咨询电话 14 个。

二、基层党组织建设

县委“围绕经济抓党建，抓好党建促经济”的指导思想，按照领导班子好、党员干部队伍好、工作机制好、小康建设业绩好、农民群众反映好的“五好”要求，加强党的基层组织建设，把基层组织特别是乡（镇）、村党组织建设成为改革、发展和稳定的战斗堡垒和领导核心。

1991 年 3 月，按照中共贵州省委的指示，县委加强全县 13 个乡镇党委及村党组织建设。

1994—1997 年，按照《中共贵州省委办公厅关于加强农村基层组织建设，落实“四个一”工作的通知》，县委贯彻落实中央提出的“五个好”目标，重点抓配强一个领导班子、选好一个支部书记、找到一条致富路子、制定一套管理和服务制度的“四个一”和村级组织配套建设，加强和完善村级管理机制。整顿农村后进支部 28 个，193 个村达到“四个一”工程的要求。

1998 年，县委制订《贞丰县 1998—2000 年农村基层组织建设总体目标规划暨分年度实施计划》，针对全县 280 个农村党支部，处于中间状态的有 140 个的情况，确立“促强帮弱抓中间”的工作思路，把中间状态村党支部建设作为工作重点，加大工作力度。实行目标管理，与乡镇签订农村基层组织建设工作目标责任状，强化各乡镇党委的责任。从县机关选派 80 名干部进乡驻村，从乡镇选派 292 名干部进村驻组，开展党建工作。建立领导干部党建工作联系点制度，加强对农村基层组织建设工作的指导。全县共建立县级领导干部联系点 23 个，乡镇领导干部联系点 120 个。加强对乡镇农村基层组织建设工作的督促、检查和指导，创建“五好”村、“六好”乡镇和农村基层组织建设先进县。有 5 个乡镇、108 个村获州委授予“六好”乡镇党委和“五好”村党支部称号。

2004—2010 年，县委提出“四项原则”“三个支持”“十条措施”，加强对“三级联创”工作领导。全县各级党组织围绕建设社会主义新农村，紧密结合第三批“保持共产党员先进性教育”活动，按照“强龙头，夯基础，创红旗，奔小康”的工作思路，采取促强帮弱抓中间的措施，使“三级联创”活动取得实效。发挥典型示范带动作用。按照“通道型”“资源型”“扶贫型”分别新建 4 个州级示范点和 1 个社区示范点，整顿重点村。采取“五位一体”帮扶措施，实行乡镇主要领导蹲点，部门包村，下派干部到村任职和强村带弱村的措施进行整顿。经整建：一类支部得到巩固，二类支部得到提高。一类支部由原来的 274 个增加至 292 个，二类支部有 18 个上升转化为一类支部，村党支部战斗堡垒作用进一步增强。

2010 年，全县基层党组织建设重点以开展“践行宗旨教育”“创先争优”“党的基层组织建设巩固提高年”的“三项党建”活动为抓手，开展“讲党性、重品行、作表率”活动，激发基层党组织工作积极性。创新思路激发农村党建新活力，实施农村“能人党员”工程。筹集“党内生产发展基金”，扶持农村党员 98 人发展种植业和养殖业，带动群众 1400 余人。通过实施这两项创新，有效地激发农村党建的新活力，调动村干部的工作积极性，激发农村青年入党的积极性，提升村级组织的凝聚力和向心力。

三、领导班子建设

1991—2010 年，在县级、乡级及村级领导班子换届和阶段性班子调整工作中，县委按照“革命化、年轻化、知识化”的干部工作方针和“德才兼备”原则，改善领导班子结构。建立“廉政建设”“评议”“交流”等一系列制度，规范领导班子建设。

1991 年 3 月，全县开展县直机关和乡（镇）领导班子调整工作，考察配备副科级以上领导干部 118 名，考察配备乡（镇）二级班子 105 名。

1993 年，开展县、乡换届选举工作。全县 13 个乡（镇）选举产生党政领导班子成员 115 名。配备科局级领导干部 196 名，配备股级干部 179 名，评定干部一般行政职务 69 人。

1994 年，县委组织部、宣传部、党校联合举办三期县属机关局级领导干部和两期乡镇领导干部学习《邓小平文选》（第三卷）理论读书班，参加学习的领导干部 226 人。在县级机关机构改革科级领导班子配备工作中，考察配备科级班子成员 108 人，其中大专以上文化 52 人、中专高中文化 39 人；采取轮岗的方式对干部进行锻炼培养，选调 5 名县级后备干部和 21 名科局级后备干部到乡镇挂职锻炼。基本实现领导班子革命化、年轻化、知识化、专业化。

1997 年，领导班子建设和干部队伍建设取得新进展，一批年富力强、德才兼备的优秀年轻干部逐步走上领导岗位，少数民族干部、非党干部和妇女干部的培养选拔也收到明显效果。全县乡镇和县直单位共有副科级以上领导干部 249 名，其中妇女干部 26 名，少数民族干部 91 名，非党干部 25 名，35 周岁以下年轻干部 51 名，大专以上学历 111 名。领导班子在年龄结构、知识结构、性别结构逐渐优化。推进干部人事制度改革，1997 年，在全县公开招考 3 名副局级干部，拓宽培养选拔干部渠道。

1998 年，加强干部培养力度，大胆选拔一批能担当跨世纪重任的年轻干部。对 13 个乡镇党政班子及其成员 125 人、85 名乡镇科局后备干部进行考察；从县直机关选派 24 名、乡镇选拔 22 名年轻干部进入乡镇党政领导班子，加强培养锻炼。在妇女干部的选拔使用上，打破常规，破格从企业选派 2 名优秀年轻女干部到乡镇任职。

1999 年，以思想政治建设为重点加强领导班子建设；以讲学习、讲政治、讲正气“三讲”

为主要内容，开展学习、召开民主生活会等活动。在领导干部中进行党性党风教育，领导班子和领导干部的政治素质明显提高。县委成立“三讲”教育工作领导小组及其办公室。

2000年，在县级领导班子中开展“三讲”教育活动，从加强学习入手，健全学习制度，提高领导干部的理论素养；从解决工作中存在的突出问题入手，采取针对性的措施，解决群众反映的问题；从加强领导班子自身建设入手，建立健全制度，在履行职责、发挥作用方面制定有力的整改措施，进一步做好工作。

2003年，在县直机关领导班子换届和乡镇党政领导班子换届中，进一步优化领导班子结构。13个乡镇党政领导班子配备妇女干部29名，少数民族干部83名，非党干部19名；县委、县人民政府工作部门领导班子中配备妇女干部29名，少数民族干部73名，非党干部26名。除个别县直机关领导班子少数民族干部偏少外，其他各项比例都达到省州关于领导班子配备的各种比例要求。

2004年，贯彻《干部任用条例》，建立领导班子、领导干部评议和考核办法，在干部任用上注重素质和能力，提拔懂经济、会管理、有知识、有水平、有发展潜力的人担任领导干部，使一批有事业心、能干事、干成事的干部提拔到领导班子中来。全年对5个乡镇的党政领导班子的正职进行调整；为新成立的两个县直机关单位、县文联换届、乡镇派出所升格配备了干部，共提拔干部41名，其中正科级6名，副科级35名，女干部2名。调整和充实乡科级后备干部队伍，选派16名干部到乡镇挂任科技副乡（镇）长，其中，本科生6名，大专生10名，妇女干部5名，工程师4名，助理工程师6名。从纪检（监察）、人劳、政法等有关部门明确50名业务素质较高的干部为专兼职干部考察队伍成员，并进行培训，使干部考察工作质量进一步提高。加大公开选拔和竞争上岗工作力度，面向社会公开招考县委督查室副主任、团县委副书记、县司法局副局长、县粮食局副局长4个副科级职位。推行领导干部任前公示制和任职试用期制，对拟提拔任用的41名副科级以上领导干部实行任前公示，对其中29名委任制干部实行任职试用期制。

2005年，调整5个乡（镇）党政领导正职，从县直机关选调15名干部充实乡镇党政领导班子和正、副科级后备干部队伍，完善正、副科级非党干部信息系统。

2007年，进行乡（镇）、县直部门领导班子换届，提拔领导干部31名，其中正科级领导干部18名、副科级领导干部13名，交流干部45名，年满50周岁不再任实职保留原职级待遇干部35名，继续留任领导干部130名；政府26个工作部门正职，继续提名任职的17名，新提名任职的9名。

2010年8月，县政府工作机构改革，提名任免干部186名，其中政府部门正职22名，平均年龄44.32岁，少数民族6名，党外干部1人，大学15名，大专7名。同年，共提拔正科级干部13名，副科级干部32名；副科级平级转任重要领导职务2名；交流正科级干部15名，交流副科级干部35名；在全州范围内公选县档案局副局长1名，新型农村合作医疗管理中心主任1名，县妇幼保健院院长1名，县职业中学副校长1名；对24名副科级干部进行考察，为13个乡镇政法委配备政法委副书记。

1991—2007 年贞丰县党组织及党员构成情况统计表

表 3-1-2　　单位：人

内容 \ 年度		1991	1992	1993	1994	1995	1996	1997	1998	1999	2000	2001	2002	2003	2004	2005	2006	2007	备注
党组		12	12	13	14	15	15	15	16	16	16	15	9	9	7	7	8	11	—
基层党		15	15	15	15	16	16	16	16	16	16	16	16	16	17	17	17	17	—
党总支		3	3	26	27	27	27	17	17	21	16	15	5	5	5	5	5	5	—
党支部		466	470	483	488	489	490	495	476	480	485	492	489	492	489	490	487	491	—
党员		6967	7090	7219	7355	7735	7998	8219	8326	8571	8717	8730	8762	8822	8938	9025	9191	9307	—
党员中	妇女	747	762	770	797	857	893	918	901	981	994	1017	1053	1034	1065	1117	1164	1220	—
	少数民族	3615	3667	3692	3750	3928	4030	4025	4211	4259	4426	4471	4259	4281	4303	4300	4377	4398	—
	35 周岁以下	1372	1486	1312	1268	1442	1580	1737	1764	1770	1662	1615	1677	1491	1512	1567	1619	1651	—
	36 周岁至 45 周岁	1826	1791	1818	1902	1995	2029	2068	1926	2011	2036	2014	2043	1990	1974	2029	2080	2163	—
	46 周岁至 59 周岁	2503	2431	2565	2614	2645	2795	2714	2683	2634	2792	2781	2775	2786	2881	2883	2934	2865	—
	60 周岁以上	1266	1382	1524	1571	1653	1594	1700	1953	2156	2227	2320	2267	2555	2571	2546	2558	2628	—
	大专以上	256	284	303	329	363	410	444	472	540	612	655	752	830	952	1090	1245	1635	—
	中专	475	526	558	587	635	676	731	789	860	863	894	943	1012	1052	1051	1029	852	—
	高中	391	405	432	443	498	552	588	579	586	612	636	641	606	614	640	669	640	—
	初中及以下	5845	5875	5926	5996	6239	6360	6456	6486	6585	6630	6545	6426	6374	6320	6244	6248	6180	—
党员中	1949 年 10 月前入党	36	37	34	33	36	28	25	23	20	17	15	15	14	14	12	11	8	—
	1949 年 10 月至 1976 年 10 月入党	4382	4415	4378	4356	4317	4205	4077	4003	3905	3835	3731	3553	3444	3285	3131	2999	2870	—
	预备党员	197	256	207	228	484	416	380	319	410	352	312	416	294	379	384	361	199	—
	工人党员	194	168	208	225	216	164	167	141	127	125	131	190	200	174	163	198	166	—
	农民党员	4712	4725	4719	4782	5135	5256	5345	5427	5580	5701	5791	5707	5706	5684	5673	5764	6126	—
	干部党员	1477	1590	1596	1615	1691	1695	1884	1807	1885	1906	2020	2092	2091	2235	2208	2271	2330	—

第八节 思想建设

一、理论学习

坚持“以科学的理论武装人”，加强政治理论学习，把深入学习马克思列宁主义、毛泽东思想、邓小平理论、“三个代表”重要思想和科学发展观、党的路线方针政策作为重中之重，提高干部职工的理论素养，为全县经济社会发展提供精神动力。

组织干部职工学习《马克思主义哲学学习纲要》和《关于社会主义若干问题学习纲要》，加强对社会主义基本理论、党在社会主义初级阶段基本路线和中国基本国情的学习教育，提高全县干部职工马克思主义理论水平，坚定社会主义信念。1992年，组织全县广大干部学习邓小平同志视察南方重要讲话和中共十四大精神。通过学习，广大干部职工进一步解放思想，增强了“抓住时机，发展经济”的紧迫感。1993年，组织订购《党的十四大报告》《邓小平文选》（第三卷）、《建设有中国特色社会主义理论学习纲要》和《社会主义市场经济理论》等文献及学习资料5000多册分发到干部手中，加大学习力度。1994年，在全县开展“解放思想大讨论”活动，促进干部职工解放思想，更新观念。1995年，县委宣传部提供《邓小平文选》（第一、二卷）、《社会主义市场经济知识》《时事资料手册》和《形势教育参考资料》等12种政治理论学习资料14104本（册），发全县干部职工学习。组织全县2598名在职干部职工参加全州市场经济知识考试，及格率99.9%。1996年，组织学习十四届四中、五中全会精神和江泽民总书记关于《领导干部一定要讲政治》及《努力建设高素质的干部队伍》，在全县掀起学理论、用理论热潮。1997年，组织全县干部职工学习十五大会议精神，使全县干部职工领会十五大精神实质。1998年，把政治理论学习内容列入各单位、各乡镇年度工作目标责任状内容，征订2000多册《邓小平建设有中国特色社会主义若干理论纲要》发干部职工。1999年，组织全县行政、事业单位在职干部职工4459人参加《邓小平建设有中国特色社会主义若干理论纲要》考试，及格率100%。2000年，要求全县干部职工在理论学习上要做好“四个结合”，即一是要结合学习马克思列宁主义、毛泽东思想、邓小平理论，在吃透精神上下功夫；二是要结合以党性党风为主要内容的“三讲”（讲学习、讲政治、讲正气）教育活动；三是要结合开展“西部大开发，贞丰怎么干”大讨论；四是要结合理想信念教育，树立正确的世界观、人生观、价值观。2001年，加强对邓小平理论和“三个代表”重要思想的学习。力求做到“深、新、实”。“深”即是对所学内容要深刻领会，深化认识，要融会贯通；“新”即是要了解新情况，研究新问题，探索新办法；“实”即是要结合实际，求真务实。2002年，掀起学习“三个代表”重要思想、中共十六大精神和《公民道德建设实施纲要》的活动。2003年，特请省宣讲团到贞丰对全县副科级以上领导干部进行一次十六大精神和“三个代表”重要思想的宣讲。2004年至2006年，进一步深入开展学习“三个代表”重要思想、十六大和十六届三中、四中、五中、六中全会精神，树立和落实科学发展观，并开展《江泽民文选》的发行和学习。2007年，组织学习中共十七大会议精神，在全县掀起学习贯彻落实十七大精神的活动。2010年，在全县宣传文化系统开展讲政治、讲大局、讲党性、讲纪律的“四讲”活动。提高干部职工党性修养、政治理论和业务水平。

二、思想宣传

宣传部门“以正确的舆论引导人”，把工作重点放在促进广大干部群众解放思想，转变观念，服从和服务于经济建设上，为全县改革、稳定、发展及社会和谐稳定发挥积极的作用。

1991年，开展社会主义思想宣传教育工作，组织工作队深入挽澜乡开展农村社会主义思想教育试点工作，11月底完成第一批农村社会主义教育任务。1992年，把邓小平同志提出的建设有中国特色社会主义理论和党的“一个中心，两个基本点”的基本路线，作为进行社会主义建设的强大思想武器，加大宣传，深入乡镇开展第二、三批农村社会主义思想宣传教育。宣传部利用宣传橱窗和《宣传通讯》，多渠道加大宣传邓小平视察南方重要讲话。1993年，以研讨会等多形式，加强宣传，加深对建设有中国特色社会主义理论的认识。1994年至1996年，加强对《邓小平文选》（第三卷）、有关社会主义市场经济知识宣传，开展宣传中共十四大及中共十四届三中、四中、五中、六中全会精神。1997年至1999年，在全县掀起宣传中共十五大、中共十五届三中全会精神热潮。2000年，围绕经济建设这个中心，开展宣传中央实施西部大开发的部署，把全县各族人民的力量凝聚到实施西部大开发上来，抢抓西部大开发机遇，加快发展。2002年至2006年，组织全县干部群众学习宣传中共十六大和中共十六届三中、四中、五中全会精神。2007年至2010年，在深入开展学习中共十六届六中全会精神和《江泽民文选》，开展迎接中共十七大召开和组织收看中共十七大盛况以及贯彻落实中共十七大精神的工作，激发干部群众加快建设和发展步伐的热情。

利用节庆活动开展宣传。1991年，中国共产党成立70周年，开展以学习党史、加强党的建设、密切党群关系为主题的宣传纪念活动。1993年，毛泽东100周年诞辰，进行“爱我中华”“兴我中华”和“社会主义建设成就的教育”宣传。1995年，召开各界人士座谈会和机关干部职工报告大会，举办演唱革命歌曲歌咏比赛活动和抗日战争史料、图片宣传，播放反映抗日战争和世界反法西斯战争的录像及电影，组织离退休老同志到各单位和学校，对广大党员、干部、职工、群众及中小学生进行“爱祖国、爱家乡”的革命传统教育，纪念抗日战争和世界反法西斯战争胜利50周年。1996年，红军长征胜利60周年，由县关工委、团县委、离退休老干部、老教师等组成纪念红军长征胜利60周年报告团，巡回全县城镇及中小学校100多所进行红军长征过贞丰的传统教育，组织部分学生、干部进行“重走长征路”。1997年，开展“迎回归颂祖国”歌咏比赛和知识竞赛活动，迎接香港回归祖国。1999年，举办以歌唱祖国、歌唱社会主义、歌唱改革开放为主题的歌咏比赛、报告会、知识竞赛、成就摄影展等纪念五四运动80周年、庆祝国庆50周年和迎接澳门回归。2001年，以唱响共产党好、社会主义好、改革开放好为主题，以开展建党理论讨论会、文艺晚会、贞丰建设成就影展等形式，庆祝中国共产党成立80周年。2006年，开展以歌颂祖国为主题的歌咏比赛及文艺晚会和“重走长征路”等活动，庆国庆和纪念红军长征胜利70周年。2007年建军节，组织紫金贞丰布依艺术团同县武警中队官兵联欢，共庆建军80周年。

加大对外宣传力度。采取“送出去，请进来”的办法培训全县通讯员，提高写稿能力。加强与人民日报、中央电视台、贵州日报、贵州电视台、贵州人民广播电台、西部开发报、贵州民族报、贵州都市报、当代贵州杂志和黔西南日报新闻媒体联系，联合举办宣传贞丰专栏、专版及征文等，扩大宣传面。2005年4月11日至5月5日，与贵州民族报合办“民族风情游布依金都——贞丰”专栏，报道贞丰山水风光、民族风情、名特小吃等8个专题。是年“五一”节前，在《贵州都市报》“中国最美的地方”栏目办“布依金都——贞丰”专版，对双乳峰、三岔河、北盘江大峡谷、布依民族风情等自然景观和民族风情，贞丰糯米饭、粽粑等地方名特小吃进行宣传。当年6月，邀请中央电视台记者姚仕宏到贞丰采访花椒、砂仁等特色产业和双乳峰、三岔河、纳孔布依古寨等旅游景点，7月至10月播出。9月，特请《人民日报》副总编梁衡到北盘江顶罈片区银洞湾采访后，在《人民日报》对贞丰县种花椒所产生的经济效益、生态效益和社会效益“三赢”作宣传报道。2005年7月至2006年7月，与贵州日报社联办“贞丰布依族民间传说”征文活动，选用100篇在《贵州日报》刊登。郭懋创作的《贞丰双乳峰传说》获一等奖，邓邦荣创作的《贞丰“六月六”的传说》获二等奖。

2005年10月，参加“三岔河之秋”笔会的《人民日报》海外版主编郑荣来、《羊城晚报》文艺部主任熊育群等在报刊上刊登贞丰的双乳峰及布依民族风情报道。2005年6月25日至12月25日，在北京西客站电子大屏幕上巡回宣传贞丰双乳峰，一天6次，每次10秒钟。2005年10月至2006年6月30日，举办双乳峰歌词征集大赛，收到31个省市自治区和香港、澳门特别行政区以及韩国寄来的作品1万多件。2006年7月1—3日，在举办“中国·贞丰‘六月六’布依风情节”期间，特邀中国作协副主席、文化部原部长王蒙、著名诗人舒婷等21名知名作家到贞丰参加风情节，到必克布依大寨、纳核布依古寨、小花江布依寨、北盘江大峡谷以及白层古渡等地采风。2007年10月，举办国土资源文化2007贵州贞丰论坛，邀请国土资源作家协会、中国国土资源报、中国国土资源作家网、文艺报及江西、青海、河北等15个省市国土资源系统的领导、作家和记者等到贞丰参会和采风，广泛宣传贞丰。

三、党校教育

县委党校担负全县党员、干部培训任务。县委历来重视党校工作，将其纳入党务系统管理，由分管党群的副书记兼任党校校长。1991—2010年，举办各类培训班102期，培训科级干部、股级干部、村级干部、党员、入党积极分子等6916人次。为充分利用党校教育资源，2007年，在党校设立县行政学校，实行一套人马、两块牌子。

党校在完成教学任务的基础上，开展学历教育。1998年设立函授站以来，开设函授大专、本科班23个班，培训1179人。

党校以教学为中心，把马克思列宁主义、毛泽东思想、邓小平理论、“三个代表”重要思想和党的基本理论知识贯穿日常教学中，配合全县中心工作，组织教职工深入农村、企业等调查研究，20年撰写较有分量的论文16篇。

第九节 统战及对台工作

一、统一战线工作

1981年1月，县委根据上级关于统战及对台工作的要求，恢复统战部，内设对台办公室。1989年4月，中共中央《关于加强统一战线工作的意见》下发，县委进一步加强对统一战线（以下简称统战）工作的领导，在县委党校开设统战理论课。

1991年10月，召开全县统战工作会议，传达贯彻省、州对台工作会议精神。县委统战部印发对台工作学习资料400余份，向贞丰县籍台湾人士寄宣传图片36张，采取各种形式宣传贞丰统战政策和改革开放取得的成就。

1994年3月，县委统战部配合县委组织部门为部分乡镇、县直部门考察推荐17名党外人士为正副科级干部，加强基层统战工作力度。5月，县委印发《关于加强统一战线工作的决定》，明确统战工作的职责和任务。6月，召开贞丰历史上规模最大、影响最深的全县统战工作会议，会议传达州委统战工作会议精神，开展统战业务培训。1995年，县委统战部撰写《充分发挥党外干部的作用把与党外干部合作共事落到实处》一文被作为先进典型材料在全省“党与党外干部合作共事座谈会”上交流发言。是年，印发江泽民同志《为促进祖国统一大业的完成而努力奋斗》的讲话，订刊物《私营经济研究》《黄埔》赠统战人士。

1997年6月12日，香港回归祖国前夕，县委统战部组织召开贞丰县各界人士参加的迎香港回归座谈会。是年，加强对全县党外干部的统计立档工作。1998年，县委统战部撰写的《贞丰县非公有制经济税费情况调查》《贞丰县顶罈花椒上万亩》《贞丰县非公有制经济存在的问题》《贞丰县经济发展滞后的原因及对策》4篇调研文章，为贞丰县非公有制经济的发展决策提供依据。县委统战部在《黔人杂志》“贞丰专辑”撰文5万多字、刊登照片30余幅，宣传贞丰，提高贞丰知名度。县委统战部被评为省、州“统战工作先进单位”。是年，开展培训、选拔、推荐、任用党外干部统计。1996年年底，全县县级干部25名，其中党外干部5名，占28.3%；正副科级279名，其中党外干部21名，占7.53%，建立党外后备干部队伍55人。

2000—2001年，县委统战部重点开展对国民党起义投诚、“两航起义”人员调查工作，加强党外人士培训工作。2000年6月，根据省委统战部安排，对全县原国民党起义投诚人员和“两航起义”人员生活状况进行调查，掌握有关人员生活状况。10月，根据中央有关精神，为改善党外人士生活，县财政为10名党外人士每人每月增加生活补助100元。2001年4月，对全县13个乡镇统战委员进行业务培训，推动乡镇统战工作的开展。

2002年3月，根据县级机构改革方案，县委统战部职能主要有八项：（1）组织学习、宣传、贯彻、落实党的统一战线方针、政策，对全县统一战线工作进行调查研究，为县委、县政府提供决策参考；（2）加强与政协委员沟通联系，对政协委员人选进行考察；（3）做好党外人士、党外知识分子工作，与有关部门配合做好党外人士的培养、选拔和任用；（4）指导工商联工作；（5）协调民宗局做好民族宗教工作，促进民族团结和民族地方经济发展；（6）做好台、港、澳、侨等方面工作，促进祖国统一大业；（7）做好原国民党起义投诚人员工作，使其热爱祖国、热爱人民，积极投身社会主义事业建设；（8）完成县委交办的工作。

2004—2010年，县委统战部加强同社会各界人士联系。2005年3月20日至21日，香港上海置地广场商厦有限公司陈占美一行5人到珉谷镇纳妹、田坝两村考察，捐款60万元建设学校。2006年10月，县委统战部协助县委宣传部邀请“台湾东森电视台”记者苏日宏、峻德，《中国时报》记者亓乐义，“中央通讯社”记者陈妍君，《国民天地杂志社》记者李静、蔡长霖五家媒体8名记者到贞丰采风，采取多种形式宣传贞丰，提高贞丰知名度。2007年5月，县委统战部邀请美籍华人、生物能源研究专家、博士王晓慧对鲁容乡一带麻风树种植情况进行考察。

2008年至2010年，县委统战部争取香港主力电器制品有限公司资助贞丰中学70名特困优秀高中生，每人每学期800元助学金。

二、对台工作

1991年，贞丰县在台人员124人，台属139户783人。

1991—2010年，接待台胞46人，办理台胞定居贞丰相关手续1起、台胞遗产继承手续3起，处理台胞台属各类信函18件，接收台胞各类捐赠折合人民币401.18万元。

1991—1994年，根据中共中央中发〔1991〕3号文件精神，对台宣传与交流工作被列为重要任务，县委统战部加强对台交流工作，加强与贞丰在台人员联系沟通。台胞向贞丰捐资办学、基础设施等款390余万元。

1995—1998年，县委统战部、对台办多次召开台属代表会议，加强对台工作，竭力解决台胞台属要求。1996年2月16日，县对台办举行座谈会，纪念江泽民同志关于台湾问题讲话发表一周年，向与会台胞台属宣传党的对台方针、政策。向12位台胞赠送反映家乡发展面貌图片，同6位台胞及台北市贵州同乡会取得联系。1997年7月，为旅台台胞余骏办理回乡定居手续。

2000年，县委统战部、县对台办加强同台胞的交流，台胞帅鹏林捐资1.6万元人民币，在家乡（龙场镇下水桥村）修建“怀乡亭”。

2001年，县对台办开展对全县台属第二、三代基本情况、台胞捐资兴办公益事业情况、台资企业情况调查。

2003 年 5 月下旬，台湾中国电视剧团长乐文化有限公司《万里江山陆寻奇》摄制组刘家镛一行到贞丰拍贞丰风光和民族风情，摄制挽澜乡窑上村古法制陶、小屯古法造纸工艺，三岔河、双乳峰、北盘江大峡谷风光，纳蝉布依族风情专题片，在台湾电视台播放，促进台湾对大陆的了解。

2006 年 10 月，“台湾东森电视台”记者苏日宏、峻德等到贞丰采风。2007 年 9 月，接待台湾主流媒体一行到贞丰县采访。通过经济文化交流，宣传中共对台的方针政策，激发台胞爱祖国爱家乡的热情，加深对和平统一、一国两制方针的了解。

2008 年，县对台办公室接待贵州省对台办公室组织在贵州生活的台胞 38 人，广西壮族自治区百色市对台办公室组织的台商 3 人、南京市对台办和台协组织的台商 17 人到贞丰县参观考察；配合黔西南州台联开展换届的相关工作以及侨代会代表的推荐工作。

2009 年，县对台办公室接待台湾“三立”电视台记者到贞丰县紫金矿区采访、深圳市台商协会无籽香水柠檬种植推广考察、台湾夏令营贵州分营大学生 29 人和贵州籍台胞 10 人到贞丰参观。

2010 年，县对台办公室开展省台联到贞丰调研的协调服务工作，9 月，县对台办主任参加州对台办组织的到台湾考察交流活动；12 月接待宁波市台协组织台商到贞丰考察。

第十节　督查　保密工作

一、督查工作

为加强贯彻执行党的方针政策和县委重大决策的督促检查，1992 年，设县委督查室。1995 年，县级机关机构改革，县委督查室改为县委办公室内设机构。

县委督查室成立以来，围绕县委决策抓落实，逐步建立健全各项督查制度，认真履行职能。

主要开展县委确定的各项重要工作督促检查和领导批办事项的督办工作。2004 年年初，通过招考充实配备一名领导干部，加强督促检查工作的力量。县委督查室围绕县委的重大决策、重要工作部署，开展一系列督查工作。一是按季节对全县经济社会发展各项工作进行督查，制作督查一览表，通报各项重要工作推进情况。二是对县领导批示和交办的事项进行督查。三是对县委、县政府召开重要会议的会风会纪进行督查，编发督查通报。四是积极开展督查调研，编写《督查通报》，促进全县各项工作的落实。

二、保密工作

1991 年 4 月，成立贞丰县国家保密局。1993 年 5 月撤销。1997 年 6 月，恢复贞丰县国家保密局，为副科级机构，核定行政编制 2 名，归口县委办公室管理，与县委保密委员会办公室合署办公，负责县委保密委员会日常工作，依法履行全县保密行政管理职能，宣传保密法律法规，对保密工作进行指导、检查、监督，开展文件资料、计算机、电话机、打印机、复印机、传真机等涉督办公设备的管理。

20年间，县保密工作制度逐步建立健全，保密工作责任制进一步落实，逐步走上规范化、法制化轨道。在开展“三五”“四五”“五五”保密普法教育活动期间，每年五月开展保密法律法规宣传教育，增强保密意识。2001年7月，开展纪念《中华人民共和国保守国家秘密法》（以下简称《保密法》）颁布13周年活动，举办全县首批涉密人员培训班，90人参加培训，86人取得上岗资格。2004年6月，组织全县党政军机关干部职工开展保密知识竞赛，参赛人数2000余人。2006年8月，组织150多名领导干部及涉密人员观看泄密、窃密警示教育片，不定期对党政机关进行保密执法检查，分别下发《关于切实加强文件、资料、打印、复制管理工作的通知》《关于在全县党政机关开展一次保密大检查的通知》《关于在党政军机关开展一次计算机信息系统保密检查的通知》。多次同公安、工商等部门组成检查组对全县文字打印、造纸、废品收购等行业及计算机及其网络、涉密文件资料进行检查。对11个党政机关进行定密；对中考、高考试卷进行保密监督。2006年，对全县保密工作作安排部署，加强党政机关和企事业单位及涉外部门的保密工作。先后发放《国家工作人员保密手册》《领导干部保密教育读本》《保密法律法规手册》等近500册。2007年3月，开展集中清理取缔涉密文件资料交易专项行动情况；7月，开展涉密文件资料和计算机信息系统检查；10月，县保密委召开保密成员单位工作会议，通报省检查协作组到贞丰县检查的情况。

2004年，贞丰县获全省保密技术知识竞赛组织奖；2006年，被省保密委办公室、国家保密局评为保密宣传教育工作先进单位；2006年、2007年，被《保密工作》编辑部评为先进单位；2001年起，县保密局分别获得州国家保密局工作目标管理责任状一、二、三等奖。

2005年，全国高等院校统一招生考试第一天，贞丰县考点发生发错考卷泄密重大事件。引起上级的高度重视，县有关部门对相关责任人进行严肃处理。

第十一节　信访工作

1991—2010年，据不完全统计，县信访办（局）立案办理来信来访案件2973件，其中来信1450件，来访1523件9689人次。在工作中实行县级领导接待日制度、包案制度，当场解决信访案件487件。其中2006年和2007年县信访局被评为全州信访综合考核一等奖。

1992年3月，针对农村基层干部反映部分群众非法买卖承包责任田地和侵占集体土地修建房屋的情况，县委、县人民政府研究决定，由县国土局对全县的非农用地进行清理，副县长冯云弟包办此案，5次到农户家中做工作，妥善处理非法买卖土地、侵占土地的问题。

1995 年，贞丰县按照“谁主管，谁负责”的原则开展信访工作，要求各级各部门“看好自家的门，管好自家的人”。1997 年，调整充实县信访工作领导小组，建立健全信访工作机制。1999 年 5 月 6 日，珉谷镇塔山村被征用土地的 23 人到信访办反映城镇建设土地征用补偿不合理的情况后，县人大常委会主任、城镇建设指挥长余光黔召开专题会，组建工作队，多次到被征土地的农户家中做深入细致的思想工作，宣传政策法律法规，把问题和矛盾化解在基层，化解在萌芽状态。2007 年，董箐电站库区移民阻工，县委副书记李正全、副县长毛仕诚到现场，宣传政策法规，做群众思想工作，得到库区移民群众理解，配合政府实施电站建设。

1991 年，县纪委信访室共接到来信来访 194 件，其中来信 170 件，来访 24 件；1992 年，共接来信来访 73 件，来信 67 件，来访 6 件；1993 年，接到来信来访 239 件次，其中来信 216 件，来访 23 人次；1994 年，接来信来访 198 件；1995 年，共接来信来访 198 件；1996 年，共接来信来访 151 件，其中来信 140 件，来访 11 件次；1997 年至 2000 年共接来信来访 654 件次；2001 年，共计来信来访 187 件次；2002 年，共接来信来访电话举报 156 件次，其中来信 138 件，来访 17 件，集体访 2 件 11 人，电话举报 1 次；2003 年，共受理来信来访 178 件次；2004 年，县纪委监察局在 13 个乡镇 283 个村设立 296 个信访联络点，明确信访联络员 321 名，共收来信来访 250 件，解决纠纷 240 件；2005 年，《信访条例》颁布实施后，县纪委、监察局巡回宣传《信访条例》，共受理来信来访 132 件次；2006 年，共接来信来访电话举报 155 件次；2007 年共接来信来访、电话举报 153 件，来信 142 件，来访 7 件，电话举报 4 件；2008 年，共收（接）来信来访举报等 140 件次；2009 年，共收（接）来信来访 132 件次；2010 年，共收（接）来信来访 129 件次。

第十二节　党史工作

1982 年 11 月，建立中共贞丰县党史资料征集领导小组办公室（简称贞丰县党史办公室），为正科级单位，负责党史资料征集整理和编纂工作。1991 年 3 月，贞丰县党史办公室和贞丰县志办公室合并为贞丰县史志征集编纂委员会办公室（简称贞丰县史志办公室），为正科级单位。1994 年 3 月，贞丰县史志办公室并入贞丰县档案馆，为正科级单位。1996 年 12 月，贞丰县史志办公室从贞丰县档案馆单列，为副科级单位，归口县人民政府办公室管理，编制 3 人。2002 年 1 月，贞丰县史志办公室归口县委办公室管理，为副科级单位，编制 5 人。2008 年 9 月，黔西南州机构编制委员会办公室批准升格恢复为正科级单位。

1991 年后，县史志办公室深入白层、鲁容、沙坪等乡（镇），搜集 1930 年红八军一纵队到蔗香休整时进入贞丰开展革命活动；1935 年，红军长征过贞丰抢渡北盘江、突破国民党武装围追堵截、宣传革命真理、建立洛艾苏维埃政权资料；先后整理《红军长征过贞丰》《洛艾苏维埃政权》《王凯组织领导农民起义进攻县城》《盘北游击队第八支队在贞丰的活动》《贞丰游击队》《整训国民党独立三师》《清剿土匪》《土地改革》《社会主义改造》《文化大革命》等党史资料。

1996年，县史志办公室协助黔西南州史志办公室开展《滇黔桂边区革命根据地》征编工作。1997年，贞丰县史志办公室启动贞丰县申报革命老区工作。同年，中共黔西南州委党史研究室组织编纂《黔西南州党史资料》（第三辑），贞丰县刘灿文、杨鲤菊撰写《人民公仆李学书》一文。

1998年6月，中共贵州省委办公厅、贵州省人民政府办公厅批准贞丰县为革命老区县，珉谷镇、者相镇、兴北镇、白层镇、鲁贡镇、连环乡、鲁容乡、沙坪乡为革命老区乡镇。

2003年3月，由县委组织部、县史志办公室、县档案局编纂，贵州省兴义市智诚印社出版的《贵州省贞丰县政权、军事、统战、群团系统组织史资料（1949—1987）》，全书5篇15章40节，约27.1万字，印刷500册。

2007年8月，启动《中国共产党贞丰县历史（1930—1978）》编纂工作，县委成立编纂工作领导小组，制定编纂工作方案，开展资料搜集和编纂工作。同年11月，召开《中国共产党贞丰县历史（1930—1978）》编纂篇目研讨会议，县史志编纂委员会副主任李正全、田涛以及其他委员40余人参加会议。2009年2月，《中国共产党贞丰县历史（1930—1978）》（征求意见稿）编纂成册，全稿约12万字。同年10月，印刷《中国共产党贞丰县历史（1930—1978）》（征求意见稿）40本，分发给30余位评审人员。2010年6月，《中国共产党贞丰县历史（1930—1978）》审稿会议召开。县政协主席王明华、县委副书记李正全、县人大常委会副主任邓安贵、县委党校校长梁正国，县直三所中学的有关领导以及县人大常委会原主任卢盛芳、原副主任潘吉华出席会议，参会人员对文稿提出修改意见和建议。

2010年5—8月，县史志办公室开展全县革命遗址普查工作，普查人员深入10个乡（镇），行程2000余千米，统计全县革命遗址34个。按上级有关规定，洛艾苏维埃政权遗址、洛艾九老山红军战斗遗址、红三军团第十一团抢渡坝草渡口遗址、坡扪战斗遗址、红军在白层战斗遗址、红军巧渡白层渡口遗址、红军首长及休养连宿营遗址（文昌宫）、红军在县城田坝街召开群众会遗址、红三军团十一团平街指挥部遗址、红军花江铁索桥阻击战遗址、红军首长在定头城宿营遗址、红军宿营弄羊遗址、红军在白层渡口写标语遗址、红军在白岩关战斗遗址、贞丰县烈士陵园申报为全国革命遗址；洛六抗日义勇军兵工厂遗址、中国人民解放军一四七团整训国民党独立三师遗址申报为省级革命遗址。据调查，保护较好的有花江铁索桥战斗遗址、红军巧渡白层渡口纪念碑、红军在白岩关战斗遗址、红军首长宿营遗址的文昌宫和定头城、贞丰县烈士陵园、整训国民党独立三师遗址。其余均已经受到不同程度的损坏。

2010年，根据贞丰县人大常委会原副主任杨文俊深入乡村调研、采访和搜集1935年红军长征过贞丰时开展革命活动资料，县史志办公室出版《红军长征过贞丰》1500本。

第十三节　离退休干部工作

1985 年 6 月，成立中共贞丰县委离退休干部工作局。1994 年 5 月，更名为贞丰县离退休干部工作局。1997 年 11 月，恢复中共贞丰县委离退休干部工作局，定编 4 人，正科级机构，归口中共贞丰县委组织部管理。2007 年 3 月，内设贞丰县关心下一代工作委员会办公室，定编 3 人，设主任 1 名，管理人员 2 名。

2007 年，全县有离退休干部 1590 人，其中，县管离休干部 38 人，享受副县（处）级待遇离休干部 14 人；享受副县（处）级以上待遇退休干部 30 人。县委离退休干部工作局负责老干部日常管理和服务工作。

1994 年，县委离退休干部工作局建立“离退休干部政治学习制度”，规定每月 15 日为居住县城的离休干部和退休副县级以上干部政治学习日，组织老同志学习邓小平理论和“三个代表”重要思想、中共十六大、中共十七大精神及党的路线、方针、政策；县里召开的党代会、人民代表大会、政协会、县委扩大会、经济工作会以及党建工作会等重要会议精神。

2007 年，以纪念改革开放 30 周年为契机，召开 2 次老干部座谈会，通报贞丰县改革开放以来各项事业建设取得的成就，畅谈改革开放后的大好形势。20 年来，组织老干部学习 200 余人次，多次组织老干部参观、考察贞丰县重点建设项目、重点企业、旅游景点。每年为离休老干部征订报刊等学习资料。切实保证离休干部离休费按月发放，医药费实报实销以及各项政策性补贴按时到位。针对企业离休干部“两费”（离休费、医药费）落实难的状况，2000—2002 年，分期分批将县粮油加工厂、粮管所、供销社、土产公司、农资公司（杜子厚、陈家和、王永福、台毅化、张日均等 17 名）企业离休干部“两费”纳入县财政负担。2001 年，县离退休干部工作局协调解决有关部门 1996 年至 2000 年拖欠部分离退休干部交通费 52200 元。2002 年，县委决定将全县企业离休老干部 16 名无工作遗孀生活费纳入县财政负担，由县社保局按时足额发放老干部遗孀遗属生活补助。2008 年，建设老干部活动中心 1000 平方米，设老年学校、阅览室、2 个门球场。20 年来，共开展牌类、象棋、门球和钓鱼比赛等活动百余次，参加人数近 2000 人次。县委离退休干部工作局坚持对老同志进行走访、慰问、看望和接待，把党和政府的关怀与温暖送到每一个老同志的家中或病床前，走访、慰问老干部 300 余人次，看望住院老干部 200 余人次，接待来信来访近千人次。多次组织一批德高望重老干部深入乡镇、学校，对青少年学生进行爱国主义、革命传统、社会主义荣辱观和法制宣讲教育，受教育人数达万人次。

第二章　纪检监察

1952年12月，县委成立纪律检查委员会办公室，1953年1月，成立纪律检查委员会，1955年10月改为监察委员会。“文化大革命”初，监察委员会工作被迫中断。1973年年初，在县组织部内设监察组，1979年10月，恢复县纪律检查委员会；1985年6月，各区（镇）建立纪律检查组，开展纪律检查工作。

1991年后，中共贞丰县委纪律检查委员会（以下简称县纪委）、县监察局，分别履行党的纪律检查和行政监察职能，受同级党委和上级纪委双重领导。1993年4月，县纪委、县监察局合署办公，实行一套工作机构、一个领导班子，两个单位名称并存体制。合署后，行政定编7人，内设办公室、执法监察室、信访室（举报中心）、教育研究室、纪检监察室、案件审理室、党风廉政室（比两机关原有的9个室科减少2个）。2007年，全县13个乡镇，2个机关纪委，县直49个基层单位配专职或兼职纪检干部。县纪检监察机关履行“教育、保护、监督、惩处”职责，围绕经济建设，以促进领导干部廉洁自律、查办违法违纪案件、纠正部门和行业不正之风为主要任务，形成党委统一领导，党政齐抓共管，纪委组织协调，部门各负其责，依靠群众支持、参与，坚持标本兼治、综合治理方针，推进全县党风廉政建设和反腐败斗争不断深入。

第一节　廉政建设

以单位学习为基础，以县委党校为阵地，提高党员干部对新形势下加强党风廉政建设和反腐败斗争重大意义的认识。20年来，全县开展6次规模较大的党风廉政法规知识学习教育活动。

1991年，县委决定在全县开展“党纪条规教育年”活动。成立领导小组，培训骨干，编印学习资料。向党员干部进行宗旨教育、党风党纪教育。表彰先进组织78个，先进集体44个，先进个人149名；举办4期培训班，培训290名基层党支部书记，137名副科局级干部、26名乡镇青年和妇女干部，4324名农村党员。组织1203名机关干部参加马克思列宁主义、毛泽东思想理论学习测试。

1996年，中纪委、监察部在全国开展党纪政纪条规教育和学习竞赛活动。全县层层举办学习班、讲条规和看教片、用条规热潮。年底，2000余人参加条规知识竞赛和观看《贿赂忧思录》《人生对话》等反腐倡廉教育片，开展培训13期800多人次。

1997 年，中共中央、全国人大、国务院和中纪委先后颁发《中国共产党纪律处分条例（试行）》《中华人民共和国行政监察法》《中国共产党党员领导干部廉洁从政若干准则（试行）》等 6 部法律法规后，开展清理干部住房工作，副县级填表自查 31 人，副科局级填表自查 159 人，一般干部职工填表自查 1494 人。

1998 年，落实领导干部廉洁自律规定，开展落实党风廉政建设责任制的监督检查。

1999 年，制定《党风廉政建设责任制实施细则》，开展制止奢侈浪费八条规定的落实、党纪政纪条规宣传教育，播放《中国共产党纪律处分条例》等电教片。

2000 年，以“三讲”教育为契机，开展领导干部廉洁自律工作，建立和完善《考勤纪律规定》《财务管理制度》，清理干部职工拖欠公款问题，涉及 193 人，1191 万元，向机关乡镇干部发放《黔西南州领导干部廉洁自律手册》148 份。

2001 年，落实党风廉政建设责任制，组织党员学习“三个代表”重要思想。一是集中清理各级领导干部接受和赠送现金、有价证券和支付凭证问题，21 名副县级和 461 名正副科局级干部填表自查；二是对新任干部进行任前公开，增强“五条规定”“八个不准”的透明度；三是组织学习江总书记“七一”讲话并进行测试；四是分发《领导干部廉洁从政手册》《在党的旗帜下》240 册，利用电教片进行示范教育，摄制《党风廉政先进人物访谈录》专题片。

2002 年，一是落实领导干部不准收受现金、有价证券和支付凭证规定；二是开展清理干部配偶、子女经商办企业和在企业任职工作；三是检查拖欠工资、县乡使用财政资金情况；四是治理乡镇干部“走读”（不住乡镇）。

2003 年，落实党风廉政建设责任制报告制度，印发《关于重申和强调领导干部不准收受现金，有价证券和支付凭证的通知》，落实领导干部配偶，子女从业规定，严格控制各种节庆，达标评比活动，防止“形象工程”“政绩工程”。对 26 名乡镇党委书记、乡镇长实行工作考勤登记上报制度，开展党政机关违规建楼堂馆所工作，制定《关于县级换届选举工作纪律规定》，强化换届工作纪律，开展机关工作作风、会风整顿及党风廉政建设述职评议工作。

2004 年，一是印发《党风廉政建设和反腐败斗争主管领导及部门工作职责》，有关领导拒收礼品价值 9600 元；二是印发《廉政自查通知书》，清理干部职工拖欠公款，经清理有拖欠公款 53 人，金额 34.6 万元；三是落实领导干部述职述廉制度；四是加强党风廉政建设工作宣传教育，印发、订阅两个《条例》600 余本，参加学习党员干部 410 人次，组织开展观看《绝路》电教片和庆祝“七一”建党节活动。

2005 年，印发《关于严格遵守廉洁自律规定的通知》，成立贞丰县领导干部执行廉洁自律规定督查组。一是转发中央、省纪委《关于国家工作人员和国有企业负责人投资入股煤矿问题的通知》，对被举报的 21 名国家干部职工下发廉政通知书，查处参与非法开采煤矿的国家干部职工 2 名；二是开展《惩防纲要》竞答活动，制作廉政公益广告。

2006 年，对《惩防纲要》知识进行层层分解，纳入党校教程和干部提拔任用的廉政课内容，举办 2 期干部培训班，培训党员干部 100 余人，出台《贞丰县国家机关事业单位工作人员差旅费，会议费等开支有关规定》等制度。开展治理奢侈浪费，规范干部从政行为，对接待费支出较高的前五位单位“一把手”进行“打招呼”，发送廉政短信 400 余条，对被举报入股煤矿的 10 名国家干部下发廉政通知书，查处 2 人。

2007 年，开展党政机关作风教育整顿活动，治理国家干部职工上班和开会迟到、早退、玩游戏等十个作风方面的问题。印发廉政手册，开通贞丰廉政网，贯彻落实中纪委《关于严格禁止利用职务上的便利谋取不正当利益的若干规定》等纪律规定，开展“树新风、扬正气”反腐倡廉戏剧小品大赛，营造廉政氛围。

2008 年至 2010 年，以党性党风党纪教育为重点，加强党员特别是党员领导干部的廉洁从政教育。一是开展警示教育，要求党员领导干部自我反省；二是加强典型和先进事迹宣传教育；三是开展廉政文化宣传活动；四是组织党员领导干部学习执行《廉政准则》；五是在 13 个乡镇开展反腐倡廉培训活动，对乡（镇）村党员干部进行廉政教育。

第二节 纠风正纪

1991 年，县纪委在全县开展清理“三违”建房工作，清理出违法违纪违章占地建私房 49 户，违法占地 4112 平方米。1993 年，一是清理各种罚款、集资、摊派收费文件，共清理出各种收费 41 项，各种罚款 20 项，各种集资摊派 8 项；二是对 1992 年 13 个乡镇 1256 户 5684 人农民负担进行调查，制定《贞丰县人民政府关于涉农负担收费与监督管理的若干规定》23 条，全年减轻农民负担 117 万元；三是开展“打假仿冒”纠风治乱工作；四是对党政机关、行政事业单位乱收费问题进行清理，全县共有 78 个单位对收费项目进行自查，清出各种不符合中央有关规定收费文件 7 份，未成文规定 3 份，共清理乱收费 9.5 万元；五是开展清理党政机关经商办企业工作，对清理出的 21 个单位经商办企业作了相应处理，提出关、停建议。1994 年，继续清理党政机关、行政事业单位乱收费行为，抽查 38 个单位，清理出乱收费项目文件 21 份。1995 年，开展清理教育乱收费，涉及资金 118 万余元，违规收费 26.6 万元。1996 年，在国税、地税系统开展民主评议行风工作。1997 年，治理教育乱收费，共计清退违规收费 8.5 万元。

2000 年，开展纠正医药购销中的不正之风工作，检查全县 15 个医疗卫生单位收费情况，在卫生系统开展民主评议纠风工作。2001 年，开展清理无证药品生产批发企业 6 个，降低药价药品 60 种；在民政、计生系统开展民主评议行风工作。2002 年，继续开展纠正医药购销不正之风和食品市场检查整顿工作，取缔非法经营，开展减轻农民、企业和乡镇企业负担工作检查。2003 年，继续治理教育乱收费行为和纠正医药购销不正之风，检查 12 所初级中学，5 所九年制学校，13 所中心小学，102 所村级小学，取缔 10 家无证经营药品户。专项治理减轻农民负担和巩固治理公路“三乱”，在教育和质监系统开展民主评议行风工作。2004 年，继续协调有关部门治理教育乱收费，责令清退违规收费 54 万余元。在电信、移动、联通公司开展行风评议工作。2005 年，与各中小学签订“执行一费制和治理乱收费”责任书，制作 76 块收费公示牌。对县城 3 家医院非法采供血进行查处，14 名卫生系统干部受到行政处分。在交通和文体广电系统开展民主评议纠风工作。2006 年，共检查“两免一补”金额 539 万余元，清退违规收费 1.6 万元。推行药品集中招标采购和农村合作医疗用药比价采购参照省招标药品 431 个，金额 379 万元，农合药品 209 个，金额 390 万元。在教育、卫生、供电部门开展民主评议行风工作。2007 年，一是举办教育辅导站及校长廉政建设培训班，提出“八个不准”，规范教育收费。开展教育收费检查，查出违规收费 72 万元，处分 11 名校长及 1 名教师。取消、废止两个违规文件。二是推行药品集中招标采购，参加招标药品 692 个，金额 113 万元，让利患者 11 万元。三是实行新型农村合作医疗药品比价采购，涉及金额 500 万元，药价下降 20%，让利患者 100 万元。规范评比达标活动，在房管、建设、物价系统开展民主评议行风工作。

2008 年至 2010 年，县纪委先后制订《贞丰县强农惠民专项清查工作方案》《贞丰县纠正医药购销和医疗服务中不正之风工作实施方案》《严禁党员领导干部和国家公职人员违规大操大办各种酒席借机敛财的规定》《反腐倡廉网络信息和网络评论报送实施细则》《贞丰县村务公开和民主管理实施意见》廉政制度，加强纪检监察工作。一是开展重点项目建设的监督检查工作；二是加强对惠民涉农专项资金使用管理的监督检查，减轻农民负担；三是规范药品购销和医疗服务行为；四是抓行风建设，整顿不正之风和机关工作作风；五是严肃查处违法违纪案件，处理林业局、水利局各一名领导班子成员、县治安大队个别领导失职渎职案件、县交警大队某领导受贿和沙坪乡金山村支书截留贪污土地征用补偿费案等；六是加强领导干部离任审计，对县教育局长、县畜牧局长、县金诚投资开发有限公司经理进行经济责任审计；七是清理规范评比达标活动，清理贞丰县 2009 年度计生工作创国优先进集体和先进个人表彰活动中所发的 3 万元奖金，收回奖金归县财政；八是制止公款出国（境）旅游，落实厉行节约，规范政府采购行为。

第三节　案件查处

1991 年，县纪检监察部门立党政纪案件 50 件，结案 50 件，开除党籍 18 人，留党察看 6 人，严重警告 100 人，党内警告 13 人，行政处分 6 人。1992 年，立案 58 件，结案 58 件，开除党籍 33 人，留党察看 8 人，党内严重警告 10 人，警告 7 人，行政处分 5 人；是年，县纪检监察部门实行“三定一包”办案制，即定任务、定时间、定人员，县纪委常委分片包案，全年对全融系统进行“教育、清理、整顿”，查处金融系统违法违纪案件 3 件 3 人，查出违纪金额 4.9 万元。1993 年，县纪检监察合署办公后，共受理各类党政纪案件 50 件，立案 47 件 40 人，党纪处分 35 件 35 人，政纪处分 8 件 8 人，党纪批评教育 3 人，开除党籍 10 人，留党察看 7 人，严重警告 5 人，警告 13 人；政纪处分撤销行政职务 2 人，降级 1 人，记过 2 人，警告 3 人；通过办案共挽回经济损失 5.76 万元。1994 年，共立党政纪案件 22 件 23 人，结案 19 件 18 人，开除党籍 8 人，撤销职务 1 人，严重警告 2 人，警告 3 人，留党察看 3 人，行政警告 2 件 2 人，挽回经济损失 6.7 万元，收缴违纪资金 1.9 万元。1995 年，共立党政纪案件 43 件，结案 42 件，党纪处分 26 件，政纪处分 16 件，开除党籍 5 人，留党察看 2 人，撤销党内职务 1 人，严重警告 7 人，警告 6 人；政纪开除公职 3 人，撤职 1 人，记大过 3 人，记过 2 人，警告 2 人，批评教育 7 人；为国家挽回经济损失 32 万余元。1996 年，共立党政纪案件 51 件。贞丰县拖欠农民工工资案件呈“二增一减”。一是涉案人数增加，仅挽澜乡岔河联营煤矿拖欠工人工资一案就涉及人数 200 人。二是涉案金额增加。截至 5 月，涉案金额共 1274616 元。1997 年至 2000 年立党政纪案件 179 件，结案 179 件。2001 年共立党政纪案件 57 件，结案件 57 件，查处 57 人，其中党纪处分 23 件，政纪处分 34 件，挽回经济损失 11 万余元，“三机关一部门”24 件 24 人，大要案 7 件 7 人。2002 年，共立党政纪案件 53 件，结案 52 件，查处 52 人，党纪立案 22 件，结案 22 件，查处 22 人，政纪处分 31 件，结案 30 件，查处 30 人，开除党籍 14 件 14 人，留党察看 2 件 2 人，撤销职务 1 件 1 人，严重警告 2 件 2 人，警告 2 件 2 人，批评教育 1 件 1 人；政纪开除公职 12 件 12 人，降级 3 件 3 人，记大过 5 件 5 人，记过 1 件 1 人，警告 7 件 8 人，通报批评 1 件 1 人。其他组织处理 1 件，万元案件 3 件 3 人，要案 2 件 2 人；“三机关一部门”18 件 18 人。2003 年，共立党政纪案件 55 件 58 人，结案 55 件 58 人，党纪处分 16 件 16 人，政纪处分 39 件 42 人，党纪开除 14 人，严重警告 1 人，警告 1 人；政纪开除公职 37 人，撤职 3 人，记大过 1 人，记过 3 人，警告 4 人，降低退休金 1 人，批评教育 1 人，万元大案 3 件 3 人，要案 4 件 4 人，“三机关一部门”20 件 22 人。2004 年，共立案 52 件，结案 52 件，查处 60 人，大要案 12 件 14 人，“三机关一部门”25 件 27 人，挽回经济损失 194.2 万元，收缴违纪资金 156 万元。2005 年，共立案 54 件，结案 54 件，查处 74 人，大要案 13 件 30 人，“三机关一部门”20 件 30 人，涉及违纪金额 312 万元，挽回经济损失 106 万元，收缴违约资金 88.6 万元。2006 年，共立案 46 件，结案 40 件，处分 45 人，大要案 24 件 36 人，挽回经济损失 64.9 万元，收缴违纪资金 27.4 万元。2007 年，共立案 39 件，结案 37 件，查处 48 人，“三机关一部门”12 件 19 人，挽回经济损失 112.8 万元。2008 年，共立案 41 件，结案 36 件，查处 43 人。2009 年，共立党政纪案件 39 件，查处 50 人。2010 年，立党政纪案件 36 件，查处 32 件、39 人。

第四节 执法监察

1993 年，县纪检监察部门对全县夏粮、烤烟收购 9 个点进行专项检查，有效杜绝收购农民粮食、烤烟不付款“打白条”现象。1995 年，对 1991 年至 1994 年扶贫贷款项目、以工代赈项目、坡改梯经费进行检查；开展治理公路“三乱”工作，拆除5个检查站。1996年，一是开展干部职工住房清理工作，2161人填报《住房自查表》；二是清查预算外资金400多万元。1997年，一是继续清理预算外资金，收缴18万元；二是开展平安保险费清理工作，共清理出违纪资金8.7万元。1998年，开展执法检查项目11个，涉及金额900多万元，清理预算外资金，查出违纪资金104万元，挽回经济损失32万元，纠正违纪资金7.4万元。1999年，对12个单位建设工程项目进行执法监察，涉及金额1027万元。2001年，一是对国债资金及珠江流域水利工程、节水灌溉工程、人饮工程、社保资金管理等进行监督检查；二是实行行政执法单位收入金额纳入财政专户管理，对违反规定乱收费资金15万元进行收缴。2002年，开展国债资金管理使用情况检查和规范有形建筑市场工作。2003年，对国有土地招拍卖和有形建筑市场进行监督。开展效能监察，完善14个系统98个制度，新建制度54个，出台措施208条，解决问题86个；加强无证煤窑清理和对安全责任事故调查处理。2004年，开展国债、扶贫、退耕还林资金专项执法监察，涉及项目436个，金额11374万元；开展治理网吧工作。2005年，继续对国债、扶贫等专项资金使用情况进行执法监察，检查项目219个，涉及资金4374.2万元，收缴违规资金55万元；开展清理行政许可执法监督检查。2006年，开展规范农资市场执法检查，共查经营门市1485人次，出动执法人员480人次，查处案件21起。2007年，加强对国债、扶贫资金专项执法监督检查，检查项目675个，涉及资金5222万元；开展救灾款物执法监察，提出5条整改意见。2009年，开展涉农扶贫资金执法检查、建筑行业执法检查。2010年，开展环境保护和食品药品执法检查，促进执法部门依法行政。

第五节　惩治腐败

1994年，县纪检监察部门对蔗糖公司擅自提价销售多收598元和矿管办违反规定收取2400元管理费进行查处，责令将违规收费上缴财政。1995年，开展清理预算外资金工作，清理党政机关及其工作人员违法占用企业钱物单位45个。2001年，加强对厂务、政务、村务公开的监督，对1999至2001年村级财务进行清理，涉及资金810万元，发现违规管理使用资金5.2万元。2002年，严格查处教育乱收费行为，清理违规收费7.6万元，推进政务、村务、厂务“三公开”工作。2003年，配合有关部门推行党政领导干部经济责任审计和部门预算，国库集中收支等财政制度工作。2004年，清理拖欠农民工工资，兑现1208万元，继续抓“三公开”工作。2005年，清理拖欠农民工工资15.7万元。查处违规使用救灾粮的3名党员干部。开展“两无”治理和安全生产执法监督，落实搬迁农户57户，资金61.8万元。开展违法排污整治工作，查处违法企业3家。落实《中华人民共和国招投标法》（以下简称《招投标法》），对15起工程招投标进行监督，涉及资金3151万元，节约资金95.4万元。落实经营性土地招投标制度，全年净增555.5万元；落实政府公开采购制度，公开采购10

余次，节约资金 24.5 万元。2006 年，开展治理整顿网吧、电玩所及非法盗版音像制品行动，对文化部门监管不力的一名干部进行了查处。委托审计局对龙场镇、国土局、文体广电局进行经济责任审计。2007 年，处理贪污移民资金 10400 元的一名国家干部。查处新型农村合作医疗工作违纪案件，3 名卫生院院长受到党政纪处分。开展效能建设和效能监察，7 名国家干部因安全事故受到处分。2009 年查处小屯乡工作人员罗某克扣危房改造资金违法违纪等案件。2010 年查处违法违纪案件 32 件，处分 39 人。

1990—2010 年中共贞丰县纪律检查委员会领导名录一览表

表 3-2-1

类别 届次	职务	姓名	性别	民族	籍贯	任期	备注
第六届	书　记	王定元	男	布依族	贵州贞丰	1990.9—1993.1	—
	副书记	王永平	男	苗族	贵州贞丰	1990.9—1993.1	—
		杨德华	男	布依族	贵州贞丰	1990.9—1993.1	—
	常务委员	王明华	男	汉族	山东莘县	1990.9—1993.1	—
		陆家福	男	布依族	贵州贞丰	1990.9—1993.1	—
第七届	书　记	付华芬	女	汉族	贵州贞丰	1993.1—1997.11	—
		曾祥刚	男	汉族	贵州贞丰	1997.11—1998.2	—
	副书记	王永平	男	苗族	贵州贞丰	1993.1—1997.10	—
		杨德华	男	布依族	贵州贞丰	1993.1—1998.2	—
	常务委员	杨继明	男	苗族	贵州贞丰	1993.1—1998.2	—
		王明华	男	汉族	山东莘县	1993.1—1997.11	—
第八届	书　记	曾祥刚	男	汉族	贵州贞丰	1998.2—2001.8	—
	副书记	杨德华	男	布依族	贵州贞丰	1998.2—1998.8	—
		韦昌荣	男	布依族	贵州贞丰	1998.2—2001.8	—
	常务委员	赵立彪	男	汉族	贵州贞丰	1998.2—2001.8	—
		田维英	女	汉族	贵州贞丰	1998.2—2001.8	—
		张永平	男	汉族	贵州贞丰	1998.2—2001.8	—
		龚修明	男	汉族	贵州贞丰	1998.2—2001.8	—
第九届	书　记	郝明星	男	汉族	贵州兴义	2001.8—2003.1	—
		罗元香	女	汉族	贵州安龙	2003.1—2006.10	—
	副书记	韦昌荣	男	布依族	贵州贞丰	2001.8—2006.12	—
		张永平	男	汉族	贵州贞丰	2001.8—2006.12	—
		龚修明	男	汉族	贵州贞丰	2001.8—2006.10	—
	常务委员	冯元弟	男	苗族	贵州贞丰	2001.8—2004.1	—
		赵立彪	男	汉族	贵州贞丰	2001.8—2006.12	—
		雷启才	男	苗族	贵州贞丰	2001.8—2006.12	—
		黄如生	男	布依族	贵州贞丰	2001.8—2006.12	—

续表 3-2-1

类别 届次	职务	姓名	性别	民族	籍贯	任期	备注
第十届	书　记	贝启真	男	布依族	贵州望谟	2006.12—2010.12	—
	副书记	韦昌荣	男	布依族	贵州贞丰	2006.12—2010.12	—
		雷启才	男	苗族	贵州贞丰	2006.12—2010.12	—
	常务委员	王立高	男	布依族	贵州贞丰	2006.12—2010.12	—
		黄如生	男	布依族	贵州贞丰	2006.12—2010.12	—
		张继善	男	汉族	贵州贞丰	2006.12—2010.12	—
		曾　敏	女	汉族	贵州贞丰	2006.10—2010.12	—

第三章　群众团体

1991—2010 年，贞丰县有工会、共青团、妇女联合会、文学艺术界联合会、残疾人联合会、红十字会人民团体。人民团体在县委、县人民政府领导下，发挥自身优势各司其职，开展大量工作，为全县经济社会发展做出贡献。

第一节　工　会

1991—2010年，工会工作按照新时期“维护、建设、参与、教育”四项主要职能开展活动。

1991—2002 年，县总工会机关设办公室、女职工委员会、财务室。

2002年5月，按上级总工会要求，县总工会成立贞丰县工会困难职工帮扶和维权中心。

2007 年 3 月，县总工会主席由一名县人大常委会副主任兼任。

2010 年 12 月 16 日，县委批复，县困难职工帮扶维权中心为副科级事业单位，归县总工会管理，编制 3 人。

工会代表大会 1993 年 6 月 9 日至 10 日，贞丰县工会第六次代表大会在县城召开，与会代表 71 人，其中工人代表 8 名，女代表 21 名，少数民族代表 23 名。选举产生贞丰县总工会第六届委员会和经费审查委员会。选举陶华明为县总工会主席，文永刚、皮佳芬为副主席；文永刚任经费审查委员会主任。通过民主协商产生贞丰县工会第一届女职工委员会，选举皮佳芬为女职工委员会主任。

1998 年 5 月 26 日至 27 日，贞丰县工会第七次代表大会在县城召开，与会代表 70 人，其中女代表21人，占代表比例的30%。选举产生贞丰县总工会第七届工会委员会和经费审查委员会。选举向往为县总工会主席，文永刚、李国芬为副主席；文永刚任经费审查委员会主任，李国芬为第二届女职工委员会主任。

2003年5月20日，贞丰县工会第八次代表大会在县城召开，与会代表95人，选举产生县总工会第八届委员会和经费审查委员会，经民主选举常务委员9人。同日常委会议选举邓安华为县总工会主席，胡国平、李国芬为副主席；胡国平任经费审查委员会主任。通过大会女职工民主协商，选举李国芬为第三届女职工委员会主任。

2007年3月，县委任命一名县人大常委会副主任兼任县总工会主席，调一名纪委干部任县总工会党组书记。8月20日，根椐中共贞丰县委、贞丰县人民政府安排，成立县工会换届工作领导小组。

2008年4月2日，贞丰县工会第九次代表大会在县城召开，与会代表112人，选举产生县总工会第九届委员会和经费审查委员会，经民主选举委员29人、常务委员9人。同日常委会议选举邓安贵为县总工会主席，龚修明、任龙光、倪冬菊为副主席，龚修明任经费审查委员会主任。通过大会女职工民主协商，选举倪冬菊为第四届女职工委员会主任。

基层工会组织建设 1990年，全县有基层工会86个，会员3897人。

2005年，县总工会投资12万元对工会办公楼（县工人俱乐部）进行整体维修。

2007年，有教育、电信、供电、粮食、卫生、供销6个系统工会，13个乡（镇）工会联合会（联合工会）；当年全县共有基层工会153个，会员10566人，比1990年增加6669人。

2008年，珉谷镇老城社区工会，龙城镇龙山村工会、定塘村工会，北盘江三岔路居委会工会等20个村（社区）工会成立，全县新建基层工会26个，新发展工会会员20970人。

2010年，全县有基层工会399个，会员31536人，比1990年增加27639人。

工会活动 1991年2月，县总工会号召全县各基层工会对职工进行“三新”（新技术、新工艺、新材料）教育，创建“三型”（学习型企业、学习型班组、知识型职工）活动，开展“建功立业大竞赛”活动。

1991—1995年，县总工会号召全县基层工会对职工进行“三热爱”（热爱共产党、热爱社会主义、热爱祖国）、“三个文明”（物质文明、精神文明、政治文明）教育，开展学习邓小平视察南方讲话活动。

1991年5月，在相关单位支持下，县总工会举办各种类型培训班2期，培训基层工会干部150多人。是年，受省总工会表彰3人、州总工会表彰20多人，先进集体5个。

1992年初，邓小平视察南方讲话后，县总工会向全县各基层工会发出倡议，组织职工学习邓小平视察南方讲话，解放思想，更新观念，解决姓“社”姓“资”问题。县委书记田忠明在县总工会创办的《工运信息》第一期发表《认真履行四项职能，把工会工作提高到一个新的水平》的文章，全县广大干部职工备受鼓舞。

1992 年 5 月，县总工会组织开展全县历史以来规模最大的职工歌咏比赛，有 18 个队 625 人参赛。

1994 年，为抓好行业单位示范作用，县总工会指导各基层工会组织职工学习，建立电信、金融、供电和供销四个文明服务窗口。

1997 年 7 月 7 日，县总工会主办贞丰县“97·迎香港回归”活动，组织县城机关、企业、事业单位 1500 多名干部职工开展“千人迎香港回归环城跑”活动。

1998—2000 年，县总工会号召全县各基层工会对职工进行“四技”（技术改革、技术推广、技术改观、技术开发）教育，倡议全县各企业工会组织开展劳动大竞赛活动。

1998 年，各企业共采纳职工合理化建议 90 多条，在税务、工商、财贸、教育、金融、经委、轻工等系统开展“‘劳动杯’优胜竞赛”，同时开展“四技”活动 15 次，共创经济效益超百万元。

2002 年 5 月，县总工会在县供电大楼二楼大会议室举办“庆‘五一’·职工爱岗敬业演讲比赛”，全县参赛职工 100 名，县电视台职工冯安全、县民族中学教师帅朗飞、县公安局干警张佳分获前三名。

2005 年，响应省总工会提出的“建功立业大竞赛”号召，县总工会组织全县企事业单位掀起了职工岗位练兵新高潮，2000 多职工参与不同岗位练兵技能竞赛。是年，全县职工提出合理化建议共 120 多条，被采纳 15 条；技术攻关 5 项；实现技术革新 10 项；推广“三新”3 项，共创经济效益 100 多万元。县内企业改革进入攻坚阶段，企业改组重建，实行“两个买断”，工人分流、工人下岗，工会失去载体，工会会员减少。在一些改制企业中，有的法人代表企图取消工会组织，主张以监事会取代工会。

2005 年 4 月，县总工会在县城举行“百万职工献爱心·一日捐”活动，共募集爱心款 15 万元。

2006 年，县总工会组织 5 家企业工会开展创建“学习型企业、学习型班组，知识型职工”活动，在全县企业职工中开展向新时期工人劳模学习，开展以“树信心、强本领、做贡献、促振兴”为主题教育活动 1 次。

2006 年 6 月，县总工会在煤炭局、安监局等单位配合下，深入挽澜、三河两大产煤区开展新建基层工会组织和完善组建手续的宣传工作，是年新成立煤矿工会 20 个。

2007 年 6 月，县总工会请示县委同意，县委办公室转发《贞丰县总工会关于加强基层工会工作，充分发挥工会职能作用的意见》，意见指出：在经济体制改革中工会的地位、性质、作用不能变，工人的主人翁地位不能变，工会工作只能加强，不能削弱。当年基层工会组织特别是非公有制企业工会组织基本得到了恢复和完善，有基层工会 126 个，其中有 40 个基层工会建立职代会制度。为贯彻《中华人民共和国劳动法》，实行平等协商，基层工会与企业法人签订集体合同 46 家，签订工资协议 36 家。

帮扶维权工作　2002 年，县工会困难职工帮扶和维权中心挂牌成立，县总工会关心职工物质文化生活，帮扶困难职工家庭和维护职工合法权益工作逐年加强。

2004—2006 年，县总工会连续三年共资助困难职工家庭学生 200 名，共发助学金 6.47 万元。

2006 年 12 月，县总工会开展“温暖农民工活动”，慰问经贸系统下岗困难职工 20 人，县城环卫工人 30 人，页岩砖厂工人及煤矿工人 50 人，共发冬衣裤 100 套和棉被 100 床。

2007 年 8 月，基层工会推荐，县总工会审批，各乡镇和学校公示，县总工会资助困难职工家庭学生 65 名，共发助学金 3.01 万元。

2008 年 8 月，县总工会慰问退伍军人 50 人，共发慰问金 1500 元；资助大中专新生 70 人，共发助学金 3.31 万元。12 月，调解贞安公路二标段拖欠农民工工资纠纷 1 起，为贞丰县北盘江镇左某、兴仁县回龙镇陈某等 38 名农民工讨薪 8.29 万元；贞丰县“职工流动学校”获全省工会系统创新工作二等奖。

2009 年 5 月，工会“职工流动学校”开展农民工、下岗职工和企业职工岗前培训，第一期培训煤矿工人 96 名。9 月，慰问省（部）级劳动模范和先进工作者 10 人，共发慰问金 0.5 万元。

2010 年元旦、春节期间，县总工会慰问困难国有企业（百层糖厂）一家、困难职工家庭 309 户，共发慰问金 13.6 万元；慰问困难计生户 20 户、环卫工人 30 人，共发慰问金 1.5 万元。2 月，外出务工高峰期，县总工会到县客车站看望外出农民工，送方便面 400 盒，赠阅《职工农民工指南》《工会法》《工会条例》和《安全生产手册》共 700 本（份）。5 月，县总工会号召全县各级工会筹集价值 24 万元物资，投入全县抗旱救灾。8 月，开展工会“金秋助学”活动，筹集助学金 7.08 万元，共资助困难职工家庭当年考入大中专院校子女和部分困难高中生 100 多人。

女职工工作　1991 年“三八”妇女节期间举办女职工乒乓球比赛。1993 年组织皮佳芬、蕴娟、卢光佑、马丽红、吴家英、曹忠琼到昆明参加全国总工会举办的女工岗位培训班；1994 年 9 月，组织女职工代表参加全国总工会举办的“迪康杯”迎 1995 世界妇女大会知识竞赛和黔西南州总工会举办的女职工自制时装手工工艺比赛。2002 年“三八”妇女节期间，县总工会组织女职工基层工会参加有关妇女保护的法律法规知识竞赛。2004 年全县建立 43 个女职工基层委员会，“三八”节期间与县妇联共同召开妇女干部座谈会，表彰妇女工作先进单位和先进个人。2005 年为 500 名女职工进行专项体检，帮助 24 名下岗女职工实现再就业。2006 年与县妇联举办“三八”妇女节系列文体活动。2008 年，与县妇联共同举办“红丝带健康知识”和“女职工保健知识讲座”全县有 600 余名女职工聆听专家的妇女保健知识报告，并开展维护妇女特殊权益保护工作，与 6 个企业签订《女职工特殊权益专项合同》，落实《女职工劳动保护条例》，女职工“四期”劳动保护率 95%，执行禁止安排女职工从事禁忌劳动企业比例 100%，机关事业单位女职工生育保险缴纳率达 100%。2009 年，全县各级工会为女职工购买女性安康保险 202 份。2010 年，全县机关、企事业单位女职工“四期”劳动保护率保持 95% 比例，禁止安排女职工从事禁忌劳动企业保持 100% 的比例，生育保险缴纳保持 100% 比例，购买“安康保险”222 份。

第二节 共青团

一、共青团工作

1991年，全县有基层共青团团委13个，团支部426个，团员10015名。2002年，团员总数达11000名，比1991年增加985名。2007年，全县有基层团委16个，团总支16个，团支部305个，团员16200名。2010年，全县有19个基层团委、15个团总支、254个团支部，团员16847人。

1991至1994年，团县委开展“星火带头人”培训，举办培训班8期，培训“星火带头人”310人。王应华、周福慧获“全国青年星火带头人标兵”称号。开展以“热心献社会，真情暖人间”为主题的青年志愿者活动，三年，全县共建立500多个青年雷锋小组。1992年5月，成立“贞丰县希望工程领导小组”，三年共救助467名失学儿童重返校园。

1995年8月，组织青年参加“纪念抗日战争和世界反法西斯战争胜利50周年”系列活动。1996年5月，组织部分青年团员“重走长征路”；开展“创文明支部、争当致富能手”活动。涌现出2名“十佳基层干部”，2个“十佳红旗团委”，8个“文明团支部”，9名州级“星火带头人”。全县共创建省级“青年文明号”2个，州级青年文明号2个，县级青年文明号5个。通过热心人士资助、企业捐助等渠道，筹集资金100多万元，救助失学儿童156名，新建希望小学4所，建希望书库2个。1996年9月，徐荣庆、舒代碧、吴丕学、李雪四位教师被团中央授予“希望工程园丁奖”荣誉称号，何朝礼、王继刚被团省委分别授予“希望工程园丁奖”和“希望工程建设奖”荣誉称号。四年，全县共发展团员5700名，全县团员总数11796名，100余名优秀团员被推荐为党员发展对象。

1998年至2002年，全县团组织培养农村“星火带头人”300多名，选派21名县、乡、村团干部到中央团校、省团校培训中心和州“星火带头人”培训基地培训。2000年3月，开展以培训提高青年工人整体素质为目标，“争创文明号”“争当岗位能手”和“导师带徒弟”“五小竞赛”活动，组织青年志愿者定期到敬老院给孤寡老人打扫卫生，清洗被褥等活动。2000年5月，县国税征收一分局在创建活动中成绩显著，被共青团国家税务总局授予青年文明号。三年，团县委通过社会热心人士捐助、企业资助等渠道筹集希望工程资金30多万元，新建两所希望学校和救助失学儿童100余名。

2003年4月10日，调整县未成年人保护委员会，成员单位有27个，加强未成年人保护工作力度。10月24日，团县委与中国联通公司贞丰分公司联合组织开展“用中国联通，打爱心电话”活动，在部分乡镇摆摊设点，散发张贴宣传资料近千份，设立“贞丰希望工程，联通基金”工作站。9月28日，迎来首批西部计划大学生志愿者30名，从事支医、支农、支教等工作。11月26日，选派各乡镇团委书记到省团校和州农校参加农村科技培训。8月至10月，中国共产主义青年团贵州紫金矿业股份有限公司委员会，中国共产主义青年团贞丰县公安局支部委员会，中国共产主义青年团贞丰中学基层委员会成立。

2004年，贞丰县共青团基层团委（总支）39个，发展团员2000多名，全县团员总数1.2万名。抽派1名团干部到中央团校学习，1名团干部到宁波学习，5名团干部分别到贵阳、遵义学习，县内以会代训135人次。表彰3个先进共青团组织，23名优秀共青团员、5名优秀共青团干部和4名优秀大学生志愿者。将者相镇虎山公园、贞丰烈士陵园、白层古渡口、文昌宫定为贞丰县青少年爱国主义教育基地。争取香港苗圃基金会20万元修建小屯乡土石田希望小学，争取省青基会和上海青基会解决鲁容乡50名贫困失学儿童入学困难问题。

2005年，开展“我为团旗添光彩”百名团干联系千名团员实践活动。“贞丰中学团总支”和“三立中学团总支”获省级“五四”优秀红旗团支部。团县委与县委宣传部、县国税局共同举行“国税杯”演讲比赛。4月30日，特邀团中央“知心姐姐”报告团专家到贞丰县作关注未成年人心理健康教育报告。5月，举行“做时代先锋，为党旗增辉”纪念五四运动86周年文娱晚会。10月，协助县委宣传部、中国移动通信贞丰分公司等单位联合举办“迎奥运、展风采移动通信杯全民健身大赛”。7月22日，迎来第二批“西部计划”的“省接力扶贫计划”志愿者。争取上级扶贫资金，解决贫困失学儿童135名，受助资金16200元；2名高中升入大学贫困学生受助资金8000元。

2006年，发展团员1200人，全县团员总数16200人。团县委与县委组织部选派13个乡镇团干部到州委党校参加团务干部管理班学习。争取省青基会救助贫困生127名，救助金额41100元，开展“爱心伴成长”特别助学行动。通过网络媒体等方式争取到社会各界热心人士捐款67700元，救助大学生、中小学生76名。1月，组织志愿者植树造林，绿化荒山，美化家园。4月，在全县开展“春晖奉献风采，助消防事业腾飞，‘119’青年志愿者在行动”，组建县城5支消防志愿者服务队，志愿者人数达320余人。5月，成立10支“贞丰县整脏治乱志愿者服务队”、1支“整脏治乱”大学生志愿者服务队、10支“城市卫生小卫士”服务队。6月，争取“青年励业厅”五个，解决10名团员青年就业。8月中旬，组织111名青少年、学生参加首届“首都——北京小记者科技夏令营”活动。9月，组织160名优秀共青团员重走长征路。12月9日，与县电视台联合举办“争做文明使者”暨纪念“12·9”运动71周年演讲比赛。2006年2月，成立“春晖行动”领导小组，在全县农村开展“春晖行动——贞丰‘信合’温暖百名贫困母亲活动暨我与家乡共话发展座谈会”。7月，特邀贞丰籍师专大学生“三下乡”服务队深入各乡镇为农民讲课等。2006年，团县委先后获得全省先进团组织、增强团员意识主题教育先进集体、黔西南州青年志愿者“119”杯万人知识暨业务技能竞赛组织先进单位荣誉称号。

2007年，全县有共青团员16200名，新发展团员1200人。乡（镇）学校3名教师及团县委1名志愿者参加黔西南州日报社新闻知识培训；32名优秀教学骨干去北京参加中国青基会举办的第137期希望工程全国教师培训班暨第28期香港苗圃班培训。争取省青基会救助贫困学生287名，其中，大学生8名、高中生1名、小学生278名，发放救助金4.42万元，其中地方筹资1.13万元；争取深圳蒋爱群资助金1300元，资助1名贫困高中生和1名小学生；争取“科达”养殖发展有限公司资助金10000元，资助50名贫困小学生。

2009年，发展团员600余人，全县团员总数17700名，选送2名基层团干部到省团校学习，1名团干到中央团校培训，1名团干参加州报社举办的新闻写作培训班，15名团干参加团州委举办的培训班学习。争取省青年发展基金会和香港道德会捐款40万元，建设鲁容乡江育小学；争取团省委和省委统战部帮助筹资40万元建设沙坪乡者丫小学。争取社会各界资助67名贫困大中专新生入学。开展法制宣传教育和诗文比赛活动，增强青少年法律意识和提高写作兴趣。

2010年，贞丰县列为团省委第二批团组织建设试点县，乡团委兼职团干部选配工作试点县。团县委着力推进团组织建设，全县有19个基层团委、15个团总支，254个团支部。在团建工作中，探索非公企业和新社会团体团组织建设的途径，开展非公企业团组织建设，在70个非公企业建立团组织。争取社会各界捐资助学。一是争取省青少年发展基金40万元建设鲁容乡落烟小学，25万元资金建设连环乡大田河小学保卫室等；二是发放助学金，资助贫困家庭学生552人，其中大学生30人，中小学生522人。三是组织青年抗旱救灾队伍，投入抗旱救灾，力所能及地帮助灾民解决生产生活困难。

二、少年先锋队

1991年，全县有少先队员61238人。团县委组织少先队员开展“学赖宁，做党的好孩子”活动，有3个少先大队，5个少先中队，6名少先队辅导员，18名少先队员受到上级表彰。贞丰县第一小学教师余丰被评为全省“十佳辅导员”。

1994—1997年，加强“全团带队”工作。1995年6月在少先队组织中开展跨世纪“雏鹰行动”；1996年9月—11月深化“五自”学习实践活动；1997年，在全县各中小学开展社会实践教育活动，以“手拉手，情系贫困小伙伴”活动为重点，在城乡学校之间开展“校校互助，少先队员找好朋友，好伙伴”活动。

1998—2002年，全县少先队开展深化“雏鹰活动”及“五自”学习实践活动、“十佳少先队员”评选活动，有3名少先队辅导员、1个大队、2个中队、10名少先队员受省级表彰，2名大队辅导员、2个少先队、5个中队、5名少先队员受州级表彰。

2003年4月，聘请“五老”、青年优秀教师150余人为少先队辅导员，指导少先队工作。2004年9月，召开全县加强和改进未成年人思想道德建设工作会议，组建青少年思想道德教育宣传队。

2005年“六一”期间，表彰为少先队事业发展做出突出贡献的“优秀少先队辅导员”；贞丰县第四小学“希望阳光快乐中队”、贞丰县一小六（2）中队、贞丰县第五小学五（2）中队、贞丰县龙场中心小学四（3）中队受全省“少先队特色中队”表彰；贞丰一小少先大队获“全省红旗大队”荣誉称号，贞丰一小获全省少先队特色活动先进集体称号。

2006年，选派7名少先队辅导员到北京、上海参观考察学习，10名贫困少先队员在山西阳泉交警二大队帮助下走出大山，走进山西阳泉，走进首都北京；在小屯乡土石田小学、连环乡和平小学建立爱心书屋，龙场镇定塘学校建立“农村青年中心中国移动爱心书屋”。

2007年，派送1名优秀少先队辅导员到贵阳培训，学习教学经验；开展“城乡少年手拉手”“健康和残疾少年儿童手拉手”“手拉手情系贫困小伙伴”为主题的体验活动；7月，成立青少年法律援助站；8月开展“我的大学在华东”——双飞六日华东五市小记者文学夏令营活动。2007年，全县各小学设少先大队16个，辅导员22人，少先队员53854人。

2008年至2010年，先后开展“迈入青春门，走好人生路”“争做四好少年，推进跨越发展预备队主题实践活动”“县城少年与革命老区少年结对帮扶活动”活动，促进少年儿童健康成长。

1991年至2010年，县城各小学校在每年清明节前都组织少先队员到烈士陵园扫墓，向烈士敬献花圈，对少先队员进行革命传统教育。

第三节 妇女联合会

妇联组织 1991年，全县13个乡镇有妇联领导干部13人，其中主任6人，兼职副主任7人。有村、街道妇代会主任290人，副主任319人，委员1206人；县直机关妇委会有主任25人，副主任38人，有妇工小组长31人，副组长58人。1993年，根据《妇联章程》规定，县乡妇联换届选举，对机关妇委会进行调整充实，党政、科教文卫等部门有机关妇委会15个，妇工小组56个，主任15人，副主任13人，妇工小组长56人。1997年，机关妇委会调整为16个。2007年，全县进行村级整合，有村妇代会156个，居委妇委会2个，社区妇委会3个。其中：村妇女主任进村党支部班子的有4名，进村委会班子的有24名，进社区党支部班子的3名，进社区居委会班子有1名。

妇女代表大会 1993年8月5日至8日，贞丰县第八次妇女代表大会在县城召开，出席会议正式代表110名，特邀代表20名。少数民族55名，占代表总数的50%。选举贞丰县第八届常务委员会委员17名，执行委员27名，选举肖朝芬为县妇联主任，杨厚荣（苗族）、梁训英（布依族）为副主任。

1999年11月28日至30日，贞丰县第九次妇女代表大会在县城召开，出席会议正式代表84名，特邀代表20名。正式代表中少数民族代表41名，占48.81%，选举常委13名，执委27名，杨厚荣当选为县妇联主任，梁训英当选为副主任。2003年4月，县委组织部任命梁训英为县妇联主席、王天秀为副主席。2006年9月，组织部任命王建敏为县妇联主席。2007年9月，王建敏因工作变动，组织部任命叶莉为县妇联主席，王天秀为副主席。

妇联工作 1991年，县妇联围绕全国妇联、农业部等12个委、部、办《关于在农村妇女中开展学文化、学技术、比成绩、比贡献活动的联合通知》精神（以下简称“双学双比”）、《关于在全国城镇妇女中开展做“四有”“四自”女性，为“八五”计划建功立业活动的通知》（简称“巾帼建功”）精神，以及省、州妇联《关于在城镇妇女中开展巾帼建功活动的通知》精神，在全县各乡镇开展妇女扫盲教育、农村实用技术培训班，共办扫盲培训班953个、参加扫盲妇女21232人，脱盲妇女16631人，举办各种技术培训250期，培训妇女22500人，创建科技示范户350户，评选女农民技术员16名。组织妇女植树造林700亩，植树125000多株。当年对县、乡两级“双学双比”成员单位进行调整，号召城镇妇女开展创优质、创效益、创最佳服务、创一流工作水平的“四创”活动。县医院妇产科、县地税局、县国税局、县供电局等窗口服务行业女职工，多次受到县以上妇联表彰。开展维权信访工作，接待处理来信来访157件、262人次。1992年，国务院下发《九十年代儿童发展规划纲要》，县妇联编写《贞丰县九十年代儿童发展纲要》，对儿童的健康、教育、维权等方面作具体规划，成立检测评估组织。

1993年，组织妇女参加农村坡改梯建设，投劳4326人、投工89358个，参加水利建设投工65万个。是年，县妇联组织对全县妇联干部进行《妇女权益保障法》《未成年人保护法》《九十年代儿童发展纲要》知识培训，接受培训726人次。1995年9月，世界妇女大会在北京召开，发表《北京宣言》和《行动纲要》，县妇联组织学习两个文件，教育妇女争做“四有”（有理想、有道德、有文化、有纪律）、“四自”（自尊、自信、自立、自强）的新女性。制定《贞丰县妇女发展纲要》，对妇女维权、教育、经济等方面进行规划。县委、县人民政府批准成立“贞丰县妇女儿童工作委员会”，对《贞丰县20世纪90年代儿童发展纲要》和《贞丰县妇女发展纲要》（以下简称“《两纲》”）进行检测评估。

1997年，在“双学双比”竞赛活动中增加绿色证书培训。县妇联和县农办组织开展农村妇女绿色证书培训，400多名妇女获绿色证书。1998年，以增收致富，“双学双比”活动、推进农业产业结构调整、引导妇女发展高效农业为重点进行科技培训，推进“巾帼科技致富工程”，提高农村妇女的科技素质和致富能力。涌现出女能手2名，“三八”红旗手24名。

2001年，根据省、州妇联《关于组织开展计生“三结合”活动的通知》要求，县妇联对15户计生户进行帮扶。开展“巾帼建功”活动，共创巾帼文明示范岗32个。5月，县妇联组织机关妇委会为鲁容乡卡务村、者相镇罗丈村、鲁贡镇破艾村火灾户捐款3622.70元，衣物3000多件。县妇联成立法律援助工作站，为广大妇女儿童提供法律援助。县妇女儿童工作委员会分别制定《贞丰县妇女发展纲要（2001—2010年）》和《贞丰县儿童发展纲要（2001—2010年）》。2003年，县妇联王天秀、甘介英受聘为人民法院陪审员。8月，由全国妇联资助发起的“母亲健康快车”项目在贞丰开始运行，项目医院（县医院妇产科）深入乡镇开展义务宣传就诊咨询活动，免费向妇女患者发放花红片、妇科千金片、感冒片、高钙片等药品，免费为贫困妇女患者做手术。2004年，办家长学校39所；“六一”节各机关企事业单位集资245406元慰问各中心学校，评选“三好”学生2300名，“小红花”5125名；组织卫生部门为儿童进行免费体检15次。县委、县人大、县政府、县政协以及各乡镇党委政府领导班子均配备女干部。“巾帼建功”活动中涌现出来的2个先进集体和 5 名先进个人受到表彰。

2005 年，围绕科学发展、社会和谐、建设社会主义新农村的总体要求，带领妇女参与新农村建设。组织农村富余女劳动力开展转移就业培训，共培训妇女 832 人，转移就业 450 人。涌现出“巾帼示范村”2 个，“女能手”2 名，“美德在农家示范村”1 个，“五好文明家庭”2 个，“三八”红旗手 29 名，“三八”红旗集体 19 个。珉谷镇塔山村妇女主任杨秀英，发动本村妇女从事苗族刺绣，产品有领带、裙子、围腰花、头饰等，带领农村妇女增收致富，多次被县以上妇联表彰；连环乡八甲村妇女主任王朝莲，在生产上关心妇女，在生活中热心助人，为妇女排忧解难，使该村社会治安保持良好状态，2004 年、2005 年连续两年受省、州妇联表彰。者相镇纳孔村妇女主任韦修春带领本村妇女兴办“农家乐”，增收致富，成为勤劳致富带头人，2005 年、2006 年连续两年获县以上妇联表彰。

2006 年，加大“两纲”宣传力度，提高知晓率。4 月 25 日，中国儿童少年基金会安康亲情图书项目为者相镇萝卜寨小学建立“安康亲情图书站”，配备书柜和 11000 册图书，合计价值 3000 余元。2007 年，加大帮扶农村妇女增收致富力度，开展“巾帼扶贫行动”和“计划生育国策——巾帼建功行动”，对活动中涌现出来的国税局、地税局、县医院妇产科、县供电局、县农办等先进集体进行表彰。珉谷镇顶肖村妇女主任穆福芬，在县妇联、县林业局的帮助下，发动本村妇女在石漠化严重的石山种植金银花 1000 多亩，受到县妇联表彰；者相镇新寨村妇女杨雪种植早熟蔬菜走上致富路，受到县妇联表彰。2007 年，县妇联把“计划生育以人为本、落实科学发展观、倡导婚育新风、加强生育文化建设、关爱女孩”新理念，贯穿到计生“三结合”工作中。在“三八”维权周、五月宣传月、“12·4”法制宣传日、赶场天宣传计划生育新理念。共组织各乡镇妇联、县直各机关妇委会帮扶计生贫困户 306 户。2008 年，开展“双学双比”“巾帼建功”活动。先后在连环乡、平街乡等乡镇，举办外出打工返乡农民工创业培训班，参培农民工 530 人，3 月在县城开展就业援助周活动、维护妇女儿童合法权益宣传活动。为农民工提供 1780 个就业岗位信息，发放《未成年人保护法》《婚姻法》《农民工维权手册》等共 8300 份。2009 年，协调有关部门筹资 25 万元，实施“大地之爱·母亲水窖”工程，举办“母亲水窖”项目妇女饮水卫生知识培训班，培训妇女 150 人；选送 3 名妇女到州参加“乡村女厨师”比赛取得好成绩，挽澜乡王开宏获全省十佳敬老好媳妇称号；启动“爱心·春蕾”助学行动，在白层糖厂举行“贞丰糖厂资助女童助学金发放仪式”，争取中国石化春蕾女高中生助学金 18 万元，帮扶 150 名高中女学生。2009 年，县妇联被州妇联评为目标考核一等奖，获省先进集体奖项 1 个。

2010 年，县妇联开展“三八”维权周，五月宣传月活动，发放《县计生局致全县妇女的一封信》《妇女健康知识》《禁毒知识》宣传资料 27300 册，接待处理来信来访 32 件 34 人。举办 1 期农业科学技术培训班，参加培训妇女 65 人。县妇联与政法部门开展校园周边综合治理，维护校园周边安全。启动农村妇女小额贷款工作，第一批获贷款妇女 19 人 100 万元。争取联合国儿童基金项目 5 个，实施连环乡、沙坪乡 5 所小学校学生饮水安全项目资金 28.8 万元。1991 至 2010 年，县妇联共接待处理来信来访 2427 件（次），来访5630人次。对涌现出的“五好文明家庭”“绿色家庭”“学习型家庭”“三八红旗手”进行表彰；每年“六一”节，县妇儿工委都组织各机关部门到各小学进行慰问。在实施《两纲》过程中，把“春蕾计划行动”项目作为主要工作来抓。1991—2010年，共筹集资金246.216万元，帮助贫困女童1386人解决学费，修建鲁容乡卡务村小学、珉谷镇纳妹小学、田坝小学。

第四节　工商业联合会

工商业联合会（以下简称工商联）是中国共产党领导的由中国工商业界组成的人民团体和民间商会，具有民间性、统战性、经济性的特点，是党和政府联系非公有制经济的桥梁和纽带。

一、组织机构

1986年，恢复县工商联合会；1990年7月，县委批准由县委统战部、工商联成立“中国共产党贞丰县工商联党组”，统战部副部长兼任党组书记。1994年12月，县工商联加挂“贞丰县商会”牌子，实行两块牌子、一套人马，配4名工作人员。县工商联在乡镇设基层分会。2010年，成立“贞丰县非公经济发展侵权投诉中心”，定编4人。

1991年12月15日，县工商联召开执委扩大会议，向广大非公有制经济代表人士进行“爱国、敬业、守法”教育。随着改革开放、招商引资工作开展，全县非公有制经济迅速发展，1991年，贞丰县城乡个体户达3081户，从业人员4479人，自有资金876.6万元，总产值1118.7万元，营业额1300.6万元；私营企业总产值191.48万元。

20世纪90年代，县工商联以引导非公有制经济健康发展为主要工作。贯彻执行县委、县人民政府作出大力发展非公有制经济的规划。1999年，全县个体私营工商户为2927户，从业人员3970人，营业额1765万元。2010年，全县个体工商户为6301户，从业人员13854人，营业额8253万元。

二、主要工作

会员代表大会　1990年7月30日—31日，贞丰县工商联第五次会员代表大会召开，选举产生执委会及其主任委员1人，副主任委员2人，秘书长1人。1994年12月11—12日，召开县工商业联合会第六届会员代表大会，选举产生执委会及其主任委员1人，副主任委员2人，秘书长1人。1997年5月30日至31日，召开县工商业联合会第七届会员代表大会，选举产生执委会及其主任委员1人，副主任委员2人，秘书长1人。2001年10月30日至31日，召开县工商业联合会第八届会员代表大会，选举产生执委会委员25人，主任委员1人，副主任委员2人，秘书长1人，常务委员13人。2006年11月6日至7日，召开县工商业联合会第九届会员代表大会，选举产生执委会及其主任委员1人，副主任委员2人，秘书长1人。

参政议政　1991年后，县工商联（商会）组织人员开展调查研究，撰写调研报告供县委、县政府决策参考。其中《贞丰县博爱医院调研报告》《关于金矿企业扶持新农村建设的调研报告》中提出的建议被采纳。2010年，县工商联（商会）撰写《关于尽快出台推进非公企业和个体经济又好又快发展的建设》提案，为促进贞丰经济的发展起到一定作用。

支持发展非公经济　1991年，全县个体工商户3081户，从业人员4479人，注册资金935万元，营业额1300.6万元；私营企业总产值1323.1万元。2007年，全县个体工商户4093户，从业人员4436人，注册资金3570万元；私营企业127户，从业人员2156人。2010年，私营企业125户，从业人员4914人，注册资金25068万元，总产值119696万元，利润总额6705万元，上缴税金2079万元。

维护合法权益　1991年至2010年，县工商联帮助非公有制经济企业及人士反映意见和建议86件，得到满意答复的40余件50条。

光彩事业　县工商联（商会）重视光彩事业。1998年8月，中国部分地区发生严重的洪涝灾害，县工商联（商会）组织部分会员捐资5600多元支持灾区人民重建家园。会员周书吉在光彩事业活动中，为鲁贡镇两个村50余户群众安装照明用电、个人捐资10万元为鲁贡派出所购置一辆公务用车。挽澜乡小河沟煤矿业主谢兴荣向挽澜乡学校捐资4000元，创立兴荣教育基金，资助贫困适龄儿童就学。2001年至2006年5月，全县非公有制经济向国家和个人先后捐资捐物，投资“光彩事业”项目总计款项达8000余万元。2007年，全县非公经济人士向光彩事业捐资32000元。2010年，贞丰县发生特大旱灾，县工商联动员发动个体户，非公经济人士捐款捐物价值70多万元，投入抗旱救灾。县工商联执委刘宏出资购买1头猪慰劳到北盘江镇支援抗旱救灾的成都军区装甲旅某部官兵。

第五节　文学艺术界联合会

一、机构

1992年，成立贞丰县文学艺术界联合会（以下简称县文联）筹备工作领导小组。县委常委、宣传部部长余光黔任组长，县人民政府副县长冷清贵任副组长，县文化局局长王文信、副局长张玉伦、县文化馆馆长叶集贤为成员，张玉伦任办公室主任。3月4日，县文学协会成立，选举马文华为主席，商必彪为副主席，理事5人，会员10人。3月5日，县戏剧协会成立，选举徐兴富为主席，李顺年为副主席，理事3人，会员8人。3月6日，县音乐舞蹈协会成立，选举叶集贤为主席，王崇为副主席，理事3人，会员10人。3月8日，县书法协会成立，选举张玉伦为主席，冯培墉为副主席，理事5人，会员16人。3月9日，县美术协会成立，选举蔡行为主席，吴雪松为副主席，理事3人，会员8人。3月10日，县摄影协会成立，选举向往为主席，理事3人，会员8人。3月11日，县民间文艺协会成立，选举王文信为主席，理事3人，会员10人。

县文联为科（局）级事业单位，归口县委宣传部，定编4人，设主席1人，副主席2人，秘书长1人。1992年4月4日，召开全县第一次文学艺术工作者代表大会，选举产生第一届县文学艺术界联合会，选举张玉伦为主席，王文信、万华超、陶华明、叶集贤为副主席，马文华为秘书长。时有会员70人，其中省作家协会会员6人、州文学艺术界学会会员11人。

1992年至2003年，张玉伦当选第一届和第二届县文联主席。2004年，王崇当选为第三届县文联主席。2007年县委组织部调王崇任县旅游局局长，调向往任文联主席。

1994年，县机构改革，县文联仍为科级事业单位，归口县委宣传部，挂靠县文化局，独立办公，定编3人，设主席1人，兼职副主席3人，秘书长1人（兼）。

2002年3月，县级机构改革，县文联为科级事业单位，归口县委宣传部，定编3人，设主席1人，副主席3人，秘书长（兼）1人。

2003年5月10日，成立《北盘江》文艺季刊编纂委员会，主编1人，副主编2人，编委15人。1992年至2010年，县文联下设文学创作协会、戏剧协会、书法协会、美术协会、摄影协会、音乐协会、舞蹈协会、影视协会、诗词楹联协会、民间文艺协会，10个协会先后成立，共有会员216人。

1995年，县文联被省文联评为先进单位；2007年，县文联被省文联评为先进单位。

二、文联主要工作

（一）举办“三岔河之秋”笔会

1991—2010年，先后举办10次“三岔河之秋”笔会，著名作家、诗人、评论家、中国作协主席铁凝，文化部原部长、知名作家王蒙，词作家瞿琮，著名作家陈建功，《人民日报》海外版主编、著名散文家郑荣来，《花城》杂志主编、著名作家田瑛，解放军艺术学院副院长、著名作家李存葆，中国青年出版总社副总编李师东，《中华文学选刊》主编、著名评论家王干，《文艺报》理论部主任、著名评论家王山，《当代》编审、著名评论家周昌义，中国散文诗学会副会长、著名诗人海梦，《羊城晚报》文艺部主任、著名评论家熊育群，《中国作家通讯》主编、著名评论家高伟，《收获》杂志编审、著名作家廖增湖、田景丰，《十月》主编、著名作家王占君，当代著名诗人舒婷，《散文诗》主编、散文家王剑冰。著名诗人李发模，贵州省作协副主席、著名作家欧阳黔森等出席笔会。

（二）创办《北盘江》文艺刊物

2003年3月，县文联创办《北盘江》文艺刊物，小16开季刊，设“作家风采、诗之窗、小说园、散文视野、散文诗、贞丰情韵、报告文学、校园新竹、方言、歌曲”10个栏目。2007年，改为大16开双月刊。2003年至2010年年底出版39期。

（三）文艺活动

1992年12月，主办“首届青少年微型文学大奖赛”活动。面向全国广大青少年征稿，在上海《文学报》、江苏《文学信息报》、四川《校园诗歌》、贵州《铜仁报》《黔西日报》等刊发征稿启事，收到全国23个省、5个自治区、3个直辖市以及新加坡等海外华裔作者参赛作品6818件。通过初选、初评、终审，评出获奖作品100件，优秀作品500件。

1997年10月，县文联与县委宣传部、县文体广电局联合编辑《金都艺苑》。2003年，县文联与县旅游局编辑《布衣金都》。2004年，县文联支持县文联原主席张玉伦出版《翰韵方圆》。2008年，县文联与县委宣传部、县旅游局合编《奇山秀水·风情贞丰》。2010年，县文联支持原主席张玉伦编辑出版《玉砚丹青》文学艺术书刊。

2004年，在第八届“三岔河之秋”笔会期间，展出向往、万华超、樊川、邓帮荣摄影艺术作品和张玉伦书画作品，举办叶集贤“故乡情韵”专题文艺晚会。

2007年7月，承办中国贞丰“六月六”布依风情节六省（区）摄影大赛活动，收到参赛作品426幅。通过初选、初评、终审、评出获奖作品18幅，其中，一等奖1名、二等奖2名、三等奖3名、优秀奖12名。

2010年，县文联与兴仁县文联在贞丰共同举办迎春文艺晚会，与双乳峰开发公司编印《双乳峰》文艺专辑等。

第六节　残疾人联合会

1991年4月，贞丰县成立残疾人联合会（以下简称县残联），编制1—2人，归口县民政局管理。2001年6月，县残联由县民政局单列出来，内设办公室、教就股、康复股。2003年，贞丰县成立盲人、聋哑人、肢残人协会。1991年4月，全县有残疾人13387人。2010年，县残联登记的残疾人22860人，其中，肢体残疾人6379人、听力残疾人6628人、言语残疾人451人、视力残疾人3100人、智力残疾人1279人、精神残疾人1471人、其他残疾人3552人。

20世纪90年代，县残联主要工作是开展残疾人“三项康复”（小儿麻痹后遗症矫治、白内障复明、聋儿语言训练）、帮助残疾人就业、爱心捐赠活动。1991年5月，首次开展“全国助残日”活动，县工商、税务部门对自谋职业、从事个体经营的残疾人给予减免工商管理费和税款照顾。1997年，县残联向残疾人捐赠轮椅3辆、拐杖10副、助听器1件。

进入21世纪，县残疾人工作以扶残助残和残疾人维权为重点。2001年，协调有关单位小额信贷扶持残疾人从事种植、养殖、加工，先后为残疾人提供小额贷款20万元，扶持龙场镇、珉谷镇100户残疾农户发展养殖业。2003年，投入3万元扶持连环乡、者相镇15户残疾农户开展养殖。2002年，实施“扶残助学”项目，资助残疾学生8名，每人每学年720元。2002—2007年，发放“扶残助学”资金2.88万元。2002—2005年实施“西部盲童入学”项目，资助残疾学生13名，发放资助资金4650元。2002年10月，“视觉第一、中国行动”医疗队为全县35名白内障患者实施复明手术。到2007年年底全县实施白内障复明手术350例，为9名残疾人配备轮椅，为40人配备拐杖，为21名聋儿配备助听器，假肢装配、助视器24台（件），给30名麻风人员配发40双防护鞋，供应残疾人用品用具560件。2002年，开展残疾人法律援助，无偿为残疾人承办案件、调解等工作。

至2007年年底，开展法律援助服务18件18人。2009年，全县有白内障患者386人，符合做复明手术183人，分五批送到州医院做手术126人。接待处理来信来访5件5人。三类残疾儿童入学率80%。征收残疾人就业保障金833251元。全县应交残疾人，就业保障金单位105个，交纳单位91个。2009年，县残联配发残疾人轮椅、拐杖等12种52件。2010年，分批分期送192名白内障患者到州医院做复明手术，完成下达任务数107%；全县三类残疾儿童90人，入学72人，入学率80%；举办一期残疾人就业培训班，参加培训130人；全年征收残疾人就业保障金71.71万元；完成小腿假肢装配4例，大腿假肢装配2例，配助听器118件。完成年任务100%。

第七节　红十字会

1989年7月，贞丰县成立红十字会，核定编制2人，挂靠县卫生局。2006年8月，县红十字会从县卫生局分离出来，为正科级机构。2007年，全县有基层红十字组织29个，会员1867人。根据《中华人民共和国红十字会章程》规定，县红十字会负责全县农村、城镇、工厂、学校、机关、企事业单位红十字组织的发展，及对自然灾害和突发事件地区受灾害者进行救助，对本会会员进行防病，救护知识培训，参与推动公民无偿献血活动，开展救灾、扶危、济困募捐活动，完成政府交办的其他慈善工作。

县红十字会和基层红十字会组织坚持人道主义原则，致力于在全社会广泛传播“人道、博爱、奉献”的红十字精神，秉承“博爱”理念，向灾区人民和贫困群众奉献爱心。县红十字会在历次救灾行动中，发扬人道主义精神，开展赈灾救灾工作，得到社会各界肯定。20年来，组织捐款捐物26次，义诊活动13次，开展心理疾病咨询29866人次，举办初级卫生救护培训8期，开展无偿献血活动12次。

20世纪90年代以来，为实施国际红十字“保护人类生命”的服务主题，开展赈灾救灾活动。1991年7月30日，全县遭受特大洪涝灾害，庄稼、房屋损失严重。31日，县红十字会奔赴13个乡（镇）开展救助，向灾区发放救灾大米3万千克、衣服47箱、药品21箱、食品20箱和棉被250床，帮助灾区人民渡过难关。

2002年3月，县境先后发生水灾、洪涝灾害。县红十字会多方争取救灾大米2.5万千克、衣服40箱、被子250床、净水剂2件、药品2箱、帐篷4顶、救灾资金3000元，总价值12万余元。救助灾民6000人。2006年3月，为鲁容乡纳翁村捐赠2655元，救助265人。

2008年1月至2月，贞丰县遭受历史以来罕见的低温阴雨凝冻灾害，龙场镇、小屯乡、者相镇、北盘江镇、平街乡、长田乡、挽澜乡的交通、通讯、供电、供水基础设施受到严重破坏，各类农作物、大小牲畜不同程度受灾。县红十字会争取省红十字会捐赠大米3万千克、棉被500床、食用油1404桶，救灾资金50万元，救助灾民15万余人。

2010年，贞丰县发生百年难遇特大旱灾，县红十字会多方争取和筹集大米10.1万千克、抽水机 60 台、发电机 10 台、旋耕机 50 台、水管 5 千米、食用油 2 万千克、矿泉水 12.5 万千克、饮料 2.5 万千克、面粉 3 万千克、救灾救济大礼包 100 个，价值 136.41 万元，发到 13 个乡镇红十字会，由乡镇红十字会发给灾民；在白层镇、小屯乡、挽澜乡、者相镇、北盘江镇、平街乡新建小水窖 36 口，总蓄水量 1500 立方米，匹配相应的水泵和水管，解决 16 个村 2 万余人、1 万余头（匹）大牲畜的饮水问题。

第四篇　政权　政协

贞丰县人民代表大会（以下简称贞丰县人大）依法行使职权，决定全县重大事项，监督县人民政府和县人民检察院、县人民法院的工作，视察调研全县工农业生产、社会事业和人民群众普遍关心的问题，提出工作建议；指导乡（镇）人大工作，促进乡（镇）人大工作的规范化。

中国人民政治协商会议贞丰县委员会（以下简称贞丰县政协），按《中国人民政治协商会议章程》，履行政治协商、民主监督、参政议政职能。发挥政协优势，为贞丰县经济社会发展建言献策有新成效，智力支边工作、文史资料工作和社会联谊工作有特色。

第一章　人民代表大会

第一节　贞丰县人民代表大会

1991—2010年，县人民代表大会历经第九、十、十一、十二、十三届委员会，第九、十二届任期三年，第十、十一、十三届任期五年。20年来，县人民代表大会召开会议21次。各届每次会议的主要议程是：听取、审议县人大常委会工作报告、县政府工作报告、上年度国民经济和社会发展计划执行情况和本年度国民经济和社会发展计划（草案）报告、上年度财政收支预算执行情况和本年度财政收支计划（草案）报告、县人民法院工作报告、县人民检察院工作报告。会议对上述六个工作报告作出决议。

一、贞丰县第九届人民代表大会

（一）贞丰县第九届人民代表大会第一次会议

1990年9月14—17日，贞丰县第九届人民代表大会第一次会议举行，出席会议代

表194名。会议听取、审议和通过县人大常委会、县人民政府、县人民法院、县人民检察院工作报告；选举产生县九届人大常委会委员14名；余忠华当选县九届人大常委会主任，王天恒、余陈丽、赵玉瑞、谢安勇当选副主任；王安会当选县人民政府县长，龚放、冯云弟、王成芳、谢培德、冷清贵当选副县长；韦礼尧当选县人民法院院长，田应华当选县人民检察院检察长。

（二）贞丰县第九届人民代表大会第二次会议

1991年4月9—12日，贞丰县第九届人民代表大会第二次会议在县城举行，出席会议代表191名，列席55名，特邀5名。县委书记田忠明致开幕辞，会议听取、审议通过县人大常委会副主任谢安勇，县人民政府县长王安会，县计划委员会主任杨昌贵，县财政局局长程德福，县人民法院院长韦礼尧，县人民检察院检察长田应华作的工作报告。

（三）贞丰县第九届人民代表大会第三次会议

1992年4月14—17日，贞丰县第九届人民代表大会第三次会议举行，出席会议代表191名，列席52名，特邀6名。会议听取并审议通过县人大常委会主任余忠华作的县人大常委会工作报告；县人民政府县长王安会作的政府工作报告；县人民法院院长韦礼尧作的法院工作报告；县人民检察院检察长王定元作的县检察院工作报告。

二、贞丰县第十届人民代表大会

（一）贞丰县第十届人民代表大会第一次会议

1993年3月27—31日，贞丰县第十届人民代表大会第一次会议在县城举行，出席代表198名，列席代表67名，特邀代表10名。会议听取、审议和通过县人大常委会工作报告和代理县长严世涛代表第九届县人民政府向大会作题为《加快改革开放，抓住机遇，加速经济建设，为我县经济提前上一个新台阶而努力奋斗》的政府工作报告，县人民法院、县人民检察院的工作报告；选举产生县十届人大常委会组成人员19名，王天恒当选县十届人大常委会主任，王定元、余陈丽、谢培德、池宾泉当选副主任；严世涛当选县人民政府县长，冯云弟、谢启新、王成芳、冷清贵当选副县长；韦礼尧当选县人民法院院长，田应华当选县人民检察院检察长。

（二）贞丰县第十届人民代表大会第二次会议

1994年4月6—9日，贞丰县第十届人民代表大会第二次会议在县城举行，出席代表196名，列席60名，特邀代表6名。会议听取、审议通过县人大常委会主任王天恒，县人民政府县长严世涛，县计统局局长杨昌贵，县财政局局长，县人民法院院长韦礼尧，县人民检察院检察长田应华所作的工作报告；审议通过《贞丰县人民代表大会议事规则》。

（三）贞丰县第十届人民代表大会第三次会议

1995年4月1—4日，贞丰县第十届人民代表大会第三次会议在县城举行，出席代表194名，列席代表66名，特邀代表10名。大会听取、审议通过县人大常委会和县人民政府、县人民法院、县人民检察院“一府两院”工作报告。

（四）贞丰县第十届人民代表大会第四次会议

1996年4月16—19日，贞丰县第十届人民代表大会第四次会议在县城举行，出席代表193名，列席代表77名，特邀代表10名。大会听取、审议通过县人大常委会和县人民政府、县人民法院、县人民检察院“一府两院”工作报告。

（五）贞丰县第十届人民代表大会第五次会议

1997年3月11—15日，贞丰县第十届人民代表大会第五次会议在县城举行，出席代表189名，列席代表77名，特邀代表10名。大会听取、审议通过县人大常委会主任王天恒，县人民政府代理县长王立辉，县计统局局长杨昌贵，县财政局局长张明全，县人民法院院长韦礼尧，县人民检察院检察长田应华分别作的工作报告；选举产生黔西南州四届人大代表42名。

三、贞丰县第十一届人民代表大会

（一）贞丰县第十一届人民代表大会第一次会议

1998年3月4—8日，贞丰县第十一届人民代表大会第一次会议在县城举行，出席代表190名，列席代表57名，特邀代表5名。会议听取、审议和通过县人大常委会和县人民政府、县人民法院、县人民检察院“一府两院”工作报告；选举产生县第十一届人大常委会组成人员19名，余光黔当选县人大常委会主任，王定元、王成芳、罗福魁、杨昌贵、冷清贵当选副主任；王立辉当选县人民政府县长，王远光、冯永光、余陈丽、谢启新、谢培德当选副县长；韦礼尧当选县人民法院院长，田应华当选县人民检察院检察长。

（二）贞丰县第十一届人民代表大会第二次会议

1999年3月13—16日，贞丰县第十一届人民代表大会第二次会议在县城举行，出席代表189名。列席代表59名，特邀代表6名。会议听取、审议通过县人大常委会主任余光黔，县人民政府县长王立辉，县计划局局长，县财政局局长，县人民法院院长韦礼尧，县人民检察院检察长田应华作的工作报告。

（三）贞丰县第十一届人民代表大会第三次会议

2000年3月15—18日，贞丰县第十一届人民代表大会第三次会议在县城举行，出席代表187名。列席代表58名，特邀代表5名。会议听取、审议通过县人大常委会主任余光黔，县人民政府县长王立辉，县计划局局长，县财政局局长，县人民法院院长韦礼尧，县人民检察院检察长田应华作的工作报告。

（四）贞丰县第十一届人民代表大会第四次会议

2001年3月17—20日，贞丰县第十一届人民代表大会第四次会议在县城举行，出席代表186名。列席代表59名，特邀代表6名。会议听取、审议通过县人大常委会主任余光黔、县人民政府县长王立辉、县人民法院院长韦礼尧、县人民检察院检察长田应华作的工作报告。

（五）贞丰县第十一届人民代表大会第五次会议

2002年3月18—22日，贞丰县第十一届人民代表大会第五次会议在县城举行，出席会议代表180名，列席代表81名，特邀县党政军领导6人。会议听取、审议并通过县人大常委会工作报告，县人民政府、县人民法院、县人民检察院工作报告，选举张国华为县长，选举产生州人大代表42人。

四、贞丰县第十二届人民代表大会

（一）贞丰县第十二届人民代表大会第一次会议

2003年2月18—22日，贞丰县第十二届人民代表大会第一次会议在县城举行，出席会议代表189名。会议听取、审议和通过县人大常委会和县人民政府、县人民法院、县人民检察院“一府两院”工作报告；选举产生县十二届人大常委会组成人员19名，余光黔当选为县十二届人大常委会主任，付华芬、罗福魁、杨昌贵、韦礼尧、黄桂荣当选副主任；张国华当选县人民政府县长，欧荣安、刘瑞、王丽蓉、毛仕诚、曾立、黄德武当选副县长；蒋正华当选县人民法院院长，陈喜扩当选县人民检察院检察长。

（二）贞丰县第十二届人民代表大会第二次会议

2004年2月12—15日，贞丰县第十二届人民代表大会第二次会议在县城举行，出席会议正式代表189名，列席代表67名，特邀代表5名。会议听取、审议和通过县人大常委会和县人民政府、县人民法院、县人民检察院“一府两院”工作报告；补选县人大常委会组成人员2名。

（三）贞丰县第十二届人民代表大会第三次会议

2005年3月14—18日，贞丰县第十二届人民代表大会第三次会议在县城举行，出席会议代表184名。会议听取、审议和通过县人大常委会和县人民政府、县人民法院、县人民检察院“一府两院”工作报告；增选邓安贵为县十二届人大常委会副主任。

（四）贞丰县第十二届人民代表大会第四次会议

2006年2月21—23日，贞丰县第十二届人民代表大会第四次会议在县城举行，出席会议代表182名。大会听取、审议和通过县人大常委会和县人民政府、县人民法院、县人民检察院“一府两院”工作报告。

五、贞丰县第十三届人民代表大会

（一）贞丰县第十三届人民代表大会第一次会议

2006年12月17—20日，贞丰县第十三届人民代表大会第一次会议在县城举行，出席会议代表182名。大会选举产生县十三届人大常委会组成人员23名，余光黔当选县十三届人大常委会主任，付华芬、杨昌贵、黄桂荣、邓安贵、梁启超当选副主任；郭玉海当选县人民政府县长，曾立、刘德义、毛仕诚、杨丽敏、贺礼刚、黄德武当选副县长；蒋正华当选县人民法院院长，潘建农当选县人民检察院检察长。

（二）贞丰县第十三届人民代表大会第二次会议

2007年12月26—29日，贞丰县第十三届人民代表大会第二次会议在县城举行，出席会议代表180名。会议听取、审议、通过县人大常委会、县人民政府、县人民法院、县人民检察院工作报告；学习中国共产党第十次全国代表大会精神。

（三）贞丰县第十三届人民代表大会第三次会议

2008 年 3 月 22—25 日，贞丰县第十三届人民代表大会第三次会议在县城举行，出席本次会议的代表 182 名。会议听取、审议和通过县人大常委会和县人民政府、县人民法院、县人民检察院“一府两院”工作报告；选举余越前为县人民政府县长；增补王义文、叶莉为县十三届人大常委会委员。

（四）贞丰县第十三届人民代表大会第四次会议

2009 年 1 月 5—8 日，贞丰县第十三届人民代表大会第四次会议在县城举行，出席本次会议的代表 182 名。会议听取、审议和通过县人大常委会主任余光黔，县人民政府县长，县发改局局长，县财政局局长，县人民法院院长，县人民检察院检察长分别在大会上作的工作报告。

（五）贞丰县第十三届人民代表大会第五次会议

2010 年 3 月 9—12 日，贞丰县第十三届人民代表大会第五次会议在县城召开，出席代表 182 名，会议听取、审议和通过县人大常委会主任余光黔，县人民政府县长，县发改局局长，县财政局局长，县人民法院院长，县人民检察院检察长作的工作报告；增选梁峰为县十三届人大常委会副主任。

第二节　贞丰县人民代表大会常务委员会

贞丰县人民代表大会常务委员会（以下简称县人大常委会）是贞丰县人民代表大会常设机构，县人大常委会组成人员由人民代表大会选举产生，任期与本届县人民代表大会任期相同。县人大常委会向县人民代表大会负责并报告工作。

县人大常委会由主任 1 名、副主任 4~5 名，委员 13~17 名组成。内设科级工作机构：办公室、选举任免联络工作委员会、教育科学文化卫生工作委员会、法制工作委员会、财政经济工作委员会、民族宗教工作委员会、信访办（科）。办公室及各工作委员会配置主任、副主任各 1 名。信访科设副科长 1 名。

县人大常委会的职责：讨论、决定本行政区域内各方面工作的重大事项；监督本级人民政府、人民法院和人民检察院的工作，撤销本级人民政府不适当的决定和命令；撤销下一级人民代表大会不适当的决议；依照法律规定的权限决定国家工作人员的任免；在本级人民代表大会闭会期间，罢免和补选上一级人民代表大会的个别代表。

一般情况下，县人大常委会每两月召开会议一次，听取、审议县人民政府、人民法院、人民检察院的专项工作报告，并对其工作情况作出决议；听取、审议由县人民代表大会选举的和人大常委会任命的县人民政府、县人民法院、县人民检察院科级以上干部的述职报告，并对述职干部的履职情况作出决议；对人事任免事项进行审议并作出决定，对县公安机关请求准许对涉案代表予以限制人身自由的治安处罚（行政拘留）的报告进行审议并作出决定；对县公安机关、县检察机关提请许可对涉案代表采取强制措施（刑事拘留、逮捕）的报告，进行审议并作出决定；对县检察机关根据《中华人民共和国人民检察院组织法》（以下简称《人民检察院组织法》）第3条规定，报请县人大常委会决定的案件进行讨论并作出决定；撤销乡、镇人大不符合选举法规定的选举结果。

1991—2010年，县人大常委会召开会议126次，会议议程主要是听取、审议行政机关和司法机关专项工作报告、干部述职报告和人事任免。

1990—2010年贞丰县人大常委会领导名录一览表

表4-1-1

类别 届次	职务	姓名	性别	民族	籍贯	任期时限	备注
第九届	主　任	余忠华	男	布依族	贵州贞丰	1990.9—1993.3	—
	副主任	王天恒	男	布依族	贵州贞丰	1990.9—1993.3	—
		余陈丽	女	布依族	贵州贞丰	1990.9—1993.3	—
		谢安勇	男	汉族	贵州遵义	1990.9—1993.3	—
		赵玉瑞	男	汉族	山西襄汾	1990.9—1993.3	—
第十届	主　任	王天恒	男	布依族	贵州贞丰	1993.3—1998.3	—
	副主任	王定元	男	布依族	贵州贞丰	1993.3—1998.3	—
		余陈丽	女	布依族	贵州贞丰	1993.3—1997.11	—
		谢培德	男	汉族	贵州贞丰	1993.3—1997.11	—
		池滨泉	男	汉族	贵州都匀	1993.3—1998.3	—
第十一届	主　任	余光黔	男	汉族	贵州贞丰	1998.3—2003.2	—
	副主任	王定元	男	布依族	贵州贞丰	1998.3—2003.2	—
		王成芳	男	布依族	贵州贞丰	1998.3—2003.2	—
		罗福魁	男	布依族	贵州贞丰	1998.3—2003.2	—
		杨昌贵	男	苗族	贵州贞丰	1998.3—2003.2	—
		冷清贵	男	汉族	贵州兴仁	1998.3—2002.12	—
第十二届	主　任	余光黔	男	汉族	贵州贞丰	2003.2—2006.12	—
	副主任	付华芬	女	汉族	贵州贞丰	2003.2—2006.12	—
		罗福魁	男	布依族	贵州贞丰	2003.2—2006.12	—
		杨昌贵	男	苗族	贵州贞丰	2003.2—2006.12	—
		韦礼尧	男	布依族	贵州贞丰	2003.2—2006.12	—
		黄桂荣	女	汉族	贵州贞丰	2003.2—2006.12	—
		邓安贵	男	汉族	贵州贞丰	2005.3—2006.12	—

续表 4-1-1

类别 届次	职务	姓名	性别	民族	籍贯	任期时限	备注
第十三届	主　任	余光黔	男	汉族	贵州贞丰	2006.12—	—
	副主任	付华芬	女	汉族	贵州贞丰	2006.12—2010.12	退休
		杨昌贵	男	苗族	贵州贞丰	2006.12—	—
		黄桂荣	女	汉族	贵州贞丰	2006.12—	—
		邓安贵	男	汉族	贵州贞丰	2006.12—	—
		梁启超	男	黎族	贵州晴隆	2006.12—	—
		梁　峰	男	布依族	贵州贞丰	2010.3—	—

第三节　决定重大事项

1991 年 2 月 26—27 日，县第九届人民代表大会常委会第三次会议审议通过县人民政府报请县人大常委会批准的《贞丰县 1991 年建镇并乡撤区总体方案》。

1991 年 3 月中旬，挽澜乡第九届人民代表大会第二次会议选举副乡长，应到会代表 63 人，实到会 53 人。第一次投票，候选人张全录和姚巍得票数 33 票，虽然都超过半数，但不能确定当选人。第二次投票，张全录得 26 票，姚巍得 27 票，会议上宣布姚巍当选副乡长，并已公告。根据法律规定“各级人民代表大会进行选举，以全体代表的过半数通过。在第二次选举中，应从获得全体代表过半数选票的候选人中确定得票多的当选”。挽澜乡第九届人民代表大会第二次会议选举的副乡长“未获全体代表过半数选票”，因此该项选举无效。1991 年 3 月下旬，县人大常委会撤销挽澜乡第九届人民代表大会第二次会议选举副乡长结果。

1992 年 10 月 24 日，贞丰县第九届人民代表大会第 26 次主任会议讨论通过《贞丰县乡镇换届选举工作的实施意见》。

1994 年 3 月 24 日，县第十届人民代表大会常委会第七次会议审议通过《贞丰县人民政府机构改革方案》。

1996 年 7 月 24—26 日，县第十届人民代表大会常委会第二十二次会议审议通过《贞丰县人民政府关于云洞水库供水工程》《贞丰县珉谷镇总体规划》《贞丰县城内环路延伸工程》的报告。

1998 年 5 月 8 日，县第十一届人民代表大会常委会第二次会议审议决定许可县人民检察院批准逮捕犯罪嫌疑人长田乡原副乡长、县人大代表戴 × ×。

2000 年 2 月 28—29 日，县第十一届人民代表大会常委会第十三次会议听取《贞丰县人民政府关于代表批评、建议、意见办理情况的报告》。同年 8 月 31 日，县第十一届人民代表大会常委会第十六次会议讨论通过《贞丰县人大常委会进行司法监督和审议“一府两院”工作报告暂行办法》。

2001 年 12 月 28 日，县第十一届人民代表大会常委会第二十四次会议审议通过《贞丰县人民政府关于在县城区内限制燃放烟花爆竹的规定》。

2002 年 4 月 23—24 日，县第十一届人民代表大会常委会第二十六次会议听取《贞丰县人民政府关于医疗保险制度改革的报告》。

2003 年 4 月 17 日，县第十二届人民代表大会常委会第一次会议讨论通过《贞丰县第十二届人大常委会议事规则》《贞丰县人民政府关于将“两基”工程还贷资金纳入财政预算的报告》。同年 6 月 27 日，县第十二届人民代表大会常委会第二次会议审议通过《贞丰县人民政府关于非典型性肺炎防治工作的报告》《贞丰县人民政府关于旧城改造、新城区开发工作的报告》。同年 12 月 15 日，县第十二届人民代表大会常委会第五次会议审议批准《贞丰县人民政府关于 2002 年财政决算执行情况 2003 年财政预算执行情况及部分调整预算的报告》。

2004 年 6 月 30 日，县第十二届人民代表大会常委会第八次会议审议通过《贞丰县农村独生子女户和二女节育户夫妇社会养老保障管理办法》《贞丰县殡葬管理暂行办法》。

2006 年 12 月 13 日，县第十二届人民代表大会常委会第二十六次会议审议通过《贞丰县人大常委会代表议案和建议办理办法》。

2007 年 4 月 12—13 日，县第十三届人民代表大会常委会第二次会议审议批准《贞丰县人民政府关于 2006 年国民经济和社会发展计划执行情况及 2007 年国民经济和社会发展计划的报告（草案）》《贞丰县人民政府关于 2006 年财政决算执行情况 2007 年财政预算的报告（草案）》，听取《贞丰县人民政府关于将新农村基础设施建设项目贷款的还本付息资金纳入财政预算的报告》。

2008 年 12 月 16—17 日，县第十三届人民代表大会常委会第十四次会议听取审议《贞丰县人民政府关于 2008 年财政调整、有线电视及农村广播电视“村村通”工程、农业产业化项目实施情况、招商引资重点项目建设的报告》。

2010 年 10 月 28—29 日，县第十三届人民代表大会常委会第二十九次会议听取《贞丰县人民政府关于人口和计划生育工作情况的报告》。

第四节　议案工作

历届县人大常委会重视县人民代表议案工作，不断总结议案工作经验，创新工作方法。为规范议案工作，使议案工作有章可循，2006 年 12 月，县人大第十二届常委会第 26 次会议通过《贞丰县人大常委会议案和建议案办理方法》，提高议案、建议案工作水平。

1991—2010 年，历届县人大代表围绕全县经济、政治、社会发展、环境保护等各方面工作，提交议案、建议、意见和批评1462件，其中，行政机关的1316件，司法机关的18件。办理和答复的1398件。

1991年4月，在贞丰县第九届人民代表大会第二次会议期间，县人大代表提交议案、建议案79件，其中，农林水类19件，交通类11件，教育类8件，经济类7件，工业类4件，治安类12件，城镇建设类4件，卫生类4件，其他议案建议案10件。

2000年3月，在贞丰县第十一届人民代表大会第三次会议期间，县人大代表提交议案、建议案52件，其中，农林水畜牧类12件，交通类5件，教育类14件，供电类2件，城镇建设类4件，其他议案、建议案19件。

2001年3月，在贞丰县第十一届人民代表大会第四次会议期间，县人民代表提交议案、建议案47件，其中，农林水畜牧类5件，交通类8件，教育类11件，治安类5件，供电类2件，城镇建设类6件，其他议案、建议案10件。

2004年2月，在贞丰县第十二届人民代表大会第二次会议期间，县人大代表提交议案、建议案79件，其中，农林水畜牧类23件，交通类14件，教育类15件，城镇建设类4件，供电类6件，旅游类5件，其他议案、建议案12件。

2005年3月，在贞丰县第十二届人民代表大会第三次会议期间，县人大代表提交议案、建议案83件，其中，农林水畜牧类23件，交通类33件，教育类7件，工业类6件，供电类3件，城镇建设类4件，其他议案、建议案7件。

2006年12月，在贞丰县第十三届人民代表大会第一次会议期间，县人大代表提交议案、建议案109件，其中，农林水畜牧类28件，交通类24件，教育类13件，旅游类6件，城镇建设类7件，供电类3件，卫生类5件，治安类2件，国土管理类3件，其他议案、建议案18件。

2008年3月，在贞丰县第十三届人民代表大会第三次会议期间，县人大代表提交议案、建议案107件，其中，农业类8件，水利类14件，交通类26件，文教类19件，卫生类4件，城镇建设类6件，环保类4件，旅游类4件，治安类2件，其他议案和建议案20件。

2009年1月，在贞丰县第十三届人民代表大会第四次会议期间，县人大代表提交议案、建议案112件，其中，农业类16件，水利类22件，交通类18件，文教类11件，城镇建设类7件，旅游类5件，供电类4件，招商类2件，国土管理类3件，其他议案和建议案24件。

2010年3月，在贞丰县第十三届人民代表大会第五次会议期间，县人大代表提交议案、建议案75件，其中，农业类9件，林业类1件，水利类19件，交通类11件，教育类8件，城镇建设类8件，环保类3件，文化旅游类3件，计生卫生类3件，其他议案、建议案10件。

第五节　执法监督

为从总体上了解全县经济发展、行政机关贯彻落实各项方针政策、司法机关及其工作人员执法情况。1991 年至 2010 年，县人大常委会组织贞丰籍全国人大、贵州省人大、黔西南州人大代表和县人大代表开展视察和执法检查 29 次。先后视察和检查县财政局、县计划局、珉谷镇、者相镇、白层镇、县人民政府、县人民法院、县人民检察院、县公安局、县司法局的工作。视察烂泥沟金矿开采情况，水电工程移民搬迁安置，鲁贡电站建设，煤、锑、金矿山管理，乡村公路建设，学校收费，“两免一补”政策执行，“义务教育”和“普法”，医疗秩序整顿，扶贫工作情况。重点了解人民群众反应比较强烈的案件审判和执行情况。

县人大常委会总结视察、检查情况，梳理和分类视察、检查中发现的问题，属于行政机关的，交县人民政府办理，属于司法机关的交县人民法院、县人民检察院或县公安机关办理。并要求将办理结果回复县人大常委会。

1998 年 2 月，龙场镇干坝子村农民董 ×× 到县人大常委会信访办反映：1997 年 2 月，因为耕种父母原承包土地，他与哥哥董 ×× 发生争吵，被其兄董 ×× 打成重伤。一年来，他到司法机关请求帮助责令其兄董 ×× 赔偿医疗费用，不得结果。经县人大常委会组织调查组调查了解，董 ××、董 ×× 系同父异母兄弟，父母已辞世，为耕种父母原承包土地，兄弟俩常发生争执。1997 年 2 月 19 日傍晚，双方再次争吵，发生肢体接触。兄董 ×× 将弟董 ×× 的脾、脏、肠打破裂，生命垂危，送医院抢救。当时兄董 ×× 以为弟董 ×× 将不治身亡，当晚深夜服毒后离家出走，死于干坝子村狮子湾。弟董 ×× 受伤住院的医疗费等费用 9000 余元。经公安机关侦查，确定兄董 ×× 系故意伤害案犯罪嫌疑人，因已死亡，根据《刑事诉讼法》规定撤销此案。县人大常委会主任会议指出，根据法律规定，犯罪嫌疑人已经死亡的，应当撤销刑事立案，不追究其刑事责任，但应以其个人财产赔偿被害人。主任会议决定，由法院尽快办理这桩赔偿案。同年 10 月，龙场法庭组织调解结案，用兄董 ×× 的个人财产 7000 元赔偿弟董 ××。

1998 年 11 月，珉谷镇南门村农民王 ×× 到县人大常委会信访室反映：“我的责任地被自来水公司两个职工家属私人征用，我不同意，后来打官司，县人民法院和州中级人民法院都维护我的土地使用权利。现在人民法院还没有执行。我要求他们尽快执行。”经查，1992 年 7 月，贞丰县自来水公司扩大供水系统基础建设，征用珉谷镇南门村农民的土地。在征地时自来水公司有两个职工家属以公司名义征地自用。两个职工家属所征之地是王的责任地，面积为 312 平方米，王拒绝。于是双方发生争执。1994 年 12 月，两个职工家属诉至县人民法院，请求维护自己所征之地的使用权。1995 年，县人民法院初审判决维护两个职工家属所征之地的使用权，王不服，提起上诉。1996 年，黔西南州中级人民法院发回重审，1997 年县人民法院重审判决，维护王的土地使用权。两个职工家属不服，提起上诉。1998年，州中级人民法院终审判决：驳回上诉，维持原判。王请求执行。该案自1992年发生至1998年终审判决下达，历经6年。其间，贞丰县城总体规划建设第一阶段已经实施完毕，王的责任地有108平方米建成县城中心地区一段主要公路（长12米，宽9米，宽处边线与公路中心线几乎重合），有约10平方米则成相邻侯姓人家已建好四层楼房地基的一部分。侯姓人家是按照县城建设规划经申请并获准建房的。显然王的责任地已发生重大变化。州中级人民法院委托县人民法院执行终审判决，县人民法院执行有困难，于是搁置下来。县人大常委会主任会议认为，如果严格依照终审判决执行，要挖掉县城中心地区108平方米公路，拆除侯姓人家房屋，恢复终审判决所确定的责任地“原状”归还王。必然会造成严重的不良后果。执行确实有困难。此事应与各有关单位协商解决办法，妥善处理。县人大常委会主任余光黔指出，处理该事要坚持两个原则，一是不能损害农民的合法权益，二是不能损害县城总体规划建设成果。主任会议决定由法工委具体办理此事。1998年11月26日，县人大法工委会同县委政法委召集县人民法院、县自来水公司、县城建局、县国土局、珉谷镇南门村委会五个单位负责人开会，协商处理办法。最后自来水公司提出划拨与王责任地相邻闲空着的36平方米土地给王作责任地，以示对这一事件的产生负责。将王位于公路的108平方米土地无偿划归国家所有，保持公路现状，侯××家已作地基约10平方米土地，其使用权归侯家所有，且不再另行给予补偿。与会者一致认为此方案比较恰当。对此，王明确表示同意。当日下午，与会人员及王到现场划定王责任地的新界线。

2004年6月，来信人万××在信中反映，其女被张××强奸，州中级人民法院竟判张××缓刑。请求县人大监督，纠正此错判案件。张××（男，时年44岁）于2003年11月中旬先后三次猥亵其雇工罗××（女，当时不满14岁）。贞丰县人民法院判决张××犯猥亵儿童罪，处刑三年。张××不服，认为自己是投案自首，县人民法院认定事实错误，适用法律不当，量刑过重，提起上诉。州中级人民法院认为张××上诉理由基本成立，改判张××有期徒刑三年缓刑四年。经县人大查明，张××没有自动投案，也无自首情节和其他法定从轻、减轻或免除处罚情节。县人民法院的一审判决事实清楚，证据确实、充分，适用法律恰当，量刑适当。州中级人民法院二审判决不公。县人大常委会主任会议决定，报请黔西南州人大常委会对该案进行监督，纠正此错判案件，作出公正判决。州人大常委会听取本案情及两审审判情况汇报后，决定由州中级人民法院再审此案。2004年8月，黔西南州中级人民法院对该案再审，判处张××有期徒刑三年。

第六节　重要活动

一、选举、任免国家工作人员

每届县人民代表大会第一次会议选举本届县人大常委会组成人员，主任1名、副主任4~5名，委员13~17名；选举县人民政府县长1名，副县长4~5名；选举县人民法院院长，县人民检察院检察长。

1991—2010年，县人大常委会任命县人民政府县长、副县长、办公室主任、局长，县人民法院院长、副院长、法庭庭长、副庭长、审判委员会委员、审判员，县人民检察院正副检察长、检察委员会委员、检察员990人；同意县人大常委会副主任、委员，县人民政府县长、副县长，县人民法院院长，县人民检察院检察长因工作调动和退休辞职的46人，因工作调动和退休免去科级以下干部826人，罢免违法违纪人大代表职务9人。

对拟任职务的干部，经过审议，符合任职条件的予以任命，否则不予任命。

二、评议干部

县人大常委会开展干部评议工作，在对干部进行评议之前，通知拟进行评议的干部，写书面述职报告，派评议工作组到述职干部的工作单位了解其德、能、勤、绩情况，经综合整理，在县人大常委会议上向述职干部当面提出评议意见。被评干部认为评议意见中有出入或不实的，可以解释说明。经过评议，县人大常委会组成人员以无记名投票方式评出被评议干部“优秀、好、一般、较差”等次。

1991—2010年，作述职并对其进行评议的有县人民政府副县长，县人民法院院长、副院长，县人民检察院副检察长，农业、林业、水利、畜牧、民政、人事劳动、教育、卫生、文体广电、公安、司法、交通、审计、国土、计生、财政、计划、科技、技术监督、工商、环保、统计、城建、监察、民族事务、城乡工业、贸易等局局长和政府办、扶贫办主任。其中公安、教育、卫生、环保等单位的局长每年都向县人大常委会述职，接受县人大常委会评议。

1994年3月8日，县第十届人大常委会第十二次会议，评议司法工作，表彰司法系统的先进集体和先进个人。1999年11月23日，评议县民族局局长罗周环。

三、代表联系工作

县人大常委会组成人员和选联委与人大代表保持经常性联系。开展“代表一封信”活动。请代表就全县或其所在地区的经济、文化、教育、卫生等各方面事业的发展和维护社会治安秩序提出具体的意见和建议。在代表的来信中，有几封反映农村偷牛盗马现象严重。许多农民怕自己的牛被盗，晚上竟把牛拴在自家卧室里。对此，县人大常委会通知公安机关汇报治安工作，并要求立刻加大对偷牛盗马犯罪的打击力度，保护农民的财产安全，维护农村社会稳定。公安机关很快开展专项斗争，投入大量人力、物力、财力。经过努力，抓获一批偷牛盗马犯罪分子，追回近百头（匹）牛马归还失主。盗窃大牲畜案件发案率大幅下降，专项斗争取得明显效果。

第七节　乡（镇）人民代表大会

乡（镇）人民代表大会的职责：听取和审议乡（镇）人民政府工作报告、财政工作报告和人大主席团工作报告，并作出决议；讨论决定本乡（镇）的重大事项，增选、补选、罢免乡（镇）人大代表、乡（镇）人大主席团组成人员、乡（镇）人民政府组成人员。

一、代表大会

1991 年 3 月，全县辖珉谷镇、者相镇、龙场镇、兴北镇、白层镇、鲁贡镇、连环乡、挽澜乡、小屯乡、长田乡、平街乡、鲁容乡、沙坪乡。撤区并乡建镇前各乡（镇）选举的县人大代表、乡（镇）人大代表，仍为各所属乡（镇）的县人大代表，直至 1993 年 3 月的本届任期结束。

1991—2010 年，全县乡（镇）人民代表大会历经第九、第十、第十一、第十二、第十三、第十四届。各届第一次会议选举本届人大主席团主席 1 名，副主席 1 名，成员 1~3 名。选举乡（镇）长、副乡（镇）长。

二、人大主席团

人大主席团是乡（镇）人民代表大会的常设机构，负责办理乡（镇）人民代表大会闭会期间的日常工作；组织人大代表开展视察活动；组织人大代表评议乡（镇）人民政府及其干部的工作，提出意见、建议和批评。

第二章　人民政府

第一节　贞丰县人民政府

县人民政府实行县长负责制和全体会议、常务会议、县长办公会议制度。县人民政府全体会议讨论和研究决定全县重大事项；县人民政府常务会议传达贯彻上级党委和政府重要文件、重要会议精神；县长办公会议研究处理县人民政府日常工作和阶段性工作。

1991—2010 年，县人民政府组成人员由县人民代表大会选举或县人大常委会任命，行使行政权。县人民政府设县长、副县长，县人民政府助理调研员、县长助理。县长实行等额选举，副县长实行差额 1 人选举。第九、十二届人民政府任期 3 年，第十、十一、十三届人民政府任期 5 年。随着改革不断深入，自 1994 年县人民政府的职能逐步转变，一是执行本级人民代表大会及其常委会的决议以及上级行政机关的决议和命令，规定行政措施，发布决议和命令；二是领导和监督所属工作部门和下级人民政府的工作；三是执行经济计划和预算，管理本行政区域内文化经济建设、民政和公安等工作；四是依法任免和奖惩国家行政机关工作人员；五是保护公共财产，维护社会秩序，保障公民权利和少数民族的平等权利；六是办理上级国家行政机关交办的事项。

1990—2010年贞丰县人民政府领导名录一览表

表4-2-1

届次	职务	姓名	性别	民族	籍贯	任期时限	备注
第九届	县　　长	王安会	男	布依族	贵州安龙	1990.9—1992.8	—
	代理县长	严世涛	男	汉　族	贵州盘县	1992.9—1993.3	※
	副县长	龚　放	男	汉　族	贵州贞丰	1990.9—1992.9	※ 常务副县长
		冯云弟	男	苗　族	贵州贞丰	1990.9—1993.3	—
		王成芳	男	布依族	贵州贞丰	1990.9—1993.3	—
		谢培德	男	汉　族	贵州贞丰	1990.9—1993.3	—
		冷清贵	男	汉　族	贵州兴仁	1990.9—1993.3	—
		王典霖	男	汉　族	—	1991.4—1993.3	州直干部挂职
		刘　红	女	汉　族	—	1992.6—1993.3	省直干部挂职
		毛继恩	男	汉　族	贵州晴隆	1992.6—1993.3	州直干部挂职
第十届	县　　长	严世涛	男	汉　族	贵州盘县	1993.3—1996.10	※
		王立辉	男	汉　族	贵州贞丰	1997.3—1998.3	—
	代理县长	王立辉	男	汉　族	贵州贞丰	1996.10—1997.3	—
	副县长	冯云弟	男	苗　族	贵州贞丰	1993.3—1997.8	常务副县长
		王成芳	男	布依族	贵州贞丰	1993.3—1997.11	—
		谢启新	男	汉　族	河南濮阳	1993.3—1998.3	—
		冷清贵	男	汉　族	贵州兴仁	1993.3—1997.11	—
		刘　红	女	汉　族	—	1993.3—1995.3	省直干部挂职
		毛继恩	男	汉　族	贵州晴隆	1993.3—1994.8	州直干部挂职
		高跃进	男	汉　族	—	1995.4—1998.1	省直干部挂职
		龙洪达	男	汉　族	—	1996.5—1997.7	州直干部挂职
		吴共鸣	男	汉　族	湖北黄冈	1996.9—1998.3	中直干部挂职
		余陈丽	女	布依族	贵州贞丰	1997.11—1998.3	—
		谢培德	男	汉　族	贵州贞丰	1997.11—1998.3	—
		冯永光	男	汉　族	贵州贞丰	1997.11—1998.3	—
		王远光	男	布依族	贵州贞丰	1997.11—1998.3	※

续表 4-2-1

届次	职务	姓名	性别	民族	籍贯	任期时限	备注
第十一届	县　　长	王立辉	男	汉　族	贵州贞丰	1998.3—2001.9	—
		张国华	男	回　族	四川简阳	2002.3—2003.2	※
	代理县长	张国华	男	回　族	四川简阳	2001.9—2002.3	※
	副 县 长	谢启新	男	汉　族	河南濮阳	1998.3—2000.10	常务副县长
		张明全	男	瑶　族	湖南宁远	2000.10—2003.2	※ 常务副县长
		谢培德	男	汉　族	湖南衡阳	1998.3—2002.12	—
		余陈丽	女	布依族	贵州贞丰	1998.3—2002.6	—
		冯永光	男	汉　族	贵州贞丰	1998.3—2001.11	—
		王远光	男	布依族	贵州贞丰	1998.3—2003.2	—
		刘　瑞	男	汉　族	贵州贞丰	2001.11—2003.2	—
		王丽蓉	女	布依族	广西合浦	2002.6—2003.2	—
		吴共鸣	男	汉　族	湖北黄冈	1998.3—1998.9	—
		曾庆一	男	汉　族		1998.6—2000.4	科技副县长
	县长助理	许义平	男	汉　族	浙江宁波	2000.6—2002.6	—
		张相晋	男	汉　族	江西	2002.6—2002.12	—
第十二届	县　　长	张国华	男	回　族	四川简阳	2003.2—2006.5	※
	代理县长	郭玉海	男	苗　族	贵州普安	2006.5—2006.12	※
	副 县 长	欧荣安	男	汉　族	贵州贞丰	2003.2—2006.11	常务副县长
		刘　瑞	男	汉　族	贵州贞丰	2003.2—2006.11	—
		王丽蓉	女	布依族	广西合浦	2003.2—2006.11	调　出
		毛仕诚	男	布依族	贵州贞丰	2003.2—2006.12	—
		黄德武	男	汉　族	贵州习水	2003.2—2006.12	—
		曾　立	男	汉　族	贵州贞丰	2003.2—2006.12	※
		邵银生	男	汉　族		2004.6—2006.6	中直干部挂职
		高　松	女	汉　族	贵州安顺	2006.5—2006.12	省直干部挂职
		杨丽敏	女	汉　族	贵州遵义	2006.10—	—
		贺礼刚	男	布依族	贵州安龙	2006.10—	※

续表 4-2-1

届次	职务	姓名	性别	民族	籍贯	任期时限	备注
第十三届	县　长	郭玉海	男	苗　族	贵州普安	2006.12—2008.3	※
		余越前	男	布依族	广东饶平	2008.3—	※
	代理县长	余越前	男	布依族	广东饶平	2008.3—2008.3	※
	副县长	曾　立	男	汉　族	贵州贞丰	2006.12—	※ 常务副县长
		杨丽敏	女	汉　族	贵州遵义	2006.12—	—
		毛仕诚	男	布依族	贵州贞丰	2006.12—	—
		黄德武	男	汉　族	贵州习水	2006.12—	—
		刘德义	男	汉　族	贵州贞丰	2006.12—	※
		贺礼刚	男	布依族	贵州安龙	2006.12—	※
		田　涛	男	汉　族	河北河间	2007.10—	科技副县长
		高　松	女	汉　族	贵州安顺	2006.12—2007.4	省直干部挂职
		宋建波	男	汉　族	河北迁西	2008.5—2010.5	挂　职
		陆建华	男	汉　族		2010.5—	中直干部挂职

说明：表中姓名右边备注栏有※者，为因违法违纪受到行政处罚或刑法处罚。

第二节　机构改革

1991 年 2—3 月，全县开展撤区并乡建镇工作，撤销城关区、者相区、牛场区、场区、白层区、鲁贡区、珉谷镇、者相镇、龙场镇和 34 个乡，新建珉谷镇、龙场镇、者相镇、兴北镇、白层镇、鲁贡镇、连环乡、挽澜乡、小屯乡、长田乡、平街乡、鲁容乡、沙坪乡。

1994 年 3 月，开展县级党政机构改革，县委部门机构由 13 个调整为 5 个。政府工作部门由 53 个调整为 33 个，政府工作部门设县人民政府办公室、计划统计局、贸易局、财政局、人事劳动局、农业局、水利电力局、林业局、城乡工业管理局、民族事务局、民政局、教育局、卫生局、计划生育局、交通局、建设局、公安局、司法局、审计局、国土资源管理局、工商行政管理局、文化体育广播电视局、农村工作委员会 23 个；不占政府机构限额的机构有监察局（与县纪律检查委员会合署办公）、机构编制委员会办公室（挂靠人事劳动局）、粮食局（与粮油贸易总公司为两块牌子、一套人员）、科学技术局（与科学技术协会合署办公，一套人员、两块牌子）4 个。人民团体机构由 9 个调整为 7 个，分别为总工会、中国共产主义青年团贞丰县委员会、科学技术协会、妇女联合会、工商业联合会、老龄委员会、残疾人联合会。

1996 年，根据黔西南州委《关于调整、规范县市机构改革后机构设置的通知》精神，开展新一轮县级机构改革，党委工作部门设6个。政府工作部门设县人民政府办公室、县计划局、县贸易局、县工业局、县财政局、县人事劳动局、县农业办公室、县农业局、县林业局、县水利电力局、县畜牧局、县乡镇企业局、县国土局、县民政局、县民族事务局、县教育局、县科学技术局、县卫生局、县计划生育局、县建设局、县监察局、县公安局、县司法局、县审计局、县统计局、县地方税务局、县工商行政管理局、县交通局、县文化体育广播电视局、县粮食局、县黄金局、县旅游事业局、县农业机械事业局。群众团体设县总工会、中国共产主义青年团县委员会、县妇女联合会、县科学技术协会、县工商业联合会、县老龄委员会、县残疾人联合会。

1997年，开展乡（镇）机构改革，机构改革后，乡镇党委工作机构设党政办公室、政法委员会、人民武装部。政府工作机构设教科文卫办公室、民政办公室、计划生育办公室、农业综合办公室、街道管理办公室。

2001年12月29日，中共贞丰县委、贞丰县人民政府印发《贞丰县县级党政机构改革实施意见》《贞丰县乡镇机构改革方案》。2002年2月，开展县级党政机构和乡（镇）机构改革，机构改革后，政府工作部门设县人民政府办公室、县发展计划局、县经济贸易局、县教育局、县科学技术局、县民族宗教事务局、县公安局、县监察局、县司法局、县财政局、县人事劳动和社会保障局、县国土资源局、县建设局、县交通局、县水利局、县农业局、县林业局、县卫生局、县计划生育局、县审计局、县统计局、县粮食局、县乡镇企业局、县文化体育广播电视局、县物价局、县环境保护局，县人民政府直属单位单位设县档案局、县旅游事业局、县供销合作社联合社、县移民开发局、县黄金管理局、县畜牧水产事业局、县房产事业局，议事协调常设办事机构设农业办公室，人民团体机构设置共青团贞丰县委、县妇女联合会、县总工会、县文学艺术界联合会、县残疾人联合会、县科学技术协会、县工商业联合会、县红十字会，其他机构设县史志办公室、贞丰县委党校、贞丰报社。

同年5月，全县开展乡（镇）党的机构改革，乡（镇）党的机构设党政办公室、纪律检查委员会机关、政法委员会、人民武装部，政府机构设社会事务办公室、计划生育办公室、经济发展办公室、建制镇设城镇管理办公室，事业单位设财政所、国土资源管理所、计划生育指导站、教育辅导站、林业站、农业服务中心、文化服务中心。此次机构改革，县人民政府的工作部门由33个精简为27个。

2004年，根据中共黔西南州委、黔西南州人民政府《关于批转〈贞丰县人民政府机构改革方案〉的通知》精神，开展县级政府机构改革。县人民政府工作部门设县人民政府办公室、县发展和改革局、县教育局、县科技局、县经贸局、县民族宗教事务局、县监察局、县民政局、县司法局、县财政局、县人事劳动和社会保障局、县国土资源局、县建设局、县交通局、县水利局、县农业局、县林业局、县卫生局、县人口和计划生育局、县审计局、县统计局、县乡镇企业局（煤炭局）、县粮食局、县文化体育广播电视局、县物价局、县环境保护局，议事协调机构的常设办事机构设县农业办公室，受政府委托行使部分行政管理职能的直属事业单位设县安全生产监督管理局、县档案局、县旅游事业局、县供销合作联合社、县移民开发局、县畜牧水产事业局、县房地产管理局。

2006年，根据省编办安排，开展乡（镇）机构改革试点工作，珉谷镇、鲁贡镇、龙场镇、小屯乡、挽澜乡划分为一类，乡镇综合办事机构设党政办公室、社会事务办公室、经济发展办公室、人口和计划生育办公室、村镇建设管理办公室；乡镇设领导职数9名，其中：党委书记1名（同时担任乡镇人大主席团主席），乡镇长1名，党委副书记2名（其中1名同时担任乡长或镇长，1名同时担任纪委书记），副乡镇长3名，人民武装部部长1名，政法委书记1名，人大专职副主席1名。连环乡、沙坪乡、白层镇、鲁容乡、者相镇、北盘江镇、平街乡、长田乡划分为二类，乡镇综合办事机构设置党政办公室、社会事务办公室、村镇建设管理办公室、人口和计划生育办公室。乡镇设置领导职数8名，其中：党委书记1名（同时担任乡镇人大主席团主席），乡镇长1名，党委副书记2名（其中1名同时担任乡长或镇长，1名同时担任纪委书记），副乡镇长2名，人民武装部部长1名，政法委书记1名，人大专职副主席1名。

2010年4月，县级机构改革，撤销县林业局、县农机管理中心、县畜牧局、县农业办公室、县扶贫办公室，组建县农业林业和扶贫开发局；撤销县粮食局、县经贸局、县乡镇企业局、县科技局、县黄金局，建立县贸易和科学技术局；撤销食品药品监督管理局，并入卫生局；把水利局改为水务局。县人民政府工作机构23个。

第三节　施政措施

1991年后，县人民政府根据中央、国务院方针政策结合本地方实际，创造性地开展工作。

解放思想，观念更新。县人民政府带领全县人民解放思想，更新观念，充分认识中国特色社会主义理论、改革开放、社会主义市场经济的内涵，投入改革开放和社会主义市场经济建设。破除小农意识、计划经济观念和“左”的思想束缚，树立市场经济意识、改革开放意识。

坚持“以经济建设为中心”“三个有利于”为标准，妥善处理改革、发展和稳定的辩证关系。遵循发展才是硬道理的原则，抢抓机遇，发挥优势，集中力量发展社会生产力。二十年来，各行各业以经济建设为中心，苦干实干，克服困难，开拓进取。把全县经济建设和社会发展推向前进，把改革开放引向深入，促进各项事业健康发展。

依据中央精神，结合地方实际，制定全县经济、社会发展的“八五”“九五”“十五”“十一五”计划和年度工作计划，明确奋斗目标。根据自然条件和资源调整产业结构，首先实施“北烟南蔗”（北部的兴北、平街、长田、者相、龙场、小屯、珉谷镇发展烤烟，南部的白层、鲁容、鲁贡、沙坪等乡镇发展甘蔗）的经济发展战略。在全县实施十万亩花椒、十万亩甘蔗、十万亩经果林、十万亩烤烟“四个十万亩”特色农业项目，提出开发利用金煤电矿产等资源和水能资源。招商引资，实施城镇带动和工业强县战略。先后招商开发烂泥沟金矿、水银洞金矿、挽澜乡、龙场镇煤矿和建成董箐电站、鲁贡电站，推进经济发展。

实行目标管理，抓住西部大开发机遇，开展扶贫攻坚工作，加强小城镇建设。打破“大锅饭”，改变干多干少一个样，干好干坏一个样的状况。对各级各部门推行工作目标管理责任制，年初由各工作部门、乡镇政府与县政府签订工作责任状，年终县政府对各部门各乡镇政府进行考核评比，对经济建设和社会发展各方面实行目标管理，把工作完成情况与年终奖惩、干部考核任用挂钩，奖勤惩懒。

第四节　综合政务

一、法制工作

1991年6月，县人民政府成立法制办公室，主要负责全县法制工作规划，协调、监督行政执法工作，审查修改或者组织拟定地方性法规草案、备案审查、行政规章草案及办理行政复议应诉赔偿等事项，承担县政府法律顾问及全县法制宣传、教育培训工作。1993年9月，更名为法制科，2002年恢复为法制办公室，县法制办公室设在县人民政府办公室，副科级单位。2004年，县级政府机构改革，县法制办公室升格为正科级机构。

县人民政府法制办公室按照国务院《全面推进依法行政实施纲要》和省政府《关于贯彻国务院全面推进依法行政实施纲要的意见》的精神，全面推进依法行政，建设法治政府。（一）拟订县人民政府规范性文件。《贞丰县人民政府工作规则》《关于贯彻落实“三重一大”制度的实施方案》《关于加强干部管理的暂行规定》《关于考评激励机制的实施方案》以及《关于抓工作落实的规定》等。2007年，制订《贞丰县全面推进依法行政2007—2011年规划》。（二）开展行政许可行政审批事项的清理登记工作。2004年5月，清理全县历年来行政许可、行政审批事项共345项，其中：审批事项93项，许可事项90项，核准112项，审核36项，备案14项。保留340项，取消5项。（三）承担县人民政府法律顾问室日常工作。在矿产资源开发、移民安置、城市建设拆迁改造、土地征用等方面为政府提供法律咨询服务。（四）会同有关部门组织实施行政执法责任制和过错责任追究制；组织对全县各行政执法单位开展行政执法检查和案卷评查监督，2007年8月，对2006年6月30日至2007年6月30日办理的行政处罚案卷和行政许可案卷进行评查，共评查案卷306件，其中行政处罚案卷162件，行政许可案卷144件；1999年《贵州省行政执法证管理办法》实施后，把各行政执法部门执法人员的持证工作纳入统一管理，实行统一集中培训、统一审核发证、统一年检年审，严格执法主体，制止多头执法和无证执法，全县共有42个行政执法部门400余名行政执法工作者统一办理由贵州省人民政府法制办统一监制的行政执法证。（五）办理县人民政府行政复议、行政应诉件，审核行政确权案件。

2004年至2006年共收到32件行政复议申请，办结21件，不符合受理条件不予受理11件。（六）开拓进取、创新思路，指导贞丰县政府法制工作队伍建设。（1）2007年，在全州率先开展实行“依法行政示范点单位”，在乡镇设置法制工作联络员制度。（2）2007年10月18日，采取行政复议听证方式审理土地确权案件，这在全州乃至全省县级法制机构中属首家，《黔西南日报》、省政府法制信息网站和国务院法制信息网站等媒体进行报道。（3）采取多种方式开展《行政复议法》等法律法规宣传，2007年在各种新闻媒体上共发表207篇依法行政法制宣传文章，名列全省法制系统第一。《贞丰积极推进依法行政，努力打造法治政府》被省政府法制办主办的《政府法制工作》（2007年第9、10期）作为经验交流在专刊上发表。（六）承办县人民政府和省、州人民政府法制办交办的其他工作。

县委、县人民政府高度重视推进依法行政工作，法制机构不断完善，人员编制得到充实，办公设施和条件得到改善。2007年8月，县委、县政府为法制办配置行政复议办案专用车一辆。2006年10月法制办被县委、县政府授予“四五”普法先进单位，2007年，贞丰县依法行政工作经州依法行政目标绩效管理考核，获103分，名列全州第一。

二、编制工作

机构编制管理工作，实行“专题报告、专门承办、专项通知”的报批制度和主管领导“一支笔审批”制度，除垂直管理部门外，上级业务部门不准干预下级机构编制工作。

1981年，贞丰县编制委员会成立，在县人事局设立编制委员会办公室（以下简称编办），由县人事局局长兼任主任，副局长兼任副主任。1994年，贞丰县编制委员会办公室改称贞丰县机构编制委员会办公室（以下简称机编办公室），挂靠县人事劳动局。办公室主任仍由人事劳动局局长兼任，设专职副主任1人名。1996年，县机构编制委员会办公室列为党委工作机构，仍挂靠县人事劳动局。2001年12月，县机构编制委员会办公室从县人事劳动局分离出来，仍属党委机构工作。既是县委工作机构，又是县政府工作部门，为县机构编制委员会的常设机构，其领导班子不再实行兼任。归口设置贞丰县事业单位登记管理局，为副科级参公事业单位。

1991年12月，审核全县机关、事业单位编制，核定编制4097人，其中行政编制为1127人，事业编制2970人。1994年，根据州机构编制委员会文件精神，开展县级党政机构改革。机构改革后，县委部门机构由原13个调整为5个，县人民政府工作部门由53个调整为33个，群众团体机构由9个调整为7个，全县行政编制1127人，事业编制2759人。

1996年，根据贵州省机构编制办公室安排，开展规范全县基层农业服务体系中各站所、各乡（镇）农业技术推广站、畜牧兽医站、农村经济经营管理站、农机管理站和水产站工作。全县机关、事业单位编制3939人，其中，行政编制1123人，实有1295人；事业编制2816人，实有3317人。1997年，根据上级安排，结合贞丰县实际，调整全县乡（镇）党政群机构编制。通过调整，全县行政编制1123人，事业编制2813人，实有3179人。

2000年，全县机关、事业单位编制3338人，其中，行政编制1160人，实有1314人；事业编制2178人，实有事业人员3405人。

2002年，全县机关、事业单位编制3764人，其中，行政编制1075人，实有1169人；事业编制2689人，实有3767人。乡（镇）行政编制由433人精简为325人。根据《事业单位登记管理暂行条例》《贵州省事业单位登记管理实施细则》规定，全县事业单位进行首次法人登记工作，通过受理、审核、核准、发证工作程序，完成事业单位登记242个。

2006年，全县机关、事业单位编制2417人，其中，行政编制961人，实有1026人；事业编制1231人，实有4394人；工勤编制225人，实有265人。根据省编发〔2006〕12号文件精神，县机编办开展乡（镇）机构改革试点工作，将全县13个乡（镇）划分为一、二、三类，并对各类乡（镇）的党政综合办事机构、领导职数进行设置；开展全县吃“空饷”人员清理工作。通过清理，全县吃“空响”人员152人。按照《事业单位登记管理条例》，全县初始登记事业单位5个，变更登记事业单位27个，年检事业单位264个。按上级有关文件要求，建立事业单位登记管理信息库。

2007年，全县机关、事业单位编制6304人，其中，行政编制1007人，实有1036人；事业编制5139人，实有4613人；工勤编制168人，实有140人。全县初始登记事业单位12个，变更登记事业单位24个。应参加年检的事业单位280个，年检事业单位266个，年检率95%。开展编制使用计划的审批工作，严格按计划使用编制，按结构配备人员，防止超编进人。全年办理编制审批手续173人；网上登记管理系统数据整理工作；7月1日正式开展网上登记和实时汇总事业单位登记管理数据工作。

2010年，全县机关事业单位人员编制6726人，其中行政编制1081人，事业单位人员编制5645人。

三、老龄工作

1990年，贞丰县把老龄工作列入政府工作日程，建立县老龄委员会，编制3人。2002年，县老龄委员会改为县老龄委员会办公室。

1990年，第四次全国人口普查统计，全县60周岁以上老年人25601人（其中有7位百岁老人），占总人口8.9%。2007年，全县60岁以上老年人39981人，占总人10.89%。2010年，全县60岁以上老人43296人，占全县总人口10.79%。

1990年，县人民政府印发《关于积极开展宣传贯彻〈条例〉的通知》，各级各部门倡导养老、尊老、爱老的社会风尚。一般老人由家庭供养，“五保”老人以村组供养为主，辅之以亲朋供养和乡镇敬老院集体供养。1995年10月，县政府召开全县老龄工作会议，贯彻学习《中国老年人七年发展纲要》，强调各单位继续宣传贯彻《条例》和《老年法》。县人民政府转发老龄委员会办公室制定的《敬老公约》和《赡养协议书》。同年，各乡镇把《敬老公约》列为村规民约，推行签订《赡养协议书》。1996年，县人民政府办公室印发《关于宣传贯彻〈老年法〉的通知》，贯彻《老年法》，县老龄委印发放1500份资料。2007年，县民政部门建福利院1所，供养7位老人；建7所敬老院，供养111位老人。其余621位老人，以村组供养为主，辅之以亲朋和民政补助。村组供养的老人民政部门每年每人发给596元生活补助；将城镇、农村贫困老人纳入最低生活保障，发放“低保费”。2006年6月，县老龄委为社会老年人免费体检一次。2007年9月，省、州、县老龄委分别深入十三个乡镇，各慰问一户贫困老人，发给棉衣、棉被和平均600元的慰问金。

2003年至2007年老年节期间，县老龄委组织召开中老年人文艺联欢会，联欢会上，有歌舞、武术、剑术等节目，整个会场洋溢着节日的气氛。演出结束后，老同志们敲着锣鼓，身背红绸飘带，扭着秧歌舞，沿街游行，展现了老干部的精神风貌。

自县老龄委成立以来，老人年满百岁时，常务副县长都亲自组织老龄委和民政局干部去祝寿，挂《百岁寿星》匾，为寿星照相留影。县民政局每年还发给百岁老人生活补助。1990年至2000年，每年每人发120元；2001年至2006年每年每人发600元；2007年以后每年每人发1200元。百岁寿星逝世，县老龄委都敬献花圈。在全省寿星评选活动中，珉谷镇坪上村白岩组李何氏老人，1993年年满105岁，获得省“老寿星”称号和奖牌。

1991年至2010年，不少老年群体和个人，在创建文明和谐社会、发展经济、科学种植、发展养殖活动中，有突出贡献，曾受各级党和政府的表彰。

集体受表彰的有：国家级2个，省级5个，地州级15个。

个人受表彰的有：国家级2个，省级2个，地州级22个，县级23个。

四、地方志编修

为编纂第一部《贞丰县志》，1984年4月，成立贞丰县志编纂委员会及其办公室（以下简称贞丰县志办公室），主要承担《贞丰县志》的编纂工作。1991年3月，贞丰县党史办公室、贞丰县志办公室合并，改称贞丰县史志征集编纂委员会办公室（以下简称贞丰县史志办公室）。2005年10月，贞丰县史志办公室获得“全省地方志系统先进集体”称号。

（一）《贞丰县志》编修

1986年1月，《贞丰县志》编纂工作正式启动。1991年10月，《贞丰县志》的专志、部门志相继成稿。1992年6月，120余万字的《贞丰县志（初稿）》总纂成册。同年11月，县史志办公室油印《贞丰县志》90套；翌月，《贞丰县志》初级评审会议召开。1993年12月，黔西南州地方志编委会审定验收《贞丰县志》。1994年4月，贵州省地方志办公室审定验收《贞丰县志》。同年10月，历经8年编纂的首部《贞丰县志》出版发行。《贞丰县志》上限起自清雍正五年（1727），下限截至1990年12月。《贞丰县志》设19篇85章356节，153.6万字。1998年，《贞丰县志》获得全省地方志优秀成果三等奖。

2003年12月，县委、县人民政府根据《国务院办公厅关于进一步加强地方志编纂工作的通知》《贵州省人民政府办公厅关于加强全省地方志续修工作的通知》和《黔西南州人民政府办公室关于加强全州地方志续修工作的通知》精神，决定修编《贞丰县志（1991—2005年）》，成立续修《贞丰县志》领导机构，领导全县县志续修工作。2007年8月，县委、县人民政府进一步贯彻落实国务院《地方志工作条例》《贵州省人民政府督办通知》精神，召开《贞丰县志（1991—2007年）》续修工作启动会议，调整充实史志征集编纂委员会，各乡镇、县直各单位分别成立领导班子和编写小组，撰写本单位续志资料。同年11月，召开《贞丰县志（1991—2007年）》续修篇目研讨会议，县史志编纂委员会副主任李正全、田涛以及其他委员40余人参加会议。2008年1月，全县举办第二轮县志续修业务知识培训。县史志办公室韦修华结合地方志业务特征，主讲方志基础知识、志稿资料的搜集、如何编写志稿、图表在志稿编纂中的运用、志稿的质量标准、地方志编纂中应注意的问题等内容。2008年6月，收到81个承编单位的志稿，占承编单位的79.41%。2010年12月，没有按计划完成《贞丰县志（1991—2007年）》编纂工作。

（二）部门志、专业志编纂

1991—2010年，全县编纂《贞丰县第一中学校史》《贞丰县政权志》《贞丰县扶贫开发志》《贞丰县工商联（商会）志》《贞丰县第一小学校史》《贞丰县政协志》《贞丰县军事志》《贞丰县卫生志》等部门志。

1998年12月—1999年7月，贞丰县第一中学组织编纂出版《贞丰县第一中学校史》，全书27万余字，印刷1000册。

2000年8月，贞丰县史志办公室编纂的《贞丰县政权志》装订成册，全志7.6万字，印数50册。

2002年6月—2004年12月，贞丰县工商业联合会（商会）编纂的《贞丰县工商联（商会）志》成书，全志6章，15万余字，印刷200册。

2003年8月—2006年10月，《贞丰县政协志》出版，全志6章19节，11万余字，印刷200册。

2004年3月，贞丰县扶贫开发办公室编写的《贞丰县扶贫开发志》总纂成册，全志8章31节，约8万余字，印刷50册。

2005年6月—2006年9月，贞丰县第一小学组织编纂出版《贞丰县第一小学校史》，全书5章9节19目，22万余字，印数1000册。2005年8月，贞丰县人民武装部启动《贞丰县军事志》编纂工作。2008年12月，由贵州醇包装彩印厂出版印刷《贞丰县军事志》，全志约31万字，印刷400本。

2009年12月，《贞丰县卫生志》总纂成册，全志9章37节，30余万字。

（三）年鉴资料征编

1991—2010年，贞丰县有关单位为《贵州年鉴》《黔西南年鉴》撰写贞丰县的年鉴。1991年，县人民政府办公室为《贵州年鉴（1991）》撰写贞丰县稿件。该稿件由概况、计划生育工作取得突破性进展、三岔河被列为第二批省级风景名胜区、美籍华裔和台胞捐资建设家乡组成。2002年，县人民政府办公室为《黔西南年鉴（2002）》撰写贞丰县稿件。20年来，县史志办公室为《贵州年鉴》《黔西南年鉴》提供年鉴资料3.8万字。

（四）地情资料征编

2009年5—10月，贞丰县史志办公室编纂《贞丰方志提要》，收录《贞丰县志》《贞丰县税务志》《贞丰县商贸志》《贞丰县政协志》《贞丰县军事志》等17部志书的提要，8000余字。

五、外事、侨务工作

1984 年，成立县对外经济协作办公室，主要负责落实侨务侨联政策、开展对外联络和接待工作。1996 年，改称外事侨务办公室。

（一）外事工作

开展外引内联工作，支持教育发展。2003 年，经省外事办牵线搭桥，在贞丰三岔河举办中法戏剧交流活动。2004 年，争取美国花旗银行 5 万元资金建设贞丰中学英语阅览室。县自外事侨务办成立后，共接待法国洛泽尔省管理委员会主席基普耶一行考察团、美国花旗银行中国区总裁王力一行考察团、日本中日友好协会宫田一行考察团、罗马尼亚苏恰瓦议会议长加里夫尔・墨扎尔一行考察团、中国香港亚视《从香港出发》《大地在脚下》宣传团、印度共产党全国执委会委员、全印农协秘书长阿图・卡・安坚为团长的印度共产党干部考察团一行到县内考察农业发展和农村建设项目。

（二）侨务工作

据 2008 年统计，贞丰县有侨眷 17 户 64 人，侨胞主要侨居美国、加拿大、缅甸、印度尼西亚、澳大利亚、日本、泰国、柬埔寨、新加坡；归侨 2 户，分别于中华人民共和国成立前从马来西亚、毛里求斯回国定居；港、澳同胞眷属 5 户；新移民美国侨眷 2 户。2007 年，通过宁波市侨办牵线搭桥，香港同胞严信才捐资 15 万元，为鲁贡镇毛闷小学建设新教学楼；澳门同胞汤福荣捐资 10 万元建设龙场干坝子学校。

六、档案工作

1984 年 10 月，成立贞丰县档案局，为事业单位，与县档案馆合署办公。1997 年，机构改革，县档案局为一级事业机构，归口县人民政府管理。

2007 年，全县有档案室 127 个，其中省一级标准的 10 个、省二级标准的 14 个、省三级标准的 13 个。档案工作人员 136 人，其中专职档案员 16 人、兼职档案员 120 人，初步形成门类齐全、结构合理的档案管理体系。

（一）档案管理

县委、县人民政府把档案工作列入县的发展规划。县档案局采取多种形式开展《中华人民共和国档案法》宣传和工作人员培训工作。1991—2010 年，通过各级新闻媒体报道和发放《中华人民共和国档案法》《贵州省档案管理条例》《黔西南布依族苗族自治州档案管理条例》宣传资料 6000 余份（册）、张贴标语 110 余条，宣传档案法律法规。举办档案法规知识竞赛 4 次，参赛人数 300 人。选派 78 人次赴上级档案局（馆）培训，在县内举办培训班多次，培训 1300 余人次。

自 1991 年起，县档案局（馆）不断改善档案保护设施，对库房实行全面改造，每个库房配置除湿机 2 台、消毒柜 1 个、干燥箱 1 个、灭火器 16 支，科学地进行调温除湿，防腐防虫。对接收进馆的档案、资料，及时进行消毒处理，按全宗进行系统排列、编目、上架，实行安全保管，对不符合要求的卷宗进行加工处理。

2002 年，成立档案执法检查组，对全县各单位和乡镇档案室依法进行检查，并确定每年九月份作档案法规宣传活动月，开展档案法律法规宣传活动。2005 年，县档案局作出规定，每年 3—5 月，各基层档案室必须完成上年度文件材料立卷归档工作。2004—2010 年被州人事局、州档案局评为黔西南州档案工作先进集体。2000 年，县档案馆达省三级标。20 年来，整理档案 20743 卷（册），对破损档案及时抢修，先后复制、抢救档案 1583 卷。

（二）档案收集利用

县档案局（馆）秉着馆藏结构要合理、门类要齐全的原则，采取接、征、购的办法丰富馆藏档案，注意收集科技档案、专业档案、实物档案及有地方特色的资料和有价值的各类书籍，馆内收藏旧印章 388 枚、录音带 55 盒、照片 150 张，各类资料图书、报刊 809 种 4532 册，内容有《兴义府志》《二十五史》《资治通鉴》等。馆内编写《贞丰县以人名命名乡镇之缘由》《贞丰县简介》《贞丰县行政区划沿革》《贞丰县（州）历任县长名录》等档案史料。近年来，又接收农村第二轮土地延包合同档案 273 卷，接收税费改革、县级保持共产党员先进性教育档案进馆。2010 年，馆藏档案 19520 卷。

1991—2007 年，为方便查阅者查档，编纂各种档案检索工具 4 种 119 本，其中，案卷目录 99 本、全引目录 15 本、重要文件目录 5 本，专题目录卡片 14 张，重要文件目录卡片 1156 张；机读目录 40402 条，其中，案卷级 1507 条、文件级 38895 条。

根据中共中央档案馆、国家档案局开放历史档案的决定，县档案局（馆）对历史档案进行认真鉴定和审查，经县委、县人民政府批准，1991 年起开放 1949 年以前的档案 7 个全宗 6233 卷。根据市场经济的发展，扩大档案服务范围，促使档案工作从封闭型向开放型转变，档案利用从义务查卷转向有偿服务。1991—2010 年，全县查询利用档案 2194 人次，年平均 110 人次；利用档案调卷 5393 卷，年平均 270 卷。

第三章　贞丰县政协

1981 年 4 月，成立中国人民政治协商会议贞丰县委员会（以下简称贞丰县政协）。贞丰县政协是在中共贞丰县委领导下的爱国统一战线组织，由中国共产党、无党派民主人士、人民团体、少数民族和各界代表、港澳台属、归国侨胞代表以及特邀人士组成。2007 年 12 月，中共贵州省委授予政协贞丰县委员会“全省优秀基层政协单位”称号。

第一节　政协委员

政协委员由民主协商产生，按照政治性、先进性和广泛性的原则，经过有关单位的推荐，县委统战部民主协商和组织考察后，报政协常务委员会协商同意。1991—2010年，贞丰县政协历经第四、五、六、七、八届委员会。

1990年9月的政协第四届贞丰县委员会第一次会议确定委员119人，代表17个界别。1992年3月的政协第四届贞丰县委员会第八次常务委员会议确定委员135人，增补委员20人。1993年3月的政协第五届贞丰县委员会第一次会议确定委员98人，代表17个界别。1994年12月的政协第五届贞丰县委员会第七次常务委员会议确定委员103人，增补委员3人。1998年3月的政协第六届贞丰县委员会第一次会议确定委员111人，代表16个界别。2003年2月的政协第七届贞丰县委员会确定委员118人，七届一次会议实有委员113名，代表16个界别。2004年2月的政协第七届贞丰县委员会第二次会议确定委员114人，增补委员、常务委员1人。七届二次至三次会议期间，有5名委员调动工作等不能履行职责，2005年2月的政协第七届贞丰县委员会第十次常务委员会议确定委员116人，增补委员7人。2006年12月的政协第八届贞丰县委员会第一次会议确定委员121人，代表14个界别。2010年3月的政协第八届贞丰县委员会第四次会议确定委员120人，减少1人。

第二节　政协会议

政治协商的主要形式是各种协商会议，包括政协委员全体会议、常务委员会议、主席会议、常委专题座谈会、各专门委员会会议和根据需要召开的无党派人士、人民团体、少数民族人士协商座谈会等，以及政协负责人或委员应邀列席中共贞丰县委召开的常委会、全委（扩大）会、代表大会、县人大及其常委会举行的人民代表大会、有关常务委员会，县人民政府举行的部署工作、研究重大问题的常务会议和全体会议，听取有关情况，直接参与协商讨论。

《中国人民政治协商会议章程》规定：中国人民政治协商会议各级地方委员会的全体会议每年至少举行一次，履行选举主席、副主席、秘书长和常务委员，听取和审议常务委员会的工作报告、决议，参与对国家和地方事务的重要问题的讨论，提出建议和批评等职能。1991—2010年，县政协组织召开全体委员会议20次、常委会议68次。

一、全体委员会议

县政协全体委员会议由县政协常委会研究决定，与县人民代表大会同期早一天召开。历次全体会议主要议题基本一致。一是在届满时，按照政协章程选举产生新一届县政协领导班子。即：主席、副主席、秘书长、常委会委员。根据政协章程和工作需要，届中可增选和补选县政协委员及领导成员。20 年来，县政协召开 5 次全委会（1990 年、1993 年、1998 年、2003 年、2006 年）换届选举；两次（1995 年五届三次、2004 年七届二次）届中增选县政协常委。二是委员参政议政。即审议政协年度工作报告；列席县人民代表大会，听取和讨论政府工作报告，计划、财政工作报告，县法院和检察院工作报告，县域经济、社会发展计划。“协商在决策之前，监督在执行之中”，这是政协参政议政、民主监督的一项基本原则。政协委员针对上述事项，对县内重大问题以及群众普遍关心的问题、党政机关的工作及其工作人员提出批评意见和建议。历次全会上，县政协委员以高度的使命感和责任感，就发展乡镇企业、加强农业基础建设、畜牧业、计划生育、矿产资源合理开发利用、城市建设、医疗卫生、教育工作、发展个体私营经济、科技兴县、财源建设、禁毒工作等方面的问题，进行商讨及专题发言，提出富有建设性的意见和建议。三是组织委员学习政策、时事，提高委员参政能力。

（一）政协第四届贞丰县委员会

政协第四届贞丰县委员会第二次会议 1991 年 4 月 8—11 日，在县人民政府五楼会议室召开，应出席会议委员 119 人，实到会委员 111 人，应邀列席会议 14 人。会议听取并审议《政协第四届贞丰县委员会第一次会议以来常务委员会工作报告》；听取并审议《政协第四届贞丰县委员会第一次会议委员提案办复情况的报告》；列席贞丰县第九届人民代表大会第二次会议，听取并讨论县人民政府工作报告和其他的报告；讨论并通过政协贞丰县第四届委员会第二次会议决议。

政协第四届贞丰县委员会第三次会议 1992 年 4 月 13 日至 17 日，在县人民政府五楼会议室召开，应出席会议委员 135 人，出席会议委员 133 人，应邀列席会议 26 人。会议学习中共中央（1992）2 号文件精神；听取并审议《政协第四届贞丰县委员会工作报告》；听取并审议《政协第四届贞丰县委员会第二次会议委员提案办复情况的报告》；宣布增补委员名单；列席贞丰县第九届人民代表大会第三次会议，听取并讨论县人民政府工作报告和其他报告；讨论并通过政协第四届贞丰县委员会第三次会议决议；表彰 1991 年度县政协先进委员。

（二）政协第五届贞丰县委员会

政协第五届贞丰县委员会第一次会议 1993 年 3 月 26—30 日，在县政府五楼会议室召开，应出席会议委员 101 人，实到会委员 98 人，应邀列席会议 41 人。会议听取并审议《政协第四届贞丰县委员会常务委员会工作报告》；听取并审议《政协贞丰县四届三次会议委员提案办复情况的报告》；选举政协第五届贞丰县委员会主席、副主席、秘书长和常务委员。皮国民当选县政协主席，张仁勇、黄友群、杨昌俊、冯永光当选副主席；刘应新当选秘书长。皮国民、张仁勇、黄友群、杨昌俊、冯永光、刘应新、文永刚、叶甲山、冯华弟、向仕学、孙健康、张伯鹏、陈子谦、倪云龙、罗应寿、段泽民、梁安国、梁婉英当选常委。

政协第五届贞丰县委员会第二次会议 1994 年 4 月 5—8 日，在县政府五楼会议室召开，应出席会议委员98人，实到会委员96人，应邀列席会议19人。会议学习全国政协八届二次会议精神；听取并审议《政协第五届贞丰县委员会常务委员会工作报告》；听取并审议《政协贞丰县五届一次会议委员提案办复情况的报告》；列席县人大十届二次会议；讨论并通过有关决议和《倡议书》。

政协第五届贞丰县委员会第三次会议　1995年3月31日—4月3日，在县政府五楼会议室召开，应出席会议委员101人，实到会委员101人，应邀列席会议21人。会议传达学习全国政协《关于政治协商、民主监督、参政议政的规定》；听取并审议《政协贞丰县委员会常务委员会工作报告》；听取并审议《政协贞丰县五届二次会议委员提案办复情况的报告》；列席县人大十二届三次会议；讨论并通过有关决议。增选陈鸣放为常委。

政协第五届贞丰县委员会第四次会议　1996年4月15—18日，在县政府五楼会议室召开，应出席会议委员101人，实到会委员101人，应邀列席会议21人。会议听取并审议《政协贞丰县委员会常务委员会工作报告》；听取并审议《政协贞丰县五届三次会议委员提案办复情况报告》；列席县人大十届四次会议；讨论并通过有关决议。

政协第五届贞丰县委员会第五次会议　1997年3月10—14日，在县政府五楼会议室召开，应出席会议委员101人，实到会委员99人，应邀列席会议21人，因公请假2人。会议听取并审议《政协第五届贞丰县委员会常务委员会工作报告》；听取并审议《政协贞丰县五届四次会议委员提案办复情况的报告》；列席县人大十届五次会议，听取并讨论县人民政府工作报告和其他有关报告；审议通过政协第五届贞丰县委员会第五次会议决议。

（三）政协第六届贞丰县委员会

政协第六届贞丰县委员会第一次会议　1998年3月3—7日，在县政府五楼会议室召开，应出席会议委员111人，实到会委员111人，应邀列席会议35人。会议听取并审议《政协第五届贞丰县委员会常务委员会工作报告》；听取并审议《政协贞丰县第五届委员会五年后提案办复情况的报告》；选举政协第六届贞丰县委员会主席、副主席、秘书长和常务委员；审议通过六届一次会议决议；列席县人大十一届一次会议，听取并讨论贞丰县人民政府工作报告和其他报告。王天恒当选县政协主席，付华芬、张仁勇、郭荔黔、陈鸣放、冯华弟当选副主席，杜湘礼当选秘书长。王天恒、付华芬、张仁勇、郭荔黔、陈鸣放、冯华弟、杜湘礼、邱建华、李祥、龙又兴、王尧忠、杨惠芳、向仕学、马文华、姜恒、刘宏、潘国林、韦光榜、罗大用当选常委。

政协第六届贞丰县委员会第二次会议　1999年3月13—15日，在县政府五楼会议室召开，应出席会议委员111人，实到会委员98人，应邀列席会议22人。会议听取和审议《政协第六届贞丰县委员会常务委员会工作报告》；听取并审议《政协贞丰县第六届一次会议以来提案办复情况的报告》；列席县人大十一届二次会议，听取并讨论贞丰县人民政府工作报告和其他报告；审议通过六届二次会议决议；通过六届二次会议提案审查情况的报告。

政协第六届贞丰县委员会第三次会议　2000年3月14—17日，在县政府五楼会议室召开，应出席会议委员111人，实到会委员98人，应邀列席会议36人。会议听取和审议《政协第六届贞丰县委员会常务委员会工作报告》；听取并审议《政协贞丰县第六届二次会议以来提案办复情况的报告》；列席县人大十一届三次会议，听取并讨论贞丰县人民政府工作报告和其他报告。

政协第六届贞丰县委员会第四次会议 2001年3月16—19日，在县委礼堂召开，应出席会议委员111人，实到会委员99人，应邀列席会议36人。会议听取和审议《政协第六届贞丰县委员会常务委员会工作报告》；听取并审议《政协贞丰县第六届三次会议以来提案办复情况的报告》；列席县人大十一届四次会议，听取并讨论贞丰县人民政府工作报告和其他报告；审议通过《政协第六届贞丰县委员会四次会议决议和提案审查工作情况的报告》。

政协第六届贞丰县委员会第五次会议 2002年3月17—20日，在县政府五楼会议室召开，应出席会议委员111人，实到会委员98人，应邀列席会议38人。会议听取和审议《政协第六届贞丰县委员会常务委员会工作报告》；听取并审议《政协贞丰县第六届四次会议以来提案办复情况的报告》。列席县人大十一届五次会议，听取并讨论贞丰县人民政府工作报告和其他报告；审议通过六届五次会议提案审查情况的报告；审议通过政协贞丰县六届五次会议决议。

（四）政协第七届贞丰县委员会

政协第七届贞丰县委员会第一次会议 2003年2月17—20日，在县政协新办公楼会议室召开，应出席会议委员113人，实到会委员111人，应邀列席会议20人。会议听取并审议《政协第六届贞丰县委员会常务委员会工作报告》；听取并审议《政协贞丰县第六届委员会常务委员会提案工作报告》；选举政协第七届贞丰县委员会主席、副主席、秘书长和常务委员会委员；审议通过《政协第七届贞丰县委委员会第一次会议提案审查情况报告》；通过县政协七届一次会议决议；列席县人大十二届一次会议，听取并讨论贞丰县人民政府工作报告和其他报告；王明华当选县政协主席，张仁勇、王成芳、陈鸣放、冯华弟、柴邦丽当选副主席；徐明当选秘书长。王明华、张仁勇、王成芳、陈鸣放、冯华弟、柴邦丽、徐明、邱建华、唐朝海、黄长春、龙又兴、王尧忠、刘宏、潘国林、梁婉英、杨惠芳、韦琪、杨芝云、兰兴光、文仕泽、林顺凯、孙恒芳当选常委。

政协第七届贞丰县委员会第二次会议 2004年2月11—14日在县政协四楼会议室召开，应出席会议委员114人，出席会议委员99人，应邀列席会议34人。会议听取并审议《政协第七届贞丰县委员会常务委员会工作报告》；听取并审议《政协贞丰县第七届委员会常务委员会一次会议以来提案工作情况的报告》；选举县政协第七届常务委员会增补委员；审议通过《政协第七届贞丰县委员会第二次会议决议和七届二次会议提案审查情况报告》；列席县人大十二届二次会议，听取并讨论贞丰县人民政府工作报告和其他报告。

政协第七届贞丰县委员会第三次会议 2005年3月14—16日在县政协四楼会议室召开，应出席会议委员116人，实到会委员116人，应邀列席会议27人，特邀县党政军领导 15 人。会议听取并审议《政协第七届贞丰县委员会常务委员会工作报告》；听取并审议《政协贞丰县第七届委员会常务委员会二次会议以来提案工作情况的报告》；审议通过《政协第七届贞丰县委员会第三次会议决议和七届三次会议提案审查情况报告》；列席县人大十二届三次会议，听取并讨论贞丰县人民政府工作报告及其他报告；增选杨德华为常委。

政协第七届贞丰县委员会第四次会议　2006 年 2 月 20—23 日在县政协四楼会议室召开，应出席会议委员 117 人，出席会议委员 116 人，应邀列席会议 25 人，特邀县党政军领导 13 人。会议听取并审议《政协第七届贞丰县委员会常务委员会工作报告》；听取并审议《政协贞丰县第七届委员会常务委员会三次会议以来提案工作情况的报告》；审议通过《政协第七届贞丰县委员会第四次会议决议和七届四次会议提案审查情况报告》；列席县人大十二届四次会议，听取并讨论贞丰县人民政府工作报告及其他报告。

（五）政协第八届贞丰县委员会

政协第八届贞丰县委员会第一次会议　2006 年 12 月 16—19 日在县政协四楼会议室召开，应出席会议委员 121 人，出席会议委员 103 人，应邀列席会议 25 人，特邀县党政军领导 13 人。会议听取并审议《政协第七届贞丰县委员会常务委员会工作报告》；听取并审议《政协贞丰县第七届委员会常务委员会提案工作报告》；选举政协第八届贞丰县委员会主席、副主席、秘书长和常务委员会委员；审议通过《政协第八届贞丰县委员会第一次会议提案审查情况报告》；通过县政协八届一次会议决议；列席县人大十三届一次会议，听取并讨论贞丰县人民政府工作报告和其他报告。王明华当选县政协主席，王成芳、冯华弟、陈鸣放、柴邦丽、邱建华当选副主席，黄飞当选秘书长。王明华、王成芳、冯华弟、陈鸣放、柴邦丽、邱建华、黄飞、詹文俊、韦昌荣、龙又兴、李娜、杨芝云、葛翀、黄智勇、曾祥伟、韦琪、李鸿凌、许江玉、王启仁、姜敏、王义文、鲍林青、杨美、刘宏、鄢仕富当选常委。

政协第八届贞丰县委员会第二次会议　2008 年 3 月 20—23 日在县政协四楼会议室召开，应出席会议委员 121 人，出席会议委员 105 人，应邀列席会议 27 人，特邀县党政军领导 13 人。会议听取并审议《政协贞丰县第八届委员会第一次会议以来的工作报告》；听取并审议《政协贞丰县第八届委员会提案工作报告》；听取并审议《政协贞丰县第八届二次会议提案审查情况报告》；审议通过县政协八届二次会议决议；列席县人大十三届二次会议。

政协第八届贞丰县委员会第三次会议　2009 年 1 月 4—8 日在县政协四楼会议室召开，应出席会议委员 121 人，出席会议委员 108 人，应邀列席会议 27 人，特邀县党政军领导 13 人。会议听取并审议《政协贞丰县第八届委员会第二次会议以来的工作报告》；听取并审议《政协贞丰县第八届委员会提案工作报告》；表彰政协贞丰县八届一次会议以来的优秀提案和优秀政协委员；听取并审议《政协贞丰县第八届三次会议提案审查情况报告》；审议通过县政协八届三次会议决议。列席县人大十三届四次会议。

政协第八届贞丰县委员会第四次会议 2010年3月8—11日在县政协四楼会议室召开，应出席会议委员120人，实到会委员111人，应邀列席会议26人，特邀县党政军领导13人。会议听取并审议《政协贞丰县第八届委员会第三次会议以来的工作报告》；听取并审议《政协贞丰县第八届委员会提案工作报告》；听3取并审议《政协贞丰县八届四次会议提案审查情况报告》；审议通过县政协八届四次会议决议；列席县人大十三届五次会议。

表4-3-1

1991—2010年贞丰县政协领导名录一览表

届次	职务	姓名	性别	民族	籍贯	任期时限	备注
第四届	主 席	皮国民	男	汉 族	贵州贞丰	1990.9—1993.3	—
	副主席	王忠荣	男	黎 族	贵州关岭	1990.9—1993.3	—
		尹振群	男	汉 族	湖南洞口	1990.9—1993.3	—
		孙建康	男	汉 族	贵州贞丰	1990.9—1993.3	—
		黄友群	男	汉 族	贵州关岭	1990.9—1993.3	—
		万培墉	男	汉 族	贵州贞丰	1990.9—1993.3	—
		杨昌俊	男	苗 族	贵州贞丰	1990.9—1993.3	—
第五届	主 席	皮国民	男	汉 族	贵州贞丰	1993.3—1998.3	—
	副主席	黄友群	男	汉 族	贵州关岭	1993.3—1998.3	—
		张仁勇	男	回 族	贵州普安	1993.3—1998.3	—
		冯永光	男	汉 族	贵州贞丰	1993.3—1998.3	—
		杨昌俊	男	苗 族	贵州贞丰	1993.3—1998.3	—
第六届	主 席	王天恒	男	布依族	贵州贞丰	1998.3—2003.2	—
	副主席	付华芬	女	汉 族	贵州贞丰	1998.3—2003.2	—
		张仁勇	男	回 族	贵州普安	1998.3—2003.2	兼县统战部
		郭荔黔	男	汉 族	河北沧州	1998.3—2003.2	—
		冯华弟	男	苗 族	贵州贞丰	1998.3—2003.2	兼县农业局局长
		陈鸣放	男	汉 族	四川成都	1998.3—2003.2	兼县工商联主席
第七届	主 席	王明华	男	汉 族	山东莘县	2003.2—2006.12	—
	副主席	张仁勇	男	回 族	贵州普安	2003.2—2006.12	—
		王成芳	男	布依族	贵州贞丰	2003.2—2006.12	—
		冯华弟	男	苗 族	贵州贞丰	2003.2—2006.12	兼县农业局局长
		陈鸣放	男	汉 族	四川成都	2003.2—2006.12	兼县工商联主席
		柴邦丽	女	汉 族	贵州贞丰	2003.2—2006.12	兼县畜牧局局长

续表 4-3-1

届次	职务	姓名	性别	民族	籍贯	任期时限	备注
第八届	主　席	王明华	男	汉　族	山东莘县	2006.12—	—
	副主席	王成芳	男	布依族	贵州贞丰	2006.12—	—
		冯华弟	男	苗　族	贵州贞丰	2006.12—	兼县农业局局长
		陈鸣放	男	汉　族	四川成都	2006.12—	兼县工商联主席
		柴邦丽	女	汉　族	贵州贞丰	2006.12—	兼县畜牧局局长
		邱建华	男	汉　族	贵州贞丰	2006.12—	—

二、常务委员会议

政协全体委员会议闭会期间，由常委会主持会务。常委会议由正副主席、秘书长、常委组成，由主席会议决定召开，主席或副主席主持，一般每季度召开一次。常委会议题比较广泛，既有政协本身的内部事务，比如机构设置、人事任免、全会安排、日常工作安排，还有对县内政治经济、社会发展等重大问题与县委、县政府进行政治协商的内容。20 年来，县政协召开政协常委会议 70 次，1998 年以前以内部事务和学习政策为主题的居多，1998 年以后以经济建设、民族团结、社会稳定为主题的居多，体现新时期政协工作为经济建设服务的时代特点。

第三节　民主监督

1991 年后，县政协常委会推进履行民主监督职能的规范化、科学化、程序化、制度化建设，先后制定《提案工作条例》《政协专委会、办公室工作职责》《政协贞丰县常务委员会工作规则》《政协贞丰县领导与委员约谈暂行办法》《政协贞丰县专门委员会组织通则》《政协贞丰县主席会议工作规则》《政协贞丰县委员视察工作办法》《政协贞丰县反映社情民意信息工作办法》《政协贞丰县机关工作制度》等规章制度。

县政协在每年例会时，认真对县人民政府工作、县人民法院和人民检察院的工作报告进行协商讨论，进行民主监督；坚持主席列席县委常委会、副主席列席县委、县人民政府的重要会议，直接参与县委、县政府的重大决策，推行民主监督，开展视察调研，对经济社会建设进行监督。

县政协先后组织委员多次深入三河煤厂、贞丰糖厂、贞丰水泥厂、东门纸厂、三岔河酒厂、粮油加工厂、油脂化工厂、电站、煤矿山及有关乡镇、部门调研。视察连环乡大板栗种植、平街乡和者相镇烤烟生产、长田乡芭蕉芋生产、挽澜乡乡镇企业、北盘江镇花椒种植、白层镇马中村多种经营、沙坪乡破岩村林果生产和改土造田、鲁贡镇早熟蔬菜生产、小屯乡锑矿开采、沙坪乡金矿开发、贞丰糖厂甘蔗基地、珉谷镇大碑草场、顶肖草场、者相镇高龙草场、畜牧局白马山草场示范基地、贞丰中学、三立中学、长田乡茶叶场、水银洞金矿生产、水车田水库建设、城镇建设及管理等。共撰写调查、视察报告90余篇。

1991年6月5—6日，县政协组织经济界委员调查连环乡林业生产情况，总结连环乡“统分结合”的林业生产经验。

1993年，县政协组织委员考察和调研全县工农业生产、农民负担、计划生育工作、者相小学土地侵占问题和北盘江流域（贞丰段）7个乡（镇）生态环境、资源开发情况。撰写调研报告报县委、县人民政府。

1995年5—6月，县政协组织机关干部先后视察兴北镇顶罈片区、白层镇白层村，分别撰写《一业带动百业兴，智力支边重扶贫》《农民要致富，关键在于党支部》的调查报告。

1998年3月，县政协组织委员对全县非公有制经济进行调研，撰写《贞丰县非公有制经济发展状况及建议》《关于加快我县非公有制经济发展的建议案》。

2000年10月，组织委员视察者相镇社区卫生服务和连环乡农村经济产业结构调整情况，撰写《关于对者相镇社区卫生服务视察情况报告》《连环乡农业经济结构调整情况视察报告》。

2001年11月中旬，县政协组织驻贞丰的州政协委员和部分县政协委员到安龙县学习考察小城镇建设和旅游业，撰写《驻贞丰县州政协委员赴安龙学习考察情况的报告》，报州政协和县委、县人民政府。

2003—2006年，县政协把网吧管理、草地畜牧业、农业产业结构调整列为重点调研课题，开展民主监督。2003年5月20日，县政协围绕“校园周边环境治理及文化市场整治”“取缔违规网吧经营”“城市管理与环境污染治理”课题开展政协领导与委员约谈活动。同年，县政协组织委员重点调研贞丰糖厂生产经营、甘蔗种植基地建设及蔗农增收情况，撰写《做大做强蔗糖业，为蔗农增收提供保障》调研报告，得到县委、县人民政府重视。2004年3月，县政协组织委员视察珉谷镇大碑草场、顶肖草地畜牧养殖场、者相镇高龙草场、北盘江镇董畔大牛圈饲养场、龙场镇白马山草场，撰写《依托畜牧业的发展，切实解决农民增收》调研报告，引起县委、县人民政府重视。同年9月13—14日，县政协主席王明华率队调研龙场镇上水桥、北盘江镇董畔和长田乡“大牛圈”养殖情况。2006年6月16日，县政协组织政协常委和机关干部视察董箐电站。

2007—2010年，县政协把农业产业结构调整、新农村建设、矿产资源开发列为重点调研课题，开展民主监督。2007年4月，县政协副主席王成方、冯华低、陈鸣放组织部分政协委员到白层镇、鲁贡镇、鲁容乡、沙坪乡调研甘蔗产业发展情况。8月23日，县政协组织经济和科技界委员调研珉谷镇、北盘江镇大理石开采情况。2008年5月，县政协组织部分委员视察长田乡细余村、龙场镇定塘村新农村建设情况。8月5—8日，县政协主席王明华率部分委室主任和政协委员调研北盘江镇、长田乡和小屯乡茶叶种植情况，形成《合理调整产业结构，增加农民收入》调查报告。

第四节　参政议政

1990—2010 年，历届政协委员、各民主党派、工商联围绕全县经济社会发展中的重点问题和群众关心的热点问题，运用提案形式参政议政、建言献策，收到委员提案 1380 件，立案 1338 件，占提案数 96.96%，办复 1284 件，办复率为 95.96%。

1990 年 9 月—1993 年 3 月，立案办理的提案有：职中校址征地；严厉打击制造和贩卖假冒伪劣商品；加强市场管理，取缔无照经营；妥善解决连环乡林场与村组林地纠纷等 79 件。五届委员会期间被采纳并落实的提案有：在职中开办黄金技术专业班；建议调整甘蔗收购价格；抓好企业承包，防止国有资产流失；把劳务输出作为一项支柱产业来抓；解决回民坟山地纠纷等 95 件。六届委员会期间提案被采纳并落实的有：贞丰县糖厂技改势在必行；关于修通连环乡落怀村公路；关于解决偏远山村看电视难；关于规划解决县城内供销社、土产公司、农资公司仓库、住宿区域排水问题；关于加强中小学收费管理；关于解决者相镇新寨村农田灌溉问题等提案均被县委、县政府及有关单位采纳实施。七届委员会一次会议以后提案，内容涉及基础设施、城镇建设及管理、精神文明建设、文化教育、社会治安、环境保护、经济建设及群众生活等方面。“建议从县直部门派得力干部到缺编学校支教，确保‘两基’验收达标”；“治理中小学校园周边环境要常抓不懈”；“关于修建三岔河景区民族广场的建议”等提案得到县委、县政府采纳实施。八届县政协委员，有“提高干部职工住房公积金比例”“治理这洋河”“关注留守儿童”“改造老汽车站至民族中学街道路面”提案被县委、县人民政府采纳并实施。

第五节　其他工作

一、文史编纂

1981 年 4 月，县政协设置文史资料委员会，开展文史资料征集编撰工作。1991 年 1 月，县政协文史委举行纪念太平天国金田起义 140 周年座谈会，贞丰中学、有关单位人士 30 余人参加会议。1991—1993 年，县政协文史资料委员会为《黔西南州文史资料选辑》《黔西南史志通讯》《黔西南州名土特产》《黔西南英烈》《贵州文史资料选辑》《贵州史志通讯》《贵州文史丛刊》撰写稿件 20 余篇。1994 年 11 月—1995 年 4 月，县政协文化教育卫生文史资料委员会编撰出版《贞丰文史资料选辑》（第六辑），刊载史料 18 篇，约 14 万字。1995 年 7 月，县政协文化教育卫生文史资料委员会编印《纪念世界反法西斯战争暨中国人民抗日战争胜利 50 周年》专刊。同年 10 月，县政协文化教育卫生文史资料委员会组织编撰的《贵州旅游文史系列丛书・贞丰卷》——《盘江风韵（初稿）》成册，呈送贵州省政协文化教育卫生文史资料委员会审核。

1998年3月，县政协文化教育卫生文史资料委员会编辑出版《贞丰文史资料选辑》（第八辑），该书分设“政协贞丰县委员会志稿”“建国后贞丰经济概况”“勾公弼先生诗选”“范子文先生诗词选”“军阀混战中的李晓炎”五部分。

2002年7月，由县政协文化教育卫生文史资料委员会编辑、贵州人民出版社出版的《贵州旅游文史系列丛书·贞丰卷》——《盘江风韵》问世，此书收录图片36幅，15.4万字，印刷2500册。

2003年8月，由县政协教育卫生文史资料委员会编纂的《贞丰县政协志》启动，2004年5月，《贞丰县政协志（初稿）》编纂成册。该书由概述、组织机构、政协职能、大事记等部分组成，10余万字。2006年8月，《贞丰县政协志》印刷出版。

2006年，县政协教育卫生文史资料委员会为《黔西南布依族文史资料专辑》编撰有关贞丰布依族文史资料。

2009年3月，县政协文史资料委员会负责搜集编纂《贞丰县志（1991—2007）》政协的资料。

2010年9月，县政协文史资料委员会编纂《贞丰布依族文史资料专辑》和《贞丰苗族文史资料专辑》。

二、智力支边

1991年11月，智力支边办针对县医院技术力量薄弱的情况，邀请省民盟第三批医疗专家6人到贞丰县讲学4次，听课医务人员200余人次，为群众问诊397例。1994—1996年，邀请贵州省民盟、民革、民建、工商联等民主党派和贵州大学、贵州工学院、贵州农学院、贵州财经学院、贵州省农科所、广西壮族自治区民建专家到贞丰县讲学；邀请贞丰籍教授、学者回家乡举办幼儿教育、中小学语文、英语、数学、物理、企业财会、企业经营管理、医护及内外科讲座30余期，举办计生手术、法律知识培训班5期，培训3500余人次。

1995年8月，县政协通过民建贵州省委从广西壮族自治区民建邀请2名果树专家到连环乡举办林业培训班，受训林业专业户近百名。专家现场示范板栗等果树种植和嫁接技术，传授管理经验。10月，县政协智力支边办组织由乡党政领导、村组干部和农民22人赴广西壮族自治区东兰县参观考察大板栗栽培和果脯加工。1996年3月，邀请贵州省农学院、贵阳市农科所和广西壮族自治区农科院林果专家，到连环乡开展科技扶贫活动。

1999年3月，争取民建中央委员会为龙场镇五里岗村捐资15万元修建五星学校教学楼，总面积429.96平方米；2003年4月，通过民建贵州省委牵线，黄佩球资助15万元修建连环黄佩球坡棉希望小学，总面积443平方米。

2004年5月，黄佩球资助15万元，修建鲁容黄佩球卡务希望小学，总面积462.6平方米。2005年10月，争取爱德基金会、香港基督教协会资助8万元，地方政府匹配8.5万元，重建小屯乡土石田李氏日志小学。1999 年，通过农工党贵州省委牵线搭桥，争取农工党上海市委资助 6 万元，地方政府匹配一部分，修建小屯乡高寨小学。2005 年 10 月，通过农工党贵州省委的牵线搭桥，争取农工党上海市委资助 20 万元，在小屯乡新建“农工沪黔裕科新寨小学”，总面积 440 平方米。2004 年 3 月，争取省政协投资 16 万元，修建连环乡纳歪小学，总面积 443 平方米。2004 年 5 月，通过省委统战部牵线搭桥，争取到香港主力电器有限公司资助 10 万元，地方政府匹配 8 万元，为珉谷镇坡森村修建一栋六个教室、两个办公室，总面积 450 平方米的教学楼。

2000 年，争取南京爱德基金会资助五星学校 50 名学生，每个学生每学期 50 元至 140 元爱德助学金。经与省民建联系，选派五星学校毛松教师到北京培训。农工党贵州省委争取助学金补助高寨学校 42 名少数民族贫困生每人每年 100 元。2000 年至 2010 年，县政协通过各民主党派牵线搭桥，贞丰中学、小屯头猫中学、平街中学、龙场定塘中学、小屯高寨小学、龙场五星小学、连环坡棉小学、鲁容卡务小学 8 所学校，778 名高中、初中、小学贫困生获得资助金额共 153.35 万元。头猫中学、坡棉小学 6 名优秀教师每人各获得奖金 800 元；小屯木桑中学获农工党江苏省委、农工党贵州省委捐赠 7 台电脑等电教设备价值 3 万元。

2001 年 6 月，通过农工党贵州省委牵线搭桥，贞丰县中医院获捐赠药品器械价值 4 万元。2002 年 5 月，小屯乡高寨村卫生室获捐赠医疗器械价值 2500 元。2002 年 12 月，者相镇计生指导站获捐赠药品器械价值 2 万元。2004 年，争取“中国初保基金会，美国爱心基金会”捐赠给者相卫生院价值约 21 万元医疗器械及医用药品。2004 年 12 月，龙场卫生院获捐赠药品器械价值 30 万元。2005 年 7 月，者相卫生院又获捐赠药品器械价值 25 万元。2007 年，小屯乡新寨小学获捐电脑 3 台，价值 2 万余元，获捐赠图书 2000 余册，价值 8500 元；农工党贵州省委为小屯乡高寨村文化卫生室配置价值 1.05 万元的图书。2006 年，经民建贵州省委引进香港爱德基金会投资 13 万元建设沙坪乡者索小学。2008 年，民建贵州省委牵线搭桥，引进香港爱德基金会捐献 2000 元和价值 2.50 万元书画、学习用品、衣物给小屯乡土石田李氏日志小学。

2010 年，在民革贵州省委的支持下，贵阳第六中学 4 名资深教师到贞丰中学开展建设教学辅导活动；香港慈恩基金会为贞丰边远山区学校捐赠图书 1332 册。

三、社会联谊

1991 年 4 月，经过贞丰县政协的倡议，黔滇两省北盘江流域十县（市、特区、区）政协工作协作会第一次年会在贞丰召开。参加首次协作单位有：云南省宣威市政协、贞丰县政协、盘县政协、镇宁县政协、晴隆县政协、水城县政协、兴仁县政协、六枝特区政协、关岭县政协、普安县政协。此后，云南省富源县政协，贵州省钟山区政协、紫云县政协、威宁县政协、望谟县政协、册亨县政协，广西壮族自治区田林县政协、天峨县政协、隆林县政协相继加盟，2010 年参加协作单位发展到 16 县（市、特区、区），共召开 20 次年会。

协作会以“广交朋友、互通信息、加强协作、共谋振兴”为宗旨，最初两次年会以交流政协工作经验为主，也探讨北盘江流域的开发与治理。随着社会发展和生态环境日益恶化，逐步转为以探索北盘江流域水土流失，水体污染治理经验为主。在第一轮政协协作期间，贞丰县政协在 1993 年第三次协作会交流《贫困山区如何因地制宜发展经济——北盘江畔破岩村调查报告》材料；第八至第十四次年会交流《选准优势产业，综合协调发展》《北盘江畔的凯歌——银洞弯村开创致富路》《围绕经济建设、开展智力支边》《欢笑的喀斯特》《春风吹绿江南岸》《加快农业结构调整步伐，做大做强“五个 10 万亩”特色农业》材料；第二轮协作会第一次年会（2005 年）交流《构建和谐贞丰，政协大有可为》材料；2006 年在盘县召开第二轮协作会第二次年会交流《加强调查研究，促进社会和谐发展》材料。

第五篇　政法　军事

1991 年至 2010 年，县公安局、县人民检察院、县人民法院、县司法局依法履行职责，开展打击各种犯罪的专项斗争，维护全县社会稳定，为全县经济社会发展保驾护航。县人民武装部、预备役部队、武警中队，加强队伍建设，开展军事训练，提高部队的战斗力，国防建设工作不断加强。驻军和民兵在参加贞丰县经济社会建设、维护社会稳定、抢险救灾、扶贫工作中做出了应有的贡献。

第一章　公　安

1991 年，县公安局设政工科、秘书科、预审科、一科、二科、三科、四科和看守所、刑侦队、交警队、消防股。1995 年，消防股改为消防大队。1997 年 12 月，刑侦队、预审科合并办公，改为刑侦大队，设治安科，2000 年 1 月治安科改为治安大队，1998 年秘书科改为办公室，又名指挥中心。1998 年 12 月成立“110”巡警队，由公安、检察、法院、司法四部门抽人组成，在县城区进行治安巡逻；2001 年 4 月撤销“110”巡警队，人员回原单位工作。2007 年 12 月恢复“110”巡警队，招聘 30 名协警在城区巡逻，由县财政拨工资。

2003 年 1 月，县公安局设警务督察大队、政工科、治安大队、指挥中心、法制科、国保大队、禁毒大队、刑侦大队（下设重案中队、一中队、二中队、技术中队和办公室）、监管大队（下设看守所、行政拘留所）、警卫科、交警大队（下设办公室、一中队、二中队）、消防大队。同年，治安、禁毒、刑侦、督察、交警五个大队由正股级升格为副科级，其余部门为正股级。2007 年，按省公安厅《县级公安机关机构设置指导意见》，经州、县批准，县公安局内设机构全部晋升为副科级。2004 年 5 月贞丰县公安局从珉谷镇后坡巷 5 号迁到建设路 107 号新建的办公大楼办公。

基层公安机构　1991 年，撤区并乡建镇后，设置珉谷、龙场、者相、小屯、长田、平街、兴北（后更名为北盘江）、挽澜、连环、白层、鲁容、鲁贡、沙坪共 13 个乡（镇）派出所，均为正股级机构，2002 年 5 月经县人民政府批准，在水银洞金矿增设小屯矿山执勤室（正股级）。2004 年乡镇派出所全部升格为副科级机构。

第一节　户政管理

1993 年前，乡镇人民政府负责本辖区农村常住人口的管理，1993 年后，农村户口移交公安机关各乡（镇）派出所管理，参照城市居民人口管理办法，实行“一户一表、一户一簿、一户一牌、一个村寨一幅住户平面图”的“四个一”管理模式。

2003 年，派出所逐步将有犯罪前科和犯罪嫌疑人的影像、笔迹、指纹、历次被查处材料输入微机储存，建立档案。至 2007 年 12 月，共列入重点管理和帮教对象 987 人。

1999 年，实行户籍制度改革，放宽户籍政策，凡在城镇购房经商办企业等农村或外地人口，交纳一定的城镇增容费可申办城镇户口。同年，全县开展户口整顿工作，各派出所民警进村入户调查核实，纠正错、少、重登人口 3192 人、核实全县总人口为 327848 人、清查全县流动人口 26000 人，办暂住证 930 人。

1989 年发放第一代居民身份证，2006 年开始办理第二代居民身份证，至 2007 年办理第二代居民身份证 180430 人，办理临时身份证 60000 人，查获假、冒身份证、私自涂改身份证、户口簿违法案件 517 起。

1991—2007 年，全县共签发户口迁移证 2300 人次，批准未成年人落户、夫妻投靠落户 1680 人次，办理农转非户口 2200 人、农民进城务工经商“农转非”150 多户 230 余人、申请出国出境（含到港、澳、台）3200 余人，进入县境的外国人、华侨、港澳同胞 1200 余人次。2004 至 2007 年，为锦丰公司驻烂泥沟金矿的澳大利亚籍员工出入境登记 263 人次。

2010 年，开展流动人口管理工作，共清查暂住人口 10104 人次，列入重点人口管理 562 人，办理临时身份证 2890 份，办理第二代身份证 35725 份。

第二节　危险物品管理

1991 年至 1995 年，对村民管制刀具枪支进行管理。凡购买和持有猎枪、气枪、小口径步枪须经公安机关批准，方发持枪证，不准生产和销售管制刀具。1996—1997 年集中开展“缉枪”专项行动，依照《中华人民共和国枪支管理法》规定，对非法持有、使用枪支进行收缴，共收缴猎枪、火药枪、气枪等各类枪支 3300 余支、子弹 200 余发、手榴弹

8 枚进行销毁。1998 年，收缴超范围配备的枪支 9 支；2000 年 7 月，对配置范围内的 109 支警务枪支实行统一管理，除刑侦禁毒等特殊警种外，其余符合配枪资格人员执行任务时经批准携带。

依照《中华人民共和国爆炸物品管理条例》和《危险化学物品安全管理条例》等法律法规，每年举办 2 至 3 期危爆物品作业从员培训班。20 年，共办培训班 42 期，参训人员 2000 余人次。参加培训考试合格人员，公安机关发给“购买证”“运输证”“作业证”。1991—2007 年，共审批发放危爆物品 8000 余人次。加强经常性安全检查，及时打击涉危涉爆违法犯罪，2002 年至 2006 年，全县共有“黑煤窑”400 余家，在开展打击和取缔无证小煤窑工作中，县公安局专门设立龙场、挽澜两个矿山执勤室，共出动警车 2500 余台次，警力 9000 余人次，开展治爆工作。对矿山企业使用危爆情况进行安全检查，对存在事故隐患和不符合要求的企业按照“谁主管、谁负责”的原则，责令限期整改或吊销相关证照，依法处置主要负责人。20 年，共取缔无证小煤窑，无证砂石场 900 余家次，发出整改通知 4000 余份、治安拘留 600 余人、因涉危爆被拘捕 30 余人、判刑 14 人；没收炸药 25 吨、导火索 2 万余米、雷管 21000 余枚、氰化钠 150 千克。

20 世纪 90 年代初，者相镇附近部分村民以生产烟花爆竹为业、后逐步发展到珉谷镇、龙场镇、北盘江镇。由于设备简陋、操作不规范、容易发生事故。县公安多次取缔。仅 2000 年至 2003 年，县公安局就查处非法生产烟花爆竹 2000 万余头、黑火药 15 千克、收缴分纸机 9 台、卷筒机 4 台、制筒纸 18.5 吨、引线 20 万多米。按照国务院办公厅《关于加强烟花爆竹生产经营安全监督和整改的紧急通知》精神，县公安局购买三辆车专用于运输危爆物品，危爆物品管理逐步走向规范化。2010 年，出动警力 578 人次，车辆 241 台次，定期和不定期地对爆炸物品经营单位县物资公司炸药库，雷管库、16 家煤矿、2 家金矿、1 个剧毒经营单位、2 个烟花爆竹仓库、42 家砂（石）厂进行检查，查出隐患 30 起，责令落实整改 30 起。开展爆炸物品管理政策法规宣传，印发和张贴通告 300 多份。通过宣传，群众主动上交子弹 16 发、雷管 36 枚、气枪 2 支。全年侦破非法储存爆炸物品案 2 起，刑事拘留 2 人；破获非法私藏枪支案 4 起，刑事处罚 3 人。

第三节 道路交通安全管理

贞丰县是兴义、兴仁、安龙、册亨等县市通往省城的主要交通要道，关兴公路（关岭至兴义）、309 省道、210 省道穿境而过，通车里程 245 千米，其中，高等级公路 43 千米、省道 117 千米、县道 85 千米，2007 年年底拥有机动车辆 15000 余辆、驾驶员 20000 余人，1991—2010 年，境内共发生交通事故 327 起、年均伤亡约 17 人、经济损失年均 10 万余元。

1989 年，为加强道路交通安全管理，交通管理机构改为公安建制、设县交通警察大队，在编民警 14 人。交警大队按照“压事故、保畅通”的要求，在开展路查、证照管理、年检年审、事故处理等常规性工作的基础上，先后开展“五整顿、三加强”与万名驾驶员谈心，打击车匪路霸等专项行动和斗争。严格境内重点路段和事故多发点监控，严禁客运车辆超员超速，严禁农用三轮车、小型货车载人。严查无证、酒后驾驶机动车，强化对人、车、路“三维”因素的综合治理。利用交通事故处理时机和公安机关开展抓基层、打基础、苦练基本功的“三基”工程建设，加强道路交通安全法律法规的宣传，提高群众学法、守法意识，对交通法规观念淡漠、阻碍民警依法执行公务的人员严肃处理。2006年至2007年，在开展“整脏治乱”工作中，交警部门共扣押无牌无证摩托车400余辆、三轮客运摩托车80余辆、强制办证230人、落户上牌315台次。刑侦部门在开展打击盗抢摩托车专项行动中，共收缴来路不明摩托车50余辆。通过治理和专项斗争，较好地解决了摩托车乱停乱放、横冲直撞、出租拉客、肇事逃逸等，威胁人民群众生命财产安全的问题，维护了正常的交通秩序。1999年，县境内交通事故报警电话“122”与警匪电话“110”同时开通。2010年，交警大队出动警力3689人次，警车1865台次，查验各类机动车辆12892辆次，查出各类交通违法行为1582起，行政拘留12人，打击交通违法行为，出动宣传警力286人次，宣传车98台次，广泛宣传交通法规，受教育面达3万余人。全年交通事故上报数35起，死亡4人，受伤15人，经济损失7.62万元。

第四节　消防工作

按照“预防为主、消防结合”的方针，消防大队认真履行全县消防监督、检查职责。公安派出所按照公安部《消防监督检查规定》《贵州省公安派出所消防监督检查规定》履行消防监督管理职责，县公安局把派出所消防监督管理工作列入年度目标绩效考核内容，加强消防工作。各乡（镇）成立义务消防大队，由县公安消防大队培训开展工作。

2003年，消防大队建在县城西部左旗村的新办公用房投入使用，消防大队从后坡巷原县公安局办公楼迁到新办公楼办公。2004年，县财政拨款30万元，购买第一台消防车，结束县内无消防车历史。2006年5月，在县民族中学启动全县“119青年志愿者行动”，320余名消防青年志愿者及2000余名师生在会上庄严宣誓。2007年元月，县财政再次拨款20余万元购买一台消防车；同年10月，小屯乡购买一台价值近30万元的消防车，成立专门消防队，成为全省第一个配备消防车的乡（镇）。2007年度，全省消防工作会在贞丰三岔河召开，小屯乡消防队向与会代表进行消防演练。

消防大队加强经常性消防监督，对城区各部门、重点单位、重点部位、居民聚居区定期进行消防安全检查。派出所按管理职责对辖区重点保护文物、50户以上聚居村寨开展消防工作，落实消防责任，把消防工作融入公安工作，控制火灾隐患。消防大队对城镇建设、公共消防设施的规划建设进行监督检查，参加验收，督促城建城管部门维护和改善城市公共消防设施。对存在隐患的单位、企业下发500余份整改通知书限期整改。

2006 年，实现火警电话“119”与“110”“122”三合台，及时接收报警求助，为及时扑灭火灾和抢险救援争取了时间，减少因火灾造成的损失。1991 年至 2010 年全县只发生两次重大火灾事故。

2005 年 4 月 8 日 10 时 40 分左右，鲁容乡拉旦村发生重大火灾，火灾造成拉旦村一、二、三组 44 户、216 人受灾，其中拉旦一组受灾 2 户 12 人，拉旦二组受灾 20 户 95 人，担旦三组受灾 22 户 109 人。火灾烧毁民房 4581.7 平方米，直接损失折款 204111 元。

2005 年 5 月 16 日 14 时左右，白层镇里纳村三组（鸡冠石组）发生火灾，火灾造成 22 户、132 人受灾，火灾烧毁民房 2383 平方米，直接损失折款 134352 元。

第五节　案件侦查

1991 年至 2010 年，县公安部门共立刑事案件 10232 起，破案 4084 起，破案率为 39.9%，其中：盗窃、抢劫、伤害、诈骗等较多，分别占立案总数的 68.3%、7.5%、4.2%、2%。20 年间，刑事案件呈现以下几个特点：一是案件总数从 1991 年至 2004 年逐年上升；1996 年至 2004 年刑事案件高发，共发案 4890 起，占立案总数的 68.4%；2004 年后，案件开始下降，至 2007 年，共发案 1483 起，占立案总数 20.7%，年均下降 17%，2008 年刑事案件总数又回升；二是暴力恶性案件突出，1991 年至 2007 年共立杀人案 249 起，抢劫案 536 起，强奸案 143 起。三是犯罪主体逐年低龄化，在抢劫、盗窃案件中，青少年犯罪比重大。2001 年至 2005 年共拘捕犯罪嫌疑人 1244 人，其中，17 岁至 28 岁青少年 970 人，占总数的 78%。四是团伙案件增多，如 2001 年，侦破各类刑事案件 376 起。其中团伙作案 260 起，占 69%。五是未成年人犯罪突出。在大部分盗窃、抢劫侵财型案件中，从 2000 年后未成年人犯罪逐年增多，仅 2004 年全县立案 517 起，未成年人作案 222 起，占 43%。六是单亲家庭子女犯罪逐年增多，自 2000 年以后，离婚率上升，单亲家庭增多，孩子缺少关爱，多数单亲家庭子女不上学，混迹社会，结伙打架、上网、盗窃、吸毒等违法犯罪现象日益严重。2004 年，公安机关在摧毁一长期在县城区撬门入室盗窃的团伙案中，11 名犯罪嫌疑人中有 7 人系单亲家庭子女，年龄均为 14 周岁至 18 周岁。七是技能犯罪比例逐年增长。在侦破盗窃案件中，自 2000 年后，现场采证和物证利用率比 20 世纪 90 年代低 30%至 40%。

县公安机关根据不同时期的社会治安状况，适时开展集中打击专项活动。1991 年至 1993 年，把打击拐卖妇女、儿童列为重点，由县公安局、县检察院、县法院、县司法局抽调人员组成“打拐办”开展工作，三年间共立案 98 起，破 56 起，解救被拐卖到外省市的妇女 73 名，儿童 16 名，打击处理犯罪嫌疑人 81 人，累犯潘某被依法判处死刑。1996 年，开展打击偷牛盗马犯罪活动中，共立案 61 起，破 36 起，摧毁以蒙某为首的偷牛盗马团伙，抓获犯罪嫌疑人 9 人，返回被盗牛马 42 头（匹），蒙某被依法判处死刑。2000 年，在开展“打黑除恶”专项行动中，共摧毁恶势力团伙14个，拘捕团伙成员53人，破获各类案件68起，摧毁典型恶势力团伙犯罪有以王某、杨某在鲁容乡纳翁场上及周边村寨持枪抢劫团伙（杨某被依法判处死刑），以李某兄弟为首的在小屯乡黄冲锑矿山强买强卖、豢养打手打伤多人并将曹某乱棒打死的恶势力犯罪团伙，小屯乡欧某、王某等七人自1993年至2000年在该乡称霸一方，作案百余起的特大盗窃团伙。2001年，县公安局开展打击偷牛盗马犯罪活动，共立偷牛盗马案件144起。一举摧毁严某、罗某、黄某为首的盗抢耕牛团伙。县公安局成立由40名干警组成的抓捕组到晴隆县安谷、鸡场等地抓捕，共拘捕犯罪嫌疑人37人，追回被盗牛马46头（匹），挽回经济损失8万余元，缴获长短火药枪13支，仿真手枪2支，匕首、刀剑29把，炸药15公斤，导火索200余米，雷管120枚。县公安局按公安部、省公安厅统一部署，实行追逃新机制，开展网上追逃，2001年至2007年，全县公安机关共抓获网上在逃人员267人（含县外上网追逃人员）。

杀人抛尸案　1992年，者相镇冬妹村王某与其亲家母李某勾搭成奸。为达到长期苟合的目的，农历三月初二，二人密谋，用木棒将熟睡中的李之夫袁某打死后将尸体扛到离村寨两千米外的草角冲（地名）抛入一深洞中。次日，在外住宿归来的李的次子袁某发现父亲不在，追问其父去向，李不慎说漏了嘴，说其父已死，袁知道后不依不饶，要寻找父亲尸体。李、王二人怕事情败露，于是邀约王某之妻刘某共谋杀害李次子袁某灭口。同年农历三月初七，王某、李某、刘某三人以带李次子袁某到贞丰找父为借口，在从县城返家途中，故意拖延时间，在抛弃其父尸体附近的山道上，趁天黑四周无人之机，三人用事先准备的绳索将李次子袁某活活勒死并抛入同一山洞中。为防止李某的女儿走漏消息，三人又将年仅13岁的李之女拐骗到河南省濮阳市卖给一个比她大20多岁的农民为妻，得人民币4000元。2001年11月25日，被拐卖近十年的李之女回到老家向其兄诉说当年其母伙同王某在家中残害父亲向外移尸的真相后，立即到刑侦大队报案，民警当晚将三犯罪嫌疑人抓获，次日，李对杀人及抛尸现场进行指认，民警在草角冲一垂直深度达50余米的山洞内找到袁某父子二人尸体及部分作案工具。经突审，三人交代了全部犯罪事实，2002年4月，李某、王某以犯故意杀人罪被执行枪决，刘某被绳之以法。

强奸、杀人、碎尸案　2001年3月16日，县公安局刑侦大队接到报案：县供电局女职工左某已失踪10余日，其家人四处寻找，均无消息。接报后，县公安局立即以主管刑侦工作的副局长唐朝海为专案组组长，开展调查。3月22日，左失踪前使用的一部小灵通手机突然开机，拨打该机无人接听，由此判断失踪人遇害可能性较大。通过技术手段，在县城赵某家中找到左某使用的手机，但赵某始终称是其女上学时在一小校前拾得的。经过深入调查，左在失踪前与养护段职工彭某交往密切。专案组围绕左失踪期间彭的活动情况开展侦查，发现彭作案嫌疑较大。3月25日，专案组在北盘江面上找到一漂浮的人体碎尸，同时，在彭某家中搜查，在其住房二楼大厅内墙壁、墙柱上发现溅状血迹和零星人体碎片。通过对彭某进行突审，彭交代了3月5日将左骗到家中，用事先准备好掺有三唑呛的饮料让左喝下昏迷后，对左进行强奸。彭第二次对左进行强奸时，左苏醒，称要向公安机关报警，彭遂将左杀害，将左的头颅、上身、下肢肢解后，用塑料编织袋装好，当晚用其驾驶的公路养护工程车运到白层码头大桥上将碎尸抛入北盘江中。后将左使用的小灵通手机放到县城一家浴室内，赵某到该浴室洗澡时拿走了手机。当左的家属报称左某失踪后，彭故意整日随左的家属四处寻找。彭因犯强奸罪和故意杀人罪被判处死刑，赵某也因隐瞒事实真相，被以涉嫌妨害作证罪依法逮捕。

团伙系列抢劫案　2004 年 6 月 11 日，县城关粮管所退休职工刘某在粮管所厕所内被三人持刀抢劫价值 1000 余元手机及 400 余元现金。6 月 16 日，公安部门先后接到群众被抢劫报警，犯罪分子连续作案，气焰极为嚣张。公安机关通过加大侦查力度，初步掌握该系列抢劫案是一伙吸毒青少年所为。6 月 17 日，群众提供线索，吸毒人员张某近期突然花钱大方，不时请朋友上网、进舞厅、吸毒，且随身使用两部手机。根据线索，6 月 19 日，公安机关在吸毒女梁某家中将张某抓获，从其身上搜出刘某、高某被抢手机和现金 1000 余元。经突审，张某交代 6 月上旬以来，为找钱购买毒品吸食，伙同汪某、徐某、梁某等人共谋后，先后在城区连续作案 10 余起，抢劫、盗窃手机 10 余部，现金 1200 余元的犯罪事实。随后，该团伙犯罪嫌疑人相继落网。

第六节　治理黄、赌、毒

1991 年后，县境内出现非法销售淫秽影视制品赌博、涉毒等违法行为逐渐增多，一些歌舞厅、发廊、餐旅馆、“路边店”（野外公路边小餐馆），以小姐“三陪”招揽客人，从事色情服务。珉谷、龙场、者相赌博成风。2003 年，从室内聚赌发展到野外流动赌博。县境内贩毒、吸毒人员逐年增多，在小屯、沙坪、鲁容三乡发生违法种植罂粟情况。为净化社会风气，县公安局适时组织治安、禁毒、刑侦、派出所干警开展专项斗争，查禁“黄、赌、毒”。

1997 年 4 月，群众举报小屯乡赵家坪村有村民违法种植罂粟，禁毒科民警与派出所民警深入村寨调查核实，在一林中发现罂粟 3000 余株，对非法种植的张某予以治安拘留并处罚款。同年 5 月，公安机关在鲁容乡拉旦村铲除李某、班某非法种植罂粟 500 余株，依法对李某、班某二人作了处罚。1999 年 5 月，沙坪乡坝围村某村民举报本村有一村民非法种罂粟，公安部门接到报告，及时组织干警实地调查核实，铲除罂粟，对非法种罂粟者予以治安处罚。

1991 年后，公安、文化、工商部门多次对全县文化市场进行整顿，收缴淫秽书刊、录像带、光碟等制品，对歌舞厅、发廊、网吧、娱乐室进行整顿，取缔“黑网吧”14 家，捣毁卖淫窝点 11 个，抓获嫖娼 300 多人，分别予以依法惩处。

1994 年，小屯乡黄冲发现锑矿，不少单位和个人到矿山上无序开采，流动人员多，一些想不劳而获者妄图通过赌博发财，赌博方式多样，采取“摇骰子”“赛金花”“挖报子”等方式不断翻新。参赌人员逐渐增多，赌资也越来越大，人员由几人发展到几十近百人，赌资从几百到几十万，赌博场所由室内向野外转移。公安部门发现此情况后，组织警力对这一违法现象进行了打击。2006年，公安机关开展打击赌博专项斗争，先后在龙场、者相、长田、平街等乡镇抓获野外聚赌8起，查获参赌人员400余人，收缴赌资20余万元；2008年10月，在珉谷镇一居民家中一次查获参赌人员30余人，收缴赌资10余万元。

1991年至2010年，全县公安机关加大涉“黄”打击力度，收缴淫秽书刊300余册、淫秽录像带200余盒、淫秽光碟800张、抓获参赌人员12000余人、治安拘留450人、罚款8000多人次。打击处理吸毒、贩毒人员900多人次，其中：拘捕109人次，劳教300多人次、判刑76人、强制戒毒600多人次、缴获各类毒品3600多克。其中2010年，立毒品案件34起，破案34起，抓获犯罪嫌疑人23人，缴获海洛因639克，冰毒457克。实施强制戒毒31人，治安行政拘留8人。配合州公安机关查获贩运毒品1039克。

第七节　监所管理

县公安局设置看守所依法收押、看管罪犯和犯罪嫌疑人，设拘留所拘留违法人员。看守所还依法承担对判处拘役、有期徒刑一年以下和余刑一年以下的短刑犯罪分子的收押、看管教育和实行劳动改造的工作。凭判决书和执行通知书进行收押，服刑期满，由执行机关发给刑满释放证予以释放。拘留所主要承担对被公安机关裁决违反治安管理、给予行政拘留处罚的违法人员执行拘留，进行法治教育、道德教育，管理被拘留人员的生活和人身安全。

根据《看守所条例实施方法》规定，看守所由武装警察部队和县公安机关共同看守，防范和制止人犯自杀、逃脱、行凶、破坏、骚乱，镇压人犯暴动，防范和制止敌对分子、违法犯罪分子袭击看守所、劫持人犯及其他危害看守所安全的破坏活动。

驻贞丰的武装警察中队和县公安局，经常采取多种形式和措施加强看守所和拘留所的管理工作，随时开展安全检查工作，发现问题，及时解决处理。重视监所卫生，预防发生传染病。定期对监所内外环境进行消毒。2003年，在我国部分地区发生非典型性肺炎传染疫情期间，对进出监所的所有人员进行消毒和测量体温，严把安全关。

1992年后，县检察院加强对监所的检查监督工作，监督看守机关完善、落实各项管理制度、依法关押和文明关押。

拘留所由县公安局负责管理，县检察院依法对拘留所的管理进行监督。

1991 年至 2010 年贞丰县公安局局长、政委名录一览表

表 5-1-1

职务	姓名	性别	民族	籍贯	任职时间	备注
局长	郭荔黔	男	汉 族	河北沧州	1991 年至 1998 年 3 月	—
	李降能	男	汉 族	贵州晴隆	1998 年 3 月至 2003 年 2 月	—
	王克华	男	汉 族	贵州安龙	2003 年 2 月至 2006 年 12 月	—
	贺春秀	女	布依族	贵州安龙	2006 年 12 月至 2008 年 1 月	—
	梁 宇	男	汉 族	广东高州	2008 年 1 月至 2010 年 12 月	—
政委	郭荔黔	男	汉 族	河北深州	1997 年 3 月至 1998 年 5 月	—
	周明奇	男	布依族	贵州贞丰	1998 年 5 月至 2006 年 11 月	—
	唐朝海	男	汉 族	贵州兴仁	2006 年 12 月至 2007 年 2 月	—
	王忠仕	男	汉 族	贵州贞丰	2007 年 2 月— 2010 年 12 月	—

第二章 检 察

1991 年，贞丰县人民检察院（以下简称县人民检察院）内设：政工科、办公室、刑事检察一科（刑一）、刑事检察二科（刑二）、法纪检察科（法纪）、控告申诉检察科（控申）、反贪污贿赂检察科（反贪贿）、民事行政检察科、监所检察科。1995 年设法警室，1997 年改为法警队；2000 年刑一科改为批捕科，2002 年改为侦查监督科；2000 年刑二科改为起诉科，2002 年改为公诉科；2001 年法纪科改为渎职侵权检察科，2006 年撤销渎职侵权检察科成立反渎职侵权局；1997 年，监所检察科设检察室驻县看守所；1991 年控告申诉检察科设举报中心。1995 年反贪污贿赂检察科（反贪贿）升格为反贪污贿赂局，2002 年内设侦查科和综合科；2003 年设纪检组。至 2010 年 12 月，县人民检察院内设机构：办公室，侦查监督局，公诉局，控告申诉科、民事行政检察科，监所检察局，预防职务犯罪科，司法警察大队，政工科，反贪污贿赂局（内设侦查科和综合科），检委办，纪检组。

1991 年至 2010 年，县人民检察院适应改革开放、依法治县和构建和谐社会新形势，围绕“强化法律监督，维护社会公平正义”检察工作主题，不断完善办案监督制约机制，坚持“严打”方针，严厉打击严重刑事犯罪，突出查办贪污贿赂、渎职侵权等职务犯罪，坚持宽严相济的刑事政策，注重法律效果与社会效果的有机统一，为维护法律尊严和社会稳定，促进经济社会发展和社会和谐发挥检察职能作用。

第一节　刑事检察

一、侦查监督

1999 年前，县人民检察院设刑事检察一科，2000 年改为批捕科，2002 年改为侦查监督科，负责审查批捕。1991 年，以“打拐”和“打盗窃”专项斗争为重点。1996 年，以打击涉枪犯罪、流氓恶势力为重点。2005 年，以打击“两抢”“一盗”为重点，全力维护社会稳定，当年批捕各类犯罪嫌疑人 224 人。1997 年至 2007 年，以严厉打击严重刑事犯罪和执法监督、加大立案监督和侦查监督力度为重点。期间向公安机关发出纠正违法通知书和要求公安机关说明不立案理由通知书 150 件次。

1991—2010 年贞丰县人民检察院审查批捕情况统计表

表 5-2-1

年度	受案		批捕		不捕		退查		撤案		追捕
	件	人	件	人	件	人	件	人	件	人	人
1991	140	317	117	260	4	21	16	32	3	4	—
1992	94	158	79	132	7	15	8	11	—	—	—
1993	105	168	86	132	4	6	13	22	2	8	—
1994	125	205	101	160	7	13	16	31	1	1	11
1995	120	221	93	170	6	14	17	32	4	5	8
1996	122	211	104	162	7	22	11	25	—	2	19
1997	101	161	83	124	18	37	—	—	—	—	—
1998	119	206	91	147	27	56	—	—	1	3	—
1999	104	172	98	154	5	15	—	—	1	3	—
2000	131	241	109	197	22	44	—	—	—	—	—
2001	177	315	164	279	13	36	—	—	—	—	—
2002	132	212	122	194	9	17	—	—	1	1	—
2003	132	253	117	199	14	53	—	—	1	1	—
2004	159	292	143	253	16	39	—	—	—	—	—
2005	147	269	130	224	17	45	—	—	—	—	—
2006	126	216	101	159	25	57	—	—	—	—	—
2007	114	199	93	151	21	48	—	—	—	—	—

续表 5-2-1

年度	受案		批捕		不捕		退查		撤案		追捕
	件	人	件	人	件	人	件	人	件	人	人
2008	173	279	135	211	30	60	6	6	8	8	—
2009	157	272	122	187	32	82	—	—	3	3	—
2010	179	308	139	204	40	104	—	—	—	—	—
合计	2657	4675	2227	3699	324	784	87	159	25	39	38

二、公诉

1999 年前，县人民检察院设刑事检察二科，2000 年改为起诉科，2002 年改为公诉科，负责审查起诉。1996 年前，重点对杀人、抢劫、强奸、放火及其他严重危害社会治安的“五类”犯罪快审、快诉，及时交付法庭审判。1995 年，受理各类案件 110 件 190 人，起诉 86 件 139 人。1996 年后，重点对故意杀人、抢劫、强奸、贩卖毒品、爆炸、放火、投毒“七类”犯罪快审、快诉，及时交付法庭审判。在审查起诉、出庭支持公诉的同时，工作重点逐步转移到加强对公安机关应当起诉而没有起诉的案件和对人民法院审判活动实施法律监督。同年，“严打”斗争期间，审查起诉案件 143 起，涉案 210 人，对 146 人提起公诉。1997 年 1 月，修改后的《刑事诉讼法》实施，审查起诉严把证据关，对证据不足的案件按照法定程序退回公安机关补充侦查，对 62 件 89 人提起公诉。是年，停止使用免诉权。2002 年后，重点对故意杀人、故意伤害致人重伤或死亡、强奸、抢劫、贩卖毒品、爆炸、放火、投放危险物质“八类”犯罪快审、快查、快起诉，及时交付法庭审判。1997 年至 2010 年，退回公安机关补充侦查案件 138 件 312 人。同时，加大法律监督力度，期间提请抗诉案件 10 件 25 人，法院改判 20 人，法院判决维持 3 人，抗诉成功率为 83.3%，追诉漏罪 13 桩，漏犯 15 人，县人民法院均作出有罪判决。

1991—2010 年贞丰县人民检察院审查起诉情况统计表

表 5-2-2

年度	受案		起诉		不起诉		报送州院审查起诉		免诉		退查		撤诉	
	件	人	件	人	件	人	件	人	件	人	件	人	件	人
1991	142	278	111	198	—	2	10	25	11	25	10	28	—	—
1992	120	240	89	168	—	—	7	26	12	17	12	29	—	—
1993	85	152	71	116	—	—	8	12	4	20	2	4	—	—
1994	117	170	96	138	1	1	9	12	8	12	3	7	—	—
1995	110	190	86	139	—	—	8	12	11	20	5	19		

续表 5-2-2

年度	受案		起诉		不起诉		报送州院审查起诉		免诉		退查		撤诉	
	件	人	件	人	件	人	件	人	件	人	件	人	件	人
1996	143	210	102	146	1	4	9	23	16	19	14	17	1	1
1997	94	149	62	89	5	13	8	12	—	—	18	34	—	—
1998	96	172	67	110	7	13	10	13	—	—	12	36	—	—
1999	119	191	96	149	9	14	7	12	—	—	5	14	2	2
2000	111	229	86	166	13	28	5	16	—	—	7	19	—	—
2001	173	303	138	241	18	37	5	8	—	—	12	17	—	—
2002	160	240	130	176	17	32	11	20	—	—	2	12	—	—
2003	135	254	108	195	9	22	12	18	—	—	5	6	1	3
2004	161	283	132	233	11	15	11	17	—	—	7	18	—	—
2005	168	304	150	269	11	18	7	27	—	—	—	—	—	—
2006	126	221	114	200	4	7	8	14	—	—	—	—	—	—
2007	131	212	111	175	6	17	8	12	—	—	5	6	1	3
2008	163	254	142	217	15	22	7	9	—	—	5	9	3	3
2009	180	228	138	210	12	23	11	18	—	—	—	29	2	7
2010	221	262	168	236	16	23	7	7	—	—	4	8	4	4
合计	2755	4542	2197	3571	156	291	168	313	62	113	138	312	13	23

第二节　法纪检察

1996 年前，县人民检察院设法纪检察科，2001 年改为渎职侵权检察科，2006 年撤销渎职侵权检察科成立反渎职侵权局。1996 年前，负责侦查非法拘禁、玩忽职守、诬告陷害、徇私舞弊、重大责任事故、刑讯逼供、滥用职权、徇私枉法、枉法裁判、泄露国家机密等渎职侵权犯罪。1996 年，受理案件线索 17 件，初查 17 件，立案侦查 6 件 8 人，追究刑事责任 3 人，免予起诉 4 人，撤案 1 人。1997 年，执行修改后的《刑事诉讼法》，负责侦查国家工作人员的渎职犯罪，国家机关工作人员利用职权实施的非法拘禁、刑讯逼供、报复陷害、非法搜查等侵犯公民人身权利的犯罪。1997 年，受理案件线索 7 件，初查 7 件，立案侦查 1 件 1 人，追究刑事责任 1 人。1991 年至 2007 年，共受理案件 150 件，立案侦查 27 件 43 人。其中，副科级干部 2 人，公安干警 2 人，其他 39 人。追究刑事责任 23 人，不起诉 1 人，免予起诉 17 人，撤案 2 人。这些案件中，渎职犯罪较突出，如县国土资源矿管办主任卓某某滥用职权、县乡镇企业局安全股负责人（副主任科员）马某某、贞丰县挽澜乡国土资源局管理所负责人白某某玩忽职守，导致贞丰县挽澜乡联营煤矿 2 号井发生死亡 15 人的特大瓦斯爆炸事故，三人均被追究刑事责任。2008 年至 2010 年，共受理案件 43 件，审查后立案 21 件 35 人，其中贪污 4 件 6 人，挪用公款 3 件 3 人，受贿 4 件 4 人，渎职 5 件 5 人，挽回经济损失 100 多万元。

第三节　民事行政检察

1991 年，县人民检察院设民事行政检察科，受理公民、法人不服法院作出的民事、行政诉讼案件生效判决、裁定的申诉，对法院民事、行政案件审判进行监督，对判决、裁定主要证据不足，适用法律错误，违反法定程序，审判人员枉法裁判等案件，由县人民检察院提请上一级人民检察院向同级人民法院提出抗诉。1991 年，因刚设民事行政检察科，只是作一些宣传和准备工作，没有具体开展受理案件业务，1992 年全面开展工作。1992 年至 2010 年，共受理民事、行政申诉案件 174 件，其中：决定立案审查 73 件，调解处理 21 件，息诉或直接答复 79 件。决定立案审查案件中：提请州人民检察院抗诉 23 件；建议州人民检察院抗诉 23 件；调解处理 3 件；终止审查 5 件；建议人民法院再审 4 件。这些案件中，主要以证据不足、适用法律错误的居多。如张某某、杨某某与唐某、穆某某、周某某因交通事故人身损害赔偿一案，法庭使用已经废止的《道路交通事故处理办法》为依据作出判决。县人民检察院民事行政检察科向县人民法院提出抗诉，县人民法院认为原判适用法律错误，应予改判，并按照最高人民法院《关于审查人身损害赔偿案件适用法律若干问题的解释》规定重新作出判决。

第四节　监所检察

1991 年前，县人民检察院设监所检察科，1995 年，监所检察科设驻县看守所检察室。对县看守所执行政策、法律和办案的法定程序以及执行人民法院已经发生法律效力的判决、裁定活动是否合法实行法律监督。协同公安机关维护监所秩序、加强安全防范、改善人犯的生活和卫生条件。1991 年，开展看守所百日无安全事故活动，实现全年无事故目标。1997 年，对监所执行罪犯的检察实行三个转变，即在检察内容上由帮教为主向执法监督转变；检察对象由监所罪犯为主向执行机关为主转变；检察形式由检察院自行检察向公、检、法三机关联合检察转变。是年，共关押 501 人，出所 286 人，安全检查 38 次，上法制课 5 次，受教育 215 人，谈话 47 人，全年无安全事故。2004 年起，监所检察科对本院职能部门办理的案件实行一人一卡登记制度和办案羁押期限届满提示制度，杜绝了超期办案和超期羁押现象发生。2004 年至 2007 年，共登记建档 547 个，发出提示函 108 件。2007 年开展减刑、保释、保外就医专项清理检查，无违法违纪现象。1991 年至 2010 年，共关押 10008 人，出所 9754 人，留所服刑 208 人，开展安全检查 394 次，上法制课 85 次，受教育 8123 人次，谈话 1143 人。期间无任何事故。

第五节　控告申诉检察

1991 年前，县人民检察院设控告申诉检察科，负责对刑事控告、刑事申诉和赔偿案件的受理、管理、审查和处理。1991 年设举报中心于控告申诉检察科，专门接受人民群众的举报。其任务是根据控告申诉、备案审查上报制度、围绕严厉打击刑事犯罪和严重经济犯罪活动，坚持以办案为主和多办少转的原则，实行分级负责、归口管理、妥善处理人民群众来信来访。1995 年，控告申诉检察科在初查一起涉税案件线索时，不仅为税务机关挽回税收 10 万余元，而且还查出财会人员因玩忽职守给单位造成 40 余万元的损失大案一件。从 1999 年起，每年利用 6 月份最后一周开展举报宣传活动。2003 年，控告申诉检察实行首办责任制。2004 年，受理贞丰县兴北镇银洞湾村罗某某刑事赔偿请求案，检察机关审查后依法作出了赔偿决定。1991 年至 2010 年，共受理控告举报信 1644 件次，接待群众来访 1031 人次，受理刑事申诉案件 220 件，自行办理 37 件。

第六节　查办贪污贿赂案件

1991 年，县人民检察院原经济检察科改为反贪污贿赂检察科，专门侦查贪污贿赂案件。县检察院遵照中共中央关于深入开展反腐败斗争指示精神，根据我国《刑法》和全国人大常委会《关于整治贪污贿赂犯罪的补充规定》，加大工作力度。1993 年，重点查办白层供销社原出纳员杨某某贪污公款 58000 余元案，杨某某被县法院判处有期徒刑十年。同时还查办民政局下属集体盲哑残福利综合厂原厂长蒙某贪污救济款 23000 余元案，蒙某被县法院判处有期徒刑十年。1995 年底，反贪污贿赂检察科升格为反贪污贿赂局。反贪污贿赂工作的重点放在“三机关一部门”，即：党政机关、司法机关、行政执法机关、经济管理部门。1997 年重点查办县烟草公司卷烟批发部原收款员徐某某挪用公款 560000 余元案；2000 年重点查办原县木材公司职工韦某某挪用公款 719000 余元、县农行职工解某某介绍贿赂 17000 元、国家干部邓某某等人受贿案；2001 年，重点查办贞丰糖厂原纪检书记张某某挪用公款 1080000 元案；2003 年，重点查办法院原法官刘某某挪用公款 105000 元、贪污 37000 余元，王某挪用公款 23000 元司法腐败案；2005 年，重点查办县马家坪果园场原场长龚某某贪污28000余元，副场长周某某贪污22000余元，原县交通局海事处副处长冉某某受贿13000余元、贪污35000余元，北盘江国土所负责人袁某某受贿10300元，州交通局干部王某某受贿16000元窝案串案；2006年，重点查办县民政局职工李某某贪污救灾款79000元案等。1991年至2010年，共受理案件线索358件，初查358件，立案侦查173件190人。涉及正科级干部8人，副科级干部11人，政法干部12人。追究刑事责任32人，不起诉41人，免诉31人，作出其他处理48人。挽回经济损失3490000余元。

1991年至2010年贞丰县人民检察院正、副检察长名录一览表

表5-2-3

职务	姓名	性别	民族	籍贯	任职时间
检察长	王定元	男	布依族	贵州贞丰	1982年3月—1992年2月
	田应华	男	苗　族	贵州贞丰	1993年3月—2002年3月
	陈喜扩	男	汉　族	贵州兴仁	2002年4月—2006年11月
	潘建农	男	汉　族	江西乐平	2006年12月—2010年12月
副检察长	李京汉	男	汉　族	河南南召	1991年—1993年3月
	梁光吉	男	布依族	贵州贞丰	1992年—2000年
	杨继明	男	汉　族	贵州贞丰	1993年4月—2002年
	周欲泰	男	汉　族	贵州思南	2000年—2007年
	徐开阳	男	汉　族	贵州贞丰	2000年—2003年
	陈良好	男	汉　族	江西广丰	2002年—2007年
	龚德雄	男	汉　族	贵州贞丰	2005年—2010年12月
	杨　俊	男	苗　族	贵州贞丰	2007年—2010年12月
	周常柏	男	汉　族	贵州贞丰	2007年—2010年12月
	杨　宏	男	汉　族	贵州贞丰	2007年—2010年12月

第三章　法　院

1991年至1997年，贞丰县人民法院（以下简称县人民法院）内设办公室、政工科、刑事审判庭、民事审判庭、经济庭、行政庭、告申庭、审判监督庭、执行庭、纪检监察室、法警大队、研究室、审判委员会。

下设基层法庭6个，即珉谷法庭、龙场法庭、牛场法庭、者相法庭、白层法庭、鲁贡法庭。

1997年至2010年，内设办公室、政工科、刑事审判庭、民事审判第一庭、民事审判第二庭、行政庭、立案庭、审判监督庭、执行工作局、纪检监察室、法警大队、研究室、书记官室。2007年增设网络信息管理中心（事业编制）。

下设基层法庭4个，即龙场法庭、兴北法庭、白层法庭、鲁贡法庭。

1991年至1996年，县人民法院审理刑事、民事诉讼案件，由各业务庭自行立案和审理，案件审理结果判决书、裁定书须由主管院长审定签发并执行。1997年，县人民法院按照新诉讼规定进行审判改革，实行立案、审判、执行分离，由当事人“谁主张，谁举证”，强化庭审功能，举证、质证、辩证、认证均在法庭上公开进行，充分发挥合议庭和评审法官职能作用，职、责、权相统一。合议庭作出对案件的判决书、裁定书由审判长签发。

第一节 刑事审判

1991年，县人民法院依法打击严重刑事犯罪。全年共受理刑事案件126件，案犯220人；审结126件220人。其中，强奸案6件7人；拐卖人口案49件100人；故意伤害案14件18人；奸淫幼女案1件1人；抢劫案6件13人；贪污案2件2人；故意杀人案2件2人；诈骗案10件14人；流氓案2件2人；重婚案9件17人；非法制造枪支弹药案1件1人；伪造货币案1件4人。给予刑事处罚167人，召开宣判大会11次，宣判案犯124人，受教育群众10余万人次，张贴布告500余张。

1992年，县人民法院受理刑事案件117件，案犯231人；审结115件227人，结案率98.3%。其中，拐卖人口案34件82人；盗窃案21件39人；故意伤害案17件25人；抢劫案10件19人；贪污案7件8人；强奸案6件6人；重婚案4件7人；交通肇事案4件4人；流氓案3件7人；破坏电力设备案3件21人；诈骗案2件4人；奸淫幼女案1件1人；杀人案1件1人；侮辱诽谤案1件1人；判决在本期内发生法律效力的99件185人；其中判处15年以上20年以下有期徒刑的1件1人；判处10年以上15年以下有期徒刑的17人；判处5年以上不满10年有期徒刑的52人；判处不满5年有期徒刑的99人；判处缓刑的5人；拘役1人；附加剥夺政治权利的24人。召开宣判大会10余次；宣判案犯150余人；张贴布告250余张。

1993年，县人民法院受理各类刑事案件91件，案犯149人；审结91件149人，结案率100%，其中，强奸案7件7人；奸淫幼女案2件2人；伤害案21件31人；拐卖人口案12件19人；绑架妇女儿童案1件3人；抢劫案8件15人；盗窃案21件36人；贪污案6件6人；流氓案3件3人；杀人案2件5人；交通肇事案1件1人；重婚案3件6人；诈骗案2件11人；其他案2件4人；判决在本期内发生法律效力的56件76人；给予刑事处罚74人，免予刑事处罚1人，宣告无罪1人。判处5年以上20年以下有期徒刑28人；

判处5年以下有期徒刑46人。

1994年，县人民法院受理各类刑事案件98件，案犯143人；审结98件143人，结案率100%。其中公诉案件75件113人，自诉案件23件30人，强奸案16件16人；伤害案32件44人；非法拘禁案1件3人；拐卖妇女案3件4人。过失杀人案1件2人；抢劫案6件10人；盗窃案33件53人；诈骗案2件5人；交通肇事案1件1人；重婚案2件4人；虐待案1件1人。判决在本期内发生法律效力的80件122人；判处15年以上有期徒刑1人；判处10年以上不满15年8人；判处5年以上不满10年53人，不满5年54人，适用缓刑5人，宣告无罪1人。召开宣判大会9次，参加旁听群众10万余人。

1995年，县人民法院共受理各类刑事案件112件，案犯177人；审结112件177人，结案率100%。其中，故意杀人案3件4人；强奸案15件15人；故意伤害案27件39人；拐卖妇女8件13人；流氓案2件2人；诈骗案1件2人；盗窃案28件40人；抢劫案15件46人；贪污案4件4人；交通肇事案4件4人；重婚案44件8人；放火案1件1人；毒品犯罪1件1人。判决在本期内发生法律效力的76件106人；判处5年以上徒刑63人，判处5年以下徒刑40人，判处缓刑3人。召开宣判大会4次，宣判案件45件76人，旁听群众10万余人。

1996年，县人民法院共受理刑事案件147件212人，审结147件212人，审结率为100%。判决发生法律效力的85件145人，判处15年至20年徒刑2人，判处10年至15年徒刑4人，判处5年至10年徒刑的58人，判处不满5年徒刑的77人，判处缓刑4人。召开宣判大会6次，宣判案件56件80人，旁听群众10万余人。

1997年，县人民法院共受理刑事案件115件187人，审结113件185人，审结率为98.26%。本期内发生法律效力的85件140人。判处10年至15年徒刑5人，5年至10年徒刑的3人，5年以下的45人，缓刑11人，免予刑事处罚的4人，宣告无罪的1人，驳回起诉4人，撤诉38人。召开宣判大会4次，宣判案件24件38人。在审理刑事自诉案件中，严格按照《刑法》《刑事诉讼法》之规定，有25件38人得到自诉人的谅解，撤回刑事部分的诉讼请求。

1998年，县人民法院共受理刑事案件109件160人（其中公诉案件71件107人，自诉案件38件53人），审结108件159人，审结率99.1%。其中强奸案5件5人；故意伤害36件58人；故意杀人1件3人；拐卖妇女儿童5件12人；寻衅滋事1件1人；诈骗3件5人；盗窃30件38人；抢劫1件4人；交通肇事1件1人；重婚5件6人；销售、伪造货币2件4人；毒品犯罪15件19人；贪污、挪用公款1件1人；暴力干涉婚姻自由1件1人；国家机关工作人员签订、履行合同失职1件1人。判决在本期内发生法律效力的77件119人，其中宣告无罪3人，免予刑事处罚7人，给予刑事处罚109人。判处13年至15年有期徒刑8人，5年至10年30人，5年以下62人，缓刑9人，处罚金9人，剥夺政治权利6人。召开公开宣判大会3次，宣判案件24件45人，旁听群众3万余人。

1999年，县人民法院受理刑事案件147件232人，审结147件232人，审结率

100%。判决在本期内发生法律效力的102件165人。其中宣告无罪5人，免予刑事处罚7人，给予刑事处罚153人。判处10年以上15年以下徒刑2人，5年以上10年以下37人，5年以下的92人，缓刑22人。召开公开宣判大会2次，公判毒品案件8件13人。

2000年，县人民法院共受理刑事案件133件215人，审结132件214人，审结率99.25%。判决在本期内发生法律效力的193人。其中宣告无罪的15人，免予刑事处罚18人，适用缓刑22人，判处5年以下徒刑82人，5年至10年45人，10年至15年10人，15年以上1人。召开公判大会4次，宣判各类刑事案63件90人，旁听群众4万余人。

2001年，县人民法院共受理刑事案件159件256人，审结140件227人，审结率为87.5%。判决在本期内发生法律效力的133件218人，宣告无罪19人，免予刑事处罚7人，适用缓刑20人，判处5年以下有期徒刑111人，5年至10年有期徒刑46人，10年至15年有期徒刑12人，15年以上3人。开展“严打”整治工作，派出干警87人次参加追逃、设卡、清理整顿文化娱乐场所，与公安、检察机关一起召开3次公捕公判大会，召开5次宣判大会，旁听群众10万余人。

2002年，县人民法院共受理刑事案件148件227人，审结146件225人，结案率98.6%。在审结的146件中判处5年至10年有期徒刑32人，10年至15年17人，15年至20年2人。判处5年以下徒刑111人，适用缓刑16人，免予刑事处罚19人，宣告无罪6人。召开宣判大会6次，宣判案犯69人，执行枪决2人，旁听群众5万余人。

2003年，县人民法院共受理刑事案件152件253人，审结150件250人，审结率99%。判决在本期内发生法律效力的172人。其中，被判处5年以上不满15年有期徒刑8人，5年以下有期徒刑164人，适用缓刑考验25人，免予刑事处罚6人，宣告无罪2人。审理青少年犯罪23人，其中在校生8人。

2004年，县人民法院受理刑事案件158件240人，审结158件240人。审结率100%。当庭宣判37件，判决罪犯240人，其中被判处5年以上不满15年有期徒刑73人，5年以下有期徒刑111人；上诉案件13件，中院维持原判9件，部分改判1件，全部改判2件，发回重审1件。民主权利案件63件，侵犯财产安全案件55件，危害社会管理秩序案件15件，危害公共安全案件22件。审结在贞丰县有较大影响的白层糖厂干部张某挪用公款逾百万元的重大案件。适用缓刑35人，免予刑事处罚8人，对未成年人犯罪，坚持教育、感化、挽救的方针。青少年犯罪共80人，其中在校学生28人。

2005年，县人民法院受理刑事案件179件286人，审结179件286人，审结率100%。其中，判处5年以上15年以下有期徒刑101人，5年以下有期徒刑128人，适用缓刑41人，免予刑事处罚3人。

2006年，县人民法院共受理刑事案件128件208人，审结128件208人，审结率为100%。其中适用普通程序审理的案件当庭宣判37件。判决的人犯中，判处15年有期徒刑1人，5年以上15年以下23人，5年以下有期徒刑77人，适用缓刑73人，免予刑事处罚14人。

2007 年，县人民法院受理刑事案件 136 件 229 人，审结 136 件 229 人，审结率 100%。其中未成年人犯罪案件 23 件 49 人，适用普通程序审理的案件 89 件；当庭宣判 23 件。判处 5 年以上 15 年以下 13 人，5 年以下 75 人，适用缓刑 66 人，免予刑事处罚 5 人。

2008 年，县人民法院受理刑事案件 16 件 232 人，审结 161 件 232 人，审结率 100%。其中审理未成年人犯罪案件 15 件 24 人，在校生 8 人，未成年人犯罪占刑事案件总数的 9.4%，同比下降 7.5%。

2009 年，县人民法院受理刑事案件 147 件 231 人，审结 147 件 231 人，审结率 100%。其中审理未成年人犯罪案件 9 件 14 人，未成年人犯罪占刑事案件总数的 6%，与上年相比下降 1.5%。

2010 年，县人民法院受理刑事案件 223 件 343 人，审结 223 件 343 人，与上年同期相比案件数上升 48.7%。其中判 5 年以上有期徒刑 54 人，比上年增加 42.11%。判处缓刑 150 人，免予刑事处罚 10 人，未成年人犯罪 15 件 22 人，案件数比上年增加 6.6%，人数增加 57%。

第二节　民事审判

1991 年，县人民法院共受理民事案件 408 件（含旧存），审结 345 件，未结 63 件，审结率为 84.6%。审结的案件中有婚姻家庭纠纷案件 246 件，房屋纠纷 2 件，继承纠纷 3 件，债务纠纷 35 件，赔偿纠纷 29 件，土地纠纷 13 件，其他纠纷 17 件。审结案件的方式是：调解 154 件，占受理案件数 37.7%；判决 162 件，占受理案件数 39.7%；裁定 16 件，占受理案件数 3.9%；移送 3 件，占受理案件数 0.7%；撤诉 10 件，占受理案件数 2.4%。根据不同条件和特殊原因，采取巡回办案，送法上门，用民族语言办案等多种方式开展民事审判工作，使大量的民事纠纷得到及时正确的处理。

1992 年，县人民法院共受理民事案件 407 件，审结 358 件，审结率 87.96%，审结的案件中有婚姻家庭 230 件，债务 48 件，赔偿 37 件，房屋 17 件，宅基地 5 件，继承 6 件，其他 15 件。审结方式：调解 90 件，判决 221 件，裁定 11 件，移送 9 件，撤诉 25 件，终结 2 件。

1993 年，县人民法院共受理民事案件 427 件，审结 401 件，审结率 93.9%，审结的民事案件中有婚姻家庭 252 件，债务纠纷 50 件，赔偿纠纷 46 件，房屋纠纷 20 件，宅基地纠纷 9 件，继承纠纷 8 件，其他纠纷 16 件。以调解结案的 89 件，判决 249 件，裁定等其他方式结案 63 件。

1994 年，县人民法院共受理民事案件 585 件，审结 557 件，审结率 95.2%，审结的案件中有婚姻家庭纠纷 300 件，债务纠纷 128 件，赔偿纠纷 72 件，相邻权纠纷 11 件，继承纠纷 12 件，房屋纠纷 4 件，宅基地纠纷 17 件，林木纠纷 2 件，其他纠纷 11 件。以调解方式结案 137 件，裁定撤诉结案 77 件，判决结案 339 件，裁定终结 2 件，移送 2 件。

1995 年，县人民法院共受理民事案件 694 件，审结 667 件，审结率为 96.1%。

1996 年，县人民法院共受理民事案件 550 件，审结 533 件，审结率为 96.9%。全年通过“一步到庭”方式审结案件 212 件。

1997 年，县人民法院共受理民事案件 784 件，审结 756 件，审结率为 96.4%，收案和结案与上年同期相比分别上升 42.5% 和 41.8%。通过“一步到庭”方式审理案件 426 件，巡回审理案件 56 件。为交通不便，经济困难的边远山区人民群众诉讼提供了便利。

1998 年，县人民法院共受理民事案件 668 件，审结 648 件，结案率为 97%，其中有婚姻家庭 305 件，继承 3 件，房屋 10 件，其他不动产 22 件，相邻纠纷 10 件，赔偿 82 件，债权债务 191 件，人身权 2 件，其他民事纠纷 23 件。

1999 年，县人民法院共受理民事案件 616 件，审结 605 件，审结率 98.2%。收结案与上年同期相比分别下降 7.8% 和 6.6%。在没有设法庭的乡镇所在地设立受案接待点，各法庭巡回审理案件 48 件，为人民群众诉讼提供方便，解决了边远山区诉讼难的问题。

2000 年，县人民法院依法保护妇女、儿童和老人的合法权益，维护正常的婚姻家庭关系。对同群众生产生活密切相关的损害赔偿、民间借贷、劳动争议等案件，进行及时审理，共受理民事案件 461 件，审结 444 件，审结率 96.31%。

2001 年，县人民法院共受理民事案件 609 件，审结 549 件，审结率为 90.1%。通过民事审判活动，巡回审理，就地开庭，以案讲法审理案件 45 件，指导民间调解组织调解纠纷 168 件。

2002 年，县人民法院共受理民商事案件 762 件，审结 700 件，审结率为 91.8%，解决诉讼争议标的 1486.5 万元。对合法权益受到侵害但经济确有困难的当事人，实行诉讼费的减、缓、免，为盲、聋、哑人指定代理人，使他们的诉讼权利得以保障。全年实施司法救助的案件 12 件，减、缓、免诉讼费 2100 元。坚持“两便”原则，巡回就地开庭审判案件 25 件。

2003 年，县人民法院依法受理民商事案件 502 件，审结 497 件，审结率 99%。其中审结婚姻家庭纠纷案件 45 件；审结债权债务纠纷 147 件；审结损害赔偿案件 69 件，审结劳动纠纷案件 5 件；审结相邻权纠纷案件 18 件，审结财产纠纷案件 32 件，其他纠纷案件 13 件。实施司法救助案件 22 件，免收受理费 15360 元，免收其他诉讼费 9544 元，缓收受理费 3175 元，缓收其他诉讼费 1500 元。到交通不便，经济困难的当事人所在地就地巡回审理案件 10 件，让经济确有困难的当事人打得起官司，真正为弱势群体办实事。

2004 年，县人民法院受理民商事案件 454 件，审结 448 件，审结率 98.67%。其中适用普通程序审结 167 件，适用简易程序审结 275 件，判决结案 306 件，其中当庭宣判 95 件，调解结案 66 件。判决案件中，上诉 70 件，中院维持 41 件，部分改判 7 件，全部改判 7 件，调解结案 1 件，发回重审 10 件。在审结的案件中，审结婚姻家庭纠纷案件 152 件，审结合同纠纷案件 162 件，审结权属纠纷案件 128 件，到交通不便的乡村巡回审理案件 38 件，实行民事诉讼风险告知制度，避免当事人不懂证据规则而败诉。

2005年，县人民法院受理民商事案件518件，审结513件，审结率99%，诉讼标的560万元。针对一些经济困难的群众和拖欠农民工工资以及追索抚育费、抚养费、赡养费等案件提供司法救助，全年实施司法救助的案件21件，共减、免交诉讼费75460元。巡回审理案件196件，切实为群众解决难题，办实事，及时化解矛盾，为构建和谐社会提供司法服务。受到省、州、县委的表彰。

2006年，县人民法院受理民商事案件567件，审结557件，审结率为98.24%，解决诉讼标的1645.42万元。在审理的各类民商事案件中，调解结案的有249件，占受理案件数43.92%。县法院编印《便民诉讼手册》赠送当事人阅读，让群众打明白官司。巡回审理案件339件，占民商事结案数的60.86%。

2007年，县人民法院共受理民商事案件530件，审结522件，审结率98.49%。其中调解结案138件，为经济确有困难的当事人提供司法救助11件11人次，共缓、减、免诉讼费用8万余元。巡回审理案件113件。

2008年，县人民法院受理民商事案件638件，审结635件，审结率99.5%，其中调解、撤诉方式结案417件，占结案数65.6%，调解撤诉率比上年提高8.67%。

2009年，县人民法院受理民商事案件903件，审结903件，结案率100%。其中调解、撤诉方式结案559件，占结案件数的61.9%，调解结案率比上年下降3.7%。

2010年，县人民法院受理民商事案件913件，审结896件，结案率为98.14%。收案数比上年同期上升1.11%。结案率下降1.86%，其中合同纠纷案348件，婚姻家庭纠纷和继承纠纷案306件。

第三节　行政审判

1991年，县人民法院共受理行政案件7件，审结5件，未结2件，审结率为71.4%，审结的案件中有土地纠纷3件，林木纠纷1件，其他1件。针对公民、社会团体、行政机关单位普遍存在和不了解行政审判工作的意义和作用及“民告官”难的不正确看法的情况，着重宣传《行政诉讼法》，使人民群众逐步认识行政诉讼和规范行政行为的重要性。

1992年，县人民法院共受理行政案件15件，审结14件，审结率为93%。审结的案件中林业3件，治安1件，土地5件，城建1件，计划生育2件，其他2件。

1993年，县人民法院共受理行政案件17件，审结16件，审结率为94.1%，审结的案件中治安案件5件，其他行政案件11件。在审结的案件中维持原处理决定5件，撤销原处理决定6件，撤诉2件，驳回起诉3件。

1994年，县人民法院共受理行政案件10件，审结7件，审结率为70%。审结案件中不服治安处罚2件，不服行政处理1件，不服收审1件，不服卫生处理1件，其他2件。

以判决维持行政机关处罚 2 件，裁定驳回起诉 1 件，撤诉 3 件，撤销行政机关处罚 1 件。

1995 年，县人民法院共受理行政案件 15 件，审结 14 件，审结率为 93.3%。

1996 年，县人民法院共受理行政案件 36 件，审结 35 件，审结率为 97.2%。

1997 年，县人民法院受理行政案件 9 件，审结 9 件，审结率为 100%。

1998 年，县人民法院受理行政案件 5 件，审结 4 件，审结率为 80%。

1999 年，县人民法院受理行政案件 16 件，审结 16 件，审结率为 100%，与上年同期相比分别上升 220%和 300%。

2000 年，县人民法院受理行政案件 2 件，审结 2 件，审结率为 100%。

2001 年，县人民法院受理行政案件 7 件，审结 7 件，审结率 100%。

2002 年，县人民法院受理行政案件 14 件，审结 14 件，审结率 100%。

2003 年，县人民法院受理行政案件 11 件，审结 11 件，审结率为 100%。其中，依法撤销或变更行政机关行政行为的 5 件，依法维护行政机关合法行政行为的 2 件，撤诉 4 件。

2004 年，县人民法院受理行政案件 9 件，审结 9 件，审结率为 100%。审结的案件中，维持行政机关行政行为的 4 件，确认行政机关行政行为违法的 1 件，撤销行政机关行政处罚的 1 件，判决行政机关赔偿的 1 件，驳回起诉的 1 件。

2005 年，县人民法院受理行政案件 6 件，审结 6 件，审结率为 100%。

2006 年，县人民法院受理行政案件 9 件，审结 9 件，审结率为 100%。

2007 年，县人民法院受理行政案件 8 件，审结 8 件，审结率为 100%。

2008 年，县人民法院受理行政案件 11 件，结案 11 件，结案率 100%。探索解决行政争议新方式，化解行政机关之间矛盾，和解结案 7 件。审查行政机关申请行政执行 18 件。裁定准予执行 18 件，执结 18 件。

2009 年，县人民法院受理行政诉讼案件 14 件，审结 14 件，审结率 100%。依法审查行政机关行政行为，及时提出司法建议，支持并监督行政机关依法行政。

2010 年，县人民法院受理行政案件 8 件，审结 8 件，审结率 100%。行政诉讼案件比上年同期下降 42.86%。化解行政相对人与行政机关争议，撤诉 1 件。裁定准予行政机关撤回申请 3 件，裁定不受理 2 件。

第四节　经济审判

1991 年，县人民法院共受理经济纠纷案件 37 件（含旧存），审结 34 件，未结 3 件，审结率为 92%。审结的案件中有借款合同 26 件，购销合同 1 件，承包合同 1 件，其他合同纠纷 6 件。其中调解 18 件，占 52.9%；判决 12 件，占 35.2%；撤诉 4 件，占 11.8%。总诉讼标的 20.65 万元。

1992 年，县人民法院受理经济案件 62 件，审结 56 件，审判率为 90.3%。审结的案件中有购销合同 6 件，借款合同 47 件，承包合同 1 件，其他合同 2 件。诉讼标的 41.58 万元。

1993 年，县人民法院受理经济案件 35 件，审结 35 件，审结率 100%。审结的经济案件中有货款合同 24 件，购销合同 3 件，建设工程承包合同 3 件，其他合同 4 件，农村承包合同 1 件，总诉讼标的为 34.7 万元。判决结案 12 件，调解结案 7 件，适用督促秩序结案 16 件。

1994 年，县人民法院共受理经济案件 33 件，审结 29 件，审结率为 87.88%。审结的案件中有企业承包合同 3 件，建设工程合同 1 件，借款合同 8 件。农村承包合同 2 件，保险合同 1 件，购销合同 8 件，其他 4 件。以调解方式结案 10 件，判决结案 10 件，撤诉 7 件，驳回起诉 2 件。总诉讼标的 60.39 万元。

1995 年，县人民法院共受理经济案件 111 件，审结 109 件，审结率为 98.2%。

1996 年，县人民法院共受理经济案件 285 件，审结 283 件，审结率为 99.3%。诉讼标的 126 万余元。

1997 年，县人民法院共受理经济纠纷案件 338 件，审结 338 件，审结率 100%，收案和结案与上年同期相比分别上升 19%和 19.4%，解决争议标的 520 余万元。

1998 年，县人民法院共受理经济案件 46 件，审结 45 件，审结率为 97.8%，解决争议标的 40 余万元。

1999 年，县人民法院受理经济案件 76 件，审结 76 件，审结率为 100%，解决诉讼标的 110.7 万余元。与上年同期相比收结案件分别上升 65.2%和 68.9%，在收结案均上升的同时，办案质量也得到有效保证，全年上诉 2 件，上级法院维持原判 2 件，裁判正确率 100%。

2000 年，县人民法院共受理经济案件 18 件，审结 18 件，审结率为 100%。解决争议诉讼标的 13.05 万余元。

从 2001 年开始经济审判纳入民事审判范畴。

第五节 审判监督

审判监督程序是人民法院对已经发生法律效力的判决、裁定，认为确有错误而决定再次进行审理的程序。审判监督是防止和避免冤假错案的法定重要程序，又是审判机关的重要任务。

1991 年至 1992 年无再审案件。

1993 年，县人民法院受理审判监督再审案件 5 件，审结 5 件，其中民事 2 件，刑事 2 件，行政案件 1 件。同年受理执行机关提请的减刑案件 4 件。

1994 年，县人民法院共受理申诉复查案件 10 件，审结 10 件。

1995 年至 1996 年无再审案件。

1997 年，县人民法院办理申诉复查案件 4 件，再审 4 件，接待来访 5135 人次，处理来信 832 件次。

1998 年，县人民法院共接待和处理来信来访 4620 人次，来信 810 件次，审理再审案件 2 件，发回重审案件 8 件，书面答复申诉案件 20 件。

1999 年，县人民法院受理再审及发回重审案件 10 件，审结 10 件，审结率 100%。接待处理来访 1589 人次，处理来信 436 人次。

2000 年，县人民法院受理申诉复查案件 4 件，审结 4 件，审结率 75%。接待来访 2160 人次，处理来信 799 件次。

2001 年，县人民法院受理申诉复查案件 2 件，审结 2 件，接待来访 3210 人次，处理来信 1020 件次。

2002 年，县人民法院受理申诉复查案件 15 件，审结 11 件，审结率 78.6%。评查案件 102 件。其中，民事案件 92 件，刑事案件 9 件，行政案件 1 件。接待来访 621 人次，处理来信 168 件次。

2003 年，县人民法院受理再审案件 9 件，审结 9 件，审结率 100%。评查各类案件 498 件，评查率 73.5%，其中刑事 99 件，民商事 393 件，行政 6 件，评查执行案件 141 件，评查率 40.8%，在法定审限内结案率 100%。接待来访 786 人次，处理来信 176 件次。

2004 年，县人民法院共受理再审案件 6 件，审结 6 件，审结率 100%。评查各类案件 616 件，审结申诉复查案件 8 件，其中驳回申诉 1 件，待处理 1 件，其他处理 6 件。在评查的案件中在法定审限内结案 100%。接待来访 251 人次，处理来信 82 件（人）。

2005 年，县人民法院受理再审案件 3 件，审结 3 件，审结率 100%。接待来访 285 人次，办理来信 45 件次。坚持审结 1 件，评查 1 件的评查制度，严肃审判纪律，及时纠正程序和案件中出现的问题。

2006 年，县人民法院受理再审案件 2 件，审结 2 件，审结率 100%。处理来信 28 件次，接待来访 1123 人次。坚持审结 1 件，评查 1 件的评查制度，提高审判质量，维护司法公正。

2007 年，县人民法院办理来信 26 件次，接待来访 1233 人次。加强案件评查工作，提高审判质量，维护司法公正，坚持审结一件，评查一件的评查制度。

2008 年，建立健全监督机制，实行案件评议制度，加强内部监督。对诉讼、执行进行全方位的监督跟踪。建立人大、政协工作联络制度，自觉接受人大代表、政协委员的监督。

2009 年，进一步完善“一岗双责”制度，对违法违纪苗头及时介入，及时调查处理。同时，加强警示教育，建立举报电话和举报电子邮箱，加强对干警的监督。

2010 年，开展接受社会各界的监督，主动征求人大代表和政协委员对县人民法院工作的意见和建议，邀请人大代表、政协委员到法院视察工作，旁听重大案件庭审，将审判工作置于人大、政协和社会各界的监督之下。完成人民陪审员换届选任工作，人民陪审员由原来的 6 人增加到 15 人。人民陪审员参与审理案件 71 件，占使用普通程序审理案件的 48.3%。

第六节 案件执行

1991 年，县人民法院共受理各类执行案件 173 件（含旧存），执行 111 件，执行率 64%，执行标的 5 万余元。为了解决“执行难”的问题，集中警力进行执行大会战。拔掉了“抗拒户”“钉子户”30 余件，维护了法律的尊严。

1992 年，县人民法院受理执行案件 192 件，执行完毕 127 件，执行率 66.1%。执行的案件中民事 97 件，经济 19 件，行政 6 件，刑事 5 件。执行标的 20.98 万元。

1993 年，县人民法院受理执行案件 349 件，执行完毕 316 件，执行率 90.5%。执行的案件中民事案件 282 件，经济案件 43 件，刑事附民事案件 20 件，行政案件 4 件。总执行标的 20 余万元。

1994 年，县人民法院受理执行案件 390 件，其中民事案件 370 件，经济案件 18 件，刑附民案件 2 件，执行总标的 30 余万元。

1995 年，县人民法院共受理执行案件 653 件，执行 566 件，执行率 86.7%。

1996 年，县人民法院共受理执行案件 949 件，执行 924 件，执行率 97.3%。

1997 年，县人民法院执行新的《执行规则》，重视执行工作，依法执行。共受理执行案件 1198 件，执行 1188 件，执行率 99.1%，与上年同期相比执行率上升 28.6%。执行标的 428 万余元。

1998 年，县人民法院集中警力开展为期一个月的执行大会战，县人民法院每位领导各带一个执行小组分片区开展集中执行工作。在执行大会战的一个月内，共执行各类案件 185 件，执行标的 165.1 万余元。全年共收执行案件 643 件，执行完毕 611 件，执行率 95%，执行标的 298.5 万元。

1999 年，县人民法院在 8 月份全国法院开展“执行规则宣传”活动中，出动警力 66 人次警车 13 辆次赴乡镇宣传执行工作，张贴公告 485 张，散发宣传资料 4000 余份，召开执行兑现大会一次，兑现执行案件 8 件，标的 6200 元，推动执行工作的开展。全年共受理执行案件 365 件，执结 347 件，执结率 95.1%。

2000 年，县人民法院共受理申请执行案件 384 件，执行 315 件，执行率 82%，执行标的 258.43 万元。只要符合法定条件就依法适用强制措施，使一批“骨头案”“钉子案”得以执行。如县农机厂土地侵权案、者相镇小城镇建设房屋拆迁案、县城永丰大道申请执行案等，为贞丰县的经济建设，特别是乡、镇经济建设做出了贡献。

2001 年，县人民法院根据最高法院的指示，挂牌成立执行工作局，执行工作局的成立，标志法院审判执行完全分离，执行工作走上新的法制轨道。全年共受理执行案件 392 件，执行 329 件，执行率 83.93%，执行标的 239.04 万元，执行非诉案件 36 件，执行标的 25 万元。

2002 年，县人民法院共受理申请执行案件 286 件，执结 208 件，执结率 72.73%，执结标的 139.56 万元。对涉及抚养费、赡养费、劳动报酬等案件，优先予以执行。针对某些案件执行困难的问题，由院领导协调执行。

2003 年，县人民法院依法受理申请执行案件 426 件，执结 345 件，执结率 80.98%，执结标的 304.83 万元。10 月开展为期 20 天的执行大会战，执结案件 30 件，执结标的 4 万余元。依法强制执行了诉讼案件中影响较大的旧城改造拆迁案，北盘江镇金井学校修建教室案等。

2004 年，县人民法院受理执行案件 529 件，执结 484 件，执结率 91.5%，执结标的 475.151 万元。2004 年是县人民法院下决心扭转执行工作被动局面的一年，院领导亲自抓，执行局与人民法庭密切配合，抓出了实效。9 月，院长带领 30 余名干警与相关部门配合成功地执行一起政府征地的非诉行政案件，12 月又依法强制执行贵州紫金公司水银洞金矿诉张某某等 8 人侵权案件，出动干警 150 人（次）；帮助县农行清收 1998—2000 年发放的小额扶贫贷款 250 余万元。召开执行兑现大会 2 次，为 80 余名农民工兑现工资 20 余万元。

2005 年，县人民法院开展集中清理未结执行案件，执行款物活动，规范民事执行中查封、扣押、冻结、评估、拍卖、变卖财产行为，规范执行程序、提高执行效率，保证行政结果。全年共受理执行案件 319 件，执结 294 件，执结率 92.1%，执结标的 310 万元。

2006 年，县人民法院共受理执行案件 320 件，执结 298 件，执结率 93.12%，执结标的 670.4 万余元。其中和解 52 件。

2007 件，县人民法院受理申请执行案件 294 件（含非诉执行案件 66 件），执结 277 件（含非诉执行案件 64 件），执结率 94.2%，执结标的 418.03 万元。其中执行和解 63 件。

2008 年，县人民法院受理申请执行案件 240 件，执结 233 件，执结率 97.1%，执结标的 266.98 万元，其中执行和解和自动履行 126 件，占执行案件数的 52.5%。

2009 年，县人民法院受理申请执行案件 240 件，执结 228 件，执结率 96.5%，执结标的 850.61 万元，其中执行和解和自动履行 85 件，为执结案件数 37.2%。

2010 年，县人民法院受理申请执行案件 304 件，执结 292 件，执结率 96%，执结标的 1014.94 万元，其中自动履行 48 件，执行和解 89 件，和解率 30.48%。与上年同期相比，收案数增加 64 件。

1991 至 2010 年贞丰县人民法院正副院长名录一览表

表 5-3-1

职务	姓名	性别	民族	籍贯	任职时间
院　长	韦礼尧	男	布依族	贵州贞丰	1990 年 9 月—2002 年 12 月
副院长	梁绍金	男	汉　族	贵州仁怀	1987 年 10 月—1993 年 2 月
副院长	余元碧	男	布依族	贵州贞丰	1987 年 10 月—1993 年 5 月

续表 5-3-1

职务	姓名	性别	民族	籍贯	任职时间
副院长	龙大海	男	苗　族	贵州贞丰	1990 年 12 月—1997 年 9 月
副院长	胡成刚	男	汉　族	贵州贞丰	1993 年 4 月—1997 年 8 月
副院长	马孝元	男	回　族	贵州安龙	1997 年 9 月—2004 年元月
副院长	蒙万林	男	布依族	贵州贞丰	2000 年 12 月—2002 年 12 月
副院长	蒋正华	男	汉　族	重　庆	※ 2002 年 12 月—2003 年 2 月
院　长	蒋正华	男	汉　族	重　庆	※ 2002 年 2 月—2010 年 12 月
副院长	班荣琴	女	布依族	贵州贞丰	2002 年 12 月—2010 年 12 月
副院长	徐开阳	男	汉　族	贵州贞丰	2003 年 3 月—2007 年 3 月
副院长	潘建林	男	汉　族	江西波阳	2003 年 11 月—2004 年 12 月
副院长	向忠生	男	布依族	贵州贞丰	2007 年 3 月—2010 年 12 月
副院长	张修兴	男	回　族	贵州贞丰	2007 年 8 月—2010 年 12 月

说明：表中姓名右边对应任职时间栏有 ※ 者，为因违法违纪受到行政处罚或刑法处罚。

1991—2010 年贞丰县人民法院审（执）结各类案件统计表

表 5-3-2

年度	刑事（件）	民事（件）	经济（件）	行政（件）	执行（件）	再审（件）	小计（件）
1991	126	345	34	5	111	—	621
1992	115	358	56	14	127	—	670
1993	91	401	35	16	316	5	864
1994	98	557	29	7	370	10	1071
1995	112	667	109	14	566	—	1468
1996	147	533	283	35	924	—	1922
1997	113	756	338	9	1188	4	2408
1998	108	648	45	4	611	2	1418
1999	147	605	76	16	347	10	1201
2000	132	444	18	2	315	4	915
2001	140	549	—	7	329	2	1027
2002	146	700	—	14	208	11	1079
2003	150	497	—	11	345	9	1012
2004	158	448	—	9	484	6	1105
2005	179	513	—	6	294	3	995
2006	128	557	—	9	298	2	994
2007	136	522	—	8	277	—	943
2008	161	635	—	11	233	—	1040

续表 5-3-2

年度	刑事（件）	民事（件）	经济（件）	行政（件）	执行（件）	再审（件）	小计（件）
2009	147	903	—	14	228	—	1292
2010	223	896	—	8	292	—	1419
合计	2757	11534	1023	219	7863	68	23464

说明：经济案件从 2001 年后划为民商事案件进行统计

第四章　司法行政

1981 年，县政府根据国务院批转司法部《关于迅速建立省属市（地区）县司法行政机构请示报告》的精神，正式成立贞丰县司法局。县司法局成立初期租房办公，1985 年在南大街建办公楼；1994 年重新购买油榨街的一栋楼房办公；2005 年迁至永丰大道珉谷镇司法所办公楼办公。1990 年司法局设有办公室、公证处、法律顾问处、法制宣传科及基层管理科，1999 年成立法律援助机构，2002 年 3 月，按“三定”方案，各乡镇配有司法所长、司法助理员，全县司法行政编制职数为 31 人，工勤人员 3 人。2010 年，司法局内设机构增设社区矫正工作管理股，在领导职数方面除原来的局长、副局长、政工科长外，增设党组书记，机关党委书记，纪检组组长领导职数。2007 年，按照中央、省关于加强基层司法所建设的精神，建成珉谷、龙场、连环、挽澜、小屯、者相、北盘江、长田、鲁贡等 10 个乡镇建司法所办公楼，2008 年建成平街和鲁容两个司法所办公楼，2009 年建成白层司法所办公楼。

第一节　法制宣传

从 1985 年起，国家司法部每五年制定一次普及法律工作规划。到 1991 年，已是“二五”普法时期。

“二五”普法　1991 年，按照司法部制定的《关于在公民中开展法制宣传教育的第二个五年计划》的精神，根据县委指示，充实、调整县普法领导小组成员，开展“二五”普法工作。县普法办制定全县“二五”普法规划报县第九届人大常委会第七次会议审议通过。县人大常委会作出《关于在全县公民中开展法制宣传教育第二个五年计划的决议》，将普法工作纳入议事日程。全县各乡镇、县属机关、厂矿企事业单位先后充实、调整普法领导小组，负责开展普法工作。全县共征订普法学习资料 2466 册，印发普法宣传教育资料 2473 册。

1992 年，县委、县政府抽调县直机关干部 152 名赴全县 13 个乡镇，281 个村开展普法教育工作，培训普法骨干 352 名，发放普法资料《十法两条例》1000 册。

1993 年，开展以宣传普及《宪法》为核心、普及专业法为内容的普法工作。全县共征订普法学习资料《农民法律知识读本》2000 册，《法律法规选编》300 册。

1994 年，重点组织公民学习《农民法律知识读本》《土地管理法》《矿产资源法》《税法》《环境保护法》等专业法律。9 月普法办统一出题，组织干部职工参加法律知识考试。全县 2400 人参考，参考率 100%。

“三五”普法 1996 年，中宣部、司法部制定第三个五年法制宣传教育规划，省州对“三五”普法工作作了安排。根据中央、省、州关于开展法制宣传教育第三个五年规划精神，县司法局制定《关于在全县公民中开展法制宣传教育第三个五年计划的决议》，县委批转全县执行，对“三五”普法领导小组成员进行调整，由县委副书记潘新任组长，常务副县长冯云弟、县人大常委会副主任王定元、县委宣传部部长余光黔任副组长。是年，全县共购买普法学习资料《法律法规选编》615 册，《社会主义法制建设基本知识读本》519 册。

1997 年，共培训普法骨干 15 期 123 人。印发普法宣传资料 1500 份，征订“一书四法两条例”1020 册，到学校上法制课 15 次，组织全县干部参加《行政监察法》统一考试，1300 人参考。

1998 至 1999 年，重点抓干部学法用法。县委作出《关于开展依法治县工作的实施意见》，1999 年 12 月 20 日至 25 日，县普法办组织全县行政事业单位副股级以上领导干部进行法律知识考试，3000 人参考，考试内容：《宪法》《选举法》《行政处罚法》《国家赔偿法》《行政复议法》等法律法规。2000 年，对“三五”普法工作进行总结验收。

“四五”普法 “四五”普法的目标：进一步增强全体人民的法律素质。2001 年 4 月，县委调整“四五”普法领导小组，县委书记安金黎任组长，县委副书记、县长王立辉任副组长，司法局局长梁光吉任办公室主任。县司法局根据中央、省、州第四个普法五年规划的要求，制订《关于开展普法依法治县工作第四个五年计划》，同年 10 月，县委、县政府召开全县副股级以上领导干部会议，对“四五”普法工作进行安排和动员。

2002 年，县司法局牵头，成立普法讲师团，公安、检察、法院参与到各单位、乡镇上法制课，举办法制讲座。县政府拨普法经费 1.8 万元，用于购置普法资料、普法设备，举办了 1 期 WTO 法律知识讲座，培训科局级领导干部。

2003 年，司法局将 25 个单位列为普法“示范点”，推动全县的普法工作。征订普法学习资料 4160 册发全县干部职工。12 月，组织全县干部职工进行法律知识考试，4800 人参考，参考率 100%。

2004 年，组织领导干部学习《交通安全法》《行政许可法》《宪法》，动员各单位、乡镇订《法制日报》350 余份，订《人民法院报》《公安报》等 110 余份，订《道路交通安全法》1400 余份，《人口与计划生育》2000 余份，《行政许可法》100 余册。县普法办与宣传部组织全县副科级以上领导干部进行《行政许可法》培训考试。

2005年，开展“四五”普法验收工作。全年共有8名司法干部任法制副校长，上法制课共218人次。

刻录《道路交通安全法》宣传教育光碟680余套，共2000余张。发到全县各乡镇、行政村及机关、学校。与贞丰县妇联在县城街心花园设摊宣传。发放法律法规资料1000余份，对《妇女权益保护法》《婚姻法》《婚姻法律知识问题解答》《女职工劳动保护条例》《黔西南州儿童发展规划》等进行宣传。配合县妇联、县信访局、县综治办、县纪委开展法律法规宣传教育活动，出动宣传车巡回13个乡镇16个场坝宣传49台次，发放宣传资料7000余份，受教育10万余人次。举办法制宣传栏6期，宣传法律10部，接待咨询群众2100余人次。

“五五”普法　2006年“五五”普法工作启动，根据全国普法办开展“法律进社区”的要求，结合贞丰实际，在县城老城社区开展“法律进社区”活动。4月26日举行“法律进社区”启动仪式，为社区捐赠价值5000余元的260本书籍。与“三农”服务队共同开展送法下乡活动，与县人民法院分别到鲁容乡孔索村和小屯乡集贤村开展“巡回法庭”就地审案，以案释法。

2007年，根据“五五”普法规划的要求，明确26个普法成员单位的工作职责。开展“法律六进”活动。

举办副股级以上领导干部培训班两次，组织全县行政执法部门人员参加《物权法》等行政法律法规培训。与县法制办举办行政复议听证会等活动。2007年组织全县干部职工参与法律知识考试5640人次。

2008年初，县委、县政府印发《贞丰县2008年普法依法治理工作安排意见》的通知，就全县2008年普治工作从6个方面作安排和部署，在全县开展“法律六进”活动。

全年县普法办共出动宣传车26辆（次），发放宣传资料2000余份，《农民工维权手册》1500余份，举办宣传栏8期，宣传法律法规10余部，受教育人数10万余人。组织全县干部职工近6000人（含非公有制企业职工）参加学法用法考试。

2009年，开展法制宣传教育，推进依法治理，创建“平安贞丰”。

一是以法律进机关、单位为载体，抓领导干部、公务员学法用法。全县公务员通过自学、集中学习、听取讲座、观看法治专题片等形式学法。全县6000余人参加州领导干部学法用法考试，发放学习资料4000余册。二是以法律进学校为载体，注重青少年学法。全县各中小学合理安排法制课，并将青少年学生的法制宣传教育融入法律知识竞赛、专题班会、社会实践等活动中，利用黑板报、校园广播、警示牌宣传法律常识。三是以开展“三下乡”为平台，开展“送法下乡”活动，向广大人民群众宣传有关法律法规知识，免费发放30余种法律法规知识手册及宣传材料5万余份。

县司法局利用县委党校和行政学校开展对全县村支部书记、主任和乡镇及县直部门干部培训机会，召开普法骨干培训会，共对450余人进行普法依法治理培训。县（乡）两级共举办普法依法治理培训 30 期，参训人员 2500 人次。

2010 年是“五五”普法工作的验收之年，又是全省开展“法治县（市）”的创建之年，为开展好“五五”普法的各项工作，迎接国家、省、州的验收和做好“法治县（市）”创建工作，一是制定《2010 年贞丰县“五五”普法依法治理工作安排意见》下发到全县十三个乡镇和县直各部门。对全县的普法依法治理工作作出安排、部署和落实。二是对全县 13 个乡镇进行一次“五五”普法中期督导检查。组织 4 个宣讲组分赴全县 13 个乡镇 18 所中学上法制课，听法制课师生 25000 余人。三是制定“五五”普法验收标准及方案，对全县 13 个乡镇和县直部门“五五”普法工作进行验收验收。

第二节　民事调解

1991 年 1 月后，贞丰县人民调解工作贯彻落实党和国家的各项方针、政策，按照中央平安建设的要求，推进和规范人民调解工作，发挥调解工作化解矛盾纠纷、维护社会稳定的职能作用。

一是人民调解组织形式进一步创新。在建立健全村（居）人民调解委员会的基础上，建立健全乡镇、街道人民调解委员会、企事业单位调解委员会，出现了消费者协会、残疾人联合会、集贸市场、经济开发区、物业管理小区、房地产开发区等区域性、行业性的人民调解组织。

二是人民调解员队伍素质提高，结构改善。县司法行政机关通过开展示范培训、岗位培训、年度培训，使人民调解员基本掌握调解民间纠纷的一般方法，能够规范制作人民调解协议书，乡镇街道的人民调解员能够熟练地运用法律知识调解疑难、复杂的民间纠纷，吸收离退休法官、检察官、律师、法律服务工作者以及具有专业技能的在职人员参加人民调解员工作。

三是调解工作范围拓宽，化解矛盾纠纷能力增强。人民调解员积极调解婚姻、家庭、邻里、损害赔偿、房屋宅基地以及生产经营等常见性、多发性民间纠纷，主动介入村务管理、农民负担、计划生育、土地承包及流转、征地拆迁和补偿、施工扰民、下岗待业、劳动争议、交通肇事、医患纠纷等社会难点、热点纠纷的调解。

四是人民调解工作规范化建设取得进展。各类调解组织基本上达到有工作场所、标牌、印章、调解文书、统计台账的“五有”要求和组织、制度、工作、报酬“四落实”标准，并逐步实现人民调解委员会标牌、印章、人民调解标识、程序、制度、文书“六统一”。

20 年来，在各级调解发挥职能作用。从 1991 年至 2010 年 12 月，共调处各类民间纠纷 22544 件，调解成功数 21702 件，其中：婚姻纠纷 3635 件；继承纠纷 1496 件；赡扶抚养 1191 件；邻里纠纷 3659 件；房屋宅基地纠纷 1898 件；债务纠纷 2196 件；生产经营纠纷 3273 件；赔偿纠纷 2720 件；其他纠纷 2476 件。防止引起自杀的民间纠纷 10 件；防止转化为刑事案件的民间纠纷 158 件；制止群众性械斗 158 件；防止群体性上访 18 件。预防了各种违法犯罪的发生，减少了诉讼，有效地维护了社会稳定。

2008 年，开展人民调解组织的规范化建设。根据司法部《人民调解若干规定》和《人民调解委员会组织条例》有关规定，在各乡镇、村（居）委会、社区以及人员较多的企事业单位成立了人民调解委员会，把为人公正、热心于人民调解工作、具有一定政策和法律知识者聘任为人民调解员。村级整合前全县共有人民调解委员会 323 个，有调解员 1896 人；村级整合后共有人民调解委员会 186 个，有调解小组 282 个，有调解员 1160 人。按照“五有、四落实”的标准，全县有 186 个调解委员会雕刻了印章，141 个人民调解委员会制作标识牌，13 个乡镇调解室悬挂人民调解标识。

1991 年至 2010 年贞丰县司法局调解民间纠纷情况统计表

表 5-4-1

年度	总数	成功数	婚姻家庭			邻里	房屋宅基地	债务	生产经营	赔偿	其他	防止引起自杀的纠纷	防止转化为刑事案件的纠纷	制止群众性械斗
			婚姻	继承	赡养抚养									
1991	1021	1010	165	85	46	212	98	101	147	103	64	—	18	21
1992	1128	1100	172	61	52	220	101	98	164	110	150	—	21	25
1993	1210	1186	151	71	65	197	123	132	168	158	145	—	18	21
1994	1225	1200	160	68	73	201	134	138	173	146	132	—	14	16
1995	1198	1150	175	64	75	196	111	121	169	151	136	—	10	8
1996	1108	1085	187	61	69	178	98	112	148	131	124	—	15	5
1997	1165	1110	182	78	71	180	112	120	150	135	137	—	—	—
1998	1179	1145	176	76	67	181	120	123	160	134	142	—	5	8
1999	1219	1185	183	81	71	182	121	137	161	145	138	—	10	12
2000	1258	1200	185	82	73	188	120	136	173	156	145	—	—	—
2001	1344	1300	238	87	84	176	115	121	195	186	142	—	12	7
2002	1406	1325	241	85	81	183	124	115	223	198	156	—	13	9
2003	1313	1248	248	84	87	223	102	120	182	152	115	6	11	14
2004	1024	982	150	67	53	210	88	118	162	140	36	4	11	—
2005	1113	1071	186	61	55	234	90	89	150	123	125	—	—	7
2006	1633	1273	315	150	113	220	46	169	201	186	233	—	—	5
2007	940	935	144	82	56	262	105	34	69	112	76	—	—	—
2008	876	856	135	—	—	124	64	62	166	88	237	—	—	—
2009	571	553	121	—	—	92	26	62	155	72	43	—	—	—
2010	613	698	121	153	—	—	—	88	157	94	—	—	—	—
合计	22544	21702	3635	1496	1191	3659	1898	2196	3273	2720	2476	10	158	158

第三节　帮教刑释人员

1999 年 3 月 4 日，成立贞丰县刑释解教人员安置帮教工作协调领导小组，县刑释解教人员安置帮教工作领导小组由县委常委、政法委书记曾祥刚担任组长，县司法局局长蒙万林、县公安局局长李降能担任副组长，成员单位有县人事劳动局、县民政局、县妇联、县工商局、县团委等单位负责人。领导小组下设办公室，由县司法局局长兼任办公室主任。由县司法局基层科负责日常工作。为把刑释解教人员安置帮教组织引向基层，县委办公室、县政府办公室下发《关于成立乡镇刑释解教人员安置帮教工作领导小组及接待室》的通知。要求各乡镇成立刑释解教人员安置帮教工作领导小组及接待室，明确领导小组由乡镇分管政法工作的副书记、副乡长、政法委书记、派出所所长、民政办主任、妇联主席、综治办主任、司法助理员组成，并由分管政法的副书记任组长，由乡镇综治办人员和司法助理员负责日常工作。

县刑释解教人员安置帮教领导小组成立后，由于机构人事变更和加强工作需要及时作充实和调整，由县委副书记任组长，县人民政府常务副县长，县政法委书记，县公安局局长，县人大常委会副主任，县政协副主席任副组长；成员单位有县总工会、县人民检察院、县人民法院、县政法委、县司法局、县组织部、县统战部、县民宗局、县工商局、县国税局、县地税、县民政局、县财政局、县妇联、团县委、县公安局看守所主要领导。1999 年至 2010 年，贞丰县累计接收安置帮教 1738 人，给予继续帮助教育 1265 人，过渡性安置 1092 人，帮教率达到衔接总数 69.5%，安置率达到衔接总数 100%。

1999 年至 2010 年贞丰县刑释解教人员统计表

表 5-4-2

年份	刑释解教人员（人）	其　中		帮教人员（人）	帮教率（%）	安置人员（人）	安置率（%）	托管人员（人）
		刑释人员（人）	解教人员（人）					
1999	43	36	7	35	81	35	81	8
2000	119	98	21	88	74	85	71	23
2001	148	128	20	132	89	132	89	36
2002	106	85	21	84	79	106	100	32
2003	111	94	17	98	88	90	81	38
2004	213	180	33	197	92	165	77	16
2005	182	146	36	102	56	155	85	80
2006	92	65	27	86	93	—	—	—

续表 5-4-2

年份	刑释解教人员（人）	其中		帮教人员（人）	帮教率（%）	安置人员（人）	安置率（%）	托管人员（人）
		刑释人员（人）	解教人员（人）					
2007	149	112	37	89	60			
2008	189	152	37	103	54	103	54	86
2009	166	143	23	101	60	101	60	70
2010	220	200	20	150	68	120	54	70
合计	1738	1439	299	1265	73	1092	62	459

说明：因县刑释解教人员安置帮教协调机构于 1999 年 3 月 4 日组建，故从 1999 年开始统计，1991 年至 1998 年无据可查。

第四节　律师事务

1991 年至 2010 年，贞丰县法律服务机构逐步健全，先后建立律师事务所、中心法律服务所、部分乡镇法律服务所、“12348”法律服务专线电话和开展法律援助工作。法律服务业务范围逐步扩大，法律服务水平不断提高，加快了依法治县进程。

一、律师事务所

律师事务所是为社会提供法律服务的执业机构。1991 年 9 月，为适应社会发展，将法律顾问处更名为春祥律师事务所，从业律师 5 人，2007 年至 2010 年从业律师 3 人。春祥律师事务属于司法行政管理与律师行业管理相结合的机构。业务收费实行财政全额管理，对办案人员依照规定给以适当补贴。

1991 年至 2010 年春祥律师事务所工作情况统计表

表 5-4-3

年份	刑事辩护（件）	民事代理（件）	法律咨询（人次）	代书（件）	担任常年法律顾问
1991	20	19	14	48	县消防　县关协　县联社　县政府　安坝公路　县税务局
1992	18	11	24	29	县消防　县关协　县联社　县政府　安坝公路　县税务局
1993	18	22	4	70	县政府　县税务局　县供销社　县二建司 县粮油贸易公司　县保险公司　州丰茂实业公司
1994	18	21	31	20	县保险公司及多家私营企业
1995	14	20	36	5	沙坪乡政府
1996	29	34	48	9	—

续表 5-4-3

年份	刑事辩护（件）	民事代理（件）	法律咨询（人次）	代书（件）	担任常年法律顾问
1997	23	56	43	3	—
1998	30	39	48	10	—
1999	35	63	36	15	—
2000	22	54	41	21	—
2001	37	54	38	23	—
2002	5	12	31	22	县政府　县开发区工委　小峰修理厂　县糖厂
2003	7	10	56	22	县政府　县开发区工委　小峰修理厂　县糖厂
2004	11	5	—	—	—
2005	8	19	—	—	—
2006	4	17	40	15	—
2007	3	19	42	10	移民局　房产局　供电局
2008	6	20	50	15	—
2009	5	22	55	20	—
2010	6	26	60	30	—
合计	319	543	697	387	—

二、基层法律服务工作

根据中华人民共和国司法部令第 59 号《基层法律服务所管理办法》、第 60 号《基层法律服务工作者管理办法》的规定，1998 年以后，先后成立贞丰县中心法律服务所、贞丰县珉谷镇法律服务所、贞丰县龙场镇法律服务所、贞丰县北盘江镇法律服务所、贞丰县白层镇法律服务所、贞丰县鲁贡镇法律服务所共 6 个法律服务所。法律服务所实行自收自支，其业务由司法局基层股指导和管理。2008 年，共有法律服务工作者 22 人；2009 年至 2010 年，有 20 人。基层法律服务所主要业务：（一）应聘担任法律顾问；（二）代理参加民事、经济、行政诉讼活动；（三）代理非诉讼法律事务；（四）主持调解纠纷；（五）解答法律询问；（六）代写法律事务文书；（七）协助办理公证事项；（八）协助司法助理员开展法制宣传教育和其他有关业务工作。

三、“12348”法律服务专线工作

2000 年 8 月 22 日县司法局正式开通“12348”法律服务专线电话，办公室设在司法局基层股。“12348”热线平台为群众提供及时、高效、快捷的法律咨询和法律援助，至 2010 年，“12348”法律服务专线共接听解答咨询电话 18600 人次，共接待来信来访 2370 人次。

1995 年至 2010 年贞丰县基层法律服务所工作情况统计表

表 5-4-4

年份	民事经济行政代理（件）	法律援助（件）	非诉讼（件）	代书（件）	法律顾问（个）	法律咨询（人次）	法律工作者人数
1995	4	—	—	6	—	—	3
1996	5	—	—	20	—	20	6
1997	9	—	3	27	—	30	7
1998	115	8	18	76	—	88	10
1999	128	11	20	98	—	112	15
2000	135	14	21	115	—	148	22
2001	138	16	15	136	—	156	22
2002	146	18	22	143	—	—	25
2003	210	33	38	152	—	292	29
2004	131	21	35	253	3	261	29
2005	153	25	25	85	4	250	32
2006	148	35	27	98	—	180	29
2007	150	43	35	95	—	198	29
2008	110	85	45	135	0	265	22
2009	125	93	40	148	0	360	20
2010	160	108	35	172	0	480	20
合计	1867	510	379	1759	7	2840	320

说明：1995 年以前未建立基层法律服务所

四、法律援助

法律援助是由政府设立的法律援助机构组织法律援助人员和社会志愿人员，为某些经济困难的公民或特殊案件的当事人提供减、免费的法律帮助，以保障当事人合法权益得以实现的一项司法救济制度。

1999 年 5 月成立法律援助中心，2002 年 3 月，县“三定”方案将法律援助列编为司法局的内设机构，代表司法行政机关履行指导、监督、实施和组织法律援助工作的职能。2003 年至 2010 年，先后在县残联、珉谷、龙场、北盘江、鲁贡、白层五镇设立法律援助工作站。

法律援助资金主要由政府拨款和社会捐助。此外，还有律师、公证员、基层法律服务人员的捐款。自 2005 年起，国家对西部欠发达地区实行年度定额补贴，法律援助经费保障明显提高。

法律援助范围,《贵州省法律援助条例》规定为:（1)刑事案件;（2)请求给付赡养费、抚养费、扶养费;（3）请求给付抚恤金、救济金、社会保险、劳动报酬;（4）因公受伤请求赔偿;（5）残疾人、未成年人追索侵权赔偿;（6）请求国家赔偿;（7）其他法律援助事项。

1999 年至 2010 年贞丰县法律援助情况统计表

表 5-4-5

年份	人民法院指定辩护的刑事案件（件）	民事经济行政案件代理（件）	代书（件）	法律咨询（人次）
1999	5	3	2	—
2000	6	3	3	—
2001	10	5	3	—
2002	14	6	4	—
2003	30	3	2	500
2004	53	5	3	700
2005	70	16	7	900
2006	28	32	7	300
2007	37	42	12	400
2008	31	114	30	150
2009	17	121	40	160
2010	29	100	42	166
合计	330	450	155	3276

“12348”法律服务　是全国法律服务专用电话号码的尾号，寓意为“寻求法律帮助请找司法行政机关”。“12348”法律服务机构，是由司法行政机关开设和运行特定的电话专线，统一指挥调度律师、公证员、基层法律服务组织和乡镇司法所，面向广大群众和社会组织，提供方便、快捷、高效的法律咨询和各方面的法律服务。

2007 年，贞丰县法律援助中心把“应援尽援，实现全覆盖”作为工作目标。共受理法律援助案件 123 件，比 2006 年受理案件增多 58 件。1992 年 11 月机构改革，正式设置法律援助工作管理股，与贞丰县法律援助中心一起，挂两块牌子、一套人员。主要职责是管理全县法律援助工作，开展法律援助宣传，接受法律援助申请，办理部分法律援助案件。2008 年法律援助民事案件 74 起、刑事案件 41 起；2009 年法律援助民事案件 82 起、刑事案件 39 起；2010 年民事案件 96 起、刑事案件 31 起。

第五节　公证业务

一、公证执业机构

1981 年 5 月，贞丰县依法建立公证处。按照 1982 年 4 月 13 日国务院颁布的《公证暂行条例》规定，公证处受司法行政机关的领导，公证处之间没有上下隶属关系。公证处虽然是国家机关，属于法人组织，但不是同级司法行政机关的内设机构。1991 年元月 18 日，贞丰县编制委员会根据省、州编委相关文件精神，确定县公证处为科局级。贞丰县公证处自组建以后，注重建章立制，完善档案管理，拓展公证服务，开展各项公证法律服务。

二、公证队伍建设

1981 年，贞丰县公证处成立时配备 2 名至 3 名公证工作人员。1993 年至 1997 年，公证处有 3 人，其中，四级公证员 2 人，内勤 1 人。2008 年，公证处只有 1 人，即主任 1 人，其余人员全部改行或调离。

三、公证业务

（1）证明法律行为；（2）证明有法律意义的文书；（3）证明有法律意义的事实；（4）证明债权文书具有强制执行效力；（5）辅助性业务。县公证处严格按照贵州司法厅核准规定的公证业务范围，办理国内民事公证和经济公证两大类业务。民事公证业务主要有：委托书、声明书、遗嘱、赠予、继承权、收养、遗赠抚养、计划生育、财产分割、民间借贷、房屋租赁、房屋买卖、房屋拆迁补偿、婚前财产约定、夫妻财产约定、监护、典当、赔偿、文书的签名、印鉴属实、文书的副本、节本、译本、影印本与原本相符以及其他涉及民事权利义务的协议合同（契约）；经济公证业务主要有：企业的租赁、承包、兼并、企事业法人组织章程、法人资格、资信证明、股份有限公司创立、股权转让、乡镇企业股份合作、国有土地使用权转让、出让、耕地使用权拍卖、土地、山林承包、建筑安装工程合同、贷款抵押、购销、加工承揽、货物运输、财产租赁、抵押、担保、招标、拍卖、种植承包、养殖承包、赋予债权文书具有强制执行效力以及其他各种经济合同。

1998 年、1999 年两年，县公证处办理全县的烤烟产购合同公证。烤烟收购时，公证人员到现场监督烟草部门按合同收购，防止压级压价，切实保护了烟农的合法利益。2008 年至 2010 年期间，贞丰县在基础建设中需要大量的移民搬迁及征用土地，为体现公平公正，贞丰县公证处投身于全县 13 个乡镇移民耕地长期补偿协议公证业务、土地征收公证事务，为党委政府解决难题，同时也保护了农户的合法权益。

1991 年至 2010 年贞丰县司法局局长名录一览表

表 5-4-6

职务	姓名	性别	民族	籍贯	任职时间	备　注
局长	曾祥刚	男	汉　族	贵州贞丰	1991 年至 1993 年 3 月	1987 年开始任
	蒙万林	男	布依族	贵州贞丰	1993 年 3 月至 2000 年 3 月	—
	梁光吉	男	布依族	贵州贞丰	2000 年 3 月至 2007 年 3 月	—
	徐开阳	男	汉　族	贵州贞丰	2007 年 3 月至 2010 年 10 月	—
	余忠彬	男	布依族	贵州贞丰	2010 年 10 月至	—

第五章　军　事

1991 年至 2010 年，县境内军事单位有中国人民解放军贵州省贞丰县武装部、13 个乡镇武装部、中国人民解放军兴义陆军预备役步兵某部、中国人民武装警察部队贵州省贞丰县中队、贞丰县公安局消防大队。军事单位发扬人民军队光荣传统和优良作风，在军事和参加贞丰县经济社会建设、维护社会稳定工作上取得了新成绩。1992 年 12 月，驻贞丰的武警中队荣立三等功；1995 年 4 月，贞丰县武装部被评为文明单位，受到中共贵州省委、省人民政府表彰；2006 年贞丰县公安局消防大队被评为先进基层党组织，受到贵州省公安消防总队表彰。

第一节　军事机构

一、县级机构

1986 年 6 月至 1996 年 3 月，贞丰县人民武装部不再隶属军队序列编制，归地方建制，称贵州省贞丰县人民武装部（以下简称县人武部），为副县级单位，机构职能不变，实行地方和军队双重领导。下设办公室、军事科、政工科。

1994 年 4 月，中共贞丰县委员会印发《关于调整充实中共贞丰县委人民武装委员会成员的通知》。调整后的人民武装委员会，由王安会（县委书记）兼任主任，严世涛（县长）、冯云弟（副县长）、申世贵（预备役二团团长）、武治友（县人武部部长）、张正全（县人武部政委）兼任副主任，委员由有关部门负责人 18 人组成，委员会下设办公室于县人武部，由杨明高兼办公室主任，韩永发、付东亚、刘志军兼办公室副主任。

1995 年，县人民武装委员会人员发生变动，调整充实后的贞丰县人民武装委员会主任由安金黎（县委书记）兼任，增加余兴权（县委副书记）兼副主任，成员由有关部门负责人 16 人组成。委员会办公室地点不变。

1996 年 4 月 1 日，按照中共中央、国务院和中央军委《关于县（市、区）人民武装部收归军队建制的通知》，贞丰县人武部收归军队建制，改称“中国人民解放军贵州省贞丰县人民武装部”，为正团级单位。设部长、政治委员和副部长各一名。下设政工科、军事科和后勤科，设科长及其相应干事、参谋和助理各一名。县人武部由军分区领导，工作重心转向军事方面。6 月 18 日，根据贵州省国防动员委员会第一次全体会议精神，成立“贞丰县国防动员委员会”。主任由县人武部部长武治友担任，副主任由王天恒、王立辉、冯云弟、张正全、向德全、韩永发、李正全、黄吉文担任，付东亚、马成明为委员。委员会下设：人民武装动员、经济动员、人民防空、交通战备 4 个办公室，办公室主任分别由县人武部军事科长、县计划局局长、县政府办公室副主任、县交通局局长兼任，办公地点分别设在各办公室主任所在的办公室。

1997 年，调整后的贞丰县国防动员委员会组成人员，由安金黎（县委书记）任第一主任，武治友（县人武部部长）担任常务副主任，副主任由王天恒、王大文、冯云弟、张正全、向德权，秦廷书、余光黔、韩永发、李正全、农庆国担任，委员由有关部门负责人 15 人组成。

1998 年，贞丰县对国防动员委员会领导班子作调整充实，工作正常开展。

2004 年 9 月，贞丰县人武部按照中共中央、国务院和中央军委指示，对人员编制进行精减。设部长、政治委员和副部长各一名。下设政工科、军事科和后勤科，各设科长一名，其中军事科长由副部长兼任。

2007 年，贞丰县国防动员委员会，由县委书记担任第一主任，主任由县委副书记、县人民政府县长担任，常务副主任由县人武部部长邓贵川担任，副主任由李正全、邹浩、曾立、贺春秀 4 人担任，委员由有关部门负责人 24 人组成。委员会下设办公室，新增国防教育办公室（以下简称国防办），办公室设在县人民政府，县人民政府办公室副主任兼任国防办主任。

根据党管武装的原则，由中共贞丰县委书记兼任县人武部第一书记，县长兼任武装委员会、国防动员委员会主任，县人武部政委或部长任县委常委。

二、基层机构

1991 年 3 月，贞丰县撤区建镇并乡工作全部完成，原 7 个区（镇）武装部，36 个乡武装部被撤销，新设 13 个乡（镇）武装部，配部长或副部长 1 名，干事 1~2 名。乡（镇）武装部长参加同级党委，接受当地党委领导和县人武部业务指导。

三、驻军

（一）武警贞丰县中队

中国人民武装警察部队贵州省总队贞丰县中队，隶属中国人民武装警察部队黔西南州支队和贞丰县公安局双重领导，执行逮捕、看押罪犯、维护社会治安秩序等任务。

（二）预备役步兵师某部

1983 年 5 月 1 日，贞丰县组建中国人民解放军兴义陆军预备役步兵某部，其前身为中国人民解放军昆明军区预备役某部，按部队编制。兴义陆军预备役步兵某部以在役军人为骨干，以转业退伍军人和基干民兵为基础，组织、工作、训练和编组上，初步实现民兵制度与预备役制度、平时民兵工作与战时兵员动员工作相结合。1998 年，奉命撤销其建制、营房移交贞丰县人武部管理使用。

（三）武警贞丰县消防大队

1982 年 8 月，成立贞丰县公安局消防科。设科长 1 名，干警 2 名。1997 年 9 月，成立贞丰县公安局消防大队，为现役军人，隶属黔西南州消防支队，接受州消防支队和县公安局双重领导，正营级建制。设大队长 1 名，参谋长 3 名。2002 年，增设政治教导员 1 名。2005 年，消防大队共有官兵 5 人；2006 年，有官兵 8 人，2007 年至 2010 年，有官兵 6 人。配有消防协助车和行政车。主要负责全县的消防安全管理，灭火、火灾调查、抢险救援等工作。

四、军事设施

1995 年，贞丰县人武部对营区环境进行一次美化。2000 年，对营区外部、内部设施进行修缮。2002 年，改造食堂、娱乐室、会议室、增添 1 台电脑等部分办公设备。2003 年，建设多媒体作战室，重建民兵训练基地 2484.95 平方米。2004 年，贵州紫金矿业股份有限公司支援 2 万余元，为干部俱乐部添置背投、调音台等设备。2006 年，加强民兵训练基地建设、人民防空建设。

2003 年，贞丰县根据上级的要求，增设人防音响警报器（位于县政府大楼、县供电局、白层糖厂）。每年 10 月份依法组织防空警报试鸣。2004 年，根据黔西南州人民政府办公室转发州人民防空办公室《关于黔西南州人民防空结合民用建筑修建防空地下室工作实施办法的通知》，贞丰县进一步规范人民防空工作，加强做好军事斗争人民防空应急准备工作，推进防空防灾一体化，推进人民防空、交通战备法规化建设；加强人防、交通战备机关和队伍建设。在县城开展防空演练活动，增强县城居民的防空意识，人民防空工作有一定发展。

第二节　国防教育

一、教育活动

中共贞丰县委为加强全民国防教育，根据《关于落实地、县两级国防教育办事机构及有关问题》精神，1993 年，成立贞丰县国防教育办公室。办公室设在县人武部，编制 2 人，由县人武部军事科抽人兼任办公室主任。主要任务是贯彻执行上级文件精神，制定全民国防教育实施方案，并组织开展全民国防教育工作。

1994 年，贞丰县全民国防教育领导小组成员发生变动，通过调整充实。组长由县委常委、副县长兼任，副组长由县委常委、宣传部部长，县委常委、县人武部政委，县人民政府办公室主任 3 人兼任，成员由有关部门负责人 11 人组成。2002 年以后，贞丰县全民国防领导小组为常设机构，但无编制，成员均为兼职，无固定任届期，干部变动时，及时调整充实。

贞丰县国防教育领导小组成立后，以提高全民国防观念为重点，结合县情，围绕爱国主义开展形式多样的国防教育活动。1997 年，在香港回归祖国时，组织贞丰县民族中学 1000 多名师生参加“迎接香港回归，纪念建军 70 周年”全国国防知识竞赛。使全校师生受到一次爱我中华国防教育，增强国防意识。2002 年以后，以每年开展征兵工作为契机，在全县 13 个乡（镇）采用广播、电视以及利用赶集天发放宣传资料等多种形式，开展国防教育工作，宣传《中华人民共和国兵役法》和《征兵工作条例》，开展国防教育和爱国主义教育，增强干部群众的国防观念和适龄青年依法服兵役的自觉性。通过国防教育，激发干部群众的爱国热情，增强国防意识，自觉把保家卫国为己任，不少在外务工的青年回乡报名应征入伍。也有部分青年主动放弃家庭的优越条件踊跃报名应征。

二、拥政爱民

1991 年后，贞丰县人民武装部把扶贫帮困作为新时期执行党的基本路线的实际行动，是继承和发扬人民军队拥政爱民、全心全意为人民服务的具体体现。1998 年，贞丰县人武部针对扶贫联系点长田乡细汆村不通电的实际，投入资金 6 万元，组织群众集资 11 万元，协调贞丰县供电局申请黔西南州人民政府帮助，投资 27.68 万元架设输电线路。至 1999 年年底，实现全村户户通电。是年春节，贞丰县人武部给长田乡细汆村部分特困户每户送去 2.5 千克至 5 千克猪肉。部长武治友送给特困户胡某家 300 元，把胡某家作为帮扶重点。

2000 年，贞丰县人武部筹集资金 26.92 万元，组织细汆村村干部群众投工投劳，实施人畜饮水工程，2001 年 7 月竣工。帮助细汆村 422 户 1693 人、600 余头（匹）牲畜解决饮水问题。工程竣工时，细汆村群众立“军民鱼水”的石碑作纪念。

2002 年，贞丰县人武部与省水利厅协调，解决秦家湾水库建设资金 20 万元；3 月，挤出资金 5 万元，给秦家湾退伍军人综合林场修路、建房，为林场应急分队制作 60 套训练服，与县扶贫办、县红十字会协调，给鲁容乡卡务村送去 4 吨大米及一些衣物。并明确 1 名干部 1 名职工蹲点帮扶卡务村，使该村 20 多名失学儿童重返校园。

2003 年，协调资金 30 万元，为卡务村新修 18 千米通村路。在“两基”工作中，送卡务小学新桌椅 20 套，送给贫困户大米 3000 千克。是年，为新老扶贫点协调桌椅、板凳 780 套，并实施 321 工程（部长、政委每人扶持 3 名，副部长、科长每人扶持 2 名，一般干部每人扶持 1 名贫困儿童入学），全年共帮扶 14 名贫困学生和一个 40 人的女童班。帮助 110 户基本脱贫。协调资金 20 万余元，扩建长田乡细汆村的人畜饮水工程。

2004 年，县人武部加大扶贫攻坚力度，积极协调资金，为扶贫点鲁容乡卡务村修通村公路8千米，建学校、建村办公楼，解决村党支部远程教育部分经费，送去大米、衣物、图书。

2005年，贞丰县人武部给卡务村某特困农户送去耕牛1头，给贫困户送去慰问金，给小学生送去慰问品。

2006年，贞丰县人武部先后向扶贫联系点沙坪乡者跃村5户特困户送去大米2.8吨，棉衣棉被20件，水泥3吨。协调资金5万余元，修通村公路。是年，县人武部先后与河南省军区联系、协调，为革命老区鲁贡镇洛艾村新建“爱民学校”；与中国人民解放军第二炮兵部队联系，为平街乡小花江村新建“希望小学”。

2007年3月，贞丰县人武部争取兴义军分区将3000元助学金捐赠给鲁贡镇洛艾小学。

1992年，贞丰县人武部被中共贵州省委、省人民政府、省军区评为拥政爱民模范单位。

第三节　兵　役

一、兵役制度

1984年5月31日，第六届全国人民代表大会审议通过修订的《中华人民共和国兵役法》，作出了“中华人民共和国实行义务兵役制为主体的义务兵与志愿兵相结合、民兵与预备役相结合的兵役制度”的规定；每位公民都有依照法律服兵役的义务，超期服役满五年的义务兵，根据军队需要和本人自愿可改为志愿兵，继续服现役。1998年12月29日，《中华人民共和国兵役法》修正：志愿兵实行分期服现役制度。其期限从改为志愿兵之日算起，至少3年，一般不超过30年，年龄不超过35岁。中华人民共和国公民，不分民族、种族、职业、家庭出身、宗教信仰和教育程度，都有义务依照本法的规定服兵役；有严重生理缺陷或严重残疾不适合服兵役的人，免服兵役。1991年至2010年，贞丰县认真贯彻执行各个时期的《中华人民共和国兵役法》，按照《中华人民共和国兵役法》有关规定开展征集义务兵、组建预备役部队和对民兵组织进行整组等兵役工作，年年完成兵役工作任务。

二、兵役登记

1991年后，兵役机关每年都在冬季征兵以前，按照《中华人民共和国兵役法》规定，开展兵役登记工作，由乡镇武装部对辖区内的兵源进行调查摸底和登记造册，将兵源名册报县人民武装部，同时根据调查摸底情况选择预征对象，建立健全兵源档案。并开展政治初审、身体检查、病史调查、发放预征通知书。对预征兵员进行国防教育，编入基干兵民队伍，纳入组织管理，进行军事训练。使征集兵员在入伍前就有一定的国防意识和军事基础。确保贞丰县年年完成征兵工作任务。

三、征　兵

贞丰县在每年的征兵工作中，都严格把好“四关”。即：政治审查关、体格检查关、文化素质关、审批定兵关。采取集体定兵的办法审定新兵，由县征兵领导小组、征兵办公室及政审、体检负责人、接兵负责人共同审定。

从1991年起，为确保兵员质量，严肃征兵纪律，坚持廉洁征兵。县人民政府征兵办公室制定了“六不定”“七优先”和“三制度”。“六不定”即：体格条件处于边缘的不定；政治上有疑点的不定；现实表现一般、思想动摇的不定；户口、文凭、年龄等有假的不定；临时迁入或长期外出不能掌握现实表现的不定；家庭困难、本人为主要劳动力的不定。“七优先”，即党团员和受各级表彰的优秀青年优先；体格强壮的优先；高中以上文化的优先；有专业技术特长的优先；少数民族青年优先；家庭劳力富余无后顾之忧的优先；在政治、身体、文化同等条件下，党、政、军老干部的子女优先。“三制度”，即举报制度，在征兵期间，县征兵办公室设举报箱和举报电话，并指定2人负责接待群众来信来访，处理举报事宜；办事公开制度，各级都将征集政策、征集条件、征集结果张榜公布，接受群众监督；请示报告制度，严肃组织纪律，加强请示报告，实行逐级监督。

1996年10月，县征兵领导小组制定《贞丰县廉政征兵规定》。内容：（1）领导干部要自觉维护征兵纪律，做遵章守纪带头人。（2）坚决执行征兵命令，廉政征兵。（3）建立“四公开”，即征兵政策、征集条件、征集对象、双合格人员公开。（4）实行责任制：组织实施由县人武部负责；体格检查由卫生局负责；政治审查由公安局负责；纪律监督由纪委负责；文凭把关由教育局负责。（5）坚持集体审定新兵。（6）认真做好征兵保密工作。征兵工作中的体检、政审等不得泄密。如因泄密造成不良影响的，要追究当事人的责任。（7）奖惩分明。凡在征兵工作中成绩突出，有特别贡献的给予表彰和奖励；不负责任，造成退兵或其他不良后果的给予党纪、政纪和经济处罚。

实行义务兵役制度后，贞丰县的兵员征集制度逐渐完善，均有章可循，有法可依。随着中国人民解放军革命化、正规化和现代化建设的需要，政治条件、体格检查标准不断有新的要求。在2006年征兵工作中，增加了心理检测项目，对195名预征青年进行心理检测，对27人进行结构式心理访谈，对36人进行纸笔测验。

自2000年起，征集新兵的要求进一步提高：陆军兵身高由原来的160厘米提高到162厘米；体重由48千克提到50千克。农村女性青年必须具有初中以上文化程度方可征集入伍。到2006年，农业户口青年，也必须具备初中以上文化程度才能应征入伍。贞丰县各年度均保质保量完成征兵任务。

第四节　民　兵

一、民兵组织

1991年，贞丰县人武部根据兴义军分区《关于一九九一年民兵三项工作的安排意见》精神，对民兵进行全面整组。整组后的基干民兵分布趋于合理，质量有所提高。

1995年，根据尽量在符合条件的企业建立民兵组织；增大民兵专业技术分队；严格按党管武装建立民兵组织；围绕提高预备役部队军人率、专业对口率和人员在位率的比例，以有利于领导、有利于活动、有利于快速集结出发，按兵员编组“四多四少”（即经济效益好的单位多编、差的少编；一线工种的少编，不是一线工种的多编；相对稳定的多编，经常外出的少编）的原则进行整组。

1997 年 7 月 20 日，贞丰县人武部学习贯彻兴义军分区《关于做好 1997 年度民兵整组四项工作的通知》精神，这是民兵组织调整工作由“三项工作”改为“四项工作”的第一年。通过调整，全县民兵比 1995 年减少 3035 人，其中普通民兵减少 2309 人；基干民兵减少 726 人。普通民兵、基干民兵仍保持原来的连排个数。是年，组建珉谷镇、白层糖厂各 50 人的民兵应急分队。从 2000 年 5 月至 2010 年，贞丰县人武部按照“军民兼顾、军战结合、减少数量、提高质量、优化结构、合理布局、突出重点、分类组建”的原则，对全县民兵组织进行调整，增加民兵应急分队数量，逐渐减少基干民兵的人数。2003 年以后，先后组建了林场综合开发、贞丰仁都水泥厂和贵州紫金矿业股份有限公司三个民兵应急分队。2006 年，根据发展需要，在三岔河风景名胜区组建 40 人紫金艺术团民兵应急分队，在龙场组织 40 人空军地勤保障分队，县人武部组建 15 人常驻应急分队。2007 年，调整工作以反“台独”军事斗争准备为主线，以现役部队预编人员、民兵骨干队伍建设为重点，按照“保障重点、分类组建、一兵一职”的要求，重点抓基干民兵组织发展规划。对全县民兵组织进行调整，经过调整，做到组织、人员、领导、制度“四落实”，提高兵员质量。

二、军事训练

1991 年后，贞丰县共训练民兵 1720 人。民兵军事训练一般一年 2 期，每期 15 至 25 天。训练内容主要有队列、射击、投弹、爆破、单兵攻防战术等。此外，围绕适应社会主义市场经济体制和打赢高科技条件下局部战争的需要，注重对基干民兵和民兵干部的训练。坚持“严格、正规、扎实、过硬”的训练方针，贯彻执行总参谋部制定的《民兵军事训练纲要》和贵州省军区《民兵规范化训练若干规定》。

2001 年至 2010 年，贞丰县人武部遵照上级关于民兵军事训练，尤其是民兵应急分队训练的指示，结合贞丰实际，对全县民兵军事训练进行调整，把训练的重点放在基干民兵和民兵应急分队上。2001 年，贞丰县人武部先后组织 2 期民兵训练，其中基干民兵 1 期，72 名；民兵应急分队 1 期，100 名。是年 10 月，龙场镇民兵王进代表贵州省参加全国第四届农民运动会，获得民兵军事三项射击单项第六名的成绩。2002 年 5 月 17 日，兴义军分区给王进记三等功一次。

三、政治教育

1991 年，贞丰县撤区并乡建镇以后，县、乡（镇）党委和人民武装部，有针对性地对民兵进行思想政治教育和国内外形势等方面的教育，强化革命理想、革命人生观、价值观，以及爱国主义教育。征订《中国民兵》《西南民兵》《两用人才报》等刊物发给民兵组织，为民兵组织提供学习资料，提高学习效果，使民兵思想政治方向明确，从而热爱祖国和人民，拥护中国共产党和社会主义制度，积极参加社会主义各项建设，乐于奉献。

四、参建参治及抢险救灾

（一）参建及完成急难工作

1994 年，县人武部组织民兵 7 人，参与龙山 10 万亩飞播造林通讯保障。1997 年，组织民兵 110 余人（次），参加抢修水毁公路 13 处。2000 年以后，组织民兵参加农田基本建设和新农村建设以及生态建设。2003 年，组建 80 人的民兵应急连植树造林分队，承担造林任务。全年植树 176 天，出动车辆 200 余辆次，植树 140 余万株，造林 10000 亩，完成退耕还林 6000 亩。2005 年，组织民兵应急连植树造林分队 80 人参与植树造林 56 天，植树 40000 余株，维护森林 2000 亩。

在重点工程建设中，民兵发挥生力军作用。2002 年，贞丰县组织民兵 21 人，对重点工程关（岭）兴（仁）高等级公路贞丰段进行维修。2004 年，组织 3 个民兵连 240 人，参加龙场至水银洞金矿公路、烂泥沟金矿基础设施和水车田水库等重点工程建设。

（二）参治工作

1991 年至 1999 年，县人民武装部组织民兵参加社会治安综合治理工作，维护社会秩序。组织民兵 9506 人次协助公安部门破案 24 起，捕获犯罪嫌疑人 25 人，预防牛马被盗 68 次，找回被盗牛马 5 头（匹）。2000 年，组织民兵应急分队 10 人为关（岭）兴（仁）高等级公路兴北镇段守护机械设备，维护施工地域安全。在 2003 年“严打”专项斗争中，全县组织民兵 196 人次，配合公安机关破案 7 起，抓获犯罪嫌疑人 14 人。是年，组织民兵 500 人次，配合公安机关维护贞丰县“六月六”布依族风情节活动秩序。

为打好“五号病”疫歼灭战，2006 年，组织民兵应急分队对 180 余头“五号病”传染病牛进行有效捕杀。

（三）抢险救灾

1991 年 7 月 30 日，贞丰县连降暴雨，境内各乡镇都不同程度受灾，局部地区受灾严重，贞丰县人武部立即调集 9 个民兵连共 1548 人投入抢险救灾。者相镇纳窝基干民兵连九班 9 名民兵连续奋战 15 个小时，卸油菜籽 19 车 8 万千克。兴北镇青杠林基干民兵连一排 57 名民兵，连续奋战两天，圆满完成县交给的疏通纳沙水库泄洪通道及修补镇塞坝基任务。龙场镇定塘基干民兵连一排 4 名民兵，转移油菜籽 400 袋 25000 千克。

贞丰县各类火灾时有发生，危害极大。1991 年至 2010 年，贞丰县组织民兵 2521 人次，协助消防部门开展森林灭火 97 次，为国家和人民挽回经济损失上百万元。1997 年夏天，境内暴雨成灾，多处道路垮塌，农田被冲毁严重。县人武部全年组织民兵 110 余人次，参加抢修水毁道路 13 处；出动民兵 280 余人次，修复垮塌农田 80 余处 150 米。2001 年，全县组织民兵 390 余人次，参加各类火灾抢救 14 次；抢修塌方道路 18 处；修复水毁农田 52 处 116 米。为使抢险救灾工作做到临险不乱，迅速有效，2006 年 6 月，贞丰县人武部制订《民兵防汛救灾工作方案》，使防汛救灾工作有序地进行。

2006 年 12 月 27 日，贵州紫金矿业股份有限公司贞丰水银洞金矿发生尾矿库坎滑脱事故。县人武部接到抢险命令后，立即组织民兵 300 余人，赶赴现场投入抢险战斗。经过一天一夜的奋战，险情得到进一步控制。

2010年6月28日14时30分，关岭县岗乌镇大寨村发生特大山体滑坡地质灾害，两个村民组38户107人被埋。县人武部反应迅速，及时组织民兵应急骨干分队36人赶到现场，成为跨区域奔赴关岭重灾区的第一支抢险队伍，第一时间转移灾民，受到省军区的充分肯定，受到人民群众的赞扬。

2010年，贞丰县发生百年不遇的旱灾，县人武部组织动员民兵1.2万人次参加抗旱救灾，出动车辆300台次，成立13个民兵送水小分队，进村入户送水1.3万吨，开挖沟渠2300米，修建蓄水池20个，抗旱保苗6200余亩。侯胜文荣获“抗旱救灾先进个人”称号。

五、学雷锋、树新风活动

贞丰县人武部组织民兵开展便民助民、学雷锋树新风、争做好人好事和积极为社会主义精神文明建设建功立业活动，许多民兵带头打扫房前屋后和街道卫生，为群众义务修理小家电、自行车、带头参加业余文艺队，为社会主义物质和精神文明建设尽职尽责。

2005年，贵州省举办“多彩贵州”歌唱大赛，县人武部组织民兵积极响应，选送的民兵选手陈宇在贵州省军区选拔赛中荣获三等奖。

2006年，小屯乡纳秧村小学年久失修，桌椅损坏较多，教学条件较差，影响教育正常开发展。村民兵指导员梁永芳捐资6000元，动员群众捐资13000元，改造村小学教育设施，逐步改善办学条件。

第六篇　基础设施

中华人民共和国成立之前，贞丰县水、电、路、电信等基础设施很差，境内水资源虽然丰富，但没有充分开发，只有极少水塘和人工引水沟渠；没有水电站和供电设施，全用油灯照明；交通运输主要靠人扛马驮和白层渡口下游的北盘江水路，县境只有贞丰至兴仁县卡子和贞丰至牛场泥土公路约 50 千米，交通极为困难；全县只有 5 门总机 1 台，单机 5 部，电信设备极少，信息闭塞；城镇街道窄，路面不好，除县城内街道是石板路外，其余的集镇街道都是泥土路面，街道完全没有路灯、垃圾箱，自来水，城镇基础设施简陋。

中华人民共和国成立后，县委和县政府组织全县广大干部群众兴修纳山岗水库、三岔河水库、白坟水库、那郎梯级水电站等水电工程，建设贞丰至关岭、贞丰至册亨、贞丰至望谟和乡村公路；成立县邮电局，架设贞丰至兴仁连接贵阳等地长途电话和乡村电话线，通讯能力明显提高；1991 年以后加强城镇建设，改扩建县城和者相、龙场、牛场、鲁贡等集镇，实施街道供水、供电和改造道路等项目，全县基础设施明显改善。1991 年至 2010 年，随着经济的快速发展，全县基础设施逐步完善。

第一章　城乡建设

1991 年后，贞丰县以县城为中心、集镇为重点、村寨为基点开展城乡建设，逐年加大城乡基础设施建设力度，拓展县城、集镇规模，加强城镇市政设施建设，城镇功能逐渐完善，市容市貌得到美化、净化、亮化，城镇管理水平逐步提高。者相、龙场、北盘江、长田、挽澜等集镇建设取得很大成效，纳孔等特色村寨建设成为全县新农村建设的榜样，城乡建设日新月异。

第一节　县城规划建设

一、县城规划

1991年，县政府对县城内环路街区、旧城区基础设施建设进行规划，规划用地总面积2.6万平方米，其中，道路建设用地0.9万平方米，安排9个单位办公楼建设用地0.9万平方米，居民建房用地64户，0.73万平方米，建筑总面积2.1万平方米，总投资400多万元。

1992年，对富民小区开发进行勘察规划，东起水井街，南到建设路，西至人民街，北临解放路，规划用地总面积40577平方米，安排20个单位建设用地18631平方米，个人住房65户7280平方米，道路建设用地21967平方米，市场建设用地1690平方米；富民路西线主干道至丰茂广场1400米。

1994年6月，成立贞丰县城市规划领导小组，对原总体规划进行修编。

1995年，完成县城总体规划修编，规划面积由原来的2平方千米扩大到6平方千米。

1996年，县政府委托黔西南州设计院编制《菜园商贸小区详细规划》，规划建设纵横道路10条总长3000米，总面积12万平方米综合性小区。

1999年，根据修编后的《贞丰县城建设总体规划》，编制县城中心大道片区和新丰路片区详细规划。

2003年，县政府委托省规划院编制县城新区详细规划，规划总面积2平方千米，并对县城消防设施进行规划。

2007年，完成第三轮《贞丰县城总规修编》，县城规划面积由原来规划的6平方千米扩大到10平方千米，2007年12月进行县城历史文化街区详细规划。

二、街道建设

贞丰县城位于县境中部的珉谷镇，是全县政治、经济、文化中心，具有280多年历史。解放前，县城面积仅有0.22平方千米；1990年，县城面积发展到1.5平方千米。

1990年起，县城建设步伐逐渐加快，对主干道、街、巷、房屋建筑及一些公共配套设施进行扩建和改建。1993年县城有巷道23条，总长3638米，9564平方米。县城房屋建筑面积累计38.053万平方米，人均住房17.97平方米。

1994年，内环街区全部建成，富民路两旁修建2层至6层的砖混结构房屋。

1995年，县城改造规模逐步扩大，建成面积12800平方米的建设路、6009平方米的民族路、2700平方米的贞册路、1600平方米的华丰路。

1997年，实施富民路西段延伸建设项目。1999年，完成延伸段宽18米、长345米的道路建设；完成中心大道南段长199.7米、宽40米的道路建设。

1998年，贞丰县城区建成面积3平方千米；2002年，增加至3.5平方千米。在进行道路、房屋改建扩建的同时，城内排污管道，照明输电线路，通信光缆，广播电视线路，垃圾箱，水冲式厕所等设施基本配套。

进入21世纪，贞丰县被列为全省20个旧城改造的重点县城之一，在推进新区建设的同时，实施旧城改造；2001年，旧城街道改造项目占地面积30000平方米。2002年，完成县城花牌坊至左旗桥边的公路改造，全长1740米，宽11.5米，总投资135万元。2003年，完成县城道路改扩建2千米。

2005年，完成县城花牌坊至锅底冲城市道路改扩建1300米，总投资100万元。2007年，改造原电力医院经大西门至老车站道路长1700米，宽11米，总投资338万元的砼路面建设。

三、新城区建设

1995年，县政府作出开发建设菜园小区的决定，建设内环路经菜园至老鸦山道路796米，迁坟29座，拆迁民房20户，面积1679平方米。菜园小区总用地10公顷，总建筑面积28万平方米，容纳1919户7678人居住，集商贸、文化、娱乐、居住为一体的综合性商贸区。1996年建成主干道。1998年，建成街道总长2210米，砼路面13100平方米，休闲广场一个，面积3000余平方米。

1999年，菜园小区建房100余栋，建筑面积2万多平方米，水电、通讯等配套设施及公共卫生设施基本完善。

2000年至2003年，建成永丰大道和塔山大道。永丰大道，塔山大道片区占地面积8万平方米。在建设主干道的同时，引进贵州康筑房地产开发公司开发建设“康筑小区”，总建筑面积2.87万平方米，建设商品住宅248套。

2002年6月，动工建设金丰大道中段，实施金都住宅小区项目。金都住宅小区占地5万平方米，总投资5000万元，总建筑面积8000平方米，建成商品住宅700套。

2010年年底，利用国家开发银行贷款建设城市基础设施项目资金4895万元，建成南环路。

四、公共设施

供水设施 1984年1月之前，贞丰县城乡居民均取井水饮用。1979年，成立县自来水公司后，在县城内县政府附近钻深井，在大后坡山腰建水池，安装供水管到县城内各家各户，1984年1月从深井抽水到蓄水池再向各家各户供水。1990年，县城供水量24万吨；1993年县城深井发展到3口，日供水量800吨；1994年，延长供水管道400米，解决高层建筑和坡阳后段居民生活用水。

1995年5月25日，县自来水公司通过贵州供水协会的水资质评审，获得自来水行业供水资质证书。由于开采地下水，使县城一些地方出现地隙、裂缝。1996年，县政府把银洞水库作为自来水水源，将自来水公司划归水利局管理。1997年底投资451万元建银洞水库水厂。至此，不再从深井抽水供县城。2002年10月，贞丰县城1.2万吨供水改扩建一期工程动工建设，改扩建工程完成投资1169.684万元，2003年8月完工，年供水量810000吨。

排水设施　1991年，新修新市街排水沟91米；1993年，建设内环路街区排水沟1000米；1994年，清理县城排水沟1114米，清出淤泥675.7立方米；2000年，县建设部门多方筹资清理县城田坝街至新水井排水沟300米，清理内环路街区排水沟1000米；2007年，维修水井街至农机厂门口排水沟500米；2010年，对县城主要街道排水沟进行改造，实施污水、雨水分流建设项目。

通信设施　1990年后，邮政、电信业务范围扩大，先后安装传呼、程控电话设备，对通信线路进行改造；1995年起，县城改架空电缆为从地下直埋。1998年，安装花牌坊至民族中学、糖科所、法院、贞丰中学的地下光缆；1999年年底，全县有公用电话80部；为加快城市发展，从2001年起，县电信局在内环路、建设路、富民路、解放路等主要路段安装IC卡电话208处；2007年，县城通信服务设施逐步扩大，基本能满足群众需要。

路灯照明　1990年后，县城主要街道照明问题基本解决，在街心花园架设一座高杆路灯；1999年，县城共有路灯350盏。塔山大道、永丰大道、金丰大道建成后，县城路灯增加500余盏。

五、园林绿化

1992年，县城有道路绿化树745株；1994年，内环路两侧种植绿化树125株；1997年，县城有行道树的街道6条4千米，公共绿化面积0.6公顷，县城绿化覆盖率6%；1998年至2002年，实施内环路、富民路、建设路、永丰大道、塔山大道的行道树、花坛、草坪和单位小区的绿化、园林绿化项目，2002年建成绿化总面积26000平方米，比1998年增加13200平方米。2003年，实施珉山公园第一期工程，建设门楼、绿化广场、音乐喷泉、六角亭、长廊等基础设施。2004年，拆音乐喷泉改安高杆灯。

随着县城园林绿化建设步伐加快，城镇居民绿化意识增强，不少居民在自家住宅阳台栽花种草，有的还建小花园。不少机关、学校植树种草，绿化环境。2010年，县城建成绿化总面积50000余平方米。

六、环卫城管

环卫　1990年后，随着县城的发展，保洁任务越来越重，清扫街道的面积逐年增加，垃圾量增多。县建设部门加强对市容市貌的管理，制定《贞丰县城市容卫生管理规定》，完善环卫设施。1997年，县城清扫区划分为6个片，清洁工人分为6组，人员实行优化组合；全年清扫面积8万平方米，清运垃圾1.2万吨。1988年，购置一辆洒水车，为环卫工人统一制作环卫工作服，在县城主要街道设置果皮箱50个。1998年，在全省举行的“黄果树环”竞赛活动中，县建设局被评为全省环卫工作先进单位，环卫工人沈盛芬被评为贵州省环卫先进工作者。1999年，利用电视、宣传车、悬挂布标等形式，加强对“住在贞丰、热爱贞丰、建设贞丰、美化贞丰”的宣传教育，实行以临街单位和住户签订门前卫生“三包”责任制。2002年，清扫县城街道面积16万平方米。2003年至2010年，清扫县城街道面积125万平方米，年清运垃圾1.2万吨，有水冲式公厕6个，垃圾池22个，果皮箱250个，人力保洁车22辆，洒水车1辆，垃圾清运车4辆。

城管 1990年，贞丰县成立城管监察队，开展城管监察工作。同年，全县开展灭犬工作，灭犬146条。1992年至1993年，两年共处理和制止城镇规划区的违章、违法建设182户。1998年，在“黄果树杯”竞赛活动中，制止违法建筑、违章设摊占道经营120处，拆除违章摊棚50个，处理车辆占道停放、占道修理60起。在“非典”期间，组织城管人员对乱搭、乱建、乱倒污水、乱丢垃圾的行为进行查处。严格依法行政，拆除违章搭棚20个，清除违章摊点30个。

2004年至2010年，县城管监察部门依法行政，推进县城市容和环境卫生综合治理以及“整脏治乱”专项治理工作，采取有效措施整治“五脏、五乱”，制止和查处各种违法违章行为。通过集中整治和不定期整治，县城脏、乱、差现象明显好转，城市面貌有所改观。

第二节　乡镇规划建设

一、乡镇规划

1991年，贞丰县列为全省撤区并乡建镇试点县，撤区并乡建镇后，乡镇由原来的37个调整为13个。县建设部门对原乡镇规划进行调整修编，对13个新乡镇进行选址和规划。编制《贞丰县村镇总体规划》。1994年，者相镇被列入全省村镇建设重点镇；1996年，编制《者相镇总体规划》，通过省、州有关部门和专家审查论证，规划面积2平方千米，人口两万人，规划到2012年。

1992年邓小平视察南方并发表重要讲话，县委、县政府确立“四点一线”小城镇发展战略，即以县城为中心，以者相、兴北、龙场三个试点小城镇为重点，带动两翼同步建设发展。1998年，者相、兴北、龙场三个镇列入全省“双百”小城镇建设试点镇后，修编小城镇总体规划和编制详细规划。2001年，三个“双百”小城镇和一些乡镇的总体规划编制和修编完成，对一些乡镇的开发新区进行详细规划。2007年，全县13个乡镇完成总体规划的编制和修编。部分乡镇还完成消防规划。

二、乡镇建设

者相镇 1992年，开发农贸市场，占地总面积7.8亩，开发门面70个，建摊位145个；1996年，开发新发街占地总面积13.03亩，开发门面140个，建设道路210米；1998年，开发沙坡商业区一期工程，街长250米；2000年，者相镇被贵州省政府列为贵州省第一批小城镇建设试点镇。者相原集镇总面积2平方千米；2002年，开发沙坡商业区二期工程，硬化道路面积5000平方米；2003年，硬化平桥大道，长1.2千米，宽8米，共计硬化面积9600平方米；2004年，建纳马移民点，建住房80栋；2007年，通过第三次修编，规划集镇面积5平方千米，集镇人口2.5万人。到2010年集镇面积约达4平方千米。

龙场镇 1998年，龙场镇列为全省100个小城镇建设试点镇，龙场镇党委、镇政府开展集镇新区一期街道建设工作，建成长1000米，宽25米的街道；2000年，进行总规修编后，建设兴龙商贸区，安置100户环境移民，94户龙滩库区移民，建农贸市场1个，新安装路灯200余盏，完成环境移民大道及街道硬化800米，投资60万元修建龙场铜鼓休闲广场，完成新区供水供电配套设施建设。

北盘江镇　原为兴北镇。1998年，列为全省100个小城镇建设试点镇，镇党委、镇政府重视集镇新区开发，成立专门机构，修建总长1000米，宽13米的新街道，建成饮食服务一条街、农作物产品批发一条街、工业日用商品专业市场、花椒市场。

2004年，修建移民大道长400米，宽12米；建设移民住宅100幢。通过5年的建设，集镇有店铺300多个，摊点300余个。2007年，新建8000平方米牲畜交易市场1个，集镇功能基本完善。

三、村庄规划建设

贞丰县村庄建设规划起步较晚。1998年，启动兴北镇银洞湾村新村建设规划，规划面积1.5万平方米，为全县村庄建设规范化起到示范作用。

2000年11月，根据省、州有关文件精神，县政府拟订《贞丰县2000年至2005年农村改厕实施规划》，加快全县农村小康村建设。2002年至2007年，完成者相镇纳孔民族村、珉谷镇纳蝉村、龙场镇定塘村、长田乡细余村等村庄详细规划和移民新区规划。

四、农村沼气池建设

2001年，贞丰开始在农村实施沼气建设工程，到2010年，仅县农业局就共建成8立方米的户用沼气池12741口，50立方米养殖区沼气池4口，100~300立方米的中型沼气池3口，800立方米的大型沼气池1口。在农村推广用沼气点灯照明和烧水煮饭等，改善农民生产生活条件，对减少农民上山砍柴，恢复生态起到很好的作用。同时将人、畜粪便用于沼气池中密封发酵，一是将粪便带病菌杀死密封，改善农村卫生环境。二是减少粪便氮素挥发，提高农家肥有效性。三是用沼液、沼渣作肥料，减轻农作物病虫害。

第三节　建筑业

一、建筑队伍

20世纪80年代，县内主要有贞丰县建筑公司、贞丰联合建筑公司、珉谷建筑公司、兴北建筑公司4个建筑企业，从业人员400余人，其中贞丰县建筑公司属国家三级资质建筑企业；兴北建筑公司属国家四级资质建筑企业。

1991年10月，兴北建筑公司更名为贞丰县第二建筑公司，后来又更名为方程建筑公司（州属企业）。由于竞争激烈，县内只剩贞丰县建筑公司和方程建筑公司两家施工企业。1992年，贞丰县建筑公司实行责任制，全年承包工程项目数比上年增加一倍，施工项目共52个。公司有助理工程师5人，助理经济师和助理会计师各1人，施工技术员12人。1993年，县内两家建筑企业共有从业人员485人。1998年，贞丰县建筑公司为保证工程施工质量及工程进度，增设350 #混凝土搅拌机3台，1.5吨卷物机2台，实行半机械化施工。

2003年，贞丰县建筑公司因经营管理不善，于4月10日解散。

二、建筑设计

1983年，贞丰县规划设计室成立，1988年，县设计室有土建工程师3名，助理工程师2名，概预算助理经济师1名，建筑设计能力有所提高。1990年，贞丰县制定《建筑工程设计质量管理工作的暂行规定》，使设计工作逐步走向规范化轨道。1992年，县设计室承担27项建筑设计任务，建筑面积1.35万平方米，比上年同期分别增长40%。2006年以后，设计方式由原来的图板设计改为微机设计，提高了设计质量和工作效率。

三、建筑材料

1991年后，建筑材料不断更新，除普通钢材、水泥外，不锈钢、铝合金、大理石、贴墙瓷砖、彩色地板砖、玻璃钢等新型材料被普遍使用。20世纪90年代以后，房屋室外装饰材料普遍采用彩色贴墙瓷片和外墙乳胶漆，新建房屋美观耐用。1998年，县建设部门和县质量技术监督部门加强建筑材料市场管理，建立建筑材料管理制度，要求建筑材料必须经检验合格后才能使用。

2000年至2010年，县内有石灰厂3个，页岩砖厂6家，年产11万吨水泥厂一座，预制厂若干，砂石厂20余个。水泥、石灰、砖、沙石基本满足贞丰县建筑需求。

四、建筑管理

招标投标　1996年6月，省政府颁布《贵州省招投标实施办法》，为县内的招投标工作起到推动作用。1996年全县招标项目2个，投标项目1个。

1998年8月6日，建设部下发《建设部关于进一步加强工程招标、投标管理的规定》，进一步加强工程招标投标管理，贞丰县根据上级部门要求，逐步完善建筑工程招标投标制度。1999年，全县实行招标工程21个，招投标率80%以上，实行招投标的工程项目都成立建筑招标工作领导小组，推动全县招投标工作发展。2003年至2010年，县内达到实行招投工程规模的建设工程均实行招标投标，招标率100%。

质量监督　1991年，建筑工程质监工作启动。1991年至1995年，全县受监工程共109项，竣工验收等工程合格率92.6%，其中1995年验收工程合格率100%。1998年受监工程合格率100%，优良率12%。为杜绝豆腐渣工程，保证工程质量。1999年，县政府组织有关部门对1997年至1999年工程基本情况，工程的报批程序，工程质量安全进行大检查。在检查的35项工程中，未委托质监的6项。2003年至2007年，质监工作迈出新步伐，全县新签订的施工合同，均纳入质量监督管理，受监率100%，竣工合格率100%。到2010年，凡是由质监部门进行质监的项目，未发现质量不合格工程。

安全管理　1991年至1992年，县安全管理部门开展4次以查建筑工程隐患、查事故薄弱点为主要内容的安全生产大检查，责令对安全意识较差，措施不力，没有落实岗位责任制施工企业，制定整改措施。1993年，全县处理、纠正或责成返工加固的质量事故工程 10 余起，有效控制事故发生。

1997 年 12 月，县建设部门和安全管理部门举办安全法律法规、工程质量技术操作规程培训班，参训的企业施工员、安全员、项目负责人 40 人。

2003 年，县建设局和安全管理部门贯彻落实以“安全生产、防范为主”为指导思想的安全防范工作。

2004 年至 2010 年，县建设部门把安全生产纳入重要议事日程，密切配合有关部门定期开展质量安全生产检查工作，对查出存在质量安全隐患的工程，责令立即进行整改。二十年来，全县建筑施工无重大事故发生。

第二章　房地产开发

中华人民共和国成立后，国家机关、企事业单位干部职工均享受实物福利性住房，由单位投资建房安排给干部职工居住，干部职工按有关规定向单位交纳房租费，产权属单位。1993 年，贞丰县住房制度改革全面启动，根据国务院关于住房制度改革精神，由国家机关、企事业单位干部职工购买分配到的公房，产权归个人，单位不再建房分给干部职工。1994 年至 2004 年，推行单位组织职工全额集资建房；2002 年启动房地产开发，2005 年不允许组织职工集资建房，转为培育房地产行业，促进房地产行业迅速发展，推进住房商品化。

第一节　管理机构

1989 年 8 月 21 日，经贞丰县人民政府批准，成立贞丰县房地产管理所，隶属贞丰县建设局，事业编制 3 人，实有 3 人，履行全县私有房屋产权登记、发证职责。

1998 年 3 月，经县人民政府批准，成立贞丰县房地产管理局（以下简称贞丰县房管局），实有 5 人，受县政府委托，行使房地产管理方面的行政管理职能，对出售公房中的房地产产权转移进行登记、颁证，协调有关部门共同实施县政府的“安居工程”，管理和筹集资金，完成住房制度改革相关统计工作。内设办公室、资金管理所。

2002 年 3 月，贞丰县在二级机构改革中，明确县房管局是县政府负责实施全县房地产管理和住房制度改革的直属机构，受县人民政府委托行使部分行政职能的事业局。内设办公室、资金管理所、房地产管理股、房改办四个机构。下设房地产交易中心、经济适用房建设发展中心、房屋安全鉴定中心三个自收自支事业机构。

贞丰县房地产管理局核定编制 12 名，财政全额预算。其中：事业编制 11 名（参照国家公务员制度），工勤编制 1 名。领导职务职数：局长 1 名，副局长 2 名，副科级专职纪检监察员 1 名，股级领导 4 名。非领导职务职数：主任科员或副主任科员 1 名。

下设的三个自收自支机构核定事业编制 6 人，领导职数：经济适用房建设发展中心主任或副主任 1 名、房地产交易中心主任或副主任 1 名、房屋安全鉴定中心主任或副主任 1 名。

第二节　住房制度改革

1992 年 3 月，贞丰县人民政府住房制度改革领导小组及办公室成立，负责全县住房制度改革工作。办公室设在县建设银行。1992 年年底办公室人员有 3 人，1993 年年底增至 5 人。

1993 年 9 月 24 日，黔西南州房改领导小组审查《关于请求审批贞丰县城镇住房制度改革实施方案》，批复该方案实施，报省备案。1993 年 10 月 26 日，黔西南州人民政府办公室向各县（市）人民政府、州直各工作部门，中央、贵州省驻州各有关单位发出《关于房改工作全面转入实施阶段的通知》（以下简称《通知》）。《通知》规定，全州城镇住房制度改革工作，从 1993 年 11 月 1 日起转入全面实施阶段。要求各县（市）人民政府、各房改单位，要根据省、州房改领导小组批转的《房改方案》及《房改实施配套办法》认真组织实施。要加强住房资金的管理，由各级政府住房制度改革领导小组的住房资金管理委员会，代表政府负责管理房改资金，下设办公室，与房改办合署办公，行使具体管理职能。

住房制度改革经历三个阶段。

第一阶段　标准价部分产权（71%）售房阶段　1993 年 10 月 26 日，贞丰县房改工作全面启动，12 月 2 日，县人民政府住房制度改革领导小组下发《关于贯彻执行〈国务院加快城镇住房制度改革的紧急通知〉的通知》，明确凡在 1993 年 11 月 1 日至 12 月 31 日执行房改的，继续执行县房改方案中的全部优惠政策，即购买 71% 部分产权。对超过上述时限购房的，取消 20% 的优惠。至 1994 年 6 月，全县共出售公房 1951 套，建筑面积 12.07 万平方米，出售房屋占存量公房的 70%。

第二阶段　成本价全产权出售公有住房阶段，补足 29% 产权　1998 年 3 月，黔西南州人民政府下发《关于〈黔西南州成本价全产权出售公有住房实施办法〉的通知》后，贞丰县房管局开展实施各项准备工作，1998 年 6 月 16 日，召开全县动员大会，6 月 20 日，举办“全县房改实施操作人员培训班”，共有 80 多个单位、95 人参加培训。到 1998 年 8 月，共出售公房 1970 套，建筑面积 13.18 万平方米。

第三阶段　住房分配货币化改革阶段　2003 年 9 月，经县政府批准，贞丰县实施住房分配货币化改革方案，推动房改房（含职工集资建房）上市工作，促进贞丰县存量住房合理流动，推进住房商品化、社会化，鼓励职工住房消费，培育新的住房消费方式。至 2005 年 12 月底，全县共有 1531 户补缴土地收益金，收取土地收益金 133.31 万元。

第三节　房屋产权、产籍管理

1989年，贞丰县房地产管理所成立，贞丰县的房屋产权、产籍管理逐步规范。1993年，房改工作开展后由房改办管理公房，房管所管理私房。2004年4月，房管所撤销合并到房管局，全县的房地产管理工作逐步规范。按照省建设厅、州房管局和县档案局的安排，县房管局的房屋产权产籍和文书档案管理列入2005年达标验收单位。由于领导重视，全局干部职工通力合作，在较短时间内编撰了《档案工作达标资料汇编》和《贞丰县房屋产权产籍管理资料汇编》，完善房地产交易与权属登记规范化的各种软硬件，县房管局的档案工作达到贵州省机关档案管理二级标准，房地产交易与权属登记规范化管理取得较好成绩。经省建设厅专家组考评，达到验收标准。2005年12月5日，县房管局房地产交易与权属登记规范化管理工作受到省建设厅通报表扬。截至2005年年底，全县共建立产权产籍管理档案2047卷，登记面积30余万平方米。共办理抵押登记1977件，抵押登记面积37.8万平方米，抵押登记金额13619.11万元。

第四节　房产交易管理

按照《城市房地产管理办法》《商品房预售管理办法》《商品房销售管理办法》《城市房地产转让管理规定》等法律、法规的规定，县房地产管理部门开展商品房、房改房上市、其他房地产的交易管理工作。2004年12月，成立贞丰县房地产交易中心（在此之前的房地产交易工作由产权、产籍管理股代办）。为房地产交易对象提供洽谈、协议、交易信息，展示房地产行情、房地产法律、法规及政策咨询等服务场所。管理人员持证上岗，在“自愿、公平、诚信”的原则下，给社会各界提供方便、快捷、便利、安全的交易服务。截至2005年12月，全县办理房产交易产生的税收80.7万元（其中，商品房交易所产生的契税45.5万元）。

第五节　房地产开发

从2002年开始，黔西南州安居中心、清镇康筑房产开发公司对金都商住房小区、康筑商住房小区两个项目进行开发。金都花园小区的建设增加城市体量，以民族特色的建筑风格展现于现代生活中。截至2005年12月底，金都小区完成投资2228.59万元，完成房屋建设面积55186.8平方米，售房395套，入住率90%以上；康筑城市花园充分体现都市时尚建筑风格，完成总投资2000万元，完成房屋建设面积23531.1平方米，售房192套，入住率100%，二期工程2007年实施，2010年竣工业主入住。房地产开发商进入贞丰，促进了贞丰县城建设的快速发展。

第三章　水　利

解放前，贞丰县水利设施很少。解放后，县委、县政府组织全县干部群众陆续建成纳山岗、白坟、三岔河、小屯、大山5座小（1）型水库；银洞、高枧、关沟、大寨、后海子等11座小（2）型水库；坡稿、纳沙、皂瓦、旧寨等32个山塘。小（1）型水库总库容1983万立方米，灌溉面积40670亩；小（2）型水库总库容386万立方米，灌溉面积4976亩；山塘、水窖共2441个，总蓄水量73万立方米，灌溉面积4030亩。位于龙场镇童家屯村的水车田水库开工建设。

1991年至2010年，贞丰县多方争取国家水利建设项目资金，安排县财政匹配资金投入水库及其引水灌溉渠道除险加固、水土保持、人畜饮水建设和抗旱防汛工作。

第一节　水利建设

一、旱地集水工程

1999年12月10日，动工实施龙场镇上水桥、童家屯片区烟水配套节水灌溉示范工程，2000年5月10日完工；2001年8月10日，动工实施二期工程，2002年3月20日完工。修建高位水池8座，总蓄水量1920立方米；小水窖180个，总蓄水量6300立方米，灌溉上水桥片区2812亩、童家屯片区685亩。工程总投资139.5万元，其中，农水建设项目资金10万元，以工代赈资金15万元；坡改梯经费14.5万元，节水灌溉示范工程经费100万元。

2006年9月30日，利用上级下达的67万元，实施者相镇甘海片区烟水配套工程。工程于2007年4月30日动工，同年7月30日竣工。修建提水站房24平方米，取水池一座，蓄水量80立方米；高位水池1座，蓄水量120立方米；安装供水管道17千米，供水灌桩196个。工程总投资68.8万元，其中，国家投资67万元，群众投劳900工日，折资1.8万元。甘海、这艾、田湾3个行政村的553户烟农受益。2008年，投资76万元，实施长田乡细余村烟水配套工程。

二、排灌工程

水库排灌工程　小（1）型水库灌区内，建设纳山岗水库配套渠道29条，总长131.7千米，灌溉面积1.3万亩；三岔河水库配套渠道16条，总长55.1千米，灌溉面积1.35万亩；白坟水库配套渠道14条，总长72.48千米，灌溉面积0.6万亩；小屯水库配套渠道1条，长10千米，灌溉面积0.262万亩；大山水库配套渠道7条，总长29.7千米，灌溉面积0.155万亩。

小（2）型水库灌区内，建设11座水库配套渠道共18条，总长34千米，灌溉面积0.4976万亩。

1992年至2002年，国家投资520万元，改造纳山岗水库总干渠、右干渠、中干渠、左干渠。

1997年至1998年，国家投资6万元，改造三岔河水库鹅田支渠。

1996年至1997年，国家投资43.2万元，改造银洞水库菜园支渠。

1998年，国家投资30万元，对三岔河水库进行防渗补漏治理。

1996年至1997年，国家投资26.82万元，改造银洞水库左、右干渠。

河流排灌工程　建设观音洞引水工程配套渠道3条，总长15千米，引用流量0.8立方米每秒，灌溉面积0.4万亩；改造龙场镇清水岗、者相镇龙井、小屯乡方坪等17处河流引水工程配套渠道28条，总长79.92千米，灌溉面积0.767万亩。

1992年至1998年，国家投资63.21万元，改造者相镇龙井引水工程。

1999年至2001年，国家投资44万元，改造龙场镇清水岗引水工程。

2004年至2005年，国家投资25万元，改造小屯乡方坪村引水工程。

三、水库除险加固工程

纳沙水库除险加固　2002年至2003年，国家投资34.0683万元，实施纳沙水库除险加固工程。

皂瓦水库除险加固　2003年1月至5月，国家投资46.4965万元，实施皂瓦水库除险加固工程。2010年，国家投资90万元，实施皂瓦水库除险加固工程。

三岔河水库除险加固　2001年4月25日，黔西南州水利局组织水利专家对三岔河水库大坝进行鉴定，结论为三类坝。主要存在4个问题：溢洪道启闭机损坏；坝基、坝肩、溢洪道及大坝左右山体存在渗漏，渗漏量为89.6升每秒；取水口闸门、拉杆、启闭机损坏；大坝无安全监测设施。

2002年8月29日，省水利厅、省计委对三岔河水库除险加固实施方案进行审查，决定投资441万元，实施三岔河水库除险加固工程。工程于2002年12月7日动工，2004年6月完工，完成帷幕灌浆4659.31米，充填灌浆481.45米，内坝整治（六棱预制块铺设）3880平方米，外坝坡整治（草皮护坡）2269.90平方米，维修放水闸门和闸阀，更换放水启闭机，改造启闭闸门房；维修溢洪道闸门房和启闭设施，对溢洪道侧墙和底部进行帷幕灌浆；改造管理站房370平方米，修建自动监测站房20平方米；安装自动化监测系统和坝体安全监测系统一套、防汛通信设施一套；维修进库公路 2 千米。

三岔河水库除险加固工程竣工后，水库运行安全，恢复灌溉面积 8000 亩。

纳山岗水库除险加固 2001 年 4 月 25 日，黔西南州水利局组织水利专家，对纳山岗水库大坝进行鉴定，结论为三类坝，主要存在 5 个问题：坝基及坝肩均存在绕坝渗漏，右坝肩有两处集中漏水，漏水量为 28 升每秒；取水口闸门及闸阀、拉杆、启闭机老化；防浪墙达不到大坝安全要求；大坝无通信设施和安全监测设施；溢洪道泄洪能力达不到设计要求。

2003 年 1 月 16 日，省水利厅、省计委对纳山岗水库除险加固工程实施方案进行审查，决定投资 380 万元，实施纳山岗水库除险加固工程。工程于 2003 年 8 月动工，2004 年 4 月竣工，完成帷幕灌浆 3015.49 米，充填灌浆 1292.49 米，内坝整治（六棱预制块铺设）3590 平方米，外坝整治（草皮护坡）2000 平方米；更换放水闸门和闸阀，维修放水启闭机，改造启闭闸门房；改造溢洪道交通桥；维修管理站房 320 平方米；安装自动化监测系统和坝体监测系统一套、防汛通信系统一套；维修进库公路 2 千米。

纳山岗水库除险加固工程竣工后，水库蓄水能力增大，成为农田灌溉和向县城供水的主要水源。

白坟水库除险加固 2001 年 4 月，黔西南州水利局组织水利专家对白坟水库大坝进行鉴定，结论为：坝体质量及其结构存在较大缺陷；右岸山体渗漏严重；坝体及接触带存在渗漏；放水设施损坏；溢洪道不能满足防洪要求。2002 年 5 月 8 日，水利部投资 310 万元，地方配套资金 149 万元，总投资 459 万元，实施白坟水库除险加固工程。工程于 2003 年 9 月动工。在施工过程中，左右岸山体灌浆钻孔普遍发生掉钻现象，灌浆耗材量超过概算 7 倍。2003 年 12 月，经业主、监理、施工单位共同研究，决定暂停右岸山体 83 号孔施工，集中力量对溢洪道、取水口、大坝及左右坝肩、左岸山体进行除险加固。2004 年 5 月，完成大坝及左右坝肩、左岩山体防渗灌浆、取水口改造、溢洪道改造、进库公路改造，完成工程资金 291.2 万元。大坝及右岸山体接触带渗漏问题未能解决。

小屯水库除险加固 1995 年 5 月至 10 月，国家投资 50.8 万元，实施小屯水库大坝防渗工程。

2002 年 10 月 25 日，黔西南州水利局组织水利专家对小屯水库大坝进行鉴定，结论为三类坝，主要存在 4 个问题：坝基及坝肩存在绕坝渗漏；放水口设施老化；溢洪道垮塌严重，危及大坝安全；大坝无通信设施和安全监测设施。

2004 年 1 月 13 日，省水利厅、省发改委对小屯水库除险加固工程进行审查，决定投资 390 万元实施。工程于 2004 年 12 月 10 日动工，2005 年 6 月 16 日竣工，解决大坝存在的问题，总库容从原有的 100.75 万立方米增加到 193 万立方米。

大山水库除险加固 1998 年 5 月至 7 月，国家投资 13.8311 万元，实施大山水库滑坡抢险工程。

2006 年，国家投资 33 万元（农田水利基本建设经费），实施大山水库除险加固工程，工程于 2007 年 4 月完工。修缮溢洪道，建设管理站房，修筑右干渠 960 米。

2010 年，国家投资 410 万元，实施大山水库除险加固工程。

四、水车田水库建设

水车田水库位于龙场镇新童村长田组水车田处，地理位置为北纬 25° 26′ 36″，东经 105° 31′ 48″。河流为北盘江二级支流挽澜河上游河段，坝址距贞丰县城20千米，交通方便，是一个以灌溉为主，兼乡镇及农村饮水、旅游为一体的中型水利工程。

1975 年，该水库由贵州工学院组织勘测设计，同年底提交初步设计方案。1976 年，贞丰县成立工程建设指挥部实施；1977 年年初，实施“三通一平”和大坝基础开挖工程；1977 年年底，大坝基础回填到河床面高程，后因国家资金困难，1979 年列入停工缓建工程项目，1980 年正式停工，从实施到停工完成投资约 170 万元。

1998 年，县水利局倡议并取得上级支持，贞丰水车田水库重新申报立项恢复建设，由县水利局、县计划局上报可研报告。1999 年，省计委以黔计农经〔1999〕55 号文件批复，明确工程内容和规模。根据批复，县水利局委托黔西南州水利电力勘测设计院作初步设计，2000 年 4 月上报初设资料。2000 年 8 月，省计委以黔计建〔2000〕678 号文件，对初设方案进行了批复。批复下达后，贞丰县政府立即成立水车田水库续建工程项目领导机构组织实施。2002 年 4 月 19 日举行复工典礼，2003 年正式复工，2008 年竣工。

水库坝址以上集雨面积 100 平方千米，水库大坝为双曲拱坝，上下游面用预制砼安砌，中间用块石砼填腹，最大坝高 66.7 米，计划总投资 5506 万元（其中地方匹配 1760 万元），施工中因地质结构等方面因素，建设资金增加到 1.0186 亿元。总库容 1200 万立方米，是全县库容最大的水库。水库以灌溉为主，设计灌溉面积 4.2 万亩，解决区域内 2.46 万人，0.82 万头（匹）牲畜的饮水困难。

贞丰县引水灌溉渠道建设情况一览表

表 6-3-1

工程名称	工程地点	工程规模	工程效益（亩、人、畜）	工程投资（万元）	开工竣工日期
纳山岗渠系配套工程	小屯乡	总干渠 右干渠 中干渠 左干渠	20000 亩	520	1992—2002
①总干渠防渗改造	小屯乡	1100 米	直灌 159 亩 控灌 2275 亩	—	—
②右干渠防渗改造	小屯乡	15200 米	控灌 15230 亩 直灌 5790 亩	—	—
③中干渠防渗改造	小屯乡	6440 米	控灌 3522 亩 直灌 624 亩	—	—
④左干渠防渗改造	长田乡 小屯乡	35100 米	控灌 6571 亩 直灌 499 亩	—	—

续表 6-3-1

工程名称	工程地点	工程规模	工程效益（亩、人、畜）	工程投资（万元）	开工竣工日期
⑤漆树湾、黄立山、清水岗	小屯乡 龙场镇	48415 米	控灌 11211 亩	—	—
岔路坪支渠防渗改造	龙场镇	2600 米	直灌 350 亩、土变田 280 亩，旱地浇灌 120 亩	13	1998 年 10 月至 11 月
小屯龙井支渠防渗改造	小屯乡	2800 米	—	20	1998 年 11 月至 12 月
者相龙井引水渠防渗改造	者相镇	14950 米	直灌 4400 亩	63.21	1992—1998
三岔河鹅田支渠防渗改造	珉谷镇	1750 米	直灌 240 亩	6	1997 年 11 月至 1998 年 1 月
银洞水库菜园支渠防渗改造	珉谷镇	12000 米	直灌 300 亩	46.2	1992—1998
三岔河水库防渗治理	者相镇	砼 2530 立方米	—	73.89	1998—1999
银洞水库左、右干渠防渗改造	珉谷镇	9420 米	控灌 3500 亩	26.82	1996—1997
观音洞引水渠防渗改造	珉谷镇	支渠 21690 米 干渠 7740 米	4800 亩	92.24	1990—1991
龙场镇上水桥童家屯片区节水工程	龙场镇	蓄水量 8200 立方米	直灌 2497 亩	139.5	1999—2002
许洞排洪工程	者相镇	排洪渠 5192 米	受益面积 610 亩	23.12	1990—1998
小屯乡方坪村渠道防渗改造	小屯乡	4221.5 米	—	25	2004—2005
珉谷镇鹅田节水灌溉工程	珉谷镇	—	浇灌 4000 亩	38	2001—2002
象鼻岭引水灌溉工程	北盘江镇	3800 米	直灌 1200 亩	10	2005 年 3—5 月
关沟水库左干渠防渗改造工程	平街乡	1800 米	直灌 300 亩	5	2005 年 12 月
五里岗支渠防渗改造	龙场镇	2400 米	直灌 780 亩	20	2007 年 1—5 月
洒若引水渠、水浇地工程	鲁容乡	引水渠 2400 米 蓄水池 170 立方米	控灌 210 亩	20	2006 年 2—5 月
大山水库渠道改造	小屯乡	8000 米	2400 亩	100	2009—2010
三岔河水库右干渠改造	者相镇	3500 米	3200 亩	90	2009—2010
龙场引水渠道改造	龙场镇	1500 米	1100 亩	25	2009
江育引水渠道改造	鲁容乡	2000 米	320 亩	20	2010
水车田水库引水渠道建设	龙场镇挽澜乡	8000 米	4600 亩	380	2008—2010

1991 年至 2010 年白坟水管所基本情况统计表

表 6-3-2

年份	职工人数（人）	灌溉面积（万亩）	排灌水量（万立方米）	水费单价（元 / 亩）	水费收入（万元）	固定资产（万元）
1991	8	0.70	500	8	3.6	568
1992	8	0.71	510	8	3.84	568
1993	10	0.72	480	8	3.88	568
1994	11	0.70	490	16	4.52	568
1995	11	0.72	500	16	6.4	568
1996	13	0.73	480	16	6.5	568
1997	13	0.70	190	16	6.6	568
1998	14	0.71	450	16	6.7	568
1999	14	0.72	430	16	5.8	568
2000	13	0.73	500	16	6.1	568
2001	12	0.72	500	16	6.2	568
2002	11	0.73	510	16	6.3	568
2003	11	0.53	510	16	6.5	568
2004	11	0.65	350	16	4.2	568
2005	11	0.66	500	16	6.3	568
2006	11	0.61	510	16	4.10	568
2007	11	0.41	220	16	1.9	568
2008	10	0.21	350	16	0.46	568
2009	10	0.18	350	16	2.48	568
2010	10	0.08	350	16	2.01	568

1991 年至 2010 年纳山岗水管所基本情况统计表

表 6-3-3

年份	职工人数（人）	灌溉面积（万亩）	排灌水量（万立方米）	水费单价（元 / 亩）	水费收入（万元）	固定资产（万元）
1991	16	0.86	712	7.00	0.60	554
1992	16	1.00	690	7.00	0.7	554
1993	20	1.57	815	7.00	1.1	554
1994	20	1.20	720	11.00	2.2	600

续表 6-3-3

年份	职工人数（人）	灌溉面积（万亩）	排灌水量（万立方米）	水费单价（元/亩）	水费收入（万元）	固定资产（万元）
1995	19	1.40	750	14.00	6	600
1996	20	1.34	738	14.00	4.8	600
1997	21	1.36	725	14.00	5.1	600
1998	22	1.21	693	15.00	5.4	600
1999	21	1.10	722	15.00	4.7	600
2000	19	1.02	718	15.00	4.1	600
2001	20	1.03	689	15.00	3.2	600
2002	20	1.20	698	15.00	4.86	600
2003	12	0.96	738	15.00	—	845
2004	13	0.98	723	15.00	—	845
2005	15	0.97	715	15.00	—	845
2006	16	0.93	730	15.00	0.6	845
2007	17	0.89	720	15.00	3.8	845
2008	15	0.85	770	16.00	4.0	845
2009	15	0.80	815	16.00	3.8	845
2010	15	0.80	775	16.00	3.7	845

说明：2008 年排水量 770 万立方米，其中工业和城镇用水 150 万立方米，另收水费 49 万元；
2009 年排水量 815 万立方米，其中工业和城镇用水 190 万立方米，另收水费 57.6 万元；
2010 年排水量 775 万立方米，其中工业和城镇生活用水 145 万立方米，另收水费 43.6 万元。

1991 年至 2010 年三岔河水管所基本情况统计表

表 6-3-4

年份	职工人数（人）	灌溉面积（万亩）	排灌水量（万立方米）	水费单价（元/亩）	水费收入（万元）	固定资产（万元）
1991	14	0.8	1200	6.00	2.2	380
1992	14	0.8	1200	6.00	3.4	380
1993	14	0.8	1200	6.00	3.4	380
1994	14	0.8	1200	6.00	3	380
1995	14	0.8	1200	8.00	4	540
1996	15	0.8	1200	8.00	4.2	540
1997	15	0.78	1200	8.00	4.2	540
1998	15	0.78	1200	12.00	4.2	540
1999	16	0.78	1200	12.00	4.3	540

续表 6-3-4

年份	职工人数（人）	灌溉面积（万亩）	排灌水量（万立方米）	水费单价（元/亩）	水费收入（万元）	固定资产（万元）
2000	16	0.78	1200	12.00	4.8	540
2001	18	0.77	1200	12.00	4.8	540
2002	24	0.77	1200	16.00	4.8	540
2003	24	0.77	1200	16.00	5.4	540
2004	24	0.76	1200	16.00	5.4	540
2005	24	0.76	1200	16.00	4.6	540
2006	12	0.75	1200	16.00	3.2	540
2007	12	0.75	1200	16.00	3	540
2008	11	0.85	870	16.00	4.03	540
2009	11	0.84	875	16.00	4.01	540
2010	11	0.95	950	16.00	1.98	540

第二节　水土保持

水土资源是人类赖以生存和发展的基本条件。贞丰县自 1982 年开展水土保持工作以来，投入大量资金，经过连年治理，取得较好成效。

1992 年，启动小流域水土流失综合治理工作。当年 9 月，对银洞河流域、那郎河流域治理进行规划设计。国家投资 15 万元（以工代赈）对银洞河流域进行治理。同年 12 月至 2000 年 7 月，完成综合治理面积 12.02 平方千米，工程总投资 148.4 万元，其中，国家投资 81.7 万元，地方匹配资金 66.7 万元。

1998 年 4 月至 6 月，贞丰县对水土流失进行普查和预防监管。经普查，全县有生产建设项目 46 个，占地 3.25 平方千米，人为造成水土流失面积 725.2 平方千米。

1998 年 5 月至 11 月，开展水土流失预防监督规划。全县分为 3 个监督区：水土流失重点监督区，面积 88.9 平方千米；水土保持重点预防保护区，面积 696 平方千米；水土流失治理区，面积 766.1 平方千米。

2000 年 11 月，对挽澜河中上游、三岔河至鹅田片区进行综合治理。完成挽澜河小流域中上游综合治理面积 8.29 平方千米，工程总投资 71 万元，其中，国家投资 47 万元，地方匹配资金 24 万元；完成三岔河至鹅田片区综合治理面积 10.22 平方千米，工程总投资 90 万元，其中，国家投资 60 万元，地方匹配资金 30 万元。工程于 2001 年 7 月竣工。

2001 年 9 月，对纳摩河至三岔河流域进行综合治理，完成综合治理面积 28.57 平方千米，工程总投资 285 万元，其中，国家投资 200 万元，地方匹配资金 85 万元。工程于 2002 年

9月竣工。

2002年7月，对顶罈石漠化地区进行综合治理，完成综合治理面积13.3平方千米，工程总投资130万元，其中，国家投资89万元，地方匹配资金41万元。工程于2003年9月竣工。

2003年5月，贞丰县列入“珠江上游南、北盘江石灰岩地区水土保持综合治理试点县”，县水利局及时对全县小流域治理进行初步设计。小流域总面积261.91平方千米，综合治理面积108.13平方千米，工程概算总投资1505.78万元。工程于同年12月实施，2006年10月底完成，总投资986万元（国家投资）。

2003年10月，编制《贞丰县珉谷镇七星海子流域水土保持综合治理实施方案》，总面积54.41平方千米，综合治理面积22平方千米。工程于2004年1月实施，于2005年1月完成，总投资698万元，其中，国家投资300万元，地方匹配资金368万元，群众投入30万元。

2004年1月，编制《贞丰县坡敖小流域水土保持综合治理设计报告》，总面积5.01平方千米，综合治理面积2.27平方千米，概算总投资32.52万元。工程于2006年1月实施，2007年6月完成，工程投资20万元，完成综合治理面积2平方千米。

2006年1月，启动这洋河、纳窑河小流域水土保持综合治理工程，治理面积11平方千米，于2007年12月完成，工程总投资197万元，其中，国家投资135万元，地方配套62万元。

2008年，投资142.6万元实施东门河水土保持项目，治理面积3平方千米。

2009年，完成水土保持面积11.2平方千米。

2010年，完成水土保持面积23.4平方千米。

1991年至2010年，全县共完成水土流失综合治理面积352.79平方千米，工程总投资3224万元，其中国家投资2191.3万元，地方配套1032.70万元。工程措施：水保林治理；果木林治理；经济林治理；牧草治理；封禁治理；坡改梯。

谷坊、拦沙坝。实施谷坊、拦沙坝工程，有效拦蓄泥沙，削减洪峰流量，减轻洪水对下游村寨、水利设施、道路交通的危害。

通过工程措施、绿化造林、退耕还林相结合的综合治理，每年产生直接经济效益4941.12万元，间接经济效益2897.75万元；每年拦蓄洪水1025.95万立方米，减少水土流失68.3万吨。

第三节　饮水工程建设

1991年至2010年，县水利局和县建设局实施县城供水、乡镇改水、农村用水（人畜饮水）工程，城镇居民和部分农户饮用水条件有所改善。县城供水由县水务总公司管理；

乡镇改水由县水利局农村水利站管理；农村用水由县水利局饮水安全办公室组织实施，交付受益村组管理。

一、县城供水

贞丰县水务总公司（前身贞丰县自来水公司）于1979年10月1日成立。1996年之前，公司在县城取地下水（水源点有6个）供给居民饮用，设计日供水量3300立方米。

由于开采地下水，导致地下水位下降，县城部分地表发生局部裂缝和沉陷，仅靠其地下水水量不能满足县城需求，县政府于1996年1月决定，把县水务总公司划归水利局管理，便于引银洞水库之水供县城用。

1996年3月，贵州省水电厅批复，同意建设银洞水库至县城供水工程，设计日引水量5500立方米。工程于1996年5月14日开工，1997年6月竣工，建成进厂公路1.06千米；办公楼一幢，建筑面积283.5平方米；清水池1座，容量600立方米；沉淀池一座，沉淀量240立方米/小时；反冲洗水1座，容量150立方米；安装取水管365米，供水管3860米。工程总投资315万元，其中，农水经费150万元，以工代赈经费150万元，自筹资金15万元。

2000年7月18日，省计委批复，同意建设贞丰县城供水改建工程。工程于2002年10月19日开工，2003年8月竣工，2004年4月14日投入运行。完成纳山岗水库至贞丰水厂输水管道16970米，水厂至菜园高位水池输水管道3688.6米，高位水池至县城供水主管860米，菜园坡高位水池一座，容量1000立方米；清水池一座容量600立方米，沉淀池1座，沉淀量0.6万立方米/日；办公楼1幢，建筑面积525.1平方米。设计日引水量0.6万立方米，总投资1600.8万元，资金来源县水务公司贷款。

2004年6月18日，开工改造县城供水管网，改造供水主管道1178米，工程总投资300.2万元，其中国债资金150万元，县水务公司转贷150.20万元。2005年11月25日，县城供水管网改造工程竣工通过州发改局验收。

1991—2010年贞丰县水务总公司基本情况统计表

表6-3-5

年份	职工人数（人）	生活用水价格（元/立方米）	日供水（立方米）	年供水（立方米）	用水户（户）	水费收入（万元）	固定资产（万元）
1991	21	0.40	480	180000	750	7	48
1992	21	0.40	680	250000	780	10	48
1993	21	0.40	1250	450000	850	18	48
1994	24	0.70	1135	415000	880	29	48
1995	26	0.70	1220	450000	960	31	48
1996	25	0.70	1370	500000	1200	35	245
1997	29	0.70	1450	530000	1500	37	244

续表 6-3-5

年份	职工人数（人）	生活用水价格（元/立方米）	日供水（立方米）	年供水（立方米）	用水户（户）	水费收入（万元）	固定资产（万元）
1998	31	0.70	1560	570000	1600	40	244
1999	31	1.15	1410	520000	1650	59	244
2000	31	1.15	1760	710000	1750	74	246
2001	31	1.15	1950	720000	1760	81	250
2002	33	1.60	1400	520000	1800	76	597
2003	48	1.60	2200	810000	2000	126	603
2004	47	1.60	1800	660000	2500	103	603
2005	47	2.30	2800	1030000	3100	166	2786
2006	46	2.30	2900	1060000	4000	283	2785
2007	46	2.30	4000	1460000	5600	337	2786
2008	54	2.30	3836	140000	5640	322	2786
2009	74	2.30	4411	1610000	6190	370	4786
2010	88	2.30	4852	1771000	6811	407	4989

二、乡镇改水

1991 年至 1992 年，建成兴北镇（北盘江镇）供水站，安装提水设备 2 套，提水电机功率 40.5 千瓦，安装供水管网 13.5 千米，供水规模 480 户 1680 人，工程总投资 65 万元；1993 年至 1994 年，建成鲁贡镇供水站，安装提水设备 1 套，提水电机功率 22 千瓦，安装供水管网 8.4 千米，供水规模 120 户 420 人，工程投资 35 万元；1994 年至 1995 年，建成平街乡供水站，安装提水设备 1 套，提水电机功率 30 千瓦，安装供水管网 5.2 千米，供水规模 113 户 451 人，工程投资 22 万元；1996 年至 1997 年，建成长田乡供水站，安装提水设备 1 套，提水电机功率 22 千瓦，安装供水管网 13.6 千米，供水规模 150 户 525 人，工程投资 76 万元。

者相镇供水站、北盘江镇供水站、龙场镇供水站、鲁贡镇供水站，运行管理制度比较健全。

1991 年至 2010 年者相镇供水站基本情况统计表

表 6-3-6

年份	职工人数（人）	供水管网（千米）	用水户（户）	用水人口（人）	水价（元/立方米）	日供水（立方米）	年供水（立方米）	水费收入（万元）	固定资产（万元）
1991	8	21	150	500	0.80	20	7200	0.576	20
1992	8	38	350	1300	1.20	40	14400	1.728	20

续表 6-3-6

年份	职工人数（人）	供水管网（千米）	用水户（户）	用水人口（人）	水价（元/立方米）	日供水（立方米）	年供水（立方米）	水费收入（万元）	固定资产（万元）
1993	8	58	600	1820	1.20	60	21600	2.592	30
1994	8	60	800	2300	1.20	100	36000	4.32	35
1995	8	70	1000	3300	1.20	110	39600	4.752	40
1996	8	72	1300	4500	1.20	130	46800	5.616	43
1997	8	75	1600	4800	1.20	150	54000	6.48	50
1998	8	80	1800	7350	1.20	200	72000	8.64	60
1999	8	80	2100	9800	2.00	280	100800	20.16	70
2000	10	84	2800	1000	2.00	360	129600	25.92	75
2001	10	90	2800	11000	2.00	360	129600	25.92	80
2002	10	110	2900	12000	2.00	400	144000	28.8	95
2003	10	120	3000	12000	2.00	450	162000	32.4	118
2004	10	120	3000	12000	2.00	450	162000	32.4	160
2005	11	125	3000	12000	2.00	450	162000	32.4	180
2006	11	125	3000	12000	2.00	450	162000	32.4	180
2007	11	125	3000	12000	2.00	450	162000	32.4	180
2008	11	130	3200	12900	2.00	480	175000	35.00	185
2009	11	138	3300	13320	2.00	500	182500	36.5	190
2010	11	145	3500	14300	2.00	540	197000	39.4	200

1991 年至 2010 年北盘江镇供水站基本情况统计表

表 6-3-7

年份	职工人数（人）	供水管网（千米）	用水户（户）	用水人口（人）	水价（元/立方米）	日供水（立方米）	年供水（立方米）	水费收入（万元）	固定资产（万元）
1991	7	9.2	50	160	2.5	10	3600	0.9	30
1992	7	10	50	160	2.5	10	3600	0.9	30
1993	7	10	50	160	2.5	10	3600	0.9	30
1994	7	15	80	250	2.5	20	7200	0.18	35
1995	8	20	200	560	2.5	30	10800	2.7	35
1996	8	25	200	560	2.5	30	10800	2.7	35
1997	8	31	250	560	2.5	30	10800	2.7	35
1998	8	40	250	600	2.5	40	14400	3.6	50
1999	8	50	250	600	2.5	40	14400	3.6	50

续表 6-3-7

年份	职工人数（人）	供水管网（千米）	用水户（户）	用水人口（人）	水价（元/立方米）	日供水（立方米）	年供水（立方米）	水费收入（万元）	固定资产（万元）
2000	8	70	250	600	2.5	40	14400	3.6	50
2001	8	70	250	600	2.5	40	14400	3.6	50
2002	8	70	250	600	2.5	40	14400	3.6	50
2003	8	75	250	600	2.5	40	14400	3.6	60
2004	8	75	250	600	2.5	40	14400	3.6	60
2005	8	80	280	700	2.5	50	18000	4.5	60
2006	8	80	280	700	2.5	50	18000	4.5	60
2007	8	80	280	700	2.5	50	18000	4.5	60
2008	8	80	290	900	2.5	70	25500	6.37	62
2009	8	80	300	1180	2.5	90	32800	8.20	65
2010	8	85	350	1450	2.5	120	43800	10.95	80

1991 年至 2010 年龙场镇供水站基本情况统计表

表 6-3-8

年份	职工人数（人）	供水管网（千米）	用水户（户）	用水人口（人）	水价（元/立方米）	日供水（立方米）	年供水（立方米）	水费收入（万元）	固定资产（万元）
1991	8	2	80	320	0.50	20	7200	0.36	20
1992	8	2.5	80	320	0.50	20	7200	0.36	20
1993	8	2.5	80	320	0.50	20	7200	0.36	20
1994	8	3	200	650	0.50	30	10800	0.54	35
1995	8	6	200	650	0.80	30	10800	0.864	40
1996	8	6	200	650	0.80	30	10800	0.864	60
1997	8	15	300	900	0.80	35	12600	1.008	65
1998	8	20	400	900	0.80	40	14400	1.152	75
1999	8	30	500	950	0.80	45	16200	1.296	80
2000	8	30	600	1000	0.80	60	21600	1.728	85
2001	8	50	800	1100	0.80	70	25200	2.016	160
2002	8	50	800	2000	0.80	70	25200	2.016	160
2003	8	80	900	2200	0.80	70	25200	2.016	160
2004	8	100	1000	2200	1.80	80	28800	5.184	160
2005	8	110	1000	2200	1.80	80	28800	5.184	160

续表 6-3-8

年份	职工人数（人）	供水管网（千米）	用水户（户）	用水人口（人）	水价（元/立方米）	日供水（立方米）	年供水（立方米）	水费收入（万元）	固定资产（万元）
2006	8	110	1100	3000	1.80	80	28800	5.184	160
2007	8	120	1100	3100	1.80	80	28800	5.184	160
2008	8	120	1100	3600	1.80	120	43800	7.88	163
2009	8	120	1100	4200	1.80	150	54700	9.45	165
2010	8	130	1280	5100	1.80	240	87600	15.77	172

1991 年至 2010 年鲁贡镇供水站基本情况统计表

表 6-3-9

年份	职工人数（人）	供水管网（千米）	用水户（户）	用水人口（人）	水价（元/立方米）	日供水（立方米）	年供水（立方米）	水费收入（万元）	固定资产（万元）
1991	2	5	160	600	1.2	20	7200	0.846	20
1992	2	5	160	600	1.2	20	7200	0.846	20
1993	2	5	160	600	1.2	20	7200	0.846	20
1994	2	5	160	600	1.2	20	7200	0.846	20
1995	2	16	220	780	1.2	30	10800	1.296	56
1996	2	16	220	780	1.2	30	10800	1.296	56
1997	2	16	220	780	1.2	30	10800	1.296	56
1998	2	16	220	780	1.2	30	10800	1.296	56
1999	2	16	220	780	1.2	30	10800	1.296	56
2000	2	20	220	780	1.2	30	10800	1.296	56
2001	2	20	220	780	1.2	30	10800	1.296	56
2002	2	20	220	780	1.2	30	10800	1.296	56
2003	2	20	220	780	1.2	30	10800	1.296	56
2004	2	20	220	780	1.2	30	10800	1.296	56
2005	2	20	220	780	1.2	30	10800	1.296	56
2006	2	20	220	780	1.2	30	10800	1.296	56
2007	2	20	200	700	1.2	20	7200	0.846	56
2008	2	21	210	790	1.2	40	14600	1.752	57
2009	2	22	220	880	1.2	45	16400	1.97	58
2010	1	24	240	1050	1.6	50	18300	2.93	62

三、农村用水

农村用水工程，分为五个实施阶段：第一期渴望工程，第二期渴望工程；第一期解困工程，第二期解困工程；农村饮水安全工程。

1997 年至 2000 年，实施第一期渴望工程，全县共完成“渴望工程”建设点 179 处，累计解决 6.3277 万人、3.5064 万头牲畜饮水困难。工程总投资 1643.2051 万元，其中：中央补助 1035.5 万元，地方财政配套 171.1805 万元，群众自筹及投劳折资 436.5246 万元。

2000 年至 2005 年，实施第二期渴望工程，全县共完成“渴望工程”建设点 149 处，累计解决 7.6832 万人、2.9807 万头牲畜饮水困难。工程总投资 1150.62 万元，其中：中央财政专项资金 571.87 万元，中央以工代赈资金 546.83 万元，地方财政配套资金 20 万元，群众自筹及投劳折资 11.92 万元。

2001 年至 2002 年，实施第一期解困工程，全县共建成水池 86 座，总容量 3039 立方米，水窖 130 个，总容量 7942 立方米，安装供水主管网 271.077 千米，累计解决 1.7802 万人、0.4189 万头牲畜饮水困难。工程总投资 369.75 万元，其中：中央补助 349.45 万元，群众集资 20.3 万元。

2003 年至 2004 年，实施第二期解困工程，全县共建成水池 119 座，总容量 10712 立方米，安装供水主管网 251.388 千米，累计解决 1.935 万人、0.387 万头牲畜饮水困难。工程总投资 429.70 万元（中央拨款）。

2005 年，国家“渴望工程”和“解困工程”实施结束，农村饮水安全工程正式规划实施，中央下达全县农村饮水应急工程共 8 处，分别是鲁贡镇者秧村和弄洋村；鲁容乡的鲁容、洒若、鲁花、纳翁 4 个村；长田乡陇塔村；者相镇坡烂云村。工程总投资 141.35 万元（国家拨款），解决 6140 人饮水安全问题。

2006 年，国家下达贞丰县农村饮水安全工程点是鲁贡镇里便村和长田乡尖坡村，共解决 5585 人饮水安全问题。工程总投资 153.64 万元，其中：国家补助 141.27 万元，省财政配套 12.37 万元。

2007 年，全县农村饮水安全项目工程点 7 个，分别是珉谷镇白腊片区和旗上片区；平街乡李家屯片区；小屯乡小屯村、仁朝村、分水岭村、半坡村，共解决 1.1 万人饮水安全问题。工程总投资 384.25 万元，其中，国家补助 340 万元、省财政配套 44.25 万元。

第四节　防汛抗旱

一、水旱灾害

1991 年 7 月 30 日，贞丰县城及附近降暴雨，这洋河水猛涨，洪水冲毁县师范学校宿舍两间造成 2 人死亡。洪水淹县城汽油厂粮仓 1 米多深。

2001 年 7 月 5 日，县境降暴雨，鲁贡镇鲁贡村大地组发生洪水毁民房 8 幢。

2001 年 7 月 18 日，县境降暴雨，沙坪乡里弄沟山洪冲毁民房 1 幢，造成 2 人死亡。

2002年8月15日，县境降暴雨，者相镇齐上村陈家湾组发生山体滑坡，压毁民房一幢，造成4人死亡、4人受伤；挽澜乡挽澜河水位猛涨，洪水冲垮河堤50米，死亡1人。

2003年5月10日，县境降暴雨，白层镇坡们村花干组山洪暴发，造成3人死亡。

2004年6月23日，县境降暴雨，鲁容乡拉旦村三组受灾，死亡1人。

2005年8月20日，县境降暴雨，3小时内，降雨量120毫米。洪水冲毁民房278间，受灾人口22151人，淹没农田1020亩，冲毁农田620亩，玉米受灾面积250亩，其他经济作物受灾140亩；毁坏水利设施7处、造成堤防决口430米、公路决口41处垮塌910米；洪水冲毁挽澜乡板赖村境内现代煤矿、锦发煤矿工棚，造成4人死亡、5人失踪，煤炭损失2560吨。洪灾造成直接经济损失1090万元，间接经济损失2300万元。

2009年8月至2010年4月，贞丰县境内降雨极少，气温偏高，遭受百年难遇的旱灾。农作物受灾特别严重，粮食减产60%左右，大部分乡镇人畜饮水困难，生产生活受到严重的影响。

二、抗灾救灾

水灾、旱灾一发生，县委、县政府举全县之力，投入救灾。

发挥水利工程（蓄水工程、引水工程、提水工程及其他抗旱设备）在抗旱救灾中的重要作用，将全县水库的蓄水全部投入抗旱。利用提水工程133处抽水抗旱，（其中电力提水13处/260千瓦，内燃机提水120台/420千瓦）；组织全县干部群众使用各种提水设备628台/5584千瓦投入抗旱救灾。

县财政每年都下拨一定数额的抗旱资金，1991年至2010年共投入抗旱资金1826.5万元，其中县财政投入1058.1万元，组织人力物力奔赴灾区抗旱保苗，送水送物到重灾区，帮助群众解决生产生活中的困难。县委、县政府和县人武装部组织民兵和干部职工积极投入抗洪救灾，减少洪灾造成的损失。

制定措施，确保抗灾救灾工作有序进行。2005年5月，制定《贞丰县小（2）型以上水库防汛抢险预案》；成立防洪抢险指挥部；组织抢险分队；明确后勤保障；制定防洪抢险步骤及方法。编制《贞丰县防汛抗旱手册》发有关领导和相关部门以及各乡镇，宣传防汛抗旱工作措施、防汛抗旱常识。制订《贞丰县防旱抗旱预案》，将全县旱灾区划分为3个类别区：一类地区（重大旱区）为白层镇、鲁容乡、沙坪乡、鲁贡镇、长田乡、北盘江镇，土地总面积764.67平方千米，总人口12.48万人；二类地区（中旱区）为珉谷镇、连环乡、平街乡，土地总面积316.2平方千米，总人口9.0429万人；三类地区（轻旱区）为者相镇、小屯乡、挽澜乡、龙场镇，土地总面积430.41平方米，总人口11.9711万人。

2006年5月，开展《贞丰县山洪灾害防治预案》《中华人民共和国防洪法》《中华人民共和国水土保持法》《地质灾害防治条例》《中华人民共和国气象法》宣传工作，建立山洪灾害防御体系。

2007年4月，依据《中华人民共和国水法》《中华人民共和国防洪法》《中华人民共和国水库大坝安全管理条例》，分别编制水库可能发生险情的应急方案。

贞丰县重点防洪乡（镇）河道流经基本情况一览表

表 6-3-10

序号	河流名称	发源地		入境地名	出境地名	流经乡（镇）		河长（千米）		流域面积（平方千米）	
		地名	高程（米）			乡（镇）名	人口（人）	全长	区域内	全流域	区流域
1	北盘江（界河）	云南马雄山	入境始点高程 493	九盘	坝围	白层镇	21853	—	93.5	—	1057.3
						鲁容乡	16717				
						鲁贡镇	22222				
						兴北镇	29611				
						沙坪乡	17363				
						平街乡	20218				
2	挽澜河	兴仁陈家洞	1300	普子脚	纳歪	龙场镇	35157	—	48	—	247
						挽澜乡	15980				
						连环乡	16546				
3	这洋河	银洞	1092.5	县内	县内	珉谷镇	63488	4.3	4.3	34.8	34.8
4	左旗河	阴潭	1050.8	县内	县内	珉谷镇	63488	3.2	3.2	16	16

1991 年至 2010 年贞丰县投入抗旱资金与抗旱效益统计表

表 6-3-11

年份	投入资金（万元）			抗旱灌溉面积（公顷）	解决人畜饮水		减少农业经济损失（万元）	减少粮食损失（吨）	减少工业增加值损失（万元）
	财政投入	群众自筹	合计		万人	万头、匹			
1991	1	4	5	150	0.8	0.2	74.25	675	—
1992	1.5	5	6.5	240	3.4	1.15	99	900	—
1993	2	8	10	160	0.9	0.3	78	600	—
1994	2	10	12	240	1.25	0.4	129.6	1080	—
1995	1	8	9	320	2.1	0.7	187.2	1440	—
1996	2	9	11	230	0.85	0.43	76	585	—
1997	3	10	13	150	1.5	0.5	114.2	788	—
1998	5	12	17	250	1.95	0.6	190.3	1310	34.6
1999	10	50	60	280	3.8	1.6	217.6	1470	33.4
2000	4	10	14	180	1.2	0.56	162	1080	80.8
2001	2	8	10	450	1.25	0.32	354.3	2360	97.0

续表 6-3-11

年份	投入资金（万元）			抗旱灌溉面积（公顷）	解决人畜饮水		减少农业经济损失（万元）	减少粮食损失（吨）	减少工业增加值损失（万元）
	财政投入	群众自筹	合计		万人	万头、匹			
2002	5	12	17	480	1.8	0.85	378	2520	180.2
2003	2.5	30	32.5	560	3.7	1.95	504	3360	196.4
2004	5	20	25	750	4.2	1.6	675	4500	291.2
2005	12	18	30	380	4.5	1.85	342	2280	219.6
2006	15	28.5	43.5	570	6.5	2.8	513	3420	201.0
2007	35	35	70	490	6.2	2.5	441	2940	289.0
2008	6	10	16	500	1.9	0.75	450	3000	545.6
2009	5	20	25	950	1.8	0.75	855	5700	836.8
2010	939.1	460.9	1400	4670	8.7	5.5	4203	28020	328.0
合计	1058.1	786.4	1826.5	12000	58.3	25.61	10043.45	68028	3333.2

重大抗洪救灾　1991 年 7 月 30 日，贞丰县连降暴雨，境内各乡镇都不同程度受灾，局部地区受灾严重。县人武部立即调集 9 个民兵连 1548 人投入抢险救灾。者相镇纳窝村基干民兵连九班 9 名民兵连续奋战 15 个小时，转移国家仓库油菜籽 19 车 8 万余千克。兴北镇青杠林村基干民兵连一排 57 名民兵，连续奋战两天，完成疏通纳沙水库泄洪通道及修补填塞坝基任务。龙场镇定塘村基干民兵连一排的 4 名民兵，转移国家仓库油菜籽 400 袋近 3 万千克。

1999 年 7 月 1 日，县境连降暴雨，导致沙坪乡大寨水库洪水翻坝，冲坏大坝外护坡。县防汛抗旱办公室接到报告后，立即组织人力、物力奔赴大寨水库，指挥乡政府和当地村民进行抢险，及时抢修大寨水库外护坡，扩宽溢洪道，避免水库大坝垮塌。

2003 年 6 月 20 日晚上，县城降暴雨，旗洋河水位猛涨，洪水涌入城区、民宅、店铺。紧急关头，县防汛抗旱办公室采取紧急措施，迅速组织人力、物力抢险，疏通排洪沟，用沙袋筑起防洪墙拦住洪水。在抢险中，县武警中队官兵服从调遣，积极主动，不顾安危，不怕苦、不怕累，受到人民群众称赞。

重大抗旱救灾　2009 年 8 月至 2010 年 5 月，贞丰县持续高温少雨，发生百年难遇旱灾。许多水井和河流干涸，三岔河、纳山岗、白坟、大山、小屯水库放水到死水位。旱灾造成部分村寨人畜饮水困难，夏粮基本绝收，农业生产受到严重的影响。从 2010 年 1 月起，县委、县政府举全县之力投入抗旱救灾。贞丰遭受的特大旱灾引起中共中央、国务院、省、州党委政府和成都军区、贵州省军区的高度重视。2010 年 4 月初，国务院总理温家宝到黔西南州指导抗旱救灾工作，对抗旱救灾工作作出重要指示；成都军区副政委段录定、贵州省军区司令员凌峰、兴义军分区政委康新平，亲临贞丰指挥抗旱救灾工作。4 月 1 日，成都军区驻滇装甲旅某部出动 14 辆卡车、201 名官兵赴贞丰支援抗旱救灾；解放军四十四医院组织抗旱医疗服务队，深入重灾区沙坪乡为灾民治病。全县上下掀起抗旱救灾高潮。据统计，至 2010 年 4 月，全县投入抗旱救灾经费 1400 多万元，其中上级拨专项经费 860.6 万元，县财政拨 78.5 万元，县直部门和乡镇筹资 268 万元，社会捐资 192.9 万元；投入抗旱抽水机 328 台、抗旱油 69.8 吨、救济粮 157 吨、瓶装矿泉水 5749 件。

第五节　水利管理

一、工程管理

全县建成各类水利工程 502 处，县水利局对水利设施实行分级管理。小（2）型以下水利工程由乡镇水利站管理；小（1）型以上水利工程由县水利局下设的水库管理所管理。

三岔河水库管理所、纳山岗水库管理所、白坟水库管理所属于县水利局下设的国营事业单位，实行财务自收自支，隶属县水利局领导和管理。

二、用水管理

1991 年至 2000 年，根据上级有关规定。利用水利工程灌溉农田，由水利管理单位按规定收水费。贞丰县农田灌溉水费征收标准为每亩 6.5 千克大米，按大米市价折算为每亩 16 元。

1991 年至 1998 年，三岔河水库管理所、纳山岗水库管理所、白坟水库管理所水费计收率 80% 以上。1996 年纳山岗管理所水费总收入 13.6 万元。水利工程水费收入用于工程管理，由县水利局审批和监督。

2001 年，国家实行税费体制改革，免除农业税，农田灌溉水费也随之免除。

三、水政执法

贞丰县境内主要有 24 条河流，县界河有北盘江、清水江、大田河，平均径流总量 8.49 亿立方米。

水资源保护　1989 年 4 月 5 日，成立贞丰县水资源办公室，依据《中华人民共和国水法》《中华人民共和国防洪法》《中华人民共和国水土保持法》，开展地方水资源保护管理工作:

（1）开展“世界水日”和“中国水周”纪念活动，在活动中向群众宣传水资源保护和使用法规；

（2）审批取水申请，办理取水许可证，落实水资源有偿出让政策，维护水资源合理开发秩序；

（3）合理分配水资源，调解水事纠纷。

随着地方经济的发展，工业污染日趋严重，水事违法案件时有发生。2000 年 6 月 30 日，成立贞丰县水政监察大队，依据《中华人民共和国水法》《中华人民共和国水土保持法》《中华人民共和国防洪法》，在贞丰县行政区域内行使水资源管理权力：

（1）依法巡查北盘江、大田河、挽澜河及其他河道行洪安全情况；

（2）依法保护水利工程设施，及时查处水事违法案件；

（3）依法收缴全县企业、事业单位的水资源费和水土保持补偿费。

调解水事纠纷　2007 年 3 月，调解北盘江镇新屯村曾家屯组、马桑林组、狮子坡组、坡外组与者相镇许洞村水事纠纷。

坡外组地界内龙井水源灌溉坡外组、狮子组、曾家屯组、马桑林组部分水田，兼曾家屯组、马桑林组生活用水。者相镇实施许洞村人畜饮水工程，取龙井水源安装自来水，工程竣工投入运行不久，曾家屯组及其他 3 个组以工程取水影响生产为由，破坏许洞村供水管道 2 千米，许洞村群众愤怒之下，把曾家屯组修建的取水池破坏，双方矛盾激化。水利局接到信息后，组织水政执法人员深入现场调研，做群众思想工作，进行了妥善调解，消除了矛盾。

严格执法　2007 年 3 月，县水政监察人员发现挽澜乡荣胜煤矿、联营煤矿、岔河煤矿将大量煤矸石堆放在挽澜河岔河段河道内，阻碍行洪，违反《中华人民共和国水法》《中华人民共和国防洪法》有关规定。水政监察人员分别向业主下达清障通知书，责令煤矿在一月内清除煤矸石。4 月 21 日，水政监察员巡查河道，发现上述煤矿未清理煤矸石，执法人员严厉警告业主，若不在汛期前清除障碍物，将依法处罚 3 万元以上罚款，洪水造成的一切损失由煤矿负责。业主认识到事情的严重性，立即出租挖掘机清除上万立方米煤矸石，排除隐患。

第六节　水利水电移民

1990 年 8 月，龙滩水电站设计方案通过国家审查，审定水库正常蓄水位高程为 375 米，淹没区涉及贞丰县北盘江沿岸的沙坪、鲁贡、白层、鲁容、者相 5 个乡镇部分村组。1990 年，成立县移民办公室，挂靠县政府办公室，1999 年 12 月单列。2001 年 6 月，县委、县政府明确分管移民工作的领导，乡镇也配备分管移民工作的领导。2002 年 1 月，县移民办公室改为县移民开发局，主管全县大中型水利水电工程移民开发工作，内设办公室、规划安置股、财务审计统计股三个股室，核定编制 11 人。其中，事业编制 10 名（参照试行国家公务员制度），工勤人员 1 名，县财政全额预算。领导职数：局长 1 名，副局长 3 名，专职纪检监察员（副科级）1 名，股级领导 3 名。主任科员或副主任科员 2 名。2003 年，成立沙坪、鲁贡、白层、鲁容、龙场、连环、者相、北盘江 8 个乡镇移民工作站，每个移民工作站编制 3 人，设股级领导 1 名。2005 年 12 月，县机构编制委员会批准贞丰县移民开发局内增设后期扶持股、信访室 2 个股室，增加人员编制 3 名，设股级领导 2 名。县移民工作机构建立后，开展龙滩水电站库区、大田河水电站库区施工区、董箐水电站施工区库区实物指标调查、补偿兑现、移民安置规划设计、移民安置基础设施及专业项目工程实施、移民搬迁安置、后期扶持工作，促进龙滩、大田河、董箐水电工程的实施。

2001 年 7 月 1 日，龙滩水电站工程正式开工建设；2003 年 11 月围堰截流；2006 年 10 月底下闸蓄水；2007 年 7 月，第一台机组投产发电；2009 年年底，7 台机组全部投产；2010 年工程全面竣工。贞丰涉淹 5 个乡镇，34 个行政村（整合前村数）96 个村民组 1856 人，审定安置 4716 人，淹没土地 9651.3 亩（其中耕地 4218.1 亩），淹没房屋 11.8 万平方米，淹没国土总面积 11.71 平方千米。

2003 年，大田河落生、大地水电站开工建设，2005 年建成发电。电站工程共征用贞丰县土地面积 836.41 亩，涉迁房屋 30119 平方米。大田河电站审定移民安置 695 人，其中：鲁贡镇 514 人，连环乡 181 人。

2005 年 5 月，董箐水电站开工建设，2006 年 11 月 15 日大江截流，2009 年 12 月 1 日投产发电。董箐电站贞丰库区涉及 4 个乡镇，17 个行政村，48 个村民组。淹没耕地 4976.07 亩，生产安置移民 1648 人。

2008 年设计规划的马马岩电站将淹没平街乡顶暗村和下岩村，预计淹没耕地 607 亩、生产安置 945 人、外迁安置 700 人、后靠安置 245 人，电站装机 20 万千瓦。

一、移民安置

实物指标调查　1999 年 10 月，贞丰县成立龙滩电站淹没实物指标复核调查领导小组，配合中南院开展龙滩电站库区实物指标调查工作。2000 年 6 月，国家审查通过中南院调查的实物指标。

2002 年 4 月 22 日，贞丰县政府发布《关于严禁在龙滩电站淹没区新增建设项目和迁入人口的通告》，严禁在龙滩电站淹没 400 米海拔以下新增建设项目和迁入人口。2002 年 7 月 1 日，国家计委正式下达龙滩电站开工建设令。2002 年，贞丰县按照《实物指标分解落实细则》要求，分解落实龙滩水电站拆迁房屋面积 12.83 万平方米，淹没影响耕地面积 4218.39 亩，其中，陡坡地 81.07 亩，园地 415.05 亩，林地 3277.9 亩，其他耕地 444.37 亩。将淹没实物指标落实到村、组及权属人。

2003 年，龙滩电站库区 375 米水位线埋设永久界桩；大田河水电站征地移民实物指标落实到户。大田河电站淹没连环乡、鲁贡镇各类土地共 856.18 亩，涉迁房屋面积 30119 平方米。

2004 年 5 月，贞丰县对 1999 年中南院调查时存在错、漏实物指标及古树大树风景树进行补充调查，撰写《龙滩水电站 375 米方案贵州省贞丰县淹没影响实物指标权属落实分解报告》报省移民办审定。

2005 年 5 月，再次对实物指标进行逐乡、逐村、逐组、逐户详细调查核实；2005 年 7 月，将调查核实情况报上级审查。2005 年 10 月，贞丰县又同中南院再次对库区实物指标进行核实。在 11 月 15 日召开的全省第二次移民工作调度会上提交审查。

2005年4月23日至2006年6月底，贞丰县完成董箐电站施工区库区征用土地实物指标调查工作，征用土地11463.67亩，拆迁房屋43732.81平方米。

移民安置规划　2003年4月，国家审定龙滩水电站贞丰库区移民生产安置人口4716人，其中，直淹1938人。2004年至2007年，贞丰县规划实施龙滩水电站库区的沙坪、龙场、白层、坝排、蟒田5个移民集中安置点，其中：沙坪安置点规划安置移民716人；龙场安置点规划安置移民519人，蟒田安置点规划安置移民200人；白层安置点规划安置移民450人；坝排安置点规划安置移民300人。

2003年4月至2006年12月，大田河电站贞丰库区规划，在鲁贡镇沙坝、连环乡关山两处建设移民集中搬迁安置点，鲁贡镇沙坝安置点安置514人，连环乡关山安置点安置181人。

基础设施迁建项目　2005年6月至2007年12月，贞丰县实施龙滩电站库区沙坪、蟒田、白层、龙场、坝排5个移民集中安置点和这洞移民自建集中安置点。

2005年6月，沙坪移民集中安置点场平工程开工；2006年7月21日，场平工程竣工通过验收合格。

2005年10月19日，龙场移民安置点场平工程动工；2006年9月29日，场平工程竣工通过验收合格。

2005年10月19日，沙坪乡蟒田移民安置点场平工程动工；2006年2月，白层镇黄家湾移民安置点场平动工。

2005年10月至2007年5月，贞丰县实施大田河电站鲁贡镇沙坝、连环乡关山2个移民集中安置点基础设施工程项目。2005年10月16日，鲁贡移民安置点场平工程开工；2006年7月21日竣工通过验收合格。2006年9月，关山移民安置点场平工程开工，2007年7月竣工通过验收合格。

2007年4月，鲁贡镇坝排移民集中安置点场平工程动工。2007年12月，三个安置点场平工程基本完工。

交通、水电项目复建　交通项目复建。2005年至2007年，贞丰县实施龙滩电站贞丰库区的白层大桥至板绕、鲁贡至坡扒、白层至平赖公路复建工程。白层大桥至板绕复建公路工程9.8千米，2007年4月动工建设；鲁贡至坡扒公路改造工程11千米，2007年3月动工建设，2007年12月竣工；白层大桥至平赖7千米四级公路复建工程规划设计，2007年9月28日经县政府审批。

人饮工程项目复建。2005年至2007年，实施沙坪、蟒田、白层、坝排、龙场、这洞移民集中安置点内外部人饮工程，解决移民463户2185人饮水。

供电设施复建。2005年至2007年，实施沙坪、蟒田、白层、坝排、龙场、这洞移民集中安置点供电工程，复建100千伏输电线路8.38千米，安装变压器6台（900千伏安）。

移民搬迁　2002年1月，开展龙滩库区移民搬迁安置动员工作。2003年11月，首批移民坝围村40户、孔桃村28户，坝乐村29户移民同沙坪乡政府签订搬迁安置协议。

2005年，贞丰县启动实施移民搬迁安置工作。是年，龙滩电站搬迁安置移民1240人，大田河电站安置移民 695 人。

2006 年，贞丰县搬迁安置龙滩水电站库区移民 1727 人。

2007 年，贞丰县搬迁安置龙滩水电站库区移民 1032 人。

截至 2007 年 12 月，龙滩电站贞丰库区累计集中安置和后靠分散安置移民 844 户，3999 人，占国家审定安置人口数 4716 人的 84.79%。2008 年，全面完成移民安置任务，其中外迁安置 179 户 809 人，沙坪安置点外迁集中安置 379 人，龙场安置点外迁集中安置 430 人；集中后靠安置 141 户 714 人，其中蟒田安置点后靠集中安置 128 人，白层安置点后靠集中安置 242 人，坝排安置点后靠集中安置随迁移民 344 人；分散后靠安置 524 户 2476 人，其中鲁贡镇分散后靠安置 385 人，沙坪乡分散后靠安置 597 人，白层镇分散后靠安置 619 人，鲁容乡分散后靠安置 771 人；企业、学校后靠分散安置 104 人。

移民后期扶持 2006 年，贞丰县启动龙滩电站库区移民后期扶持工作，宣传国务院《关于大中型水库移民后期扶持政策的意见》移民后期扶持政策，编制《贞丰县大中型水电站移民后期扶持规划》。龙滩电站库区移民每人每月 50 元后期扶持费直补 1999 人。2007 年 4 月，县发改局牵头，县移民局、县水利局配合，编制《贞丰县 2007 年大中型移民安置区项目计划清单》。2007 年 6 月，县发改局牵头，县移民局、县水利局配合，编制《贞丰县大中型库区和移民安置区基础设施建设和经济发展规划》，报州发改局、州移民局、州水利局。2007 年，龙滩电站库区每人每月 50 元后期扶持费直补 2016 人，项目扶持 1938 人。2010 年，全县核定后期扶持 5129 人，其中龙滩电站移民 4381 人，三峡电站移民 13 人，大田河电站移民 735 人，直补 3097 人，项目扶持 2032 人。

二、移民管理

管理机制 2000 年 3 月，县移民办制定《贞丰县移民办机关管理制度》，移民工作开始步入规范化、制度化。

2001 年 6 月，县政府明确分管移民工作的副县长，执行“省政府统一领导、分级负责、县为基础”的移民管理体制。沙坪、鲁贡、白层、鲁容、者相、连环、龙场、兴北八个乡镇配备分管移民工作领导，全县移民工作实行“县为基础，责任到乡镇”的移民工作管理机制。1999 年后，贞丰县分别成立龙滩、大田河、董箐水电工程征地实物指标调查领导小组、移民搬迁安置领导小组、工作协调领导小组、移民搬迁和库底清理领导小组，加强移民工作领导。

政策措施 2003 年，县政府审定通过《龙滩电站贞丰县库区移民安置实施管理暂行办法》；2004 年 12 月，县政府印发《龙滩电站贞丰库区移民安置实施细则》；2005 年，县政府印发《贞丰县征地补偿安置制度》《龙滩电站贞丰库区移民安置土地有偿划拨（流转）价格标准的规定》《龙滩水电站贞丰库区淹没土地补偿兑现办法》《龙滩水电站贞丰库区农村移民投亲靠友有土安置和自谋职业无土安置暂行办法》《龙滩电站贞丰库区剩余土地资源调整分配暂行办法》移民搬迁安置规范性文件，为龙滩电站库区移民搬迁安置工作提供依据。

2006年7月，县政府结合移民工作实际，制订《龙滩水电站贞丰库区投资概算调整补偿兑现实施方案》，为龙滩电站调概资金兑现提供依据。

移民政策宣传　为使广大干部和群众增加对国家、省、州和县移民政策的了解，2004年，县移民局编印《贞丰县移民工作政策汇编》；2004年，将国家、省、州、县移民政策汇编成册，发放到库区乡镇、村组干部手中。2006年，将国家、省、州、县颁布的与移民工作相关的100个政策法律法规，国务院出台的《大中型水利水电建设征地补偿和安置条例》《关于大中型水库移民后期扶持政策的意见》，编印《贞丰移民政策汇编》，发给乡镇干部和村干部，使移民群众对国家移民政策更加了解。

移民基础设施和专项工程项目实施管理　一是移民专项工程建设，严格按照“作地勘—有资质单位作设计方案—报县政府组织审查—修改完善—进入招投标（采取无标底招标方式）—开标后，实行项目法人制、合同制、工程监理制”的工程建设管理程序规定执行；二是强化对移民建设项目的监督和管理，严格控制项目设计变更的随意性、盲目性；做好建设项目规划设计，按有关规定报送建设项目设计文件，明确设计文件变更应遵循初步设计审批的原则，移民工程规划设计变更须经县政府组织相关部门审查，完善设计变更资料，严格执行设计变更程序，对设计变更后的工程实行计量支付，严格控制投资额度；三是加强在建电站移民工程项目的管理督查督办，采取实地查勘，专家技术会审，实事求是解决存在的问题，使移民工程保质保量按期完成；四是加强对工程施工的督促检查。

第四章　电　力

1991年前，由于受经济和技术等多方面的制约，县内丰富的水资源没有充分开发，全县只有10个小型水电站。到2005年全县电站总装机容量仅为1450千瓦，电能紧缺，供不应求。1998年后，随着改革开放的深化，县委、县政府争取国家村村通电项目资金，引进资金和技术建设董箐电站88万千瓦，大田河水电站10万千瓦，实施村村通电工程。全县供电能力大幅提高，2009年不仅实现村村户户通电，还成为西电东送的电源点之一。

第一节　电力机构

1991年至2010年，贞丰县供电管理机构名称发生一次改变。1989年5月至1995年，贞丰县供电管理机构是贞丰县小水电公司（股级），受县水电局领导和管理。1996年，贞丰县小水电公司改为贞丰县供电局（正科级），由上级供电部门直管。当时贞丰县供电

（所）局办公楼在现县委、县政府大院后门往东约 100 米。1997 年，县供电局将原供电局办公楼及部分职工宿舍置换后，在新城区富民路西段征地约 10000 平方米，修建一栋八层楼的供电办公大楼和三栋职工宿舍后，供电局搬到新办公楼办公。1999 年，贞丰县实施村村通电项目，农村用电户增加，电网扩大。2007 年，县供电局在县城（珉谷）、者相、龙场、北盘江、白层、鲁贡、沙坪分别建设供电所，招聘农电工对农村用电进行维护和管理。

第二节　水能资源

贞丰县境内地形复杂多样，主要特点是西北部高（最高海拔 1966 米），南部低（最低海拔 324 米）；年平均降雨量 1200 毫米至 1400 毫米之间；境内有北盘江、清水江、大田河、那郎河、鲁贡河等 24 条大小河流（段），县境北盘江河段 93.5 千米，大田河河段 55.5 千米，河流落差较大，水能储量约达 200 多万千瓦，适宜开发利用建设水电站。县境水能资源比较丰富。

第三节　电网建设

1991 年至 1995 年，贞丰县电网建设较缓慢，没有条件并入国家电网。1996 年，国家实施村村通电工程后，电网建设步伐逐年加快，2003 年，全县实现村村通电。2010 年，县内有 110 千伏输电线路 1 条（属兴义供电局直管），35 千伏输电线路 21 条（总长 202 千米）、10 千伏输电线路 59 条（总长 1349 千米）、400 伏 /220 伏输电线路 2027 千米；全县建成 16 座变电站，其中 220 千伏变电站 1 座、110 千伏变电站 12 座。10 千伏以上的电网覆盖全县农村，13 个乡镇都建有变电站。供电可靠率提高，县城供电可靠率 99%，农村供电可靠率 98%。

第四节　电站建设

1991 年至 2002 年，受资金和技术等方面的制约，贞丰县的电站建设没有发展。2003 年，随着经济社会的发展，县委、县政府抢抓西部大开发机遇，结合贞丰实际，调整产业结构，作出工业富县的经济发展战略，招商引资开发利用水能资源。2006 年，在鲁贡镇建成落生水电站和大地水电站；2010 年，在者相镇董箐村建成董箐水电站。

落生水电站　2003 年，引进深圳市南能投资开发有限公司投资电站总投资的 63%，黔西南州工业投资有限公司投资电站总投资的 28%，贵州省水利水电勘测设计研究院投资电站总投资的9%，在大田河的册亨县纳荣处筑重力拦河坝蓄水发电。拦河坝最大坝高43.6米，坝顶总长140米，水库总库容577万立方米，正常水位781米，死水位768米。打通长4757米、横截面半径为4米的隧洞引水到鲁贡镇管路村建落生水电站。水电站装机容量2×4万千瓦，多年平均发电量3.3亿千瓦时。电站于2003年10月开工，2006年5月竣工正式发电。

大地水电站　大地水电站是横跨大田河流域和鲁贡河流域建成的引水式梯级水电站之一。大地水电站从落生水电站尾水池取水，修引水渠和渡槽引水至鲁贡河大桥处建设水电站，总装机容量1×2万千瓦，多年平均发电量0.82亿千瓦时。大地水电站与落生水电站，都是2003年10月开工，2006年5月竣工。

落生水电站和大地水电站为珠江流域北盘江水系上的两座跨河引水式发电站，总投资49628万元。电站的建成发电，缓解了贞丰县电力不足的问题。

董箐水电站　董箐水电站是根据国家实施“西电东送”工程和贞丰县经济社会发展的需要，按照中共贵州省委、省政府的安排，2003年设计，2004年勘探，2005年3月28日开工建设的水电站。电站开工后，于2006年11月15日截流，2009年8月20日下闸蓄水，12月1日1号机组发电、18日2号机组发电；2010年6月1日，3号和4号机组发电后，实现4台机组全部投产并入国家电网。电站建设工期较短。

董箐水电站位于北盘江畔的贞丰县者相镇董箐寨附近，对面是镇宁县良田乡。电站离贵阳约220千米，装机总容量88万千瓦，多年平均发电量30.26亿千瓦时，属二等工程。电站枢纽由钢筋混凝土面板堆石坝、左岸溢洪道（按500年一遇洪水设计）、右岸引水发电、放空洞及地面厂房等主要水工建筑物构成。发电厂房在面板下游右岸坝脚附近。主要机电设备是4台立轴混流式水轮发电机组。水轮机单机额定出力224.5兆瓦，机组安装高程为359.6米，发电机为立轴半伞式。

董箐水电站是一项建设工期短，应用新技术、新材料、新工艺的国家“西电东送”工程和北盘江干流大型水电站之一，是贞丰县装机容量最大的水电站。

大田河流域落生水电站、大地水电站建成，特别是董箐水电站建成后，贞丰县的发电量不仅满足全县的用电需求，每年还有75073万千瓦时电并入国家电网向东输送，电力成为贞丰县的支柱产业之一。

第五节　供用电

1991年至1994年，由于贞丰县经济和技术比较落后，许多水能资源未能开发利用。只有那郎一级水电站（400千瓦）、那郎二级水电站（450千瓦）、那郎三级水电站（500千瓦）三座。电力资源供不应求，仅有县城和个别乡镇所在地用上电灯照明，电压不稳定，供电不正常。用220伏的电灯必须使用调压器升压或只能用110伏的电灯，否则起不到照明的作用。全县95%以上农户用不上电，全靠点油灯照明。

1996年，贞丰县电网并入国家电网后，电源有所缓解，但电网建设滞后，全县280个村只有89个村用电照明，有191个村未用上电。

为发展经济和改善群众生产生活条件，从1996年开始，国家采取补助输电线路总投资的三分之一、地方供电部门投资总投资的三分之一、受益村群众集资总投资的三分之一的“三三制”方式建设农村电网。由于当时农村大多数群众还贫困，无经济能力集资架通村输电线路，农村电网建设缓慢。1997年，全县280个村只有107个村通电。1998年，国家加大投资，不要群众集资，实施村村通电工程，农村电网建设速度加快。2003年，全县实现村村通电。除极少数离自然村寨较远的单家独户未用上电外，95%以上的农户用上电，并实行“一户一表”和“同网同价”，大部分农户用上电饭锅、电炉煮饭和用电打米、磨面。2009年，全县实现户户通电。

1991年至2010年贞丰县电力发展情况统计表

表6-4-1

年份	供电局（个）	供电所（个）	固定职工（人）	400千瓦以上电站（个）	装机容量（千瓦）	发电量（万度）	用电量（万千瓦时）	行政村（个）	通电村（个）	备注
1991	1	1	93	3	1450	1025	1025	280	—	那郎一级电站400千瓦
1992	1	1	87	3	1450	1203	1203	280	—	那郎二级电站450千瓦
1993	1	1	96	3	1450	1108	1108	280	—	那郎三级电站500千瓦
1994	1	1	104	3	1450	959	959	280	—	—
1995	1	1	91	3	1450	1112	1112	280	89	—
1996	1	1	98	3	1450	1321	1321	280	107	—
1997	1	1	125	3	1450	1419	1419	280	197	—
1998	1	1	132	3	1450	1090	1090	280	225	—
1999	1	1	127	3	1450	1197	1197	280	239	—
2000	1	1	131	3	1450	1312	1312	280	242	—
2001	1	1	128	3	1450	1025	1025	280	276	—
2002	1	1	121	3	1450	1391	2997	280	280	烂泥沟建设、水银洞金矿生产，用电量上升

续表 6-4-1

年份	供电局（个）	供电所（个）	固定职工（人）	400千瓦以上电站（个）	装机容量（千瓦）	发电量（万度）	用电量（万千瓦时）	行政村（个）	通电村（个）	备注
2003	1	3	114	3	1450	1604	4190	280	280	落生、大地电站开工
2004	1	3	114	3	1450	1930	6823	280	280	—
2005	1	4	102	3	1450	1316	9600	280	280	装机 88 万千瓦的董箐电站开工
2006	1	6	205	3	101450	1186	14839	280	280	落生、大地电站竣工
2007	1	7	264	5	101450	43877	26548	156	156	村级整合为 156 个村
2008	1	7	279	5	101450	45283	30411	156	156	—
2009	1	7	319	5	101450	27553	36870	156	156	—
2010	1	7	351	6	981450	318579	43506	156	156	董箐电站竣工发电

第五章　交　通

1949 年以前，县境内只有 50 千米左右的砂石公路、一条北盘江水路和无数条山路，有马车、木船、竹筏交通工具，交通条件极为落后。解放后，历届县委、县政府重视交通工作，1991 年以后提出要致富先修路的思路，组织全县人民修公路、架桥梁、治理北盘江航道，改善交通条件。1991 年至 2010 年，加大交通建设力度，交通工作取得前所未有的成绩。2010 年实现村村通公路，乡乡通油路和客车，县城和者相、龙场、北盘江等乡镇通高级公路；汽车、摩托车进农户。交通运输能力大幅度提高，群众出行便捷，交通条件极大改善。

第一节　陆路交通

一、机构

县交通局　县交通局主管全县交通建设、养护、运政、规费征收、站点建设和航务、海事监督工作。2010 年，县交通局内设办公室、交通建设法规管理股、技术服务站，下设城市公共客运管理局、公路管理所、路政大队、工程规划服务站。

县运输管理所 1989年，撤销县交通运输管理总站，成立县运输管理所，隶属县交通局，县运输管理所内设办公室，负责稽查、运政、财务、票据管理，全所有干部职工13人，主管全县道路运输、营运市场的准入及汽车维修行业。

县公路养护工区 1973年12月，贞丰县地方公路养护工区建立，职责是公路养护。1991年，县公路养护工区有干部职工15人；1996年，有干部职工18人；2010年，有干部职工15人，其中会计1人、统计员1人、技术员5人、工程师2人。负责养护贞丰至望谟、贞丰至册亨、龙场至三岔路、贞丰至白层、龙场至者相、安龙至坝草县道121千米、乡道82千米、村道722千米。共养护公路925千米。

县汽车站 1956年，贞丰汽车站建立，职责是负责汽车客货运输业务手续的办理。1991年，深化体制改革，汽车站的职责发生变化，职责是负责客运车辆的管理。2003年，在省交通厅的支持下，贞丰新汽车站建成投入使用，车站规模扩大，客车进出量和客流量逐年增加。2010年，建成者相、龙场、北盘江3个乡镇客运站。

二、公路建设及改造

1991年后，随着县域经济发展，全县人民群策群力，采取“民办公助”“以公代赈”等方式修路，兴起筑路热潮，公路网络逐年扩大。至1988年，全县公路总里程356千米，公路密度为平均每1万人有公路13千米，每100平方千米有公路23.6千米。1997年，13个乡镇通车里程553千米。2003年，全县通车里程970千米。2010年，全县通车里程达1408千米。交通条件明显改善。

公路新建 1996年，全长82千米的安（龙）坝（草）公路竣工通车，其中贞丰境内长52.4千米。

1997年，全县修建20个村的通村公路；1998年，白层、鲁贡、鲁容60千米蔗区公路建成，新增20个村通公路。2003年12月28日，关岭至兴仁高等级公路（贞丰境内41千米）竣工通车。关兴公路北盘江大桥位于北盘江峡谷马家坪上游约1千米处，投资近8000万元，全桥长528米，单跨388米，桥面距水面高度400米，当时为亚洲第一高桥，世界第二高桥。2003年，建成22个行政村98.5千米通村公路；完成州交通局下达的五里岗至坡敖、小屯至赵家坪、头猫至大山、新寨至坡敖、马坝至纳绕、纳洋至陇塔公路建设。2004年，修建北盘江镇者颡村至平街小花江村、沙坪至这年村、鲁贡至暗老、纳翁至卡务公路。2005年，由于建设董箐电站的需要，建成者相至董箐电站公路。2010年，全县所有行政村都修通公路。1991年至2010年20年间共新建公路1034千米。

公路改造 1995年，对珉谷镇放牛坪村、坪上村3千米公路进行改造整修。1997年底，将贞丰至卡子24千米公路改造提高为三级标准公路，采用沥青封面。1998年，对牛冗线（贞丰至牛场段）28.62千米公路进行改造；1999年，贞（丰）白（层）公路改造完成；2000年，完成公路改造65千米；2002年12月26日，总投资2900万元的贞丰至安龙公路三级油路改造竣工通车，其中贞丰境内16.4千米；贞丰至册亨公路贞丰境13千米，完成85%的三级泥结碎石路面改造；总投资1450万元的贞丰至卡子公路改造完成，将简易沥青表处路面提高为沥青摊铺路面；完成龙场至者相线21.2千米、白腊至挽澜6千米的公路改造；2003年，对贞丰经沙坪乡至乐元码头进行油路改造，对县城至牛场公路进行油路改造。2008年，将青岗林至安龙县钱相公路贞丰段43千米改造成高等级公路，将北盘江镇纳哈田至小花江公路（25千米）改为油路；2010年，将白层大桥至纳翁（26千米）、珉山公园经岩鱼至必克（8千米）通村公路改造成水泥路；将龙场至者相21千米、盘龙至龙场24千米、县城至洒若34千米公路改造为油路，改建挽澜至三岔河公路16千米。

1991年至2010年贞丰县部分新建公路统计表

表6-5-1

序号	公路名称	里程（千米）	建设时间	备注
1	安龙至坝草公路贞丰段	52	1996年	砂石路
2	20个村通村公路	107	1997年	泥石路
3	蔗区公路	60	1998年	砂泥石路
4	22个村通村公路	98	2003年	砂泥石路
5	关岭至兴仁公路贞丰段	41	2003年	高等级公路
6	三河至挽澜	13	2003年	砂石路
7	大碑至头猫	14	2003年	砂石路
8	沙坪至这年	13	2004年	砂石路
9	者颡至小花江	25	2004年	砂石路
10	鲁贡至暗老	12	2004年	砂石路
11	杨家山至必克	8	2004年	砂石路
12	纳翁至卡务	15	2004年	砂石路
13	者相至董箐	14	2005年	油路
14	小屯至赵家坪	12	2005年	油路
15	定塘至坡柳	5	2008年	砂石路
16	平赖至鲁贡	22	2008年	砂石路
17	双乳峰至必克	8	2010年	油路

1991年至2010年贞丰县部分公路改造统计表

表6-5-2

序号	公路名称	里程（千米）	建设时间	备注
1	放牛坪坪上	3	1995年	扩宽、铺砂
2	贞丰至卡子	24	1997年	砂石路改为三级油路

续表 6-5-2

序号	公路名称	里程（千米）	建设时间	备注
3	贞丰至牛场	25	1998 年	砂石路改为油路
4	贞丰至白层	18	1999 年	砂石路改为油路
5	贞安公路贞丰段	16	2002 年	砂石路改为油路
6	贞册公路贞丰段	13	2002 年	砂石路改为油路
7	龙场至者相	21	2002 年	扩宽、镶边
8	沙坪至龙论	22	2003 年	砂石路改为油路
9	尾列至烂泥沟	10	2003 年	砂石路改为油路
10	贞丰至洒若	34	2005 年	砂石路改为油路
11	者颡至平街	9	2008 年	砂石路改为油路
12	盘龙至龙论	67	2008 年	改砂石路为油路
13	纳哈田至小花江	25	2008 年	改砂石路为油路
14	青杠林至钱相贞丰段	43	2008 年	提高油路等级
15	鲁容至纳翁	27	2010 年	砂石路改为水泥路
16	县城至必克	8	2010 年	毛路改为水泥路

1991 年至 2010 年贞丰县主要公路桥梁建设统计表

表 6-5-3

序号	桥梁名称	长（米）	宽（米）	建成时间	备注
1	白层大桥	173	10	1997 年	钢混结构、安坝公路桥
2	花江桥	180	10	2010 年	钢混结构牛场至花江公路桥
3	北盘江大桥	528	12	2003 年	全长 528 米，单跨 388 米，桥面高水面 400 米，投资 8000 万元
4	者塘桥	10	6	1996 年	钢混结构
5	坡柳桥	6	4	2008 年	定塘至坡柳公路桥
6	孔索桥 洒若桥 洒若桥 洒若桥	54 31 21 27	6 6 6 6	1996 年 1996 年 1996 年 1996 年	安坝公路桥 安坝公路桥 安坝公路桥 安坝公路桥
7	鲁容桥	113	6	1996 年	安坝公路桥
8	孔明桥	110	6	1996 年	安坝公路桥
9	软麻桥	10	6	2003 年	尾列至烂泥沟公路桥

续表 6-5-3

序号	桥梁名称	长（米）	宽（米）	建成时间	备注
10	小屯大桥	100	12	2003 年	关兴公路桥
11	漆树湾大桥	120	12	2003 年	关兴公路桥
12	小屯乡龙井大桥	100	12	2003 年	关兴公路桥
13	小屯乡甘家湾大桥	200	12	2003 年	关兴公路桥
14	平头 1 号桥	30	12	2003 年	关兴公路桥
15	平头 2 号桥	40	12	2003 年	关兴公路桥
16	平头 3 号桥	50	12	2003 年	关兴公路桥
17	平头 4 号桥	40	12	2003 年	关兴公路桥
18	平头 5 号桥	50	12	2003 年	关兴公路桥
19	庞家湾大桥	80	12	2003 年	关兴公路桥
20	毛家湾大桥	180	12	2003 年	关兴公路桥
21	银洞湾 1 号桥	50	12	2003 年	关兴公路桥
22	银洞湾 2 号桥	60	12	2003 年	关兴公路桥
23	银洞湾 3 号桥	50	12	2003 年	关兴公路桥

1991 年至 2010 年贞丰县公路隧洞建设统计表

表 6-5-4

序号	隧洞名称	长（米）	宽（米）	高（米）	建成时间	备注
1	小屯乡蛇形坡隧洞	600	12	5	2003 年	关兴公路隧洞
2	岩脚寨隧洞	300	12	5	2003 年	关兴公路隧洞
3	沿江隧洞	50	12	5	2003 年	关兴公路隧洞
4	平头桥隧洞	360	12	5	2003 年	关兴公路隧洞
5	银洞湾隧洞	200	12	5	2003 年	关兴公路隧洞
6	庞家寨隧洞	80	12	5	2003 年	关兴公路隧洞
7	北盘江隧洞	120	12	5	2003 年	关兴公路隧洞

第二节　交通运输

1991 年至 2010 年，随着交通事业的发展，贞丰县公路里程、公路质量有很大的增加和提升。尤其是 1996 年，修建贞丰至安龙、安龙至坝草县级公路；2003 年，建成关岭至兴仁高等级公路；1997 年至 2008 年，县城至兴仁卡子、县城至牛场（北盘江镇）三岔路、贞安公路贞丰段、贞册公路贞丰段等 11 条县乡公路由沙石路改造提升为油路；2010 年，全县所有行政村通公路后，机械动力车辆成为贞丰县交通运输的主要交通工具。城乡都有汽车专业户。

一、货运

汽车货运 1991 年，全县共有货车 244 辆，载重量 732 吨。1995 年，全县共有货车 201 辆，载重量 704 吨。2003 年，全县共有货车 362 辆，载重量 785 吨，运输货物周转量 43 万吨千米。2005 年，全县共有货车 506 辆，载重量 1024 吨。2010 年，全县共有货车 741 辆，载重量 1473 吨。

拖拉机、三轮车、马车货运 1996 年，全县共有拖拉机 65 辆（载重量 140 吨）、机动三轮车 50 辆、马车 126 辆、人力车 259 辆。1997 年，全县共有拖拉机 55 辆（载重量 98 吨）、机动三轮车 51 辆、马车 100 辆、人力三轮车 180 辆。1999 年后，使用拖拉机、马车、人力三轮车运输的越来越少，使用机动三轮车运输货物的越来越多。

二、客运

1991 年，全县共有营运客车 82 辆，984 个座位。1995 年，全县共有营运客车 40 辆，684 个座位。1997 年，全县共有营运客车 48 辆，734 个座位。2003 年，全县共有营运客车 96 辆，1337 个座位，旅客周转量 78 万人千米，县城有机动三轮车从事客运。2008 年，全县共有营运客车 126 辆，2854 个座位；同年，开始取消机动三轮车在县城从事客运，实行出租车在县内城乡、公共汽车在县城从事客运，全县 13 个乡镇全部开通班车。

1991 年至 2010 年，交通部门先后开通贞丰至昆明、百色、贵阳、安顺、镇宁、关岭、兴义、兴仁、安龙、册亨、望谟班车。

1991 年至 2010 年贞丰县陆路运输工具和通车情况统计表

表 6-5-5

年份	合计（辆）	运输工具（辆）					通车里程		通公路乡镇（个）
		客车（辆）	载客（座位）	货车（辆）	载量（吨）	机动三轮车（辆）	累计（千米）	新增（千米）	
1991	326	82	984	244	732	—	374	0	13
1992	341	78	936	263	758	—	386	12	13
1993	352	86	1032	266	960	—	446	60	13
1994	386	105	1260	281	116	—	446	0	13
1995	241	40	684	201	704	15	458	12	13
1996	536	173	2274	363	993	50	481	23	13
1997	399	48	730	351	1072	51	553	72	13
1998	—	—	—	—	—	—	629	76	13
1999	—	—	—	—	—	—	736	107	13

续表 6-5-5

年份	合计（辆）	运输工具（辆）					通车里程		通公路乡镇（个）
		客车（辆）	载客（座位）	货车（辆）	载量（吨）	机动三轮车（辆）	累计（千米）	新增（千米）	
2000	—	—	—	—	—	—	762	26	13
2001	—	—	—	—	—	—	821	59	13
2002	438	86	1349	352	646	600	880	59	13
2003	458	96	1337	362	785	600	970	90	13
2004	554	105	1515	449	804	600	1136	166	13
2005	662	156	2053	506	1024	600	1207	71	13
2006	631	125	2166	689	824	600	1233	26	13
2007	888	117	2265	771	2416	400	1233	0	13
2008	834	126	2854	708	1437	600	1255	22	13
2009	864	133	2929	731	1303	600	1277	22	13
2010	888	147	3168	741	1473	500	1408	131	13

第三节　运输管理

1996 年 9 月 25 日，根据省政府办公厅《关于大力整顿交通秩序保障道路安全畅通的通知》精神，县交通管理部门开展以珉谷镇，省道为重点，以治理事故多发点和易堵路段——兴北镇、尖坡及者相为突破口，对违章占道及客运车辆进行专项治理整顿。每逢赶场天和节假日都安排路政执法人员上路巡查，开展清理路障、治理超限、处理损坏公路案件工作，维护运输秩序。确保全县公路基本畅通。

一、客运管理

1992 年 11 月 19 日，为保障 1992 年冬季至 1993 年春季运输交通安全，成立县陆上交通安全领导小组，加强春运管理工作。1996 年 9 月 18 日，对客运市场违章违法、不正当竞争状况进行治理。1997 年，为加强道路运输管理，创建文明车站。县交通部门制定管理措施，合理布局县城内停发车站点，采取强制手段处罚不法经营，有效遏制混乱的客运市场。同年，建设贞丰至者相、牛场，贞丰至白层、沙坪金矿，贞丰至龙场三个短途客车发车点。1998 年，针对运力大过运量的问题，采取控制运力投入办法，停办贞丰至兴义，贞丰至安顺线路的审批手续；对证照不全车、报废车、串线车等非法经营行为严厉惩治；采取统一售票，消除客运经营中不正当竞争揽客源的现象。1999 年 9 月，对“册亨至贞丰”专线原排班时间作调整。2000 年 3 月，全县开展对非法营运的客车、摩托车、三轮车进行清理整顿。

2001 年 3 月，“兴贞联营车队”非法组织被县交通部门取缔。同年成立贞丰县道路客运企业资质评定委员会。2002 年，对县城出租汽车行业的无证照、乱停乱放、乱收费和超范围营运等违规违法行为进行治理；对车辆进行抽样调查，建立客车档案和规费征收台账。在安全工作上，严把乘客进站、上车、出站“三关”，严禁爆炸物品、易燃物品、有毒物品“三品”上车。3 月，汽车客运站查出伪装爆炸物品 7 箱移交公安部门处理。2003 年至 2010 年，加大对货运机动三轮车从事客运的惩处力度，运管所对四批违章违法货三轮车给予扣留处罚。2008 年，开始实行公交车在县城内从事客运，取缔三轮车在县城从事客运。

二、货运管理

1996 年 9 月 8 日，为贯彻煞住公路“三乱”（乱设卡、乱收费、乱罚款）歪风，促进商品流通和运输畅通，全省开展以货运为重点的“三乱治理”。同年 11 月 21 日，成立贞丰县整顿交通秩序领导小组，由交通、公安、交警、工商、建设、安委办、运管所、养护段、群养工区等部门和单位派专人参加对货运进行检查治理。

2000 年 2 月 13 日，中华人民共和国交通部《超限运输车辆行驶公路管理规定》发布，同年 4 月 11 日起施行，为货运超限管理提供政策依据。2001 年 6 月，县运输管理部门查处货运违章行为 58 辆次，查处机动货三轮车无证运输和未缴纳规费 193 辆次。2003 年至 2010 年，加大对货运市场的管理力度，逐步完善管理体制。

三、机动车辆维修市场及管理

1997 年 7 月 30 日，根据交通部第 23 号令、《贵州省汽车运输车辆技术管理规定》《贵州省道路运输管理条例》的规定，凡在贞丰县境内从事汽车一、二级维护和强制维护的单位，每年必须按规定时间参加年度审验。1997 年，贞丰县的汽修厂和相关部门都接受年度审验。2002 年，成立县汽车维修市场整顿工作领导小组，对汽车维修行业进行清理登记办证、建档，加强汽车修理行业的管理。

四、路政管理

1995 年，路政中队组织管理人员进行两次宣传检查工作。

1997 年 7 月 3 日，第八届全国人民代表大会常务委员会第二十六次会议，通过《中华人民共和国公路法》（以下简称《公路法》），1997 年 12 月 1 日，成立以县交通局局长为组长的贞丰县《公路法》宣传领导小组，开展宣传活动，发宣传资料 5000 余份，接受宣传 6 万余人次；对全县主要公路进行检查整治，全年拆除违法（章）建筑 10851 平方米，恢复路面 952 平方米，查处损坏行道树案件 15 起，取缔打砂石及烧石灰 29 处（个），清除路肩堆积物 45 处 1000 余平方米，罚款 50000 余元。

1999 年，县交通部门根据《公路法》，加大对侵占公路，损坏公路设施，路政违法案件的查处力度。全年共查处路政违法案件 12 件，结案 12 件，收取赔补偿费 1.6 万元。选派 7 人分别参加贵州省交通厅组织的行政执法培训、公路工程质量监理及其他业务培训，提高行政执法队伍的业务素质。2002 年，全县路政人员上路巡查 230 天，迁出公路境内电杆 17 棵，拆除违章围墙 27 处 324 米、违章建筑房屋 16 幢，清除堆积物 20 处 1648 立方米，制止红线内建筑39幢2482平方米；取缔违法占道经营、堆放砂石、建筑材料80处800立方米。2003年，查处开石取料30起，红线控制区建房15起，公路边砖瓦、石灰窑4个，查处超限运输车辆6000多辆次。2008年，组织交通执法工作人员上路巡查451人次，清除路障820处，处理违章案15件，处理路产损赔1件。2009年，组织路政人员上路巡查589人次，清除路障1150处，处理违章50件，处理路产损赔19件。2010年，组织路政人员上路巡查207天，制止违法建筑2904平方米，清除公路内堆积物19处604立方米，拆除不规范道口2处。

五、公路养护

1991年1月21日，《贵州省高等级公路养护管理暂行办法》经省人民政府常务会议通过，3月1日起施行。同年，县公路养护工区管养望谟至贞丰段74千米，盘龙至白层码头14千米，龙场至三河10千米，龙场至者相21千米，贞丰至册亨（贞丰境）19千米。1994年，贞丰县公路总长里程446千米，其中接养公路仅256.5千米，都是四级或四级以下的简易公路，技术标准低。1995年，养护县乡公路227千米，其中县公路140千米，乡公路87千米。

1997年，县养护段完成公路大修13.07千米，好路率70%；完成牛场至冗渡线贞丰段公路养护28.9千米，好路率69.2%，耗用砂石5099.8立方米，公路大修工程经总段质检部门验收合格率100%，优良率70%；完成县乡公路接（列）养205.1千米（县级公路151.2千米，乡级公路53.9千米），年终自查好路率56.7%，省州检查好路率68.12%，差路率0.76%，超过州交通局下达好路率51%和差路率低于1%的标准。同年新增5千米的公路绿化。

1999年，县养护段养护公路218.2千米，其中县级重要公路39.4千米，县级一般公路124.8千米，通乡公路54千米。全年完成保畅工程龙场至者相线2.7千米、贞丰至册亨公路6千米的镶边整形工程。省查路前，连续下雨近一个月，致使公路受损严重，综合好路率仅为68.77%，差路率1.96%。

2001年5月起，乡村公路由所在地的乡（镇）政府管理、养护，养路经费由县养护工区按上级规定的养护费足额拨付。乡（镇）列养的公路有：鲁容乡白层码头至纳翁公路28千米，白层镇毛安至坝桥公路14千米，北盘江镇者颡至平街公路7.2千米，龙场镇石灰窑至集贤村公路5千米。

2003年，公路养护单位全年查路里程90千米，对全县列养公路进行排水系统的清挖，坑槽填平补齐，水毁工程的修复及抗洪抢险。新增公路绿化5千米。

2010年，全县投入200余万元资金，对县道121.5千米、乡道81.9千米、村道722.6千米进行养护。村道基本列入养护范围。清理公路边沟72千米，清理被堵塞的涵洞4道，修补沥青路面7000平方米。

六、规费征收

养路费 1991年至1996年年底，农用运输车的养路费由县运管部门征收。1991年，县运管所征收养路费945215.37元，为计划102.74%，比1990年增加157481.87元，增长8.33%。从1996年12月1日起，农用运输车的养路费一律由交通征稽机关征收，运管部门不再征收农用车养路费。1996年1月至11月底，县运管所征收养路费4.7万元，完成任务数104%。

1999年，县交通征稽机关征收汽车养路费192.287万元，为计划104.5%；2003年，征收汽车养路费260万元、农用车养路费（拖拉机）31万元；2008年，征收汽车养路费391万元，完成年任务103%，征收拖拉机养路费8万元，完成年任务191%，征收摩托车养路费37万元，完成任务45%。2009年后，根据国家规定取消征收养路费。

运输管理费 为贯彻落实省财政厅、省交通厅《关于颁发贵州省公路运输管理费征收使用实施细则》的通知及州人民政府《关于全州公路运输管理费实行统收统支的请示的批复》文件精神，管好、用好公路运输管理费，促进运政队伍的自身建设，适应道路运输行业发展需要。1996年4月19日，全州道路运输行业管理工作会议决定，从1996年6月1日起，运输管理费由州公路运输管理处执行“统收统支、收支两条线”管理。

1995年，全县征收运输管理费22.1644万元，为任务数132%。1998年，征收运输管理费45.8927万元，完成任务148.04%，超额14.8927万元。2003年，征收运输管理费53万元，为任务115%。2008年，征收运输管理费70万元，完成任务101%。

交通发展基金 交通发展基金前身是公路建设基金，主要向车主收取一定费用，作为公路修补、发展交通行业的部分资金来源。

1995年，征收交通发展基金48.6371万元，为任务数118%；1996年，征收交通发展基金52.7217万元，为任务数117%。2002年，征收交通发展基金（客货运附加费）126.17万元，为任务107.8%。2003年，征收交通发展基金136万元。

车辆购置附加费 1985年4月，国家规定对所有购置车辆的单位和个人，包括国家机关和军队，一律一次性征收车辆购置附加费。1993年，国务院规定车辆购置附加费率统一调整为购车总额的10%，贞丰县未执行。2003年，贞丰县才开始征收车辆购置附加费。

第四节 水路交通

一、渡口及航道整治

渡口及港口 1991年以前，全县有白层、这洞、花江、木耳山、坡们、董菁、董岗、马家坪、坝油、竹山、洛刮、者坪、边油、中院、坝保、打井、把龙、牛棚渡口。

1991年以后，将这洞渡口和竹山渡口改建为码头。2000年12月25日，西南水运出海通道工程开工仪式在白层码头举行。2003年，白层港250吨级客、货泊位建设完成。2008年，建设鲁贡镇毛闷渡口和沙坪乡坝围渡口。

航道整治 1990年，黔西南州安排资金23.4万元，对北盘江航道水毁工程进行修复，完成工程量1.3万立方米。

1985年以前，北盘江的坡们、白层、这洞、乐元渡口仅有几艘人工摆木船过渡。1986年6月，黔西南自治州航道工程队恢复，负责航道整治和养护；1997年，国家投入1590万元对北盘江进行航道治理后，不但有木船，还有54艘钢质双机动船进行航运。北盘江航道提高为六级，可通航100吨级船舶。2003年，按五级航道标准整治北盘江贞丰河段87千米航道险滩11处，白层港按250吨级客货泊的要求建设。

贞丰县渡口情况一览表

表6-5-6

名称	位置
白层渡口	白层镇白层村（县城东面21千米）
这洞渡口	白层镇这洞村（白层渡口下游1千米处）
花江渡口	平街乡小花江村（贞丰与关岭交界处）
木耳山渡口	白层镇兴隆村（白层渡口上游6千米处）
坡扪渡口	白层镇坡们村（木耳山渡口上游5千米处）
董菁渡口	者相镇董菁村（坡们渡口上游17千米处）
董岗渡口	者相镇这艾村（董菁渡口上游5千米）
马家坪渡口	北盘江镇金井村（董菁渡口上游10千米处）
坝油渡口	鲁容乡（这洞渡口下游12千米处）
竹山渡口	坝油渡口下游6千米处与望谟乐元渡口隔河相望
洛刮渡口	沙坪乡洛刮村（北盘江畔竹山渡口6千米）
者平渡口	鲁贡弄洋村（洛刮渡口上游3千米处）
边油渡口	鲁容乡边油村境的清水江畔
中院渡口	鲁容乡旁上村（边油渡口下游5千米）
坝保渡口	鲁容乡纳翁村境内
打井渡口	鲁容乡皎贯村境内
把龙渡口	白层板绕清水江与北盘江汇流处
坝围渡口	沙坪乡坝围村
毛闷渡口	鲁贡镇毛闷村

二、水上交通管理

1991年9月1日，贵州省交通厅转发交通部《四个安全整顿验收标准》的通知。1995年，根据上级有关文件精神，县交通部门开展对全县“三无”（无船名船号、无船舶证书、无船籍港）船进行清理，整顿水上交通秩序，贯彻落实《中华人民共和国船舶登记条例》，加强水上交通安全监督管理工作。在白层、这洞渡口实行赶场天港口监督人员值班制，维护渡口秩序，控制水上交通事故。1996 年，县水上交通管理部门，对北盘江流域贞丰段船舶实行定期或不定期检查 66 人次，检查船舶 238 艘，检查渡口 47 处次，征收船检费 6130 元，港务费 1743 元，交通发展基金 1368 元，船员培训费 15391 元。1997 年 1 月 1 日起，对港监人员实行地方政府和上级主管部门双重领导管理体制。1997 年，贵州省港航监督处白层监督站更名为贵州省贞丰港航监督所；贵州省船舶检验处白层检验站更名为贵州省贞丰船舶检验所。全年开展水上交通安全检查 69 人次，检查渡口 79 处（次），检查船舶 98 艘（次），查处违章船舶 8 艘（次），受教育 10 万人次。

1999 年，根据国务院关于开展第六次“反三违月”及交通部门开展第九次“安全生产周”活动的要求，贞丰港监所与册亨、望谟港监所联合进行一次为期 22 天的安全检查，检查船舶 269 艘（次），检查渡口 43 处（次），查处违章船舶 52 艘（次）。

2000 年 3 月 14 日，根据省交通厅《关于印发〈贵州省交通厅关于在全省开展“水上运输安全管理年”活动的实施方案〉的通知》精神，结合全县水上交通特点，开展“水上运输安全管理年”活动。2002 年，全县出动船舶 4 艘（次）、车辆 10 辆（次），检查渡口 3 处、码头 3 处、船舶 86 艘（次），其中纠正违章船舶 10 艘（次）、处罚违章船舶 3 艘（次）。2003 年 6 月 18 日，贵州贞丰港航监督所，贵州贞丰船舶检验所合并更名为贵州贞丰地方海事处，为正科级事业单位。下设白层海事所，为副科级单位，加强水上交通安全工作。龙滩电站、董箐电站建成后，北盘江水面上船舶逐年增加，县海事处加大北盘江水上交通安全管理力度，落实水上交通安全责任制。2010 年，开展水上交通安全检查 224 人次，查处违法违章船舶 13 艘（次），罚款 5230 元；检查施工作业区 9 次，对船舶进行定期安全检查，收取检查费 42400 元，完成任务 124.7%；征收港务费 18247 元，完成任务 114%。

三、运输与通航

运输 1997 年，经过航道整治，钢质双机动船发展至 54 艘，总载重量 3980 吨，705 马力。2008 年，龙滩电站、董箐电站建设，运输条件逐年改善。2010 年，全县船舶数已达 152 艘，水上交通运输能力有很大提高。

通航 1997 年，北盘江航道通过整治，可通航 100 吨级船舶。2003 年，全县 87 千米的北盘江航道提高到五级标准。随着大田河电站、董箐电站、龙滩电站的建设形成库区，通航里程逐年增加，2010 年，全县通航里程 147.3 千米。

第六章　邮政电信

1998年前，贞丰县邮电局是全县邮政和电信业务工作部门，县邮电局在者相、龙场、牛场（北盘江镇）、白层、鲁贡设邮电所，负责辖区和邻近乡镇的邮政、电信业务工作。1994年之前，县邮电局设在旧城的大西门处，占地约3000平方米，有业务用房和职工宿舍约2000平方米。1992年，在县城富民路中段征地约3500平方米。1994年，建成一栋5层楼，建筑面积约为1500平方米的邮电业务用房和20多套职工宿舍。1995年，邮电局从大西门搬到新建在富民路邮电大楼。1998年，邮电体制改革，邮政和电信业务分开，撤销贞丰县邮电局，分别成立贞丰县邮政局和贞丰县电信局。将原贞丰县邮电局办公楼、办公设备、工作人员一分为二，原邮政业务人员及设备划归贞丰县邮政局，原电信业务人员及设备划归贞丰县电信局。贞丰县邮政局和贞丰县电信局由上级邮政部门和电信部门直接领导，实行垂直管理。

1995年以前，电信业务发展相对较慢，只有城镇机关单位和学校以及个别个体户安装固定电话（“摇把子”磁式电话机），农村很少有农户安装住宅电话。随着经济的发展，1996年，县城2000门程控电话和者相、龙场、兴北程控电话开通，开始有农民安装住宅电话。1998年，全县共安固定电话3142部，其中城镇2526部、农村616部。

1991年至1998年贞丰县邮电业务发展情况统计表

表6-6-1

年度	邮电局	邮电所	职工数	固定资产	邮政营业收入	电信收入	报刊发行	通邮总程	电话线总长	城镇电话	农村电话	邮政储蓄年末余额	营业收入比上年增减
	（个）	（个）	（人）	（万元）	（万元）	（万元）	（万份）	（千米）	（对千米）	（部）	（部）	（万元）	（±%）
1991	1	5	100	45.9	21.6	25.8	17.2	721	240	347	—	无	26.5
1992	1	5	107	134.1	21.3	30.1	18.9	413.5	185.5	332	—	229.3	-3.6
1993	1	5	109	129	27	29.9	59.4	413.5	185.5	385	—	273.4	10.2
1994	1	5	105	281	46.5	36.5	68.8	413	192.3	521	—	441.3	35
1995	1	5	105	996.7	43.8	39.9	77.1	559	192.3	910	—	932.4	8.4
1996	1	5	105	1306	61	145	82.5	559	192	1280	267	1084	146
1997	1	5	105	1292	96	226	54.9	559	192	1583	356	1168	7.75
1998	1	5	97	2013	91	384	59	559	192	2526	616	1456	24.6

第一节　邮　政

1998年，贞丰县邮政和电信业务分开，新成立的贞丰县邮政局，在者相镇、龙场镇、兴北（北盘江）镇、白层镇、鲁贡镇原邮电所设基层邮政所，负责本镇和邻乡的邮政业务。兴北（北盘江）邮政所负责本镇和长田乡、平街乡的邮政业务，白层邮政所负责本镇和鲁容乡的邮政业务，鲁贡邮政所负责本镇和沙坪乡的邮政业务。

2000年，贞丰县邮政局在县供电大楼对面征地约1500平方米，修建占地约800平方米、建筑面积约1600平方米的邮政大楼。除邮政储蓄有一个营业厅还在原邮电大楼营业外，其余的邮政行政管理、业务等都在新建的邮政大楼办公。

邮政从邮电局分出后，主要从事函件收寄、包件收寄、投递、报刊发行、汇兑、邮政储蓄等业务。随着经济社会的发展，邮政工作条件逐步改善，配备了电脑和自动柜员机（自动取款机）等先进办公设备，在县城繁华街道和贞丰中学门前等地设报刊亭，并适应市场需求开设邮政特快专递业务，扩大邮政业务，加快邮件投递速度，提高工作效率，邮政业务量逐年上升。2000年至2010年发展较快。

1999年至2010年贞丰县邮政发展情况统计表

表6-6-2

年度	邮政所数	固定职工数	营业收入	固定资产	报刊发行量	通邮总程	邮政蓄年末余额	业务总量	比上年增减
	（个）	（个）	（万元）	（万元）	（万份）	（单程千米）	（万元）	（万元）	（±%）
1999	6	43	130.6	316	88.1	559	1516.9	73	-4.7
2000	7	32	144	353	77	435	1819	88	20.55
2001	7	32	150	380	103	908	2737	161	82.95
2002	7	32	171	382	110	956	3660	173	7.4
2003	7	33	216	334	138	710	5350	231	33.5
2004	6	61	247	517	141	710	6921	281	21.6
2005	6	63	275.8	520	146.5	824	9719.7	331.3	40
2006	6	73	376.6	—	151.5	638.5	12805	427.9	29.2
2007	8	72	488.8	591	167	638.5	20106	488.8	14.2
2008	8	79	781	636	122	638.5	21419	781	6.53
2009	11	70	837.8	552	168	734	24964	837.8	7.2
2010	11	81	848	622	197	930	30479	848	1.2

第二节 电 信

1991年至1998年夏，贞丰县电信和邮政未分开，仍称贞丰县邮电局。1998年秋，按国家信息产业部部署，进行邮电体制改革，贞丰县电信业务和邮政业务正式分营，成立中国电信集团贵州省电信公司贞丰县电信局，由州公司垂直管理，属正科级国有企业。

1999年8月，移动通信业务从县电信局划出，成立黔西南州移动通信公司贞丰分公司。1998年至2010年，县电信局根据各时期工作情况，在部分乡镇设电信所或统包人员。

2000年6月，成立中国联通公司贞丰分公司。至此，贞丰县有三个电信业务机构，承担全县电信市场开拓、末端服务、日常维护工作职责。

县电信局（公司）的主要业务是经营固定电话、电报、传真、小灵通、无线寻呼。

固定电话 1991年，邮政和电信业务未分开时，全县城乡有电话机347部，均为“摇把子”磁电式电话机。1996年，程控电话开通，公用电话、住宅电话逐年增多。电话机样式更新颖，电话业务迅猛发展，由城镇普及到农村。县邮电局在发展居民住宅电话和单位办公电话的同时，在城镇街道安装投硬币式公用电话，方便用户。由于投硬币式公用电话不可能安排专人昼夜值守，被破坏的现象较严重，使用约一年投硬币式公用电话不能正常使用。此后，县邮电局根据市场需要，在城内繁华和人流较多的街道设立公用电话，安排专人管理，计时收费。不少个体户申请代办，一年后，公用电话发展到乡村。到20世纪90年代后期，在城镇新增IC卡公用电话，方便用户。在许多城镇街道设119火警电话、110报警电话、120紧急救护电话、114电话查询免费特种服务公益电话。

无线寻呼 1995年，贞丰县邮电局开通人工“126”寻呼业务，当时受信道设备限制，用户并不多。1997年，随着通信基站的发展和信道扩容，开通“127”自动寻呼业务。1998年，全县大部分农村都能收到BP机信号，寻呼机（BP）大量进入城乡市场，受到用户欢迎。

无线寻呼机有数字机和中文机两种，用户将机子随身带，若有人寻找，就打电话告知“126”台或“127”台电信人员寻找持寻呼机者的号码，便可找到被寻找者或在寻呼机上留言。1999年淘汰。

电报 电报原属县邮电局的支柱经营业务之一。1991年后，随着电信业的发展，利用电话交流信息更方便快捷，电报传输功能受经转路由多、设备落后、传输信息慢、费时间因素的影响，发电报的用户很少。2000年以后，电报业务基本停办。

传真 1991年，随着电信业务的快速发展，城乡机关、企事业单位普及程控电话，为使用传真提供了条件。大多数单位和不少个体户都利用传真作交流信息、传输资料主要方式，传真用户日益增多，较为普遍。2010年，传真仍是人们传输资料的方式之一。

互联网（宽带） 1999年，互联网进入贞丰，互联网（宽带）便于人们开阔视野、认识世界、沟通信息、交流情感。2003年，互联网络发展成为机关、企事业单位和公民学习、交流以及工作的重要形式之一。逐步成为人们生活学习中的主要工具之一。

小灵通（移动电话） 县移动公司成立后，上级电信业务主管部门明确规定，电信局经营固定电话和小灵通移动电话，由于小灵通移动电话只能在县城或部分乡镇通话，在农村大部分地方不能通话，使用较不便，虽然话费低，经济实惠，但只有部分城镇居民使用。2010 年春，根据上级电信管理部门的安排，由移动通信公司划拨“189”移动电话归县电信部门经营后，小灵通移动电话用户逐步减少，被“189”移动电话取代。

电信管理 贞丰县电信局（公司）属上级电信部门垂直管理，1998 年至 1999 年，是经费独立核算企业。2000 年，贵州省电信局（公司）对县电信局（公司）人事劳资、工程建设、运行维护（人、财、物）实行一体化管理。

1999 年至 2010 年贞丰县电信局业务发展情况统计表

表 6-6-3

年度	电信局（所）	职工人数	固定资产	营业收入	电线缆总长	固定电话（部）			宽带（部）			移动电话	小灵通
	（个）	（人）	（万元）	（万元）	（千米）	合计	城镇	农村	合计	城镇	农村	部	部
1999	1	49	2236	384	192	4058	3152	906	—	—	—	—	—
2000	1	43	2146	511	192（线杆）	6044	4433	116	—	—	—	—	—
2001	6	43	3299	741	192	9013	5437	3666	—	—	—	—	—
2002	6	58	3596	850	1965（线杆）	14205	8542	5663	—	—	—	—	—
2003	9	48	4806	935	1983（线杆）	15267	7289	7978	—	—	—	—	—
2004	4	49	4999	1095	2213（线杆）	18289	5289	13000	—	—	—	—	6678
2005	4	48	8021	1260	13000（线杆）	15117	5800	9317	—	—	—	—	5700
2006	7	35	6355	1320	806（缆线）	18760	4879	13881	1451	1123	328	—	5612
2007	8	37	6347	1343	760（缆线）	21600	8000	13600	2200	1750	450	—	5400
2008	8	37	8109	1360	4988（缆线）	20894	5661	15233	3142	2800	342	7597	5544
2009	13	36	12547	1283	6588	15430	6023	9407	4842	3551	1291	1179	—
2010	10	69	20549.9	1824.3	12861	21348	6817	14531	6049	4083	1966	23168	—

说明：2005 年后电话线为电缆（皮线），此前为杆线（裸线）。

第三节　移动　联通

一、中国移动通信集团贞丰分公司

中国移动通信集团贵州有限公司贞丰分公司（以下称贞丰移动公司），于1999年8月从贞丰电信局分出成立。移动公司成立后，主要职责是发展贞丰县移动通信业务，服务客户，收缴话费，协助上级移动公司做好设备维护，障碍检修及网络建设。财务管理实行报账制度，收缴到的话费全部上交。贞丰移动公司不设财务体制。

2005年，县移动公司在县供电局对门征地约2000平方米，修建办公楼和营业用房。

贞丰移动公司成立后，实施“乡乡通”和“村村通”工程，加强基站建设。2003年，实现“乡乡通”移动电话；2008年，实现“村村通”移动电话。全县自然村通移动电话率96%。实现“村村通”移动电话后，在全县13个乡镇设营业厅，方便用户，用户大幅度增加，全县使用贞丰移动公司电话的用户最多。

1999—2010年贞丰县移动通信业务情况统计表

表6-6-4

年份	分公司（个）	乡镇营业所（个）	固定职工（人）	用户（户）	备注
1999	1	无	4	457	—
2000	1	无	4	708	—
2001	1	无	5	不详	—
2002	1	无	6	不详	—
2003	1	无	8	不详	—
2004	1	无	9	不详	—
2005	1	无	13	不详	—
2006	1	无	20	不详	—
2007	1	无	29	不详	—
2008	1	无	34	不详	—
2009	1	无	40	不详	—
2010	1	无	43	11万	—

二、联通公司

2000年6月，中国联通贞丰分公司成立。公司一成立就租用房屋办公，开展业务工作。根据贞丰县地形地貌加大基站建设力度。2010年，共建成2G基站13个、3G基站1个。

除在县城设营业厅外，在 9 个乡（镇）增设 9 个营业厅和代办点，扩大营销和服务范围，联通通信业务不断上升。

2004 年至 2010 年贞丰县联通通信业务情况统计表

表 6-6-5

年份	分公司（个）	营业点（个）	固定职工（人）	用户（户）	备注
2004	1	9	8	8465	—
2005	1	16	8	9405	—
2006	1	21	9	10149	—
2007	1	26	11	11576	—
2008	1	32	11	12862	—
2009	1	32	9	14291	—
2010	1	35	13	15878	—

第七篇　经济综合管理

经济管理是综合性工作，涉及计划、国土资源、工商、质监、物价、审计、统计领域和管理部门。从中华人民共和国成立到1990年，贞丰县经济管理部门，按照党和国家在各个时期的经济管理政策、法规开展经济管理工作，维护正常的经济秩序，使全县经济较快发展。1991年至2010年，随着经济改革的深化，经济指标由指令性向指导性转变，管理办法由微观向宏观转型。计划部门突出经济综合协调，对经济发展趋势进行预测、规划和宏观调控；国土资源部门建立基本农田保护措施和用地管理制度；工商行政部门加强经济监督，支持个体私营经济发展，强化经济合同和商标管理，打击伪劣商品，维护消费者合法权益；物价部门定价形式由统一定价改变为国家定价、国家指导价和市场调节价三种形式；审计部门对重点部门、重点项目、专项资金进行审计；质量技术监督部门加强质量技术监督，促进企业产品质量提高；统计部门开展经济社会统计和人口等专项普查，为全县经济社会发展提供信息资料。经济管理进一步加强。

第一章　经济建设

1992年，邓小平视察南方发表重要讲话后，历届县委、县政府坚持以经济建设为中心，以调整产业结构为重点，加强经济建设。在推广科技兴农，发展烤烟等特色产业，提高农业经济收入的基础上，采取有力措施，大力发展工业，搞活商业，培养旅游业和房地产行业。使农业增收，金、煤、电成为全县经济支柱，商业、房地产业和旅游业成为全县经济的增长点，经济结构进一步优化，经济发展加快。

1991年至2010年，是贞丰县历史上国民经济和社会发展较快的时期。1991年至2003年，贞丰县仍以农业经济为主，第一产业在总产中比例大多数年份高于50%。2003

年后，工业经济发展逐步加快。2005 年，贞丰县被评为第五届全国县域经济基本竞争力提升速度最快百县（市）之一。2010 年，全县 GDP 288015 万元，比 1990 年的 13188 万元增长 275827 万元，增长 20.68 倍，1991 年至 2010 年，GDP 年均增长 10.41%。

固定资产投资大幅增长。2010 年，固定资产投资 172051 万元，比 1990 年的 426 万元增长 172652 万元，增长 405 倍。固定资产投资大幅增长，推进贞丰县经济社会发展，改善人民生产生活条件。交通、水利、城镇建设、农业、供电、供水、通信、工业、教育、卫生、公安、检察、司法、法院基础设施得到加强。

2000 年后，紫金公司、锦丰公司、大田河电站、董箐电站、13 个焦化企业、11 个煤矿企业及多家页岩砖厂、大理石加工厂等企业陆续落户贞丰；水泥厂、糖厂通过技改，生产能力及效益大幅度提高。煤炭、黄金、电力、建材工业经济发展迅速，为贞丰县经济增长注入活力。1991 年至 2010 年，工业总产值年均增长 23.55%。

随着科技兴农的推广，全县粮食总产量由 1990 年的 42800 吨增长到 2010 年的 112406 吨。全县农业总产值从 1990 年的 8578 万元增长到 2010 年的 98868 万元，增长 11.52 倍。

人民生活水平不断提高。2010 年，社会消费品零售总额 56478 万元，比 1990 年的 5382 万元增加 51096 万元，增长 10.49 倍，年均增长 47.46%。2010 年，农民人均纯收入 3332 元，比 1990 年的 357 元增加 2975 元，增长 8.33 倍，城镇居民人均可支配收入 12080 元。

第一节　经济发展

1991 年至 2010 年，贞丰县国民经济持续、高速增长。1991 年，国民生产总值突破亿元；1995 年，国民生产总值突破 2 亿元；2003 年，国民生产总值突破 5 亿元；2005 年，国民生产总值突破 10 亿元。2010 年，国民生产总值发展到 28 亿元。20 年国民生产总值增长 27 倍。

20 世纪 90 年代初期，全国经济呈现高增长态势，贞丰县经济也呈现高增长。1998 年受亚洲金融危机影响，经济出现回落。21 世纪后，随着经济的复苏，贞丰县经济呈现新一轮高增长，2000 年至 2010 年 10 年间，国民经济增长 14 倍。

1991 年，国民生产总值达 11446 万元（1990 年价），比上年增长 13.9%。其中，第一产业实现 6634 万元，比上年增长 22.6%；第二产业实现 1348 万元，比上年增长 1.7%；第三产业实现 3464 万元，比上年增长 4.6%。财政总收入完成 677 万元，比上年增长 15%。

1992 年，国民生产总值达 12246 万元（1990 年价），比上年增长 7%。其中，第一产业实现 6167 万元，比上年减少 7%；第二产业实现 1655 万元，比上年增长 22.8%；第三产业实现 4424 万元，比上年增长 27.7%。财政总收入达 799 万元，比上年增长 18%。

1993年，国民生产总值14208万元（1990年价），比上年增长16%。其中，第一产业实现6877万元，比上年增长11.5%；第二产业实现3721万元，比上年增长124.8%；第三产业实现3610万元，比上年减少18.4%。财政总收入完成1077万元，比上年增长34.79%。

1994年，国民生产总值达15612万元（1990年价），比上年增长9.88%。其中，第一产业实现7961万元，比上年增长15.76%；第二产业实现2834万元，比上年减少23.84%；第三产业实现4817万元，比上年增长33.43%。财政总收入完成1661.51万元，比上年增长54.22%。

1995年，国民生产总值达21218万元（1990年价），比上年增长35.91%。其中，第一产业实现8550万元，比上年增长7.4%；第二产业实现6540万元，比上年增长130.77%；第三产业实现6128万元，比上年增长27.22%。财政总收入完成1970.12万元，比上年增长18.60%。

1996年，国民生产总值达22228万元（1990年价），比上年增长4.76%。其中，第一产业实现10409万元，比上年增长21.74%；第二产业实现4808万元，比上年减少26.48%；第三产业实现7011万元，比上年增长14.4%。财政总收入完成1662.3万元，比上年减少16%。

1997年，国民生产总值达21701万元（1990年价），比上年减少2.37%。其中，第一产业实现11852万元，比上年增长13.86%；第二产业实现3999万元，比上年减少16.83%；第三产业实现5850万元，比上年减少16.56%。财政总收入完成1925万元，比上年增长15.8%。

1998年，国民生产总值达23358万元（1990年价），比上年增长7.64%。其中，第一产业实现13419万元，比上年增长13.22%；第二产业实现4654万元，比上年增长16.38%；第三产业实现5285万元，比上年减少9.66%。财政总收入完成2110万元，比上年增长9.6%。

1999年，国民生产总值达25133万元（1990年价），比上年增长7.6%。其中，第一产业实现14683万元，比上年增长9.42%；第二产业实现4079万元，比上年减少12.34%；第三产业实现6371万元，比上年增长20.55%。财政总收入完成2066万元，比上年减少2.1%。

2000年，国民生产总值达27334万元（1990年价），比上年增长8.9%。其中，第一产业实现16192万元，比上年增长10.28%；第二产业实现4348万元，比上年增长9.93%；第三产业实现6794万元，比上年增长6.64%。财政总收入完成2174万元，比上年增长5%。

2001年，国民生产总值达43212万元（2000年价），比上年增长57.88%。其中，第一产业实现27115万元，比上年增长4.19%；第二产业实现7536万元，比上年增长39.27%；第三产业实现8561万元，比上年增长8.12%。财政总收入完成2395万元，比上年增长10.17%。

2002 年，国民生产总值达 48656 万元（2000 年价），比上年增长 12.6%。其中，第一产业实现 28323 万元，比上年增长 4.45%；第二产业实现 10143 万元，比上年增长 34.6%；第三产业实现 10190 万元，比上年增长 19.03%。财政总收入完成 2795 万元，比上年增长 16.7%。

2003 年，国民生产总值达 58025 万元（2000 年价），比上年增长 19.3%。其中，第一产业实现 30750 万元，比上年增长 9.6%；第二产业实现 15906 万元，比上年增长 56.8%；第三产业实现 11369 万元，比上年增长 11.6%。财政总收入完成 3387 万元，比上年增长 21.18%。

2004 年，国民生产总值达 77500 万元（2000 年价），比上年增长 33.56%。其中，第一产业实现 33389 万元，比上年增长 8.58%；第二产业实现 28451 万元，比上年增长 78.86%；第三产业实现 15660 万元，比上年增长 37.74%。财政总收入完成 3390 万元，比上年增长 0.08%。

2005 年，国民生产总值达 109000 万元（2000 年价），比上年增长 28.18%。其中，第一产业实现 40500 万元，比上年增长 10.18%；第二产业实现 43700 万元，比上年增长 26.26%；第三产业实现 24800 万元，比上年增长 81.51%。财政总收入完成 7005 万元，比上年增长 106.6%。

2006 年，国民生产总值 136241 万元，比上年增长 25.4%。其中，第一产实现 43322 万元，比上年增长 8.4%；第二产实现 65541 万元，比上年增长 50%；第三产实现 27378 万元，比上年增长 9.54%。财政总收入完成 9552 万元，比上年增长 36.35%。

2007 年，国民生产总值达 176627 万元，比上年增长 28.5%。其中，第一产实现 48648 万元，比上年增长 4.6%；第二产实现 90582 万元，比上年增长 46.9%；第三产实现 37397 万元，比上年增长 26.9%。财政总收入完成 12993 万元，比上年增长 36.02%。

2008 年，国民生产总值达 189567 万元，比上年增长 19.20%。其中，第一产业产值 46506 万元，比上年增长 3.70%；第二产业产值 104778 万元，比上年增长 33.60%；第三产业产值 38283 万元，比上年增长 7.20%；财政总收入 33470 万元，比上年增长 157.60%。

2009 年，国民生产总值达 240238 万元，比上年增长 26.72%。其中，第一产业产值 50198 万元，比上年增长 7.94%；第二产业产值 129326 万元，比上年增长 23.42%，第三产业产值 60714 万元，比上年增长 58.59%；财政总收入 42501 万元，比上年增长 26.99%。

2010 年，国民生产总值达 288015 万元，比上年增长 19.88%。其中，第一产业产值 51124 万元，比上年增长 1.84%；第二产业产值 169271 万元，比上年增长 30.98%；第三产业产值 67620 万元，比上年增长 11.37%，财政总收入 70189 万元，比上年增长 65.14%。

第二节　经济结构

1991年至2003年，贞丰县第一产业在总产值中的比例大多数年份高于50%。2003年，贞丰县工业经济发展较快，2005年第二产业在国民经济中的比例首次超过第一产业；2007年工业经济在国民经济中比例达51.28%，超过第一和第三产业总和；2007年，全县工业总产值达146646万元，比1991年增长144491万元，增长68倍。1991年至2007年，工业总产值年均增长23.55%。2010年第二产业在国民经济中比例69.8%。

1991年，第一、第二、第三产业在生产总值中比例分别为57.96%、11.78%、30.26%。

1992年，第一、第二、第三产业在生产总值中比例分别为50.36%、13.6%、36.04%。

1993年，第一、第二、第三产业在生产总值中比例分别为48.4%、26.19%、25.41%。

1994年，第一、第二、第三产业在生产总值中比例分别为51%、18.15%、30.85%。

1995年，第一、第二、第三产业在生产总值中比例分别为40.30%、30.82%、28.88%。

1996年，第一、第二、第三产业在生产总值中比例分别为46.83%、21.63%、31.54%。

1997年，第一、第二、第三产业在生产总值中比例分别为54.61%、18.43%、26.96%。

1998年，第一、第二、第三产业在生产总值中比例分别为57.45%、19.92%、22.63%。

1999年，第一、第二、第三产业在生产总值中比例分别为58.42%、16.23%、25.35%。

2000年，第一、第二、第三产业在生产总值中比例分别为59.23%、15.91%、24.86%。

2001年，第一、第二、第三产业在生产总值中比例分别为62.75%、17.44%、19.81%。

2002年，第一、第二、第三产业在生产总值中比例分别为58.21%、20.85%、20.94%。

2003年，第一、第二、第三产业在生产总值中比例分别为52.99%、27.41%、19.6%。

2004年，第一、第二、第三产业在生产总值中比例分别为43.08%、36.71%、20.21%。

2005年，第一、第二、第三产业在生产总值中比例分别为37.16%、40.09%、22.75%。

2006年，第一、第二、第三产业在生产总值中比例分别为31.8%、48.11%、20.09%。

2007年，第一、第二、第三产业在生产总值中比例分别为27.55%、51.28%、21.17%。

2008年，第一、第二、第三产业在生产总值中比例分别为24.53%、55.27%、20.19%。

2009年，第一、第二、第三产业在生产总值中比例分别为20.90%、53.83%、25.27%。

2010年，第一、第二、第三产业在生产总值中比例分别为17.75%、58.77%、23.48%。

第三节　对外开放

1991年后，贞丰县交通条件逐步改善，不少外地客商陆续进入贞丰经商、办企业，促进贞丰经济发展。

为改善投资环境，吸引外商到贞丰开发，“十五”期间，全县筹集资金近2亿元投入城镇和基础设施建设，县城由“九五”期末的2平方千米扩大到2010年的6平方千米。水、电、路、通讯和市场设施日益完善。2007年6月，县委、县政府制定《关于招商引资的若干优惠政策》。

一是面向国内国外开放；欢迎鼓励县外投资者（包括国外、港、台及国内投资者，下同）到贞丰县投资开发各类资源，兴办企业、开展经济技术合作。

二是到贞丰县投资者，优先纳入贞丰县基建或技改自筹投资计划，凡生产性建设项目，基本建设条件能自行解决的，不受投资规模限制，在立项、审批、规划、选址、定点、征地、拆迁、能源配置、运输方面优先安排。

三是贞丰县非行政事业单位和个人，落户贞丰县的新办企业均可享受本优惠政策。

四是投资100万元以上从事种植、养殖、农业科技、农产品深加工、传统手工业、民族特色产品，年上税总额在20万元以上的开发项目，从生产经营年度起，3年内的增值税地方留存部分奖励20%给企业。企业所得税依率计征，3年内按地方留存部分用30%奖励企业。投资30万元以上开发旅游商品；投资200万元以上开发旅游资源及投资三星级以上酒店、新组建旅游运输车、船队，企业所得税依率计征，3年内地方留存部分用30%奖励给企业。投资300万元以上从事交通、供排水、燃气等基础产业的企业自生产经营之日起，3年内的增值税地方留存部分奖励15%给企业，企业所得税依率计征，3年内地方留存部分奖励30%给企业。投资300万元以上的新建生产性企业（黄金、煤矿除外）自生产经营之日起，2年内的增值税地方留存部分用10%奖励企业。企业所得税依率计征，3年内地方留存部分用30%奖励企业。投资200万元以上收购、租赁、兼并原国有企业，企业所得税依率计征，3年内地方留存部分用30%奖励企业。

五是投资企业用地，可依法出让、租赁等方式获得土地使用权。通过出让获得土地使用权者，按规划设计投资建成使用后，其土地使用权可以依法转让、出租、抵押，使用期届满后，用地者可申请续期。

六是投资200万元以上，新建基础设施和社会公益事业项目的，可通过地价评估和参照基准地标准一事一议，由县人民政府研究可按协议方式出让。

七是开发荒山、荒地、荒坡用于发展农、林、牧、渔、种养业生产和生态环境治理的投资项目，可采取“一项一议”的政策，在用地方面给予优惠。

八是投资规模大、科技含量高、社会效益好的国家鼓励开发产业项目，可一事一议、一企一策给予更加优惠政策。

九是符合条件的新办企业，自投产之日起，国家规定的各种规费，按规定的最低下限收取。投资商取得营业证照后，凭证照可办理本人、配偶及直系亲属的常住居民户籍，其职称评定、购房、用电、就医、子女入学、入托等方面与当地居民同等待遇。

十是支持配合投资企业搞好供水、供电等基础设施建设，原则上只收取成本费。对入驻企业采取限时承诺制服务。国家、省、州出台更优惠的投资政策，按国家、省、州政策执行。同时，为调动全县干部、职工、群众和境内外客商参与招商引资的积极性，县委办、政府办联合出台《贞丰县招商引资奖励暂行规定》，凡对招商引资做出贡献，成功引资建设公益性事业项目或单个投资在500万元以上的生产、经营项目（不含国家投资项目和煤炭、黄金开采、水电、大理石、锑矿、房地产项目）或单个投资在300万元以上的农业加工项目的中介机构、经济组织、社会团体、单位和自然人（以下简称第一引资人）进行奖励。

奖励标准 （一）引进生产、销售货物、加工项目，按投产第一年度缴纳税收地方实际所得部分的50%，给予一次性奖励。（二）引进医疗、文化、体育、旅游、交通建设经营项目和污水、垃圾处理项目，按投入经营第一年度缴纳税收地方实际所得部分的10%，给予一次性奖励。（三）引进农业种养项目，按实际用于种植、养殖投资额的1%给予一次性奖励；农产品加工项目，按投入第一年度缴纳税收地方实际所得部分的10%给予一次性奖励。（四）引资收购、兼并国有企业、受让国有股权按实际到位资金的0.5%给予一次性奖励。（五）引进无偿资金（不包括各部门、单位向上级争取的资金，对口帮扶资金，政策性资金及各类救灾捐赠款物）用于交通、医疗卫生、教育、水利基础设施、市政公用设施等公益事业建设项目，按实际投资额的5%给予一次性奖励。（六）引进国内100强企业投资的项目，附加奖励5万元；引进世界500强企业投资的项目，附加奖励人民币10万元。

奖励资金 按照“谁受益、谁奖励”的原则，由受益的当地政府对第一引资人进行奖励。县人民政府将奖励资金分别列入财政预算，设立奖励资金专户，滚动使用。

奖金分配 （一）独立引进外来投资项目的引资人，获按奖金总额的100%。（二）对第一引资人不能完全独立引资，需其他单位配合引资的，用奖金总额的70%奖励第一引资人，30%奖励配合引资的单位用于补充工作经费。（三）单位履行职能引进的外来投资项目，以单位名义申请奖励，奖金的50%用于补充单位工作经费，50%用于奖励有关人员；未受单位指派，引进外来投资项目的国家工作人员，以个人名义申请，按本暂行规定确定的奖励标准的50%奖励给个人。

评审办法 （一）评审机构：县人民政府成立县招商引资奖励评审工作领导小组，由县人民政府常务副县长担任组长，分管副县长任副组长，县招商局、县财政局、县审计局、县地税局、县国税局、县发改局、县经贸局、县工商局、县科技局、县乡镇企业局、县监察局、中国人民银行贞丰县支行等有关部门和单位的主要负责人为成员，领导小组下设办公室在县招商局，由县招商局主要负责人兼任办公室主任。（二）申报条件：1.引进的项目须按国家有关法律、法规、政策规定办理有关手续，并已投产或投入使用；2.第一引资人的资格须经投资方或资金接收单位的书面确认；3.引进设备的，进口设备须提供海关报关单据及商检价值鉴定复印件并加盖公章，国产设备须提供国内正式发票；4.引进国内外资金（不含县内银行贷款及由县内财政担保中心和国有资产担保的其他贷款），须提供银行验资证明和财政、审计部门的验资报告；5.引进设备、资金均须有接收单位的书面证明；6.引资人的身份证明及其他应当提供的材料。（三）评审程序：1.申报引资奖励，按分级管理的原则办理。县级项目，由县招商引资评审工作领导小组审定；乡（镇）级项目，由各乡（镇）招商引资评审工作领导小组审定。2.引资项目须在签订项目协议时到招商局填写《招商引资中介人备案登记表》，项目正式建成投产或投入使用后书面提出奖励申请。3.招商引资奖励评审工作领导小组办公室，在收到奖励申请后30个工作日内组织有关部门，对申请奖励的项目进行验资和固定资产审验、评估，提出初审意见报招商引资奖励评审工作领导小组审定。4.招商引资奖励评审工作领导小组，每年年终对招商引资奖励项目集中进行审定，一次性集中兑现奖金。各乡（镇）人民政府、县属各部门引资人进行奖励，须在实施奖励前15日内报县招商引资评审领导小组办公室备案。县委、县政府将招商引资工作摆在重要的位置，在全县逐步形成全方位、多层次、宽领域的对外开放格局，形成领导带动、部门联动、活动推动、群众参与的招商引商方式，加大对外开放力度。

第四节　招商引资

“十五”期间，县领导多次带队外出引进客商，争取项目；利用举办“六月六”布依族风情节平台，宣传贞丰县、推介贞丰，发布招商引资信息，发展外向型经济。

2002年，县政府及有关部门与外商鉴定项目16个，签约资金15280万元，到位资金7145万元。项目涉及工业、房地产、建材等行业。实施的项目：贞丰荣昌焦化厂、贞丰龙鑫煤矿、贞丰海龙重晶石厂、贞丰双龙重晶石厂、贞丰兴北大理石厂、贞丰恒森页岩砖厂、贞丰打忙砖厂、贞丰仁都水泥厂；贞丰金都小区，康筑城市花园（一期），贞丰水银洞金矿（一期），贞丰烂泥沟金矿。

2003年，县政府及有关部门与外商签订项目16个，签约资金71520万元，到位资金20260万元，项目涉及工业、农业及水电开发和建材业等。实施的项目：贞丰黄金冶炼厂，贞丰龙场兴隆焦化厂，贞丰通达焦化厂，贞丰珉谷大碑奶牛场，贞丰贞庆页岩砖厂，贞丰鲁贡电站，贞丰背斜金矿，贞丰白层金矿。续建项目3个，到位资金1380万元，项目是：贞丰水银洞金矿（一期）贞丰烂泥沟金矿，康筑城市花园（一期）。

2004年，县政府及有关部门与外商签订项目16个，签约资金77290万元，到位资金13690万元。项目涉及工业和水电开发等，实施的项目：贞丰水银洞金矿（二期）、贞丰丰发电站、贞丰兴隆煤矿、贞丰黑岩脚煤矿、贞丰晋黔煤矿、贞丰大亚焦化厂、贞丰华源焦化厂、贞丰发荣大理石厂、贞丰珉谷石材厂、贞丰液化气分装厂。续建项目2个，到位资金11200万元，项目是：鲁贡电站、贞丰烂泥沟金矿。

2005年，县政府及有关部门与外商签订项目22个，签约资金60220万元，到位资金 48330 万元，项目涉及工业、水电开发及建材等，实施的项目：太升洗煤厂、钰山大理石厂、珉谷石灰厂、龙场石灰厂、连环马家堡砖厂、董箐电站、水银洞金矿（三期），宸宇商住楼、贞丰宾馆，续建项目 2 个，到位资金 50060 万元，项目是：鲁贡电站、贞丰烂泥沟金矿。

2006 年，县政府及有关部门与外商签订项目 15 个，签约资金 266350 万元，到位资金 131073 万元，项目涉及工业、水电开发、房地产和建材等行业。实施的项目：贞丰珉谷石材厂、龙场镇西顺砖厂、龙场机立石灰厂。续建项目：贞丰水银洞金矿（三期）、贞丰烂泥沟金矿、鲁贡电站、董箐电站、宸宇商住楼、康筑城市花园（二期）、贞丰宾馆。

2007 年，县政府及有关部门与商家签订项目 30 个，签约资金 243340 万元，到位资金 8391 万元，项目涉及工业、房地产、建材、卫生等行业。实施的项目：贞丰上盛石材厂、贞丰免烧砖厂、贞丰丰源采石场、贞丰石城大理石厂、贞丰四方运输车队、贞丰博爱医院、新联爆砖公司者相地辅站，贞丰盛丰铭园小区、贞丰背斜金矿、贞丰头猫金矿、贞丰按树种植、贞丰双乳峰景区开发。续建项目 6 个，到位资金 130347 万元，项目：贞丰烂泥沟金矿、贞丰水银洞金矿（三期）、宸宇商住楼、董箐电站、康筑城市花园（二期）。

2008 年，县政府及有关部门与商家签约项目 6 个，签约资金 30630 万元，到位资金 7695 万元，项目全部开工建设。项目分别是：中大街商业购物街、盛丰大厦、液体氯化钠厂、贞丰花椒油厂、贞丰怡景酒店。续建项目 15 个，到位资金 114121 万元，项目分别是：烂泥沟金矿、水银洞金矿（三期）、宸宇商住楼、董箐电站、康筑二期、贞丰宾馆、贞丰博爱医院、贞丰桉树种植、贞丰水泥厂技改、盛丰铭园小区、贞丰背斜金矿勘探、贞丰头猫金矿勘探、贞丰四方车队、贞丰双乳峰景区开发、贞丰环保机制木炭厂。

2009 年，县政府及有关单位与商家签约项目 2 个，签约资金 50900 万元，项目分别是：贞丰县 100 万吨 / 千焦炭、3×15 兆瓦发电清洁型项目和贞丰县 10 吨 / 年黄金精炼项目。续建项目 13 个，到位资金 141539 万元，项目分别是：烂泥沟金矿、水银洞金矿三期、宸宇商住楼、董箐电站、康筑二期、贞丰博爱医院、贞丰双乳峰景区开发、中大街商业购物街、盛丰大厦、液体氯化钠厂、贞丰背斜金矿、贞丰桉树种植等。

2010 年，县政府及有关单位实施招商引资项目 12 个，招商引资到位资金 9.04 亿元。其中：烂泥沟金矿 13117 万元、水银洞长田金矿 5200 万元、宸宇商住楼二期 1005 万元、董箐电站 48187 万元、康筑房地产二期 1300 万元、贞丰双乳峰景区 3350 元、中大街商业购物街 1850 万元、盛丰大厦 1117 万元、液体氯化钠厂 753 万元、贞丰背斜金矿勘探 60 万元、贞丰桉树种植 126 万元、贞鑫煤焦化项目 14306 万元。

2002 年至 2010 年，全县累计与外商签订项目 223 个，签约资金 1171189 万元，实际到位资金 785231 万元。外资的注入，为全县的经济发展增添了活力。

第五节　交流与合作

贞丰是典型的资源型县份。为增加 GDP 总量和财政收入，推进小康社会建设进程，县委、县政府根据县情提出“矿产强县、电力兴县、农产富县、旅游活县”的经济发展战略。

2002 年，抓住国家西部大开发机遇，加强同发达地区合作，发展经济，先后与澳大利亚澳华黄金公司及福建紫金矿业股份有限公司合作，开发烂泥沟金矿和水银沟金矿，拉开贞丰县黄金开发序幕。

2003 年，为加快贞丰水电开发，引进深圳市南能投资公司和贵州省水利设计院及黔西南州工业投资公司，开发装机容量 10 万千瓦的鲁贡电站；引进贵州康筑房地产开发有限公司和贵州宸宇房地产开发有限公司对房地产进行开发；同年，水银洞金矿产出金 562.66 千克，贞丰成为全国产金万两县份之一，实现产值 5300 多万元。

2004 年，针对县内煤矿产量低，回采率不高的情况，引进山西省等地先进技术和资金对煤矿进行技改。为使原煤就地升值，引资建成大亚焦化厂，当年煤炭税收成为全县税收主要来源。与湖南永州市投资商合作建设装机 2000 千瓦的丰发水电站。

2005 年，引进山西省投资商修建占地 20 亩，建筑面积 1 万平方米的贞丰宾馆；与湖北枣阳金象化工有限公司签订液体氰化钠厂协议；山西、重庆等一些投资商到贞丰兴建一批页岩砖厂和大理石厂。

2006 年，引进广东省投资商兴建珉谷石材厂和龙场西顺砖厂。

2007 年至 2010 年，贞丰县与外界交流的领域进一步扩大。县委、县政府组成招商团队分别到上海、广东、深圳等地进行招商，推介贞丰。与北京、广东、山东、广西等地投资企业及投资商签订涉及运输业、建材业和采掘业等一批项目。贞丰县工业对外交流合作促进经济建设步入快车道。

第二章　计划管理

1991 年至 2010 年，全县国民经济与社会发展计划管理重在宏观调控、调整生产力布局和产业比例结构，对经济社会发展进行预测，编制经济社会发展规划。在经济社会管理方面发挥综合协调、平衡作用。

第一节　计划体制

随着国家经济体制和计划体制改革的深入，县计委（发改局）转变计划工作职能。主要工作：（1）根据中央、省、州关于国民经济发展的总体战略和各项方针政策，结合贞丰县经济、技术、自然条件，研究和制定县域经济、科技和社会事业发展规划。（2）分析上级五年计划和年度计划指令性指标和指导性计划的要求和意向，结合县域经济、科技和社会实际，开展人力、物力和财力的综合平衡，并根据市场行情分析和预测制定贞丰县五年和年度计划。（3）具体负责指令性计划的落实、检查和指导性计划的实现。（4）指导和协调各种经济调节手段的使用，根据计划目标要求和市场运行的状态，综合运用经济杠杆，进行县域经济的宏观调控。（5）完成县委、县政府交办的有关工作任务，担当县委、县政府的参谋和助手。（6）主动为生产单位和各个经济管理部门提供信息服务、协作服务和排忧解难。（7）围绕计划的贯彻和实施，监督国家方针政策和各项规章制度的落实和执行。（8）重点抓农业生产的稳定增长、结构调整和后劲建设，指导乡镇企业发展、横向联合与协作，控制固定资产投资规模和结构。（9）研究县级计划体制改革和计划方法的改进，采用和推广现代化的计划计算手段，开展经济预测和经济分析工作。

第二节　投资体制

为适应完善社会主义市场经济体制的要求，优化投资环境，促进经济发展，建立健全协同配合的固定资产投资监管体系。2004 年，国家对投资体制进行改革，只对政府投资行为实行审批制，对企业符合国家产业政策的投资则实行核准制或备案制，投资环境宽松、手续简化。

2004 年，贵州省出台《贵州省投资项目核准暂行工作意见》，对于企业不使用政府投资建设的项目，一律不再实行审批制。根据不同情况实行核准制和备案制，县级发展和改革部门没有核准的职权。同年又出台《贵州省基本建设投资项目备案暂行办法》，除不符合国家法律法规的规定、产业政策禁止发展、需报政府核准或审批的投资项目外，贵州省其他基本建设投资项目一律实行备案，县级发展和改革部门可对投资在 1000 万元以下的基本建设投资进行备案。

第三节　计划编制与执行

一、贞丰县国民经济和社会发展第八个五年计划

（一）计划编制

贞丰县国民经济和社会发展第八个五年计划（1991 年至 1995 年）。

贞丰县“八五”国民经济发展计划主要指标：国内生产总值 19000 万元（1990 年价），年均增长 14.27%；其中：第一产业 8600 万元，年均增长 14.3%；第二产业 4500 万元，年均增长 16.8%；第三产业 6000 万元，年均增长 12.38%。农业总产值 10000 万元，年均增长 2.87%；粮食总产量 72000 吨，年均增长 8.1%；油菜 2068 吨，年均增长 4.2%；烤烟 210 吨，年均下降 11.33%；甘蔗 95000 吨，年均增长 9.12%；工业总产值 10000 万元，年均增长 16.28%；原煤 15 万吨，年均增长 12.78%；黄金 260 千克，年均增长 19.64%；水泥 1 万吨，年均增长 15.3%；食糖 5000 吨，年均增长 7%；地方财政收入 1300 万元，年均增长 11.35%；农民人均纯收入 400 元，年均增加 43 元。

（二）计划执行情况

国内生产总值完成 19161 万元（1990 年价），比 1990 年增长 71.62%，年均增长 14.3%；其中：第一产业完成 8550 万元，比 1990 年增长 71.56%，年均增长 14.31%；第二产业完成 4483 万元，比 1990 年增长 84%，年均增长 16.8%；第三产业完成 6128 万元，比 1990 年增长 95.3%，年均增长 19.06%。农业总产值完成 14379 万元，比 1990 年增长 46.94%，年均增长 9.3%；粮食总产量完成 71500 吨，比 1990 年增产 28694 吨，油菜完成 2068 吨，比 1990 年增长 21.62%，年均增长 4.32%；烤烟完成 216 吨，比 1990 年下降 52.32%，年均下降 10.46%；甘蔗完成 95110 吨，比 1990 年增长 45.71%，年均增长 9.14%；工业总产值完成 10367 万元（当年价），比 1990 年增长 77.8%，年均增长 15.57%；原煤完成 15.1 万吨，比 1990 年增长 33.97%，年均增长 6.79%，黄金完成 289.98 千克，比 1990 年增长 98.19%，年均增长 19.64%，水泥完成 1.03 万吨，比 1990 年增长 77.24%，年均增长 15.45%，食糖完成 4781 吨，比 1990 年增长 32%，年均增长 6.4%；地方财政收入完成 1223 万元，比 1990 年增长 54%，年均增长 10.8%；农民人均纯收入 415 元，比 1990 年增长 229 元，年均增加 45.8 元。

二、贞丰县国民经济和社会发展第九个五年计划

（一）计划编制

贞丰县国民经济和社会发展第九个五年计划（1996 年至 2000 年）。

贞丰县“九五”国民经济发展计划主要指标：国内生产总值 60000 万元（1990 年价），年均增长 26.26%；其中：第一产业 30000 万元，年均增长 26.79%；第二产业 11000 万元，年均增长 29.02%；第三产业 19000 万元，年均增长 23.91%。农业总产值 35000 万元，年

均增长 19.6%；粮食总产量 100000 吨，油菜 5000 吨，年均增长 19.31%，烤烟 3000 吨，年均增长 69.2%，甘蔗 30 万吨，年均增长 25.86%；工业总产值 65000 万元，年均增长 38.4%；原煤 50 万吨，年均增长 27.06%，黄金 5000 千克，年均增长 76.73%；水泥 4.4 万吨，年均增长 33.96%，食糖 21000 吨，年均增长 34.44%；地方财政收入 6000 万元；农民人均纯收入 1200 元，年均增加 180 元。

（二）计划执行情况

国内生产总值完成 27370 万元（1990 年不变价），比 1995 年增长 29.99%，年均增长 5.99%；其中：第一产业完成 16192 万元，比 1995 年增长 47.2%，年均增长 9.44%；第二产业完成 4384 万元，比 1995 年减少 2.26%，年均减少 0.45%；第三产业完成 6794 万元，比 1995 年增长 9.8%，年均增长 1.96%。农业总产值完成 25806 万元（不变价），比 1995 年增长 44.28%，年均增长 8.86%；粮食总产量完成 107802 吨，比 1995 年增产 36302 吨，油菜完成 3412 吨，比 1995 年增长 39.39%，年均增长 7.88%；烤烟完成 989 吨，比 1995 年增长 78.16%，年均增长 15.63%；甘蔗完成 225016 吨，比 1995 年增长 57.73%，年均增长 11.55%；工业总产值完成 14215 万元（当年价），比 1995 年增长 27.07%，年均增长 5.41%；原煤完成 16.2 万吨，比 1995 年增长 6.79%，年均增长 1.36%，黄金完成 22.59 千克，比 1995 年下降 10.33%，年均下降 2.07%，水泥完成 2.39 万吨，比 1995 年增长 56.9%，年均增长 11.38%，食糖完成 8061 吨，比 1995 年增长 40.69%，年均增长 8.14%；财政收入完成 2174 万元，比 1995 年增长 9.38%，年均增长 1.87%；农民人均纯收入 1298 元，比 1995 年增长 883 元，年均增加 176 元。

三、贞丰县国民经济和社会发展第十个五年计划

（一）计划编制

贞丰县国民经济和社会发展第十个五年计划（2001 年至 2005 年）。

贞丰县“十五”国民经济发展计划主要指标：国内生产总值 92100 万元（现价），年均增长 19%；其中，第一产业 15000 万元，年均增长 8%；第二产业 42300 万元，年均增长 25%；第三产业 34800 万元，年均增长 20%。农业总产值 37000 万元（1990 年价），年均增长 8%；粮食总产量 14 万吨，年均增长 6%，油菜 4000 吨，年均增长 5%；烤烟 3000 吨，年均增长 3.33%；甘蔗 36 万吨，年均增长 8%；工业总产值 88500 万元，年均增长 25%；原煤 60 万吨，年均增长 15%，黄金 3125 千克，年均增长 178%，水泥 5.8 万吨，年均增长 14%，食糖 25246 吨，年均增长 7%；财政收入 10000 万元，年均增长 35%；农民人均纯收入 2000 元，年均增加 140 元。

（二）计划执行情况

2005 年生产总值达 11 亿元，年均增长 21.64%，比“九五”末增长 166%。其中：第一产业 4.0853 亿元，第二产业 4.4122 亿元，第三产业 2.5025 亿元。财政收入 1.1833 亿元，年均增长 33.32%，比“九五”末增长 321.3%。农村经济稳步发展，粮食总产量 11.58 万吨，年均增长 1.44%，比“九五”末增加 0.8 万吨；肉类总产量 1.71 万吨，年均增长9.8%。农民人均纯收入1805元，年均增长7%，比“九五”末增加506元。工业生产快速增长，黄金产量2549千克，原煤开采量78万吨，工业总产值7.9538亿元，年均增长41%，比“九五”末增长460%。固定资产投资完成8.4694亿元，比“九五”末增加11倍。

“十五”期间，按照加强和优化第一产业，重点发展第二产业，大力发展第三产业的结构调整要求，全县产业结构得到进一步调整，一、二、三产业结构由“九五”末的65∶14∶21变化为“十五”末的37∶40∶23。“五个十万亩”中的甘蔗、花椒、砂仁、金银花及烤烟等农业特色产业规模扩大；煤、金、电工业经济有突破；对煤炭焦化厂进行技改，煤炭税费得到提高，成为县域经济中最大的支柱产业；烤烟、水泥、白砂糖、大理石、建材、退耕还林比“九五”时期发展壮大；非公有制经济比例不断提高，商业贸易、餐馆服务、房地产成为新的经济增长点。

“十五”期间，全县上下抢抓国家实施西部大开发战略机遇，加强基础设施建设。交通方面：建成关（岭）兴（仁）高等级公路，贞丰汽车站，建成一批通村路、矿区路、蔗区路、旅游路、电站路，提高全县通路率，实现乡乡通公路（其中通油路的乡镇6个）。工业方面：以“西电东送”为重点的大田河电站、董菁电站建设有序推进。引资建成水银洞金矿，完成一、二期技改，启动烂泥沟特大型金矿基本建设。城建方面：以县城和小城镇为重点的城镇化建设步伐加快。县城旧城改造一期工程桂花街、金丰大道、新汽车站、县城1.2万吨供水工程、金都住房小区、康筑城市花园一期工程投入使用；龙场、者相、北盘江镇的小城镇建设步伐加快，交通、通信、环卫、供水等城市基础设施力度加大，城镇功能不断完善，2005年城镇化水平达21.2%。农业方面：水车田水库工程建设进展顺利，完成纳山岗、三岔河、白坟、小屯水库除险加固工程，完成了一、二期农网建设与改造，加大烟水、草水、蔗水、椒水、坡改梯、农田基本建设，五年间解决农村8.1万人、2.5万头（匹）的人畜饮水困难，完成6240口沼气池建设，改善了农村、农民生产生活条件。

2005年，城镇居民人均可支配收入5600元，比“九五”末增加2680元，农民人均纯收入1805元，比“九五”末增加506元。扶贫开发有成效，2005年农村贫困人口减少16000人。人口过快增长得到控制。建立城镇社会保障体系，国有企业下岗职工基本生活费和离退休人员基本养老金按时足额发放，实施城市居民最低生活保障制度；城镇就业率有很大提高。

四、贞丰县国民经济和社会发展第十一个五年规划

（一）计划编制

贞丰县国民经济和社会发展第十一个五年规划（2006年至2010年）。

“十一五”期间贞丰县经济社会发展的总体目标：到2010年生产总值比2000年翻三番以上、人均1000美元。以交通、水利为重点的基础设施建设取得新进展，基本形成具有较强实力的优质产业和特色经济体系；普及和巩固九年义务教育，发展职业教育、高中教育；人口自然增长率控制在7‰以内，科技、卫生、文化、体育、社会保障等各项社会事业发展迈出新步伐；可持续发展能力进一步加强；基本解决农村贫困人口温饱问题，城乡居民收入和生活质量普遍提高。

“十一五”期间经济社会发展的主要预期指标为：生产总值年均增长 23.6%，力争到 2010 年生产总值达 31.8 亿元以上，其中：第一产业 5.8 亿元，年均增长 7.3%；第二产业 15 亿元，年均增长 27.7%；第三产业 11 亿元，年均增长 34.5%；财政总收入年均增长 24%以上，2010 年财政总收入达 3.5 亿元以上，其中：地方财政收入达 1.5 亿元以上，年均增长 16.4%以上；农民人均纯收入年均增长 7.6%，2010 年达 2600 元左右；城镇居民可支配收入年均增长 10%，2010 年达 9000 元左右；粮食总产量年均增长 1.5%，2010 年粮食总产量达 12.47 万吨；畜牧业产值年均增长 10.2%，2010 年畜牧业产值达 4 亿元左右；城镇化水平达 30%；固定资产投资五年累计完成 60 亿元以上；人口自然增长率逐年下降，力争到 2010 年控制在 7‰以内，总人口控制在 36.17 万人以内。

工业主要产品产量：原煤 200 万吨，黄金 15000 千克，白糖 1.5 万吨。

经济结构调整：提升第一产业，做大第二产业，发展第三产业，加快工业化、城镇化、产业化发展步伐，三个产业结构由“十五”末的 37∶40∶23 调整为 18∶47∶35，经济结构调整取得显著成效。

（二）规划执行情况

2010 年生产总值达 35.8 亿元，年均增长 29.8%，为“十一五”规划目标 112.58%。其中：第一产业 6.5101 亿元，第二产业 20.8738 亿元，第三产业 8.1799 亿元。财政收入 7.02 亿元，为“十一五”规划目标的 200%。城乡经济稳步发展，粮食总产量 11.24 万吨，肉类总产量 1.3697 万吨，农民人均纯收入 3332 元，城镇居民可支配收入 12080 元；工业生产快速增长，黄金产量 7589 千克，开采原煤 210.7 万吨，发电量 318579 万千瓦时，生产水泥 11 万吨，工业总产值 43.83 亿元，固定资产投资完成 23.256 亿元。

第三章　工商行政管理

县工商行政管理局依法履行工商登记、经济合同监管、商标注册、广告管理、市场管理等职能；依法监管市场秩序，查处不正当竞争行为；监督流通领域商品质量，查处假冒伪劣商品。维护消费者，经营者合法权益。

县工商行政管理局下设个体经济管理股和企业登记管理股，分别对个体工商户和企业进行管理。县个体劳动者协会加强对个体工商户的教育和引导，抓个体工商户的政策法规宣传教育和职业道德教育，引导个体工商户诚实劳动、文明经营、勤劳致富，致富不忘国家和人民。开展向灾区、病残学生和公益事业捐款、认购国库券活动。

第一节　个体私营经济管理

县工商行政管理局贯彻中央关于对个体经济、私营经济实行“五不限”（即不限发展比例、不限发展速度、不限经营方式、不限经营规模、不限经营范围）的政策。1991年，全县登记注册的城乡个体工商户3081户，从业人员4479人，注册资金935万元，总产值1323.1万元，营业额1300.6万元。个体工商户数和从业人数分别较1985年增加75.85%和92.56%。其中城镇个体工商户1309户，农村个体工商户1772户，分别占42.4%和57.6%。个体工商户经营领域从单一的服务业向生产加工、社会服务业发展，生产型比例上升，服务型比例下降。注册私营企业17户，主要是煤炭开采和桐油加工业。

1992年9月，县个体劳动者协会换届，召开第四届会员代表大会。1992年10月18日，县私营企业协会成立，有企业会员32个。由于多种因素，1992年登记注册的个体工商户数较1991年下降40%。1993年，个体工商户由1991年的1810户增加到2169户，增长19.83%。1994年，全县注册登记的私营企业47户，注册资金481万元，从业人员536人。1994年，贞丰县个体、私营经济共纳税550万元，占全县工商税收52.5%。1996年，继续放宽政策，实行分类别、分层次指导。重点支持专业村、专业户发展，推动农村经济上规模、上档次，对边远贫困落后山区实行“先上车，后买票”的优惠政策。县工商局选定挽澜乡窑上村作为个体加工专业村试点加以扶持。贯彻落实《中共贵州省委、省人民政府关于进一步加强个体、私营经济发展的决定》，对边远贫困山区、新开业、国营、集体企业下岗职工从事个体生产经营的，在工商登记、收费上均给予放宽和优惠。1997年，贞丰县有30名下岗人员注册登记从事个体生产经营。1998年，县个体劳动者协会在县工商局指导下对个体工商户进行法律、法规宣传培训工作，开展“户户讲道德，店店无假货”活动。2001年，全省工商系统实行机构改革，贞丰县工商局由6个工商所缩编为3个，内设的个体经济管理股和企业登记管理股合并为注册登记管理股。2002年，按照省、州工商局综合执法实施方案要求，开展经济户口建设，基本实现所、县、州三级微机联网管理。2003年，在县工商局注册个体工商户2729户，从业人员2856人，注册资金964.41万元。2003年8月，贞丰县个体私营经济协会成立，贞丰县个体劳动者协会和贞丰县私营企业协会撤销。2006年，按照“一审一核制”（市场主体登记申请由登记主管机关审查员受理审查后，报经核准员依法予以核准或驳回，即发生法律效力的登记审核制度），贞丰县工商局下设的三个工商所直接受理个体工商户的设立申请，并直接办照、发照。2007年，贞丰县有个体工商户4093户，从业人员4336人，注册资金3570万元，总产值2236万元；私营企业有127户，注册资金11283万元，从业人员5841人，总产值47853万元。全县有225名下岗职工登记注册从事个体经营，并享受国家规定的有关优惠政策。2010年，贞丰县有个体工商户6301户、从业人员13854

人、注册资金 18745 万元，行业分布为：农、林、牧、渔业 15 户，采矿业 49 户，制造业 398 户，建筑业 11 户，交通运输、仓储和邮政业 24 户，信息传输、计算机服务和软件业 26 户，批发和零售业 4494 户，住宿和餐饮业 719 户，租赁和商务服务业 34 户，广告业 10 户；居民服务和其他服务业 6 户，卫生、社会保障和社会福利业 20 户，文化、体育和娱乐业 68 户，其他 427 户。私营企业户 189 户、投资人员 439、雇工 2085 人、注册资金 25068 万元、总产值 119696 万元，行业分布为：农、林、牧、渔业 11 户，采矿业 40 户，制造业 28 户，电力、燃气及水的生产和供应业 4 户，建筑业 6 户，交通运输、仓储和邮政业 15 户，信息传输、计算机服务和软件业 10 户，批发和零售业 23 户，房地产业 3 户，租赁和商务服务业 15 户，科学研究、技术服务和地质勘查业 2 户，水利、环境和公共设施管理业 4 户，居民服务和其他服务业 2 户，教育、卫生、社会保障和社会福利业 2 户，其他 18 户。

1991—2010 年部分年度贞丰县个体工商户、私营企业统计表

表 7-3-1　　单位：万元

年度	1991 年		1999 年		2007 年		2010 年	
	个体工商户	私营企业	个体工商户	私营企业	个体工商户	私营企业	个体工商户	私营企业
户数	3081	32	2927	53	4093	127	6301	189
从业人员	4479	400	3970	897	4336	5841	13854	4914
注册资金	935	279.4	1456	1070	3570	11283	18745	25068

第二节　企业登记管理

1991 年，贞丰县完成清理整顿公司善后工作，经省清整办审查批复县工商局对 25 家公司重新审核换发企业法人营业执照。1991 年，在贞丰县注册登记的企业有 214 户，从业人员 2926 人，注册资金 3456.57 万元。1993 年，在邓小平视察南方重要讲话和中共十四大精神指引下，贞丰县进一步放宽企业登记管理政策，支持企业参与市场竞争，全县工商企业户数比上年增加 49 户。1993 年，《公司法》颁布实施，县工商局支持国有企业改革，公司登记制度向现代企业制度逐步过渡。1995 年，贞丰县有限责任公司有 7 户，注册资金 360 万元。1995 年，贞丰县企业档案工作按照“国民经济行业分类代码”的要求，划行分类，编码归档，重新整理 330 户企业档案。

2004 年，开展企业信用体系建设工作，丰富和完善企业数据库。对全县在册企业进行分类定级。支持县信用社、烟草、电信、供销部门改制。

2007 年 7 月，《农民专业合作社法》施行，11 月，贞丰县第一家农民专业合作社“贞丰县坪上村水果专业合作社”在县工商局注册登记，正式成立。2007 年年底，全县注册登记的企业 328 户，注册资金 22178 万元，其中有限责任公司 14 户，注册资金 3068 万元。

2010 年，开展国有企业、集体企业改组改制的变更登记工作，改组改制后全县注册登记企业总数 368 户，注册资金 6.98 亿元，其中内资企业 196 户，注册资金 3.86 亿元，私营企业 172 户，注册资金 3.12 亿元。

第三节　市场管理

1991 年至 2001 年，县工商局内设市场股专门监管全县市场。对市场监管的范围由城乡集贸市场逐步扩展到生产资料和生产要素市场。1991 年，全县共有城乡集贸市场 21 个，条件设施简陋。1992 年至 1998 年，贞丰县工商局自筹资金 200 万元相继建设珉谷肉食商场、珉谷饮食商场、者相农贸市场、珉谷富民农贸市场、珉谷小商品市场、者相肉食市场、龙场农贸市场、长田乡尖坡市场，并对平街、鲁贡、鲁容、连环、珉谷市场进行修整。者相牲畜市场、珉谷肉食商场多次分别获省、州文明集市称号。1999 年，按照国务院有关市场办管脱钩的政策，县政府同意成立“贞丰县市场建设服务有限责任公司”，11 月 23 日将珉谷肉食、饮食、牲畜市场、者相农贸、牲畜市场、长田农贸市场移交给该公司。至此，贞丰县工商局不再承担发展、培育市场的职责。

第四节　经济活动监管

1991 年至 1999 年，县工商局主要负责监督管理集贸市场交易活动，打击投机倒把、哄抬物价、无照经营、缺斤少两、以次充好等不法行为。对医药市场、文化市场、粮食市场、化肥市场进行集中清理整顿。1991 年至 2000 年，工商部门查缴化肥 1457.25 吨、粮食 100.5 吨、香烟 5865 条、棉花 20.7 吨，查处酒、味精、皮鞋、肥皂等假冒伪劣商品。

2001 年，机构改革后，工商部门的职责从过去单一监管农贸市场、消费品市场向监管社会统一大市场转变，从过去管有形市场为主向统管有形、无形市场转变，从过去驻场式管理向市场巡查制转变，从过去的主要依靠行政执法向行政机关执法、企业自律、社会监督制约相互协调运作转变。监管领域拓宽，查处一批垄断企业不正当竞争案件和报废汽车回收拆解案件，立案查处挽澜磨刀石煤矿等 20 余个煤矿非法经营案件，查处假手机 110 台，伪劣电视机 49 台。2003 年，在防控“非典”、禽流感、“五号病”、炭疽病等疫情期间，有效地维护贞丰县市场秩序稳定。2006 年后，重点开展产品和食品市场的专项整治，对陈化粮油销售进行重点监控，在食品和农资经营业主中普遍建立进销货台账和经营自律制度。2006 年、2007 年两年，工商部门共查处 7 件商业贿赂案件。对传销保持高压打击态势，传销在萌芽状态被消灭。开展对校园周边秩序整顿，查处黑网吧 10 户，没收电脑 70 台。2010 年，开展成品油市场整治工作，取缔非法经营成品油窝点，收缴非法经营的汽油，柴油 2768 千克，取缔占道经营 156 户，450 个摊点。开展执法检查 85 人次，检查企业 85 个，注销违法企业 7 个。

第五节 经济合同、商标、广告管理

1991 年至 2001 年，县工商局内设合同商标广告股，管理经济合同、商标、广告工作。经济合同管理的职责主要是查处违法合同、推广合同示范文本、调解合同纠纷、办理抵押合同登记、鉴证合同、推荐“重合同、守信用”企业。1991 年至 2007 年，工商部门共鉴证经济合同 405 份，金额 11157.48 万元，查处 12 件经济合同违法案件；按照《担保法》规定，1996 年至 1997 年工商部门共办理企业动产抵押 100 份，主债权金额 6882.8 万元，抵押物价值 12000 万元。自 1995 年后贞丰县共有 14 家企业获“守合同、重信用”企业称号，其中省级 10 家，州级 4 家，贞丰县糖厂、贞丰县方程建筑公司连续 11 年获省级“守合同、重信用”企业称号。在贞丰县糖厂、贞丰县粮食购销有限公司、贞丰县土产公司相继开展订单农业试点。

1991 年，随着经济的发展，县内广告发布量逐年增加。1991 年至 2007 年，全县工商部门共查处各类违法广告 403 件，收缴虚假和内容不健康的广告印刷品，撤除大量非法广告。2001 年，对广告发布实行跟踪巡查制度。2004 年，开展医疗、药品广告专项整治。2005 年，开展保健食品、农资、房地产、致富信息广告整治。2006 年、2007 年结合“整脏治乱”工作，连续开展对虚假违法广告的整治，城镇违法广告率控制在 5%以内。

1991 年至 1994 年，工商部门查处销售制造他人注册商标标识违法行为 62 件，收缴、销毁假冒商标标识 982 张。1995 年，查处王某某假冒三岔河酒厂“天虎牌”商标案，没收假“天虎牌”商标标识 96824 套，并将王某某移交给司法机关处理；1996 年至 2007 年，工商部门相继查处假冒“汰渍”洗衣粉、“飘柔”洗发精、“光洁”肥皂、“双桥”味精、“五星刁酒”“青溪”青酒、“摩托罗拉”手机、“CECT”手机等侵权商标案件。2010 年，查扣假冒“立白”系列产品超级杀虫剂 12 瓶、洗衣粉 314 包，透明皂 33 块、洗洁精 116 桶。截至 2010 年年底，贞丰县共有 30 件商标，其中注册商标 23 件，正在注册的有 7 件；正在使用的有 18 件，闲置或到期的有 12 件。2006 年，贞丰县金穗食品有限公司的“牛中牛”商标和贞丰县糖厂的“北盘江”商标荣获省级著名商标称号。

贞丰县注册商标一览表

表 7-3-2

商标名称	注册人	使用范围	类别	备注
贵贞	贞丰县人与醇酒厂	含酒精的饮料	33 类	闲置
牛中牛	贞丰县金穗食品有限责任公司	肉、肉片、肉干、肉松、腌腊肉、香肠、肉脯、肉糜、腌肉	29 类	闲置
熊大妈	陈桂芬	粽子、八宝饭、方便米饭、年糕、泡粑	30 类	使用
双乳峰	贞丰县土产公司	鲜水果、梨、新鲜园艺草本植物、新鲜蔬菜、植物种子、动物食品、树木、谷、活禽、食用鲜花	—	—
双乳峰	贞丰县林业局苗圃场	茶	30 类	闲置
双乳峰	贞丰县林业局苗圃场	公共浴室、按摩、桑拿	44 类	闲置
双乳峰	贞丰县林业局苗圃场	餐饮业、咖啡、餐厅、酒吧	43 类	闲置
金庆	贞丰县金穗食品有限责任公司	牛肉干	29 类	使用
连环	贞丰县连环乡农业服务中心	食用香料、食品用香料、食用淀粉产品、栗粉、南瓜粉、调味品、姜（调味品）、辣椒粉	30 类	使用
布依王	贞丰布依辣椒开发有限责任公司	辣椒油、辣椒酱、辣椒面	30 类	使用
顶坛	贞丰县兴北镇经济开发服务中心	调味品、辣椒粉、豆豉、辣椒油、花椒粉；调味酱	30 类	使用
胖四娘	陆朝英	餐馆、快餐馆、自助餐馆	42 类	使用
仁都	贞丰县仁都水泥厂	水泥、石棉水泥瓦、混凝土建筑构件；水泥板、水泥柱、熔炉用水泥、非金属、砖瓦、石棉水泥板	19 类	使用
北盘江	贞丰县糖厂	白糖、红糖、冰糖	30 类	使用
圣贞	贞丰县人与醇酒厂	含酒精的饮料	33 类	闲置
顶椒（注册中）	贞丰县顶坛椒业有限公司	调味品、姜、佐料、番茄酱、辣椒油、花椒粉	30 类	使用
文华先	文华先	糖果、花生糖果、米花糖、黑麻片、酥糖、蛋糕、糕点、月饼	30 类	使用
林可芳	林可芳	豆豉	30 类	使用
山乳（注册中）	尚勤	水、矿泉水（饮料）、柠檬水、果汁饮料、番茄汁、汽水、无酒精水果混合饮料、花生牛奶、豆奶、奶茶（非奶为主）	32 类	使用
余六妹（注册中）	贞丰县余记粽粑食品坊	粽子	30 类	使用

续表 7-3-2

商标名称	注册人	使用范围	类别	备注
黔达（注册中）	贞丰县科达养殖发展有限责任公司	养殖	29 类	使用
科浓发（注册中）	贞丰县益民生物有机复合混肥厂	有机肥	1 类	使用
百城王子	贞丰县布依辣椒开发有限责任公司	辣椒油	30 类	使用
天虎	贞丰县三岔河酒厂	含酒精的饮料	33 类	闲置
神悦	贞丰县北龙食品厂	茶、水茶、茶饮料、茶叶代用品	30 类	闲置
珉谷	贞丰县糖业烟酒公司	含酒精的饮料	33 类	闲置
蛙石	贞丰县城关镇缝纫社	服装	25 类	闲置
布依报恩茶（注册中）	贞丰县民族茶业开发有限公司	茶、水茶、茶饮料、茶叶代用品	30 类	使用
坡柳茶	郭振洪	茶、水茶、茶饮料、茶叶代用品	30 类	使用
卫子夫（注册中）	季显省	服装	25 类	闲置

第四章　国土资源管理

1984 年上半年，县农业局下设土肥站履行土地管理职能。

1984 年下半年，成立贞丰县土地管理站，隶属农业局。单独行使土地管理职能。

1987 年 1 月，成立贞丰县土地管理局，各区公所配一名专职土地管理员，各乡（镇）政府配一名兼职管理员。

1987 年 3 月，县土地管理局挂靠县农村工作委员会。

1988 年 12 月 9 日，启用“贞丰县土地管理专用章”，代县政府行使土地管理职能。

1989 年 3 月 4 日，县政府批准，县土管局成立土地监察大队。

1989 年 12 月 27 日，成立贞丰县土地利用现状调查队。

1990 年，贞丰县土管局设立监察室，为贞丰县监察局派出机构。

1991 年，县编委下文设立 13 个乡镇土地管理所，县土地管理局内设法规股、行政监察室，全局编制 54 人，实际在编 29 人。

1994 年 4 月 16 日，县国土局内设办公室、矿管办（副科级）、建设用地管理股、法规监察股，下设国土资源勘查规划站。

1996年，县级机构改革，县国土局设立移民办公室（副科级单位）、矿管办（副科级单位）。

1998年12月18日，县国土资源局更名为贞丰县国土资源管理局，原乡镇土地管理所更名为乡镇国土资源管理所。

2001年，县级机构改革，县国土资源局内设7个职能股室，一个事业机构，即办公室、规划股、用地股、地籍股、矿管办、测绘办、法规监察股，事业机构土地开发中心，行政编制96人，事业编制8人，13个乡镇国土资源所为县国土资源局派出机构。

2002年县级机构改革，县国土资源局内设机构为5个，即办公室、用地股、地籍测绘股、矿管办、参公单位为规划站，下设事业单位为土地开发中心。

2004年12月，国土资源系统体制改革，县国土资源局为上级国土资源局直管单位，领导干部由州国土资源局党组任命管理，机构、编制、人员经费、资产仍由县人民政府管理，编制为95人，领导职数为党组书记1名，局长1名，副局长3名；专职纪检组组长1名，主任或副主任科员3名；镇国土资源所编制4人，乡国土资源编制3人，县国土资源局加挂测绘管理办公室，机构设置新增人事教育股和车队。

第一节　土地规划与利用

一、土地规划

1994年，贞丰县成立基本农田保护区规划领导小组，由县国土资源局规划站韦诚、沈招元、杨敏、余正华、王丽承编贞丰县基本农田保护区规划。1995年8月完成规划送审稿。

1997年12月28日，贞丰县成立土地利用总体规划领导小组，自筹资金3万元，组织技术力量，编制第一轮贞丰县土地利用总体规划。规划站韦诚、沈招元、余正华、王丽、杨敏，于1998年年底编制完成。

（一）第一轮土地利用总体规划

以1996年为基期年，规划年为2010年，展望2030年。搜集1949年至1997年贞丰县国民经济资料、人口资料、粮食生产资料，进行土地利用现状分析、人口发展、粮食生产和土地供需预测。确定贞丰县土地利用目标和方针，制定规划实施方案。

1997年至2010年，贞丰县土地规划总目标：保证应有的基本农田实现耕地总量动态平衡，满足规划期内建设用地要求，用供给引导需求，优化配置各业用地，消除不合理的土地开发造成危害，使土地生态系统趋于良性循环，土地经济效益明显提高，人均耕地保证在0.14公顷至0.15公顷范围。具体目标：2010年耕地稳定在51059公顷，实现退耕还林9300公顷，使森林覆盖率达到25%。利用作物秸秆作青粗饲料，发展18万头大牲畜、18万头猪和6万只羊，建设用地控制在3000公顷范围，允许占用耕地 433 公顷。每年整理 400 公顷耕地，复垦 6 公顷，开发 75 公顷，规划期内增加耕地 1648 公顷。

2010 年，土地利用总体规划基本方针是：贯彻“十分珍惜和合理利用每寸土地，切实保护耕地的”基本国策，实现耕地总量动态平衡，实施土地用途管制，坚持“一保吃饭、二要建设”的方针，在土地利用的结构配置和调整时，充分考虑土地利用经济效益、社会效益和生态效益之间的关系，因地制宜，优化土地利用结构和生态效益之间的关系，优化土地利用结构和土地的产出率，保证农业用地，同时发展林牧业生产，保证交通城镇非农业建设用地的需要，确保贞丰国民经济持续、稳定协调、健康发展。

为保证规划实施，制定以下 4 个措施：（1）法律措施，制定相关的法律法规。（2）经济措施，对耕地的保护制定一定的奖惩制度。（3）行政措施，制定相应的行政手续，把规划纳入行政管理范围和列入党委议事日程。（4）技术措施：对耕地的保护进行动态监测和以生物工程、技术工程相结合，防治土地退化和水土流失。

（二）第二轮土地利用总体规划修编

2007 年，贞丰县土地利用总体在第一轮的基础上投资 170 万元，委托贵州省绿源土地开发公司修编，对上一轮规划作评价，开展贞丰县土地利用现状与潜力分析、基本农田保护及其对策研究，土地利用与生态环境协调研究、矿产资源开发利用及其对策研究、城乡用地需求与土地利用结构和布局环境、统筹区域土地利用战略研究、节约和集约利用土地对策研究、加强土地利用总体规划实施管理保障措施研究课题。重新制定 2006 年至 2020 年土地利用目标。

2006 年至 2020 年土地利用目标是：提升种养业，加强农业基础地位，切实加强耕地保护；建设大交通，加强以交通为重点的基础设施建设；做大煤、金、电，发展特色优势支柱产业；推进城镇化；培养旅游业，推进生态建设和环境保护。

二、土地利用

因城镇建设用地，产业结构调整，基础设施建设，资源开发，土地类别变化大，耕地呈现连年减少的趋势。1993 年 59574.8 公顷，2010 年下降到 52344.6 公顷，减少 7230.2 公顷，年平均减少 425.3 公顷；园地增加，1993 年 852.4 公顷，2010 年增加到 4910.8 公顷，增加 4058.4 公顷，年均增加 238.7 公顷；林地有所增加，1993 年 18624.7 公顷，2010 年增加到 41873.7 公顷，增加 23249 公顷，年平均增加 1367.6 公顷；草地减少，1993 年 51813.7 公顷，2010 年减少到 16842.3 顷，减少 34971.4 公顷，年平均减少 2057.1 公顷。城镇用地因城镇人口增加，城镇化水平的提高而提高，1993 年 66.73 公顷，2010 年增加到 613.5 公顷，增加 8.2 倍，增加 546.77 公顷，年平均增加 32.2 公顷；工矿用地，1993 年 50.2 公顷，2010 年增加到 776.6 公顷，增加 14.5 倍，增加 726.4 公顷，年平均增加 42.7 公顷；交通用地，1993 年 227.60 公顷，2010 年增加到 1177.7 公顷，增加 950.1 公顷，年平均增加 55.9 公顷，增加 4.2 倍。

1993—2010 年贞丰县土地利用情况统计表

表 7-4-1　　　　单位：公顷

年份＼地类	总面积	耕地	园地	林地	草地	城镇	居民点	工矿地	交通用地	特殊用地	水域	未利用地
1993	150900	59574.8	852.4	18624.7	51813.7	66.73	3912.53	50.20	227.60	2.13	1531.47	14243.67
1994	150867	61235.0	913.7	22736.0	33527.9	163.4	4668.3	140.9	811.3	92.6	1337.9	25240.0
1995	150867	60973.8	1005.3	26585.9	30049.3	181.7	4685.2	291.4	856.1	92.6	1396.2	24749.5
1996	150900	60584.8	1002.5	26872.5	30070.2	194.2	4685.5	294.1	867.8	92.9	1426.9	24775.5
1997	150867	60660.9	1012.8	26794.1	30015.3	195.6	4689.9	296.6	869.3	93.3	1464.6	24774.7
1998	150867	59797.7	981.9	27506.5	30176.3	196.9	4689.0	309.6	875.2	93.3	1464.6	24775.9
1999	150900	59307.1	1519.6	27225.2	30553.4	222.3	4684.5	294.3	910.1	93.3	1408.1	24649.1
2000	150867	55145.7	7240.1	29566.3	29118.3	227.3	4688.4	339.8	915.3	93.1	1419.5	22113.2
2001	150867	54344.5	7246.6	29865.4	29183.3	252.3	4701.5	360.6	1148.5	93.0	1420.7	22250.7
2002	150900	53827.1	7504.8	30351.1	29001.1	252.5	4701.3	378.1	1149.1	93.1	1420.7	22188.1
2003	150867	52932.1	7644.5	31900.1	28303.5	266.1	4721.3	399.0	1154.0	93.1	1422.9	22030.3
2004	150867	52578.5	7657.1	32798.0	27919.4	266.1	4723.1	439.7	1154.0	93.1	1422.9	21815.1
2005	150900	52262.7	7987.7	32833.5	27806.7	296.0	4730.0	624.8	1167.2	96.3	1422.9	21624.1
2006	150867	52192.6	8001.4	32832.0	27901.0	300.9	4728.4	656.9	1171.4	96.3	1486.7	21499.5
2007	150867	51871.8	7997.2	32821.0	27929.3	332.3	4716.9	656.9	1171.5	96.3	1802.7	21471.0
2008	150867	51804.6	7995.9	32812.1	27903.0	332.3	4712.8	686.6	1231.3	96.3	1802.7	21489.4
2009	150932.9	52509.4	6044.5	41950.5	17559.8	422.7	4883.9	790.7	1346.4	348.4	2660.7	22415.9
2010	150932.9	52344.6	4910.8	41873.7	16842.3	613.5	4871.1	776.6	1177.7	348.5	2660.7	24513.4

说明：资料来源于《贞丰县土壤普查成果》《贞丰县土地利用现状调查成果》和历年土地变更调查。

第二节　用地管理

一、农用地管理

随着土地承包制进一步完善。县政府制定农用地承包收费一系列政策，规定农村土地。由村民委员会行使发包权，向农民发包。田土分上、中、下三等，农户向村集体交纳土地使用费，上、中、下三等田分别为 2 元、1.5 元、1 元 / 亩，可有偿转包，转包费为 30 至 35 元 / 亩。

1984年，县政府对征用农用地补偿标准作规定，即水田3000元/亩，旱地1500元/亩。1990年，对用农村建房，亦规定收取管理费标准，即占用水田每平方米1元，旱地每平方米0.7元，其他农用地每平方米0.2元。

1994年，县政府规定征用珉谷镇城区土地，补偿标准19800元/亩。

二、建设用地管理

土地划拨　1987年《土地管理法》颁布以前，城镇建设用地需由建设单位提出申请，县政府同意后，县计委下计划才选址。征用农村土地，必须同生产队协商，县政府同意核减农业税（公余粮任务）后方签订协议。

1986年，贞丰县土地管理站印发《征地须知》，根据《土地管理条例》明确征用土地应具备以下条件：要有用地申请书，建设项目设计论证书和批准文件。补偿安置协议书，环保审批意见。征用菜地、林地，应有相关部门签注意见。表明建设用地开始步入正轨。

1989年8月，贞丰县颁发《贞丰县城镇规划建设管理规定》，建设用地单位必须办理"三证"，即"规划许可证""建设用地许可证""施工许可证"后，由土地管理部门到现场画线，（亦称划拨土地）方准按规定内容开工建设。

1997年4月，中共中央发出《关于进一步加强土地管理，切实保护耕地的通知》，冻结审批非农业建设占用耕地一年。

1998年3月29日，中央发出《关于继续冻结非农业建设占用地的通知》继续冻结审批一年。

土地出让　1993年，贞丰县成立城镇建设指挥部，城镇建设用地必须由县政府统一规划，统一征地、统一开发、统一出让、统一管理。按照"五统一"要求，贞丰县首先开发菜园小区。1997年，首次公开拍卖主要地段土地。县新华书店、县信用联社等单位在这次竞拍中获土地使用权。拍卖总价款为224万元，面积5320.37平方米，平均每平方米421元。此后，贞丰县经营性用地出让，大部分采用公开"招、拍、挂"形式公开出让。2008年，土地拍卖创下历史最高，县职业中学一宗土地进行39轮争夺，面积为6512平方米。拍卖价款1360万元。

农村建房用地管理　1987年，《土地管理法》颁布以前，农村建房占用土地需经村民组全体村民讨论通过可获建，《土地管理法》颁布后，农民建住宅占用荒地需经乡（镇）政府批准，由县国土局审核后办理宅基地使用证，方可兴建，占用耕地的必须由县政府审批，县土地管理局根据县政府文件办理用地手续才可兴建。1998年8月，新土地管理法颁布后，土地审批权限上收。

从1987年起，农村建房用地实行计划管理，上级下达建设用地计划指标和建设占用耕地计划指标，进行层层分解，具体分到各村为数不多。1987年，全县农村个人建房指标11.87公顷，其中耕地2.93公顷，平均1个村0.041公顷。1988年，审批农村个人用地建房450宗，占地6.07公顷，占用耕地2.07公顷。指标略有节余。1989年指标减少，全县农村个人建房用地指标只有9.33公顷，占用耕地指标只有2.73公顷。由于指标受限，农村个人建房用地供需发生矛盾。加上土管局刚成立，机构不健全，人力不足，土地管理失控，造成无序的乱占滥用土地健房。因此出现数次的“清房”。造成边清边占，边占边清，清占不断的农村建房用地局面。从2007年开始，农村建房申请用地需经村委会批准后，在不占或少占耕地的原则下，层层审查报批。

第三节 地籍管理

一、土地确权

1990年，贞丰县开展土地权属调查。查清贞丰县与兴仁、关岭、镇宁、望谟、册亨、安龙等六县周边的行政境界状况，县界总长248.5千米。境内所辖13个乡镇境界，独立工矿企事业单位总长为265.25千米。所辖292个村（场），工矿企事业单位相邻行政境界总长1173.25千米。相邻的县、乡、村（场）都签订了权属协议书，有争议地段各自写争议缘由书记述各自争议的理由。共签订权属协议书504份、写争议缘由书15份。在详查之前，据概查资料，贞丰县境内面积为1509平方千米。详查后，贞丰县境内面积为1508.67平方千米，有0.33平方千米划归镇宁。

1996年，完成水利水电确权划界颁证工作；1997年，贞丰县开展勘界工作，通过勘界，贞丰县辖区面积发生了变化，为1511.9平方千米（为指令性数据，土地数据，一直沿用详查结果1508.67平方千米）。

1988年8月，贞丰县开展农村宅基地登记发证和国有土地使用权登记，登记内容有：权属来源、占地面积、相邻界址线。登记材料为：权属证明文件和用地草图。年底，完成登记1505户。

1999年11月，贞丰县委托贵州省测绘院，对珉谷镇城区进行数字化地籍、地形测绘。投资10.8万元，形成1∶500地籍图和1∶2000地形图。

2000年10月25日，贞丰县者丫村与册亨县秧亚村县界土地纠纷得到解决。完成地籍地形测量2.99平方千米，完成地籍调查2775宗。完成土地证书年检380宗。

2002年，完成国有土地使用证发证1800宗，完成农村地籍调查2310宗，农民建房颁证639宗。

二、城镇地籍调查

县国土局对珉谷、者相、北盘江、龙场、白层、鲁贡等镇进行城镇地籍调查，地价评估。为城镇土地出让提供材料和依据。

基准地价评估。2000年，珉谷镇城区用地分为三种地类：商业用地、工业用地和住宅用地，商业用地为1级~4级，基准地价分别为每平方米900元、500元、350元、300元，工业用地分为2~4级，基准地价分别为每平方米200元、130元、40元，住宅用地分为1级~4级，分别为每平方米430元、310元、200元、140元。

2004 年，清理土地，登记发证 2288 宗。

2006 年，完成全县集体土地所有权登记发证。

1999 年，县编委根据黔机编（1996）15 号文件精神，在贞丰县国土局内设测绘管理办公室，负责本辖区测绘标志的维护和管理。同年，完成 15 个 I、II 等三角点的调查和委托管理工作。

2000 年，县国土局会同县人大、县文体广电局、县工商联对贞丰县地图市场进行专项执法检查，对新华书店、20 个文化用品商店、30 个书摊及文化用品经营商和书贩进行检查。

同年，完成贞丰县两座保存完好的 I 等三角点测量标志的“保管证”发放和 4 座 GPS— E 测量标志的调查、埋设和委托保管工作。

同年，对进入贞丰县承担珉谷镇地籍地形测量的测绘单位进行资格审查。

2002 年，组织测管人员对林业、水电、交通、城建等使用测绘成果的单位进行检查。对 GPS 测量标志的保护。珉谷镇后坡上的 GPS 5 号测量标志即将受到采砂破坏时，测管办立即到现场下令停工，同时向州测管科请示，经省州测管部门批准，将该点迁移。

2004 年，开展测绘资质年检工作，对县内两家测绘持证单位进行初审，开展测绘执法检查和地图市场秩序综合治理。收缴不规范的大小地球仪 8 个、挂图 9 张。

第四节　矿产管理

县境内有金、锑、煤、石灰岩、铜、铁、制砖页岩等矿。县政府在矿产管理上投入了大量人力、物力。

1994 年，小屯乡锑矿被乱开滥采。县委、县政府组织公安、检察、法院、国土、工商、环保部门进行矿山治理整顿。1996 年《矿产资源管理法》颁布实施，对煤厂实行年检，依法收取矿产资源补偿费。制止违法开采矿产资源的行为。

2004 年，贞丰县发生“10・22”瓦斯爆炸事故，县委、县政府组织监察局、安监局、工商局、供电局、国土局、电视台及有关乡镇人员组成 70 人联合执法工作队，分两个小组进驻挽澜、龙场矿区，吃住在矿山，开展一个月的联合执法，截至 11 月 30 日，动用机动车辆 8 台，拆掉非法搭建工棚 674 个，炸毁非法建筑 131 栋、水池 190 处，切断电源 300 处，没收非法开采煤矿 268.3 吨。

2006 年，编制《贞丰县矿产资源规划》，明确允许开采和禁止开采的矿种、矿界、矿点，严格按照规划开采矿产，制止无序乱开滥采，实行执证开采。

1994 年至 2006 年，累计换发开采许可证 82 个，查封、炸封煤洞 1236 个，整改 70 家，收取矿产资源补偿费 480.72 万元，罚款 40.45 万元。

第五节　土地监察

县土地管理局设法规监察股负责土地监察工作，解决土地权属纠纷和制止土地违法行为。从1986年至1991年，清理“三违”建私房807宗，涉及党员干部6人，县级干部2人，科级干部3人，股级干部8人，离退休干部2人，一般干部42人。拆除24户，面积12.56亩；罚款17户，收缴罚金15.62万元，恢复土地46户，13.54亩；没收10户，金额1.34万元。

清理非农业建设占地。1988年，有516户违法占地烧砖瓦，53户违法占地建房。从1986年至2003年，17年间，共查处非农业建设用地12574宗，涉及全县13个乡镇280个村1500个村民组。有非法占地建房，有非法占地烧砖瓦，有非法占地打砂石，有非法占地采矿等不同类型的违法用地。累计拆除53户，罚款52.23万元。

2006—2007年，查处违法用地64宗、非法采矿33宗，处罚金额123.35万元。申请法院强制执行12宗，查处率90%，炸封200余口非法采煤矿洞。

2010年，开展土地巡查300余人次，制止非法用地51宗，其中3宗作行政处罚，4宗申请法院执行；开展制止非法采矿行为83次，查处违法采矿16宗，遏制非法用地和违法采矿行为。

第六节　农田保护

1994年,成立县基本农田保护区规划领导小组,筹备基本农田保护区规划; 1995年8月，完成《贞丰县基本农田保护区规划送审稿》。

基本农田保护区规划，根据《基本农田保护条例》规定和贞丰县建设发展以及人口增长对粮食的需求，确定贞丰县基本农田保护面积和建设用地面积。全县确保有基本农田面积49200.89公顷，其中一级保护区18196.98公顷，二级保护区31003.91公顷；计划建设面积2053.33公顷；保护率81.21%。1997年10月13日，《贞丰县基本农田保护区规划》通过专家论证。1997年，贞府〔1997〕106号文件下发《关于基本农田保护区有关规定的通知》，要求在基本农田保护区内实行“八不准”。即，一是不准擅自建房、建厂；二是不准挖沙、取土、打坯、烧窑；三是不准营造园、林、鱼塘；四是不准搞掠夺式经营；五是不准葬坟、抛荒耕地；六是不准大面积调整土地；七是不准违反《土地管理法》规定，要自觉保护基本农田；八是不准违反《基本农田保护条例》乱批乱占。

同年，在花江大桥边立一块永久性标志牌。

2004年，贞丰县对原基本农田保护区规划进行调整。全县重新划定的基本农田面积 34991.7 公顷，比上一轮规划减少 14209.19 公顷，降低 28.88%。保护率最高为珉谷镇 76.70%，最低为白层镇 33.4%，划定基本农田保护区 560 块，建设预留地为 250 块，面积 433 公顷。

同年，在农田保护区地块栽桩定界，竖铁质的保护区标志牌，并在农户承包证上注明“基本农田保护区”或“建设预留地”字样。各村均编制基本农田保护区规划图，建立基本农田保护责任制，乡镇长与县长签订基本农田保护责任状。2001 年，贞丰县被评为全国基本农田保护先进县，受到国土资源部和农业部的表彰。

2004 年，对基本农田又进行一次大检查和划定工作，划定指标仍以第一次划定为准，重新用大理石进行栽桩定界，竖立保护标志牌。把“五不准”刻于石碑上，为永久性保护标志。一是不准占用基本农田进行植树造林发展林果业和搞粮林间作及超标准建设农田林网；二是不准以农业结构调整为名，在基本农田内挖塘养鱼、建设畜禽养殖的建筑物，破坏耕作层的生产经营活动；三是不准违法占用基本农田绿色通道和城市绿化隔离带建设；四是不准以退耕还林为名，违反土地利用总体规划，将基本农田纳入退耕范围；五是不准非农业建设项目占用基本农田（法律规定的国家重点建设项目除外）。

通过清查对照，重新签订保护责任书，把保护基本农田责任明确到人。签状涉及农户 72719 户，埋设界桩 400 根，立标志碑 27 块。

2006 年，进行万亩大坝调查，把定塘至这旗一线作为一个万亩大坝，把顶肖至罗卜寨、纳窝作为另一个万亩大坝为基本农田进行重点保护。

2007 年，进行千亩大坝调查，挽澜、纳马、前一、那么、岩鱼、必克、青冈林、鲁贡、坡稿田坝划为千亩基本农田大坝进行特别保护。

第五章　质量技术监督

1990 年，贞丰县标准计量局改名贞丰县技术监督局，张玉文任局长，刘瑞、李祥任副局长，在职人员 8 人。1992 年 5 月，张玉文调兴义，同年 8 月，副局长刘瑞主持工作。1993 年 3 月刘瑞调到者相任镇长，李祥任副局长主持工作。1994 年 3 月，机构改革，将县物价局、县工商局、县技术监督局合并，组建贞丰县工商行政管理局，内部设置技术监督股、计量所两块牌子、一套人马，由副股长孙祥主持工作，时有人员 3 人。1998 年 5 月，王燕翔任股长主持工作。1999 年 5 月机构改革，恢复贞丰县技术监督局，实行省以下垂管，同年 8 月正式行文，9 月 1 日正式挂牌，张天权任党组书记、局长，在职人员 7 人。2000 年 8 月，贞丰县技术监督局改名贞丰县质量技术监督局，局长张天权、副局长王燕翔，在职人员 7 人。2008 年，张天权调兴义工作，王燕翔任局长。质量监督工作从计量管理和执法打假拓展到质量、计量、标准、特种设备安全监察、组织机构代码办理等工作。

第一节 产品质量监督

质量监督是政府职能部门依据国家法律法规及政府批准发布的标准等进行执法性质的国家监督。县境内产品质量监督主要是加强对生产、流通领域的质量监督，促进产（商）品质量的不断提高。主要措施有产品质量监督抽查、产品质量统一检查和定期监督检查。1991 年，贞丰县糖厂的白砂糖、食用酒精为黔西南州第一批定期监督检验产品；1995 年至 1996 年，增加贞丰三岔河酒厂的贞窖、米醇、黔贞窖等为定期监督检验产品，由州质检所实施定期监督抽样检验。1999 年 5 月，县技术监督局成立后，开展全县产品质量摸底调查，通过对 13 家国有企业、25 家私营企业、80 家个体户的产品和销售的商品 100 多个批次进行检查，产品合格率仅 35%。通过多年的专项整治、市场整顿和重点打击，加大对各类产品监督检查力度。2007 年年底，全县产品质量合格率由原来的 35%上升到 80%以上。抽查的产品有页岩砖、牛肉干、种子、大米、白酒、糕点、红糖、食用植物油、复合肥、五金制品、电线、非典防护用品、絮棉制品、建筑材料、室内装饰装修材料、食品、汽油、柴油、化妆品、生活用品。2005 年，启动全县食品质量安全专项整治，对食品生产加工环节进行监管，全县有食品生产企业（作坊）85 家，其中获证企业 3 家，正在申办企业 3 家，非发证企业 1 家，不具备获证加工点 19 家，作坊 59 户。2007 年 8 月，启动全县产品质量和食品安全专项整治工作，全县生产企业 4 家，小作坊 68 户，其中，证照齐全 50 户，无证无照 18 户。对食品企业进行分类监管，对 34 家食品加工企业、作坊的添加物质进行备案，严禁在食品生产中滥加、乱加食品添加剂和使用违禁添加剂。2010 年，开展食品质量检查 8 次，建材质量检查 2 次，农资产品质量检查 4 次；对全县生产性企业产品质量进行定期抽样检查 174 个，合格 171 个，合格率 98.27%，对生产不合格产品的企业进行查处，发出《产品质量整改通知书》1 份，协助省质检院抽样检查 18 种产品质量。

第二节 行政执法

1989 年 10 月，县标准计量局设立打假办公室，负责全县打击假冒伪劣商品（以下简称“打假”）工作。开展两大活动：在重大节日前夕，开展以监督检查市场商品质量为主要内容的综合大检查；开展以打击生产和经销假冒伪劣产（商）品为主要内容的专项“打假”活动。1992 年，查处假冒伪劣香烟、白酒、食品和棉絮价值 3 万余元。

1999 年 5 月，县质监局从工商局分离，独立开展打假工作。1999 年 8 月至 2001 年年底，县质监局根据国家质检总局开展“查农资、保春耕”“查建材、保工程质量”“查食品、保人民健康”“查节日市场、保节日平安”等指示精神，先后开展相关产品集中整治，查办案件 400 多件，处理消费者投诉案件 11 件，查处假冒伪劣商品标价金额 120 多万元，收缴假冒伪劣商品货值金额 70 万元，为消费者挽回经济损失 72 万元，罚没收入 22 万余元；开展统一销毁假冒伪劣商品 3 次，货值金额 45.6 万元，查处的物资有水泥、钢材、铝合金、食品、大米、酱油、五金产品、电线、手机等。其中 1999 年 9 月 4 日，查处一桩 29 吨劣质钢材案；2001 年 6 月，处理贞丰县城关粮管所一起发放救济粮短斤少两案，责令该粮管所对 40 多农户进行补偿。同年，在全省质监系统行政执法案件抽查中名列第三。2002 年，主要开展对白酒、冷冻肉品、絮棉制品、农资、钢材等专项整治、节假日市场大检查、通信市场整顿及棉花专项打假，共查办案件 42 起，处理消费者投诉案 17 起。2002 年 5 月，处理一起在红糖中加入危及人体健康有毒有害物质案；2002 年 12 月 2 日，处理一桩啤酒瓶爆炸伤人案，为受害人索赔 9000 元。2003 年，开展“黑心棉”、农资、建材、食品、“非典”防护用品、“CCC”强制认证产品专项检查，查办案件 35 起，商品标值 16.1 万元，罚没 11.94 万元，挽回经济损失 12.45 万元，处理消费者投诉案件 8 起，涉案产品标值 8.67 万元。2004 年开展农资、电热毯、建材、卫星电视接收机、食品等专项检查，查办案件 15 起，查处商品标值 3.75 万元，罚没 2.77 万元，挽回经济损失 2.06 万元；处理消费者投诉案件 2 起，标值 0.52 万元，挽回损失 0.13 万元。2005 年查办案件 18 起，商品标值 2.25 万元，罚没 1.54 万元，挽回经济损失 1.42 万元；处理投诉案件 6 起，产品标值 2.24 万元，挽回经济损失 2.24 万元。2006 年，查办案件 6 起，商品标值 1.57 万元，罚没 2.47 万元，挽回经济损失 0.87 万元。2007 年 8 月，成立稽查大队，明确辖区打假责任人，查办案件 6 起，罚没 2.67 万元。2010 年，出动执法人员 240 余人次，车辆 160 余辆（次），开展执法检查，检查 8 个集贸市场、2 家医院、3 家眼镜店、13 个餐馆、9 个加油站。配合有关部门开展行政执法 11 次，受理举报投诉案 5 件。全年立案查处各类违法案件 22 起，结案 22 件，涉及货值 15 万余元，罚没 7.1464 万元。

第三节 标准化监督

2000 年，县技术监督局对县境内生产企业标准进行备案，作为“消灭无标生产”试点县，对 60 家产品生产企业进行标准备案。2001 年，全县“消灭无标生产”通过省级验收。2002 年，举办辖区内企事业单位标准化 GB/T1.1—2001 标准培训班 12 期，参训 459 人次，帮助白层糖厂、沙坪精制红糖厂、金惠食品有限责任公司、县土产公司黄花梨基地、农丰化肥厂、文记糕点厂、辣椒厂等企业进行采标、制标、建标工作，指导完善产品包装标识，制定符合其生产特色的行业标准，推动企业按标准组织生产，提高产品质量和市场竞争力。2003年，实现“消灭无标生产”动态目标管理，申报贞丰县甘蔗生产为第四批全国农业标准化示范项目。2004年，对126个标准项目实施目标管理。2005年，对企业执行标准进行清理复审，注销68个，重新确认登记36个。2006年，农业标准化示范项目以94.5分通过省级验收，并得到国家标准委抽查组高度评价，在全国农业标准化贵阳培训会上受到表扬。至2007年年底，全县生产行业共有标准备案企业144家，标签备案14家。2010年，安排专人帮扶和督促贞丰花椒生产按《国家农业标准化示范区项目》要求种植，促进贞丰花椒标准化种植通过省质监局考核验收；帮扶贞丰胖四娘食品厂、熊大妈食品厂的产品获得食品市场进入QS认证。

第四节　计量监督

1990年，州标准计量局发出《关于1990年对属于国家规定的强制检定的计量器具实行强制周期检定安排的通知》要求：凡使用属于国家规定的强制检定的计量器具，必须实行强制检定，当地不能检定的，由上一级人民政府计量行政部门指定的计量检定机构安排实行强制周期检定。1994年，全县党政机关、人民团体、企事业单位的公文、领导讲话，统计报表、图纸、技术文件、产品说明书、产品包装、印刷的各种票证、商品标签等都使用法定计量单位。1995年，国家技术监督局、国家工商行政管理局联合下发《关于在公众贸易中逐步淘汰杆秤，推广使用电子计价秤和弹簧度盘秤》的文件，贵州省技术监督局、省工商行政管理局联合发布《关于在公众贸易中限制使用杆秤的通知》，杆秤生产业逐渐减少。1999年5月，质监分设后，计量检定项目不断拓展，由台案秤的检定增加到天平、全电子汽车衡、血压计、医用三源（B超、X光机、心电图）、加油机等检定工作。2005年，新增计量检定项目，光干涉甲烷测定器和催化燃烧甲烷测定器两项煤矿安全计量器具，通过省计量院计量标准考核，州检测所授权开展强制检定工作，检定周期为半年。在开展计量器具强制周期检定的同时，开展计量执法检查。

2001年，查处计量违法案件32件，没收不合格计量器具26把，其中较典型的有“狗八两”计量违法案。2003年，查处计量违法案件12件，罚款2.4万元，在珉谷两个农贸市场设置公平秤，对全县医疗计量器具进行登记。2004年，开展专项计量检查5次，对全县医疗计量器具、光干涉甲烷测定器、催化燃烧甲烷测、大型衡器、台案秤等全部登记造册，建立强检网络。2010年，检查台案秤203台次，电子汽车衡54台次、加油机148枪次、压力表150块、煤矿甲烷测定器113台、传感器75台、报警仪97台、电子计价秤12台；协检医用计量具65台、验光配镜具12台。

1991 年至 2010 年贞丰县计量器具检定统计表

表 7-5-1

年份	数量（次）	备注	年份	数量（次）	备注
1991	935	—	1994	610	—
1992	538	—	1995	879	—
1993	790	—	1996	654	—
1997	397	—	2004	340	—
1998	412	—	2005	382	—
1999	503	—	2006	193	—
2000	611	—	2007	382	—
2001	584	—	2008	408	—
2002	562	—	2009	417	—
2003	156	—	2010	929	—

第五节　特种设备安全监督

2000 年，质检业务扩展到锅炉压力容器的质检，由县质监局负责辖区内锅炉、压力容器、电梯、防爆电器等特种设备的监管。2001 年，配合州锅检所质检锅炉 10 台，对使用存在隐患设备单位下发整改意见通知书 25 份，查办案件 2 起。2002 年，完成辖区内锅容管特种设备普查工作，全县共有常压锅炉 13 台、蒸汽锅炉 9 台，升降机 5 台、压力容器 5 个、压力管道 40 米、航车 3 台，电梯 2 台。2003 年，开展专项检查 5 次，下达整改意见通知书 15 份，查办案件 3 起。2004 年，开展专项检查 9 次，下达整改意见通知书 5 份，排除事故隐患 5 次。2005 年，开展专项检查 7 次，提出整改意见 3 条。2006 年，开展专项检查 7 次，下达安全监察指令书 6 份。2007 年，开展专项检查 7 次，下达安全监察指令书 11 份，查办案件 5 起。2010 年，检查电梯 104 台次、起重机械 448 台次、锅炉 168 台次、压力容器 360 台次、厂内机动车 5 台次；排除隐患 24 起，立案查处 5 件，结案 5 件，罚款 1.2 万元，全年无特种设备责任事故。自开展特种设备安全监察工作以来，全县辖区内未发生特种设备安全生产事故。

第六节　组织机构代码

组织机构代码是中华人民共和国境内依法注册、依法登记的机关，企、事业单位，社会团体和民办非公企业单位等机构在全国范围内唯一的、始终不变的代码标识，其作用相当于单位的身份证号，最初是为各单位银行开户使用。贞丰县代码办理工作始于1994年，起始为手工赋码，省局办证；2001年，县级代码办实现微机管理，与省局联网，自行制证，提高代码办证工作效率。组织机构代码已广泛在银行系统、车辆管理、税务登记、经济普查等方面起着不可替代的作用。2007年全县共有机关、企业、事业、社团、工会、个体等513个单位办理组织机构代码。2010年，办理代码81条，变更代码38条，换证89条，年审203条，扫描上传电子档案411条。

第六章　物价管理

1991年至2010年，全县物价由国家统一定价转向国家定价、国家指导价、市场调节价3种形式。国家定价的商品和经营服务性收费项目逐渐减少。市场调节价范围逐渐扩大。物价部门的工作由单一的价格管理逐步向价格服务型转变。

第一节　价格调控

1991年至2010年，贞丰县物价调控工作在既要推动物价改革，放开物价，发展社会主义商品经济和市场经济，又要保持市场物价基本稳定的指导下进行。

1991年，根据改革的深化，卷烟、食糖、铝制品、电池、纸张、作业本、火柴、肥皂、油漆、灯泡、电表、砖瓦、麻袋、针织商品等16种（类）由企业自主定价，放开县国营煤矿（除电煤、化肥用煤、民用煤外）煤炭价格和白酒零售价，乡镇企业一律自产自定商品价格（除国家特殊规定外）。农副产品收购总额中，国家定价占26%，国家指导价占10%，市场调节价占64%。商品零售总额中，国家定价占16%，国家指导价占4%，市场调节价占80%。全县商品零售物价总指数比上年上升2.5%，低于国家下达6%的物价指数调控目标。

1992年，对统配钢材实行国家指导价，以钢材二类出厂价格为中准价，由企业根据供求情况上下浮动10%。对水泥实行计划内和计划外双轨制价格，企业可在国家指导价基础上上下浮动25%。1992年9月起，国家取消原油、成品油、钢材、生铁、铝、锌、烧碱等的定价，由企业自主定价。停止彩色电视机专营、停止征收特别消费税，定价权下放给企业。放开鸭溪窖酒、贵阳大曲、安酒、习水大曲、平坝窖酒5种省管名酒定价。县管的各种酒市场零售价格，由经营单位自主定价。

1993年，全国性通货膨胀，出现物价上涨，尤其是粮食价格上涨，带动物价暴涨，县政府按照省政府政策规定，建立粮油储备制度，核定粮油储备量，对粮油实行保护价收购，加强农业生产资料价格管理，对计划外化肥、农药、农用柴油进行限价，平抑粮食、柴油、猪肉市场价格，稳定市场商品价格。

1994年，县物价部门对关系民生的重要商品实行指导价，实施必要的行政干预。对大米、面粉、菜油、猪肉、鸡蛋、食盐、食糖、洗衣粉、自来水、学杂费、药品等20项35个品种的居民基本生活必需品和服务价格分别实行国家定价、提价申报、提价备案。对重要生产资料实行国家指导价，规定统一差率、出厂标准价和上下浮动幅度，并实行成本调价申报备案制度。将化肥流通环节由三级批发一级零售（省、地、县批发，基层供销社零售）改为一级批发一级零售，即省级批发，县农资公司与基层供销社零售相结合，基层供销社推行代销制，并降低经营费率，化肥零售价格统一差率定为10%。粮食收购工作以粮食部门为主。每年全县粮食定购任务未完成之前，其他单位和个人不得直接从农民手中收购粮食。县粮食部门定购的粮食用一部分调节市场粮食价格。市场粮食价格过低时，实行保护价收购，市场粮价过高时，适时抛售，平抑市场粮食价格。并定期公布所在地零售物价指数。确保年度价格调控管理目标的实现。

1997年，从生产、调拨、销售环节规范化肥价格秩序，严管“源头”价格，控制自销比例，鼓励粮食部门推行粮肥挂钩；严格控制电价、水价，加强药品销售环节价格管理，建立价格举报制度，保证价格调控目标实现。

1998年，按照经济工作总要求，扩大企业定价自主权，深化农产品价格改革，完善农产品价格机制，建立农产品抗过度波动体制，即“市场形成价格，政府间接调控”的价格“安全带”制度。粮食部门继续实行保护价收购粮食，按照保本微利的原则作价，严禁粮食“逆向操作”。粮食部门实行粮食品种差价、季节差价和地区差价，促进贞丰种植结构的调整和优化。对与人民生活关系密切涉及面广的公用事业、公益事业价格作调整（水价、电价）。充分考虑消费者承受能力，实行公开听证、公开审议。广泛征求消费者意见，提高价格决策听证透明度。1998年，全县商品零售价格上涨幅度控制在2.7%，居民消费价格上涨幅度控制在4.3%。物价基本稳定。

1999年，根据中央宏观调控政策，进一步推进价格改革，整顿市场秩序，规范价格，培育和完善公平有序的市场价格机制，促进经济发展和城镇建设发展。一是对贞丰县旅游业、经济适用住房等新的经济增长点在价格上予以支持。二是考虑调整价格结构，理顺价格关系，促进经济发展需要。三是培育市场、扩大需求，促进经济发展。四是落实高中收费并轨方案。五是改革电价机制，整顿农村电价，加强农村电价管理。六是完善化肥价格机制。七是完善药品价格管理办法。八是建立房地产市场价格调控和城镇供水价格管理制度。通过价格调控管理，当年居民消费价格总体水平控制在4%以内，商品零售价格总体水平控制在2%以内。

2000年，加强价格监测分析工作。重点对粮食、菜油、副食品、化肥等价格的监测分析，落实政府定价和指导价的品种差价、等级差价和季节差价。坚持优质优价，按质论价的政策，促进贞丰县粮食收购价格稳定。落实成品油、农业用水、城镇生活用水、上网电价价格调整政策措施，缓解价格矛盾。规范小区物业管理费，推行垃圾处理收费，推动产业结构调整稳步发展。使全县2000年和2001年商品零售价格和居民消费价格总水平略高于1999年。

2002年，中国正式加入世界贸易组织，贞丰县价格调控工作从以调价为主转向“定规则，当裁判”为主，运用价格杠杆调节商品生产，发展商品经济，促进经济发展。

2003年，从经济发展和深化价格改革出发，一是减少价格行政审批程序，淡化权力意识，强化依法行政，关注市场价格动态。对热点和敏感价格问题提出对策和建议，加强价格公共服务，正确引导生产和消费，促进行业自律和市场竞争，发挥对价格的监察作用，探索新的价格调控模式，分析价格调控工作面临的新形式，完善市场价格管理机制。二是推进垄断行业价格改革，引导社会资源优化配置，配合供电部门实施《贵州省电价调整方案》，逐步完善电价结构和用电分类，推进城镇公用事业的市场化、产业化进程，吸引民间投资。三是规范种子的经营行为。四是制定贞丰甘蔗收购价格。

2004年，督促县供电局加快“两改一同”步伐。推进城乡居民生活用电同网同价。加强药品价格管理，建立药品成本调查和监督制度，督促有关部门和医疗单位实行药品明码标价。加强对食盐、石油价格监管。全县居民消费价格指数比上年同期上涨4.3%。

1991年至2004年14年间，价格调控工作取得较好成效，使全县物价基本稳定，乱定价、乱涨价的现象得到遏制。

2005年至2010年，价格调控根据形势的发展和贞丰县实际，把工作转向管理工作。一是健全和完善价格监测制度，对重要商品市场价格监测实行日报、周报、月报和定期发布价格信息，开展价格监测和动态分析，正确引导社会心理预期。二是开展对与人民日常生活密切相关的粮食、化肥、煤炭、石油、钢材、水泥、运输、房地产等重要商品及服务价格趋势的分析预测，密切关注上游产品涨价对下游产品的影响，健全和完善价格形势分析制度，定期分析价格形势。三是完善涉农价格政策，稳定粮食价格，开展农资价格管理，防止农资价格过度上涨，取消农民工跨地区就业、进城务工的歧视性规定。四是开展药品价格管理，整顿和规范药品集中招标采购，抑制药价过高。五是开展房地产价格管理，规范商品房交易价格。

第二节　行政事业性收费

1991年至2010年，随着改革开放深入，国家在这期间授权有行政管理职能的行政事业单位按照有关规定征收一定费用。在这20年里，贞丰县有上百个单位收取行政事业费，主要是教育单位（中小学校）收取学杂费、插班费、补课费、住校费；财政部门代收的教育附加费、集体提留款；公安部门收的治安费、办理蓝印户口费；国土部门收的农民建房丈量、办理建房用地证，矿产资源费；煤炭局收取的企业管理费、煤炭基金费；计划生育部门收的超生费（社会抚养费）、办理生育证费；交通管理部门征收的交通管理费、养路费；环保部门征收的环境保护评估费；城管部门征收的卫生费、垃圾处理费；城建部门征收的城市建设配套费、设计费、监理费；民政部门收取的婚姻登记费、殡葬管理费；律师事务所收的法律服务费；公证处收取的公证费；法院收取的诉讼费、执行费等。行政事业性收费单位和种类较多。

在行政事业性收费中，有一些单位不按国家有关规定收取，擅自巧立名目向企业和群众乱收费、乱罚款、乱摊派（称“三乱”），即使国家允许征收的款项，也任意提高收费标准，损害人民群众和企业的利益，增加群众和企业负担。1991年至2010年，县物价局始终坚持按照国家有关规定配合有关部门对全县行政事业性收费进行清理、检查和整顿，取消不合理收费项目，规范行政事业性收费。

第三节　物价监督检查

1991年至2010年，县物价部门履行物价监督职能，适时开展物价监督检查工作，整顿市场价格秩序，规范收费标准。一是开展日常监督检查和专项检查，打击扰乱市场价格秩序、哄抬物价和乱收费违法行为，保护消费者合法权益。在每年元旦、春节、“五一”、国庆节前，重点检查城乡商业网点、车站、酒店、宾馆、旅游景点、文化娱乐场所等商品价格、服务价格、明码标价执行情况，查处严重的超越权限定价和擅自提价等违法行为。20年检查商店、超市、车站、个体经营户7800余家（户），拆除虚假标牌700余块，对不按规定标价的经营单位（户）进行批评教育，并责令及时整改。二是针对群众关心的热点难点问题，开展对学校收取的学杂费、公安部门收取的治安费、民政局收取的婚姻登记费和肉食品、生活日用品价格专项检查监督活动；深入乡镇对涉及农民切身利益的农业生产性费用，农村电网改造、农村电价、农民建房办证费、农业技术服务费、计划生育超生费、农业用水、医疗费、药品价格等收费情况进行检查。每年组织有关部门开展联合检查活动4次至8次。据统计，20年共通过检查，处理各种价格违法案87件，取消不合理收费项目 256 项，查出违法价格金额 800 多万元。

第四节 价格事务

2001 年，根据国家计委要求，将价格事务所更名为价格认证中心，开展价格鉴定、认证、评估、咨询等工作。当年办理价格评估业务 21 件，涉及金额 1701 万元。2007 年，受州认证中心委托认证、评估 31 件，涉及金额 567.5 万元。2006 年，测算并审核贞丰县水务总公司征收污水处理费收费价格。审定贞丰县 2006 年至 2007 年榨季甘蔗收购价格和二次结算价格。对县民政局申报的二期经营性公墓墓位价格测算，开展农产品成本调查工作；开展行政事业性收费管理，取消不合理负担；规范教育收费行为，取消高中部收取的军训费，推行教育一费制。

第七章 统 计

1991 年至 2010 年，全县统计部门开展专业统计、统计调查、统计执法、收集整理统计成果工作；对全县国民经济社会发展进行统计分析、统计预测和统计监督；建立健全全县统计信息和统计数据库。为全县经济社会发展提供信息资料。

第一节 统计调查

1991 年 3 月，全县撤区并乡建镇后，乡镇成立计统办公室，村级配有统计员，建立健全统计网络。1993 年，开展全县第三产业普查。1994 年，按照省统计局要求，开展“统计登记”，基本澄清统计单位数。同年，国务院批转国家统计局《关于建立国家普查制度改革统计调查体系请示的通知》，从根本上改革全国统计调查方法，建立以必要的周期性普查为基础，经常性抽样调查为主体，重点调查、科学核算为补充的多种方法综合运用统计调查体系。开始实行周期性普查制度，普查项目包括人口、工业、农业、第三产业和基本统计单位。人口普查、第三产业普查、工业普查、农业普查每 10 年进行一次，分别在逢零、三、五、七的年份实施。基本统计单位普查，每 5 年进行一次，逢一、六的年份实施。

1995 年，县级机构改革，县统计局为县政府组成机构，内设办公室、业务股和统计调查队，主管全县统计工作。1996年，开展第一次基本单位普查；1997年，开展第一次农业普查；2004年，开展第一次经济普查；2007年，开展第二次农业普查。

一、专业统计调查

1991年，在农村基层统计中推行"一套表"制度，统计内容涉及农、林、牧、渔业生产及农田水利、农业机械和农村社会、科技、文化、卫生等各个方面。1993年，停止实行农村基层统一"一套表"制度，推行国家统一的统计报表制度。1994年，按单位性质统计改为按专业内容分别进行统计调查。至2004年，共开展农业、工业、贸易业、餐饮业、服务业、劳动工资、固定资产投资，能源和原材料、建筑业、科技、国民经济核算、综合12项专业统计调查。

二、重大专项统计调查

2000年，开展第五次全国人口普查，普查时点为2000年11月1日零时。整个普查工作历经普查试点、人员培训、区域图绘制、户口整顿、调查摸底、普查登记、快速汇总、抽查验收、编码、光电录入、评估审核、资料开发、编印汇总资料过程，2001年8月结束。普查结果：2000年11月1日全县总人口为31.48万人，与第四次人口普查的28.74万人相比，10年零4个月共增加2.74万人。2010年，开展第六次全国人口普查。全县总人口为417403人，其中少数民族人口193300人，占总人口46.3%；男性214749人，女性202654人，男性比女性多。

三、抽样调查

2004年3月，县统计局按上级关于开展人口抽样调查的安排，成立人口抽样调查工作队开展全国1%人口抽样调查，调查工作队从2004年4月开始准备相关工作。2005年，在13个乡（镇）280个行政村随机抽出29个村11268户、56800人为全国1%人口抽样调查对象。2005年12月底完成全部工作。

调查结果：调查总户数11268户，总人口56800人，其中男性29650人、女性27150人，家庭户平均每户5人。男性人数多于女性2500人，男女比例失调。

第二节　统计服务

1982年至2010年，县统计局每年都编印《贞丰县国民经济及社会发展统计资料》年鉴，全面系统地记载贞丰县经济发展情况，将《贞丰县国民经济及社会发展资料》年鉴报送全县各乡镇和县属各单位；从2006年起，县统计局每月编印一期《贞丰县经济月报》报送县领导和有关部门，向全县领导干部提供经济信息。共向全县各单位提供《贞丰县国民经济及社会发展统计年鉴》2012册，《贞丰县经济月报》4200份。提供区域性经济社会发展统计数据、人口结构与生产生活现状信息，为推进贞丰社会各项事业发展，提高广大群众物质文化生活水平发挥积极作用。

第三节　统计监督

1991 年至 2010 年，县统计部门共进行 28 次大的统计执法检查。重点检查全县国家机关、企事业单位、学校是否发生虚报瞒报伪造篡改统计资料、干扰统计数据正常上报的违法行为；是否按照统计法的规定设置原始记录、统计台账和统计制度。通过检查，规范统计行为，对查出的虚报行为进行了纠正，对屡次迟报和拒报统计报表的单位给予经济处罚、警告和批评教育等处理。

第八章　审　计

1984 年 1 月，县审计局成立。1994 年，《审计法》颁布实施后，贞丰县审计工作步入法制化轨道，依法开展财政、金融、国家机关、企事业单位经济审计和重点部门、项目、专项资金的审计，严肃财经纪律，促进党风廉政建设。1991 年至 2010 年，共对 220 个单位进行审计，查出违规金额 7467.4 万元，其中上缴财政 5248.36 万元。

第一节　财政审计

从 1992 年起，县审计局每年从全县抽取部分乡镇进行财政预决算及其他财政财务审计。1992 年至 2002 年，共审计 20 个（次）乡镇财政所，查出财务制度不健全、管理混乱、截留财政收入等违纪问题，查出违规金额 10.46 万元。1995 年后，根据《审计法》规定，对本级财政预算执行进行审计，至 2010 年，审计金额 535927.13 万元，查出违规金额 1167.70 万元，上缴财政 1167.70 万元；责令自行纠正管理不规范金额 10519.16 万元。

第二节　金融审计

1991 年，对县建设银行 1990 年度财务和“拨改贷”及财政委托贷款进行审计，查出违规金额 830.50 元；1993 年，对县农业银行 1992 年度农产品收购资金贷款进行审计；1994 年，对县农业银行 1993 年度财务收支及乡镇企业贷款进行审计，查出违规金额 9513.60 元，对县建设银行 1993 年度信贷资金进行专项审计调查；1997 年，对黔西南州农发行贞丰信贷组 1994—1996 年度扶贫开发信贷资金进行审计；1998 年，对县中保人寿保险公司 1997 年度资产、负债和损益进行审计；2006 年，对县农村信用合作联社及所属营业部、各乡镇农村信用社截至 2005 年年末资产质量状况进行专项审计调查。

第三节　行政、企事业审计

1991 年，对县工商局、县乡镇企业局、县农贸公司、县物资公司、县水泥厂、县水电局等 21 个行政、企事业单位进行审计，查出违规金额 35.87 万元。

1992 年，对县工商局、县纺织百货公司、县糖酒公司 3 个单位进行审计，查出违规金额 9.95 万元。

1993 年，对县矿管办、县粮食局、县退休养老保险基金和待业保险基金进行审计，对全县 5 万元以上新开工的基建项目进行专项审计调查，共查出违规金额 2.66 万元。

1994 年，对县工商局、县技术监督局、县文化市场管理委员会办公室等 8 个行政、企事业单位进行审计，查出违规金额 1.83 万元。

1995 年，对县委宣传部、县国土局、县运管所、县农贸公司等 7 个行政、企事业单位进行审计，查出违规金额 6.58 万元。

1996 年，对县林业局、县锑矿矿山管理处等 7 个行政、企事业单位进行审计，查出违规金额 17.43 万元。

1997 年，对县教育局、县供销社等 7 个行政、企事业单位进行审计，查出违规金额 1.05 万元。

1998 年，对县地税局、县国土局、县民政局、县公安局、县民族中学等 6 个行政、企事业单位进行审计，查出违规金额 92.94 万元。

1999 年，对县民政局、县旅游局等 8 个行政、企事业单位进行审计，查出违规金额 14.73 万元。

2000 年，对县畜牧局兽医养殖服务中心、珉谷镇菜园小学等 3 个行政、企事业单位进行审计，查出违规金额 0.44 万元。

2001 年，对县教育局、县民政局、县盐业公司等 6 个行政、企事业单位进行审计，查出违规金额 4.19 万元。

2002 年，对县 2001 年企业职工基本养老保险基金和县 2002 年退耕还林（草）工程资金进行审计，对县政府外债进行专项审计调查。

2003 年，对县防治非典型性肺炎专项资金和社会捐赠款物进行专项审计，查出违规金额 0.13 万元；对政府外债管理体制进行专项审计调查。

2004年，对县地税局、县民政局等6个行政、企事业单位进行审计，查出违规金额9.87万元。

2005年，对县工商局、县地税局、县环保局、县煤炭工业局等8个行政、企事业单位进行审计，查出违规金额110.11万元。

2006年，对县公安局、县地税局等3个行政、企事业单位进行审计，查出违规金额6.96万元。

2007年，审计（调查）行政、事业单位5个；对县地税局上年度税收征管及单位财务收支进行审计，查出违规金额2.65万元；对县2006年社会保险基金和县农村社会养老保险基金进行专项审计调查。

2010年，对县公安局、县环保局、县畜牧局、县金城投资公司、县水务公司、县物资公司、县糖厂、县仁都水泥厂等行政事业和企业单位进行行政事业收（缴）费进行审计。促进行政事业收费逐步规范。

第四节　外资利用审计

1996年至2003年，受国家审计署和省审计厅委托，县审计局对全县实施的世界银行贷款项目进行审计，审计金额100721.79万元，对项目执行中存在的不足提出合理化建议。

1997年至2007年，县审计局对全县实施的世界银行贷款结核病控制项目进行审计，审计金额95.35万元。

第五节　国家建设项目审计

根据《中华人民共和国审计法》及有关法律、法规，县审计局对全县国家建设项目进行审计监督。

2004年，对县城供水改扩建、村综合活动室、通村公路、人畜饮水工程、易地扶贫移民、农村沼气池建设等72个国家建设项目进行审计，审核资金总额3209.48万元。

2005年，对全县农村沼气池建设、甘蔗新品种改良、县城供水改造、三岔河除险加固、公安局综合楼、种草养畜、人畜饮水工程、村综合活动室、通村公路等16个国家建设项目进行审计，审核资金总额2240.26万元。

2006年，对全县珠江流域整治工程、优质玉米种植、基本农田建设、农村沼气池建设、移民安置点、种草养畜、人畜饮水工程、通村公路、贞丰一小综合教学楼、纳山岗水库除险、县第二医院传染病区大楼等70个国家建设项目进行审计，审核资金总额4387.74万元。

2007年，对小屯水库除险加固、县法院审判大楼、乡镇司法所、人畜饮水工程、易地扶贫搬迁、动物防疫基础设施、环境移民、“渴望工程”、整村推进、以工代赈、寄宿制中学建设等67个国家建设项目进行审计，审核资金总额4181.17万元，核减工程款25.38万元。

2008年，对国家投资建设项目竣工决算审计100个，审计总金额2737.95万元，核减投资26.5万元。

2009年，对国家投资的国债资金项目、以工代赈资金项目、财政扶贫资金项目、学校建设项目竣工决算审计82个，审计总金额4881.45万元，核减投资106.7万元。

2010年，对计生服务站附属工程、县人民医院综合大楼、大山水库除险加固工程、农业综合开发、县公安局看守所等111个国家投资建设项目竣工决算进行审计，审计资金总额6874.65万元，核减投资26.75万元。

第六节　经济责任审计

2001年，县审计局开展经济责任审计，2002年3月设立经济责任审计股，同年建立由县纪委、县委组织部、县监察局、县人事局、县审计局五部门组成的联席会议制度，安排部署年度经济责任审计工作。县审计局对国家机关和依法属于审计机关审计监督对象的单位负责人，在任职期间的财政收支、财务收支以及经济活动情况，进行审计监督。

2001年，对县民族事务局局长、县粮食局局长进行任期经济责任审计。

2002年，对县计生局局长进行经济责任审计，查出违规金额0.78万元。

2003年，对县计划局局长进行经济责任审计，查出违规金额5.57万元；对县农办主任进行经济责任审计，查出违规金额4.83万元；对县建设局局长进行经济责任审计，查出违规金额5.78万元。

2004年，对县人民医院院长的任期经济责任审计，查出违规金额54万元；对县金城投资开发有限责任公司经理的任期经济责任审计，查出违规金额0.45万元；对北盘江镇镇长、鲁容乡乡长进行任期经济责任审计。

2005年，对县林业局局长的任期经济责任审计，查出违规金额1.84万元；对县扶贫办主任、者相镇镇长进行任期经济责任审计。

2006年，对县龙场镇镇长的任期经济责任审计，查出违规金额18.88万元；对县国土局局长的任期经济责任审计，查出违规金额59.74万元；对原县文体广电局局长的任期经济责任审计，查出违规金额3.57万元。

2007年，对县房管局局长的任期经济责任审计，查出违规金额1.38万元；对原珉谷镇镇长的任期经济责任审计，查出违规金额4.85万元。

2008年，对9个项目进行经济责任审计，查出违规资金3941622.91元，责令上缴财政337860.90元，应归还资金渠道84000元；应调账处理金额479020.01元；管理不规范资金 56010084.42 元；责令自行纠正资金 5599077 元。

2009 年，开展经济责任审计及项目审计共 7 项，审计查出违规金额 4530364.12 元，责令上缴财政 4351008.59 元；管理不规范金额 74196739.60 元；责令自行纠正金额 74916739.60 元。

2010 年，对县财政收支情况、农村合作医疗基金、抗旱救灾资金、县畜牧局资金、珉谷镇卫生院建设项目资金、金城公司资金使用进行经济责任审计，审查出违规资金 49616060.95 元；责令上缴财政 28186045.95 元，责令自行纠正资金 137437565.96 元。

1991 年至 2010 年贞丰县国家审计情况统计表

表 7-8-1

年度	审计单位数（个）	查出违规金额（万元）	上缴财政（万元）	备注
1991	21	36.23	36.23	—
1992	6	10	10	—
1993	13	5	5	—
1994	15	3.9	3.9	—
1995	10	6.9	6.9	—
1996	10	29.5	29.5	—
1997	13	1.59	1.5928	—
1998	12	114.72	114.72	—
1999	16	14.73	14.73	—
2000	7	0.44	0.44	—
2001	11	4.19	4.19	—
2002	10	0.9	0.9	—
2003	9	16.33	16.33	—
2004	12	64.35	64.35	—
2005	13	111.96	111.96	—
2006	9	851.19	851.19	—
2007	9	386.67	386.67	—
2008	9	394.16	337.86	—
2009	7	453.04	435.10	—
2010	8	4961.60	2816.80	—
合计	220	7467.4	5248.36	—

第八篇　工业　乡镇企业

1994年之前，县内工业较少，乡镇企业规模小、生产能力和经济效益低，工业发展缓慢。1994年后，随着改革开放的深入、科技的进步、西部大开发的进一步实施，境内逐渐有股份制工业与全民所有制、集体所有制、个体所有制工业共生发展，工业迅速发展壮大，生产能力和经济效益明显提高。

第一章　工　业

2000年以前，贞丰县受经济、技术和电力资源制约，工业发展缓慢。县内只有贞丰水泥厂、贞丰白糖厂、三河煤厂、贞丰印刷厂、贞丰农机厂、贞丰造纸厂、三岔河酒厂、贞丰饲料加工厂、贞丰粮油加工厂和那郎一、二、三级水电站等18个国有企业和南门桐油加工厂、鲁贡桐油加工厂、挽澜乡拥跃砂石厂、平街乡九盘水电站、龙场镇天生桥水电站、定塘煤厂、鲁贡红糖加工厂等17个集体、个体企业。这些工厂和电站设备技术落后，工艺原始，生产不正常，生产能力低，规模小，产品质量不高，经济效益差。有的厂矿企业亏本经营。1994年，全县原煤开采总量16万吨、焦煤产量0.83万吨，白糖产量1102吨、水泥产量11648吨，黄金产量331千克，发电量959万千瓦时，自来水产量28万吨。1994年，全县工农业总产值为30905万元，其中工业总产值仅为13251万元，工业总产值仅为工农业总产值的42%。

2000年以后，随着经济社会和科学技术的发展，改革开放不断深入，村村通电工程的实施，尤其国家实施西部大开发，给贞丰县的工业发展带来机遇。县委、县政府审时度势，抢抓西部大开发机遇，因地制宜，开发利用矿产和水能资源发展工业，提出在抓好农业生产的基础上，把经济工作重点转移到工业经济上来，实施工业强县发展战略。一是招商引资开发沙坪乡烂泥沟金矿、小屯乡水银洞金矿、龙场镇和挽澜乡的煤矿资源，开发北盘江、大田河流域，在鲁贡镇建设落生水电站、大地水电站，在者相镇董箐村建董箐水电站。2003 年至 2010 年，贞丰县工业发展速度较快。全县规模以上（年产值 2000 万元以上）的工业企业有 32 个，2010 年全县黄金产量达 7589.3 千克、原煤开采量达 210.7 万吨、发电量为 318579 万千瓦时，工农业总产值为 537172 万元，其中工业总产值达 438304 万元，为 1994 年 13251 万元的 33 倍，工业总产值为工农业总产值的 81.6%，比 1994 年 42% 增加 40 个百分点，规模以上工业产值为 410036 万元，为工业总产值的 93.5%。工业规模逐步扩大成为县财政收入的主要来源和全县的经济支柱。

1991 年至 2010 年贞丰县工业总产值统计表（当年价）

表 8-1-1　　单位：万元

年度	工业总产值	其中		比上年增减（%）	备注	年度	工业总产值	其中		比上年增减（%）	备注
		规模以上产值	规模以下产值					规模以上产值	规模以下产值		
1991	2155	1402	752	-6	—	2001	14074	5932	7153	-1	—
1992	2230	1496	734	3	—	2002	16786	7505	9281	19	—
1993	3758	2223	1535	68	—	2003	47856	18142	29714	185	—
1994	13251	5647	7604	252	—	2004	73586	44981	28605	54	—
1995	10367	7121	3246	-22	—	2005	79530	53338	26200	8	—
1996	10355	6936	3419	-0.01	—	2006	106829	83654	23175	34	—
1997	9733	6066	3667	-6	—	2007	146646	118139	28507	37	—
1998	11604	6424	5180	19	—	2008	265658	234109	22549	81	—
1999	12509	7977	4532	8	—	2009	307017	285094	21923	16	—
2000	14215	5412	8800	14	—	2010	438304	410037	29267	43	—

1991 年至 2010 年贞丰县主要工业产品产量统计表

表 8-1-2

年度	黄金（千克）	原煤（万吨）	焦煤（万吨）	锑（吨）	发电量（万千瓦时）	水泥（吨）	砖（万块）	瓦（万块）	大理石（平方米）	砂石（万立方米）	石灰（吨）	备注
1991	16.46	12.5	0.78	—	1025	3153	2000	1700	—	—	—	—
1992	46.76	19.2	5.2	—	1203	4077	1370	910	—	—	—	—
1993	156	19.8	4.5	—	1108	4593	1200	730	—	—	—	—
1994	331	16	0.83	237	959	11648	1000	850	5000	—	10000	—
1995	290	15	1	1100	1112	10030	900	600	1500	—	6500	—

续表 8–1–2

年度	黄金（千克）	原煤（万吨）	焦煤（万吨）	锑（吨）	发电量（万千瓦时）	水泥（吨）	砖（万块）	瓦（万块）	大理石（平方米）	砂石（万立方米）	石灰（吨）	备注
1996	176.8	23	2.1	467	1321	12000	1140	900	1300	—	4000	—
1997	78	26.8	1.2	324	1419	13200	1300	1200	—	—	—	—
1998	67.9	34.3	5	151	1090	12700	6000	2100	—	—	—	—
1999	23.94	18.7	3.7	—	1197	18300	3000	2600	—	—	—	—
2000	22.59	16.2	4	—	1312	23900	4900	2600	—	—	—	取缔小煤窑烧焦煤
2001	27.2	16.4	4	—	1025	25300	6000	2300	—	—	—	—
2002	21.32	50	30	—	1391	31400	4600	5000	800	—	—	—
2003	580.7	121	13	—	1604	39200	5000	1600	3480	—	—	招商建大煤窑烧焦煤
2004	1475	125	34.5	—	1930	47600	8700	4100	3900	—	—	—
2005	2549	78	16.4	—	1316	52000	4800	500	8500	—	—	—
2006	3244	88.6	19	—	1186	62000	5300	400	5000	10.2	55000	—
2007	4303	107.5	25.5	—	43877	69900	11200	—	4500	15.2	75000	—
2008	7124	119	17.6	—	45238	63600	12500	—	5000	16.5	85000	—
2009	7867	153	20.7	—	27533	85300	13000	—	6000	17.1	96000	—
2010	7589	210.7	—	—	318579	111600	15040	—	80000	16.7	140000	—

1991 年至 2010 年贞丰县主要工业产品产量统计表

表 8–1–3

年度	白糖（吨）	红糖（吨）	牛肉干（吨）	白酒（吨）	酒精（千升）	自来水万吨	饲料（吨）	桐油（吨）	机制纸（吨）	土法造纸（吨）	备注
1991	1619	2580	110	706	212	22.4	1318	350	256	210	白酒厂为三岔河酒厂等生产
1992	1821	2370	120	344	—	22	1300	480	365	300	—
1993	3077	2566	150	622	—	23	801	850	218	250	—
1994	1103	4501	220	980	64	28	486	1200	417	400	—
1995	781	4000	180	1088	56	30	488	900	428	430	—
1996	1424	4300	600	949	56	35	263	800	578	580	—
1997	2013	5000	800	828	—	45	182	1280	300	490	—

续表 8-1-3

年度	白糖（吨）	红糖（吨）	牛肉干（吨）	白酒（吨）	酒精（千升）	自来水万吨	饲料（吨）	桐油（吨）	机制纸（吨）	土法造纸（吨）	备注
1998	3866	5500	800	38	—	54	141	1540	140	280	—
1999	4351	5380	400	—	—	58	40	1000	250	370	三岔河酒厂倒闭
2000	5911	2150	290	—	—	63	—	1300	335	34	饲料加工停产
2001	5526	2000	380	—	—	70	—	1100	380	350	—
2002	8312	1900	402	—	674	68	—	870	300	400	—
2003	11895	2000	400	—	1591	95	—	450	225	240	—
2004	10302	2000	320	—	881	114	—	45	230	204	—
2005	6380	1800	415	—	449	132	—	—	230	263	—
2006	4881	1350	—	—	343	161	—	—	—	200	国营纸厂倒闭
2007	8329	3300	—	—	693	180	—	—	—	230	—
2008	9887	3000	—	—	693	200	—	—	—	300	—
2009	9919	2300	—	—	1005	231	—	—	—	350	—
2010	3317	897	—	—	252	232	—	—	—	404	—

第一节　工业体制

贞丰县工业有全民所有、集体所有、股份制、私有制所有制形式。1991 年，全县乡镇级以上工业企业共有 35 个，其中全民所有制企业有贞丰水泥厂，贞丰白糖厂，贞丰粮油加工厂，那郎一、二、三级水电站，贞丰自来水厂，三岔河酒厂，三河煤厂等 18 个，集体和个体所有制企业有鲁贡红糖加工厂，沙坪乡乐元码头红糖加工厂，南门桐油加工厂，鲁贡桐油加工厂，沙坪桐油加工厂，龙场煤厂，定塘煤厂，挽澜乡坝木煤厂，挽澜乡环旦煤厂，贞丰木材加工厂，平街乡九盘水电站，龙场镇天生桥水电站，挽澜乡水电站，挽澜乡窑上陶瓷厂等 17 个。全民所有制工业企业为全县工业企业总数的 51%，集体、私有制工业企业占全县工业企业总数的 49%。

1998 年以后，全民所有制工业陆续改制，进行产权转让和破产重组。1999 年，三岔河酒厂因经营管理不善而关闭，县饲料公司因经济效益差停止生产经营；2002 年，县粮油加工厂因原料供不应求和管理不善停产，三河煤矿改制；2003 年，那郎一、二、三级水电站改为股份制水电站，2008 年 11 月，贞丰水泥厂改制为民营企业。在这个时期，集体工业也逐渐改为私有或股份制企业。加之，2001 年后，招商引资建设烂泥沟金矿、水银洞金矿、董箐水电站、落生水电站、大地水电站和一批煤矿等股份制企业和民营企业。2010 年，全县共有规模以上（年产值 2000 万元）企业 32 个，其中国有企业只有贞丰糖厂、县自来水厂 2 个，为全县规模以上工业企业总数的 6%，比 1991 年的 51% 相比，减少 44 个百分点，股份制和民营企业有 30 个，为全县规模以上工业企业总数的 94%。全县工业所有制结构发生很大变化。

1991 年至 2002 年贞丰县乡及乡以上工业主要经济指标统计表

表 8-1-4

年度	工业单位数（个）	其中					工业产值（万元）	比上年增减（±%）	备注
		国有企业（个）	集体企业（个）	私营企业（个）	重工业（个）	轻工业（个）			
1991	35	18	17	—	14	21	2155	15	—
1992	28	14	14	—	12	16	2230	3	—
1993	42	16	26	—	25	17	3758	68	—
1994	32	14	18	—	22	10	5647	50	—
1995	23	17	6	—	14	9	7121	26	—
1996	22	10	12	—	12	10	6935	-0.2	—
1997	23	10	13	—	13	10	6066	-13	—
1998	25	11	14	—	12	13	6424	6	—
1999	23	11	12	—	11	12	7977	24	—
2000	—	—	—	—	—	—	—	—	缺资料
2001	39	5	31	3	—	—	5932	-26	比 1999 年减少
2002	18	4	12	2	15	3	7505	26	—

2003 年至 2010 年贞丰县规模以上工业主要经济指标统计表

表 8-1-5

年度	工业单位数（个）	其中						工业总产值（万元）	工业增加值（万元）	工业总产值比上年增减（±%）
		国有企业（个）	股份制企业（个）	外商工业（个）	其他工业（个）	重工业（个）	轻工业（个）			
2003	18	4	1	—	13	15	3	11734	7962	缺资料
2004	32	5	2	—	25	29	3	44981	21239	283
2005	32	5	2	—	25	29	3	53338	30177	23
2006	32	5	2	—	25	29	3	63102	22948	18
2007	26	2	7	1	16	24	2	118139	41264	87

续表 8-1-5

年度	工业单位数（个）	其中						工业总产值（万元）	工业增加值（万元）	工业总产值比上年增减（±%）
		国有企业（个）	股份制企业（个）	外商工业（个）	其他工业（个）	重工业（个）	轻工业（个）			
2008	28	3	8	1	16	26	2	243109	82678	106
2009	32	2	2	1	27	31	1	285094	121896	17
2010	32	2	2	1	27	31	1	410036	175317	44

说明：年产值达 2000 万元为规模以上工业。

第二节　工业管理

1991 年后，贞丰县工业的行政管理机构随着政府机构改革发生几次变更。20 世纪 90 年代初工业由县工业局领导和管理。县工业局下设轻工局领导和管理轻工业，设黄金局领导和管理黄金工业，设煤炭局领导和管理煤炭工业。2001 年，撤销县工业局和县商业局，设立县经济贸易局领导和管理工业。2010 年 4 月，县政府进行机构改革，撤销县经济贸易局、科学技术局、粮食局、黄金局，设立县经济贸易和科学技术局领导和管理工业。

20 世纪 90 年代初，国营工业企业行政上由县主管部门领导，实行企业自主经营，独立核算，自负盈亏，用工由县劳动局分配指标和安排。经营全部实行厂长负责制和生产经营承包制。2000 年以后，实行政企分开，行政管理部门不再过多干涉企业用工的自主权，并转变职能，变对企业的管理为服务。工业主管理部门主要职责是为工业的创办和发展服务，帮助企业协调各种关系，反映企业诉求，解决企业创办和发展中存在的问题和困难，为企业排忧解难，促进工业迅速发展。

第三节　工业结构

贞丰县工业行业较多，其中成规模的主要是采金矿、煤矿，发电和制糖以及建材工业，造纸、化工、纺织、饲料加工工业规模小，大部分是家庭式分散生产经营。

一、采（冶）矿业

1991 年，贞丰县只有采煤业。1994 年，金矿和锑矿采冶逐渐兴起，2000 年年初具规模，2006 年成为全县的经济支柱。

黄金采冶　贞丰县金矿资源较丰富，已探明的黄金储量 300 多吨，远景储量 500 多吨。主要分布在沙坪、鲁贡、白层、鲁容、小屯、长田等乡（镇），其中沙坪乡烂泥沟金矿、小屯乡水银洞金矿属国家级大型金矿，储量大，含量高。1994 年，国家对金矿管理的法律法规未健全，管理不很严，加上县财政比较困难，各机关单位办公经费紧张，县委、县政府提倡各单位办经济实体，创收解决办公经费困难。贞丰县有不少单位未办理有关手续，没有经过审批就到长田乡白坟水库附近和沙坪乡的烂泥沟金矿开采金矿，有个别州直机关单位也到沙坪乡烂泥沟开金矿。从1994年至1997年，曾到烂泥沟开金矿的单位有20多个。那时，采金矿的技术落后，工艺和方法原始简单，污染环境和浪费金矿资源。1996年年初，上级指令贞丰县对乱开滥采金矿的现象进行制止。贞丰县虽然对乱开滥采金矿的状况进行多次的整治，但效果不好。1998年仍有个别单位屡禁不止。中央电视台“焦点访谈”栏目曾对烂泥沟乱开金矿禁而不止的情况作过报道，当时县委书记和县长因对乱开滥采烂泥沟金矿整治不力受到处分。此后，县委、县政府采取有力措施，组织政法部门干警深入烂泥沟，强行拆除开采金矿的设备、炸封矿井等。控制乱开滥采金矿不法行为。2002年，贞丰县按照矿产资源开发有关规定，申请上级审批并办理有关手续，招商引资开采小屯乡水银洞金矿和沙坪乡烂泥沟金矿，着手对鲁容乡卡务、白层镇那郎、长田乡的白坟等金矿进行试探试采。2003年，水银洞金矿投产；2007年3月18日，烂泥沟金矿投产，黄金产量1475千克。成为中国黄金主产县之一。2009年，全县总产量7867千克，2009年11月2日，贞丰县经专家组考评被授予“中国金县”称号；2010年，全县黄金总产量7813.58千克。其中紫金公司产金2107千克，锦丰公司产金5706.58千克。2010年6月28日，贞丰在中国黄金高层论坛会上被中国黄金协会授予“中国黄金县”匾牌和证书。贞丰县成为全国黄金十强县。

锑矿采冶　1994年，贞丰县发现小屯乡黄冲、赵家坪一带地下有锑矿。由于当时上级对矿产资源管理较滞后，许多单位和个人集资擅自到小屯乡黄冲、赵家坪一带开采锑矿。从1994年至1998年，开采锑矿的矿井有百口以上，矿区经常人来人往，络绎不绝、民工成百上千，多时有两三千人。由于有矿主和民工昼夜在矿上吃住，矿上自然形成临时市场，有饭馆、摊点和菜场等，非常热闹。随着锑矿的开采，在小屯乡的头猫、龙场至贞丰公路沿线的白腊、小寨、石头寨等地建有20多个炼锑厂。由于当时开矿者没有锑矿探勘的相关资料，缺乏科学开采技术，盲目开采，没有安全意识，安全措施不力，凭运气。有的发财，也有不少单位和个人亏本，有的发生矿井垮塌而伤亡等事故。1998年，市场上锑的价格大幅度下降和锑矿资源所剩无几，已没有开锑矿和炼锑者。

煤矿开采　贞丰县的煤矿主要分布在龙场镇的三河和挽澜乡的龙头大山一带。1991年至2004年，由于受经济技术和交通条件的制约，煤矿规模小、产量低、经济效益不高。当时全民所有制的龙场区三河煤厂年开采原煤仅为1.6万吨，生产焦煤1500吨；乡镇煤矿定塘煤厂，年开采原煤仅为6900吨，龙场煤厂年开采原煤仅为6500吨。2000年以后，县委、县政府重视煤炭工作。采取招商引资，引进技术，加强煤矿山公路建设，改善煤矿区交通运输条件等措施，大力开采煤矿资源。2005年，全县共有大小煤矿井近百口，原煤开采量大幅度增长。为提高煤炭产业经济效益，还在龙场镇附近和白腊的打革寨子等地建设10多座炼焦厂炼烧焦煤。2005年至2008年，由于小煤矿发生事故较多，给国家和个人造成不少损失，国家作出整顿煤矿山的指示，贞丰县按照国家的有关规定，先后对全县煤矿进行两次较大整合，取缔安全措施不力的小煤矿，将全县煤矿整合为达到国家规定和安全要求的煤厂。通过两次整合，全县由近百个煤厂整合为三河煤矿、环旦煤矿、绿荫塘煤厂、荣胜煤矿、黑岩脚煤矿、勇兴煤矿、桐树煤矿等16个煤矿，并进行技术改造，推进煤产业规范化生产。2010年，全县原煤开采量210.7万吨，煤炭产业成为全县支柱产业和财政收入主要来源。2008年，由于炼焦煤污染环境，取缔高污染高能耗的炼焦厂。

二、电力

1991年至2000年，贞丰县400千瓦至500千瓦装机容量的水电站只有那郎一、二、三级水电站3座，装机容量在100千瓦至300千瓦的水电站有龙场天生桥水电站、平街乡九盘水电站、三岔河坝后水电站、白坟水库坡昔水电站、大碑水电站5座水电站。这些电站受水源制约，一般都是丰水期发电，枯水期不能正常发电。2002年，全县发电量仅为1391万千瓦时。

2003年以后，县委、县政府招商引资开发大田河流域，引水到鲁贡镇，于2006年建成装机容量为8万千瓦的落生水电站和装机容量为2万千瓦的大地水电站；2005年在者相镇董箐村筑拦河坝蓄北盘江河水，于2010年建成装机容量为88万千瓦的董箐水电站。至此，贞丰县水电站总装机容量达98.05万千瓦，年发电量981450万千瓦时，为2002年1391万千瓦时的706倍。电力工业跨越式发展。

三、建材

水泥　1974年建成贞丰水泥厂。水泥厂位于县域北郊，离县城约1千米。1991年，生产水泥3153吨。随着经济改革的深化，20世纪90年代，贞丰水泥厂实行厂长负责制和企业承包经营等形式加强企业管理，促进水泥厂生产能力和产品质量的提高，产生较好的经济效益和社会效益。2000年后，由于城乡房屋建设和水利、公路等基础设施建设规模扩大，县水泥厂为适应建设需要，进行技术改造，扩大再生产，2005年，水泥产量52000吨，为1991年3153吨的14.6倍，年均增长3420吨水泥，产生较好的经济效益，职工工资待遇有很大提高。2007年11月17日，县委、县政府对县水泥厂进行改制，将全民所有制的水泥厂改制为民营水泥厂，更名为贵州省仁都水泥厂，是县内实行国有资产转让的第一家。2009年与江苏省同行合并后，改制为贵州贞丰仁都水泥有限公司。

砖瓦　贞丰县没有国营砖瓦厂，只有集体和个人生产砖瓦。20世纪90年代，在交通运输较方便的贞丰至龙场公路沿线的白腊、旗上、王家屯、定塘；贞丰至牛场公路沿线的大碑、李家屯、邓家屯；贞丰至岩鱼公路沿线的纳马等地都有许多集体和农户，擅自在耕地上烧砖瓦。1999年，由于大多数砖瓦厂都建在农田保护区内，破坏农田。县政府对擅自占用农田烧砖瓦现象进行制止，取缔建在农田里的砖瓦窑，加强和规范烧砖瓦管理。烧砖瓦必须经过政府有关部门审批并办理相关手续。2000年，连环乡招商引资在打忙村建立一座砖厂，挽澜乡在者塘村建立砖厂，北盘江镇在者颡等地建砖厂。此后，在县城附近和一些乡镇所在地都建有免烧砖瓦厂，有的还生产彩瓦。砖瓦工业有很大发展，基本适应全县建设需求。

大理石　珉谷镇岩鱼片区和北盘江镇顶坛片区有大理石资源。2000年，珉谷镇招商引资在必克村建设一座大理石厂；兴北镇在猫猫寨村建立一座大理石厂。全县每年大理石板材产量为4000平方米左右；2010年产量5万平方米。

石灰　1991年至2005年，石灰生产不成规模。2006年，随着城乡建设的发展，珉谷招商引资在桥望建石灰厂，石灰生产初具规模。

四、制糖

白层、鲁容、鲁贡、沙坪等乡（镇）盛产甘蔗，蔗农榨蔗熬红糖历史悠久。1979年，县政府在白层镇毛安村建白糖厂，制定一些政策措施发展甘蔗产业。1991年，白糖产量4119吨。2004年，糖厂为适应甘蔗产业发展需求，对设备进行技改，使糖厂日榨750吨甘蔗的生产能力提高到日榨1200吨。2002年，白糖产量8312吨，比1991年的4119吨翻一番。2010年，贞丰发生百年难遇旱灾，甘蔗大幅度减产，白糖厂原料短缺，白糖产量只有3317吨，比1991年还少800吨。

贞丰白糖厂通过技改后，虽然生产能力提高，但因蔗区公路建设跟不上，有部分蔗地离公路较远，搬运甘蔗到公路上车费劳力，一些蔗农只能将运输困难的甘蔗就地熬红糖，土法熬制红糖的工艺还在沿袭。

五、酿酒

贞丰县民间酿酒历史悠久。酿酒自饮和销售的人户村村寨寨都有，不计其数。20世纪80年代末，县烟酒公司在县城南郊的锅底冲建白酒厂，县水电局在三岔河建白酒厂。三岔河酒厂生产的“米酒”和“黔贞春”“黔贞醇”曾畅销县内外，当年酒厂的经济效益较好。1999年，由于经营管理不善，锅底冲酒厂和三岔河酒厂先后停产。

六、饲料加工

20世纪80年代中期，县粮食局在县城汽油厂粮食仓库附近建一个饲料加工厂，后来发展为饲料公司，生产经营混合饲料。1999年，随着粮食系统改革的深入，农业技术在农村的普及、村村通电项目的实施、农村经济的发展、农民收入的提高，许多农民自己购置饲料加工设备加工饲料。县饲料公司生产经营的饲料销量逐年减少，后因经济效益差而关闭。

七、油脂加工

贞丰上半县盛产油菜籽，下半县的白层、鲁容、鲁贡、沙坪4个乡镇在1997年之前盛产油桐。贞丰县1662年就有桐油和油菜籽加工业，县城南门油炸街就因榨油菜籽和油桐作坊集聚而得名。白层、鲁贡、沙坪也曾有不少桐油加工作坊。1991年至1996年，贞丰县的桐油加工业活跃，县城南郊的锅底冲、南门和白层、鲁贡、沙坪等地都有桐油加工厂。桐油年产量最高的1996年产量达8088吨。贞丰县生产的桐油质量好，曾远销广东、广西、云南、四川等地。1998年后，全县油桐树逐渐患根腐病死亡，油桐籽产量逐年减少，没有桐籽加工桐油，桐油加工业由此停办。贞丰县的菜油加工业主要是个人作坊，规模小，分散在上半县乡镇。

八、造纸

贞丰县小屯乡龙井村村民在清代就学会土法造纸（白棉纸），土法造纸历史悠久。从事土法造纸人户有几十家。20 世纪 90 年代以前他们用原始方法生产，对环境污染不大。2005 年以后，造纸户采用化学物品进行生产，排出的污水对河流污染严重，危及三岔河水库。环境保护局曾多次到实地进行整治。

贞丰县造纸的原材料较丰富。1979 年，县乡镇企业局在县城东郊的东门村创办一个造纸厂，年产各种纸 600 吨。曾生产书写纸、打字纸、包装纸等。产品曾销往贵阳、安顺、遵义、凯里等地。2006 年因经营不善停产。

九、制陶

制陶业清代就在挽澜乡窑上村出现，历史悠久。1991 年至 1999 年近 10 年，窑上制陶工艺有新发展，对生产设备进行改造，使制陶由全人工发展到半机械化。原来生产陶坯时转盘全靠人工转动，搅拌陶土时全用人工。实现村村通电后，制陶工人将转盘加工成用电动机带动，用电动机械搅拌陶土，既减少工人劳动强度，又提高生产率和产品质量。产品种类随着时代发展逐渐增多，适应市场需求，产量大幅度增加。20 世纪 90 年代中期，窑上村出现一些陶制品经纪人专搞营销，购买车辆或包车运土陶产品到云南、广西、四川、重庆等地零售和批发。当时，窑上大多数人户都制陶，制陶手工业成为窑上村群众主要经济和生活来源，不仅解决温饱，有的还致富。2000 年后，由于社会进步，科学技术的发展，塑料桶、塑料水缸等在市场上广泛出售，土陶制品受到严重的冲击，销路大幅度减少，窑上制陶人户逐渐减少。

十、纺织

贞丰县纺织业历史悠久，但没有专门纺织企业。纺织主要是布依族家庭个体从事，他们虽以农耕为主，但只要干完农活，稍抽出时间，妇女们便把主要精力和大部分时间用于纺线织布。布依族家庭基本上家家户户有人会织布，大部分人户都有原始的木制纺花机和织布机。1994 年，随着交通的发达，信息的畅通，市场经济的发展，布依人商品意识不断增强。贞丰县布依商人（也有汉族商人）发现广州、广西等地大纺织厂，常常将生产布料后余下较短节的纱线当垃圾处理，便与他们联系，购买纺织厂余下较短节的纱线，运到贞丰来发给布依族妇女群众梳理后，织布出售，变废为宝，获取经济收入。由于经营此行业购废纱线成本低，经济效益较高，发展很快。1995 年，县城的贞丰一小至县外贸公司一带解放路全部是经营棉纱的铺店，形成专业街。那几年，县城附近布依族村寨农活之余的妇女和一些男劳力，纷纷到城里领纱线去纺获取经济收入，纺织手工业成为群众经济收入的来源之一。纺织业虽然能给布依族带来经济收入，但由于设备落后，方法原始，生产力不高，经济效益低。2003 年，有部分布依族青年出外打工进纺织厂，学到较先进的纺织技术，回乡后有的购买机械化织布机在家里从事纺织，有的在县城租房建起纺织作坊，纺织生产能力、产品质量、经济效益比以前明显提高。2010 年，在县城和乡镇街道的纺织作坊发展到10多家。贞丰县的纺织产品质量较好，品种花色较多，深受客商喜爱，远销云南、广州和国外。贞丰县纺织工业有一定发展。

十一、缝纫

贞丰县各民族大多数妇女都会手工缝制衣服，有的还会用缝纫机缝制服装。1991年以前，县城曾有3个集体缝纫合作社，专门从事缝纫服装业。1991年以后，随着社会的发展，城乡成衣商店遍布，服装款式新颖，做工精致，价格也较合理，选购很方便、快捷，比到缝纫社缝制服装更节约经济。缝纫社生意逐年萧条而解散。县城和乡镇集市有个体缝纫店。

十二、自来水生产

1991年至2010年，贞丰县重视自来水生产，主动向上级争取建设供水项目经费，实施县城供水、乡镇改水项目。挖掘水源，建设和扩大水厂规模，提高自来水生产能力。1996年，建设云洞水库至县城供水工程；2004年，实施引纳山岗水库至县城输水管道16970米，解决县城用水紧张问题。1992年建成北盘江供水站，1994年，建成鲁贡供水站；1995年，建成平街乡供水站；1997年，建成长田乡供水站；2001年，建成沙坪乡供水站。全县自来水产量逐年增加，2010年全县自来水产量232万吨。

第二章　重要工业

县境内有丰富的金矿、煤矿资源。2000年后，县委、县政府加大招商引资力度，引进经济和技术实力较强的县外企业进入贞丰开发金矿、开采煤矿和建设水电站。使黄金、煤炭产业和发电成为全县的重要工业。

第一节　冶　金

烂泥沟金矿　2002年7月，经国家有关部门批准，由澳大利亚澳华黄金公司与中国黄金集团、贵州省地质矿业开发公司、黔西南州黄金公司和贞丰黄金公司共同建立贵州锦丰矿业有限公司中外合作企业。中方股份18%，外方股份82%。主要从事烂泥沟及其扩展区域的地质勘探、采矿和选冶工作，年可生产黄金6.25吨，预计开采15年。公司于2002年7月开始创建，2003年开工，2007年3月18日投产。2009年12月4日，澳大利亚澳华黄金公司并入加拿大埃尔拉多黄金公司，埃尔拉多黄金公司拥有外方合营全部股份。2010年，黄金产量5706.61千克。金矿在沙坪乡南部的金山村石柱与烂泥沟村寨之间，由于主矿区在烂泥沟布依寨，所以也称烂泥沟金矿，属亚洲特大型金矿。

水银洞金矿 2001年12月17日，贵州省人民政府批准建立的贵州紫金矿业股份有限公司采冶金企业。由紫金矿业集团投资56%，为控股单位，贵州地矿局投资27%，贞丰县投资17%。2003年投产，2010年，生产黄金1800千克。公司位于小屯乡水银洞村，也称水银洞金矿，属国家级大型金矿。

第二节 采 煤

三河泡桐树煤矿 该煤矿位于龙场镇枪杆寨附近，距县城约31千米，离白层码头约54千米，是2006年由原三河煤矿、泡桐树煤矿、贵人山煤矿、四合煤矿、龙山煤矿整合而成的民营企业，共有工人420余人，其中井下工人300多人，设计年开采原煤15万吨。

勇兴煤矿 该煤矿位于龙场镇龙头大山脚下，始建于20世纪90年代，当时采矿技术和设备落后，采煤能力低，产量少，最高年开采量仅为3万吨。2006年，根据国家政策要求进行整合、技改、扩能工作，以勇兴煤矿为主体整合兼并龙鑫煤矿、兴贞煤矿，并完善各种手续。整合后矿井设计开采原煤能力为每年15万吨。勇兴煤矿属民营企业。

黑岩脚煤矿 该煤矿位于挽澜乡窑上村，距挽澜乡政府8千米，离县城约20千米。矿区公路等基础设施基本完善，交通运输较方便。黑岩脚煤矿属新建矿井，经过鉴定属低瓦斯矿井。该煤矿2007年动工建设，2010年年底完善各种手续正式投产。设计每年开采原煤15万吨。煤矿属民营企业，有职工210人。

环旦煤矿 该煤矿位于挽澜乡窑上村，民营企业。煤矿建于20世纪80年代。2002年以前，采煤设备落后，开采能力很低。2003年，矿主对采矿设备进行更新，采煤能力有很大提高，设计年采原煤能力9万吨，全矿职工人数100人。

第三节 发 电

贵州大田河水电开发有限公司 2003年年初成立贵州大田河水电开发有限公司，10月开工，2006年6月建成落生水电站、大地水电站。两座水电站均为珠江流域北盘江水系的跨河引水式电站，是县内较大的水电站。

董箐水电站 董箐水电站是根据国家实施“西电东送”工程和贞丰经济社会发展需要，按照中共贵州省委、省政府的安排建设的水电站。电站建设工期短，是大胆应用新技术、新材料、新工艺的国家“西电东送”工程和北盘江干流上的大型水电站之一，是贞丰县装机容量最大的水电站。电站建成后，2010年全县发电量达318579万千瓦时，不仅满足全县用电需求，还节余电能约75073千瓦时向东部地区输送。发电工业成为贞丰县的主要可持续产业之一。

第四节　工业园区建设

为促进工业快速发展，县委、县政府对工业发展作规划建设。2009 年 3 月，在县城西南面郊区的坡轰村建设轻工业园区，在龙场镇上水桥村建设循环经济工业园区，招商引资进入工业园区办厂创业，发展工业。2010 年元月，龙场循环经济工业园区的久盛能源公司投产，县城附近的轻工业园区开工建设。

龙场循环工业园区　园区位于龙场镇上水桥村，规划用地面积 1830.3 公顷，主要开发利用龙场、挽澜、小屯等乡镇的煤矿、锑矿、镁矿、铝矿、石英砂、白萤石、黄磷矿等矿产资源，发展化工、煤焦、冶金、电力、建材等工业。2010 年 1 月，龙场循环经济久盛能源公司正式提产。计划 2011 年拟入驻该园区的有四川恒山化工有限公司、大亚铁合金有限公司、贞丰仁都水泥有限公司。

珉谷轻工业园区　园区位于县城西郊坡轰村，规划用地 752.9 公顷，是全省“十二五”规划的 100 个重点工业园之一，园区分为中心区、金城片区、龙滩片区三个点，轻工业园区主要开发利用特色农产品资源发展食品加工、制糖、医疗机械、制衣等。2010 年入驻的有贵州华葛酒业有限责任公司，贵州林泉医疗器械有限责任公司、胖四娘食品有限公司、天成服饰有限公司。

金城黄金工业园区　位于县城西郊的坡轰与坡西布依寨之间，规划用地 485.5 公顷。计划引进黄金加工企业入驻对贞丰县丰富的黄金矿产资源进行精、深加工，延长黄金产业链。2010 年，贵州紫金矿业股份有限公司入驻，修建厂房。

第三章　乡镇企业

中华人民共和国成立之前，贞丰只有传统的桐油、红糖、粮油、农具加工、制陶、制革、土法造纸、酿酒作坊和砖瓦厂。中华人民共和国成立后，逐步建设煤厂，玻璃厂，纳盘、大碑、挽澜小型水电站；成立缝纫社、建筑社、竹器社、豆腐社、铁具社、运输社乡镇企业。但缺乏管理和技术人才，设备简陋，生产能力低，产品质量差，产量小，不成规模，经济效益不好。有的在“文化大革命”时期停产，有的在 2000 年前后改制为股份制或个体企业。

第一节　乡镇企业管理

1977年，根据国家和贵州省政府有关文件精神，贞丰县成立社队企业管理局，管理社队企业。

1984年3月，县级机构改革，将贞丰县社队企业局改为社队企业公司，仍履行对社队企业的行政管理职能。

1985年4月，县社队企业公司改为乡镇企业管理局，主管全县乡镇企业，下设技术指导站，设站长1名，配工作人员5名，属事业编制。1992年5月增设矿山安全股。

1998年8月，县设立煤炭工业管理局，实行一套人员、两块牌子，系县政府职能部门，兼管全县乡（镇）企业。

2002年，县政府审批煤炭工业管理局内设办公室、业务股、安全监察股、煤炭稽查股和生产技术管理站（股级事业单位），全面履行乡镇企业、煤炭工业管理职能。

第二节　乡镇企业概况

贞丰县乡镇企业，随着市场经济发展和西部大开发战略实施逐步发展，除一些传统加工业外，20世纪80年代至90年代，先后开发煤炭、矿冶、建材等工业，促进乡镇企业的发展。1991年，全县乡镇企业总收入3034万元，1995年，全县乡镇企业2884户，其中乡办13个，村办3个，个体2868个，从业22152人，总产值17000万元；2000年，全县乡镇企业2393个，其中集体企业69户，私有企业2324个，从业16000人，总产值38000万元，比1995年增加95%，年均增长19%；2005年，全县乡镇企业1740个，从业19394人，总产值62261万元，比2000年增长64%，年均增长13%，2010年，全县乡镇企业135个，从业7472人，总产值438304万元，比2005年增长6倍，年均增长100%。

第三节　乡镇企业行业

一、采冶业

贞丰复杂的地质地貌，形成较丰富的矿产资源，矿产储量大、品种多。已探明的有黄金、锑、煤、大理石、冰洲石等。丰富的矿产为乡镇开办采矿工业提供了有利条件，乡镇炼锑厂、煤矿厂、炼焦厂应运而生。

（一）锑矿采冶

锑矿资源主要分布在小屯乡老屋基及殷家湾一带。锑矿采冶相对较晚。1994 年，在黄冲发现露天高品位锑矿后，点燃了全县锑矿采冶之火，发展迅猛。1995 年年底，全县共有大小锑矿冶炼厂 22 个，较大规模的有珉谷镇龙腾冶炼厂、头毛红十字冶炼厂、米冲南海公司冶炼厂、水冲冶炼厂等。1994 年产精锑 0.52 万吨，1995 年产 5.78 万吨，1996 年产 4.65 万吨，1997 年产 3.6 万吨。锑矿产业的兴起，带动地方百姓脱贫致富。

由于锑产品价格波动大，1996 年有的企业刚投产就面临锑价突然下跌而被迫停产，无法收回投资，无法按期偿还银行信贷，企业再启动困难。2003 年后冶锑企业停产。

1994 年至 2003 年贞丰县锑矿企业精锑产量统计表

表 8-3-1　　　　单位：吨

年份	产量	年份	产量
1994	5200	1999	7200
1995	57800	2000	2000
1996	46500	2001	3000
1997	36000	2002	8100
1998	8300	2003	21500

（二）大理石、重晶石开采

大理石。境内盛产优质大理石，主要分布在北盘江镇顶罈片区、珉谷镇必克村、岩鱼村。1994 年开采，珉谷镇必克大理石厂、兴北大理石厂先后新建。因大理石开采影响生态环境，1996 年年底停产。2002 年，大理石厂进行技改，落实环境保护措施，恢复生产，产品质量、产量和经济效益不断提高，大理石厂恢复生产，产销逐渐正常。

重晶石。重晶石矿分布在龙场镇朱家湾与兴仁县回龙镇小坪寨接壤一带。1997 年建成“双龙重晶石厂”，产品销往广东、广西一带。

（三）采煤炼焦

煤炭资源主要分布在龙头山向斜，滥木厂背斜，鲁贡背斜，里纳—纳哥—纳翁一带。

根据贵州省地质矿产厅 1998 年编制《1997 年底贵州矿产储量总表》，贵州省煤管局 159 队提交的《兴安区“兴仁县滥木厂背斜测区”地质填图找矿报告》、《兴安区“贞丰县龙头山向斜测区”地质填图找矿报告》等资料，对境内龙头山向斜，滥木厂背斜等煤层构造作过勘探。全县煤炭总储量 6 亿吨（其中上表储量为 2.2 亿吨）。2000 年，委托贵州省煤矿设计研究院作贞丰县煤炭工业中、后期开发规划。2003 年委托贵州煤矿设计研究院作二期开发规划修编工作。

贞丰县各含煤构造单元煤矿资源储量统计表

表 8–3–2

构造单位	煤种	地质储量（万吨）					合计	勘探程度	备注
		找矿储量				估算储量			
		上表储量	未上表储量		小计				
		+600 标高以上	0~ +600m	0~ +600m					
龙头山向斜贞丰段	气肥	20190	24244	—	45154	—	45154	找煤	《兴安区地质填图找矿报告》1963 年提交
滥木厂背斜贞丰段	无烟	1028	1767	—	4133	—	4133	找煤	《贵州省矿产储量表》1997 年提交
鲁贡背斜	无烟	—	—	—	—	2500	2500	—	《长岗向斜普查地质报告》1969 年提交
里纳—纳哥—纳翁含煤块段	无烟	—	—	—	—	8500	8500	—	—
合计	—	21938	26011	1338	49287	11000	60287	—	估算储量计算到垂深 –600m

1998 年，随着工业的发展，煤炭需求量增加，全县有大小煤矿井近百口，炼焦厂 10 多个，每年外销煤焦约 20 万吨。由于采用土法炼焦，污染生态环境，炼焦回收率低，造成资源浪费。2001 年至 2003 年，从广东、江西等地引资近亿元，建设环保期焦化厂 11 个，其中龙场 5 个，挽澜 4 个，珉谷 2 个。采用省煤炭设计研究院设计的无空气污染 98 型联体引火炼焦煤作发展机焦的主要炉型。经州环保局鉴定，废气排放符合国家标准，出焦率达 70% ~80%。11 个焦化厂年炼焦 30 余万吨，使境内原煤就地增值，增加税收。

煤主要从南昆铁路和公路运到广西、广东、云南、安顺地区等地。

贞丰县煤矿企业基本情况统计表

表 8-3-3

片区	矿井名称	法人姓名	采矿许可证号	生产许可证号	核定能力（万吨/年）
龙场三河	三河煤矿	朱诗文	—	240505001	3
	定塘煤矿	景先福	贞煤管字（1993）04 号	240505018	3
	顺勋煤矿	徐显鹏	贞煤管字（1997）14 号	240505020	3
	棉源煤矿	李芝伟	贞煤管字（1997）06 号	240505007	3
	贵人山煤矿	丁元勋	贞煤管字（1996）03	240505001	3
	中坝煤矿	王志明	贞煤管字（1996）12 号	240505026	3
	魏家岩煤矿	张维华	贞煤管字（1995）03 号	240505033	3
	龙山煤矿	苏光学	贞煤管字（1993）15 号	240505011	3
	泡桐树煤矿	陈建春	贞煤管字（1997）08 号	240505024	3
	勇兴煤矿	毛文辉	贞煤管字（1997）09 号	240505021	3
	龙鑫煤矿	王传芬	贞煤管字（1996）17 号	240505039	3
挽澜	磨刀石煤矿	何利华	贞煤延字（1996）08 号	240505008	3
	环旦煤矿	柴安民	贞煤管字（1997）04 号	240505029	3
	高家岩煤矿	杨光君	贞煤更字（1997）05 号	240505038	3
	小何沟煤矿	谢兴荣	贞煤更字（1996）10 号	240505002	3
	绿荫塘煤矿	李　英	贞煤更字（1997）16 号	240505030	3
	挽澜联营煤矿	陈翠华	贞煤更字（1996）06 号	240505003	3
	岔河联营煤矿	罗传代	贞煤管字（1993）13 号	240505017	3
	岔河煤矿	蔡山玉	贞煤延字（1996）15 号	240505022	3
	荣胜煤矿	杨廷荣	贞煤管字（1996）14 号	240505015	3
	花红树煤矿	黄朝洪	贞煤更字（1996）11 号	240505013	3
沙坪	洛六煤矿	陈德林	贞煤管字（1993）05 号	240505035	3

贞丰县焦化厂基本情况统计表

表 8-3-4

片　区	企业名称	法人姓名	生产能力（万吨／年）
龙　场	三河焦化厂	朱诗文	3
	魏家岩焦化厂	张维华	3
	龙场焦化厂	王　诚	5
	兴隆焦化厂	姜国雄	5
	宏泰焦化厂	李金香	10
珉　谷	荣昌焦化厂	黄广宇	3
	富兴焦化厂	陶廷良	3
挽　澜	挽澜兴丰焦化厂	陈玉生	5
	大亚焦化厂	裴水根	10
	通达焦化厂	汤远文	5
	华源焦化厂	郑卫东	12

二、建材业

20 世纪 70 年代末，县境内一些社队办砖瓦厂烧砖烧瓦。砖瓦厂主要分布在贞丰县城至卡子、贞丰县城至牛场公路沿线及部分乡村公路沿线。20 世纪 90 年代烧砖浪费良田好土，砖、瓦生产供不应求矛盾较突出。1996 年，县内引进机制轮窑烧砖新工艺，新建珉谷镇长安、恒森、连环乡打芒、龙场镇三河、兴北镇页岩砖厂共 6 个。2003 年，产砖 3500 万块。2003 年后，招商引资建设不少免烧砖，满足全县建筑需求。

三、造纸业

贞丰有丰富的造纸资源（构树皮、芦竹、梭草、稻草、麦秆等）。为造纸业发展提供有利条件。

手工纸　据有关史书记载，小屯乡手工制白皮纸历史悠久，小屯乡共有 6 个村，生产经营白皮纸的有 5 个村。主要集中在半坡、龙井、仁朝 3 个村。白皮纸洁白细腻，厚薄均匀、柔软绵韧，常用于书画，可用于擦拭枪炮、机器、玻璃等；白皮纸去污力强无斑痕毛欠，优于棉布、绸缎，若用作爆竹礼花引线，易燃不回潮。

机制纸　1979 年，县乡镇企业局在县城东郊的东门村创办纸厂，年产各种纸 600 吨。产品有书写纸、打字纸、包装纸等。产品曾销往贵阳、安顺、遵义、凯里等地。2005 年因经营管理不善停产。

四、食品、农副产品加工业

牛肉干　贞丰金惠食品有限责任公司（原名贞丰牛肉干厂），位于珉谷镇贞白路 70 号。

1995年3月建厂，年生产能力不足30吨，上缴税金不足1万元。2003年，年生产能力400吨，上缴税费20余万元。生产的“牛中牛”牌牛肉干有40克、80克、130克、250克袋装系列产品，远销北京、“两广”地区，产品供不应求。年解决剩余劳动力50余人。2005年产牛肉干415吨，2006年由于各种因素牛肉干停止生产。

花椒　1990年以前，境内农民仅在房前屋后零星栽种花椒树，1992年，在兴北镇顶鐔银洞湾一带建花椒基地。1994年，争取扶贫资金40万元，育花椒树苗，1996年至1997年，花椒种植面积扩大，形成万亩花椒基地。2000年，花椒种植面积5万亩，年产花椒100吨，占全州干花椒产量的四分之一。为创办花椒产品加工乡镇企业提供条件，顶鐔花椒系列产品“顶鐔花椒”“顶鐔花椒油”“麻辣一家”很受顾客青睐，销路较好。

砂仁　“十万亩砂仁”是县委、县政府调整农业产业结构，推进特色农业的新举措。1999年实施“四个十万亩”农业综合开发工程，砂仁项目初见效益，为创办砂仁加工乡镇企业提供原料，加工的“连环砂仁”（250克装）2008年进入超市销售。

1991年至2010年贞丰县乡镇企业发展情况统计表

表8-3-5　　　　单位：个、人、万元（现价）

年度＼项目	总产值（万元）	增加值（万元）	工业增加值（万元）	工业产值（万元）	营业收入（万元）	利润总额（万元）	上缴税金（万元）	单位个数（个）	年末从业人数（人）	劳动者报酬（万元）
1991	3034	1339	777	2321	2345	175	193	1244	6819	193
1992	4463	1384	803	2455	3988	289	239	1650	7749	196
1993	6316	1832	1099	3474	6663	533	333	2580	10340	458
1994	10328	2995	1797	752	8829	1121	1156	2719	20952	2492
1995	17000	4760	2904	11190	16060	1491	1325	2882	22152	3212
1996	27128	3673	3623	14749	27445	2135	1168	3312	23429	4574
1997	37367	9175	3670	17166	45948	4135	1410	3580	25421	5128
1998	49000	15190	5500	23000	55000	3431	1960	3612	25000	4410
1999	45630	13275	4879	19875	48960	3369	1978	3585	23031	4397
2000	38000	12000	5000	22000	40000	1856	1200	2393	16000	4395
2001	38100	10842	6018	20955	42848	2917	1973	2835	16100	6427
2002	53900	12301	5900	22100	48510	3039	1812	2851	22000	7026
2003	56140	13853	6649	23746	55300	5655	2811	1675	22958	7163
2004	58929	16649	—	—	—	5792	—	1785	22575	7281
2005	62261	20083	—	—	—	6375	—	1740	19394	8766
2006	172644	59982	—	—	—	15902	—	5552	50560	25202
2007	47723	14317	—	—	47723	5733	6741	135	5876	4087

续表 8-3-5

年度＼项目	总产值（万元）	增加值（万元）	工业增加值（万元）	工业产值（万元）	营业收入（万元）	利润总额（万元）	上缴税金（万元）	单位个数（个）	年末从业人数（人）	劳动者报酬（万元）
2008	56468	19764	—	—	55139	6065	7168	134	6425	3855
2009	86926	24764	—	—	83400	7587	8717	134	6451	4626
2010	438304	175317	—	—	410094	119921	25093	135	7472	33524

说明：本统计数均以每年年度工作总结、统计分析、年报表为据。

1991 年至 2010 年贞丰县乡镇企业部分主要产品产量统计表

表 8-3-6

年份	原煤（万吨）	焦煤（万吨）	黄金（千克）	牛肉干（吨）	大理石板材（平方米）	红糖（吨）	陶器（万件）	砖（万块）	瓦（万块）	造纸		植物油	
										土纸（吨）	机制（吨）	桐油（吨）	食用油（吨）
1991	5.8	0.78	16.46	110	—	2500	15.8	2000	1700	210	256	350	170
1992	15.7	5.2	46.76	120	—	2370	630	1370	910	300	365	480	190
1993	19.8	4.5	156	150	—	2400	330	1125	890	250	218	850	230
1994	14.4	0.8	331	220	5000	4500	350	1263	987	420	417	1200	210
1995	13	1	290	180	1500	4000	270	900	600	430	428	900	270
1996	20	2.1	176.8	600	1300	4300	280	1140	900	580	578	800	190
1997	25	1.2	78	800	—	5000	289	2000	1800	490	300	1280	150
1998	33	5	67.9	800	—	5500	300	2100	1750	280	140	1540	100
1999	18	3.7	23.94	400	—	5380	312	2170	1830	370	250	1000	120
2000	14	4	22.59	290	—	2100	370	4900	2157	34	335	1300	80
2001	13	4	27.2	320	—	2000	400	6000	2000	350	336	1100	60
2002	50	30	21.32	400	800	1900	406	4600	5000	400	300	870	20
2003	121	7.4	580.7	400	3480	2000	120	3500	1600	240	225	450	1150
2004	125	25	500	210	3900	2000	120	4000	4100	204	230	45	1156
2005	78	16	—	415	7600	1800	70	3880	5000	263	230	—	40
2006	88.6	18	—	—	5000	1350	30	5300	4000	200	—	—	—
2007	107	20	—	—	4000	3300	30	11200	—	230	—	—	—
2008	119	17.6	—	—	5000	3000	25	12500	—	300	—	—	—
2009	153	20.7	—	—	6000	2300	20	13000	—	350	—	—	—
2010	210	—	—	—	8000	897	21	15040	—	404	—	—	—

第九篇　农　业

1991年至2010年，农业农村工作成绩显著：一是推广水稻、玉米、小麦、油菜等农作物品种优良化、种植规范化、管理科学化，实施科技兴农，提高农业科技含量；二是加强农业基础设施建设，实施农田水利、机耕路、蔗区路、烟区路、耕地坡改梯和弯改直等工程项目，逐步改善农业生产条件；三是贯彻落实中央一系列惠民政策，减免农业税，减轻农民负担，制定一系列扶农助农措施，加大农业工作力度，调动农民生产积极性；四是采取切实可行措施引导农民解放思想，更新观念，树立商品意识和市场经济意识，充分利用资源因地制宜地发展经济作物，在搞好粮油生产的基础上，种植烤烟、甘蔗、花椒、砂仁、水果、蔬菜、马铃薯、茶树、植树造林和发展畜牧业、渔业等，优化农业结构。改变过去单一的粮油生产模式和传统种植方式。粮食产量持续稳定并有所增长，农业经济效益和农业总产值逐年上升。

1991年至2010年贞丰县农业总产值统计表（现价）

表9-0-1

项目 年份	合计	增减（%）	其中（万元）				
			农业产值	林业产值	牧业产值	渔业产值	农林牧渔服务业产值
1991	8954	—	5139	507	1981	18	1309
1992	8725	-2.55	4596	755	1978	17	1379
1993	11292	29.42	7728	665	2881	18	—
1994	17654	56.34	12462	756	4411	25	—
1995	20765	15.92	14379	826	4596	64	—
1996	24722	19.24	17761	958	5924	79	—
1997	29230	18.23	20655	1278	7244	53	—
1998	33679	15.22	22079	1924.8	9601.3	74	—

续表 9-0-1

项目 年份	合计	增减 （%）	其中（万元）				
			农业产值	林业产值	牧业产值	渔业产值	农林牧渔服务业产值
1999	36583	8.62	24843	1828	9831	81	—
2000	42952	17.40	30682	2085	10103	82	—
2001	45151	5.21	31312	2001	11748	90	—
2002	48985	8.43	31997	2454	14418	49	—
2003	53803	9.83	29524	3495	16547	105	4114
2004	56604	5.20	31496	4291	20369	98	377
2005	62255	9.98	32699	4319	24603	108	526
2006	67010	7.63	34647	4210	27497	117	539
2007	73684	9.95	36501	4132	32355	130	560
2008	81374	10.43	40982	4229	35391	167	605
2009	88212	8.34	44366	4359	38667	167	605
2010	98868	12.14	49830	1909	45995	304	830

第一章　农业体制

1980 年，贞丰县全面实行集体土地承包责任制，1995 年到期。是年，根据中共中央和省委关于在农村实行第二轮土地承包责任制的指示，贞丰县开展稳定和完善农村土地承包制度，此后又陆续进行农村税费改革、农业结构调整、扶持农业专业户，建立农业技术服务机构等工作。调动农民生产积极性，农业经济日益繁荣。

第一节　完善土地承包制度

1978 年 12 月 18 日，中共十一届三中全会召开，全县干部群众欢欣鼓舞，会议作出把党和国家工作重心转移到经济建设上来，实行改革开放的伟大决策，在农村实行农业生产责任制，1979 年贞丰县绝大多数生产队实行包产到组（一个生产队分成若干生产小组），各小组生产的粮食，除完成国家公粮（农业税）和余粮（定购任务）外，由各小组自主分配。有的生产队直接包产到户，当时的城关区白腊公社大地生产队和岩鱼公社纳蝉大队的一部分生产队，1979 年就实行包产到户。

1980 年 7 月 15 日，中共贵州省委颁发《中共贵州省委关于放宽农业政策的指示》，即 1980 省委 38 号文件。文件规定：“对生产落后的生产队可以实行包产到组，实行包产到组也有困难的允许实行包干到户。”9 月 27 日，中共中央颁发《关于进一步加强和完善农业生产责任制的通知》，文件指出：“可以包产到户，也可以包干到户，并在一个较长时间内保持稳定。”在省委和中央文件的精神指引下，贞丰县于 1980 年秋收结束后，绝大多数生产队就将土地包干到户，由农民自主经营。但仍有城关区旗洋公社湾丘大队桥望一、二生产队，当时集体副业收入较好，农民担心将土地包干到户后，各家都忙去种自家承包田地，没有人从事副业生产，实行土地包干到户会影响经济收入。当年没有实行包干到户，1981 年秋收结束后才包干到户。

农村土地包干到户，即将集体耕种的土地按当时的人口分到各家农户，由各户自主经营，各农户除完成国家公粮（农业税）和余粮（定购任务）外，其余的归农户，什么品种产量高就种什么，什么作物的经济效益高就种什么。充分体现“多劳多得”的原则，农民生产积极性得到很大提高，一是泡冬田等冬闲田土大大减少；二是农民纷纷到农业技术部门咨询，种植什么品种更好，采取什么样的栽培技术种植产量才更高。农业技术部门派出农技人员深入农村蹲点，亲临田间地头作技术指导，一批中矮秆杂交水稻良种“汕优 63”“K 优 5 号”“Ⅱ优 838”；杂交玉米品种“兴 × 苏”“兴黄单 89—2”“兴单 8 号”和小麦品种“兴麦 7 号”“贵农 10 号”等良种很快普及，粮食产量迅速提高。农民的吃饭问题基本解决。

根据中央规定，农村第一轮土地承包期限 15 年，1995 年到期。为巩固农业生产责任制，稳定农民思想。1995 年，中共中央指示，在农村实行第二轮土地承包，承包期限为 20 年，明确“增人不增地、减人不减地”的原则。贵州省委、省政府决定：耕地承包期再延长 50 年。贞丰县在第二轮土地承包中，对第一轮承包期各户承包的土地面积没有做调整，只是重新发放土地承包证和农业税监督卡，完善农村土地承包责任制，稳定农村政策。

第二节　农业结构调整

随着土地包干到户及优良品种、先进农业实用技术的推广应用，粮食产量大幅度提高，农民温饱问题基本解决，实现丰年有余。为使农民持续增收，县委、县政府领导多次深入基层调研，1998 年提出调整农业结构的工作思路，实施“四个 10 万亩”工程（种植花椒 10 万亩、甘蔗 10 万亩、砂仁 10 万亩、金银花和经果林等 10 万亩），2002 年又提出种植牧草 10 万亩，即“五个 10 万亩”工程。发展多种经营，改变单一的农业结构。

在实施“五个 10 万亩”发展思路的引领下，经过各级干部及广大农民的共同努力，除牧草种植规模较小，没有效益外，其余四个工程均得到大面积推广种植，取得较好的经济效益、生态效益和社会效益、农民收入持续稳定增加。

经果林工程 经果林主要以种植李子、黄花梨、板栗、桃子为主，李子种植规模最大。

李子 全县种植李子4万余亩。主要分布在白层镇、珉谷镇、平街乡、连环乡。白层镇的四月李，品质优良，口感好。白层海拔低、气温高，成熟早，其产品远销省内外。

李子种植行距和株距为3米×3.5米，每亩种植60株左右，种植三年后进入盛果期，进入盛果期后，一般每亩产量1500千克至2000千克，每千克销售8元至10元，每亩产值12000元至16000元。

黄花梨 2000年，引进黄花梨树苗由珉谷镇大碑村、鹅田村、顶肖村、纳么村农户种植。全县种植黄花梨4500余亩，一般每亩产量800千克左右，每亩产值1500元至2000元。

反季节桃子 龙场镇种植反季节桃子2000余亩，3月至4月开花，8月份成熟。种植的株行距为3米×4米，每亩55株，每株产量15千克左右，一般亩产量825千克，每千克销售5元，每亩产值4125元。

板栗 连环乡、沙坪乡种植板栗2万余亩，亩产量400千克左右，每千克销售价格5元至6元，每亩产值2000元至2400元。

金银花 珉谷镇在牛坪村和坪上村石山半石山种植金银花5000余亩，一般亩产鲜花25千克左右，晒干后有8千克。种植金银花不占用好土地，对石漠化治理、恢复生态有很好的作用。被州级有关部门总结为“坪上模式”，向全州推广。

花椒产业 北盘江镇因地制宜在顶罈片区，石头多土地少，俗称“石旮旯”石漠化特别严重的查尔岩村和银洞湾村实施花椒种植。通过种植花椒几年后，当地农民收入大幅增加，不仅解决温饱，绝大多数农户还盖起水泥楼房，购买洗衣机、电视机、摩托车等家用电器，一些农户还购置汽车，个别农户购置小轿车，衣、食、住、行等均得到改善。没有种花椒前，因生活困难外迁户了解到家乡种花椒产生很高经济效益，脱贫致富后，纷纷回迁顶罈种植花椒。

顶罈花椒，品质好，香味浓，深受消费者喜欢，产品远销省内外。花椒产业的实施，不仅增加当地农民收入，对石漠化治理也发挥着无可替代的作用。得到州、省乃至中央领导的肯定（时任国务院副总理的温家宝到贞丰顶罈考察时，给予充分肯定）。被省、州总结为“顶罈模式”，向全州、全省推广。

砂仁 砂仁属热带、亚热带半阴性多年生植物，适宜在海拔900米以下，年日平均气温18℃以上的地区种植。县委、县政府要求适宜种砂仁的连环乡、白层镇的农户在房前屋后和林下种植砂仁。全县共种植砂仁20000余亩，其中：连环乡种植砂仁8000余亩，每亩产量350千克，每千克销售价3元至4元，每亩产值1050元至1400元。

在农业产业结构调整中，除了重点实施“五个10万亩”工程外，各乡镇根据各自的气候特点和土壤条件，发展一些经济效益高的产业。

在发展砂仁的基础上，连环乡组织农户大量种植生姜，常年种植1万亩左右，亩产量2500千克至3000千克，每千克销售价格1.6元至2元，每亩产值4000元至6000元，扣除物化每亩投入 815 元，每亩净收入 4100 元至 5800 元。产品远销四川、重庆等省市。

县境东南部低海拔、气温高的鲁容、沙坪、白层、鲁贡四个乡镇，充分利用气候优势，除大力发展甘蔗种植外，还发展早熟蔬菜种植，每亩产值达 2000 元至 3500 元。

龙场、者相、北盘江、长田、平街、小屯等乡镇，大力发展烤烟种植，提高农业经济效益，增加经济收入。

第三节　农村税费改革

2000 年 3 月 2 日，中共中央、国务院下发《关于进行农村税费改革试点工作的通知》，实行农村税费改革。国务院安排贵州 2001 年在湄潭、贵定和铜仁 3 个县（市）进行试点，2002 年，扩大到全省。贞丰于 2002 年实施农村税费改革。

农村税费改革的主要内容：一是取消乡统筹费，取消按农村人均纯收入一定比例交农村教育费附加、计划生育、优抚、民兵训练、修建乡村道路等集资；二是取消农村教育集资，取消向农民征收的行政事业费和政府基金；三是取消屠宰税；四是取消农民劳动积累工和义务工；五是调整农业税政策。全县农业税计税面积调整为 214674 亩，比第二轮承包耕地面积减少 12809 亩。全县农业税计税常年产量以 1994 年至 1998 年 5 年间农作物（折稻谷）的平均产量，确定亩均常年产量为 355 千克，常年总产 76209 吨；六是调整农业特产税政策，农业特产税附加执行全省统一的 8% 的比例；七是改革村提留征收和使用办法，村内兴办集体公益事业，所需资金不再固定向农民收取。

实施税费改革后，社会优抚、民兵训练、乡村公益事业等所需统筹费用由县财政安排；取消劳动积累工和义务工后，农村办公益事业所需劳力，按照“量力而行、群众受益、民主决定、有限控制”的原则，实行“一事一议”，每个劳动力每年承担劳动量不得超过 10 个标准工日。

税费改革后的农民负担情况：改革前的 1999 年，全县农民负担总额为 1635.68 万元（含农业税及附加、农业特产税及附加、屠宰税、村提留、乡统筹等）；改革后，2002 年全县农民负担额为 681.69 万元（含农业税及附加和农业特产税及附加），减轻负担额 953.99 万元，减负率 58.31%，农民人均每年减轻负担 30.99 元。

2004 年 3 月 5 日，总理温家宝在第十届全国人民代表大会第二次会议上所作的《政府工作报告》中提出，“继续推进农村税费改革。除烟叶外，取消农业特产税。从今年起，逐步降低农业税税率，平均每年降低 1 个百分点以上，五年内取消农业税”。根据报告精神，2004 年，贞丰县取消除烟叶以外的农业特产税。减轻农民负担 115.69 万元。农民人均减轻负担 3.53 元。

贞丰免征农业税后，农民负担得到减轻。取消农业税之前，贞丰县农业税计税耕地面积 214674 亩，计税产量（折稻谷）355 千克 / 亩，全县常年计税总产量 76209 吨。按照全省统一7%农业税税率及20%附加比例，每亩农业税为24.85千克稻谷，全县农业税为5334648.5千克。每0.5千克中等籼稻价格0.52元（与市场价格相差0.48元），全县农业税5548034元，农业税附加110981元，农业税及附加为5659019元。但农民的负担远不止此数。原因是，国家向农民收取农业税是“要粮不要钱”，而向农民收购粮食的计算价格为中等稻谷1.04元/千克，与市场价格2元/千克，相差0.96元/千克，农民完成农业税额外还隐形负担5121262元，全县农民农业税及附加实际负担额10780281元。

在取消农业税之前，全县农民每年在承担公粮任务的同时，还要承担国家粮食定购任务（余粮）8159868千克（折稻谷），平均每亩耕地38千克，减去农业税（公粮）后，平均每亩还有24.75千克余粮。每千克余粮价格仍存在0.96元差价，取消粮食定购任务后，全县减轻农民负担18942243元。每年人均减负61.3元。取消农业税后，农民人年均减轻负担95.8元。

2007年开始，国家对农民实行种粮补贴、良种补贴和购置农机具补贴，仅种粮补贴和良种补贴两项，国家每年给贞丰县补贴3004万元。改革开放成果惠及全县农民，农民得到真正实惠。

第四节　农业专业户

随着改革开放的推进，农业产业结构调整取得明显成效，一些懂技术、有一定专长的种植能手和养殖能手，纷纷转向劳动力相对缺乏的农户租土地发展经济效益高的特色产业，兴起农村专业户。在养殖业方面，涌现了许多养牛、养鸡、养猪等养殖户。在种植业方面，涌现出了许多甘蔗、花椒、李子、砂仁、生姜、黄花梨、桃子、蔬菜种植大户，其中甘蔗种植大户最多，种植规模不断扩大。

2005年至2006年榨季，交售甘蔗到白糖厂超过80吨，产值超过17600元（每吨价格220元）的大户就有15户。其中，产量80~96.25吨，产值17600~21175元的有8户；产量100~152吨，产值22000~33440元的有3户；产量207~278吨，产值45540~61160元的有3户；产量349吨，产值76780元的有1户。

2006年至2007年榨季，交售甘蔗到白糖厂超过80吨，产值19200元（每吨价格240元）以上的有32户。其中，产量80~100吨，产值19200~24000元的有17户；产量109~191吨，产值26160~45840元的有10户；产量241~298吨，产值58740~71520元的有3户；产量333.8吨，产值80122元的有1户；交售最多的一户是沙坪乡者砍村罗正伦，该户交售到白糖厂的甘蔗是739吨，产值177360元。

2007年至2008年榨季，交售甘蔗到白糖厂超过80吨的种植大户有109户，较上年增加77户，增幅为340.6%。其中，交售最多的一户是沙坪乡者砍村罗正伦，该户交售到白糖厂的甘蔗是856吨，产值188320元（每吨价格220元）。

2008 年至 2009 年榨季，交售甘蔗到白层糖厂超过 80 吨的有 113 户，其中：交售量最多的一户是沙坪乡者砍村的罗正伦种植户，该户当年交售到白糖厂的甘蔗量是 1198.98 吨，产值 287755.2 元（每吨价格 240 元）。

第五节　农业技术服务

中华人民共和国成立后，党和政府重视农业。分别在县城和 6 个区成立农业技术推广站，直属县建设科管理。20 世纪 50 年代中期，撤销县建设科，单设县农业局、县水利局、县农机局。县农业局下设农业技术推广站、种子站、植保站（以下简称“农三站”）、畜牧兽医站、畜牧品种改良站，6 个区分设农业技术推广站、畜牧兽医站，直属农业局管理。1980 年 10 月，县畜牧兽医站和畜牧品种改良站从县农业局中分出，单设县畜牧局。1994 年，实施机构改革，县畜牧局、县农机局并入县农业局。后因县级合并，而州、省两级不合并，不利于上下沟通，不利于向上级争取畜牧、农机项目。1995 年，畜牧局又从农业局分出，1996 年，县农机局从县农业局分出。2010 年，县农办、县扶贫办、县农业局、县畜牧局、县农机局、县林业局合并，为县农林扶贫局。

一、县农业技术服务机构及工作

县农业技术推广站　职能：编制全县粮油发展规划，负责新品种、新技术的引进、试验、示范和推广、全县农业信息收集发布，指导乡（镇）农技站开展工作。

县植保站　职能：负责农作物病、虫、草、鼠害的预测预报和综合防治，高效低毒低残留新农药的试验示范及推广、植物检疫、植保信息收集发布，指导乡（镇）农技站开展工作。

县种子站　职能：负责农作物新品种的引进、试验、示范，新品种区域试验，种子质量监管，种子备案登记，作物新品种信息收集发布。

随着杂交良种的不断推广普及，种子需求量的不断增加。根据省农业厅安排，贞丰县于 1982 年，将种子站更名为种子公司，其职责除履行原种子站的职责外，还负责全县种子调运和销售。2004 年 8 月《中华人民共和国种子法》颁布实施，根据《中华人民共和国种子法》第五十六条“农业、林业行政主管部门及其工作人员不得参与和从事种子生产、经营活动；种子生产经营机构不得参与和从事种子行政管理工作。种子的行政主管部门与生产经营机构在人员和财务上必须分开”的规定。2005 年，贞丰县撤销种子公司，恢复贞丰县种子站。

县农业经营管理站　1981 年，根据省农业厅安排，贞丰县农业局增设农业经营管理站（一套人马、两块牌子，即农业经营管理站、减轻农民负担办公室），负责全县各种作物的投入、产量、产值的调查、效益分析和农民负担的监督管理。

县土肥站　1984 年，根据省农业厅安排，贞丰县农业局增设土肥站，1985 年，贞丰成立县土地管理局，县土地管理局局长由农业局局长兼任。1988 年，县土地管理局单列，并更名为县国土资源管理局，土肥站划归国土资源管理局。1993 年，根据省农业厅安排，县农业局重新组建土肥站。职能：对土壤 N、P、K、有机质含量、pH 酸碱度进行测土化验，根据化验结果进行配方施肥，负责化肥新品种试验、示范及推广，中低产田土改造，化肥质量监管，土壤肥料信息收集发布。并指导乡（镇）农技站工作。

县经作站 1989 年，县农业局增设县经作站。职能：编制全县经济作物发展规划，负责经济作物新品种的引进、试验、示范及推广，经济作物信息收集发布，指导乡（镇）农技站工作。

县农村能源办公室 2003 年，根据省农业厅安排，县农业局增设农村能源办公室。职能：编制全县农村可再生能源发展规划，组织、协调、指导全县沼气池建设为主的农村能源综合利用建设，负责沼气池建设技工的管理，指导再生能源产业发展服务体系建设，农村再生能源信息收集发布，指导乡镇农技站工作。

县农产品质量安全检测站 2006 年，县农业局增设农产品质量安全检测站。职能：无公害农产品、绿色食品产地认证，环境的质量监测及评价；对优质无公害农产品产地、实施产品许可证和质量认证的农产品、农业投入品进行跟踪监督、检测检验；负责农业转基因生物安全，农产品质量信息收集发布，并指导乡（镇）农技站工作。

县农业广播学校 其前身是贞丰县农业学校，成立于 1973 年，招收过一期学生，办有农业、畜牧两个专业，1975 年改为农业广播学校。职能：编制全县农民技术教育培训规划；负责农村富移劳动力培训转移“阳光工程”，劳动力转移信息收集发布，指导各培训基地、教学点开展工作。

县农业执法大队 随着农业法律、法规的颁布实施，特别是《中华人民共和国种子法》的颁布实施，农作物种子市场放开。为加强种子市场的监管，按照省政府文件要求，2004 年，县农业局成立贞丰县农业执法大队和法规股。农业执法大队的职能是：负责对违反《农业法》《农业技术推广法》《种子法》《植物检疫条例》《农药管理条例》《复混肥管理办法》等法律法规案件的查处。

法规股 职能：负责对农业法律、法规的宣传和农业执法监督。2010 年，农业机构合并时，法规股被撤销。

二、乡（镇）农技推广机构

1991 年以前，贞丰县辖 6 个区，6 个区分别单独设立农业技术推广站，人财物由县农业局管理。

1991 年，贞丰县实施撤区并乡建镇。全县辖 6 个镇、7 个乡，共 13 个乡镇。13 个乡镇分别单独设立农业技术推广站，其人、财、物由乡镇管理，县农业局只对其进行技术指导和专业技术职务的聘用。2003 年，乡镇农业技术推广站、畜牧兽医站、水利站、农机站合并为乡镇农业服务中心，人、财、物由乡镇管理，县级相关部门只对其进行技术指导和术职务聘用。

2007年，根据《贵州省人民政府关于深化改革加强农业技术推广体系建设的实施意见》和《黔西南州人民政府关于认真做好农业技术推广体系建设的通知》精神，县农业局编制《贞丰县农业技术推广体系改革与建设实施方案》报省级审批，乡镇农业技术推广站单独设立，直属县农业局管理。但县里考虑到乡（镇）的工作量及工作难度，贞丰县没有执行该方案。

各乡（镇）农技站的公益性职能：配合县级农业技术推广各业务站在各乡（镇）开展的农作物新品种、新技术的示范、推广，病、虫、草、鼠害的综合防治，测土配方施肥，中低产田土改造，农村沼气池建设的组织、协调、指导，农业信息收集发布。白层、鲁容、鲁贡、沙坪四个乡（镇）农技站除履行上述公益性职能外，还负责高产高糖甘蔗新品种等高带状栽培技术示范、推广。

第二章　种植业

贞丰县土地和气候适宜各种农作物生长，自古以来农民都以种植业为主。农民生活和经济来源主要靠种植水稻、玉米、小麦粮食作物和油菜、甘蔗、水果、烟叶、蔬菜等经济作物。在2000年之前农村90%以上的劳动力都投入种植业。2000年后，除了少数劳动力外出务工、经商外，绝大部分劳力仍从事种植业，积极实行科学种植和管理，提高种植业经济效益。

第一节　粮食作物

贞丰县主要的粮食作物有水稻、玉米、小麦，其次是高粱、红薯、马铃薯等。

一、水稻

水稻是贞丰县的主要粮食作物之一，常年种植面积10.2万亩左右，仅次于玉米，居第二位，常年产量50000吨左右，居第一位。1998年，全县种植水稻10.047万亩，总产47552吨，平均亩产473.3千克；2003年种植10.185万亩，总产51856吨，平均亩产509千克；2007年种植10.31万亩，总产52117吨，平均亩产505千克。2010年全县种植水稻10.77万亩，产量55930吨，平均每亩517千克。

水稻杂交良种的推广应用　20世纪90年代中后期，贞丰就有中矮秆水稻种和杂交水稻种示范种植，品种有：“76—1”“相东”“卡特”“两矮26”等。大部分农户种植“南优2号”和“汕优2号”等杂交水稻。

1996 年，全县杂交水稻推广面积 9.6 万亩，占水稻种植面积 93.2%。推广的主要品种有汕优 63、冈优 22、冈优 12、冈优 527、Ⅱ优 838、K 优 5 号、D 优 63、D 优 527、特优 559 等品种，每亩产量 500~600 千克。

2003 年，全县杂交水稻推广面积 9.8 万亩，占水稻面积 10.2 万亩的 96.1%。农户除根据农村风俗习惯，逢过年过节必须吃糯米饭和粑粑，零星种植有少量的糯稻和粳稻外，全部种上杂交水稻。推广的良种有：冈优 22、冈优 12、冈优 527、Ⅱ优 838、K 优 5 号、D 优 63、D 优 527、金优 785 等。

水稻育秧新技术的推广应用　贞丰县的水稻育秧历经四种方式，即传统育水秧（俗称“满天星”）、湿润育秧、两段育秧、旱育稀植育秧。

20 世纪 90 年代以前，贞丰县均采取传统方法育秧（育水秧）。即将田打好、耙平后，将通过浸泡、催芽的谷种撒于田中。这种育秧方式，一是烂种、烂芽严重，成秧率低，二是秧苗质量差，难以培育出健壮秧苗。

湿润育秧。将田打好、耙平后，将水放干，然后分厢，厢宽 1.4 米，沟宽 0.3 米，将通过浸泡、催芽的种子撒于厢面，保持厢沟有水，厢面湿润。为了防止“倒春寒”的危害，用竹片沿厢面两边插呈小拱棚，用薄膜覆盖。湿润育秧技术的推广应用，为提高成秧率、培育健壮秧苗、提高单产发挥了一定作用。但由于湿润育秧要求“浅水勤灌”，水源条件差的地区难以实施，未能得到大面积推广。

1988 年，县农业局派技术干部到定塘蹲点，在（原定塘乡）五里岗村一农户田中作地坑塑料小拱棚“两段育秧”新技术试验（全县唯一的试验点），在试验中组织原定塘乡、村、组干部及热心于农业新技术的农民到实地参观学习，参与产量验收。验收结果，采用两段育秧的稻田比采用其他方式育秧的每亩增产 53 千克。

采用“两段育秧”技术育秧，苗床期膜内温度比膜外温度高 3~5 度，不但有效防止“倒春寒”的危害，还增加有效积温，提高成秧率，节约用种。据调查，两段育秧成秧率达 80% 左右，较水育秧和“湿润育秧”成秧率高 20~30 个百分点，每亩节约种子 0.9 千克（水秧和“湿润育秧”，每亩大田用种量 1.5 千克以上，采用“两段育秧”，每亩大田用种只 0.6 千克）；二是通过小苗寄栽，使每株小苗在秧田期有充足的营养空间，有利于培育壮苗，每株秧苗在秧田期分蘖 3 个以上，移栽大田后容易形成高产群体，从而提高产量，提前成熟。经试验，同一品种，在同一天播种，采用“两段育秧”较采用水育秧和湿润育秧提前 7~10 天成熟；三是，通过小苗寄栽，使每株小苗在秧田期有充足的营养空间，秧苗在秧田期内 40~70 天秧龄均可移栽，不易拔节。

试验成功后，1989 年开始向周边村寨扩大示范面积，到 1991 年，全县“两段育秧”推广面积 6.1 万亩，1995 年 8.4 万亩，占水稻种植面积 10.2 万亩的 82%。

地膜小拱棚“两段育秧”的具体操作方法。苗床宽 1.3 米，长根据种量而定，每平方米苗床播种量 300 克，秧苗长到 2 叶 1 心时移入秧田寄栽，寄栽规格为 6 厘米 ×6 厘米。

1994 年，贞丰开始引进水稻“旱育稀植”育秧技术进行试验示范，以后逐年推广，到1998年，推广面积1.1万亩；2000年4.5万亩；2003年6.3万亩；占水稻种植面积的61.2%。2004年全面普及。

“旱育稀植”与“两段育秧”比较，采用“旱育稀植”技术育秧具有减少寄栽秧苗的程序，每亩节约用工4~5个工日，且节约用水，特别是干旱年代，在无水打秧田的情况下，仍然可以做到适时播种。不足之处是：同一品种，在同一区域内种植，其生育期比采用“两段育秧”的长7~10天。一是不利于茬口安排工作；二是若遇上“秋风”寒潮年份，产量会受到影响；三是采用“旱育稀植”育秧，每平方米苗床的播种量只能控制在30克以内。

贞丰县的气候特点是冬春干旱，春旱尤为严重。传统的水稻育秧用水主要靠水库供应，2002年后，贞丰县降雨量逐年减少，水库的蓄水量大大减少。随着城镇建设加快，城镇人口不断增加，城镇居民生活用水、工业用水与农田灌溉用水成了新的矛盾，贞丰县第二大水库——纳山岗水库所蓄的水，过去完全用于农田灌溉，主要灌区是龙场镇和珉谷镇白腊片区。2000年后，全部用于城镇居民用水和工业用水。如果不推广应用“旱育稀植”技术，水稻种植要做到适时播种是绝对不可能的。

再生稻示范推广发展 再生稻是稻谷生产的一项新技术，是充分利用种植一季有余、两季不足地区的温、光、水、土资源，增加粮食产量的一项有效措施。具有投资省、花工少、见效快等优点。

1989年，农业部门在鲁贡坝子做试验、示范，平均亩产116千克。1990年和1991年扩大示范面积，但因干旱及管理不善等原因，再生稻成功率低。后经农技人员反复研究讨论，总结其成功的经验和失败的教训。1992年，在水源条件好的白层镇坝桥坝子进行示范推广，示范面积200余亩，再生稻平均亩产197.1千克。10月上旬收割再生稻，与海拔1000米以上地区收割单季稻同期，不影响秋冬种作物的种植。

栽培再生稻的技术措施：一是3月底前必须播种；二是在第一季进入乳熟期（散子）时施促芽肥，每亩施尿素7~10千克；三是，收割第一季时必须实行平桩割谷，确保再生芽生长整齐；四是，收割第一季留桩高度为30厘米左右。

二、玉米

玉米是贞丰县的主要粮食作物之一，播种面积居第一位，产量居第二位。常年种植面积12.6万亩左右。1991年种植10.5万亩，总产17275吨，平均亩产165千克。1996年种植11.93万亩，总产28162吨左右，平均亩产236千克。2003年种植12.67万亩，总产42923吨，平均亩产338千克。2007年种植13.88万亩，总产46460吨，平均亩产334千克。2010年种17.6万亩，总产49780吨，平均亩产282千克。

玉米杂交良种的推广应用 20世纪70年代以前，贞丰县的玉米主栽品种是“贞丰黄”。“贞丰黄”具有香味浓、品质好、质地硬（属硬粒型）、耐贮藏等特点。“贞丰黄”根据其分布区域和米质的硬度又分为“小黄”“二黄”“大黄”三个品种。“小黄”主要分布于低海拔高温度地区，其米质硬度大于“二黄”；“二黄”分布于中部地区，米质硬度大于“三黄”；“三黄”分布于贞丰高海拔地区。虽然“贞丰黄”具有以上各种优点，但由于植株高大，不抗倒伏、不宜密植，产量低。

20世纪70年代末期，贞丰引进杂交玉米“兴单4号”和“兴玉一号”进行试验种植，但品种单一，种源少，品种质量差，不耐储藏，未能得到大面积推广。1983年“兴X苏”问世后，杂交玉米的推广才有起色。1984年推广面积1.1万亩，1994年“兴黄单89—2”示范种植产量高后，杂交玉米才得到较快推广。1995年，全县推广杂交玉米2.8万亩，2000年达5.3万亩，2003年达6.1万亩，占玉米种植面积69.6%。主推品种是“兴黄单89—2”“兴单8号”和“兴单6号”，也有少量的“兴海201”“兴海991”等品种。2004年，引进“正大619”品种进行试验种植，在低海拔地区产量高。2005年，开始大面积种植，杂交玉米的推广又上了新台阶。每年种植9万亩以上，无论县境中西部地区或东部低海拔地区，杂交玉米得到普及。2005年起，推广的品种有：“兴海201”“兴海991”“兴黄单999”“正大619”“黔玉3号”等品种。

种植杂交玉米，一般亩产300~400千克，每亩比常规品种增产75千克以上。

玉米种植新技术的推广应用　玉米拉绳打窝种植。为使玉米种植密度合理科学，提高产量。贞丰县在20世纪80—90年代，主要推广宽窄行拉绳打窝种植（宽行0.8米，窄行0.5米，窝距0.7米，每窝双株留苗）。但由于难以进行叶片定向，叶片之间相互遮蔽，不能充分利用光能，增产效果不明显。

玉米育苗移栽。1990年，贞丰开始进行玉米育苗移栽试验、示范，当时技术不配套，采用化肥拌和泥土装袋育苗，装袋和移栽时撤袋比较费工，撤袋后营养土破散，因此，秧苗移栽成活率低，第二年就停止玉米育苗移栽种植技术。

1998年，开始推广玉米粪团育苗移栽，采用80%的农家肥和20%的泥土，加适量水制作粪团育苗，不仅较好地解决了营养袋育苗存在的问题，而且具有提前播种、争取季节，集中育苗、便于管理，定向移栽，产量高等优点。因此，该项技术很快得到推广应用。

1998年，示范面积2563亩，2003年，粪团育苗移栽玉米推广面积达51300亩，占玉米主产区旱地面积的58.53%。2004年，随着农村劳动力外出务工的不断增加，农村劳力减少，该项技术的推广面积逐年减少，2007年，全县推广面积为2800余亩。2010年后，只有早熟玉米（作蔬菜用）采用该项技术。

玉米粪团育苗移栽一般亩产400~500千克，较传统种植每亩增产65千克左右。

种植技术。宽窄行拉绳打沟，宽行0.8米、窄行0.5米，株距0.3米，单株定向移栽，确保每亩种植密度达3300株以上。

三、小麦

小麦是贞丰县的粮食作物之一，20世纪80年代中期至90年代，小麦种植规模较大，每年种植面积8万亩左右，推广品种有“贵农10号”“兴麦5号”“兴麦7号”等。一般亩产100~150千克，亩产最高的达250千克左右。“贵农10号”，一般亩产量250千克。“贵农10号”的推广面积达小麦种植面积的80%左右。1991年，随着水稻、玉米新品种、新技术的推广应用，粮食产量逐年提高；优质高产杂交油菜的推广，种植油菜经济效益高于小麦，因此，小麦种植面积逐年缩减。2007 年，全县小麦种植面积约 4 万亩左右，品种有“丰优 3 号”“丰优 5 号”等。

四、薯类

贞丰县的薯类作物主要有红薯、马铃薯等。生活困难年代均用作主食。1982 年后多用作饲料，马铃薯多作蔬菜。种植的马铃薯品种有：“威芋 3 号”“坝薯 10 号”等。

五、高粱

1991 年以前，贞丰县有个别乡村农户种高粱，多数是套种玉米行间。随着杂交玉米的推广，特别是玉米育苗移栽技术的推广应用，提高了玉米的种植密度，玉米行间已无法再套种高粱，高粱种植很少。

为提高农民经济收入，2008 年，贞丰从遵义市习水县引进“红缨籽”高粱品种进行示范种植，据农业技术人员实地验收，平均亩产量 411 千克，每千克价格 5.2 元，亩产值 2137.2 元，产品主要销往习水县作酿酒原料。其种植模式为净作，每亩种植 5800 株左右。

第二节　经济作物

贞丰县的经济作物主要有甘蔗、油菜、蔬菜、烤烟等。

一、甘蔗

甘蔗是热带、亚热带多年生宿根性作物，要求年日平均温度 18℃以上，各生长期最适宜温度 25℃ ~32℃之间，种一次至少可以收获四年，再生力强的品种可收 5~6 年，第二年后只需进行田间管理和施肥，无须再投入种子和栽种，且第二、第三、第四年的产量明显高于第一年的产量。

贞丰县东南部低海拔地区的白层、鲁容、鲁贡、沙坪四个乡镇很早以前就种植甘蔗，品种是本地“芭茅蔗”，产量低、糖分含量低，小作坊加工，经济效益差，发展缓慢。1972 年，贞丰县从外地引进“台糖 134”和“印度 419”等甘蔗品种，并于 1974 年建红糖厂，贞丰甘蔗有了新的发展，但仍未满足人们对食糖的需求。1975 年，开始筹建白糖厂，于 1979—1980 榨季正式建成投产，但由于设计压榨能力低，压榨甘蔗能力仅为 200 吨 / 日，不能满足甘蔗发展的需求，后经三次技改。1984 年，进行技术改造压榨能力增为 350 吨 / 日；1998 年，进行技术改造压榨能力为 750 吨 / 日；2004 年，进行技术改造压榨能力为 1200 吨 / 日，基本满足当时甘蔗压榨的需求。

1974 年建厂初期贞丰甘蔗基地只有 980 亩，2008 年扩大到 26000 多亩。1980 年进入糖厂的甘蔗只有 4000 吨，2007—2008 年榨季有 95804 吨甘蔗进入糖厂压榨。

20 世纪 70 年代引进的“台糖 134”和“印度 419”两个品种，由于种植时间长，抗逆性严重退化，单产低。一般亩产仅 3 吨左右。含糖量低（含糖量 12% ~13%），产糖率低，经济效益差。

2000年，贞丰白糖厂从广西等地引进了一批高产高糖甘蔗新品种进行试种，筛选出适宜贞丰县种植的有“新台糖21”“新台糖22”“新台糖25”“选50”和贵州省热带作物研究所选育的“黔糖4号”等品种进行推广种植。这些品种在缓坡地上采用等高带状种植，一般亩产在5吨以上，利用稻田种植可达6吨以上。含糖量15.7%~16.3%，蔗农经济效益和糖厂经济效益均明显提高。

2005年，鲁贡镇落畔村韦勇家承包稻田种植甘蔗36.2亩，种植品种“新台糖21”，平均亩产量6335千克，总产量229.36吨，扣除投入31751元（每亩877.1元）后，纯收入为18699.5元，平均每亩纯收入516.56元。

该户2006年新植2亩，加上上年宿根36.2亩，共38.2亩，总产量268.44吨，平均亩产7027.2千克，总产值64430.1元（每吨价格240元），扣除物化投入和劳动力工资15968.2元（平均每亩418元）后，纯收入48461.9元，平均每亩纯收入1275元。

鲁贡镇毛闷村七组黄登才家，2006年，在梯地上打沟新种植2.72亩“选50”甘蔗新品种，总产17050千克，总产值4092元，平均亩产量6268千克，平均亩产值1504.4元。投资开沟种植13个工260元，农家肥1250千克250元，种子2500千克550元，复合肥200千克220元，尿素40千克75元，管理6个工120元，砍收25个工500元，合计投入1975元，平均每亩投资726.1元。平均每亩纯收入778.3元。

2006年，鲁贡镇毛闷村七组黄登才家，白层镇马宗村干河沟组黄生德家在缓坡地上采用等高带状种植“新台糖21”新品种9.6亩，2007年（宿根第一季），总产51210千克，总产值12290.4元，平均亩产量5334.4千克，平均亩产值1280.3元，减去当年投入（复合肥100千克100元+尿素25千克45.6元+管理4个工日80元+砍收费160元）385.6元/亩，每亩纯收入894.7元。该户在相邻地块（缓坡地）种植“新台糖22”甘蔗10.7亩，2007年（宿根第一季），总产量67950千克，总产值16308元，平均亩产量为6350千克，平均亩产值1524元，减去当年投资（复合肥100千克100元+尿素25千克45.6元+管理4个工日80元+砍收费190.5元）416.1元/亩，平均亩纯收入1107.9元。

甘蔗，根据其所含糖分种类，分为果蔗和糖蔗（糖蔗所含的糖分是蔗糖，果蔗含的是果糖，又称“还原糖”）。2000年后，全县果蔗种植面积约5000亩，种植品种以“黔糖3号”为主，一般亩产5~6吨，高的可达12.5吨。每吨销售价格400~600元左右。

二、油菜

油菜是贞丰县主要经济作物之一，同时又是主要油料作物。以前，种植品种是本地芥菜型“苦油菜”，又叫“竹丫油菜”。1990年，引进“湘油2号”“黔油23”“胜利油菜”“云油2号”等甘蓝型品种和白菜型品种“浠水白”（早熟种，主要在秧田种植）。1988年，引进杂交油菜“油研4号”进行试验、示范，以后逐年扩大面积。1990年，引进“油研5号”“油研7号”。2000年，推广“杂选1号”“黔油12”等品种，油菜种植面积逐年扩大，2001年后，每年种植面积5万亩以上。

杂交油菜出油率40%左右，是传统油菜出油率的2倍，推广种植杂交油菜不仅产量大幅度提高，而且出油率也高。提高了种植油菜的经济效益。

油菜种植新技术推广　1988 年以前，贞丰油菜种植方式是点播和撒播两种，且多数用旱地种植，产量低，经济效益差。为扩大油菜种植规模，提高油菜产量，增加农民收入。1988 年，县政府由分管农业的副县长带队，从农业局抽派 4 名技术人员，到遵义地区绥阳县学习考察油菜育苗移栽技术。学习回来后，在城关区、珉谷镇、龙场镇、者相镇开展试验、示范，龙场镇的定塘坝子是重点试验区之一，试验成功后，逐年向全县推广。1990 年后，杂交油菜育苗移栽提高了油菜单位面积产量和经济效益。

油菜育苗移栽特点是提前播种、争取季节，集中育苗、便于管理，便于培育壮苗。育苗时间是：9 月底至 10 月初育苗，每 80~100 克种子播 1 分（67 平方米）苗床地，供 1 亩大田用苗。苗龄 30 天至 40 天（叶龄 4~5 叶期）移栽。移栽时行距 0.6 米，窝距 0.3 米，每窝栽 2 株苗，每亩基本苗 7000~7500 株。

油菜育苗免耕移栽　2003 年引进油菜育苗免耕移栽技术。经试验，在秋季雨水多，稻田土壤水分含量高，无法进行翻犁的年份，采用油菜育苗免耕移栽方法。

三、蔬菜

贞丰种植蔬菜种类有白菜、豆类、茄子、莲花白、辣椒、瓜类、花花菜、西红柿、莴笋、生姜等。种植规模较大且产量产值较高品种：白菜类有“丰抗 60”“牛牌 19 号”“热优王 1 号”等；豆类有“贵阳白棒豆”；豇豆有“台湾春秋豆”；茄子有“隆杂 2 号”“紫红长茄”等；莲花白有“京丰一号”“京丰 3 号”；辣椒有“永优六号”“渝辣 103”“丰椒一号”等；花花菜有“80 天花椰菜”“西兰花（青花）”等；番茄有“红将军”“索南北”“钢石 308”等；菜用玉米有“筑糯 2 号”“筑糯 5 号”“遵糯 3 号”；莴笋有“科研 3 号”“科兴 3 号”。种植模式多为，一年种一季水稻两季菜或三季菜，一年三熟，低海拔高热量地区可达一年四熟。一般单季亩产值为 3600 元左右，扣除物化投入每亩 800 元，每亩纯收入 2800 元，一年三熟制每亩纯收入 6200~8400 元。

1991 年至 2010 年贞丰县主要农作物生产情况统计表

表 9-2-1

年份	粮食总播面（亩）	粮食总产量（吨）	稻谷		玉米		小麦		油菜		甘蔗	
			播面（亩）	产量（吨）	播面（亩）	产量（吨）	播面（亩）	产量（吨）	播面（亩）	产量（吨）	播面（亩）	产量（吨）
1991	281106	54746	102796	30241	105386	17275	72924	5763	47579	3074	25768	65898
1992	289440	46565	10290	26023	103800	15990	82740	3566	54810	1727	28230	60072
1993	278535	57736	100125	31665	100170	21637	78240	4179	39390	976	31050	89712
1994	299158	66788	100890	33886	110839	25819	87429	5195	47040	1605	32385	80528
1995	296460	71500	99435	36258	107250	26906	89775	6095	51405	2650	46170	95110

续表 9-2-1

年份	粮食总播面（亩）	粮食总产量（吨）	稻谷		玉米		小麦		油菜		甘蔗	
			播面（亩）	产量（吨）	播面（亩）	产量（吨）	播面（亩）	产量（吨）	播面（亩）	产量（吨）	播面（亩）	产量（吨）
1996	317349	76840	100170	40797	119325	28162	97854	5510	53040	2167	51735	136081
1997	307665	85103	99660	46329	112005	27659	96000	7701	52695	3191	51870	151418
1998	340399	98195	100470	47552	129660	34926	110265	9938	56760	3452	66357	150266
1999	345405	102750	101700	45417	134760	42149	108945	10020	55680	3281	76860	215430
2000	356445	107802	102900	49426	133890	41830	119655	10942	66210	4377	88185	225016
2001	341705	103168	103020	44837	132510	43086	106215	9837	74970	4590	95955	248541
2002	337200	92054	100410	30013	130395	45619	106395	9737	70110	4731	94200	269643
2003	331995	111257	101850	51856	126855	42923	103290	10263	67695	4427	88235	256541
2004	323070	113528	99900	50540	122715	44871	100455	11745	51705	3942	90990	187862
2005	334905	115835	100245	52625	134325	45050	100335	11996	68805	5183	96765	216385
2006	335274	117982	102099	51085	141795	46908	91380	12012	80745	5791	92475	210850
2007	344730	118830	103125	52117	138765	46460	102840	12811	80610	5972	97575	237283
2008	314595	121240	107640	54251	139380	48323	67575	11776	66255	5010	96990	229196
2009	319890	123506	10730	54628	143595	49934	68565	11935	77615	5477	93630	223444
2010	352020	112406	107700	55930	175590	49780	68730	1328	72990	1725	60000	68000

1991 年至 2010 年贞丰县茶叶、水果产量统计表

表 9-2-2

项目 / 年份	茶叶产量（吨）	水果产量						
		合计（吨）	香蕉（吨）	柑橘（吨）	梨（吨）	桃子（吨）	李子（吨）	其他（吨）
1991	50	1035	362	134	253	97	116	77
1992	28	1255	440	193	233	124	197	68
1993	35	897	162	210	180	107	156	82
1994	64	1037	133	241	192	129	256	86
1995	76	1218	216	393	206	130	—	273
1996	74	1157	169	559	146	121	—	162
1997	84	1534	120	704	166	189	—	355
1998	83	2210	137	775	355	385	—	558
1999	93	2085	197	614	407	338	—	529

续表 9-2-2

年份＼项目	茶叶产量（吨）	水果产量						
		合计（吨）	香蕉（吨）	柑橘（吨）	梨（吨）	桃子（吨）	李子（吨）	其他（吨）
2000	118	2213	147	663	460	355	—	588
2001	195	2532	359	695	567	438	—	473
2002	207	3556	364	785	813	520	—	1074
2003	242	4692	1003	900	1275	794	—	720
2004	227	5189	790	999	1607	1328	—	465
2005	245	5165	713	969	1615	1042	—	826
2006	270	5502	734	1064	2086	1045	—	573
2007	315	6844	854	1632	2530	1198	—	630
2008	322	7485	707	2251	2671	942	—	914
2009	328	5674	449	1926	1524	891	—	884
2010	358	5394	394	1910	1561	691	—	838

说明：1995 年至 2010 年有李子产量，无统计数据。

四、烤烟

1991 年后，贞丰加大农业结构调整力度，在稳定粮食生产基础上，大力发展经济作物，拓宽农民增收渠道。根据县境中北部适宜种烤烟，且经济效益比种玉米等农作物收入高，又能增加财政收入的实际，提出“北烟南蔗”的农业经济发展思路，成立县烤烟生产领导小组，由一名副县长任组长，领导小组下设烤烟办公室，为正科级单位，专门抓烤烟生产。州政府从州农业部门选派一名烤烟科技干部到贞丰县挂职任副县长，专门抓烤烟工作。县委、县政府把烤烟生产列入全县的主要工作之一，采取许多切实有力措施使烤烟工作落到实处，将烤烟种植面积、产量任务落实到适宜种烤烟的珉谷、者相、龙场、小屯、北盘江、长田、平街等乡镇，把烤烟生产任务完成情况列为种烟乡镇和有关部门年度考核内容之一，实行奖惩；制定优惠政策扶持烤烟生产。对种植 5 亩以上的烟农，县财政局、烤烟办公室无偿帮助建烤烟烘烤房、农资部门供应平价化肥（优惠价）、乡镇政府帮助协调贷款投资；1991 年至 1996 年，县烤烟办公室和乡镇政府每年都以乡镇为单位举办烤烟育苗、移栽、田间管理、烘烤、分级扎把等培训班，使烟农掌握烤烟生产技术，促进了烤烟的发展。1991 年，全县种植烤烟面积仅为 6410 亩，烟叶产量仅为 551 吨，2002 年，全县种植烤烟面积 12060 亩，烟叶产量达 1279 吨，比 1991 年增加 1 倍，2010 年，全县种植烤烟面积达 24675 亩，为 1991 年 3.7 倍，烟叶产量达 2807 吨，为 1991 年 4.3 倍。1996 年后，烤烟生产成为长田乡经济支柱，县乡财政收入和农民增收的主要来源。

1991 年至 2010 年贞丰县烤烟种植、产量统计表

表 9-2-3　　　　单位：亩、吨

乡镇 年份	珉谷		者相		龙场		北盘江		小屯		长田		平街		合计	
	面积	产量	面积	产量	面积	产量	面积	产量	面积	产量	面积	产量	面积	产量	面积	产量
1991	109	18	946	46	1900	176	506	38	2073	207	196	14	680	52	6410	551
1992	1500	75	1140	88	1500	136	1500	141	3465	174	720	61	1500	125	11325	800
1993	2385	124	795	51	1980	154	2205	242	2370	205	675	35	1800	100	12210	911
1994	150	7	600	43	315	24	345	43	675	53	165	14	300	20	2550	204
1995	405	25	705	35	225	24	225	32	720	50	225	21	300	27	2805	214
1996	5550	380	2010	160	1200	110	1005	85	1200	132	1350	275	495	58	12810	1200
1997	720	80	6169	550	4999	500	2809	250	2790	350	6045	766	2100	263	25632	2759
1998	420	63	1695	150	1305	160	1185	185	1485	89	3120	325	1260	158	10470	1130
1999	45	5	600	71	1500	188	405	53	1785	110	2460	246	1260	139	8055	812
2000	120	13	885	85	2550	225	975	146	1055	99	2475	256	1545	165	9605	989
2001	—	—	840	84	3150	241	885	70	795	99	2550	200	1095	100	9315	794
2002	345	31	1260	126	3720	360	1065	78	1005	136	3180	414	1485	134	12060	1279
2003	375	33	825	107	3535	370	945	63	870	91	3555	640	1485	134	11590	1438
2004	1005	87	2610	287	3535	370	1065	87	1065	112	3600	653	2055	400	14935	1996
2005	1005	88	2505	350	4350	543	2070	187	2100	189	7500	640	3135	550	22665	2547
2006	600	75	1980	270	4350	478	2295	205	1980	218	5805	635	3420	440	20430	2321
2007	510	68	1500	225	4350	478	2625	203	1980	203	4500	550	3420	370	18885	2097
2008	495	49	2100	315	6150	790	3210	370	1650	205	5010	612	3300	420	21915	2761
2009	855	110	2100	310	6195	775	2625	203	2100	310	5805	750	3300	370	22980	2828
2010	855	110	2100	310	6945	790	2595	196	2100	261	6210	760	3870	380	24675	2807

第三节　自然灾害

一、低温灾害

2002 年 8 月 9 日至 22 日，贞丰县连续降雨，伴随低温、光照不足。8 月 9 日至 22 日降雨量为 211.88 毫米，为全年降雨量的 16.9%；海拔 1040 米地区日平均气温为 19.86℃，最低气温 15.8℃；海拔 1250 米地区日平均气温为 18.56℃，最低气温 14.5℃；

海拔 1300 米地区日平均气温为 18.06℃，最低气温 14.0℃。这段时期气温较低、光照差。此时期正是水稻抽穗扬花的最佳时期，水稻抽穗扬花最适宜的温度为 25℃ ~30℃，当气温低于 23℃时，花药的开裂受到影响，授粉率降低，空瘪粒增加。日平均气温远远低于水稻抽穗扬花适宜温度，因此，造成水稻大面积大幅度减产。

据调查，海拔 1300 米以上地区，无论是杂交稻或本地种植多年的粳稻、糯稻均基本绝收，海拔 1250 米以上地区的稻谷空瘪率 66.2%，减去正常年景空瘪率 15%，实际因灾空瘪率增加 51.2%，即减产 51.2%；海拔 1100 米至 1200 米地区，空瘪率 44.65%，减去正常年景空瘪率 15%，实际因灾空瘪率增加 29.65%，即减产 29.65%；海拔 1000 米至 1100 米地区，空瘪率 30.15%，减去正常年景空瘪率 15%，实际因灾空瘪率增加 15.15%，即减产 15.15%；海拔 950 米以下地区基本正常。此外，因品种抗寒能力的差异，减产幅度也不一样，当年推广的“K 优 5 号”减产最为严重，在海拔 1040 米地区减产 50%左右，在海拔 1250 米以上地区基本绝收。是年，全县水稻减产 70%左右。是有气象记录以来，最为严重的低温“秋风”灾害。

2002 年冬季霜冻灾害。2002 年 12 月，贞丰发生严重霜冻灾害，甘蔗产业损失严重。甘蔗受冻害后，一是糖分迅速下降；二是不能生产红糖，所有的红糖加工厂全部停产，全县所有甘蔗全部运往白糖厂，导致白糖厂到 2003 年 7 月不能将甘蔗榨完；三是大部分蔗芽被冻死，丧失再生能力，需要重新种植。

2008 年 1 月，贞丰又发生长达一个多月的低温凝冻灾害。导致部分蔗芽被冻死，出芽率降低，单位面积有效茎不足，产量降低。原计划 2008—2009 年榨季可进入白糖厂的原料蔗 11 万吨，因低温凝冻灾害，是年进入白糖厂的原料蔗仅为 88674 吨。较 2007—2008 年榨季 95803 吨少 7129 吨，且出糖率只有 11.18%，比上年出糖率 12.1%降低 1.02%。

二、特大水稻虫灾害

2008 年 5 月 25 日至 7 月 5 日，贞丰县大范围持续降雨，雨量一般为中到大雨，造成田间高温高湿，导致水稻病虫害发生，尤以稻纵卷叶螟危害最为严重（通过互联网查询，我国长江以南地区的 12 个省区，只有两个省区没有发生或者危害较轻，其余 10 个省区虫灾严重）。贞丰县境内几乎每一丘田秧苗均受害。灾情发生后，县农业局及时采取措施，统一采购农药、统一组织器械、人员、统一联片防治，在较短时间内将害虫扑灭。害虫被扑灭后，水稻还有充裕的时间恢复生长，未造成大的减产。

三、旱灾

2009 年至 2010 年，贞丰发生特大旱灾。2009 年 8 月至 2010 年 5 月，贞丰出现百年难遇的高温少雨，造成小麦、油菜等夏收作物严重减收，许多山上的杂草、灌木干枯死亡，给甘蔗产业造成毁灭性损失。2009—2010 年榨季，贞丰白糖厂收到的甘蔗仅为 2.65 万吨，仅为 2007—2008 榨季 9.58 万吨的 28.08%；相当于 2008—2009 年榨季 8.87 万吨的 29.88%，减产 70%以上。绝大部分的蔗蔸干死（到蔗地用手轻轻一提，就把蔗蔸拔取，用火机点即燃烧），甘蔗产业受到特大旱灾的严重影响。甘蔗是由野生芭茅草演变而来，具有野生芭茅草抗旱能力强的生物学特性，6 月份降雨后又陆续长出一些稀疏的蔗芽。该次特大旱灾造成贞丰白糖厂因无原料停产三年。

第三章　养殖业

在贞丰县农村中，除种植业外，养殖也是农民生产方式和生活以及经济收入的重要来源。养牛为耕作，养马为运输，养猪、羊、鸡、鸭、鹅是农户生活资料和经济来源。农村有 95%以上农户搞养殖，家庭式养殖很普遍。有条件的村组还有养牛、猪、羊、鸡、鸭、鹅、蜂专业户。养殖收入仅次于种植收入。

第一节　畜禽品种

贞丰县饲养畜禽品种有本地品种和引入外地品种两种，品种结构由单一地方品种逐渐向地方品种、引入品种、改良品种多元化结构方向发展。

一、猪

（一）引入品种及杂交改良品种

猪的品种主要是改良品种。从 1978 年开始引入优良品种对全县地方品种进行改良。1991 年—2007 年，贞丰县共引入约克种公猪 168 头，长白种公猪 31 头，苏白公猪 15 头，杜洛克种公猪 12 头。以引入良种公猪作父本，与本地母猪杂交，对贞丰县猪种进行改良，经过选育和改良，逐步形成适宜县内气候环境、饲养管理条件，具有生长快、经济效益高等优点，全县均有分布，占全县生猪饲养总量 98%以上。20 年来，贞丰县通过引入品种及杂交改良后，全县饲养生猪总数逐年增加，年出栏数和肉产量不断增大。1991 年，全县年出售和自宰的猪 37378 头，当年肉类总产量 3029 吨。1993 年，全县猪类年末头数 66251 头，能繁殖的母猪 3466 头，出售和自宰的猪 43405 头，猪肉类总产量 3687 吨。1995 年，猪类年末数 82296 头，其中，能繁殖的母猪 5845 头，当年出栏数 49159 头，猪肉产量 4409 吨。2000 年，猪类年末数 143353 头，其中，能每繁殖的母猪 9364 头，出栏 99284 头，猪肉产量 8733 吨。2005 年，猪类年末数 172264 头，其中，能繁殖的母猪 15338 头，当年出栏 167664 头，猪肉产量 13688 吨。2007 年，猪类年末数 175554 头，其中，能繁殖的母猪 16854 头，当年出栏 174061 头，猪肉产量 14140 吨。在县境内平街、长田、北盘江等乡镇发展改良品种仔猪，所产仔猪销往省内盘县、镇宁、关岭等地，每年销售近 15000 头。

（二）地方品种

下江黑猪。下江黑猪全身为黑色，具有耐粗饲、性成熟早、繁殖率高、肉质优良的特点，有土著猪之称。主要分布于县境内北盘江沿岸的北盘江、鲁贡、沙坪、白层、鲁容等乡镇边远的布依族村寨，引进良种猪和进行品种改良后，下江黑猪存栏数量逐年减少。2007 年，县畜牧局对下江黑猪地方优良品种进行保护，扶持杨华投资成立下江黑猪生态养殖有限公司，在鲁贡镇管路村建下江黑猪养殖场，进行规模化饲养，年出栏生猪 1500 头。下江黑猪生长周期为 12 个月以上，有 30%至 45%野猪血统。以玉米、黄豆、麦麸、野菜等传统饲料喂养，猪肉鲜嫩味美。

二、牛

县境有黄牛和水牛，县境内的黄牛主要品种有当地牛、西门塔尔、利木赞、安格斯。1991 年，全县养牛 64117 头，出售和自宰 846 头，牛肉总产量 85 吨。1996 年，启动养牛示范基地项目，主要建设青贮氨化饲养设施、黄牛改良体系、科学养牛示范场、科技培训等。全县养牛业发展加快。1996 年，全县养牛 71980 头，与 1991 年相比，增加 7863 头，年平均增加 1302 头，牛肉总产量 348 吨，与 1991 年相比增加 263 吨，年平均增加 44 吨；2010 年，全县年末牛存栏 80922 头，出栏 13294 头，牛肉产量 1511 吨。

（一）地方品种

黄牛。贞丰县黄牛有品种体格偏小，体质结实，体型紧凑，耐粗饲、耐潮热、抗病力强、适应性广、肉质优良的特点。是生产牛肉干的优质原料，县内“牛中牛”牛肉干加工厂以贞丰县黄牛肉为原材料，生产的牛肉干远销四川、广东等省，年产量 50 吨。

水牛。贞丰县的水牛属华南型，品种上分类属贵州水牛，体格较大，骨骼粗壮结实，肌肉丰满，耐使役。在贞丰县主要作役用，有些役用牛还销往云南。

奶牛。2004 年，贞丰县引入 7 头荷斯坦奶牛，在珉谷镇建立贞丰县大碑奶牛场。2005 年，引入荷斯坦奶牛 40 头，年产奶 50.5 吨。2007 年 10 月，大碑奶牛场并入黔西南州绿荫乳业公司。

（二）杂交改良

1980 年后，贞丰县曾引进摩拉、辛地红、西门塔尔、短角牛、海福特等良种公牛的冷冻精液改良贞丰县的黄牛和水牛，杂交优势明显，生命力强，适应性广，但数量很少，改良步伐缓慢，改良工作曾一度中断。1998 年，恢复冻精输配工作，引入摩拉水牛品种冻精对水牛进行杂交改良；引入西门塔尔、利木赞、安格斯黄牛品种冻精，对黄牛进行杂交改良。1998 年，设小屯、牛场等牛品种改良人工冻精输配点 13 个，输配母牛 120 头。2007 年，全县设牛品种改良人工冻精输配点 21 个，年输配母牛 1600 头。

三、马

马大多数是地方品种，属西南山地马类型的贵州马品种，善登山爬坡，耐使役，主要作为役用。贞丰矮马其体质结实，矮小精悍，行动敏捷，持久耐劳，外貌骏美，性情温和。主要分布在县东南部河谷山地的鲁贡、沙坪、白层、鲁容几个乡镇的边远地区，现存栏数量较少。2007年，全县有2000匹左右，适用山高、坡陡、路狭窄而弯曲地区驮运物资。随着人们生活水平的提高，贞丰矮马具有作为旅游产品供人们骑乘玩乐开发的潜力。

四、羊

羊主要是地方品种，属贵州黑山羊品种，分布在部分山区。2000年，畜牧部门引进3只波尔山羊种羊对黑山羊进行品种改良；2004年，引入波尔山羊种羊14只；2005年，引入波尔山羊种羊12只。在珉谷、北盘江、者相、平街、长田、连环等乡镇进行黑山羊品种改良。县内杂交羊数量逐年增加，2007年，杂交羊出栏1020只；2010年，杂交羊出栏1450只。

五、家禽

鸡　全县饲养的鸡约占家禽总数的89%，多是地方品种，属肉蛋兼用型，全县均有分布，以鲁贡、白层、沙坪、鲁容几个乡镇最多。有少量“白洛克”“来航”“星杂579”品种的杂交后代。1996年，引入乌骨鸡4万羽；1996年至2002年，引入快大黄9万羽；1997年至2007年，引进铁脚麻90万羽；2002年，引入AA肉鸡2万羽。养鸡专业户随着优良品种的引进不断发展，已有不同饲养形式的小规模养殖场。

鸭　以本地麻鸭为主，蛋肉兼用。主要分布龙场、小屯、珉谷、北盘江、者相、白层、挽澜等乡镇。1993年，曾引入樱桃鸭在挽澜乡饲养。鸭的品种主要靠活禽交易市场进行调节，比较杂乱。

鹅　有棕灰色和白色两种，多为本地品种，也有少量的大型狮头鹅。主要分布在龙场、小屯、珉谷、北盘江、者相、挽澜等乡镇。1997年，者相镇曾重视发展养鹅，时称万鹅基地。

六、兔

兔的饲养量很少，以本地兔为主。小屯乡、珉谷镇分布有少量獭兔。

七、蜂

蜂的品种以意蜂为主，也有少量中蜂。专业养殖户场以养意蜂为主，农村业余散养户多饲养中蜂。意蜂主要分布于珉谷、者相、北盘江、龙场4个乡镇。1991年，养殖数量1850群；2007年，发展到5300群，年产值560万元。主要蜂产品有蜂蜜、蜂王浆、蜂蜡等。产品主要销往昆明、广州、重庆等城市。县境内部分季节游牧养蜂，多为外地人饲养。

第二节　饲　料

贞丰县是一个多种民族集居的县份，有各种不同风俗及生活习惯，饲养家畜家禽是传统，但由于过去科学文化落后，生产水平低下，饲养各种家畜家禽都是以传统的原始养殖方式为主，管理粗放，经济效益低，生产数量少。随着社会发展，人民群众文化生活水平不断提高，畜禽及其产品在市场上的需求量不断增加，传统的养殖方式远远不能满足人民群众日益增长的需要。1991年，县畜牧部门在全县推广科学养猪、养牛、养鸡鸭鹅新方法，促进全县饲料加工业的发展，饲料加工作坊层出不穷，饲料品种丰富。

一、饲草

贞丰县属亚热带季风气候，降雨丰富，无霜期长，冬暖夏凉，适宜各种牧草生长。全县有天然草地 50.3 万亩，年产鲜草 10.58 万吨；粮食年产量 120 万吨；秸秆类饲草丰富，但尚未完全充分利用，使用率仅 1%，开发利用潜力较大。

二、饲料

过去农民饲养牲畜方式原始落后，饲养管理较为粗放，多为熟饲，用自种的少部分粮食配合糠麸类作家畜主要饲料，饲料营养不全面。为适应现代科学养殖需要，提高饲养动物出栏率和出肉率，县畜牧部门积极推广科学养殖方式，引导农民改熟饲为生饲。农户通过科学养殖取得较好的经济效益，全县使用浓缩饲料、配合饲料的比例大幅度上升。2000 年后，每年推广各类品牌浓缩饲料 1500 吨至 2000 吨。

第三节 草地建设

一、人工种草

县内人工种草起步晚。1991 年，抢抓西部大开发和省委省政府提出建设畜牧大省的机遇，在全县发展十万亩草地，发动全县上下抓人工草地建设。2000 年，随着全省生态畜牧业工作的进一步推进，贞丰县先后引进适宜县内种植的皇竹草、多年生黑麦草、一年生黑麦草、红三叶、白三叶、菊苣、紫花苜蓿、鸭茅、牛鞭草优质牧草品种。通过宣传发动和技术培训，发展人工种草，在全县实行以村组为单位集中养牛的模式，时称实施大牛圈工程。由于实施大牛圈存在许多问题难以解决，农民不接受，半途而废。人工种草也未形成规模，没有达到预期目的。

二、天然草场改良

县内有天然草场 50.3 万亩，部分是林木混杂，产草量不高，草质营养低，食口性差，有的不能被动物采食，需要常年进行人工改良。2000 年，全县畜牧部门开始开展人工改良草山草坡工作，每年以 1000 至 2000 亩速度，对天然草场进行人工改良。2010 年年底，全县天然草场人工改良面积累计 2 万亩。

第四节 畜禽疫病防治

一、畜禽疫病

大牲畜发生消化系统疫病较多，呼吸系统、循环系统、眼科、产科、外科疫病也常见。猪、羊除上述疫病外，中毒性疫病尤为多见。牛特别是奶牛乳房炎、蹄叶炎、胎衣不下、产后瘫痪、胃肠炎等常见。禽则传染病危害严重。兔、犬、猫常需出现消化道疾病和中毒性疫病。马、驴、骡寄生虫病居多。1997—2007 年，全县畜禽发生的传染病有口蹄疫、炭疽、鸡新城疫、仔猪副伤寒、仔猪水肿病、禽霍乱、山羊痘、狂犬病、猪瘟、猪肺疫、猪丹毒。牛、马发生消化道疾病及高热病，猪患呼吸道感染病较多，禽类出现消化系统和呼吸系统感染也多。

1998 年至 1999 年，发生口蹄疫疫情；2006 年再次发生口蹄疫疫情。在春秋季有猪瘟疫情发生；猪丹毒、猪肺疫、仔猪副伤寒在个别乡镇个别村发生；个别乡镇偶发炭疽疫情和不同程度的禽霍乱疫情。

二、疫病防治

免疫工作 每年县政府都召开乡镇主要负责人及乡镇畜牧兽医站站长防疫专题会议，下拨动物防疫经费，进行常规的春秋“两防”。由县畜牧局和各乡镇负责组织对村级动物防疫员进行业务技能培训后，深入农户开展防疫工作。春秋“两防”期间，县委、县政府督查室，对各乡镇的防疫工作进行督查。防疫工作结束后，县政府组织畜牧局及相关部门，对全县 13 个乡镇的防疫工作进行交叉检查，评比。对工作成绩突出的乡镇进行物质和精神奖励，对较差的乡镇提出整改意见，限期整改。县兽防站采取血清抽样检查的方法，对动物进行免疫抗体检测，了解疫苗效价及免疫抗体情况。

防疫队伍建设 从 2005 年开始，县畜牧局重视防疫队伍建设，逐步充实兽医队伍。2007 年，公开招考录用 3 名技术人员到鲁容乡兽医站工作，建立切实可行的培训制度，编写《贞丰县村级动物防疫员培训手册》，采取“走出去、请进来、沉下去”等形式，开展实用技术培训，不断改善畜防知识结构，提高专业技术服务水平和业务素质。

到 2006 年 10 月，全县 280 个村都配备村级动物防疫员，负责防疫注射、产地检疫、疫情监测等工作。在疫情发生第一时间，能及时上报到兽医行政主管部门。每年县畜牧局对组建的防疫队伍进行 2 次技能培训，提高动物防疫员技能水平。

三、动物卫生监督管理

检疫工作 全县的动物检疫及动物产品检疫在交易市场进行。全县 13 个乡镇畜牧兽医站，负责对本辖区市场的动物及动物产品进行检疫和监管，其中县城实行定点屠宰、集中检疫、统一纳税、分散经营。各乡镇在 2008 年建立定点屠宰场，提高检疫率。

防疫工作 多年来，县政府重视动物的防疫工作，根据实际情况制订《贞丰县重大动物疫病防治应急预案》《高致病性禽流感应急预案》《贞丰县高致病猪蓝耳病防控实施方案》《贞丰县小反刍兽疫防控实施方案》。县畜牧局从 1996 年起注重口蹄疫、猪瘟、禽流感、高致病性猪蓝耳病的免疫，作为强制免疫病种。计划免疫的疾病有：鸡新城疫、炭疽、禽霍乱、狂犬病、山羊痘、仔猪副伤寒等。2006 年、2007 年，牛、猪口蹄疫免疫率 100%，猪瘟免疫率 96%，高致病性禽流感免疫率 100%，高致病性猪蓝耳病免疫率 100%。

四、动物疫病联防工作

贞丰县属于盘江流域联防县（市）之一。1997 年、2004 年，成功承办两届重大动物疫病联防会议。在轮值当班中，认真执行动物疫病联防协议，定期编发联防工作简报，促进联防县（市）交流联防经验，互通有无，取长补短，使疫病联防工作水平得到提高。

1997 年至 2010 年贞丰县动物检疫工作情况统计表

表 9-3-1　　单位：头、只、羽

项目 / 年份	产地检疫				屠宰检疫				流通环节监督检查					
	猪	牛	羊	禽	猪	牛	羊	禽	猪	牛	羊	禽	检查市场个数	消毒车辆数量
1997	30836	8452	—	84200	6906	183	—	—	5251	3214	—	—	9	127
1998	32496	8508	—	84520	7322	217	—	—	5856	3452	—	—	9	130
1999	32820	9597	—	88456	8134	167	—	—	5289	3812	56	—	10	138
2000	30240	9739	3400	92130	8332	191	—	—	5562	3956	—	—	9	100
2001	31807	8872	3600	94256	8604	209	—	—	6123	4256	—	—	10	—
2002	32707	9343	4100	96521	9963	217	—	—	6215	4478	—	—	10	—
2003	33942	10515	4300	98214	10841	242	—	—	6350	4798	—	—	10	—
2004	35180	10562	5100	104213	11413	225	—	—	6381	5492	—	—	10	—
2005	35633	11022	5200	116125	13621	195	—	—	6985	5783	—	—	10	—
2006	329452	11567	5800	123369	15873	225	—	—	7253	5918	71	—	10	40
2007	36673	72005	6500	126526	21540	286	—	—	7523	6306	—	—	11	72
2008	41052	48950	7452	136253	25870	336	—	—	8615	6925	—	—	10	85
2009	45126	34568	7689	146752	30526	486	—	—	9185	7165	—	—	12	123
2010	49087	38561	8359	158526	34526	528	—	—	10759	7682	—	—	11	128
合计	797051	292261	61500	1550061	213741	3707	—	—	97347	73237	127	—	141	943

第五节　兽药及饲料市场管理

改革开放的不断深入，促进人民群众生活水平不断提高，人民群众对肉食品的需求量不断增加，肉食品需求量增加，促进了养殖业的发展，养殖业的发展促进了饲料工业的发展。

1993 年，浓缩、全价饲料进入贞丰县市场，饲料市场有很大发展，经营全价、浓缩饲料的有 35 户。1998 年后，年销售量 1 万吨以上。

1998 年，新的兽药管理条例颁布实施，规范兽药饲料的经营秩序。条例规定，必须是兽医技术员身份才能办理兽药经营许可证；2005 年，根据《新兽药管理条例》规定，全县符合办理兽药经营许可证的有 19 户。2007 年 8 月，县畜牧局举办兽药饲料经营培训班，参加培训人员经考核合格后，发给结业证，符合经营条件的办理兽药经营许可证，当年共计发证 75 份。要求兽药经营户必须建立经营台账，销售的兽药必须通过 GMP 质量体系认证，符合国家兽药典规定的兽药才可销售。为确保人民群众吃上“安全肉，放心肉”，实行源头管理，要求养殖户饲养的动物，建立使用兽药台账，销售动物前 1 个月必须停止使用兽药。2008 年，国家对兽药管理要求更加严格，对各兽药饲料经营户实行每月一监管。

1991 年至 2010 年贞丰县畜牧业生产情况统计表

表 9-3-2

项目	年末存栏数（头、只）						当年出栏数（头、只）				当年肉产量（吨）					禽蛋产量（吨）
年份	大牲畜	牛	马	猪	羊	家禽	大牲畜	猪	羊	家禽	合计	猪肉	牛肉	羊肉	禽肉	
1991	72226	64117	8109	65348	—	148350	846	37378	—	148350	3377	3029	85	—	263	285
1992	67982	60175	7807	66485	—	—	1421	38013	—	197188	3554	3088	165	—	301	289
1993	71435	62278	9157	66251	—	—	2223	43405	—	210495	4183	3687	212	—	284	284
1994	77048	67326	9722	71069	3459	252097	3188	44450	491	219405	4457	3828	305	9	315	317
1995	80015	69714	10301	82296	6055	268375	3881	49159	1905	221968	5087	4409	322	38	318	403
1996	84782	71980	12802	90812	6708	249682	3785	51464	2489	177843	5336	4597	348	60	331	393
1997	92385	79145	13240	101779	9720	391247	5483	66533	5248	370058	7275	6065	645	156	409	507
1998	100901	85436	15465	109673	13893	556229	9473	91842	6156	606903	9325	7496	877	163	793	653
1999	118024	99774	18250	133908	14982	615867	10140	91356	5994	564792	9415	7613	864	101	837	748
2000	123719	106384	17335	143353	17816	644568	10659	99284	7860	675270	10734	8733	910	122	969	895
2001	129439	107878	21561	147572	22837	682997	10115	117658	9633	810740	12245	10144	909	160	1032	1103
2002	134749	111795	22954	153917	26718	832195	15701	128923	12366	904021	13640	10947	1129	214	1350	1540
2003	135730	112238	23492	160472	32366	802464	18270	152543	12404	863762	14935	12256	1248	242	1193	1403
2004	141453	118956	22497	161396	33887	820808	17417	154728	13149	910048	15608	12533	1613	268	1194	1427
2005	142207	120139	22068	172264	35989	1000638	21603	167664	16437	1129702	16973	13688	1671	275	1339	3187
2006	142481	121708	20773	176058	35863	1025016	23042	170142	17570	1116601	18059	14641	1620	287	1511	3136
2007	143224	121487	21737	175554	37572	1125723	24000	174061	19690	1171989	19261	14140	2727	401	1993	3204
2008	90073	76685	13388	117689	10681	648329	12985	115911	8075	623826	12064	9652	1325	162	925	3239
2009	94834	81720	13114	120278	12230	695280	14426	121997	9275	719620	13227	10513	1448	187	1079	3976
2010	92739	80922	11817	121159	15449	717598	13294	129398	9288	837210	13664	10734	1511	195	1224	4106

第六节　水　产

贞丰县地处山区，天然水域不多，天然捕捞量少。1991 年后，渔业生产主要以池塘养殖为主、小型山塘水库放养为辅，渔业生产规模不大。随着南北盘江、红水河流域梯级水电站的逐年开发，县境内形成两个较大的养殖水面，即龙滩电站贞丰库区 1.76 万亩，董箐库区 0.54 万亩，为渔业生产创造了条件。水产部门加大库区鱼苗投放力度，促进水产养殖的发展。2007 年，全县水产品总产量 176 吨，水产总产值 130 万元；2010 年，全县水产品总产量 217 吨，水产总值 190 万元。养殖品种主要有鲤鱼、鲫、草鱼、鲢鱼、鳙等常规品种。

一、渔业资源

（一）水面资源

全县有水面 2.7 万亩，占全县面积 0.03%，有 2.5 万亩可养水面，其中，龙滩库区 1.76 万亩，董箐库区 0.54 万亩。水面类型包括江河、水库（含水利库区和水电站库区）、池塘、坑塘、沟渠等。

（二）水质状况

根据 2005 年水资源公报，水利部门对全州河流的水质进行监测评价，北盘江贞丰县这洞水文站上游全年综合评价为Ⅲ类水质，主要超标物为总磷。全县大部分水体水质较好，符合渔业养殖用水标准，适合发展渔业生产。

（三）鱼类及其他水生生物资源

鱼类。根据中国科学院昆明动物研究所专家组，20 世纪 80 年代中期对南北盘江、红水河流域水生生物资源调查报告，贞丰县有鱼类 91 种，隶属于 7 目 16 科 56 属。其中，鲤科鱼类 59 种，占鱼类总数 64.9%；鮠科、鮡科鱼类 9 种，占 9.9%；平鳍鳅科鱼类 6 种，占 6.6%；银鱼科、胡子鲶科、青鳉科、胎鳉科属、鳢科、斗鱼品种较少。贞丰县原生土著鱼类，主要以鲤形目和鲤科鱼类为主体，与我国淡水鱼类区系组成的特点相符，也与我国各主要水系鱼类区系组成特点一致。

主要经济鱼类。县境内的主要经济鱼类资源丰富，如鲤科鱼类中的草鱼、马口鱼、鳙、鲢、麦穗鱼、棒花鱼、蛇鱼、餐条、刺鲃、倒刺鲃、唇鱼、光唇鱼、白甲鱼、瓣结鱼、叶结鱼、鲮、裂腹鱼、乌原鲤、华南鲤、鲈鲤、鲫等鱼类；鲶科鱼类中的越鲶、鲶；鮨科鱼类中的石鳜、波纹鳜；鳅科鱼类中的泥鳅、大刺鳅、斑带条鳅、红尾条鳅；合鳃鱼科的黄鳝；鳢科中的月鳢等种类。上述鱼类分布广、数量多，成为县境内主要捕捞对象，在渔获物中有较大的比重。鲤鱼、鲫鱼、草鱼、鲢鱼、鳙鱼等，是县内的主要养殖种类。鳗鲡、斑鳠等名贵鱼类，在县境内分布不多，成为珍稀鱼类。

（四）其他经济水生生物资源

除了鱼类以外，县内其他水生生物资源也很丰富，有种类众多的两栖类、爬行类、甲壳类、贝类等水生动物，以及丰富维管束植物、浮游生物等，如鳖（又名团鱼、甲鱼），棘胸蛙（又名石鸡、棘蛙、石棒、石蛙等）。浮游植物83种，如硅藻、甲藻、金藻和绿藻等；浮游动物82种；底栖动物15种；水生维管束植物有10余种，如轮叶黑藻、狐尾藻、小眼子菜、满江红、旱苗蓼、喜旱莲子草、荡萍和芦苇等。

二、渔业生产

贞丰县渔业生产主要是淡水养殖和捕捞。

养殖 贞丰县地处云贵高原，山多地少，地形崎岖不平，没有建设大规模连片池塘的条件，堰塘山塘数量也较少，养鱼规模不大，产量不高，只是天然捕捞的补充。1994年，全县养鱼面积2460亩，其中池塘养鱼300亩，水库养鱼1560亩，稻田养鱼600亩，水产品产量32吨，处于全州中下游水平。渔业在农业生产经济总量中比重很少，不能满足本地群众对水产品的需求。国家西部大开发战略的确立和北盘江梯级电站的建设，形成龙滩电站库区、董箐电站库区，新增水面2.3万亩。给全县渔业发展提供了条件。

鱼苗、鱼种生产 20世纪90年代初，县水利部门在三岔河水库建设鱼种场，建成催产池一座、孵化环道和孵化槽各一个、亲鱼池4口6亩、鱼苗池10口18亩、培育池6口11亩；排灌水渠每年能生产鲢、鳙、鲤等常规品种鱼苗200万尾。

池塘养殖 贞丰县历史上池塘养鱼规模不大。据县水产部门的统计，1991年，全县有池塘面积40亩。池塘养鱼停留在粗放粗养和半精养水平，生产技术落后，养殖单产较低。

水库养殖 水利部门建设水库养鱼基础设施，在三岔河水库建设苗种场，安装拦鱼设施，配备捕捞工具，利用水库养鱼。由于贞丰县的山塘水库主要用于灌溉防洪，受农业灌溉用水制约，水位变化大。建库时未考虑渔业生产，一般未进行清基，库底地形复杂，障碍物多，水库平均深度大，水温较低，浮游植物光合作用较差，影响水体营养物质循环和生物栖息、生长和繁殖，水库水质差，鱼产量低。

稻田养殖 贞丰县有保灌稻田近16万亩，发展稻田养鱼的自然资源条件良好。从1984年开始，全县开展稻田养鱼技术示范和推广。1995—1996年，贞丰县被列为全省稻田养鱼项目推广县，开展稻田养鱼2500亩，示范面积250亩，单产55.75千克。

捕捞 贞丰县地形地貌比较复杂，在北盘江、清水江、大田河、小屯、那朗河、挽澜河、那么河、鲁贡河河面开阔、水流平缓的河段，历来都有群众开展捕捞活动，全县淡水捕捞产量一般占全县水产品总产量35%左右。

由于县内地形地貌及水系等自然环境的特点，江河捕捞以分散作业为主，渔具渔法小型多样。主要渔具有网具类、钩钓类、笼壶类、杂渔具和特种渔具5大类。

2007年，全县在渔业部门登记的船舶有3艘，均为钢质小型机动渔船，船长一般在9～15米之间，单浆，单发动机，功率在8～17千瓦之间。全年专门从事渔业捕捞的船舶少，捕捞生产有一定的季节性，大部分是农、渔、运兼杂使用，是一个综合性的生产工具。

三、渔业管理

（一）渔政执法

1991年，县水产站加挂渔政站牌子，开展渔政执法工作。

（二）春季禁渔

2006年元月1日，《贵州省渔业条例》正式颁布实施，规定每年的2月1日至5月31日为全省禁渔期。为落实这项工作，县成立禁渔工作小组，通过媒体广泛宣传实施春季禁渔制度的目的和意义，组织人员在渔业码头、集镇、市场、餐馆等野生鱼类集散地张贴《贵州省渔业条例》，向捕捞、收购、加工经营野生鱼类的单位和个人发放禁渔通知。

2006年至2010年，春季禁渔都取得较大成效，禁渔期间，鱼市、餐馆野生鱼类得到有效控制。

（三）渔业规划

为加强对全县渔业资源的保护和合理开发利用，渔政执法工作站对渔业进行有效管理，保障养殖者的合法权益，编制《贵州省贞丰县2008—2012年渔业发展规划》。规划明确发展渔业的意义，依据指导思想和发展目标、布局、重点项目、投资估算与效益评估、保障措施。

（四）渔业船舶柴油补贴

2006年至2010年，国家出台石油价格改革政策，为确保石油价格改革顺利进行，国家财政拿出资金对渔船进行补贴。根据上级要求，水产管理部门严格执行财经纪律，认真履行职责，组织人员将柴油补贴资金及时、足额发放到渔民手中。

1994年至2010年贞丰县渔业生产情况统计表

表9-3-3

项目 年份	水产品产量			养殖面积			稻田养鱼面积（公顷）
	合计（吨）	捕捞（吨）	养殖（吨）	合计（公顷）	池塘养殖（公顷）	水库养殖（公顷）	
1994	32	9	23	164	20	104	40
1995	83	10	73	198	7	104	87
1996	103	18	85	208	10	116	82
1997	82	52	30	195	9	101	85
1998	96	32	64	143	8	124	11
1999	105	39	66	169	8	124	37
2000	110	45	65	172	8	124	40
2001	115	50	65	172	8	124	40
2002	120	50	70	162	8	134	20
2003	125	55	70	162	8	134	20

续表 9-3-3

项目 年份	水产品产量			养殖面积			稻田养鱼面积（公顷）
	合计（吨）	捕捞（吨）	养殖（吨）	合计(公顷)	池塘养殖（公顷）	水库养殖（公顷）	
2004	130	60	70	155	9	133	13
2005	143	64	79	155	9	133	13
2006	146	64	82	155	9	133	13
2007	176	99	77	155	9	133	13
2008	186	144	42	152	5	134	13
2009	194	146	48	152	5	134	13
2010	217	171	46	149	5	134	10

第四章　林　业

1991 年，全县造林面积 1402 公顷，封山育林面积 627 公顷，零星植树 2300 百株。1992 年，造林面积 118 公顷，封山育林面积 130 公顷，零星植树 35 百株。1994 年，县委、县政府围绕消灭宜林荒山、实现全面绿化、发展高效林业、改善生态环境的总目标，坚持科技兴林、依法治林，一手抓营林绿化，一手抓资源保护，不断强化管理，确保林业生产持续稳定发展。县政府与各乡镇签订任期绿化目标责任状，明确绿化任务，严格奖惩制度。县林业部门负责规划设计，技术指导，苗木供应和统筹管理，并采取国家、部门、群众多方筹资，实行人工、飞播造林与封山育林有机结合。形成国营、集体、个体造林的全民绿化热潮。当年造林面积 5305 公顷，其中人工造林 1576 公顷，飞播造林 3729 公顷，零星植树 1883 百株。2002 年，全县实施珠江防护林工程和退耕还林工程，造林 4142 公顷。2003 年，实施退耕还林，造林 5637 公顷。珠江防护林和退耕还林项目的实施，促进森林覆盖率逐年提高。

第一节　林业资源

1994 年，开展林业资源调查，经调查统计，全县林业用地面积 39213.3 公顷，占土地面积 26%。其中，有林地面积 16613.3 公顷；疏林地面积 393.33 公顷；灌木林地 6413.33 公顷；未成林造林地 4766.67 公顷；无立木林地 11026.67 公顷。

有林地中，用材林面积7006.67公顷，防护林253.33公顷，薪炭林346.67公顷，特种用材林20公顷，经济林面积9753.33公顷，竹林226.67公顷，树林覆盖率15.3%。用材林木总蓄积量30.59万立方米，疏林地蓄积量0.59万立方米。

2005年，按照《省人民政府办公厅关于开展第三次森林资源规划设计调查的通知》精神，开展森林资源“二类”调查，调查结果是：全县林业用地面积46881.65公顷，占土地面积40.92%。其中，有林地面积23529.68公顷；疏林地面积78.5公顷；灌木林地15325.6公顷；未成林造林地4645.47公顷；无立木林地3302.4公顷，森林覆盖率22.84%。

一、林地

用材和薪炭类树林枫香林4205.56公顷，其他软阔类树林3991.13公顷，杉木树林2679.46公顷，杂木树林2447.92公顷，阔叶混交树林2342.85公顷，栎类树林2195.27公顷，针阔混交树林361.57公顷，桉树林202.24公顷，硬阔类楞及其他树林144.09公顷，桦木树林98.87公顷，马尾松树林71.51公顷，云南松树林55.28公顷，柏木树林27.34公顷。

经济林果木类树林油桐树林3907.34公顷，花椒树林2067.3公顷，梨桃类树林326.58公顷，板栗树林239.14公顷，茶叶园153.44公顷，果品树林57.34公顷，其他56.54公顷，金银花覆盖面积51.59公顷，杜仲树林17.85公顷，柑橘园6.67公顷。竹林65.32公顷，总株数47.93万株，均为杂竹林。

二、资源分布与特点

由于县境内自然条件复杂，各地区林业资源存在差异。

东北部溶（侵蚀）河谷区 主要有枫香、木合、杂木、栎类、杉木、梓木用材树种，林业用地面积269416.5亩，占全县林业用地45.8%。其中：有林地面积129375.5亩，蓄积量为156370.5立方米；疏林地面积4991.7亩。经济林主要有花椒、李、桃、石榴、核桃树等，蓄积量为3785立方米，由于没有进行过抚育，多为低产林；灌木林地45048.7亩；未成林造林地4644亩，无林地面积85356.6亩。土壤主要是砂岩、砂页岩发育而成的黄壤，适宜种植干、鲜水果类。

中部丘陵坝子区 主要有枫香、木合、杂木、栎类、杉木、泡桐、椿树、柏木、梓木等用材树种，林业用地面积197863.9亩，占全县林业用地33.6%，其中：有林地面积79836.4亩，蓄积量为160155.5立方米；疏林地面积79836.4亩，蓄积57148.8立方米；未成林造林地1983亩；无林地面积65796.9亩。石山、半石山经济林，主要分布花椒、李、桃、石榴、核桃、黄花梨、柑橘等。

西南部山原谷地、岩溶山地区 主要有枫香、木合、杂木、栎类、桉树等用材树种，林业用地面积121033.9亩，占全县林业用地的20.6%。其中：有林地面积40000亩，蓄积量为92412.8立方米；疏林地面积408.3亩，蓄积量为783立方米；灌木地1450.2亩；未成林造林地64918.2亩；无林地面积14257亩，土层比较深厚，是发展用材林的基地之一。

第二节　森林保护

一、森林防火

1991 年，县政府执行国务院《森林防火条例》，坚持“预防为主，积极消灭”的方针，把森林防火工作列入重要议事日程。在春节、元宵节和清明节前后或高温少雨季节，县政府利用广播电视、文件布告、报刊、传单等形式开展森林防火宣传活动，增强群众护林防火意识。

1994 年，县政府成立森林防火指挥部，并与各乡镇签订森林防火责任状和综合管理责任状。各乡镇与各村签订森林防火责任状，发布保护森林的通告，号召广大群众订立护林防火乡规民约。通告明确：严禁放火烧山；在林区要严格管理生产、生活用火，在林边烧灰积肥，必须带好防火工具，开好防火线，做到火星熄灭，人才离开。严禁毁林开荒和挖岩柴、树根。中、幼林区和人造林区实行封山育林，禁止放牧和割草。严格执行采伐政策规定，对违反规定者，视其情节和后果依法处理。对护林防火有功者给予奖励，因护林防火伤亡者给予治疗或抚恤。加强对山林的抚育管理，严禁放火烧山。

1992 年至 1994 年，全县共发生森林火灾 7 起，荒山火灾 6 起，过火面积 62.3 公顷，其中草坡地 59.6 公顷，灌木林地 0.03 公顷，未成林造林地 2.27 公顷，茶园 0.4 公顷。1998 年，全县共发生森林火灾 5 起，过火面积 1445.87 公顷。2003 年，全县共发生森林火灾 36 起，其中，森林火警 32 起，一般森林火灾 4 起，过火面积 224 公顷，森林火灾受灾森林面积 4.77 公顷，处理火灾案件 12 起，受林政处罚 11 人，行政拘留 3 人，责令补种树苗 2000 株，责令赔偿损失 4800 元。在灭火灾中共出动 5504 人次，车辆 600 台次。2004 年，县内夏秋干旱，森林植被干枯，发生火灾 25 次，毁林 25 公顷，受灾面积 125 公顷。2005 年正月十五，龙头大山发生火灾，毁林面积 18 公顷，受灾面积 115.2 公顷。2006 年，全县发生森林火灾 7 起，过火面积 4.8 公顷。2007 年，张贴和分发各种宣传资料 12 万份，购置各种消防器材 8 套，打火拖把 28 把，修建防火线 15 千米，购置森林防火车一辆，对讲机 16 台，制订消防预案，组建森林防火队伍和扑火应急分队。

1991 年至 2007 年，全县共发生森林火灾 105 起，造成损失 1352 万元，其中：特大火灾 11 起。

二、病虫害防治

1991 年至 1993 年，全县森林发生桃树蚜虫病 121.8 公顷，板栗剪枝象 8.5 公顷，泡桐天牛 12.35 公顷，开展检疫苗木 105 万株、检疫木材 156.328 立方米。

1994 年后，有害物种紫茎泽兰入侵贞丰县，致使十多万亩油桐林遭到俗称油桐癌症的油桐根腐病的侵害。2003 年，全县除少量的千年桐之外，三年桐和一年桐（也叫对年桐）等油桐品种所剩无几。1996 年，县林业局检疫站，完成花椒蚜虫病 235.8 公顷的防治工作，被黔西南州人民政府评为先进工作单位。2006 年，全县发生花椒蚜虫病 346.67 公顷，板栗剪枝象 16.67 公顷，开展检疫苗木 680 万株，检疫木材 247.416 立方米。2007 年，全县部分树林发现松材线虫病。松材线虫严重危害松林，一旦传染，松林将遭受毁灭性的损失。为预防松材线虫的危害，禁止从疫区调运松属植物种子、苗木和其他繁殖材料，加强对已调入该属植物的复检和跟踪监测，邮寄森林植物及其产品必须检疫。对通信设施中的电缆盘进行重点检查，严防危险性病虫害入侵。规范检疫证书办理程序，通信、交通、邮政等单位或个人在承运、收寄应实施检疫的森林植物及其产品时，必须查验“植物检疫证书”。

花椒病虫害防治

人工防治。常采取干基涂白、人工剪除虫梢方法。干基涂白、草把预防蛀干害虫产卵。在桃红颈天牛等蛀干害虫产卵盛期，在主干涂白涂剂（配制比例为石灰 5 千克，硫黄粉 0.5 千克，水 20 千克，松香 0.02 千克）；在干基绑草把，于幼虫卵化初期解下草把集中烧毁。人工剪除虫梢：花椒采果后，凡嫩梢顶部枯死，将枯死部位以下 5 至 10 厘米树梢剪下集中烧掉。彻底清扫枯枝落叶，减少病原菌侵染源。花椒落叶后，用草把式刷子抹杀枝干上越冬的成虫、虫卵。

药剂防治。喷药保护叶片：花椒采收后正是其叶部病害的旺发期。在此期喷洒 70% 的甲基托布津 600~800 倍液，或 25% 粉锈宁可湿性粉剂 800 倍液，控制花椒病及褐斑病的蔓延。休眠期喷石硫合剂：在花椒落叶后发芽前喷洒一遍石硫合剂，杀灭树体上越冬的病原菌。

三、制止毁林

1992 年以后，全县严格执行《森林法》，建立健全林政资源管理制度，严禁盗伐林木毁林开垦。1995 年，林业派出所查处林业行政案件 10 起，收缴木材 31.37 立方米，木材折款 9730 元，其中查处治安案件 2 起，受治安警告 1 人，罚款 100 元；查处林业行政案件 8 起，受林业行政处罚 23 人次，罚款 1967 元。

1996 年至 1998 年，林业派出所查处林业行政案件 14 起，收缴木材 113.2 立方米，责令补种树木 3500 株，折款 56500 元，林政罚款 580 元，责令赔偿损失 4500 元，收缴野生动物（蛇）750 千克，全部放归大自然，折款 2 万元，行政处罚 16 人次，其他处罚 9 人次。

2003 年，全县共查处林业案件 24 起，其中，查处治安案件 4 起，治安拘留 4 人；查处林业行政案件 20 起，行政处罚 45 人，收缴木材 19.2 立方米，木材折款 4740 元，林政罚款 20000 余元。开展“春雷行动”，出动警力 15 人次，收缴野生动物（蛇）30 条，全部放归大自然，清理非法经营木材 17 户。

2006年，查处林业行政案件11起，行政处罚18人，罚款10300元，收缴木材29.1立方米，木材折款 11640 元，清理违法收购木材 18 家和非法经营木材加工场 1 处。

四、退耕还林

2002 年，全县 13 个乡镇，全部涉及退耕还林工程和珠江防护林工程。至 2007 年，共退耕还林地造林 7.15 万亩。其中，2002 年，退耕还林退耕地造林 2.6 万亩；2003 年，退耕还林退耕地造林 3.5 万亩；2004 年，退耕还林退耕地造林 0.65 万亩；2005 年，退耕还林退耕地造林 0.4 万亩。退耕还林地面积较大的是北盘江镇（累计 16028.12 亩）、珉谷镇 11473.1 亩（其次）、鲁容乡 400 亩（最小）。荒山造林 11.6 万亩，其中，2002 年荒山造林 2.6 万亩；2003 年，荒山造林 3 万亩；2004 年，荒山造林 3 万亩；2005 年，荒山造林 1 万亩；2006 年，荒山造林 2 万亩，珠江防护林工程人工造林 5.5 万亩，其中，2001 年，珠江防护林工程人工造林 1 万亩；2002 年，珠江防护林工程人工造林 1 万亩；2003 年，珠江防护林工程人工造林 1 万亩；2004 年，珠江防护林工程人工造林 1.6 万亩；2005 年，珠江防护林工程人工造林 0.5 万亩；2006 年，珠江防护林工程人工造林 0.4 万亩。1999 年后，珠江防护林工程封山育林 5.08 万亩。其中，2002 年，珠江防护林工程封山育林 0.9 万亩；2003 年，珠江防护林工程封山育林 1 万亩；2004 年，珠江防护林工程封山育林 2.68 万亩；2007 年，珠江防护林工程封山育林 0.5 万亩。

五、封山育林

1999 年后，封山育林力度加大。1999 年至 2010 年，全县共封山育林 53078 公顷。

第三节　植树造林

一、培育树苗

1991 年，县林业部门从连环乡、白层镇、鲁贡镇、沙坪乡收购油桐种子 1500 千克育苗，发展油桐。2002 年后，全县实施国家珠江防护林工程和退耕还林工程，在顶罈设立花椒采种基地，每年采花椒种 300 千克至 500 千克育花椒苗；在连环乡收购板栗种子 1000 千克至 1500 千克育板栗苗，在部分乡镇收购椿树、金银花、喜树种子进行育苗；2008 年和 2009 年，从云南购进 5 吨车桑子种子进行育苗。

2001 年以前，育苗比较零星、分散。2002 年后，实施退耕还林工程和珠江防护工程，县林业局建立苗圃场，集中育苗，每年产苗木 300 万株至 800 万株。

2010 年，全县共有 3 个国有苗圃场，总面积 16.87 公顷，可育苗面积 6.2 公顷，林地 10.67 公顷，其中：县林场苗圃场 16.76 公顷，龙场镇岔路坪苗圃场 0.07 公顷，坡板苗圃场 0.04 公顷。县林场苗圃场由林业局管理，龙场镇岔路坪苗圃场由龙场镇管理，坡板苗圃场承包给农民管理。

2003 年，乡镇林业站组织农户零星育苗，共生产苗木 2465 万株，其中：花椒苗 210 万株、板栗营养袋苗 75 万株、板栗裸根苗 100 万株、金银花苗 385 万株、喜树苗 800 万株、椿树苗 150 万株、木豆苗 100 万株、侧柏营养袋苗 150 万株、滇柏苗 215 万株、丁香苗 50 万株、香樟苗 100 万株、杉木苗 50 万株、漆树苗 80 万株。

全县每年培育裸根育苗面积约 45 亩，产量 385 万株；其中，珉谷镇大碑村育构树苗约 20 万株，金银花苗约 50 万株，栾树苗约 15 万株，菜园村育黄花槐苗约 50 万株；鲁容乡育麻枫树苗约40万株；白层镇育麻风树苗约10万株；北盘江镇顶罈片区育花椒苗约200万株。全县容器育苗面积约70亩，总产量270万株，其中，珉谷镇大碑村育滇柏树苗200万株，鲁贡镇育桉树苗约50万株；林业局苗圃地育树苗约20万株。裸根育苗和容器育苗共计苗木产量655万株。

二、植树造林

1990年省委、省政府作出《关于十年绿化贵州的决定》。县委、县政府根据省委、省政府决定，结合贞丰实际，确定十年绿化贞丰的目标。从1991年开始，县政府实行层层签订责任状，把任务分解到乡镇，制定相应的办法和措施，开展植树造林。1992年和1994年贞丰县被省政府评为造林绿化先进县。根据《关于表彰一九九五年度造林绿化先进单位》的决定，连环乡获全州植树造林一等奖、沙坪乡和者相镇荣获二等奖、龙场镇荣获三等奖。

2001年至2010年，全县完成人工植树造林46.6万亩，退耕还林19.75万亩，珠江防护造林5.5万亩。

第四节 林业开发

一、经济林资源

20世纪90年代初，全县境内经济林以油桐树为主，油桐树占经济林总面积90%以上，茶树次之，占5%，板栗、核桃、漆树、花椒、杜仲等仅占5%。下半县均有油桐分布。1997年，由于油桐树患上根腐病，面积由1994年的12.562万亩锐减至1万余亩。茶树主要分布在坡柳、青冈林、长田。板栗分布在连环、沙坪、白层，核桃主要分布在长田、小屯。漆树主要分布在长田、小屯和平街乡。

2000年，进行农业产业结构调整，在县境喀斯特岩溶地貌，发展以花椒、金银花、黄花梨为主的经济林木。到2007年，北盘江沿岸的平街、北盘江、者相等乡镇累计种植花椒近10万亩。珉谷镇共种植金银花1.5万亩、黄花梨0.8万亩。鲁容、白层、鲁贡、沙坪发展板栗、直干桉经济林，以替代油桐产业。种植板栗1万亩，直干桉2万亩。县境内竹类品种较多，主要有斑竹、绵竹、刺竹、次蛮竹、金竹。竹子大都呈团状、片状分布在村寨周围，长田乡的黑石头、龙场镇的白马山以及连环、沙坪、泥罗等地较多。灌木林分布在岩溶山区。

二、林产品开发

竹木加工 20世纪90年代，有很多农户自己加工竹簸箕、竹椅、竹筷、竹筛、竹床等用品，木材加工比较普遍，城乡都有木材加工作坊。来自四川、浙江的木工在城镇，以制作家具为主，制作立柜、沙发、桌子、木床。2000年以后，县内木工购置小圆盘锯、开榫机和电刨从事木材加工。赶场天，还有许多农村木工把制作的桌、椅、碗柜等运到市场上出售。随着城乡修砖混的房屋逐渐增加，修木房者减少，木材主要用于修门窗、做棺材、打家具和建筑用的架料。

桐油加工 1991年至2001年，全县桐籽年产量为3000吨左右，为桐油加工提供了条件。因此，在县城南郊的锅底冲、鲁贡镇、沙坪乡建有10多个个体桐油加工厂和作坊加工桐油。使桐籽就地增值，为县财政提供税款，提高桐籽的经济效益。2002年后，由于桐籽产量逐年大幅减少，桐籽加工厂（作坊）逐渐停产。

顶罈花椒开发 1996年，北盘江镇（时为兴北镇）顶罈片区花椒形成规模，产量较大后，兴北镇在三岔路集镇建设花椒市场。2000年后，在青冈林村建设顶罈椒业有限公司。为花椒销售和加工增值创造条件，提高花椒经济效益，促进椒农增收。

经果林开发 珉谷镇、白层镇、连环乡、平街乡、沙坪乡，因地制宜发展以李子为主的经果林，改变单一的粮食生产模式，调整农村产业结构，提高土地和农业生产经济效益，促进农户增收。

第五节　林业管理

一、谁造林，谁管理

1991年至2010年，县境有国营、集体、个体三种林权所有制形式，实行谁造林，谁受益，谁管理的政策。国营林场由县林业局管理，乡（镇）村集体林场由乡（镇）政府或村民委员会管理，林业专业户承包土地、荒山植树造林的林场由专业户管理。

二、实行办理砍伐证，控制砍伐树木

为保护森林，巩固植树造林，绿化荒山成果，加强森林管理。实行砍伐树木必须向县林业部门申请，经县林业部门审查批准，核发林木砍伐证后，严格按县林业部门审批的砍伐数量砍伐。任何单位和个人不能随意砍伐。

三、实行保护性砍伐

为避免毁灭性砍伐森林，即使获得林木砍伐证也不能连片砍伐，只能合理地间伐，间伐量不超过树木数量50%。砍伐后，必须在年内及时补种，落实砍一棵补种一棵，包栽包活。栽不活的必须继续补种，直至成活。

四、依法惩治破坏森林违法犯罪

县林业局设林业公安派出所，专门履行依法打击破坏森林违法犯罪职能。20年来，依照《森林法》《野生动物保护法》《刑事诉讼法》，查处破坏林业、非法加工和运输木材等违法犯罪案件。2009年，立破坏森林刑事案2件，移送检察机关审查起诉和审判机关审判7人；立违反《森林法》治安案1件，治安拘留1人；立林业行政案3件3人，罚款3000元，没收木材9立方米，价值7500元。2010年，查处破坏森林刑事案9件，结案8件，办理违法砍伐林木行政案7件7人，其中擅自改变林地用途2件，罚款2290元，

非法加工木材案 1 件，其他违法案 2 件，没收非法所得木材 20 立方米，罚款 3500 元，办结林业治安案 1 件。

1991 年至 2010 年贞丰县林业生产情况统计表

表 9-4-1

项目 年份	造林面积（公顷）	其中		封山育林面积（公顷）	油桐籽产量（吨）	木材采伐量（立方米）	竹木采伐量（吨）
		经济林（公顷）	飞播（公顷）				
1991	1402	—	—	627	2716	2334	1062
1992	118	—	—	130	3230	2078	632
1993	1020	1020	—	—	3300	2010	20
1994	5305	902	3729	—	3587	2309	17
1995	1390	986	—	—	2891	2342	18
1996	1848	—	—	—	3033	1634	44
1997	1776	—	—	—	2194	2945	64
1998	2315	1403	—	—	2644	1545	—
1999	1857	1115	—	12524	2284	2945	2355
2000	5676	5026	—	15924	3393	5600	—
2001	3033	2399	—	17221	3259	5771	—
2002	4142	30	—	641	2203	3008	—
2003	5637	25	—	679	2057	3151	—
2004	3347	3347	—	3054	1549	3360	—
2005	2867	267	—	667	1354	3485	—
2006	1666	1333	—	702	840	4708	—
2007	1000	—	—	666	844	3558	—
2008	1667	1667	—	1000	764	3501	—
2009	1058	804	—	—	716	3100	—
2010	1800	1800	—	—	92	2852	—
合计	47904	21174	3729	53835	39650	60226	—

林业户选介：

北盘江镇银洞湾村罗泽亮花椒种植带头人

顶罈片区银洞湾村农民罗泽亮，带领群众种植两万亩花椒，富了农民，改善了生态环境。1992 年，顶罈片区每年人均吃粮不足 100 千克，人均收入不足 200 元。当时的银洞湾、查耳岩、水淹坝、板围四个行政村（顶罈片区）是全县最为贫穷的地区之一。

1992 年，兴北镇党委、政府通过深入调研、反复论证，在顶罈片区种植花椒。这一决定得到上级的支持。1993 年启动花椒种植项目。由于当时顶罈片区群众思想十分落后，认为花椒种出来不能当饭吃，给发动工作带来很大的难度，产生巨大的阻力。罗泽亮当时任银洞湾村主任，从早到晚背着花椒苗挨家挨户发动群众种花椒，群众不乐意接受，进展十分缓慢，效果不好。于是他决定自己先种，然后发动亲戚种，让群众看到种植花椒能赚钱，能当饭吃。他发动亲戚加上自己种 3 亩，当年共种植花椒总面积 20 余亩。

1996 年，罗泽亮种的花椒挂果，品质好，在市场上畅销，经济收入比种苞谷高。当地群众看到花椒能当饭吃，能赚到钱后，全村先后种植花椒总面积 10600 亩。2002 年，达 45000 亩，花椒基地形成规模。在顶罈片区种花椒不仅增加经济收入，还产生生态效益。花椒大面积种植对水土流失防治率 94%，土地石漠化治理率 92%，群众年人均纯收入由原来的 200 元以下迅速提高到 1332 元，2005 年达 2500 余元，罗泽亮家种植花椒人均收入 3800 元。顶罈片区到处是郁郁葱葱的椒林。1999 年 4 月 7 日，时任国务院副总理温家宝到顶罈片区视察时，对在石山种花椒树的举措给予了充分肯定。

珉谷镇对家寨村李朝龙黄花梨种植户

珉谷镇对家寨村烂坝组村民李朝龙。2000 年，承包 30 亩土地种植黄花梨。自从种植黄花梨后，他一有机会就争取参加县里、镇里组织的黄花梨栽培管理技术培训班，学习有关梨树栽培、修枝剪枝、疏花疏果、水肥管理及其病虫害防治知识。他天天起早贪黑在果园里剪枝、施肥、打药。2006 年，自家种植黄花梨面积发展到 40 亩，卖黄花梨收入 10 多万元。2008 年，李朝龙家新修了一栋 4 间砖混结构的水泥平房，建起 2 口沼气池，购买 2 台家用旋耕机、一台电视机等家用电器和部分农机具。生产生活条件得到改善。

为带动乡亲们致富。多年来，他把自己在果树栽培管理实践中积累的经验毫无保留地教给其他农户，为本村或邻村的果农无偿提供技术服务。本村李朝义家有果树面积 10 多亩，2006 年，卖黄花梨收入 3 万多元。黄花梨种植农户李兵，由于不懂黄花梨管理技术，产量低。李朝龙亲自到他家的黄花梨地里现场观察、找原因。发现他家的果树因施肥不到位，造成果树营养不良产量低。后来，李朝龙指导李兵施足肥，当年收入增加 2 万元。在李朝龙的带动下，邻里 20 户开始种植黄花梨，面积 200 多亩。龙场镇五里岗村的农户也跟着栽种了 200 多亩黄花梨。

连环乡纳传村马文国板栗种植户

连环乡纳传村党支部书记马文国。2001 年，他家零星种一些桃、李、梨之类的果树，但是因为交通不方便，距县城远，水果多数烂在山上，经济收入低。后来他参加乡政府举办的“板栗种植技术培训班”学习后，得知政府在抓农业产业结构调整，大力发展板栗、生姜、砂仁、辣椒特色经济产业，帮助农民增收致富。他当年就栽种1800株板栗苗，次年又栽种650株，总面积50亩。第三年，有部分板栗挂果，收了100千克，卖得400多元钱。2004年，他再次参加乡政府举办的“果树嫁接、管理及高产技术培训班”，回家后不惜一切代价将过去因不按科学种植的板栗树进行移栽，并按照培训班上专家所授的技术、办法，对140多棵直生板栗树进行嫁接。通过他的精心管理，他嫁接的140株板栗，有126株成活，产量大幅提高。

2006年，他把所有的直生板栗树逐一嫁接，全部改成优质品种，还主动帮助和指导周边群众嫁接，带动群众对老品种板栗改良700亩，使纳传村户均年收板栗400千克。2007年，他一家收板栗2900千克，收入1万余元。

经过几年发展，纳传村451户共种板栗树1683亩，板栗产业带动全体村民脱贫致富。

第五章　农业机械

随着农业机械制造业的发展，适用农业机械种类增多，有不少农户购置农业机械进行农业生产。1991年，全县农机拥有量9622台套，其中，9045台属农户私有，占94%；国有96台，占1%；集体所有481台，占5%。2000年，中央1号文件颁布后，农业机械进入农户的数量不断增加，农业机械使用逐渐推广。2005年，中央实行购农机补贴政策后，农业机械在全县发展较快，农民购买农机具的积极性高。2007年，全县农机总量达23910台，基本上为农户私有。2010年，全县农户得到农机补贴249万元，补贴农机1091台，全县农机拥有量25001台。

第一节　农机种类及应用

一、耕作机械

耕作机械主要有拖拉机、旋耕机、小型耕整机、化肥深施器。

1991年，在较大的坝区有个别农户用手扶拖拉机和中型拖拉机（丰收27型）耕作。1996年，县农机部门引进12台丹霞牌旋耕机，在龙场、珉谷、者相等乡镇租给部分农户使用。1997年，县农场几名职工合资购买一台坐式丹霞牌旋耕机，因管理使用不当而报废。1997年至2001年，县农机部门引进20台合盛牌9马力耕整机，全部由兴北、龙场、珉谷、者相、小屯等乡镇农机站租给部分农户使用。农机具的引进，对促进全县农业生产机械化起到推动作用。

2001 年，农民逐渐认识旋耕机的性能，许多农户都要购买旋耕机，当时农机经营单位只有 3 台旋耕机、耕整机供不应求。2005 年，国家重视农机推广工作，出产的农机种类多，县农机部门调进不少农机来销售，加之国家实施购机补贴政策，国家补贴农户购买农机价格 40%，购农机的农户越来越多。到 2010 年，全县旋耕机、耕整机增至 998 台，机耕面积 8051 公顷。

二、排灌机械

农户使用的排灌机械主要有柴油动力抽水机、汽油动力抽水机、电动机、水轮泵等。

1991 年底，全县共有排灌机械 1032 台，投入抗洪救灾和排涝。1992 年后，随着社会经济的发展，农用机械的推广，排灌机械拥有量逐年增加。1999 年，农机系统进行农机普查，排灌机械增至 2543 台；2007 年增至 3742 台，每年可灌溉农田 4500 公顷。

三、加工机械

县内使用的加工机械主要有碾米机、压粉机、磨面机、磨浆机、榨糖机等。

1991 年，全县拥有农副产品加工机械 2360 余台套。1996 年，珉谷镇龙井附近居民刘国昌投资 6 万余元，从外地购进一套碾米机械，加工的大米色泽好、破碎程度低。1999 年，农机系统进行农机普查，全县拥有农副产品加工机械 7162 台套，2010 年，全县拥有 12142 台套。

四、植保机械

1998 年年底，县农机局引进 10 台喷雾器，借给珉谷镇、兴北镇部分农户使用；2001 年引进 2 台机动喷雾机借给珉谷镇大碑黄花梨基地使用。全县大部分农户都使用手摇喷雾器进行灭虫，开展田间管理。

五、种植机械

2006 年，县农机部门引进 9 台水稻插秧机，其中一台高性能洋马牌插秧机在较大的田坝使用；2006 年，县农机部门引进 23 台小麦播种机，在龙场、者相两个镇推广使用。播种机省力、省时，播种均匀，利于机收，很受农户欢迎。2007 年，农机部门引进 53 台插秧机，发给珉谷、者相、龙场、北盘江、小屯、挽澜、平街等乡镇部分农户试用。

六、收割机械

县内主要有人力机械脱粒机、微型动力脱粒机，割晒机，中型联合收割机，背负式小型收割机。

1991 年，全县人力机械脱粒机拥有量不多。1992 年后，随着各类收割机的问世，农户购置收割机逐年增加。1999 年普查时，全县各类脱粒机械拥有量 2104 台套。2001 年，县农机部门进 30 台小型汽油脱粒机械来销售，但购买的农户不多。人力脱粒机价格便宜，且方便灵活，购买使用人力脱粒机的农户较多。2007 年，全县拥有各类脱粒机 4372 台（套）。

2005 年，县农机中心在龙场镇定塘村进行收割机现场演示；2006 年至 2007 年，全县共引进割晒机 33 台套；2006 年 8 月，引进一台谷神玉米联合收割机械，6 月底引进一台现代农装稻麦联合收割机和 39 台割晒机；2007 年，引进一台谷神牌稻麦联合收割机、12

台割晒机，推广机械收割。由于联合收割机价格高，承包责任制后田块分到各家各户，田块较小，推广发展进程缓慢。

七、农用运输机械

主要是拖拉机。

1991 年，全县拖拉机拥有量不足 40 台。1992 年后，随着通村公路的实施，交通条件逐步改善，农民经济条件较好，购买农用车的农户逐年增多。1999 年年底，全县有各类农用机运输机械 532 台。2007 年年底，全县农机运输机械拥有量 582 台，年运输作业量 92156 吨。

第二节　农机服务

一、生产服务

1991 年后，农机服务主要以户有户营为主，龙场镇、者相镇、挽澜乡有个别农户买农机器为缺少劳力的农户进行土地耕作，每亩地收取 50 元服务费，每亩田收取 120 元服务费。

1991 年，县农机局购进 13 台套柴油抽水机，免费为干旱严重村组的农户服务。1996 年至 2001 年，县农机部门购买 12 台套丹霞牌旋耕机和 20 台合盛牌微耕机租给者相镇、龙场镇、珉谷镇、兴北镇部分农户耕作，每台机械每年收取 300 元租金。

二、销售服务和维修服务

1991 年后，农机公司销售农用运输车、拖拉机、小型拖拉机、柴油机、排灌机械、农副产品加工机械及其配件。

1964 年，建立县农机修造厂，主要进行一些小型农机具修理服务。1999 年，由于经营不善，无法正常运转，发不起职工工资，偿还不了债务，在国务院改制中小型国有企业的政策指引下，县政府对县农机修造厂进行改制。2006 年 12 月底，县政府将国有企业农机厂拥有的国有资产（土地和厂房）转让给贵州晨宇房地产开发有限公司，国有资产转让费为 1826609.5 元，全部用于安置厂内职工以及债务的偿还。

第三节　农机管理

20 世纪 70 年代，县级农机管理站建立，20 世纪 80 年代初建立城关、者相、牛场、龙场、鲁贡、白层 6 个区农机管理站，隶属县农机局（管理站）领导，县、区农机管理站均为事业单位。1991 年，撤区并乡建镇，建立 13 个乡（镇）农机管理站，实行“三定一保”（定编、定员、定性、经费保障），更名为乡（镇）农机管理服务站，共有乡镇农机管理服务人员 23 人。

农业机械服务管理部门：主要职责是对农机操作人员、驾驶人员、维修人员的技术培训、考试、考核、定级。对农机修理网点进行发证、挂牌和年度检审，对基层农机服务组织和农用柴油进行管理。从20世纪80年代初至2010年，共培训农机操作手5548人次。包括中、小型农业机械操作、技术维修、保养等常识，拖拉机、农用运输车驾驶技术培训、考核、发证2180人。2007年5月，根据农业部农机化司关于《农机修理工实行就业准入制度实施方案》的通知，结合省工商局、省农机局的文件精神，县农机服务中心与县工商局，对全县32个农机修理网点按农机行业标准进行清理、整顿。37名维修人员通过培训后，经省农机修理工职业技能鉴定站考核发证（其中高级2人、中级21人、初级14人）。

1984年至1994年，县农机部门实行以油管机，以机器动力大小进行核定供油量。1995年以后由以油管机转变为依法管机，取消计划“平价”柴油供应。1996年8月2日《贵州省农业机械管理条例》颁布实施，为农业机械管理提供法律依据，明确农机管理纳入法治化轨道。

1984年6月，县农机安全监理站建立，是农机局下属正股级单位。时有职工4人，其中工程师职称3人，助理工程师1人。农机安全监理站职责是办理农业机械注册登记、牌证发放、拖拉机驾驶员和农机操作手的考试考核、技术检验、安全检查、纠正违章和农机事故处理。1991年，县农机安全监理站根据《贵州省农业机械管理条例》和《中华人民共和国道路交通管理条例》《贵州省农机安全管理规定》的规定，受公安机关委托，对全县范围内的拖拉机、农用运输车和拖拉机驾驶员、农用运输车驾驶员进行管理。2002年，为加强全县农机安全管理，县农机局决定以乡镇为单位在全县建立十三个农机安全组，负责本乡镇农机安全管理、宣传、教育，乡村道路的监管。2004年5月1日，《中华人民共和国道路交通安全法》颁布实施，农机部门不再享有农用运输车、农用运输车驾驶员的管理职权，不再对乡村道路进行监管。根据贵州省公安厅交警总队和贵州省农机局农机监理总站《关于低速载货汽车、三轮汽车、拖拉机和驾驶员档案移交工作的通知》和《关于贯彻执行黔公通〔2005〕149号文件有关问题的补充通知》精神，县农机安全监理站与县公安交警大队，于2005年12月31日，在县农机安全监理站进行低速载货汽车、三轮汽车、拖拉机和驾驶员档案移交。县农机安全监理站共向县公安交警大队移交农用车驾驶员档案375份，移交农用运输车档案95份。

第六章　扶　贫

贞丰是贫困县。长期以来，人口素质较低，水、电、路等基础设施差，工业发展慢，农业生产方式落后，经济效益低，县财政来源少，部分农村人口生活还很贫困。为使群众脱贫致富，上级党委、政府多方筹集资金加大对贞丰县水、电、路等基础设施建设，产业发展和社会各项事业的扶持力度。实行发达地区的浙江省宁波市海曙区与贞丰县的对口帮扶和社会帮扶。县委、县政府成立扶贫办公室，专门开展扶贫工作。

第一节　扶贫规划

一、“八五”扶贫规划

1991 年 5 月，省委、省政府将贞丰县列入新增贫困县予以扶持，由省扶贫领导小组下文确认，省扶贫办下文安排制定扶贫规划。“八五”扶贫规划，“八五”期间重点是扶持区域性支柱产业项目。农业项目：（1）油桐基地建设，新增 6 万亩，累计达 10 万亩，投资 240 万元；（2）蚕桑基地建设，规模 3 万亩，投资 1080 万元；（3）甘蔗基地建设，新增 3.5 万亩，累计达 6 万亩规模；（4）烤烟基地建设 1 万亩，累计达 1.5 万亩规模，投资 100 万元；（5）花椒基地建设 2 万亩，投资 90 万元；柑橘、核桃、板栗经果林建设，均为 5000 亩以上规模。工业项目：（1）贞丰至兴仁 110 千伏输变电工程，项目总投资 1146 万元；（2）县城 2000 门程控电话建设，项目总投资 956 万元；兴北（北盘江镇）页岩砖厂新建，项目总投资 240 万元；（4）新建鲁贡红糖厂，项目总投资 218 万元。

二、“九五”扶贫规划

“九五”期间，根据《国家八七扶贫攻坚计划》，规划重点是地方特色经济产业项目和改善农村生产生活条件的项目，规划种养业项目 18 个，基础设施建设项目 13 个，二、三产业项目 12 个，规划总投资 24335.7 万元。1997 年 9 月，根据贵州省政府办公厅《黔府办发（1997）79 号》文件要求，对“八五”规划进行修编，突出提高贫困户收入为重点，选择粮油、甘蔗、生姜、烤烟、辣椒种植和猪、牛、羊养殖等当年见效的项目，突出基本农田建设、人畜饮水、村村通路、村村通电等项目建设。并将计划生育与扶贫作为一个项目规划。农牧业项目：（1）甘蔗基地改造 2 万亩，扩建 4 万亩，投资 2469 万元；（2）烤烟种植 2 万亩，投资 682 万元；（3）温饱工程粮食规范化种植每年 10 万亩，投资 554 万元；（4）辣椒种植及加工：种植 5000 亩，新建布依王辣椒加工厂，投资 183 万元；（5）新增养猪 5.6 万头，投资 300 万元；（6）新增养牛 8460 头，投资 292 万元。工业项目：（1）白糖厂一期技改，投资 662 万元；（2）农村电网改造及 35 千伏输变电工程建设，投资 1700 万元；（3）移动通信 120 万元。将乡、村人畜饮水，乡、村公路建设纳入规划，用财政扶贫资金建设。

三、“十五”“十一五”扶贫规划

2001 年 6 月，国务院颁发《国务院关于印发中国农村扶贫开发纲要（2001 至 2010）的通知》，7 月，省委、省政府下发《关于切实做好新阶段扶贫开发的决定》，省扶贫办召开全省扶贫开发规划工作会。根据省、州文件要求，县委、县政府于 12 月初召开县、乡两级扶贫规划会议，安排规划工作，培训规划人员。12月8日，规划工作全面启动，县扶贫办负责县级规划，乡（镇）负责本乡（镇）、村两级规划。

此次规划，是按照“统一评估，统一论证，一次批准，分年实施，分期投入”，分期分批解决问题的原则进行。规划文本分县、乡（镇）、村三级，规划期限10年（2001—2010年）。规划项目分为基础设施、社会公益事业、种养业、生态工程及经济林、技术培训及劳务输出、二三产业六大类别43个大项3390个小项，规划总投资33666.78万元。其中，财政扶贫资金7580.96万元，信贷扶贫资金15206万元，以工代赈资金6993.91万元，部门专项资金2325.11万元，群众自筹1620.77万元。规划重点突出提高农民经济收入、改善生产生活条件及生存环境、提高生产技能、文化素质和健康水平的项目。

2002年2月10日，国务院扶贫办行文《国开办发（2002）4号》，确定贞丰县为“国家扶贫开发工作重点县”，3月14日，省扶贫办行文《黔开办（2002）18号》，确定鲁容乡等10个乡（镇）、过翁村等167个行政村为“新阶段扶贫开发工作重点乡（镇）、村”。

2005年3月，根据国务院扶贫办《国开办发（2005）12号》、省扶贫办《黔开办（2005）41号》关于结合“十一五”计划编制修订完善扶贫开发规划的通知精神，对《贞丰县2001至2010年扶贫开发规划》进行修订。规划修订工作，以“大稳定小调整，先易后难，群众参与，全面协调可持续发展”为原则，对贞丰县、乡、村2006年至2010年规划进行修订。规划项目仍为基础设施、社会公益，种养业，生态工程及经济林，技术培训及劳务输出、二、三产业共六大类。规划总投资46121.49万元，其中县级规划总投资8924万元，乡村级规划总投资37197.49万元。

第二节　组织机构

一、机构

扶贫开发工作机构根据工作需要和上级业务主管部门的要求设置。县级工作机构设贞丰县扶贫办公室、贞丰县世界银行项目领导小组办公室，实行一套人马、两块牌子、合署办公。贞丰县扶贫办公室的前身是“贞丰县人民政府项目办公室”，1990年11月组建，为乡科级机构，定编11人，其中行政5人、事业6人。内设秘书组、综合科、财务科。1991年5月下旬，省委、省政府将贞丰县列入新增贫困县，由省扶贫领导小组下文确认。同年6月中旬，县人民政府行文组建贞丰县扶贫领导小组及贞丰县扶贫办公室。贞丰县扶贫办公室为乡科级单位，人员编制2人，与贞丰县项目办公室合署办公。

1994年3月，县级机构改革，人员调整，项目办与扶贫办合并为扶贫办，为正科级单位，挂靠县农村工作委员会，县政府对扶贫领导小组进行充实调整。

1996年10月，县政府再次对扶贫领导小组进行调整，12月，县政府办公室根据中共贞丰县委、县政府下发关于《贞丰县扶贫办公室职能配置、内设机构及人员编制方案》的通知，批复贞丰县扶贫办公室职能配置、内设机构及人员配置。县扶贫办公室为行政单位，定编行政人员8人，内设社会扶贫股、项目计划股。2001年，国家从救助式扶贫转为开发式扶贫，目标是改善基本生产生活条件、拓宽基本增收门路、提高基本素质，“县扶贫办公室”更名为“县扶贫开发办公室”。2002年4月，根据领导机构和办事机构人事变动，对县扶贫开发领导小组进行调整。2002年5月，县人民政府印发关于《贞丰县扶贫开发办公室职能配置内设机构和人员编制规定》的通知，对县扶贫开发办公室进行调整，仍为行政单位，定员6人。2007年5月，县政府办公室《关于调整充实县扶贫开发领导小组的通知》，对贞丰县扶贫开发领导小组进行充实调整。附各阶段县扶贫机构及人员情况表。

1990年至2010年贞丰县扶贫领导小组主要成员和扶贫办公室人员一览表

表9-6-1

机构 年度	县扶贫领导小组		县扶贫办公室		
	组长	副组长	主任	副主任	工作人员
1990—1991.5	田忠明	姬保山　王安会 潘立德　徐康浩	徐康浩	常会亨 庹廷义 江国华	李勋碧
1991.6—1992.10	龚　放	王立辉　冯云弟　徐康浩	徐康浩	常会亨 庹廷义 江国华	李勋碧
1992.12—1994.2	严世涛	王立辉　冯云弟	徐康浩	常会亨 庹廷义 江国华	李勋碧
1994.3—1996.9	王立辉	潘　兴　张凤刚　冯云弟 高跃进　谢启新　龙洪达 吴共鸣　杨　庆	常会亨	孙更华	李勋碧　时治华
1996.10—2001.10	王立辉	刘民能　梁　波　谢启新 吴共鸣　曾庆一　冯永光	常会亨	孙更华	李勋碧　时治华
2001.11—2002.4	—	—	常会亨	孙更华 商必彪 陈良红	李勋碧　时治华 皮成武
2002.5—2004.3	张国华	欧荣安　刘　瑞	商必彪	陈良红	李勋碧　时治华 皮成武　常会亨 孙更华
2004.4—2007.4	郭玉海	曾　立　高　松　黄德武	商必彪	陈良红	李勋碧　时治华 常会亨　孙更华
2007.5—2010.12	郭玉海	曾　立　高　松　黄德武	商必彪	李鸿凌	李勋碧　时治华 吴金妍

说明：表中1990年11月至1991年5月，领导机构为“贞丰县项目开发领导小组”，办事机构为“贞丰县人民政府项目办公室”。2001年11月—2002年4月领导小组成员人事变动未及时调整；2007年3月，由于领导机构和办事机构人事变动，对扶贫开发领导小组进行调整充实。

贞丰县世界银行项目前期机构及人员一览表

表 9-6-2

县世行项目领导小组		工作机构		
组长	副组长	办公室	技术委员会	监测委员会
冯云弟	王立辉 谢启新 程德福 杨昌贵 徐康诰	主　任：谢启新 副主任：常会亨 龙丰远 江国华	主　任：冯云弟 副主任：冯永光 李信仁	主　任：王立辉 副主任：程德福 韦保明

县世界银行项目领导小组主要成员及办公室工作人员一览表

表 9-6-3

时间	领导小组		办公室		
	组长	副组长	主任	副主任	工作人员
1995.2—1996.9	严世涛	王立辉　冯云弟 谢启新　常会亨	谢启新	常会亨 孙更华	王定湖　王建国　冯德恩　陈占国 刘光富　罗开林　李忠全　刘德安
1996.10—1998.3	王立辉	王大文　冯云弟 谢启新　常会亨	谢启新	常会亨 孙更华	王定湖　王建国　冯德恩　陈占国 刘光富　李正渊　李忠全　刘德安
1998.4—2001.10	王立辉	刘民能　梁　波 谢启新　吴共鸣 曾庆一　冯永光	常会亨	孙更华	王定湖　王建国　冯德恩　陈占国 刘光富　李忠全　刘德安
2001.11—2002.4	王立辉	刘民能　梁　波 谢启新　吴共鸣 曾庆一　冯永光	常会亨	孙更华 商必彪 陈良红	王定湖　王建国　冯德恩　陈占国 刘光富　李忠全　刘德安
2002.5—2004.08	张国华	欧荣安　刘　瑞	商必彪	李忠全	王定湖　王建国　冯德恩　陈占国 刘光富
2004.9—2008.03	张国华	欧荣安　刘　瑞	商必彪	李忠全	王定湖　王建国　冯德恩　陈占国 刘光富　左　娟

说明：罗开林于1996年4月调任鲁贡镇副镇长，1997年6月李正渊调入，2001年11月李正渊调任平街乡副乡长。2001.11—2002.4领导小组人员人事变动未及时调整。2004年9月左娟调入。

二、党建扶贫工作队

1996年10月，中共中央指出："中央党政机关要定点帮扶到县，省、地、县机关要定点帮扶到贫困乡村。"同年12月，省委规定"从1997年起，实行省、地（州、市）机关驻乡帮村，县级机关驻村的定点挂钩扶贫制度"。根据上级规定，各级组织部门于次年开始从同级机关选派干部驻乡入村定点帮扶，一手抓党建，一手抓扶贫，统称党建与扶贫工作队。从1997年起，在贞丰定点帮扶的机关主要有：1997年，州委、州政府从州机关抽调干部组建农村工作队80人，其中副科（局）级以上干部24人到贞丰县13个乡镇（其中：7个贫困乡镇）、280个村（其中：极贫村41个）；1997年，县委、县政府从县机关抽派国家干部、工作人员260人组建13个工作队进乡驻村开展工作；1999年省委组织部1人、省科协1人（处县级干部）、州、省直机关工委2人，共4人组成党建扶贫工作队到贞丰帮扶；1999年州人事局、州委组织部、直属机关工委帮扶长田乡甘田村、七甲村；州文化局、州农办、州区划办帮扶连环乡屯上村、坡棉村；州计生局、州政协、州地方志办帮扶小屯乡分水村、高寨村；州物价局、州工商联帮扶鲁容乡拉旦村；州国税局、州房产局、州农科所帮扶鲁贡镇磨扒村、平乃村；州教育局、州农机局帮扶沙坪乡洛括村、龙沦村；州建设局、州设计院、州环保局帮扶平街乡顶岸村、冗染村，帮助贞丰县扶贫开发工作。1999年4月县委、县政府抽派县直干部组成13个扶贫工作队（每个工作队3至5人），到13个乡镇抓党建和扶贫工作；2003年，省委组织部部长刘也强联系贞丰县扶贫开发工作；2005年省委组织部1人（处级干部）、工商银行贵州省分行2人（其中：厅级干部1人）、省科协1人（处级干部），共4人组成党建扶贫工作队帮扶贞丰；2006年省委组织部2人（其中：厅级干部1人）、工商银行贵州省分行1人（处级干部）、省科协1人（处级干部）、省社保局1人（处级干部），共5人组成党建扶贫工作队帮扶贞丰县；2007年州党建扶贫工作队帮扶小屯乡赵家坪村、者相镇纳孔村；州委组织部、州人事局、州工行各1人帮扶鲁容乡洒若村；州卫生局1人、州卫生监督所1人、州疾控中心1人帮扶鲁容乡拉旦村；州劳动和社会保障局1人、州供销社1人、州工商联1人帮扶沙坪乡顶翁村；州粮食局1人、州科协1人、州财产保险公司1人帮扶者索村；州政协办1人、州智力支边办1人帮扶白层镇这内村；州人防办1人、州人寿保险公司1人帮扶白层镇这洞村；州统战部1人、州职业技术学院1人帮扶平街乡长猫村；兴义军分区1人、州中行1人帮扶平街乡小花江村。

第三节 世界银行扶贫

世界银行扶贫项目是国家计划委员会、财政部、国务院扶贫办联合争取利用世界银行贷款从事国内扶贫开发的第一个引进外资项目。项目由国务院扶贫办外资项目管理中心统一指挥，省世界银行项目办公室统一部署、各县世界银行项目办公室具体实施。项目落实在贵州、云南、广西三省区的35个县称“世界银行中国西南扶贫项目”。

贞丰作为35个世界银行扶贫县之一，1994年年初，开展工作规划。规划包括大农业、二、三产业、乡村基础设施、教育、卫生、劳务输出、项目监测与培训共七大类21个子项目。项目覆盖6个乡镇60个行政村11185户、53850人，项目总投资7000万元。规划于1995年6月完成并报批获准，历时一年半。

世界银行扶贫项目执行的是“统一规划、统一评估、一次批准、分年投入、分年实施、分期完成”的管理模式。这套管理模式为国内“九五”“十五”“十一五”扶贫所采用。项目于1996年正式实施，实行报账制管理，由各县统一报省、各省统一报财政部。财政部向世界银行借款，转贷到省财政厅，省财政厅再转贷到县财政局，县财政局代表县政府为借款方向省承担债务。根据执行进度和报账比例，县财政局、县世行办再转贷给子项目执行单位。项目实施期为6年，后推延1年，于2002年完成并通过验收。

第四节　对口扶贫与社会帮扶

一、对口帮扶

根据中央“实行组织沿海发达省、直辖市对口帮扶西部贫困省、自治区”的指示，以及“深圳、青岛、大连、宁波帮扶贵州”的安排，宁波市海曙区、市银行同业协会对口帮扶贞丰县。1996年至2010年，共实施帮扶项目92个，帮扶资金1361.25万元，其中实施教育项目594.85万元，占44%，实施卫生项目270万元，占20%。

1996至2010年宁波市海曙区、市银行同业协会对口帮扶贞丰县项目统计表

表9-6-4

年度	捐赠（单位）	项目名称	捐赠金额（万元）	项目规模	受益情况（人）	备注
1996	海曙区、人行	长田乡海曙希望小学	20	596平方米	2800	—
1997	人行宁波支行	者相镇这艾甬银希望小学	25	569平方米	2500	—
	海曙区、人行	珉谷镇必克海曙希望小学	20	569平方米	2500	—
	海曙区、人行	救助失学儿童	1	—	100	—
	海曙区、人行	县医院医疗设备	20	麻醉机一台，无影机一台，分析仪2台	—	—
	海曙区、人行	村卫生室	13	450平方米	20000	—
	海曙区、人行	劳务输出	—	—	84	—
	海曙区、人行	县扶贫办办公设施	1	购电脑一台	—	—
	海曙区、人行	挂职学习	3	1人	—	—
1998	海曙区、人行	鲁容乡甬银希望小学	20	504平方米	1300	—
	海曙区、人行	救助失学儿童	1.5	150名	150	—
	海曙区、人行	县中医院设备	10	X光机一台，B超机一台	—	—
	海曙区、人行	贫困村通电	10	河堡、鹅田等5个村通电	4000	—
1999	海曙区、人行	连环乡海曙希望小学	25	630平方米	3000	—
	海曙区、人行	救助失学儿童	1.5	150名	150	—
	海曙区、人行	县医院设备	15	胎儿监护仪、纤维胃镜	—	—

续表 9-6-4

年度	捐赠（单位）	项目名称	捐赠金额（万元）	项目规模	受益情况（人）	备注
1999	海曙区、人行	扶贫示范经费	4	示范经费	—	—
	海曙区、人行	挂职学习	—	—	1	—
2000	海曙区、人行	贞丰二中银海教学楼	50	2692 平方米	—	—
	海曙区、人行	救助失学儿童	1.5	150 名	150	—
	海曙区、人行	黄花梨栽培技术培训	—	20 名干部及农民技术员	30	—
	海曙区、人行	教学人员培训支教	—	培训教师 400 人次，4 人到贞丰支教	600	—
	海曙区、人行	县医院设备、卫生人员培训	18	B 超机一台	—	—
	海曙区、人行	连环乡希望小学课桌椅	1	150 套	300	—
2001	海曙区、人行	贞丰二中银海教学楼	50	2692 平方米	—	—
	海曙区、人行	县人民医院设备	15	X 光机一台，B 超机一台	—	—
	海曙区、人行	民族中学生化实验设备	10.77	实验设备	1100	—
	海曙区、人行	救助失学儿童	1.5	150 名	150	—
	海曙区、人行	鹅田村办公室	8	227.5 平方米	10	—
	海曙区、人行	鹅田村培训费	1.5	350 人次	350	—
	海曙区、人行	鹅田黄花梨示范	20	10 万株梨苗	58	—
	海曙区、人行	鹅田供水人饮	20	蓄水池 192 立方米，管道 8190 米	900	—
	海曙区、人行	县医院大楼	40	800 平方米	—	—
	海曙区、人行	鹅田小学	10	600 平方米	186	—
	海曙区、人行	陇塔小学	10	600 平方米	198	—
2002	海曙区、人行	贞丰中学购置教学设备	10	物理实验室及多功能教室设备	1780	—
	海曙区、人行	改造贞丰一小教学楼	8	教学楼外装、电路改造	1580	—
	海曙区、人行	贞丰民族中学修建国旗台和维修操场	5	旗台和操场维修	1680	—
	海曙区、人行	救助贫困学生	2	200 名	200	—
	海曙区、人行	鹅田村农业开发	8	除草、施肥、培训等	230	—
	海曙区、人行	贞丰二中学学生宿舍	50	学生宿舍 1578.11 平方米	1120	—
2003	海曙区、人行	救助贞丰县 200 名失学儿童	2	—	—	—
	海曙区、人行	县人民医院添置设备	25	—	—	—
	宁波市政府	珉谷镇鹅田示范村建设	20	—	—	—
	海曙区、人行	贞丰二中学生宿舍	100	1578 平方米	380	—
	海曙区	县教育局修建办公楼	6	1506 平方米	58	—
	海曙区、人行	救助贫困学生	2	200 名	200	—
	海曙区	贞丰中学购置桌椅	10	椅 400 套，板凳 22 个，讲台桌 13 张	—	—

续表 9-6-4

年度	捐赠（单位）	项目名称	捐赠金额（万元）	项目规模	受益情况（人）	备注
2003	海曙区	干部培训经费	3	317 人次	317	—
	海曙区	珉谷镇鹅田村贫困农户发展生产	1	解决 20 户贫困户	89	—
	海曙区、人行	县医院设备	25	X 光机一台	—	—
2004	海曙区	珉谷镇鹅田村养牛	5	购母牛 40 头，产杂交牛 32 头	—	—
	宁波市政府	综合开发	10	牛品改及黄花梨抚育	—	—
	海曙区	贞丰中学购置教学设备	5	物理、生化设备 64 套	—	—
	海曙区	县乡村干部及农民培训经费	5	培训 3778 人次	3778	—
	海曙区、银行同业协会	县人民医院购置彩色 B 超机一台	25	彩色 B 超机一台	—	—
	海曙区、银行同业协会	贞丰一小建造教学楼	30	1590 平方米	1200	—
	海曙区、银行同业协会	救助 200 名失学儿童	2	200 名	200	—
	海曙区、银行同业协会	北盘江镇董畔村新建办公楼	6	204 平方米	28	—
2005	海曙区、银行同业协会	县人民医院购置 CR 机一台	30	CR 机一台	—	—
	海曙区、银行同业协会	龙场镇五里岗村示范村建设	20	活动室 130 平方米及畜牧业发展	—	—
	海曙区、银行同业协会	贞丰一小新建综合教学楼	30	1590 平方米	—	—
	海曙区、银行同业协会	小屯乡大地村学校新建教师楼	8	325 平方米	—	—
	海曙区	民族中学新建学生食堂	5	250 平方米	—	—
	海曙区	白层镇、鲁贡镇新建计生卫生室	8	220 平方米	—	—
	海曙区	发展农业和教育事业	15	全县	—	—
2006	海曙区、银行同业协会	龙场镇五里岗村示范村建设	25	通组公路 3.22 千米，校园硬化 2215 平方米等	—	—
	海曙区、银行同业协会	贞丰中学建设校门	20	校门及门前动门一道，道路硬化 200 米	—	—
	海曙区同业协会银行	珉谷镇岜浩学校校园硬化	8	2112.6 平方米	—	—
	海曙区、银行同业协会	县人民医院设备	25	电子胃镜一台	—	—
2006	银行同业协会	者相镇坡哈村活动室	5	100 平方米	—	—
	海曙区	建造青少年校外活动中心	10	5328 平方米	—	—
	海曙区	珉谷镇鹅田村新植黄花梨	10	600 亩	—	—

续表 9-6-4

年度	捐赠（单位）	项目名称	捐赠金额（万元）	项目规模	受益情况（人）	备注
2003—2006	宁波市政府	支助贫困大学生	9	30 名	30	—
2007	海曙区	龙场镇五里岗村示范村建设	25	通组公路 3 千米，种植脆桃 500 亩	—	—
	海曙区、银行同业协会	龙场镇定塘学校新建综合楼	40	800 平方米	—	—
	海曙区、银行同业协会	者相镇卫生院新建医技楼	30	600 平方米	—	—
	海曙区政府	珉谷镇建设鹅田至双乳峰高效农业示范区	10	500 亩	—	—
	银行同业协会	者相镇新寨村新建早熟蔬菜基地	5	500 亩	—	—
2006—2007	海曙区、市政府	结对助学	39.98	1140 名	1140	—
	—		1190.25	—	54627	—
2009—2010	宁波市	珉谷镇核桃村人畜饮水工程	20	60 立方米水池，3300 米水管	—	—
	海曙区	珉谷镇核桃村李子种植	4	200 亩	—	—
	政府	珉谷镇纳老村通村公路	25	2.2 千米	—	—
	宁波市	珉谷镇纳老村佛手爪种植	7	—	—	—
	银行业	珉谷镇顶肖村通村公路	8.5	350 米	—	—
	协会	白层镇纳杠村通组公路	12.5	—	—	—
		白层镇纳杠村引水渠建设	19	1300 米	—	—
		白层镇纳杠村人畜饮水工程	4	—	—	—
		白层镇纳杠村农房改造	16.5	—	—	—
		珉谷、白层镇灾后生产自救	5	—	—	—
		龙场镇宣塘村公路硬化	10	—	—	—
		全县抗旱用油	40	—	—	—
	合计	—	1361.25	—	—	—

二、社会帮扶

2001 年至 2010 年，赵安忠、陈廷华、亚虎集团、朱英龙等共帮扶贞丰县建设项目 43 个，帮扶资金 531 万元。其中，赵安忠捐赠资金 20 万元，实施 2 个项目；陈廷华捐赠资金 60 万元，实施项目 1 个；亚虎集团捐赠资金 20 万元，实施项目 1 个；朱英龙捐赠资金 431 万元，实施项目 39 个。

2001年至2010年社会帮扶项目统计表

表9-6-5

序号	捐赠单位（人）	年度	学校名称	总建筑面积（平方米）	总投资（万元）	自筹资金（万元）	社会帮扶资金（万元）
1	赵安忠	2001	陇塔村杏琴园教学楼	600	20	10	10
		2001	鹅田村杏琴园教学楼	600	20	10	10
2	陈廷华	2002	援助贫困农户改善生产生活条件	1200户	60	—	60
3	朱英龙	2003—2004	小屯乡仁朝小学教学楼	430	18.27	10.27	8
			小屯乡方坪小学教学楼	430	17.6	9.6	8
			鲁贡镇坡稿小学教学楼	430	18.49	10.49	8
			鲁贡镇林桃小学教学楼	430	19.56	11.56	8
			龙场镇枪杆小学教学楼	430	20.6	12.6	8
			白层镇猫坡小学教学楼	430	20.85	12.85	8
			者相镇干海小学教学楼	430	17.54	9.54	8
		2005	沙坪乡中学学生宿舍楼	911.8	43.78	31.78	12
			鲁容乡中学学生宿舍楼	1221	54.93	38.93	16
4	宁波亚虎集团	2006	平袍亚虎希望小学	376.49	21	1	20
5	朱英龙	2006—2007	沙坪乡这年小学教学楼	500	21	13	8
			鲁贡镇弄洋小学教学楼	500	29	21	8
			连环乡纳歪小学教学楼	420	21	13	8
			珉谷镇坡生小学教学楼	470	23.5	15.5	8
			白层镇平袍小学教学楼	420	21	13	8
			平街乡中学学生宿舍	1020	60	46	14
			贞丰中学教学楼	3539	201	151	50
		2008	贞丰第一中学学生宿舍	2410	110	87	23
			者相镇中学学生宿舍	1628.7	68	51	17
			贞丰民族中学学生宿舍	836.32	62	50	12
			北盘江镇第二小学教学楼	1083	48	34	14
			珉谷镇纳妹小学教学楼	663.24	36	26	10
			白层镇这内小学教学楼	431.2	25	17	8
			珉谷镇小田坝小学教学楼	663.24	29	19	10

续表 9-6-5

序号	捐赠单位（人）	年度	学校名称	总建筑面积（平方米）	总投资（万元）	自筹资金（万元）	社会帮扶资金（万元）
5	朱英龙	2008	小屯乡土石田小学教学楼	431.2	19	11	8
			小屯乡尾洒小学教学楼	523.9	28	20	8
			沙坪乡者索小学教学点	264.9	12	7	5
			沙坪乡尾烈教学点	264.9	12	7	5
			鲁贡镇落艾小学教学点	264.9	12	7	5
		2009 年	长田乡中学学生宿舍	1060	47.7	33.7	14
			龙场镇中学学生宿舍	1520	68.4	51.4	17
			连环乡中学学生宿舍	960	46.8	34.8	12
			小屯乡头猫中学学生宿舍	1150	68	51	17
		2010 年	平街乡冗染小学教学楼	402	22	16	6
			小屯乡新寨小学教学楼	448.49	29.16	23.16	6
			小屯乡赵家坪小学教学楼	651.3	39.08	29.08	10
			鲁贡镇里便小学教学楼	266	17.29	11.29	6
			鲁贡镇管路小学教学楼	651.3	39.08	29.08	10
			珉谷镇纳磨学校教学	406.98	26.5	16.5	10
			鲁贡镇暗老学校教学楼	433	22	12	10

第五节　资金投入及管理

1991 年，贞丰自被列为贫困县，国家每年都投入大量扶贫资金进行扶贫。据初步统计，到 2010 年（以工代赈至 2003 年），投入各类扶贫资金 40480.272 万元，实施扶贫项目 1065 个。其中信贷扶贫资金 20479.196 万元，实施项目 203 个；世界银行贷款 2409.49 万元，实施项目 21 个；财政扶贫资金 7406 万元，实施项目 639 个；以工代赈资金 9383.58 万元，实施项目 202 个。

各类扶贫资金的管理使用。包括资金性质、投向、使用原则和范围，国家都有明确规定。1991 年，国务院办公厅印发《扶贫资金的暂行管理使用办法》。1997 年 7 月，国务院办公厅印发《国家扶贫资金管理办法》，对各类扶贫资金的管理使用明确规定。

一、扶贫资金种类

新增财政扶贫资金，以工代赈资金和扶贫专项信贷资金为主。

二、资金投向

（一）新增财政扶贫资金，重点用于改善贫困地区的农牧业生产条件、发展多种经营、修建乡村公路、普及义务教育和扫除文盲、开展农业技术培训。

（二）以工代赈资金，重点用于修建县、乡公路（不含省道、国道）和为扶贫开发项目配套的道路、建设基本农田、兴修水利、解决人畜饮水问题。

（三）扶贫信贷资金。重点支持有助于直接解决农村贫困人口温饱的种植业、养殖业和以当地农副产品为原料的加工业中效益好、有还贷能力的项目。使用扶贫信贷资金，应该经有关银行审查论证。

三、相关规定

（一）所有扶贫资金必须完全用于审批的项目建设内容。不准拆借、不准挪用、不准转移使用。使用单位必须单列账户。

（二）扶贫信贷资金是有偿低息借款，执行2.88%年利率，贷款率差由国家财政贴给银行。执行谁借款、谁受益、谁还款（含息）的政策。

（三）财政扶贫资金实行专户管理。封闭运行、报账制度、年度审计、责任到人的管理办法。

（四）资金使用单位和个人必须接受县财政、农行、扶贫等相关管理部门和上级相关管理部门的检查监督。

（五）世界银行贷款按照省世行办制定的一整套管理办法进行管理，包括《物资管理办法》《财务管理办法》《会计核算办法》和《物资采购程序》等。执行专户管理，先垫后报的报账制度。

第六节　扶贫效益

国家扶贫资金的大量投入，众多扶贫项目的成功实施，拉动全县经济发展和社会进步，提升了人民的生活水平，改善农村的生产生活条件，扶贫开发成效显著。

一、促进贞丰经济的快速发展

按不变价可比口径价格计算，未开展扶贫开发的前10年，全县国民生产总值年均增长3.5%。1991年实施事扶贫开发到2000年，国民生产总值年均增长19.75%。经济步入快速发展期。人均国民收入1985年为216元，1990年242元，5年增加26元，年均增加5.2元；1995年867元，扶贫开发5年，增加625元，年均增加125元；2000年达1244元，2007年达4815元，2010年达6000多元，均有大幅增长。县级经济发展速度排位大幅提升。“七五”期末的1990年，贞丰在全省县级经济发展排位中处于最末位置。2000年，贞丰粮食总产量排全省第45位，农民人均粮食排第48位，农民人均纯收入排第42位，综合指数排第62位。经济发展排位得到提升。

二、贫困人口大幅下降，农民收入大幅提高

1990 年，人均纯收入不足 200 元的农村贫困人口 20.3 万人，占全县农业人口的 74%。2007 年，人均纯收入不足 625 元的农村贫困人口 3.04 万人，占全县农村人口的 8.4%，农民人均纯收入 1990 年为 186 元，2007 年达 2152 元，2010 年达 3332 元。

三、农村生产生活条件明显改善，人民生活质量明显提高

1990 年，全县通电村 62 个，占村总数 22%，农户通电率 15.8%；2002 年，实现村村通电，2007 年，农户通电率 98%。1990 年，通公路村 136 个，不到村总数的 50%，2002 年，实现村村通公路，2007 年，实现村村通广播电视、村村通电话，80% 的村用上自来水。

通过项目帮扶，改善贫困户的生产生活条件，拓宽增收门路，提高了贫困人口素质。全县基本消除茅草屋，70% 的农户改造或新修住房，贫困人口逐年下降。

1996 年至 2010 年贞丰县贫困人口统计表

表 9-6-6

年份	贫困人口（人）	总人口（人）	农业人口（人）	贫困人口占总人口（%）	脱贫人口（人）	农民人均纯收入（元）	贫困人口占农业人口（%）
1996	81500	306865	287832	26.56	32000	572	28.57
1997	65715	309790	290545	21.21	20000	1080	22.62
1998	56600	312927	293205	18.09	15000	1201	19.30
1999	48600	327848	307422	14.82	7000	1291	15.81
2000	41600	336194	313000	12.37	5000	1298	13.29
2001	38100	340091	313000	11.2	4100	1361	12.06
2002	38200	342706	318358	11.15	4000	1418	12.00
2003	34100	346590	323869	9.84	2547	1500	10.53
2004	34100	350899	327691	9.72	5138	1649	10.41
2005	32862	357740	335279	9.19	1238	1805	9.80
2006	31624	363868	340371	8.8	1238	1922	9.36
2007	30386	369215	344319	8.23	1238	2152	8.92
2008	67422	374695	349134	17.99	6565	2518	19.31
2009	60722	383665	357455	15.82	7500	2868	16.98
2010	110967	401093	373339	27.66	6036	3332	29.72

说明：2008 年上级规定贫困人口年人均纯收入标准提高，列为贫困人口数比 2007 年大幅增加。

第十篇　商贸流通

1991 年至 2010 年，是贞丰县商业体制改革不断深化，民营企业大量涌入，商业经济发展较快的一个时期。1991 年全县有个体民营企业 1475 个；2010 年，全县个体民营工商户通过县工商部门年审验证的有 3452 户。商品流通越来越活跃，品种丰富，高、中、低档商品齐全，购销两旺。商品数量、质量、品种基本满足人民群众日益增长的物质需求，全县社会商品销售总额从 1991 年的 4909 万元增加到 2010 年的 56478 万元。20 年，全县社会商品销售额增长 10.5 倍。民营商业成为全县商品流通的重要组成部分，民营经济在全县经济总量中比例逐年增加。

1991 年以前，国有商业、合作商业占主导地位，为市场份额 90%以上。1992 年后，随着商业体制改革的深化，个体民营经济进入商贸快车道，商品流通渠道扩宽，尤其是流通领域的开放，给商贸活动注入了活力。对国有、集体商业单位实行承包经营责任制等一系列改革，改变了过去干好干不好一个样，工资不会少的“大锅饭”，商业单位经济效益有很大提高，一些商业单位改变了负债经营的状况，逐步走出困境。县委、县政府制定招商引资优惠政策，对新创业的民营工商户实行减、缓、免税，优先供项目用地等，吸引外县商家到贞丰经商办企业。1992 年后，陆续有浙江、湖南、四川等省商人到贞丰开商店。有许多家用电器商店、服装店、鞋店、食品店、酒店、宾馆、美容美发店、五金店、钢材店、地板砖专卖店、药店、文具店、书店、汽车修理厂、车辆经销店是外县商人开设。县城和乡镇主要市场商店林立，商品应有尽有。尤其是外地商家开的喜洋洋、旺客隆、亿家福、多家福 4 个较大的超市和贞丰宾馆、双乳峰酒店，金都、康筑、晨宇、盛丰铭园住宅小区的建成，提高了贞丰县城的品位。招商引资给贞丰县的商业增添了活力，促进了市场活跃，商贸繁荣。

第一章　商　业

1991 年，贞丰县商业系统所属单位有民族商品贸易公司、纺织百货公司、五交化公司、糖酒公司、盐业公司、饮食服务公司、食品公司、中西药公司、外贸公司 9 个公司。1992 年，商业系统实行放开经营、放开物价、放开分配等政策。推行经理负责制、管理人员聘用制和职工合同制，公司聘用原正式员工为正式合同工，还可聘用临时合同工。1994 年，随着经济体制改革的深入，除爆炸物品、烟草、食盐业专营外，其余的均实行国有民营租赁。公司不再经营，员工分流和下岗。公司将商店门面出租，在同等条件下优先租给原单位员工经营，所收租金作原单位职工安置费。

第一节　商业体制

从中华人民共和国成立至 1980 年，全民所有制商贸企业占全县商贸企业的大多数，集体商贸企业和个体户只是极少数。1981 年，国务院颁布《城镇非农业个体经营若干政策规定》后，县内个体工商户逐渐成为全县商业的重要组成部分。股份制商贸企业不断发展，全县形成全民所有制、集体所有制、股份制、个体商业户共生发展的格局。

贞丰全民所有制商贸企业自建立到改革开放，一直沿袭计划经济体制，以全民所有制商贸企业和国家统一调进商品为主，员工工资待遇以工龄长短、级别高低而定，不以营业额或完成任务情况而定。没有体现多劳多得，少劳少得，不劳不得的社会主义分配原则。干好干不好一个样，按月领工资，吃企业大锅饭，企业经济效益低，大部分企业负债经营。1981 年至 1991 年，随着改革开放的深化，对全民所有制商贸企业进行一系列改革。首先对商贸企业进行承包经营责任制，2000 年，进行产权制度改革，贯彻执行企业破产法，对国有商贸企业进行改制，推进商贸企业民营化，发展股份制商业和个体商业，改变以全民所有制为主的状况。

第二节　经营方式

1991 年后，全县商贸企业经营体制改革逐步深化。1991 年至 1995 年，商贸企业以组织原单位员工组合承包经营为主；1995 年除特殊商品外，一般商品都放开经营，非公经济组织或个体到工商行政管理部门办理营业执照，并到税务机关办理税务登记手续后，就可以从事商品经营活动。商贸企业、个体户对经营商品的种类、用工、分配、经营规模等都有自主权，商品价格随行就市。

一般商品不再实行国家统一分配、统一采购、统一定价销售的统购统销政策。除国家规定的特殊物品（爆炸物品、化学物品、食用盐）外，其余的物品，国家商业、集体商业、合作商业和个体商业可直接从厂家或外地进货来销售，扩宽了商品流通渠道。取消了统一定价，商品销售价格放开，实行随行就市。商品市场空间扩大，购销方式灵活，政策环境宽松，经营方式不在受严格的限制和约束。

第三节　管理体制

1989 年，县商业局在县纺织百货公司、民族贸易公司、五交化公司、食品公司、盐业公司、烟酒公司、医药公司、饮食服务公司、蔬菜水产公司、石油公司等商贸企业推行经理负责制。按照国务院颁布的《全民所有制商贸企业经营管理条例》等文件精神，组建各企业管理委员会、职工代表大会，制订《企业管理条例实施方案》《职工代表大会条例实施方案》《企业经理任期目标责任制》《经理岗位职责》等规范性文件，经企业职工代表大会，党员大会讨论通过执行。企业经理由职工代表大会选举，报主管部门批准，召开全体职工大会宣布，经理任期 4 年。

1993 年前，商贸企业员工，完全由人事劳动部门按照国家有关政策规定安排和分配，企业无人事权。员工调进调出全部由人事劳动部门统管，企业必须服从。1993 年之后，随着改革的深化，对企业用工制作了重大改革，实行全员劳动合同制。除烟草公司、盐业公司、物资公司外。其余的商贸企业的正式职工、长期聘用工、临时工全部转为合同制员工。打破“铁饭碗”，扩大企业自主权。县商贸行政部门转变职能，由行政管理型转为服务型，维护商贸企业的合法权益和正常的商贸秩序，为商贸企业排忧解难，提供商贸信息，办理有关手续等服务。

1991 年至 2010 年贞丰县社会商品销售总额统计表

表 10-1-1

年度	商品销售总（万元）	比上年（±%）	备注	年度	商品销售总额（万元）	比上年（±%）	备注
1991	4909	-9	—	1996	6120	4	—
1992	5465	11	—	1997	7557	23	—
1993	4560	-17	—	1998	5868	-22	—
1994	5472	20	—	1999	6703	14	—
1995	5908	8	—	2000	7685	15	—

续表 10-1-1

年度	商品销售总（万元）	比上年（±%）	备注	年度	商品销售总额（万元）	比上年（±%）	备注
2001	8139	6	—	2006	27725	19	—
2002	13310	63	—	2007	34178	23	—
2003	14867	11	—	2008	41616	21	—
2004	17707	19	—	2009	49480	19	—
2005	23258	31	—	2010	56478	14	—

第二章　供销合作商业

贞丰县供销合作社建于 1952 年，设县联社和基层社两级，全县共有基层社 5 个、3 个分销处、固定摊点 8 个、县级直属企业 2 个，开办资金一亿元（当时人民币单位现折新人民币为一万元），有干部职工 57 人，入股社员 34560 人，集纳股金 29260 元，全年购销总额 257000.00 元。

1991 年，贞丰县供销系统有集体商业单位 8 个，其中县直单位 2 个，基层供销社 6 个，共有干部职工 290 人。

1992 年 9 月，成立贞丰县桐油集团公司。

1993 年，贞丰县供销社、贞丰县农资日杂公司、贞丰县牛场供销社被省供销社评为全省供销社系统农业社会化服务先进单位。同年 3 月，县土产公司承包珉谷镇大碑茶场及荒坡 600 亩建立种养殖基地。8 月创办经济实体“县供销招待所”。

1997 年，县供销社在大碑茶场建成 500 亩经果林种植示范基地，7 月，成立贞丰县油桐专业合作社，发展社员 110 户，入股 2615 股，入股资金 13.1 万元；同年 11 月，成立贞丰县农资集团公司。

2000 年，贞丰县农资日杂公司修建化肥仓库、职工住宅综合办公大楼，贞丰县人民政府明确全县的烟花爆竹由供销社系统经营管理，同年 5 月，县委、县政府明确把县供销联社离退休人员工资、遗属补助费及离退休干部医疗费纳入财政预算。

2002 年，推行供销社产权制度改革，把全县供销系统临时工全部清退，8 月牛场供销社更名为北盘江供销社。贞丰县实施“五个 10 万亩”工程，贞丰县供销社建立全县最大的日本黄花梨苗圃园，向全县各乡镇供应黄花梨苗。

2004 年，投资 42 万元建成贞丰县唯一的 100 吨气调保鲜库。同年推动全县供销社产权制度改革，县供销社对供销系统有债务的七个企业进行清产核资，通过核查账务作出评估，并经贵州省拍卖公司拍卖，由县联社一次性买断供销社所有债务。

2005 年 9 月，贞丰县供销社进行改制，参加人员 167 人，办理内退 44 人，申请买断工龄人员 62 人，办理保留工作籍人员 12 人，重组上岗人员 49 人；6 月，成立黄花梨专业合作社，入股社员 26 户，成立贞丰县平安烟花爆竹公司。

2010 年年底，贞丰县供销系统共有基层供销社 4 个（龙场、北盘江、白层、鲁贡供销社），县直属公司 4 个（农业生产资料公司、土产公司、平安烟花爆竹公司、北盘江椒业有限责任公司），专业合作社 2 个（黄花梨专业合作社、惠农生猪专业合作社），农资超市 1 家，下设农资经营网点 35 个、烟花爆竹连锁经营网点 150 个。机关在编人员 8 人，全系统离休干部 3 人，退休人员 122 人。

第一节　供销体制

1992 年，县供销系统实行“集体企业性质、个体经营模式”统分结合的双层经营模式，在全县供销系统推行经营放开、价格放开、用工放开、分配放开“四放开”改革试点，1993 年推行“社有自营”风险抵押承包（租）经营方式，在基层供销社全面推行抽本经营承包责任制，实现经营体制的彻底转变，并进行城镇住房制度改革。

1999 年，针对供销合作社经营机制不活，亏损不断增加，难以适应农业和农村新形势要求的状况，国务院下发《国务院关于解决当前供销合作社几个突出问题的通知》文件。主要内容：一是坚持合作经济方向，着力解决当前存在的突出问题，尽快扭转效益下滑、亏损增加、经营萎缩的被动局面，清理整顿社员股金，防范和化解金融风险，使供销合作社建立起自主经营，自负盈亏的经营机制，更好地为农服务，为进一步发展合作经济奠定坚实的基础。二是改造基层社，创造条件逐步建立农民合作经济组织。三是进一步理顺各级联合社的组织管理体制，全国供销合作总社和省、市（地）级联合社应大力精简机构，减员消肿，所需经费列入同级财政预算，不再向所办企业提取管理费。四是按照自主经营、自负盈亏的要求，搞活社办企业。五是清理社员股金，消除金融隐患。六是妥善处理供销合作社亏损挂账。

1999 年，县供销社抓扭亏增盈、防范和化解股金风险、深化企业改革改制、发展村级综合服务站和农村专业合作社、加强基层供销社建设。全县供销社实现商品总销售额 2334 万元，亏损 103 万元，扭亏 250 万元。2002 年，全县供销社实现商品总销售额 952 万元，利润总额 68 万元，初步实现扭亏为盈。根据 1999 年 12 月 27 日，贵州省人民政府下发《省人民政府关于贯彻国发〔1999〕5 号文件精神，解决当前供销社合作社几个突出问题的通知》文件精神：确定县级联社在发挥供销合社作用中，主要行使指导、协调、监督和服务职能，县联社在推进农业产业化经营中，承担着建专业合社和办龙头企业的组织工作。2002 年 3 月，县供销联社全额纳入财政预算，内设 2 股 1 室，参照公务员进行管理。

2005年9月，按照全州企业改革部署，县供销社被列为全州供销系统改革改制试点县，进行改革改制，对所属8个独立核算企业的62名职工实行一次性解除劳动合同，一次性补偿安置，对原8个基层单位进行重组，使企业走出困境。

第二节 农业生产资料经营

一、化肥经营

化肥是重要的农业生产资料之一，由县农资公司和乡镇供销社的农资门店经营，主要经营硝酸铵、尿素、碳酸氢铵、磷肥、钾肥、复合肥。1992年，国务院颁发《关于加强化肥、农药、农膜经营管理的通知》、州政府颁发《关于切实加强化肥、农药、农膜经营管理的通知》。对化肥、农药、农膜实行由各级供销部门专营，其他部门、单位和个人一律不准经营。大中型化肥厂生产计划内化肥，均由专营部门统一销售。计划外化肥由专营部门同工商企业签订合同销售。地方小化肥厂生产的化肥，实行专营部门与工厂合同订购或联销、代销或由工厂直接销售。基层农技部门（县以下，不含县）结合有偿技术服务使用的少数化肥，由县专营部门或基层供销社按计划供应，允许有偿转让给农户，但不准进行商业经营或者倒买倒卖。这一政策一直持续到1994年。为保证农资工作的顺利进行，成立县农资专营领导协调小组，定期检查整治农资经营，取缔非法经营市场。1994年8月，国务院印发《关于改革化肥等农业生产资料流通体制的通知》和省政府印发《关于化肥等农业生产资料流通体制改革实施办法》，明确化肥经营实行“一主两辅”，即省、市、县农资公司和基层社为化肥流通的主渠道，农业“三站”（土肥站、农技站、植保站）和生产厂家为化肥销售的辅渠道，允许农垦、林业、烟草、军队在本系统内销售化肥，化肥等农业生产资料不再专营。1998年11月，国务院颁发《关于深化化肥流通体制改革的通知》指出：化肥出厂价由政府定价改为政府指导价，放开化肥零售价格，必要时省级物价部门可以对部分品种规定最高限价。至此，化肥零售价格由国家定价的历史结束。1999年，化肥价格基本按市场规律运行。2002年，化肥经营渠道基本放开，除供销社主渠道外，农业、林业、生产企业都可以经营化肥。针对化肥市场个体经营户大幅度增多的实际，县供销社在全县开展送肥到村、化肥赊销、联村联户约销，扩大经营范围，全县增设农村化肥销售点70个，全年销售各类化肥8594吨。

二、农药经营

1988年，农药实行由供销社农业生产资料经营部门专营，其他部门使用的农药必须由供销社供应。实行专营后，农药实行计划管理的品种增至20多个，具体品种是：敌敌畏、乐果、氧化乐果、甲胺磷、叶蝉散、杀虫双、甲乙敌粉、多菌灵、稻瘟净、硫酸铜、敌百虫、甲基1605、工基1605、呋喃丹、速灭威、混灭威、水胺硫磷、敌虫菊酯、三环性、甲基托布津、百菌清、2.4D丁酯、灭军丹、丁草胺。农药的计划分配渠道，一般由省、州计委下达年度总计划，省、州供销社根据企业交货情况按季分配到县供销社，各级农资公司和基层供销社再销售。1994 年以后虽然还下计划，但由于供过于求，各级单位不执行，全部实行市场调节。

三、农具、农药械经营

1991 年，供销社销售的小农具主要有镰刀、锄头、铁锹、水桶；大中型农机具有脱粒机、步犁、耘锄等，农药械主要品种为喷雾器。1993 年，随着改革开放的深入，农机市场放开，供销部门中、小农具销售量减少。

第三节　生活资料经营

供销系统原来常经营煤油、食盐、洗衣服、肥皂、卷烟、布料、衣服、鞋袜、白酒、锅碗瓢盆等生活材料。1991 年，生产生活资料市场销售疲软。县农资公司和乡镇供销社采取代销、联销途径促销。通过举办展销会、交流会、有奖销售和送货下乡等形式，促进购销业务的开展。

1993 年，县供销合作社针对农村购买力向城镇转移的趋势，加快基础设施建设，改造兴建集镇商场和社直门市部，扩大营业面积 1.4 万平方米，增设专柜 84 个，建设规范化门店 185 个。本着“农民需要什么就经营什么，要求什么服务就提供什么服务”的宗旨进行经营。2000 年推行商贸企业改革，全员买断工龄，生活资料销售逐渐下滑，2002 年，全县供销系统生活资料销售额 220 万元。

第四节　废旧物资回收

废旧物资回收、利用工作，是供销合作社的一项主要业务。1991—2005 年，贞丰县供销社负债过重、银行不再向供销企业贷款，废旧物资回收业务一直未能正常开展。随着工业生产的发展和科学技术的进步，废旧物资利用途径扩大，部分品种供不应求，废旧物资回收属特殊行业，国家为鼓励企业和职工回收废旧物资的积极性，在税收和职工劳保福利上出台了一些优惠政策。1998 年，财政部、国家税务总局规定对废旧物资回收经营企业增值税实行先征后返 70%的政策，为促进废旧行业的发展起到了政策支撑作用。2005 年 11 月，县供销社进行改革改制，对基层企业进行重组，2006 年重新开展废旧物资回收工作，完成废旧物资回收额 69.5 万元，2007 年，完成废旧物资回收额 226.6 万元。2010 年，完成废旧物资回收额 327 万元。

1991 年至 2001 年贞丰县国营商业和供销社等单位购销情况统计表

表 10-2-1　　　　单位：万元

年份	购进总额	销售总额	商业局		供销社		粮食局		烟草公司		药材公司		物资公司		石油公司		农机局		书店		外贸公司	
			购进	销售	购进	销售	购进	销售	购进	销售	购进	销售	购进	销售	购进	销售	购进	销售	购进	销售	购进	销售
1991	1743	2800	164	424	735	1472	663	453	—	4	69	57	—	—	1	263	123	125	—	—	—	—
1992	1874	3759	73	269	1069	1808	558	1046	—	8	25	109	—	—	1	339	115	129	—	48	33	—
1993	1661	2681	3	223	765	1129	484	657	—	—	6	61	—	—	1	344	37	123	—	139	17	—
1994	2075	3827	11	762	978	1760	—	—	54	123	—	17	—	—	—	—	76	—	115	131	27	27
1995	5245	5908	840	1124	1602	1871	1232	873	809	1118	51	43	148	256	206	245	152	224	187	134	15	—
1996	6608	6120	129	236	2557	2764	1125	339	2658	4949	11	32	170	201	267	307	174	183	287	307	—	6
1997	7496	10097	78	330	2850	2805	1088	1142	1886	1695	31	36	121	187	264	271	92	65	313	312	—	—
1998	5704	5868	79	94	1752	1712	709	92	2299	2933	51	48	104	167	186	270	190	184	336	369	—	—
1999	5890	6703	782	639	2340	2785	159	346	1761	1914	—	—	—	—	378	454	144	172	409	385	—	—
2000	5482	7685	383	542	1219	1245	384	1901	1984	2469	—	—	—	—	1030	1081	112	107	360	330	—	—
2001	7353	8138	562	750	1508	1079	284	389	2628	3371	—	—	—	—	1815	1847	91	87	313	349	—	—

第三章　粮食贸易

1953 年，国家实行粮食统购统销；1985 年，取消粮食统购，实行指令性计划定购；1993 年，全面放开粮食价格和经营，国家建立粮食保护价制度；1998 年，进行粮食流通体制改革；2003 年，粮食市场全面放开，取消合同定购、议价收购，粮食经营全面实行市场化，全县国有粮食系统共有独立核算收储企业一个，辖 4 个非独立核算分公司，固定资产 3219.6 万元。

第一节　粮食购销体制

1998 年前，县粮食部门履行全县粮食行政管理和经营、储备职权。1998 年，国务院颁发《关于进一步深化粮食流通体制改革的决定》，粮食系统实行政企分开，中央与地方责任分开，储备与经营分开，新老财务账月分开，完善粮食价格机制，国有粮食企业要成为独立核算、自负盈亏、自主经营、自我约束、自我发展的经济实体，不承担粮食行政管理职能。1999 年 5 月，政企分开后，县粮食局机关分流 10 名干部到县收储公司工作，成立县粮油收储有限责任公司的独立法人，将原所属 6 个粮管所改为 4 个收储分公司，分公司为报账制单位，承担县公司下达的各项任务。县国有粮食收储企业从事政府粮食宏观调控工作，实行“委托代理制”。

根据国务院，省人民政府深化粮食流通体制改革精神，2003 年，对县粮食购销企业进行改制和进行全员有偿安置，并由省、州、县三级财政根据 2001 年的国有粮食购销企业在册人数给予补贴，按人均一万元 4 ∶ 3 ∶ 3 比例，即省财政补贴 4000 元，州财政补贴 3000 元，县财政补贴 3000 元，粮改资金缺口由资产置换解决。2001 年 12 月 31 日，粮食购销企业在册职工 169 人，除对距法定退休年龄不足五年或工龄满 30 年的职工，实行内部退养 30 名职工外，其余的给予一次性安置经济补偿，不解除劳动关系，由公司为其按政策规定缴纳各项应由单位缴纳的社会保险费达到法定退休年龄，按规定办理退休手续后，享受基本养老保险。

2007 年，根据省、州粮食企业改革文件精神，对粮食购销企业进行清产核资，明确产权，实行管理权与经营权分离，由县粮食局代表县政府与县购销公司签订国有资产托管协议，制定相关的管理办法加强监督管理，确保国有资产不流失和保值增值；企业固定资产原值 1224.87 万元，净值 754.77 万元，总仓容 27506 吨，总储粮 4000 吨。

2003年前，贞丰县根据国家政策规定，粮食购销曾实行过粮食统购，粮食订购和粮食议购三种形式，2003年后粮食购销实行市场化。

第二节 粮油征购与销售

一、粮食征购

1991年，上级下达贞丰县粮食定购任务折合贸易粮5020吨、粮食征购任务折合贸易粮6225.9吨、农业税征收折合贸易粮3120吨，一定三年不变，实行奖售及差价的全面兑现，完成定购任务83%以外部分在定购价基础上进行价外加价。1993年，全省放开粮食价格和经营，国家建立保护价制度，改变“三挂钩”兑现办法，将国家用于扶持粮食生产的化肥、柴油，以按平价供应实物改为以货币扶持方式，在粮食收购价格之外将平议差价以补差价形式付给农民，并以略高于保护价的价格收购。1994年6月1日，提高原定收购价格，等级差率按规定执行。1995年，省政府对除农业税（公粮）以外定购任务内的稻谷（大米）玉米、小麦实行价外补贴。1996年，坚持“先征后购、先税后费”的原则，按国家新出台的价格收购定购粮。1997年，政策性粮油收购资金实行封闭式管理原则：库存增加拨款相应增加，严格执行“库贷挂钩、钱随粮走”办法供应和管理。1998年，执行国务院颁发的《粮食收购条例》，按保护价敞开收购农民余粮。1999年，部分乡镇可实行折金代征。2000年，对经济作物区的白层镇、鲁容乡、鲁贡镇、沙坪乡实行拆金代征，其余乡镇一律收新粮，执行新的粮食质量标准。2001年，全县大部分乡镇实行拆金代征，交售陈粮扣价标准按省物价局标准执行。2003年，实行粮食购销市场化，取消粮食定购。

二、油脂收购

1991年，省政府出台油脂收购政策，油菜籽综合收购价每50千克74.00元，等级差为3.7元。交售50千克菜籽，奖售平价化肥5千克，返销油饼15千克，返销菜油2.5千克。1992年，严格执行“以质论价”的收购政策，控制收购标准。1996年后，油脂收购实行市场化。

三、粮油销售

1991年5月1日，省政府规定大米、面粉、玉米销售价每50克提高0.925元；菜油每500克提高1.45元；大米每50千克由13.83元调为25元；糯米每50千克由16.21元调为30元；玉米每50千克由9.51元调为16元；大豆每50千克由15.02元调为37元；面粉每50千克由22元调为35元；小麦每50千克由13.01元调为22元。1992年5月1日，将城镇居民定量口粮原规定“限购留月、节约归己”的供应办法改革为“留月指标当月购完取消结余指标”。1993年，全省粮油收购和销售价格全部放开，取消城镇居民粮油定量，停止粮票流通。1994年三次对粮油价格作出调整，最后一次调整每千克特制粉为7元，每千克黔一粉为1.40元，每千克菜油为7.60元，从1994年4月15日起执行。1997年，粮油实行敞开销售。

第三节　粮食仓储与调拨

一、仓库建设

国家重视投资粮库建设，拨专款修缮仓房。县政府在县城贞丰一中旁和者马山林西面的200米处建粮食仓库，还在者相、龙场、牛场、白层、鲁贡、挽澜、平街、沙坪等乡镇建粮食仓库，方便群众就近向国家交售粮食和保管国家粮食。2010年，全县有各种粮食仓库35栋59间，总仓容27506吨，固定资产1206.79万元，总储粮4000吨。

二、调拨

粮油调运属国家指令计划，粮油调入调出由中央、省、州安排。贞丰县历来都严格执行上级调拨指令。2000年，州粮食局下达贞丰县调5000吨稻谷（1999年入库的新粮）到安龙中直粮库。县内粮油调运根据各乡镇粮油供应及仓容量调节。

第四节　粮油管理

县委、县政府设县粮食局，负责对全县国家粮食的行管理和保管工作，县粮食局在县城设城关粮管所，在乡镇设者相、龙场、牛场、白层、鲁贡粮管所，负责辖区及附近粮仓的粮食收购供应和管理工作。每个粮管所均有所长或副所长，并制定严格的保管制度，明确每个粮仓的保管员。

严格执行"以防为主、综合治理"的保粮方针，本着"安全、卫生、经济、有效"的原则，接收好、发运好、保管好、管理好粮油，确保粮油安全储藏。推广"三低"（低温、低氧、低剂量）和"双低"（低温、低氧）保粮法。20世纪90年代开始在各个储粮点推行电子测温和熏蒸探管、提高管理技术，加强管理。除每年春、夏、冬定期大普查外，危险粮天天查，半安全粮三天一查，安全粮十天一查，大风大雨及时查，检查后必做详细记录，提高"四无"（无害虫、无变质、无鼠雀、无事故）水平。2007年，总仓容27506吨，"四无"仓容27506吨，储"四无"粮2301吨。

2010年，县级机关机构改革，撤销粮食局，粮食管理工作由县经济贸易和科学技术局负责。

附：

粮油企业简介

一、粮食购销公司

随着市场经济和粮食购销体制改革的深入，粮食购销市场化。1999年粮食系统实行政企分开，组建县粮食购销有限责任公司；2003年，推行粮食购销企业改革，减员分流；由于历史及政策因素，企业累计亏损1076.96万元。企业职工由169人（其中内退30人）减少到67人。2007年实行产权制度改革，企业真正成为自主经营、自负盈亏、自我约束、自我发展的市场主体和法人实体，发挥粮食购销主渠道作用。

二、粮油工业公司

县粮油工业公司始建于20世纪50年代初，集加工大米、面粉、油脂为一体的加工企业，因计划经济向市场经济过渡，企业由过去代粮管所加工为主，转变到市场寻求加工原料和销售，加之历史包袱沉重，设备老化，无资金等的制约，于1998年停产，处于瘫痪倒闭状态，职工22人全部下岗，自谋生路，退休职工16人。

三、油脂化工厂

县油脂化工厂于1993年3月组建，1995年上半年正式投产，由于工厂用地、厂房建设、设备购置等资金系银行贷款570万元投入，除支付流动资金及固定资产贷款利息外，基本处于亏损状况，勉强维持到1999年初倒闭停产，职工全部下岗。至2005年，累计负债1000多万元。为发展黄金产业，经县政府同意将该厂土地、厂房等所有设备等全部有偿转让给省黄金公司冶炼厂，处置资金用于偿还债务及安置职工，停产时有6名职工退休。

四、饲料公司

县饲料公司始建于1984年，以生产猪饲料为主。随着粮食体制改革不断深入，国家产业结构的调整，饲料加工业不断增多，产品种类不断更新，饲料加工机械设备的普及，科技的推广，对国有饲料加工企业冲击较大。县饲料公司加工产品单一、设备陈旧、资金缺乏，逐渐失去竞争能力，负债日增，企业无发展后劲，于1997年初全面停产，职工下岗。下岗职工14人，退休职工4人。

五、粮贸公司

县粮贸公司成立于1982年，是粮食双轨运行的产物，以经营粮食、油料为主的贸易企业。1991年，经营桐油价格下跌，造成公司亏损近40万元，企业曾转产转业开采煤矿、种植烤烟等项目，都不能扭亏，于1998年初就未开展任何经营，职工全部下岗自谋生路，停止经营时有职工7人，退休职工2人。

六、粮油食品公司

县粮油食品公司建于1985年，主要以生产粮食副食品为主，是粮食局的附属企业。

1987 年政企分开后，为法人单位。由于体制不健全、管理不善、产品单一、技术落后、流动资金短缺等因素，于 1992 年全面停产。停产时有职工 7 人。

2002 年至 2010 年县烟草、粮食部门购销和储备粮库存情况统计表

表 10-3-1

年份	烟草（万元）			粮食			储备粮（吨）			
	购进	销售	库存	购进	销售	库存	合计	大米	小麦	稻谷
2002	3328	3560	—	1512 吨	994 吨	3018 吨	2134	2132	—	—
2003	3413	4210	—	6118 吨	5764 吨	3380 吨	2134	3134	—	—
2004	2983	6828	307	3434 吨	6442 吨	372 吨	370	370	—	—
2005	3671	4894	355	876 万元	695 万元	316 万元	690	690	—	—
2006	750	5794	—	1934 万元	1596 万元	681 万元	7011	4259	2760	—
2007	7238	10676	2	1790 万元	1596 万元	895 万元	6760	4000	2760	—
2008	8557	8557	—	1335 万元	2286 万元	—	1690	690	—	1000
2010	1235	1235	—	226 万元	1489 万元	—	无资料	—	—	—

第四章　其他商业

中华人民共和国成立后，按照国家政策规定，食盐、烟草长期实行专营；石油、钢材在计划经济时期和产量少的时候，实行专营，改革开放后的 20 世纪 90 年代中期，全国石油、钢材丰富，供大于求，放开经营，不再实行专营。

第一节　石油经营

1994 年之前，石油由国营石油经营单位的县石油公司经营，购销石油完全由国家统一分配指标，统一购销价格，实行计划内平价和议价同时运行的双轨制，以计划内平价供应为主，议价销售为辅。计划内平价较低，议价比平价高一倍以上。平价油主要供应县内工业生产、农业生产、抗旱救灾、照明和国家机关单位车辆用油等。

1995 年后，随着经济体制改革的深入，市场经济体制的逐步建立，石油购销体制也随着改革，石油不再实行统购统销和计划供应，石油经营方式放开，进油渠道拓宽，取消平价和议价油之分，全面实行市场价，随行就市经营，国家允许个人经营石油，石油经营行业日益活跃。石油市场放开后，贞丰县内的加油站逐年增加，先后建朝宏加油站、者相加油站、龙场加油站、三岔路加油站、长田加油站、白层加油站、白腊加油站。全县石油购销量逐年大幅度增加。2010 年全县规模以上企业石油购销量 1653 吨，为 1991 年石油购销量的 14 倍。

1991 年至 2010 年贞丰县规模以上企业石油购销情况统计表

表 10-4-1

年份	购进（吨）	销售（吨）	备注	年份	购进（吨）	销售（吨）	备注
1991	119	119	—	2001	—	—	无数据
1992	92	92	—	2002	97	97	—
1993	143	143	—	2003	247	247	—
1994	58	58	—	2004	164	164	—
1995	265	265	—	2005	150	150	—
1996	71	71	—	2006	816	816	—
1997	—	—	无数据	2007	780	779	年末库存 1 吨
1998	76	76	—	2008	2579	2579	—
1999	—	—	无数据	2009	1293	1293	—
2000	81	81	—	2010	1653	1653	—

第二节　食盐经营

食盐属国家计划管理商品，实行统一计划，统一调配，保障供应的重要物资，由商业系统的县盐业公司统购再向全县各区（镇）供销社批发给供销店或销售点零售。1984 年以前，全县销售的多数为未加碘的散盐；1985 年，开始调进加碘的袋装盐（每袋 0.5 千克）来销售；1997 年，开始销售袋装（0.25 千克、0.5 千克）碘盐标志食盐；2001 年，根据上级规定销售袋装食盐上统一设防伪标志。禁止无碘食盐在市场上销售。

为保证人民群众身体健康，使人民群众吃上符合质量标准的加碘食盐。县盐业公司和县工商部门采取多种措施，加强食盐市场管理，规范食盐市场秩序，打击销售不符合质量标准的食盐、哄抬食盐价格、扰乱食盐市场秩序行为，使人民群众吃上“放心盐”。2003 年，县内外出现食盐紧缺的谣言。县内一些食盐经销商和部分人户囤积食盐，哄抬盐价。造成食盐市场秩序混乱。县工商行政管理局、县盐业公司对此及时采取措施，广泛向社会作正面宣传，进行辟谣，并积极调进食盐敞开销售，平息缺食盐谣言风波，维护食盐市场的正常秩序。

1991 年至 2010 年贞丰县食盐销售情况统计表

表 10-4-2　　单位：吨

年份	销售量	备注	年份	销售量	备注	年份	销售量	备注
1991	1112	—	1998	1126	—	2005	1185	—
1992	1114	—	1999	1132	—	2006	1191	—
1993	1121	—	2000	1141	—	2007	1195	—
1994	1125	—	2001	1151	—	2008	1197	—
1995	1127	—	2002	1163	—	2009	1201	—
1996	1089	—	2003	1171	—	2010	1320	—
1997	1113	—	2004	1180	—	—	—	—

第三节　烟草经营

解放后，1950 年，卷烟由县贸易公司兼营；1953 年，成立县烟酒事业管理所专卖烟酒；1965 年设立糖业烟酒公司经营卷烟、糖和酒；1986 年成立烟草专卖局和烟草公司，专门经营卷烟。当时，由于国家的烟草经营管理法规未健全，除县烟草公司外，一些非公经济企业单位和个人也擅自从事卷烟批发或零售，私自从各种渠道购进卷烟来批发或零售，城乡卷烟批发和销售点较多，卷烟市场秩序较乱。一些不法卷烟商户在乱中经营假冒牌卷烟，从中牟取高额利润。损害了卷烟消费者的合法权益，造成国家税款流失，扰乱了市场经济秩序。1991 年国家烟草局印发《关于取缔卷烟非法交易市场的批复》，指明卷烟属专卖商品，由烟草部门统一经营。县烟草部门和工商部门根据国家烟草局的指示，开展卷烟市场整顿工作，对全县卷烟批发和销售点进行清理整顿，打击非法经营卷烟、走私卷烟、经营假冒牌卷烟的活动，加强卷烟市场管理。1992 年 1 月 1 日，《中华人民共和国烟草专卖法》颁布实施，全县烟草市场从此步入专营的轨道，烟草市场秩序恢复正常。

1991 年至 2010 年，县境内购销的卷烟有：经济、合作、向阳花、兰雁、朝阳桥、乌江、杜仲、天麻、芦荟、花溪、黄果树、遵义、颐和园、贵烟、甲秀、映山红、云雾山、草海、娄山关、红梅、红中、红塔山、阿诗玛、石林、云烟、春城、中华、红双喜、上海、牡丹、大重九、555 牌、龙宫、古陶、银杉、清定桥、友谊、云峰、乌蒙山、熊猫等四十余种。

1991 年以前，县内种植烤烟的农户不多，烤烟产量少，政府对烤烟购销没有严格管理，烤烟购销市场秩序不正常。1992 年 1 月 1 日，《中华人民共和国烟草专卖法》颁布，县内的珉谷、龙场、者相、兴北、平街、长田等乡（镇）种烤烟农户逐渐增多，全县烤烟产量大幅度增加，政府重视烤烟购销工作，严格执行烟草专卖法，由烟草部门统购统销烤烟。

1991 年至 2010 年贞丰县烤烟统购统销统计表

表 10-4-3　　单位：吨

年份	购销	年份	购销量	年份	购销量
1991	538	1998	1121	2005	2537
1992	794	1999	799	2006	2312
1993	907	2000	976	2007	2087
1994	203	2001	754	2008	2751
1995	208	2002	1165	2009	2818
1996	1118	2003	1432	2010	2808
1997	2751	2004	1986	—	—

第四节　钢材经营

1991 年至 1998 年，由县物资公司经营钢材。1998 年以后，国家放开钢材经营市场，允许个体户经营钢材，全县城镇有不少经营钢材的个体商户。随着社会的发展，钢材市场日益活跃，销售量不断增加。

随着人民群众经济收入的提高，城乡新建房屋，改善住房条件者越来越多；国家对水利、电力、公路、城镇建设和教育基础设施建设力度的加大，建筑材料需求量大幅度增加。这些大量的建设都改变了历史上用木材、石材作主要材料的旧习惯，使用钢材和水泥的很多，钢材在建设中的地位越来越重要，用途越来越广，消耗量日益增多，给钢材营销带来了机遇，钢材销售商铺发展较快。到 2000 年，县城有十余户钢材经销商，者相镇、龙场镇、北盘江镇政府所在地市场都有钢材销售门市部；2010 年，全县 13 个乡镇政府所在地市场上都有钢材销售。钢材品种很多，修房屋、架桥梁、安装自来水、开发矿山等所需的圆钢（钢筋）、角钢、槽形钢、钢绳、钢丝、钢丝网等都能在贞丰市场上购买。

1991 年至 1998 年贞丰县物资公司部分钢材购销情况表

表 10-4-4

年份	购进（吨）	销售（吨）	备注	年份	购进（吨）	销售（吨）	备注
1991	195	195	—	1995	451	481	—
1992	443	443	—	1996	1482	1509	—
1993	373	304	库存 69 吨	1997	—	—	无数据
1994	378	390	库存 57 吨	1998	1038	1030	库存 8 吨

说明：1999 年以后钢材市场全面放开，无数据。

第五章　商贸市场

1991 年，随着社会主义商品经济和市场经济建设的发展，贞丰县城镇和乡村市场不断发展，全县市场总面积和规模逐步扩大，水、电、路、通信等基础设施日益完善，市场功能逐渐健全，市场经济不断发展，城乡商业网初步形成，大部分村寨和大的工矿区都有商店和摊点，有一些大的村寨还有小超市。市场建设有较大的发展，原市场面积小，不适应当地经济发展需要的鲁贡、沙坪、挽澜、纳翁等市场进行了搬迁；县城、者相、三岔路、龙场、白层市场进行扩（改）建。随着矿产资源开发和交通条件的改善，形成了一些新的市场。1991 年，全县有珉谷、者相、龙场、三岔路、白层、鲁贡、沙坪、纳翁、头猫、挽澜、平街、尖坡、窑上、长田、营盘、平袍、坝桥、狗场、牛场、王家屯 20 个市场。1994 年，沙坪乡烂泥沟金矿开采，矿上来往人员和民工较多，附近的石柱村、亭上村、尼罗村、白泥田村和相邻的册亨县洛凡一带的村民将蔬菜、水果、鸡鸭、肉等拿到矿区摆摊设点卖给矿上，有的开商店、饮食店、娱乐室等，自然形成乡场。同年，平袍和王家屯两个乡场由于多种原因自然消失。2002 年，小屯乡水银洞金矿被开发，在矿区大门前也自然形成市场。全县除窑上乡场是 3 天赶一次场外，其余的都是 6 天赶一次场。2010 年，全县市场总数虽没有增加，但大部分市场的面积都明显扩大，有的扩大几倍，市场的水、电、路、建筑等基础设施明显改善，功能更加齐全，市场日益繁荣。

1991 年至 2010 年，通过开展整顿市场秩序，对较大的市场进行划行归市，改变了以前县城、者相、龙场、三岔路、鲁贡、沙坪、尖坡市场赶场天人多拥挤、乱摆摊设点、占道经营造成堵车的现象。

第一节　城镇市场

县城市场（珉谷镇）　县城是全县最大的市场，场均上市约 5 万人。市场功能较齐全，水电路、通讯条件完善。1991 年，县城总面积约为 2 平方千米，只有解放路（原民族路）、南大街、田坝街、油榨街、鱼塘街、洗布河街 6 条狭窄的主街道。赶场天，市场上人多拥挤得寸步难行，经常发生堵车。1994 年，修建富民路（农业银行门口至国税局）约 800 米、建设路（县电视台至金都后门）约 1000 米；1996 年，建设菜园商贸小区约 1 平方千米；2002 年，实施县城“三纵三横”较大街道（国税局至贞丰宾馆、菜园商贸小区至左旗寨子、康筑住房小区后门至这洋寨子为三纵，县人民武装部至左旗寨子、塔山脚至贞丰中学、贞宸花园住房小区至珉谷镇派出所为“三横”）项目，县城市场西南面扩展4平方千米，增加6条大街。2000年，新建富民路农贸市场；2009年，对新市街农贸市场进行改造，提高市场利用率。2001年后，招商引资建设喜洋洋、旺客隆、亿家福、家多福、益民百货等较大的超市和中大街商贸小区，湖南、四川等省内外商家进入县城开店经营汽车销售、修理等，县城有不少汽车、摩托车经销部和修理部。

2010年，县城市场面积由1991年的约2平方千米扩大到约6平方千米，增加4平方千米。县城市场的发展扩大，改变了以前赶场天拥挤和堵车的状况。

者相市场　贞丰县的第二大市场，离县城15千米，贞丰至关岭公路从市场经过，交通方便。者相是黔西南州知名市场之一，很早以前民间就流传着“头青山、二者相、三龙广”的说法。者相市场过去和现在都是黔西南较大的乡（镇）级市场之一。

1991年至1999年，者相市场面积仅约为1平方千米，赶场天上市3万人以上，公路从市场经过，经常拥挤，造成堵车。者相市场当时是全县赶场最拥挤的市场。2000年，县委、县政府实施城镇化带动经济发展战略，加强小城镇建设，者相市场面积逐年扩大。先后建设沙坡脚至老街区新街道约1000米，沙坡脚至平桥新街1200米，电影院至者相中学街道约600米，农贸市场约5万平方米，牛马市场约6万平方米。到2010年，者相市场面积扩大到3平方千米。者相市场赶场拥挤的状况不再出现，市场规模仅次于县城（珉谷）。

者相是赶贞丰（珉谷）场的后一天赶场，者相的牛马市场在黔西南州知名度很高。

龙场市场　距县城17千米，位于县城西面，贞丰县城至兴仁公路从市场经过，交通方便。龙场市场是贞丰县第三个较大的市场。1991年，市场面积约为0.5平方千米，主要有一个场坝和一条500米的街道。龙场市场在赶珉谷（县城）场天的前一天赶场，赶场天人数约为2万人。由于市场面积小，街道窄，赶场天人多，常常发生堵车现象。2000年，龙场镇党委、政府抓住实施城镇化带动经济发展战略和龙滩电站库区移民安置项目实施的机遇，在老市场南面征用土地陆续建设新街道。2010年，市场面积增加到2平方千米左右，比1999年增加3倍，市场功能日益完善，经济更加繁荣。

三岔路市场　北盘江镇党委、政府所在地，1992年新建，市场位于县城北面，距县城26千米，关岭至兴仁高等级公路未修建之前，兴义、兴仁、安龙、贞丰等县（市）至关岭、安顺、贵阳的车辆经常从市场内通过，比较热闹。2010年，市场面积发展到2平方千米，赶场天赶场人数1万人以上，市场内建有花椒市场，三岔路市场因有花椒市场而闻名。

白层市场　市场原来在白层码头西岸，坝场面积约为3000平方米，离县城约20千米。中华人民共和国成立前，黔西南地区基本无公路，北盘江水运成为当时的主要运输方式。广东、广西的棉纱、食盐等商品由广西的百色经红水河进入北盘江运到白层码头，由白层码头将黔西南农产品等物资运到百色后转运广州、香港等地。清末民初，白层码头船只来来往往、马帮驮运物资络绎不绝，商贾云集，商业繁荣，形成市场。

中华人民共和国成立后，随着经济社会的发展，白层码头的商业更加繁荣，场坝太小不能适应经济社会的发展，必须扩建，但场坝周围完全是悬崖陡壁、深沟和河流，不能扩建。政府在白层老市场西面约 2 千米处地势较平坦的毛安寨子旁建白层市场。从此赶毛安场其实就是赶白层场，白层码头不再赶场。

新建的白层市场，离县城约 18 千米，安龙至坝草油路从市场通过，东面 2 千米处就是白层港，陆路和水路交通较方便。贞丰糖厂建在市场中。市场有一条长约 700 米、宽约 7 米（卫生院至糖厂后面）的街道和面积约为 6000 平方米的街道。场期是赶县城（珉谷）的后一天，赶场人数约为 1 万人至 2 万人。白层市场是贞丰县温度最高的市场，主要出售红糖、甘蔗、芭蕉等亚热带农产品。2000 年，贞丰糖厂投资对坝场和街道进行了改造，将市场大部分面积筑成混凝土（水泥）地面。白层市场面积虽然不大，但每年秋收后客商流量和农产品交易量不少。

鲁贡市场 市场原来在鲁贡寨子，位于县城南面，离县城 28 千米，贞丰至望谟公路从市场通过，只有鲁贡中学至卫生院 1 条约长 700 米，宽 7 米的主街和一个面积约为 1500 平方米的场坝，市场总面积约为 7000 平方米。鲁贡场在赶县城（珉谷）的后两天赶，每场赶场人数约达 8000 人，除有本地人摆摊外，还有不少县城商贩去沿街摆摊。贞丰至望谟公路经过主街，赶场天上午 9 点钟常常发生堵车至散场。由于鲁贡市场在山腰上，周围全是陡坡，无法扩建。

2005 年，为解决鲁贡市场面积小，不能适应市场经济发展的问题，镇政府在原鲁贡市场北面约 1 千米处鲁贡河岸上的田坝另建市场，面积约为 0.5 平方千米。新市场于 2010 年年初竣工，同年 6 月正式开市。鲁贡新市场建成后，改变了赶场天发生堵车的现象。

第二节 农村市场

贞丰县有 14 个农村市场，其中赶场历史较久和赶场人数 1 万人左右的有 6 个。

平街市场 位于贞丰县北部的乡政府所在地离县城 46 千米，赶贞丰（珉谷）场天赶场，6 天赶一场。场坝仅有 0.6 万平方米。2010 年，场坝扩大到 1.2 万平方米，有一条约长 500 米的主要街道。平街周围村寨较密集，人口居住较集中，是贞丰与兴仁交界处，赶场的人较多，赶场天赶场人数约为 7000 人。平街市场是贞丰县赶场历史较长的场坝之一。

尖坡市场 位于贞丰县西北部的长田乡金叶新区（乡政府所在地），离县城 36 千米，在赶龙场天赶场，6 天赶一场。1991 年，场坝面积只有 0.4 万平方米，场坝窄，有的摊点沿北盘江镇至兴仁县回龙公路两旁而设。2009 年，乡政府建设金叶大道，市场面积扩大到 2.4 万平方米左右，并建设了自来水配套设施，市场功能日益完善，市场日益繁荣，赶场天赶场人数 8000 多人。

头猫市场 位于小屯乡东部的头猫村，离县城约 20 千米。头猫赶场的历史久远，在赶县城（珉谷）场的后两天赶场，6 天一场。1990 年，市场面积仅为 0.2 万平方米，1995

年后，随着商品经济发展，市场逐渐扩大，2010 年，市场面积为 2 万平方米。头猫市场附近村寨集中，赶场天较热闹，赶场人数 1 万人左右。头猫市场是贞丰县比较有名的老场之一。

挽澜市场　原来在挽澜乡政府后面的者岩村，离县城约 16 千米，面积约为 0.4 万平方米，在赶龙场的前一天赶场，6 天一场。1991 年撤区并乡后，乡政府由者岩村搬至挽澜河边的坝木村。随着商品经济的发展，尤其是挽澜乡煤矿的大量开采，赶挽澜场的人数逐渐增加，原的坝场太窄，不能适应经济社会发展的需要。1993 年以后，乡政府在其附近建设新市场，并逐步完善功能。2010 年，市场面积扩大到 2 万多平方米，赶场人数 8000 多人。挽澜市场也是贞丰县经贸较繁荣的市场之一。

沙坪市场　位于贞丰县南部的沙坪乡政府所在地，离县城 46 千米，在赶鲁贡场的后一天赶场，6 天赶一场。20 世纪 90 年代初市场面积仅为 0.3 万平方米左右。由于沙坪离县城较远，大部分生产生活资料都是县城商贩在赶场天由县城运到场坝上销售，每场由县城到沙坪摆摊和收购农产品的商贩百人以上。市场比较活跃。1995 年，烂泥沟金矿开发，2002 年，龙滩电站建设，北盘江边的部分沙坪乡村寨需要搬迁，乡政府抓住龙滩电站移民安置之机，将移民安置在沙坪场坝南面的新寨，使移民安置区与场坝相连，并修建街道，完善市场功能。到 2010 年沙坪市场扩大到 4 万平方米左右，赶场人数约有 1 万人。

纳翁市场　位于鲁容乡东部的纳翁村，离县城 48 千米，与镇宁县、望谟县相邻，赶场的历史较久远，在赶县城（珉谷）场的前一天赶场，6 天赶一场。1991 年场坝面积只有 0.3 万平方米。纳翁离县城较远，交通不便，村民日常生产生活物资大部分是县城的小商贩，在赶纳翁场天由贞丰县城运去销售。赶场天由县城到纳翁场销售生产生活物品和收购农产品的商贩百人左右。随着社会经济的发展，2010 年，坝场面积发展到 1 万平方米左右，赶场的人数增加到 5000 人左右。

第六章　商贸管理

1991 年至 2010 年，贞丰县商贸主管机构随政府机构改革发生变化。1991 年至 1994 年 3 月，主管部门是县商业局；1994 年 3 月 26 日，贞丰县党政群工作部门机构改革，将县商业局改为贸易局，承担对流通领域商业企业的服务、指导和宏观管理工作；2004 年 7 月，又作一次机构改革，将县贸易局改为经济贸易局；2010 年 4 月，政府再次机构改革，撤销县经济贸易局、科学技术局、粮食局、黄金局、乡镇企业局，组建经济贸易和科学技术局。商贸由县经济贸易和科学技术局领导和管理。工商局、国税局、地税局、公安局、卫生监督局、消防队、文化稽查等单位依法依规协助管理相关方面的工作，形成齐抓共管的局面。

第一节　行业管理

20世纪80年代，商贸管理以计划管理为主，由县商业局、县供销社、县粮食局代表县政府进行管理。县商业局管理县民族贸易、纺织百货、五金文化、糖酒、盐业、饮食服务、食品、外贸、中西药公司；县供销社管理县土产、农资公司和乡镇供销社；县粮食局管理乡镇粮管所和全县粮油购销企业。1991年，商贸管理部门转变职能，由管理转变为服务和维护工商户合法权益，帮助工商户协调关系，解决问题和困难，引导和监督工商户依法经营，照章纳税；打击不法商贩欺行霸市、销售伪劣商品行为，维护消费者合法权益，取缔无证照经营，整顿市场秩序；制止相关部门乱收费、乱摊派，保障商贸经营活动的有序进行。根据国家有关规定和政策，实行行业管理。卷烟、食盐等专营物资由专营单位进行管理。必要时，组织公安、税务、卫生、技术监督等部门联合进行专项整治，净化市场。工商业联合会和个体劳动者协会按照会章教育、引导经营者依法经营、照章纳税，为个体劳动者工商户提供政策、信息、维权等服务。

第二节　证照管理

根据国家有关规定，结合贞丰县实际，为确保工商户依法经营，全面实行证照管理。由县工商局、县国税局、县地税局、县卫生防疫机关、县环保局、县安监局、县消防队等部门办理证照。县工商局负责对企业、个体经营者审核注册资金、规模、法人代表，填发营业许可证；税务部门核定营业额及纳税额，填发税务登记证；从事饮食业的还由卫生防疫部门负责从业人员的健康检查、餐具消毒、食品卫生监督、从业人员上岗培训，填发卫生许可证；从事对环境有污染的行业，由环境保护部门对其进行环评后，发放有关证件；从事易燃易爆商品者还由公安局和消防队检查安全防火措施是否到位，经公安局和消防队批准后再开业。年年按规定对各种证照进行年检，责令违反相关规定经营者限期整改，整改不到位的吊销各种证照，不准营业。规范商贸秩序，推进全县商贸业的正常发展。

第十一篇 财税 金融

历届县委、县人民政府重视财税金融工作，组织领导全县人民发展工农业和商业，培育财源，财政来源逐渐增加，主要有企事业生产经营收入，农业税收入，工商税收入和其他收入等财源。财政来源的增加，促进了财政金融工作的发展。1990 年，全县财政总收入 560 万元，银行存款余额 2410 万元、贷款余额 3537 元，保险费收入 85.5 万元。1991 年后，随着改革开放的深化，全县经济建设快速发展，财政税收来源逐年增加。2000 年，全县财政总收入 2174 万元，银行存款余额 24959 万元、贷款余额 22497 万元；2010 年，全县财政总收入 7 亿元，银行存款余额 386843 万元、贷款余额 172414 万元，保险收入 2167 万元。

第一章 财 政

1991 年后，贞丰县财政工作坚持增收节支保稳定，促发展。财政收入和支出保持同步稳定增长。2007 年，全县财政总收入突破亿元，列为第五届全国县域经济基本竞争力提升速度最快的 100 个县之一；2007 年财政收入 12993 万元，为 1991 年 677 万元的 19.2 倍；2010 年，财政收入 70189 万元，为 1991 年 677 万元的 103 倍；1991 年，地方财政一般预算支出 1811 万元；1996 年财政支出 3603 万元；2000 年财政支出 7161 万元；2007 年财政支出 39480 万元，比 1991 年增长 20.8 倍，2010 年升至 95131 万元，比 1991 年增长 51.2 倍。

受地理条件等客观因素的制约，贞丰县是一个欠发达、欠开发的农业大县，经济总量小，民众生产生活水平低。为壮大经济实力，确保财政稳健运行，20 年来，历届县委、县政府重视财源培植，建立县级领导包片联系负责制，以调整产业结构为中心，突出重点财源建设，促产增收。1994 年，改革和完善县乡财政体制，理顺分配关系，实行统一政策分级管理和新旧体制双轨运行，以分税包干制调动县乡当家理财积极性。强化财政调控监管职能，加大财税征管力度，严格综合财政预算收支两条线管理，对行政事业非税性收费实行判罚、收缴、票款三分离，从严控制人员、车辆、会议、电话等公费开支，重点保证农业、科技、教育、计划生育和人头经费等项目开支。开展经常性财务检查监督，促进增收节支、人员分流和消赤减债，盘活企业存量资产与资源，加强国有资产管理。财政部门围绕县委、县政府的战略部署，不断丰富和完善财政支持经济发展的思路和措施，把促进发展作为第一要务，发挥财税政策调控职能，完善财政支持县域经济发展的政策体系，综合运用税收、财政补贴、转移支付等手段，提高发展质量和效益，增强经济实力。全县 20 年累计完成财政总收入 203976 万元。

第一节　财政体制

一、管理机构

县财政工作由县财政局负责。实行县政府领导并明确一名副县长分管，县财政局局长具体抓，有关部门配合的工作管理机制。

20 年来，财政管理机构经过多次调整改革，管理体制日趋完善。县财政局所属机构，按职能分工下设国有资产管理办公室、基层财政管理局、会计核算中心，乡镇分设 13 个财政所。县财政局内设办公室、农业股、行财股、担保中心、预算股、国库股、经济发展中心、财政监督股、政府采购股、社保股、信息中心；会计核算中心内设办公室、综合股、行政财务股、事业财务股、教育财政股、资金结算股；基层财政管理局内设综合管理股、基层财政管理股、征收稽查管理股。2010 年，财政部门在岗职工 113 人，其中局机关（包涵基层财政管理局、会计核算中心、国有资产管理办公室）47 人，乡镇财政所 66 人。县财政局曾先后获“贵州省财政系统先进集体”“贵州省精神文明先进单位”称号。

二、体制改革

（一）县级财政体制改革

分税制改革。1994 年，国家实行税收分级管理的分税制财政体制。消费税属中央税，营业税为地方税，增值税为中央和地方共享税。为实现分税制的平稳过渡，暂采取新老体制双轨运行办法，除保留原体制中中央财政对地方财政的定额补助、专项补助和地方上解，还建立税收返还制度，规定增值、消费两税上划中央 75%，返还地方 25%，并相应分设国家税务局和地方税务局，对中央与地方的税收实行分别征收。

农村税费改革。2002 年，实行农村税费改革，一是取消乡统筹费，即取消按农村人均纯收入一定比例的农村教育费附加、计划生育、优抚、民兵训练、修建乡村道路，统筹费由财政预算安排。二是取消在农村进行的教育集资，取消专门面向农民征收行政事业性收费和政府基金、集资。三是取消屠宰税。四是取消统一规定的劳动积累工和义务工。村内兴办生产公益事业所需劳力，按照“量力而行、群众受益、民主决定、上限控制”的原则，实行“一事一议”，每个劳动力每年承担劳动量不得超过10个标准工日。五是调整农业税政策。全县农业税计税面积调整为214674亩，比第二轮承包耕地面积减少12809亩；全县农业税计税常年产量以1994年至1998年5年间农作物（折稻谷）的平均产量，确定亩均常产定为355千克，常年总产76209吨。六是调整农业特产税政策。农业特产税附加执行全省统一的8%比例。七是改革村提留征收和使用办法，村内兴办集体生产公益事业，所需的资金不再固定向农民收取。政策内减负情况：改革前农民负担总额为1635.18万元（含农业税及附加任务、农业特产税及附加、屠宰税、村提留、乡统筹等1999年上报实收数）；改革后农民负担额为681.69万元（含农业税及附加任务数和农业特产税及附加），改革后减轻额为953.49万元，减负率为58.31%，人均减负为30.99元。总减负情况：改革前农民总负担总额为2297.26万元（含政策内负担、教育集资和以资代劳等）；改革后农民负担额为681.69万元（含农业税及附加任务数和农业特产税及附加），改革后减轻额为1615.57万元，减负率为70.32%，人均减负为52.52元。2004年取消除烟叶以外的农业特产税。2005年全面取消农业税。

会计集中核算改革。2002年，成立县会计核算中心（副科级单位）。2002年后，按照资金使用权不变、财务自主权不变，合理安排支出、有效调剂资金，精减人员、规范管理、简化程序、提高会计信息质量的原则，将全县财政全额拨款的县级行政、事业单位和社会团体以及差额管理的事业单位纳入会计集中核算。集中核算的资金包括财政拨款、上级单位的专项拨款和下级单位的上解款项、各种行政事业性收费以及事业收入和其他收入。在集中核算单位资金使用权不变和财务自主权不变原则下，管理纳入集中核算单位的各类资金，并按《会计法》《行政单位会计制度》《事业单位会计制度》《事业单位会计准则》对单位各项经济业务进行会计核算。会计核算中心对各单位的财务收支采取“集中管理、统一开户、分户核算”的办法，纳入集中核算的单位一律取消会计岗位，在单位设置报账员、撤销单位银行账户，实行零账户管理，所发生的经济业务的会计核算、会计报表编制、会计档案管理等工作，统一由会计核算中心办理和承担，会计核算中心实行电算化管理。2007年，全县共纳入集中核算的单位78个，共166个账套，逐步规范县机关财务管理行为，强化财政监督职能，增强财政监督力度。

“金财工程”建设。2005年，全县财政系统开通办公自动化（OA）系统，覆盖局机关各股室和会计核算中心以及全县13个乡镇财政所。系统内设公告、图片新闻、通知、最新新闻、财政信息等专栏，涵盖法律法规、组织机构、人事动态、电子刊物、档案管理、信息报送等21个领域，开通视频通话系统和视频点播系统。是黔西南州系统中开通最早、运行最正常的办公自动化系统，使得财政管理更加方便、快捷，减少重复劳动，节约办公成本，提高办事效率，实现财政系统内部资源共享，实现财政系统内部办公网络化、无纸化，提高财政管理水平。

部门预算改革。2007年，根据县委、县政府的安排，将县委办、县政府办、县公安局、县检察院、县法院、县财政局、县国土局、县煤炭局、县安监局、县计生局、县交通局、县水利局、县畜牧局13个单位列入2007年部门预算试点单位，加强部门预算试点单位行政性收费清理，严格执行收支两条线管理，对试点单位的人员工资、公用经费实行定员定额管理，编制部门预算，部门资金使用透明度明显增强，预算刚性得到有效强化，为部门预算的全面铺开积累经验。

（二）乡镇财政体制改革

1991年，乡镇财政仍沿用1987年实行的“收入包干，超收分成，短收分担，支出下拨，超支不补，结余留用，一年一定”的收支两条线管理体制。1994年，13个乡镇财政所只代收代支，偏重用财，忽视生财，责、权、利有些脱节，激励度不大，县财政包揽多、负担重，每年收入任务难完成。

1995年，为适应国家实施分税财政体制，对乡镇实行“划分事（财）权，定收定支，收支挂钩，增加（减）包干，超收全留，短收自负，收入上缴，支出借款，自求平衡，一定三年”的大包干财政体制。通过划分收支范围和核定包干基数，实行“分灶吃饭，分级负责”，初步调动了乡镇生财、聚财和理财积极性，强化县财政统一调配职能，建立均衡入库的机制。

1998年，进一步完善乡镇财政体制，实行“分税定收，支出包干，收支挂钩，超收分成，短收分担，综合管理，一定三年”的分税包干财政体制。其收入基数，按增值税、地方工商各税、农业“四税收入”三大块采用基数法和因素法相结合的方法分别测算确定，根据州下达给县的增加比例增加；支出基数的人员经费，全额拨款单位按1997年底实际人数核定，差额拨款单位按编制内实际人数核定。乡镇财政收入基数大于支出基数部分，定额上解县财政；支出基数大于收入基数部分，由县财政定额补助。超基数收入部分，县乡财政实行分税分成，短收部分二八分担。2000年，对乡镇行政机关和全额拨款单位实行县财政统发工资制度，由乡镇财政列支；对农村教育费附加，县财政统筹50%，全部用于民办教师转公办教师的工资。

乡镇财务“零户统管”。2004年，在保持单位资金使用权和财务自主权不变的前提下，单位取消会计岗位和银行账户，财政统一管理资金结算和会计核算工作，将全县13个乡镇的行政事业单位的预算收入和支出、上级追加的预算支出、本级预算外收入和支出以及其他收入和支出纳入财务零户统管，财务收支均由财政所统一进行管理。实行乡镇财务零户统管后，乡镇一律撤销会计岗位，设置单位报账员，实行零账户管理，所发生的经济业务的会计核算、会计报表编制、会计档案管理等工作，统一由财政所办理和承担，实行电算化管理，取消乡镇行政事业单位在金融机构开设的所有银行账户，只保留财政所在金融机构开设一个专户。单位所取得的各项资金收入实行收支两条线，必须缴入财政专户，再按规定拨回使用，不得坐收坐支，不得搞“小金库”和“包包账”，财政所预先拨付5000~10000元的备用金，用于单位零星开支；个人工资、补助、津贴和奖金由单位报账员将花名册送到财政所，经审核后送金融机构代发。

2005 年，县政府出台《乡镇财政体制实施办法》，规定在收入范围方面，按照属地管理的原则，明确各乡镇的收入范围（即按照行政区划明确乡镇的收入范围）；在收入级次方面，除烤烟特产税外的所有税收收入和非税收入均归县级，乡镇不参与分享；在支出范围方面，人员经费按照县确定的财政供养人口和县制定的工资政策，乡镇财政供养人员的工资、奖金、津贴、补助及福利等方面的支出由县财政负担，公用经费由县财政转移支付安排给乡镇，用于正常的工作运转支出。《办法》明确各乡镇必须坚持"增收节支，量入为出"的原则安排支出，有多少钱办多少事，不能负债建设，增加财政风险，明确各乡镇财政资金由县财政按当年支出预算分月调拨，每季度进行一次收支清算。并对培植财源，超额完成年初预算任务的，给予奖励，对于有政府性债务的乡镇，完成当年世行收贷任务的，从奖励资金中安排 40%用于还贷，完不成当年世行收贷任务的，从奖励资金中安排 50%用于还贷。《办法》的出台实施，调动了乡镇政府抓财源建设的积极性，确保乡村两级政权机关的正常运转和机关事业单位工作人员的工资及时足额发放。

2006 年，省农村税费改革领导小组将贞丰列为"乡财县管乡用"改革试点县。"乡财县管乡用"改革工作按照县、乡利益分配不变、预算管理权限不变、资金所有权和使用权不变、财务审批权不变、债权债务关系不变的基本原则，以乡镇为独立核算主体，实行"预算共编、账户统设、集中收付、采购统办、票据统管"的财政管理方式，做到所有权、使用权与管理权、核算权分离，由县级财政主管部门直接管理并监督乡镇财政收支。在县会计核算中心增设乡镇财政总预算会计岗位，负责乡镇财政总预算会计核算，登记总预算会计账簿，编制会计报表；按月向乡镇政府和县财政局提供预算收支进度表，办理乡镇财政收支决算、同级财政决算和乡镇财政年终决算；指导乡镇财政预算编制，监督乡镇财政预算执行。财政局在各乡镇分别派驻财政决算员，对财政局负责，其职责是调度本乡镇资金，编制本乡镇预算，授权审核监督预算执行情况，保管乡镇年度总预算会计档案及会计资料。撤销财政所及乡镇所属部门的所有账户，乡镇财政所按照县财政局要求在乡镇金融机构开设"结算账户"，乡镇财政所开设"工资专户""一般支出户""专项支出户"。财政票据实行"专人负责、凭证领票、以旧换新、票款同行、定期验票"的原则管理，做到日清月结。主要对财政供养人员、银行账户、财政性票据、债权债务、资产等进行清理，将所有国有资产纳入单位财务管理，通过"乡财县管乡用"改革，进一步加强对乡镇的财务监督管理，有效杜绝"八个不得"（即不得以任何名义向金融机构申请贷款弥补收支缺口；不得为企业贷款提供担保；不得采取由施工企业垫支等手段上项目；不得举债兴建工程；不得滞留、挪用村级组织的补助资金；不得举债发放职工工资、津贴、补贴及解决办公费不足；不得铺张浪费或随意增加非经常性支出；不得"买税卖税"、虚增或隐瞒财政收入），为在全省推广此项工作提供经验。2007 年，通过"乡财县管乡用"软件拨款 5418 笔资金共 22936 万元。"乡财县管乡用"改革的实施，规范了乡镇的财政收支行为，杜绝了"小金库""小菜园"现象，加强了乡镇财政资金的事前、事中、事后监督。

第二节　财源培植

1991年至2010年，县委、县政府为增加财政收入，采取各种措施发展城乡经济，培育财源基础，开发利用矿产资源和水能资源，把资源优势转变成产业优势、经济优势。建立由财政贴息投入引导银行信贷和吸聚社会资金、“向上争、银行贷、外地引、社会筹、财政补”等多元化资金投入机制，培植财源。

20年来，全县财源培植投入29948万元，其中财政投入占84.32%。主要用于开发基础财源，改造农林水利条件，促进农业产业化，加快工业化，大力发展金、煤、电三大优势产业，加快城镇基础设施建设，加大旅游开发投入力度，培育新兴财源，带动第二、三产业的发展。

通过培植财源，2007年，全县财政收入达12993万元，比1991年的677万元增长19倍。其中，黄金税收6176万元、煤炭税收1928万元、电力税收1361万元，分别占财政总收入的47.53%、14.83%和10.47%；2010年，黄金税收32911万元，占财政总收入47%，煤税费收入18677万元，占财政总收入26.6%，电税收入5710万元，占财政总收入8.14%。2010年，金、煤、电税收占全县财政总收入81.71%。形成以黄金、煤炭、电力为主的支柱财源。

第三节　财政收入

县财政收入，主要来自黄金、煤炭、电力税收。随着改革开放和财政体制改革的不断深入，财政收入快速增长。1991年至2010年，全县财政总收入由677万元增加到70189万元，增长103倍，20年累计收入203796万元。

一、税收收入

税款收入主要包涵增值税、消费税、营业税、企业所得税、个人所得税、资源税、固定资产投资方向调节税、城市维护建设税、房产税、印花税、城镇土地使用税、土地增值税、车船使用和牌照税、屠宰税、农业税、农业特产税、牧业税、耕地占用税、契税等19个税种收入。1991年至2007年，税收收入由677万元增加到12993万元，增长19倍。主要增长因素是通过招商引资、加大财政投入等方式，发展壮大县域经济总量，形成以黄金、煤炭、电力为主导产业和支柱财源，增值税、营业税、企业所得税、资源税、城市维护建设税的大幅度增加。1991年至2010年的20年间，增值税从192万元增加到2335万元，增加11倍；营业税从160万元增加到6510万元，增加39.6倍；企业所得税从147万元增加到11478万元（其中，2004年至2007年的4年中，黄金企业所得税就达

11722 万元），增加 14.7 倍。累计完成 9183 万元；个人所得税从 1991 年的 2 万元，增加，2007 年的 791 万元，增加 394 倍，累计完成 5638 万元。

资源税增长速度虽快，但征收基数较小，资源税主要来源于煤炭、黄金、电力。

农业税收包括农业税、农业特产税、耕地占用税和契税。1991 年至 2003 年，农业税收按照稳定负担、增产不增税的政策征收，13 年共征收 7173 万元，年均 552 万元。2002 年，全面实施农村税费改革，2004 年，取消除烤烟以外的农业特产税，2005 年，全面取消农业税，结束了几千年“皇粮国税”的历史。

二、非税收入

非税收入主要包涵国有资产经营收益、上级拨国有企业计划亏损补贴、行政性收费收入、罚没收入、专项收入、其他收入、工商税收税款滞纳金罚款收入、国有企业上缴利润类收入、国家预算调节基金类收入等 9 个项目。1991 年至 2010 年的 20 年间，非税收入累计完成 18240 万元。1996 年，取消国有企业上缴利润类收入和国家预算调节基金类收入 2 个收费项目。

第四节　财政支出

1991 年—2010 年，县财政面对可用财力不足、支出保障乏力的状况，严控支出保平衡，确定支出重点顺序，在保证人员经费的同时，优先安排发展经济建设和行政管理、教育、科技、计划生育、卫生事业经费等。20 年来，全县除直接结算的净上解 4500 万元外，地方财政支出由 1811 万元上升到 95131 万元，增长 51 倍，20 年累计支出 417283 万元。其中，经济建设支出 82921 万元，行政管理支出 41560 万元，社会保障支出 29583 万元，专项支出 5109 万元，其他支出 26223 万元。

一、经济建设支出

经济建设支出主要用于基本建设、企业挖潜改造、农业综合开发、支援不发达地区建设、工交及城市建设维护等方面。20 年全县经济建设费共支出 82921 万元，占地方财政总支出的 20%。其中以支援农业生产、农林水事业及农业综合开发为主要项目的农业支出 37314 万元，占同期经济建设支出的 45%。

二、行政管理支出

行政管理支出历来是财政支出的重要项目之一。随着行政机构的健全、人员的增加和工资水平的提高，行政管理经费逐年增多，且居高难下。1991 年，管理支出 313 万元，2007 年，增加到 8261 万元，增长 25.6 倍。17 年全县党政机关团体（含公检法司）共支出行政管理费 41560 万元，占地方财政总支出的 10.02%。

三、各项事业支出

各项事业费支出包括教育、卫生、文体、广播、计划生育和财税统审等事业机构经费。

20 年共支付 161678 万元，占地方财政总支出的 39%。其中教育、卫生被列为重点发展的事业，教育事业支出呈直线上升趋势，1991 年支出 641 万元，2010 年支出 31228 万元，年均增长 1539 万元，累计支出 90304 万元，居各项事业支出之首。

四、社会保障支出

随着社会保障制度的逐步完善，国有企业下岗人员基本生活保障与城市、农村最低生活保障政策的相继实施，机关事业单位离退休人员日益增多，机关事业单位医疗保险和新型农村合作医疗的实施，使社会保障费成为财政的一项重大支出。2007 年支出 2962 万元，比 1991 年的 7 万元增长 423 倍。17 年累计支出 5181 万元。2010 年支出 8831 万元，比 2007 年增加 5869 万元，为 2007 年 2969 万元的 2.98 倍，20 年累计支出 27983 万元，占财政总支出的 6.7%。

五、专项支出

2006 年，专项支出 284 万元，比 1991 年的 7 万元增长 24.8 倍；2010 年专项支出 1324 万元，比 2006 年增加 1040 万元，20 年累计支出 5109 万元，占地方财政支出的 1.2%。

六、其他支出

2007 年其他支出 3444 万元，占当年地方财政总支出的 26.5%，比 1991 年的 44 万元增长 78 倍。2010 年其他支出 5218 万元，1991 年至 2010 年累计支出 26223 万元，占财政总支出 6.28%。

第五节　财政监管

一、综合预算管理

1991 年后，县财政决算实行县长负责制。每年根据州核定的收支指标，结合县经济工作会议的安排，把收入立足于实有财源和经济增长点进行科学测算，编制切实可行的收入预算计划；对支出本着量财办事和保民生、保工资、保运转、保稳定、保平衡的原则，按基数编制支出预算指标。编制内人员经费核实足额预算，公用经费按标准分类分档预算，专项经费分轻重缓急编制项目预算。预算方案经县长办公会议审核，报县人大审议通过后公布实施，在执行中非政策性因素或遇不可抗力影响不得变动。

1994 年起，为促进增收节支，先后对征管部门和乡镇实行财政工作一票否决制度；对农业、屠宰、车船税等和农村教育费附加进行单项考核；对行政事业性收费实行收支两条线管理，其罚没收入采取判罚、收缴、票款三分离，代收代缴。乡镇和征管部门、执收执罚单位均向县政府签订财税目标责任状。严格控制公费支出，对行政事业单位会议费实行会前预算定标准、会后结算超支不补；公费医疗采取财政、单位、个人共同负担，定点医疗专项管理；车辆费包干使用，定点维修，统一投保。

二、财务会计管理

县内行政事业单位实行财政预算会计统一管理，国有企业执行财政部的《企业财务通则》和《企业会计准则》。1995 年起，对会计人员实行会计证考试年检制度，经检查无会计证者，限其参加培训获证后持证上岗；对全县 237 名会计员、23 名会计师和从事会计工作 30 年的实施跟踪服务管理。2002 年，推行财务集中核算，取消乡镇所辖单位会计人员和银行账户，收入直达财政专户，由财政统一开户进行分户管理，先在珉谷、者相、龙场、北盘江、沙坪、连环 6 个乡镇试点，7 个乡镇相继推行。2002 年 3 月，县设立会计核算中心，有 78 个县直行政事业单位纳入集中核算管理。

三、国有资产管理

2002 年 3 月，县财政局增设国有资产管理办公室，对县直 226 个行政事业单位开始进行清产核资。至 2007 年，共清理账面资产 39931 万元。2002—2006 年，清查 14 个国有企业账面资产 6350.4 万元，账面负债 16281.7 万元。

四、财政检查监督

财政检查　1991—1997 年，县政府每年把开展税收、财务、物价三大检查作为综合治理的重要内容来抓。由县人民政府成立领导小组，抽调大批人员分组对行政企事业单位及个体工商户实施自查和重点检查，做到早布置、早发现、早处理。1998 年，取消三大检查后，由原来的集中突击检查改为经常性监督检查。

财政监督　1991 年后，全县在加强财政内外监督中，坚持监督服务、标本兼治原则，开展日常与突击相结合的财政专项检查。并从侧重企业财务收支检查转向预算执行情况监督，对部分单位进行主要领导离任审计，促进财政管理发展。对违反财经纪律的案件，做到发现一起查处一起，不姑息迁就。

第二章　国　税

1991 年至 1993 年，贞丰县税务局以组织收入为中心，依法治税，强化税收征管，强化税源管理，开展税收工作，3 年累计入库各项税收 2114.68 万元，年均增长 22.72%。

1994 年起，国家实施税制改革，按照统一领导、分级管理原则和分权、分税、分设机构的要求，设立贞丰县国家税务局（以下简称县国税局）和县地方税务局。全部税收调整并为 17 种，截至 2002 年共开征税种 24 个，分成中央税、地方税、中央与地方共享税。县国税局在 1994—2010 年期间，围绕税收中心工作，贯彻“加强征管，堵塞漏洞，惩治腐败，清缴欠税”的治税方针，依法治税，加大税收征管力度，层层签订税收目标管理责任状和党风廉政建设责任书，县国税局各项工作有序开展。1994—2010 年，国税局共征收税款

99759.02 万元，年均增长 5868.17 万元。

第一节　税制改革

1993 年前，全县税收工作基本实行高度集中统一，垂直管理。依照《税收征管法》和统一制定的税种、税目、税率，由县税务局和县财政局负责征收管理。除农业税、农业特产税、耕地占用税、契税归县财政局直接征收外，工商各税及有关基金由县税务局统一征收入库，按税收权属和比例实施中央、省、县三级解缴分成。

1994 年，根据国家税制改革要求，建立以分税、分机构为核心的新税制。实行以增值税为主体，消费税和营业税为补充内外统一的流转税制度，改进和完善所得税及其他税种，使之与分税相衔接。对部分税种作适当调整。

一、流转税制度改革

建立了以规范化的增值税为核心，消费税、营业税相互协调配套的新流转税体系。

（一）改革增值税

增值税是在 1984 年第二步利改税改革过程中，从原工商税中分立出来的一个新税种。当时只在工业环节，选择部分产品开征增值税，税率档次较多，计算不规范。1994 年税制改革，新设置的增值税，扩大了征收范围，在货物的生产、批发、零售和进口环节以及加工、修理修配环节普遍征收增值税。简化税率，新增值税只设三档税率，即 17%（基本税率）、13%（低税率）以及小规模纳税人的 6%的征收率。由价内税改为价外税，商品销售实现后，按含税价格计税，新增值税不构成商品价格，按不含税金的销售额计算销项税金，由购货方支付。规范了计税方法，新增值税使用全国统一的专用发票，企业按发票上注明税款进行扣除，简便易行。划分了小规模纳税人，简便计算征收，只按规定的征收率计算缴纳增值税，不进行税款抵扣。

（二）开征消费税

消费税是对中国境内从事生产和进口应税消费品的单位和个人，就其销售收入或产品销售数量征收的一种税。征税的产品主要包括：烟、酒、化妆品、护肤护发品、贵重首饰及珠宝玉石、鞭炮及烟花、汽油、柴油、汽车轮胎、摩托车、小汽车 11 类产品。开征此税的目的，是调节消费结构，引导消费方向，增加财政收入。

（三）改革营业税

改革后的营业税由原 14 个税目减为 9 个税目，原营业税中的一些项目改征增值税，仅对提供劳务、转让无形资产和销售不动产征收营业税。简化了税率，改革后的营业税，大部分行业税率为 5%，一部分行业税率为 3%。

二、企业所得税制度改革

企业所得税分为内资企业、外资企业（包括外商投资企业和外国企业）两套税制。内资和外资企业所得税在税制要素，包括纳税人、扣除项目、优惠政策等方面都存在差异。

（一）内资企业所得税

内资企业所得税，纳税人为中国境内的国有企业、集体企业、私营企业、联营企业、股份制企业和其他组织。征税对象为纳税人来源于中国境内、境外的生产、经营所得和其他所得。纳税人每纳税年度的收入总额减去准予扣除项目金额以后的余额，为应纳税所得额。企业在工资性支出、公益性捐赠、广告费、职工教育经费、职工福利费和职工工会经费等方面实行限额内或标准内税前扣除。法定的基准税率为 33%，年度应纳税所得额在 3 万元以下的企业，以及 10 万元以下至 3 万元的企业分别适用 18%和 27%的优惠税率。

（二）外资企业所得税

外资企业所得税法适用于外资企业，纳税人为外商投资企业和外国企业。征税对象是外商投资企业和外国企业的生产、经营所得和其他所得。纳税人每纳税年度的收入总额减去准予扣除项目金额以后的余额，为应纳税所得额。企业基本上实行成本费用税前据实扣除的办法。企业所得税实行 30%的比例税率，另按应纳税所得额征收 3%的地方所得税，综合税率为 33%。为加大吸引外商投资的政策力度，国家实施一系列税收优惠政策，主要包括生产性外商投资企业享受企业所得税“两免三减半”优惠，投资港口码头和能源类的外资企业享受企业所得税“五免五减半”，对设在经济特区、经济技术开发区等地区的生产性外资企业实行 15%、24%优惠税率等。

截至 2002 年年底，国家税制体系共有税种 24 个，即：增值税、消费税、营业税、企业所得税、外商投资企业和外国企业所得税、个人所得税、资源税、土地使用税、固定资产投资方向调节税、筵席税、城市维护建设税、土地增值税、车辆购置税、耕地占用税、房产税、城市房地产税、车船使用税、车船使用牌照税、印花税、屠宰税、契税、农业税、牧业税、关税。由国税部门征收的税种有：增值税、消费税、车辆购置税，铁道部门、各银行总行、各保险总公司集中缴纳的营业税、所得税，中央企业缴纳的所得税，中央与地方所属企业、事业单位组成的联营企业、股份制企业缴纳的所得税，地方银行、非银行金融企业缴纳的所得税，海洋石油企业缴纳的所得税、资源税，外商投资企业和外国企业所得税、证券交易印花税，个人所得税中对储蓄存款利息所得征收的部分和中央税的滞纳金、补税、罚款等。除此以外，2002 年 1 月 1 日以后成立的新办企业所得税（个人独资、个人合伙企业除外）由国税部门负责征收。地税局增收的税种有：营业税、城市建设税，地方国有企业、集体企业、私营企业交纳的所得税、个人所得税（不包括对银行储蓄存款利息所得征收的部分）、城镇土地使用税、耕地占地税、土地增值税、房产税、城市房地产税、车船使用税、交易印花税、契税以及地方附加的教育税、文化事业建设税、防洪工程维护税、城市建设税、残疾人保障金和地方税的滞纳金，罚款等。

第二节　税收征缴

1991 年至 1993 年，县税务部门共征收税款 2114.68 万元，其中工商税收 1959.12 万元，企业所得税 65.79 万元，两种基金 89.77 万元。1994—2010 年的 17 年，县国税征收税款共计 101873.88 万元。两金及教育费附加 74.41 万元，工商税收 1861.01 万元，增值、消费两税 25930.38 万元，企业所得税 10870.19 万元，属中央级税款 76243.91 万元，省级税款 8274.7 万元，县级税款 17355.24 万元。

一、正常征收

正常征收主要采取纳税人自核自缴、定期定额缴纳和银行代扣代缴、税务部门查验征收及其委托相关部门和人员代征等方式。1994—2010 年，县国税局管辖 87 家企业申报缴纳增值税 17686.03 万元；697 户个体工商业户申报缴纳增值税 5091.93 万元，累计征收消费税 2038.91 万元；企业所得税 1112.88 万元；外资企业所得税 718.31 万元；储蓄存款利息个人所得税 640.86 万元，车辆购置税 186.26 万元，设置税源管理台账，对重点税源实行跟踪管理。2007 年，全县换发税务登记证中，换证、办证企业户 1365 户，其中企业 87 户、个体工商户 1278 户。税收工作年初有计划，年中有分析、考核，年终定奖惩考核评价机制，管理人员由管户向管事转变，身份由专管员向税收管理人员转变，规范税务人员管理职责。

二、清欠征收

县内税源分散、征收面广、难度大，部分纳税人拖欠税款严重，清欠征收成为税收征缴的一项重要工作。1994 年，县国税局加大清欠力度，完善清欠措施，对发生欠税的 126 户次纳税人进行清缴，补收增值税 398.26 万元，汇算清缴企业所得税 5.37 万元。1998 年、2002 年、2007 年，县国税局对全县纳税人进行拉网式清理，共清理出漏征漏管 254 户，补缴增值税 105.28 万元，处以罚款 15 万余元。

三、稽查征收

1991 年至 1993 年，县税务部门在税收征管中，坚持依法治税，加强内外监控，严厉打击偷、漏、抗税行为。在开展税收专项稽查中，查补入库税款 163.17 万元，处以滞纳金和罚款 34.26 万元。1994 年，检查企业 149 户次，个体工商户 56 户，查补入库税款 715.23 万元，处以滞纳金和罚款 147 万元，其中接群众举报查处偷漏税案件 16 起，挽回税收损失 56 万元，处以罚款 18.15 万元。强制执行 5 户，收取税额 65 万元，经司法机关处理 2 人，挽回税收损失 16 万元。1998 年，县稽查分局实行“选案、稽查、审理、执行”分离模式后，采取查偷堵漏举措，对主体税种、重点行业和行政事业单位组织税收专项检查，对薄弱环节与征管死角实施重点突击稽查，通过强化稽查力度，提高税法遵从度。

县税务局 1991 年至 1994 年及县国税局 1995 年至 2010 年税收情况统计表

表 11-2-1　　单位：万元

年份	征收单位	入库总额	其中			税收分类			
			中央级	省级	县级	增消两税	工商税收	企业所得税	基金与附加费
1991	税务局	571.48	50.81	20.54	500.13	—	520.67	16.93	33.88
1992	税务局	683.1	60.52	21.96	600.62	—	620.81	28.40	33.89
1993	税务局	860.1	42.46	49.22	768.42	—	817.64	20.46	22
1994	税务局	1291.48	390.98	92.72	807.78	517.26	731.46	13.31	29.45
1995	国税局	763.34	522.87	64.82	175.65	653.01	80.51	2.17	27.65
1996	国税局	794.64	522.97	65.63	206.04	665.27	111.76	0.3	17.31
1997	国税局	874.54	531.48	68.80	274.26	688.04	181.67	4.83	—
1998	国税局	750.41	572.10	72.61	105.70	726.10	24.31	—	—
1999	国税局	773.01	537.78	73.65	161.58	748.22	18.79	6.00	—
2000	国税局	827.94	601.04	75.43	151.47	762.60	55.36	9.98	—
2001	国税局	948.73	738.40	88.11	122.22	885.59	58.81	4.33	—
2002	国税局	1254.34	958.40	115.87	180.07	1174.08	64.61	15.65	—
2003	国税局	1508.34	1148.92	139.70	219.72	1421.57	61.36	25.41	—
2004	国税局	2396.50	1771.01	201.14	424.35	2027.01	62.90	306.59	—
2005	国税局	3564.61	2655.29	316.49	592.83	3173.79	95.65	295.26	—
2006	国税局	5818	4457.59	448.81	911.60	5221.94	123.22	472.84	—
2007	国税局	8131	6124.09	676.83	1330.08	7265.88	190.6	674.52	—
2008	国税局	14353	10764.75	1148.2	2440.05	—	—	2632	—
2009	国税局	20793	15802.68	1663.44	3326.88	—	—	6407	—
2010	国税局	37031	28143.56	2962.48	5924.96	—	—	—	—
合计	—	101873.88	76243.91	8274.73	17355.24	25930.38	1861.01	10870.19	74.41

第三节　税务管理

一、机构人员

1991 年至 1993 年，县税务局内设办公室、监察室、人事股、税政股、管理服务股、票管所、征收股、稽查分局、税务检察室。按经济区域设有城关税务所、龙场税务所、牛场税务所、白层税务所、鲁贡税务所、沙坪税务所 6 个税务所，在岗人员（不含代征员，下同）98 人。1994 年根据税制改革规定，分设县国税局和地税局，其内设机构及税务所同时分设，人员选调充实。1996年起，按照“精简、效能、集中、规范”的原则，县国税局增设税务师事务所，稽查分局改为稽查局。1999年，对机构进行整合，留所建分局，县国税局内设办公室、监察室、人教股、综合业务股、征收管理股、计划征收股、稽查局、税源管理股、信息中心9个股室。按经济区域分片设珉谷税务分局、龙场税务分局、牛场税务分局、白层税务所、鲁贡税务所、沙坪税务所，2007年国税在岗人员56人，2010年国税局在岗人员55人，其中公务员51人、工人4人。

二、税收征管

1991年至1993年，县税务局实行代收代缴和征收、管理、检查三分离，乡镇税务所实行征管、检查两分离的管理模式。全县统一征收入库，按税收归属及规定比例上缴，县乡两级执行财税包干体制。1994年，税制改革后，国税实行统一领导，分级管理。对账务健全的企业实行自核自缴申报纳税制度，对个体工商户及账务不健全的小规模纳税人实行核定自行申报制度。1997年，设立办税服务厅统一办理纳税人事宜。实行申报、代理、稽查“三位一体”，建立以纳税申报和优质服务为基础，以计算机网络为依托，集中征收重点稽查的税收征管模式。逐步开设税款预储账户，推行双向委托、银行划缴的银税一体化管理。2001年，强化“科技兴税、人才强税”战略，先后推行“金税工程”“城中版”“防伪税控系统”“税收征管信息系统”“征管信息查询系统”“税收执法考核系统”“税收管理员平台”等税收管理系统，充分发挥信息管理在税收征管中的作用，征管质量得到极大提高。

三、税收减免

1991年至1993年，县税务局按国务院文件精神，停止对“30种产品”“八小企业”“三类公司”的税收减免，对原享受减免税的企业作清理，不符合减免条件的恢复征税。1994年，实行增值税先征后退。列入免征增值税的，有政策性经营批发销售粮油的国有粮食企业，批发零售种子、种苗、化肥、农药、农机的商业企业及从事加工、修理业的残疾人等。2000年至2010年，对县内民政福利企业、农产品种植、资源综合利用、购买国产设备退税、享受西部大开发税收优惠政策等企业实行减免，减免税额1462.79万元。

四、票据管理

发票是经济活动收入付款最具有法律效力的特殊凭证，一直由税务局负责统一管理。从发票的印制监督、保管领发到填写使用、盘存缴销等方面均有严格的管理制度。采取专人管理、专库（柜）保存、专账记载和相应的防盗、防火、防鼠、防蛀、防霉、防丢失等安全保卫措施。1998年，在全县税收大检查中，发现用户丢失发票29份，不按规定填开发票306份，白条付款78份，责令补税5.08万元，罚款3.12万元，限期整顿20户，收缴发票9876份。为强化对增值税专用发票的管理，1997年至1999年县国税局对企业实行“代管监开”的管理方式，保证增值税专用发票保管安全，规范、真实开具。2000年，实行计算机开具，网络系统比对真伪的“金税工程”系统管理，有效杜绝了假票真开、真票虚开等违法行为。2006年，对45户增值税一般纳税人进行重新认定，取消不符合资格的2户。2007年，查处发票违章案件8起，罚款4.85万元。经过多次检查处理，发票违法案件逐渐减少，为实现“以票控税”的作用，从2004年起，县国税局推行普通发票，截至2007年，使用发票的个体户378户，占管辖户32%。

第三章　地　税

1994年，国家对税制进行改革，省及省以下税务机构分为国家税务局和地方税务局两个系统，分别负责中央税和地方税的征收管理工作。1994年9月，贞丰县地方税务局成立。按照分税制财政体制的规定，贞丰县地方税务局负责贞丰县区域内的地方税收征收管理工作，征收和管理的项目有：营业税、个人所得税（不包括对银行储蓄存款利息所得征收的个人所得税）、地方企业所得税（地方国有企业、集体企业、私营企业所得税）、土地增值税、城市维护建设税、车船使用税（车船税）、房产税、资源税、城镇土地使用税、印花税、烟叶税、固定资产投资方向调节税（已停征）、屠宰税（已取消）等13个税种及其地方教育费附加，地方税加收的滞纳金、罚款。

第一节　税源培植

分设国税和地税部门后，属地税部门管理的地方税税源少，税收收入受到很大影响。2003年以后，随着县域经济的发展，县地税局在加强税收征管的同时，积极协助有关单位培植财源。

一、煤炭

1995年至2002年，县内煤炭开采规模小、产量低，煤炭行业税源不大。2003年以后，市场能源价格大幅上涨，县政府加强煤炭开发力度，2005年煤炭税收开始成为贞丰县地税收入的主要来源之一。

二、黄金

1995年至2002年，县内黄金生产主要由一些集体企业和个人对矿区表层氧化矿进行开采，黄金产业税收入徘徊在19万元至57万元之间。2003年，贵州紫金矿业股份有限公司对境内水银洞金矿进行规模开采后，贞丰县黄金年产量从0.8吨增至4.5吨，税收收入从520万元增至1900万元；2010年，贞丰县黄金产量7.59吨，黄金税收大幅度上升，黄金产业成为地方税收的支柱产业。

三、其他

（一）个人工资薪金所得税：1995年至2002年税收0.5万元至25万元。2003年贵州锦丰矿业股份有限公司在贞丰落户开采烂泥沟金矿，个人所得税大幅增长，2003年，个人所得税收入237万元；2006年，个人所得税收入1003万元。

（二）2006年，《中华人民共和国烟叶税暂行条例》规定，从2006年起根据烟叶税正式划归地税局管理。种植烤烟经济效益好，税率高。县委、县政府在上半县着力发展烤烟，培植税源。2006年，全县烤烟面积20430亩，烟叶税在地方税中占有一定比例，烟叶税入库459万元；2007年，烟叶税入库578.8万元；2010年，烤烟税收入1360万元。

第二节　税收征缴

1995年，贞丰县地方税务局开始独立税收核算，税款的征收主要受黄金税收、煤炭税收的企业所得税影响而变化。

1995年至2002年，县内黄金氧化矿的开采是地税收入的主要来源之一。2003年，贵州紫金矿业股份有限公司和贵州锦丰矿业股份有限公司到贞丰县投资开采黄金原生矿后，黄金产业税收迅速上升，并成为贞丰县地税收入的支柱。

1995年至2001年，煤炭税收占地税收入比重不大。2001年年底，国际国内市场上能源价格上涨，贞丰煤炭产业也随之迅速发展，2002年，煤炭产业税收开始成为贞丰县财政收入的主要来源。2005年8月，根据县政府决定，由财政、国税、地税、乡企、物价五部门联合对县内煤炭检查站进行统一管理，在检查站安装视频监控设备，煤炭税收逐年上升，成为地方税中仅次于黄金税收的第二大税源。

一、税款征收

1995年，县政府下达税收计划760万元，完成822.6万元，占年计划108.24%。其中黄金税征收577.9万元，煤炭税征收2万元，两项收入合计为579.9万元，占地税总收入70.49%。

1996年，县政府下达税收计划980万元，完成853.7万元，占年计划87.12%，同比增收31.1万元，增长3.79%。其中，黄金税征收337.5万元，煤炭税征收1.9万元，两项收入339.4万元，占地税总收入39.75%。

1997年，县政府下达税收计划915万元，完成792.4万元。占年计划86.61%，同比减收61.3万元，下降7.18%。其中黄金税征收153.4万元，煤炭税征收3.7万元，两项收入157.1万元，占地税总收入19.82%。

1998年，县政府下达税收计划940万元，完成799.9万元，占年计划85.11%。同比增收7.5万元，增长0.95%。其中黄金税征收129.8万元，煤炭税征收9.2万元，两项收入139万元，占地税总收入17.37%。

1999年，县政府下达税收计划880万元，完成922.1万元，占年计划104.79%，同比增收122.1万元，增长15.27%。其中黄金税征收31.2万元，煤炭税征收9.9万元，个人工资薪金所得税征收 0.5 万元，三项税收 41.6 万元，占地税总收入 4.51%。

2000 年，县政府下达税收计划 950 万元，完成 950.7 万元，占年计划 100.08%，同比增收 28.6 万元，增长 3.10%。其中黄金税征收 31.6 万元，煤炭税征收 68.4 万元，个人工资薪金所得税征收 1.2 万元，三项收入为 101.2 万元，占地税总收入的 10.64%。

2001 年，县政府下达税收计划 1200 万元，完成 989.1 万元，占年计划 82.43%，同比增收 38.3 万元，增长 4.03%。其中黄金税征收 42.8 万元，煤炭税征收 98.7 万元，个人工资薪金所得税征收 3.8 万元，三项收入为 145.3 万元，占地税总收入 14.69%。

2002 年，县政府下达税收计划 1100 万元，完成 1196.5 万元，占年计划 108.78%，同比增收 207.4 万元，增长 20.97%。其中黄金税征收 29.1 万元，煤炭税征收 282.3 万元，个人工资薪金所得税征收 25.5 万元。三项收入为 336.9 万元，占地税总收入的 28.15%。

2003 年，县政府下达税收计划 1850 万元，完成 2010.8 万元，占年计划 108.7%，同比增收 814.3 万元，增长 68.06%。其中黄金税征收 19.4 万元，煤炭税征收 524.4 万元，个人工资薪金所得税征收 180.8 万元，三项收入合计为 724.6 万元，占地税总收入 36.03%。

2004 年，县政府下达税收计划 2158 万元，完成 3630.8 万元，占年计划 168.25%，同比增收 1620 万元，增长 80.56%。其中黄金税征收 550.6 万元，煤炭税征收 1188.8 万元，个人工资薪金所得税征收 374.1 万元，三项收入合计为 2113.5 万元，占地税总收入 58.21%。

2005 年，县政府下达税收计划 5500 万元，完成 5866.7 万元，占年计划 106.67%，同比增收 2235.7 万元，增长 61.58%。其中黄金税征收 1957.7 万元，煤炭税征收 1246.3 万元，个人工资薪金所得税征收 750.7 万元，三项收入合计为 3954.7 万元，占地税总收入 67.40%。

2006 年，县政府下达税收计划 8000 万元，收入 10226.6 万元，占年计划 127.83%，同比增收 4359.9 万元，增长 74.32%。其中黄金税征收 3283.5 万元，煤炭税征收 903.1 万元，个人工资薪金所得税征收 1993 万元，三项收入 6179.6 万元，占地税总收入 60.42%。

2007 年，县政府下达税收计划 12200 万元，完成 14646.5 万元，占年计划 120.05%，同比增收 4419.8 万元，增长 43.22%。其中黄金税征收 6175.9 万元，煤炭税征收 1928.4 万元，个人工资薪金所得税收入征收 1182.4 万元，三项收入为 9286.7 万元，占地税总收入 63.40%。

2008 年，完成地税 16132 万元，比 2007 年增加 1486 万元，增长 10%。

2009 年，完成地税 21425 万元，比 2008 年增加 5293 万元，增长 32.8%。

2010 年，完成地税 29001 万元，比 2009 年增加 7576 万元，增长 35.36%。

二、清欠征收

1995 年至 1998 年，重点清理集贸市场和个体工商户的欠税，查补税款数额较小。

1999 年，县地税局在全县范围开展清理欠税工作，加强对集贸税收征管，明确直属分局负责抓企业欠税清理，对生猪外运、场天郊区屠宰、乡村集市、碎石加工等屠宰税、资源税进行查缉，加强对共管户、自管户、漏管户、欠税户的查补，全年共查补税收 18 万元。

2001 年，县地税局以整顿和规范税收秩序工作为契机，抓清理漏征漏管户工作。全年清查纳税户 1880 户，清理有问题的户数 680 户，清理税款入库 11.94 万元。

2002 年，县地税局再次对辖区内漏征漏管户进行清理。清查纳税户 1650 户，对发现问题的 352 户纳税户进行处罚，共查补税款 4.7 万元。

2003 年后，随着税收信息化建设工作的开展，税收申报缴纳方式逐步规范，拖欠款税的事情基本没有发生。

三、稽查征收

县地税局税务稽查工作主要经历三个阶段。一是 1994 年至 1998 年，稽查部门名称为贞丰县地方税务局稽查大队，稽查职能作用主要体现为收入型。二是 1999 年至 2006 年，贞丰县地方税务局稽查大队撤销，成立贞丰县地方税务局稽查分局，稽查职能作用在体现收入型职能的同时，也强调执法水平的提高。1999 年，《中华人民共和国税收征收管理法》中明确稽查局具有独立执法主体资格，强调稽查局的执法地位。同年，贞丰县地方税务局稽查分局更名为贞丰县地方税务局稽查局，稽查职能作用转变为执法型。三是从 2007 年开始，稽查部门职能作用再次发生变化，由原来单纯的执法型转化为执法型与服务型并存的职能。1994 至 2007 年，贞丰县地税局稽查局共计查办税务案件 116 件，直接查补税款、税收滞纳金和罚款 5780302 元。协助基层分局征收税款 2000 多万元。

第一阶段是收入型阶段（1994 年至 1998 年）。这一阶段工作职能主要是加大稽查力度，加强税法宣传，杜绝白发票的使用，提高稽查查补收入，共计查办案件 82 件，直接查补入库税款、税收滞纳金和罚款 484149 元，协助基层分局征收税款 400 多万元。

第二阶段是执法型阶段（1999 年至 2006 年）。这一阶段工作职能主要是强化稽查工作，把稽查工作从收入型向执法型转化，加强企业所得税汇算清缴工作，提高汇算清缴力度和稽查人员的执法水平，共计查办案件 40 多件，直接查补税款、税收滞纳金和罚款 3282974 元，协助基层分局征收税款 900 多万元。

第三阶段是执法型与服务型并存阶段（2007 年）。这一阶段提出“以稽查为重点，强化税源管理”的工作思路，查办案件 5 件（其中重大案件审理 2 件），查补入库税款税收滞纳金和罚款 1843179 元。

第三节　税务管理

一、机构人员

贞丰县地方税务局成立于 1994 年 9 月，为正科级行政单位。内设人秘股、税政股、计会征收股、税务稽查队；下设珉谷税务所、连环税务所、挽澜税务所、龙场税务所、小屯税务所、者相税务所、兴北税务所、平街税务所、长田税务所、白层税务所、鲁容税务所、沙坪税务所。

1997 年，根据《国务院关于地方税务机构管理体制问题的通知》精神，省以下地方税务局实行税务机关和同级政府双重管理。

2001 年，根据贵州省机构编制委员会办公室《关于贵州省、市、县、乡地方税务所（分局）职能培植内设机构和人员编制规定的批复》精神，县地税局设五个职能股（室），即办公室、税政法规股、计划财务管理股、征收管理股、人事教育股，两个直属机构，即稽查局、直属征收分局，六个乡（镇）税务分局，即珉谷税务分局、龙场税务分局、者相税务分局、兴北税务分局、白层税务分局、鲁贡税务分局。

全县地税系统行政编制总数 47 人，行政工勤人员编制 5 人，设局长 1 名，副局长 2 名，纪检组组长 1 名。

1994 年 9 月，贞丰县地方税务局成立时，有干部职工 44 人，其中有 4 名大专生，占全局干部职工 9%。2007 年，全局共有干部职工 46 人，其中大学本科 11 人，大学专科 24 人。

2010 年，全局共有干部职工 46 人，其中大学本科 11 人，大专 24 人。

二、税收征管

1994 年，县地方税务局根据《中华人民共和国税收征收管理法》及其实施细则和国家税务总局要求，税收征管模式分为三个阶段。

第一阶段为 1994 年至 1996 年，实行专管员管户模式，即“一员进厂各税统管，一人到户征管查责任全负”。

第二阶段为 1997 年至 2000 年，实行“以申报纳税为基础，以计算机网络为依托，集中征收，重点稽查”模式，对税收信息化和专业化作详细要求。

第三阶段为 2001 年后，实行“以申报纳税和优化服务为基础，以计算机网络为依托，集中征收，重点稽查，强化管理”模式。2003 年，县地税局实现办公自动化，各分局、稽查局完成基本征管信息、数据录入，税收监控更加方便、快捷。制定实施《贞丰县地方税务局小型金矿管理办法》《贞丰县地方税务局税收管理员制度》。

三、税收减免

2003 年，根据《财政部、国家税务总局关于下岗失业人员再就业有关税收政策问题的通知》和《财政部、国家税务总局关于下岗失业人员再就业有关税收政策问题的通知》的规定，县地税局对下岗失业人员从事个体经营（除建筑业、娱乐业以及销售不动产、转让土地使用权、广告业、房屋中介、桑拿、按摩、网吧、氧吧外）的，在五年内免征营业税、城市维护建设税、个人所得税和教育费附加。2003 年至 2010 年，县地税局共给 329 户个体户减免税费 25993.10 元，减轻了下岗失业人员再就业的负担。

同年，根据国家税务总局《关于落实西部大开发有关税收政策具体实施意见的通知》，财政部、海关总署、国家税务总局《关于公布第二批不在试点地区的文化体制改革试点单位名单和新增试点地区名单的通知》和贵州省人民政府《关于西部大开发若干政策措施的实施意见》的有关规定。2003 年至 2007 年，县地税局对贵州紫金矿业股份有限公司、贞丰县物资供应公司、贞丰县地方电力公司、贵州盐业（集团）贞丰有限公司、贞丰县糖厂、贵州省新华书店贞丰县支店、贞丰县自来水公司七户企业进行税收减免，减免 2003 年至 2006 年度企业所得税 3917264.23 元。

四、票证管理

1994 年 10 月，县地税局使用税收票证均从国税局领用，在使用前加盖“地”字章代表县地方税务局填用，填用后再交回国税局核销。1995 年 3 月，开始正式从黔西南州地方税务局领用地税部门专用税收票证。

1997 年，为规范税收票证管理，县地税局制定《贞丰县地税局税收票证管理实施办法（试行）》，严格按照“限期限额”双限制度进行税款结报，杜绝收税不开票或开票不收税的现象。严格执行当天征收的税款当天入库原则，特殊情况必须在次日入库，防止违纪现象发生。

2007 年，贵州省地方税务局下发重新修订的《贵州省地方税务系统税收票证管理实施办法》。税收票证发放必须遵循逐级下发、逐级领用的程序，要求税收票证的销毁必须由 2 人以上共同清点选册，经分管领导签字同意后报经省地税局主管领导批准，由省地税局指派人员复点并监督销毁；印花票证要逐级上缴，由省地税局负责销毁；县级地税机关每年检查用票单位应为 100%，市、州、地级地税机关每年抽查单位不少于 40%，省级地税机关每三年组织一次全省性税收票证检查。县地税局重新梳理税收票证的领发、使用、缴销、检查制度。建立各类票证的账册，严格控制领用量，专门设立票证存放库房，专人管理，确保税收票证规范使用和安全。

第四章　金　融

1991 年至 2010 年，贞丰县金融系统以服从服务于经济建设为中心，正确处理改革、发展与服务的关系，实行独立自主依法经营的企业管理，金融事业发展较快。

县人民银行贯彻国家货币政策，加强金融监管，改善金融服务，实施宏观调控，防范和化解金融风险，确保县内金融机构运行。使工商银行、农业银行、中国银行、建设银行四家国有专业银行实现向商业银行转轨。遵照国务院《关于农村金融体制改革的决定》，从农业银行分离组建农业发展银行；农村信用社与农业银行脱离行政隶属关系，健全合作金融体系。保险业实行分业经营，形成国有、独资与股份制保险企业相互竞争共同发展新格局。

20 年来，通过金融体制的全面改革，经营机制日臻完善，网点布局趋向合理，职工队伍不断扩大，文化和业务素质明显提高，电子化水平跃上新台阶，存贷业务有较大发展。1991 年，全县各项存款余额 4333 万元，2010 年，各项存款余额 382120 万元，增长 87 倍；各项贷款余额由 1991 年的 4975.8 万元增至 2010 年的 172414 万元，增加 32.95 倍；保险业保险费收入由 1992 年的 203 万元增加到 2010 年的 2167 万元，增长 9.7 倍。

第一节　金融机构

一、银行

1991 年，县内有中国人民银行贞丰县支行、中国工商银行贞丰县支行、中国农业银行贞丰县支行、中国建设银行贞丰县支行 4 家。

（一）中国人民银行贞丰县支行，是全县金融的调控监管机构。

（二）中国工商银行贞丰县支行，经营工商企业存贷、房地产存贷与居民储蓄等业务。2000 年，根据上级安排，撤销中国工商银行贞丰县支行，只设留守处；2003 年，恢复中国工商银行贞丰县支行。

（三）中国农业银行贞丰县支行，经营农业、乡镇企业贷款和机关企业事业存款及城乡居民储蓄等业务。

（四）中国建设银行贞丰县支行，经营固定资产投资的拨付结算与单位公存、居民储蓄等业务。

二、信用合作社

1991 年至 1996 年，贞丰县农村信用联社隶属贞丰县农业银行。1996 年，国家推行金融体制改革，县农村信用联社与农业银行脱离行政关系，成为服务农村、农业、农民，自主经营的合作金融组织。1995 年，全县 13 个乡镇分设农村信用社；2010 年，者相信用社、鲁贡信用社、连环信用社、鲁容信用社新办公楼落成，全县农村信用社办公条件逐步改善。

三、保险公司

1991 年至 1995 年，贞丰县有中国人民保险公司贞丰县支公司 1 个保险企业；1996 年，中国人民保险公司贞丰县支公司分为中国财保人保公司贞丰县支公司和中国人寿保险公司贞丰县支分司两个保险企业，新增太平洋保险代办点。

第二节　金融体制改革

随着计划经济向市场经济的转变，金融体制随着进行相应的改革。按照发展城市，收缩农村的定位，调整网点布局，先后撤并一批业务量小效益低的营业网点。建立存款准备金和开户许可证制度，改进信贷资金管理办法，严格财务收支指标考核制度，采取经济指标与职工工资挂钩浮动等多种目标管理形式，强化内部责任管理。在货币管理上，1991年至1995年，为缓解通胀趋势，人民银行坚持“控制总量、保证重点、压缩一般、适时调节”原则，控制贷款，压缩货币投放量，调高存款利率，允许专业银行开展有奖储蓄和三年以上定期保值贴补储蓄业务，吸纳闲散资金，减少货币流通。

1996年，贯彻《国务院关于农村金融体制改革的决定》，农业银行实现“一分一脱”，根据政策性金融与商业性金融分离的规定，农业银行增设国家政策性农业发展银行；农村信用社与农业银行脱离行政隶属关系，成为服务农民、自主经营的合作金融组织。保险业按市场经济规范经营，分设人保财险和中保寿险两家国有独资保险公司，新增股份公司平安保险办事处。停止实施揽储措施，实行在市场经济条件下统一开放，有序竞争，规范管理，稳健发展。加大监管力度，整顿金融秩序。重点对经营管理不规范、潜伏较大金融风险的农村基金会实施清理整顿。各行社先后开通与全国电子联行通存通兑结算业务，金融系统电子化水平上新台阶。

1998年后，连续三年调低存款利率，开征存款利息税，县人民支行允许县工商支行、县农业支行、县建设支行发放国库券，实施以拉动内需为导向的稳健货币政策。不断改进贷款审批程序，严格投放质量管理，加强检查防范，化解金融风险。1999年，随着专业银行向商业银行转轨，其金融再贷款由县人民银行统一发放改为各直接向对口的上级商业银行贷款。2000年以后，根据中国人民银行总行有关通知精神。县人民银行对3家银行的不良信贷资产进行评估剥离，将部分不良贷款划转省不良资产公司统管，以利其在深化改革中顺利转轨，走向自主经营、自担风险、自负盈亏、自我发展的商业化经营道路。至此，全县按市场经济体制组成以人民银行为领导、国有商业银行为主体、多种金融机构并存的金融体系逐步完善。

第三节　货币流通

1991年至2010年，县内银行部门为支持搞活商品流通，促进城乡经济和社会发展，对货币的投放与回笼保持较高速度稳步增长。据县人民银行统计，20年来投放数由1991年8873万元上升到2010年354528万元，累收由8120万元上升到386843万元。

1998年以前，烤烟是全县农民增收、财政增税、银信增储的支柱产业，其收购期短量大，现金支付集中。对货币投放与回笼影响很大。1991年至1998年累计投放285619万元，累计收251914万元，累净投放33705万元。1998年以后按照提升种养业的发展战略，继续抓粮食生产不放松，推进产业化经营，按照“一基”（加强粮食基础）、“三率”（提高农业资源产出率、农业产品商品率、农业产业含税率）、“三层次”（提高畜牧业产值在农业总产值比重、优质农产品在农业产品中的比重、农产品加工产值在农业总产值的比重）的要求。以“五个十万亩基地”作为主攻方向，延长产业链，培育龙头企业，逐步形成市场带企业、企业带基地、基地带农户的产业格局。稳定提高以粮食生产能力为核心的农业综合生产能力，支持和鼓励因地制宜发展特色优质种植业和生态畜牧业；推进农业产业化经营，实施科技兴农，促进传统农业向现代农业转变，提高农业综合经济效益和市场竞争力。加强农业社会化服务体系和农村综合信息网络建设，改善农村金融服务，加快农产品质量安全体系建设，培育农村致富带头人和各类中介组织，促进农业生产要素的优化配置，围绕城镇和农村发展需求，各金融机构现金投放回笼增加。2000年投放现金78367万元，2007年增加到409744万元，年平均增加投放资金47340万元；回笼资金2000年75230万元，2007年累计回笼资金374144万元，年平均增加回笼资金42702万元。

第四节 储蓄存款

全县存款主要来源企业存款、财政存款、农业存款、储蓄存款等。1991年，全县各项存款余额4333万元；2001年，存款余额30697万元；2007年，存款余额175829万元；2010年存款余额386843万元。

一、企业存款

主要包括工商企业存款和专项存款。1991年，全县企业存款余额1389.6万元，占全部存款32%。2000年，全县企业存款余额5626万元，占全县存款总额23%。

2007年，全县企业存款余额32284万元，占全县存款总额18%。2010年，全县企业存款余额68049万元，占全县存款总额17.59%。

二、财政性存款

主要包括财政存款和机关团体存款。1991年，财政存款102.1万元，占全县存款总额2%。2000年，财政性存款564万元，占全县存款总额2%。2007年，财政性存款13665万元，占全县存款总额8%。2010年，财政性存款20393万元，占全县存款总额5.2%。

三、储蓄存款

主要包括活期储蓄和定期储蓄两种。1991年，全县储蓄存款1853.4万元，占全县存款总额42.7%。2000年，全县储蓄存款16918万元，占全县存款总额67.7%。2007年，全县储蓄存款84306万元，占全县存款总额47.9%。2010年，全县储蓄存款160299万元，占全县存款总额41%。

四、农村存款

1991年，全县农村存款296.1万元，占全县存款总额6.8%。1992年，全县农村存款262.2万元，占全县存款总额4.9%。1993年，全县农村存款396.8万元，占全县存款总额7.1%。2007年农村存款10825万元，占全县存款总额6.1%。2010年，全县农村存款为39420万元，占全县存款总额10.2%。

1991 年至 2010 年贞丰县存款余额统计表

表 11-4-1　　　　　　　　　　　　　　　　　　　　单位：万元

年度	存款余额	其中						
		企业存款	财政性存款	机关团体存款	农村存款	农业存款	储蓄存款	其他存款
1991	4333	1389.6	102.1	449.6	296.1	—	1853.4	242.2
1992	5342	1867.7	91.1	358.8	262.2	—	2430.7	331.5
1993	5576.8	1296	63.7	545.7	396.8	—	2889.6	385
1994	6478.1	1800.7	372.3	371.6	—	337.1	4006.4	410
1995	9390.3	3084.9	832.3	762.1	—	67.3	5395.7	752
1996	11251.1	3183.6	1289.9	1028	—	22.6	6739.7	1012.7
1997	15114	5481	1548	1150	—	822	7859	—
1998	19136	5388	393	1262	—	305	11685	—
1999	22479	5872	—	1436	—	284	13887	—
2000	24959	5626	564	1460	—	204	16918	187
2001	30697	6818	1574	1604	—	176	20181	—
2002	39418	8598	2650	3520	—	—	23953	697
2003	51071	10955	2493	7477	—	556	29496	94
2004	78157	16173	3320	11539	—	1612	42534	2979
2005	100358	23623	7026	15543	—	4463	49389	314
2006	133520	31460	7545	24270	—	6475	63163	607
2007	175829	32284	13665	33286	—	10825	84306	—
2008	223069	48313	16414	44944	—	—	44075	140952
2009	293769	57055	17319	59547	—	27737	12915	2955
2010	386843	68049	20393	95573	—	39420	160299	3109

第五节　贷　款

全县各项贷款主要包括工业贷款、农业贷款、乡镇企业贷款、私营及个体工商业贷款。1991 年，全县各项贷款余额 4975.8 万元。1991 年和 1992 年乡镇企业贷款为零。1995 年，贷款余额 10203.1 万元；2005 年全县贷款余额 34466 万元；2007 年，全县贷款余额 92510 万元；2010 年，全县贷款余额 172414 万元。银行贷款在企业资金来源中所占比重一直保持上升趋势，银行贷款是企业进行生产经营的融资主渠道。

一、工业贷款

银行贷款从流动资金领域扩展到固定资产领域。1991 年，全县工业贷款余额 338.2 万元，占全县贷款总额的 6.7%。1992 年至 1995 年是全面执行“八五”计划时期，全县人民以 1992 年邓小平视察南方讲话为指导，贯彻落实中央提出的“抓住机遇，深化改革，扩大开放，促进发展，保持稳定”的方针。工业贷款投入 3689.2 万元。2002 年，工业贷款 11397 万元，占全部贷款 45.4%。2007 年，工业贷款余额 3888 万元，占全县贷款总额 4.2%。贷款项涉及煤、金、电、纺织、酿造、造纸、化工、电信、公路等领域。

二、农业贷款

1991 年，全县农业贷款余额 1101.9 万元。1991 年后，全县农业贷款主要支持农、林、牧、副、渔业，由单纯支持生产环节转变为支持生产、分配、流通、消费全过程。农业银行重点支持农业深加工龙头企业生产，农村信用社重点支持农户生产和经营。1996 年，全县农业贷款 568.8 万元，占全县贷款总额 4.6%。2006 年，全县农业贷款 8031 万元，占全县贷款总额 16.9%。2007 年，全县农业贷款 10974 万元，占全县贷款总额 11.86%。2009 年，全县农业贷款为 30204 万元，占全县贷款总额 20%。

三、乡镇企业、个体工商企业贷款

1991 年至 1992 年，全县无乡镇企业贷款，只有个体工商企业贷款。1991 年，全县个体工商企业贷款 78.3 万元，占全县贷款总额 1.57%。1992 年，全县个体工商企业贷款 81.9 万元，占全县贷款 1.35%。1993 年，全县乡镇企业贷款和个体工商企业贷款分别为 171.1 万元和 90.7 万元。分别占全县贷款总额 2.62% 和 1.38%；2003 年，全县乡镇企业贷款和个体工商企业贷款分别为 444 万元和 157 万元。分别占全县贷款的 1.8% 和 0.64%。2004 年至 2006 年，全县无乡镇企业贷款，只有个体工商企业贷款。2007 年，全县乡镇企业贷款和私营及个体工商企业贷款分别为 1122 万和 160 万元，分别占全县贷款总额 1.2% 和 0.17%。2009 年工业贷款余额 10500 万元，占全县贷款总额 6.9%。

1991 年至 2010 年贞丰县贷款余额统计表

表 11-4-2　　单位：万元

年度	贷款余额	其中			
		工业贷款	农业贷款	乡镇企业贷款	私营及个体工商企业贷款
1991	4975.8	338.2	1101.9	—	78.3
1992	6040.9	448.4	1680.4	—	81.9
1993	6525.6	763	1794.6	171.1	90.7
1994	5217.8	1059.6	1018	242.9	187.2
1995	10203.1	1080	452.6	484	125
1996	12338.1	954.5	568.8	708.6	243.3
1997	15351	864.3	608.9	920	415

续表 11-4-2

年度	贷款余额	其中			
		工业贷款	农业贷款	乡镇企业贷款	私营及个体工商企业贷款
1998	22058	1174	1051	1657	799
1999	25040	1047	1887	1490	863
2000	22497	10233	—	—	161
2001	22136	20	2368	937	175
2002	25064	11397	5877	748	140
2003	24496	11465	6176	444	157
2004	26733	9941	8837	—	140
2005	34466	200	11116	—	15
2006	47497	5118	8031	—	20
2007	92510	3888	10974	1122	160
2008	80872	4000	17233	1528	21864
2009	151812	10500	30204	9286	429.07502
2010	172414	—	—	—	—

第六节　经营管理

一、银行结算

（一）现金结算

1991 年至 2010 年，全县执行国务院颁发的《现金管理条例》，机关团体、企事业单位除工资、差旅费和对个人收购农副产品及其他支出使用现金外，其余均采用转账结算，减少现金清点，控制现金流量和物价上涨。

（二）转账结算

1991 年后，县内银行按人民银行制定的非现金结算办法，坚持钱货两清，维护购销双方权益，银行不垫款的原则，对大额款采用转账结算。异地有汇兑（电汇、邮汇）、托收（电托、邮托）汇票等；同城有付款委托书、转账支票，同城托收无承付等，按银行不同时间的规定起点进行结算。农村信用社与异地资金往来，一直通过县农行及其营业所办理转账结算。2003 年起，全县银行先后实行电脑办公，全国联行往来，通存通兑。结算及时，存取方便。

二、代理业务

（一）房地产业务

1993 年，县建设银行成立房改金融领导小组，负责房地产金融、信贷，配合县房改办对县城第一阶段房改工作验收，落实住房基金。1999年，房地产业务与经营性业务分离，设立房地产信贷部，支持商品房开发。随着住房公积金制度的全面推行，根据上级建行通告，撤销房地产信贷部，其存贷款业务并入支行营业部。县建行信贷部配合县房改办负责住房资金的归集工作。

（二）国债发行兑付

国家为筹集资金加速经济建设，对单位和个人发行国库券（又称债券）。全县银行均根据上级有关规定开展国债发行和兑现工作。

（三）代理其他业务

1991年至2010年，县农业银行、县建设银行、县工商银行、县信用联社分别代收学费、税费、水电费、电话费、工商管理费、干部职工工资等。

第七节　保　险

1991年至2010年，贞丰县保险业发展较快。1991年，县内只有中国人民保险公司贞丰县支公司一个保险企业。1997年，中国人民保险公司贞丰县支公司分为中国人保财险公司贞丰县支公司和中国人寿保险公司贞丰县支公司两个国有保险企业，开办的险种迅速增加，保险业务不断扩大。1991年后，县保险公司办理养老保险、短期人身保险、储金性人身保险、人身意外伤害保险等；企事业单位财产保险、家庭财产保险、运输工具及责任保险、货运保险等财产保险；种植业、养殖业等农业保险多项险种。保险覆盖面不断扩大，业务量大幅度增加。

1992年11月，县政府批准县保险公司在全县农村开展农房长效保险工作，并将农房长效保险列为全县的一项重要工作，实行全县13个乡镇政府与县政府签订责任状，确保在1993年3月底90%的农户投保。参加农房保险的每户交30元保险费，当农房因灾损坏不能正常居住时，可获得县保险公司赔偿1000元。从1994年至1999年，有一些农户受到火灾、冰雹灾和风灾，造成房屋损坏，得到保险公司赔偿。2000年，上级减轻农民负担办公室到贞丰县检查农民负担时，部分农民反映农房长效保险不是农民自愿投保，属向农民乱摊派、增加农民负担现象，农民意见很大。减轻农民负担办公室建议尊重农户意愿，不愿参保的就退保。2001年，农户纷纷退保，农户长效保险工作虽然没持续发展，但农业保险，尤其车辆保险和人身保险业务却发展很快。

2010年，县人财保险费收入1087万元，人寿保险费收入1080万元。仅两个保险企业保费收入就达2167万元，为1992年保险费收入203万元10.6倍。2010年，人财保险公司理行赔偿388.7万元，人寿保险公司理行赔偿213.9万元，两个保险企业共理行赔偿602.6万元。

1991 年至 2010 年贞丰县财政收入统计表

表 11-4-3　　　　单位：万元

预算科目	1991	1992	1993	1994	1995	1996	1997	1998	1999	2000	2001	2002	2003	2004	2005	2006	2007	2008	2009	2010
增值税	192	236.6	244	505	640	652	101	105	106	111	131	170	207	206	623	672	1015	2001	1962	2335
消费税（中央）	—	—	—	—	13	13	—	—	—	—	—	—	—	—	—	—	—	—	—	—
营业税	160	178	166	38	57	233	296	273	373	423	338	477	804	820	1166	2977	4334	4154	4260	6510
企业所得税	147	150	158	609	596	344	211	213	81	153	234	109	111	112	648	1180	2077	2632	6407	11478
个人所得税	—	—	—	—	—	94	118	120	159	165	208	122	237	232	1173	1003	791	—	—	—
资源税	—	—	—	4.8	5.6	2	3	5	6	8	8	16	22	25	112	113	167	国税局征收	国税局征收	国税局征收
固定资产投资调节税	—	—	—	—	—	17	7	18	100	3	—	—	—	—	—	—	—	14353	20793	37031
城市维护建设税	11	16	15	—	—	59	60	54	43	40	55	51	93	86	198	290	379	—	—	—
房产税	—	—	—	—	—	14	16	18	19	25	30	33	39	35	35	48	43	—	—	—
印花税	0.8	1	1	—	—	1	6.6	2	1	2	1	2	2	2	10	15	23	—	—	—
城镇土地使用税	3	2	2	6	14	7	7	7	7	6	5	5	8	10	11	9	10	—	—	—
土地增值税	—	—	—	—	—	—	—	—	—	—	—	—	—	—	—		146	—	—	—
车船使用和牌照税	—	—	—	—	—	2	3	4	2	2	3	3	1	2	2	2	9	—	—	—
屠宰税	—	—	—	—	—	11	8	18	42	47	29	32	—	—	—	—	—	—	—	—

续表 11-4-3

预算科目	1991	1992	1993	1994	1995	1996	1997	1998	1999	2000	2001	2002	2003	2004	2005	2006	2007	2008	2009	2010
农业税	172	201	262	321	251	336	353	597	547	372	435	515	544	510	—	—	财政局征收	财政局征收	财政局征收	财政局征收
农业特产税	28	32	30	48	58	143	354	270	226	165	121	212	244	230	452	459	579	3045	2250	4157
耕地占用税	—	—	—	11.8	10	45	10	23	20	14	15	18	34	20	430	4	403	—	—	—
契税	3	3	4	4	3	4	4	5	8	6	4	6	12	10	88	81	138	—	—	—
国有资产经营收益	—	—	—	—	—	—	—	61	5	140	98	157	56	55	200	173	288	319	214	245
国有企业计划亏损补贴	-108	-114	-94	-71	-72	-71	-11	-39	-22	-16	—	—	—	—	—	—	—	—	—	—
行政性收费收入	—	—	—	—	—	30	33	64	212	305	401	670	697	790	937	806	870	330	553	1645
罚没收入	—	34	16	—	26	50	68	90	70	147	229	146	158	140	388	366	237	323	296	521
专项收入	8.6	9	15	17	38	23	3.8	10	21	30	39	49	98	95	208	413	723	998	407	1360
其他收入	35.6	38.5	243	155	354	202	92	25	45	26	11	2	20	10	324	941	761	5315	5359	4907
税款滞纳金罚款收入	1.8	9	—	—	—	4	7	—	—	—	—	—	—	—	—	—	—	—	—	—
国有企业上缴利润类	0.5	23	7	10	1	14	—	—	—	—	—	—	—	—	—	—	—	—	—	—
国家预算调节基金类	20	6.6	5	4	2	—	174.5	167	—	—	—	—	—	—	—	—	—	—	—	—
总收入	677	799	1077	1662	1970	1662	1925	2110	2066	2174	2395	2795	3387	3390	7005	9552	12993	33470	42501	70189

1991 年至 2010 年贞丰县财政支出统计表

表 11-4-4　　　　单位：万元

预算科目	1991	1992	1993	1994	1995	1996	1997	1998	1999	2000	2001	2002	2003	2004	2005	2006	2007	2008	2009	2010
基本建设支出	1	7	10	7	24	78	10	—	105	77	305	416	315	834	1060	3120	—	—	—	—
企业挖潜改造资金	12	—	2	1	—	—	13	3	2	16	—	56	—	25	127	320	—	—	—	—
简易建筑费	23	3	—	10	6	13	10	18	—	—	—	—	—	—	—	—	—	—	—	—
地质勘探费	—	—	—	—	—	—	—	—	—	—	—	—	—	140	—	—	—	—	—	—
科技三项费用	1	0.4	—	—	0.3	2	1	1	2	2	2	2	2	2	4	5	—	—	—	—
环境保护	—	—	—	—	—	—	—	—	—	—	—	—	—	—	—	—	273	1743	3083	5074
支援农村生产支出	110	172	125	75	75	118	254	235	340	296	197	330	—	—	—	—	—	—	—	—
农业综合开发支出	—	—	—	—	28	97	164	65	—	15	15	115	—	—	—	1719	1977	—	—	—
农林水气象事业费	112	128	140	194	285	256	225	292	359	531	700	948	1372	1780	1249	1089	5361	8598	12022	21806
工业交通等事业费	10	10	14	18	18	16	19	23	27	52	47	55	72	110	189	286	—	—	—	—
流通部门事业费	—	—	—	—	—	—	—	—	—	—	59	106	73	70	82	98	—	—	—	—
文教卫生事业费	641	669	817	1096	1371	—	—	—	—	2269	—	—	—	—	—	—	—	—	—	—
文教事业费	—	—	—	—	—	1015	1082	—	—	—	—	—	—	—	—	—	—	—	—	—
文体广播事业费	—	—	—	—	—	—	—	125	159	—	297	462	455	650	846	1001	431	986	870	1556
教育事业费	—	—	—	—	—	—	—	1427	1767	—	2744	4215	5021	5064	6121	8411	12421	15169	18472	21498
科学事业费	—	1	1	5	8	8	8	8	8	9	12	16	17	21	25	32	64	251	242	310

续表 11-4-4

预算科目	1991	1992	1993	1994	1995	1996	1997	1998	1999	2000	2001	2002	2003	2004	2005	2006	2007	2008	2009	2010
卫生经费	—	—	—	—	—	300	307	347	371	468	603	557	621	743	1012	2120	2541	4315	8672	9736
税务等部门事业费	65	22	86	138	158	230	196	207	231	158	247	306	466	576	775	1144	—	—	—	—
抚恤和社会救济费	91	106	107	153	121	195	167	110	167	117	239	300	501	605	800	906	—	—	—	—
行政事业单位离退休费	—	—	—	—	—	8	8	10	9	11	12	13	14	14	16	14	—	—	—	—
社会保障补助支出	7	58	—	—	—	—	—	5	68	78	83	260	295	420	462	483	2962	4819	9152	8831
一般公共服务	—	—	—	—	—	—	—	—	—	—	—	—	—	—	—	—	—	10684	10694	11726
行政管理费	313	330	451	591	742	711	741	842	979	1184	1565	2318	2646	3412	4045	5233	8261	—	—	—
公共安全	—	—	—	—	—	—	—	—	—	—	—	—	—	—	—	—	2085	2685	4371	4575
交通运输	—	—	—	—	—	—	—	—	—	—	—	—	—	—	—	—	1136	712	2631	3477
公检法司支出	90	81	114	143	169	220	231	259	306	399	502	650	649	825	1103	1288	—	—	—	—
城市维护费	20	14	32	23	9	15	28	32	110	146	168	296	143	205	292	274	—	—	—	—
价格政策性补贴	177	147	60		62	22	62	35	30	11	—	—	10	44	61	102	—	—	—	—
支援不发达地区	87	133	117	129	112	142	870	1476	1176	1391	1509	955	1365	1251	1425	1701	—	—	—	—
专款专项支出	7	5	15	16	32	34	—	15	29	40	24	46	92	60	388	284	501	1164	1044	1324
其他支出	44	30	156	97	46	123	400	775	369	673	574	617	739	1149	1650	2179	3444	4382	3934	5218
合计	1811	1916	2247	2696	3266	3603	4796	6310	6614	7943	10004	12924	14868	18100	23451	32067	39480	55508	75187	95131

第十二篇　人事劳动和社会保障

1984年至1990年6月，全县人事劳动工作由县劳动人事局具体负责。1990年6月县级机关机构调整将县人事劳动局分为县人事局和县劳动局，1994年4月恢复县人事劳动局。2002年3月，县人事劳动局更名为县人事劳动和社会保障局。2010年9月，县人事劳动和社会保障局更名为县人力资源和社会保障局。

第一章　人事制度

20世纪90年代中后期，推行人事制度改革，实行企业干部聘任制和乡镇干部选聘合同制。21世纪初，实行党政分开、政企分开。对党政机关企事业单位的国家工作人员，由原集中统一管理模式改为分级分类管理。推行国家公务员制度，深化以完善干部选拔任用和规范管理监督为重点的配套改革。

第一节　推行公务员制度

1996年，根据中央和省州的安排部署，全县推行国家公务员制度。1996年12月至1997年3月县级党政群机关行政干部670人过渡为国家公务员或党的机关工作者。

实施国家公务员制度后，全县国家、党群机关公务员和部分事业单位工作人员的录用逐步面向社会公开招考。1996年至1998年，按照国家公务员任职资格条件，经过培训、考试、考核、审查，全县共有1184人过渡为国家公务员和机关工作者。其中县级国家公务员和机关工作者696人，乡级国家公务员和机关工作者488人。推行国家公务员制度，进入国家公务员队伍的主任科员以下非领导职务人员必须实现公开考试录用，即“凡进必考”。2003 年，招考录用国家公务员和机关工作者 24 人；2004 年，招考录用国家公务员和机关工作者 36 人；2005 年，招考录用国家公务员和机关工作者 31 人；2006 年，招考录用公务员 55 人；2007 年，招考录用公务员 27 人，2008 年，招考录用公务员 63 人，2009 年，招考录用公务员 7 人，2010 年，招考录用公务员 3 人。2003 年至 2010 年，直接从选调生和警校生中录用 32 人。

2006 年 1 月 1 日，实施公务员法，对行政机关、党委机关、人大常委会机关、政协机关、检察机关、审判机关、民主党派和工商联机关公务员进行登记，至 2007 年年底共登记 875 人、暂缓登记的 147 人、不予登记的 27 人。2008 年至 2010 年，新登记 129 人、暂缓登记 1 人，不予登记的 9 人；对参照公务员法管理的 18 个事业单位工作人员进行登记，共登记“参公”管理人员 129 人。

任免　县委、乡（镇）党委及其工作机构干部，按中央、省、州有关干部提拔任用的规定，由组织部门任免；县人大常委会、乡（镇）人大主席团干部，按《中华人民共和国地方各级人民代表大会组织法》的规定任免；县政府及其组阁局主要领导、县检察院干部、县法院干部，由县人大常委会任免；县政协领导干部按《中国人民政治协商会议章程》规定任免；县总工会、县妇女联合会、团县委、县工商业联合会、县文学联合会、县科学技术协会、县红十字会、县爱卫会、县残疾人联合会、县老龄委员会办公室领导干部，由县委组织部任免或按相关章程选举；县政府事业局局长和县政府组阁局副局长由县政府任免。

考核　1994 年，中共中央组织部颁发《党政领导干部选拔任用工作暂行条例》《党政领导干部考核工作暂行规定》，规范党政干部的考核。实行平时考核、任职前后考核、定期考核。考核时有本人述职、民主测评、个别谈话、撰写考核材料、评定考核结果程序。重点考核干部的思想政治素质、组织领导能力、工作作风、工作实绩、廉洁自律五个方面。1994 年，省委组织部、省人事厅联合下发《关于对全省党政群机关、事业单位工作人员进行一九九四年年度考核的通知》，要求从德、能、勤、绩四个方面对工作人员进行考核。1994 年至 2010 年，全县参加考核的党政群机关工作人员 22197 人次，其中定为优秀的有 2935 人次，称职的有 18344 人次，基本称职的有 42 人次，不称职的有 73 人次，未定等次的有 803 人次；参加考核的事业单位工作人员 63160 人次，其中定为优秀的有 7557 人次，合格的有 52432 人次，基本合格的有 48 人次，不合格的有 113 人次，未定等次的有 3010 人次。

1994 年至 2010 年贞丰县公务员和事业单位工作人员考核情况统计表

表 12-1-1

年份	类别	考核（人）	优秀（人）	称职或合格（人）	基本称职或合格（人）	不称职或不合格（人）	未定等次（人）
1994—2004	机关公务员	15136	1931	12469	27	68	641
	事业单位工作人员	36688	3904	31000	38	91	1655

续表 12-1-1

年份	类别	考核(人)	优秀(人)	称职或合格(人)	基本称职或合格(人)	不称职或不合格(人)	未定等次(人)
2005	机关公务员	1451	185	1218	4	0	44
	事业单位工作人员	3847	454	3160	2	3	228
2006	机关公务员	1378	163	1171	7	1	36
	事业单位工作人员	4203	497	3507	4	1	194
2007	机关公务员	1350	207	1119	1	1	22
	事业单位工作人员	4505	647	3541	1	5	311
2008	机关公务员	1331	206	1101	1	1	22
	事业单位工作人员	4525	649	3559	1	5	311
2009	机关公务员	782	116	646	1	0	19
	事业单位工作人员	4730	712	3792	2	3	221
2010	机关公务员	769	127	620	1	2	19
	事业单位工作人员	4662	694	3873	0	5	90
合计	机关公务员	22197	2935	18344	42	73	803
	事业单位工作人员	63160	7557	52432	48	113	3010

培训 1994 年 9 月，为提高机关事业单位工作人员的文化水平，县人事劳动局与贵州大学联合举办高等教育行政管理专业自学考试助考班，1994 年 9 月至 1996 年 9 月，全县共 256 人报名参加每周六和周日举办的辅导班，参加全国自学考试，大部分学员取得贵州大学大专学历。1999 年 4 月至 2000 年 7 月，对机关事业单位干部进行初级计算机能力培训，每期培训 15 天，共举办 53 期，全县大部分干部参加培训考试。2004 年至 2010 年，委托贵州大学对全县机关事业单位工作人员进行计算机中级能力培训，参加培训 4000 人。

调动 1991 年至 2010 年，由贞丰县调县外的干部 251 人，从县外调入的干部 93 人，人才外流比较严重。

干部来源 20 世纪 90 年代后，干部来源于军队干部转业、大中专毕业生分配、干部交流、公开招考四个方面。

2006 年贞丰县公务员通用能力培训考试情况汇总统计表

表 12-1-2

期次	培训(人)	考号	实考(人)	缺考(人)	补考(人)	未补考(人)
第一期	261	60001—60261	259	2	—	1
第二期	259	60262—60520	257	2	—	—
第三期	266	60521—60786	263	3	1	1
第四期	229	60787—61015	227	2	—	—
第五期	121	61016—61136	118	3	1	—

续表 12-1-2

期次	培训（人）	考号	实考（人）	缺考（人）	补考（人）	未补考（人）
第六期	122	61137—61258	118	4	—	1
第七期	105	61259—61363	103	2	2	—
第八期	67	61364—61430	67	—	11	—
合计	1430	—	1412	18	15	3

2003 年至 2010 年贞丰县公开招考公务员和机关工作者统计表

表 12-1-3

单位＼时间	2003 年（人）	2004 年（人）	2005 年（人）	2006 年（人）	2007 年（人）	2008 年（人）	2009 年（人）	2010 年（人）	累计（人）
县委办	2	1	—	—	—	—	—	—	3
组织部	2	—	—	—	—	—	—	—	2
宣传部	—	—	1	—	—	—	—	—	1
统战部	1	—	—	—	—	—	—	—	1
纪委	—	1	—	—	—	1	—	—	2
团县委	1	—	—	1	—	—	—	—	2
检察院	3	3	—	4	4	—	—	—	14
法院	—	2	3	—	1	11	—	—	17
政府办	2	2	—	—	—	—	—	—	4
法制办公室	—	—	—	—	—	1	—	—	1
公安局	7	10	18	43	12	—	7	3	100
司法局	1	1	2	—	2	—	—	—	6
发展和改革局	1	—	—	—	1	—	—	—	2
农业局	1	3	2	—	—	—	—	—	6
畜牧局	—	3	—	—	—	—	—	—	3
旅游局	—	1	—	—	—	—	—	—	1
人劳和社保局	—	—	1	1	—	—	—	—	2
审计局	—	—	—	—	3	—	—	—	3
国土局	—	—	—	—	3	—	—	—	3
经济贸易局	—	—	—	—	—	1	—	—	1
珉谷镇政府	—	2	1	2	—	5	—	—	10
连环乡政府	—	1	1	—	—	3	—	—	5
挽澜乡政府	—	—	—	—	—	5	—	—	5
龙场镇政府	—	1	—	1	—	—	—	—	2
小屯乡政府	—	2	—	1	—	7	—	—	10
者相镇政府	—	—	—	—	1	1	—	—	2

续表 12-1-3

单位 \ 时间	2003 年（人）	2004 年（人）	2005 年（人）	2006 年（人）	2007 年（人）	2008 年（人）	2009 年（人）	2010 年（人）	累计（人）
北盘江镇政府	—	1	1	1	—	3	—	—	6
长田乡政府	—	1	—	—	—	3	—	—	4
平街乡政府	2	1	—	—	—	7	—	—	10
白层镇政府	—	—	—	1	—	2	—	—	3
鲁容乡政府	—	—	—	—	—	2	—	—	2
鲁贡镇政府	1	—	1	—	—	7	—	—	9
沙坪乡政府	—	—	—	—	—	4	—	—	4
合　计	24	36	31	55	27	63	7	3	246

1991 年至 2010 年贞丰县公务员、事业单位工作者退休人数统计表

表 12-1-4

年份	文件数(件)	退休人数(人)	备注	年份	文件数(件)	退休人数(人)	备注
1991	11	64	—	2001	20	66	—
1992	35	71	—	2002	40	141	—
1993	5	16	—	2003	17	27	—
1994	13	43	—	2004	13	46	—
1995	23	48	—	2005	22	7	—
1996	55	106	含退职 1 人	2006	4	28	—
1997	27	91	—	2007	8	28	—
1998	56	211	—	2008	19	33	—
1999	21	58	—	2009	18	31	—
2000	38	116	—	2010	39	68	—
—	—	—	—	合计	484	1299	—

第二节　事业单位改革

根据《省人民政府办公厅转发省人事厅关于在事业单位试行人员聘用制度意见的通知》文件精神，2007 年 6 月，贞丰县成立事业单位人事制度改革办公室，设在人事局。成立以县委书记为事业单位人事制度改革领导小组组长的工作机构，加强工作的领导。制定《贞丰县事业单位人事制度改革》实施方案。推进聘用制度和岗位管理制度。明确事业单位人事制度改革的范围和对象是全县财政全额和差额预算管理的事业单位、实行企业化管理体制的自收自支事业单位。

一是通过签订聘用合同，确定单位和个人的人事关系，明确义务和权利。通过聘用制度，实现用人上的公平、公开、公正，促进单位自主用人，保障职工自主择业，维护双方的合法权益；同时转换用人机制，实现事业单位管理由身份管理向岗位管理转变。

二是建立岗位分类管理制度，科学合理设置专业技术岗位、管理岗位、工勤岗位，明确不同岗位的职责、权利和任职条件，实行分类管理。对专业技术岗位实行专业技术职务聘用制度，建立执业资格制度，实行执业准入制度。对工勤岗位建立岗位等级，规范工勤人员管理办法。

三是建立形式多样、自主灵活的分配激励机制，贯彻按劳分配与按生产要素分配，绩效优先，兼顾公平的分配原则，向优秀人才和关键岗位倾斜。对有重大发明创造、贡献突出的人才，实行重奖。对到艰苦边远地区和特殊岗位上的人员在工资待遇上给予优待。

四是建立多形式的未聘人员安置制度，通过兴办发展新的产业、转岗培训等方式安置未聘人员。

五是建立宏观管理和人事监督制度。

为稳定职工队伍，全县事业单位人事制度改革工作采取“先入轨，后完善”的办法进行。2007 年 6 月底完成聘用合同书签订。全县参加事业单位人事制度改革工作单位有 111 个，占事业单位总数的 100%；签订聘用合同人数 4015 人，占在职总人数 97.07%（其中，教育 2938 人占事业单位在职人数 71.3%，卫生 405 人占事业单位在职人数 9.79%；县直和乡镇事业单位 672 人占事业单位在职人数 16.25%）。未签订聘用合同人数 121 人，占事业单位在职人数的 2.93%（将要退休、申请病退但组织未研究批准，长期离岗和外出学习人员）。

2008—2010 年，全县开展审查事业单位岗位设置管理工作。2008 年，批复 141 个事业单位岗位设置方案，涉及 3659 个岗位，完成单位和岗位数的 74.2%和 81.3%。

2009 年，全县共批复 233 个事业单位岗位设置方案，涉及事业单位人员 4466 人，定员定岗 4329 个，其中，管理岗位 147 个，专业技术岗位 4026 个，工勤技能岗位 156 个，签订合同 17316 份。

2010 年，办理常规空岗拟聘 312 个岗位，其中高级岗位 7 个，中级岗位 105 个，初级岗位 200 个，签订合同 1248 份。全县事业单位人员实现了聘用管理制度，由身份管理过渡到岗位管理，在事业单位引入竞争机制，调动事业单位人员工作的积极性和创造性，事业单位用人自主权进一步扩大，人员结构逐渐合理，实行以岗定薪，岗变薪变的管理制度。

第三节 工资待遇

1990 年，全县进行机关事业单位工资普调。参加普调的在职工作人员 3989 人，调升两级的 3510 人，占 88%，878 名离退休人员普调一级工资。

1994 年，全县实施机关事业单位工资制度改革。行政机关工资由职务工资、基础工资、级别工资、工龄工资四个部分组成；事业单位专业技术人员工资由职务工资、津贴两项组成，管理人员实行等级工资制。

1996 年，实行两年考核称职以上的职务工资调整，全县调资单位 89 个，晋升职务工资 4013 人，人均增资 22.20 元。其中行政机关 988 人，人均月增资 14.90 元；全额拨款事业单位 2581 人，人均月增资 24.10 元；差额拨款事业单位 374 人，人均月增资 27.10 元；自收自支事业单位 70 人，人均月增资 27.50 元。是年 10 月，对符合晋升职务工资条件的工作人员调整职务工资。1998 年，完成正常调资升级工作，全县工资晋升 402 人，人均月增资 35 元。

2006 年 7 月，全县实施机关事业单位工资制度改革，公务员工资由职务工资和级别工资两项构成基本工资；事业单位工作人员基本工资由岗位工资和薪级工资构成，全县参加改革的机关事业单位工作人员 5357 人，其中机关 1410 人（含参公），事业 3947 人，套改后全县月增资额 147 万元，人均月增资 274.40 元，全县离退休（离职）人员 1547 人，套改后月增资额 41.3 万元，人均月增资 266.5 元。

2007 年年底至 2008 年年初，完成 2007 版《贵州省人事工资管理系统》数据采集和录入工作。实现人事工资管理从手工管理向数据库管理转变。

2008 年，参照州直规范公务员津贴补贴，涉及 1890 人，其中在职人员 1271 人，人均月增资 910 元；离退休人员 619 人，人均月增资 656 元。完成全县 30 个“公共卫生与基层医疗卫生事业单位”474 名人员实施绩效工资工作，其中在职人员 335 人。

2009 年，组织义务教育学校实施绩效工资工作，其中在职人员 3053 人，人均月增资 997 元；退休人员 513 人，人均月增资 696 元。

2010 年，从 2010 年 1 月起执行浮动工资政策。在职人员人均月增资 897 元；退休人员 119 人，人均月增资 640 元。

第四节　专业技术职称评定

1993 年，县人事局收集整理科技人员档案资料，对 1986 年以来评定的教师任职资格进行复查，认定符合高级职称的有 9 人；符合评定中级职称的有 417 人（其中有 17 名民办教师）；符合评定初级职称的有 4034 人。2000 年，推荐参加职称评审 6183 人次，评定高级专业技术职称 30 人；评定中级专业技术职称 632 人次；评定初级专业技术职称 5489 人次。2003 年，申报高级职称 11 人，经评审通过 11 人，占申报人数 100%；申报中级职称 142 人，经评审通过 138 人，占申报人数 97%；申报初级职称 189 人，经评审全部通过。全县在职职工具备专业技术职称 3545 人（除垂直、企业单位外），具备高级职称 48 人，占专业技术人员 1.35%；具备中级职称 628 人，占专业技术人员 17.7%。

2005年至2007年，申报高级职称28人，经评审通过21人，占申报人数75%；申报中级职称515人，经评审通过460人，占申报人数89%；申报初级职称870人。

2008年至2010年，申报高级职称29人，经评审通过21人，占申报人数74%；申报中级职称393人，经评审通过363人，占申报人数92%；申报初级职称745人。2010年，全县共有专业技术人员4630人，其中中级职称1166人，占专业技术人员25%；高级职称98人，占专业技术人员2.1%。

第五节　人才交流

根据中央西部大开发建设生态，调整农业产业结构有关精神，开发乡土人才资源，促进全县“五个10万亩”工程实施。2002年至2010年，累计培训乡土人才20000人次，其中培训骨干4000人次，普及培训16000人次，经考核取得绿色证书1730人，获得农业技术职称38人。收集乡土人才信息4000人，建立人才库。2002年大中专毕业生就业270人；2003年大中专毕业生就业287人；2004年大中专毕业生就业313人，其中企业5人；2005年大中专毕业生就业246人，其中企业12人；2006年大中专毕业生就业28人，其中企业12人。2007年至2010年，全县共招考聘用事业单位人员504名。其中2007年40人，2008年188人，2009年144人，2010年132人。

2004年至2007年，共办理人才流动手续169人次，办理退休103人，其中公务员退休10人，开除2人。2008年，办理人员调动和重新聘用170人；2009年，办理人员调动和重新聘用173人；2010年，办理人员调动和重新聘用184人。

2006年6月，成立“贞丰县引导和鼓励高校毕业生面向基层就业工作办公室”，实行一村一名大学生工程。到2010年共选拔56名高校毕业生到基层、村（社区）锻炼，并开展跟踪服务管理工作；选拔160名农村优秀青年到州电大、州委党校提升学历。

第二章　劳　动

1991年后，贞丰县深化劳动制度改革，逐步完善劳动合同制度，培育劳动市场，开展劳动力培训，建立劳动市场和企业用人信息库，开展求职和招聘登记制度，拓展劳动咨询和劳动者就业指导、劳动监察、劳动仲裁工作，维护劳动者合法权益，促进劳动就业工作正常化。

第一节 就业工作

1991 年，举办劳动就业培训班 3 期，培训 316 人。安置 534 人就业，其中，个体民营企业安置 216 人，全民所有制单位安置就业 318 人。开展劳务输出 1630 人，其中，省内务工 500 人，省外务工 1130 人。

1997 年 7 月 23 日，成立县劳务输出工作领导小组，加强开展劳务输出工作的领导。

1991 年至 2004 年，共开展就业培训 10861 人，共安置就业 6845 人，其中，安置大中专毕业生 1240 人，个体企业安置 2879 人，安置退伍军人 7 人；劳务输出 796 人。

2005 年，上级下达下岗人员再就业任务 290 人，实现下岗人员再就业 321 人。占任务数的 110.7%。全年全县统筹培训完成 1377 人次，占任务数的 125.18%。其中，下岗失业人员再就业培训 469 人次，占任务数的 104.22%。共向外输出劳动力 1247 人，占任务数的 104%。

2006 年，全县国有企业下岗失业 822 人。县就业局为全县下岗失业人员和城镇失业人员以及农村富余劳动力寻找就业机会，创造就业空间。安排“4050”下岗失业人员上岗再就业，全县新增就业岗位 916 个，完成任务数 101.78%；城镇失业人员再就业 732 人，完成任务数的 101.67%；国有企业下岗失业人员再就业 184 人，完成任务 102.22%，其中“4050 人员”再就业 29 人，完成任务数 145%；组织劳务输出 624 人次，完成任务 104%；开展就业培训 1125 人次，完成任务数 102.17%，其中，再就业培训 5 人，即汽车驾驶培训 5 人；城镇失业人员及农村劳动力技能培训 1120 人次。开通首列农民工专用列车，对外输送农民工。

2007 年，城镇失业人员再就业 816 人，完成任务数 113%，其中国有企业下岗人员再就业 192 人，完成任务数 107%，“4050”下岗人员再就业 158 人，完成任务数 395%。全县劳务输出 34544 人次，其中，县就业局组织劳务输出 5069 人，完成任务数 390%。培训 7597 人，完成任务数 691%。其中，培训农民工 7300 人，培训汽车修理、美容技能 130 人，培训矿山安全技能 484 人，培训创业 138 人，培训缝纫技能 130 人。

2008 年，城镇失业人员再就业 1125 人，完成任务数 125%；国有企业下岗人员再就业 302 人，完成任务数 101%；困难群体就业 98 人，完成任务数 109%；组织劳务输出 741 人次；培训 2916 人，完成任务数 324%；转移农村劳动力 5687 人，完成任务数 114%；完成“零就业家庭”就业援助 41 户。

2009 年，城镇失业人员再就业 1047 人，完成任务数 105%；国有企业下岗失业人员再就业 308 人，完成任务数 103%；困难群体就业 187 人，完成任务数 104%；组织劳务输出 5058 人次；培训 5272 人次；转移农村劳动力 5584 人，完成任务数 112%；完成“零就业家庭”就业援助 14 户。

2010年，城镇失业人员再就业1660人，完成任务数121%；下岗人员再就业367人，完成任务数112%；困难群体就业224人，完成任务数124%；帮助59名“零就业家庭”成员自主创业实现就业；组织劳务输出6309人次，完成任务数111%；城乡培训2879人，其中组织技能提升培训1111人。

第二节　劳动仲裁

1995年，设置县劳动仲裁办公室，协调劳动关系，平息化解劳动纠纷，消除纠纷隐患。1995年至2007年12月底，全县共受理劳动争议案件126起，其中国有企业5起，集体企业28起，股份制企业16起，私营个体企业76起，行政事业单位1起。涉案劳动者156人，其中集体争议案2起，涉案当事人19人。经劳动仲裁裁决42起，调解处理83起，撤诉1起，结案率100%。

2008年，收受劳动争议案件161件，涉及劳动者171人，兑现金额478.8万元。其中：案外调解99件，涉及劳动者102人，兑现金额262.5万元；案内调解41件，涉及劳动者41人，兑现金额155.8万元；仲裁裁决18件，涉及劳动者18人，兑现金额60.5万元；经审查不予受理3件。

2009年，收受劳动争议案件112件，涉及劳动者112人，兑现金额468.88万元。其中：案外调解50件，涉及劳动者50人，兑现金额228.47万元；依法立案后作调解处理35件，涉及劳动者35人，兑现金额211.36万元；仲裁裁决16件，涉及劳动者16人，兑现金额29.05万元。经审查不予受理8件，申请人撤诉3件。

2010年，收受劳动争议案件150件，涉及劳动者298人，兑现金额632.45万元。其中：案外调解112件，依法立案后作调解处理19件，仲裁裁决10件；经审查不予受理9件，结案率100%。

第三节　劳动监察

2003年11月，贞丰县劳动保障监察大队成立，承担《劳动法》及社会保障有关法律法规的宣传、执行情况监察，对各类企业招聘人员（包括招用农民工）不签订劳动合同，滥用试用期，随意解除劳动合同、随意压低和克扣（拖欠）工资、拒缴社会保险费等违法行为的依法查处，对各类职业中介行为进行监管，依法维护劳动力市场秩序，维护劳动者的合法权益。

2003年11月至2004年12月，县监察大队共受理拖欠工资投诉33件，其中受理建筑领域23起，涉案92人，非建筑领域受理10起，涉案91人，检查各类企业65户，涉及民工 185 名、季节工和临时工 385 名。

2005 年，县监察大队共受理举报拖欠农民工工资案件 33 起，申请追讨金额 31.23 万元，涉案 183 人，协调、督促、责令兑现民工工资金额 31.23 万元；查处“黑中介”1 个，罚款 700 元。8 月中旬，与呼和浩特市劳动监察大队联合，成功解救出五名布依少年，杜绝了悲剧的发生；查处乱招乱雇 26 起，检查各类企业 65 户，涉及民工 685 名，季节工与临时工 385 名，督促签订劳动合同 415 份；全年共接到《工伤认定申请书》17 份，受理并作出《工伤认定书》15 份，依法不予受理两起。对 14 户企业的劳动用工进行审理，对 60 余户用人单位的劳动厂行所进行检查，开展宣传咨询活动 6 次、印发宣传资料 1600 余份。

2006 年，县劳动监察大队上街设点宣传劳动法律、法规 6 次，悬挂宣传标语 35 幅，到企业宣传 85 次，出动宣传车辆 45 车次、宣传人员 140 人次，发出宣传资料 4850 余份；为农民工追讨工资金额 120.9117 万元，涉案人数 489 人；参加劳动用工年审企业 41 户，督促用人单位与劳动者签劳动合同 2068 份，其中农民工合同签订率 71%。受理工伤认定申请书 76 份，经调查核实认定为工伤 75 人，认定非工伤 1 人。

2007 年，县劳动监察大队开展执法检查 39 人次，出动车辆 13 台（次），印发宣传资料 560 份，检查用工单位 74 户，涉及劳动者 5717 人（其中发现无证照生产经营企业 5 户、107 人），签订劳动合同 4651 人，未签订合同 1066 人，参加社会保险 4651 人。配合公安部门解救沙坪乡被骗外出打工的 8 名未成年人。全年共受理拖欠工资案 14 件，涉及人数 476 人，涉及金额 115.1434 万元，兑现农民工工资 115.1434 万元。

2008 年，县劳动监察大队开展专项检查行动，参加执法检查人员 36 人次，出动车辆 11 台次，印发宣传资料 3560 份，共检查用工单位 274 户，涉及劳动者 5186 人，签订劳动合同 4525 人，参加社会保险 4525 人；追缴拖欠社会保险费 20 余万元；全年共受理拖欠工资案 8 件，涉及人数 178 人，涉及金额 79.82 万元。兑现工资 79.82 万元；共受理工伤认定申请 217 件，作出工伤认定决定 211 件（其中死亡 8 件 11 人，伤 200 件 200 人）。

2009 年，县劳动监察大队共受理拖欠农民工工资案件 17 起，申请追讨金额 24.16 万元，涉案人数 169 人。通过协调、督促、责令兑现等多种形式为民工讨回工资金额 24.16 万元；全年共接到《工伤认定申请书》247 份，受理并作出《工伤认定书》247 份。对 208 户企业的劳动用工进行审查，对 60 余户用人单位的劳动场行所进行检查。开展宣传咨询活动 6 次、印发宣传资料 11600 余份。

2010 年，县劳动保障监察大队开展彩虹计划，加大劳动保障监察工作力度，推行企业劳动合同制管理。对用人单位用工、缴纳社会保险费、劳动合同签订、最低工资标准落实情况进行监督。共检查用人单位 270 户，涉及劳动者 5395 人，签订劳动合同 270 户，5125 人，依法追缴社会保险费 5956556.15 元。共受理工伤认定申请 280 件，作出工伤认定决定 278 件。受理追讨拖欠民工工资申请 2 件 28 人，兑现农民工工资 71094.50 元。对辖区内 182 户用人单位情况进行微机管理。

第三章　社会保障

1986年至2000年10月，县人事劳动局内设保险福利股，主要职责为：组织企业单位“两金”的收缴和发放，调整企业离退休职工工资，办理企业单位职工保险福利工作；办理企业单位职工退休手续。2000年11月，设贞丰县社会保险事业局，为县人事劳动局下设副科级事业单位，内设社会养老保险股、农村养老保险股、失业保险股、医疗保险股。负责各项社会保险业务。

第一节　职工养老保险

1992年4月，全县纳入养老保险参保企业50个，参保职工1282人。

1994年，工资改革，全县有47个单位参加养老保险，参保1390人，其中干部102人，固定职工1069人，合同制工人219人。合同制工人增资额69043.6元，人均增资314元。

1995年，调增企业退休人员基本养老金，涉及企业员工45个，其中离休19人，每月共增资3140元，每人月平均增资165.26元；退休412人，每月共增资23560元，每人月平均增资57.18元；离退休合计431人，增资26700元，每人月平均增资61.95元。

贞丰县机关事业单位养老保险改革，实行单基数缴费，单位缴费比例为20%至25%，个人缴费比例为3%至8%。保险费采用全额缴拨方式，实行收支两条线管理。

2002年，调增养老金：参加调资企业27个，退休人员429人，月人均增资42.92元；对中华人民共和国成立前参加工作老工人、当地解放前参加工作退休人员、军转干部、原工商业者给予政策照顾，再次调增养老金，参加调资企业41个，退休人员487人，人均月增资38.9元。

2003年，全县参保单位42个，参保在职职工1488人（其中，机关、事业单位合同制工人124人，个体工商户19人），退休职工526人，离休2人，离退休职工死亡遗属117人。基金收入380万元（其中：基本养老保险费收入227万元，利息收入1.5万元，财政补助收入101.5万元，调剂金收入50万元）；基金支出322万元（其中，退休基本养老金支出259万元，离休基本养老金支出3万元，丧葬抚恤补助支出12万元，调剂金支出18万元，转移支出30万元）。

参保职工全部纳入社会化管理。

2003年，全县在职职工参保1488人，月应收养老保险费17.5万元，月实收养老保险费 12 万元，有 6 万元左右的拖欠。528 名离退休职工的养老金全部实现社会化发放，月发放养老金 22 万元，117 名离退休职工死亡遗属，月发放定期遗属生活补助 1 万元。全年收取养老保险费 144 万元，离退休职工养老金及定期遗属生活补助、丧葬费等总支出 274 万元，收支缺口 130 万元。

2003 年，全县拖欠养老保险费的单位共 15 个，拖欠总金额 200 多万元。拖欠较多的单位达 40 多万元，少的几千元。原因有两种，一种是部分单位处于停产半停产状态，无力缴费；另一种是有缴费能力但未能及时缴费，如县供电局、县糖厂。

2004 年，全县参保单位共 48 个，参保在职职工 1597 人（其中，机关、事业单位合同制工人 124 人，个体工商户 62 人），退休职工 548 人，离休 2 人，离退休职工死亡遗属对象 125 人。月应收取养老保险费 20 万元，月实收养老保险费 12 万元，月发放养老金及遗属补助 25 万元（其中，发放离退休死亡职工遗属 125 人，月发放金额 1.5 万元）。资金缺口较大。

2004 年，全县基金收入 211 万元（其中，基本养老保险费收入 159 万元，清欠收入 31 万元，财政补助收入 20 万元，转移收入 1 万元）；基金支出 291 万元（其中，退休基本养老金支出 251 万元，离休基本养老金支出 2 万元，丧葬抚恤补助支出 17 万元，调剂金支出 18 万元，转移支出 3 万元）。

为县良种场和政府招待所 30 名退休职工调增养老金，每月人均增加 20 元，月增养老金 600 元；为 11 名离休遗属调增生活费，每人 35 元，月增 385 元；为两名离休人员每月每人调增离休金 85 元。为养老金低于黔西南州平均养老金水平的 6 名军转干部增加养老金 12936 元。

2005 年，全县有参保单位 48 个，参保在职职工 1896 人（其中，企业 1654 人，机关、事业单位合同制工人 124 人，个体工商户 118 人），退休职工 564 人，离休 2 人，离退休职工死亡遗属对象 124 人。月发放养老金及遗属补助 32 万元，年度基金收入 413 万元（其中，基本养老保险费收入 304 元，利息收入 1 万元，调剂金收入 100 万元、转移收入 8 万元）；基金支出 392 万元（其中，退休基本养老保险支出 353 万元，离休基本养老金支出 3 万元，丧葬抚恤补助支出 30 万元，转移支出 3 万元，其他支出 3 万元）。

调增企业 496 名退休职工养老金，补发调增养老金 32.68 万元，月均每人增 94 元；对参保退休职工死亡丧葬费和一次性补助调增为每月 588 元，遗属补助调整为每月 146 元。

2006 年，全县共有 45 个单位参加养老保险，参保在职职工 2116 人（其中，企业职工 1456 人，机关、事业单位合同制工人 524 人，个体工商户 136 人），退休职工 600 人，离休 2 人，离退休职工死亡遗属 133 人。基金收入 578 万元，其中：基本养老保险费收入 516 万元，中央专项转移支付 50 万元，县财政补助收入 5 万元，利息收入 1 万元，转移收入 3 万元，结转其他收入 3 万元；本年基金支出 532 万元，其中，基本养老金支出 455 万元（离休金支出 3 万元，退休金支出 452 万元），丧葬抚恤补助支出 37 万元，其他支出 4 万元，转移支出 3 万元，上解上级支出 33 万元。

从 2006 年 7 月 1 日起，对 2005 年 12 月 31 日前已按规定办理退休手续的企业退休人员增加基本养老金。涉及 549 名企业退休人员，共补发调整基本养老金 60.7 万元，月人均调增养老金 166.6 万元，人均补发金额 1181.4 元。对企业因病或非因工死亡退休人员供养直系亲属 134 名月生活补助费标准进行调整，配偶月生活补助费标准调增到 200 元，其他直系亲属孤寡老人和孤儿调增到 210 元。

2007 年，全县参保单位共 126 个，参保在职职工 3225 人（其中，企业职工 2160 人，机关、事业单位合同制工人 572 人，个体工商户 135 人，退休职工 656 人，离休 2 人），离退休职工死亡遗属 146 人。基金收入 1141 万元，其中基本养老保险费收入 1122 万元，县财政补助收入 6 万元，利息收入 2 万元，转移收入 10 万元，其他收入 1 万元；本期基金支出 622 万元，其中，基本养老金支出 556 万元（其中离休金支出 5 万元，退休金支出 551 万元），丧葬抚恤补助支出 49 万元，其他支出 7 万元，转移支出 10 万元，为 146 名遗属发放生活困难补助 28.8 万元，收入上解上级支出 913 万元。对企业退休人员基本养老金进行调整，涉及退休人员 563 名，调整前平均养老金为每月 644.3 元，调增后平均养老金为每月 746.6 元。

2008 年，调整企业退休人员基本养老金，涉及退休人员 637 名，调整前平均养老金为每月 787.55 元，调增后平均养老金为每月 896.5 元。

2009 年，调整企业退休人员基本养老金，涉及退休人员 831 名，调整前平均养老金为每月 806.69 元，调增后平均养老金为每月 909.19 元。

2010 年，调整企业退休人员基本养老金，涉及退休人员 894 名，调整前平均养老金为每月 943.78 元，调增后平均养老金为每月 1138.08 元。

第二节　职工失业保险

1986 年至 2003 年 12 月 31 日，全县参加失业保险 5819 人（其中，国有企业 1395 人，事业单位 4424 人）。发放失业救济金 19 万元。

2004 年，全县参加失业保险 5840 人（其中，国有企业 1416 人，事业单位 4424 人）。失业保险费收入 37.2 万元，支出 23.24 万元（其中，上缴失业调剂金 3.5 万元，发放失业保险金 9.7 万元）。

2005 年，全县参加失业保险人数 3810 人（其中，企业 684 人，事业单位 3126 人）。扩面人数 248 人（其中，企业 82 人，事业单位 166 人），失业保险费收入 64.36 万元，支出 24.19 万元（其中，上解州调剂金 7 万元，发放失业保险金 10.08 万元，职业培训、职业介绍补贴费 6.66 万元，退还多收失业保险费 4382.4 元）。

2006 年，全县参加失业保险 3562 人（其中，国有企业 602 人，事业单位 2960 人）。

基金收入 69 万元（其中失业保险费收入 68 万元，利息收入 1 万元）；支出 29 万元。

2007 年，全县参加失业保险 4060 人（其中企业 678 人，事业单位 3382 人）。基金收入 170 万元（其中失业保险费收入 168 万元，利息收入 2 万元）；支出 25 万元。

2008 年，全县参加失业保险 4600 人（其中企业 1068 人，事业单位 3532 人）。基金收入 217.26 万元（其中失业保险费收入 217.1 万元，利息收入 0.16 万元）；支出 26.4 万元。

2009 年，全县参加失业保险 4812 人（其中企业 1125 人，事业单位 3687 人）。基金收入 194.81 万元（其中失业保险费收入 194.75 万元，利息收入 0.06 万元）；支出 17.48 万元。

2010 年，全县参加失业保险 5869 人（其中企业 1736 人，事业单位 4133 人）。基金收入 200 万元（其中失业保险费收入 199.95 万元，利息收入 0.05 万元）；支出 38.3 万元。

第三节　职工医疗保险

2002 年 1 月 1 日，贞丰县启动城镇职工基本医疗保险，全县参加基本医疗保险单位 110 个，参保职工 6328 人（其中，在职职工 5379 人，退休职工 855 人，离休 58 人，二等乙级以上革命伤残军人 14 人，武警贞丰县中队 22 人）。征收医疗保险费 275.79 万元（个人缴纳 88.90 万元，单位缴纳 4.17 万元人，个人大病统筹基金 22.72 万元，财政拨入 160 万元），医疗费总支出 228.84 万元（个人账户门诊支出 90.10 万元，住院费支出 60.26 万元，大病统筹基金支出 7.4 万元，离休、二等乙级以上革命伤残军人及武警基本医疗费支出 47.93 万元，支付原卫生局管理的 2001 年未报销离退休职工医疗费 23.15 万元）。

2003 年，全县参加基本医疗保险的单位 112 个，参保职工共 6735 人（在职职工 5587 人，退休职工 1062 人，离休 58 人，二等乙级伤残军人 14 人，武警 14 人）。收医疗保险费 199.94 万元（个人缴纳 145.28 万元，单位缴纳 29.92 万元，个人大病统筹基金 24.74 万元）；上年结余个人账户基金 55.99 万元，单位统筹结余 15.32 万元，统筹基金结余 9.3 万元。全县医疗保险金总额 280.55 万元，基本医疗保险支出 240.98 万元（个人账户门诊支出 102.29 万元，住院费支出 136.91 万元，大病统筹支出 1.78 万元），离休及二等乙级伤残军人基本医疗支出 101.32 万元。在职及退休职工总住院费总支出 190.1 万元。个人账户抵自付金额 7.61 万元，住院未超过起付线 401 人次（有 2 人达到大病统筹），占住院总人数的 40%，人均住院费 1880 元 / 人次，住院平均自付率 36%，统筹基金支付率 59%，离休及二等乙级伤残军人住院 160 人次，门诊支出 38.63 元，住院费 62.68 万元，人均住院费 3917 元 / 人次。医疗保险基金结余 20.97 万元。

2004 年，全年参加医疗保险单位 114 个，参保职工 7031 人（在职职工 5992 人，退休职工 951 人，离休 56 人，伤残军人 14 人，武警战士 18 人）。收取医疗保险费 148.86 万元（个人账户基金收入 103.9 万元，单位缴纳划入个人账户 3.46 万元，统筹基金收入 15.4 万元，大病统筹单位缴纳 1.1 万元，大病统筹个人缴纳 25 万元），财政拨入 180 万元；

全年基本医疗保险支出共 258.3 万元（大病统筹支出 23.2 万元，住院支出 118.1 万元，个人账户支出 117 万元），离休及伤残军人医疗费支出 73.5 万元。

2005 年，全县参加医疗保险单位 116 个，参保职工 7037 人（其中，在职职工 5997 人，退休职工 953 人，离休 53 人，伤残军人 14 人，武警战士 20 人）。收取医疗保险费 164 万元（其中：个人缴纳 118 万元，单位缴纳 19 万元，大病统筹个人缴纳 26 万元，大病统筹单位缴纳 1 万元），财政拨入 179.5 万元；基本医疗保险支出 132.9 万元（其中：大病统筹支出 7.9 万元，住院支出 17 万元，个人账户支出 108 万元），离休及伤残军人医疗费支出 74.9 万元；设置定点医疗机构 18 家，其中一级机构 13 家（贞丰县电力医院于 2005 年 8 月 12 日自行取消定点医疗机构资格），二级医疗机构 2 家（县医院和中医院），三级医疗机构 2 家（州医院和州中医院），其余均为定点零售药店。全年共办理住院 920 人次，转诊转院 209 人次。

2006 年，全县参加医疗保险单位 140 个，参保职工 7324 人（在职职工 5695 人，退休职工 1537 人，离休 49 人，伤残军人 14 人，武警战士 29 人）。收取医疗保险费 235 万元（其中，个人缴纳 158 万元，单位缴纳 23 万元，大病统筹个人缴纳 27 万元，大病统筹单位缴纳 27 万元），财政拨入 300 万元。支出 447 万元，其中：离休支出 124 万元，二等乙级以上干革命伤残军人支出 7 万元，大病统筹支出 5 万元，住院支出 172 万元，个人账户支出 139 万元。全年，共办理住院 625 人次，转诊转院 191 人次。

2007 年，全县参加医疗保险单位 150 个，参保职工 8662 人（其中，在职职工 6814 人，退休职工 1760 人，离休 45 人，伤残军人 14 人，武警战士 29 人）。全年共设置定点医疗机构 17 家。收取医疗保险费 270 万元（个人缴纳 242 万元，大病统筹个人缴纳 28 万元）。财政预算拨入 450 万元。支出 475 万元，其中：离休支出 76 万元，二等乙级以上干革命伤残军人支出 5 万元，大病统筹支出 7 万元，住院支出 129 万元，个人账户支出 258 万元。住院 586 人次，转诊转院 204 人次。

2008 年，全县参加医疗保险的单位 142 个，参保职工 9768 人（在职职工 7872 人，退休职工 1808 人，离休 45 人，伤残军人 14 人，武警战士 29 人）。设置定点医疗机构 18 家。共收取医疗保险费 270 万元（其中，个人缴纳 242 万元，大病统筹个人缴纳 28 万元），支出 475 万元，其中：离休支出 76 万元，二等乙级以上干革命伤残军人支出 5 万元，大病统筹支出 7 万元，住院支出 129 万元，个人账户支出 258 万元。全年住院 786 人次。

2009 年，全县参加医疗保险的单位 204 个，参保职工 10362 人（其中，在职职工 8350 人，退休职工 1929 人，离休 43 人，伤残军人 11 人，武警战士 29 人）。设置定点医疗机构 18 家。收取医疗保险费 1509 万元（统筹基金收入 736 万元，个人账户收入 751 万元，大病统筹个人缴纳 22 万元），支出 1079 万元，其中，离休支出 127 万元，大病统筹支出 26 万元，住院支出 204 万元，个人账户支出 722 万元。本年住院 1748 人次。

2010 年，全县参加医疗保险的单位 208 个，参保职工 10401 人（其中，在职职工 8374 人，退休职工1939人，离休45人，伤残军人14人，武警战士29人）。设置定点医疗机构18家，收取医疗保险费1545万元（统筹基金收入539万元，个人账户收入960万元，大病统筹个人缴纳46万元）。支出1375万元，其中：离休支出210万元，住院支出334万元，个人账户支出809万元，大病统筹支出22万元。全年住院1953人次。

第四节　工伤保险

2006年9月1日，贞丰县工伤保险工作正式启动。2006年，全县参加工伤保险的单位59个，其中煤矿19个，金矿8个，其他行业32个，参保人数4809人（农民工4369人），其中金矿1796人，煤矿2132人，其他参保行业881人。收取工伤保险费274万元。全年工伤保险基金支出129.08万元，其中，医疗费支出33万元，伤残补助支出36万元，工亡补助支出60万元，劳动能力鉴定支出0.08万元。全年县内共发生工伤事故31起，其中1至4级伤残2例，7至10级伤残3例，其他9例；工亡事故4起，工亡5人。

2007年，全县参加工伤保险的单位188个，其中煤矿21个，金矿4个，其他行业163个，参保人数11554人（农民工5658人），其中金矿1894人，煤矿2331人，其他参保行业7329人。基金收入324万元，其中金矿51万元，煤矿231万元，其他行业42万元。工伤保险基金支出334万元，其中，医疗费支出53万元，伤残补助支出99万元，工亡补助支出182万元。工伤事故112起，其中1级至4级伤残4例，5级至6级伤残4例，7至10级伤残12例，其他92起。报销工伤治疗费38起。工亡事故11起，工亡11人，支付11起，支付供养亲属16人。

2008年，全县参加工伤保险的单位165户，参保人数11654人（农民工5728人），其中金矿2220人，煤矿3218人，其他参保行业6216人；收取工伤保险费617万元。工伤保险基金支出555万元，其中，医疗费支出38万元，伤残补助支出271万元，工亡补助支出246万元，劳动能力鉴定支出0.02万元。

2009年，全县参加工伤保险的单位167户，参保人数12937人（农民工7011人），其中煤矿17户，参保3700人；金矿2户，参保3000人，其他参保行业6237人；收取工伤保险费1225万元。工伤保险基金共支出529万元，其中，医疗费支出18万元，伤残补助支出278万元，工亡补助支出232万元，劳动能力鉴定支出1万元。

2010年，全县参加工伤保险的单位166户，参保人数14890人（农民工8653人），其中煤矿17户，参保5321人；金矿2户，参保3332人，其他参保行业6237人；收取工伤保险费1819万元。工伤保险基金共支出633万元，其中，医疗费支出51万元，伤残补助支出456万元，工亡补助支出124万元，劳动能力鉴定支出2万元。

第五节　其他保险

一、城镇居民医疗保险

2008年8月1日，黔西南州城镇居民医疗保险工作启动，州级统筹，县级经办。是年，贞丰县参保6338人，征缴医疗保险费30.88万元，住院24人，医疗保险费支出3.55万元。

2009年，全县参保12846人，征缴城镇居民医疗保险费74.90万元，基金支出2.33万元;住院195人，门诊就诊21人，医疗保险费支出97.53万元。

2010年，全县参保16554人，征缴城镇居民医疗保险费153.57万元，基金支出7.15万元;住院124人，门诊就诊56人，医疗保险费支出159.95万元。

二、生育保险

2008年，黔西南州生育保险启动，州级统筹，县级经办。贞丰县当年生育保险参保6466人，征缴生育保险费30.18万元。56人获得生育保险费，基金支出9.99万元。

2009年，全县生育保险参保6812人，征缴生育保险费30.80万元。115人获得生育保险费，基金支出19.66万元。

2010年，全县生育保险参保7821人，征缴生育保险费50.46万元。111人获得生育保险费，基金支出19.95万元。

三、被征地农民社会保险

2008年，县政府制定《贞丰县被征地农民就业培训和社会保障暂行办法》，将被征地农民纳入社会保险。

2009年，全县征收被征地农民就业和社会保障资金363.25万元。支出40万元，被征地农民251人获得保障金。

2010年，全县累计征收被征地农民社会保障金1323.63万元。被征地农民251人获得保障金，支付40万元。

四、农村养老保险

2010年10月，经国务院新型农村社会养老保险试点工作领导小组批准，贞丰县列入2010年新型农村社会养老保险试点县，年龄在16周岁至59周岁之间的农村居民必须参保缴费，缴费标准分八个档次，分别为100元/年、200元/年、300元/年、400元/年、500元/年、600元/年、700元/年和800元/年，年满60周岁以上每月领取基础养老金55元。2010年，参保47970人，征缴新农保费537万元，14697人按月领取基础养老金。

第十三篇　教育　科技

1991 年至 2010 年，在科教兴国战略的指引下，加大教育和科技工作力度，实施基本普及九年制义务教育和基本扫除青壮年文盲“两基”攻坚工程，大力推广科技兴农。贞丰县的教育和科技工作成绩显著。

第一章　教　育

1991 年至 2010 年，县委、县政府把教育摆在优先发展位置，贯彻落实《中共中央关于教育体制改革的决定》《中华人民共和国义务教育法》《中国教育改革和发展纲要》一系列教育政策和法律法规，推进教育改革，增加教育投入，鼓励、发动社会力量办学，全县教育事业发生巨大变化。

1991 年至 1999 年，全县教育工作重点是普及小学六年义务教育（以下简称“普六”）。县委、县政府制定《关于普及初义务教育，加强扫盲工作若干规定》，进一步完善县、乡（镇）二级办学及管理体制，加大教育投入，学校办学条件基本达到无危房、有课桌椅、有教师、有厕所“一无三有”要求。1994 年，贞丰县“普六”“扫盲”通过省政府验收；1999 年，贞丰县“普六”“扫盲”通过省政府复查验收。

2002 年，实施“两基”（基本普及九年义务教育、基本扫除青壮年文盲）攻坚工程。2003 年，县委、县政府多次召开全县“两基”工作专题会、动员会、誓师会，相继出台有关教育发展文件，成立县乡镇“两基”工作领导小组，拟订“实施方案”，推进“两基”工作。县委、县政府多渠道筹措教育经费，改善办学条件，调整学校布局，完善学校配套设施。县教育局强化学校管理，开展教学竞赛活动，提倡教学方法改革，加大师资培训力度，提高教师素质，加大“控辍保学”工作力度，组织力量扫除青壮年文盲。“两基”普及程度，师资水平，办学条件，教育质量，执法要求，扫盲工作，各项指标达到省和国家“两基”验收标准。2003 年 11 月，贞丰县“两基”工作通过省政府检查验收，被确认为“两基”合格县。

2004 年至 2007 年，全县教育工作重点是巩固“两基”成果，加强“普实”工作，发展高中教育，强化素质教育，推进职业教育。县委、县政府及各乡镇加强“控辍保学”工作，完善办学条件；招考教师解决边远学校缺师资问题；树立县级“示范学校”；加强校园文化建设和“整脏治乱”工作；各学校向“五化、三园”目标迈进；投入大量经费按标准配备实验教学仪器、图书。“两基”“普实”各项指标达到省验收标准。2006 年 10 月，县政府获“两基”攻坚先进集体，受到省表彰，县政府教育督导室张丕基、县教育局娄云获省“两基”攻坚先进个人；2007 年 11 月，经省政府“两基”复查和“普实”验收，确认为“双合格”县；2007 年，县教育局娄云获国家西部地区“两基”攻坚先进个人。贞丰中学、贞丰一中、龙场中学、者相二小、者相中学获省普及中小学实验教学示范学校称号，贞丰民中、者相二小、者相中学、龙场中学获州“普及中小学实验教学示范学校”称号。

2009 年，“两基”复查和“普实”通过国家验收。为巩固“两基”和“普实”成果，2010 年，县人民政府采取全面规划、分步实施、突出重点、集中投入、满足需要原则，逐步改善办学条件。全县有高级中学 1 所，初级中学 20 所，九年制学校 2 所，小学 151 所；全县在校生人数 69588 人，教职工总人数 3400 人。

第一节 管理体制

1991 年，县委、县政府进一步完善县、乡（镇）办学、管理体制，明确县、乡（镇）两级办学、管理范围；县级负责管理县级幼儿教育、普通中学、职业教育、成人教育。各乡镇负责管理辖区内中心完全小学，初中（九年制学校）、村级小学（教学点）。县、乡（镇）两级党委、政府建立教育管理制度：一是定期专题研究教育工作制度；二是党政主要领导联系学校制度；三是“分片包干”制度。随着管理体制改革深入、完善，广大群众积极参与办学。教育行政部门加强学校民主管理和民主监督，与教育工会配合，在全县各级各类学校，建立健全教职工代表大会制度。使学校民主管理和行政管理有机结合。县教育局为深化教育体制改革，出台《贞丰县中小学校长负责制》《教职工聘任制》。

一、健全教育管理体制

转变政府职能，深化教育管理体制改革，明确县、乡（镇）政府责任，形成权责明确、统筹协调、规范有序教育管理体制。提高县政府教育管理水平，发挥乡（镇）、社区参与和支持基础教育管理的重要作用。健全县政府统筹、行业参与、社会支持的教育管理体制。

二、转变政府教育管理职能

政府切实履行统筹规划、政策引导、监督管理和提供公共教育服务职责，建立健全公共教育服务体系，改变政府对学校管理模式，发挥法规、规划、标准、拨款、信息服务引导和调控作用，推动学校依法治校、科学管理。

三、落实乡镇政府教育工作职责

乡（镇）政府切实承担组织和督促适龄儿童少年入学，依法采取措施防止辍学；筹措教育经费，协助县级政府改善辖区内义务教育学校办学条件；鼓励社会组织和个人为教育捐资助学；协调解决辖区内学校新建、扩建所必需的土地征用问题；维护学校治安和正常教育教学秩序，治理校园周边环境，保护师生合法权益，为学校提供安全保障；承担发展农村学前教育责任，加强辖区内民办幼儿园监管；组织开展扫盲工作，开展农村劳动力职业技能与实用技术培训；协助县教育局做好辖区内各类学校布局调整工作。

四、完善中小学管理机制

政府明确各级各类学校办学权利和责任，建立依法办学、自主管理、民主监督、社会参与的办学校体制。进一步完善中小学校长负责、党组织核心作用、教职工代表大会参与管理和监督制度，推进社区、学生及家长对学校管理参与和监督，健全校务公开制度。建立中小学家长委员会。

第二节　经费投入

1991 年至 2010 年，县政府建立以国家财政拨款为主，征收教育费附加、社会捐资为辅多渠道筹措教育经费新体制，确保教育经费投入逐步增长。

一、教育费附加征收

随着教育事业发展需要，农村教育费附加征收额逐年增多。从 1991 年起，农村教育费附加按农民年人均纯收入 1.5%征收，由乡财政所征收后纳入县财政局管理，再拨给教育部门。1991 年至 1999 年，县财政拨给教育部门教育费附加 595.1 万元；2000 年至 2007 年，县财政拨给教育部门教育费附加 1034.5 万元。

二、社会捐资

1991 年至 2010 年，县委、县政府鼓励厂矿企事业单位、社会团体和个人捐资办学、捐资助学、倡导和支持农村集资办学。

各乡（镇）政府发动群众投工投劳，掀起集资办学高潮。1991 年至 2010 年 20 年共捐资助学 1500 万元，其中宁波对口帮扶和台湾同胞朱英龙捐赠 276 万元，新建和改扩建 39 所中小学校舍。

第三节　办学体制

县委、县政府依据国家有关法律法规，实施办学体制改革，改变政府包揽办学状况，鼓励企事业单位和其他社会力量办学。

一、建立多元化办学体制

坚持教育公益性原则，健全政府主导、社会参与、办学主体多元、办学形式多样、充满生机活力的办学体制。深化公办学校办学体制改革，鼓励行业、企业社会力量参与公办学校办学，扶持薄弱学校发展，扩大优质教育资源，增强办学活力，提高办学效益。探索建立教育共同体，推进优质教育资源共享。

二、鼓励支持民办教育发展

贯彻《民办教育促进法》，遵循“积极鼓励、大力支持、正确引导、依法管理”方针，发展民办基础教育，依法保障民办教育合法权益。落实民办教育发展优惠政策，扶持民办教育发展。

三、依法管理民办教育

合理规划民办学校布局和结构，适度发展民办教育。严格执行民办学校审批程序，健全准入制度，取缔非法办学。强化民办学校督导评估，完善民办学校年检制度，规范民办学校资产和财务管理，依法开展民办学校财务审计，保障投资人合法收入，保证民办教育公益性质。保障民办学校学生权益。教育局督促民办学校遵守教育法律法规，规范招生、收费、补课办学行为，引导民办学校遵循教育规律，科学管理，有秩序地开展教育教学活动。加强对民办学校教育教学工作指导，提高民办学校办学质量。

2003 年起，贞丰三立中学、童天幼儿园、东升幼儿园、育心幼儿园、小太阳幼儿园等民办学校（园）应运而生，其经费自筹，办学自立，实行自主管理，独立核算。逐步形成政府办学为主、与社会各界办学相结合新体制。

第四节　素质教育

1991 年至 1995 年，学校普遍只重视升学率，忽视素质教育。1996 年，国家教委号召全国学习湖南汨罗市推行素质教育经验。县教育行政部门在全县开展“全国学汨罗，贞丰怎么办”大讨论，在全县选择试点学校，推行素质教育。经过几年探索，逐步在全县推行素质教育。

推行素质教育工作刚开始，部分学校领导和教师误认为素质教育只是唱唱歌、跳跳舞、开展课外活动，无须举行检测考试。为“突破”这两个误区，1999 年，县教育局开展一系列有关活动，贯彻副总理李岚清在烟台召开全国素质教育现场会上重要讲话精神。2000年下发《关于评选素质教育先进学校和优秀教师通知》。通过表彰先进、树立榜样，推动素质教育工作。

县教育局以公开课、示范课为切入点，逐步把素质教育引向课堂教学主渠道，通过中小学教师教学实践，逐步形成适合贞丰特点的素质教育课堂教学新模式。

一、构建完善课程体系

加强对新课程改革理论及实践研究和总结，改进和完善新课程实施方案，推进课程改革。使国家课程、地方课程、校本课程有机衔接、相得益彰、互为补充、浑然一体，显性课程、隐性课程各具特色。强化综合实践课程，开发校本课程，探索素质教育新路子。

二、改革教学方式

加强教学科研，把握教学规律，更新教学观念，促进教师角色转变，改革教学方式，倡导启发式、合作式、讨论式、互动式教学，构建平等、民主、和谐、活泼、有序教学氛围，激发学生好奇心和求知欲。注重学习过程和学生实践与体验，引导学生主动参与、积极思考、大胆质疑，在学习体验、感悟中重组和建构知识体系。

三、创新人才培养模式

更新人才培养观念，创新人才培养模式，落实“以人为本”“一切为学生，为学生一切”理念。树立全面发展观、多样化人才观、人人成才观，面向全体学生，不拘一格培养人才。坚持评价主体多元化，倡导师生民主参与和自我反思。坚持评价方式多样性，全面关注学生学习现状、潜力和发展趋势。注重学思结合、知行统一、因材施教。

四、坚持义务教育免试就近入学制度

完善义务教育阶段学生免试、就近、划片入学具体办法，严禁义务教育阶段学校举行选拔性考试，严禁将各种等级考试和竞赛成绩作为义务教育阶段入学和升学依据。

五、改进和加强教学质量监测

建立健全教学质量监测体系，全面监测各级各类学校教学质量，掌握教学质量动态，促进教学质量提高。完善小学教学质量监测、中考成绩统计分析、高考质量管理办法，改进各类学业水平测试成绩统计、分析、反馈程序。

六、强化教育教学质量奖惩

根据教学质量监测、学校工作评估结果，县政府每年安排专项资金，对取得优异成绩学校、校长和教师进行奖励；对教育教学质量很差的教师，要求周末或假期到县城集中学习培训。

七、严格执行课程计划

督促各学校开齐课程、开足课时，上好音乐、体育、艺术、美术、安全教育课，因地制宜开展社会实践课程。学校和教师不能随意加大课程难度、赶超教学进度、过早结束新课。随意增减课程课时、挤占非考试学科和学生自习课时间，以“抓管理、提质量、创特色”为工作思路，逐步树立以特长促进素质教育意识，培养学生全面发展，形成以少儿绘画、书法、合唱、舞蹈为主要内容的艺术教育办学特色。贞丰一小、三小、者相二小学校办特长班培养许多特长学生。

八、落实“减负”工作

严格规定学生早晚作息时间、学习锻炼时间，学科作业量适当，不随意延长学生在校时间，不利用学生法定休息时间上课或集体补课，学生无过重课业负担，让学生有充足休息及课余活动时间。减轻学生负担。

九、依法治校、依法执教

组织教师开展多形式法律法规学习、师德宣讲、选派县城优秀教师到边远农村学校体验生活活动，中小学教师职业道德规范得到有效落实。

十、推进科学管理

各校健全和完善各项规章制度。用制度管理学校和教师，以德教育学生，注重学生养成良好行为习惯。

十一、突出地方教育特点

县、乡（镇）、校，各级投入大量资金，加强“五化三园”建设。各校结合自身实际，挖掘适合自身文化内涵，建设富有个性校园文化。如大部分学生是苗族的珉谷六小，将苗族文化引进校园，贞丰民族中学将布依族文化引进校园，白层中学、白层小学重点把红色文化引进课堂。校园文化建设对学生产生潜移默化影响。

十二、开展心理健康教育

把心理教育与法制教育有机结合，防止学生违法犯罪现象发生。引导学生学会感恩，培养学生爱心。

十三、重视安全知识教育

通过各种途径实施安全教育，提高学生安全意识和防范能力；建立各类安全工作应急预案，并开展应急演练工作；要求学生注意饮用水安全；开展计划免疫，传染病疾病防控。

第二章　基础教育

1991 年至 2010 年，贞丰县基础教育取得显著成绩。通过实施教育攻坚工程，基本普及九年制义务教育，小学和初中适龄青少年入学率大幅度提高，高中学校规模也进一步扩大，教学质量不断提高，是贞丰历史上基础教育发展最快的时期。

第一节　幼儿园

根据上级关于学前教育工作一系列文件精神，县政府制定有关幼儿教育发展一系列相关政策，全县幼儿教育工作逐步发展。

1991 年，全县有 8 所幼儿园（其中县级示范性幼儿园 1 所），有专任教师 88 人，53 个班、入园幼儿 1916 人。

1996 年，县政府实施教育部—联合国儿基会 1996 年至 2000 年周期《早期儿童教育与发展》项目研究。研究活动开展，促进全县幼儿教育发展。

1989 年，县总工会开办幼儿园，对全县幼儿教育起到示范作用，者相、龙场、北盘江乡镇中心幼儿园相继建立。

据 2007 年秋县教育局统计，全县有 10 所幼儿园（其中私立幼儿园 5 所），37 个班，有幼儿教职工 152 人（其中园长 10 人，专任教师 127 人，教师职称与小学同步评聘，有小学高级教师 36 人，小学一级教师 68 人，小学二级教师 16 人），入园幼儿 1846 人（其中私立幼儿园在园幼儿 523 人，少数民族入园 847 人）。

2008 年，全县有 11 所幼儿园（其中私立幼儿园 4 所：者相育心幼儿园、珉谷童天幼儿园、纳窝贝蕾幼儿园、龙场东升幼儿园），47 个班，有幼儿教职工 124 人（其中园长 11 人，专任教师 104 人，其他 8 人，教师职称与小学同步评聘，有小学高级教师 21 人，小学一级教师 50 人，小学二级教师 43 人，小学三级教师 1 人），在园幼儿 2635 人（其中私立幼儿园在园幼儿 786 人，少数民族入园 847 人）。

2009 年，全县有 13 所幼儿园（其中私立幼儿园 8 所：者相育心幼儿园、珉谷童天幼儿园、纳窝贝蕾幼儿园、龙场东升幼儿园、小屯头猫蓓蕾幼儿园、平街启蒙幼儿园、平街童心幼儿园、挽澜爱心幼儿园），54 个班，在园幼儿 2933 人（其中私立幼儿园在园幼儿 1010 人，少数民族入园 907 人）。有幼儿教职工 152 人（其中园长 13 人，专任教师 125 人，其他 11 人，有小学高级教师 33 人，小学一级教师 53 人，小学二级教师 16 人）。

随着《国务院关于当前发展学前教育若干意见》国发〔2010〕41 号出台，发展学前教育，必须坚持政府主导，社会参与，公办民办并举，从实际出发，为幼儿和家长提供方便、灵活多样、多种层次学前教育服务；民办学前教育出现前所未有繁荣景象。据统计，2010 年，全县有幼儿园 23 所（其中私立幼儿园 15 所：者相育心幼儿园、珉谷镇童天幼儿园、纳窝贝蕾幼儿园、龙场东升幼儿园、小屯头猫蓓蕾幼儿园、平街启蒙幼儿园、平街童心幼儿园、挽澜乡爱心幼儿园、者相翰林幼儿园、长田开心果幼儿园、平街乡长猫幼儿园、平街乡卡房幼儿园、挽澜乡爱心幼儿、挽澜乡童园幼儿园、白层镇幼儿园）。94 个班，在园幼儿 3753 人（其中私立幼儿园在园幼儿 1544 人，少数民族入园 1306 人）。有幼儿教职工 158 人（其中园长 19 人，专任教师 123 人，其他 16 人，小学高级教师 35 人，小学一级教师

39 人，小学二级教师 16 人）。

附：

贞丰县幼儿园简介

贞丰县幼儿园原名为县机关幼儿园，前身是 1960 年开办的县公办幼儿园。1960 年到 1976 年，县公办幼儿园办学断断续续。1977 年，县机关幼儿园在珉谷镇南大街挂牌复课，时有教师 8 人，设有 3 个班级，在园幼儿 130 余人。1990 年重新选址在珉谷镇田坝一巷 27 号，1991 年 6 月校区建设竣工，幼儿园占地面积 2661 平方米，建筑面积 1611 平方米。1997 年，被评为贵州省一类幼儿园，县级示范幼儿园。2010 年，有教师 28 人（其中幼师毕业 25 人），中小学一级教师 13 人，中小学二级教师 15 人；大学本科 10 人，专科 17 人，中师 1 人，学历合格率 100%。2010 年，有 10 个班级，幼儿在园 500 多人。

贞丰县幼儿园保教工作得到上级、家长和社会好评。1992—1995 年完成国家 IEA 素质实验项目；1996 年至 2000 年，完成“促进贫困县初等教育”项目，送教下乡，带动全县幼儿教育发展。2000 年 11 月，评为全州先进“家长学校”；2000 年 12 月，被儿基会评为“先进学校”；2000 年 9 月，教师参加全州幼儿园教师会演分别获二等奖和三等奖；2004 年，3 位教师参加全州优质课比赛，均获三等奖；教师撰写论文 50 余篇，均获奖，部分论文发表于全国、省、州刊物。多年来，教师辅导幼儿绘画作品和舞蹈作品，参加全国、州、县比赛，均获得一、二、三等奖。

第二节　学前班

1991 年，贞丰一小、贞丰二小、贞丰三小、者相小学、龙场小学、牛场小学均开展学前教育工作，共设学前班 8 个，在班幼儿 256 人。

1996 年，贞丰县实施教育部—联合国儿基会 1996 年至 2000 年周期《早期儿童教育与发展》项目研究，要求有条件的地方办幼儿园，条件不具备的地方，在小学开办非正规幼儿园，即学前班。

1997 年上半年，县机关幼儿园、工会幼儿园，组织教师到者相、龙场等乡镇进行非正规幼儿园办学指导。工会幼儿园到者相镇，指导骑龙和萝卜寨两所小学。学前班入学儿童为 5 周岁至 6 周岁，接受语言、计算、常识、音乐、体育、美术启蒙教育，为进入小学一年级打基础。

1997 年秋季至 1998 年学年，全县各中心小学相继开办学前班。

学前班教师大多数由办学单位在当地聘请，工资由办学单位筹集，有的学校由在岗教师兼任，学前教育迅速发展。如者相二小学前班最多时有 3 个班，在班幼儿 196 人。

聘用的教师，除有极少部分转正外，其余部分相继退职，学前班教师大多数由在职小学教师兼任。

2007 年，全县有 102 所小学办学前班，有学前班 115 个，在学前班学习幼儿 5257 人，其中少数民族幼儿 2062 人。

2008 年，全县共有学前班 124 个，在学前班学习幼儿 6473 人，其中少数民族幼儿 2662 人。

2009 年，全县共有学前班 120 个，在学前班幼儿 6405 人，其中少数民族幼儿 2722 人。

2010 年，全县共有学前班 130 个，在学前班幼儿 5120 人，其中少数民族幼儿 2308 人。

第三节　普通小学

1991 年后，为做好普及初等教育即“普六”工作，全县改善办学条件步伐加快，砖混结构教学楼不断涌现，新建学校成为全县城乡一道亮丽风景。不少学校图书室、实验室、运动场设施配套齐全。学校内部管理得到加强，各乡（镇）以片区为单位普遍办起中心完全小学。如者相镇骑龙小学，教室不够使用。1994 年上半年，县教育局安排资金 5 万元，镇政府集资 1200 元匹配资金，修建一楼一底教学楼一幢，是年投入使用。

1995 年 9 月 1 日，加大施行《中华人民共和国教育法》和《贵州省实施〈中华人民共和国教育法〉暂行条例》宣传力度，使适龄儿童接受义务教育成为各级政府、学校、家长和社会义不容辞的责任，普及教育工作纳入法治轨道，全县义务教育迅速推进。

1994 年，全县有小学 259 所、教学点 151 个、学生 46127 人，小学适龄儿童入学率 97.85%，达到“普六”工作验收标准，通过“普六”验收。

1992 年，十四届全国人大作出决策：到 20 世纪末，全国基本普及九年义务教育，基本扫除青壮年文盲。1995 年，省教委下发《贵州省普及九年制义务教育和扫除青壮年文盲评估验收细则》，1995 年 8 月，省政府常务会研究并批准全省普及义务教育分年度、分地区实施规划，要求 2000 年在全省实现基本普及九年制义务教育，即“普九”工作。

1994 年至 1995 年，者相镇纳窝小学、萝卜寨小学实施“促进贫困地区女童教育项目”。项目乡及学校动员适龄女童入学，提高女童入学率，得到联合国儿童基金会肯定。者相镇政府被评为先进单位，纳窝小学、萝卜寨小学被评为先进学校。

在“普九”工作中，对部分九年制学校实行初中与小学分离。如者相镇纳窝学校，原来是九年制学校，1999 年秋季，将初中部合并到者相中学，纳窝学校改为纳窝小学。

1996 年至 2000 年，贞丰县实施“促进贫困县初等教育项目”。根据省委、省政府要求，以农村小学，尤其是村教学点为重点，着重抓住女童教育、非正式教育、复式教学、师资培训工作，推动各乡镇义务教育发展。

1996年，浙江省宁波市海曙区与贞丰县结成帮扶对子，相继开展甬黔“结对助学”“甬黔携手，万人助学”活动，每名贫困小学生得到150元/学年资助。

2002年，贞丰县实施“两基”项目，是年，全县有小学148所，教学点74个，在校学生51340人，适龄儿童入学率98.6%。县委、县政府把“两基”工作摆在“重中之重”战略位置，明确各级政府在实施义务教育中的职责，各乡（镇）采取切实措施将“普九”工作落到实处，出台相关政策。如者相镇加强“控辍保学”力度，2003年春季，实施“531工程”，即正科级干部帮助5个贫困学生入学，正股级以上干部帮助3个贫困学生入学，一般工作人员和教师帮助1个贫困学生入学。适龄儿童入学率、巩固率明显上升。

2003年秋季，全县有小学148所，教学点67个，在校生49425人，适龄儿童入学率98.69%，入学率达到“两基”验收标准。全县“两基”工作通过省级验收后，小学取消留级制度，实行小学毕业整班移交读初中的制度。

2004年，由中石化集团出资，县妇联、县教育局在全县各乡镇实施“春蕾女童项目”，培优班1000名女童得到资助，每名女童每学年获200元，两年共资助40万元。2006年，1000名女童得到资助24万元。

2005年，实施普及实验教学工作，在小学阶段，重点普及自然实验，让学生在实验中学到知识、巩固知识。

2007年4月，县妇联、教育局在者相镇萝卜寨小学举行“安康亲情图书站”挂牌仪式，实施由全国妇联、中国儿童少年基金会和上海太太乐调味品有限责任公司联合发起“亲情中国”慈善行活动方案，赠送11000册图书和1套书架给者相镇萝卜寨小学，充实学校图书，丰富学生课外阅读内容。

2007年秋季，全县有小学145所，教学点70个，在校生46689人，其中少数民族小学生21891人，适龄儿童入学率99.49%，小学校实验设备齐全，为学生学习操作各项实验提供条件，“两基”“普实”工作正常推进。

2008年，全县有小学151所，教学点55个，教学班1349个，在校小学生58592人，其中少数民族小学生27484人，适龄儿童入学率98.9%。是年，撤并教学点9个（珉谷：阴滩教学点、纳马教学点、这旗教学点、戎岩教学点；挽澜：马坝教学点、还旦教学点；沙坪：尾俄教学点、廷上教学点；连环：坡盎教学点）。5个教学点由于学生增加调整为完全小学（珉谷镇：烟山小学、坡生小学；龙场镇：白马小学；鲁贡镇：者央小学、弄洋小学），沙坪中、小学校分离。

2009年，全县有小学151所，教学点52个，教学班1402个，在校小学生57001人，其中少数民族小学生27013人，适龄儿童入学率98.9%。撤并教学点3个（珉谷：坡板教学点、丫口教学点；鲁容：鲁花教学点）。

2010年，全县有小学151所，教学点52个，教学班1357个，在校小学生54886人，其中少数民族小学生26358人，适龄儿童入学率99.01%。增加1所农村九年制私立学校（者相明德学校）。

第四节　普通中学

1991 年，全县有中学 11 所（含小学附设初中学校），其中完全中学 2 所，初级中学 9 所。初中有 122 班，在校学生 5463 人，其中女生 1567 人；高中有 12 班，在校学生 537 人，其中女生 170 人。

1996 年，宁波市海曙区与贞丰县结成帮扶对子，相继开展甬黔“结对助学”“甬黔携手，万人助学”活动，每名贫困初中学生每年得 300 元资助，高中学生每年得 500 元资助。

2000 学年至 2001 学年，全县有中学 18 所，其中完全中学 2 所，民办初中 1 所，有学生 9752 人。初中有 146 班，在校学生 8864 人，其中女生 3365 人。高中有 17 班，在校学生 888 人，其中女生 291 人。

2002 年 2 月，县委、县政府将高中部与初中部剥离，一中、民族中学两所完全中学高中部合并为贞丰中学，学校建在贞丰二中（原城关区中学）。将一中初中部与二中合并为贞丰一中，校址为原贞丰一中，学校名称不变。民族中学将高中部剥离出去后，在原校址独立承办初中部，保留原来学校名称。

2002 年至 2003 学年，全县有中学 12 所，其中高中 1 所，初级中学 11 所，九年制学校 6 所。初中有 294 班，在校学生 16938 人，其中女生 7276 人，少数民族生 7113 人。高中有 27 班，在校学生 1421 人，其中女生 320 人，少数民族学生 431 名。

2002 年，实施“两基”工程，取消留级，小学升初中采取整班推移制度，由小学 6 年级班主任将全班学生移交指定中学初一班主任。

在实施“两基”攻坚工程中，县委、县政府针对教师不足情况，在全县各机关抽调千名干部职工，深入教育第一线，担任为期一年的教师，解决教师缺编问题。从 2003 年秋季起，通过考试招录大学本科、专科、中师毕业生充实教师队伍。

2003 年年底，全县有中学 12 所，其中，高中 1 所，初级中学 11 所，九年制学校 6 所。初中有 305 班，在校学生 18579 人，其中女生 7963 人，入学率 96.66%。

2007 年年底，全县有中学 14 所，其中，高中 1 所，初级中学 13 所，九年制学校 3 所。初中有 386 班，在校学生 19356 人，其中女生 8595 人，少数民族生 8273 人，入学率 98.78%。高中有 47 个班，在校学生数 2590 人，其中女生 1009 人，少数民族学生 1056 名。

2005 年，贞丰县实施普及实验教学工程，2007 年 10 月，省政府对贞丰县“两基”复查和“普实”进行验收，被省政府验收组评为“两基”“普实”双合格县。

2008 年，全县有中学 16 所，其中，高级中学 1 所，初级中学 15 所，九年制学校 2 所。初中有 363 班，在校学生数 19625 人，其中女生 9167 人，少数民族生 8685 人，入学率 97.3%。高中有 50 个班，在校学生 2989 人，其中女生 1164 人，少数民族学生 1154 人。

2009 年，全县有中学 17 所，其中，高级中学 1 所，十二年一贯制学校 1 所，初级中学 15 所，九年制学校 2 所。初中有 366 班，在校学生 20205 人，其中女生 9167 人，少数民族生 8685 人，入学率 97.33%。高中有 57 个班，在校学生 3071 人，其中女生 1119 人，少数民族学生 1081 人。

2010 年，全县有中学 17 所，其中，高级中学 1 所，十二年一贯制学校 1 所，初级中学 15 所，九年制学校 3 所（1 所民办）。初中有 406 班，在校学生 21717 人，其中女生 10564 人，少数民族生 9182 人，入学率 97.35%。高中有 57 个班，在校学生 3329 人，其中女生 1359 人，少数民族学生 1365 人。

第五节　特殊教育

1991 年 5 月 15 日，《中华人民共和国残疾人保障法》颁布；1994 年 8 月 23 日，《中华人民共和国残疾人教育条例》发布，县委、县政府将残疾人教育纳入义务教育范畴，要求乡镇努力使残疾儿童与健康儿童同样接受义务教育，动员残疾儿童到服务区内随班就读。全县随班就读“三残”儿童学生得到学校减免杂费优待。1996 年秋季入学，者相镇骑龙小学免除“三残”儿童杂费。2001 年春季入学，在 2000—2001 学年度寒假期间，参加扫盲班学习的者相镇纳孔村下肢残疾少年岑福兵，要求到纳孔小学就读，学校免收杂费安排到三年级插班就读，并安排班主任特别辅导，使学习成绩赶上其他同学。

2003 年 3 月至 2007 年 3 月，县残联资助 6 名残疾儿童入学（每生每年 720 元），每年资助 4320 元，4 年共资助 20600 元。

2002 年 6 月，全省特殊教育工作会议召开，对“十五”期间特殊教育工作作出规划，提出目标和要求。会后，贞丰县按照全省特殊教育工作会议精神开展特殊教育工作。

2003 年，随班就读“三残”儿童少年有 83 人，其中，女学生 40 人。

2006 年，启动特殊教育项目，2007 年经省教育厅审批，县教育局在珉谷镇菜园村建“贞丰县启智小学”特殊学校。

2007 年，全县随班就读“三残”儿童少年有 73 人，其中，女生 31 人。

2008 年，全县随班就读“三残”儿童少年有 85 人，其中，女生 37 人，视力残疾 20 人，听力残疾 20 人，智力残疾 45 人。“三残”入学率 80%。

2009 年，全县随班就读残疾学生 92 人，其中，女生 41 人，视力残疾 18 人，听力残疾 15 人，智力残疾 52 人，其他残疾 7 人。“三残”儿童少年入学率 80.3%。

2010 年，全县随班就读“三残”儿童少年有 72 人，其中，女生 29 人，视力残疾 16 人，听力残疾 10 人，智力残疾 43 人，其他残疾 3 人，“三残”儿童少年入学率 80.5%。

第六节　民办学校

2002年12月28日，第九届全国人民代表大会常务委员会第三十一次会议通过《中华人民共和国民办教育促进法》，2003年9月1日起施行，为社会力量办学提供法律依据。

2003年，在县农场原窖酒厂旧址旁创办贞丰三立中学，随后珉谷镇童心幼儿园、者相镇育心幼儿园相继申请开办。初步打破过去办学体制单一局面，逐步形成与社会经济发展相适应公、民办教育共同发展格局，在一定程度上缓解、弥补政府财政对教育投入不足的矛盾，减少青少年儿童失学、解决流动人口、边远乡村子女就学难问题。规模最大的为三立中学，三立中学是一所小学到高中十二年一贯制寄宿制学校，学校采用全封闭管理，占地32亩，学校董事会管理机构俱全。县政府对创办三立中学用地等方面给予优惠，将县良种场31.9亩土地以每亩3.6万元价格划拨给三立中学使用。2010年，三立中学有16个班、学生670人。三立中学从开办到2010年，为高等学校输送269个学生，其中本科151人，专科118人。

县教育局将私立学校的教学纳入统一管理，私立学校与全县各中小学一起进行期末统一测试，规范私立学校教学和管理。

2008年，者相纳窝贝蕾幼儿园、龙场东升幼儿园相继开办。

2009年，者镇明德学校、平街乡启蒙幼儿园、平街乡童心幼儿园、小屯乡头猫蓓蕾幼儿园、挽澜乡童慧幼儿园开办。

2010年，相继开办者相翰林幼儿园、长田开心果幼儿园、平街乡长猫幼儿园、平街乡卡房幼儿园、挽澜乡爱心幼儿园、挽澜乡童园幼儿园、白层镇幼儿园。全县有私立学校17所，其中，1所十二年一贯制学校（三立中学），1所九年制学校（者相明德学校），中小学在校学生911人，教职工157人。15所幼儿园，共有教职工62人，在园幼儿1544人。其中，三立中学、者相育心幼儿园、珉谷童天幼儿园取得办学许可资格。其余学校正在申报和整改中。

1991年至2010年贞丰县教育基本情况统计表

表13-2-1

年份	学校总数(所)	普通中学					小学		幼儿园学前班		小学适龄儿童入学率%
		完全中学(所)	高中(所)	高中学生(人)	初中(所)	初中学生(人)	(所)	学生(人)	(个)	入学(人)	
1991	270	2	—	537	9	5463	259	36244	11	2436	82
1992	272	2	—	536	11	6030	259	38930	11	2151	87.44
1993	272	2	—	551	11	5525	259	40463	11	2137	90.67

续表 13-2-1

年份	学校总数(所)	普通中学					小学		幼儿园学前班		小学适龄儿童入学率%
		完全中学(所)	高中(所)	高中学生(人)	初中(所)	初中学生(人)	(所)	学生(人)	(个)	入学(人)	
1994	280	2	—	628	19	5659	259	46127	13	2413	97.90
1995	201	2	—	661	16	6494	183	40813	11	3176	98.03
1996	259	2	—	723	16	6222	241	48698	19	2774	98.1
1997	204	2	—	633	15	6931	187	46062	20	3950	94.28
1998	200	2	—	707	15	7551	183	48241	20	3838	92.41
1999	182	2	—	840	15	7973	165	50688	17	4791	98.2
2000	181	2	—	888	16	8864	163	51924	21	4469	98
2001	178	2	—	1274	16	16121	160	52714	12	2689	98.2
2002	161	2	—	1421	11	16938	148	51340	7	5324	98.4
2003	160	—	1	2001	11	18165	148	49425	7	4632	98.9
2004	177	—	1	2420	13	19335	163	48048	9	6147	99.09
2005	160	—	1	2527	12	19869	147	47073	9	6838	97.86
2006	157	—	1	2775	12	19187	144	43174	13	7253	97.86
2007	159	—	1	2590	13	19356	145	46689	10	15736	98.8
2008	167	—	1	2989	15	19652	151	58592	11	15334	98.8
2009	167	—	1	3071	15	20205	151	57001	15	9014	98.91
2010	167	—	1	3329	15	21717	151	54886	23	8783	99.11

附

中小学简介

一、贞丰县第一小学

贞丰县第一小学坐落在珉谷镇解放路 22 号，学校前身是创办于光绪三十二年（1906）官立高、初两等小学堂。民国 32 年（1943）改为贞丰县标准中心民国小学。解放后，于 1950 年更名为贞丰县第一小学。20 世纪 60 年代初被列为重点小学，20 世纪 70 年代末至 80 年代初，增设初中“戴帽班”。2010 年有班级 31 个，学生 1900 余人，教职工 80 余人，其中小学高级教师 45 人，一级教师 39 人，省级骨干教师 5 人，大学本科 5 人，专科 71 人，教师学历合格率 100%。学校有微机室、多功能教室、远程教育室、文印室、速印室、自然实验室、职工文体活动室、图书室、阅览室、音乐室、画室、书法教室、练功厅。

长期以来，学校始终以“培育德才兼备创新型人才”为目标，把“创办规范加特色学校，培育特长学生”当作办学理念，坚持“以德为本、全面发展”办学思想。树立良好校风、教风、学风，注重营造优美育人环境，努力提高师生素质，以高尚师德育人。教学质量、学校管理一直居全县第一。为培养高素质学生，学校开设各种兴趣和特长班，让不同爱好学生都得到发展，学生参加各种活动比赛，取得显著成绩。

学生在教育部门组织的各种读书、征文活动中，有5人获得全国一等奖，8人获全国二等奖，12人获全国三等奖，80余人获省、州、县一、二、三等奖；在国际“繁星杯”“绿星杯”，全国“七彩杯”“双龙杯”美术比赛中，16个学生获金奖，38个学生获银奖，78名学生获铜奖；学校文艺队排演《我和月亮》《布依女儿庆花节》《长大我也要当兵》舞蹈节目，分别获省、州中小学生文艺调演三等奖、优秀奖；学校“校园新歌合唱团”参加2007年贵州省校园明星选拔活动，有3个学生获得银奖；在第一至第六届全国“希望杯”数学竞赛中，有5个学生获全国二等奖，105个学生获得全国三等奖，42个学生获全州二、三等奖；在全国英语竞赛中，有2个学生获全国一等奖，10个学生获全国二等奖，30余个学生获全国三等奖。在全县、全州“弘扬和培育民族精神”征文、演讲、书画比赛中，5人分别获得全州一、二等奖，有52人次获得全县一、二、三等奖。参加全省少年儿童迎奥运啦啦操大赛获一等奖；参加全县纪念改革开放三十周年文艺比赛，教师队获歌唱大赛一等奖，学生队获舞蹈类一等奖，综合类一、二等奖；学生参加第十四、十五届、十六届全国中小学生绘画书法作品比赛，有8人获全国一等奖，22人获全国二等奖，30人获全国三等奖，10人获全国“新芽奖”。自兴义八中面向全州招生后，贞丰一小有75个学生被兴义八中录取。

2000年后，学校获全县“两基”工作先进单位，全县教育督导评估“优秀”等次，全县优秀学校，全县“整脏治乱和校园文化建设”优秀学校，全县“标准化小学”，全州先进家长学校，全州教师继续教育工作先进单位，全州“文明单位”，全省校务公开工作先进单位，全省少先队特色活动先进集体，全省少年先锋红旗大队，贵州省实施中国石化春蕾女童助学项目“先进集体”，贵州省实验教学示范学校，贵州省实施素质教育先进学校，贵州省精神文明建设先进单位，全国红领巾助残先进集体，全国普法教育先进单位。

二、贞丰县第三小学

贞丰县第三小学位于珉谷镇（县城）西南面坡阳脚下。建于1963年。学校占地面积3600平方米。2010年，全校有小学生1442人、教职工60人，其中，中共党员23人，女教师37人，少数民族教师12人，大专学历48人，中师（专）11人，高中1人，学历合格率98.36%。

学校有图书室、实验室、多媒体教室、远程教育室。图书藏量15900余册。实验仪器可供自然、数学学科使用。计算机能供信息技术课使用。

学校以“团结、求实、开拓、创新”校训为目标，被列为县级“素质教育”“三制一管理”试点学校，是“引导——发展语文教学法”实验学校。在2005学年度至2006学年度全县统测中，一年级语文获一类小学平均分提高值第二名、数学第三名，整个学校获一类学校三等奖。在2006至2007学年度全县统测中，一年级语文获一类小学平均分第一名，数学第一名，二年级语文第一名，数学第一名，三年级数学第一名，六年级语文第二名。

2008 年获贞丰县教育教学工作“先进学校”称号、县工会工作考核获第三名。2009 年，获贵州省校园文化建设“先进学校”称号、黔西南州教育局、州妇女联合会、州关心下一代工作委员会授予“示范家长学校”。2010 年，获贞丰县首届“校园之声原创歌曲大赛”演唱三等奖；贞丰县教育系统庆祝“第 100 个三八国际劳动妇女节”三人四足比赛二等奖；贞丰县“六一”少儿舞蹈大赛少儿组第三名；贞丰县宣传部、县教育局组织“祖国好·家乡美”中小学生“传统经典”诵读大赛三等奖。

2000 年后，有 40 余位教师获国家、省、州、县表彰，130 个学生获国家、省、州、县表彰。学校被省教改委评为“先进学校”，省工会评为“先进职工之家”，州委州政府评为“文明校园”，县委、县政府评为“文明校园”“文明单位”。

三、贞丰中学

2002 年，根据县委、县人民政府安排，撤销贞丰二中（前身为城关区中学）、贞丰职业中学、贞丰一中高中部、贞丰民中高中部，利用贞丰二中校园办贞丰中学，同时挂贞丰县职业中学牌子，校园占地面积 50 亩，校舍建筑面积 14338.97 平方米。学校拥有多媒体教室、微机室、理生化实验室、图书室、阅览室、英语电子阅览室、校园广播系统现代教学设施，有图书室藏书 2 万余册，有 250 米田径运动场、2 个篮球场运动场地，有 45 个教学班、学生 2750 人、教职工 186 人。

从 2002 年组建贞丰中学至 2010 年，共录取高一新生 8476 人，参加高考人数 6597 人，录取本专科 3914 人，其中本科 1375 人，重点大学 115 人，高考年平均录取率 62.5%。

学校先后被评为“贵州省普及中小学实验教学示范学校”“贵州省教育系统先进工会组织”“黔西南州文明单位”“黔西南州绿化模范单位”“黔西南州‘五四’红旗团委”“贞丰县社会治安综合治理工作先进单位”“贞丰县‘整脏治乱’及校园文化建设优秀学校”。

2008 年，为适应贞丰高中教育发展，县政府在县城环城路旁征地建设贞丰中学新校园。

2010 年 6 月，贞丰县职业中学分离出来，贞丰中学不再承担职业教育职能。

四、贞丰第一中学

贞丰第一中学坐落在县城东隅凤山西麓，其前身是贞丰中学，是贞丰县历史最悠久的中学，1939 年秋建校，1958 开设高中班，成为完全中学。1970 年，根据“五七”指示（学生不但要文，也要学农、学工、学军），贞丰中学在者相三岔河畔设分校，办“五七”农场作学生学农基地，1973 年，县革委决定将三岔河分校作为贞丰县第二中学，将贞丰中学作贞丰第一中学（完全中学）。2002 年，县委、县政府决定集中办高中，撤销贞丰一中高中部，只办初中。

学校占地面积 27284.93 平方米（含省级文物保护单位马二元帅府），拥有教学楼 5 幢，学生宿舍 3 幢，学生食堂 1 幢；校舍建筑面积 14261 平方米，生均校舍使用面积 4.69 平方米。建成规范化运动场 1 个，篮球场 5 个（其中 3 个已改造为丙烯酸球场），200 米塑胶环形跑道 1 个，100 米直跑道（4 道）1 个；52 个普通教室，10 个专用教室；物理、化学、生物实验仪器均按一类学校配齐，完全满足高、初中实验教学需求；新建图书楼藏书 10 万余册，生均27册。2009年，对校园进行美化、绿化改造后，初具园林式学校面貌。

学校在册教职工182人（其中本科学历133人，占73%，专科学历47人，占27%）；中学高级教师27人，中学一级教师52人，获省级表彰优秀教师10余人，州、县级表彰教师100余人，各学科教师在各级刊物及学术交流中发表与获奖论文100余篇，90%教师能熟练运用多媒体进行辅助教学。

办学71年来，为高一级学校输送几千名大、中专学生，其中有不少学生考上清华大学、北京大学等国内著名高校，成为各行各业领军人物、专家、学者，如“文化大革命”前高中毕业生刘应龙任云南理工大学博士生导师、全国知名环保专家；武汉理工大学博士生导师罗廷洪。恢复高考后，1978届高中毕业生张蜀新考上清华大学，毕业工作后任云南省天文台台长；1980届高中毕业生杨晓峰考上清华大学，毕业工作后任美国加州法院高级法官；1988届高中毕业生赵强考上北京大学，毕业后在中科院高能物理研究所工作，曾获英国青年核物理学家称号。2002年3月，县教育结构调整，贞丰一中只办初级中学，2002届初中毕业生罗远航，考入兴义一中读高中，在2005年高考中，以总分719分获全省理科第一名，被清华大学录取；2002届初中毕业生罗吉森，考入兴义一中读高中，在2005年高考中，以总分654分，获全州文科第一名，被北京大学录取；2006届初中毕业生蹇梦薇，考入兴义八中读高中，2009年高考被北京大学录取，毕业后留学美国。2010年，办学规模达3500余人。学校管理、教育教学质量一年上一个台阶，先后被评为贵州省普及中学实验教学示范学校；贵州省中小学毒品预防示范学校；黔西南州贯彻《学校体育工作条例》优秀中学；黔西南州中小学教师继续教育工程（2001—2005）先进集体；黔西南州中小学教师继续教育工程（2006—2010）先进集体；贞丰县中小学标准化示范学校。

学校发挥教育设施完善优势，调动教师工作积极性，教学质量不断提高，组织学生参加“希望杯”数学竞赛、中学生作文竞赛、全国中学生英语能力竞赛、全国初中应用物理知识竞赛、全省地理论文竞赛与中小学现代远程教育“三优”评选活动，均取得优异成绩，受到国家、省、州、县表彰。多年来教育教学成绩一直名列全县第一。

2008年至2010年贞丰一中学生参加中考情况统计表

表13-2-2

<table>
<tr><td rowspan="2">2008年</td><td>中考总分前10名（一中/全县）</td><td>中考500分以上（一中/全县）</td><td>中考学科名次</td><td colspan="2">七、八年级统测平均分名次</td></tr>
<tr><td>9/10</td><td>48/75</td><td>均获县第一名</td><td colspan="2">语、数、英12学科全获第一名</td></tr>
<tr><td rowspan="2">2009年</td><td>中考前100名（一中/全县）</td><td>中考619分以上（一中/全县）</td><td>中考600–618分（一中/全县）</td><td>中考550–599分（一中/全县）</td><td>七、八年级统测平均分名次</td></tr>
<tr><td>61/100</td><td>12/17</td><td>10/16</td><td>45/81</td><td>语、数、英12学科全获第一名</td></tr>
<tr><td rowspan="2">2010年</td><td>中考619分以上（一中/全县）</td><td>中考600–618分（一中/全县）</td><td>中考550–599分（一中/全县）</td><td>中考500–549分（一中/全县）</td><td>中考450–499分（一中/全县）</td></tr>
<tr><td>1/1</td><td>3/4</td><td>16/31</td><td>52/85</td><td>76/158</td></tr>
</table>

五、贞丰民族中学

为适应改革开放和民族教育发展需要，经县人民政府批准，1981年将原贞丰二中改为贞丰民族中学（完全中学）。草创之初，教学设施简陋，经过30多年艰苦创业，特别是2003年“两基”攻坚和2007年“普实”验收，使学校办学条件发生巨大变化。2010年学校占地面积43135平方米，建筑面积12764平方米，绿化覆盖面积40%以上，学校教学设施、设备完善，成为软硬件设施齐备、具有民族特色的花园式学校。2002年，全县实施教育结构调整，民族中学只办初中。

学校有教学楼2栋，综合楼、实验楼各1栋，有30个教学班，学生宿舍3栋，学生食堂1栋（可容纳800余名学生住宿和就餐）；有64座学生多媒体教室、148座多功能教室、20台教师微机室、移动多媒体设备各一个（套）；图书室有藏书45750册；高标准物理、化学、生物学生实验室及设备、仪器各2个（套），满足实验教学要求。音乐室、舞蹈室、绘画室、羽毛球场、排球场、蹴球场、毽球场各1个，篮球场2个、100米及250米跑道一条、乒乓球桌6张，为开展课外活动及民族民间文化教育活动奠定基础。

学校有教职工108人，其中高级教师12人，一级教师36人；具有高、中级职称教师占教职工总数44%；学校鼓励、支持教师参加各种学术交流活动；教研成果突出，近几年来共推荐18名教师参加县优质课评比，获县一等奖8人，二等奖9人，三等奖1人。老师安云分别获得州、省政治学科一等奖，成为全县教师参加省级优质课评比获得省一等奖第一人；在各学科论文评比中，有172篇获奖，在各类学科竞赛中有386名学生获奖。

学校坚持“突出民族学校特色，走创新之路，促进民族教育大发展”办学理念。为挖掘民族传统，发扬民族文化，弘扬民族精神，采取“民族民间文化教育”与教育新课程改革、培养学生良好行为习惯、素质教育和创新意识，培养“三结合”方式，促进学校民族民间文化教育活动开展。2005年，学校被列为全州首批民族文化、民族体育进校园示范学校；2007年11月，被省教育厅、省民委列为全省民族民间文化教育项目学校，2008年12月，学校获得“贵州省民族民间文化教育活动先进集体”奖，2010年9月，主抓民族民间文化教育的岑平副校长获得省“民族体育工作先进个人”称号。学校把对民族文化传承和弘扬当作一项使命，以布依族、苗族文化为主，把布依古歌、民族体育、民间艺术内容引入课堂，在一些民族体育竞赛项目方面下苦功夫，把民族文化进校园活动开展得如火如荼。学校于2006年、2008年、2010年举办三届民族文化艺术节。在2008年4月全县中小学生运动会中，获中学组团体第一名，个人项目均包揽前3名好成绩。2008年7月，学校舞蹈队表演民族舞蹈《走进山寨》，获得州“贵州省少儿艺术节”选拔赛第一名、省民族舞蹈优秀奖；2008年8月，学生民族合唱团在“多彩贵州”贞丰县海选大赛中，获民族唱法第一名。2010年8月，在黔西南州选拔参加省第七届少数民族传统体育选拔赛中，学生陆元杰获蹴球选拔比赛第一名；2010年9月，陆元杰代表黔西南州参加“贵州省第七届少数民族传统体育运动会”蹴球男双比赛，获亚军，个人单项赛获全省第六名。开展民族民间文化教育活动，突出民族特色，成为贞丰民族中学办学特色。

六、者相中学

者相初级中学建于 1973 年，坐落在者相镇平桥村明望河边。校园占地面积 40 亩，有教学楼两栋、综合办公楼一栋、宿舍楼两栋，食堂及餐厅楼一栋、教师公租房一栋（3 个单元）。学校拥有标准化物理、化学、生物实验室、图书室、阅览室、微机室、体育器材室和医务室。物理、化学、生物实验仪器按照国家二类标准配备。图书室藏书 20000 余册，体育器材 200 多件（套）。2010 年在校学生 1800 人。者相中学以“勤学、深思、拼搏、进取”为校训，形成“教学质量高、教学要求严、教师责任心强、学生有特长”的优良传统，以“高质量、严要求、轻负担、有特色”为办学目标。全校师生员工求真务实，大胆创新，努力开拓。学校先后获得全国青少年五好小公民主题教育“光辉旗帜”读书征文活动示范学校，省远程教育先进单位，县教育教学质量优秀学校，县留守儿童示范学校，县“德育工作”优秀学校，县“绿色学校”荣誉称号。教师王之友制作的自制冷凝管在“普实”验收中，被专家组确认为最具特色自制教具；教师杨德凯被评为县“十佳教师”，教师林美在全国校园文学赛中多次获奖，学校教学质量逐年提高。

七、牛场中学

牛场中学地处北盘江镇，位于 324 国道、210 省道交会处。邻近兴仁、关岭、镇宁县。

学校前身是解放前回心寺私立小学堂。解放前夕至 1966 年为公立牛场小学，1966 年至 1969 年在完全小学基础上办“戴帽”农中，1969 年至 1975 年先后为七年制、九年制学校，1975 年秋，牛场完全中学正式成立（牛场小学仍在原址续办）。1980 年，牛场中学迁址，1985 年只办初中。20 世纪 80 年代和 90 年代初，牛场中学教育质量在全县乃至全州皆名列前茅，有一定影响力。

学校重视教书育人，努力学习新教育理论，认真总结素质教育经验教训，勤奋探索素质教育科学规律，提升教师业务技能，注重学生全面发展和培养特长生。学生德、智、体、美、劳全面发展。每年都有中考升入兴义一中、兴义八中、贞丰中学、五年制大专和音、体、美专业学生，也有从事养殖、种植业的致富学生。有的学生高中毕业后考取清华大学、北京大学以及其他国家重点院校。

2003 年，实施义教工程，学校修建符合国家二期“义教”工程二类标准的生物、物理、化学实验设施（综合楼），配备电教、体育、音乐、美术设备。2010 年有 79 名教师，工勤人员 15 人，校园面积 27133.4 平方米，生均 16.44 平方米；校舍建筑面积 6749 平方米，生均 4.31 平方米，图书 23490 册，生均 15 册，有两栋教学楼，26 个教学班，住校生宿舍 3 幢，食堂餐厅 1 幢，满足 1632 名学生及 730 余名住校生学习与生活需要。

1991—1999年贞丰县高考报名、录取情况统计表

表 13-2-3

年度	高考情况					
	报名人数(人)	录取人数(人)	录取率(%)	本科数(人)	专科数(人)	中专数(人)
1991年	147	44	29.9	6	21	17
1992年	198	79	39.9	10	36	33
1993年	184	101	54.9	19	49	33
1994年	189	76	40.2	10	33	23
1995年	238	114	47.5	21	27	35
1996年	259	91	35.1	16	48	27
1997年	265	115	44.4	32	59	24
1998年	274	103	37.6	21	64	18
1999年	251	133	52.9	20	97	16

2000—2010年贞丰县高考报名、录取情况统计表

表 13-2-4　　单位：人

年度	单位	报考人数	录取情况				合计录取人数	录取率(%)
			本科	本科录取率(%)	专科	专科录取率(%)		
2000	一中	172	38	22.09	102	59.30	140	84.40
	民中	80	0	3.75	39	48.72	42	52.50
	合计	252	41	16.26	141	55.95	182	72.22
2001	一中	177	52	29.38	110	62.15	162	91.53
	民中	98	9	9.18	69	70.41	78	79.59
	合计	275	61	22.18	179	65.09	240	87.27
2002	贞丰中学	325	72	22.15	186	57.23	258	79.38
2003	贞丰中学	419	82	19.57	246	58.71	328	78.28
2004	贞丰中学	638	119	18.65	258	40.44	377	59.09
2005	贞丰中学	745	112	16.40	189	24.50	301	41.70
2006	贞丰中学	835	133	15.92	227	27.19	360	43.11
	三立中学	65	12	18.46	15	23.07	27	41.53
	社考	16	2	12.50	2	13	4	25
	合计	916	147	16.05	244	27	391	43
2007	贞丰中学	939	170	18.10	273	29.07	443	47.17
	三立中学	70	23	32.85	19	27.14	43	61.42
	社考	20	3	15	3	15	6	3
	合计	1029	196	19.05	295	28.67	492	47.81

续表 13-2-4

年度	单位	报考人数	录取情况				合计录取人数	录取率（%）
			本科	本科录取率（%）	专科	专科录取率（%）		
2008	贞丰中学	1029	176（一本 11 人）	17	348	33	524	50.90
	三立中学	121	31（一本 11 人）	25	41	33	72	59.50
	社考	15	2（一本 1 人）	13	5	33	7	46.60
	合计	1165	209	17.94	394	33.82	603	51.76
2009	贞丰中学	891	238（一本 12 人）	26.70	302	33.89	540	60.60
	三立中学	133	56（一本 15 人）	42.10	27	20.30	83	62.40
	社考	119	34	28.57	35	29.41	69	57.98
	合计	1143	328	28.70	364	31.8	692	55.03
2010	贞丰中学	807	222（一本 30 人）	27.51	209	25.90	431	57.21
	三立中学	94	29（一本 7 人）	30.85	15	15.96	44	46.81
	社考	118	26	28.57	82	69.49	108	91.53
	合计	1019	273	22.03	306	30.03	583	56.82

第三章　职业教育

1958 年，贞丰县在者相镇的明望、长田乡的尖坡、龙场镇的下水桥、城关区的必克、鲁贡的打嫩办农业中学，1960 年停办；1963 年又在城关区的大碑、必克、经济林场（文笔塔北面 500 米处），连环乡的喜练办农业中学，1966 年“文化大革命”运动开始才停课闹革命，“文化大革命”动乱过后，恢复上课，改为普通学校。1988 年，成立贞丰县职业中学，培训乡土技术人才。

第一节　职业中学

一、职业中学概况

1988 年 8 月，县政府根据职业教育发展需要，在原贞丰县教师进修学校基础上创办贞丰县职业高级中学，任命张丕基为首任校长。学校艰苦创业，把从城内到学校一条狭窄小路改造为通车公路，疏通经过学校的河道，加强校园建设。在县政府统筹下，先后与县卫生局、畜牧局、轻工局、县医院、人事劳动局、糖厂等部门和企业联合办学，开办医士、畜牧兽医、轻工、黄金、英语专业，面向社会招收初中毕业生，学制二年和三年。1989 年，学校开办中级医士班，招收学生 54 名；1990 年，开办中级畜牧兽医班，招收学生 47 名。医士班、畜牧兽医班学制为三年。

1991 年，贞丰县城出现百年不遇洪灾，县职业中学校舍被洪水严重毁损，2 名职工亲属遇难，教职工住房财物受到损失，学校不能正常教学，借用县党校教室组织学生上课。1992 年，通过学校和县教育局努力，州政府拨给 20 万元，由县政府统筹征用土地，在县珉谷镇富民路南侧新建校舍，学校占地 9.87 亩，校舍建筑面积 1100 平方米。1994 年 8 月，组织任命庹永品担任职业中学第二任校长，学校与县农业局、农机局、司法局开办农机、法律、音乐、美术专业。1999 年，职业学校配合县人事劳动局对全县党政机关公务员，专业技术人员，中小学教师进行微机操作培训 20 期，培训公务员和教师近 1000 人。县职业高级中学从 1988 年建立至 2010 年，共培养毕业生 1000 余人，学生遍布全县城乡，成为地方经济建设的一支重要力量。2000 年，学校自筹资金，利用学校资源，开办幼儿班，招生 40 余人。2001 年 8 月，县委、县政府进行教育结构调整，将贞丰一中、民中高中部和贞丰职中合并为贞丰中学，贞丰中学职业教育部举办计算机、音乐、美术特长班，特长班毕业生 100 余人。学校还与县煤炭局、紫金公司联合开展短期培训。2007 年，学校职业教育部与重庆市江南职业学校联合办学，2010 年在校生 442 人。

二、管理体制

贞丰县职业高级中学是一所科级县属学校，由县教育局直接领导。设校长 1 人、副校长 1 人至 2 人，内设教导处、总务处。文化课教师相对稳定，由县教育局调配，专业课教师根据开办专业需要，从有关部门聘请有一定资质专业人员担任。

三、教学与实习

课程设置政治课、文化课和专业课三类。文化课主要开设语文、数学、理化基础学科，专业课根据专业开设，文化课与专业课同步进行。学校坚持走理论与实践相结合道路，重视教学实践，学生实习占教学计划的 30%。学校经常组织学生开展送科技下乡（村）活动。经费：学校经费来源主要是上级拨款、县财政预算列支，收取学生学杂费和自筹渠道。校行政人员和文化课教师工资由县财政教育经费预算列支；学校办公经费和聘请专业课教师费用从收取学生学杂费中列支。

四、学生毕业去向

贞丰县职业高级中学毕业学生，原则上不包分配，部分学生由学校向县有关部门推荐就业。1991 年，县职业中学与县轻工局、糖厂联合举办轻工酿造专业，培养 2 届毕业生，全部安排在贞丰糖厂工作，大多数成为糖厂技术骨干。医士专业毕业的学生一部分由学校向县卫生局推荐为乡卫生员，一部分申请开业行医。畜牧兽医专业毕业的学生，到乡（村）创办畜牧兽医点，成为农村有一技之长的致富能手。

2010年10月，为更好地推动职业技术教育发展，贞丰县职业高级中学从贞丰中学剥离，更名为贞丰县职业技术学校，举办中等职业技术学历教育和承担县域内劳动力技能培训工作，使贞丰县职业技术教育重新走上独立办学、自主管理道路。

1991 年—2010 年贞丰县职业教育基本情况统计表

表 13-3-1

年份	职业中学	
	学校（所）	在校学生数（人）
1991	1	433
1992	1	345
1993	1	361
1994	1	254
1995	1	242
1996	1	188
1997	1	149
1998	1	214
1999	1	225
2000	1	253
2001	1	381
2002	1	636
2003	1	644
2004	1	714
2005	1	689
2006	1	653
2007	1	897
2008	1	388
2009	1	434
2010	1	442

第二节　农业技术教育

1991 年，贞丰县原有农业中学仅剩下大碑农业中学 1 所，没有学生，不能正常上课；1992 年大碑农中转为公立普通小学，校名更改为大碑小学。农业技术教育主要由农业部门开展。

1991 年至 2010 年，县、乡（镇）农业部门采取多种形式进行农业技术培训教育，多次举办水稻、玉米、油菜、烤烟、花椒、板栗、杉树科学种植技术培训班，创办实验、示范点，推广种植管理新技术。

一、水稻种植新技术教育

1988年，县农业局派农业技术员到龙场区定塘乡五里岗村蹲点，开展“两段育秧”技术推广工作，在一农户的责任田做实验、示范，对全村近百名群众进行现场培训；1988年至1991年县农业局分别在大碑乡、者相镇、牛场乡、挽澜乡进行实地培训，逐步推广。1991年，全县水稻种植大坝基本实行“两段育秧”新技术。1994年，在全县水稻种植乡村大坝区推广水稻湿润育秧和旱育稀植育秧新技术。1991年至1992年在气温较高的鲁贡田坝、白层镇坝桥田坝开展“再生稻”种植管理技术教育培训。20年来，累计约有2万余人参加县、乡（镇）组织的水稻种植新技术教育培训。

二、玉米种植新技术教育

1991年至1993年，县、乡（镇）农业部门先后在珉谷镇、者相镇、龙场镇、北盘江镇、长田乡、平街乡玉米主产区开展玉米宽窄行拉绳定点、打窝种植新技术教育培训。1998年至2001年开展玉米粪团（肥球）育苗定向移栽种植新技术的教育培训。累计约有5000余人参加学习。

三、油菜育苗移栽新技术教育

1989年至1991年，县农业部门在城关区、珉谷镇、龙场镇、者相镇开展油菜育苗移栽技术培训；2003年，开展油菜育苗免耕移栽技术培训。累计约有2000人参加学习。

四、烤烟种植管理、烘烤技术教育

1991年至1996年，县烤烟生产办公室和县烟草部门先后在县城和珉谷、者相、龙场、兴北、平街、小屯、长田种烤烟乡镇开展烤烟育苗、移栽、田间管理、烘烤等技术教育培训，累计约有3000余个烟农参加学习。

1991年至1995年，县林业局多次深入兴北镇顶罈片区开展花椒育苗、种植、管理技术培训；1991年至2003年先后在珉谷镇大碑村，连环乡巧岩村、纳传村，鲁贡镇鲁贡村，白层镇白层村，沙坪乡者索村开展杉树育苗、春树育苗、香樟树育苗、板栗营养袋育苗、板栗裸根育苗、漆树育苗技术培训。累计约有2000余名林农参加培训。

第四章　成人教育

成年人是各行业的主要力量，成年人的文化素质与工作效率、生产能力有密切关系。为提高成年人文化素质，县委、县政府根据上级关于成年人教育工作指示精神，结合贞丰实际开展成年人教育工作。1991年后，采取多种形式鼓励支持在职干部职工自学、参加广播电视大学和函授教育，报考成人大中专院校脱产学习；在农村开展扫除文盲教育工作。

第一节　自学考试

1983年3月11日,贵州省政府印发《关于成立贵州省高等教育自学考试委员会通知》。自学考试工作正式展开。1984年4月27日至28日，贵州省举行首次高等教育自学考试，开考中文、党政、英语、会计四个专科专业。到2010年，自学考试制度在全省实施27年，从开始四个专科专业发展到含中专、专科和本科三个学历层次90多个专业，涉及文学、理学、工学、农学、医学、法学、经济学、教育学八类学科。国家对高等教育自学考试毕业生与普通高校毕业生同等看待，承认其学历。报考对象为一般干部、军人、教师、医务人员、工人、农民以及乡镇企业、个体私营企业各类从业人员。高等教育自学考试被誉为“没有围墙”的大学，与普通高校、成人高校形成“三足鼎立”。高教自考，是对自学者进行以学历为主的高等教育国家考试，是个人自学，社会助学和国家考试相结合高等教育形式，它不受性别、年龄、民族、种族和已受教育程度限制，只要是中华人民共和国公民，均可依照国务院《高等教育自学考试暂行条例》规定参加考试，采取三级命题体制，即全国统一命题，委托外省命题和省内命题，这三级命题体制考试均属国家考试。自学考试命题由省自考办组织，各市州负责考务工作，各县招生办（兼自考办）负责本县自学考试报名、业务咨询、教材学习和媒体供应工作。截至2010年，贞丰县累计参加自学考试人员1528人，其中400余人取得专科毕业文凭，300余人取得本科毕业证书。

第二节　广播电视大学

2005年，贞丰县广播电视大学工作站开始工作，当年有145人报名注册入学（法律本科20人、专科19人；会计本科20人、专科20人；工商管理专科33人；金融学专科33人）。2006年4月11日，贞丰县广播电视大学挂牌暨举办开学典礼；2007年5月，承担“一村一名大学生”办学工作，由县委组织部和县人事劳动部门负责招生，选拔具有高中（中专、技校、职高）以上学历农村优秀青年及“村两委干部”进入电大学习，县电大工作站负责组织教学和相关业务工作。2007年，开设畜牧专业，有学员35名。取得县电大大学专科学历学员，列为村级后备干部，推荐在村级从事教育、卫生、农技推广、文化、中介服务、村办企业工作。实施“一村一名大学生工程”，培养“用得上、留得住、懂科学、有技能、会管理”的专门人才。

第三节 函授教育

1993年至1996年，为提高教师队伍教学业务水平，根据教学需要，组织具有高中、中师学历中小学教师248人参加卫电师专学习，开设中文、政治、历史、地理、英语学科。1997年至2001年，参加中文自考助读专科升本科学习10人，中师学历升专科75人，6人取得本科毕业证书，39人取得专科毕业证书。1999年至2003年，中师、高中学历教师参加贵州省教育学院小教专科函授学习421人。专科升本科函授学习20人，14人取得毕业证书。2001年至2005年，参加贵州教育学院小教文科函授学习280人，241人取得毕业证书。2001年至2005年，参加贵州师范大学初等教育函授专科学习90人，均取得毕业证书。2003年至2007年，参加贵州师范大学教育学本科学习50人，取得毕业证书24人。1991年至2007年，教师离职进修186人，修完研究生课程结业11人。2008年至2010年，参加贵州师范大学函授学习教师，专科毕业有53人，本科毕业有275人。函授教育在很大程度上提升教师队伍学历和业务水平。

第四节 扫 盲

1991年，国家教育委员会发出《关于进一步加强扫除文盲工作意见》，是年，贵州省人民政府制定《贵州省县一级单位高标准扫除青壮年文盲试行意见》。根据国家教委和省人民政府关于扫除青壮年文盲安排，县人民政府制定工作计划，在全县开展扫盲工作。

1992年和1998年，在寒暑假期间，各村均开办为期一个月的扫盲培训班，由乡（镇）、村干部负责组织学员入学，安排本地学校教师负责上课，开展扫除青壮年文盲工作。

2002年，全县启动“两基”工作，扫盲工作得到加强，教学内容从单纯扫盲学文化发展到实用技术培训和社会文化生活教育方面，初步形成人才培训、科技示范、技术推广和信息服务农村成人教育服务网络，每年都开展种植、养殖、农机实用技术和人口教育、普法知识培训，推动农村物质文明和精神文明两个文明建设，巩固扫盲成果。

2004年，龙场镇与县农业机械服务中心联合举办一期机械化烤烟种植技术培训班，300名烟农受到培训。

2005年，者相镇萝卜寨村分别与县妇联、县农业局联合在村农民文化技术学校办金银花种植和水稻种植两期短期培训班，352位村民参加培训。

2005年，者相镇与县农业机械服务中心举办为期45天插秧机械化培训班，培训分机耕苗床、育苗、稻苗管理、稻田耕耘、稻田机械播种五个阶段进行，各村选派3至5名村民代表参加培训，学习水稻机械化种植相关技术。

1999 年 9 月，贞丰县扫盲工作获教育部颁发中华扫盲奖。2003 年 12 月，省人民政府认定贞丰县为普及九年制义务教育、扫除青壮年文盲合格单位。

第五章　教　师

教育事业的发展，关键在教师。历届县委、县政府重视教师队伍建设，每年都从师范院校毕业生中招收新教师充实教师队伍。采取邀请教育专家、学者到贞丰传授教育经验，安排教师外出学习培训，提高教师素质；切实落实教师工资待遇，开展尊师重教活动，表彰先进教师，提高教师政治地位，激发教师工作积极性。

第一节　教师队伍

随着中小学生人数增加，办学规模扩大，教师队伍不断壮大。1991 年至 2003 年，先后从贵州大学、贵州师范大学、贵州民族学院、兴义师专、兴义师范、安顺特师、广播电视大学，陆续分配 1678 名大中专毕业生充实教师队伍。2002 年，面向社会招考录用 20 名音乐、体育、美术教师到农村边远学校任教。2003 年，面向社会招考录用英语大专以上学历毕业生 12 人到乡镇初级中学任教。2002 年，高中教育结构调整，全县有高中教师 141 人、初中教师 700 余人、小学教师 1748 人、幼儿教师 68 人。2003 年起，实行大中专毕业生支教制度，支教一年参加公开招考教师。2003 年至 2007 年，招考大中专毕业生 893 人（含招考代课人员）为教师。2008 至 2010 年，共招考教师 433 人，2010 年年底，有高中教师 192 人，初中教师 892 人，小学教师 2233 人，幼儿教师 83 人，代课人员 308 人，退休教师 524 人。其中省级骨干教师 15 人；中学高级教师 72 人，中级教师 909 人，初级教师 1848 人。截至 2000 年底，根据上级有关文件规定，将 1986 年 12 月 31 日以前参加民办教育工作合格教师全部选招为公办教师。到 2001 年，取消民办教师名称。对少数 1986 年 12 月 31 日以前参加民办教育工作，既不符合转正条件、又达不到退养年龄民办教师视为退养，每月享受退养工资待遇。

第二节　教师素质

为提高教师队伍整体素质，县教育主管部门采取多种形式加强教师学历培训。一是鼓励教师以在职函授学习和自学为主，脱产学习为辅，提高综合素质。到 2007 年，高中专任教师学历合格率达 90.75%，初中专任教师学历合格率达 98.98%，小学专任教师学历合格率达 99.85%；二是每年都选派中小学各学科骨干教师到省、州培训；三是分期分批安排中小学正、副校长全员参加岗位培训，2000 年至 2006 年选送 10 名正副校长到宁波挂职学习；四是严格教师资格制度，严把教师“入口关”，优化教师队伍建设，提高教师素质。1993 年至 2010 年，对符合教师资格的 3185 名教师进行资格认定；五是加强教师职业道德教育，要求学校组织教师学习教育法律法规，以《中小学教师职业道德规范》为主要内容，开展师德师风演讲比赛活动。2007 年，县教育局组织师德教育宣讲团巡回全县各乡镇学校进行演讲，提高教师思想政治素质，规范教师行为，推进依法治校，增强教师依法执教意识，遵纪守法，爱岗敬业，为人师表。2008 年，组织全县教师参加师德考试，成绩合格率为 100%。

第三节　教师继续教育

1996 年，启动第一阶段教师继续教育，县教育局在全县开展口语表达、写字、简笔画、普通话、教具制作五项基本功培训。历时 5 年，全县 1500 名教师参加黔西南州教育局组织的“五项基本功”考试，合格率达 99%。1999 年，组织中、小教师参加计算机初级培训。2001 年，启动第二阶段教师继续教育，组织教师学习《中小学教师职业道德》和《基础教育课程改革通识培训》，2003 年，组织全县中、小学教师 2601 人参加全省统一考试，合格率 100%。2005 年，经省、州验收，各项指标均达标，成绩名列全州第二，评为省、州先进集体。同年，组织中、小学教师参加计算机技术中级培训。2006 年至 2010 年，启动第三阶段教师继续教育，以“一德三新”（师德教育、新理念、新课程、新技术）为主要内容，以“决战课堂、新教材大练兵”为抓手，以各级骨干教师培训为引领，以现代远程教育支撑下校本培训为平台，进一步提高中小学教师素质教育能力和水平，提高教育教学质量。2008 年至 2010 年，举办通识培训。2009 年，进行远程教育技术培训，培训人员 3408 人，合格率达 100%。

1991 年—2010 年贞丰县教师队伍情况统计表

表 13-5-1　　　　单位：人

年度	1991	1992	1993	1994	1995	1996	1997	1998	1999	2000	2001	2002	2003	2004	2005	2006	2007	2008	2009	2010
教职工总人数	1423	1483	1563	1689	1790	1883	1912	2101	2163	2262	2425	2540	2794	2774	2836	2955	3205	3370	3489	3400
女教职工数	357	398	357	437	451	490	478	567	588	640	701	741	886	887	932	1020	1142	1239	1311	1289
35 周岁以下教职工数	913	943	980	1053	1098	1173	1207	1275	1337	1378	1451	1543	1727	1679	1766	1646	1856	1984	2082	2025
小学教职工数	1037	1069	1115	1230	1346	1397	1386	1536	1612	1667	1781	1824	1966	1965	1843	1965	2201	2290	2400	2233
中学教职工数	350	372	394	353	382	432	471	502	492	540	580	653	760	738	920	916	926	997	1007	1084
幼儿园教职工数	36	42	54	55	56	54	55	63	59	55	64	63	68	71	73	74	78	83	82	83
专任教师数	1423	1483	1563	1639	1784	1858	1882	2071	2133	2227	2390	2500	2754	2429	2791	2910	3148	3347	3468	3385
本科以上学历数	43	41	40	56	62	65	70	84	89	98	104	145	188	228	257	275	338	419	590	632
专科学历数	217	235	265	272	289	393	503	533	529	557	605	675	1158	1199	1358	1609	1777	2085	2137	2110
中专及高中学历数	945	1022	1042	1147	1202	1195	1150	1213	1349	1330	1417	1546	1250	1225	1133	980	988	843	741	643

第四节　教师待遇

教师社会地位不断提高。历届县人大代表、县政协委员都有教师，有的教师被推荐为省、州人大代表、政协委员，使教师能参政议政。1991 年至 2010 年，每年都有教师受到党委、人民政府表彰，其中县级表彰优秀教师、优秀教育工作者 2292 人；州级表彰优秀教师、优秀教育工作者 103 人；省级表彰优秀教师、优秀教育工作者 16 人，全国表彰优秀教师 5 人，全国教育系统劳模 1 人。每年教师节、春节，教育局都开展慰问教师活动，对困难教职工给予补助。尊师重教社会风气已经形成。教师工资待遇逐年提高。1991 年至 2010 年教师工资按时足额发放，从未拖欠。1992 年，由于县财政困难，教师交通费、洗理费、书报费被取消。2002 年，财政收入有所好转，教师“三费”得到恢复。1993 年，国家工资改革和调整，教职工工资有较大提高，执行连续两年考核为合格等次以上的晋升一档职务工资，连续 5 年考核为优秀等次，晋升一档职务工资。1997 年，根据国家人事部、财政部《关于调整机关、事业单位工作人员工资标准等问题的通知》，提高教职工工资标准，增加离退休教职工离退休费。1999 年，根据国务院办公厅《关于调整机关、事业单位工作人员工资标准的通知》，提高教师工资标准，增加离退休教职工人员离退休费。从 2001 年 1 月 1 日起，实施艰苦边远地区津贴，执行年终一次性奖金。2003 年，根据国务院办公厅《关于调整机关事业单位工作人员工资标准的实施方案》，再次调整教职工工资标准、增加离退休人员离退休费。2006 年，对机关、事业单位工作人员工资重新进行套改，教师工资普遍提高。

2010 年贞丰县在职中学高级教师名录一览表

表 13-5-2

姓名	性别	姓名	性别	姓名	性别	姓名	性别	姓名	性别	姓名	性别
熊　伟	男	王安铭	男	陈明森	男	杜安全	男	黄虹南	女	岑　平	女
李景英	女	罗慧萍	女	杜派芳	男	吴明渊	男	陈永波	男	杨景伦	男
周明勇	男	皮成芬	女	曾　臻	女	陈启雪	女	孙志春	女	沈玉泉	男
曾红英	女	郭庆旭	男	刘华龙	男	袁正云	男	李辽黔	男	帅斌文	男
景大尤	男	姜　立	男	王和武	男	陈　杰	男	龚修莉	女	王知素	女
帅斌武	男	毛洪波	男	刘良喜	男	罗　颖	女	罗廷凯	男	卢元书	男
韦正律	男	龚德国	男	任泽银	男	李秀江	男	李丽萍	女	霍大模	男
钟正柱	男	谢启刚	男	严兴泽	男	韦　琪	男	王明伦	男	张永郁	男
王庆中	男	王道明	男	张雪梅	女	李景华	男	赵德富	男	彭朝会	女

续表 13-5-2

姓名	性别	姓名	性别	姓名	性别	姓名	性别	姓名	性别	姓名	性别
龙　红	女	潘庆文	男	王庆年	男	龙玉刚	男	梁文明	男	陈功贵	男
杨代军	男	左承志	男	黄宗娅	女	王天远	男	鲍林青	女	黄玉兰	女
钱跃国	男	黄庆雄	男	—	—	—		—	—	—	—

第六章　教学教研

县教育部门历来重视教学教研工作。20 世纪 50 年代县教育局就内设教研室，全县每所完全小学和中学都建立教研组，开展教研活动，不断总结和推广先进教学经验，进一步提高文化教育和素质教育水平。

第一节　教研组织

1956 年 6 月，县教育局教研室成立。1966 年 6 月，“文化大革命”开始，教研室人员全部调回学校任教，教研室工作瘫痪。1972 年 4 月恢复教研室，从学校调回 2 人开展教研工作。1978 年，县委组织部任命主任 1 人，抽调 3 人到教研室，加强教研力量。1990 年，教研室有工作人员 9 人。

1991 年至 2010 年，全县教育系统教研工作机构逐步健全和完善，县教育局教研室力量不断加强，全县 13 个乡镇设立教育组或教育辅导站，明确专人负责教研工作，全县各中学、完全小学校都设立教务处和各科教研组，安排教学经验较丰富、责任心较强教师任主任或具体抓教研工作，为教研工作开展提供组织保证。

第二节　教研活动

1991 年至 2010 年，随着教育事业发展和教育改革深入，九年义务教育全日制新大纲颁布实施，推动了贞丰教育事业发展。2002 年，全县实施普及九年基本义务教育和基本扫除文盲工程；2005 年，推行基础课程改革和素质教育一系列教育改革。教学教研工作面临着许多新课题。针对新任务新形势，全县教研机构和教研工作人员不断深入探索教学教研新方法，与时俱进地推进教研工作。采取召开座谈会、培训会，组织教师学习新教学大纲和新教材以及素质教育业务，发动教师撰写教学实践体会文章，总结教学教研经验并进行评比后推广，提高教师业务能力和水平，促进教育质量提高。

1991 年，县教育局教研室在贞丰一中初中部开展数学最优化教学教改实验；在贞丰一中、贞丰民族中学开展 92 届高中毕业班物理、化学、生物实验监督检查工作；收集整理《国情教育》资料，印发全县中小学校；编印《贞丰教育》《教育、招生信息》《教育简讯》，总结、交流和宣传教学经验，促进教育质量提高。

1992 年，县教育局教研室对贞丰一中、贞丰民族中学两所完全中学 93 届高中毕业生物理、化学、生物实验进行检查和评比。

1993 年，县教育局教研室派教研员到省参加九年义务教育全日制新大纲、新教材二级培训。回来后，对全县小学骨干教师 60 多人进行培训，对白层、连环两乡（镇）教师进行全员培训；对贞丰一中、贞丰民族中学进行综合督导评估。

1994 年，县教育及教研室对全县小学一年级教师 435 人，进行思想品德、语文、数学、自然学科新教材培训；对全县中小学校长、教导主任、骨干教师 352 人进行培训，学习省教委“课程计划调整意见”业务。

1995 年，县教育局教研室派教研员参加省教育部门举办的三年级语文、数学、思想品德、自然新教材二级培训。回来后，对全县 13 个乡（镇）三年级语文、数学、思想品德、自然学科任课教师 330 人进行培训；对全县一类小学（珉谷一小、二小、三小、旗洋小学、牛场小学、者相一小、二小、龙场小学）使用新教材进行检查评比，分别对各校一至三年级语文、数学教师 106 人备、讲、批、辅进行检查评比，各听语文、数学课 53 节，召开 6 次教师座谈会；在全县六所中学开展初中物理、历史、地理、生物优质课评比活动。

1996 年，县教育局教研室在县属中学、龙场中学、牛场中学、者相中学开展高中、初中政治、语文学科优质课评比。到全县 13 个乡（镇）对四年级思想品德、语文、数学、自然任课教师 260 人进行新教材上岗培训。

1997 年，县教育局教研室对全县乡（镇）以上 25 所中小学，执行“黔西南州中小学教师教学常规（试行）”情况进行检查评比；在全县中小学开展语文、数学、音乐、美术、自然优质课评比；州教育局组织小学语文、思想品德、自然、高中数学送课下县活动时，教研室组织 80 多位相关学科老师听课，召开座谈，进行交流。

1998 年，县教育局教研室在全县开展小学体育、数学，中学英语、化学、体育优质课评比；在全县 12 所中小学校开展“快速作文”教改实验；拟定《素质教育实施意见》发全县中小学，以珉谷一小、三小、者相二小、贞丰二中作为试点。

1999 年，县教育局教研室继续进行快速作文教改实验。组织小学语文教师参加全国第三届语文教师范文写作比赛；对全县 21 所中小学执行《黔西南州普通中小学教师教学常规》和《课程计划》情况进行检查评比；在珉谷一小、二小、三小三所小学开展语文教学能手评选；在贞丰一中、贞丰民族中学开展中学“政治课时事教育”优质课评选；在县城中小学开展教育科研先进学校、先进教研组、优秀兼职教研员评选活动；对全县四所中小学实施素质教育进行调研，总结试点工作，推荐贞丰二中素质教育经验在全州素质教育工作会上交流。

2000 年，县教育局教研室到珉谷、龙场、挽澜三乡镇开展“中国语言文字使用情况调查”，调查苗族 30 户，安排“小继教”办公室对全县 13 个乡（镇）15 所中心学校教师职业道德教育和“三新”教材培训工作进行考核验收；对全县小学语文、数学，初中英语、语文、数学，高中语文学科教师进行三级培训，培训教师 1528 人；在全县开展小学教学优质课评比活动；在全县中学开展初中、高中物理、地理优质课评比活动；组织宁波到贞丰支教两位老师分别到珉谷四所小学和县城三所中学开展教学观摩和学术讲座活动，在珉谷一小举办宁波广济小学生书法、美术作品展，组织县城小学 3000 多名师生前去参观；在县城 3 所小学开展体育教学工作与素质教育现状调查。

2001 年，县教育局教研室组织第二批宁波支教老师到全县 13 个乡（镇）16 所中心学校开展三年级数学、自然示范课教学，听课教师 982 人次，受教学生 912 人次；举行 16 场关于“说课、评课”及“新课导入”专题讲座和教研教改交流座谈会，参培教师 837 人，编印培训资料 700 余册发全县中小学及教师；组织第三批宁波支教老师到 13 个乡（镇）16 所中心学校进行教学管理培训，培训中小学教师 1447 人，编印《教育教学管理与教育科研》专辑发全县中小学校及各学科教研组，到县城三所中学、六所小学同校长、主任、教研组长、骨干教师座谈交流，并对 4 至 6 年级学生进行科技制作活动教学；在全县开展小学语文、自然、美术，初中和高中数学、美术、地理优质课评比。

2002 年，县教育局教研室组织对小学品德与社会评课活动；组织第四批宁波支教老师在珉谷一小举办全县（34 所）中小学校校长、主任参加《中小学新课程方案》通识培训和课题研究；组织全县 25 所中小学微机操作教师 30 人在珉谷一小举办一周“多媒体课件制作”培训；组织宁波支教团 12 人到贞丰县开展“多媒体课件运用及演示操作”“引导——发现语文教学法”公开课教学和“改革、创新、发展”及课题研究讲座；在珉谷一小、珉谷三小、牛场小学实施宁波东海实验中学校长贺诚“引导——发现语文教学法”教改实验，在民族中学开展数学《应用基本图形分析法添辅助线》、英语《档案袋评价在英语教学中运用》、化学《学科知识点应用设计与实验研究》课题研究；到平街、长田、北盘江、者相、龙场、挽澜、白层、鲁贡、珉谷 9 个乡镇 19 所中小学，对教师 293 人进行多媒体课件制作和微机操作巡回指导；组织贞丰县首届“多媒体课件制作”评比活动。

2003 年，在全县中学开展体育优质评比；对珉谷一小、珉谷三小、牛场小学、“引导——发现语文教学法”进行专题指导。组织县属中学和珉谷一小参加全省中小学艺术展演活动，其中器乐获省优秀奖。

2004 年，全县基础教育课程改革工作启动。教研室拟订培训计划，编印课改通识培训资料 2300 余册发全县中小学教师，人手一册；与第八批宁波支教老师一道，组织全县教辅站长、业务人员、中小学校长、教导主任、课改实验学校起始年级学科任课教师 200 余人，进行为期 3 天基础教育课程改革通识性培训及考试；5 月，教研室组织各乡镇学校对教师进行通识二级全员培训，与宁波、贵阳支教教师编印13万字校本培训资料发全县教师2300多册；6月，教研室组织全县教辅站业务人员、中小学教导主任、语文、数学教研组长180多人进行为期3天校本教学培训；5月至6月，教研室选派教师参加全省新课标、新教材培训；7月至8月，教研室组织全县课改年级进行新课标、新教材学科任课教师全员培训，培训一年级语文、数学、音乐、美术、品德与生活；三年级品德与社会、科学、英语；七年级语文、数学、英语、历史、地理、美术、生物、体育与健康、农村实用科技学科，培训教师1000余人。12月，教研室在珉谷一小、贞丰一中、贞丰民族中学分别开展全县中小学课改年级语文、数学课堂教学观摩交流活动，聘请西南师范大学出版社专家和兴义神奇中学老师进行课堂教学观摩交流。参加活动教师400余人。

2005年，教育局教研室对课改起始年级学科骨干教师进行培训，培训1年级至9年级20个学科，533名教师；组织教研员和初中教师25人到贵阳七中、贵阳八中参加课改经验交流活动；组织8名中小学语文、数学、英语教师，赴全县13个乡镇26所中小学进行课堂教学观摩交流；开展初中、高中物理优质课评比；组织县城小学辅导员教师撰写7篇论文参加“全国第十三届青少年科技辅导员”论文评选，获贵州片区二等奖2篇，三等奖1篇；承办黔西南州教育学会小学语文教学专业委员会第四届第三次年会。

2006年，县教育局教研室开展新教材培训，培训1年级至9年级20个学科教师367人；组织全县中小学校教导主任、教辅站业务人员52人进行两天教导工作、课程管理与教学质量评价，校本教研、课堂教学评价和课题研究培训；组织县城小学六年级语文、数学教师到连环乡开展课堂教学观摩交流活动；开展中小学现代远程教育三种模式应用和中学政治、生物、数学、小学音乐、数学优质课评比活动。

2007年，县教育局教研室培训1年级至9年级新教材17个学科，培训教师200多人；开展中学音乐、美术、物理、化学、生物、小学自然、科学实验课优质课评比；培训全县中小学实验教师200余人；编发全县中小学自然、科学、物理、化学、生物学科实验教学目录和《贞丰县中小学实验教学管理实用手册》；多次组织对全县中小学校实验室建设和实验教学工作进行检查指导，使“普实”工作经省验收合格。

2008年，县教育局组织部分中小学教师180人参加宁波市海曙区新教材教法培训；举行全县小学语文教学技能大赛；印发《关于在中小学开展课题研究的通知》，拟定全县课题研究实施方案，组织全县中小学完成课题研究工作。邀请州幼教学会到贞丰县举办教学观摩课活动；组织部分教师参加黔西南州教育学会小学语文教学专业委员会第五届第二次年会；组织部分教师参加省举办班主任工作管理与心理素质提升培训会；组织贞丰中学首届教师技能大赛所有学科评选工作。

2009年，组织全县中小学教师参加教育技术装备统计软件培训；组织全县中小学参加《贵州省教育厅办公室举办全省中小学优秀自制教具评选活动》；选派教学骨干教师到边远乡镇开展“送课下乡”活动，指导学校进行课改工作，在各年级开展课堂观摩交流活动；举办全县中小学语文教师技能大赛。组织全县教师撰写论文，参加《黔西南州第七届优化小学数学课堂教学暨教学经验交流会》，其中有二人获州级二等奖、三人获州级三等奖。举行全县中小学语文教学技能大赛，各乡镇推荐参加竞赛中小学语文教师105人，评一、二、三等奖。举办第二届小学语文教师技能大赛，分别评一、二、三等奖，推选出三名综合素质优秀教师参加“2009年全州小学语文学术年会”举办全州小学语文教学技能大赛。聘请教学经验丰富教师，对新参加工作的部分青年教师进行集中培训。小学教师培训科目：语文、数学；初中教师培训科目：语文、数学、物理、英语。组织部分教师参加2009年黔西南州教育学会小语教学研究会年会和黔西南州中学语文年会；承办2009年黔西南州教育学会小学英语教学研究会年会。在全县中小学征集学年测试试题，建立试题库。

2010年，选派骨干教师到边远乡镇开展“送课下乡”活动，指导乡村学校进行课改，在各年级开展课堂观摩交流活动；组织部分中小学教师参加“第三届全国中学理科实验教学与小学科学教研优秀论文评选活动”；推荐部分教师参加贵州省小学数学优质课录像评比活动获一等奖1名，参加第四届中小学美术、政治、体育优质课评比，获一等奖1名、二等奖2名、三等奖3名。组织优秀教师参加第四届黔西南州初中数学、英语、物理，高中物理，小学科学优质课评比，获三等奖5名；举行全县小学音乐、体育、美术教师教学技能大赛，参加竞赛教师54人，评一、二、三等奖；聘请省内外专家到贞丰县开展“名师讲坛”活动，800余人参加。选派高中教师参加省级普通高中新课程学科教师培训；组织部分中小学教师参加贵州省农村中小学骨干教师、中学理化生实验教师短期培训。举办“名师讲坛”暨教师教育教学第二期专题培训，共200余人参加。安排部分教师参加黔西南教育学会小学语文教学专业委员会第五届第四次年会和中学语文、数学、生物、地理、历史年会，中小学美术年会。

第七章　教育管理

贞丰县历来重视教育管理工作。解放后，曾设教育科、文教科（局）、文卫办公室、科教办公室、教育局负责教育管理；乡（镇）设教育组（辅导站）管理本乡镇的教育工作，学校实行校长负责制，明确县、乡（镇）教育管理机构和校长的管理责任。县政府成立教育督导室对教育工作进行督促和指导。确保教育政策的落实。教育工作经费专款专用，学校建设不断发展，教学条件进一步改善，教育工作正常开展。

第一节　管理机构

一、县教育局

1991年，县教育局设局长1名，副局长2名。1992年至2002年，县教育局设党组书记1名，局长1名，副局长3名；2002年至2007年，设局长1名（兼党组书记），副局长3名，纪检组组长1名。2002年至2005年，教育局核定编制34名，其中：行政编制10名，事业编制22名（招生办8名参照试行国家公务员制度、教研室14名不参照试行国家公务员制度），工勤编制2名。2005年，根据工作需要，县教育局增设农村中小学现代远程教育工程维修站，核定事业编制4名，股室领导1名。2007年，教育局增设职业教育办公室，核定事业编制3名，主任1名。2008年至2010年，增设安全办和干部档案管理中心，核定事业编制分别为3名和6名，设主任（或副主任）1名。

二、乡镇教育组（辅导站）

乡镇教育组（辅导站）在县教育局和乡镇党委政府双重领导下，负责乡镇教育事业领导和管理服务工作。教育组（辅导站）设站长1人，副站长1人，业务工作人员1人至2人和财会人员，人员编制3至5人。

第二节　行政管理

1991年至1999年，全县教育系统学校领导班子配备由县教育局人事股按照干部四化方针和德才兼备原则对初步人选作考察和考核，提出初步意见，报县教育局行政（党组）集体讨论后，决定任免。1999年至2010年，按照县组织人事部门有关规定，县属中学副校长以上干部由县委常委研究决定任免，其余学校校长及中层干部由教育局考察、行文任免，报人事部门备案。乡镇教育辅导站正、副站长、初级中学、中心小学校长由乡镇党委政府和县教育局共同考察，报人事部门备案，县教育局行文任免。乡镇其余学校校长由教育局考察、征求乡镇党委政府意见，教育局行文任免。1991年至1993年，教职工调配，按干部管理权限，由教育局根据工作需要进行考察后，报人事部门备案，教育局行文调配。1994年至1995年，教职工调入县城内学校，实行凡进必考，择优选调。1996年至2006年，教职工调配，由教育局考察，提交县人事部门，报县政府党组备案后，教育局行文调配。2007年起，教职工调入县城内学校，又实行凡进必考，择优选调。县内改行和调出贞丰县的教职工，由教育局提出意见，提交县组织人事部门研究，报县委常委会研究决定。教职工请假严格执行请销假制度。

1991年至1993年，按照有关考核办法对全县专业技术人员进行业务考核。1994年以后，教师业务考核和年度考核同时进行，重点考核德、能、勤、绩方面，考核结果记入人事档案，作为晋级、奖惩主要依据。

1993年至2001年，深化学校用人制度改革，在全县中小学实施“三制一管理”。2002年至2003年，实施教师聘任制度改革，增强学校内部活力，激发教职工责任心，进一步推动学校教育教学及各项工作，部分学校实行聘任和优化组合，形成竞争激励机制。2007年，全县人事制度改革，全县中小学校全员实行聘任制。

按干部管理权限，教育部门负责全县教职工人事档案工作，负责对教职工档案资料收集、鉴别、整理、分类、编目、装订、归档、保存、保密、利用工作，逐年建立教职工花名册。

1991年后，贞丰中学、贞丰一中、贞丰二中、贞丰民族中学、贞丰高级职业中学和贞丰三立中学（私立）、贞丰县机关幼儿园、贞丰县工会幼儿园直接由县教育局领导和管理，其他中小学和幼儿园由所在乡镇人民政府及教育辅导站领导和管理，实行属地管理。

第三节　经费管理

为合理使用教育经费，提高教育资金使用效益，县教育局加强学校经费管理。1992年，县教育局同县物价局、县财政局制定小学一年级至高中学期收费标准，并要求学校开学时公布。但有少数学校还向学生收取补课费、资料费、考试费等；部分学校还对一些学习差学生收取补考费，收费名目繁多，数额偏高。学校存在乱收费和乱开支情况。1998年，县财政局对全县中小学收费实行预算外经费预算内管理，严格管理学校的收费和经费开支。2004年，国家实行“一费制”收费标准，规范学校收费行为。2005年，国家实行“一免一补”政策。2006年后，国家实行“两免一补”政策。2009年，国家实行中职、高中助学金及中职免学费政策。

为进一步加强教育经费管理，2004年，县财政局将完全小学以上学校纳入“零户统管”，学校配备报账员（出纳人员）、县会计核算中心和乡镇财政所配备教育经费会计人员，实行统一核算、统一管理。

县财政对教育专项资金设立专账管理，将固定资产纳入学校财务管理，各中小学均建立各项规章制度，规范学校财务和校产管理，并建立监督检查工作制度，实行校务和财务公开，接受教职工监督，实行定期或不定期对学校专款进行专项检查和审计，加强学校有限资金使用管理，保障学校工作正常开展。

第四节　学校建设管理

1991年至2010年，为加强全县学校建设管理，县教育局成立工程办公室，负责全县各级各类学校建设，按规划、设计进行施工。促进学校建设正常进行。

1998 年，校舍建设经费投入力度增加，修建 33 所“义教工程”项目学校，建筑面积 50988.8 平方米，投入资金 1762.69 万元；实施 14 所小学“危改工程”项目，建筑面积 10288.6 平方米，投入资金 393.6 万元；2003 年，实施 82 所“两基工程”，投入资金 5055.95 万元；2004 至 2007 年，实施 11 所“农村寄宿制项目工程”，建筑面积 9323 平方米，投入资金 709 万元；2006 至 2010 年实施 80 所“农村薄弱学校改造工程”项目，建筑面积 50895 平方米，投入资金 4529 万元；实施社会捐赠项目 20 所学校，投入资金 1500 万元；县政府投入 8000 万元资金，开工新建贞丰中学。

工程管理　一是维护年度建设计划严肃性，坚持先勘察、后设计、再施工，杜绝“三边”工程，按照有关法律法规，选择具有相应资质勘察、设计、施工和监理单位；二是强化“工程”管理，落实“工程”质量终身负责制，坚持行之有效“八制”（项目法人制、招投标制、工程合同制、工程监理制、目标考核制、工程竣工验收制、质量终身负责制、工程审计制），严格把好“六关”（选址关、设计关、招投标关、建材关、工序关、竣工验收关）。

资金管理　建立项目专户，保证项目资金专款专用，严格按合同规定，根据工程进度分期付款，工程竣工验收后才付齐工程款，并由审计部门审计。工程竣工后，及时健全和完善管理工作，发挥项目作用。

第五节　电教设备管理

2000 年以后，部分中小学自筹资金，购置安装现代信息技术教育设备，开设计算机课。现代技术教育迈出新的一步。2002 年 9 月，者相中学挤出资金购置计算机 11 台，组建全县第一个计算机教室；2003 年 9 月，学校又增设计算机设备。2005 年 10 月，上级利用远程教育项目为该校新增一个计算机教室和一个多媒体教室，11 月，组建校园网；2006 年，开通互联网服务器。

2003 年 6 月，龙场初级中学率先建设第一个远程教育示范点（模式三）；2004 年 6 月，贵州省农村中小学现代远程教育项目工程在贞丰县建设 60 个模式一示范点；2005 年，全县完成第二轮农村中小学现代远程教育项目工程 13 所模式三、93 所模式二、49 所模式一建设任务，项目总投资 371.44 万元，其中中央投入 239.1 万元，省投入 60.5 万元，州投入 24.00 万元，县投入 47.84 万元（含计算机桌凳 11.94 万元）。2005 年 10 月，全县项目学校远程教育设施设备全部安装完成，并经省、州验收调试合格，交付学校使用。项目学校还自筹资金 80.62 万元，完善防盗设施、避雷装置配套建设。2010 年，全县农村中小学建设 14 所模式三、93 所模式二（其中有 2 所安装在村活动室）、109 所模式一校点（其中有 8 所安装在村活动室，2 所因校点撤并，设备存放在中心学校），全县累计 216 所。

这项工程实施，覆盖全县农村初级中学、完全小学及绝大多数教学点，为全县信息技术教育注入活力。

农村中小学现代远程教育项目工程刚实施，县教育局根据贞丰县实际情况制定《贞丰县农村中小学现代远程教育工程项目管理方案》《贞丰县农村中小学现代远程教育工程项目技术人员管理方案》《贞丰县农村中小学现代远程教育工程项目设备、人员配置、资源利用定期检查制度》，开展现代远程教育项目管理。

第六节　教育督导

1998 年 3 月，县政府成立教育督导室，履行督学督政职责，配合省、州、县开展教育改革执法检查，加大教育法律法规宣传贯彻力度；在“普六”验收、“两基”“普实”验收中督促各乡镇、学校，加强整改，切实推进工作，确保验收任务完成；开展中小学学校管理、素质教育实施综合督导评估和其他专项督导评估工作；配合教育局开展“校园文化建设”和“整脏治乱”检查；开展中小学校教育教学质量监测工作；对县域内义务教育普及水平和均衡发展情况，各级各类教育规划布局、协调发展情况进行督导；督促乡（镇）政府和各部门充分履行教育工作职责。

第八章　科学技术

1961 年 9 月，贞丰县建立科学技术委员会（以下简称县科委）开展科技工作。1973 年 8 月，改为县科技局；1979 年 5 月，又恢复县科委。1983 年 4 月，建立县科学技术学会（以下简称县科协）。1994 年 3 月，县级机构改革时，县科委与县科协合并，恢复县科技局。2002 年 4 月，进行县级机构改革，成立县知识产权局，设在县科技局，与县科技局一套班子及人员，称为：贞丰县科技（知识产权）局。县科技局、县知识产权局、县科协三个正科级建制单位合为一体，一套班子及人员。2003 年 3 月，县科技（知识产权）局、县科协领导班子分设，仍在一起合署办公。2005 年 12 月，县科技（知识产权）局、县科协两个单位人员和办公室分开，成为完全独立的两个机构。2010 年 4 月县级机关机构改革撤销县科技局，将县科技局职能并入县贸易和科学技术局。

第一节　科普活动

1991 年至 2010 年，县科技部门组织相关单位采取多种形式开展科普活动。

挂（展）科普图片　每年县科技部门和有关单位挂出（展出）科普图片 1500 余幅，进行科学普及教育，受普及教育 3.8 万人次。

举办科普园地　县科技部门和文化、教育、卫生、计生系统举办 260 余期科普园地，受普及教育 6.1 万人次。

设科普宣传栏　县科协在县城富民西路，建立固定宣传栏，定期展出科普图片、科普知识、科技常识，累计 36 期，展出各种图片和资料 500 余幅。

定期开展科普活动月　2004 年，全国科协确定每年 10 月为“科普活动月”。2004 年至 2010 年，县科协、科技局牵头，教育局、团县委、气象局等部门配合，在“科普活动月”期间组织中、小学生 3600 人参观“科普教育基地”，13000 人听科普讲座。

开展送科教电影片下乡活动　20 世纪 90 年代，县科技部门利用农闲时送科教电影到乡村，年均放映 180 场次，观众 60 万人次。覆盖全县 13 个乡（镇），168 个村，占全县行政村总数 60%，累计观众数 530 万人次。2000 年至 2010 年，县科技部门还利用“村党员活动室”播放“农村适用技术”进行科普活动，累计无偿赠送给村党员活动室 VCD 科技光碟 580 余张。宣传科技覆盖 80%行政村。

科技活动周　2002 年，科技部规定每年 5 月第 3 周为“科技活动周”。2003 年“非典”在一些地区流行，为预防“非典”蔓延到贞丰县，2003 年 5 月 17 日至 23 日科技宣传周，县政府组织，县科技局牵头，由县委宣传部、县电视台、县药监局、县卫生局、县医院、县中医院、县疾控中心、县保健站等部门（单位）18 人组成宣传队，分别赴北盘江、者相、龙场、白层、鲁贡、沙坪乡镇，开展“抗击非典”宣传咨询活动。医务人员义务为群众测量血压和体温万余人次，无偿发放“抗非典”药品价值 0.8 万余元；科技局出经费 0.9 万余元，速购“非典”预防宣传资料 1.9 万余份。2004 年 7 月，县科技局、县科协被评为“抗击非典”先进集体。2004 年，农业、林业、畜牧、水利、农机部门有 181 人，分别赴乡、村、组，深入田间地头，送资料、信息、技术上门，赠送科技资料 1.2 万余份，举办培训班 28 期，参训群众 2.6 万余人次。

科技活动日　1995 年，省政府规定每年 3 月 18 日为“科技活动日”。每年科技活动日，县政府组织，县科技局牵头，县属 21 个部门（单位）抽派专业技术人员 120 余人在街上设立“科技咨询”服务台，形成“科技一条街”，为赶集群众义诊 200 余人，赠送药品价值 5000 余元；发放各种农村适用技术资料 8000 余份，接受科技知识咨询 13000 人次。

第二节　科技项目

一、“星火计划，科技扶贫”项目

20 世纪 90 年代初，国家科委同致公党中央、九三学社中央及全国工商联共同在云南、贵州、四川、广西西南四省（自治区）开展“星火计划，科技扶贫”工作。贵州省试验区选择在黔西南州实施，贞丰县从 1991 年至 2010 年实施“星火计划，科技扶贫”项目是:（一）依靠科技，提高粮食单位面积产量（科技兴农）；（二）优质烤烟种植；（三）优质甘蔗栽培、加工；（四）桑蚕种植饲养；（五）亚热带水果种植；（六）牛品种改良及养殖技术；（七）地方特优产品开发。

二、因地制宜确定开发项目

1991 年至 2010 年，县委、县政府及其农业、林业、畜牧部门按照科学发展观，从县情实际出发，实施十万亩花椒、十万亩砂仁、十万亩甘蔗、十万亩经果林、十万亩人工草场、十万亩金银花、十万亩麻疯树项目。

第三节　科技推广

1991 年至 2010 年，县科技、农业、林业、畜牧、农机、水利、教育、卫生部门广泛应用新产品（品种）、新工艺、新技术。

杂交农作物品种普遍推广　水稻、玉米、油菜“两杂”良种应用，成效显著，粮油产量大幅度增加，惠及广大群众，使全县在 1998 年整体越过温饱线。

杂交畜禽品种推广　牛品种改良和杂交猪推广，提高牲畜成栏数和牲畜出栏率，畜牧业产值逐步增加。

农业适用技术推广　水稻旱育稀植、玉米营养球育苗移栽、油菜育苗移栽、旱地分带轮作、大棚蔬菜、反季节蔬菜、果树嫁接和修枝整形技术推广，使农业产值逐渐上升。

农业综合开发　节水灌溉、小型农机具推广，逐步改善农业生产条件，提高生产力，减轻劳动量，促进农村经济发展，农民人均纯收入增加。

采矿、冶炼工矿企业新技术推广　煤炭、黄金开采与冶炼使用新技术、新设备、新工艺，提高县域工业经济效益。

建筑施工新技术推广　房屋建设、市政建设、公路、桥涵、隧洞、电力、水利工程实施中采取机械化和半机械化，既保证工程质量和进度，又保证施工安全。

教育、卫生系统新设备、新技术推广　影像、声响、电化教学进入中、小学课堂；声、光、波“三源”诊断仪器在医院普遍应用，促进文化、教育、卫生社会事业快速发展。

通信网络新设备、新技术推广 移动通信、网络媒体、网上传递下载在工作和生活中普遍应用，给人们沟通交流和信息传递带来便捷，提高工作效率。

第四节 科技成果

一、获奖成果

（一）1994 年，县土管局开展《贞丰县土地利用规划调查（土地详查）》，获国家土地管理局调查成果二等奖、省土地管理局调查成果一等奖、州土地管理局调查成果一等奖。

（二）1992 年，县农业局开展水稻高产综合技术推广，获贵州省农业丰收计划一等奖。

（三）1998 年，县农业局实施综合治理鼠害，减灾保粮夺丰收项目，获贵州省农业丰收计划二等奖。

（四）1991 年，县农业局开展油菜综合栽培技术，获贵州省农业丰收计划三等奖。

（五）1995 年，县农业局推广玉米综合增产技术，获贵州省农业丰收计划三等奖。

（六）1998 年，县农业局开展稻飞虱检测与综合治理技术，获贵州省农业丰收计划三等奖。

（七）2000 年，县农业局开展甘蔗大面积丰产综合栽培技术，获黔西南州科技进步二等奖。

（八）1996 年，县防疫站开展机动车驾驶员性传播疾病调查分析，获黔西南州科技进步三等奖。

（九）1996 年，县防疫站开展米醇酸新致食物中毒调查，获黔西南州科技进步三等奖。

二、试验成果

（一）引导和组织农民科学种植反季节蔬菜，提高土地经济效益，增加农民经济收入，解决群众吃菜问题，提高人民生活水平。

（二）2000 年，引进优质甘蔗品种到蔗区试种成功，提高甘蔗产量和出糖率以及蔗农经济收入。

（三）2005 年后，逐步推广小型农机具旋耕机耕田地，稻谷、玉米脱粒机，解放一部分生产力。

（四）2009 年，引进火龙果在低热河谷地带试种成功，促进特色农业发展和农业产业结构调整。

（五）1994 年至 2000 年，在珉谷镇坪上村喀斯特地貌实施金银花种植、李子种植，在北盘江镇顶罈片区实施花椒种植项目，不但增加农民经济收入，解决群众温饱，使农民脱贫致富，而且对保护生态环境，治理石漠化也取到一定作用。两个项目实施得到上级领导和有关专家好评，总结为“坪上模式”和“顶坛模式”进行宣传和推广。

第五节　科技人才

一、科技人才状况

1991 年至 2010 年，全县人才培养和引进有较大发展，各类专业技术人员逐年增加，2010 年，各类专业技术人才 4630 人；其中：高级职称 98 人，中级职称 1166 人，初级职称 3366 人。人才总数比 1990 年的 2156 人，增加 2474 人。

科技人才主要集中在教育、卫生系统和党政机关，分布在农业、林业、畜牧、水利、农机、工矿部门，经贸流通领域很少。

二、乡土人才培训

县科技部门采取多种形式培训各类本地人才。

（一）2004 年，在县农场培植花椒苗、金银花苗育苗示范地 3.5 亩，为退耕还林提供苗木，组织部分乡镇群众来参观学习，培训花椒苗、金银花苗育苗能手。

（二）2005 年 5 月，组织部分乡镇村组干部、科技示范户 35 人到册亨县参观学习反季节蔬菜种植技术。同年 8 月，邀请省农科所专家到贞丰培训反季节蔬菜种植科技知识，144 人受训。请省农科所专家深入白层镇岩方村指导果农科学管理李子树。

（三）2006 年，邀请州科协、州林学会科技人员到贞丰举办果树病虫害防治培训班。

（四）2007 年 4 月 14 日，邀请省农科院蔬菜专家李桂莲到者相镇新寨村和鲁容乡洒若村指导菜农科学种植、管理蔬菜。

（五）2007 年 9 月，贞丰县许多菜农的西红柿发生枯萎病、黄花梨出现黑心病，县科技部门邀请省农科所王天文所长到者相指导防治西红柿枯萎、到鹅田村指导防治黄花梨黑心病害，参训人员 100 余人。

（六）2010 年，县科技部举办煤矿从业人员培训班 10 期，参训人员 823 人，获得合格证 810 人；组织各乡镇和部分县直部门负责人、中心学校校长到者相镇董冈组参加防灾减灾知识培训；在大碑村举办科学种植蔬菜培训班，参训 136 人；组织顶罈椒业公司、布依王风味食品厂等 5 个企业 10 人到省、州参加企业人才培训。

第十四篇　文化　体育

贞丰县历来重视文化体育工作。1991 年至 2010 年，县委、县人民政府进一步加大文化体育工作力度，全县各级党委政府和文化体育工作部门，采取多种形式培养文化体育人才，开展文化体育活动和文物、非物质文化保护工作，实施村村通广播电视工程。文化体育工作健康发展。

第一章　文　化

1991 年至 2010 年，贞丰县文化工作有很大的发展。逐步健全文化工作机构，不断完善文化设施，扩大图书发行量，丰富图书馆藏，开展清理整顿文化市场工作，净化文化环境。全县文化工作正常发展。

第一节　文化工作机构

1984 年 1 月，成立县文化局，设局长 1 人，副局长 2 人，工作人员 1 人。下设县广播站、县文化馆、县图书馆、县文管所、县新华书店、县电影公司；同年 10 月，县广播站升格为县广播电视局，不隶属文化局。1989 年，为加强文化管理，成立县文化管理委员会，由文化局长兼任办公室主任，负责全县的文化市场管理。1991 年，全县撤区并乡建镇，全县 13 个乡镇均设文化站，为乡镇事业单位，每站编制 2 人至 3 人。1994 年，县文化局、县体育局、县广播电视局合并，称“县文化体育广播电视局”，设局长 1 人，副局长 3 人。内设办公室、财务室、文化稽查队、体育指导站。2004 年，县文化体育广播电视局增加新闻出版（版权）管理职能，加挂县新闻出版局（版权局）牌子，实行一套人马、三块牌子办公形式。设局长 1 人，副局长 2 人，纪检组组长 1 人。2010 年 4 月 8 日，县文化体育广播电视新闻出版局和县旅游事业局合并为县文化体育旅游和广播电影电视局，设局长 1 人，副局长 2 人，机关党委书记 1 人（副科级）、文化稽查大队长 1 人（副科级）。内设机构在原基础上新增文化旅游市场管理股和文化旅游市场开发与信息管理股。

第二节　文化设施

1991 年 10 月，省、州拨款 11 万元，县政府配套 2 万元，对地处县城清真寺正大门左前方约 30 米，背靠阁楼，占地 300 平方米的原文化馆礼堂进行改造，新建成容纳观众 500 人，建筑面积 590 平方米的礼堂。1995 年，上级图书发行部门拨款在县城富民路建设一栋新华书店综合楼。2000 年，再在县城菜园商贸区建设一栋新华书店综合楼。2002 年，县民族宗教局争取上级民族经费在者相镇纳孔村建设一个面积 250 多平方米的舞台。2003 年，县委、县政府多方筹资在三岔河畔建设一个面积 50000 多平方米的民族文化广场和一个面积 600 多平方米的水上舞台。2007 年，省文化厅、县政府投入 166 万元资金，在县城丰茂广场旁新建占地面积 1998 平方米的县文化馆综合大楼（2009 年 9 月竣工），馆舍建筑面积 2512 平方米，室外活动场地 900 平方米。文化馆综合大楼内设办公室、创作室、舞蹈室、美术书法摄影室、声乐室、器乐室、戏剧曲艺室、民间文化遗产保护室、多媒体室、档案室、多功能演艺厅、多功能展厅等。根据中共中央、国务院《关于推进社会主义新农村建设的若干意见》和《关于进一步加强农村文化建设的意见》，切实解决广大农民群众“买书难、借书难、看书难”的问题，2007 年 3 月，新闻出版总署同中央文明办、国家发展改革委、科技部、民政部、财政部、农业部、国家人口计生委联合发出《关于印发〈农家书屋工程实施意见〉的通知》，开始在全国实施农家书屋项目，满足农民文化需要，在行政村建立农民自己管理，能提供农民实用图书报刊和音像电子产品阅读视听的公益性文化服务设施。是年 11 月，县文体广电新闻出版局按照上级关于农家书屋建设的要求，结合贞丰县农村实际，分别在珉谷镇纳核村、者相镇纳孔村、北盘江镇银洞湾村实施农家书屋工程，组织县图书馆工作人员深入上述村寨，培训管理人员，建立健全农家书屋管理制度。2008 年，县文化部门争取上级资金在丰茂广场后面新丰路临街建设一栋占地 3000 多平方米的新图书馆。

第三节　文化市场管理

1991 年至 2010 年，县文化管理部门按照上级关于文化市场管理有关规定和文件精神，开展文化市场管理工作，先后开展“打黄、打非”活动和整顿文化市场秩序，净化文化市场专项行动。

一、规范文化市场

县域内凡经营歌舞厅、麻将室、电子游戏机、台球等单位和个人，须具备相应设施和条件方能提出书面申请，申请书经所在乡镇以及街道签意见盖章后，报县文化局文化市场管理股审查合格，方发给“文化经营许可证”；县公安局根据“文化经营许可证”办理“特殊行业经营许可证”，再由工商行政管理局办理“营业执照”。经营户须齐备“两证一照一须知”后方可经营；经营“网吧”还需由电信局审验颁发“网络文化经营许可证”。证照不齐的不准经营，必须取缔。

二、清理整顿文化市场

1991 年 1 月，全县开展大规模的“扫黄、打非”集中统一行动。县委召开宣传、文化、广电、公安、工商、教育、工会、共青团、妇联等单位主要领导会议，从相关部门抽调 20 人，分成 4 个组，由文化、公安、工商、广播电视局领导带队，对文化市场进行全面清查。行动历时 20 天，查出非法出版书刊 300 余册，劣质年画、图片、历书册页等 2175 幅（册），劣质录音磁带 27 盒；取缔 10 家无证经营书画摊点和 1 家营业性舞厅。7 月，为便于管理，县文化管理委员会明确文化、广播电视、电影公司三个单位设音像制品发行点发行原版录像带；凡进入县内的音像制品（涉密的除外）必须经县文化管理委员会办公室审核，不许窜带，严禁私自放映未经县文化管理委员会办公室审核登记的音像制品。

1992 年 11 月，县文化局召开文化经营户会议，组织 74 家经营户学习文化市场管理的法律、法规、条例，签订“遵纪守法合同书”。

1993 年 9 月，为进一步加强台球、录像、电子游戏娱乐活动的管理，成立县“扫黄、打非”领导小组。县文化管理委员会，从 9 月 19 日起组织工商、公安等部门对文化市场进行为期 10 天巡回检查，向各经营户分发文化市场管理有关规定和条例。

1994 年 2 月，根据中央和省关于加强文化市场管理的精神，由县文体广电局牵头，对全县文化市场进行一次大清理大整顿。依法收缴非法出版书刊 3280 册，淫秽书刊 36 册，淫秽音像制品 372 件，无证台球桌 18 张，取缔无照经营户 7 家，取缔电子游戏室 4 户，吊销营业许可证 5 份。

1997 年，县文化管理委员会办公室通知各电子游戏室，严禁青少年学生进入电子游戏室，由县文体广电局监制“禁止未成年人入内”挂牌发到各电子游戏室。9 月，县政府召开公安、工商、文化、监察等部门领导会议，安排部署清理、整顿文化市场，出动检查人员 158 人次，收缴各类非法出版物 452 册，查缴非法音像制品 2462 盒，清查文化经营户 136 家，其中清理歌舞娱乐场所 15 家，台球厅 42 户，电子游戏室 9 户，录像放映点 28 家，个体书摊 7 户，麻将娱乐室 18 家，打字复印室 7 家，印制厂 2 户，网吧 4 户；查封放映黄色录像点 2 户，取缔电子游戏室 2 户。收缴的非法音像制品和非法出版物，于 11 月清点装箱后运到州政府大院统一销毁。

2000 年 8 月，文化、公安、工商部门联合对全县 20 多个录像放映点、26 家娱乐室、

9个卡拉OK厅、5个电子游戏室、7家书摊和4户音像制品发行点进行严格管理，开展检查80人次，出动车辆20台次，收缴盗版光碟1800余张、无版权图书570册。

2001年，在“扫黄、打非”整治中，组织较大规模的检查5次，出动人员60人次、车辆8辆，现场处理棘手问题15个，及时上报重大问题2个，查处色情录像2起；文化市场稽查人员利用赶场天向群众宣传有关法律法规9次；为群众提供服务188人次；取缔非法文化娱乐点9家；制定管理条款60条；为10家电子游戏、网吧制作“禁止未成年人入内”挂牌；制作悬挂大幅宣传标语8幅；曝光违章文化经营点6次。贞丰县城赶场天，在县供电大楼前销毁无版权图书1450册、影碟4017张、盗版（金华纳）光碟1557个、非法出版录像带68盒、劣质录音带18盒、黄色光碟58个、电脑设备3套，总计7142册（个）。

2003年6月，开展“网吧”营业场所专项治理。将“网吧”经营户集中到县土产公司二楼集中经营，集中管理。每天派人24小时值班监管，有效遏制了未成年人进入“网吧”。在“扫黄、打非”专项工作中，收缴盗版光碟1580张、盗版图书1套、盗版教辅读物100余册，出动车辆12台次、人员85人次。

2007年，按照中央和省州以及县委会议纪要指示精神，将原“CS网吧”更名为“金都网络中心”，以网吧、演艺场所、出版物市场、歌舞厅、娱乐室为重点，节日期间开展大规模检查80多次，出动稽查执法人员230余人次，检查经营场所30家，受理举报20起，作出行政处罚3家，收缴盗版录音磁带280盒、VCD光盘1000张、非法书报刊10册，有效地净化了文化市场。

2008年，县文化部门贯彻执行全省第二十八次“扫黄、打非”电视电话会议精神，打击侵权盗版及各种非法出版物，开展互联网上网服务营业场所专项整治活动，加强演艺娱乐场所管理，打击无证照演出团体和流动淫秽色情表演。开展校园周边出版物市场专项整治行动。全年出动检查人员450多人次，检查经营单位360多家次，查获盗版及涉黄音像制品5000张，办结案7起，罚款10000元；依法取缔非法地摊2家；依法立案查处网吧违法违纪经营7起，取缔非法经营黑网吧6家，没收电脑显示屏及主机40余套；立案移交工商部门处罚违规销售广播电视地面接收设施1起，收缴接收机40台、地面接收天线150面；取缔无证经营音乐茶馆1家；收缴违法音像制品3500余盘送州文化局、州工商局统一销毁；收缴盗版书籍40余册、盗版地图20余张、盗版地球仪12个。

2009年，举办文化经营户安全管理培训会，提高经营业主及管理人员安全意识和守法经营意识，使贞丰县文化市场上半年无一事故。文化、公安、工商等部门密切配合，加强校园周边环境的整治工作。至5月26日，取缔非法经营黑网吧4家，收缴电脑61台，收缴非法音像制品6000张、非法出版及盗版书籍200多册，送州文化、州工商部门统一销毁。

2010年，按照“一手抓市场繁荣，一手抓市场管理”的要求，县文化主管部门引导文化经营单位向健康有序的方向发展。为实现网吧经营场所规范化管理，将县城10家网吧整合为7家。为加强文化市场监管工作，全年检查文化经营单位300余家（次），出动执法检查人员560人次。其中，文化、公安、工商等单位联合执法检查16次。取缔非法游戏（游艺）娱乐场所1家，收缴电子游戏机80台，收缴非法盗版音像制品300余张。为提高文化经营者素质，文化、公安、工商联合举办法律法规及业务技能培训6次共100余人次。4月，县文体旅广电局获省文化厅全省文化市场行政执法先进单位。

第四节　图　书

一、图书馆藏、阅览

县图书馆以改善服务质量为重点，发挥“倡导读书，传播知识，服务社会”的作用，不断增加馆藏图书，登录修补图书，开展读书宣传活动，征集地方文献，培训农家书屋管理人员。2007年，采购新书900余册，收集地方文献6册，装订历年报纸、杂志503册，修补破旧图书、杂志616册，图书剔旧280册。外借室、阅览室、少儿室等窗口累计接待各类读者阅览5984人次，固定读者比往年上升10%。举办少儿读者活动3次，下基层辅导6次，帮助图书分类编目2200余册。开展“五月图书宣传月”活动、“我读一本好书”中小学生征文、图书综合知识有奖竞猜、现场书法比赛及历史文化主题图片展等活动。活动期间共收到软笔书法作品200多幅，征文200多篇，参与群众、学生5000余人次，展出图片250幅，发放宣传资料300余份，提供咨询服务1000余人次。

从2007年11月开始实施农家书屋工程至年底，珉谷镇纳核村、者相镇纳孔村、北盘江银洞湾村三个村的书屋共借阅图书300余人次。至2010年年底，全县有105个村建立农家书屋。农家书屋项目实施后，县图书馆还组织业务人员深入乡村农家书屋，培训管理人员210人，帮助整理上架图书近4万册。4年中，105个村农家书屋共借阅图书3万余人次。

2008年，县文体广电局争取到省新闻出版局13万元的图书，县图书馆全年定购期刊144种，装订历年报刊156册、杂志1200余册，登录图书3400种4442册，制作目录卡片10200张、耳卡3205张，修补图书628册，图书剔旧120册。在图书宣传月活动中，开展知识现场答题、现场书法比赛、“我读一本好书”征文等活动。图书馆全年外借图书9800册次，收到归还图书9790册次，内阅12380人次，帮助读者查阅文献资料180次。

2009年，县图书馆完成典籍书库6000多册图书的整理排架工作，订期刊131种，报刊13种。借阅图书3600多册。组织职工深入全县各机关单位及各乡镇开展征集地方文献工作，出动127人次，走访单位25个180人次，收集110种，495册书籍。开展一年一度的“图书服务宣传周”“全民读书月”活动。

2010年春节期间，在县城中大街、“喜洋洋”超市开展3000条灯谜竞猜活动，参加者近万人。在数字图书馆建设工作中，分别在县城桂花街等处开展形式多样的读书宣传活动、开展数字图书馆服务、讲解数字图书馆的作用，发放“贵州数字图书馆读者”卡500张；到机关学校社区发放读者卡500张。图书馆职工下乡50余人次，到乡镇105个农家书屋整理上架图书36000余册，现场培训管理人员148人。县图书馆全年分类图书资料987种、

1420 册，并上架借阅；建立 5680 张目录卡片，装订报刊 403 册；接待读者 5000 多人次，图书外借 2600 册次，编辑简报 4 期。网络支中心通过省分中心等上级主管部门验收，并正式运行，每天接待读者 50 人次。

二、图书发行

随着文化体制改革的深入，1991 年后图书发行、经营方式逐渐放开，县城除了有国营新华书店发行图书外，还有行知书店、虎旺书店、汇文书店等个体民营书店经营图书。图书发行工作有很大的发展，尤其国营新华书店发行条件明显改善。1995 年，上级图书发行主管单位拨款给县新华书店，在县城富民路新建了一栋占地 200 平方米，建筑面积 1000 平方米的五层综合办公楼。新楼落成，县新华书店由旧城大西门搬迁至新综合楼办公和营业。2000 年，上级图书发行主管单位又拨款给县新华书店，在菜园商贸区坡洋脚修建一栋占地面积 240 平方米，建筑面积 1200 平方米的五层图书仓库，专门用于发行全县中小学、幼儿教材。

1991 年后，县新华书店的主要工作是发行全县中小学、幼儿教材；发行中国共产党第十三次、十四次、十五次、十六次、十七次全国代表大会工作报告和公报单行本，《邓小平文选》《江泽民文选》《科学发展观》等，供全县党政机关、学校、企事业单位领导干部学习；发行经营经济、社会科学、自然科学、医药卫生等图书。个体民营书店以经营中小学学习辅导资料、假期作业为主，兼营部分社会科学、自然科学、文学书籍和工具书等。

据统计，新华书店每年发行中小学教材 10 余万份，发行政治学习资料 2000 余册；个体民营书店销售中小学生学习辅导资料 10 余万份。者相、龙场、北盘江也断断续续有一些个体民营书店（屋）经营图书。城乡图书经营市场逐渐繁荣。

第二章　文学艺术

1991 年至 2010 年，贞丰县文学艺术工作再上新台阶。文化艺术人才茁壮成长，层出不穷；县内外贞丰籍文学艺术作者创作积极性不断提高，作品数量逐年增多，质量有很大提高；群众文化活动形式和内容丰富多彩，文学艺术工作与时俱进。

第一节　文学创作

1991 年至 2010 年，境内文艺创作氛围浓厚，文艺创作队伍不断壮大、硕果累累。2003 年 3 月，县文联创办《北盘江》小 16 开文艺季刊（2007 年，改为大 16 开双月文艺季刊）；2010 年 8 月，县教育局创办《贞丰教育》季刊（设文艺副刊）。2002 年和 2007 年，县宣传文化部门邀请贵州省写作学会到贞丰参加“三岔河之秋”笔会两次，并开展采风活动，先后出版发行《圣地贞丰》《布依金城贞丰》散文集。在外地工作的县籍作家、艺术家和各行各业文学爱好者竞相在国家、省、州级刊物上发表描写贞丰历史文化和人文风情的文学作品，扩大了贞丰在外的知名度。1991 年 10 月后，贞丰县举办 10 多届“三岔河之秋”笔会。2006 年，由国土资源部主办的“国土资源文化”贵州贞丰论坛和《小说选刊》贞丰三岔河创作基地第一届笔会，为文艺爱好者提供了学习机会和写作舞台，创作了一批文学作品，有的作者登上了国家、省级领奖台，不少作者成为国家或省级作家协会、艺术家协会会员。

贞丰籍在县外地工作的作者，勤奋创作，文学艺术硕果累累。

出生于贞丰县城田坝街的田景丰（广西柳州市作家协会副主席），出版小小说《漂亮的女邻居》，散文集《高高的白杨树》（1994 年 5 月广西民族出版社出版，12.3 万字）；散文集《人生旅途》（1996 年 2 月广西民族出版社出版，15 万字）；《扯不断的牵挂》（2006 年 1 月时代出版社出版，16 万字）；《未曾相约》（1994 年 10 月广西民族出版社出版，6 万字）；随笔集《边看边说》（2003 年 12 月作家出版社出版，25 万字）；2007 年 11 月，获中国现代文学馆、文艺报、中外散文诗学会等机构评为“中国散文诗重大贡献奖”。

出生于贞丰县挽澜乡拥跃村的韦廉舟（贵阳市文物管理委员会副研究员），著有《故事发生在昨天》《良师益友集》等文集。

出生于贞丰县珉谷镇岩鱼村的黄国瑄（贵州省水利厅宣传教育处长、享受副厅级待遇，《贵州诗词》副主编），编著有《水花朵朵》《贵州溶洞奇观诗文选》《三河恋》《水的丰采》《海棠集》《杜鹃集》《撤榄集》诗集，主编《贵州水利艺文志》等图书，由出版社公开发行。

出生于贞丰县珉谷镇纳利布依族寨的罗国凡（贵州《南风》杂志编辑）。著有短篇小说集《崖上花》，长篇小说《绿色的山峦》和长篇小说《夜郎国演义》等。短篇小说《节日回到布依寨》获贵州省首届创作一等奖、全国第一届少数民族文学创作奖。

出生于贞丰县者相镇罗丈村的毛鹰（黔西南州民族宗教事务局民族研究所副所长），出版诗集《叶影集》《一片弓月情》《毛鹰短诗选》（中英文版）、《浪哨歌》（合作），散文集《情系意大利》（合作）。短诗《金沙水河金沙河》《望见心爱的北京》《一年一度查白节》被谱曲传唱。与人合作长诗《金竹情》被改编成布依戏上演，流传到东南亚；与人合作的布依族神话舞剧《查郎与白妹》，获中国作家协会、中国戏剧家协会、文化部、国家民委联合颁发的首届“民族团结奖”。

出生于贞丰县北盘江镇岜浩村的周国炎（中央民族大学教授）。著有散文集《奇山秀水布依情》被收入《中国少数民族风土漫记》。

出生于贞丰县鲁容乡纳腊村的罗阳富（贵州师范大学纪委副书记、教授），在《演讲与口才》《贵州日报》等报刊发表散文、诗歌多篇（首）。

出生于贞丰县珉谷镇顶江的农文成（《贵州民族报》总编辑），大学时创作诗歌《回答》获贵州首届大学生诗歌大赛三等奖，参加工作后7次获“贵州省报纸副刊作品奖”，多次获“贵州新闻奖”奖项。

出生于贞丰县者相镇纳马村的向忠俊（昆明市宗教局干部），创办中国布依族第一张彩报《越人歌》，著有叙事诗集《双乳峰》、布依民歌集《和风颂》《中国茶艺歌》。

出生于贞丰县珉谷镇顶江的韦光榜（中国作家协会会员）。创作各类文学作品在《十月》《民族文学》《诗刊》《北京文学》《天津文学》《山花》《贵州作家》《海外诗刊》《散文诗》《星星》《香港散文诗》《人民日报》《解放军报》《中国民族报》《贵州日报》以及新华网、人民网、凤凰网、文汇网、光明网、中国作家网、中国文学网等全国各地报刊发表、转载。并有诗、散文诗、散文等文学作品在全国性的“韶峰杯”“李贺杯”等文学作品大奖赛中30多次获得过一、二、三等奖和优秀奖等。有散文、诗歌等文学作品入选《中国散文诗大系·贵州卷》《贵州文学大系·诗歌卷》《新世纪贵州作家作品精选》《100篇最难忘的散文诗》《2009中国网络诗精选》《中国年度散文诗》《照亮中国》等多种版本的散文、诗歌年卷选本。著有《山峦》《心灵的河流》《依然如故》《馨香依然》《魂系高原》《心灵的遥望》等文学专著。

出生于贞丰县珉谷镇巧贯村的韦昌国（黔南州作家协会副主席，中国作家协会会员），1999年以后，先后在《收获》《民族文学》《夜郎文学》《贵州作家》《时代文学》《散文》《山花》《芳草》《清明》《创作与批评》《杂文月刊》《人民日报》《文艺报》《杂文报》《通俗小说报》《贵州日报》《广州日报》《南方周末》等发表小说、散文、杂文、文学评论近100万字。著有散文集《另眼观潮》、中短篇小说集《城市灯光》。主要作品有中短篇小说《短腿孙棋》《山猴之死》《陌生电话》《玫瑰祭》《城市灯光》《梅原》《麦子的夜晚》《最后的桃花》《碑文》《废纸》《渡河》等。曾获《夜郎文学》和黔南小说大赛一等奖、二等奖，“尹珍杯”小说创作奖、优秀奖，黔南州政府文艺奖二等奖、一等奖，贵州文学院专业文艺奖中篇小说特等奖。

在县内工作的作者积极创作，文学艺术作品层出不穷：

贞丰一中高级教师韦正律。1980年开始发表文学作品，文学作品在中国内地和香港等地入书出版，先后获得首届国学创新优秀成果银奖、“中华颂”全国老少文学艺术大赛银奖、首届“龙腾杯”全球汉诗大赛金奖及海内外诗词楹联大赛多种奖项。

贞丰县文体广电局原局长叶集贤。1968年开始创作歌曲、小说、小品等在各级各类刊物上发表100多件。其中创作的布依花灯剧本《喜送女儿上大学》选入《贵州剧作》，出版小说、戏剧集《风雅楠竹》。

贞丰县地税局原局长万华超。业余时间创作文学、摄影作品多次获奖。著有散文集《一缕馨香》、诗配画集《穿越林地》，散文诗配画集《落雪的日子》《风从草堂吹过》《菊开那夜》《清香雨荷》，散文《黄昏，独自凭栏》；中篇小说1篇；散文111篇；诗歌128首；散文诗近500首，共100多万字。

贞丰县珉谷镇岩鱼村人蒙如运，农民工。初中肄业，但勤奋好学，坚持不懈学习写作知识。在广东一家企业从事宣传文化工作，持之以恒学习文学创作。曾有200余篇文学作品在《诗刊》《北京文学》《贵州民族报》《贵州民族报·民族文学周刊》《西南民兵》《汕头日报》《经济信息时报·今日兴义》《黔西南日报》等报刊发表。有作品获黔西南州“教育希望杯”纪实文学三等奖，汕头市“师恩难忘”征文散文奖。有诗歌入选《中国太阳》（北京文学建党90周年征文作品展·中国青年出版社出版）和《中国当代短诗选》。

贞丰籍在县内外工作的蒙荣荣、马文华、徐兴富、李大文、杨怀勇、刘定斌、冯琳等不少文学爱好者在各级各类报刊上发表文学作品。

第二节　文学书籍编辑

1997年10月，县委宣传部、县文学艺术界联合会、县文化体育广播电影电视局编印第1届至第4届“三岔河之秋”笔会作品选——《金都艺苑》。

2002年7月，政协贞丰县委员会编辑贵州旅游文史系列丛书《盘江风韵》。

2003年，县人民政府邀请贵州省写作学会到贞丰采风，与县内作者创作出版《圣地贞丰》散文集。

2005年3月，县旅游事业管理局、县文学艺术界联合会编印画册——《布依金都》。

2006年9月，县政府邀请贵州省写作学会到县境采风，与县内作者创作出版走遍夜郎故土散文书系《布依金城贞丰》。

2008年1月，贵州省写作学会业余作家徐雯丽编辑《双乳峰下游贞丰》，9万字，贵州人民出版社出版发行。

2008年，县委宣传部，县文学艺术界联合会、县旅游局编印《奇山秀水·风情贞丰》宣传画册。

2009年12月，县文学艺术界联合会编辑《金都》散文集，15万字，作家出版社出版发行。

2009年10月，贵州省布依学会、贞丰县政府编辑出版《布依文化与乡村旅游》；贞丰县布依学会编印布依文艺人才名录及代表作《布依风采》。

（一）作者部分著书存目

1991年—2010年贞丰县部分作者著作一览表

表14-2-1

书名	类别	出版时间	出版社	字数	作者	备注
廉舟文集	纪实文集	2004年	汕头大学出版社	300000	韦廉舟	—
五彩石	诗词	1996年1月	广西民族出版社	65000	黄国瑄	—

续表 14-2-1

书名	类别	出版时间	出版社	字数	作者	备注
橄榄集	纪实文集	2005 年 9 月	贵州民族出版社	400000	黄国瑄	—
海棠集	诗词	2002 年 3 月	香港天马图书有限公司	70000	黄国瑄	—
杜鹃集	诗词	2009 年 11 月	中国文化出版社	120000	黄国瑄	—
高高的白杨树	小说散文集	1994 年 5 月	广西民族出版社	123000	田景丰	—
未曾相约	散文诗集	1994 年 10 月	广西民族出版社	60000	田景丰	—
人在旅途	散文集	1996 年 2 月	广西民族出版社	150000	田景丰	—
边看边说	随笔集	2003 年 12 月	作家出版社	250000	田景丰	—
扯不断的牵挂	散文集	2006 年 1 月	时代出版社	160000	田景丰	—
绯红的记忆	散文诗集	2010 年 12 月	河南文艺出版社	200000	田景丰	—
奇山秀水布依情	散文集	—	—	—	周国炎	收入《中国少数民族风土漫记》
崖上花	短篇小说集	1991 年	贵州人民出版社	150000	罗国凡	—
绿色的山峦	长篇小说	1991 年	贵州人民出版社	130000	罗国凡	—
夜郎国演义	长篇小说	2002 年	贵州民族报社	110000	罗国凡	—
叶影集	诗集	—	—	—	毛鹰	—
一片弓月情	诗集	1999 年	台海出版社	90000	毛鹰	—
毛鹰短诗选	诗集	—	—	—	毛鹰	译成英文
双乳峰	诗集	—	—	—	向忠俊	—
和风颂	诗集	—	—	—	向忠俊	—
中国茶艺歌	诗歌	—	—	—	向忠俊	—
山峦	散文诗集	1996 年 1 月	广西民族出版社	—	韦光榜	笔名牧之
心灵的河流	散文集	2007 年 8 月	中国作家出版社	—	韦光榜	—
依然如故	诗集	2008 年 10 月	海风出版社	—	韦光榜	—
另眼观潮	散文集	2005 年 6 月	中国文联出版社	160000	韦昌国	—
城市灯光	小说集	2009 年 12 月	中国文联出版社	250000	韦昌国	—
翰韵方圆	硬笔书法集	2004 年 11 月	香港名人出版社	320 件	张玉伦	—
玉砚丹青	书法美术全集	2010 年 10 月	作家出版社	270 幅	张玉伦	—
故乡情韵	音乐	2003 年	贵州新闻出版社	165 首	叶集贤	—
风雅楠竹	小说戏剧	2010 年	北京作家出版社	200000	叶集贤	—
一缕馨香	散文	1999 年	台海出版社	160000	万华超	—

续表 14-2-1

书名	类别	出版时间	出版社	字数	作者	备注
穿越林地	诗歌	2003 年 11 月	香港名人出版社	140000	万华超	—
落雪的日子	散文诗	2004 年 10 月	香港名人出版社	120000	万华超	—
风从草堂吹过	散文诗	2005 年 8 月	香港名人出版社	120000	万华超	—
菊开那夜	散文诗	2006 年 5 月	香港名人出版社	120000	万华超	—
黄昏独自凭栏	散文	2007 年 5 月	作家出版社	200000	万华超	—
清香雨荷	散文诗	2009 年 5 月	作家出版社	180000	万华超	—
美丽贞丰	摄影专著	2008 年 6 月	作家出版社	—	樊川	—

（二）部分文学作品存目

贞丰县在省级以上报刊发表部分作品存目一览表

表 14-2-2

作品名称	体裁	发表报刊或出版社	出版时间或期刊	字数	作者	备注
心的历程	散文诗	《山花》	1991 年第 6 期	—	韦光榜	笔名牧之
关于爱情	诗	《山花》	1993 年第 6 期	二首	韦光榜	—
雨夜感悟	诗	《山花》	1993 年第 11 期	三首	韦光榜	—
走笔贞丰	散文诗	《散文诗世界》	2006 年第 3 期	散文诗组章	韦光榜	—
高原风景线	散文诗	《民族文学》	2007 年第 9 期	散文诗组章	韦光榜	—
中国顶住	诗歌	《民族文学》	2008 年 6 月	—	韦光榜	—
千岛湖之缘	诗	《民族文学》	2008 年 12 月	外四首	韦光榜	—
高原断想	散文诗	《散文诗》	2009 年 1 月	二章	韦光榜	—
燃香悟禅	诗歌	《十月》	2009 年 3 月	外四首	韦光榜	—
岁月咏叹	散文诗	《散文诗》	2010 年 4 月	四章	韦光榜	获“李贺杯”全国散文诗歌赛一等奖
打开窗户	诗歌	《诗刊》	2010 年 8 月	—	韦光榜	—
在诗歌中感悟	诗	《贵州作家》	2010 年第 15 辑	组诗	韦光榜	—
山猴之死	小说	民族文学第四期	1991 年 4 月	5592	韦昌国	—

续表 14-2-2

作品名称	体裁	发表报刊或出版社	出版时间或期刊	字数	作者	备注
玫瑰祭	小说	《贵州作家》第一辑（创刊号）	2006 年 1 月	8374	韦昌国	国家重点期刊《长白山》译为韩文版
城市灯光	小说	《收获》第三期	2007 年 5 月	13223	韦昌国	入选 2007 中国最佳短篇小说
梅原	小说	《山花》	2007 年 12 月	10891	韦昌国	—
麦子的夜晚	小说	《山花》	2008 年第 9 期	9700	韦昌国	—
最后的桃花	小说	《通俗小说报》	2009 年第 7 期	16800	韦昌国	—
寻宝	小说	《通俗小说报》	2009 年第 9 期	16700	韦昌国	—
碑文	小说	《茅草》第一期	2010 年 1 月	13755	韦昌国	—
故乡往事二题	小说	《时代文学》第 1 期	2010 年 1 月	6491	韦昌国	—
乡村往事二题	小说	《贵州作家》第 17 辑	2010 年 8 月	9830	韦昌国	—
游虎丘	散文	家庭指南报	1998 年 11 月 10 日	800	万华超	—
梨树下的遐想	散文	贵州民族报	2002 年 10 月 28 日	1800	黄　飞	—
沉默的青龙山	短篇小说	贵州民族报	2002 年 7 月 8 日	3900	黄　飞	—
赞全国人大政协会议	布依新民歌	贵州民族报	2004 年 5 月 13 日	两首	黄　飞	—
紫色河	散文	贵州日报	2005 年 4 月 1 日	1800	王文信 王光行	—

附：部分文学作品选

故乡的茶馆

田景丰

在我少年时代的记忆中，故乡的茶馆是一道迷人的风景。所以，很多年过去了，故乡小镇的茶馆早已不复存在了，可每当我回想那些逝去的时光，忆起遥远的故乡，总要常常想起故乡小西门外的茶馆来。

我故乡那座小镇上，一共有两家茶馆，一家在大西门，一家在小西门。这是两家风格不同的茶馆。大西门的雅，小西门的俗。大西门的所谓雅，一是它的设施规范，颇有规模，而且完全在室内；二是它的茶客多是有点文化的生意人。而小西门的茶馆则简陋得多，它几乎是半露天的，四面无壁，就在一栋菜场上的瓦篷里摆些条桌条凳而已；其茶客也多是小镇上的铁匠、木匠、泥水匠之类的手艺人。然而，尽管如此，大凡夏秋两季，小西门的茶馆里仍然大都座无虚席。

一杯茶何以有如此魅力？其实，茶馆的魅力并不在茶，而是评书。两家茶馆都有专业的说书人。大西门的姓朱，小西门的姓廖。在那没有电视，每月看一场露天电影形同过年的小镇上，每天劳作之余，泡杯茶，嗑着瓜子，听着评书，这是何等悠然自得的休闲啊！不过两位说书人的风格迥然不同——大西门以唱为主，小西门以说为主。正是这说书人一唱一说的分野，构建了两家茶馆不同的风格，也是两家都可以存在和发展的重要原因。手工业工人多是文盲和半文盲，他们愿意听故事，而不欣赏唱；而那些有点文化的生意人，自己就能看懂演义之类的小说，他们欣赏的是说书人在唱中显示的艺术技巧和情感。

那时我才上小学三四年级，既不喜欢听唱，也听不太懂，所以入了小西门茶馆的俗流，常常下了夜自习或者干脆就不上自习，而到小西门茶馆去听说书。不过我只是个没有资格入席的旁听者。好些日子，我便日复一日地背着书包，站在茶馆的屋檐下，听完了《水浒传》《说唐》等好几部古典小说。

说书人老廖每天高坐在居于茶馆中心的高台上，手执惊堂木，边说边敲，节奏时快时慢，时缓时急。说到激烈处，一块惊堂木敲得扣人心弦，茶馆里寂然无声。可有时他却有意篡改说词，插科打诨，引发哄堂大笑。比如他说到双方叫阵时，便大叫一声：“好大狗胆，你吃了秤砣，屙了秤杆！”众人不禁大笑，因为此时必有秤匠在座。众人笑过之后，那秤匠也免不了回敬一句：“老廖——舅子！”于是众人又笑。老廖却不事纠缠依旧往下说他的书。老廖的绝招是，说到最激烈处，突然卖关子，留悬念，惊堂木一拍便说：“要知后事如何，请明夜再来！”如茶客们想听分晓，便自愿凑上一两毛钱，让老廖加说一段。老廖的报酬是茶馆包断了的，加说的收入便是外快。老廖为弄外快也常常故弄玄虚，制造悬念，好在茶客们并不计较，只图娱乐。

其实老廖给予茶客们的不仅是愉悦与快乐，他潜移默化中传播了许多传统文化观念。“文化大革命”一开始，老廖自然被“横扫”进了牛鬼蛇神之列，可茶馆仍开着，而且，茶馆里居然有人公开议论林彪，说他是“奸臣”。这种“忠”与“奸”的判别标准，显然也是来自老廖的评书影响。于是茶馆被取缔了，那些发议论的茶客也被戴上高帽游了街。不久，老廖也在穷困和精神折磨中死去。

八十年代以后，随着录像厅、卡拉 OK 厅的兴起，茶馆便渐渐被小镇上的人们淡忘了，说书人老廖也早在“文化大革命”中死去。不过，我却总是记着那小西门外的茶馆，也时不时想起老廖来。

（选自 2003 年 12 月作家出版社出版的《边看边说》）

七绝·盘江风情

黄国瑄

滚滚盘江日夜流，依山傍水见重楼；
村前蔗垄连青岭，屋后蕉林映绿洲。
棉树开花披彩缎，橘园挂果缀金球；
归舟更喜鲜鳞美，日夜山歌唱不休。

（选自2002年香港天马图书有限公司出版的《海棠集》）

第三节　文艺活动

一、文艺表演

1991年至2010年，全县城乡举办文艺演唱会、歌咏比赛80余次，其中在县城举办50余次，乡镇举办30余次。

1991年，县委办公室组织纪念中国共产党建党70周年歌咏比赛，全县36个单位1000余人参加比赛。

1992年5月，县委宣传部组织纪念毛泽东《在延安文艺座谈会上的讲话》发表50周年文艺会演，县直机关、单位和学校26个单位1200余人，13个乡镇500余人在县城参加活动。演出节目54个，评选一、二、三等奖，优秀组织奖。

1995年8月，纪念世界反法西斯和抗日战争胜利50周年，全县各部门、各乡镇开展多种形式文艺演唱活动。

1997年，县委办公室、县政府办公室主办，县委宣传部、县文体广电局承办“迎接香港回归祖国”歌咏赛，参赛单位13个1000余人；参加卡拉OK赛单位35个，200余人。

1999年，举行“迎澳门回归祖国”歌咏赛，参赛单位26个536人；当年，贞丰县被评为“全省先进文化县”。

2003年8月28日，县委、县政府在省级风景名胜区三岔河举行首届布依族风情节歌舞表演，布依族古歌、山歌比赛和苗族山歌表演赛。全国著名歌星孙悦、孙楠、任静、付笛声助阵，观众近10万人。

2004年，县委、县政府举办建党83周年卡拉OK比赛和歌咏比赛。全县有28个队参加，评一、二、三等奖；同年，举办“六月六”布依族风情节活动，观众约8万人；王崇创作、石正荣编导的《布依山歌唱计生》，参加黔西南州“查白”歌节擂台赛，获第二名。

2005年7月，一年一度的“六月六”布依族风情节在三岔河布依广场举行，上午举行大型文艺表演，下午组织贞丰县布依族、苗族古歌山歌比赛，观众8万人以上。同年10月，贞丰布依“八音”坐唱队赴省城参加“多彩贵州风”演出；同年12月，成立贵州紫金贞丰布依艺术团。

2006年10月，应福建紫金矿业集团总公司邀请，贵州紫金贞丰布依艺术团赴福建上杭县、厦门市及革命老区古田镇表演布依族歌舞，受到当地人民群众热烈欢迎，并得到较高评价。

2007年5月，县委宣传部、县文体广电局在县委礼堂举办“树新风，扬正气”歌咏比赛，全县有32个队参赛；同年8月，为收集、挖掘、整理、传承、发扬县境布依族文化，在县城举行“布依古歌”大赛，全县评选出布依族男、女歌王各1名，优秀歌手20名。同年，珉谷一小“校园新歌合唱团”参加贵州省校园明星选拔赛，3名学生获银奖。

2008年春节期间，县文体广电局、科技局、卫生局开展文化、科技、卫生“三下乡”活动，文艺演出60余场次。7月4日至6日，由省民委、省文化厅、省旅游局、省布依学会，黔西南州人民政府主办，贞丰县人民政府承办的首届贵州省布依族歌舞（含原生态）大赛在县城塔山大道隆重举行，来自黔南、黔西南、毕节地区、贵阳市、安顺市等地州市县30多个参赛队1200多名布依族歌手、舞蹈队员云集贞丰，105个布依族歌舞节目经过为期两天半的角逐，贞丰县代表队选送的舞蹈《刁丫们》夺取大赛金奖、歌唱类《请喝布依便当酒》《好花红的歌美滋滋的唱》获得铜奖。7月8日，中国·贵州·贞丰“六月六”布依族风情节在三岔河布依广场举行，中华民族文化促进会、节庆中华协作副主席金坚范，中国电视委员会旅游委员会兼秘书长耿德文，贵州省布依学会会长王思明、名誉会长蒙素芬以及省民委等主办单位的领导为大赛颁奖。同年“六月六”布依族风情节，在举行《奇山秀水，风情贞丰》大型布依歌舞展演的同时，还举行万人同唱布依歌、千人同打布依糍粑、56名布依少女同织56米土布、布依婚俗等风情风俗展演。观众人山人海，约10万人到场观看。

2009年春节，县文体广电局开展“激情广场天天乐，新春佳节喜洋洋”和文化下乡文艺演出活动，每场（次）文艺演出观众达千人以上。同年农历二月，县苗学会在珉谷镇左旗村举办苗族“二月二”走亲节；县布依学会在珉谷镇顶肖村纳格布依寨举办布依族“三月三”祭山节及歌舞表演活动。10月至11月，县文化馆与贞丰紫金布依艺术团排练文艺节目，参加在兴义举行的纪念改革开放30周年“贵烟杯”首届黔西南州职工民族文化艺术节文艺会演，获综合类一等奖；参加贵州省县级优秀文工队文艺调演，获服务农村奖。当年8月，县布依学会举办“贞丰县‘山城啤酒’杯第二届布依古歌大赛”。通过村级海选，乡镇复赛，县级决赛，分别评选男女歌王和一、二、三等奖。10月，县委办公室、县政府办公室举办国庆60周年歌咏比赛，评一、二、三等奖。

2010年，开展对外文化交流活动。全年在重庆电视台开设“魅力贞丰，畅享全国”电视专栏。县布依学会、县文化馆多次深入乡村组织演唱活动，开展“红歌大家唱，激情颂贞丰”文艺活动。

在20年中，境内歌唱队伍不断发展壮大，歌唱人才纷纷脱颖而出。贞丰县平街人，贵州省花灯剧团国家一级演员汪信山，参加“金龙杯”全国声乐大赛，获金奖；参加贵州省青年歌手大赛，获二等奖；参加“华鑫杯”全国名歌手暨新歌曲电视邀请赛，获铜奖；为电影《良家妇女》《山雀》，电视剧《等于零》配唱主题曲和插曲；在花灯剧《七妹与蛇郎》《月照枫林》中担任主角。原县文体广电局局长叶集贤，于1998年6月20日，被省委宣传部、省农业厅、省广电厅、省计生厅、团省委、省科委、省文化厅、省卫生厅、省新闻出版局评为全省文化科技卫生“三下乡”先进个人；2002年8月，评为1999年度至2002年度精神文明先进工作者。2001年4月，贞丰民族中学教师陈宇辅导的学生刘文娟获黔西南州第二届中学生文艺独唱类二等奖，辅导的贞丰代表队获合唱类三等奖。2002年7月29日，陈宇获兴义军分区政治部纪念建军75周年军旅歌曲大奖赛二等奖；2003年12月，获全州第二届音乐教师独唱比赛一等奖，获第三届全国艺术人才选拔赛黔西南分赛区声乐类一等奖和“优秀辅导员奖”；同年，陈宇参加贵州省第二届音乐教师独唱比赛，获中学组民族唱法三等奖；2005年6月，获省军区政治部“黄果树”杯首届“多彩贵州”省军区总选拔赛三等奖。2001年，王琳获雅安市“十佳歌手大奖赛”优秀歌手奖，获2001·中国西部“康定情歌节”“牧人杯”歌手大奖赛第三名；2003年，在全国第四届“中国之春”中国民族歌曲演唱大奖赛中获中国民族演唱银奖。2005年，珉谷镇左旗村苗族青年田景芬，在多彩贵州少数民族形象大使选拔赛中，获黔西南州赛区苗族形象大使，他演唱的“苗族飞歌”声情并茂，代表黔西南州赴贵阳参加“多彩贵州少数民族形象大使”选拔赛。

二、获奖文艺节目

1991年后，县文化部门长期深入民族村寨搜集、整理民族民间文化，编排文艺节目，繁荣、丰富群众文化生活；县属相关部门编排反映本行业工作情况的文艺节目，有不少参加上级主管部门文艺调（会）演并获奖。

1991年11月，叶集贤创作，石正荣编导并演出的布依花灯剧《喜送女儿上大学》参加黔西南州第一届花灯小戏、小品文艺调演，获二等奖，石正荣、刘四军获优秀演员奖。

1992年8月，叶集贤创作，石正荣编导的舞蹈《欢乐的苗山》参加黔西南州粮食系统文艺调演，获二等奖。

1993年，叶集贤创编的说唱《四大嫂赶场》，参加贵州省税务系统文艺调演，获三等奖。

1994年6月，叶集贤创作，石正荣、王崇、余仕伦编导的舞蹈《仡山米酒飘香》，参加黔西南州首届企业调演，获（建行杯）二等奖。

1995年，叶集贤创作的《征管法与你同在》，参加贵州省司法系统文艺调演，获三等奖。

1996年1月，叶集贤创作，石正荣改编并演出的小戏《喜送女儿上大学》，参加黔西南州第二届小戏、小品调演，获二等奖，石正荣获优秀演员奖；叶集贤创编的布依花灯《上税》，石正荣、刘四军、李廲荣获优秀演员奖。

1997年至2000年，叶集贤创作的小品《退婚》《答卷》《赶场路上》，参加黔西南州文艺调演，分别获二、三等奖，其作品在《贵州剧作》上发表；1998年，叶集贤被收入“中华民族的脊梁”名人录。

2001年，叶集贤创作的《布依花灯》，参加黔西南州地税系统文艺调演，获优秀奖。

2002年8月，刘忠平编创的舞蹈《糠包情》，参加黔西南州民族文艺调演，获优秀奖。

2004年，叶集贤创编的布依花灯《奖牌送到布依寨》，参加贵州省交警系统文艺调演，获创作奖。

2005年，王崇创作小品《说情》，参加黔西南州举办“树新风，扬正气”电视文艺调演，获二等奖。

2007年，叶集贤创编的《故乡情》代表县人民银行参加州人民银行系统“反假票”文艺调演，获辅导奖。

2008年11月14至15日，在兴义举行的纪念改革开放三十周年“贵烟杯”首届黔西南州职工民族文化艺术节文艺会演中，贞丰紫金布依艺术团荣获综合类一等奖。

2009年9月，石正荣创编《捕鱼乐》参加黔西南州国土资源系统文艺调演，获一等奖；10月，县国土资源局代表州国土资源系统参加贵州省国土资源系统文艺调演，《捕鱼乐》获优秀节目奖。

三、文艺团队

（一）布依花灯队

贞丰布依族花灯是布依族民间戏曲之一，主要流传于挽澜乡布依族村寨，历史悠久。据传，从明朝洪武十八年（1385）8月15日起，坡齐寨布依族艺人王京鸿和罗公柳二人开始创作布依族花灯戏，布依族花灯戏在清朝乾隆年间到解放前曾流行于贞丰县挽澜布依族村寨。

布依族花灯演出要经过“拜皇恩”“报幕”、唱“搭台歌”等程序，演唱时间多是每年正月初一和正月十五或寨中有红白喜事时。

布依族花灯传统剧有《报皇恩》《扮灯》《观音送子》《开财门》《赶嘎》《采茶》《祭山神》《送鬼扫邪神》《化灯戏》等60则，内容多取材于布依族民间故事，有浓郁的乡土气息和显著的布依族特色。常用的乐曲腔调有《扮灯调》《送神调》《化灯调》《敬茶调》等20余种。表演形式以“转”“扭”为特点；道具以折扇为主，配以“走马灯”和丝帕等；步子变化较多，扇子耍法有转扇、翻飞扇、交扇、划扇、扑蝶扇等；以二胡伴奏为主，配以笛子、筒箫、唢呐、木叶、铜锣、古锣钗、三弦琴等；舞蹈动作有仙鹤望月、嫦娥奔月、金鹏展翅、扬抑摆腰、躬身捞月等。

布依花灯队由十多个不脱产的布依人组成。唱词用布依语或汉语。1953年，坡齐村编排现代民族民间花灯戏《咱们贫农翻了身》《送公粮》等节目，到县城为土改工作会演出。1982年，县文化馆对花灯曲目进行搜集整理，创作布依族花灯剧《桑乡新歌》，参加黔西南州第一届花灯小戏小品文艺调演，获一等奖；2003年，创作布依族花灯《喜送女儿上大学》《上税》，参加贵州省花灯小戏小品文艺调演，获二等奖。

（二）陈氏花灯队

陈氏花灯主要流传于小屯乡一带。剧目以民歌小调为基础，多数是民间传说故事，短小精悍，生动活泼；表演角色有生、净、旦、末、丑，扮演者全是男性；表演形式以说、唱、跳为主，演员表演时，左手执巾，右手舞扇，在乐器伴奏下，边说边跳，主要用鼓、锣、铙、钹、马锣等打击乐器伴奏，有时也用二胡伴奏。表演多在夜间进行，常用专门的花灯照明，所以当地人又称花灯为“灯夹戏”。

陈氏花灯何时传入小屯乡龙井等村，无文稽考，但花灯演艺人代代相传的演唱手抄本证明其历史悠久。据演艺人说，从宋朝的宋仁宗坐龙位起，他们的祖先就开始唱起花灯。从每年的正月初一唱到正月十五，在播种丰收，逢红白喜事和重大节庆时也唱。每当唱花灯，邻近寨子家家户户扶老携幼赶来观看。

陈氏花灯演艺人每次唱花灯时，都在花灯上题“风调雨顺，国泰民安；当今皇上万岁万岁万万岁、国母娘娘之神位”几个字。第一晚开台时，都要先唱：“花灯花灯，原来有个根根，仁宗皇帝登龙位，国母娘娘痛眼睛，那时许下花灯愿，自古流传到如今……”表演花灯时，派专人看护搭好的戏台，牛马不能上，女人不能踩；唱完花灯，须将花灯烧化于牛马不能及之地。

陈氏花灯剧目很多，其中比较出名的有《了丁》《三看亲》《叫花子盘子》《洞宾渡舟》《香山还愿》《傻包打草鞋》《借妻还门》等，乡土气息浓郁，深受当地群众喜爱。1969年，演艺人陈太钧组织龙井陈氏花灯队参加兴义地区民间文艺比赛，《傻包打草鞋》剧目获冠军。

进入21世纪后，老一代演艺人相继去世，中青年演艺人因参加花灯队难以养家糊口，年轻人不愿学花灯，陈氏花灯传承人越来越少，剧目面临失传。

（三）紫金艺术团

贵州紫金贞丰布依艺术团，成立于2005年12月。该艺术团组织形式为馆团合一，即县文化馆和艺术团合为一体，实行事业性质企业管理。文化馆演职员为国家事业人员，艺术团演职员面向学校、社会公开招聘。被录用的演员，有艺术院校毕业生，也有城镇、农村文艺爱好者，布依族演员占60%以上。艺术团为事业非法人单位，挂靠县文体广电新闻出版局，法人代表为该局局长。艺术团设团长1人，名誉团长1人，指导员1人，副团长1人。下设演员队，器乐队和编导队，每队设队长和副队长各1人。艺术团有兼职财务管理、安全保卫人员和驾驶员。

2005年至2006年上半年，紫金艺术团在县文化馆内办公、排练。2006年下半年至2009年，搬至三岔河景区民族风情园，设排练厅、钢琴室、器乐室、微机室、会议室、保管室。县政府为艺术团配备近10万元的商务车、12万元的音响设备、20万元的服装和近10万元的道具乐器、5万元的电脑设备等。

紫金艺术团成立之初定为“企业办团、政府扶持、市场运作、自我发展”的办团方式。县政府与贵州紫金矿业有限公司达成协议，五年内，紫金公司每年拨款30万元、县政府拨款20万元作为艺术团活动经费。演出收入为艺术团发展经费。对团员实行基础工资加出场补助，实行多劳多得，少劳少得，奖勤罚懒的工资制度。为保证艺术团的稳定和年轻化，在合同期内，由艺术团统一为每个团员交纳养老、失业等保险费用，解决团员后顾之忧。紫金艺术团成立后，深入社区、农村、厂矿、学校、军营演出；春节期间开展“三下乡”活动；编排节目多次助阵“六月六”布依族风情节、“二月二”苗族走亲节；参加省州文艺调演和多彩贵州大赛，多次获奖。成都军区副司令员桂全智中将，时任贵州省委书记钱运录（后为全国政协副主席兼秘书长），贵州省委常委、宣传部部长李军，贵州省人大常委会副主任林明达，省文化厅巡视员董林生，中央电视台知名节目主持人敬一丹，中国人民解放军政治部歌舞团少将、知名歌唱家阎维文等领导和公众人物，曾先后在贞丰观看了艺术团的演出，并与全体演员合影。

紫金艺术团还应邀到福建的厦门、上杭、古田等地演出。

2000年后，珉谷镇成立16支、龙场镇成立2支、平街乡成立3支业余文艺表演队，者相镇、鲁贡镇、长田乡也有业余文艺队。

四、群众文艺

1991年后，随着经济社会的发展，城乡居民生活水平提高，节假日、工作之余，参加休闲娱乐活动者越来越多。文艺活动的内容和形式越来越丰富多彩。

县城许多居民，农村部分农民在购买电视机时就购置卡拉OK音响设备，工作学习之余在家唱歌，全家同乐。许多中青年妇女和部分老年妇女早晚常在县城珉山公园，中大街、移动公司、县信用合作社、邮政局、菜园商空区、丰茂广场等大小广场唱歌跳舞。2003年3月，松柏乐歌舞队成立，成立初期只有10多人，到2010年年底队员达400余人；队员大多是退休的干部职工，有一定的文化艺术素养；歌舞队多次参加县内外重大节庆活动，并参与外县、外州的文化交流和艺术赛事。2008年后，每逢赶集日或县城举行重大节庆活动，城乡布依族歌手自发集聚在珉山公园、丰茂广场对唱布依族古歌、山歌。据2010年底调查，较大的布依族村寨，每村均有一支以上唢呐队（俗称“八仙”）或小吹小打队（有称“八音”），平时自娱自乐，婚丧嫁娶时受人酬请去吹唢呐，丰富了农村文化生活。珉谷镇的岩鱼、必克，挽澜乡的坡齐，长田乡的郎所、尖坡，平街乡的小花江，者相镇的纳孔、纳马，鲁贡镇的鲁贡村等布依村均有业余文艺演出队，这些村文艺队自编、自导、自演的节目，民族和地方特色浓郁。20世纪60年代和80年代初，岩鱼文艺队多次赴县、州、省城演出，还曾到北京表演；组建于1996年的必克民族民间艺术团，多次代表县外出参加舞龙舞狮比赛，曾到贵阳、重庆、新疆等地表演；2006年，鲁贡镇歌舞队与望谟县乐元镇文艺队联欢。2007年，北盘江镇自费成立农民艺术团，当年巡回村组演出50余场。

第四节 音乐 舞蹈

一、音乐

贞丰历史悠久，是布依族、苗族聚居县，布依族、苗族能歌善舞，音乐内容、舞蹈形式丰富多彩。县文化部门历来重视民族民间文化的搜集整理和音乐创作工作，多次组织音乐工作者深入民族村寨调研、搜集整理民族音乐。

1991 年后，县文化局局长叶集贤创作的布依歌曲《三月三》《家乡情》《隔河望妹》《喊妹调》《请到布依山乡来》《情满布依寨》和布依花灯《喜送女儿上大学》，布依风情浓郁，地域特色明显。有的歌曲欢快热烈，有的抒情悠扬，深受广大群众喜爱。其中，《三月三》为全县布依《扒肩》舞的舞曲，获国家“五个一”工程奖；2003 年和 2004 年，贵州文化音像出版社将《三月三》《隔河望妹》《家乡情》等歌曲制成光碟，公开发行；2006 年，《喊妹调》入选“多彩贵州”选演曲目；2010 年，叶集贤曲，向往词《请到布依山寨来》获黔西南州民宗委“泰安杯”三等奖，《情满布依寨》获贵州民族音乐大赛二等奖。2003 年，贵州新闻出版社出版叶集贤 165 首歌曲音乐专辑《故乡情韵》。

出生于贞丰县城的叶锋，贵州师范大学音乐专业毕业后，到黔西南州歌舞剧团任双簧管演奏员，后调到贵州省歌舞团任双簧管、萨克斯管演奏员，多次参加全国、全省重大演出活动，成为中国音乐家协会、中国管乐学会会员。

出生于贞丰县城的梁毅，1988 年毕业于贵州大学艺术学院，先在贞丰民族中学任教，后调贵阳任教。在贞丰任教期间，梁毅培养了不少音乐特长生，其中赵青高中毕业考入贵州大学艺术学院，毕业后留校工作；陈亮萍高中毕业考入贵州大学艺术学院，毕业后到黔西南州歌舞团任歌唱演员；陈湜考入贵州大学艺术学院，毕业后在贵州省武警文工团工作；黄艳、庹燕考入贵州大学艺术学院，毕业后在黔西南教育学院任教。

2000 年，珉谷镇以岩鱼、必克布依寨唢呐吹奏者为骨干，成立百人唢呐队；鲁容乡和沙坪乡成立勒尤演奏队；岩鱼、郎所、小花江成立八音演奏队。

二、舞蹈

县域内城乡很多群众能歌善舞，不少城镇社区、农村自然村寨，活跃着业余舞蹈队和爱好者。二十年中，创编舞蹈节目 100 多个，活跃和丰富了人民群众的文化生活，有的节目还登上省、州舞台。

1992 年 8 月，石正荣创编舞蹈《欢乐的苗山》，参加黔西南州粮食系统文艺调演，获第二名。1994 年 6 月，王崇、石正荣创编，王崇、石正荣、余仕伦、黄成英表演的舞蹈《仡山米酒香》，参加黔西南州首届企业文艺调演，获编导二等奖和优秀演员奖。2000 年 8 月，刘忠平创编舞蹈《糠包情》，参加黔西南民族文艺调演，获优秀奖。2007 年 6 月，叶集贤创编舞蹈《铜鼓舞》，参加第一届多彩贵州舞蹈大赛黔西南州赛区海选赛，获优秀奖。

2008年7月，珉谷镇一小老师创编的民族舞蹈《走进山赛》，参加“贵州省少儿艺术节”黔西南州赛区选拔赛，获第一名，并获全省少儿艺术节民族舞蹈优秀奖；同月，王琳创编舞蹈《便毫乌》，参加贵州省原生态布依族歌舞大赛，获优秀奖；同年9月，石正荣创编舞蹈《捕鱼乐》，参加黔西南州国土资源系统文艺调演，获一等奖，该节目于10月参加贵州省国土资源系统文艺调演获优秀奖。2006年，王琳编导少儿舞蹈《阿拉伯之夜》，参加全国关心下一代身心健康工程舞蹈赛，获贵州赛区少儿组舞蹈三等奖；编导独舞《布依情韵》获铜奖。

第五节　书法美术

一、书法

县文化部门和教育单位对书法较重视，多次在春节、“五一”、国庆等节日期间与有关部门联合举办书画展、书法比赛等活动。为培养青少年练习书法，县文化馆曾办2个书法培训班，每期5个月，学员35人。贞丰一小举办书法特长班，用课余时间上毛笔书法课，培养学生书法艺术。不少学生参加省、州和全国性书法赛获奖。城乡有许多书法爱好者仍坚持不懈地练习书法，并取得一定成绩。县机关的张玉伦、商开明、王怀元、向忠生、余厚隆、黄廷学和者相镇纳孔村的陈国盛等，书法技艺各有风格，在全县较有影响。他们的书法作品多次参加国家、省部级书法比赛，并获奖励。

贵州省书法家协会会员、县文联原主席张玉伦，1999年8月草书陈毅元帅诗“故道黄河千里沙，旅途投宿两三家，黄昏夜雨人不寐，寅衣隔窗数雪花”的书法作品，参加文化部文化艺术中心在北京举办的“爱我中华，弘扬国粹”书法艺术大展赛获三等奖，作品被《爱我中华，弘扬国粹书法艺术大展精英卷》收录（香港天方出版社出版）；2005年10月，行书陈毅元帅诗《闻八路军大捷》：“抗日旌旗战马开，大军东出薄燕台。南方豪杰风雷动，团结救亡下山来。”参加军事科学院、外交部、北京海峡两岸书画家联谊会、北京笔墨缘文化艺术交流中心等12家单位联合在北京举办的“纪念抗日战争胜利60周年书画大展赛”，获二等奖，作品在军事博物馆展示，被授予“中华艺术家”称号。2007年12月，书法作品参加中国文联、中国书画家联谊会、艺术界专家学者组成的艺术体系资质认证评审委员会审核，通过JSQODA艺术体系资质认证，获“中国优秀书法家”称号。著有《翰韵方圆》硬笔书法集，收录作品320条（幅），2004年由香港名人出版社出版发行；《玉砚丹青》书法美术合集，收录美术书法作品270幅，2010年10月作家出版社出版。

向忠俊创作《布鹰神拳书法》，堪称“军中一绝，中国一拳”。曾获团、旅、师、军、军区、中国书法大赛一、二、三等奖。

贞丰一小教师、中国硬笔书法协会A级会员、贵州省书法协会会员、黔西南州书法协会理事商开明，1999年硬笔书法作品参加“文华杯”全国书法比赛获青年组佳作奖，作品录入《国际书法博览》；毛笔书法作品参加“爱我中华、弘扬国粹”全国书法比赛，获中青组三等奖。他在贞丰一小任教，竭力推动书法进课堂，编辑《书法》校本教材，举办书法特长班，培养书法人才。贞丰一小70余名学生参加十四届至十六届全国中小学生绘画书法作品比赛，其中商文娴、黄琪等8人获全国一等奖；其余22人获全国二等奖，30人获全国三等奖，10人获全国“新芽奖”。

贞丰县人民医院主治医师王怀元，业余时间长期坚持练习书法，毛笔书法有较高水平，作品参加文化部在中华人民共和国成立五十周年时举办的“爱我中华，弘扬国粹”书法展，获中青年组二等奖。

二、美术

1991年至2010年，全县有2人被聘为中国当代农民书画研究会顾问，3人被吸收为省美术家协会会员，张玉伦为州美术家协会副主席。全县300余件书画作品在州级以上报刊发表。县城有美术培训班4个，培养中、小学生学习书画艺术。2001年，36名学生参加首届“繁星杯”全国青少年美术大赛获奖。平均每年有50多人考上大、中专院校美术专业；20年间，全县有1000多人被省内外大中专艺术院校录取。这些学生毕业后，有任中小学校美术教师，有在高等艺术院校从教，有在宣传文化部门工作；一些自由择业，活跃在装饰设计、平面设计、广告设计、多媒体设计制作、室内外装修工程承包承揽和房地产开发、建筑材料生产等行业。

在贞丰县从事美术教育和美术创作较有影响的有张玉伦、余锋、余陆、余里、罗光艳等。

张玉伦编辑的《中国白描人物画》曾选为师范院校美术班教材，创作的科普美术《遗传工程》获省三等奖，州二等奖；创作的国画《丰收》《深夜》《攻关》《老保管》《老支书给我们上第一课》，参加省、州展均获奖；作品《雨后》《山里人家》《大山深处》《集归》《白层古渡》《云海》《布依少女》《苗家女》《唢呐声声庆丰收》《假日》等，分别发表在《中国散文诗世界》等报刊上。

贵州省轻工职业技术学院讲师，贵州省美术家协会会员，原贞丰县文化馆职员余锋，1986年在贞丰县首创美术高考培训班。1988年，开创贞丰学生参加普通高考考起美术院校先河；当年，余陆、黄广宇二人考起贵州省第二轻工业学校美术专业。1989年，刘德仁、乔梅、卢勇、丁波、卢雁妮、邓贞一6人考起省二轻校美术专业；杜江号考起贵州省艺术专科学校美术班；冷正权（冷风）考起昆明工学院美术专业。1990年，骆林、胡娅萍、黄振宇、陈云昆等十多人分别考起省二轻校、上海工艺美术学校、省艺专美术班。1991年，封富、邓曾祥、张兵、刘飞、黄太福、班进林、吴洪武等十多人分别考起省二轻校、贵州师范大学、省艺专美术班。余锋在教学之余，至2010年，先后在《收藏届》《美术观察》《美术家》等全国性刊物发表作品多幅。

贞丰一中美术教师，黔西南州美术家协会理事余陆，1990年和1995年先后毕业于贵州省第二轻工业学校和贵州艺术专科学校；写实油画《男子肖像》获贵州艺专1995毕业展一等奖；1996年，钢笔素描《贞丰竹林堡石林》在《贵州日报》发表；合作作品《铲除歪风邪气，构建和谐社会》获2008年贵州省“扬正气、促和谐”廉政公益广告创作评选平面类优秀奖；至2010年，多次荣获省州以上部门颁发的优秀指导（辅导）老师一、二、三等奖。1991年开办“贞丰美术培训班”，到2010年，共向全国各大中专院校输送美术生600多名；其中，1992年至1993年，郭雪春、周雪、谢文华、龙志义、班翠玲、王志琼等分别考入省二轻校、省民族学院；1992年，刘红梅考入贵州师范大学美术系，毕业后分配到贵州省铝厂中学任教，现任贵阳市白云区第六中学副校长；1992年周玉菊考入贵州省艺术专科学校，1995年蒋宽蓉、1998年池家晗先后考入贵州师范大学美术系，1995年商仕昆考入贵州省民族学院，4人毕业后，先后分配到兴义师范（后合并到兴义民族师范学院）任教；2000年，周剑考入贵州大学美术专业，毕业后在贵州省话剧团工作，任舞台美术队队长；2002年，樊佳奇考入云南大学设计专业，毕业后在云南师范大学文理学院城市学院教书，硕士，校学生工作处处长助理；2002年，王璟考入云南艺术学院影视摄影专业，毕业后在云南电视台工作；2003年，彭颖考入四川美术学院动画专业，毕业后在贵州民族大学美术学院教书。

1990年入伍，2010年转业回家乡（自主择业）的余里，有200余幅书画作品被《解放军画报》《解放军报》《农民日报》《西南军事文学》《云南日报》《春城晚报》《战旗报》《云南国防》《边防文学》等40多家报刊刊用，有20余幅书画作品被多家博物馆、陈列室及海内外收藏家收藏，多幅作品获奖；参与中央军委八一大楼大型壁画《山花烂漫》、人民大会堂金色大厅大型壁画《壮丽中华》的绘制；国画代表作有历时两年完成的大型全景式工笔花鸟山水画《醉春图》和《醉夏图》，工笔人物画《留守老人》《编织生活》等。

小学教师罗光艳油画《苗族少女》，参加香港国际交流协会举办的“紫荆花环”赛，获四星紫金花奖，被选入青少年风采录《天才横溢》获奖作品集；应韩国书画协会邀请，参加中韩书画交流展。

三、书画展览

1991年至2010年，县宣传、文化部门组织书画作品参加国内外展览比赛50多次，选送作品千余件，获州级以上奖项作品百余件次。

县宣传文化部门和珉谷一小曾举办书画展，宣传贞丰县书画艺术成就和书画艺术人才，丰富人民群众文化生活和培养书画兴趣。

2000年10月，县委宣传部、县文联、县文体广电局联合主办，文化馆承办已故原文化馆副馆长梁盛骊书画遗作展，展出作品107幅，县有关部门组织中小学生、机关干部参观。

2004年11月，县文联在“三岔河之秋”笔会期间，举办张玉伦书画作品展。

每年“六一”儿童节期间，珉谷镇一小均举办书画展览，评一、二、三等奖，鼓励小学生学习书画。

第六节 摄影 工艺

一、摄影

20 世纪 90 年代初，县城仅有两家照相馆，龙场街上有一家照相馆，其余乡镇没有相馆，要照相须进城或待赶集日找赶转转场的摄影个体户拍照。只有文化馆等部分单位和少数私人有照相机，均以黑白照片为主。进入 21 世纪，随着人们经济收入不断提高，科学技术的发展，贞丰摄影队伍日渐壮大，大的集镇均有摄影点，不少单位和个人拥有照相机。2003 年，县委宣传部、县文联举办"奇山秀水好贞丰"摄影展，展出作品 80 多幅。县文联、县旅游局与"中国西部摄影在线"网络共同承办贞丰县政府、省摄影家协会主办的"2004 圣地贞丰"杯摄影比赛，邀请西南四省知名摄影家到贞丰县采风，评选出 50 件获奖作品在"中国西部摄影在线"网络公布。贞丰县摄影作者樊川、向往、万华超 10 幅作品获优秀奖。2004 年，县文联在"三岔河之秋"笔会期间，举办樊川、向往、万华超、邓邦荣摄影展。2007 年 7 月，在中国·贵州·贞丰"六月六"布依族风情节期间，组委会举办贵州、广西、云南等六省（区）摄影大赛活动，参展作品 426 幅，其中评一等奖 1 名，二等奖 2 名，三等奖 3 名，优秀奖 12 名。

1991 年后，摄影爱好者逐年增多，樊川、郭泽玉、柴邦州、余友林等摄影技术日益提高。县房管局原局长樊川，1997 年至 2008 年，摄影作品曾在《中国摄影报》《中国风景名胜博览》《今日中国》《贵州日报》《贵州画报》《贵州民族报》《贵州工人报》《贵州政协报》《贵州林业》《贵州调研》《贵州房地产》《劳动时报》《贵州信息时报》《黔西南日报》等报刊发表。2001 年 4 月，参加《贵州画报社》《跨入新世纪》摄影大赛，作品《宁静》获优秀奖。2004 年，参加全州工会职工美术、书法、摄影比赛，获"五一文化奖"，作品《疏影》获二等奖。2007 年 7 月，参加贵州省摄影家协会在中国·贵州·贞丰"六月六"布依族风情节六省（区）摄影比赛，作品《同乐》《盼》获入围奖；同年 8 月 15 日，参加贵州省职工文艺作品（摄影）大赛，作品《日落余晖》等 6 幅组照获摄影作品一等奖。2008 年 6 月，作家出版社出版樊川摄影专著《美丽贞丰》。

曾在贞丰工作多年的贞丰县政府原副县长冷清贵，长期坚持用相机记录三岔河风光，编辑有《三岔河风景名胜区回顾与展望》摄影专辑。

2007 年 7 月，向往摄影作品《长号声声迎宾客》，在中国·贵州·贞丰"六月六"布依族风情节六省（区）摄影比赛中获优秀奖。2008 年 5 月，摄影作品《布依金花》入选多彩贵州——首届贵州少数民族风情艺术摄影精品展，贵州省民族文化宫民族艺术馆收藏。2009 年 1 月，摄影作品《筋疲力尽》，获全国山地运动会贞丰赛区摄影大赛优秀奖。2009 年 3 月，摄影作品《欢乐的节日》和《密林深处有人家》，在首届"情满贵州"摄影总决赛中获最佳人气奖。2010 年冬季，摄影作品《醉在布依寨》，在贵州影友擂台赛中获二等奖。

2005 年 3 月，县旅游局、县文联编印《布依金都——贞丰》摄影图片专辑。2008 年 11 月，县委宣传部、县文联、县旅游局编印《奇山秀水·风情贞丰》摄影图片专辑，推介贞丰旅游资源。

二、工艺

贞丰的民间工艺历史悠久，内容丰富，种类较多。20 世纪 90 年代以后，大部分民间工艺已失传，还在传承的主要有小屯乡土法造纸工艺、窑上古法制陶、靛染工艺、勒尤制作工艺、制绣工艺、鸟笼制作工艺等。

小屯白棉纸制作工艺始于清代咸丰年间（1851—1862），生产工序要经泡料、蒸料等 72 道工序，与宋应星《天工开物》所记载造纸法完全相同。小屯制作的白棉纸绵韧、平整、润柔。主要品种有书画纸、捆钞纸、黑夹纸、黄金纸。白棉纸具有较高的历史、文化、工艺、经济价值。2006 年，贞丰小屯白棉纸手工技艺被列入第一批国家级非物质文化遗产名录。

窑上古法制陶。窑上制陶技艺，明朝洪武年间（1368—1398）传入，生产工序为取泥—揉泥—滤泥—垒坨—制陶—凉陶—上釉—煅炼—成品（陶器），全为手工操作。品种有红陶和白陶。产品造型各异，有大有小，既有能容 100 多千克水的大龙坛，半节缸，又有造型美观的香炉、花钵，还有小到烟斗、烟嘴、泥哨等。20 世纪 90 年代后期，随着玻璃制品、塑料制品、精制陶产品的发展，窑上古陶业受到严重冲击，古法制陶技艺有失传的危险，引起上级有关部门的重视。2008 年，贞丰窑上古法制陶被列入贵州省第二批省级非物质文化遗产名录。

靛染工艺。靛染是以蓝靛为主要材料，用自制土碱、米酒、石灰、红籽刺树皮、野梨子树皮等作辅料，经手工操作，把白色的纺织品染成所需颜色的一种传统工艺，历史悠久。贞丰布依族服饰要经过靛染而成。其主要工序是制作蓝靛、漂白布匹、入缸浸染、取布滴尽、清水涮布等。将白布或棉纱染成青色、浅蓝、深蓝、浅灰、深灰等颜色。染土布必备染缸，按浸染布料数量，确定用大缸染或小缸染。染布专业户用大染缸，布依族家庭用小染缸。用蓝靛染的纺织品色泽鲜艳，经久不褪色，对人体无危害，受省内外消费者欢迎。2008 年，贞丰县布依族靛染技艺被列为贵州省第二批省级非物质文化遗产名录。

勒尤制作工艺。勒尤是布依族独有的一种木质双簧直吹乐器，管身长约 40 厘米，由共鸣筒、杆、心芯、铜箍、哨嘴五个部分组成。形状独特，工艺较为讲究，吹奏曲调悠扬婉转、悦耳动听。2008 年，贞丰布依族勒尤手工制作技艺被列入第二批国家级非物质文化遗产名录。

刺绣工艺。刺绣是贞丰布依族、苗族的传统工艺。布依族妇女的围腰、胸花、飘带、绣花鞋帮、绣花布鞋、门帘、被面、枕头、背带花、挎包、童帽；苗族妇女的衣裙、头帕、凉鞋等都有手工刺绣。图案有树叶花卉、珍禽异兽、人物迁徙、双凤朝阳、日出山乡、青竹熊猫、花枝莺啼、鹰落岩松等。21 世纪苗族妇女绣的领带受很多消费者青睐，销路很好。

2007 年，贞丰县城有 2 个用现代化机器进行刺绣的作坊商铺，生意较红火。

鸟笼制作工艺。鸟笼制作工艺是贞丰布依族传统竹编与竹雕工艺的优秀代表，其制作技艺主要流传于珉谷镇的前一、坡生、挽澜乡坝本村、小屯乡纳央村等布依族村寨。其制作技艺在明代就有一定水平。当今生产的鸟笼款式新颖，做工精细，选材考究，笼门衾边，雕刻龙凤等美丽的图案，构思奇特，想象丰富，色彩鲜明，具有浓厚的民族特色和地方特点，声名远播，养鸟爱好者常登门求购。2009 年，贞丰布依族鸟笼制作技艺被列入贵州省第三批省级非物质文化遗产名录。

贞丰木刻、根艺、石雕及银饰加工、稻（麦）秆（草）编、纸扎和大龙烛制作等手工艺品具有一定使用或观赏价值，有的产品，如银饰、刺绣品等已走出国门。

第七节　文艺人才培训

县教育文化工作部门发挥培养文艺人才的主要作用。教育部门安排全县幼儿园、中小学设音乐、美术课，文化部门举办多种形式的培训班培养艺术人才。分期分批组织艺术课教师和文艺工作者到外地学习培训，邀请外地文艺专家学者到贞丰作专题讲座，提高文艺课教师和文艺工作的和水平。

1991 年至 2010 年，全县文艺人才培训工作取得很大成效，文艺工作人员业务水平不断提高。2010 年，县文化馆有在职人员 14 人，其中 3 人获中级职称，8 个业务骨干；各类学校文艺教师的教学水平明显提高，队伍不断壮大，为培训、辅导本土艺术人才做出贡献。

1991 年后，随着改革的深化，文化市场的放开，至 2010 年，全县有各类个体艺术培训班 10 多个，举办音乐、舞蹈、美术、书法、器乐演奏等培训，其中，书法培训班 2 个，每班 35 人；美术培训班 4 个，每班 25 人；舞蹈培训班 2 个，每班 20 人至 35 人。培训班利用节假日、寒暑假和课余时间对在校学生和部分文艺爱好者进行专业培训。受训后的学员，90%左右分别考上省内外大、中专艺术院校。毕业后，除少部分在外地工作外，大多数回贞丰县任教或从事宣传文化工作，成为文化艺术骨干。县文化馆开设的音乐班，由多年从事中学音乐教学、在数次音乐比赛中获奖的陈宇具体负责，学员经培训一年后，95%以上学生考入省内外高等艺术院校。2007 年，有 17 名学生分别被贵州大学、贵州师范大学艺术系录取。从部队文艺战线转业到文化馆工作的王琳，擅长舞蹈，由他培训的舞蹈学员，从 2003 年至 2010 年，共有 140 余人考入省州艺术院校。20 年来，不少受训学员，参加州级以上美术、书法、音乐、舞蹈等赛事获奖。

县文化馆每年还开设为期一周左右的音乐、舞蹈等短期培训班，对中老年人业余歌舞队，企事业单位、农村业余文艺队进行培训和辅导，帮助他们提升艺术水平，夯实基层群众文化艺术基础，丰富群众文化生活。

第三章　文物与非物质文化

贞丰县境内有古遗址、古岩画、古墓、摩崖石刻文物和别具一格的非物质文化遗产。1991 年至 2010 年，县文化工作部门加大文物和非物质文化遗产保护工作力度，落实文物和非物质文化遗产保护措施。文物和非物质文化遗产保护工作有新成效。

第一节　古遗址　古墓　古岩画

1991 年至 2010 年，县文物管理所邀请文物专家多次到贞丰考察，研究古代文化、文物。2005 年 10 月至 2007 年 1 月，县文管所配合贵州省文物考古研究所对董箐电站水淹区小河口汉代聚落遗址，龙滩电站建设中发现的（北盘江流域）孔明坟、沙坝、天生桥、坝油、拉它等遗址进行抢救性发掘；2007 年 10 月至 2010 年 1 月，文化、文物管理所抽调骨干力量开展第三次全国不可移动文物普查。共普查文物 149 处，其中复查 49 个，新发现 100 处，消失文物 7 处（未公布为文保单位 6 处，公布 1 处），古遗址 28 个，古墓葬 35 处，古建筑 39 处，石窟寺及石刻 10 处，近现代重要史迹及代表性建筑 30 处，其他 7 处。新发现的沙坪红岩壁画，文物专家称该壁画是我国南方不可多得的“文化金矿”，已进入贵州“三普”百大新发现。鲁容孔明坟遗址，是贵州省第一个经过大规模系统发掘的阶地型新石器时代遗址。该遗址的发掘，对于研究贵州乃至整个西南地区新石器时代的石器加工技术有重要意义。

一、古遗址

孔明坟遗址　孔明坟遗址位于鲁容乡孔明村（小地名：孔明坟），北盘江东岸一级台地上，海拔高程 365 米，与天生桥遗址隔河相望，总面积近一万平方米。遗址以孔明坟河沟为界，分为沟南（北纬 25°　26′　21.2″，东经 105°　47′　0.6″），沟北（北纬 25°　26′　21.2″，东经 105°　47′　3.6″）两个区域。发掘中发现石料坑、石堆、石器加工点等。该遗址是贵州省第一个经过大规模系统发掘的阶地型新石器时代遗址，其遗存的文化面貌与广西百色革新桥、都安北大岭等遗址遗存的文化面貌有较多相似性；在我国南方地区，如此规模巨大、遗迹丰富、具有明确功能区划的新石器时代石器制造场很罕见。同时，为认识贵州、广西两省（区），北盘江至红水河流域区域性新石器时代的文化提供了新的材料，也是研究珠江流域古文化交流和传播的重要场所。2009 年，该遗址被推荐为中国十大考古重大发现评选名录。

沙坝遗址 该遗址位于鲁容乡鲁容村沙坝组沙坝河与北盘江交汇处，北盘江东岸一级台地上，北纬25° 25′ 39.7″，东经105° 47′ 17.3″，海拔高程380米。遗址发现的石器有斧、钵、凿、钺等，还有专门磨制石器的砺石及切割石器的磨刀器。遗址出土的陶片颜色有灰陶、灰褐陶、红褐陶等。可辨器型有：敞口折肩罐，直口圆底釜。考古专家从发现的文物推断，其年代不晚于秦汉，早至商周。对研究贞丰商周至秦汉时期的历史有重要意义。

天生桥遗址 该遗址位于白层镇兴龙村，处于该村木耳山周边，北盘江西岸第一级台地上，北纬25° 26′ 04.7″，东经105° 46′ 58.3″，海拔高程372米。发掘的文物有石环、磨制石钵、磨石、打制石器、石砧、东汉五铢钱和不少陶片。考古专家从发现的遗迹现象和器物推断，遗址应为战国至汉初时期聚落遗址，对研究贞丰汉文化乃至夜郎文化都有重要意义。

董箐小河口遗址 该遗址位于者相镇下毛坪村董箐组小河口，北盘江西岸台地上，北纬25° 32′ 01.7″，东经105° 45′ 23.4″，海拔376.2米，总面积3000平方米。2005年10月至12月，发掘900平方米。遗址文化层堆积厚薄不均，一般在35厘米至150厘米左右。主要遗址有灰坑及房屋建筑遗迹、基槽和柱洞、灶及沟、祭台等。遗址遗物有“值百五铢”钱、箭镞等。其发现对研究北盘江历史文化，古代江上史、渔业经济及农业经济乃至夜郎文化等提供了极为重要的资料。

天生桥硝洞遗址 该遗址位于白层镇兴龙村天生桥组，北盘江西岸一级台地上，北纬25° 26′ 27.9″，东经105° 46′ 33.7″，海拔高程420.5米，洞向60度，洞宽130米，洞高10米，洞深未见底，坐西南向东北。洞内钟乳石发育不好、干燥、平整。在洞口采集到砍砸器、石锤。

坝油遗址 该遗址位于鲁容乡板绕村坝油组，村民居住地旁的小河与北盘江交汇处一级台地上，北纬25° 18′ 38.3″，东经105° 49′ 0.3″，海拔355米，总面积400平方米。在台地上发现有黑褐色及红褐色夹砂陶片，磨制石钵一件，磨石一件及打制石器。出土陶片陶纹有方格、绳纹等。器型有罐、瓶、盆等。土中包含物有红烧土、炭屑等。地层厚1.1米。文化层堆积厚约1.2米。考古专家根据采集陶片的陶质、陶色、纹饰、器型及石器推断，该遗址所处时代为春秋或战国至秦汉时期。

拉它遗址 该遗址位于鲁贡镇坡扒村大岩脚组拉它（小地名），北盘江西岸一级台地斜坡上，北纬25° 19′ 29.6″，东经105° 49′ 25.5″，海拔高程354米，遗址总面积6000平方米。该遗址发现有红褐色夹砂陶片，青铜手镯，打制石器，动物骨头及牙齿等。出土陶片纹饰有方格、绳纹。器型有罐、瓶、盆等。考古专家根据勘探采集的陶质、陶色、纹饰、器型及青铜器研究推断，该遗址为汉代。

二、古墓

鲁贡浪更燃山墓群 该墓群位于鲁贡镇磨扒村平乃组坝社（小地名），北盘江与坝社河交汇处浪更燃山上，北纬25° 15′ 18.9″，东经105° 50′ 33.7″，海拔380~420米，与水打田遗址（望谟县境内）隔江相望。

发掘的墓葬有两种形态：瓮棺墓葬和长方形石板墓。

瓮棺墓葬以方格纹陶罐为葬具，陶罐四周及底铺薄石板，少数陶罐底部铺碎卵石，陶罐内放置人骨及随葬品，多数随葬铜镯、五铢钱。葬式为二次葬，属二次葬形态的墓葬有18座。陶罐的形态和随葬器物，与水打田遗址墓葬相比较，皆可确定为东汉时期墓葬。以陶罐为葬具的二次葬俗在此地普遍存在，具有土著文化因素，为汉墓的研究提供了新的资料。

长方形石板墓以就地取材的薄石板砌墓室四壁、底部和顶部，墓向基本为南北向，属长方形石板墓形态的墓葬有47座。多数墓葬长160厘米~200厘米，宽50厘米~75厘米，深15厘米~40厘米，人骨保存极差，可辨认葬式为单人仰身直肢葬。随葬品有铜镯、指环、串珠和漩涡纹带钩。

墓地内有灰坑一个，形状为圆角长方形，直角，平底，四壁及底部红烧土烧结面，填土自上而下依次为：黄褐色砂土，青膏泥，灰烬层，内出东汉时期陶纹片。

墓群处于缓斜坡上，坟墓分布不规则。因常年水土流失，墓葬大部分直接暴露于地表，且被破坏严重。

烟山刘氏古墓群　烟山刘氏墓地，现存道光十三年二月春榖旦立“皇清待赠孺人显妣刘母薛氏老太君之墓”，咸丰二年四月初五酉时立“皇清敕赠登仕郎显考刘公讳崇礼之墓”等古墓约10所，分别位于现珉谷镇纳绕村烟山组高龙茶场山顶海拔1408.20米和山腰1300米处。

其中主墓刘馥亭墓，位于山顶最高处，北纬25°　25′　47.4″，东经105°　35′　23.9″，海拔1408.20米，总占地面积约300多平方米。墓用约0.8米×0.5米细钻青石垒砌，呈椭圆形，直径4.5米，周长14.1米，高1.95米，墓顶封土高2.9米。墓左右和后方有半圆形青石护墙包围，护墙最高点在幕后方，约3米；最低点在墓前左右两侧，约0.8米；整个护墙呈靠椅状，墙与墓之间有约0.6米间距，呈一环形通道。墓碑高1.85米，宽0.98米，厚0.125米，碑左右有石狮抱鼓（石狮已损）；碑座长3米，高0.25米；碑顶、碑左右和碑座正面雕刻浅浮雕纹样。

墓碑正面阴刻柳体楷书：

咸丰二年四月初五酉时立

皇清敕授修职郎显考刘公馥亭之墓

男　　　湘溥　淮清　瀛洲　沐滋　洪澜

孙　崇　刚　信　礼　仁　义　智　邦　纪　基　儒　良　善　道　恭　俭　让

曾孙　权　舆　均　直　明　正　达　中　衡　宽　通　立　可　谨　宜　美　公

祀

抱鼓立柱（夹耳）正立面阳刻柳体诗联：

俯唱遥吟添人逸兴，高瞻远瞩惬我素心。

抱鼓立柱（夹耳）背立面阴刻柳体诗联：

四尺崇封开甲第，千秋庇荫启丁男；

诒孙燕翼谋皆善，顾母龙回穴本高。

墓碑背面阴刻小楷墓志铭：

《皇清敕授修职郎刘公八十上寿墓志铭》

翁讳钟桂字馥亭，安南定头城人也。翁生而颖异，长而慈良；籍隶沅湘，绍神尧之谱系，祖迁罗甸嗣炎。

汉之云初，落业会昌保世滋。大至翁代，经数传家逾百户；瓜锦椒衍、霞蔚云蒸，猗欤盛已。洎乎嘉庆艰虞，獖犟蠢动，豺狼遍野，鸡犬消声；叹！南奔之五马，气竭声嘶；嗟！东聚之三星，光沉度舛。翁乃匿迹蓬蒿，潜踪荆棘；保只体于骊渊，脱余生于虎口；其奈田闾地赤，劫烬灰宏；楚老相逢、泣将何及，黔云永散、悲实难言，无门可践；秦廷有志、耻餐周粟，旧垒抛残、谁夸王谢，新巢营就、逐傍珉球。寻田亩于白骨堆中，招族姓于紫荆花下，销铸齐人，赝鼎包容。赵氏贪狼，救盐池之咸爰，凭敝箪止，黄河之浊，独仗何胶，官刑蒙毒于苗锋，铜干可樱，夫铁瓮此。则瓮生平辛苦之大略也。然而天道周星、物极必反，长城既固、大树重荣，鸾胶三绩、轩邱屡贺，鸾翔凤阁、频开若木，争看凤翙；南宋之河山半壁也，足撑持东周之日月。双轮何堑，继述翁于是种菩提树，泛航若船，振聩发聋，扶危济困，扩州序党，痒之建竖，恢圜桥泮，壁之规模，露倾綵襄，雨露枯壤。梓潼记功之本，修列肤功，伏魔救过之章早删。微过俾尔、寿而減俾尔、炽而昌俾尔、耆而艾俾尔，昌而大，七十五载，雍雍蔼蔼，济济峨峨，申申如也。嗟夫！德在人间，神归天上，虽自今已乘云而迤，安知后不跨鹤而仙，于翁又何恨焉。

爰为之铭曰：巍巍岳帝，稽察幽冥，将翁善册，捧上通明。玄穷主曰：咨尔刘君地维尔，扶天柱尔，撑调元干，造旋乾传，坤苦尽甘，回阴极阳，生德全福，备实大声，宏譬之贞松，傲雪峥嵘，譬之良玉，韫石晶莹；彼庸庸者，没世无称，蜗居局踖，何补昇平；惟君作善神，人共钦恳，武（文）帝佑尔，长孙采芹，折桂继起，蒸蒸君之夙世，本少微星，列籍仙班，尚其钦承。

咸丰二年　岁　在　已未　恩科经魁拣选知县愚弟　李逢春　拜撰

壬子　四月　上浣　穀　旦

三、古岩画

沙坪红岩壁画　岩壁画位于沙坪乡金山村石柱组南2千米处红岩山断壁上，北纬25°　8′　58.1″，东经105°　51′　19.5″，海拔高程574.6米。整座山崖陡峭，略呈弧形，从西北至东南宽约400米，高近300米，因断壁处大部分呈铁红色，故称“红岩”。红岩断壁居于红岩山中部约150米。图画存于断壁处近百幅，宽110米，高0.5米至20米。有不同时间段的绘画，且跨度时间较长，其成画有简单和复杂之分。因年代久远，受风雨侵蚀，大部分已模糊不清，但仍可辨认。岩画规模宏大。

岩壁画主要有猪、牛、鹿等动物图案及箭头符号，也有人物画面，还分布有大小各异的手掌印图案。

岩壁画为红色颜料画就（疑为朱砂）。所画之物形象，具有一定的艺术性和观赏价值。其中“猪”图形在北盘江流域岩壁画中尚属首次发现，有较高的研究价值。据有关专家介绍，岩上密集众多的手印图画，目前在国内乃至全世界许多国家还没有类似发现。根据有关专家初步判定，岩画壁中的早期绘画部分应属史前文化范畴。

第二节　文物保护

1991 年至 2010 年，县文物管理所认真开展文物保护工作，将州级文物保护单位定边城申报为省级文物保护单位，把北盘江镇青杠林村下坝爬行动物足印遗迹报县政府公布为县级文物保护单位。

一、文物保护单位升级

定边城遗址（含观音庙、关帝庙）位于龙场镇定塘村，据《兴义府志》记载：明天启六年（1622）建成宿兵。明思宗朱由检赐予“定边城”，但当地居民仍称为定头城。清嘉庆二年（1797）年初，南笼府王囊仙率众起义，攻破城池，定边城大部分被废。现存城址面积约 30 万平方米，平面呈梯形，周长 2100 米，城垣均用五面剔青石砌成。现残存的城垣最高处 4 米，最低处 1 米以上。现仅存西门门拱，高 3.9 米，宽 3.26 米，厚 2.42 米。遗址内尚存明代筑就的石街和部分屋基；清光绪二十五年（1899）开始修复关帝庙、观音庙和陆续修复民宅。1980 年 7 月 23 日，县人民政府公布定边城遗址为县级文物保护单位；1985 年 12 月 31 日，黔西南州人民政府公布为州级文物保护单位；2006 年 6 月 6 日，贵州省人民政府公布为省级文物保护单位。

二、县级文物保护单位

下坝贵州爬行动物足印化石位于北盘江镇青杠林村下坝组东面的晒坝上。化石保存在早三叠纪泥质岩层面上，共 24 组古爬行类足迹，分布面积约 14 平方米。足迹分两列：一列自东向西延伸，一列自西向东延伸，没入岩层。化石的痕廓清楚，为后肢五趾型爬行类足迹。有专家认为这些足迹的遗迹动物是“手兽”。1999 年 6 月 6 日，县人民政府公布为县级文物保护单位。

至 2010 年底止，县境内共列为各级文物保护单位的有 47 处，其中省级 4 处(即文昌宫、马二元帅府、花江铁索桥、定边城）；州级 1 处（即者相虎字摩崖），县级 37 处，即定头关帝庙、白层观音洞遗址、者相土城遗址、者相汉墓群、孔明坟、明武功将军墓、定头万人坟、狮子口洞棺葬、龙场蟠龙寺、陇塔龙氏祠堂、文庙、阁楼、者相观音庙、两湖会馆、定头观音庙、县城清代一条街、龙场观音阁、文笔塔、三拱桥、白岩关、花江古驿道、白层古驿道、三河王氏庄园、者相神仙洞、蒋炳堂行乐图、者相杨树森庄园、普陀真境、放生塘石碣、花江石刻群、白层渡石刻群、纳翁惩恶碑、岩鱼哓喻碑、小花江七马图、牛场安全洞、马仲墓、纳山万人坟、白层渡红军标语、李燊（李晓炎）故居、窑上制陶作坊、烈士陵园、白层黄氏土司庄园、下坝爬行动物足印化石。

三、消失文物

花江崖壁画（七马图）位于平街乡小花江村一组西约 1.5 千米道旁一崖壁上，用墨画负鞍的马七匹向正西方向奔走，马高约 3 厘米，长约 10 厘米，白描技法，构图简洁。此壁画技法同江对岸的“马马岩”壁画、构图、技法相似。1987 年 11 月 2 日，县人民政府公布为县级文物保护单位；2008 年，全县第三次文物普查（实地调查）发现，该壁画因风雨侵蚀逐渐消失。

四、文物修缮

文昌宫位于县城东门内，建于清乾隆年间，建筑平面布局沿用均衡对称手法，沿纵轴线建正殿和左右配殿、前殿和左右配殿。建筑群前有长方形荷花池，池中建一桥（原为木桥）为出入通道。正殿为重檐歇山式，双步回廊。清光绪二十三年（1897），清翰林吴嘉瑞（厢丹）将文昌宫正殿辟为“仁学会”会址。1935 年 4 月 18 日，毛泽东、朱德率红军长征过贞丰时在文昌宫宿营。民国 28 年（1939），国民政府军第六军九十三师由抗日前线暂到贞丰休整，师部驻扎于文昌宫内，并将正殿改为“中山纪念堂”。1983 年，贞丰县人民政府公布为县级文物保护单位。1984 年正式明确收归县文物管理所保护管理。1985 年 11 月 2 日，贵州省人民政府公布为省级文物保护单位。1988 年至 1991 年，贵州省文化厅文物处拨款 12 万元修葺后，县文物管理所迁入办公。文昌宫正殿设立文物陈列室，正式向外开放。

文笔塔位于县城北面的塔山顶上，塔形宛如毛笔笔头，称为文笔塔。该塔建于清道光二十四年（1844），塔高 23 米，共七层，实心，递减收分，呈八角形。建筑石料均为五面块石骑缝垒砌，建筑工艺精湛。1978 年 11 月某夜被炸，仅存半壁。1987 年，县人民政府公布为县级文物保护单位。1993 年至 1994 年，县人民政府集资 11 万元修缮。塔心填石，塔表为五面白绵块石骑缝砌就，塔体较原塔略细。

“虎”字摩崖位于者相镇西面约 200 米处，字高 3.77 米，宽 1.75 米，狂草阴刻，笔势奔放，雄健苍劲。系清代咸丰年间苗族将领杨树森所书，此“虎”字摩崖，为省内同类“虎”字摩崖中最大者。1984 年 1 月 20 日，贞丰县人民政府公布为县级文物保护单位；1985 年 12 月，黔西南州人民政府公布为州级重点文物保护单位。由于“虎”字摩崖常年被渗水浸湿，上部渐长苔藓，摩崖逐日受损。1991 年，州文化局文物科拨款 1000 元进行防渗水处理和修建崖脚防护石栏。

下坝贵州爬行动物足印位于北盘江镇青杠林村下坝组东晒坝上。1958 年开采石块发现。1995 年，县人民政府公布为县级文物保护单位。该文物一直没有防护措施，为有效保护爬行动物足印化石，1992 年，黔西南州文物科拨款 1000 元，建设古爬行动物足印化石出土点防盗保护设施。

五、申报待批的不可移动文物保护单位

在第三次全国文物普查中，县文物管理所组织力量，配合上级文物研究部门开展考古发掘工作，出土了一批对研究夜郎文化有极高价值的文物，按有关文件规定，将相关文物移交贵州省文物研究所进行研究。同时，集中骨干力量开展现场文物调查和相关信息数据的采集、登录、上报工作，并向各级人民政府申报为不可移动文物保护单位。

贞丰县申报为不可移动文物保护单位一览表

表 14-3-1

文物名称	所在地点	形成年代	申报级别
童家屯老庙	龙场镇新童村童家屯组	清道光二十一年（1841）	县级
姚继贤墓	珉谷镇塔山村经济林四组	1936	县级
姜统领墓	珉谷镇坡西村	清代	县级
贞丰城垣遗址	珉谷镇东门村	清乾隆七年（1742）	县级
烟山刘氏墓群	珉谷镇纳尧村烟山组高龙茶场	清咸丰二年（1852）	县级
阴滩古道遗址	珉谷镇阴滩村一组	清代	县级
地市伯经幢	龙场镇龙河村地市伯组	清代	县级
犁头寨王氏老宅	长田乡雨柏村犁头寨组	清代	县级
干龙洞遗址	挽澜乡者塘村干龙洞组	中华民国	县级
蔡氏祠堂	龙场镇龙场村里田组	清代	县级
天生桥硝洞遗址	白层镇兴龙村天生桥组	旧石器晚期	国家级
小兰亭摩崖	龙场镇上水桥村三组	明万历二十九年（1601）	县级
沙坪红岩壁画	沙坪乡金山村石柱组	待考	国家级
云梯直上摩崖石刻	挽澜乡窑上村老鹰岩	清光绪三年（1904）	县级
孔明坟遗址	鲁容乡孔明村	新石器时代	国家级
沙坝遗址	鲁容乡鲁容村沙坝组	商周秦汉	国家级
天生桥遗址	白层镇兴龙村	战国汉代	国家级
窑上制陶作坊	挽澜乡窑上村八组	清代	省级
龙井传统造纸作坊	小屯乡龙井村龙井组	清代	省级
长田营盘遗址	长田乡长田村二组	清代	县级

六、文物保护措施

1995 年，县文物管理所落实上级关于文物保护单位要有保护范围、有标志、有档案、有专人管理的“四有”要求。

（一）明确保护范围

1997 年 5 月 15 日，县人民政府划定并明确文昌宫等五处文物保护单位的保护范围和产权。

文昌宫保护范围：前抵鱼塘街，后抵望海楼，左右以原围墙为界，保护范围内的土地和原文昌宫房产为国家所有，县政府委托县文物管理所维修使用。

两湖会馆保护范围：西抵南大街，东、南、北以原围墙为界，保护范围内土地和原建筑物为国家所有，县政府委托县文物管理所维修使用。

杨氏庄园保护范围：四至以原庄园围墙为界，保护范围内土地属国家所有，现使用古建筑（房屋）的住户，必须按原样进行保护维修，不得擅自破坏。

“虎”字摩崖保护范围：前抵者相街上至大寨自然村公路路坎，左右及后距“虎”字各10米。

白层渡保护范围：后抵白牛神山，前、左、右均以白层河河岸和干河沟河堤为界，包括白层古驿道一处，红军长征渡口一处，白层黄氏土司庄园遗址一处，红军标语“誓灭倭奴”“敌人随后追上来，如今只有跑上前”二处，清代题刻“犀牛洞碑”、清同治十二年刻“总办厘金委朱大人去思碑”、清同治十二年捐修厘金局功德碑等五处，墨题摩崖“畅幽叙情”等三处，共计13处。

（二）设置保护标志

2010年底，县文物管理所按照文物保护标志碑文标准，精选石材，遴选石匠和书者，完成花江铁索桥、文昌宫、马二元帅府、定头城墙（含观音庙、关帝庙）、虎字摩崖、两湖会馆、阁楼、文庙、烈士陵园、东门三拱桥、文笔塔、白层渡、定头城万人坟等30余处各级文物保护单位石质标志碑的竖立工作。

（三）建立档案

2001年8月至10月，县文物管理所完善文昌宫、马二元帅府、花江铁索桥3处省级文物保护单位的档案建立工作，完成主卷、副卷、备考卷共30册，制作图纸120份，照片90幅；2004年10月，制作定边城遗址省级文物保护单位档案。至2010年年底，对境内42处各级文物保护单位全部建档。

（四）实行专人管理

1984年7月，县文物管理所成立，具体负责全县文物调查、保护、管理工作，隶属县文化局领导。1987年，成立县文物管理委员会，成员由文化、公安、工商、城建、教育、计委、财政等部门主要领导组成，主任由分管文化工作的副县长兼任，县文化局副局长兼任办公室主任，办公室设在县文物管理所。县文物管理所常设所长、副所长各1人。至2010年，县文物管理所共有干部职工8人，其中有专业技术职称5人（文博馆员2人、文博助理馆员3人）。

为使文物收藏单位以外公民个人所有的合法文物在《中华人民共和国文物保护法》（以下简称《文物法》）允许范围内有序交换，或者依法转让、流通，鼓励他们将收藏的文物捐赠给国有文物收藏单位，或者借给文物管理单位展览、研究。2004年2月，县民族民间收藏协会成立，民主选举产生会长1人、副会长2人，有会员62人。

1991年后，县境内有文物保护组织13个，义务文保员44人。文物管理机构与文物保护单位的文物保护员签订“文物保护单位居住使用合同”44份。

七、文物保护宣传

县文物管理所经常利用赶场天，深入珉谷镇、者相镇、北盘江镇、龙场镇、白层镇、平街乡、沙坪乡、鲁容乡等有文物保护单位的乡镇宣传文物保护法，宣讲文物保护常识，展出文物图片，分发宣传资料，增强群众保护文物意识。

2008 年和 2009 年，县文化主管部门利用“国际博物馆日”“中国文化遗产日”，开展“文化遗产与我”系列宣传活动。2010 年春节期间，县文化体育旅游和广播电影电视局在文昌宫举办“贞丰县 2010 年春节文化遗产普查成果展”“保护文化遗产、弘扬民族文化”为主题的北盘江考古发掘文物展，展出实物及图片 300 多件。

由于县文物管理所不具备收藏文物条件，根据国家有关文件规定，将珍贵文物上交上级文物主管部门统一保管。至 2010 年，全县有馆藏文物 300 余件，其中一、二级文物 14 件。2010 年前，14 件一、二级文物和大部分有价值文物已上交上级文物主管部门。

第三节　非物质文化遗产保护

贞丰历史悠久，文化厚重，人文资源丰富，民族风情浓郁，多种文化相互交融，孕育了许多独具魅力的非物质文化遗产。

2005 年后，按照《国务院办公厅关于加强我国非物质文化遗产保护工作的意见》要求，县文化部门把“非遗”普查工作作为文化遗产保护的基础性工作和摸清全县“文化家底”的重要工作来抓。贯彻落实“保护为主，抢救第一，合理利用，传承发展”的工作方针，按照“边普查，边申报，边保护”的工作思路，普查一批申报一批，保护一批。通过文本撰写人员的努力和相关部门的合作，2006 年 5 月 20 日《布依族铜鼓十二调》和《小屯皮纸制作技艺》列入第一批国家级非物质文化遗产名录。2007 年，开展以“保护文化遗产，构建和谐家园”为主题的“6・9”中国文化遗产日宣传。活动期间播放文化遗产专题片 5 部，悬挂宣传标语 6 幅，发放宣传资料 3000 多份，解答咨询 400 多人，为群众义务鉴定文物、古玩 10 余件。6 月 5 日，文化部公布贞丰县小屯乡龙井村刘世阳为第一批国家级非物质文化遗产项目《皮纸制作技艺》代表性传承人。同年，在申报“非遗”工作中，全县共获州级非物质文化遗产保护 9 项，列入省级非物质文化遗产名录 7 项。2008 年，完善全县非物质文化遗产保护工作联席会议制度，建立县非物质文化遗产保护专家库。根据省州要求，抽调人员组成“贞丰布依文化生态保护区”项目申报办公室，负责项目申报工作。2 月 15 日，文化部公布小屯乡纳秧村王永占为第二批国家级非物质文化遗产项目《布依族铜鼓十二调》代表性传承人；省文化厅公布小屯乡龙井村龙光伦为《皮纸制作技艺》省级非物质文化遗产项目代表性传承人，龙场镇对门山村对门山组余雁伟，小屯乡纳秧村一组岑兴顺为《布依族铜鼓十二调》省级非物质文化遗产项目代表性传承人。6 月 7 日，布依族传统乐器《布依勒尤》列入第二批国家级非物质文化遗产名录。2009 年 3 月，为做好全省第一次非物质文化遗产普查验收工作，县文化主管部门腾出办公地点，申请办公经费，抽调精干人员成立非物质文化遗产办公室（即“非遗中心”）。贯彻落实国务院办公厅《关于加强我国非物质文化遗产保护工作的意见》，推进非物质文化遗产保护工作。11 月 24 日，县人民政府印发《关于调整充实贞丰县非物质文化遗产保护工作专家委员会成员的通知》，其成员为：蒙立胜、潘吉友、叶集贤、黄正国、黄飞、王文信、向往、杨昌贵、韦正律、王昌武、毛天松、邓国城。非物质文化遗产保护工作专家委员会下设办公室，办公室设在县文体广电新闻出版局，办公室主任由潘吉友担任。同年，县“非遗”办贯彻“全面普查、摸清家底，健全机制、规范管理，整体保护、传承发展”的工作目标，坚持“全面性、代表性、真实性”的指导原则，制定出普查方案和调查提纲，组织普查人员展开全面普查。出动车辆 100 多台次，普查人员深入全县所有乡镇及居委会展开调查，发放宣传资料 15000 余份，走访民间艺人 80 多人次。运用文字、录音、录像等方式，对项目进行全面记录。完成非物质文化遗产 14 个类别 148 个项目的调查摸底和记录、整理，并建立档案，通过省文化厅验收。2010 年，投入 3.6 万元，为国家级“非遗”名录《铜鼓十二调》传承基地龙场镇对门山村购置 6 面铜鼓，给该项目传承人所在地小屯乡纳秧村购置 2 面铜鼓；投入 2 万元，为《皮纸制作技艺》（国家级）传承基地小屯乡龙井村改造造纸作坊 30 余个。当年 6 月，贞丰县被省文化厅授予“全省非物质文化普查先进集体”荣誉称号；8 月 9 日，省文化厅公布第二批省级非物质文化遗产项目代表性传承人，珉谷镇岩鱼村三组王建伦被列为《布依族摩经》传承人，珉谷镇岩鱼村纳核一组蒙书庆被列为《布依族婚俗音乐》传承人，珉谷镇岩鱼村五组王建立被列为《布依勒尤》传承人，挽澜乡窑上村朱华政被列为《窑上古法制陶》传承人。

2005 年至 2008 年，黔西南州人民政府先后公布《土法造纸》《布依铜鼓十二则》《布依族服饰》《窑上古法制陶》《靛染技艺》《布依摩经》《布依丧葬礼俗》《龙井陈氏花灯》《布依族“六月六”》《布依族婚俗音乐》《勒尤演奏及制作技艺》《布依族勒尤》等 13 项列入第一、二批州级非物质文化遗产名录。2009 年 6 月 11 日，州人民政府公布传统音乐类项目《布依族“谷温”》《依族音乐》《布依族“勒浪”》《布依族婚嫁歌》；民间舞蹈类项目《布依族乌龙》；杂技与竞技类项目《布依族棍术》；传统手工技艺类项目《布依族鸟笼制作技艺》；民俗类项目《布依族“三月三”》《苗族“二月二”》等 9 项列入第三批州级非物质文化遗产名录。

除上述列为州、省、国家三级非物质文化遗产名录外，县级非物质文化遗产名录有《布依族小打音乐》《坡齐布依族花灯》《布依族四弦胡》《贞丰油糯米饭制作技艺》《苗族信仰与禁忌》《苗族语言》《布依族木雕》《布依族牛角胡》《布依族戏剧（王玉莲）》《布依族耕耘》《布依族丢花包》《布依族酒歌》《布依族童谣》《布依族纺织技艺》《布依族草编技艺》《布依族刺绣》《布依族交通运输》《布依族八音古乐》《布依族月琴》《苗族板凳舞》《苗族织花》《布依族婚俗》《苗族婚俗》《回族婚俗》《仡佬族婚俗》《苗族丧葬习俗》《苗族扫寨习俗》《苗族庆育习俗》《苗族民间传说故事》《回族丧葬习俗》

《仡佬族丧葬习俗》《苗族服饰》《布依族饮食习俗》《苗族饮食习俗》《回族饮食习俗》《布依族干栏式建筑》《布依族“浪哨”》《布依族榨糖工艺》《布依族鸭嘴箫》《苗族木鼓芦笙舞》《布依族蜂糖糯米酒制作技艺》《布依族玩秋》《布依族杂技——高台舞狮》《贞丰豆豉制作技艺》《布依族节日风俗》等。

至2010年，全县收集到非物质文化遗产项目共10类136个，其中民间文学58个，传统美术2个，传统音乐15个，民间舞蹈7个，戏剧3个，民间杂技1个，传统技艺21个，民俗25个，游艺传统体育与竞技2个，传统医药2个。初步建立由3项国家级、13项省级、22项州级、68项县级组成的四级非物质文化遗产名录。非物质文化遗产的保护传承工作有很大发展。

贞丰县列入国家和省级非物质文化遗产名录项目统计表

表14-3-2

项目类别	项目名称	公布单位	批准文号	时间	传承人	文本撰写	备注
传统音乐	布依族铜鼓十二调	国务院	国发〔2006〕18号	2007年6月5日	王永占　岑兴顺　余雁伟　余天国	蒋　英	第一批
传统手工技艺	皮纸制作技艺	国务院	国发〔2006〕18号	2006年5月20日	刘世阳　犹光伦　刘继松	蒙立胜	第一批
传统音乐	布依族勒尤	国务院	国发〔2008〕19号	2008年6月7日	王建立　黄如川　黄　松	邓国城	第二批
民俗	布依族服饰	省人民政府	黔府发〔2007〕16号	2007年5月29日	王诗萍　王丽梅　王明珍	王文信	第二批
民间文学	布依族摩经	省人民政府	黔府发〔2007〕16号	2007年5月29日	王建伦　黄福寿　黄学高	倪东菊	第二批
民间音乐	布依族婚俗音乐	省人民政府	黔府发〔2007〕16号	2007年5月29日	蒙书庆　陆照弟　蒙正书	倪东菊	第二批
传统手工技艺	布依族蓝靛染工艺	省人民政府	黔府发〔2007〕16号	2007年5月29日	王建雄　蒙立生	邓国城	第二批
传统手工技艺	窑上古法制陶	省人民政府	黔府发〔2007〕16号	2007年5月29日	彭子齐	毛天松	第二批
民俗	布依族丧葬习俗	省人民政府	黔府发〔2007〕16号	2007年5月29日	黄生禄　余保华	韦正律　毛天松	第二批
民俗	布依族六月六	省人民政府	黔府发〔2007〕16号	2007年5月29日	—	毛天松	第二批
传统音乐	布依族勒浪	省人民政府	黔府发〔2009〕30号	2009年9月30日	潘昌国	邓国城	第三批
传统体育技艺与杂技	布依族棍术	省人民政府	黔府发〔2009〕30号	2009年9月30日	岑绚录	毛天松	第三批
传统技艺	布依族鸟笼制作技艺	省人民政府	黔府发〔2009〕30号	2009年9月30日	黄廷峰　周兴榜	邓国城	第三批
民俗	布依族三月三	省人民政府	黔府发〔2009〕30号	2009年9月30日	—	毛天松	第三批
民俗	苗族二月二	省人民政府	黔府发〔2009〕30号	2009年9月30日	—	毛天松	第三批

第四章　广播　电影　电视

贞丰县广播站建于1956年。1984年10月，改为贞丰县广播电视局；1994年，改为贞丰县广播电视站，隶属县文化局；2001年2月，改为贞丰县广播电视台，为副科级事业单位，隶属于县文化体育广播电视局。

第一节　广　播

一、机构

县城设县广播电视台1个，实行广播电视站台合一，1991年撤区并乡建镇后，全县13个乡镇均设广播站，每站编制2人至3人。乡镇广播站为乡镇事业单位。

二、广播设施

1992年，县级财政拨款3.9万元，县广播电视局于当年3月10日在县城后坡上建成100瓦广播调频台，架设1千米专线传输广播信号，自行设计、安装接收天线和发射天线及避雷设施。当时，县广播站广播频率为97.6兆赫，全县13个乡镇中，有10个乡镇能正常收听，2个乡镇需要安装室外天线方能收听，1个乡不能收听，全县广播覆盖率为80%左右。

三、广播节目播放

调频广播是一种新型的无线广播信号传输方式。1992年3月10日，建成县城100瓦广播调频台后，当年向全县播音，并开办自办节目、广播贞丰新闻。2004年，恢复广播中央人民广播电台一套节目。2005年，开通贵州人民广播电台和贵州都市频道。每天中午11时30分和下午6时为贞丰新闻播出时间。

第二节　电　影

20世纪80年代末，县境内电影放映就开始步入低谷。1993年后，随着电视进入家庭，录像室遍布城乡，大多数群众都喜欢看电视和录像。县城及者相、龙场镇电影院每次放映时观众寥寥无几，城镇电影院因放映开支大于收入而关门歇业。电影院将场地租给放录像业主或转作他用。电影放映只有在每年春节、“五一”国际劳动节、“八一”建军节、“十一”

国庆节等节庆或重大活动期间，由有关部门在院外露天放映。21 世纪初，国家实施“2131”农村电影放映工程，县文化部门开展文化下乡活动到农村放电影，部分农村村民不用花钱一年就能看到几场电影。

为丰富人民群众、特别是边远山区群众的文化生活，县文化部门组织放映队深入全县自然村寨巡回放电影。自实施“2131”农村电影放映工程的 2002 年至 2010 年，每年均放电影一百多场次，观众十万人次以上。为农民提供在家门口就能看上农业科技电影的机会，提升农业科学技术知识水平。

第三节　电　视

一、电视设施

1991 年，为保证电视信号的正常传输和安全播出，县财政部门拨款 3000 元给县电视台安装发射机房和增加中调器 1 台。1992 年 6 月，建成有线电视网络，可转播 22 套节目；10 月，县城闭路电视工程启动，群众集资 67 万元实施县城闭路（有线）电视工程，工程历时一年零两个月，1993 年 12 月竣工。

1996 年，县广播电视局对有线电视网络进行第一次改造。1998 年，实施村村通广播电视工程。2001 年，有线电视网络改造为专缆传输，建 17 个光点，覆盖县城 90% 电视用户；8 月，经县政府同意，电视台贷款 60 万元，县城用户每户一次性集资 150 元进行改造增容，对电视台机房前端、县城广电网络和 3 个乡镇网络进行改造。2002 年，县电视台向县农行贷款 350 万元，自筹 86 万元，对县城网络进行改扩建，对者相、龙场、兴北三镇专线进行联网。2004 年，在县城新城区光缆建设 9 个光点，覆盖永丰大道、黄金大道、金都小区和康筑小区。2006 年，县电视台自筹资金添置硬盘播出系统和现场直播设备并投入使用。针对部分用户私拉乱接网线，逃避交电视费的问题，县电视台从银行贷款一百余万元，对县城网络进行改造，对电视信号进行加扰传输，电视信号需经解扰器解扰才能正常调看。2007 年 8 月，开展地面卫星接收设施调整工作，保证了电视用户正常收听广播，收看电视。2008 年，完成县城后坡 45 米发射塔、机房、生活辅助用房和围墙建设。工程于同年 6 月 30 日竣工并投入试营运。收转发射的三套调频广播（中央、省、州人民广播电台）、四套电视节目（中央一套和七套、省和州电视台）话音清楚，图像清晰，设备运行良好，各项指标均达到国家技术参数要求。2009 年，实施 20 户以上自然村“村村通”广播电视工程，总投资 370.4 万元，为 463 个自然村寨安装 10186 套直播卫星。完成县城南环路有线电视线路管道安装工程，投入 25 万元更换被雷击损坏的设备。2010 年，县广电网络公司与州广电网络公司签订责任书，在乡镇实施广电乡镇联网和乡镇有线电视数字整体转换工程；加大信息资源共享工程建设力度，发放安装普通 PC 机 62 台、投影仪 13 套、文化共享机 187 台。至年底，全县“村村通”工程（26105 户）建设任务圆满完成，信息录入率达100%。

二、电视节目播放

1995年10月，县电视台在全州率先创办电视节目。星期一、三、五制作新闻联播，播出县境内新闻。节目两天一播，星期二、四、六重播头天节目。每天播出四次，即：中午11时30分，下午6时，晚上8时、10时各播一次。2003年，电视台围绕县委、县政府“645”工作思路，开辟《聚焦645》栏目，共制作和播出10期。2005年，县财政收入突破亿元大关，是年12月底，县电视台开辟《回眸贞丰》栏目，制作和播出一系列反映县域经济社会建设成就的专题报道。

2007年，围绕县委、县政府中心工作和全县人民普遍关心的热点问题开展20多个专题系列报道；在继续办好《回眸贞丰》的基础上，开辟《漫步校园》新栏目；为宣传、学习、贯彻中共十七大精神，开辟《喜迎十七大，推进新跨越》《一个党员一面旗帜》《劳动者之歌》《新农村故事》等栏目；完成县招商引资宣传资料“多彩的喀斯特公园县——贞丰”光碟制作；实况录制“2007年迎春晚会”“多彩贵州舞蹈”大赛贞丰赛区、教育系统“爱我家园”演讲赛；邀请全国18家主流媒体到县域采风，作系列报道，接待台湾媒体到黔西南州进行专题采访报道。先后完成县“两会”、新农村建设、“十一五”规划、整脏治乱、两基普实、扶贫开发、“六月六”布依族风情节、非物质文化遗产保护传承、“百名孝星”评选活动等重点内容的宣传报道。全年录制播出广播新闻93期1408条，播出近500条标语和公益广告，播发图片新闻600余条。

2008年，完成县春节大联欢，县“两会”报道，“六月六”布依族风情节、全国山地运动会，“中天城投”杯“多彩贵州”歌唱大赛，首届全省布依族歌舞大赛（在贞丰举行）等大型活动的录制和播出工作。全年县电视台用稿2321篇，州电视台用稿200篇，省电视台用稿5篇；制作专题片20部。

2009年，县电视台报道苗族“二月二”走亲节、布依族“三月三”祭山节。与县学习实践活动办公室联合开辟局长谈“践行科学发展，我为贞丰做什么？”和县领导谈科学发展观电视访谈专栏。配合县“整脏治乱”工作，县电视台制作公益广告和宣传标语，及时曝光部分市民生活陋习，发挥舆论监督作用。开辟《聚焦和谐贞丰》《贞丰城乡清洁工程》专栏，与县影视艺术协会联合在新浪网创办《贞丰在线》博客等专栏。全年县电视台用稿2835篇，州电视台用稿275篇、省电视台用稿5篇。

2010年，县电视台开办《五创一争》专栏12期；配合全县抗旱救灾工作，创办《贞丰在线》栏目。县政府投入80万元开播《新闻荟萃》栏目，招聘5名新闻采编人员。全年县电视台共播发稿件3920条，其中在中央电视台新闻频道播发消息8条，在省电视台综合频道和法制频道播发消息25条，在州电视台播发205条。台长唐仲嵘被评为2010年中华之魂——十大创新人物之一，《唐仲嵘：基层电视台的改革者》专题列入影响力人物杂志。电视台副台长、新闻部副主任郭泽玉，在2010年中国广播电视协会审定的“新世纪10年”活动中，被评为全国县级广播电视系统优秀管理工作者。记者张洋忠、周厚谷、黄珠彦采写的《实践科学发展观、昔日荒岭变青山》稿件，在2009年度全国县级广播电视节目创优评选中，被中国广播电视协会评为二等节目，同条稿件被评为2009年度贵州广播电视新闻类三等奖。郭芳配音的《百年风雨铁索桥》，被评为2009年度贵州广播电视播音类三等奖。潘婧姝、刘尚春、汪贵宝采写的《布依铜鼓敲响时代的跫音》，获2009年度贵州广播电视新闻类三等奖。黄松松配音的《苗族“二月二”邀你同走亲》，获2009年度贵州广播电视播音类三等奖。

第四节　广播电视安全播出

为确保广播电视安全播出，县广播电视主管部门制定《广播电视安全播出值班制度》《广播电视节目内容管理制度》等制度，成立“广播电视安全播出领导小组”“安全播出指挥中心”。在春节、“五一”“十一”等重大节日以及中央、省、州、县党代会，人民代表大会和人民政协会议等重大活动期间，做到严防死守，明确责任，广播电视安全播出的主要责任人手机24小时畅通，并在重要时段亲临播出机房指挥，作好启动应急预案的各项准备，确保安全播出无事故。

2004年11月20日20时50分许，天津电视台卫星节目遭到邪教组织信号攻击，县电视台立即启动应急预案，当即截断天津台和可能受到攻击的北京台、河北台、山西台信号源，组织人员对县城内及县城周边网络覆盖用户进行走访调查。由于果断处置，工作细致，县境内在该时段未发现电视信号异常，避免了不良影响的发生。

第五章　体　育

1955年5月，建立县体育运动委员会，未配专职工作员，工作由县文教局负责；1971年配专职工作员；1973年配领导，设主任1人，副主任1人，专门开展体育工作；1991年，县体育运动委员会编制6人。设竞赛、群（众）体（育）、后勤3个组。1994年3月，县体育运动委员会与文化广播电视局合并，称“文化体育广播电视局”。合并后，内设体育指导站，为事业股级单位，编制1人。1994年，全县各类体育场地48个，其中，有固定看台，能容纳1200人的灯光球场（县城内）1个，篮球场44个。1996年9月，贞丰中学新建250米田径场1个。1999年，全县新增能容纳500人左右、无固定看台的灯光篮球场2个。2010年，在国家“全民健身工程”和“农民体育健身工程”资金扶持下，全县陆续修建一批体育设施，各类体育场地增加到150个，其中，2006年在珉谷镇纳核村修建一个篮球场之后，先后在平街乡花江村、者相镇纳孔村和猫坡村、龙场镇定塘村、小屯乡赵家坪村、珉谷镇纳蝉村、沙坪乡者索村等15个村实施“农民体育健身工程”项目。

2000年，县体育主管部门争取上级拨体育工作经费，先后在县城移动通信公司门前、珉山公园广场、老干局宿舍区、阴滩村等处安装固定健身器材；在珉谷镇岩鱼、者相镇纳孔、小屯乡赵家坪、沙坪乡者索等村安装或更换篮球架（板）、乒乓球桌、购置篮球、羽毛球（拍）等体育器材。有关部门和单位帮助珉谷镇岩鱼村、必克村、东门村购置龙灯，为挽澜乡、小屯乡购置狮灯，开展舞龙舞狮传统体育活动。县属许多部门把“发展体育运动，增强人民体质”作为重要工作来抓，安排经费购置体育器材。县人大、县国税局购置台球和乒乓球桌、健身器材，修建职工健身房。体育爱好者自购太极刀、剑、球、扇、腰鼓等器材进行体育锻炼。2000年8月，县文体广电局获省体育局捐赠第五批全民健身路径；2003年7月，北盘江镇获省体育局捐赠第七批全民健身路径；2006年6月，珉谷镇获省体育局捐赠第十批全民健身路径；2006年，县财政拨款给县文体广电局制作龙舟。体育器材的增加，为日益增多的体育锻炼队伍提供了条件。

第一节　学校体育

1991年后，全县中小学校重视体育教学，配齐专（兼）职体育教师。县教育局、体育部门要求各学校根据本校实际开展体育活动，按教学大纲要求安排体育课，学校体育教学正常开展。

1992年2月，县教育局和体育部门组织少年儿童参加全州少年体育达标比赛，取得全州第五名。学校体育教学的发展，既增强了学生体质，又培养了体育人才。是年7月，举办全县首届中小学生田径和乒乓球运动会，比赛项目为：初中部100米、200米、400米、800米、1500米、铅球、跳高、跳远；小学部100米、200米、400米、800米、1500米、跳高、跳远。10月，州体委到贞丰县对第一阶段学校体育成绩检查验收，对田径100米、200米做检查。过去全县赛跑最高成绩是100米12″81和200米25″3。验收结果是：运动员李国忠（男）跑100米的成绩为12″06；运动员朱顶（男）跑200米的成绩为24″09。均达到省1991年少年甲组前五名的成绩。

1992年12月，贞丰一中获贵州省省级传统体育项目学校经费。

2002年10月，县民族中学开展“篮球锦标赛”。2005年，县民族中学被评为黔西南州首批民族文化、民族体育进校园示范学校。2008年，举办全县首届中小学生体育运动会。2010年8月，县民族中学组队赴兴义参加全省少数民族传统体育选拔赛，学生陆元杰、姜倩获蹴球选拔赛第一名；9月，陆元杰、姜倩代表黔西南州参加贵州省第七届少数民族传统体育运动会，两名运动员获蹴球男双比赛第二名，陆元杰获蹴球（男单）第六名。

1991年12月，曹天星被评为全省优秀体育教师。1992年9月，刘远镇被国家体委、教育部、全国十二个新闻单位评为全国千名优秀体育教师。1992 年 12 月，吴正坤被评为全省优秀体育教师。1995 年，周宇刚被评为全省优秀体育教师。2004 年，周宇刚和赵静被评为全州优秀体育教师。2010 年 9 月，县民族中学副校长岑平（女，布依族）获得省“民族体育教学先进个人”称号。

第二节　职工体育

1991 年至 2010 年，在重大节庆或民族节日期间，县体育工作部门或一些县属单位及部分乡镇学校开展不同规模和形式多样的职工体育活动。

1991 年春节，县体委举办职工篮球和田径比赛，共有 19 支男子篮球队、6 支女子篮球队参赛，观众 2 万多人次。

1992 年，平街乡开展篮球、乒乓球、象棋比赛，有 135 名职工参赛，观众 5000 余人次。

1993 年，县体委举办全县教职工男子篮球运动会。

1995 年春节，县供电局举办全县首届电力篮球赛，县教育局开展全县教育系统篮球赛。

1996 年 6 月，县文体广电局举办全县羽毛球锦标赛。

1997 年，全州国税系统篮球赛在贞丰举办。

1998 年，全州法院系统运动会在贞丰举办。

2001 年 10 月国庆期间，县国税系统开展“国税杯”篮球赛。

2003 年 12 月，县政府办公室、县国税局、烂泥沟金矿联合开展“友谊团结乒乓球比赛”。

2005 年 8 月，县教育局、县文体广电局开展“红烛杯”篮球赛，全县 16 支代表队参赛；9 月，县纪委、县国税局、珉谷镇联合在必克村开展“廉政文体活动”，比赛项目有：篮球、拔河、顶球绑腿跪、袋鼠跳、打乒乓球跑等；12 月，县移动公司、县文体广电局举办“迎奥运，展风采移动通信杯”全民健身大赛；并组队参加全州“迎奥运、展风采移动通信杯”全民健身大赛。

2006 年 3 月，县妇联和县文体广电局联合开展“三八”妇女节拔河比赛；“七一”建党节期间，县国税局开展运球接力、集体跳绳、集体绑腿跑比赛活动。

2008 年，首届全国山地运动会的山地多项运动，全国少数民族龙舟邀请赛在贞丰举办。运动会举办期间，县文体广电局、县电视台、紫金艺术团分别获“先进集体”称号，蒙立胜、叶集贤、谢红三名职工获“先进个人”称号，受到州委、州政府表彰；朱顶、王宁二职工获体育道德风尚奖。同年，县文体广电局体育指导站朱顶被评为农村体育“先进个人”，并与贞丰中学体育教师周宁刚被选举参加奥运火炬贵州境内（遵义站）传递。

2009 年 9 月，举办职工纪念中华人民共和国成立 60 周年“国庆杯”男子篮球运动会。

此外，不少职工充分利用节假日及闲暇时间，参加一年一度的春节、“六月六”布依族风情节期间举办的体育活动，长期坚持行走、跑步等体育活动。

第三节　民间体育

贞丰民间体育活动活跃，每年春节及重大活动都要进行舞龙、舞狮、打糠包、竹竿舞、刷把舞、铜鼓舞、板凳舞、拳术、棍术等。

1991年，举办全县民族传统体育运动会，开展民族民间的打糠包、抢花炮、舞龙、舞狮、荡秋千、射弩、刀术、棍术及打腰鼓、刷把舞、板凳舞比赛活动。

2003年春节，县文体广电局开展斗鸡、斗鸟、游泳、钓鱼比赛。10月，举办国庆“康丽杯”钓鱼比赛。

2005年春节，县文体广电局开展斗鸡、斗鸟、群众体育活动；7月，中国·贵州·贞丰·“六月六”布依族风情节期间，举办全县首届龙舟赛及斗鸡、斗鸟活动。

2006年，县文体广电局在大年初三、初四开展健康家庭五项集体跳舞，3人5足跑或走。个人跳绳、背气球、50米接力和斗鸡、斗鸟等趣味体育活动。7月，中国·贵州·贞丰·“六月六”布依族风情节期间，举办全县第二届龙舟赛，共有13支男队参加。之后，县体育部门组织龙舟队代表黔西南州，首次参加贵州省第六届少数民族传统体育运动会，男子组获250米直道竞速（A）组第三名和体育道德风尚奖，填补了黔西南州参加省级龙舟赛的空白。

2007年春节，县文体广电局开展斗鸡、斗鸟、趣味体育和老年太极拳、击剑、球艺、秧歌展示活动。7月，中国·贵州·贞丰·“六月六”布依族风情节期间，“全民健身与奥运同行”多彩贵州龙舟赛在三岔河举行，来自贵阳、遵义、黔东南、黔南及黔西南州共20支代表队挥浆竞技。县文体部门组织的代表队，获男子组250米比赛第四名，沙坪代表队获第五名。该次龙舟赛是在黔西南州首次举办的龙舟赛事。

2008年，县体育部门开展“全民健身”活动；首届全国山地体育运动会的山地多项露营大会，全国少数民族龙舟赛三大赛事20多个小项在贞丰举办。9月10日，在县城塔山大道举行山地多项运动启动仪式；9月11日，在三岔河举行全国露营大会和龙舟邀请赛。同年，三岔河被省民委、省体育局确定为“贵州省龙舟培训基地”。

2009年2月，贞丰县获“迎奥运2008年多彩贵州龙舟赛活动”组织奖。6月，举办迎国庆60周年新农村农民龙舟赛；7月，组队参加全州“体育彩票”杯游泳和田径锦标赛，获游泳1个第一名，1个第二名，2个第三名，1个第四名，1个第五名。

2010年春节期间，县文体广电局在县城开展斗鸡、斗鸟比赛活动；在珉谷镇岩鱼村举行少数民族传统体育（打鸡毛键、拍线球、高脚竞速、陀螺、剥玉米、担稻谷竞速等）比赛。同年，县体育部门组队参加黔西南州民族传统体育运动选拔赛，有三个项目代表州参加贵州省第七届民族传统体育运动会。陆元杰、吴宏获蹴球（男双）第二名，陆元杰获男单第六名，杨梅获高脚竞速4×100米男女混合接力赛第六名，韦永国获陀螺（男子）

第八名，县龙舟队获项目赛两个第三名。

第四节　老年体育

县老年工作部门和体育主管单位配合，贯彻落实“五老”方针，促进老年人身体健康，身心愉快，欢度晚年，延年益寿。多次开展老年人体育活动。

1991 年 2 月，在县城举行老年人门球、羽毛球、象棋比赛；5 月，在三岔河举行老年人钓鱼比赛。2005 年 10 月，组队参加全州“迎奥运、徒步行沱牌杯”太极拳大型老年人比赛，获优秀奖。2006 年 3 月，组队参加州老体协举行的老年“大家健康杯”门球比赛。11 月，组队参加全州与奥运同行“邮政杯”健身展示大会暨太极拳、击剑比赛，获优胜奖。2007 年 3 月，组队参加全州老年人门球赛，获体育道德风尚奖；8 月，组队参加全州“迎奥运倒计时一周年”老年人太极拳暨秧歌比赛，获三等奖；县老年大学武术队、健身队参加全州第四届全民健身联谊活动，获优胜奖。2007 年，贵州省体育局批准成立县老年大学松柏健身气功站。2009 年 9 月，组队参加（中国・贵州・清镇）国际太极拳交流会，老年大学彩虹队获三等奖，全民健身队获二、三等奖。2010 年，县老年大学彩虹队参加 2010 年全国百城健身气功交流展示系列活动暨贵州省“体育彩票杯”第六届健身气功交流展示大会。

随着人民生活水平的提高，老年群体逐年增多，老年体育队伍不断发展壮大。1991 年，全县仅有 1 支老年健身运动队，至 2010 年，全县共有 8 支老年健身运动队。

第五节　体育竞赛

一、县内体育竞赛

1993 年至 1999 年，一年一度的“六月六”布依族歌节，县体育部门均在三岔河举行游泳比赛。1997 年，全州国税系统篮球赛；1998 年，全州法院系统运动会；2007 年，全州“供电杯”篮球赛先后在贞丰举办。2001 年和 2002 年，“六月六”布依族歌节，在三岔河举行首届和第二届“汉子人”（游泳、竞走、骑自行车）三项赛及斗鸡、斗鸟比赛。2001 年至 2004 年，分别在小屯水库、大田河、三岔河游泳池、县城菜园游泳池开展“全民健身周”钓鱼比赛。

2005 年至 2007 年，中国・贵州・贞丰“六月六”布依族风情节期间，在三岔河举办全县龙舟赛 2 次。

2008 年春节，在珉谷镇纳核村举行“迎奥运、树新风”农民篮球邀请赛，有 12 个队参赛，观众约 1 万人次；4 月，举办首届全县中小学生运动会和全民“健身走”活动。

2009年6月，开展迎国庆60周年农民龙舟赛；8月，举办农民篮球赛；9月，举办“国庆杯”男子篮球运动会。

2010年，在珉谷镇岩鱼村开展“体彩杯”农民篮球邀请赛，在三岔河开展农民龙舟邀请赛。

二、县外体育竞赛

县体育主管部门及相关单位多次组织体育队伍外出参加各种体育竞技，获得较好成绩。

1992年6月，组队参加全州老年人门球赛，获团体第四名；组队参加晴隆县老年人羽毛球赛，获男、女团体总分第一名；男子对抗赛第二名；女子一组、二组单项第一名。参加在普安举行的全州老年人斗鸟比赛，获格丝斗两个三等奖，滚笼斗二等奖。

1991年和1993年，章雪松分别参加全省少年60千克级自由式摔跤，均获第一名。1992年8月，朱顶、李国忠、帅国佑3名学生参加贵州省第八届运动会，获田径少年甲组前五名。1994年，何建云参加在黔西南州举办的全省少年击剑比赛，获甲组个人第一名和团体第一名。1998年，陈丽参加在黔西南州举办的中国首届国际皮划艇漂流邀请赛，获第二名。2000年，朱继参加全省少年68千克级自由式摔跤，获第二名。钱育英参加游泳竞技获奖较多，2003年1月，参加全州第六届冬泳锦标赛，获100米自由泳第一名；8月，参加全省首届体育健身大会游泳比赛，分别获50米蛙泳和50米自由泳第二名；2004年8月，参加全州移动通信杯游泳比赛，获50米自由泳和200米蛙泳接力赛第一名；2007年9月，参加全省首届职工游泳比赛，获50米自由泳第二名。

1998年，组队参加全州足球赛，获第四名。1999年，组队参加全州迎春足球赛，获第三名。2000年，组队参加全州协和杯足球赛，获第二名。2001年，组队参加全州飞龙雨杯足球赛，获第二名。2002年，组队参加全州迎春足球赛，获第三名。

2006年，为参加全省第六届少数民族传统体育运动会，由县体育指导站朱顶、谢红、刘远镇担任教练，从县龙舟队挑选25名运动员加强训练，7月，代表黔西南州参加省第六届少数民族运动会，获龙舟赛男子250米直道竞速（A组）第三名；朱顶、谢红获体育道德风尚奖。

2006年9月22日，组队参加“贵州关岭化石群国家地质公园杯”男子篮球邀请赛，获第三名。2007年10月，县老年大学松柏气功站代表贞丰县参加贵州省四种气功健身比赛，获五禽戏比赛第二名。2008年，组队参加黔西南州首届“煤炭杯”迎春篮球邀请赛，获体育道德风尚奖；组队参加全州首届运动会，获三项冠军和团体总分第五名；组队参加全省首届农民运动会龙舟比赛，分别获男子组250米和500米直道竞速第二名；组队参加2008年“体育彩票杯”贵州省第四届健身气功交流展示大会，贵州省第七届太极拳健身展示大会比赛，获32式太极拳第一名和42式太极拳第二名，获八段锦两个第二名。2009年7月，组队参加（中国·贵州·清镇）国际太极拳交流会，老年大学彩虹队获三等奖，全民健身队获二、三等奖。组队参加州省农民运动会选拔赛，陆元杰、姜倩获2010年黔西南州少数民族传统体育项目选拔赛蹴球比赛混双第一名，韦永国获2010年黔西南州少数民族传统体育陀螺选拔赛男子个人第二名，赵学美获陀螺比赛女子个人第三名，杨梅获高脚竞速比赛女子 100 米，200 米两个第五名；贞丰县共有 3 个项目代表黔西南州参加省第七届民运会，其中陆元杰、吴宏获贵州省第七届少数民族传统体育运动会蹴球（男双）第二名，陆元杰获蹴球（男单）第六名，杨梅获高脚竞速 4×100 米男女混合接力第六名，韦永国获陀螺（男子）团体第八名；县龙舟队获龙舟项目两个比赛第三名。

第六节　体育人才培训

县体育部门采取“走出去、请进来”的办法，培养了一批教练员、裁判员、社会体育指导员和优秀运动员，带动和推进全县体育事业发展。

1992 年 6 月，县体委从县民族中学抽调朱顶、李国忠两名学生到州培训后参加贵州省第八届运动会，获得好成绩。2005 年，县文体广电局选派县老年大学武术队 2 人，参加全省一级社会体育指导员太极拳培训。2007 年，选派县老年大学健身队 3 人，参加全省一级社会指导员太极拳、柔力培训；6 月，县文体广电局在三岔河举办龙舟比赛培训班、引进黔南州独山县剑江跆拳总教练蔡德海，在珉谷镇菜园小区开办跆拳道馆。

县体育部门多次组织乡镇中小学体育教师参加全州社会体育指导员培训。至 2010 年，获得全省一级社会体育指导员 11 人，二级社会体育指导员 17 人；参加全州篮球裁判员考试，获得二级裁判员 13 人。参加龙舟裁判员培训，有 7 人获得二级裁判员，5 人获得三级裁判员。

第十五篇　旅　游

贞丰县有独特的自然景观、浓郁的民族风情、悠久的历史文化，有景点100余个。部分自然景观独特且唯一，有很大的开发价值。1991年后，贞丰县重视对旅游资源的开发利用，采取办布依族“六月六”风情节、“三月三”祭山节，苗族“二月二”走亲节，三岔河之秋笔会等多种形式，宣传和推介贞丰旅游资源，提高贞丰县知名度，吸引游客到贞丰观光旅游，招商引资开发旅游资源，建设景点。建成纳孔、岩鱼、必克布依族旅游村寨和双乳峰景区。旅游设施逐渐完善，景点逐年增多，到贞丰观光的游客逐年增加，旅游业日新月异，蓬勃发展。

第一章　旅游景区

贞丰属典型的喀斯特地貌，又是少数民族聚集县，旅游资源丰富。县内有国家级水利风景区三岔河，天下奇观双乳峰，神奇险峻的北盘江大峡谷，建成时为亚洲第二、中国第一的关兴高等级公路北盘江大桥，秀美的竹林堡石林，龙头山自然保护区，黔桂锁钥——白层古渡，者相镇田塆安家大溶洞，挽澜乡纳绕溶洞温泉，定头古城（明朝称定边城），小屯古法造纸，窑上古法制陶；有花江铁索桥摩崖石刻、马二元帅府、“文昌宫——仁学会”会址、文笔塔、杨氏庄园、“虎”字摩崖等自然景观和人文景观；有浓郁的布依族和苗族风情。全县具有一定资源要素价值、资源影响力和附加值的旅游资源单体总计199个。旅游资源八大类型齐全，拥有31个亚类中的28个，拥有155个基本类型中的61个，基本类型覆盖率39%。

第一节　三岔河

三岔河风景区，三岔河因头猫河、坡乍河、那摩河三河汇合而得名。三岔河位于贞丰县城北面，距县城 18 千米，海拔 1200 米。景区景色隽秀，是集幽深、宁静、秀美、古朴为一体的高原丘陵山水风光型景区。1991 年，贵州省人民政府公布为第二批省级风景名胜区；2002 年，水利部明确为国家级水利风景区。

主要景点：

三岔湖　三岔湖三面环山，东临田园，西依布依村庄，双岛屹立湖心，背靠双叠石岛，湖水清澈碧绿，湖岸垂柳依依。50 多公顷湖面，东西宽 1.1 千米，南北长 1.2 千米。春天有桃花盛开的美景；夏天有绿树成荫的风光；秋天有枫叶红于二月花的奇观；冬天有碧波荡漾的涟漪。

三岔湖畔树木成林，山上山下，湖边岛上，枫香树、松树连成一片。春夏，岸边的枫树与湖中绿水交相辉映，如诗如画；秋冬，满山红叶，层林尽染，漫江碧透，游船争流，似蓬莱仙岛。湖边的“望湖阁”宾馆，是游客下榻就餐之处，也是《小说选刊》创作基地。

那摩河峡谷　位于三岔湖西，为三岔湖主水源，河道全长 5.5 千米，两岸危崖陡峭，群峰际天，雄浑奇伟；河水碧波荡漾，岸边绿树婆娑，泛舟其间，有游三峡之感，观漓江之美。

枫香溪　位于三岔湖下游，环绕宁园山麓蜿蜒曲折向东南，两岸层峦叠翠，河谷幽深宁静，流水淙淙，身居其中，如身处世外桃源。

生态广场　位于景区中心东面，长约 500 米，宽约 450 米，背面是碧波涟漪的三岔湖，湖边有水上舞台、小桥流水、农舍、古榕盘石，舞台可供数百人同台表演。广场入口处，竖立着直径 0.5 米，高 4.8 米的两棵布依族图腾柱和六棵直径 0.3 米，高 3.3 米的龙凤吉祥柱。图腾柱后面，直径 3.3 米的钢混大铜鼓模型，是每年中国·贞丰布依族“六月六”风情节举行祭鼓仪式之处。

虎字山　位于三岔河宾馆右侧，山顶有虎山亭，虎山周围石岩上刻有 66 个虎字，寓意六六大顺。字体大者高近 4 米，宽近 2 米；小者高 0.8 米，宽 0.4 米。有名家真迹，也有百姓书法。正、草、隶、篆各有风格。有的刚劲有力，力透纸背；有的龙飞凤舞，潇洒流畅。虎字山独具匠心，蔚为奇观。

杨氏庄园　又名杨树森土司庄园，位于者相镇纳孔村下坡鳌组，系清朝光绪年间苗族义军将领杨树森故居。庄园建于清同治年间，至光绪年间完成。整座建筑由左右两组庭院组成。庄园占地 1604 平方米，建筑面积 300 平方米。左院有花园、碉楼等；右院有前堂、两厢房、正房等。庄园为穿斗式重檐硬山青瓦顶，门窗有木雕图案数十种。左厢房墙上嵌狂草“虎”字一个，为庄主杨树森手迹。1981 年 11 月 2 日，贞丰县人民政府公布为县级文物保护单位。因年久失修，损毁严重，待修复。

神仙洞 位于者相镇者坎寨后面一座山坡的山腰上，距坡脚约30米。此洞分为三厅：第一厅宽约10米，高3米。洞口石碑上刻“积善登仙”四个大字。洞口正中，一石倒挂，如巨剑悬空。洞内塑神像数尊，中间一尊骑牛神像，当地人称“牛王菩萨”。由第一厅右行数步，二石矗立于前，高约1.6米，间距0.8米，形成一道圆拱门。穿过拱门，沿洞内拾级而下，即达第二厅，厅中有巨石一块，宛若一座屏风；往下，有石柱二棵，顶端嵌一条石，好像一个巨大的镜台。沿洞内石阶西行数十步即为第三厅，长约30米，宽约28米，洞高约25米，可容二、三百人，呈穹隆形。石乳、石莲、石幔遍布洞中，千姿百态，特别是那条石龙，头昂尾翘，栩栩如生。洞内常有无数八哥鸟栖息于石壁上的小孔内，鸣声悦耳。

由洞底北面石阶而上，有一长方形平台，台上塑观音神像一座，左右两边，各有神像六尊。台下有石碑一块，碑上刻有“为善最乐”及“光绪三年菊月立”等字样。洞内宽敞明亮，清凉舒适，置身其间，顿觉神清气爽。

石林景观 位于三岔湖北面的石林，有千姿百态，奇形怪状的挽秀石景、辉映石景、天鹅石景等。挽秀石景位于湖畔西北面百米处，奇石峥嵘，犹如一幅山石盆景，石盆景长200米，宽150米，高39米；辉映石景位于三岔湖西北面600米的象岭、纳坎北坡台地，长600米，宽200米，居高俯瞰，湖光山色，尽收眼底。叠彩石景位于三岔湖北650米的叠彩山，景石嵯峨、锦簇山巅、有雏凤觅食、骆驼啸空等景观。仙女梳妆石景位于大寨西500米，湖东北隅300米处的仙女岩峪中，石景高9米，宛若古装妇女，其头部发髻、额头、眼、口鼻、颈项清晰可辨。天鹅岭石景位于三岔湖东北面1500米，七星洞南，岭高20米，如石鹅浮游而得名。“虎”字摩崖位于三岔湖东北面，者相镇西北隅，大寨自然村旁的悬崖峭壁上，距三岔湖1千米。草书阴刻“虎”字，系苗族义军将领杨树森所书。字高3.77米，宽1.75米、笔势流畅，苍劲雄健，刻工精细。

纳孔布依寨 位于三岔湖畔东北面，全寨100多户500余人，全是世居的布依族，有600多年历史。村寨右傍是碧波荡漾、风和景明的三岔湖；左临省级小城镇建设示范镇者相古镇；村寨周围田畴千亩，沟渠交错，溪水常流；寨中枫树成林，桃木李树环屋簇拥、绿树成荫。居民建筑多为木结构穿斗式，瓦顶砖木壁，砌风火墙，墙顶作台阶状，台角向上起翘，俗称“三滴水”。寨里还有部分四合院、朝门。2002年至2006年，纳孔村列为全省20个重点建设的民族文化村和省级新农村建设示范点之一。2003年后，县委、县人民政府加大对纳孔旅游基础设施的建设力度，维修古驿道、新建旅游便道，实施布依居民改造及建设纳孔广场、舞台、寨门。全村有7户兴办“农家乐”，其中有2家兼开农家旅馆，一个少数民族工艺品商店，经营布依土布、刺绣、染蜡画、布依服饰、土特产品。村里组建业余表演队，为游客唱布依歌，跳布依舞。

第二节 双乳峰

双乳峰景区位于贞丰县城北面，离县城10千米，位于贞丰至贵阳高等级公路干线边上。占地40公顷，海拔1265.8米，相对高度261.8米。两座兀立的山峰因酷似大地母亲袒露的双乳而得名。据地质学家、旅游专家考证，如此比例协调、形态逼真的双乳奇峰，在中国绝无仅有，在世界上也无类似发现，因而被誉为“地质绝品”“天下奇观”。在不同地方观看双乳峰，有“横看成岭侧成峰，远近高低各不同”的视角观感。从观景台处看，像少女的双乳；顺着公路往者相方向约500米处看，像中年妇女的双乳；再往前500米处看，像老妪的双乳。双乳峰远近闻名，每年都有国内和美、英、法等国的许多地质专家前来考察，一年四季吸引众多中外游客纷至沓来。

在景区观峰亭上，刻有“养精养气养天地，哺云哺雾哺日月”的对联。2005年，贞丰县向全国征集“贞丰双乳峰歌词”，拟创作双乳峰歌曲。有一位知名学者观赏双乳峰时说：“黄果树虽然壮美，但它不是世界唯一，而双乳峰不仅是世界第一，而且是世界唯一。双乳峰一定会像黄果树一样，成为世界闻名的景点。”

2007年，贵州施达集团公司投资约3亿元建设景区。景区内建有国家级非物质文化遗产古法造纸、土法织布、土法陶艺展示区，有民族手工一条街，佛教场所贞观寺，竹林堡石林群，双乳峰自然景观、盐水漂浮和室外人工温泉（水上娱乐中心）。还建有集旅游度假、会务接待为一体的三星级和四星级酒楼，一次性可以接待游客700人。

2009年后，双乳峰景区先后被评为“贵州省十大魅力景区”“中国避暑名山”“中国最佳文化休闲胜地”“全国敬老文明号”和国家AAAA级旅游景区。

主要景点：

文化遗产展示中心 （1）八音坐唱室：展示布依族八音坐唱使用的萧、笛、勒尤、三弦、月琴、二胡、板胡、木呻等乐器，非物质文化遗产传承人现场演奏八音坐唱音乐。（2）铁匠铺：设火炉、风箱、铁锤等打铁工具，游客可以体验“打铁全靠自身硬”的乐趣。（3）造纸坊：展示列入国务院第一批国家级非物质文化遗产名录的小屯龙井古法造纸工艺。（4）古法制陶：展示省级非物质文化遗产窑上古法制陶。（4）织布坊：设有纺车、织布机等原始织布设备。（5）黄金屋：展示县境烂泥沟和水银洞国家级大型金矿概况。

祈福鼓长廊 位于竹林湖畔，长约50米。长廊每面鼓上分别印有“吉祥如意”“一路顺风”“心想事成”“健康长寿”吉祥祝语，任游客选择敲击。

竹林堡石林 石林里一石一景、一石多景比比皆是。莲花观音、猪八戒石、迎宾石、将军石、天狗望月、远古祖先、桃园三结义、夫子叩拜、金鸡孵蛋、唐僧西行、松鼠亮翅等景观惟妙惟肖。夜郎王石最具特色，从远处看其貌不扬，但只要找准位置，从不同的角度观望，就分别显现“夜郎王”“老鹰捕食”“母子情深”的景象，是典型的一石三景。

观峰亭 位于贵峰酒店之后的山上，山高约 300 米。观峰亭是景区内观赏双乳峰的最佳位置，在这里观看，双乳峰亭亭玉立，酷似少女挺拔的双乳，圆润丰满。

布依广场 广场可容纳千余人。广场一角石墙上有浮雕和文字展示布依戏《金竹情》剧情及简介；广场右侧布依族干栏式吊脚楼，楼下有布依族人家的石磨、水车、风车等农具。二楼设堂屋、卧室、客房、厨房等。布依族人家堂屋设神龛、祖宗牌位、八仙桌、长条凳；客房里安架子床、衣柜、书桌；纺织间里有弹花机、织布机、纺车；厨房设火塘。第三层楼上存放粮食。布依广场是布依族举办“三月三”“六月六”以及节庆活动的场所。在布依广场坐区后约 10 多米处，设祭峰台。附近布依族村民每年“三月三”都要宰鸡杀猪，备上祭品前来祭山神，祈求风调雨顺；“六月六”祭土地神，希望无灾无难、五谷丰登、六畜兴旺。

母亲湖 湖边杨柳依依，湖中碧波荡漾，既可划船戏水，游泳锻炼，也可垂钓。湖之右面是湖滨沙滩，在沙滩上享受日光浴，堆沙雕，感受热带风情，荡秋千，观赏湖景。

贞观寺 贞观寺佛教寺庙，2008 年通过相关部门批准，在景区内修建。“贞观寺”寺名为中国佛教协会传印法师亲书。寺内住持由毕业于佛学院的祖定法师担任，贵州省佛教协会会长、贵阳市黔灵山弘福寺方丈心照法师为寺庙落成开光。寺庙内有天王殿、大雄宝殿、大悲阁、斋房等。天王殿、大雄宝殿、大悲阁里分别供奉弥勒佛、释迦牟尼佛、观音菩萨像。寺庙晨钟暮鼓，不时有人上香许愿。

盐海 盐海漂浮是一种继传统针灸、瑜伽之后，经科学论证的放松方法。进入盐海无任何危险，人只要平静地躺在盐海上，不需要外力就能漂浮起来；还可以在盐海上翻书读报，闭目养神。盐海水温适合人体，不受气候变化的影响。盐海漂浮具有明目镇定、降低血脂、瘦身减肥、美容祛斑、护理背部等保健作用。

第三节 北盘江大峡谷

北盘江发源于云南省马雄山北麓，经云南省宣威，贵州省盘县、水城、六枝、晴隆、兴仁、关岭等县流入贞丰县，在县境自北向南流经平街乡、北盘江镇、者相镇、白层镇、鲁容乡、鲁贡镇、沙坪乡三乡四镇，境内河段长 93.5 千米，入境点（平街乡九盘）海拔高程 493 米，出境处（沙坪乡坝围洛凡河）海拔 319 米，天然落差 174 米。平街乡九盘至者相镇董岗自然寨河段，两岸悬崖陡壁，河面较窄，峡谷幽深，是不可多得的旅游景点。

北盘江大峡谷景区，集峰林、溶洞、花滩、旋塘和原始森林为一体，既有长江三峡的秀丽险峻，又有美国科罗拉多大峡谷的雄奇壮美，峡谷聚集北盘江大桥、峡谷一线天、董箐湖光水色、花江铁索桥等旅游景点。电视剧《西游记》中流沙河收沙僧一集就是在北盘江大峡谷中的花江河段拍摄的。

主要景点：

北盘江大桥　关兴高等级公路北盘江大桥，位于北盘江镇东北面、距镇政府所在地18.9千米的银洞湾村庞家寨境内，是世界上第一座承式推力转体式钢管混凝土拱桥，结构为板式悬索桥，由每片96吨重的7片加劲梁组成，索塔高46.7米，桥梁荷载为汽车超——20吨，挂车超——120吨，是中国首座采用双向预应力砼加劲板梁设计的特大型桥梁。桥高486米，董箐水库蓄水后，桥面距水面400米，单孔净跨388米，宽13.9米，行车道12米，高等级路面，架设防撞式护栏。2003年12月建成通车时，在同类桥梁中，属亚洲第一，世界第二高桥。北盘江大桥虎踞巉岩高耸入云，凌空飞渡险要惊天地，壮美如玉带彩虹。站在大桥人行道上，恍如头顶流云，身悬幽谷。雄奇、险峻的峡谷和奔腾咆哮的江水上，在雾气缭绕时，云蒸霞蔚，如梦如幻，犹如仙境。

董箐湖　位于北盘江大桥下游贞丰县者相镇董箐村与镇宁县良田镇纳岜村交界处。2006年11月15日，董箐水电站大江截流。2009年8月20日下闸蓄水后，董箐水库正常蓄水位490米，总库容9.55亿立方米，调节库容1.438亿立方米，以发电为主，兼有防洪、供水、养殖和改善生态环境等。从高处俯视，董箐附近青翠峭拔的座座山峰，像一大片峦峦的青翠竹笋，水库如巨大的碧玉镶嵌在山谷间。库区水质清澈，碧波荡漾，水面宽阔，烟波浩渺，两岸峰峦对峙，沿岸绿树成荫，青山倒影于绿水，绿水映衬青山，泛舟湖上，如太空遨游，令人心旷神怡。

峡谷一线天　董箐水库至北盘江大桥河段，两岸悬崖峭壁如斧劈刀削直插云天，最高峰顶至水面高差约1000米。泛舟其间，仰天凝望，窄窄的天空浮动朵朵白云，关兴高等级公路像天边飘动的玉带，缠绕在群峰之间；北盘江大桥犹如一根精美扁担横担在两岸山顶。随着轻舟前移，千米高的峭壁画卷徐徐展开，分别呈现出红、黑、白、黄、墨黑、浅白、杂花等色彩。放眼望去，有的山石像雄鸡报晓，有的像骏马奔腾，有的像牛羊站立，有的像猛虎扑岗，有的则似大树挺立，形态各异，栩栩如生，如诗如画，美不胜收，宛若一幅幅波澜壮阔、气势磅礴的水墨画卷，屹然矗立在江的两岸。还有神斧直劈的一道道万丈绝壁，一层层斜梯状山石处处是喀斯特地貌的奇观，峡谷人烟稀少，偶尔还见猴子在岸边悬崖或树林中嬉戏，时常有白鹭在江上飞舞，自然生态较好。

第四节　花江铁索桥

花江铁索桥　位于县城北面，距县城45千米的北盘江主干流花江河段上。1895年，由安义镇总兵蒋宗汉会同同济公盐号捐资修建，1900年竣工。桥有铁链14根，每根262环，栓扣在两岸人工凿成的石孔上，铁链上铺木板为桥面，两边横向有铁链各一根，纵向有铁链11根，为扶栏，桥长71米，宽2.9米，距水面约35米。1946年夏桥断后，不久修复。1975年，铁索桥因年久失修，人行不安全，省交通部门拨款由贞丰县维修，加固两岸桥墩，更换部分铁链。1982年，省政府公布花江铁索桥列为省级重点文物保护单位。1984年，贞丰、关岭两县及省民委筹款8万元再次维修，1986年竣工。2009年，董箐电站下闸蓄水，水位上涨。为保护花江铁索桥，2012年3月1日，县文物部门实施花江铁索桥上抬上移工程，是年10月28日竣工。上抬上移的铁索桥桥长116米，宽2米，比原铁索桥抬高9米，海拔高程505米，最大载荷110人。

铁索桥南端，贞丰境内的悬崖石壁上，有1900年至1953年开凿的石刻群，内容大多为记载建设铁索桥简介，描绘自然风光，颂扬建桥者功德等。字体正、草、隶、篆皆具。大多数书法水平很高。

1935年4月18日，红军长征过贞丰，时任红一方面军三军团十一团政委，中华人民共和国成立后，历任国务院副总理、国防部部长的张爱萍率部在此桥边狙击从关岭县方向来敌，驻守该交通要道，直至红军大部队经过贞丰，才带领狙击部队追随红军大部队继续长征。因此，花江铁索桥景点成为革命传统教育基地。

铁索桥至平街乡营盘垭口的石板路，属国家级文化保护单位"茶马古道"黔西南贞丰段，以青石砌筑，道路宽1.8米，全长32千米。

距铁索桥上游约1.5千米处，有80多户的小花江布依寨。村寨前有如"睡佛"的连绵山峰，后靠长近千米，高约百米，似大鹏展翅的巨型石壁，寨脚北盘江水奔腾咆哮，村前寨后古木参天，山泉常流，寨中绿树成荫。小花江布依寨山清水秀，布依风情浓郁。全村房屋全是青瓦盖顶，砖砌山墙，条石台阶，布依族民居建筑别具一格；寨中布依小打音乐演奏队和民族歌舞队，表演布依族传统文艺节目原汁原味。小花江布依寨是游人寻幽探古，休闲观光的好去处。

第五节　白层古渡

白层古渡位于白层镇这洞村，距县城20千米。渡口两岸，高山峡谷，山环水复，地势险要。渡口古道旁峭壁悬崖，蛮竹林立，榕树成荫。站在江岸之上，远观翠微，近游叠彩。泛舟江中，极目远眺，但见两岸群山横亘，树林森森，芭蕉累累，江水淼淼，渔舟泛漪，布依村庄绿树掩映，一派浓郁的亚热带自然风光。清末民初贞丰文人钟振声作竹枝词《白层春晓》："芳草芊芊地，春游客思长。湖平溪水阔，隔岸是山乡"。清嘉庆二十四年（1819）白层渡口辟为官渡，是北盘江航道的一个古老码头，为当时黔地通往桂粤的水上重要门户之一。白层渡口极盛时期，日泊船百余只，商号云集，商贸繁荣。

清朝同治初年（1862），白层渡口设厘金局，征收厘金。贵州辛亥革命领导人之一的张百麟，其老师吴嘉瑞，曾在此任过厘金总办。

贵州省政府从20世纪80年代始，先后投入资金6亿多元，四次对南、北盘江和红水河360多千米航道进行综合整治。2008年，龙滩水电站下闸蓄水。2009年10月13日，满载500吨煤炭的两艘大型货船，完成了贵州贞丰白层至广西天峨龙滩电站的首航，标志着贵州省第一条高等级航道北盘江至红水河段已成型，也是500吨级船舶首次通过贵州“两江一河”。2010年，南京民营企业阳江龙城船业有限公司入驻白层码头，投资10亿元启动金州港造船项目，打造贵州省最大的船舶制造基地。中华人民共和国成立之前，白层古渡为黔桂锁钥，是兵家必争之地。

1935年4月16日至19日，红军长征在白层渡口抢渡北盘江、架浮桥、打富济贫、书写誓灭倭奴等革命标语、宣传红军主张，发动群众起来同国民党统治作斗争，留下许多动人的事迹；其间，毛泽东、朱德率领军委纵队和红军主力部队从白层渡口跨过北盘江进驻贞丰县城。2006年，县委、县政府在白层渡口建设白层古渡红军纪念碑，作为爱国主义教育基地。白层古渡是集自然风光、历史文化和红色文化为一体的旅游观光之地。

第六节 龙头大山

龙头大山位于贞丰县西部，距县城20千米，与兴仁、安龙、册亨县交界，面积约300平方千米，属贞丰县的面积约200平方千米。

龙头大山旧称笼纳山，山脉自东向西渐高，耸立入云。山脉西端有两座山峰并列，主峰海拔1966.40米，状如蛟龙昂首，龙身向东南伸展，逐渐低陷于贞丰境内，称之为公龙山。另一座山峰称母龙山，海拔1930米。

雌、雄两峰犹如青黄两龙，昂首欲飞，当地布依族人将它视为神灵，传说它们是由一对恋人变化而成。这对年轻恋人为争取婚姻自由，相约远走高飞，被恪守封建礼教的族长知晓，将这对恋人杀害于山洞内。这对恋人（龙哥、柏妹）至死不愿分离，化为公龙山与母龙山，福佑一方百姓。许多当地百姓于每年三月第一个辰日，前往公龙山后洞内祭祀，祈求风调雨顺，纪念龙哥、柏妹。清《贵州通志》《兴义府志》均有记载，清兴义府人张世臣诗钞《把兰箐》描绘其景：“笼山东向拥群峦，策杖入来路曲盘；古木萧森饶画意，危崖环拱亦奇观”。从山麓仰望山顶，悬崖峭壁，嵯峨峥嵘，云环雾绕，巍峨壮观。山顶平展开阔，纵目远眺，安龙、兴仁、贞丰县城隐约可见，四面大大小小的群山如海涛奔涌，似万马奔腾，气势磅礴；纵横阡陌的田野，星罗棋布的村落，如练的河流，明镜般的水库湖泊尽收眼底，一派诗情画意。龙头大山气候温湿，雨量充沛，为生物生存提供了良好条件。《兴义府志》记载：“相传山中所生瓜果之属，人不可携去，携即不得归路。”这一记载给龙头大山增添了许多神秘色彩。

龙头大山有各种林木和草坡15万亩。主要植物共有96科、211属、366种以上。公龙山生长着百合杜鹃、青莲杜鹃、露珠杜鹃、蝴蝶杜鹃等12种杜鹃。山中动物资源也十分丰富，飞禽走兽种类繁多，不少国家保护的珍稀动物时有所见。1987年，龙头大山被列为黔西南州自然保护区。

龙头大山溪泉众多，民间有“九九八十一潭”之说。山上一股股涓涓细流从土石中渗出，汇集成潭，潭水清澈见底，清凉彻骨，饮之甘甜，清凉的潭水沿山石流泻，淙淙有声，如琴瑟和鸣。

龙头大山层峦叠嶂，雄伟壮观，气象万千，云绕雾漫，溶洞密布，奇花异草分外妖娆，珍稀鸟类时而出现，实为一座物种自然基因库，集登山、探险、科考、旅游观光为一体的自然风景区。

第七节　岩鱼布依族风情旅游村

岩鱼布依寨位于县城东面，距县城4.5千米。2010年，全村有523户，2500余人，全是世居的布依族。据《贞丰县志》（第一轮）记载“弘治十四年（1501），提督王轼请调泗城州岑接率领土兵2万驻营于寨布河（今岩鱼）”，说明五百多年前，岩鱼就有了村落。岩鱼村不但历史悠久，而且山奇水秀。20世纪80年代任岩鱼乡党委书记的岩鱼村人韦长仁，对岩鱼自然风光：紫河晴岚、山村暮景、独坡晨曦、昔老山归然、鱼山夕照、天鹅宵汉、双鹿对影、狮舞月潭八景特别赞赏。

岩鱼布依族风情浓郁，全村男女老少都讲布依话，穿戴布依族服饰，沿袭和传承布依族习俗。逢年过节，办红白喜事，布依族男女对唱古歌山歌其乐融融。村民们表演的纺织舞、刷把舞、铜鼓舞等布依族舞蹈引人入胜。从清朝以来，唢呐队、小吹小打音乐队、舞龙队代代相传。岩鱼村春节耍的乌龙和三月三日玩的草龙历史悠久，别具一格。1964年，岩鱼村韦长魁等3个民族文艺队员表演的布依歌舞“布依姑娘学耙田”，赴省会贵阳参加文艺演出；之后韦长魁被选拔进京会演。1984年，贞丰县排练布依戏《金竹情》赴省、州文艺调演，岩鱼村有8个文艺队员参加演出，占剧组演员总数的三分之一。黔西南州文化局重组《罗细杏》剧组时，有4个队员入选参加表演，到昆明参加“全国少数民族戏剧观摩录像演出”。岩鱼村业余民族文艺队多次为美、英、法、日、荷兰、新加坡等30多个国家和地区旅游团演出。1977年，岩鱼公社与县文化馆在岩鱼村举行全县首届布依族“六月六”歌节。岩鱼是贞丰县布依族“六月六”歌节和布依族“六月六”风情节的发源地。1986年，岩鱼创办全省第一个村级文艺刊物——《紫色河》；2007年，成立全省第一个村级文联。岩鱼村还被昆明军区、贵州省军区、黔西南州人民政府评为“青年民兵之家”“文明村寨”“民族文化艺术之乡”。村民王建伦为省级《布依摩经》传承人，蒙书俊为《布依婚俗音乐》传承人，王建立为《布依勒尤》传承人。

第八节　必克布依古寨

必克布依古寨位于县城东北面，距县城8千米，500余户，近3000人，是布依族大寨。据记载：清乾隆年间，今必克称为被革。

必克布依寨，房舍依山而筑，傍水而建，四面青山环抱，绿水长流。榜达河穿寨而过，达老河绕寨而流，寨中绿树成荫，石桥与河水相互辉映，村寨西边将军山草木茂密，蜿蜒小路通过五道石门直达山巅，古时候垒砌的瞭望台和防御工事，是俯瞰全寨的最佳位置。先贤有诗赞必克："水经石上流，风从花间过，人在画中行，胜似桃花园。"

必克是布依戏的发源地之一，寨中有古戏台、戏楼遗址。寨里陆氏四合院内，仍保留古老的布依族穿斗式民居吊脚楼，层叠瓦顶，木柱、木楼板、木门窗，石阶梯、石山墙、石板院坝，窗台下安装细錾石板，窗雕绿竹花鸟；堂屋里神龛精雕细刻，堂上横挂着民国时期制作的"福寿齐眉"木刻烫金寿匾，中柱挂"婿女共成行相随桂子兰孙承欢绕膝，椿萱欣并茂好趁梅天月夜介寿齐眉"抱柱匾联；屋里石缸石磨石碓俱具，还保持布依族民居特色。

必克寨世代传承的杂技、棍木、舞龙、高台舞狮，布依族传统体育节目引人入胜。2005年，县布依学会筹备组和必克村民委员会在布依族"六月六"风情节时，在寨前立了贵州省第二块，黔西南州第一块布依族溯源碑。碑面阴刻："中华民族，源远流长。百越后裔，雄立夜郎。一九五三，集会贵阳。群贤毕至，族名共商。统称布依，源清本扬。优秀传统，光大弘张。振兴中华，共谱新章。刻石以志，万古流芳"的汉文；碑后刻同样内容的布依文。溯源碑正面对联为"族源明朗昭日月，河水清澈润江山"；另一面对联是"青山环必克古寨风光秀丽，绿水绕布依新村人杰地灵"。2009年9月30日，贵州省人民政府公布贞丰县必克布依族传统体育项目棍术列入第三批省级非物质文化遗产名录，必克村民岑绚录等人为项目传承人。

第九节　纳马苗族风情旅游村

纳马苗族村寨位于县城东面，离县城2千米，面积约5平方千米，居住着200余户苗族人家，是贞丰县较大的苗族村寨之一。柏油公路从寨中穿过，向东连接岩鱼、必克、纳蝉等布依村寨，是县城到岩鱼布依族民族风情旅游村的必经之路。纳马大田坝土地肥沃，田坝中河道、沟渠纵横交错，水源丰富。每年大雨过后，各种野生鱼窜出地下暗河，在河中游弋，常有钓鱼爱好者到河边垂钓。这里是贞丰县粮食丰产坝、绿色蔬菜基地、鱼米之乡。

纳马苗寨民族风情浓郁，村民还传承着古老的苗族风俗习惯，男女老幼常用苗语交流，穿苗族服饰，妇女们还用古法搓蚕丝线，编布织棉，手工刺绣。寨中还在办传统的红白喜事、过传统的苗族节日、唱古老的苗族山歌。每当办红白喜事、过民族节日和在劳作之余，寨中男女聚在人户多的坝院中或房屋内唱古歌、对山歌，一问一答，你来我往，唱到尽兴时妇女们常常提凳起舞（苗族板凳舞），非常热闹。

纳马苗寨田园风光优美。春天，万木争荣，寨前村后野花、梨花、桃花、李花、油菜花争奇斗艳，整个村寨坐落在万花丛中，一派春意盎然。夏季，田坝中的秧苗、玉米苗把整个纳马装点成一片绿洲，蓝天白云，绿洲碧水，到处欣欣向荣。秋来，田坝中金黄色的稻田，谷浪滚滚，一派丰收景象。苗寨西南面有七星田自然风光；南面有东门海子。纳马苗寨是贞丰乡村观光旅游的一个好去处。

第十节　县城旅游区

县城人文和自然景观有文昌宫、珉山公园、马二元帅府、蛤蟆石、岷球石和文笔塔等景点。

文昌宫　位于珉谷镇老城社区鱼塘街35号，又称仁学会遗址。建于清乾隆五十八年（1793），坐北向南，正殿为重檐、抬梁式，前殿为单歇山式，九架梁，均为木构硬山式屋面、抬梁结构，正殿为三间，通长15.7米，进深8.3米，高12.1米。前殿为三间，通长12.32米，进深6.78米，高7.5米，梁架四榀，18柱落地，西厢房为四间，通长8.85米，进深5.66米，高5.97米，梁架四榀，24柱落地。文昌宫是贞丰县留存不多的清代建筑，具有一定的历史价值和建筑科学价值。清光绪二十三年（1897），文昌宫正殿为清翰林吴嘉瑞辟为“仁学会”会址，1935年4月18日，红军长征过贞丰，毛泽东、朱德及干部休养连宿营文昌宫。1939年，国民政府军第六军九十三师从抗日前线暂回贞丰休整，师部驻扎于内，将正殿改为中山纪念堂。1985年11月2日，贵州省人民政府公布为省级文物保护单位。

马二元帅府　位于城内凤山西麓，建于清雍正九年（1731），原名长坝营游击署，俗称武官衙门。咸丰十一年（1861）三月十六日，马仲（回民起义白旗军将领）率部攻占贞丰州城，设帅府于武官衙门内。白旗军首领马河图称大元帅，马仲为二元帅，马仲帅府称为“马二元帅府。”

马二元帅府平面为三个四合院式，建筑格局为沿中轴线在四个不同水平的地面上，由低向高布置前厅、中堂、后厅。后厅位置最高，地面高出前厅地面约5米，高出演武场地面约6.5米。厅堂两侧，均有厢房，中堂后左侧，建一由围墙和三开间木结构穿斗式硬山顶的一栋房屋构成的小四合院，民称花厅，与花厅面对的是过楼，与州衙相通。后厅有左右厢房六间，与后厅、小朝门组成一个封闭式四合院，后厅左侧，另辟一四合院，有房屋二栋（六间），原为炮坊。后厅、中堂、前厅，均为穿斗式和抬梁式相结合之梁架，硬山顶，中堂明间架梁，大梁题记（即脊枋题记）已模糊不清。所有厢房，均为三开间，木结构穿斗式硬山顶，前厅面前为演武场。原前厅门额上有“元帅府”木匾一块，现已不存。同治十年

（1871），清军何世华部攻陷贞丰州城，马仲阵亡，帅府又复为武官衙门。清朝末年，有贞丰当地乡绅捐粮捐款，在此兴学办学。民国初期，辟为贵州督军刘显世父亲刘宣礼的生祠，并有军队驻扎，因此曾改名为“刘公祠”。现很多建筑已被改造，但整体平面布局尚未改变，原建筑风格和规模依稀可见。1982 年 2 月，贵州省人民政府公布为省级文物保护单位。

珉山公园　位于县城东北隅（俗称者马山林），是一个绿树成荫，奇石屹立，瀑布溅飞，景色迷人的天然小公园，左右两面均有小路直达山顶。景区内古木萧森，修竹迎风，山岩石缝间，长满奇花异草和亚热带植物仙人掌。南面山麓有溶洞，曲径通幽，为夏季纳凉之所；东面坡脚，山泉潆回；两山之间的三角地带，建有现代楼房。山林南面，有蛤蟆石、蛇石和珉球石三墩奇石，是贞丰有名的景点。

山林下面的东门河有两个源头，一条来自银洞水库，流经弯垭、桥望、这洋、塔山脚而来；一条来自阴滩，流经田坝头、一洞桥、左旗，在这洋布依寨两条小河汇合后经珉山公园流至三拱桥以及下游称为东门河。由于流经珉山公园地段较陡，形成许多高山飞瀑，最高处是跃波溅珠的头塘瀑布，高约 25 米，夏秋两季，宽约 5 米，形成 3 叠，注入头塘，塘深 2 米。其下为白练悬空的二塘瀑布，落差约 15 米，洪水季节宽 20 米，水塘深 2 米。2000 年前，头塘为天然游泳池，是县城及附近游泳爱好者常去锻炼的场所。河水穿过三拱桥约 100 多米处，分成两股支流往东南方向流去，左面一股流到 80 多米处是玉碎琼飞的河沙坝瀑布，落差约 10 米左右，宽约 12 米；再下为飞流直下的大田湾瀑布，高约 10 米，宽约 15 米，瀑布下面的水塘深约 2 米。若干年来，常有溺水而死者，因此，也称“小落人塘”。清朝道光年间，州人刘忠桂等乡绅捐资在岩石上立有石柱一棵，上刻“阿弥陀佛”四字。右面一股支流穿过一座两孔石板桥，前行数百米，跌入 10 多米高的深滩，水花四溅，如烟如雾，蔚为壮观。便是奔腾澎湃的湾塘瀑布（又称大落人塘）。

珉山公园的另一景点是三洞古桥（古称三台桥、俗称三拱桥），横跨于东门河上。据《兴义府志・河渠志・桥梁》载：“三台桥，在州城东三里许”。据此推断，兴建时间当在清代道光以前。清光绪二十一年（1895）五月二十八日下大雨，东门三台桥被冲坏，光绪三十一年（1905）修复。此桥为石拱桥，长 14.3 米，宽 3.6 米，高 4.2 米，由三个孔组成，中孔跨径为 4.8 米，左右两孔跨径均为 4.55 米。是贞丰历史较悠久的石拱桥。

文笔塔　位于贞丰县城北郊的塔山上，建于清道光二十四年（1844），塔体为八角形，递减收分实心，高 23 米，为五面石块骑缝垒砌，无黏合物，建筑工艺精湛，塔形宛如毛笔，称为文笔塔。塔南面立有一碑，高 1.5 米、宽 0.4 米、厚 0.2 米，镌刻“笔点青云”四个大字，每字 0.25 平方米，字体为柳字，清秀而刚劲。文笔塔，为贞丰标志性建筑之一。1978 年，塔上半部被炸毁，仅存下半部；1987 年，贞丰县人民政府公布为文物保护单位；1993 年集资修复。

登上塔山顶的文笔塔脚下，向东北方向眺望，岩鱼、纳磨、顶疆、纳利、偏岗、者寸布依寨村星罗棋布，田畴沃野，绵延群山如诗如画；向西面的石头寨、坡西、左旗及贞丰县城俯瞰，新建楼房错落有致，高楼大厦拔地而起，道路两旁绿树成荫，城区车辆川流不息。是观赏和拍摄贞丰县城全景及纳马、岩鱼等村寨田园风光的最佳地点之一。

第二章　旅游开发与管理

贞丰县不少地方山奇水秀，风景如画，民族风情浓郁。旅游资源较多，发展潜力大。1980年后，历届县委、县政府重视旅游工作。1989年，成立县旅游局，负责旅游工作，投入大量财力、人力、物力建设景点景区，改善旅游接待条件，开发旅游资源和旅游商品，举办民族风情节和开展多种形式文化活动推介贞丰旅游，加强旅游管理，促进了旅游业的快速发展。

第一节　景区建设

20世纪80年代前，贞丰县受思想观念和交通、接待等基础设施滞后的制约，这片神奇而美丽的地方“养在深闺人未识”，旅游业只是一个陌生的名词。20世纪90年代以后，随着经济社会的发展，一批批重点交通基础设施相继建成，交通网络逐渐形成，旅游条件大为改善。为把旅游资源优势尽快转化为经济优势，县委、县政府深化县情认识，转变发展观念，确立了“抓旅游就是抓经济，抓旅游就是抓发展”的战略思路；培育旅游产业，招商引资建设旅游景区成为贞丰经济建设的重要课题之一。

一、双乳峰景区建设

双乳峰景区是贵州西线黄金旅游线上一颗璀璨的明珠。双乳峰景区有两山相连，酷似一对栩栩如生、形象逼真、风韵圆润的双乳而得名，被旅行学家称为“天下奇观”、被地质学家称为“地质绝品”，离贞丰县城14千米，处于贞丰至贵阳的公路干线上。2004年至2006年，县政府投入资金94万元修建基础设施。2007年3月，由贵州省黔西南州施达集团投资1.6亿元，启动贞丰双乳峰整体包装旅游项目，成立贵峰旅行社，开发民族服装等系列旅游商品。2010年4月25日，景区主要旅游设施和重要景点建设竣工正式开业。景区规划建设的景点有：竹林堡石林、祭峰台、观峰台、布依广场、如意湖、赐福殿、奇石园、生态园、布依文化博物馆、布依风情一条街、水上游乐、网球场、旅游池等，突显布依文化原生态主题。贵峰酒店和奇峰酒店拥有客房365间，各有中、西两个大餐厅，能供1000人用餐。酒店设大、中、小型会议室23个，可供3000人开会。

二、三岔河景区建设

三岔河水库建于1958年，原来的主要功能是蓄水灌溉。由于三岔河风景较美，适合建设成旅游区。县委、县政府向国家有关部门申报为国家级水利风景名胜获得审批。此后，逐步修建荷花池、游泳池、码头。2001 年，修建望湖宾馆、红房子和民族风情园；2003 年，修建草地广场和水上舞台；2004 年，投入资金 100 万元，扩建三岔河环湖路。三岔河成为贞丰县的主要景区之一。

三、布依族旅游村寨建设

县内布依族人口占全县总人口的 42%，布依族风情浓郁。纳孔布依族村寨交通方便，地处三岔河畔，建设民族旅游村条件优越。2003 年，县民族宗教事务局向省民委申报为省级民族村建设示范点获得审批。2003 年，省民委拨款实施纳孔村民居改造（2007 年完成）；2004 年，省民委拨款修建进村入户路和文化广场舞台；2005 年，拨款修建寨门、组建布依族文艺表演队。村民开设旅社和“农家乐”，开发布依族旅游商品。2006 年，省民委拨款修建民俗展示中心。20 世纪 70 年代中期，县文化馆开始到岩鱼布依寨举办文艺和传统体育培训班，培训布依族文艺人员和布依族传统体育运动员，组建业余文宣队、唢呐队、八音演奏队和舞龙队，编排布依族文艺节目和舞龙传统体育项目。20 世纪 80 年代初，县文化部门在岩鱼村建立文化站，把岩鱼布依寨打造成布依族风情旅游寨。岩鱼布依族寨被批准为 A 级旅游点。

第二节 旅游商品与风味特产

一、旅游商品

布依族服饰 条形和花格男女衬衣，靛染的灰、蓝、青色男女服装。

布依族土布 布依族土布及其制成的垫单、被套等床上用品。产品色泽光鲜，黑白分明，吸汗保暖。产品销往兴义、安顺、贵阳及广西、云南、广东等省内外。

布依族刺绣 布依族刺绣历史悠久，有盘绣、平绣、破线绣等多种绣法。手工绣制品有手机套、旅行包、钥匙包、钱包、香包、糠包、鞋垫、枕套、背带、门帘、绣花鞋、围腰等。

银饰系列产品 县内布依族、苗族银饰制作历史悠久。银饰产品有竹节、龙头、泡花、铃铛、手圈、戒指、荷叶、梅花衣扣、围腰链、围腰牌、项圈、项链、头簪及童帽银饰品银娃、银铃、银泡泡、佛像、罗汉等。贞丰布依族、苗族加工制作的银饰品远销台湾、香港等地及英国、美国等国家。

布依鸟笼 贞丰布依鸟笼制作技艺在明代就具有一定水平。鸟笼款式新颖，做工精细，选材考究，笼门边阴刻和透雕龙凤等美丽的图案，构思奇特，色彩鲜明，具有浓厚的民族特色和地方特点。产品有花笼、竹节笼、素（普通）笼三种，有大中小型三种型号。鸟笼全是手工制作，要经过取材、裁竹、破竹、烘烤、盘圈、打眼子、打磨、雕（刻）花纹、拉丝、穿丝、定型、上油等 10 多道工序。产品畅销省内外。2009 年，贞丰布依鸟笼被列为贵州省第三批非物质文化遗产名录。

二、风味特产

粽粑　贞丰粽粑油而不腻，清香可口，营养丰富。县城有10多个粽粑加工销售作坊、有2个食品厂。2009年，胖四娘食品有限公司粽子通过QS食品质量体系认证，2010年获黔西南州第七届农展会“优质农产品”奖。2009年4月27日，在由中国食品工业协会、中国食品工业协会粽子行业委员会主办的第五届中国粽子文化节上，贞丰布依王风味食品公司的“布依粽”，被授予“第五届粽子文化节2009年度全国著名粽子产品”荣誉称号。贞丰粽粑远销广西、广东、北京、上海、香港等地，部分产品还销往韩国、日本、澳大利亚等国。

褡裢粑　（见129页“褡裢粑”）

油糯米饭　贞丰油糯米饭制作方法是将糯米浸泡约10个小时，滤干入甑蒸熟，在炒锅加猪油翻炒均匀；将（猪）瘦肉切成长条形，用八角、回香、花椒、桂皮、盐、酱油腌渍四至五天，再用菜油炸至半干，滤油后切成薄片，与酸萝卜丁、绿豆芽、海带、葱花配料相拌，盖在糯米饭上即可食用。贞丰油糯米饭味美可口。2005年后，根据市场需要，厂家采取真空包装，方便旅客携带且延长保质期，深受消费者欢迎。

蔡氏月饼　有火腿月饼、洗沙月饼、水晶月饼三种：火腿月饼以猪腿肉、面粉为主料，白糖、芝麻、花椒、食盐为心；洗沙月饼以面粉为主料，用豆沙、冬瓜糖、白糖为心；水晶月饼以面粉为主料，用白糖、肥肉、冬瓜糖为心。蔡氏月饼纯手工操作，做工精细，以酥壳特色而驰名，具有百年历史，深受消费者青睐。远销北京、四川、云南、湖南、贵阳等地，中秋节期间供不应求。县城还有文华先等户制作的月饼各具特色。

苗家细酸菜　细酸菜以青菜为主料，以苦葱为佐料，经贵州中部方言的苗族用传统方法腌制而成。该细酸菜呈褐色或淡黄色，质地蓬松柔软，酸香甜味兼具，既可拌辣椒、鲜黄瓜作为素吃小菜，也可以烹制鲜鱼、扣肉垫底为荤菜。苗族细酸菜味美可口，还有消食化气的功效。

皮蛋　贞丰制作皮蛋历史悠久，清同治年间，传统的碱灰制作皮蛋技术传入贞丰县城，通过多代制作业主的探索和改进，选用当地的麻鸭蛋为原料，以挽澜等地烧的石灰、坡柳的老茶叶、四川井盐（现为标准食盐）拌成灰泥包鸭蛋，形成一套科学独特的贞丰皮蛋制作技术。贞丰皮蛋蛋白透明，呈谷黄、嫩绿或水晶、茶红或墨绿色；蛋黄为小糖心或硬心，口感鲜香醇厚，营养丰富。皮蛋不放佐料吃可以败火；也可以制成形状美观的冷盘，加上葱花、姜末、香油，做出色、香、味俱佳的美味佳肴，是佐酒的好菜。皮蛋以鲜吃为好。可存放三个月，若存放处空气流通，温度保持20℃左右，保质期可延至半年。产品不仅在当地畅销，还远销昆明、重庆、南宁等地。

连环砂仁　该产品产于“中国砂仁之乡”的贞丰县连环乡。2008年12月24日，国家质量监督检验总局发布《关于批准仰韶酒、川白芷、顶罈花椒、连环砂仁、清涧红枣实施地理标志产品保护的公告》（2008第141号），使连环砂仁名声远播。砂仁原材料经过加工或深加工，制成颗状或粉状打包（或瓶装）投放市场。该产品主要成分含A——蒎浠，莰烯；β——蒎浠，对聚伞素，β——水芹浠，1.8——桉树脑，L——樟脑，L——冰片，β——石竹烯、石竹烯氧化物，紫穗槐烯。产品有“燥湿祛寒，除痰截疟、健脾暖胃及治心腹冷痛、胸腹胀满、痰湿积滞、消化不良、呕吐腹泻”之保健功效，具有芳香气浓、纯正、味辛辣等待点，是宾馆、家庭用于烹调、煲汤、蒸煮、红烧等的最佳佐料。

顶罈花椒 顶罈花椒产于“中国花椒之乡”的北盘江河谷地带，2008年1月24日，获国家级地理标志产品保护。属芸香科落叶灌木或小乔木，以其颗粒硕大、麻味醇正、味久不衰而独占花椒之首，据专家分析，贞丰顶罈青花椒的麻味成分是其他地区同类品种的两倍以上，含人体必需的VB1、VB2、VE等维生素类黄酮、镁、铁、锌、硒等微量元素及亚麻酸、亚油酸等多种不饱和脂肪酸，具有较高的药用价值。该花椒有香味浓烈，油多味麻的特点，是极好的调味佳品，获得2009年度和2010年度黔西南州农产品优质奖，多彩贵州开磷杯旅游产品优秀奖及2010年贵州省著名商标等。加工产品有花椒油、花椒粉、精品花椒、麻辣油、花椒料酒等系列产品。产品优质，绿色有机，香麻可口，远销北京、上海、广州、成都、重庆、昆明、长沙、武汉、贵阳等省内外市场。

第三节 旅游接待

旅游接待宾馆、酒店 2001年，经县旅游局申报，省、州旅游局审批，县地税局宾馆“锦雪园”为贞丰县第一家涉外宾馆；2002年，县公路养护部门的“盛丰源”宾馆为第2家涉外宾馆；2004年，三岔河水利风景名胜区的“望湖”宾馆，县城的“金舟”“盛珠”“阳光”酒店（宾馆），经州旅游局审批为旅游接待宾馆；2008年，“贞丰宾馆”为旅游接待宾馆。2010年，建成双乳峰酒店。

旅游宾馆定点接待单位基本情况一览表

表15-2-1

名称	从业人数（人）	床位数（个）	一次性最大接待量（人）	星级标准	位置	备注
盛珠宾馆	5	32	32	二星	民政局对面	—
望湖宾馆	30	250	250	二星	三岔河	—
金城阳光酒店	22	130	130	二星	桂花街	—
金舟酒店	40	40	300	二星	永丰大道供电局旁	—
贞丰宾馆	62	208	380	四星	黄金大道	—
双乳峰酒店	—	730	730	四星	双乳峰景区	—
总计	—	1391	1822	—	—	—

旅游接待定点餐馆 2005年7月，者相镇纳孔村余家祥等3户开办“农家乐”之后，者相、北盘江、平街、龙场、珉谷等乡镇陆续办起农家乐。经县旅游局派员到各“农家乐”经营户实地考察，2007年9月19日在全县首次旅游大会上，为20户“农家乐”颁发贞丰县旅游“定点农家乐”标牌，批准为旅游定点餐馆。

旅游定点农家乐情况一览表

表15-2-2

名称	从业人数（人）	床位数（个）	一次性最大接待就餐量（人）	位置	备注
山泉农家	4	0	70	珉谷镇坡西村	—
布依农家乐	5	0	100	珉谷镇坡西村	—
小韦农家乐	6	0	100	珉谷镇坡西村	—
海子农家乐	5	0	150	珉谷镇这旗村	—
望湖农家乐	4	0	80	三岔河	—
雷记农家乐	3	0	150	县农场	—
黄花梨基地	3	12	200	农业生态示范园	—
桃源农家乐	3	0	100	珉谷镇坡烘村	—
小寨农家乐	8	5	200	珉谷镇小寨村	—
者马农家	3	0	100	珉谷镇者马村	—
布依之家	7	16	80	者相镇纳孔村	—
利甲习	5	0	150	者相镇纳孔村	—
王凤农家乐	3	0	80	者相镇纳孔村	—
利得乃	3	13	150	者相镇纳孔村	—
农家特色饭庄	1	0	60	者相镇纳孔村	—
鲜鸡活鱼农家乐	3	0	100	者相镇纳孔村	—
河鸟农家乐	2	0	80	者相镇纳孔村	—
龙泉山庄	6	0	200	龙场镇何家寨村	—
盛丰源山庄	5	12	200	龙场镇定塘道班	—
峡谷第一庄	2	0	80	平街乡小花江村	—
总计	81	58	2430	—	—

第四节　旅游推介

贞丰县重视旅游宣传推介工作。采取摄制影视片，印刷宣传资料，举办节庆活动推介旅游。

影视推介　1993 年 5 月，邀请香港凤凰卫视台到珉谷镇必克村拍摄布依族婚俗专题片；2007 年 2 月 1 日至 4 日，日本最大的国家电视台 NHK 节目摄制组导演中川步和摄影师外山泰赴贞丰的左旗、打村拍摄，制作《贵州的春天》电视节目在日本播放；2007 年 8 月 25 日，“聚焦金州”主流电视台黔西南州风光电视邀请采访团赴贞丰三岔河等地拍摄风光片；2008 年 6 月，《绝地逢生》电影在珉谷镇、北盘江镇等地拍摄。

书刊宣传　2001 年 12 月，县建设局编印《神奇的喀斯特生态公园——贞丰》小册子，对三岔河、北盘江大峡谷、龙头大山、县城文物作介绍；2001 年和 2002 年，县旅游局制作《走进贞丰走进喀斯特》折叠旅游宣传画 28000 册进行宣传，扩大贞丰知名度；2002 年 7 月，贵州省旅游系列丛书《盘江风韵》一书出版，较系统地介绍贞丰县的自然景观、民族风情及风物特产等；2003 年，县政府编印《奇山秀水好贞丰》旅游宣传画册。2003 年 5 月，县文联创办的《北盘江》刊物开辟旅游栏目，向外推介贞丰旅游；2003 年 7 月，贵州省写作学会编印“走遍夜郎故土散文书系”《圣地贞丰》以及《布依金都贞丰》两书相继介绍贞丰旅游资源。2005 年 4 月，州政协编印《中国西线旅游明珠》，县内有不少作者撰文推介贞丰旅游；2005 年 3 月，县旅游局、县文联编辑出版《布依金都——贞丰》画册，用中英文推介贞丰旅游。2007 年 7 月，县委宣传部、县旅游局、县文联编辑《奇山秀水风情贞丰》画册；2008 年 1 月，贵州省女作家许雯丽著《双乳峰下游贞丰》由贵州人民出版社出版发行，作家以独特的视觉展现贞丰奇山秀水和民风民俗。9 月，县旅游局编印《中国乡村旅游目的地贞丰》折叠画册，推介贞丰景区、布依风情及旅游商品。

2008 年 10 月，贵州民族出版社出版发行贵州省布依学会、贞丰县人民政府编辑的《布依文化与乡村旅游》论文集。

节庆推介　1978 年，岩鱼公社与县文化馆在岩鱼举办首届全县“六月六”布依族歌节后，贞丰基本上年年举办不同规模的“六月六”布依族歌节。岩鱼、必克、挽澜、三岔河、猫猫寨等布依族聚居的地区或村寨都曾举办过“六月六”歌节。2003 年，“六月六”布依族歌节发展成为“六月六”布依族风情节，由布依族古歌、山歌比赛，发展为集布依婚俗展示、文艺展演、经贸洽谈、风味小吃、名特产品展销为一体的大型旅游推介活动，中央电视台节目主持人赵保乐、周涛，歌星孙悦、韩红、孙楠，歌手朴树等加盟助阵，观众 6 万余人，盛况空前。州委州政府组团前来祝贺，省领导莅临风情节讲话或发来贺电，国家、省、州新闻媒体记者应邀前来采访报道。

利用消费品宣传　2005 年 12 月，县政府办公室制作印有双乳峰、三岔河、北盘江大桥风光图片的饮水纸杯15万只；印有北盘江大峡谷、龙头大山、竹林堡石林、白层古渡、虎字摩崖、布依风情等自然、人文景观的扑克5万盒，分发全县旅游定点接待单位、农家乐，扩大旅游宣传。

1992年—2002年部分国内外旅游团队到贞丰旅游一览表

表15-2-3

年　度	团队
1992年4月29日	日本写真旅游团
1992年7月25日	日本名古屋平野年秋南广子等游客
1993年1月20日至24日	日本内岛幸江等5人，大年三十晚在纳蝉陆大权家过新年
1993年5月10日至11日	法国团到小屯、岩鱼
1993年7月14日至15日	日本团内岛幸江等
1993年9月21日	法国团
1993年9月29日	英国团
1993年11月4日	加拿大亚洲矿业公司董事戴维·杜普曾一行4人赴烂泥沟金矿
1993年11月17日	澳大利亚BHP矿业公司亚洲经理霍科斯一行5人考察烂泥沟金矿
1998年4月8日	美国团
1998年4月22日至23日	法国团到小屯、岩鱼
1998年5月13日至14日	法国团
1998年5月25日至26日	法国团
1998年8月10日至11日	法国团到必克
1998年9月29日至30日	瑞士团
1998年10月29日至30日	荷兰团
1999年7月18日	美国、澳大利亚团
1999年8月11日	法国团
1999年10月13日	法国团
2000年9月17日至18日	法国团
2001年10月18日	法国团
2001年12月20日	中国台湾采风团到岩鱼

说明：2000年后，国外游客到贞丰观光旅游者增多，未做统计。

第五节 盘江旅行社

贞丰盘江旅行社是贵州省旅游行政主管部门批准成立的国内旅行社。盘江旅行社为独立核算、自主经营、自收自支、自负盈亏的集体企业，隶属县旅游局领导。2003 年 7 月 18 日挂牌成立。盘江旅行社与国内各旅游机构有业务合作关系。旅行社成立至 2010 年，接待美、法、英、日、荷兰、中国台湾等十余个国家和地区的游客 2 万多人。

盘江旅行社曾组织本地游客到新加坡、马来西亚、泰国等国家旅游，开辟“缘之旅——四川线”“金色假期——新疆、西北专线”“快乐老人下江南——好山好水篇”“九寨沟、黄龙（牟尼沟）双卧双飞五日游”“华东五市双飞六日游”“成都峨眉乐山双飞四日游”以及“相聚盘江走向世界”温馨家庭旅游线路。

贞丰盘江旅行社还开展代订购飞机票、火车票，代办出国护照、港澳通行证等多项服务。设有北京、华东 5 市、海南、西安、西藏多条学习考察旅游路线。2005 年与团县委、县教育局、县卫生局、县消防中队举办“放飞飞翔的梦想”征文活动。2005 年至 2007 年连续两年被贵州省消费者协会评为省级“诚信单位”。

第六节 旅游管理

1989 年 4 月 13 日，县人民政府成立县旅游局。县旅游局与县文化局合署办公，实行两块牌子、一套人马。县旅游局局长由县文化局局长兼任。

1995 年 8 月 3 日，县编制委员会印发《关于成立贞丰县外事旅游局的通知》，县外事旅游局单列出来，人员编制暂定 5 人。

县外事旅游局主要职责是对旅游定点单位的环境、服务设施、服务规范和服务标准进行指导，负责旅游定点单位的呈报和协助州旅游局复检、抽检工作；受理旅游者对旅行社和定点单位的投诉。

2010 年 11 月，县外事旅游局又并回县文化体育广播电视局。

根据贵州省人民政府办公厅及州旅游局通知精神，贞丰县旅游局成立旅游行风治理整顿领导小组，组织检查组检查旅行社、景区景点、涉外宾馆酒店，有无违法违规经营行为，是否依法规范经营、严格执行价格规定、实行明码标价；有无价格欺诈和向游客推销伪劣产品行为；旅游广告有无“虚、假”行为。整顿和规范旅游市场，开展旅游市场打假打非专项整治行动，采取全面整治与突击重点相结合，日常监管与突击检查相结合，专项治理与法制建设结合的方法，进一步净化贞丰旅游市场。

附：游记选录

天下奇峰双乳峰

曾学文

“走进贞丰，仿佛走进了奇峰怪石的世界”，这是我踏上贞丰土地时，获得的第一印象。

贞丰县位于贵州省黔西南布依族苗族自治州北部，是喀斯特生态发育最典型、最具代表性的地区之一。县境内遍布喀斯特峡谷、峰林、石林、湖泊、溶洞等奇特景观，它们与生长于其中的多种林草植被交融在一起，形成了一组组美妙和谐的绿色生态画面。而最让我难忘，也最让我心速加快的则是那被誉为“天下第一奇峰”的双乳峰。

双乳峰坐落在贞丰县省级风景名胜区三岔河的公路旁，两座形象生动、125 米高的喀斯特生态山峰紧紧相连，远远望去，犹如一对巨乳，乳沟深凹，乳头朝天，真真切切，实实在在挺立在阳光下。

奇妙的是，在贞丰公路的不同路段上，你所见到的“双乳峰”会呈现出几种不同年龄段的女性的乳姿。

在第一个观察点，1000 米以外的“双乳峰”就像十八岁妙龄少女的乳姿，坚挺、富有弹性、充满朝气。这里是观赏“双乳峰”的最佳位置，旁边立有石碑，碑文是一副对联，上联是“哺云哺雾哺日月”，下联为“养精养气养天地”，横批“双乳峰”。妙，真是妙不可言。

顺着公路前行 500 米左右，你会发现“双乳峰”变得更加硕大、丰满，只是乳头有些微微下垂，宛如四十岁左右中年妇女的乳房，韵味十足。

再前行，“双乳峰”黯然失色，乳沟不见了，乳头也歪了，仿佛就是六十岁、八十岁老妇那双早已被吸干乳汁的垂乳。

在双乳峰旁边还有一个仰卧着的女人的头形。头形与“养子不教”紧紧相连，形成了一个完整的“睡美人”姿态，五官明晰，体态生动。一边是“睡美人”，一边是完美的“双乳”，文人墨客们称她是“大地的母亲”，也有的把她称作“圣母”。

这里也有一个传说，在远古时代，“大地母亲”来到这里栖歇，看见老百姓在与天斗与地斗，日子过得苦不堪言，于是她把自己的双乳化为山峰，留在这贫瘠之地，用她甘甜的乳汁，育出了五谷杂粮。夜郎国土地上从此拥有了这种独特的风景，人们开始一代接一代的顶礼膜拜。

据说有一名藏族的青年为了朝拜“圣母”，从西藏花了四十八天时间走到贞丰，最后，他跪倒在“圣母”的脚下再也没有起来。

俗话说，“人上一百，五颜六色；世界之大，无奇不有”。的确，双乳峰的出现，让世人惊讶，令艺术家们感叹，如此生动形象的画面不是哪一个绘画大师所能及的。难怪贞丰县政府准备在这里修建寺庙，让人们朝拜，让游人观光。

贞丰，你好福气，有“圣母”的恩赐，天公怎不降福于你，昔日的穷山僻壤怎会不日新月异!

（选自 2003 年 7 月，汕头出版社出版的《圣地贞丰》散文集，作者：贵阳矿山机械厂科长）

北盘江大峡谷与特高桥

刘环城

随省写作学会去贞丰采风，来到北盘江大峡谷，有幸看见亚洲第一高桥——北盘江特大桥，这是一座用崭新的科学技术修建的胜利之桥，是一座雄伟的天桥！它巍然屹立在深山大莽之中，高高地横跨在北盘江大峡谷的悬崖峭壁之上，面对桥下波诡浪谲、幽冥可惧的无底深渊，我情不自禁地伸臂大呼：“真了不起啊！”大凡去欧洲八国旅游，国外旅行社总要安排在法国至卢森堡两国之间，去一趟卢森堡大峡谷游览一番。本人有幸曾到此一游，但去了北盘江大峡谷，那卢森堡大峡谷怎敢相比，如果卢森堡敢称大，那北盘江大峡谷真叫“特特大”了。你看，那奔腾咆哮的江水，雄奇险峻的山峰，地貌恰似一条名副其实的天沟地缝，这条割裂明显的深谷，垂直高差大，峡谷最深处上千米，是喀斯特地貌最为独特壮观的景点，峡谷绵延数十公里，水急崖陡，雄奇壮观，谷中散落着古代壁画，驿道、索桥、飞瀑、猴群，它才是开发建设成旅游、探险、漂流为一体的理想的旅游风景区。

北盘江大峡谷北起贞丰与关岭、兴义交汇处的九盘，南至贞丰县沙坪乡的洛凡河口，全长 93 公里。只见两岸峭壁陡直，峥林刺空，危崖险峻。听县政府的人说，这里浓郁的布依族民族风情，古驿道上历史悠久的花江铁索桥、摩崖石刻群，为拍摄《西游记》而上镜的“流沙河”早已闻名遐迩；尤其是北盘江与南盘江同发源于云南省曲靖马雄山麓，两千多年前的秦汉时期称为牂牁江，在我创作长篇历史小说《夜郎遗踪》时，早就知道是夜郎故地，厚重的古夜郎文化早就吸引众多文人墨客；北盘江上的白层码头，是夜郎的关键要津，商贾云集的咽喉宝地，有名的“黔桂锁钥”。经白层码头顺北盘江经红水河下航，经黔江、洵江归西江，交广东磨刀门入南海，可达港澳，全长 1350 公里，是贵州省出海最近的一条水上通道。1935 年 4 月，中国工农红军长征经白层码头北上抗日。我们现在可以看见红军当年过白层码头在石门洞写的“北上抗日，誓灭倭奴”的标语以及大跃进时期写下的“战斗口号”，这些人文景观是进行革命传统教育的好地方。

北盘江大峡谷的开发酝酿很久了。听县政府的人说，早在 1984 年，省建设厅、省计委、省旅游局等单位在论证贞丰三岔河为省级风景时，曾提出过开发建设北盘江大峡谷的构想。目前贵黄公路延伸的关（岭）兴（仁）公路即将通车，一座现代的北盘江大桥横跨在北盘江大峡谷上，犹如彩虹飞渡，气势雄浑，给水光山色凭添雄奇险峻景色瑰丽的雄姿秀色。我们参观北盘江特大桥时，修桥的工程人员告诉我们说，桥面距北盘江水面462米，堪称亚洲第一高桥。我站在特大桥上，思绪万千。北盘江特大桥，像一道长虹，横跨在贞丰县北盘江两岸的悬崖峭壁之间，上托青山一片，下吻浪花万朵，堪称北盘江峡谷的一个奇观。真是“千寻金锁横银河，千尺丹楼跨彩风”。

（选自2003年7月，汕头出版社出版的《圣地贞丰》散文集，作者：贵州广播电视报主编）

俏丽挺拔的贞丰石林

刘环城

时值隆冬，随省写作学会采风团一行到神奇的喀斯特生态公园——贞丰采风。

这里，斑斓群峰，作为喀斯特地貌中的一种独特地质构造，瑰奇挺秀，姿态别具，逶迤成林，吸引美、英、法等国地质专家前来考察。

县政府派出运载我们出行的东南轿车像一艘快艇，飞波逐浪在山的海洋里。进石林似一个个梦境。在阳光照耀下，映入眼帘的是一棵似黄山迎客松的石峰，这大概就是 “迎宾石”了。上面刻着一些文字，大意是：竹林堡石林潇洒俊秀，似雁荡之奇，千岩挺拔，万古竞秀，多姿多彩。人入林中，三步一变，五步一新。细观石林，飞禽走兽，人物造型，应有尽有，神奇，鬼斧神工。

步入林区，顿感置身神话境界：往前看，千姿百态栩栩如生的石林尽收眼底；往左看，那座“母子情深”，令人敬佩；往右看，那座“卧地骆驼”，栩栩如生！面对这些经历了亿万年造山运动风雨侵蚀，呈现如此一片喀斯特地貌，我陶醉了。这儿没有西湖的水、桂林的山，却全是宝石，就连天空也是晶莹的蓝宝石。这些怪嶂奇石圣景，乃大自然的天赐。

接着，我们来到天狗盼月亮景点，一条石板铺的小道横穿而过，一株石笋拔地而起，千奇百怪，栉比鳞次。一奇石顶部形如狗，立于石林之中，昼夜守候着这一片石笋园，巡逻站岗放哨；其不远，又耸立着另一奇石，顶部状如猪头，形象逼真，因而取名八戒石；其后方一个个呈梯级石山相连，前方有一开阔地段，恰似嘴馋的八戒偷西瓜时被追赶之情景。天狗还生怕不守天规的八戒闯入石宫中，拿着钉耙狂魔乱舞，损坏其中的石笋而默默地守护着。

经迎宾石、石林清溪，过观音山腰，来到云间石瓶前，满山怪石嶙峋，如飞禽走兽，惟妙惟肖；如碧柱参天，挺拔俊秀；如金属乐器，铿锵有声。在石峰峥嵘之间，一根独石傲然挺立，陪同浏览的县政府的人说，这一独石，人称花瓶石，有七、八米高，自下而上成喇叭形，形状似花瓶，其瓶口端长有一小树，如同一束鲜花，秀枝叶茂，夺目耀眼，点缀了石瓶的美丽，故此而得名。“花瓶石”对面，一小山腰上横卧一石，好像一只活泼可爱的小鸡，掩隐在一片修竹之中。为此，我们一行人你一句我一句争先恐后地为众多的石峰、石柱、石堆命名，一下子便有了“将军石”戴盔披甲；“太白石”醉酒欲歌；“松鼠石”活蹦乱跳；“骆驼石”双峰高耸；“鲫鱼石”觅食专注；“秀才石”风流倜傥；还有“八仙石”“观音石”，美不胜数。

石林景观奇特多变，气象万千，胜似动物王国。其中尤以雄鸡高啼、金驼远眺、硕鼠梳理、海龟探月最为壮观；还有那秀才觅诗、魔笛峰、百怪擎天、骁将登高，观音会友、仙翁牵鹿，玉女梳妆等景点尤为动人。这里千岩竞秀，石笋逶迤，浑然一体，天然纤秀的奇峰，嶙峋别致，紧紧依偎，百态千姿。有的像婷婷玉女风姿绰约；有的像出阁新娘，浓妆艳抹；有的像威武雄狮，怒目圆睁；有的像出征士兵，列队出发；有的像出家僧尼，虔诚诵经……真是妙趣横生，回味无穷。

俯瞰竹林堡石林，那山的雄伟，峰的峻峭，石的锦绣，在蓝天、白云的衬映下构成幅幅色彩斑斓的画卷，展示出奇特的风姿，让人心旷神怡，叫人乐而忘返。

（选自2003年7月，汕头出版社出版的《圣地贞丰》散文集，作者：贵州广播电视报主编）

第十六篇　医疗卫生

县医疗卫生部门开展防病治病工作，实行中西医结合，着力改善医疗卫生条件，加大预防保健工作力度，完善县、乡（镇）村（社区）三级卫生服务网络。医疗卫生单位开展培养人才、引进人才和先进技术设备，开展医学科研，医疗技术水平有很大提高。卫生防疫，妇幼保健逐步普及，疫情得到有效控制，传染病发病率明显下降，推行城乡新型合作医疗保险制度，缓解了人民群众无钱治病和治病难的问题。

第一章　卫生改革

1991 年，全县实行撤区并乡建镇，将全县 37 个乡镇卫生院合并为 13 个乡镇卫生院，即珉谷镇卫生院、连环乡卫生院、挽澜乡卫生院、龙场镇卫生院、小屯乡卫生院、者相镇卫生院、兴北镇（北盘江镇卫生院）、平街乡卫生院、长田乡卫生院、白层镇卫生院、鲁容乡卫生院、鲁贡镇卫生院、沙坪乡卫生院。2002 年 1 月，撤销县药品检验所，成立县食品药品监督管理局，同年 3 月撤销县防疫站和皮防站，成立县疾病预防控制中心和县卫生监督所，在行政村建立村卫生室。深化医疗卫生改革，允许私人开诊所、开办医院。2007 年，引进资金和人才开办博爱医院。对公立医院的经营管理进行整顿和改革，使县级医院、乡镇卫生院业务收入逐年上升。2007 年，县人民医院业务收入首次突破 1000 万元；县中医院业务收入从 1990 年的 20 万元上升到 2007 年的 280 万余元，龙场、者相卫生院业务收入突破 100 万元。

卫生机构改革促进卫生事业快速发展。2010 年，县城和乡镇所在地有各级各类医疗卫生机构 36 个、农村有村卫生室 158 个，其中县级公立医院有县医院和县中医院 2 个、乡镇卫生院 13 个，民营医院有博爱医院、永丰医院、盘江仁和医院、益康医院和康桥医院 5 个，公职卫生工作人员 444 人，全县有病床 800 张，其中公立医院病床 607 张，医疗设备有所增加，技术力量进一步加强，医疗水平逐步提高，医学教育、科研、药政等工作有所加强。卫生防疫，妇幼保健，传染病、地方病防治取得显著成效，农村医疗卫生网络初步形成。

第一节　人事制度

1991 年，撤区并乡建镇工作结束后，乡镇卫生院实行乡镇党委、政府和县卫生局共同管理，即行政工作归当地乡镇党委、政府管理，卫生业务工作归口县卫生局管理，实行双重管理模式。乡镇卫生院、县人民医院、县民族中医院等单位人员在县内调整，由县人事劳动和社会保障局行文。

1998 年以前，卫生技术人员的职称晋升，不管业务水平高低，只要到一定工作年限即可被授予执业资格。从 1998 年 6 月 24 日起，卫生部规定职称评定晋升和执业资格的取得，必须参加全国组织的统一考试，考试合格后方可取得相应的执业资格。同年，贞丰县与全国一样，实行执业资格统一考试合格，办理有关手续后方可执业。

为进一步规范卫生人事工作，2007 年 6 月，全县卫生事业单位全部实行全员聘用制度，打破了传统的用人模式。2007 年 6 月 30 日，全县卫生事业单位 433 人全部实行聘用制，首期聘用时间为 3 年。

为更好搞好卫生管理工作，根据卫生部、省、州等有关部门的要求，县编委办、县人事劳动和社会保障事业局、县财政局、县卫生局联合行文，明确从 2004 年 2 月 26 日起，乡镇卫生院、县人民医院、县民族中医院的人、财权全部上划县卫生局管理。医疗卫生技术人员调出贞丰县必须经县委、县人民政府审批。

第二节　卫生机构

一、县卫生局

1949 年 12 月 24 日贞丰解放，1950 年 3 月 1 日，成立县人民政府，接管原县卫生院，1954 年 4 月成立县卫生科，1956 年县卫生院改为县人民医院，1958 年 12 月贞丰县并入兴仁县，原贞丰县人民医院改为兴仁县第二人民医院兼贞丰县卫生行政管理职能。1961 年 8 月恢复贞丰县后，设立县文教卫生局；“文化大革命”期间，1967 年至 1973 年县革委生产指挥部成立卫生科，1973 年县恢复卫生行政机构，正式成立贞丰县卫生局，为县政府工作部门。

二、县爱卫办

1954 年 4 月，为响应中央“动员起来，讲究卫生、减少疾病”的号召，贞丰县成立爱国卫生运动委员会，主任由县长兼任，成员由有关部门、单位负责人组成，县爱国卫生运动委员会下设办公室，办公室先后设在卫生科、文卫局、卫生局内。1984 年，县爱卫会办公室从卫生局分出，单独办公。

三、县人民医院

贞丰县人民医院建立以来，认真开展医疗卫生工作，医疗卫生技术人员的医疗水平不断提高。尤其在 2000 年，国家计委审批新建县人民医院住院大楼，总投资 240 万元，建筑面积 3000 平方米。2001 年 12 月，县人民政府同意在县城塔山大道东段新建县救护中心，建筑面积 3500 平方米，总投资 188 万元。2002 年，县人民医院搬迁到塔山大道新建的县急救中心办公，开展医疗工作，配置救护车 7 辆，X 光机、麻醉机、手术床、心电监护仪 2 台及多功能麻醉机、尿八项、冰箱、酶标仪、纤维胃镜、波普治疗仪、电解质分析仪、无影灯、胎心监护仪、CR、B 超等医疗设备，价值 370 余万元。有药品 1268 种，价值 836 万元，占地面积 43 亩，总建筑面积 11690 平方米。2010 年，共有职工 166 人，其中大学本科以上学历 27 人，大专学历 87 人，主治医师 16 人，助理医师 4 人，病床 160 张。

四、县民族中医院

贞丰县民族中医院于1988年4月成立，1989年迁至大西门街口。1994年业务不断扩大，国家中医药管理局拨款 10 万元，对原业务旧房进行改造，重新建设一幢一楼一底的楼房，面积 582 平方米，病床由 5 张增至 30 张，当年门诊人次上升到 1 万多人次，收入由原来的每年 5 万元上升到 20 多万元，医务人员增至 19 人。

2000 年，对业务用房进行扩建，业务用房总面积达 837 平方米，2004 年，县人民政府批准设置贞丰县第二人民医院，对外挂两块牌子即贞丰县民族中医院和贞丰县第二人民医院，当年国家投资 176 万元建设贞丰县第二人民医院传染病区。2007 年，设中医内科、儿科、妇科、外科、骨伤科、针灸科、放射科、化验室、B 超室、心电室、手术室、治疗室、财务室、中药房、西药房、保卫室等科室，主要设备有 200MA 双床双管 X 光机、丹麦进口的心电监护仪、心电图机、B 超、制氧机、722 分光光度计、分析天平、半自动化分析仪、尿十项分析仪、氦氖光治疗机、痔疮治疗机、骨质增生治疗机、万能手术床、针灸治疗机、洗胃机等医疗设备。2007 年底有员工 54 人，其中副主任医师 2 人，主治医师 7 人，初级职称 35 人，中医专业人员 4 人，业务收入 280 万元。

五、县妇幼保健站

贞丰县妇幼卫生所，建于 1956 年 6 月，1957 年曾被撤销。1958 年，贞丰县人民委员会恢复妇幼卫生所及调配技术人员。1961 年，县妇幼卫生所改为县妇幼保健站。1991 年，县妇幼保健站编制为 16 人。2010 年，有卫生技术人员 12 人，管理人员 1 人，病床 10 张。

六、县疾病预防控制中心

1957 年 3 月，贞丰县成立防疫队，1958 年，防疫队改为防疫站，同年贞丰县并入兴仁县，县防疫站合并入兴仁县防疫站，1961年恢复贞丰县，同年恢复贞丰县防疫站。“文化大革命”时期，县防疫站被撤销。1970年恢复县防疫站。

1984年，贞丰县成立皮防站，负责麻风病、皮肤病、性病等慢性病的防治工作。行政上属县卫生局领导，业务由县防疫站兼管。

2002年3月，县编办下文撤销县防疫站、皮防站，组建贞丰县疾病预防控制中心和县卫生监督所，将食品卫生执法划出归卫生监督所管理，皮防站业务归县疾控中心。

七、县卫生监督所

贞丰县卫生监督所于2002年3月成立，内设办公室、业务一科和业务二科。主要职能：

（一）依据有关法律法规，对卫生监督执法工作进行指导和稽查。

（二）承担县卫生局委托的面向社会实施公共卫生、健康相关产品、卫生机构和卫生人员等方面的卫生监督执法及从业人员卫生知识培训。

（三）负责卫生行政许可的具体工作。

（四）开展卫生监督执法检查、定期上报卫生监督抽查结果。

（五）负责对危害公共卫生中毒事件的调查处理，参与重大疫情和公共卫生突发事件的调查处理。

（六）负责卫生法律、法规的宣传教育和卫生监督员的培训工作。

（七）受理卫生案件的投诉、举报和调查处理及法律咨询工作。

（八）依法对大中型建设项目进行预防性卫生监督。

（九）承担县卫生局交办对其他卫生监督工作。

八、县药品检验所及监督管理局

贞丰县药品检验所成立于1986年10月，为卫生局下设的一个职能机构，2002年，撤销药品检验所，成立贞丰县食品药品监督管理局。

主要职责：宣传、贯彻执行《中华人民共和国药品管理法》，查处伪劣药品，打击非法行医，管理药品市场，维护消费者和经营单位的合法权益，管理个体医疗从业者。

九、县新型农村合作医疗管理中心

2006年，省人民政府批准贞丰县为新型农村合作医疗试点县，贞丰县成立新型农村合作医疗管理中心，为副科级事业单位，核定编制5人，当年各乡镇相应成立新型农村合作医疗管理中心，核定编制3人，人员工资纳入财政全额预算。

十、乡镇卫生院

1991年，全县实行撤区并乡建镇，将全县37个乡镇（区）卫生院合并为13个乡（镇）卫生院，即珉谷镇卫生院、连环乡卫生院、龙场镇卫生院、小屯乡卫生院、者相镇卫生院、兴北镇卫生院、平街乡卫生院、长田乡卫生院、白层镇卫生院、鲁容乡卫生院、挽澜卫生院、鲁贡镇卫生院、沙坪乡卫生院，各乡镇卫生院均迁在当时乡镇政府所在地的（区）乡卫生院开展业务，被撤销的乡卫生院原业务用房划归所在地村卫生室（所）开展社区医疗服务。全县乡镇有卫生技术人员176人，业务用房6505平方米。建院伊始，由于服务人口多，卫生业务用房十分紧张，连环、小屯、长田、平街乡等卫生院业务用房面积不足150平方米。1996年后，县卫生局争取各种项目支持，先后为13个乡镇卫生院配备冰箱、冰柜，部分乡镇还配备手术床、产床、B超、X光机等医疗设备。

第三节 医疗卫生队伍

一、队伍结构

（一）工作类别结构

2010年，全县医疗卫生单位有公职医疗卫生人员444人（不含卫生局），其中卫生技术人员403人，占医疗卫生人员总数90.77%；行政工勤人员41人，占医疗卫生人员总数9.23%。在卫生技术人员中，医疗、防疫保健人员321人，占医疗卫生人员总数79.65%；中西药剂人员12人，占医疗卫生人员总数2.98%；中西护理人员44人，占医疗卫生人员总数10.92%。

（二）中西医结构

卫生技术人员中，有中医（药护）人员26人，占6.45%；西医（药护技）人员377人，占93.55%。

（三）文化结构

医疗卫生人员中，有大学本科学历的44人，占9.9%；有大专学历的101人，占22.74%；有中专及以下学历的258人，占58.1%。

（四）技术职称结构

医疗技术人员中，具有高级技术职称的3人（其中中医副主任1人），占0.744%；中级技术职称58人，占14.39%，初级技术职称245人，占60.79%。

（五）性别结构

医疗卫生技术人员中，男性180人，占44.67%；女性223人，占55.33%。

二、专业培训

1991年至2010年，县卫生局对县、乡（镇）、村从事妇幼卫生保健工作人员和妇科、儿科医生、中医、中药人员以及乡村医生、卫生员、保健员培训1920人次。

1997年6月，落实卫生部《继续医学教育暂行规定》和人事部《全国专业技术人员继续教育暂行规定》，县卫生局、县人事局联合成立贞丰县继续医学教育领导小组，负责全县继续医学教育工作。1991年至2010年20年间，全县医疗卫生机构有46人在岗职工接受高等医学教育、电视大学、函授大学、高教自学考试，完成学业获得高等医学教育毕业证书的有35人，其中高级护理10人，临床医疗18人，公共卫生2人。

三、医风建设

1991年后，按照卫生部“以病人为中心，提高医疗服务质量”为主题的医院管理年活动实施方案（六个指标，33条）和省卫生厅《医院管理年活动附件二》要求，持续开展“医院管理年”活动。组织医务人员学习《执业医师法》《医疗事故处理条例》《医疗机构管理条例》《传染病防治法》及《献血法》等法律法规。县医院对原保障医疗质量和医疗安全的核心制度进行修订并下发临床科室，要求认真执行。如首诊负责制、术前讨论制度、值班医生交接班制度、病历书写制度、会诊制度及危重病人抢救制度等，并不定期检查落实情况。加强医患沟通及对“120”急救中心的综合管理，开辟急救绿色通道。实行挂牌上岗，病人选医生制，更新护理观念，开设家庭病床；开展便民服务，标识就医导航图、意见箱，公示各种医疗服务价格等。

2000年、2006年在全县卫生系统开展行风建设。2006年4月，开展治理商业贿赂工作。加强干部职工教育，设立廉政账号、设立举报箱、公布举报电话，开展自查自纠等行风建设。

第二章　公共卫生

公共卫生涉及群众身心健康。1991年至2010年，贞丰县把公共卫生列为全县的重要工作，采取创建卫生县城等措施开展环境卫生整治、改水、食品卫生检查工作，公共卫生越来越好，群众生产生活环境越来越舒适。

第一节　环境卫生

环境卫生是社会主义精神文明的组成部分。环境卫生的好与坏直接关系到贞丰县人民的生活质量。1991年后，县爱卫办在县委、县政府的领导下，通过开展各种形式宣传活动及争创国家环境保护模范县城、文明县城、卫生县城、整脏治乱等活动，维护全县城乡环境卫生。

根据《公共场所卫生管理条例》《公共场所卫生管理条例实施细则》，着重对美发、网吧、住宿、洗浴、歌舞厅等公共场所进行卫生监督检查，重点对从业人员健康状况，公共用具消毒，场所内空气流通、温度、湿度，噪声、采光、照明，饮用水、卫生设施、消毒设施等进行监督检查。对从业人员进行体检及卫生知识培训，加强公共场所卫生管理。城乡环境卫生越来越好。

第二节　饮水卫生

饮水卫生质量直接关系到人民群众的身体健康。各级卫生行政部门、爱卫会和卫生防疫站把饮水卫生工作列为重要工作。向省、州爱卫部门申报改水项目，争取改水经费和组织群众投资投入改水工程。

1991 年到 2010 年，县爱卫办完成改造水源点 437 个，投入经费共计 228 万元；其中国家拨款 168 万元，群众自筹 60 万元，共解决人畜饮水 82650 人，5695 头匹；投入资金105万元补助自来水改造，完成自来水改造项目350个，解决149680人、大牲畜39375头(匹)的饮水问题。

第三节　职业卫生

1991 年至 2010 年，县卫生防疫站履行职业卫生监督职能。2002 年，组建县卫生监督所后，职业卫生监督工作由县卫生监督所负责。

2003 年 1 月，县卫生监督所开展有毒有害化学品生产、销售和使用专项整治工作，共检查使用单位 20 个。

2004 年 2 月，根据省州卫生部门关于做好乡镇企业、农村个体工商户职业病危害专项整治工作督查的有关文件精神。对全县 88 家乡镇企业、农村个体工商户进行检查，其中检查采矿 25 家、放射 11 家、汽车喷漆 16 家、加油站 6 家、焦化厂 12 家、水泥厂 2 家、糖厂 4 家、金矿 6 家、砖厂 6 家。重点督促用人单位建立健全职业病防治责任制，落实各项职业病危害防护措施，改善劳动者生产条件，消除隐患，规范劳动用工行为，要求及时向卫生行政部门申报职业病危害防护项目。

针对部分企业未建立健全职业病防治责任制等情况，县卫生监督所举办两批“职业病危害防治项目申报及职业病危害场所警示标识”培训会，全县采矿业、放射业、汽车喷漆业、加油站、焦化厂、水泥厂、糖厂、金矿、砖厂等单位共70余人参加培训会。要求企业：（1）设置职业卫生管理机构、配备专职或兼职的职业卫生管理人员，负责本单位职业病防治工作；（2）建立职业病防治责任制和实施方案；（3）建立职业卫生管理制度和操作规程；（4）建立职业卫生管理档案和劳动者健康监护档案；（5）建立工作场所职业病危害因素监测及评价制度；（6）建立职业病危害应急救援预案。

2004 年 4 月，县卫生监督所开展职业病危害场所警示标识工作，到 8 月底共制作并发放职业病危害场所警示标识 543 块。

2007 年 5 月，根据州卫生局《关于开展重点职业病危害企业专项整治工作的通知》

精神，贞丰县卫生局下发《贞丰县重点职业病危害企业专项整治工作方案》，成立领导小组，下设办公室在监督所，加强领导，明确工作重点和目标。县卫生监督所开展专项整治监督检查共出动车辆 23 台次、卫生监督人员 186 人次，监督检查指导企业 93 户，其中：煤炭 16 户、化工 4 户、冶金 7 户、机械 12 户、建材 32 户、矿产 15 户、其他 7 户；在检查中统计全县共有职工 3765 人，其中接触职业病危害有 1651 人（接触粉尘 980 人、化学 190 人、物理 481 人）。在检查的 93 户中，只有贵州锦丰公司（烂泥沟金矿）设置有职业卫生管理机构，配置有职业卫生管理人员，制定有职业卫生管理制度、计划，制订有职业健康监护计划，开展职业卫生培训及职工体检工作。

第四节　食品卫生

1991 年，全县卫生部门开展食品卫生宣传活动，发放各种宣传资料 406 份。对经营食品人员体检 130 人，占从业总人数 64%。办理卫生许可证 44 户，办证率为 21.6%，发放健康证 117 人，发证率为 57.64%。现场监督、监测 812 次，监测熟肉食品 2 份，合格率为 10%，饮料 9 份，合格 1 份，合格率为 11.11%；蒸馏酒 5 份，合格 3 份，合格率 60%。

2002 年，办理“卫生许可证”707 户，对食品生产加工、餐饮、食品经营、学校食堂等监督 2206 户次，合格 1760 户次；核发从业人员健康证 812 人，实施行政处罚 23 户，罚款 1420 元，没收销毁过期变质食品 4200 千克。共发生食物中毒事件 2 起（贞丰一中、北盘江奋进学校），中毒学生 43 名，中毒人员经治疗无死亡。

2003 年，办理“卫生许可证”869 户，对食品生产加工、餐饮、食品经营、学校食堂等监督 2376 户次，合格 1912 户次，核发从业人员健康证 1046 人，实施行政处罚 38 户，没收销毁过期变质食品 4052 千克。全年未发生食物中毒事件。

2004 年，办理“卫生许可证”856 户，对食品生产加工、餐饮、食品经营、学校食堂等监督 4434 户次，合格 3660 户次，核发从业人员健康证 971 人，实施行政处罚 390 户次，罚款 24300 元，责令停产停业 4 户，没收销毁过期变质食品 1855 千克。全年发生食物中毒事件 10 起，中毒人数 79 人，死亡 1 人。对全县学校食堂、100 座以上餐饮单位等 19 家进行食品卫生量化评分工作，评出 C 级餐饮单位 1 家、学校食堂 1 家，其余评为 D 级。责令各单位整改。

2005 年，办理“卫生许可证”881 户，对食品生产加工、餐饮、食品经营、学校食堂等监督 5062 户次，合格 4360 户次，办理从业人员健康证 1382 人，实施行政处罚 267 户次，罚款 2900 元，没收销毁过期变质食品 2294 千克。对全县学校食堂、100 座以上餐饮单位等 21 家进行食品卫生量化评分。

2006 年，办理“卫生许可证”1002 户，对食品生产加工、餐饮、食品经营、学校食堂等监督5800户次，合格5150户次，办理从业人员健康证1302人，实施行政处罚110户次，罚款700元，没收销毁过期变质食品1350千克。全年发生食物中毒事件4起，中毒37人，死亡1人。对全县学校食堂、100座以上餐饮单位等28家进行食品卫生量化评分。

2007年，办理食品“卫生许可证”1068个，其中：餐饮服务405个（有效期半年145个）、生产加工74个（有效期半年35个）、食品经营589个。对县城餐饮单位、农家乐、学校食堂、超市实行一户一档管理。每月监督不低于一次，对经常性卫生监督量化评分达不到一般的，责令整改。

2008年至2010年，对食品生产加工、餐饮、食品经营、学校食堂等监督6680户次，合格5830户次，办理从业人员健康证1762人，实施行政处罚77户次，罚款9200元，没收销毁过期变质食品382千克。发生食物中毒事件3起，中毒15人，死亡1人。开展餐饮消费安全专项整治工作，共检查城乡餐饮单位805户（次），卫生许可证持证率由79.14%上升至100%；对餐饮单位使用病死或死因不明的畜禽及其制品以及使用有毒有害物质加工食品行为的监督检查覆盖率达100%，检查原料进货索证制度单位501户（次），建立原料进货索证制度率由14.29%上升至100%；发现使用非法原料单位2户，原料使用合格率为99.2%；对县城餐饮单位及学校食堂实施量化分级管理率为95.3%。对无卫生许可证经营单位查处率达100%。

第三章　疾病防治

全县各级党委政府、卫生系统重视疾病防治工作，落实计划免疫和传染病控制措施，把防病工作放在首位，积极开展疾病治疗工作，控制疫情，防治传染病蔓延。

第一节　计划免疫

1991年至2010年，县卫生局组织全县卫生系统干部职工开展计划免疫工作和消灭脊灰工作，提高“五苗”接种率，保证单苗达85%以上，脊灰苗达95%以上。将乙肝疫苗纳入计划免疫工作。加强预防接种工作管理，执行“计划免疫技术管理规程”，理顺疫苗购销渠道，按有关规定开展冷链设备管理和疫苗效价监测，确保疫苗的有效性；开展预防接种副反应及事故的监测处理工作。每年在2、4、6、8、10、12双月共开展6次常规免疫，2004年以前主要疫苗为五种，2004年开始扩大到七种，可以预防九种疾病，即实施“五苗防七病”和“七苗防九病”的计划免疫工作。

第二节　传染病防治

1993 年 9 月 25 日，沙坪乡尼落村发生食物中毒，村民中毒 10 人，死亡 6 人，经州食品监督检验所检验，属食用半酵菌酸引起中毒死亡。

2001 年 5 月，白层镇平袍村发生麻疹流行，共发病 26 例。

2002 年 11 月 4 日，长田乡陇塔小学发生流行性腮腺炎暴发流行，感染 267 人。

2003 年 9 月 5 日，小屯乡头猫小学发生腮腺炎流行，发病 86 人。18 日，白层镇坡们小学发生麻疹流行，发病 40 人。22 日，贞丰中学发生痢疾流行，共 23 名学生患病。22 日，长田乡细余小学发生流行性感冒，共发病 128 人。

2004 年 5 月 10 日，连环乡中心学校发生流行性腮腺炎。24 日，小屯乡木桑村坡冒小学发生一起以发热、周身酸痛为主要症状的疾病流行。10 月 13 日，鲁容乡卡务村发生一起疑似麻疹流行。

2005 年 1 月 12 日，小屯乡分水岭村半山组 1 例疑似狂犬病患者死亡。4 月 25 日，平街乡中心小学发生流行性感冒，共发病 363 例，罹患率 27.82%，无死亡病例。10 月 20 日，沙坪乡龙论村坝落组发生村民剖食病死猪肉致不明原因群体发病事件。11 月 1 日，平街乡云盘小学部分学生出现以发热、头痛、咳嗽、全身酸痛为主要症状，少数病人伴恶心、呕吐的疾病。

1991 年至 2010 年，县内除发生上述传染病外，在一些乡村还出现肺结核、炭疽、伤寒、脊髓灰质炎、狂犬病等传染病。当传染病一出现，全县卫生系统及有关单位就全力以赴，开展防治工作。

一、结核病防治

2003 年 4 月 23 日，贞丰县启动结核病控制项目。每年“3·24”结核病防治宣传活动日，全县卫生部门都开展形式多样的结核病防治宣传活动，让群众知道结核病可防、可治、不可怕，了解慢性传染病和防治知识，让结核病控制项目家喻户晓，使更多的结核病人更好地、及时有效地、全程规范地得到治疗。2010 年，全县共接诊结核病初诊病人 920 人，其中初治涂阳 170 人，治愈率 93%，复治涂阳 24 人，治愈率 88%。重症涂阴疗程 36 人，完疗率 97%。

2003 年—2005 年贞丰县实施结核病控制项目治疗结核病人情况一览表

表 16-3-1

年份	初诊数	查痰数			任务数					完成数					治愈		完成数		死亡	丢失	失败
		应查痰	实查痰	查普率(%)	初治涂阳	复治涂阳	重症涂阴	免费涂阴	小合计	初治涂阳	复治涂阳	重症涂阴	免费涂阴	小合计	初治涂阳	复治涂阳	免费涂阴	重症涂阴			
2003	148	148	125	84.5	54	44	11	0	109	12	14	14	0	40	9	12	0	14	16	22	2
2004	489	489	435	89	68	36	11	0	115	130	47	7	0	184	103	39	0	5	5	28	4
2005	444	444	396	89.2	87	38	14	0	139	130	130	13	0	180	111	27	0	12	4	1	14

二、炭疽防治

2000年9月6日，鲁贡镇闇老村，北盘江镇顶罈村，鲁容乡洒若村孔明组发生炭疽流行，威胁320人，发病13例，死亡2例。2003年7月27日，沙坪乡石柱村、尼落村发生几例炭疽病人。2004年7月17日，鲁贡镇者壮村发生一起因接触病死牲畜而感染炭疽病的事故。经调查与宰杀食用病死畜有直接关系。以上乡镇、村发生炭疽病后，县卫生部门及时进行防治，控制疾病的流行。

三、伤寒和副伤寒防治

1993年9月21日，沙坪乡纳拢村纳扰组发生伤寒流行，共发病43人。1994年5月6日，兴北镇下坝村纳平组发生伤寒流行，发病31人。2000年7月11日，北盘江镇顶罈，水淹坝两村发生伤寒流行，受威胁人口389人，发病31人。2003年9月11日，鲁贡镇中学发生伤寒流行，共发病29人。上述乡村发生伤寒病，县、乡、村卫生人员全力以赴进行防治，避免疾病蔓延。

四、霍乱疾病防治

1994年8月至10月，全县共发生霍乱病人96例，死亡1例，其中挽澜乡1例，平街乡20例，鲁容乡31例，死亡1例，兴北镇41例，者相镇3例，化验培养出霍乱弧菌（小川型）16例。1995年8月30日至9月17日，平街乡李家屯村、平街村及顶岸村九盘组发生霍乱23例，无死亡病例。1995年9月30日，鲁容乡拉旦村发生霍乱流行，共发病27例，其中男性发病16例，女性发病11例，重症病人5例，中型病人3例，轻型19例，死亡1例。霍乱疾病一发生，卫生系统就及时开展防治工作，减少病人死亡，控制疾病扩散，保护了人民群众生命。

五、脊髓灰质炎防治

2004年8月6日，挽澜乡窑上村发生1例脊髓灰质炎疫苗衍生病毒引起的急性弛缓性麻痹病例，同年，组织全县卫生工作人员和抽部分县直机关干部奔赴乡村进行三轮次脊灰疫苗强化免疫活动，第一轮：8 月 23 日至 28 日；第二轮：9 月 23 日至 28 日；第三轮：11 月 10 日至 25 日。

六、狂犬病防治

县政府高度重视狂犬病防治工作。2006 年，县人民政府采取措施，预防狂犬病：一是加大宣传力度，通过发布公告、宣传单、召开群众会等形式广泛宣传狂犬病防治知识，增强全县人民防治知识和自我保护意识；二是县城和乡镇府所在地及全县中小学、幼儿园、托儿所内严禁养狗，组织人员在县城、乡镇开展打狗活动，每打死一只狗补助工作人员 50 元。特殊单位确需养犬的，按有关规定登记进行拴养；三是严禁干部职工家庭养狗；四是各乡镇政府建立健全狂犬病疫情监测值班制度和报告制度，加大督查力度；五是县疾控中心、乡镇卫生院接种点实行 24 小时值班开展接种业务，确保患者及时接种上狂犬疫苗；六是开展狂犬病疫苗接种工作，凡被犬类动物咬伤人员均要求接种狂犬疫苗，被犬咬伤的城镇低保人员和农民接种狂犬疫苗经费由县政府、乡镇政府和本人三方共同承担，即县政府每例承担 50 元、乡镇政府承担 20 元、被犬伤者承担 10 元。2006 年全年共注射狂犬疫苗 1285 人次。

2008 年 1 月 15 日，白层镇发生狂犬病例后，相继在者相镇等乡镇发生狂犬病例，至 11 月，全县共发生狂犬病、疑似狂犬病 4 例，经深入现场对 4 例进行病学调查，结合临床症状，确诊为狂犬病 4 例。县人民政府对农民、城镇低保对象注射狂犬病疫苗进行减免，全年有 46 人获得减免，减免资金 0.322 万元。

七、麻风病防治

1991 年，贞丰县发现新麻风病 10 人，1992 年发现 17 人，1993 年发现 7 人，1994 年发现 10 人，1995 年发现 3 人，1996 年发现 6 人，1997 年发现 5 人，1998 年发现 1 人，1999 年发现 2 人，2000 年发现 4 人，2001 年发现 15 人，2002 年发现 4 人，2003 年发现 4 人，2004 年发现 4 人，2005 年发现 4 人，2006 年发现 5 人，2007 年发现 2 人，2009 年发现 2 人，2010 年发现 4 人。截至 2010 年，全县共有麻风病 289 人。县卫生部门认真对病人进行治疗，其中只有 148 人死亡，存活病人 141 人，出现Ⅱ级畸残 87 人。

八、非典型肺炎防治

2003 年初，非典型肺炎在我国部分地区发生，县政府立即成立非典型肺炎防治工作领导小组，制定实施方案，加强防治人员培训，准备充足的消毒药品及防护物资，开展对非典型肺炎的防控工作，杜绝了非典型性肺炎流行到贞丰县。

第三节　地方病（地甲病）防治

1993 年 11 月 10 日，县卫生防疫站在沙坪乡对 7 周岁至 14 周岁学生进行体格检查，实查 507 人，其中男生 393 人，女生 114 人，发现甲状腺肿 17 例，肿大率 3.35%，共采集尿样 60 份，盐样 24 份。

1994 年，对沙坪乡监测点 7 周岁至 14 周岁学生进行抽样检查，实查 501 人，其中：男性 428 人，女性 73 人，查出患病人数 1 例，生理性肿大 20 例，采集尿样 59 份，盐样 21 份。

通过连续两年的监测，对疫点监控和防治，地方病防治工作取得较大成效，1995 年后，每年均在全县各乡镇重点村寨采集碘盐进行监测，无新病例出现，通过国家验收。

第四节　疟疾传染病防治

1992 年，全县卫生部门完成发热血片检查 17003 张、流动人口血检 5 人，发现阳性血片 7 张，根治病人 7 例。其中，内源性病例 4 例，外源性病例 3 例；组织疫点周围群众服药 178 人次，灭蚊 534 户，喷洒药液面积 67785 平方米，对疑似病人进行治疗 300 人次。

1993 年，全县卫生部门完成发热血片检查 15225 张，发现阳性血片 40 张。其中，居民普查血片 286 张，阳性 5 张，流动人口血片检查 86 张，阳性 1 张，其中县人民医院完成 2536 张，无阳性血片；珉谷镇卫生院完成 2073 张，阳性血片 5 张，连环乡卫生院完成 1130 张，无阳性血片；挽澜乡卫生院 851 张，无阳性血片；龙场镇卫生院完成 1668 张，阳性血片 4 张；小屯乡卫生院完成 1304 张，阳性血片 4 张；者相镇卫生院完成 424 张，无阳性血片；兴北（北盘江）镇卫生院完成 663 张，无阳性血片；长田乡卫生院完成 923 张，无阳性血片；平街乡卫生院完成 238 张；白层镇卫生院完成 1625 张，阳性血片 8 张；鲁容乡卫生院完成 566 张，阳性血片 8 张；鲁贡镇卫生院完成 495 张，阳性血片 1 张；沙坪乡卫生院完成 729 张，阳性血片 1 张。治疗疟疾病人 42 人次。其中做定性治疗 36 人次，根治 29 人，流动人口服药 10 人次。

1994 年，完成发热血片 4130 张，其中阳性血片 5 张，珉谷镇 2 张，鲁容、白层、鲁贡各 1 张。

1995 年，全县卫生部门共完成发热血片 5450 张，发现阳性病人 11 例。其中，鲁贡镇卫生院完成 6 例、鲁容乡卫生院完成 3 例、珉谷镇和挽澜乡卫生院各完成 1 例。

1996 年后，疟疾防治工作逐步转入正轨，除偶发个别病例外，无群体性疟疾病例发生。

第四章　卫生保健

1991 年，县委、县政府和卫生部门开始重视卫生保健工作，积极争取上级支持和创造条件，加强卫生保健工作，培养卫生保健技术人员，采取有力措施改善卫生保健条件，促进卫生保健工作迈出新步伐，提高了群众的健康水平。

第一节　妇幼卫生项目建设

贞丰县妇幼卫生工作1956年起步，但妇幼卫生技术人员缺乏，设备简陋，不能满足群众对卫生保健工作的要求。2001年3月，联合国人口基金生殖健康/计划生育项目首次赠送县保健站轻便B超1台、胎心监护仪1台、高压消毒锅1个。从此，妇幼卫生工作条件才逐步改善。

2006年，县卫生局举办3期妇幼保健人员培训班，培训270人次，提高妇幼保健工作人员的业务技能和管理水平，健全县、乡（镇）、村妇幼保健工作网络，加强硬件建设，配置保健设备12件。促进孕产妇系统管理、儿童系统管理和妇女儿童疾病防治工作的开展。2007年至2010年，县卫生部门和计划生育部门联合，开展妇女查早孕、出生干预、定期对妇女作妇科病检查，实施新接生法等妇幼保健项目。

第二节　初级卫生保健

1977年，世界卫生组织提出“2000年人人享有初级卫生保健”的全球战略目标。1983年，中国政府向世界卫生组织提出，中国到“2000年人人享有初级卫生保健”战略目标。1986年将“初级卫生保健”纳入国民经济发展规划。县人民政府提出到2002年基本实现初级卫生保健目标。县卫生局加大对初级卫生保健工作的领导。2003年，根据省卫生厅提出的新一轮初级卫生保健目标要求，县人民政府制订全县要达到新一轮初级卫生保健目标计划。1995—2006年，按照省卫生厅制订的23项考核项目的标准，县级机构增设健康教育所，13个乡镇均配备健康教育专干，开办健康教育培训班23期，培训1000余人。县、乡医疗机构的医疗技术、服务水平逐年提高。2006年10月，贞丰县新一轮初级卫生保健工作通过州卫生局检查验收，2006年11月通过省卫生厅检查验收并得到省人民政府的确认。2010年，县卫生部门举办四期查验“接种”业务培训班，全县小学校、幼儿园负责查验“接种”的教师224人参加业务培训。

第三节　妇女保健

一、婚产期保健

1989年，实施妇幼保健项目建设县和“2000年人人享有初级卫生保健”工程后，对孕产妇实行系统管理，县卫生局成立计划生育技术指导组，全县13个乡镇开展婚前健康检查和保健指导。是年，全县有孕产妇12248人，其中实行新法接生10877人。1994年6月，县政府确定县妇幼保健所为县婚前健康检查指定单位。制定《关于婚前健康检查工作管理细则》，由妇幼保健所开展婚前检查，使婚前检查工作规范化，产前检查指导和产后访视管理系统化。卫生部门采取多种形式加大《母婴保健法》的宣传，让群众认识婚前检查的重要性。1998年6月，县政府召开民政、计生、物价、卫生等部门协调会，专题研究婚前健康检查工作，规定凡准备结婚的男女双方必须经卫生部门体检，民政部门方能准予登记结婚。据统计，1991年至2007年，接受婚前健康检查夫妇360对，查出各类疾病2人次，建议暂缓结婚的5对，对查出的患者进行治疗和保健指导。2010年，全县有孕产妇5048人，活产5014人，建卡率4598人，建卡率91.1%；建早孕卡4236人，建卡率83.91%；孕产妇系统管理3873人，系统管理率76.72%。

二、妇科病防治

将妇科病综合防治和防癌普查作为防治妇科病的重点，县妇幼保健所每年都在县城和部分乡镇进行一次妇科病查治。对60周岁以下已婚妇女防癌和妇科病普查，由于妇检设备较先进，加上生活水平提高和妇女自我保健意识增强，几次普查、普治后，妇科病患病率逐年下降。对查出可疑癌症的病人，建议及早到上级医院检查确诊。

三、妇女劳动保护

1991年至2010年，全县各单位根据女职工“五期”（经期、孕期、产期、哺乳期、更年期）特点，适当安排工作。月经期妇女可享受1~2天例假，孕期、哺乳期妇女不安排重活，不上夜班。县电信局等单位还拿出经费为女职工查治妇科病。

第四节　儿童保健

一、儿童系统管理

1991年，实施妇幼保健项目建设后，开始对新生儿、婴幼儿实行系统管理。此后每年定期为7岁以下儿童进行体格检查，对体弱儿童进行保健指导和治疗，开展儿童生长发育监测。同年，全县有0~6周岁儿童7945人，其中纳入系统管理1350人，系统管理率17%。是年出生婴儿1105人，实行新法接生521人，新法接生率47%。对2536名儿童进行体格检查，发现体弱儿童217人，占体检人数8.5%。

1998年，根据世界卫生组织、联合国儿童基金会和卫生部关于创建“爱婴医院”的号召，实施母乳喂养措施，大力宣传母乳喂养科学知识，禁止使用代乳品、奶瓶和橡皮奶头。在县妇幼保健所分娩的婴儿早吸率100%，纯母乳喂养率95%以上。是年12月，全县儿童系统管理工作各项指标达到全国妇幼卫生项目建设县标准。

2007年，全县共有活产婴儿4289人，其中新法接生3812人，新法接生率为88.87%，与1991年同比增加41.87个百分点；死亡婴幼儿67人，占活产婴儿数的

15.62‰，全县 0~6 岁儿童 39492 人，实行系统管理 9899 人，系统管理率 25.1%。2010 年，全县产婴儿 5340 人，住院分娩率 82%；产后访视率 77.24%；婴儿系统管理 3873 人，系统管理 77%。由于对儿童实行系统管理，儿童患病得到及时发现和治疗，促进了儿童健康成长。

二、托幼机构卫生指导

2006 年，全县有托幼机构 18 个，其中县城 4 个，农村 14 个。县卫生局和县教育局根据卫生部和国家教委《托儿所幼儿园保健管理办法》，制订了《〈托儿所幼儿园卫生保健管理办法〉实施细则》。要求托幼机构每个班限收儿童 40 名以下，并须配备 2 名保教员、1 名保健员，规定所有工作人员必须进行体格检查，持健康证上岗。把儿童健康检查列为儿童常规保健重点项目，每年都对托幼机构工作人员和托幼儿童进行健康检查。是年，在县妇幼保健院的指导下，各托幼机构建立健全了卫生保健管理制度，强化保健措施。县卫生局、县教育局和县妇联还组成考核小组，对县城托幼机构各项卫生保健制度的执行情况进行检查，对不合格的单位和工作人员进行整顿，把托幼机构的卫生保健工作纳入规范化管理轨道。

第五节　老年保健

1991 年以后，老年保健工作日益引起社会重视。1997 年，县老龄工作委员会（以下简称老龄委）和县委老干局联合开办老年人学校，重点设置老年人保健科目。1999 年，规定每年为离休干部免费体检一次，是年，县政府召集邮电、交通、卫生、广电、公安、环卫等部门负责人会议，并下发文件，强调县城公费医疗单位对离退休职工一律就医优先，就医挂号及游公园、坐公共汽车、上公厕，看电影、看戏、安装有线电视等收费一律减半。老年人参加体育锻炼、保健就医、休闲娱乐等活动，予以优先优待。

县老龄委、县老年协会 3 次邀请省城医学专家，在县城举办老年人保健知识讲座和义诊。省老年科协讲师团心脑血管专家周裕湘、骨科专家周德湘主讲保健知识，听众 1000 余人，义诊 73 人。增强老年人相信科学、拒绝迷信的意识。县老龄委邀请专业人员传教保健操、老年迪斯科、舞蹈、太极拳、打腰鼓、剑术、扭秧歌、唱歌演戏、种花养鸟、绘画、书法等多种保健娱艺技能。各老年活动中心和老年体协，积极为老年人开设桥牌、象棋、麻将、字牌、扑克、门球、乒乓球、登山、钓鱼等文体项目，经常组织老年人参加体育比赛，不少单位还组织老年人到外地旅游观光。通过多种活动，改善老年人的生活环境，增进老年人身心健康。

第五章　临床医疗

贞丰县人民医院和县民族中医院均实行中西医相结合的方法治病，县人民医院设中医门诊和药房，县民族中医院设西医门诊和药房，采取治标与治本相结合的方法治疗疾病；投入资金更新医疗设备；请省内外医疗专家到医院指导和传授医术；组织人员外出学习培训，提高医务人员的医术，临床医疗水平有较大提高。

第一节　中　医

贞丰县中药资源丰富，种类较多，有热带、亚热带、寒温带和温带的植物药材、蕨类、苔藓类、种子及藻菌类植物门类齐全。根据1985年普查为主的综合调查，全县有中药资源558种，隶属125科，其中：蕨类植物19科，43种，裸子植物3科4种；被子植物101科506种，全国统一调查的363个重点品种中，贞丰县有重点中药资源129种，占35.5%；全省统一下达的93个品种，贞丰县有47种，占50.5%。经逐镇逐乡调查测估，全县药材蕴藏量为1969710千克，其中：植物药1957500千克，动物药12210千克；全国统一普查的456品种中贞丰县有175种。全县药材年总产量约为126560千克，其中植物药113530千克，药材面积约为2920亩，动物药材13030千克。贞丰县药材以野生资源为主，家种和栽培药材为辅。

县中医院遵循中医中药突出中医特色，重点放在专科、小科，力争部分诊疗科目疗效有所突破。县中医院自行研制的溃疡散治疗口腔溃疡及其他外伤溃疡、宫颈糜烂，有效率98%，治愈率达90%以上。开展中西医结合治疗面神经麻痹和小儿麻痹后遗症，采用穴位注射加理疗、中草药热敷，有效率90%，治愈率80%以上。痔疮、肛周疾病用电子痔疮治疗机治疗加中草药配制的洗痔汤外洗，有效率95%以上，治愈率80%以上。中药治疗小儿肾病综合征蛋白尿等收到较好疗效。采用民间中草药以玉簪花为主要成分制成的粉剂加酒、加温热敷治疗肩周炎和骨质增生效果良好；以石筋草为主要成分制成的跌打酒治疗跌打损伤和风湿病症效果良好。以垂盆草、泽漆等制成的乙肝汤治疗乙肝效果良好。

第二节　西　医

中华人民共和国成立前，贞丰县基本无西医。中华人民共和国成立后，贞丰县医疗卫生工作迎来了发展的春天，特别是 1991 年以后，全县西医业务快速发展。县人民医院从 1991 年至 2010 年业务收入从 58 万元增至 1000 万元以上。全县病床位从 150 张增至 800 张，职工 386 人。1999 年，县人民医院改造老门诊楼（二层改为三层），同年 11 月成立妇产科，新增妇产科床位 20 张。2002 年，县人民医院多渠道筹资在塔山大道购地 10 余亩，新建门诊大楼（设为急救中心）约 3500 平方米，同年 11 月搬迁，增设综合科、放射科、化验室、门诊部、B 超室。同年，县人民医院在菜园小区购买县法院拍卖住房约 520 平方米设置为第二门诊，新增床位 15 张。2003 年 4 月，在塔山大道新门诊大楼后面新建住院大楼约 3400 平方米（国家项目款 100 万元、宁波捐资 40 万元、省政府资金 20 万元），是年，将内、外科搬迁至新门诊楼及新住院部大楼，成立 120 急救科，设急救电话 120、6610999，提供 24 小时服务，大部分业务转移到塔山大道新医院。同年“非典”流行，县委、县政府指示，在珉谷镇南门村锅底冲征地 22 亩，建“非典”传染病治疗区，新建病屋 200 平方米（建好后未启用）。2003 年 3 月，宁波市海曙区派三位医疗专家（骨科专家沈文革、泌尿外科专家王伟东、内科专家蔡远翔）到县人民医院进行为期三个月的医疗帮扶。

2010 年，全县有急救车 13 辆，120 急救中心全天候 24 小时待命值班，应对全县卫生应急工作。2003 年，县人民医院购置 500MA 带电视遥控 X 光机、心电监护仪。2004 年，县人民医院获宁波帮扶捐资购置日本阿洛卡 4000 型彩超 1 台，国家赠送 500MAX 光机一台，日本奥林巴斯电子胃镜 1 台、日本富士 CR1 台。2010 年，县人民医院有救护车 4 辆。西医条件不断完善，医术不断提高，西医在全县广泛应用。

第三节　护　理

一、发展概况

1991 年至 2010 年，贞丰县护理工作发展较快，尤其是县人民医院，1993 年，有专职护理人员 56 人，其中中级职称 3 人，设立护理部，建立健全医院和护理部两级护士长分级负责制。1997 年，县医院着重抓医护人员仪表仪容及服务态度，并开始使用一次性注射器、输液器，使病人输液反应明显降低。2000 年，护理部在各科室推行护理责任制，选派三名护士到黔西南州医院进修，学习骨科、手术室、普通外科护理技术，根据省卫生厅护理文件书写规范要求，制定医院护理文件书写实施细则，修订和完善各种护理文件质量标准和考核项目。每季度对全院护士进行“三基”考核，考核成绩纳入个人档案，作为个人考评的依据。对考试成绩前三名给予奖励，对考试不及格者给予适当处罚并要求补考。形成比、学、赶、帮的气氛。采取切实可行的措施培养护理人员过硬的业务技术，提高护理质量。护理部制作手术室护理记录单、长期医嘱执行单、体温单，规范护理工作。加强毒麻药品和二类精神药品的管理，实行专柜专人管理，抢救车内药品实行“四定”：定人管理、定点放置、定量、定数，上下班交接有记录。及时维修、保养抢救设备。保证随时能正常使用。抢救物品完好率100%。护理部制定医疗服务文明用语和医疗服务忌语，设置服务投诉电话，接受病人投诉和监督；成立护理质量检查小组，每月组织一次护理质量综合检查，总结经验，对当月护理工作出现的问题提出整改措施。是年9月，县医院推选护士参加全州卫生系统护士岗位技能竞赛，获三等奖。全县有专职护理人员82人，其中中级职称17人（比1993年增加5.6倍）。

二、护理技术

1993年以前，护理工作业务只有皮下注射、皮内注射、肌肉注射、静脉注射、静脉滴注、静脉切开、导尿、洗胃、氧气吸入、股动脉穿刺、心衰护理、呼衰护理、肾衰护理和肝性昏迷护理等。2000年后，增加了心电监护仪、超声雾化治疗仪、胎儿心电监护、微波治疗仪、气管切开病人护理、全麻病人术后护理等内容。

第四节　民间医疗

贞丰县属亚热带温和湿润季风气候，能适宜多种植物的生长，形成了门类繁多，科类齐全的中草药资源。丰富的中草药资源为民间医疗提供了有利条件，布依族、苗族、仡佬族、汉族等民族民间医生分布全县一些村寨。据统计赶场天在全县13个乡镇市场上摆摊治病和卖中草药者有百人以上，有时还有外地民间医生（游医）到贞丰卖中草药和治病。

中华人民共和国成立之前，贞丰县缺医少药，居住在边远山区的各族人民，在长期的生产生活中探索总结出利用植物等作药物，对疾病进行治疗的民间医术。民间医术在生活中给病人提供了方便，解除了病痛，得到患者的信任。改革开放后，贞丰县医疗条件虽然不断改善，公立医院医疗技术不断提高。但民间医疗仍发挥着独特的作用，有不少病人还找民间医生治病。

民间医术多数是祖传，医生传授医术给子女，一代传承一代，世代相传。也有的医生将医术传给其他医术爱好者和接收徒弟。民间医疗对某种病的治疗效果明显，治愈率高，时间短，费用低，医术简单，药方也不复杂，多数是单方，即使复方也只有几味药。民间医生大多数只能医治一种或几种病，有的医生文化不高，甚至是文盲，但医病的效果却很好，对某种病能做到药到病除，有的病公立医院很难治好的，民间医生却能治好。如珉谷镇纳核村黄学芝，2006 年因直肠发病到兴义求医，医院诊断后要作切除直肠手术，需要 5 万元医疗费，做手术后直肠还不能恢复正常功能，还有一定风险。黄就放弃在兴义医治，回家找民间医生治疗，一年后直肠疾病被治好。小屯乡尾洒村大岭寨苗族杨德修治疗骨折和麻风病的医术在当地很有名气，治好了不少骨折和麻风病人。

民间医生大部分没有经过国家医疗部门培训，有的没有办理医生执业手续，多数是趁赶场天时在街上摆摊设点，卖药或看病，也有少数医生在家开诊所和平时不看病，患者上门求医才出诊治病。民间医疗以多种形式存在，具有较强的生命力。尤其是每年的端午传统节日，城乡场坝都自然形成中草药市场，县城油榨街至贞宸花园小区满街都卖中草药，买中草药者成千上万。

各民族的民间医术各有特点：苗医能按医治方法说出一定的病理；布依族医多是单方、验方治病，但它们有一定的医疗特点，根据疾病临床表现命名和独特的治疗方法。如“六黄”“十三症”。

六黄　巴骨黄、冷骨黄、串皮黄、走游黄、锁骨黄、冷骨黄主要表现为骨病，疼痛部位红肿，用草药射干、白侧耳根、摘珠香捣烂外包。串皮黄、走游黄主要表现疼痛部位不定，游走性，治疗方法同上另加走游草。巴骨炎：症如巴骨黄，但较之为重，其骨有七个黑色小孔，三周后发热，治疗方法用虎杖草捣烂调酒外包。锁骨黄：喉咙两侧肿胀，似手将喉部锁住一样。

十三症　鱼鳅症、兰布症、兰蛇症、飞蛾症、酸腰症、蚂蚁症、青蛇症、舌蛾症、耗子穿心、绞肠痧、麻脚瘟、上瘫蛾、下瘫蛾等。

鱼鳅症：在腹部游走性疼痛；用大蒜放于指甲上掐疼痛处。

兰布症：肚子痛，腰酸背痛，药用青藤根和山豈根。

兰蛇症：肚子痛，手法：括胸部，括后见一股即有症候，再放烟屎，药用山豈根。

飞蛾症、耗子穿心：先用铜钱括，再放上一点猪油，用猫舔。

腰酸症：腰部周围疼痛，用制佛手适量，开水吞服。

上瘫蛾（即扁桃体炎），下瘫蛾蛾（即急性喉炎）药用穿山虎。

以上“六黄”“十三症”和其他 22 种病症民间医疗都有各自的诊治方法，具有独特的民族医疗特色。

到2010年年底，全县共有村卫生室158个，从业人员370人，部分村卫生室有民间医生，民间医生在治疗小伤小病、预防疾病等方面起到重要的作用。

第六章　卫生管理

县卫生局、县药品监督管理局加强医疗机构和医药市场管理，逐步建立健全医药机构审批、注册、发照制度，规范医疗、药品、药械经营秩序，严厉打击非法行医，违法销售药品（械）行为，加强药品、药械质量管理，控制医疗事故发生，维护正常医疗卫生秩序。

第一节　设施管理

1991 年后，全县医疗卫生条件日益改善。1991 年至 2010 年，县卫生局共争取上级资金 7954 万元（其中三项建设资金 117 万元，宁波市对口帮扶资金 155 万元，国债资金 1671 万元，其他资金 3321 万元），改建和新建县医院以及珉谷、北盘江、长田、平街等 13 个乡镇卫生院，新增业务用房 27567.3 平方米；新建、扩建村卫生室 137 个，增加业务用房 5160 平方米。

1991—2000 年贞丰县农村卫生“三项建设”情况表

表 16-6-1

项目名称	项目服务（人）	建设面积（平方米）			投资（万元）					建设年份	备注
		总面积	新建	改扩建	总投资	国家、省	州	县	乡自筹		
鲁容乡卫生院	15852	435	435	—	12	6	2	4	—	1993	砖混结构
县防疫站	340091	500	—	500	18	12	—	—	6	1993	砖混结构
长田乡卫生院	19355	500	200	300	18.8	14	1	1	2.8	1994	砖混结构
县保健站	340091	250	—	250	10	8	—	—	2	1994	砖混结构
小屯乡卫生院	33029	300	300	—	8	6	—	—	2	1995	砖混结构
连环乡卫生院	16363	200	200	—	6.6	6	—	—	0.6	1996	砖混结构
沙坪乡卫生院	16616	500	300	200	6	6	—	—	—	1997	砖混结构
平街乡卫生院	19739	349	349	—	9	6	—	—	3	1998	砖混结构
北盘江镇卫生院	26756	500	400	100	16	10	—	2	4	1998	扶贫贷款
者相镇卫生院	33744	300	—	300	12	8	—	2	2	1999	砖混结构

续表 16-6-1

项目名称	项目服务（人）	建设面积（平方米）			投资（万元）					建设年份	备注
		总面积	新建	改扩建	总投资	国家、省	州	县	乡自筹		
龙场镇卫生院	34589	200	—	200	8	6	—	—	2	1999	砖混结构
白层镇卫生院	22001	300	—	300	12	8	1	1	2	1999	砖混结构
鲁贡镇卫生院	21849	300	—	300	20	18	—	—	2	2000	砖混结构
挽澜乡卫生院	15847	300	—	300	12	8	1	1	2	2000	砖混结构
珉谷镇卫生院	64288	700	400	300	12	8	2	2	—	2000	砖混结构

县人民医院、县中医院、县保健站及13个乡镇和60个村卫生室，先后配备心电图机、B超、酶标仪、X光机、冰箱等必需的医疗设备价值550余万元，其中县人民医院、县中医院新增设备总价值330余万元。县卫生局对全县医疗卫生设备实行谁用谁管理的办法，各医疗卫生机构自行管理本单位医疗卫生设备，明确一名领导分管，由办公室或明确专人负责，建立设备登记制监督。医疗卫生设备的调配、报废均严格按照国资管理有关规定执行。

第二节　医政管理

医政管理是卫生行政部门依照国家医疗卫生法规，对辖区内的医疗机构设置、医院行政监督、从业人员技术、职业道德、医疗质量与安全、医疗事故（差错、纠纷）等进行教育和处置的行业性管理。1991年，县卫生局内设业务股，县人民医院、县中医院设医务科，配备专职管理人员；乡镇医政由乡镇卫生院院长代理。

1990年，卫生部制定《建立健全医院感染管理组织暂行办法》公布后。1991年1月，全县各医疗机构全部停用旧式计量器具，改用法定计量单位器具。县人民医院和县中医院先后成立质控科，制定医院工作全面质量管理（T、Q、C）制度，推行P、D、C、A循环制（产业资本循环过程），强化环节质量与终末质量检查，建立医院、科室、经治医师三级查房制度，病案讨论会诊制度，护理交接班制度和"三查七对"（即备药前查、备药后查、给药前查，对订号、对姓名、对药名、对剂量、对浓度、对时间、对用法）制度等。

1993年5月，县卫生局印发《关于医疗机构注册发照的通知》，要求全县所有医疗卫生机构（含县属医院、乡镇卫生院、个体诊所、医疗点、村卫生室）按照审批程序，申报注册发照或新审核发照。医疗机构床位不足20张的由县卫生局审批，20张至99张床位的由州卫生局审批，100张以上床位的省卫生厅审批。是年，共注册发证36个医疗单位。

1994 年 3 月，县卫生局印发《关于加强医疗卫生单位消毒及消毒监测工作的通知》，要求所有医疗单位换用新型高效消毒剂（如 84 消毒液、络合碘等）。各医院的压力蒸气灭菌及紫外线消毒效果，物体表面污染及空气污染情况，消毒剂效果、污水处理情况及医疗用品消毒情况，每季度由县卫生防疫站监测一次。是年，医院消毒综合合格率 83.61%。

1995 年 3 月，县卫生局成立医疗机构监督管理领导小组和医疗机构评审委员会，负责全县医疗机构资格审查和业务管理工作，县卫生局印发《关于加强医院感染管理的补充通知》。各医疗单位从 9 月 1 日起，全部执行注射器具一人一针一管一使用一消毒制度，建设供应室和无菌注射室。

1997 年 1 月，县卫生局制定《贞丰县个体医疗机构管理办法》，规定个体医疗机构须持医疗机构“执业许可证”开业，按批准地点和规定科目行医，不准聘用非卫生技人员，不准开展计划生育手术，不准开设病床，不准使用伪劣药品，不准发布医疗广告。

1998 年，县卫生局开始对卫生部门卫生技术人员进行医疗业务基本理论、基本知识、基本技能（以下简称“三基”）考试。对考试不合格者送县卫生职业中专强化培训。实行“三基”考试后，县人民医院诊断符合率由试前的 90%以下提高到 96%，危重病人抢救成功率提高 5 个百分点，甲细胞质病历达 90%。是年，根据卫生部通知，县卫生局下发《严禁用 B 超进行胎儿性别鉴定的通知》，严令有 B 超仪的单位不得以任何理由对胎儿进行性别鉴定，违者依法依规追究当事人和单位负责人的责任。

1992 年至 2010 年，针对国家医疗机构在职人员业余时间开私人诊所，市场上游医非法摆摊非法行医的现象，县卫生、公安、工商等部门多次联合开展打击非法行医和整顿医疗市场秩序，依法依规打击非法行医，维护正常的医疗秩序。1992 年取缔非法行医诊所 1 个；1994 年查封非法行医点 32 个，其中查封国家医疗卫生工作者非法行医诊所（医疗点）22 个、30 人次。

第三节　药政管理

1992 年，县政府成立由工商、税务、公安、经委、卫生部门组成的医疗秩序和医药市场整顿领导小组，从 1992 年 4 月 27 日至 6 月 27 日，对全县医疗秩序和医药市场进行整顿。全年共查市场医疗摊点 62 个，药品 221 种次，发现假药 15 种次，劣药 97 种次，霉变、过期 109 种次，假三七 300 克；查获毒麻药品生马钱子 250 克、生草乌 1500 克、一枝膏 1000 克、罂粟壳 200 克、可待因片 33 片、可待因针 8 支、哌替啶 9 支、雪上一枝蒿 200 片；暂控一批未取得国家批准生产文号的药品；查处县医药公司销售天台山制药厂生产的 5%葡萄糖 500 瓶、10%葡萄糖 1800 瓶；查处皮防站过期、霉变药品 21 种（次），合计金额 12933 元，查获医疗机构参伪、虫蛀中药 47 种（次）。

1994 年，重点抽查 50 个医疗单位的药品质量（含国家医疗机构、社会个体医药户、国营医药公司），检查药品 8530 种次，发现不合格 153 种次，不合格率 1.79%，标价合计金额 13500 余元。

1996 年，抽查医疗单位 6 个，国营医药公司 1 个，药品经营及个体诊所 25 个，检查药品 6230 种次，发现不合格 158 种次，不合格率为 2.5%，标价合计金额 52725.36 元。

1998 年，检查国家医疗机构 12 个，个体诊所 138 个，村卫生室 35 个，医药公司、药店 12 个，共查药品 7132 批种次，查出假药 86 起、劣药 325 起，不合格率占查药品种数 5.76%，总标价 6558 元；全年对乡镇以上医疗机构、药店监督率 100%，村卫生室药品检查率 75%以上。

2001 年，共检查医疗单位 16 个、药店 16 个、个体诊所 197 个、村卫生室 80 个，检查药品 27790 余种次，中药 528 味，查处过期、霉变药品共计 350 种，不合格率 1.26%。查处不符合规格一次性注射器 325 具、一次性输液器 250 具，现场销毁使用过的一次性输液器 6212 具，查处销毁不合格药品及不符合规格的一次性注射输液用器械总标价金额 1.5 万余元；配合州药检所对药品质量抽检 9 个品种，查出不合格 2 个，不合格率为 22.2%。开展易制毒化学品、精麻药品清理整顿工作，共清查医疗机构 9 个、诊所 50 个、药店 13 个。共收缴易制毒化学品麻黄素 1100 片、麻黄碱针剂 67 支、氯胺酮 5 毫升 ×28 支、2 毫升 ×285 支、高锰酸钾 7200 片、精麻药品强痛定 100 毫克 ×13 支、安定针剂 89 支、安定片 5500 片、本巴比妥 300 片；麻醉药品哌替啶 20 支。

2002 年 1 月 8 日，成立黔西南州药品监督管理局贞丰县分局，局机关内部设办公室、综合业务股，有工作人员 4 人，由王贞黔任中共黔西南州药品监督管理局贞丰县分局党组书记，黔西南州药品监督管理局贞丰县分局局长、稽查队队长；杨盛忠任中共黔西南州药品监督管理局贞丰县分局党组成员，黔西南州药品监督管理局贞丰县分局副局长、稽查队副队长；王怀平任副局长、稽查队副队长。

黔西南州药品监督管理局贞丰县分局的主要职能是负责对贞丰县行政区域范围内药品（包括中药材、中药饮片、中成药、化学原料及其制剂、抗生素、生化药品、生化制品、诊断药品、放射性药品、麻醉药品、毒性药品、精神药品、医疗器械、卫生材料、医药包装材料等）的流通、使用进行行政监督。2002 年，全县共有 6 个医疗机构，13 个乡镇卫生院和 13 个计生服务站（室），58 个私人医疗诊所（仅 11 家执有执业医疗许可证），104 个村级卫生室；共有药品使用单位 194 个，2002 年全县药品零售企业从原来的 17 家发展到 27 家，全县共有涉药机构 221 个。

2002 年 5 月，黔西南州药品监督管理局贞丰县分局更名为“贞丰县药品监督管理局”。全年，累计查处各类涉药违法案件 76 案（次）。其中与一次性医疗器械有关的 9 案（次），涉及违规使用精神药品的 3 案（次），药品零售企业超批准经营药品的 11 案（次），药品使用单位违法使用假劣药品、违规购进药品等共 53 案（次），其中当场处罚 15 案，有 40 案（次）当事人主动配合，并及时消除影响，结案率 100%。全年取缔无证照经营药品摊点 11 个（家），品种 212 种（次），标值 11365 元；共查出假药 175 种（次），标值 1858.7 元，劣药 24 种（次）标值 11521.08 元，违规使用精神药品 11 种（次），标值 139.61 元；查出医疗机构从非法渠道购进药品单据 111 张，标值金额 31783.80 元；受理群众举报 2 起，及时组织执法人员进行调查、取证、依法查处；全年共对非法经营药品的单位和个人罚款 28636.00 元（当场处罚 8566.00 元），收取行政监管事业费 11395.00 元。

2001 年，按照合理布局的原则，全县药品零售企业在 12 家的基础上发展到 56 家，解决群众买药难的问题。

2003 年“非典”在我国部分地区发生，贞丰县药品监督管理局把防治“非典”工作摆在重要位置，成立贞丰县“非典”防治领导小组，组织药品执法人员对 18 个医疗机构，36 个药品零售企业所使用的预防“非典”药品质量、储量进行检查，对预防“非典”药品进行针对性抽验，配合工商、质监、物价、卫生等单位开展专项联合执法大检查。共查出 5 个药品零售企业经营不合格产品口罩 556 个，标价金额 1768 元；在县医院、县中医院查出不合格口罩 543 个，标价金额 1620 元。公安、工商、质监、卫生、科技等 12 个单位组成“贞丰县科普周非典防治宣传活动组”，分别到 13 个乡镇开展防治“非典”宣传活动，印 5000 余份宣传资料分发群众。

2003 年“3・15”期间，县药品监督管理局在县城中心开展宣传咨询活动，设立假劣药品曝光台一个，发放宣传资料 2500 余份，销毁假劣药品 1022 批次，标价金额 2.47 万元。全年共检查药品经营、使用单位 495 个，出动执法人员 324 人次，查获假药 56 批次，标价金额 2315 元，劣药 651 批次，标价金额 9853 元，取缔无证照经营药品 15 户，312 批次，标价金额 5212.20 元；立案 6 起，结案 6 起，结案率 100%；收缴监督检查费和罚没款 7 万余元，其中：罚没款 11213 元，监督检查费 58887 元。举办医疗机构涉药人员培训班一期，组织参训人员 86 人学习《中华人民共和国药品管理法》《中华人民共和国药品管理法实施条例》《医疗器械监督管理条例》《一次性使用无菌医疗器械监督管理办法》及相关法律法规；举办药品零售企业 GSP 培训班一期，共有 23 家药品零售企业参加培训。

2004 年 2 月，贞丰县药品监督管理局更名为“贞丰县食品药品监督管理局”。是年 5 月，县人民政府成立贞丰县食品安全协调委员会，主任委员由县人民政府副县长王丽蓉担任，副主任委员由县人民政府办公室副主任罗勇、县食品药品监督管理局局长王贞黔、县卫生局局长胡顺军担任；县公安局、县计划局、县财政局、县经贸局、县工商局、县质监局、县政府法制办、县教育局、县文体广电局、县人事劳动和社会保障局、县环保局、县农业局、县畜牧局、县粮食局等单位主要领导为委员，加强食品安全工作。

贞丰县食品药品监督管理局为黔西南州食品药品监督管理局的直属正科级机构，内设办公室、药品监督股、食品安全股。主要职责：在州食品药品监督管理局的直接领导下，负责辖区内组织贯彻食品、药品、医疗器械、保健品、化妆品安全监管的法律、法规，制定工作规划并监督实施。

第四节　公费医疗管理

1991 年至 2001 年，贞丰县成立公费医疗管理委员会，委员会成员相对稳定，人员调整后及时补充，由分管医疗卫生工作的副县长兼任管委会主任，管委会下设办公室，办公室设在县卫生局，办公室主任由县卫生局局长兼任，成员有县财政局、县审计局等相关部门主要领导。卫生局配备 3 名干部职工负责全县享受公费医疗人员住院费的审核、报销。

2001 年年底公费医疗费转交由县人事劳动和社会保障局管理。

第五节　无偿献（采）血

根据《中华人民共和国献血法》和《贵州省献血条例》，从 2000 年开始，贞丰县推行无偿献血工作。2004 年，全县临床用血大部分来自无偿献血。2005 年，组织 2 次无偿献血活动，采集血液 6000 多毫升。2006 年，组织 3 次无偿献血活动，采集血液 8000 多毫升。2007 年，县卫生局加大宣传力度，通过县政府政务协同系统、县电视台向广大人民群众和国家干部职工宣传无偿献血工作，全年发放宣传资料 30000 份，组织三次无偿献血活动，参加献血人员 331 人次，无偿献血 80000 毫升，超额完成州下达的 200 人次任务。

1991 年—2010 年贞丰县卫生事业基本情况统计表

表 16-6-2

年份	机构总数（个）	其中					卫生人员总数（人）	其中		病床（张）
		医院（个）	卫生院（个）	保健站（个）	防疫（个）	其他（个）		技术人员（人）	医师（人）	
1991	21	2	13	1	1	4	571	517	109	311
1992	24	2	13	1	1	7	597	538	110	311
1993	20	2	13	1	1	3	534	475	95	296
1994	24	2	13	1	1	7	602	549	163	320
1995	24	2	13	1	1	7	617	563	216	320
1996	21	2	13	1	1	4	590	534	199	320
1997	22	2	13	1	1	5	601	544	201	320
1998	22	2	13	1	1	5	455	419	149	335

续表 16-6-2

年份	机构总数（个）	其中					卫生人员总数（人）	其中		病床（张）
		医院（个）	卫生院（个）	保健站（个）	防疫（个）	其他（个）		技术人员（人）	医师（人）	
1999	33	2	13	1	1	16	439	394	205	341
2000	33	2	13	1	1	16	410	383	—	—
2001	33	2	13	1	1	16	454	407	—	—
2002	33	2	13	1	1	16	491	443	—	—
2003	31	2	13	1	1	14	366	329	249	390
2004	31	2	13	1	1	14	375	338	258	435
2005	31	2	13	1	1	14	341	305	260	450
2006	30	2	13	1	1	13	413	348	229	379
2007	31	2	13	1	1	14	454	411	234	411
2008	31	2	13	1	1	14	522	455	—	421
2009	32	4	13	1	1	13	422	397	160	600
2010	36	7	13	1	1	14	444	403	176	800

第十七篇　民　政

县民政部门坚持“以民为本、为民解困、为民服务”的宗旨，切实保障困难群体、特殊群体、优抚群体的基本权益；推进基层民主政治建设，开展村民自治，推行村务公开和村民议事制度，保障村民依法行使民主权利；建立社区自治组织和服务网络，增强社区服务意识，建立全县灾害应急工作机制；安排灾民生活，救助特困群体，初步建立城乡居民最低生活保障制度，基本实现城乡低保对象应保尽保；福利院建设不断加强，农村“五保”集中供养率和供养标准逐年提高；通过开展拥军优属活动，军民关系密切；婚姻登记、民间组织登记、地名管理等社会事务工作正常开展。

第一章　优抚安置

贞丰县优抚安置工作历来都实行政治优待和经济优抚相结合、国家补助和群众优抚相结合；褒扬烈士、优先照顾军属、烈属、革命伤残军人、复员军人、参战军人；按国家政策规定妥善安置军队转业干部和退伍军人。优抚对象享受应有的荣誉和照顾，拥军优属工作落到实处。

第一节　拥军褒扬

一、拥军

县委、县政府重视“双拥”工作。每逢春节、“八一”建军节等节日，县委、县政府都下发通知，对拥军工作作出具体安排，组成拥军慰问组，分别到县武装部、武警中队、消防大队等驻军部队进行慰问，深入13个乡镇农村、街道，走访看望重点优抚对象。20年来，县委、县政府组织慰问驻军活动30多次，座谈20余次，举行报告会10余次，号召全社会拥军优属。

1997年，车辆维修个体户朱小丰，帮助驻军部队维修车辆，培训军地两用人才，与县武警中队联合成立警民共建的“贞丰县小丰修理服务中心”。“小丰修理服务中心”为县武警中队官兵办许多实事好事，1999年至2001年连续三年受到黔西南州武警支队和贵州省军区的表彰。2002年8月，“贞丰县小丰修理服务中心”出席省人民政府、省军区的劳模表彰大会，被省人民政府、省军区命名为警民共建先进单位，获得奖牌一个。

1999年下半年，县民政局在全县开展形式多样的“爱心献功臣行动”活动，由县民政局牵头，县卫生部门参与，组织“爱心献功臣”行动巡回医疗队，深入全县13个乡镇，为重点优抚对象送医送药，定点为复退军人治病。活动历时半个月，为复退军人治病548例，其中老复员军人185例，伤残人员27例，烈属18例，军属67例，在乡退伍军人51例，发送药品共1000余管（盒）。当年8月，县政府在财力十分困难的情况下，筹集建房经费13.4万元，为重点优抚对象困难户27户建新房27栋2160平方米，维修住房136户680间，新建房每户补助5000元。2000年10月，县民政局将接收宁波的专项捐赠款12万元，自筹8万元，为13个乡镇40位住房困难老复员军人建房40栋200间，每户补助3000元。1998年至2003年，共为老复员军人建房103栋6180平方米，维修住房7000余间，投资49万元。

1998年12月起，全县重点优抚对象358人享受城乡最低生活保障，人均年享受保障金480元至1230元，享受城乡低保人数和保障金额逐年增加。

二、褒扬

1955年，县人民政府在塔山修建烈士陵园，占地面积1000多平方米。1998年，县人民政府另在原烈士陵园北面约300米处新建烈士陵园，占地面积约5000平方米，园内有30位烈士墓。2002年8月，县人民政府筹资维修陵园墙堡坎8条，2000多平方米，修整烈士墓18座，投入资金12.5万元。2005年，投入资金20万元修建陵园大门牌坊和烈士陵园纪念碑。从1978年起，烈士陵园长期有专人负责管护。1995年起，明确县烈士陵园为县爱国主义教育基地，每年清明节、“七一”建党节、“八一”建军节等节日，都组织干部职工、学生、群众到烈士陵园悼念为解放贞丰、建设贞丰而牺牲的烈士，缅怀烈士的丰功伟绩，接受爱国主义教育。

第二节　优待抚恤

一、优待

（一）政府优待

县委、县政府和县民政局重视优抚工作，1991年，撤区并乡建镇后，建立乡镇民政办公室，优抚工作进一步加强，国家《革命烈士家属军人家属优待暂行条例》得到全面贯彻。

1990 年至 1996 年，县民政局在各乡镇党委、政府的配合下，对全县优抚对象进行全面普查登记上报，经普查统计，全县有烈属、因公牺牲、病故军人家属 42 人，老复员军人 735 人，在职伤残军人 39 人，在乡伤残军人 54 人，带病回乡军人 32 人，现役军人 440 人。

1997 年，“三属”人员 36 人，老复员军人 721 人，在职伤残军人 39 人，在乡伤残军人 52 人，带病回乡军人 32 人，现役军人 486 人。

2001 年，“三属”人员 48 人，老复员军人 658 人，在职伤残军人 40 人，在乡伤残军人 50 人，带病回乡军人 37 人。

2007 年，“三属”人员 47 人，老复员军人 633 人，在职伤残军人 43 人，在乡伤残军人 50 人，带病回乡军人 37 人。

1991 年后，按照省人民政府有关文件精神，继续按时足额发放“三属”户定期抚恤补助金、老复员军人、带病回乡军人定期定量生活补助费、伤残军人伤残抚恤金。各类优抚对象的伤残抚恤金，定期定量生活补助费，定期抚恤补助金等经费，中央财政按年度下拨到县，县民政局每半年拨到乡镇，再由乡镇民政办发放到优抚对象手中。从 1999 年起，二等级别以上的在乡伤残军人，每年医药费由县财政据实报销，在职伤残军人和部分重点优抚对象还享受公费医疗。

1.“三属”及失散红军定期抚恤金

1991 年，有烈属 21 人，抚恤金补助标准为每人 45 元 / 年；牺牲军人家属 4 人，抚恤金标准每人 45 元 / 年；病故军人家属 17 人，抚恤金标准每户 40 元 / 年；失散红军 1 人，补助费标准每人 40 元 / 年。

1994 年，“三属”抚恤金标准调整分别为：每人 55 元 / 年、55 元 / 年、50 元 / 年、失散红军抚恤金每人 45 元 / 年。

1996 年，“三属”抚恤金标准调整分别为：每人 65 元 / 年、65 元 / 年、55 元 / 年、失散红军抚恤金每人 70 元 / 年。

1998 年，“三属”抚恤金标准调整分别为：每人 73 元 / 年、73 元 / 年、68 元 / 年、失散红军抚恤金每人 78 元 / 年。

2002 年，“三属”抚恤金标准调整分别为：每人 165 元 / 年、165 元 / 年、160 元 / 年、失散红军抚恤金每人 170 元 / 年。

2007 年，“三属”抚恤金标准调整分别为：每人 3420 元 / 年、3420 元 / 年、失散红军抚恤金每人 3300 元 / 年。

2008 年起，城乡“三属”对象补助标准不同。城镇居民烈属（2 人），年人均补助标准调整为 6000 元，农村居民烈属（9 人），年人均补助标准调整为 3600 元；城镇因公牺牲军人家属 2 人，年人均补助标准调整为 5400 元，农村因公牺牲军人家属 1 人，年人均补助标准调整为 3420 元；农村病故军人家属 8 人，年人均补助标准调整为 3300 元。

2009 年，农村居民烈属 8 人，年人均标准调整为 4140 元；城镇因公牺牲军人家属 2 人，年人均标准调整为6180元，农村因公牺牲军人家属1人，年人均标准调整为3960元；农村病故军人家属5人，年人均标准调整为3780元。

2010年，农村居民烈属8人，年人均标准调整为4760元；城镇因公牺牲军人家属2人，年人均标准调整为7110元，农村因公牺牲军人家属1人，年人均标准调整为4550元；农村病故军人家属4人，年人均标准为4350元。

1991年—2010年贞丰县"三属"及失散红军定期抚恤补助情况统计表

表17-1-1

类别/年度	烈属			牺牲军人家属			病故军人家属			失散红军		
	人数	标准（元）	金额（元）	人数	标准（元）	金额（元）	人数	标准（元）	金额（元）	人数	标准（元）	金额（元）
1991	21	45	945	4	45	180	17	40	680	1	40	40
1992	21	45	945	4	45	180	17	40	680	1	40	40
1993	21	45	945	4	45	180	17	40	680	1	40	40
1994	21	55	1155	4	55	220	17	50	850	1	45	45
1995	21	55	1155	4	55	220	17	50	850	1	45	45
1996	21	65	1365	4	65	260	17	55	935	1	70	70
1997	18	65	1170	4	65	260	14	55	770	1	70	70
1998	18	73	1314	4	73	292	14	68	952	1	78	78
1999	18	73	1314	4	73	292	14	68	952	1	78	78
2000	18	73	1314	5	73	365	14	68	9520	1	78	78
2001	29	173	5017	5	173	865	14	168	2352	14	168	2352
2002	28	173	4844	5	173	865	14	168	2352	14	168	2352
2003	28	173	4844	5	173	865	14	168	2352	14	168	2352
2004	28	173	4844	5	173	865	16	168	2688	16	168	2688
2005	27	173	4671	5	173	865	15	168	2520	15	168	2520
2006	27	173	4671	5	173	865	15	168	2520	15	168	2520
2007	27	3420	92340	5	3420	17100	15	3300	49500	15	3300	49500
2008	11	4040	44440	3	4740	14220	8	3300	26400	—	—	—
2009	8	4140	33120	3	5440	16320	5	3780	18900	—	—	—
2010	8	4760	38080	3	6256	18770	4	4350	17400	—	—	—
合计	419	—	208493	85	—	74049	278	—	134333	113	—	64868

2.老复员军人、带病回乡军人定期定量生活补助费

1991年至1994年，全县在乡老复员军人735人，享受定期生活补助368人，实行"定

补人数不变，每年自然减员递补”，能享受定期定量生活补助的老复员军人占老复员军人总数 50%，每年每人享受定期生活补助金 180 元，月人均 15 元。1998 年，全县在乡老复员军人 721 人，其中享受生活补助的 693 人，占老复员军人总数的 96.1%，定补面大幅度增加。1999 年起，全县 680 名老复员军人全部享受生活补助，每年人均 420 元，月人均 35 元。2001 年生活补助标准 726 元，2002 年生活补标准 1086 元。2003 年生活补助标准 1260 元。2005 年生活补助标准 1880 元。2007 年生活补助标准 2480 元，2008 年在乡老复员军人 360 人，年人均补助标准 2718.40 元。2009 年在乡老复员军人 324 人，年人均补助标准 3180.80 元。2010 年有在乡老复员军人 304 人，年人均补助标准 4200 元。

在乡老复员军人生活定补标准连年增加，达到全县农民年人均纯收入水平，20 年间全县共发放老复员军人、带病回乡军人的定期定量生活补助费 1183.99 万元。

1991 年—2010 年贞丰县复员退伍军人定期生活补助费发放情况统计表

表 17-1-2　　　　单位：人、%、元

类别 年度	在乡老复员军人					带病回乡退伍军人			
	人数	享受人数	比例	年标准	金额	人数	比例	年标准	金额
1991	735	368	50	180	66240	32	100	180	5760
1992	735	368	50	180	66240	32	100	180	5760
1993	735	368	50	180	66240	32	100	180	5760
1994	735	368	50	180	66240	32	100	180	5760
1995	733	366	50	180	65880	32	100	180	5760
1996	721	332	50	180	59760	32	100	180	5760
1997	721	316	41	180	56880	32	100	180	5760
1998	721	693	96.	180	124740	32	100	180	5760
1999	680	680	100	420	285600	32	100	420	13440
2000	626	626	100	420	262920	32	100	420	13440
2001	658	658	100	726	477708	37	100	726	26862
2002	643	643	100	1086	698298	37	100	1086	40182
2003	643	643	100	1260	810180	37	100	1260	46620
2004	635	635	100	1260	800100	37	100	1260	46620
2005	633	633	100	1880	1190040	37	100	1880	69560

续表 17-1-2

年度＼类别	在乡老复员军人					带病回乡退伍军人			
	人数	享受人数	比例	年标准	金额	人数	比例	年标准	金额
2006	633	633	100	1880	1190040	37	100	1880	69560
2007	633	633	100	2480	1569840	37	100	2480	91760
2008	360	360	100	2718.40	978624	40	100	1640	65600
2009	324	324	100	3180.80	1030579	40	100	1640	65600
2010	304	304	100	4200	1276800	41	100	2480	101680
合计	12608	9951	79	—	11143349	700	—	—	697004

3. 革命伤残军人抚恤金

1991 年在职伤残人员 39 人，二等乙级 5 人，年补助标准 122 元；三等甲级 11 人，年补助标准 98 元，三等乙级 23 人，每人每年补助 82 元。1994 年补助标准二等乙级调整为年人 214 元、三等甲级为 160 元、三等乙级为 122 元。2001 年补助标准二等乙级调整为年人 480 元、三等甲级为 360 元、三等乙级为 310 元。2002 年补助标准调整为年人 560 元、420 元、360 元。2007 年补助标准二等乙级调整为年人 3000 元、三等甲级为 2400 元、三等乙级为 2100 元。

1991 年在乡伤残军人 54 人，其中一等 1 人，年补助标准 1170 元；二等甲级 4 人，年人补助标准 830 元；二等乙级 10 人，年人补助标准 590 元；三等甲级 18 人，年人补助标准 400 元，三等乙级 21 人，年人补助标准 342 元。

1994 年补助标准调整为：一等伤残年人 1740 元、二等甲级年人 1150 元、二等乙级年人 780 元、三等甲级年人 590 元、三等乙级年人 480 元。

1996 年补助标准调整为：一等伤残年人 2630 元、二等甲级年人 1440 元、二等乙级年人 1000 元、三等甲级年人 728 元、三等乙级年人 646 元。

2000 年补助标准调整为：一等伤残年人 5270 元、二等甲级年人 2790 元、二等乙级年人 1860 元、三等甲级年人 1160 元、三等乙级年人 1050 元。

2007 年补助标准调整为：一等伤残年人 7080 元、二等甲级年人 3600 元、二等乙级年人 2400 元、三等甲级年人 2100 元、三等乙级年人 1800 元。（详见表 1991 年 ~2007 年贞丰县革命伤残人员享受抚恤情况统计表、2008 年至 2010 年全县革命伤残人员享受抚恤情况统计表）

从 2008 年起，伤残军人伤残等级类别划分“一至十级”。全县因公伤残等级为一级的有 1 人，年生活补助标准 14100 元；因战伤残等级为五级的有 1 人，年生活补助标准

9600 元，因公伤残等级为五级的有 1 人，年生活补助标准 8400 元；因战伤残等级为六级的有 4 人，年生活补助标准 7500 元，因公伤残等级为六级的有 3 人，年生活补助标准 7080 元，因病伤残等级为六级的有 5 人，年生活补助标准 6000 元；因战伤残等级为七级的有 2 人，年生活补助标准 5700 元，因公伤残等级为七级的有 26 人，年生活补助标准 5100 元；因战伤残等级为八级的有 9 人，年生活补助标准 3600 元，因公伤残等级为八级的有 30 人，年生活补助标准 3300 元；因公伤残等级为九级的有 1 人，年生活补助标准 2400 元；因公伤残等级为十级的有 1 人，年生活补助标准 1800 元。

2009 年，全县因公伤残等级为一级的有 1 人，年生活补助标准调为 16920 元；因战伤残等级为五级的有 1 人，年生活补助标准调为 11520 元，因公伤残等级为五级的有 1 人，年生活补助标准调为 10080 元；因战伤残等级为六级的有 4 人，年生活补助标准调为 9000 元，因公伤残等级为六级的有 3 人，年生活补助标准调为 8520 元，因病伤残等级为六级的有 5 人，年生活补助标准调为 7200 元；因战伤残等级为七级的有 2 人，年生活补助标准调为 6840 元，因公伤残等级为七级的有 26 人，年生活补助标准调为 6120 元；因战伤残等级为八级的有 9 人，年生活补助标准调为 4320 元，因公伤残等级为八级的有 30 人，年生活补助标准调为 3960 元；因公伤残等级为九级的有 1 人，年生活补助标准调为 2880 元；因公伤残等级为十级的有 1 人，年生活补助标准调为 2160 元。

2010 年，全县因公伤残等级为一级的有 1 人，年生活补助标准调为 19460 元；因战伤残等级为五级的有 1 人，年生活补助标准调为 13250 元，因公伤残等级为五级的有 1 人，年生活补助标准调为 11590 元；因战伤残等级为六级的有 4 人，年生活补助标准调为 10350 元，因公伤残等级为六级的有 3 人，年生活补助标准调为 9800 元，因病伤残等级为六级的有 5 人，年生活补助标准调为 8280 元；因战伤残等级为七级的有 2 人，年生活补助标准调为 7870 元，因公伤残等级为七级的有 26 人，年生活补助标准调为 7040 元；因战伤残等级为八级的有 8 人，年生活补助标准调为 4970 元，因公伤残等级为八级的有 30 人，年生活补助标准调为 4550 元；因公伤残等级为九级的有 2 人，年生活补助标准调为 3310 元；因公伤残等级为十级的有 1 人，年生活补助标准调为 2480 元。

1991 年—2007 年贞丰县革命伤残人员享受抚恤情况统计表

表 17-1-3

类别／年度	在职享受伤残抚恤人数	其中									农村享受伤残抚恤金人数	其中														
		二等乙			三等甲			三等乙				一等			二等甲			二等乙			三等甲			三等乙		
		人数	标准（元）	金额（元）	人数	标准（元）	金额（元）	人数	标准（元）	金额（元）		人数	标准（元）	金额（元）	人数	标准（元）	金额（元）	人数	标准（元）	金额（元）	人数	标准	金额（元）	人数	标准（元）	金额（元）
1991	39	5	122	610	11	98	1078	23	82	1886	54	1	1170	1170	4	830	3320	10	590	5900	18	400	7200	21	342	7182
1992	39	5	122	610	11	98	1078	23	82	1886	54	1	1170	1170	4	830	3320	10	590	5900	18	400	7200	21	342	7182
1993	39	5	122	610	11	98	1078	23	82	1886	54	1	1170	1170	4	830	3320	10	590	5900	18	400	7200	21	342	7182
1994	39	5	214	1070	11	160	1760	23	122	2806	54	1	1740	1740	4	1150	4600	10	780	7800	18	590	10620	21	490	10290
1995	39	5	214	1070	11	160	1760	23	122	2806	54	1	1740	1740	4	1150	4600	10	780	7800	18	590	10620	21	490	10290
1996	39	5	214	1070	11	160	1760	23	122	2806	54	1	2330	2330	4	1320	5280	10	880	8800	18	608	10944	21	526	11046
1997	39	5	214	1070	11	160	1760	23	122	2806	53	1	2630	2630	4	1320	5280	10	880	8800	18	608	10944	20	526	10520
1998	39	5	214	1070	11	160	1760	23	122	2806	53	1	2630	2630	4	1440	5760	10	1000	10000	18	728	13104	20	646	12920
1999	39	5	214	1070	11	160	1760	23	122	2806	50	1	2630	2630	4	1440	5760	9	1000	9000	17	728	12376	19	646	12274
2000	40	4	214	856	12	160	1920	24	122	2806	50	1	2630	2630	4	1440	5760	9	1000	9000	17	728	12376	19	646	12274
2001	40	4	480	1920	12	360	4320	24	310	7440	50	1	5210	5210	4	2790	11160	9	1860	16740	17	1160	19720	19	1050	19950
2002	40	4	560	2240	12	420	5040	24	360	8640	50	1	6350	6350	4	3220	12880	9	2150	19350	17	1340	22780	19	1210	22990
2003	40	4	560	2240	12	420	5040	24	360	8640	50	1	6350	6350	4	3220	12880	9	2150	19350	17	1340	22780	19	1210	22990
2004	41	4	560	2240	13	420	5460	24	360	8640	50	1	6350	6350	4	3220	12880	9	2150	19350	17	1340	22780	19	1210	22990
2005	43	4	560	2240	14	420	5880	25	360	9000	50	1	6350	6350	4	3220	12880	9	2150	19350	17	1340	22780	19	1210	22990
2006	43	4	560	2240	14	420	5880	25	360	9000	50	1	6350	6350	4	3600	14400	9	2150	19350	17	1340	22780	19	1210	22990
2007	43	4	3000	12000	14	2400	33600	25	2100	52500	50	1	7080	7080	4	3600	14400	9	2400	21600	17	2100	35700	19	1800	34200
合计	681	77	—	34226	202	—	80934	399	—	129160	880	17	—	63880	68	34620	138480	161	—	213990	—	—	271904	337	—	270260

2008年—2010年贞丰县革命伤残军人享受抚恤情况统计表

表 17-1-3

单位：人、元

年度	类别	三等			四等			五等			六等			七等			八等			九等			十等		
		人数	标准	金额	人数	标准	金额	人数	标准	金额	人数	标准	金额	人数	标准	金额	人数	标准	金额	人数	标准	金额	人数	标准	金额
2008	因战	—	—	—	—	—	—	1	9600	9600	4	7500	30000	2	5700	11400	9	3600	32400	—	—	—	—	—	—
	因公	1	14100	14100	—	—	—	1	8400	8400	3	7080	21240	26	5100	132600	30	3300	99000	1	2400	2400	1	1800	1800
	因病	—	—	—	—	—	—	—	—	—	5	6000	30000	—	—	—	—	—	—	—	—	—	—	—	—
2009	因战	—	—	—	—	—	—	1	11520	11520	4	9000	36000	2	6840	13680	9	4320	38880	—	—	—	—	—	—
	因公	1	16920	16920	—	—	—	1	10080	10080	3	8520	25560	26	6120	159120	30	3960	118800	1	2880	2880	1	2160	2160
	因病	—	—	—	—	—	—	—	—	—	5	7200	36000	—	—	—	—	—	—	—	—	—	—	—	—
2010	因战	—	—	—	—	—	—	1	13250	13250	4	10350	41400	2	7870	15740	8	4970	39760	—	—	—	—	—	—
	因公	1	19460	19460	—	—	—	1	11590	11590	3	9800	29400	26	7040	183040	30	4550	136500	2	3310	6620	1	2480	2480
	因病	—	—	—	—	—	—	—	—	—	5	8280	41400	—	—	—	—	—	—		—	—	—	—	—
合计		2	—	50480	—	—	—	—	—	64440	36	—	291000	84	—	515580	116	—	465340	4	—	11900	3	—	6440

4.参战退役人员抚恤补助

根据民政部、财政部、人事部、劳动和社会保障部、卫生部《关于做好部分原8023部队及其他参加核试验军队退役人员有关工作的通知》和民政部《关于落实优抚对象和部分军队退役人员有关政策的实施意见》等文件精神，从2008年起，农村和城镇无工作单位且生活困难的参战退役人员及参加核试验军队退役人员，经审核属实后，可享受抚恤补助金。2008年参战退役人员603人，年人均补助标准1200元；2009年参战退役人员633人，年人均补助标准1560元；2010年参战退役人员660人，年人均补助标准2400元。

（二）群众优待

为让义务兵安心部队服役，贞丰县从1989年起实行义务兵家属优待金制度（又称群众优待金，下称群众优待金）。1991年至2000年发放标准为农村每户每年150元，居民每户每年50元。2001年，县人民政府印发《关于调整群众优待金统筹标准的通知》，调整群众优待金的统筹标准。县属国家机关、企事业单位的干部职工，驻贞单位的干部职工，由单位财务科（室）在核发10月份工资时，按每人每年5元的标准一次性扣取，划转县民政局优待金专户。各乡镇按2000年农村人口统计数（不含烈军属，在乡伤残军人、五保户等重点民政救助对象）按每人每年1元的标准筹集，由乡镇财政所在结算农业税收时一次性扣取，划到县民政局优待金专户。城镇居民按2000年人口统计数（不含烈军属、在乡伤残军人、五保户等重点民政救助对象）按每人每年2元标准收取，由各乡（镇）入户收取后划到县民政局优待金专户。2000年，全县共筹集到群众优待金352655元。2001年群众优待金发放标准：家居农村的义务兵家属每户每年得到优待金600元，进西藏义务兵家属每户每年得到优待金800元。文件明确规定义务兵受奖奖励标准：在部队立一等功奖励给家属300元，立二等功奖励200元，立三等功奖励100元，以所在部队团以上立功通知书为准。2002年起，国家税制改革后，群众优待金改由县财政按国家规定转移支储，按计划开支。并要求群众优待金发放要达到城镇人年均可支配收入和农村年人均纯收入标准水平。2002年至2003年，群众优待金发放标准为农村户口每户每年800元，进西藏义务兵家属每户每年得到1000元，城镇居民户每年200元，城镇居民户进西藏户每年400元。2004年，农村户每年1200元，城镇居民户每年600元。2005年，农村户每年1200元，城镇居民户每年2600元。2006年，农村户每年1320元，城镇户每户3280元。2007年，农村户每年1805元，城镇户每年4480元。2008年，农村义务兵家属优待金每户每年得到2152元，城镇义务兵家属优待金每户每年得到8760元。2009年，农村义务兵家属优待金每户每年得到2518元，城镇义务兵家属优待金每户每年得到9623元。2010年农村义务兵家属优待金每户每年得到2886元，城镇义务兵家属优待金每户每年得到10300元。

1991 年—2010 年贞丰县群众优待金发放情况统计表

表 17-1-4　　单位：户、元

类别 年度	军属户数	年发放标准			总额	备注
		一般标准		进藏标准		
		城镇元 / 户	农村元 / 户	—		
1991	343	50	150	—	24000	—
1992	365	50	150	—	47500	—
1993	365	50	150	—	47500	—
1994	365	50	150	—	47000	—
1995	362	50	150	—	98000	—
1996	339	50	150	—	96000	—
1997	451	50	150	—	96000	—
1998	462	50	150	—	96000	—
1999	466	50	150	—	100000	—
2000	479	50	150	—	145000	—
2001	479	600	600	800	130000	—
2002	540	600	600	800	132000	—
2003	230	600	800	1000	242000	—
2004	223	2600	1200	—	215000	—
2005	181	2600	1200	—	236000	—
2006	189	3280	1320	—	291000	—
2007	189	4480	1805	—	310000	—
2008	159	8760	2152	—	441288	—
2009	167	9623	2518	—	562606	—
2010	157	10300	2886	—	660694	—
合计	6511	—	—	—	4017588	—

第三节　退伍军人安置

1991 年至 2010 年，县人民政府把退伍军人安置作为政治建设和国防建设的重要工作。成立县退伍义务兵安置领导小组，由分管民政工作的副县长任组长，民政、人事劳动（或人社）、纪检监察等部门领导为领导小组成员，县领导小组对符合安置规定的退役义务兵、志愿兵进行安置。20 年共按政策安置城镇义务兵 247 人，退伍的志愿兵 7 人。

1991 年—2010 年贞丰县退伍军人及其安置情况统计表

表 17-1-5　　单位：人

年度	合计	退伍义务兵		志愿兵	
		农村退伍	城镇安置	退伍	安置
1991	68	46	22	—	—
1992	71	35	36	—	—
1993	79	72	7	—	—
1994	81	71	10	—	—
1995	63	55	8	—	—
1996	67	53	13	1	1
1997	83	64	19	—	—
1998	75	73	1	1	1
1999	78	68	10	—	—
2000	87	71	15	1	1
2001	134	117	17	—	—
2002	109	96	13	—	—
2003	101	86	15	—	—
2004	81	73	7	1	1
2005	83	71	11	1	1
2006	94	83	10	1	1
2007	91	80	10	1	1
2008	104	95	9	—	—
2009	54	47	7	—	—
2010	78	71	7	—	—
合计	1681	1427	247	7	7

第二章　社会救济

贞丰县自然灾害频发。1991 年至 2010 年，曾发生严重的旱灾、水灾、风雹灾、凝冻灾和山体滑坡自然灾害。为及时有效地抗灾救灾。县政府制定紧急抗灾救灾工作方案，建立灾害应急机制，组织慈善募捐活动，号召社会各界发扬一方有难，八方支援，及时帮助灾民解决生活问题，组织干部群众协助灾民恢复生产、重建家园、发展经济、渡过难关。

第一节　扶助贫困

全县各级党委和政府民政部门把开展农村扶贫工作、扶持贫困户和优抚对象（简称双扶）发展生产、改变贫困面貌作为工作的重要内容。

1994 年，县民政局贯彻贵州省民政厅《关于转发〈贵州省农村救灾扶贫互助金储粮会管理办法〉的通知》文件精神，在全县开展建立储金、储粮会试点工作（以下简称“双储”）。按照“双储”会“救灾备荒，扶危济困，应急解难，服务于生产生活，促进安定团结和经济发展”的宗旨，1995 年至 1997 年年底，在 13 个乡镇建立农村救灾扶贫互助机制，成立储金储粮会 115 个，入会农户 18717 户，储金 71.3 万元，其中群众储金（以粮折款入股）43.03 万元，集体储金 5.82 万元，民政局支付周转金 22.44 万元。1995 年，扶贫 481 户 2157 人，其中优抚对象 346 户 1513 人，当年脱贫 294 户 1210 人，优抚对象脱贫 170 户 652 人，投资总额 42 万元。

1996 年，扶贫 532 户 2128 人，其中优抚对象 63 户 250 人，投入资金 15.2 万元。

“双储”会在县、乡（镇）民政部门的指导、帮助和扶持下，以村为单位，群众自愿带资金和粮食入股，管理机构由会员选举产生，钱粮实行民主管理。但是，由于制度不够健全，管理不够完善，在运作上造成混乱，资金运行不正常。1998 年 12 月，按民政部的有关文件精神，对“双储”会进行清理整顿。清理整顿的结果是：制度健全，严格按办会宗旨运作，做到扶贫济困，应急解难的“双储”会只有 8 个，1392 户 6011 人，资金总额 9.6 万元，其中：集体资金 1.67 万元，会员入股 4.13 万元，民政扶持金 3.8 万元。对制度不全，不按办会宗旨运作的 107 个“双储”会给予撤销，收回民政扶持金，退回资金和会员股金。

1996 年起，县民政局每年在 10 月前后接收浙江省宁波市捐赠物资以及其他地区的资助。所接收的捐赠物资都在是年 11 月底前及时分配到 13 个乡镇，由乡镇召开发放大会，发放给困难群众。发放物资实行“四公开、一监督”，张榜公布。

1996 年至 2010 年，共接收发放宁波捐赠物资 418956 件（衣物），人民币 122050 元。其他地区捐赠物资 198975 件（衣物），人民币 9780 元。

1996 年—2010 年贞丰县民政部门接收宁波等地区捐赠款物情况统计表

表 17-2-1

年度	宁波捐赠		其他地区捐赠		备注
	物件（件）	现金（元）	物件（件）	现金（元）	
1996	29794	—	—	—	—
1997	29509	—	—	—	—
1998	—	2050	176812	—	—
1999	66477	—	—	—	—
2000	24706	120000	—	6280	—
2001	61760	—	—	—	—
2002	95010	—	5100	3500	—
2003	11400	—	—	—	—
2004	23100	—	5100	—	—
2005	17200	—	—	—	—
2006	23500	—	—	—	—
2007	36500	—	—	—	—
2008	—	—	—	—	—
2009	—	—	—	—	—
2010	—	—	—	—	—
合计	418956	122050	198975	9780	—

1994 年起，县民政部门按上级有关指标开展有奖募捐活动，筹集社会福利经费，对特困人员进行生活扶助以及发展社会福利事业。

第二节 赈灾救济

贞丰县地处云贵高原向广西低山丘陵过渡的斜坡地带，地势为西高东低，由西北向东南呈阶梯状逐级降阶，形成多级台面，气候差异大，自然灾害发生频繁。汛期（4 月至 10 月）期间，易发生风雹、洪涝、山体崩塌、滑坡、泥石流等自然灾害。

20 年来，县委、县政府重视救灾救济工作，加强组织机构，投入大量救灾物资和经费，救助受灾群众，确保城乡社会稳定。

1991年至2010年，救灾救济粮均由县民政局采购粮食，行文分配下拨到各乡镇，由乡镇民政办公室将提粮单发放到受灾群众和缺粮户手中，受灾群众和缺粮户持提粮单到指定粮仓提粮。救灾救济款由民政局行文下拨到乡镇。由乡镇根据受灾群众的困难程度给予救助。救灾救济粮款均向边远和重灾乡镇倾斜，确保受灾困难群众有饭吃不挨饿，冬季有衣物避寒不受冻，受灾困难群众基本生活得到保障。

1991年1月，县民政局下拨救灾粮60.6万千克，救灾款13万元，其中元旦、春节期间拨出12500千克大米给全县“五保”户、烈军属、伤残军人、复员退伍军人2500人，每人5千克，安排他们节日期间的生活。6月，拨给受重灾的鲁贡镇、沙坪乡、鲁容乡救灾款7300元，发放救济单衣389套，解决这些乡镇灾民的吃饭、穿衣等困难。

1992年4月，长田乡、连环乡、鲁贡镇、龙场镇遭受风雹、洪涝严重自然灾害，县民政局及时下拨救灾粮（小麦）26.6万千克，救灾款20万元，救济棉被70床，救济棉衣600件，救济化肥25吨，帮助因灾倒房户恢复重建住房464间，救济重灾群众和缺粮群众1205户。

1998年，我国一些省（区）遭受百年罕见的特大洪水灾害，县政府开展三次大型募捐活动，号召全县行政机关、企事业单位以及广大人民群众捐款捐物，帮助灾区人民重建家园。是年，全县共接收县内捐款16万余元、棉被50床、衣物4257件（套）、大米1000千克、面条250千克及其他物资后，按规定如数上交州、省民政部门，由州、省民政部门逐级运送和划拨到灾区。1998年，县民政局在县城成立14个经常性的社会捐助接收工作点（箱），接收捐助款物，负责运送和划拨捐赠款物交上级民政部门。

2001年6月至7月，县内连降暴雨，连环、白层、鲁贡、沙坪、龙场、小屯、长田、北盘江8个乡镇、17个村、23个村民组受灾严重，有136户遭受山体滑坡、特大泥石流危害，住房地基塌陷、开裂、移位，部分房屋被泥石流淹没，紧急转移安置人口615人。县民政局向上级民政部门争取救灾资金56万元，帮助连环、鲁贡镇、白层镇、鲁容乡、龙场镇、小屯乡等乡镇21个村136户灾民恢复重建，帮助受灾倒房户恢复重建民房51栋255间，有85户（栋）680间受损民房得到及时维修。

2002年8月中旬，暴雨持续30多个小时，鲁容、者相、挽澜、白层、龙场等乡镇不同程度地发生山体滑坡，地质下塌和山岩崩塌等地质灾害，造成倒房66栋（户）330间，死亡8人，受伤多人，直接经济损失100多万元，地质灾害还造成一起4死4伤。8月15日中午，者相镇旗上村陈家湾组陈某家10人，被住房背后山崖流石当场砸死父子母女共4人，重伤4人，轻伤2人。灾害发生后，省州县党委政府对其进行重点慰问安抚。地质灾害造成需搬迁建房农户192户846人，投资60多万元。经过县政府的逐级上报，所需经费得以解决，并在次年完成建房搬迁任务。

2003年3月、4月，我国一些地方发生“非典”病疫。为抗击“非典”，县成立“非典”防治领导小组，13个乡镇相继成立“非典”防治小组和“非典”排查小组，292个村（居）委会相应成立两个工作小组开展预防“非典”工作。各工作小组对辖区内返乡人员情况进行摸底排查，并向有关部门汇报，确保万无一失。至5月22日，县民政局共发“非典”防治资料7万余份，登记造册上报外出务工返乡人员2569人，安排“非典”防治消毒和防疫器具购置费8.5万元。

2008年，全县13个乡镇遭受百年一遇的低温凝冻灾害，受灾人口246682人，农作物受灾面积3462公顷，绝收550公顷，倒塌民房78户254间，损坏房屋324户546间，直接经济损失2530.85万元，造成农业直接经济损失2245.36万元。凝冻灾害期间，县民政局及时下拨救济粮105吨，棉被、衣4200件（床），临时救济款103.49万元，恢复重建资金75.82万元，帮助受灾群众解决生活困难，共有6.5万人得到救助，有78户因灾倒房户得到恢复重建。

2009年，全县部分乡镇受旱灾、风雹灾、洪涝灾，受灾面积9567公顷，成灾8204公顷，受灾人口24.57万人，因灾倒塌房屋27户112间，损坏房屋58户197间，旱灾导致饮水困难32551人，因灾造成直接经济损失4364.64万元。县民政局投入36万元，帮助85户因灾倒损民房恢复重建（其中倒房恢复重建27户），因灾倒损民房恢复重建于是年12月底全部竣工；发放救济粮200多吨，发放救灾款138.5万元，发放救灾衣被35954件（套），救灾帐篷53顶，共有22484户47452人次得到救助。

2010年，贞丰县遭受旱灾、地震、风雹、洪涝、滑坡等多种自然灾害，旱灾严重。灾害造成农作物减产，部分灾民住房损坏或倒塌。据统计，3月至5月，13个乡（镇）不同程度遭受地震、风雹、洪涝灾害，因灾死亡1人，因灾伤病1人，因灾转移安置人口1363人，农作物受灾面积21781.4公顷；成灾面积20048公顷；绝收面积14518公顷，因灾倒塌房屋75户203间；因灾损坏房屋250户570间，灾害造成直接经济损失25452.3万元，其中农业直接经济损失22154.7万元。

严重的旱灾，造成81个村387个村民组22.8万人、7.5万头（匹）大牲畜饮水困难，农作物受灾面积18967.7公顷、成灾17787.7公顷、绝收14187.4公顷，农业直接经济损失达13283.06万元，工矿业损失4000万元。在抗旱救灾期间，县民政局发放救济粮961.065吨（含州民政局下拨90吨），抗旱救灾资金195.7万元，共有9674户28212万人得到救济。在抗旱救灾期间，县民政局共接收捐赠款125.39万元，接收到抗旱饮用矿泉水11657件、汽油抽水机6台，塑料水桶300个、衣被2112件（床）、帐篷108顶。所收到的捐赠款物全部下拨到乡镇用于抗旱救灾工作。

2010年1月17日下午5点35分，者相镇旗上村董岗组发生四级地震，造成88户455人受灾，因地震灾害死亡1人（苏某慧，女，30岁，者相镇旗上村董岗组人）；民房受损59栋187间（其中平房9栋25间，茅草房5栋24间），部分屋基、墙面开裂（约2厘米左右）、部分瓦片滑落。灾害发生后，县民政局发放并搭建救灾帐篷108顶，临时转移安置灾民避险318人。地震造成经济损失124万元，其中直接经济损失70万元。

2010年10月4日18时45分，贞丰县与镇宁县交界（北纬25.50度，东经105.80度）处发生4.2级地震，震源深度10.0千米，县内珉谷镇、北盘江镇、白层镇部分地方有震感，者相镇董箐村蔡家湾组和旗上村董岗组震情较为严重。据统计：该次地震造成 2 个村，2 个村民组，42 户 271 人受灾，倒塌民房 2 栋 4 间，有 35 户的民房出现部分墙体开裂、屋基下陷、部分瓦片滑落等情况；被滚石打死黑山羊 3 只、打伤 1 只，马受伤 1 匹。灾情造成直接经济损失 20.25 万元。

1991 年至 2010 年，县民政局共下拨救灾款 2731.904 万元，救济粮 2049.065 吨，有 108.8 万人次受灾群众得到救济；为灾民建房 460 栋，维修民房 5000 间，投资 430 多万元。

1991 年—2010 年贞丰县民政局救灾款、粮发放情况统计表

表 17-2-2

年度	救灾款（万元）	救济粮（吨）	物资（件、套、床等）	备注
1991	91.5	52.1	小麦 10 吨、衣被一批	—
1992	57	38.3	衣物 950（件、套、床）	—
1993	101	48.3	衣物 400（件、套、床）	—
1994	88.2	50.1	衣物 500（件、套、床）	—
1995	59.3	46.5	化肥 100 吨，衣物 900（件、套、床）	—
1996	161.8	31.6	衣物 100（件、套、床）	—
1997	169.2	33.1	衣物 700（件、套、床），药 7 件	—
1998	99.4	46.4	衣物 500（件、套、床）	—
1999	102.5	45.1	衣物 400（件、套、床）	—
2000	97	43	衣物 500（件、套、床）	—
2001	143.7	43.4	衣物 700（件、套、床）	—
2002	138.6	46.1	衣物 300（件、套、床）	—
2003	149.5	51.5	800（件、套、床）	—
2004	138.1	45.5	1000（件、套、床）	—
2005	156.4	58.5	1500（件、套、床）	—
2006	141.3	49.2	2000（件、套、床）	—
2007	162.5	54.3	2500（件、套、床）	—
2008	179.314	105	衣被 4200（件、套、床）	—
2009	174.5	200	衣被 35954（件、套、床），帐篷 53 顶	—
2010	321.09	961.065	矿泉水 11657 件，汽油抽水机 6 台，塑料水桶 300 个，衣被 2112 件（件、套、床），帐篷 108 顶	—
合计	2731.904	2049.065	—	—

第三节　慈善募捐

为加快慈善事业发展，2008 年 10 月 17 日，贞丰县正式挂牌成立慈善总会，同时召开县慈善总会会员代表大会，选举理事会员 116 名，常务理事会 89 名，选举潘吉华为会长（退休干部，贞丰县人大常委会原副主任），选举田应华（退休干部，贞丰县人民检察院原检察长）、王昌武为副会长。特聘请退休干部余忠华（县人大常委会原主任）为名誉会长；特聘请县委副书记李正全、县人大常委会副主任邓安贵、县人民政府副县长毛仕诚、县政协副主席陈鸣放为县慈善总会顾问。

县慈善总会自 2008 年成立以后，制定《贞丰县慈善总会章程》《贞丰县慈善总会基金管理办法》《贞丰县慈善总会财务管理制度（试行）》《贞丰县慈善总会救助工作制度（试行）》《贞丰县慈善总会廉政建设制度》《贞丰县慈善总会会长办公会议制度》等。县慈善总会严格按上述规章制度认真履行职责，以“扶老、救孤、救灾、济困、助残、助学、助医”为宗旨，开展慈善募捐和各种救助活动。

一、县慈善总会募集慈善资金和使用

（一）慈善募捐

2008 年 5 月，开展向四川汶川大地震募捐活动，共收到捐款 227.28 万元（全部捐给四川汶川大地震灾区）。

2008 年 10 月，县慈善总会成立时，共收到单位、干部职工及社会各界人士慈善捐赠款 60.59 万元（其中县政府拨付慈善创始基金 30 万元）；收到捐赠衣物 50 件，皮鞋 8 双，皮箱 1 个。

2010 年，县内遭受特大旱灾，开展抗旱救灾捐款活动，共收到捐款 145.11 万元（其中慈善“爱心泉”项目资金 45 万元）。

（二）慈善资金使用

开展慈善助学。为激励家庭贫困、品学兼优的学生勤奋读书，实现大学梦，县慈善总会从 2009 年开始开展慈善助学活动。

2009 年，有 15 名贫困大学生得到慈善助学金，其中有 5 名贫困大学生得到四年慈善助学，发放助学金 6.5 万元。

2010 年，有 28 名贫困大学生得到慈善助学金，其中有 4 名贫困大学生得到四年慈善助学，发放助学金 9.4 万元。

开展慈善医疗救助。县慈善总会自 2008 年成立后，共有 40 名患重（大）特病者得到慈善医疗救助，发放医疗救助金 21.96 万元。患大（重）病患者家庭及时得到慈善救助，避免家庭因病返贫的现象发生。

2008 年，有 1 名患重病者得到 0.53 万元慈善救助。

2009 年，有 20 名患（重）大病者得到慈善救助，发放慈善救助金 8.63 万元。

2010 年，有 19 名患（重）大病者得到慈善救助，发放慈善救助金 12.8 万元。

开展救灾扶贫济困。2008 年以后，县慈善总会安排慈善资金用于救灾救助 419.02 万元：其中 2008 年 7 月向四川汶川“5·12”特大地震灾区汇去募捐款 227.28 万元；2010 年在抗旱救灾期间，接收抗旱救灾捐赠款 145.11 万元全部用于帮助 13 个乡镇抗旱救灾，全县有 7 所学校修建蓄水池，9 个村组修建蓄水池，解决部分学校和群众的吃水难问题；实施慈善“爱心泉”项目，（中国移动通信集团全体员工捐赠款帮助贵州部分农村缺水地区建设饮水工程）。贞丰县得到省慈善总会下拨捐赠款指定援建北盘江镇顶罈片区修建高位蓄水池资金 45 万元，项目由北盘江镇人民政府实施，贞丰县水利局负责业务指导，项目建设规模：新建水池 2 个，共计 1452 立方米，管道安装 7000 余米。解决顶罈片区 1376 人/450 头（匹）人畜饮水困难，花椒基地约 3000 余亩的灌溉问题。

开展形式多样慈善救助活动。根据省、州有关精神，在元旦、春节期间开展“慈善情暖万家”等慰问活动。2010 年元旦、春节期间，走访慰问 8 个乡镇敬老院、40 户贫困群众，发放慰问金共计 1.63 万元。

第四节　城乡居民最低生活保障

1999 年 9 月 28 日，国务院发布第 271 号令《城市居民最低生活保障条例》（从 1999 年 10 月 1 日起施行）。1999 年 12 月，贞丰县正式启动城镇居民最低生活保障制度，县人民政府制定《贞丰县城镇居民最低生活保障制度暂行办法》。1991 年至 2007 年上半年，农村最困难的群众称为“三缺户”（缺粮、缺钱、缺劳动力）和农村特困户。2007 年 7 月 11 日，国务院出台《关于在全国建立农村最低生活保障制度的通知》文件后，县政府根据上级民政部门的有关指示精神，2007 年下半年开展农村最低生活保障工作。

在开展城镇和农村最低生活保障工作中，把城镇“三无”人员、农村五保户供养对象、农村特困居民、特困企业职工以及下岗失业人员纳入保障对象，并实行“应保尽保，应退则退”的原则。按照贞丰县群众的生活水平和市场物价等状况，由民政、物价、统计等部门共同核定城镇和农村居民最低生活保障标准，乡镇人民政府组织人员入户调查，“三榜公布一监督”后，报县民政局审批，最后确定最低生活保障对象。城乡低保对象的经济收入不达保障标准部分的，实行补差救助，城镇低保按月发放，农村低保按季度发放。城乡低保对象实行动态管理，一年一定。城乡低保所需经费由中央、省补助 70%以上，州、县财政匹配 30%左右。

1999 年，城镇居民户最低生活保障标准为 92 元/人·月，2000 年至 2003 年城镇居民户最低生活保障标准均为 102 元/人·月，2004 年每月人均增加到 112 元，标准逐年增加。农村生活最低生活保障标准：2007 年至 2008 年保障标准是 50 元/人·月，2009 年保障标准 68 元 / 人・月，2010 年保障标准 100 元 / 人・月。

全县最低生活保障对象逐年增加，最低生活标准提高，国家经费投入也逐年加大，城镇低保对象由占非农总人口的 1.4% 上升到 10.4%，农村低保对象为农村总人口的 8.5% 以上，基本实现应保尽保，保障制度不断完善。

1999 年—2010 年贞丰县城镇居民享受最低生活保障情况统计表

表 17-2-3

年度	最低生活标准（月、元）	保障对象（人）	金额（万元）	备注	年度	最低生活标准（月、元）	保障对象（人）	金额（万元）	备注
1999	92	587	26.0628	发 5 个月	2006	147	2220	248.2221	发 7 个月
2000	102	587	48.5230	发 8 个月	2007	147	2381	327.6583	发 9 个月
2001	102	1164	61.4592	发 5 个月	2008	147	2381	529.2200	发 9 个月
2002	102	1164	79.6176	发 6 个月	2009	147	2381	500.6500	发 9 个月
2003	102	1985	105.1800	发 5 个月	2010	219	2910	472.3008	发 7 个月
2004	112	1985	68.5200	发 3 个月	合计	—	21812	2682.6078	—
2005	132	2067	215.1940	发 8 个月					

2007 年—2010 年贞丰县农村享受最低生活保障情况统计表

表 17-2-4

年度	最低生活标准（元 / 人 / 年）	保障对象（人）	金额（万元）	备注
2007	600	20200	606	第二、四季度
2008	600	20200	1212	全年
2009	820	28292	2320	全年
2010	1200	31863	3823	全年
合计	—	151323	7961	—

第三章　社会福利

社会福利事业是社会保障事业的一部分，是国家和社会为鳏寡孤独以及社会生活中的弱者、困难者提供各种物质帮助和特殊服务的社会事业。1991 年后，贞丰县的福利事业有一定的发展，县级社会福利院、乡镇农村敬老院覆盖面逐步扩大，社会福利资金的筹集逐年增加，不少鳏寡孤独和社会生活中的弱者得到安置。

第一节　福利经费

县民政部门采取多种形式筹集福利经费，除县财政拨付社会福利院孤寡老人生活费外，为进一步发展社会福利事业，根据上级民政部门的安排，县民政局开展社会福利彩票发行工作，向社会筹集福利基金，发展福利事业。

1994 年后，县民政局按照上级民政部门有关指示精神，组织具有一定规模的社会福利彩票发行活动，按照规定比例留成，积累社会福利基金，用于社会福利事业。

2000 年后，社会福利基金更名为“社会福利公益金”，开始建立电脑福利彩票销售网点，到 2010 年，全县共有 27 个网点。福利公益金按当年上级规定的比例提存。

1994 年—2010 年贞丰县福利彩票销售及社会福利公益金筹集情况统计表（部分）

表 17-3-1

年度	销售彩票（万元）	筹集福利资金（万元）	年度	销售彩票（万元）	筹集福利资金（万元）
1994	30	6.3	2004	72.6032	5.0822
1995	20	4.2	2005	146.9902	10.29
1996	200	42	2006	459.7952	22.99
1997	150	31.5	2007	536.364	24.17
1999	53.5	10.8	2008	650	55
2000	60	9	2009	918	30
2002	40（电脑彩票 10）	6	2010	946（即开型 121）	80
2003	32.2056	2.25	合计	4315.4582	339.5822

福利公益金主要用于社会福利事业：一是社会福利院、乡镇敬老院设施的维修和更新改造；二是新建和改造珉谷镇、者相镇、龙场镇、北盘江镇、白层镇、鲁贡镇、连环乡、挽澜乡、小屯乡、长田乡、平街乡、鲁容乡、沙坪乡13个敬老院。三是建设“星光计划”老年之家，建成老城社区“星光计划”老年之家和金丰社区“星光计划”老年之家。四是资助部分孤残群体的社会福利事业。

第二节　老人供养

为使鳏寡孤独老人“老有所养，老有所乐”，贞丰县采取分散供养和集中供养两种形式供养老人。分散供养由各乡（镇）、村委会与“五保”户的旁系亲属签订代耕代养协议。即“五保”户之旁系亲属代缺乏劳动能力的“五保”老人耕种责任田地，每年收成后交粮食给老人，并在生活上给予照料，政府按照规定发给“五保”供养金、低保救助金等，保障他们的基本生活。国家《农村五保户供养工作条例》颁布后，1997年5月，县人民政府出台《关于进一步搞好农村五保供养工作的意见》文件，全县农村五保户每人每月给予10元至20元供养金生活补助，每半年发放一次，由乡（镇）社会事务办发放，资金从县级财政预算中列支。随着县级财政收入的增长，五保供养金标准不断提高，由县财政统一支付。2007年起，农村“五保”供养金标准提高到每人每月67元，以乡镇为单位，按季度发放到五保户手中。

集中供养　将农村五保老人接到乡镇敬老院或城市“三无”人员（城市居民中无生活来源，无劳动能力，无法定赡养、抚养、扶养人）接到县社会福利院集中居住，集体生活，安排专职人员护理，统一吃、住，政府按月拨付生活费用。

贞丰县社会福利院和乡镇敬老院集中供养情况统计表

表17-3-2

院名	建设时间	集中供养人数	占地面积（亩）	备注
县社会福利院	1958年建，1998年扩建	17	1.8	其中，弃婴9名
北盘江敬老院	1996年建，2010年扩建	9	1.5	—
小屯敬老院	1998年建	11	0.59	—
长田敬老院	1999年建	9	0.3	—
鲁容敬老院	2001年建	15	1.33	—
者相敬老院	2001年建	17	2.1	—
龙场敬老院	2005年建	15	1.8	—
珉谷敬老院	2005年建	18	1.5	—

续表 17-3-2

院名	建设时间	集中供养人数	占地面积（亩）	备注
沙坪敬老院	2005 年建	10	0.5	—
挽澜乡敬老院	2007 年建	7	1.6	—
连环乡敬老院	2009 年建	8	0.8	—

第三节　弃婴养护

弃婴现象在贞丰县城乡偶尔发生。1991 年后，县福利院相继抚养弃婴 12 名。弃婴大多数是女婴、病、残婴儿。弃婴问题成为不可忽视的社会问题。

贞丰未建设儿童福利院，弃婴都是由县福利院抚养，县福利院抚养的弃婴都是公安部门立案查找不到生身父母的婴儿。为使弃婴健康成长，县社会福利院采取集中抚养的方式抚养弃婴，聘请专门护理人员负责弃婴的日常生活，同时积极寻找符合收养条件的家庭收养。到 2010 年止，为 4 名弃婴找到条件较好并符合收养规定的家庭收养，有 1 名弃婴已到上学年龄阶段，在珉谷四小上学，其余的弃婴仍由县福利院抚养。

1991 年 12 月 29 日，第七届全国人民代表大会常务委员会第二十三次会议通过《中华人民共和国收养法》；1998 年 11 月 4 日，第九届全国人民代表大会常务委员会第五次会议对《中华人民共和国收养法》进行了修订。1999 年 5 月 12 日经国务院批准，1999 年 5 月 25 日，民政部第 14 号令发布《中国公民收养子女登记办法》。1993 年至 2010 年，贞丰县共办理国内收养手续 53 件，有效保护了收养关系当事人的合法权益。

第四章　民政事务管理

民政事务管理是国家行政管理的组成部分。1991 年至 2010 年县民政局宣传贯彻和落实《村民委员会组织法》和《居民委员会组织法》，依法进行一至七届的村（居）委会的换届选举，创建村民自治示范乡镇、村民自治示范村（居）委会，推行村（居）务公开，民主管理，强化村（居）委会，自我教育，自我服务，自我管理的功能，推动基层民主法制建设。开展婚姻登记工作，完善收养登记制度，开展社团管理、勘界工作、地名管理工作，完成街、路、巷牌的设置工作。实行殡葬改革，2005 年至 2007 年县城区内推行集中治丧。采取经济的、法律的手段，曾一度遏制乱埋乱葬、铺张浪费等陋习。

第一节　基层组织

一、基本情况

基层自治组织是国家政权的基础。1992 年，贞丰县基层自治组织共有 293 个村（居）委员会，其中：村民委员会 280 个、居民委员会 13 个，村（居）委会下设村民小组、居民小组，有村民小组 1661 个，居民小组 76 个。

村（居）委会设置调解、治保、教育卫生、计划生育、老龄、儿童保护委员会；制定有村规民约、街规民约，居民文明守则等民主管理制度，实行民主选举、民主决策、民主管理、民主监督，村（居）务“四民主一公开”自治制度。

2004 年 4 月，根据上级有关文件精神，珉谷镇、龙场镇、者相镇、北盘江四个镇建立社区居民委员会；2004 年 9 月，县人民政府批复同意北盘江镇人民政府撤销北盘江镇原三岔路居民委员会，建立北盘江镇三岔路社区居民委员会；同意珉谷镇人民政府撤销南大街、田坝街、鱼塘街、洗布河街、新市街、油榨街居委会，建立菜园、永丰、老城三个社区居民委员会；同意龙场镇人民政府撤销龙场镇龙场居民委员会，建立龙场镇龙场社区居民委员会；同意者相镇人民政府撤销者相镇文化街、虎崖街、古楼街居民委员会，建立者相镇兴者社区居民委员会。

二、民主选举

1989 年 9 月，选举贞丰县首届村（居）民委员会。通过民主选举，依法产生第一届 280 个村委会和 13 个居委会的组成人员。

1992 年 11 月，按照村（居）委会每三年换届选举的规定，依法选举产生第二届 293 个村（居）委会组成人员。

1995 年 11 月，第三届村（居）委会换届选举，全县 280 个村民委员会，13 个居民委员会，共选举村（居）委会委员 1178 人。

1998 年 10 月至 1999 年 3 月，第四届村（居）委会的换届选举与乡镇人代会换届选举同步进行。全县 13 个乡镇，280 个村、13 个居委会，有选民资格人口 184915 人，占全县总人口 59.6%；13 个乡镇设立 310 个选区，县换届领导小组规定 1998 年 10 月 9 日至 15 日为选举日，各乡镇选举委员会和村（居）委选举委员会分别召开选举大会投票选举，当场公布选举结果。全县参加投票选举 167980 人，参选率 91%，共选举村（居）委会成员 1037 人，其中主任 293 人，连选连任 166 人，占当选总人数 56.7%。新当选主任 127 人，占当选总人数 43.3%，副主任 296 人，委员 448 人。当选的村（居）委会成员，平均年龄 45.2 周岁，中共党员 566 人，占 55%，少数民族 537 人，占 52%，妇女 59 人，占 6%，高中文化以上 268 人，占 26%；初中文化 527 人，占 52%；第四届村（居）民委员会成员的文化程度，年龄结构都有了较大的变化，综合素质比一、二、三届提高。

2001 年 10 月至 12 月，开展第五届村（居）民委员会换届选举工作。全县 13 个乡镇 280 个村，13 个居民委员会，有选民资格人数 226913 人，占全县总人口 59%。全县设立 312 个选举点，明确 2001 年 12 月 10 日至 20 日为选举日，以集中召开选举大会投票选举为主，流动票箱投票选举为辅相结合的办法选举村（居）委员会，参加投票选举人数 207298 人，参选率 91.3%，差额选举产生村（居）民委员会成员 1398 人，平均年龄 45 岁，其中主任 290 人，连选连任 150 人，占 51%；副主任 291 人，委员 817 人，当选的成员中妇女 92 人，占 6.5%，少数民族 705 人，占 51%；具有大专文化 2 人，占 1.4%；高中（中专）文化 288 人，占 20.8%，初中文化 841 人，占 60%，小学文化 248 人，占 17.2%。

2004 年 9 月至 2005 年 3 月，开展第六届村（居）民委员会换届选举工作。全县 280 个村、6 个社区、2 个居民委员会同步进行，依法确立选民 222427 人，占全县总人口数 64.9%；依法选举产生第六届村（居）民委员会成员 1361 人，其中主任 282 人，副主任 292 人，委员 787 人。在当选的村（居）委成员中妇女 140 人，占总数的 10.3%；年龄：30 周岁以下 107 人，占总数 7.9%；31 周岁至 40 周岁 410 人，占 30.1%；41 周岁至 50 周岁 524 人，占 38.5%；50 周岁以上 320 人，占 23.5%，最大年龄 68 周岁，最小年龄 24 周岁，平均年龄为 42 周岁。具有大专以上学历 5 人，占总数 0.4%，中专（高中）学历 217 人，占总数 15.9%，初中文化程度 770 人，占 56.7%，小学文化 369 人，占 27%。

选举产生的第六届村（居）民委员会组成人员，文化程度比上届高、平均年龄与历届相比趋于年轻化。

2007 年 10 月至 2008 年 1 月，依法开展第七届村（居）委员会换届选举工作。全县 156 个村民委员会，6 个社区居委会，2 个居民委员会，依法登记公布选民 233799 人，参加投票选民 213842 人，参选率 91.5%，应选主任 164 人，实选出主任 161 人，其中，北盘江镇银洞湾村、猫猫寨村、者颡村未选出村主任，支书、主任实行“一肩挑”12 个村 12 人。副主任未当选的有北盘江镇岜浩村 1 个村 1 人。村支书和村委会主任交叉任职 301 人。

2010 年 9 月至 2010 年 12 月，开展第八届村（居）民委员会换届选举工作，依法选举产生新一届村（居）民委会班子成员。全县 156 个村民委员会，6 个社区居委会，2 个居民委员会，依法登记选民 228348 人，参加投票人数 201274 人，参选率 88.14%，应选主任 164 人，实际选举产生主任 163 人，其中实行海选 4 个村，村支书和村委会主任交叉任职 138 人，支书主任一肩挑 23 个村、23 人。

贞丰县第八届村民委员会换届选举情况统计表

表 17-4-1

乡镇名称	换届选举村数	参选人数		海选		村支书、主任交叉任职		支书主任一肩挑		补选或未选村数		备注
		选民人数	投票人数	村数	占总村数（%）	人数	占任职人数（%）	人数	占任职人数（%）	人数	总村数（%）	
珉谷镇	25	35659	31943	2	8.00	—	—	14	56.00	—	—	—
龙场镇	13	23688	20920	—	—	1	7.69	1	7.69	—	—	—
者相镇	11	23482	21061	1	9.09	—	—	1	9.09	—	—	—
北盘江镇	11	18966	17000	—	—	—	—	1	9.09	—	—	—
白层镇	15	10088	9100	—	—	44	293.33	—	0.00	—	—	—
鲁贡镇	16	16060	12396	—	—	—	—	1	6.25	—	—	—
连环乡	8	12058	11514	—	—	29	362.50		0.00	—	—	—
挽澜乡	8	10782	9966	1	12.5	3	37.50	1	12.50	—	—	—
小屯乡	11	22959	20080	—	—	11	100.00	1	9.09	—	—	—
长田乡	7	13726	11807	—	—	27	385.71	1	14.29	—	—	—
平街乡	7	16639	14528	—	—	22	314.29	1	14.29	—	—	—
沙坪乡	14	12278	10455	—	—	1	7.69	1	7.69	1	7.69	落选一个村
鲁容乡	10	11963	10504	—	—	—	0.00	—	0.00	—	—	—
合计	156	228348	201274	4	2.58	138	89.03	23	14.84	1	0.65	—

三、村级整合

2007 年 5 月，根据黔西南州委、州人民政府要求，县民政局制定《贞丰县村级整合工作实施方案》，同年 9 月，县人民政府同意并下发《关于对乡镇村级整合方案的批复》文件。批复将全县原来 280 个村委会，6 个社区、2 个居委会整合为 156 个村委会，6 个社区、2 个居委会，整合率 43.97%。

珉谷镇由原来 44 个村整合为 25 个村。整合后村名为：塔山、左旗、阴滩、菜园、坡旗、东门、纳尧、纳山、纳妹、对家寨、白腊、顶肖、大碑、河堡、鹅田、林用、必克、巧贯、岩鱼、戈岜、纳马、纳么、中坝、牛坪、盘龙。

龙场镇由原来 22 个村整合为 13 个村。整合后村名为：龙山、三河、坡柳、五里岗、定塘、坪坝、围寨、新童、龙河、上水桥、后海子、龙场、对门山。

者相镇由原来 23 个村整合为 11 个村。整合后村名为：者相、纳孔、萝卜寨、平桥、猫坡、新寨、冬妹、坡烂云、这艾、董箐、旗上。

北盘江镇由原来 20 个村整合为 11 个村。整合后村名为：北盘江、金井、董畔、青杠林、银洞湾、查尔岩、岜浩、者颡、猫猫寨、新屯、岩脚。

白层镇由原来31个村（居）委会（含一个居委会）整合为16个村（居）委会。整合后村名为：白层、这硐、里纳、巧苗、福怀、兴隆、猫坡、这内、坡烂、平袍、坡们、坝桥、纳杠、那郎、纳笑、糖桥居委会。

鲁贡镇由原来31个村整合为16个村。整合后村名为：弄洋、么扒、林桃、者央、坡扒、管路、坡艾、巧年、打嫩、暗老、者冗、坡稿、洛艾、鲁贡、毛闷、板怀。

连环乡由原来12个村整合为8个村。整合后村名为：屯上、纳暗、纳传、坡棉、大田、关山、连环、巧岩。

挽澜乡由原来13个村（居）委会（含一个居委会）整合为9个村（居）委会。整合后名称为：挽澜、兴农、板光、店子、纳坎、拥跃、窑上、者塘、窑上居委会。

小屯乡由原来22个村整合为11个村。整合后村名为：水银洞、木桑、集贤、仁朝、小屯、龙井、米冲、头猫、纳秧、石板田、尾洒。

长田乡由原来12个村整合为7个村。整合后村名为：金叶新村、雨柏、甘田、瓦厂、细余、陇塔、长田。

平街乡由原来11个村整合为7个村。整合后村名为：平街、小花江、卡房、顶岸、云盘、冗染、大水塘。

沙坪乡由原来26个村整合为14个村。整合后村名为：沙坪、大寨、者索、尾烈、者砍、这年、顶烘、尼罗、里怀、尾俄、金山、板昌、烂泥沟、龙论。

鲁容乡由原来15个村整合为10个村。整合后村名为：孔明、鲁容、里秀、板绕、江育、皎贯、卡务、落烟、纳腊、纳翁。

四、村（居）务公开

1998年，县人民政府办公室转发县民政局、县监察局、县农业局联合制定的《关于在全县范围内实行村务公开民主管理的实施意见》。县民政局筹措资金3.6万元，帮助164个村（居）委会制作164块固定村务公开栏，推进村（居）务公开工作的开展。

2001年1月至5月，县民政局、监察局、财政局、农业局组成清理督查指导工作小组，对全县293个村（居）委员会，1999年1月至2000年12月的财务进行清理。发现违纪资金5.1917.10万元，追还资金3.6万元。

2001年10月30日，县民政局按照贵州省、黔西南州村（居）务公开达标标准、乡镇政务公开民主管理规范细则要求，开展村（居）务公开示范优秀乡镇创建活动。龙场镇、小屯乡、挽澜乡三个乡镇政务公开工作被评选为自治示范先进乡镇。

第二节 婚姻登记管理

县民政局从1992年起，用广播、电视、简报、墙报、专栏、会议等形式宣传婚姻法；利用每年的法规宣传月，开展一次至两次大规模的宣传活动，出动宣传车，在乡镇赶集天，下乡宣传婚姻法律法规知识。群众对婚姻法规意识逐步提高，陈规陋习得到有效遏制，为婚姻管理业务工作打下基础，推进婚姻登记工作的开展。

1995年5月，黔西南州婚姻管理工作暨表彰大会在贞丰县政府招待所召开，贞丰县被评为黔西南州婚姻管理业务工作考核第一名。

1996年5月，根据民政部等十四个部、委、局文件中“适应社会主义市场经济的需求，建立健全社会化的服务体系”“发展婚姻家庭服务业”的精神，县民政局筹建贞丰县婚姻家庭服务中心，同年6月，贵州省民政厅审核并批准成立“贞丰县婚姻家庭服务中心”，开展婚姻登记与管理工作。

2003年，县民政局调整设立6个婚姻登记网点，即贞丰县民政局婚姻登记处，覆盖区域为全县范围；者相镇人民政府婚姻登记处，覆盖所辖区域为者相镇范围；龙场镇人民政府婚姻登记处，覆盖区域为龙场镇、小屯乡范围；北盘江镇人民政府婚姻登记处，覆盖区域为北盘江镇、长田乡和平街乡范围；白层镇人民政府婚姻登记处，覆盖区域为白层镇、鲁容乡范围；鲁贡镇人民政府婚姻登记处，覆盖区域为鲁贡镇、沙坪乡范围。

2003年贞丰县婚姻登记服务机关一览表

表17-4-2

县区	县乡镇数	设点名称	辖区	辖面积（平方千米）	辖人口（人）
贞丰	县城	贞丰县民政局婚姻登记处	全县	1506.91	99950
	者相镇	者相镇人民政府婚姻登记处	者相镇	132	30842
	龙场镇	龙场镇人民政府婚姻登记处	龙场镇、小屯乡	205.5	66569
	鲁贡镇	鲁贡镇人民政府婚姻登记处	鲁贡镇、沙坪乡	303.8	38895
	白层镇	白层镇人民政府婚姻登记处	白层镇、鲁容乡	288.4	38374
	北盘江镇	北盘江镇人民政府婚姻登记处	北盘江镇、长田乡、平街乡	251.44	65782
合计	6处	—	—	1506.91	340412

2007年，县民政局再次调整设立3个婚姻登记处，即贞丰县民政局婚姻登记处，覆盖区域为全县范围；白层镇人民政府婚姻登记处，覆盖区域为白层镇、鲁容乡范围内；鲁贡镇人民政府婚姻登记处，覆盖区域为鲁贡镇、沙坪乡范围。取缔者相镇人民政府婚姻登记处，龙场镇人民政府婚姻登记处，北盘江镇人民政府婚姻登记处。

全县婚姻登记机关办理婚姻登记时，除按规定向当事人收取证书工本费9元外，一律不收其他费用。

1991 年—2010 年贞丰县婚姻登记情况统计表

表 17-4-3　　　　单位：件、人

年度	登记结婚件数	其中		登记离婚件数	其中	
		复婚人数	再婚人数		协议离婚件数	法院受理件数
1991	730	7	23	16	16	—
1992	1010	23	17	21	21	—
1993	1260	27	14	22	22	—
1994	1320	25	18	26	26	—
1995	1356	31	13	29	29	—
1996	1365	32	21	31	31	—
1997	1526	23	27	32	32	—
1998	1565	21	26	35	35	—
1999	1600	34	27	36	36	—
2000	1620	36	26	42	42	—
2001	2327	43	31	43	43	—
2002	2023	46	21	66	66	—
2003	2117	32	22	77	77	—
2004	2123	43	21	103	103	—
2005	2137	46	19	106	106	—
2006	2210	53	27	121	121	—
2007	2231	57	36	123	123	—
2008	4372	59	48	87	87	—
2009	4269	63	37	134	134	—
2010	5663	62	63	176	176	—
合计	42824	763	537	1326	1326	—

第三节　殡葬管理

1993 年 8 月，贵州省民政厅召开殡葬管理工作会议，要求“土葬区，要加快公墓建设，加强殡葬管理，改革旧的丧葬习俗，制止乱占耕地和乱埋乱葬”。县民政局在挽澜乡坡齐村开展公益性公墓建设试点工作。

2001 年 3 月，推进殡葬改革，根据殡葬事务需求，经县民政局申报，县编制委员会审核同意增设贞丰县殡葬管理所。设事业编制 5 人，建立贞丰县殡葬管理机构。

2004 年 5 月，贞丰县殡葬管理领导小组成立；领导小组办公室设在民政局，沈寿祥任办公室主任。同年 8 月，余天勇任贞丰县殡葬管理所所长。2004 年 3 月至 11 月，投入资金 160 多万元，新建殡仪馆 3 栋和改造殡仪馆 1 栋，扩建观音阁公墓 1 处，购置殡仪车 1 辆，完善殡仪馆水、电、路基础设施，新公墓建设基本完工。

2004 年 6 月 30 日，县人大第十二届委员会第八次会议审议通过《贞丰县殡葬管理暂行办法》，2004 年 11 月 1 日起正式施行，县城区内启动集中治丧活动。由于殡葬管理工作成绩显著，2006 年度贞丰县被民政部评为殡葬管理工作先进县。

2005 年 10 月至 11 月，县民政局在挽澜乡纳坎村、坡齐村、鲁容乡孔索村 3 处建公墓，2007 年批准建设龙场镇龙场村、上水桥村公益性公墓。

2006 年至 2008 年，开展县级公路沿线可视范围坟墓，遮掩绿化工作。

2007 年年初，因综合治理措施不强、执法力度不够到位、殡仪馆服务功能差等因素，县城集中治丧暂停。

2009 年，加大殡葬法规宣传力度，对县级公路沿线墓碑加工点进行清理整顿。

2010 年 10 月，设立贞丰县殡葬执法稽查大队，机构为副科级事业单位，隶属民政局管理，核定事业编制 15 人，列入县财政全额预算。

第四节　地名管理

地名由县政府管理，县政府设置地名管理委员会，管理委员会办公室设在县城建局。1984 年，县城建局贯彻落实国务院《关于行政区划管理的规定》和《地名管理条例》编写《贞丰县地名录》。

1993 年 3 月，县级机构改革，依照国务院“三定”方案，地名归属民政局管理。同年省、州民政部门将地名管理列为各县民政业务管理考核内容。1993 年 6 月，贵州省人民政府转发省民政厅《关于在全省范围加快地名标志设备和加强地名管理的请示》的通知。1994 年 5 月，在贵阳召开贵州省地名标志设置工作现场会议。县民政局为贯彻落实上级民政部门地名工作会议精神，于 1995 年 5 月，筹措资金 5.6 万元，完成县城各街、巷、路及主要乡镇的地名标志设置。组织各乡镇开展地名普查工作，1995 年年底完成全县地名补查、资料更新工作，全县共复查、补查、更新地名资料 1623 条，撰写乡镇概况 13 份。

1995 年 3 月，县民政局为使地名使用不混乱，报经县人民政府同意，将原珉谷镇的一、二、三、四、五、六街道居委会，更名为南大街、田坝街、鱼塘街、洗布河街、新市街、油榨街居委会。

2001 年 3 月，县民政局报请县人民政府同意，州人民政府审查，报省人民政府批准，将兴北镇更名为北盘江镇。

2007年，者相镇平桥村因lang色组组名用电脑无法录入，经者相镇政府向县政府请示，将lang色组组名更改为坡林二组。

2007年，对珉谷、龙场、者相、北盘江、挽澜、长田四镇两乡街、道、路、巷、地名进行命名。

珉谷镇街、道、路、巷、地名命名：菜园一街、菜园二街、菜园三街、菜园四街、桂花街；南源路、虎山路、金马路、菜园一路、菜园二路、锦丰路、秀眉路、富民路、南环西路、南环南路；金丰大道、新丰大道、塔山大道、永丰大道；方家井、建设路三巷；菜园小区。

龙场镇街、道、路、巷、地名命名：一街、二街、三街；振兴路、将军路、民心路、蟠龙路、会昌路、龙泉路、兴龙东路、兴龙西路、金龙路；兴龙大道、幸福大道；便民巷、水进巷、菜园巷、振兴一巷、振兴二巷。

者相镇街、道、路、巷、地名命名：文化街、鼓楼一街、糖坊街、水井一街、水井二街、沙坡一街、沙坡二街、新发一街、新发二街；平桥路、菜园路、民主路、岔河路、贞牛一路、贞牛二路、贞牛三路；河坡大道；牛场坡一巷、牛场坡二巷、牛场坡三巷、牛场坡四巷、虎崖街洋烟巷、新牛市巷；虎崖街老牛市坝、鼓楼街农贸市场、沙坡移民一区、明望桥头。

北盘江镇街、道、路、巷、地名命名：花椒商贸街；文化路、盘江路、富民路、振兴路、向阳路、井观路、向环路。

挽澜乡街、道、路、巷、地名命名：移民一街、移民二街；榕树大道、杜鹃大道、陶乡大道；矿区路、温泉路。

长田乡街、道、路、巷、地名命名：贵兴街、昌盛街、兴隆街、百顺街、顺发街。

沙坪乡街、道、路、巷、地名移名安置点地名命名：沙坪移民小区、莽田移民小区。

2010年，根据《地名管理条例》有关地名管理规定，龙场镇经县政府研究同意，龙场镇龙场村成立幸福组，并命名为“龙场镇龙场村幸福组”。

第五节 社会团体管理

改革开放后，各类社会团体相继成立。1989年10月，国务院明确由民政部门统一管理社会团体。县民政局按照中央、省、州民政部门的要求，开展社会团体管理工作，在全县开展社会团体整顿、清理登记工作，取缔违法社会组织，指导合法的社会团体建章立制，办理登记发证手续，并对其进行年检。在加强社会团体管理的基础上，围绕中心，服务大局办理行业协会登记发证手续，促进全县经济和各项事业的发展。1991年后，县民政部门办理县计划生育协会、县退休教师协会、县文学艺术界协会、县工商协会、县布依协会、县苗学会、县奇石协会、县摄影协会、县影视摄影协会、县老年协会、县象棋协会、连环乡砂仁协会、连环乡板栗协会、白层镇李子协会、北盘江镇花椒协会等19个社会团体的登记和年检手续。

第十八篇　社会生活

1991 年至 2010 年，贞丰县社会生活水平发生明显变化，人民群众生活方式与时俱进、丰富多彩。各族人民在保持优良传统习俗的同时，淘汰一些陈规陋习，新时尚新思想逐步渗透到人们的生活中，积极向上和健康的生活方式逐步形成。

第一章　人民生活

1991 年至 2010 年，贞丰县人民群众衣食住行条件明显改善，在物质生活基本满足的同时，追求精神文化生活；在温饱问题已经解决的前提下，逐步提高生活质量，生活追求无公害食品，强调健康；衣着讲究穿得美、穿得时尚；住房不但确保安全，还要进行内外装修、装饰，讲究美观，住得舒适；大多人家有摩托车、汽车，交通运输逐渐方便。城乡人民生活差距越来越小。

第一节　城镇居民生活

1991 年至 2010 年，随着各项改革的深化，县内产业结构的调整，烂泥沟金矿、水银洞金矿的开发投产，龙场镇三河一带和挽澜乡煤矿资源的大量开采，者相镇董箐电站的建成发电，城镇建设用地的开发，房地产产业的发展，水利、交通等基础建设项目的实施，民营经济和第三产业的推进，促进了县级财政收入的快速增长，县级财力增强。改革开放的深入，拓展城镇居民就业渠道，使城镇居民就业多元化，就业和再就业机会和岗位不断增加，就业人数逐年增多。产业结构调整、招商引资取得的成就，给城镇居民带来很大实惠。1993 年，县内国家机关、企事业单位干部职工年人均工资 2090 元；1999 年，对国家机关、企事业单位干部职工工资作了调整，年人均工资 4751 元，比 1993 年增加 1661 元；2006 年，国家机关、企事业单位干部职工年人均工资提高到 13256 元，比 1999 年增加 8505 元；2010 年，国家机关、企事业单位干部职工年人均工资 27894 元，比 2006 年增加 14648 元。2005 年后，城镇居民年人均可支配收入增长较快。2010 年城镇居民人均可支配收入由 2005 年的 5600 元增加到 12580 元，年均增加 1396 元。城镇居民经济收入的大幅度增加，市场的繁荣，使城镇居民生活水平不断提高，衣、食、住、行都发生了很大的变化。

衣着　1991 年至 2010 年，随着城镇居民经济收入的提高，审美水平的提升，居民的衣着发生极大变化，不但要穿得好，更注重穿得舒适和美观。青年人追求时代潮流，讲究时尚，四季服装分明，改变过去用蓝、绿、黑、灰布缝制的中山装、青年装、唐装，取而代之的是五颜六色，色彩艳丽、款式新颖的西装、皮衣、夹克、羽绒服、T 恤衫、毛料衣、风衣等。女装变化更大，各种美丽的奇装异服层出不穷，牛仔服、长短裙、超短裙、裙裤、健美裤、袜裤、齐筒裤、西装短裤、皮衣皮裤、运动服、长短大衣、高腰衣等时尚服装满街都是。

饮食　城镇居民生活发生质的变化。由吃饱变为追求吃好，由温饱型转为小康水平。食品方面，讲究新鲜，注重营养成分、卫生情况。饮食观念发生深刻变化，追求原汁原味、荤素搭配得当。小竹笋、折耳根、五加皮、猫耳朵菜、鸡枞菌、野生鱼、野鸡等为消费者喜欢。过去那种大鱼大肉的饮食习惯大大减少，喝牛奶等奶制食品的人越来越多。

住房　随着县城改造建设步伐的加快和 1992 年住房制度改革的实施，县城居民住房条件明显改善。国家机关、企事业单位干部职工有的参加单位集资建房，有的购买商品住房，基本上每户都住上 80 平方米至 160 平方米的砖混套房。县城居民有的自己改建或新建了住房，一些困难户还住上了廉租房或经济适用住房。城镇居民大部分住上安全而宽敞明亮的高楼大厦，住砖木、瓦木结构房屋的很少。绝大部分居民的房屋都作装修和装饰（吊顶、安地板砖或木地板等）。

出行　1991 年至 2010 年，全县交通事业发展很快，关岭至兴仁高等级公路和贞丰至龙场、贞丰至册亨、安龙至坝草油路建成。县城至兴义、安顺、贵阳、安龙、册亨、望谟、关岭等班车的班次不断增加，县城班车四通八达。城镇部分家庭购买了小轿车，大部分家庭都有摩托车、单车等。出行快捷、方便。

精神文化生活也发生了极大的变化，城乡居民家庭都有彩色电视机。在家就能通过电视了解国内外新闻、学习到许多新的知识，欣赏到精彩的文艺节目。部分家庭还有摄像机、录音机和照相机。精神文化生活内容丰富多彩。

第二节　农村居民生活

1991年后，全县进行调整农业种植结构，发展多种经营，在抓好粮食生产，推广科技兴农的基础上，因地制宜地发展烤烟、生姜、花椒、砂仁、甘蔗、水果等经济作物，发展畜牧业和农产品加工业，组织农村剩余劳动力外出务工，增加农民经济收入。改变过去农村单一的产业结构，农业产业结构逐渐优化，农民经济收入不断提高。1997年，农民人均纯收入1080元；2000年，农民年人均纯收入1298元，年均增加73元；2005年，农民年人均纯收入1805元，年均增加101元；2010年，农民年人均纯收入3332元，年人均增加305元。农民年人均消费水平也逐年增加，1997年，农民年人均消费765元；2000年，农民年人均消费927元；2005年，农民年人均消费1365元；2010年，农民年人均消费1489元。农民生活水平明显提高，衣、食、住、行条件明显改善。

衣着　随着社会的发展，农民经济收入的不断增加，农民的衣着发生了很大的变化，很少有人穿补丁衣、裤。农民穿着由穿暖向穿好转变，不仅追求穿得暖还要穿得好。农村中青年人穿戴与国家机关干部职工、城镇居民的穿着差别很小。

饮食　1991年后，随着科技兴农的推广，全县乡村粮食产量稳定增长，产粮乡村的人均吃粮得到保证，吃饭问题基本解决，有的农户还有余粮保存或出售。不是产粮区的白层、鲁贡、鲁容、沙坪等甘蔗种植乡镇，从2000年起推广优质甘蔗种植，甘蔗产量大幅度提高；发展反季节蔬菜，增加经济收入。蔗区农民经济效益明显提高，虽然粮食收入很少，但甘蔗、蔬菜经济收入基本能确保以大米为主食；国家在农村实行最低生活保障线制度，解决了农民的吃饭问题。全县农村居民基本上以大米为主食，很少有人吃苞谷饭，不少农户每天都有肉吃，有酒喝。部分农户购买了电视机、电冰箱等电器。

居住　农民经济收入的不断提高，村村通公路工程的实施，为农民修建砖混结构房屋运输建筑材料创造了条件，尤其是2006年后，国家投资建设新农村和对农村危房进行改造。农村有三分之一的农户新建了砖混结构的住房；贫困户、危房户得到国家危房改造资金对房屋进行了改造。大多数农户住上砖混结构的房屋和瓦房，有的农户还修建三、四层楼房或小别墅，没有人住茅草房。

出行　1991年后，尤其是1999年以后，通乡、通村、通组公路，机耕公路，蔗区公路，矿区公路建设步伐加快，到2008年，乡村公路四通八达，农民经济收入提高，有的农户购买了货车、面包车、小型拖拉机、三轮车，90%以上的农户都有两轮摩托车或自行车，农民的机械、电动交通工具基本普及，交通条件日益改善，农民出行大多数都以车代步，极大的方便和快捷，与城镇差别不大。

农村居民精神文化生活不断改善，80%的农户购买了彩色电视机，农民不出家门便可通过看电视了解国内外大事、党和国家的政策，学习农业科学技术，了解商业信息和观赏文艺节目。农民精神文化生活水平与城镇居民文化生活水平差距不大。

1991 年—2010 年贞丰县城乡居民收入及消费情况统计表

表 18-1-1

年度	国民人均产值（元）	农民人均纯收入（元）	农民人均生活消费（元）	国家职工年人均工资（元）	城镇居民人均可支配收入（元）	社会消费品零售总额（万元）	备注
1991	351	205	—	1579	—	2800	—
1992	378	209	—	1964	—	3758	—
1993	618	247	—	2090	—	2681	—
1994	691	365	—	3220	—	3826	—
1995	867	415	—	3650	—	5097	—
1996	1010	847	765	4032	—	6119	—
1997	932	1080	660	4073	—	5837	—
1998	997	1201	688	4325	—	5868	—
1999	1079	1291	934	4751	—	—	—
2000	1244	1298	927	5404	—	7685	—
2001	1364	1361	959	6867	—	8138	—
2002	1530	1418	1192	7777	—	13310	—
2003	1791	1500	932	9328	—	14867	—
2004	2441	1649	1191	11410	—	17707	—
2005	3086	1805	1365	11773	5600	23258	—
2006	3727	1922	1289	13256	6160	27725	—
2007	4815	2152	1732	19121	8760	34178	—
2008	6303	2518	1819	21887	9632	31379	—
2009	8029	2868	1463	26600	10310	36337	—
2010	11695	3332	1489	27894	12080	41806	—

第二章　婚姻家庭

随着《民族区域自治法》《婚姻法》《未成年人保护法》和计划生育政策的贯彻落实。1991 年至 2010 年，人们的婚姻观念、生育观念都发生了变化，传统的婚姻观念、生育观念逐步被淘汰。一夫一妻制、婚姻自由基本得到落实，汉族和少数民族结婚，少数民族与不同的少数民族结婚，组成家庭的越来越多；少生优生、优生优育的新风逐渐形成；男尊女卑、重男轻女的旧观念基本消失，男女在家庭中的地位基本平等，社会主义新型家庭关系不断涌现。

第一节　婚　姻

1991 年至 2010 年，县内男女结婚基本上遵守《婚姻法》规定。执行婚姻自由、一夫一妻制和男 22 周岁，女 20 周岁才结婚的规定。在城镇和农村，不论是什么民族，大多数青年男女是通过认识、恋爱才结婚。有的经熟人介绍互相认识，有些在外出打工、经商、读书中互相认识、了解、恋爱后，按照婚姻法规定到婚姻登记机关办理结婚登记手续后，建立婚姻家庭。也有极少数男女青年违反《婚姻法》规定，未达到法定结婚年龄没有依法办理结婚登记手续就同居、未婚先孕、先生孩子，达到法定结婚年龄再补办结婚登记。结婚后女方到夫家居住，部分无男孩家庭一般都招赘婿，婚后夫到妻家生活。还有一些青年男女在外地打工，出去时一个人，回来一家人的情况。包办婚姻、买卖婚姻、抢婚等现象只是极个别。

一些老年人思想逐步解放，婚姻观念更新，丧偶后不甘寂寞而再婚。老年人再婚比例在婚姻中所占的比例虽然不高，但体现老年人婚姻观念和子女对父母再婚观念的转变。

据县婚姻登记机关统计，1991 年后，尤其 2000 年后，县内到婚姻登记机关办理“协议离婚”的夫妇逐年增加，离婚率不断上升。离婚率上升，一方面体现了婚姻自由，避免了夫妻性格不合产生矛盾生活不愉快，但受婚姻关系束缚在一起生活的痛苦；另一方面离婚率高，对子女的抚养、教育，成长极为不利。夫妻离婚后多数再婚组成新的家庭，离婚后不再婚只是极少数。

第二节　家　庭

一、家庭规模

1991 年后，通过宣传贯彻执行省州计划生育政策和法规，推行计划生育，严格执行国家机关、企事业单位干部职工一对夫妇只能生一个孩子，农村和城镇居民一对夫妇只能生两个孩子的规定。县内独生子女家庭逐年增多，到 2010 年家庭人数比 1991 年少。据 1991 年统计，全县每户家庭平均人口 4.21 人；1995 年，全县平均每户人口 4.28 人；2000 年，全县平均每户人口 4.41 人；2005 年，全县平均每户人口 4.29 人；2010 年，平均每户人口 3.99 人。大部分是夫妇同子女两代人生活。也有极少数三代、四代共同在一起生活的人户，家庭人口一般超过 5 人。

二、家庭类型

（一）夫妻与未婚子女在一起生活的家庭；

（二）父母、一对已婚子女、子女的子女三代共同生活的家庭；

（三）只有夫妻二人的家庭；

（四）祖父母和孙子女在一起生活的家庭；

（五）一个人单独生活的单身家庭；

（六）父母和多对已婚子女在一起生活或兄弟姐妹虽结婚，但未分家另住的联合家庭；

（七）再婚家庭（离婚、丧偶后再结婚）。

三、家庭关系

贯彻执行《婚姻法》，提倡男女平等，妇女在家庭中的地位不断提高，家庭事务由夫妻二人共同协商决定。丈夫独揽家庭大权的现象逐步减少，一般家庭通常是“男主外，女主内”，即丈夫承担家庭的对外联系重要事项，妻子负责家庭内务。也有个别家庭因丈夫性格内向，不善于交际，妻子却有较强的活动能力，由“女主外，男主内”。

在家庭中普遍提倡夫妻互敬互爱，家庭和睦，尊重老年人，爱护儿童。大部分家庭的老人老有所养，老有所乐，能欢度晚年，儿童能快乐健康成长。不论是城镇还是农村都涌现不少和睦家庭和孝星。不少家庭父子之间、夫妻之间、婆媳之间的关系融洽。也有个别家庭少不尊老、夫妻关系不好，父母与子女关系不融洽，为家庭琐事经常吵架的现象。

第三章　民风民俗

随着社会的发展进步，人民群众文化程度和思想觉悟不断提高，树立辩证唯物主义思想的人越来越多，存在唯心主义、封建思想观念的人越来越少。抛弃了不少陈规陋习，中华民族传统美德发扬光大，一些新风逐渐兴起。

第一节　民　风

一、尊师重教

民间流传“一日为师，终身为父”之说。教师被誉为“人类灵魂的工程师”。大多数学生路遇老师都主动打招呼，问好。教书育人是最受人尊重的工作，受到社会广泛尊重。每年教师节，县委、县政府及县教育局都会开展慰问离退休老教师的活动，隆重召开会议表彰先进教师。教师的政治经济待遇不断提高。1991 年之前，边远的少数民族村寨，有不少的人家只重视农业生产和经济收入，不够重视教育；有的村民存在重男轻女的旧观念，只让男孩子上学，不送女孩读书，即使送子女读书也不重视子女的学习情况。1992年以后，随着社会的发展进步，国家义务教育法的颁布实施，人们的思想观念不断发生变化与时俱进，认识到学习文化知识的重要性，不论中心地区还是边远的少数民族山区的群众都很重视教育，纷纷送子女上学读书，积极创造条件和想方设法努力把子女送进教学质量高、学习条件好的学校或班级就读，经常关注子女在校的学习成绩。

二、尊老爱幼

县内大多数公民都尊老爱幼，路遇老人或儿童要让他们先走。就餐时要让长辈或年长者坐上席，年少者或晚辈会主动给老人或小孩盛饭，晚辈向老人敬酒；成人常关心爱护小孩，有好吃的食品要留给老人和小孩吃。老年人和儿童遇到困难时，年轻人不会袖手旁观，会主动帮助。县委、县政府设县老龄委、县关心下一代工作委员会，负责老年人和少年儿童工作。老年节、儿童节，县委、县政府都组织有关单位对老年人、儿童进行慰问。珉谷镇纳核等村成立了老年协会，县民政局建立敬老院和儿童福利院。

三、礼貌待客

人们在交往中很讲礼节。若有来客，主人会主动出门迎接。客人进屋先请坐然后分烟倒茶，备酒席招待。客人要走时，极力留客，万一留不住，临别时要送到门外道别，或说“慢走”“以后再来玩”等礼貌语言。有不少服务行业设置文明服务窗口和文明岗位，提倡文明用语，微笑服务。

四、扶贫救灾

遇自然灾害，天灾人祸，机关、企事业单位组织干部职工向灾区、灾民捐款捐物，致富带头人主动帮助灾民和贫困户渡过难关，进行生产自救。一方有难八方支援的风气正在形成。

五、勤俭持家

绝大多数家庭厉行节约，即使是富裕之家，也常把勤俭节约优秀传统发扬。民间还有许多勤俭持家谚语，如“小吃如大赌”，提醒人们不能大吃大喝。

六、优生优育

随着党和国家计划生育政策的宣传、贯彻落实，社会保障机制的建立，不少农村夫妇生育观念发生变化。多子多福、早栽秧早割谷、早养儿早享福的旧思想逐步减少。许多农村夫妻领会儿多母苦，少生优生、幸福一生的道理，放弃生育第二孩的夫妇逐渐增加。独生子女户越来越多，大多数农村夫妇能自觉执行计划生育。计划生育工作逐步不再是天下第一难事，少生优生的生育观逐步树立。

七、崇尚科学

学科学用科学蔚然成风，农民群众相信科学，利用科学发展农业生产。大部分乡村实行种植规范化，品种优良化，管理科学化，农业科技含量逐年提高。科学养猪、养牛、养羊、养驴、养鸡、养鸭鹅、养蜂专业户层出不穷。

八、民族团结

全县各民族团结和睦相处，平等相待。民族隔阂、民族歧视逐步减少，汉族和少数民族、少数民族之间男女青年结为夫妻、组成家庭的越来越多。有的家庭由两三个民族家庭成员组成。有不少汉族还喜欢穿少数民族服装，充分体现了民族大团结、大融合已经形成。

第二节　民　俗

贞丰县居住着汉族、布依族、苗族、仡佬族、回族、黎族等10多个民族，各民族除了有独特的风俗外，在长期生产生活中相互影响和交流，形成了不少基本相同的风俗。

一、建房乔迁习俗

起屋建房，事前请风水师（农村俗称阴阳先生、风水先生）看宅地，选择吉日动工。动土日忌讳颇多，主要忌讳触犯太岁，不能在“太岁头上动土”。

工程结束后，举办乔迁之庆（俗称烧锅底）。乔迁之日要选择吉日，有“七（月）腊（月）不搬家”之说。搬家后主人一般要择期庆贺（烧锅底），邀请亲朋好友来祝贺，主人设宴款待来宾。举办乔迁仪式时，外家内弟邀约亲朋好友吹唢呐敲锣打鼓前来祝贺，并赠送红灯笼一对，贺彩一幅（常用棉被、毛毯），家用电器、炊具等礼物。

二、饮食习俗

（一）主食

20世纪90年代以前，田坝地区以大米为主食，山区群众以玉米为主，大米、麦面次之。2000年以后，不论田坝地区、山区群众都以大米为主，以玉米、面食为辅，很少食用小米、薏仁米、马铃薯（俗称洋芋）、红薯、黄豆等杂粮。大多数群众习惯吃早餐、中餐和晚餐。

（二）副食

主要为猪肉、牛肉、鸡肉、鸭肉、鱼肉、虾、豆腐、蔬菜。菜蔬主要品种有红萝卜、白萝卜、胡萝卜、白菜、青菜、油菜、莲花菜、牛心菜、橄榄菜、芹菜、牛皮菜、苋菜、花花菜、辣椒、茄子、菠菜、南瓜、黄瓜、苦瓜、丝瓜、地瓜、西红柿、莴笋、韭菜、莲藕、山药、芋头、洋葱、扁豆、四季豆、豇豆。豆制品有豆腐、豆油、豆皮。山珍类有黑木耳、白木耳、香菇、平菇、金针菇、松菇、猴头菌、柴菌、黄花菜。调味料主要有葱、姜、蒜、花椒、胡椒、砂仁、八角、茴香、陈皮、草果、白蔻、荆芥、紫苏、酱油、醋、味精、料酒。口味主要以麻辣为主，兼以酸味。风味食品有魔芋、凉粉、剪粉、腊肉、腌菜、泡菜、干菜、酸笋、豆腐乳、水豆腐、干豆腐、粽粑、糯米饭、皮蛋、细酸菜、狗肉、羊肉。

（三）宴席

贞丰待客热情。办红白喜事，传统宴席常有“六菜一汤”“九菜一汤”等。“六菜一汤”席面一般有一个“大菜”或头碗菜（整只鸡或鸭）。传统筵席用方桌，主宾坐上席。安席（也称摆席）时，一间屋内安放一席或同时安放二席、三席、四席不等，桌子摆放为品字形，家神之前一桌为主席，专门招待主宾，靠祖宗牌位一方为上席，主宾坐上席。总之，按摆席的多少和空间方位安排宴席，以突出主宾的尊贵。安席之后，每桌摆放8副碗筷。上菜人上菜的位置一般在桌子的右下方，右侧下座的人负责接菜，头碗菜居桌中间。平时待客，一般根据客人多少准备菜饭或火锅，可随时加菜加汤。

（四）酒

招待客人一般用本地生产的散酒。1991年以后逐渐用瓶装酒，啤酒、红酒渐渐成为餐桌上常见的食品。素有“无酒不成席”之说。待客必饮酒，如知道来客酒量大，主人还要找陪客。宾客之间、客主之间相互敬酒。敬酒应先敬主宾、长者。敬酒者双手捧杯递给受敬之人，受敬者喝完后双手退杯，递给负责斟酒者（“酒司令”）斟酒后，递给敬酒者继续敬酒，通常连敬三杯。敬主客或长者后，从某一位客人开始，顺时针转或反时针转，把整桌的客人都敬完。客人受敬后常常要主动回敬主人和陪客者，你来我往，互相敬酒。

（五）开席

凡办红白喜事，第一桌宴席相当讲究。首先由办酒席总管代表主人到厨房恭请厨师发菜。第一桌席主人家用于敬祖宗。敬祖宗后才正式开席。

（六）开正席

主人家敬祖宗，过后的筵席叫“正席”。正席桌数根据客人多少而定，其礼仪颇多。首先，是请客人入席，安排座次。特别是“上席”要安排妥当。招待不周，会得罪客人，有时会弄得主人、客人不愉快。坐上席的贵客，一般属外公、外婆、姑、舅、姨及本族长辈。请客时，将上席客人请到座位上，再依照辈分高低和亲疏安排客人入席。

三、节庆习俗

（一）过年

腊月二十三过“小年”祭灶神送灶王爷上天，腊月三十贴春联，从正月初一到正月十五闹元宵，这一整个过程叫过年。布依族到正月三十才过了年。

祭灶神。到腊月二十三，家家都打扫清洁卫生，在灶房焚烧火纸（钱纸），进行祷告祭拜，请司命老爷上天好话多说，这个习惯农村还在传承。

上坟祭祖。每年正月初二至初六带上香烛、火纸（钱纸）和火炮，到祖坟上祭拜。

贴春联。腊月三十（月小二十九）为大年三十，也叫“除夕”，在门边窗边贴春联。贴好春联后，布置堂屋，供奉家神或天地君亲师牌位，备香烛供品，日暮降临明烛祭祀。

团圆年。不管你身在何处，非迫不得已，都要赶回家过团圆年，吃“年饭”。餐桌上冷热荤素、伴炒炸蒸、山珍海味、美酒果点样样俱全。尤其象征红红火火、兴旺发达和吉庆有余的火锅、全鱼不可缺，有年年有余之意。佳肴摆好，先拜神灵、祖宗，然后阖家围桌，按长幼顺序依次而坐，相互敬酒奉菜，相互祝福，其乐融融。

守岁。屋内每个通道都要点灯，火炉生旺火，通夜不熄，叫“三十夜的火”。一家人围坐火炉，谈古论今或收看中央电视台的春节晚会，到半夜才休息，有的通宵不眠，称为“守岁”。

拜年。大年初一天亮后，男女老少换上新衣服新帽新鞋袜全身焕然一新，晚辈给长辈拜年，大人给小孩“压岁钱”。亲朋好友互祝新年快乐，大吉大利，有的打电话或发短信拜年。正月初三，姑娘女婿回娘家给父母拜年，然后给舅父舅母拜年。

打牙祭。正月初二，从子夜一点钟到九点钟，做生意者，以煮熟的雄鸡和一大块猪肉在门口供财神，祈求财神保佑生意兴隆，财源广进。

元宵节。正月十五是一年中第一个月圆之夜，所以正月十五称元宵节。正月十五以吃汤圆为主，汤圆即元宵。俗话说“十五的灯”，屋内屋外挂上各式各样的大红灯笼，燃灯点烛，使每个房间灯火通明。正月十五闹元宵，民间舞狮、玩龙灯至夜半。在珉谷镇、龙场镇、者相镇、长田镇等乡镇还到祖坟上点纸灯笼、焚香燃烛、供果品、放鞭炮、放烟花；时近天黑，坟山上灯火辉煌，爆竹声声。

二月二。苗族在二月初二过走亲节（见苗族章），近年来，全县各民族也与苗族同胞共度二月二走亲节。

（二）清明节

清明节前后若干天到先辈坟前烧纸，插“清明吊”（俗称挂纸、插青）、燃放鞭炮、叩拜祭奠或“培坟”（修理坟墓）。插青规矩是“新坟不过社”。人死后不满三年的坟都叫“新坟”，给新坟的亡人插青，不能超过“春社日”，也就是必须在立春后第五个戊日以前插青。清明节前机关单位组织干部职工，学校组织学生到革命烈士陵园扫墓，进行革命传统教育和爱国主义教育，缅怀革命先烈。

（三）三月三

布依族在三月初三，举行祭山活动（见人口，民族篇）。也有其他民族群众参加布依族的祭山活动。

（四）端午节

农历五月初五为端午节，又称端阳节。端阳插艾蒿，吃粽子，洒雄黄酒，给家里的婴幼儿挂“五香包”，洒雄黄酒的习惯已经逐渐淡化。端阳节晚饭后一家人，特别是妇女要邀约起，带着小孩去野外或郊外游玩散步，称为“游百病”，挑选路边鲜花花瓣，蘸井水洗眼睛，传说就会一年中眼睛不会生病。

（五）六月六

布依族在六月六举行祭田活动，全县机关单位放假休息一天（见民族篇，布依族章）。

（六）七月半

农历七月十五俗称“七月半”，汉族七月十四过节。布依族、苗族等有的七月十三过节。一般是七月初十晚上在门外烧香接老祖公回家过节，追念已故前辈。家里有逝世未满三年的从七月初一开始接，称为接新亡。将老祖公接来后，在神龛焚香点烛，在供桌上摆放一盘或几盘新鲜水果、两盘圆形彩色糕粑、两小碟用红纸缠成柱状向上生长的麦芽（麦芽——阴间驮钱纸、金银锞锭的马的饲料），麦芽碟一般靠后，糕粑居中，水果靠前。烧香祭祀至七月十四晚上送老祖公回程，同时烧包（内装钱纸、金银锞锭）送行，每封包面上用标准文言文书信体，竖排写上收者（亡者）姓名称谓，祭祀者姓名、时间，寄出（火化）日期，背面纸包接缝处写上一个大大的“封”，包中要包最厚一封写给地盘列主，其他都是老祖公的。

（七）中秋节

农历八月十五为中秋节。时值秋高气爽，花好月圆，夜晚全家团聚，品尝月饼果品，欢度佳节，共享天伦之乐。一些顽童还早早邀约好，跑到山林荒野，田间地角，带着家里“偷”来的米，田地里“偷”来的瓜豆，挖地灶安好，对着明晃晃的月亮煮“月亮稀饭”。所谓“偷”都是大人、长者知道的，默许的。

（八）重阳节

农历九月初九为重阳节，也是老年节。这一天，布依族常打新糯米粑粑过节，机关单位把退休的老同志聚集在一起，座谈会餐，庆祝老年节。

四、寿诞习俗

（一）打三朝

孩子生下第三天，主人杀鸡设宴，供奉祖先，陈述增添人丁，祈求祖先保佑。供毕，至亲好友共餐祝贺，就餐前请先生或德高望重的文化人写命簿，将孩子出生年月日时记入家族命簿。

报喜。婴儿出生后，婴儿的父亲带着红鸡蛋等礼品到岳父母家和主要亲属家通报喜讯，俗称“报喜”，并择定吉日举办满月宴，请亲戚朋友喝“满月酒”（月米酒）。

月米酒。女方娘家接到男方报喜后，在办满月宴的那一天到男方家祝贺，称“送背带”。送背带礼品由银手镯、五谷杂粮、婴儿服饰、鞋帽、儿童玩具组成。礼物上贴红纸条，书写吉祥词语。20世纪以前，男性一般不去吃月米酒。

孩子满月。孩子的母亲为告别“月母子”生活，带着孩子回到娘家。外孙第一次到外公、外婆家，外公、外婆要给孩子一些打发。

（二）寿庆

贞丰县多数人在出生日期备美食或酒席，特邀亲朋好友来共同就餐，祝贺生日快乐。60岁以前叫“过生”；60岁以后才能叫“做寿”，60岁之后逢十则做大寿（如70岁、80岁），60岁为花甲之年，儿女一般都为父母做寿，女儿女婿、侄男侄女、亲朋好友送寿对、寿匾。有的人家请有乐队，吹吹打打，十分热闹。祝寿仪式讲究隆重喜庆，有赠寿匾（寿对）、升寿匾（挂寿对）、坐寿席、拜寿等环节。

七十古稀之寿，八十、九十耄耋之寿，愈往后，庆寿就愈隆重。“亲在不言老”，父母在世，子女只能“过生”，不能“做寿”。

五、婚姻习俗

婚姻习俗主要经历提亲、相亲、订婚、接亲（结婚）、回门等程序。自由恋爱者，有的删繁就简。

（一）男婚

不论是自由恋爱，或男、女任何一方相中对方，或别人介绍，一般要请媒人或介绍人禀报父母同意，算是明媒正娶。

合八字。如双方父母均有意，男方向女方家“请庚”，即请女方家将女孩阴历的出生年、月、日、时如实书写在红纸上，以“报庚帖”形式告知男方。男方即请先生“合八字”，先生根据男女双方属相、五行的生克冲刑害等，推断双方是否适合婚配。八字不合者一般会中止提亲。双方若“八字”相合，婚姻就算约定，男方应送礼物给女方家，然后择吉日举行订婚仪式再结婚。

闹洞房。结婚当晚有闹洞房的习俗，闹洞房是年龄相当的表兄、表弟、表姊妹们或小孩子们在洞房中与新娘、新郎逗乐戏耍，想尽各种办法讨得新娘喜糖，增添喜庆气氛。

认亲朋。新娘与新郎的家族共同吃第一顿饭时，由长者逐一介绍男方的长、平、下辈，新娘要一一称呼。

回门。婚后第三天，新郎随新娘回娘家，拜见新娘家亲戚。

（二）女嫁

在男女双方订立婚约或领取结婚证以后，女方家就开始做嫁女的各项准备。首先是准备嫁妆，嫁妆根据家庭条件各不相同。陪嫁的物品一般都是日常生活用品，如衣柜、梳妆台、椅子、被子、被单、枕头、枕巾、衣服、鞋袜、箱子、洗脸盆、洗脸架、毛巾、火盆架等必备生活用品。20 世纪 70 年至 80 年代，还有“三转一响”（手表、缝纫机、自行车、收音机）之类，后来物质生活水平和经济收入高了，逐步发展到陪嫁电风扇、电冰箱、空调、摩托车等。

正酒当天，女方家要在堂屋的祖宗牌位下安桌子，上面摆煮熟的雄鸡、刀头肉（正方体的猪肉）、粑粑酒等祭品，新娘跪拜祖宗后才出阁。

六、丧葬习俗

农村丧葬秉持入土为安传统观念和一些旧习俗。

（一）灵堂吊唁

送终。老人临死之时，孩子们和直系亲属都要守护在身边，准备听其临终遗嘱，一直到老人去世，这叫“送终”。能为老人送终，表明子女们尽了最后的孝道，也表明老人有福。

烧落气钱。确认老人死亡后，儿女们跪于尸体前，将纸钱或冥币火化，叫“烧落气钱”，这是给亡人往阴曹地府的路费钱。

整容沐浴穿衣。人死亡后要为其沐浴、整容，男剃女梳。穿寿衣，衣服必须要单数，一般不超过 11 件，不少于 3 件，扣子不能是金属的。寿衣穿好后，有的让亡人口含银圆。俗称“含口钱”。

入殓。也叫“入棺”“入材”，就是把穿好寿衣的亡人装入棺材，同时燃放爆竹。入殓后，请“阴阳先生”择定安葬日期，聘请亲朋好友筹办治丧事宜，请人给家族、亲戚、好友送信，告知开堂和下葬的时间。

设灵堂。一般情况下，灵堂设在堂屋或正厅内。用大方桌一张安放在棺材前，桌子与棺材之间用竹片轧制纸墙，纸墙左右留圆形拱门，门边贴挽联，并插满柏枝树的树枝，有条件人家还在纸墙顶上和左右用青纱或白绸轧制炮花悬挂环绕，然后请“阴阳先生”做灵牌，安灵位，燃香烛，摆放祭品供香、三个饼或馍、三碗菜、三个酒杯。灵前设拜台，置聚宝盆（灰盆），棺材下面点“长明灯”，子孙戴孝（身穿白孝衣，头缠白帕，腰系麻绳）。不在家里死亡的，灵堂一般设在大门外；若要在室内设灵堂，只能将死者从房屋后门或从侧门抬进室内，没有后门、侧门的，须破窗户或破墙而入。

开孝。给戴孝人发孝帕叫作“开孝”。开孝由一位族内熟悉亲戚关系、明了礼节的长辈负责发放。经济条件好的孝家发孝帕给所有来吊丧的人，叫“开满孝”；一般的孝家不开满孝，只发给内亲。

孝子落礼。人们一旦得知丧事，就是再忙也得放下手中活计，前去吊唁、帮忙，不计任何报酬。亲朋邻里无论男女老少、亲疏、尊卑、贫富，只要到孝家，孝子见第一面时，均应下跪，向客人叩头行礼，称“孝子落礼”。

陪祭。前来吊唁的宾客，除年长者外，应先到灵前烧纸钱、点香、叩头或鞠躬。宾客灵前叩头或鞠躬，孝子在右边跪地陪祭，叩头还礼。

唱孝歌。孝歌也叫丧歌、挽歌，仅汉族有此风俗，是陪亡人过夜的一种悼念形式，一般在夜间唱，所以称夜歌。孝歌有板有眼，有起有落，富有诗意，强调韵脚，听起来悠悠入耳，想起来寓意深长。一般要打鼓相伴，程序为：起鼓开歌路、请神、转鼓、还阳、辞鼓、送神。所唱内容多为缅怀亡者生前功德事迹或历史人物故事，以传颂美德，褒扬孝道。

开堂。在安葬的前一日，孝家请先生主持举行集中吊唁，所有的亲戚都在开堂日上午以祭品（水果、糖食、祭席）、祭幛、花圈、花幡、旗伞、香烛、现金来吊唁。女儿、女婿还要以一头猪来祭，有的还有一只羊来祭。

（二）出殡下葬

出殡。逝者年寿高的，移出灵位前孝家要请人蒸糯米饭，俗称“蒸老人饭”，蒸汽蒸腾得越高越大，孝家子孙后代越发达；糯米饭蒸好后，到一定时辰，年长妇女用碗舀上糯米饭，压紧呈半圆，倒进跪在灵前，用手篼起前后衣襟的孝子的衣襟里，口中念道“前篼金、后篼银，子孙发达”等祝福语；众人把灵柩捧着移出灵堂（俗称移殇），摆在大门外两条长条凳上；灵柩出门前，亡者的所有后代和送丧者要吃“接气饭”，也叫“发饱丧”，接着燃放鞭炮，除去秽气。抬馆人用“龙杠”和绳子捆绑好灵柩后，“阴阳先生”高喊“出殡”，一时鞭炮齐鸣，唢呐齐奏，出殡上路。出殡路上，撒钱纸者在前，放鞭炮、执花圈、祭幛随后，长孝抱着灵牌或遗像跟随，其他男孝则弯着腰，手执引魂幡，杵着“杵丧棒”列队两排跟着长孝，年轻体壮的男性亲朋好友、街坊邻里抬着棺材跟随男孝，棺上立一只大公鸡，一人用黄烟向行进中的棺材两侧喷涂。众女孝则将孝帕缝成尖角状，罩着头、面部和上半身，在女性亲朋、街坊搀扶下，掩面哭泣，跟在棺材后送至郊外或村寨外，待“阴阳先生”选择一地停棺，举行告别仪式后，所有妇女原路返回。出殡中遇路不好走或有抬棺者不走时，众男孝要在棺材前面就地下跪，请众亲友、邻里继续出力抬棺上山；遇沟坎、桥洞，长孝要五体投地，趴在沟坎或桥面上，由抬棺人抬着棺材从其身上跨过，俗称“孝子搭桥”。

下葬。有的称为“下圹”，就是把灵柩放入已经挖好的墓坑（俗称“井”）里。城乡从古至今为土葬，之前选好墓地，定好“向桩”，挖好“井”，按照“向桩”方向调整好灵柩方向之后，孝子怀揣挖“井”时的第一锹土，在众人搀扶之下，站在棺脊上由前向后到着走，边走边将土洒落在棺材上，然后双膝下跪，双手向后挑起后衣襟呈篼状，“阴阳先生”站在井边，抓一把土抛到孝子背上和后衣篼里，谓之“篼财篼米”，之后掩土、堆土、砌坟、竖碑。

掩棺后，孝子孝孙把头上戴的孝帕解下，长孝将灵牌或遗像抱回家，由“阴阳先生”在堂屋或正厅“安位”。逢祭日或过年，在灵牌前烧纸、奠酒、磕头祭拜。

三晚烟火。亡者安葬后，要连续三晚上为其送柴火，用稻草编成碗口粗、1 米长的草辫子，将一端点燃，安葬的第一天晚上送到坟上，第二天晚上送到半路，第三天晚上只送到家门口，俗称给亡者“送火”。如果埋葬时立碑，就免送三晚火。

（三）守孝

复山、百日、周年。亡者葬后一般第三天举行复山仪式（埋葬时立碑的当天举行），葬后 100 天举行祭奠仪式，“百日”“周年”都是重要祭日，祭祀礼仪隆重，亲戚到场祭奠，有的打斋做法事。父母逝世后，孝家要守孝三年，三年内子女一般不办结婚酒，门窗不贴红对联（第一年贴白对联，第二年贴黄对联，第三年贴绿对联），布依族守孝期间（三年内）做客不坐上席。

除灵、了孝。也叫“除服”“脱孝”。三年满，举行仪式，将亡者灵位撤出，灵牌、灵屋送入墓地火化，以示服丧期满，除服。

吊丧用品。花纸匠以竹木、纸张为已故者做成的“房屋”称作“灵房”，式样有“三重檐”“四重檐”，附有“金山”“银山”“童男童女”“纸人纸马”“凉伞彩旗”等。21 世纪后有做“别墅”“小轿车”“彩电”“冰箱”“飞机”等模型。灵房一般是亡者女儿、女婿及亲朋好友请人做好后，再请上吹唢呐师傅并邀约亲朋好友组队吹吹打打，一路送往孝家，孝家大礼相迎。

封包裹。汉族在亡者祭日之前，把纸钱分成 0.5 厘米至 1 厘米厚，用白纸一叠一叠包起来，粘牢；正面用毛笔，以文言文书信体，竖排写上收者（亡者）身份、名讳，寄包、写封的年号、日期和原因，落上寄奉者姓名，再在背面接缝处写一“封”字，叫作“写包”。火化赠亡者及其先故亲人。

七、其他习俗

（一）雨水节时嫁接果树

认为在每年的二十四个节气中的雨水节嫁接果树成活率高，以后将硕果累累。

（二）在立春之前打井水泡耳块粑

用每年立春之前的井水泡的耳块粑保质期长，不容易变质变味。

（三）在立秋之日，忌到庄稼地里和山坡上，避免“秋老虎”。

（四）贴红贴

小孩（婴儿）常在夜里哭啼，父母认为，用红纸写“天黄地绿，小孩夜哭，过路君子念一遍，小孩睡到红日出”贴在三岔路口后，婴儿就不会夜哭。

（五）大门上挂镜子

家中连续发生不顺心不如意之事，认为遭到邪魔干扰，在大门上挂一面镜子能避邪。

（六）开财门

家中的忌日（除本家妇女外），戴孝之人闯入大门，外人在家中哭啼、打闹，即认为踩坏财门；遇血光凶星。就必须请先生来开财门；家事不顺，经济困难，生意不好，也要开财门。

（七）孩子戴锁

生子女后，怕妖魔鬼怪把孩子的灵魂摄去，用锁把他们灵魂锁住，保孩子健康成长，长命百岁。所以生男女孩后，即备银铜铃锁戴在孩子颈上。

（八）小孩挂剪刀

认为剪刀可以避邪驱鬼，未满周岁的男女孩子，在背孩子的背带上挂一把剪刀，周岁以后帽绊上系一把装饰剪刀。

（九）日忌

正月初一不出门，不扫地，不许别家妇女进屋来。早上不许年轻媳妇开大门，怕有身孕的遭到邪恶，称开门红（流产）；无身孕的怕踩着太岁，少则6年，多则12年才会受孕。初二不扫地。认为初一、初二扫地，会把家财扫出去，或说扫地疙蚤多。

（十）找保爷

保爷又称干爹。找保爷方式有三：一是根据算命先生按孩子的生辰年月时所示，找某姓或某行业的人做保爷。二是孩子多病，烧香祝告祖宗，舀一碗清水放在神桌上，第一个来家的男客人认作保爷。三是以社会交往为目的，经双方同意结为两干亲家。找定保爷后，备好酒肉择期送到保爷家认亲。保爷家备席供祖宗，干儿（女）行跪拜礼认祖。保爷为干儿女改姓名，赠衣帽鞋袜和一只碗，一双筷子。然后共入宴席祝贺。干儿女每年正月备礼物去保爷家拜年，一般拜三年，也有年年拜和几年拜一次的。此俗至今还存在。

（十一）打老庚

同龄男性结为兄弟称老庚。同龄幼童经双方父母同意结为老庚的称为背带老庚。年龄相差而情投意合认兄弟的，称为友谊老庚。结为老庚后，互赠礼物，拜见双方父母，新年互相拜年。

（十二）打同娘（音同“嚷”）

同龄女性或虽不同龄，但情投意合而结为姐妹的，成为同娘。逢年过节互相拜访，互赠礼物，情同亲姐妹。

（十三）升学酒

20世纪90年代以后，城乡家中儿女若考取大专以上院校，家长摆酒席祝贺，亲朋好友得到信息就送钱赠礼物表示祝贺和鼓励。

第四章　谚语　歇后语　方言

由于地理位置和历史的原因，贞丰县长期流传着不少的方言谚语、歇后语。贞丰县方言和谚语、歇后语形成了独特的文化。本章对部分方言、谚语、歇后语做记载。上部县志已记载的本志不再记载。

第一节　谚　语

大河涨水小河翻，大河无水小河干

三分种七分管，人勤地不懒

树大分桠，人大分家

天黄有雨，脸黄有病

朝霞不出门，晚霞行千里

命带三斗米，也要半夜起

放粪不如换种

五九、六九，隔河看柳

春打六九头，遍地是耕牛

家有十棵桐，到老不会穷

十个文人，讲不过一个横人

见人做事不要袖手旁观

见人家发财，不要心慌

早栽秧早割谷，早育儿早享福

三百六十行，行行出状元

世上没有后悔药

生意人吃秤，庄稼人吃粪

要致富，少生孩子多种树

有收无收在于水，收多收少在于肥

人不可貌相，海水不可斗量

杂技玩得好，全靠小弟兄

天晴带雨色，晴来了不得

寒露油菜霜降麦

命带三斗糠，只要半夜起来去栽秧

一九、二九怀中插手，三九、四九冻死猪狗

七九六十三，行人把衣担

人勤地生宝，人懒地生草

喂猪不赚钱，肥了一块田

吃得亏，打得堆

树老根多，人老不能话多

隔山打鸟，见者有份

人笨怪刀钝

世上只有人敬人，没有人怕人

有钱男子汉，无钱汉子难

钱财在白岩，不苦它不来

手中有粮，心头不慌

无农不稳，无工不富，无商不活
种田要上粮，杀猪要上行
人往高处走，水往低处流
世上无难事，只怕有心人
刀不磨会生锈，人不读书要落后
钱财如粪土，仁义值千金
人心齐，泰山移
人有失错，马有漏蹄
多栽花，少栽刺
人害人不死，天害草不生
蛇咬人有药医，人咬人无药医
心中无冷病，哪怕吃西瓜
人正不怕影子歪
常在河边走，哪有不湿鞋
恶有恶报，善有善报
当家才知盐米贵，养儿才知父母恩
一匹篱笆三棵桩，一个好汉三个帮
儿不嫌母丑，狗不嫌家穷
满壶摇不响，半壶响叮当
官有十条路，九条人不知
有心栽花花不长，无心插柳柳成荫
三脚板凳坐不稳，别人妻子靠不着
有缘千里来相会，无缘对面不相逢
龙生龙凤生凤，耗子养儿打地洞
打虎离不开亲兄弟，上阵还需父子兵
机不可失，失不再来
书中藏有黄金屋，不论贫困都必读
人无远虑，必有近忧
人亲财不亲，钱财要分明
大吃如小赌，勤俭能富家
路遥知马力，日久见人心
青出于蓝胜于蓝，冰结于水寒于水
忍得一时之气，免得百日之忧
酒吃人情，肉吃味道
军属烈属，抵不过人熟
人不勤俭不富，马无夜草不肥
十年树木，百年树人
只要功夫深，铁棒磨成针
吃得苦中苦，方为人上人
君子爱财，取之有道
金无足赤，人无完人
是金子总会发光
人无千日好，花无百日红
害人之心不可有，防人之心不可无
起心害人终害己
不做亏心事，不怕鬼敲门
要使人不知，莫非己莫为
得寸进尺终非好，退后一步自然宽
经常走夜路，总会遇着鬼
出门看天色，进门看脸色
长兄为父，长嫂为母
晴带雨伞，饱带干粮
欺大不欺小，三年赶得到
真传一张纸，假传万卷书
人心比天高，命才如纸薄
兔子不吃窝边草，老鹰不打窝下食
酒逢知己千杯少，话不投机半句多
公鸡打架头对头，夫妻打架不记仇
美不美乡中水，亲不亲故乡人
一寸光阴一寸金，寸金难买寸光阴
书读百遍，其义自见
远亲不如近邻
先小人后君子，先交涉后不乱
亲兄弟，明算账
纸包不住火
竹林笋子高过母
将门出虎子，名师出高徒
身教重于言教
人情大过王法
猫来穷，狗来富

跑不过雨，蛮不过理
身边有个妹，喝酒不会醉
雨后的太阳，后娘的心肠
当官不为民做主，不如回家种红薯
斗笠下面看不出人才
村看村户看户，群众看干部
听过不如见过，见过不如做过
见人且说三分话，未可真心全部掏
不吃锅巴饭，不在锅边串
读不完初中，不能去打工
饭后百步走，活到九十九
饭后一杆烟，好比过神仙
笑一笑，十年少
人活一张脸，树活一层皮
人怕出名，猪怕壮
男女搭配，干活不累
有风才有浪，无风不起浪
君子之交淡如水，小人之交甜于蜜
要致富，先修路
上梁不正下梁歪
会唱不离口，会打不离手
看山打柴，看菜吃饭
天干三年，饿不死炊事员
君子重于义，小人重于利
生男生女都一样，女儿也是传后人
要想学得会，不怕苦和累
人似三节草，不晓得哪节好，三穷三富不到老
拿人家的手短，吃别人的嘴软
不是那个人，不上那家门

第二节　歇后语

耗子养儿——帮猫挣
做梦娶老婆——尽想好事
竹篮打水——一场空
老牛拖破车——慢腾腾
好打的牯牛——没有一张好皮子
猫哭耗子——假慈悲
背鼓上门——自找打
寡妇门前——是非多
老虎屁股——摸不得
猴子搬苞谷——搬一包落一包
对牛弹琴——不知音
高射炮打蚊子——大材小用
二胡子——尖稀（谦虚）
光脚板踩刺——试着来
儿子打老子——全不是
马毛拴豆腐——提不起
槽中无食——猪拱猪
乡下人扛竹竿进城——直来直去
八仙过海——各显神通
酸汤点豆腐——一清二楚（一物降一物）
正月十五贴门神——晚了半个月
芝麻开花——节节高
瞎子点灯——白费油
狗咬耗子——多管闲事
猴子捞月亮——看得见摸不着
铁公鸡——一毛不拔
聋子和哑巴拉二胡——各拉各的调
逼牯牛下崽，逼公鸡下蛋——为难事
安顺茶叶——假货
一丈二尺长的烟杆——摸不着斗斗
黄泥巴敷裤裆——不是屎（死）也是屎
黄鼠狼给鸡拜——不安好心

飞蛾扑火——自己找死
马屎坨坨——外面光
敷嘴边的饭——吃不饱
老母猪借豆渣——有借无还
十五只吊桶打水——七上八下
脑壳进水——神经病
老虎嘴上拔毛——不想活
麻子打呵咳——全体动员
跛子走路——高下点
耗子钻风箱——两头受气
公鸡屙屎——头节硬
肉包子打狗——有去无回
孔夫子搬家——尽是书（输）
哑巴夫妻睡一头——无话可说
哑巴吃汤圆——心中有数
癞子头上的虱子——明摆着
厕所里大小便——离屎（死）不远

第三节　方　言

贞丰县方言很多，除上轮县志记载外，本轮县志又收集一部分与普通话做对照。

普通话		方言	普通话		方言	普通话		方言
被子	叫	被窝	床单	叫	帕单	火柴	叫	洋火
铁钉	叫	洋钉	煤油	叫	洋油	铁铲	叫	洋铲
公路	叫	马路	食盐	叫	盐巴	厕所	叫	茅厕（si）
感冒	叫	凉倒	明亮	叫	亮绍	结冰	叫	下凝
实在	叫	巴实	署名	叫	落名	愚蠢	叫	憨包
跟着	叫	跟倒	傍晚	叫	查黑	牵头	叫	承头
义父	叫	干爹	义母	叫	干妈	粗糙	叫	毛糙
螃蟹	叫	螃海	樱桃	叫	恩桃	勺子	叫	瓢羹
落空	叫	泡汤	口吃	叫	结巴	入赘	叫	上门
女婿	叫	姑耶	冒犯	叫	简慢	乞丐	叫	叫花子
蟋蟀	叫	叫鸡	好处	叫	鱼头	狠毒	叫	刮毒
人死	叫	归天	欠债	叫	背账	刁难	叫	扯拐
零食	叫	小嘴	赠予	叫	打发	入伙	叫	打堆
骄傲	叫	大帽	毒辣	叫	歹毒	灵活	叫	撰变
辛苦	叫	负累	护理	叫	招抚	照顾	叫	照应
客气	叫	下细	大家	叫	大齐	亏损	叫	折本
垮台	叫	倒坎	吝啬	叫	老抠	惩罚	叫	收拾
胆怯	叫	虚伙	舅父	叫	舅爹	姑姑	叫	姑妈
斗笠	叫	篾帽	严重	叫	老火	收尾	叫	杀角
放弃	叫	退枯	狡猾	叫	滑头	狡诈	叫	奸得很

溺爱 叫 稀奇	就是 叫 斗是	偏要 叫 硬是
委屈 叫 耶气	拳头 叫 定坨	回家 叫 花去
理你 叫 尔你	大腿 叫 霸腿	一直 叫 紧倒
耳光 叫 刮耳	炖烂 叫 煨葩	强制 叫 估倒
结实 叫 古实	那个 叫 阿个	短裤 叫 摇裤
摔倒 叫 搭倒	寂寞 叫 闷罩	什么 叫 啷子
骗 叫 麻	产生矛盾 叫 扯皮	犟脾气 叫 牯头
岳父 叫 老丈人	岳母 叫 老丈母	拖拉机 叫 铁牛
不好意思 叫 害羞	腹泻 叫 屙肚子	鲁莽 叫 蛮格格
落后 叫 耍尾巴	偷袭 叫 毯冷宝	自行车 叫 洋马儿
钞票 叫 米米梭	乞丐 叫 老背背	急躁 叫 稿捞捞
出风头 叫 丛宝	干坏事 叫 做胀事	柔软 叫 葩噜噜
吃饭 叫 吃忙忙	财迷 叫 饿老冠	衣冠不整 叫 披衫打褂
受不了 叫 遭不住	很生气 叫 鬼火戳	自己来 叫 拱家来
代人承担错误 叫 背过	冷清 叫 冷火屁秋	干什么 叫 搞朗子
打主意 叫 打瓜精	不分好坏 叫 麻打火勾	坐不住 叫 三脚猫
颠三倒四 叫 到二	有利可图 叫 划算	言行不正 叫 疯头邪脑
做不正当之事 叫 捉	不认真 叫 稀尔八痴	慢腾腾 叫 皮梭梭
鲁莽胆大 叫 灭得很	整齐、漂亮 叫 撑头	

人　物

在社会发展进程中，贞丰县涌现了不少模范人物和有一定影响的专业技术人才。本志采用人物传略、人物简介、人物表的形式收录部分人物。上部县志已记载的人物，本志不再收录。因时间跨度较长，资料有限，不足之处难免，在下轮县志编纂中将予以更正和补遗。

人物传略

肖　波

肖波（1916—1992），原名勾荣荥，男，汉族，贞丰县城后排街人，民国27年（1938）加入中国共产党。曾任红色报刊《新民报》和新四军《拂晓报》记者、《新华日报》副刊主编、新华社华东分社战地记者、解放军三野六纵队《火线报》社长、新华社华东分社六支社社长、《新华日报》编辑部主任、《川南日报》副社长兼总编辑、四川内江地委宣传部长、内江地委副书记等职务。

早在学生时代，肖波就参加贵州的抗日救亡运动。民国27年（1938），他从贵州到四川，经邹韬奋介绍，加入中国共产党，以记者的身份开展相关活动，被国民党追查。后来经中共地下党组织介绍，转移到华东敌后根据地新四军六支队，以《拂晓报》为武器，开展抗日宣传，唤起全中国人民不畏日本侵略者的强暴，团结起来一致抗日。民国28年（1939）发表《谨以鲜血纪念我们的老战士——鲁迅》《彻底打击汉奸言论》《你是否麻木》等抗日文章。他在《你是否麻木》文中，愤怒揭露卖国贼、汉奸破坏民族团结和抗日民族统一战线的勾当，极力宣传和鼓励消极抗日者尽快觉醒，不能继续麻木，要认清抗日形势和前途，树立抗战必胜信心和决心，积极支持和参加抗战。为我国在抗日战争时期建立抗日民族统一战线和抗日战争胜利做了大量工作，做出积极的贡献。

抗战胜利后，随解放军解放华东各省市，挺进大西南，从事地方意识形态管理工作、思想政治工作、历史研究工作成绩显著，获得四川省人民政府颁发的首届哲学优秀成果奖。为中国的革命和建设事业做出了贡献。1992 年逝世。

岑国学

岑国学（1929—1992），男，布依族，贞丰县连环乡大田村人，初中文化，1951 年 5 月参加革命工作，1954 年 10 月加入中国共产党。

1951 年 5 月至 1952 年 6 月，为贞丰县人民武装部工作员；1952 年 7 月至 1955 年 2 月，任册亨县人民政府事务长、会计；1955 年 3 月至 1956 年 3 月，任册亨县人民政府手工业管理科副科长；1956 年 4 月至 1956 年 8 月，任中共册亨县委农工部副部长；1956 年 9 月至 1957 年 2 月，在贵州省委党校脱产学习；1957 年 3 月至 1960 年 3 月，任黔南州农业局局长，农业水利局局长，农业林业水利局党组副书记，贵州省 601 矿务党委委员、坑口党总支书记；1960 年 4 月至 1966 年 12 月，任望谟县农工部主要负责人，县农办主任；1967 年 1 月至 1977 年 7 月，任望谟县农业水利局主要负责人，农办主任，县委常委；1977 年 8 月至 1980 年 10 月，任中共册亨县委副书记；1980 年 10 月至 1985 年 10 月，任中共册亨县委书记；1985 年 10 月至 1990 年 12 月，任中共册亨县委顾问；1991 年 1 月退休；1992 年 11 月 4 日病故。

王春生

王春生（1925—1992），男，汉族，江西省婺源县人，1949 年 4 月参加革命工作，1952 年 1 月加入中国共产党。1949 年 7 月，随解放军南下，进入贵州。1950 年 4 月，调入中共兴仁专区军政代表团工作；1951 年 3 月至 1952 年 9 月，调贞丰县委会工作，任干事；1952 年 8 月调任贞丰中学校长，同年 10 月至 12 月，参加全省中学教师工作培训。王春生自 1952 年调入贞丰中学（后来改为贞丰一中）至 1986 年离休，三十四年如一日，竭忠尽智，辛勤耕耘，为贞丰中学发展壮大倾注了毕生精力。他一生清正廉洁，公而忘私，不图名利。

王春生在担任贞丰中学校长期间，坚持社会主义办学方向，提倡“教育民主”“管理民主”“经济民主”的工作思路，按照教学规律办事，领导全校教职工齐心协力，开展各项工作，提高教学质量。由于他工作经验丰富，办学有方，组织上多次动员他担任贞丰县教育局局长，都被他婉言谢绝，不愿离开贞丰中学。在他岳母病故时，学校教育工会要补助他丧葬补助费，被他拒绝，建议工会留作其他教学开支。

王春生离休后，仍然关心学校工作，经常对新任学校领导班子提出合理化建议。更为难能可贵的是，在他生命弥留之际，还给新任学校领导班子留下“多关心同志”的嘱咐。1992年4月1日，王春生逝世。按照王春生生前嘱咐，将他安葬在原贞丰中学后面的山坡上。

马良辅

马良辅（1918—1992），男，回族，贞丰县珉谷镇旧城街人。1950年年初，到贞丰县公安局参加清匪反霸工作。之后，历任贞丰县、兴仁县民政局局长、贞丰县民族事务委员会主任。1980年后任贞丰县人大常委会民宗委主任、县人大常委会副主任，直到70岁才退休。在20世纪50年代，他还兼任贞丰县滇剧团（后改为黔剧团）团长，直至20世纪60年代剧团解散。

马良辅工作兢兢业业，一丝不苟。他在兼任剧团团长期间，不仅充分发挥老艺人赵守许、李星文等人的骨干作用，还培养了朱轶明、李志思、杨昌琼、万培德、张英鸾、保大同等一批文艺骨干，有些文艺骨干分别被选调贵州省黔剧团、安顺地区黔剧团。组织县剧团巡回城乡演出，近十年间先后演出滇剧、黔剧《一捧雪》（又名《审头刺汤》）、《玉堂春》《金玉奴》《西厢记》《秦香莲》《柳荫记》《梁山伯与祝英台》《人面桃花》《白蛇传》，以及现代戏《刘介梅》等20多台剧目。丰富了贞丰人民群众的文化生活。1950年至1980年，先后被选为省、州、县各级人民代表、政协委员。1992年逝世。

谢德官

谢德官（1914—1994），男，汉族，河南濮阳人。1942年2月参加革命工作，1944年3月加入中国共产党。1942年至1945年任河南省濮阳县前郑农民协会主席、武装工作队队长；1946年至1952年先后任中国人民解放军第二野战军五兵团十七军四十九师一四七团股长、指挥员、党支部书记、连长等职务。1949年4月，谢德官所在部队奉命南下，11月达到贵州，1950年2月3日，一四七团进驻贞丰县。谢德官到贞丰县后，率领队伍投入镇压国民党反动派残余势力、清剿土匪、维护社会治安、建立人民政权等革命工作。1952年3月任贞丰县者相区委书记；1955年11月任龙场区委书记；1956年5月任贞丰县农村工作部部长；1957年4月任贞丰县交通工作部部长；1961年9月任贞丰县城关区委书记；1962年3月任中共贞丰县委书记处书记；1966年至1969年“文化大革命”期间，被诬蔑为“走资本主义道路当权派”，遭受红卫兵造反派错误批斗。1970年恢复名誉，任贞丰县革命委员会党的核心领导小组成员；1971年任中共贞丰县委副书记；1983年离休，任中共贞丰县委顾问，享受副地、专级待遇，1994年4月逝世。

谢德官参加革命后，对党忠诚，立场坚定，旗帜鲜明，为党和人民兢兢业业、勤勤恳恳工作。在贞丰县工作期间，深入基层，关心群众，足迹遍布全县山山水水，村村寨寨，宣传贯彻落实党和国家的各项方针政策，了解基层组织工作和人民群众生产生活情况，指导基层组织开展工作，帮助群众解决生产和生活中的困难，组织基层干部和群众发展生产，改善生产生活条件，大搞农田水利建设。为改变贞丰的面貌和社会主义建设做出了应有的贡献。

王履尧

王履尧，号王灿（1915—1994），男，汉族，贞丰县小屯乡集贤村人。王履尧青年时期考入黄埔军校第七期。历任国民革命军团长，国民党中央军校湄潭贵州分校教官，全国解放前夕去台湾。蒋经国在台湾执政时期，谷正刚任台湾国民党“国防部部长”，王履尧任金门、马祖中将司令。后来，王履尧辞职从事《易经》研究。1989 年，王履尧回集贤村探亲，受到黔西南州政协、州委统战部及贞丰县人民政府的热烈欢迎和接待。王履尧深受感动，慷慨解囊捐献 20 万元人民币修建家乡公路（集贤路），1990 年竣工。王履尧回台湾后，于 1994 年病故。

叶甲山

叶甲山（1939—2003），男，汉族，贞丰县者相镇人，1959 年考入安顺师范专科学校，毕业后分配到贞丰中学任教，“文化大革命”时期参加派系被捕入狱，1979 年得到平反恢复原职，安排到贞丰牛场中学任教，后任牛场中学校长，1996 年退休。叶甲山在牛场中学任校长期间，教学成绩突出，连续几年考取大中专学生人数位居全县前列。一个乡镇级中学教学成绩比县城中学突出，当时被称为“牛场现象”，受到各级领导高度评价和赞扬，1991 年叶甲山被评为“全国教育系统劳动模范”，1993 年后，先后当选为州、县人大代表，省、州、县政协委员，第五届县政协常委。

叶甲山在贞丰教育战线上倾注了毕生的精力，他严谨、正直、敬业的治学态度令人敬佩。叶甲山因病于 2003 年 11 月 2 日逝世。

龙裕信

龙裕信（1919—2006），字野平，男，黎族，出生于贞丰县长田乡陇塔村一个富裕的家庭。1924 年入私塾，学习《四书》《五经》，后来转入贞丰县者相小学。1935 年，考入兴义中学。1938 年到昆明，考入昆华高中。1940 年，考进云南大学。在云南求学期间，聆听过闻一多的演讲，受到新思潮的启蒙，开始接触马克思列宁主义，开阔了视野，认识到个人的前途与国家的命运息息相关。对国民党政府的消极抗日极为不满，了解共产党的抗日主张，拥护共产党统一抗战决策，参加共产党领导的抗日宣传活动。

1942 年，由于国民党的消极抗日，日本侵略者占据了祖国的大部分河山，国民党政府大肆屠杀民主进步人士和镇压爱国青年学生。于是毅然弃学返回家乡，与志士同仁参加关岭六马地区的武装暴动。1947 年春，加入中国共产党贵州地下党领导的“反蒋武装”组织，与国民党的基层组织做斗争。

1948年春，他到云南与中国人民解放军滇桂黔边纵罗盘区委联系，争取党组织的领导和帮助。同年6月，根据党中共组织罗盘区委的指示，到关岭与聂吉甫、邱崇杰、王由植组建盘北游击队第六、七、八支队。1949年9月，杨天擎任盘北游击队第八支队支队长，龙裕信任第八支队副支队长。杨天擎和龙裕信领导的盘北游击队第八支队以反国民党征兵、征粮、征款“三征”为口号，号召各阶层人民反抗国民党的剥削与压迫。在关岭、兴仁、贞丰县人民的拥护下，第八支队领导的反“三征”等工作取得了较大成效。

1950年1月，杨天擎、龙裕信到兴仁向中国人民解放军军事代表汇报工作后，随县长周明轩、政委蔺伐夫到贞丰开展接管建政工作。中华人民共和国成立后，龙裕信参加贞丰县的“五大”运动，兴仁地区的“三反”运动和土地革命；1957年，调黔南工专、黔南民师、都匀二中、都匀三中工作；“文化大革命”时期的1971年被错误地下放回老家（贞丰县长田乡陇塔）劳动改造，1973年落实政策拨乱反正恢复工作。1980年，调都匀四中任副校长。1984年离休。2006年7月因病在都匀逝世。

杨天擎

杨天擎，化名易敬夫，（1917—2007），男，汉族，贵州兴仁县白泥田人，幼年在本地私塾读书，后来转入贞丰县者相就读，1934年进入兴义中学就读，中学毕业后考取贵州大学。大学文化。

1949年秋，任中国人民解放军滇桂黔边区纵队盘北游击队第八支队支队长，1950年至1952年春任贞丰县白层区区长、兴仁民政干校区队长、安龙县民政科代科长，1952年夏遭错误处理被判刑，1981年落实政策平反，先后在贞丰县农业局、县政协工作。当选为县政协第一届至第四届副主席。1990年离休。2007年2月逝世。

1949年3月，杨天擎就读贵州大学，受到革命思想的影响，在贵阳参加“反饥饿，反迫害”的学生运动和一些革命活动，被国民党贵州省政府追捕。遵照革命组织的安排，杨天擎潜回兴仁、贞丰一带开展革命活动，同年9月与中共入黔解放委员会取得联系。中共入黔解放委员会当时开展“发展武装，打击敌人，保护滇、桂、黔要道和桥梁，成立滇、桂、黔边区纵队罗盘区盘北游击第六、第七、第八支队”的工作。当时杨天擎被安排任盘北游击队第八支队支队长，并被委派率队到兴仁、贞丰一带开展革命活动。在贞丰发展地下武装，同国民党政府斗争，保护交通要道和花江铁索桥，宣传革命的大好形势，唤醒民众，迎接解放等革命工作。为贞丰的解放奠定了基础。

杨天擎领导的盘北游击队第八支队，在国民党做垂死挣扎、斗争形势极为复杂的情况下，秘密开展革命工作，分化瓦解敌人，宣传革命，团结革命力量等大量工作，还为党输送了一批经过革命锻炼的干部。杨天擎虽在“文化大革命”中受到错误处理，但他坚定信念。落实政策平反重新走上工作岗位后，勤政廉政，积极为党和人民工作，为贞丰的民主政治建设和农业生产做出了应有的贡献。

唐光锡

唐光锡（1930—2008），男，侗族，湖南省新晃县人，1948 年 3 月考入贵州贵阳私立程万中学，同年 9 月转入贵州镇远中学；1949 年 3 月到镇远第二示范小学教书，同年 8 月投笔从戎，在部队做文书工作；1950 年 7 月入贵州镇远暑期学园学习，同年转入贵州镇远师范学校学习；1954 年 9 月进入贵州师范学院体育科学习；1956 年 8 月毕业分配到贞丰中学任教；1987 年被评为贞丰县首批中学高级教师；1990 年退休；2008 年 1 月 9 日病故，享年 78 岁。

唐光锡为贞丰县的体育教育事业奉献一生，曾为省体育专业队先后输送过 8 名体育运动员，为各体育院校输送 20 多名学生，为贞丰中学两次争得了“全国体育先进单位”称号。1981 年先后被评为贵州省优秀体育教师，全国首届千名优秀体育教师，受到国家教育部、国家体委、省教育厅、卫生厅、体委的表彰。1983 年获国家民族事务委员会、国家劳动人事部、中国科学技术协会授予“少数民族地区长期从事科技工作”荣誉证书。1981 年获全国优秀体育教师金质奖章。1989 年 9 月获贵州省人民政府授予“从事教育工作逾三十年，为培养社会主义建设人才做出贡献”荣誉证书。

曾金才

曾金才（1938—2010），男，汉族，高小文化，贞丰县白层镇人。1951 年在贞丰县城关镇工作；1952 年 10 月至 1959 年 6 月在贞丰县粮食局工作，1956 年加入中国共产党，历任通信员，工作员，秘书股副股长等职；1959 年 7 月至 1962 年 2 月在贞丰县委宣传部工作；1962 年 3 月至 1975 年 5 月在贞丰县团委工作，1965 年 12 月任共青团贞丰县委书记；1975 年 6 月至 1977 年 12 月任贞丰县水电局局长；1978 年 1 月至 1983 年 3 月任贞丰县农办主任兼水电局局长，先后加入中国水利学会、贵州省水利学会、黔西南州水利学会；1983 年 3 月至 1983 年 10 月任贞丰县农工部副部长，1983 年 10 月至 1990 年任贞丰县水电局局长，1983 年、1986 年任贞丰县第二、三届人民代表大会代表，1982 年、1985 年任中共贞丰县党代会代表；1991 年至 1996 年 10 月任黔西南州水电局副局长，其中 1996 年 3 月任黔西南州水电局副局长（主持工作），1993 年至 1996 年连续四年被省、州评为冬春水利先进工作者，受到省、州人民政府的表彰；1996 年 10 月至 1997 年任黔西南州水电局调研员；1997 年 11 月退休，2010 年逝世。

人物传略（前志补遗）

陆照辉

陆照辉（1907—1944），男，布依族，贞丰县珉谷镇必克大寨合心村人。1920 年至 1923 年，陆照辉就读于贵阳达德学校，受中国革命进步思想的影响，立志发展民族教育文化，唤醒民众。

从贵阳达德学校毕业回乡后，创办学堂，传播先进文化和进步思想。他先在自己家里的一间厢房办起私塾，招收布依子弟 10 余人免费就学。后来学子逐渐增多，小厢房不能容纳众多学子。1942 年农历正月十五，陆照辉组织全寨及周边村民数千人到小坡板（现坡生九组）的庙宇集会。陆照辉率众高呼“破除迷信，建造学堂”的口号，他第一个攀上庙顶拆瓦撬墙，将拆下的建筑材料全部运送到必克寨子中间（现中心村），组织村民有力出力，有钱出钱，有粮出粮，建造了必克学校。

在开学典礼上，陆照辉在校门上方题写校训：“忠孝仁爱，信义和平”，校门两侧写上“百年树人初基斯奠，五载抗敌古国复兴”对联，横批：“必克学校”。时值中国抗日战争已经五年，“必克”之意，旨在激发村民树立抗战必胜的信心，取之于《孙子兵法》中“攻必克、战必胜”之名言。必克学校历经数载，培育了一代又一代的布依族文人志士，迄今，仅必克大寨在外供职于行政事业和企业单位的布依子弟就达 106 人。

1944 年冬，陆照辉被谋害逝世。

李德华

李德华（1874—1948），号翠飞，男，汉族，贞丰县龙场镇上水桥人。少年就读于水桥学馆，成年后外出求学，毕业于广西某军校。之后，在军阀吴佩孚部队任职，从连职升任至师职，第二次直奉战争后返乡，曾任过龙场区区长。1948 年，他赴贵阳进同善社，到清镇因车祸死亡。他的住宅，是龙场地方尚保留的豪宅之一。

李德华在龙场有两件事至今仍流传。

一、上水桥“小兰亭”处的龙井水源，从前是不那么丰沛的。每年春天，水桥门口的田坝秧苗缺水。他从乡人语得知，龙井水源上溯，往巴铃卡子旁边崔家坝消洞中流失。于是，他雇人深入消洞探明情况，把约 15 米深滩的水流向探明，堵住另一支南向流去的水，使两支水流合而往东。果然，龙井水源和其上游的畜牧场水源大增。水桥田坝和下水桥村的西头田坝，获大水源，成为丰产坝。

二、水桥村原畜牧场水量增大以后，他在畜牧场水流处筑坝截流，提高水位，水沿龙井坡往下流。在龙井坡脚建设水碾一座，利用流水碾米。这个碾米坊，是龙场较早兴旺的碾坊之一。

刘世忠

刘世忠(1926—1950)，男，汉族，贞丰县城人。1943年珉球小学毕业后，考入贞丰中学。当时正值抗日战争时期，在思想进步教师刘正祥等人影响下，他对中国共产党八路军救国救民的主张和积极抗日的英雄行为十分景仰。

1946年初中毕业后，考取安顺高中继续深造。当时，家中无力支付学费及生活费用，中途辍学，回家乡农村小学教书，维持生活。他对国民党反动统治强烈不满。

1949年10月，他参加杨天擎为队长的滇黔边纵罗盘区盘北游击第八支队，在国民政府军政人员中开展策反工作，配合中国人民解放军十七军四十九师一四七团解放贞丰。

1949年底，兴仁地区和平起义。1950年，贞丰县人民政府开办知识青年训练班（即征粮训练班），游击第八支队推荐刘世忠参加学习，结业后随工作队前往白层征粮。当时，国民党残余屠占庭匪盘踞望谟，负隅顽抗，裹胁当地土匪，企图进犯贞丰。4月24日黎明，屠占庭率领土匪进攻白层区政府。时任白层区区长的杨天擎指挥区政府工作人员及征粮队向后山营盘上转移。在与土匪的战斗中，刘世忠被白层河外的一个匪徒击中，不幸牺牲，时年二十四岁，贞丰县人民政府追认为烈士。

姜　仁

姜仁（1930—1950），男，汉族，贞丰县城关镇三街人。1937年入学，1943年毕业于珉球小学。同年9月考入贞丰中学。1947年初中毕业，因家境窘迫，无力到外地继续深造。只好在家自学。

1949年，滇桂黔边纵罗盘区盘北游击第八支队在贞丰活动，经刘世忠介绍参加第八支队，进行地下活动。1949年12月10日，兴仁专区国民党军政人员宣布起义，贞丰随之和平解放。经游击队推荐，他参加知识青年训练班学习，结业后随工作队到白层区征粮。

1950年4月23日中午，白层区区长杨天擎接到情报：盘踞在望谟的匪首屠占庭率领匪部向白层方向进发，兵分三路从木耳山、鲁容、这洞进犯白层区人民政府。24日拂晓，枪声大作，征粮工作人员与土匪展开激烈战斗。在敌众我寡的形势下，征粮队员姜仁被土匪拉到白层河对面枪杀，壮烈牺牲，年仅二十岁，遗体安葬在贞丰城北塔山烈士陵园。

杨先恩

杨先恩（1887—1963），男，苗族，贞丰县者相镇下坡敖人，七岁时，其父请先生上门教汉语，常常听先生讲许多的英雄历史故事，受历史上英雄人物事迹和其祖父（贞丰县清代苗族首领杨树森）经常打抱不平故事的影响和启迪，幼年就萌生为国为民之心和社会责任感。1911 年，辛亥革命爆发，24 岁的杨先恩得知安龙县苗族王宪章在广州参加辛亥革命活动，产生了赴广州参加王宪章组织的反清运动的思想。1912 年 1 月，与贞丰县珉谷镇左旗的杨绍州（苗族）、纳马的杨占彪（苗族）、偏岗的陆国清（布依族）等 11 人前往广州的梧州参加国民革命军。在佛山等地多次参加推翻清政府的战斗，历任国民革命军副班长、班长、炮团大队长、营长、副团长，后来升任广州国民革命军警卫团长。在参加护法斗争和履行广州国民革命军警卫团长职务中，有机会结识了孙中山，曾与孙中山合过影。

1925 年 3 月，孙中山病逝，新民主主义革命失去了坚强的领导者。不久，他辞去广州国民革命军警卫团长军职回乡隐居。回到贞丰县者相镇下坡敖居住后，经常伸张正义，打抱不平，扬善除恶，维护本地的社会治安。1935 年 4 月红军长征过者相苗族村寨，他从多方面了解红军是深得人心的军队，劝告当地苗族同胞不阻挠红军过路。1938 年，他还揭露和反对国民党政府的苛捐杂税、欺压百姓等。1943 年支持王凯组织领导农民起义。

杨先恩于 1963 年逝世。

饶启尧

饶启尧（1906—1979），男，汉族，贞丰县城人，幼年入学读《四书》《五经》，青年到黔军李晓炎部队当勤务兵；1926 年 7 月随黔军李晓炎部改编为国民革命军第 43 军，参加北伐。

1929 年，饶启尧所在部队被编入国军 121 师，之后饶启尧考入南京中央军校高教班学习军事。

1937 年“七七”卢沟桥事变，抗战爆发。军校毕业的饶启尧时任国民革命军第 94 军参谋处长，率领部队在上海参加淞沪会战。抗战期间，饶启尧相继参与武汉会战、鄂西会战、四次长沙会战、豫湘桂会战等大规模对日作战。

1945 年 6 月，身为国民革命军 94 军 121 师 363 团团长的饶启尧奉命攻打和收复桂林。饶启尧率领 36 团官兵浴血奋战，经过 15 个昼夜的拼死攻防，夺取攻克桂林的战略要地长蛇岭 105 高地。国民革命军以伤亡 640 人的代价，歼敌 1000 余人，攻克和收复了广西名城桂林，饶启尧率部攻守长蛇岭 105 高地，为收复桂林立下了战功和打开了胜利之门。

抗战胜利后，军政部授予饶启尧罗斯福勋章并晋升为少将副师长，率部开赴上海，执行接管外滩的任务。1949 年 11 月 20 日，身为国民党军第四十九军参谋长的饶启尧少将在距贵阳市 180 千米的大方县羊场坝镇被中国人民解放军第十六军尹先炳部俘获。被俘后在贵阳集中学习半年，1951 年转入重庆战犯管理所，1961 年从重庆回贵阳一年后，被安排在贵阳太慈桥木工厂当工人，后来调到贵阳金华劳动农场当工人。1979 年病故。

王仕凯

王仕凯（1912—1982），男，布依族，贞丰县珉谷镇纳么村偏岗寨人。王仕凯少年好学，青年时擅长书法。由于他有文化，读了不少进步书籍，受进步思想的启迪。1937 年，当地县长杨端楷欺压百姓。他忍无可忍，与本乡陆照辉疾书赴贵阳控告杨端楷。杨端楷得知后，四处遣人追捕他，于是他投笔从戎。历任国民党中央军委特务科长，后历任国民党军队少校营长、副团长等职。抗日战争爆发不久，王仕凯所在部队参加抗日战争。在抗战中，他身先士卒，英勇顽强。参加徐州保卫战等战役。1945 年 9 月日本正式签订投降书，抗日战争胜利。由于王仕凯之母年迈体弱，他思母心切，为尽孝心，报答母恩，解甲归田，回家照顾慈母。1947 年其母逝世，为表孝心他亲自书挽联：

罄竹难书娘恩义

抚棺细数母勤劳

王仕凯回乡后，用自家房屋办私塾。在办学中，不计得失，根据学生家境适当收粮食作学费，实在交不出的就不交。他常教诲子弟：读书不求官，治身不求富，为文不求传，修德不求报。

“文化大革命”期间，因遭人诬告被捕入狱，后经查实，无罪释放。“文化大革命”结束落实政策时，因“文化大革命”时被抄家，参加抗战的证件被红卫兵劫去，无依据而未获国家规定应享受的待遇。

中华民国时期，他敢于揭露当地腐败官员，积极投入抗战。抗战胜利后，回乡孝敬母亲，教书育人的事，在当地传为佳话。

卢先甲

卢先甲（1921—？　），男，汉族，贞丰县城人，少年时代，在贞丰县城关镇读书。1938 年，赴贵阳求学，参加同学组织的“读书会”、贵阳筑光音乐会、沙驼话剧社等团体。1949 年 5 月至 12 月，参加在安龙、册亨、贞丰边界组织反蒋武装“贞丰游击队”，中华人民共和国成立后参加贞丰县征粮和剿匪工作。

解放前夕，卢先甲与马勇组织“贞丰游击队”，在马勇被捕期间，卢先甲带领游击队为贞丰的解放事业做出了应有的贡献。1949 年 12 月至 1950 年 3 月，参与成立贞丰县解放委员会，成为解放委员会成员之一。贞丰县人民政府成立初期，担任贞丰县人民政府民政科科长，负责征粮、剿匪工作。由于历史原因，卢先甲被误判为反革命分子，于 1952 年被判刑劳改至 1983 年 12 月，经贞丰县人民法院复查判决：撤销原判，宣告无罪。恢复工作后，被组织安排在安龙第二中学工作。1984 年 3 月离休。

王子益

王子益（1932—1984），男，布依族，高小文化，贞丰县白层镇这内村人。1950年至1951年在这内村任农民协会副会长，1951年赴望谟参加剿匪，1954年加入中国共产党，历任干事、乡长、团区委副书记、区委副书记，1956年至1962年任望谟县委组织部副部长、县委书记处书记、县委副书记等职，1963年调黔南州工作，历任黔南州总工会副主席、主席，黔南州林业副局长，黔南州农业局副局长，黔南州民委主任，黔南州民政局局长兼党组书记等职。1984年病故。

刘正祥

刘正祥（1921—1997），男，汉族，贞丰县人，共产党员，大学教授，曾在唐山交通大学、中国人民大学研究生毕业，早年参加过反饥饿、反内战的学生运动，从事地下工作。后来投奔老解放区，历任记者，中学、大学教师，带过研究生。

刘正祥在读书期间，正值抗日战争如火如荼的年代，他积极参加抗日救亡运动。1944年“黔南事变”，日本侵略者的铁蹄践踏到贵州独山、荔波一带，形势十分危急。他与同学王廷柱等毅然转回贞丰，准备发动群众参加抗日活动。当时贞丰中学的校长聘刘正祥为教导主任，王廷柱、龚鸿诚等为教员。1945年8月，抗日战争胜利以后，他又回到大学继续读书。大学毕业时，正是中华人民共和国成立前夕，组织上安排他在石炭井中学当校长，不久调任北京煤炭部干部学院任数学系主任，系党支部书记。随后又调宁夏回族自治区党校工作，参编《现代中国》宁夏部分，并担任宁夏回族自治区诗词学会理事，发表诗、文多篇。离休后仍发挥余热，继续从事写作和科研工作。1988年回乡探亲，应贞丰县政协的邀请，作过有关经济方面的讲座，得到各界人士的好评。

1997年他身患重病，于临终前嘱咐爱人韩冰，把积存的1000元交给组织作为党费。

人物简介

韦茂文

韦茂文，男，布依族，1925年出生，中专文化，中共党员，贞丰县者相镇萝卜寨人。

解放初，被推选为村农民协会主席、村长。1950年6月至9月参加当地征粮工作，任区农协会委员。1950年10月任贞丰县人民法庭审判员，1951年6月被选为贞丰县联合政府副县长，1954年4月被选为贞丰县县长，中共贞丰县委常委。1956年8月至1967年

3月在历届州人代会上被选为黔南州州长，1967年“文化大革命”中被夺权。1968年至1970年为黔南州革命委员会委员、常委。1971年至1978年10月任黔南州革命委员会副主任、第一副主任、中共黔南州委常委，1970年至1973年6月底兼任湘黔铁路都匀指挥部副指挥长、党委副书记。1973年至1981年4月任中共黔南州委副书记，州革命委员会主任，1981年3月至1991年4月任黔南州人大常委会主任，党组书记。1991年5月退休。

龚章福

龚章福（1926—2002），男，汉族，贞丰县龙场镇狗市边人，少年时期勤学文化，初中毕业后，1946年在龙场参加国民党青年军，1949年随国民党军队到台湾。1966年赴美国某大学攻读英文，获英文博士学位。因为英语流利，很受重用，长期任职于国民党“国防部”，被授予中将军衔。2002年，逝世于台湾省台北县，国民党主席连战致悼词，送挽幛“德范长存”，亲民党主席送挽幛“德范长昭”。

龚章福怀念故乡，期望国家统一。思乡之情和期望，表现在他寄钱来为祖母、母亲立碑和撰写的碑联：

望云空怀游子意

隔海难报慈母恩

卢盛芳

卢盛芳，男，布依族，1927年出生，贞丰县北盘江镇者颡村卢家高山组人，少年时念过几年书，1940年后回家务农，任过一段时期私塾教师。

1950年参加工作至1960年，历任贞丰县第三区陶安乡第二村农民协会副主席、乡农民协会委员、区农民协会委员、陶安乡土地改革工作员、乡长，中共贞丰县牛场区委副书记、中共贞丰县委委员、贞丰县人民法院院长、中共贞丰县委副书记、县委副书记兼贞丰县人民委员会县长，中共兴仁县委书记处书记兼贞丰大公社党委书记等职。其间，曾在兴仁专区政民干部学校、省委党校第七中级培训班学习进修。

1960—1970年，任中共贞丰县委副书记，贵州省人大代表；贞丰布依族苗族自治县县长，县四清工作团副团长。其间，被推荐到西南民族学院学习，任班长、党支部书记。

1970—1980年，任贞丰县委、县革委毛泽东思想宣传队副队长，盘西二二〇八兴义民兵师一团副政委、中共贞丰县委委员、县革委生产指挥部副部长、县委常委、县委副书记、县革委副主任、中共贞丰县委书记；中共贵州省委第四届党代会代表，中共贵州省委第五届候补委员；兴义地区专员公署副专员兼中共贞丰县委第一书记、县革委主任、县人武部政委。

1980—1986年，历任贞丰县人大常委会党组书记、县人大常委会主任；任兴义地区专员公署副专员兼中共安龙县委第一书记、安龙县人武部政委；黔西南州首届人代会代表、中共黔西南州委委员、州人代会代表、州人大常委会副主任、党组副书记、册亨县机构改革工作队队长。1986 年 6 月退休，享受正厅级待遇。

潘吉华

潘吉华，男，布依族，1928 年生，贞丰县珉谷镇顶江人。幼年就读于乡村私塾，青年时期就读于县初级中学，兴仁简易师范。1949 年 12 月参加工作后，先后被送到西南革大贵阳分校、兴义党校、中央政法干校、贵州农干校学习。

1949 年 12 月参加清匪反霸工作，历任贞丰县人民政府办事员、科员、副科长、科（局）长，贞丰县连环区、城关区区长。连续三届当选为贞丰县人大常委会副主任、党组成员。中年时，经常深入边远山区少数民族地区发展经济和开展基础设施建设，曾被选为贵州省人民代表大会第三届代表。退休后，积极参加社会公益活动。历任贞丰县布依学会会长、县关心下一代工作委员会主任，县慈善总会会长、县老年大学副校长、县老龄委顾问。

李世玉

李世玉，男，汉族，1929 年 5 月 7 日出生，山东省泰安县人。1946 年 8 月，参加中国人民解放军，在晋、冀、鲁、豫军区独立旅特务连一排二班当战士。1947 年，在解放军第二野战军四十九师一四七团当通讯员、战士。1950 年 12 月在兴仁专员公署当警卫员。1953 年 4 月后，历任贞丰县委组织部工作员、干事，县监委审干办公室副书记、主任，兴仁县文卫部副部长，贵州铝业公司工会办公室主任，贞丰县委宣传部副部长、县农林办公室主任等职，贞丰县上山下乡知识青年办公室主任，贞丰县政协第一届秘书长，县委统战部调研员。1985 年离休，享受正县级政治、生活待遇。

徐显义

徐显义，男，汉族，生于 1930 年 9 月 8 日，贞丰县龙场镇人。1937 年至 1946 年曾就读于贞丰龙场小学、兴仁中学、贞丰中学。

1947 年至 1949 年，在龙场小学任教 3 个学期。龙场解放后参加当地征粮队工作。1951 年 2 月考入西南人民革命大学贵阳分校学习，同年 8 月结业后分配到贵州省油脂公司工作。1952 年加入共青团，1954 年加入中国共产党。在贵州省油脂公司工作期间，历任办事员、科员、副科长、副经理等职。1956 年起历任贵州省粮食厅粮食经济研究室负责人、农场粮食管理处副处长、储运处副处长、粮食科学研究所副所长，粮食议购议销公司副经理（正处级）。1982 年 9 月至 1983 年 10 月在贵州省委党校学习。1983 年 4 月任贵州省粮食局党组成员、副局长。1992 年 4 月退休。退休后，担任过贵州省粮食经济学会常务副会长、名誉会长、顾问。贵州省商业经济学会副会长、贵州省民族贸易经济研究会副会长、贵州省保健科学技术学会副会长、中国粮食经济学会理事、中国商业经济学会理事、中国民族贸易经济研究会理事。

杨 松

杨松，男，布依族，1930 年出生，贞丰县挽澜乡董家齐村人。1950 年初参加工作。曾参加减租、退押、清匪等工作，并在小学教过书。1951 年夏，进入西南公安干部学校学习，1952 年分配到贵州省兴义专区公安处工作。1955 年年初到中共兴义地委党校学习，并加入中国共产党。1956 年到中央第一人民警察学校学习，先后调到黔南州公安局、司法局工作，曾任副科长、科长、党组成员、州司法局副局长、局长、党组书记等职。曾发表《试析少数民族地区宗法观念对实施法律的影响》《对调解少数民族地区纠纷的一些作法》《从一件重大经济合同纠纷的解决看律师在诉讼代理中的作用》等论文。系贵州省法学会会员、贵州省青少年犯罪研究会会员、黔南州关心下一代协会常务理事。1993 年退休。

韦廉舟

韦廉舟，字经纶，号乔松，男，布依族，1930 年出生，贞丰县挽澜乡拥跃布依寨人。1950 年 1 月参加工作，大学文化，中共党员。

曾任中央民族学院（中央民族大学）教员、贵州民族出版社编辑、贵阳市文物管理委员会副主任兼办公室主任，社会科学副研究员。韦廉舟致力于少数民族文化研究和文物古迹的修复工作，他曾参加中国科学院创造布依文工作；在贵阳市文物管理委员会工作期间，先后任《贵阳文物》编辑、主编，参与贵阳市地区文物普查和主持阳明祠、三元宫、刘氏宗祠、青岩文化古镇等处古建筑物的修复工作。1984 年贵州省文化出版厅、省文物管理委员会授予“文物工作战线先进个人”称号。1989 年国家文物局、公安部授予“文物安全保卫工作先进工作者”等荣誉称号。韦廉舟撰写民族风俗 24 篇，文物古迹 74 篇，民间文艺 11 篇。

杨德修

杨德修，男，苗族，1930 年出生，贞丰县小屯乡尾洒村大岭寨人，2008 年迁到龙场镇克妈井寨居住。

杨德修 12 岁随父学苗族民间中医。1950 年，曾参加中国人民解放军，在贞丰和兴仁两县交界处的凤凰山和贵州、云南、广西三省交界处的兴义泥凼剿匪。1959 年至 1995 年曾任龙场区头猫公社大山大队和小屯乡大山村党支部书记，其间，1962年至1966年，任头猫公社社队企业负责人。

杨德修出生在民间中草药医疗家庭，经常目睹父亲治疗骨折病人，解除病人痛苦，使病人恢复健康，从事一定的工作，减轻病人家庭负担。治好一个病人就拯救了一个家庭。因此，他学医专心认真，善于总结经验，到成年时骨科和麻风病医术比其父还精湛，治愈率高。几十年来，经他治愈的骨折病人3000余人，骨科民间医术远近闻名。1956年本寨杨正红年幼时因被挞斗压断腿部，经他治疗长大后通过体检合格参加解放军；20世纪90年代本寨杨正昌因发生爆破事故腿部被炸成粉碎性骨折，经他治疗一个多月后痊愈；珉谷镇顶肖村鸡罩岭组康老二在浙江打工，发生事故，腿部被压成粉碎性骨折到浙江某医院治疗，医院准备切除他的双腿，采取切腿治疗。康老二不从，于是请工友送他回贞丰，并请杨德修到家里治疗。经杨德修一年多的治疗，保住了康老二的双腿。

杨德修医术精湛，医德高，服务态度好，耐心细致，收费合理，深受病人的好评。

梁忠贤

梁忠贤，男，布依族，1931年出生，贞丰县连环乡喜练村人。1950年参加工作，1953年加入中国共产党，大专文化。20世纪50年代，曾任贞丰民族贸易公司副经理、中共贞丰县委办公室主任、贵州省机关工会秘书、中共贵州省委工业交通工作部秘书。1960年后任贵州省总工会办公室秘书。1970年后任贵州省总工会党组成员、宣传部部长。1992年退休。

潘吉藻

潘吉藻（1931—2008），男，布依族，贞丰珉谷镇俄田村人，初中文化，1953年6月加入中国共产党，1954年10月参加工作。

先后在贞丰县城关区委、白层区委、县监委、县委、县革委、县委组织部、县人大常委会、县政协工作。历任贞丰县城关区乡总支书记、区委组织委员、白层区委副书记、县监委委员，贞丰布依族苗族自治县副县长，县委常委、政治部负责人、县革委委员、中共贞丰县委常委、组织部部长、县人大常委会主任、县政协主席等职。1991年退休，2008年逝世。

刘廷福

刘廷福，男，回族，1931年6月出生，贞丰县珉谷镇后排街人。1947年7月，贞丰初中毕业即赴云南曲靖就读高中。1948年8月参加革命，曾在滇桂黔边区罗平县富乐镇回民中队、罗盘区北区主力大队、云南边纵二支队二十一团机炮连当民兵、战士、政治服务员。1950 年 5 月至 7 月，在中国人民解放军四十九师教导大队学习。1950 年 8 月至 1956 年 9 月，历任兴仁县委工作员、办公室主任、百德区委书记、兴义师范校长。1956 年 10 月至 1966 年 10 月，历任黔南州工业局长、州人委（州政府）秘书长、州委宣传部副部长。1970 年 5 月至 1981 年 2 月，任黔南州交通局长、州经委副主任。1981 年 3 月至 1991 年 6 月，任黔南州政府副州长。1991 年 6 月至 1996 年 6 月，任州政府督导员。1996 年 7 月离休，享受正厅级待遇。

蒙素芬

蒙素芬，女，布依族，1932 年生，贞丰县珉谷镇者马山人。中国人民政治协商会议贵州省委员会副主席，党组成员。

蒙素芬解放前务农。1950 年参加革命工作。1950 年，先后任贞丰县土改工作队队员、组长，1952 年 10 月任县妇联主任，团县委委员。1953 年，应苏联妇女反法西斯委员会的邀请，参加中国妇女代表团，赴苏参加十月革命三十六周年庆祝活动；1955 年参加中国青年代表团，赴波兰华沙参加第四届世界青年联欢节，同年出席全国青年建设社会主义积极分子代表大会；1956 年作为以陈毅元帅为总团长的中央祝贺团成员，赴西藏庆祝自治区筹委会成立。1956 年任贵州省妇联副主任，全国妇联执行委员。1971 年任省妇联主任、党组书记。1979 年至 1999 年任省政协副主席、党组成员。

蒙素芬还历任第一、二、三届全国人民代表大会代表；第二、第三届全国人大常委、民族委员会委员；贵州省第四届省委候补委员；贵州省第五、六届党代会代表；中共第十四次全国代表大会代表。兼任过贵州省人民武装委员会委员、贵州省体育总会副主任、贵州省残疾人联合会名誉副主任、省直老年妇女联谊会会长、贵州省布依学会名誉会长。主编《风流巾帼》一书。

黄国瑄

黄国瑄，男，布依族，1932 年生，贵州贞丰县珉谷镇岩鱼村纳核人。1950 年在家乡参加土地改革工作后，被选送到中共贵州省委党校学习，1964 年至 1966 年在西南民族学院学习。1952 年 11 月在中共兴义地委组织部任干事、副科长；1956 年调黔南自治州人委任人事处处长、州委宣传部副部长、州文化局局长，1975 年 2 月任中共安龙县委第一书记、1979 年任省水电厅宣传教育处处长、贵州省水利电力工会工委副主任，享受副厅级待遇。退休后任贵州省水利文学艺术协会会长。

黄国瑄勤政廉政，酷爱文学艺术，坚持业余创作。20 世纪 50 年代中期开始发表文艺作品。任黔南州文化局长时，主办《黔南文艺》。为一至三届中国水电文学艺术协会理事会理事、中国水电文协摄影协会会员、贵州省老年书画研究会会员，贵州省民间文艺家学会会员、中华诗词学会会员、贵州省诗词学会会员、《贵州诗词》编辑部副主任。编著有《水花朵朵》《贵州溶洞奇观诗文选》《山河恋》《水的风采》《贵州水利艺文志》《海棠集》《杜鹃集》等图书，由出版社公开发行。其传略载入《中国文艺家传集》。

潘国龙

潘国龙（1932—2007），男，布依族，贵州省贞丰县小屯乡土石田村人，初中文化，1952年11月加入中国共产党，1956年6月参加工作。

1956年至1958年9月，任龙场区头猫乡政府副乡长；1958年10月至1965年9月，任小屯公社书记、社长；1965年10月至1975年10月，任者相区委书记、区革委主任；1975年11月至1976年7月，任贞丰县农办主任；1976年8月至1981年4月，任中共贞丰县委副书记、农办主任；1981年4月至1983年12月，任中共贞丰县委副书记兼县政协一届主席；1983年至1984年8月任贞丰县第一届政协主席。1984年8月至退休任贞丰县人民政府顾问。2007年11月病逝，享年75岁。

余忠华

余忠华（1933—2014），男，布依族，贞丰县白层镇坡扪村人。幼年在本村读私塾四年，1952年8月9日在者相区参加税务工作，1954年10月转正并调县税务局，1956年2月加入中国共产党，1959年到中共安顺地委党校学习半年，1960年到贵州财校学习4个月，1980年到兴义党校学习3个月，1981年9月到西南农学院就读半年，1988年到贵州人大干训班学习3个月。

1956年10月任县税务局副局长；1958年8月调连环区委任副书记；1959年1月任白层区委副书记；1960年3月任兴仁县屯脚区委副书记；1961年8月调贞丰税务局任副局长（主持工作）1964年任牛场区委代理书记；1965年调县税务局任副局长（主持工作）；1973年任县税务局局长；1974年至1980年任城关区委书记。1981年任贞丰县县长；1984年至1993年任贞丰县人大常委会副主任、主任，县人大党组副书记、书记。

他深入基层，关心群众，团结同志，平易近人，勤政廉洁，工作踏实。在1981年选举县政府领导班子时，他为副县长候选人，但被代表选为贞丰县人民政府县长。

梁显庄

梁显庄，男，布依族，1934出生，贞丰县珉谷镇戈然村人。1952年7月至1956年底历任望谟县公安局工作员、副股长、副局长；1957年1月至1985年底历任黔南自治州公安局（处）副局长兼政治处主任、都匀县公安局长、党组书记、黔南州公安处长、党组书记，黔南州武装警察支队党委书记、政委；1986 年 1 月至 1991 年 8 月，任贵州民族学院党委统战部长、院直机关第一党支部书记；1991 年 10 月，后历任贵州省人民政府参事室业务处长、室机关党支部副书记、省政府参事。

杨昌文

杨昌文（1933—2005），男，苗族，中共党员，贞丰县者相镇田湾村人。

1950 年 4 月参加工作，1951 年 11 月加入中国共产党。1954 年 10 月至 1955 年 10 月，组织上推选到“贵州革大”学习一年。杨昌文曾先后担任贞丰县人委副科长、人委审干办副主任、兴仁县人委办副主任、贵阳林东矿务局莱冲煤矿党委办副主任、贞丰县财政局副局长、贞丰县委办公室主任、安龙县林办党组书记、主任，贞丰县政府副县长、黔西南州人民政府第一届副州长。

1983 年 3 月，当选为第六届全国人民代表大会代表，2005 年 2 月 18 日，因病医治无效逝世，终年 72 岁。

韦正华

韦正华（1933—2000），男，布依族，贞丰县连环乡人，初中文化，中共党员，原长春空军第 20 师管理科长，副团职。1951 年 5 月，参加中国人民解放军，在第 10 师 48 团 1 营当战士，1951 年 11 月加入中国人民志愿军，在 42 军 126 师 377 团当战士，1953 年 10 月在长春第一航空预科总队一大队任学员，1954 年 10 月在哈尔滨第一航空学校飞行大队学习，1956 年 5 月，在南京空军第 8 师 23 团当飞行员，1963 年 10 月在天津第 11 航空学校当教员，1969 年 9 月起历任长春空军第 20 师 5 团 3 大队主任、团副参谋长、师管理科长。1981 年 12 月，转业到地方工作，任中共贞丰县糖厂党委副书记、贞丰县糖厂工会主席。2000 年逝世。

童启文

童启文，男，汉族，1934 年出生，贞丰县城人，中共党员，大学文化。1955 年参加工作；1973 年 4 月，任贞丰县革委办公室副主任；1980 年 2 月，任贞丰县人民政府办公室副主任；1981 年 5 月，任中共贞丰县委办公室主任；1982 年 11 月，任中共贞丰县委常委、县委办公室主任；1983 年 12 月，任贞丰县人民政府副县长；1984 年 9 月任中共安龙县委书记；1992 年任黔西南州人大常委会副主任，1999 年退休。

周邦国

周邦国，男，汉族，1934年生，四川省郫县人，中共党员。1950年毕业于四川省成都师范学校，1951年分配到贞丰县任小学教师，1953年加入中国新民主主义青年团。1954年由组织保送入贵阳师范学院学习，1956年毕业分配到贞丰中学任教，1996年退休。

周邦国在贞丰中学执教期间，工作勤勤恳恳，不图名利，任劳任怨。曾担任过地理、历史、数学等学科教学。尤其地理、历史两科教学经验丰富，上地理和历史课，深受学生欢迎。他还担任过共青团教师支部书记、教研组长、班主任等。教学认真，成绩显著，先后被评为县、地（州）、全国先进教师。

皮国民

皮国民（1936—2010），男，汉族，贵州贞丰小屯乡龙井村人，初中文化，1954年4月加入中国共产党，1954年9月参加工作。

先后在贞丰县龙场区头猫分销店（其间：在兴义地委党校学习）、县纪委、牛场区委、中共贞丰县委、县政协工作。历任县纪委秘书、副书记，牛场区委书记、区革委会主任，中共贞丰县委副书记，县政协主席等职。2010年因病逝世。

杨尚骏

杨尚骏，男，回族，1937年出生，贞丰县城后排街人，先后毕业于贞丰县标准小学（今一小）和贞丰县初级中学，1952年考入兴义中学高中部，学习刻苦，成绩优异，各科成绩均为全班之冠。1955年高中毕业后，以当年高考名列全省第一名的成绩录取四川大学数学系。1959年四川大学毕业后分配到安徽大学任教，1977年受聘为讲师，1986年晋升为副教授，1991年晋升为教授。

1988年，任安徽大学数学研究所所长。长期致力于数学的教学与研究工作，尤其对矩阵论及其应用进行研究成绩显著。20世纪80年代曾两次赴美国密苏里大学做访问学者、访问教授，与美国著名矩阵论专家巴克教授合作进行了多次关于非负矩阵的研究，并联名发表多篇学术论文。截至1992年底，共发表译著一本，论著一本，学术论文23篇。论文中许多研究成果均达到当时的世界先进水平。

罗廷和

罗廷和，男，汉族，1938年生，贞丰县人，历任武汉冶金科技大学教授，校学术委员，优秀学术带头人。

1952年贞丰县初级中学毕业，1956年兴义中学高中毕业，1961年重庆大学钢铁冶金专业本科毕业，1956年重庆大学钢铁冶金专业研究生毕业，1965年在武汉钢铁学院（武汉冶金科技大学前身）任教。1992年10月至1994年4月赴加拿大多伦多大学冶金及材料科学系进行合作科学研究。

曾获得国家四等发明奖一项（为武汉冶金科技大学唯一的一项发明奖），冶金部科技成果三等奖两项。1996年后陆续获得国家自然科学基金、冶金部科研基金、湖北省自然科学基金和武汉冶金科技大学攻关项目基金。为武汉冶金科技大学纵向基金资助中级别最高，资助金额最多的学者之一。所研究课题已获得突破性进展，列入湖北省高等院校具有产业化前景的二十个科学研究项目之一。

肖成顺

肖成顺，男，布依族，1939年5月出生，贞丰县珉谷镇巧贯村人，13岁开始学习银饰制作，到16岁，对银饰制作技能已娴熟，能制作银铃铛、银手镯、梅花围腰银链、银竹节、布依菊花银扣、银戒指、银帽佛、银簪等，品种繁多，美观别致。1977年，肖成顺制作一整套布依族银饰进京参展，受到评委好评。参展银饰被北京博物馆收藏。2006年7月16日，制作的布依银饰参加“开磷杯”多彩贵州旅游商品设计大赛黔西南赛区选拔赛，作品《布依梅花银链服饰》获最具民族特色奖，为贞丰布依族银饰文化赢得了荣誉。2008年，北京市旅游局一位张姓女士在北京看到银饰藏品后，慕名专程到贞丰找肖成顺购买布依族银饰；贞丰一王姓女士在广东打工，佩戴肖成顺打制的布依族银饰，引来众多围观者连连称赞。

张玉伦

张玉伦，男，汉族，1941年5月生，贞丰县珉谷镇长安村人。1960年中学毕业应征参加中国人民解放军，在昆明炮兵师某团服役。在部队曾任团政治书记、宣传干事。1964年7月至1967年8月，被部队派到云南日报社“边防战士”专栏从事编稿工作。

1969年5月转业，历任贞丰县文化馆馆长，县文化局副局长、局长，宣传部副部长、县文联主席等职。2004年3月退休，县文联名誉主席、《北盘江》杂志名誉主编。

张玉伦爱好书画，系中国农民书画研究会顾问，中国书画家协会常务理事，中国民俗摄影协会会员，贵州省书法家协会会员，贵州省摄影家协会会员，黔西南州美术家协会副主席，黔西南州书法家协会理事，贞丰县书法协会主席。

20世纪60年代初，张玉伦开始发表美术、摄影作品，曾在军内外报纸杂志发表书法、美术、摄影作品200多篇（幅），个人出版硬笔书法集《翰韵方圆》和毛笔书法、美术合集等。

1988 年后，参加国内外各种书画大赛 13 次，获金奖 1 次，一等奖 2 次，二等奖 4 次，三等奖 4 次，优秀奖 2 次。

王天恒

王天恒（1941—2008），男，布依族，贞丰小屯乡土石田村人，大专文化，1965 年 7 月参加工作，1973 年 5 月加入中国共产党。

参加工作后，先后在安顺实验小学、贞丰县头猫学校、头猫公社教育组、龙场区委、县委办公室（其间：在中共贵州省委党校中青班学习）、县人大常委会、县政协工作。历任安顺实验小学校革委副主任、贞丰县头猫学校负责人、头猫教育组副组长、龙场区委秘书、组织委员、县委办公室秘书、中共贞丰县委常委、县委办公室主任，县人大常委会副主任、主任、党组书记，县政协主席等职。2003 年 8 月任中共贞丰县委调研员。2008 年逝世。

王定元

王定元，男，布依族，1943 年出生，贞丰县连环乡坡棉村人。1961 年贞丰中学初中毕业，同年参加中国人民解放军。1962 年 6 月，调到广州军区某部任副班长、班长等职，连续二年被评为“五好战士”，带领的班被评为“四好班”。1963 年带领全班参加广州军区大比武，获第二名。1963 年至 1964 年被选送到中国人民解放军军事体育学院学习，毕业后回原部队先后担任排长、副连长、连长、营长等职。1964 年参加中国人民解放军全军军事全能比赛，获第二名，荣立三等功。1969 年 10 月调到武汉军区。1976 年到武汉军区步兵学校学习，结业后回部队任副团长、党委委员、常委。1977 年至 1978 年到石家庄高级步兵学校学习。1982 年 1 月转业到贞丰县工作，任贞丰县第六、七、八届人民检察院检察长、党组书记。1990 年 9 月至 1993 年 9 月任中共贞丰县委委员、常委、县纪律检查委员会书记。1993 年 9 月，当选为贞丰县第十届人大常委会副主任。2003 年退休。

姜定普

姜定普，男，苗族，1947 年 5 月生，贞丰县白层镇猫坡村人，1969 年 3 月任民办教师，1972 年加入中国共产党，1995 年任猫村党支部书记，2001 年转为公办教师，2007 年退休。

猫坡村位于县城东面，离县城 27 千米，距白层镇政府 7 千米，山高坡陡，交通极为困难，是边远贫穷的苗族村寨。过去，村里没有学校，儿童只有到离村 7 千米外的学校读书、多数适龄儿童因上学路远行程困难没有读书。为解决村里儿童入学困难，1969 年 3

月，姜定普争取村民支持利用村里公房办起简易学校并当教师，解决村里儿童入学难的问题。1979 年，因办学用房修建日久已成危房，不能继续上课，他便用自家的房屋作教室，用自己的木料制作课桌，坚持继续办学，使 45 名学生能继续读书。1982 年，姜定普的学生发展到 75 人，自家房屋已不能容纳学生，村里有一户要出售房子，姜定普用自己的钱买下房子作教室。由于他办学特别积极，受到当地群众好评。2001 年 1 月，教育部门批准他由民办教师转为正式教师，2003 年，政府拨款为猫坡村修建学校，在修建中，他又用私款征用农户责任地作为建校用地，改善办学条件，学生发展至 200 人。2007 年 5 月，姜定普退休，由于学校老师少，他退而不休，继续上课至 2009 年。

1990 年、2005 年和 2008 年，姜定普获黔西南州委、州政府评选的“全州民族团结先进个人”荣誉称号；2008 年 9 月 10 日，在全国政协教科文卫委员会、中国民主同盟中央委员会等单位开展的“感动贵州的教师们”评选活动中，获“双十佳”奖；2009 年 9 月获“全国民族团结进步模范个人”荣誉称号，受到国务院表彰。

张正全

张正全，男，汉族，1948 年 11 月生，贞丰县长田乡金叶新村布克人，高中文化，中共党员。1966 年 6 月参加工作，1969 年 2 月参加中国人民解放军，在工程兵建筑第 307 团直属高机 3 连当战士，1971 年 9 月在工程兵第 5 支队政治部干部科任见习干事，1972 年 9 月在铜仁军分区政治部历任干部科任正排、副连、正连职干事，1980 年 1 月在兴义军分区政治部干部科任正连职干事，1982 年 5 月在贞丰县人民武装部政工科任正连职干事、副科长、科长，1985 年 6 月任贞丰县人民武装部副政委，1986 年 5 月任贞丰县人民武装部政委，1997 年 11 月退休。从 1985 年起，历任中共贞丰县第 5、6、7 届委员会常务委员。

田景丰

田景丰，男，汉族，1949 年出生，贞丰县城田坝街人，大学本科毕业，曾在国家某大型企业工作较长时间，20 世纪 90 年代初调到广西工学院任教。历任中国散文诗学会理事，中外散文诗研究会副会长，广西柳州市作家协会副主席。1993 年开始发表文学作品，出版有散文诗集、散文集、小说集和文艺评论等个人专著。

陈玉先

陈玉先，女，汉族，1950 年出生于云南省昆明市，中共党员，1975 年毕业于昆明师范大学数学系。1977 年 8 月调入贞丰一中任教。1984 年 3 月至 1990 年 7 月，任贞丰一中校长，1987 年当选贞丰县政协副主席。1990 年 11 月调兴义师专培训部任教，1991 年任培训部党支部书记，1993 年 8 月调兴义一中任副校长，1997 年任兴义一中校长，学校党支部书记，兼现任黔西南州中学德育协会理事长。

陈玉先在贞丰从教十余年，致力于贞丰一中的建设和发展，为贞丰培养人才。她任贞丰一中校长期间，实施教学改革，促进教学水平不断提高，1986 年贞丰县一中教学质量居全州第二。1988 年，陈玉先出席全国中学校长先进代表会议，1998 年被评为全国教育系统劳动模范。1995 年加入中国数学会，同年当选为黔西南州数学会理事长。先后发表德育工作论文和数学教学研究论文多篇，其中，部分数学论文获奖。

冯云弟

冯云弟，男，苗族，1950 年 1 月生，贞丰县龙场镇克妈井寨人，大专文化，中共党员。1969 年 2 月至 1975 年 3 月，任中国人民解放军某部战士；1975 年 4 月，任贞丰县水利局技术辅导员；1976 年 2 月，任贞丰县龙场区定塘公社党委副书记，贞丰县任驻皎贯公社路线教育工作队队员；1977 年 3 月，任贞丰县龙场区定塘公社党委书记；1980 年 1 月，任贞丰县龙场区三河公社党委书记；1981 年 5 月，任贞丰县龙场区委副书记；1983 年 12 月，任贞丰县人民政府副县长；1984 年 9 月，任贞丰县农村工作部正科级副部长；1987 年 5 月，任贞丰县人民政府副县长；1993 年 3 月，任中共贞丰县委常委、贞丰县人民政府常务副县长；1997 年 3 月，任黔西南州人大常委会副主任；2007 年 3 月，任黔西南州人大常委会副巡视员。2010 年 4 月退休。

任贞丰县人民政府副县长期间，被省人民政府授予“造林先进工作者”称号。

朱德海

朱德海，男，苗族，1951 年 6 月出生，贞丰县白层镇平袍双龙坡人，1957 年 3 月，搬迁至者相镇纳窝新寨村居住。大学文化，中共党员。1972 年 9 月，进入中央民族学院学习。1974 年 9 月毕业分配到兴义地区人事局任办事员；1982 年 6 月，任黔西南州人大常委会代表资格审查委员会秘书、人事信访科副科长、科长；1990 年 3 月，任黔西南州体制改革委员会办公室主任；1990 年 9 月，州委抽派到安龙县开展社教工作，任工作队长；1992 年 3 月，任黔西南州政协副秘书长、民族宗教联谊委员会副主任；1995 年 2 月，州委抽派到安龙县开展基层组织建设，任工作队长；1997 年 3 月，任黔西南州政协民族宗教联谊委员会正县级副主任；2002 年 5 月，任黔西南州政协文史与学习委员会主任；2011 年退休。

潘立德

潘立德，男，苗族，1952年出生，中共党员，大专文化，贞丰县者相镇打村人。1975年毕业于兴义师范。1976年1月至1983年12月，先后任中共贞丰县委驻平袍公社工作队长、公社武装部长、者相区武装部部长。1983年12月至1996年10月，先后任中共贞丰县委常委、宣传部部长、县委副书记，黔西南州政府副秘书长，册亨县县长，黔西南州劳动局局长、党组书记。2002年4月，当选为黔西南州政协副主席、党组成员，2004年9月任黔西南州政协副主席、党组副书记、中共黔西南州委统战部部长。2011年10月任黔西南州政协正厅级干部，2012年退休，退休后任黔西南州苗学会顾问。

潘立德曾于1994年参加全国少数民族参观团，在人民大会堂受到中共中央总书记江泽民、国家副主席胡锦涛等中央领导人接见。2005年1月，中共中央总书记胡锦涛到黔西南州视察工作时，受到中共中央胡锦涛总书记的接见。

余光黔

余光黔，男，汉族，1952年生，大专文化，贞丰县珉谷镇顶肖村岜号人，1970年参加工作，1973年加入中国共产党。

1970年至1976年在解放军5869部队服役，1977年8月至1978年4月参加贞丰县基本路线教育工作队；1978年至1984年，历任贞丰县城关区武装部助理员、副部长、部长；1984年至1990年任贞丰县城关区委书记，其间：1989年初至1990年初在省委党校学习，1990年10月至1997年任中共贞丰县委常委、宣传部部长；1998年3月任贞丰县第十一、十二、十三届人大常委会主任。2013年退休，享受副厅级干部待遇。

曾庆忠

曾庆忠，男，布依族，1953年7月生，贞丰县者相人，1969年4月参加工作，1970年5月加入中国共产党，大专文化。

1969年4月加入中国人民解放军，在部队历任班长、副排长、排长、副连长、连长；1982年12月转业，1984年3月在黔西南州纪委工作；1984年3月在州纪委任干事；1988年8月任黔西南州纪委纪检科副科长；1989年5月任州纪委政研室正科级副主任；1989年12月任黔西南州直属机关党委纪委副书记；1992年5月至1994年4月挂任中共普安县委副书记；1994年5月任中共兴仁县委副书记；1996年10月任中共兴仁县委副书记、兴仁县人民政府副县长、代理县长；1997年3月任中共兴仁县委副书记、兴仁县人民政府县长。

2002 年 4 月，任黔西南州人民政府副州长、党组成员、州委委员；2011 年 10 月，任黔西南州政府正厅级干部；2013 年 8 月退休，退休后任黔西南州慈善总会会长。

詹正兴

詹正兴，男，汉族，1954 年 8 月出生，大专学历，贞丰县城人。1974 年至 1978 年到者相公社坡作大队插队（知青），1978 年到贞丰糖厂工作，历任食堂管理员，办公室秘书和主任，1984 年 7 月加入中国共产党，1986 年任贞丰糖厂副厂长，1988 年任厂长，1998 年兼任党委书记。曾当选为贞丰县第十二届、十三届人大代表和常委，黔西南州第五届政协委员，黔西南州第五届、第六届人大代表。

詹正兴自 1978 年到贞丰糖厂工作至 2010 年三十多年中，不论在任何岗位都认真履行职责，尤其是担任贞丰县糖厂厂长后，带领全厂干部职工艰苦创业，探索糖厂的发展路子，进行技术改造，提高生产能力，推广优良蔗种，发展优良甘蔗，提高糖厂和蔗农的经济效益，促进糖厂增效，蔗农增收。发挥贞丰糖厂带动白层、鲁贡、鲁容、沙坪蔗区群众脱贫致富的龙头企业作用，组织糖厂职工捐款捐物救济部分特困群众。为促进蔗区经济社会发展作了较大的贡献，受到上级的好评，获得了许多荣誉。

2002 年，被贵州省企业联合会、企业家协会、商业联合会推选为贵州省首届优秀企业家。

2005 年，获中华人民共和国国务院授予全国民族团结进步先进个人称号。

2007 年，获中华人民共和国人事部、中国轻工业联合会、中华全国手工业合作总社授予全国轻工行业劳动模范称号。

王应恒

王应恒，男，布依族，1954 年出生，贞丰县白层镇毛安人。中国音乐家协会贵州分会会员、中国戏剧家协会贵州分会会员、贵州民族音乐研究会会员。1972 年考入黔西南州民族歌舞剧团（原兴义地区文工团）。1982 年，在贵阳参加贵州省第二届苗岭音乐节青年独唱比赛中获鼓励奖；同年在北京参加全国部分省、区少数民族青年演员独唱调演获表演奖。1983 年演唱本团创作的歌曲《苗家乐》被贵州省广播电台录音播出。成功扮演布依戏《罗细杏》中的男主角陆阿品。1984 年，任贵州省黔西南州民族歌舞剧团副团长。1987 年参加贵州省第二届少数民族青年歌手和青年声乐比赛中均获奖。

历任贵州省青年联合会第四届委员会委员，黔西南政协第二、三届委员。

杜泽忠

杜泽忠，男，汉族，1955年10月生，贞丰县龙场镇坡柳村土寨组人。1976年10月参加工作，1984年12月加入中国共产党，贵州省委党校经济管理专业毕业，省委党校大学学历。历任黔西南州（兴义地区）计委工作员、办公室副主任、科长，副主任，州计划局（州对外经济技术协作局）局长，州发展计划局局长，2002年4月任黔西南布依族苗族自治州副州长（挂任中国南方电网公司计划发展部副主任），2007年2月，任黔西南布依族苗族自治州第六届人民代表大会常务委员会副主任、党组成员。

2012年2月14日，再次当选黔西南布依族苗族自治州第七届人民代表大会常务委员会副主任。

周国茂

周国茂，男，布依族，1956年1月生，贞丰县北盘江镇岜浩村人，硕士学位。历任贵阳学院中文系党总支书记、《贵州民族出版社》《贵州民族报》编审，省管专家、国务院津贴获得者。

周国茂致力于贵州地方与民族文化研究，公开出版《摩教与摩文化》《自然与生命的意义世界——贵州少数民族原始崇拜与民俗》《一种特殊的文化典籍——布依族摩经研究》等著作。还发表学术论文50余篇，其中《摩教与摩文化》1997年获贵州省第三次哲学社会科学优秀成果二等奖；参与翻译、整理的《布依族古歌》1999年获国家民委、新闻出版总署“中国民族图书”二等奖，主编的《中国民俗大系・贵州民俗》2005年获贵州省第六次哲学社会科学优秀成果二等奖。专著《自然与生命的意义世界——贵州少数民族崇拜与民俗》2006年获第三届贵州省文艺二等奖。

余陈丽

余陈丽，女，布依族，1957年出生，大专文化，贞丰县者相镇坡者人。1962年入学，1975年高中毕业上山下乡，三年返城，安排在贞丰县供电所当电工。1979年调县法院工作，历任法警、书记员。在法院工作期间，先后参加过北京市、贵州省、黔西南州、黔东南州等地举办的语言文字、法律知识、摄影知识培训班。1983年11月至1990年任贞丰县政府副县长，1990年至1996年当选为贞丰县人大常委会副主任。1997年任贞丰县副县长，2002年6月任黔西南州残疾人联合会理事长，2008年任黔西南州民宗局局长。

冯华弟

冯华弟，男，苗族，1957年10月出生，贞丰县人，大专文化，无党派人士。1980年7月，兴义地区农校农学专业学习毕业。1980年8月分配到贞丰县农业技术推广站任技术员；1984年4月，任贞丰县农业技术推广站副站长；1990年4月，任贞丰县农业技术推广站站长；1993年5月，任贞丰县农业局副局长；1997年11月，任贞丰县农业局局长；1998年3月，任政协贞丰县委员会副主席、县农业局局长（其间，2003年9月至2006年1月，贵州省委党校函授专科行政管理专业学习毕业）；2008年12月至2014年8月，任政协贞丰县委员会副主席；2014年9月至10月，任黔西南州监察局派驻州政协机关正处级监察专员。2014年10月30日退休。历任黔西南州政协第二届、三届、四届、五届、七届常委，贵州省第九届、十届人大代表。

冯华弟长期在农业战线工作，从事农业新品种、新技术的试验、示范和推广，使全县水稻产量大幅度提高。1990—1991年科技兴农工作中，荣获贵州省人民政府的表彰奖励；1999年9月，荣获贵州省第四届“科技兴农人才奖”，2001年10月，荣获中华人民共和国农业部“全国农牧渔业部丰收计划”三等奖。荣获农业部、省政府、黔西南州政府、州政协和省、州农业行政主管部门的表彰奖励19次。

王立辉

王立辉，男，汉族，1958年出生，贞丰县长田乡雨北村人，大专文化，中共党员，1977年在贞丰参加工作，1978年在牛场区工作，1980年6月任共青团贞丰县委副书记，1984年任贞丰县农工部干事，1987年7月任贞丰县龙场区区长，1987年12月任中共贞丰县委常委、办公室主任，1993年任中共贞丰县委副书记，1998年2月任中共贞丰县委副书记、贞丰县人民政府县长，2001年9月任中共安龙县委书记，2007年任黔西南州政协副主席。

冯永光

冯永光，男，汉族，1958年4月出生，贞丰白层镇街上人，大专文化，农艺师，1975年8月参加工作。

1975年8月至1978年2月下乡知青，1978年3月至1980年7月在兴义农校读书。1980年8月起在贞丰县农业局工作，先后任贞丰县种子站副站长、站长，县农业局副局长、局长等职。1997年11月至2001年11月，任贞丰县人民政府副县长。2002年4月至2007年3月，任黔西南州农办副主任、扶贫办主任。2007年3月，任黔西南州人大常委会副主任。

刘仕阳

刘仕阳，男，汉族，1958年出生，贞丰县小屯乡龙井村人，初中文化。刘仕阳从小对古法造纸技术兴趣浓厚。幼年随父母学古法造纸。他刻苦用功、造纸技术高，制出的纸张厚薄均匀、色彩洁白亮丽，深受商家青睐，所造古纸远销海外。2006年参加“开磷杯”多彩贵州旅游商品设计大赛，其作品《生态壁纸》获优秀作品奖。

小屯乡的古法造纸已被国家列为非物质文化遗产。古法造纸声名远扬，造纸不仅成为当地群众增收的一项产业，还吸引不少中外游客前来参观，拉动当地旅游业发展，古法造纸的原始工艺制作流程成为当地一个旅游景点。

汪信山

汪信山，男，汉族，1959年8月生，大学本科学历，中共党员，国家一级演员，贞丰县平街乡平街村人，1978年9月至1981年8月在贵州省艺术学校学习，1981年9月到贵州省花灯剧团工作，1994年7月任贵州省花灯剧团副团长，1998年至2006年2月任贵州省花灯剧团团长，2006年3月任贵州省文联副主席，党组成员，中国戏剧家协会理事，贵州省戏剧家协会主席。曾获贵州省“德艺双馨艺术家”“全国文化系统先进工作者”。

曾获“金龙杯”全国声乐大赛民族唱法金奖，贵州省青年歌手电视大奖赛二等奖，“华鑫杯”全国名歌手暨新歌曲电视邀请赛铜奖。曾为电影《良家妇女》《山雀》，电视剧《等于零》配唱主题曲及插曲。曾在花灯剧《七妹与蛇郎》《月照枫林渡》中担任男主角。在贵州省“五个一工程”奖作品大型布依族生态舞剧《利悠热谐谐》中担任总策划和出品人。在第十届圣地亚哥国际儿童电影节“最佳影片·长片”奖电影《小等》中担任总策划和出品人。

组织策划、导演“百花迎春”中国文学艺术界2014年春节大联欢（“杜鹃板块”）、贵州省纪念红军长征胜利70周年《沿着红军长征的足迹（歌唱多彩贵州）》、党代会专题文艺演出《同心跨越》、“梦幻石林·水韵思南”（贵州省文联文艺志愿者“送欢乐·下基层”）、《黔中大地环保行》《山花竞放》《理想之歌》等大型公益文艺演出。策划、导演2008贞丰人民春节大联欢。多次策划、导演贞丰“六月六布依风情节”大型文艺活动。

封振纲

封振纲，贞丰县城人，汉族，中共党员，1958年毕业于贞丰一中，高级工程师，副总工程师。现任职于中国神马尼龙66盐有限责任公司（国家大型化工骨干企业，主要从事新产品开发与研制工作）。曾荣获国家科委、国家计委、财政部联合颁发的“七五”国家重点攻关成果表彰证书（第75—50—01号）、国务院重大技术装备办公室颁发的国家重大技术装备二等奖，河南省人民政府颁发的首届“兴预杯”银杯奖。曾先后被评为河南省三门峡市先进工作者、河南省濮阳市先进工作者、河南省先进科技工作者、化工部国产化先进工作者。

1991年3月，封振纲率领七人攻关小组研制的TB610型重载斗提机经中外高级专家、学者鉴定，该产品各项指标均达到80年代国际水平，多项指标优于国外同类产品，并填补国内空白，同时宣告了美国专家思克鲁格斯“中国国内不会有这样的制造厂家”断言的破产，结束了该产品完全靠进口的历史，为华夏儿女争了一口气（该产品在本厂被称为“争气机”）。

人物名录

省部级以上表彰先进人物一览表

表 18-1-1

姓名	性别	民族	出生时间	籍贯	单位	荣誉称号	受奖时间	表彰单位
唐光锡	男	侗族	1930	湖南新晃	贞丰中学	全国先进科技工作者	1983年	国家民委、全国科协
付汉生	男	汉族	1941	贵州贞丰	贞丰县税务局	贵州省劳动模范	1983年	贵州省政府
潘正义	男	汉族	1934	贵州贞丰	贞丰县兴北镇茶场	贵州省先进工作者	1983年	贵州省政府
卓玉书	男	汉族	1937	贵州贞丰	贞丰县白层镇毛安村	贵州省先进工作者	1983年	贵州省政府
王明良	男	布依族	1927	贵州贞丰	贞丰三岔河水库水管所	贵州省先进工作者	1983年	贵州省政府
陈迹书	男	汉族	1944	贵州贞丰	贞丰县林业局	贵州省先进工作者	1983年	贵州省政府
蒋功彰	男	汉族	1950	贵州贞丰	贞丰糖厂	贵州省劳动模范	1983年	贵州省政府
蒋功勋	男	汉族	1943	贵州贞丰	贞丰县建行	贵州省先进工作者	1983年	贵州省政府
李跃琴	男	汉族	1938	山西浑源	贞丰县品改站	贵州省先进工作者	1983年	贵州省政府

续表 18-1-1

姓名	性别	民族	出生时间	籍贯	单位	荣誉称号	受奖时间	表彰单位
梁国炎	男	瑶族	1948	贵州贞丰	贞丰县马家坪果园场	全国民族团结进步模范个人	1984 年	国务院
张齐凤	女	回族	1935	贵州贞丰	贞丰县民委	全省民族团结进步先进个人	1984 年	贵州省委、省政府
卢荣成	男	汉族	—	贵州锦坪	贞丰县医院	全省民族团结进步先进个人	1984 年	贵州省委、省政府
杨福州	男	苗族	—	贵州贞丰	贞丰县者相区	全省民族团结进步先进个人	1984 年	贵州省委、省政府
黄正琼	女	布依族	1938	贵州贞丰	贞丰县鲁亥乡	全省民族团结进步先进个人	1984 年	贵州省委、省政府
杨开明	男	汉族	—	贵州贞丰	贞丰糖厂	全省民族团结进步先进个人	1989 年	贵州省委、省政府
叶甲山	男	汉族	1939.02	贵州贞丰	贞丰县牛场中学	全国教育系统劳动模范	1991 年	教育部
周明奇	男	布依族	1939	贵州贞丰	贞丰县公安局	全国颁发身份证先进个人	1991 年	公安部
胡德明	男	汉族	1942.07	贵州贞丰	贞丰县政法委	贵州省“严打”斗争先进个人	1991 年	贵州省委省政府
王　勖	男	汉族	—	贵州贞丰	贞丰县牛场派出所	全国颁发身份证先进个人	1991 年	公安部
冯华弟	男	苗族	1957.10	贵州贞丰	贞丰县农业局	科技兴农贡献奖	1992 年	贵州省政府
朱　荣	男	汉族	1962	贵州贞丰	贞丰县公安局	优秀人民警察称号	1993 年	公安部
周邦国	男	汉族	1934	四川郫县	贞丰一中	全国优秀教师	1993 年	教育部、人事部
徐康浩	男	汉族	1935	贵州贞丰	贞丰县扶贫办	全国民族团结进步模范个人	1994 年	国务院
黄明贵	男	布依族	1970.10	贵州贞丰	贞丰县龙场镇政府	全国首次第三产业普查先进工作者	1994 年	国务院全国第三产业普查领导小组
董占富	男	汉族	1931.05	河北芦龙	贞丰县司法局	全国司法行政一级荣誉奖章	1995 年	司法部

续表 18-1-1

姓名	性别	民族	出生时间	籍贯	单位	荣誉称号	受奖时间	表彰单位
刘文占	男	汉族	1950	贵州兴仁	贞丰县珉谷派出所	优秀人民警察称号	1995 年	公安部
周书吉	男	汉族	1949	贵州贞丰	贞丰县鲁贡镇个体户	贵州省劳动模范	1995 年	贵州省委省政府
万　松	男	汉族	1968.11	贵州贞丰	贞丰县统计局	全国统计系统先进个人	1996 年	国家统计局
阎仕俊	男	汉族	1946.03	贵州遵义	贞丰县离退局	全国老干部工作先进工作者	1997 年	中央组织部
王明华	男	汉族	1958.03	山东莘县	贞丰县兴北镇党委	全省优秀乡镇党委书记	1998 年	贵州省委
冯永光	男	汉族	1958	贵州贞丰	贞丰县政府	农田基本建设先进工作者	1998 年	贵州省政府
何明国	男	汉族	1963	贵州贞丰	贞丰县国土局	全省非农业用地清查工作先进个人	1998 年	贵州省委省政府
刘正伦	男	汉族	1962.02	贵州贞丰	贞丰县统计局	全国农业普查工作先进个人	1998 年	国家统计局
聂天光	男	汉族	1949	贵州贞丰	贞丰县农办	全国以工代赈坡改梯先进工作者	1998 年	贵州省政府
窦万文	男	汉族	1969.09	贵州贞丰	贞丰县小屯乡政府	科技人才奖	1999 年	贵州省政府
李昌兰	女	汉族	1963.04	贵州贞丰	贞丰县长田镇梨头村	全国基层优秀计划生育工作者	2000 年	国家计生委
蔡玉伦	男	汉族	1957.04	贵州贞丰	贞丰县兴北镇顶坛片区	贵州省劳动模范	2000 年	贵州省委、省政府
左祖发	男	汉族	1959.02	贵州贞丰	贞丰县司法局	人民满意的司法助理员	2001 年	司法部
赵以文	男	汉族	1956.01	贵州贞丰	贞丰县农业局	全国农牧渔业丰收三等奖	2001 年	农业部
刘　萍	男	汉族	1961.07	贵州贞丰	贞丰县鲁贡镇政府	计划生育工作先进个人	2003 年	贵州省政府
张再宏	男	汉族	1975	贵州贞丰	贞丰县农机中心	全国农牧渔业丰收三等奖	2003 年	农业部

续表 18-1-1

姓名	性别	民族	出生时间	籍贯	单位	荣誉称号	受奖时间	表彰单位
詹正兴	男	汉族	1951.01	贵州贞丰	贞丰糖厂	全国民族团结进步先进个人	2003 年	国务院
龙凤阔	男	苗族	1957.11	贵州贞丰	贞丰县民宗局	全省民族团结进步先进个人	2003 年	贵州省委、省政府
刘　瑞	男	汉族	1957	贵州贞丰	贞丰县人民政府	全国绿化勋章	2004 年	全国绿化委员会
王朝莲	女	布依族	1967.10	贵州贞丰	贞丰县连环乡八甲村	“双学双优”女能手	2004 年	全国妇联
常会亨	男	汉族	1944.02	贵州贞丰	贞丰县扶贫办	西部扶贫世界银行贷款项目先进个人	2004 年	国家扶贫办公室
王亮华	男	汉族	1968.09	贵州贞丰	贞丰县财政局	农村税费改革试点工作先进个人	2005 年	贵州省委、省政府
程　洪	男	汉族	1962	重庆江北	贞丰县统计局	全国经济普查先进个人	2005 年	全国经济普查办
朱宇洪	男	汉族	1967.11	贵州贞丰	贞丰县财政局	农村税费改革试点工作先进个人	2005 年	贵州省委、省政府
李鸿凌	男	汉族	1964.05	广西阳朔	贞丰县计生局	贵州省人口计生工作先进个人	2005 年	贵州省政府
罗子丹	男	布依族	1981.09	贵州贞丰	贞丰县白层镇坝桥村	贵州省劳动模范	2005 年	贵州省委、省政府
李德明	男	汉族	1956..11	贵州贵阳	贞丰糖厂	贵州省劳动模范	2005 年	贵州省委、省政府
龙丰远	男	苗族	1962.12	贵州锦屏	贞丰县统计局	全国人口抽样调查先进个人	2005 年	国家统计局
张丕基	男	回族	1948	贵州贞丰	贞丰县教育局督导室	贵州省“两基”攻坚工作先进个人	2005 年	贵州省委、省政府
娄　云	男	汉族	1968.10	贵州贞丰	贞丰县教育局	贵州省“两基”攻坚工作先进个人	2006 年	贵州省委、省政府
周泽芳	女	汉族	1961.11	贵州贞丰	贞丰县计生指导站	全国人口计生科技工作先进个人	2006 年	国家计生委
梁绍宇	男	布依族	1955.04	贵州贞丰	贞丰花江村	优秀共产党员	2006 年	贵州省委

续表 18-1-1

姓名	性别	民族	出生时间	籍贯	单位	荣誉称号	受奖时间	表彰单位
毛　列	男	布依族	1970.12	贵州贞丰	贞丰县林业局	绿化工作先进个人	2006 年	贵州省政府
梁昌平	男	汉族	1958.01	贵州贞丰	贞丰中学	优秀教师	2007 年	贵州省政府
徐光运	男	汉族	1952.09	贵州贞丰	贞丰县司法局	全国先进公证员	2007 年	司法部
向仕学	男	布依族	1954.10	贵州贞丰	贞丰县政协	文史工作先进个人	2007 年	贵州省政府
韦昌荣	男	布依族	1959.08	贵州贞丰	贞丰县监察局	勤政廉政先进个人	2007 年	贵州省委、省政府
杨贵忠	男	汉族	1963.04	贵州贞丰	贞丰县安监局	安全生产监管先进个人	2007 年	国家安监总局
吴贵东	男	汉族	1967.11	贵州贞丰	贞丰县统计局	全国第二次农业普查先进工作者	2007 年	国家统计局
杨秀英	女	苗族	1965.04	贵州贞丰	贞丰县珉谷镇塔山村	平安家庭示范户	2007 年	全国妇联
王秀丽	女	汉族	1964.02	山东莘县	贞丰县统计局	全国第二次农业普查先进工作者	2007 年	国家统计局
唐鹏程	男	汉族	1965	贵州贞丰	贞丰县计生局	全国计划生育先进工作者	2007 年	国家计生局
王吉勇	男	汉族	1964.09	贵州贞丰	贞丰县法制办	行政复议先进个人	2008 年	贵州省政府
陆兴江	男	布依族	1963	贵州贞丰	贞丰县者相镇	全省民族团结进步先进个人	2008	贵州省委、省政府
龚修鼎	男	汉族	1969.12	贵州贞丰	贞丰县三河煤矿	个人一等功	2008 年	贵州省委、省政府
杨　雪	女	苗族	1977	贵州贞丰	贞丰县者相镇新寨村	“双学双比”女能手	2008 年	全国妇联
王定辉	女	布依族	1978.12	贵州贞丰	贞丰县挽澜乡政府	“双学双比”先进个人	2008 年	全国妇联
姜定普	男	苗族	1947.06	贵州贞丰	贞丰县白层镇猫坡村	全国民族团结进步模范	2009 年	国务院

1991年至2010年贞丰县副高及高级职称人员一览表

表18-1-2

姓名	性别	工作单位	职称名称	专业	评定时间
吴光玉	男	县中医院	副主任医师	中医	1997年9月
毛　能	男	县人民医院	副主任医师	医学	2004年12月
王启仁	男	县中医院	副主任医师	医学	2004年12月
陈明华	男	县中医院	副主任医师	中医	2009年12月
潘庆贤	男	珉谷镇卫生院	副主任医师	中医	1997年12月
刘有祥	男	县农业局	高级农艺师	农学	2004年12月
陈明森	男	贞丰中学	中学高级教师	语文	2009年12月
杜安全	男	贞丰中学	中学高级教师	语文	—
黄虹南	女	贞丰中学	中学高级教师	语文	2008年12月
罗慧萍	女	贞丰中学	中学高级教师	语文	2000年12月
杜派芳	男	贞丰中学	中学高级教师	英语	2000年12月
吴明渊	男	贞丰中学	中学高级教师	数学	2000年12月
陈永波	男	贞丰中学	中学高级教师	数学	2009年12月
杨景伦	男	贞丰中学	中学高级教师	数学	2009年12月
皮成芬	女	贞丰中学	中学高级教师	英语	2008年12月
曾　臻	女	贞丰中学	中学高级教师	英语	2008年12月
陈启雪	女	贞丰中学	中学高级教师	—	—
曾红英	女	贞丰中学	中学高级教师	政治	2004年12月
袁正云	男	贞丰中学	中学高级教师	语文	2001年12月
帅斌文	男	贞丰中学	中学高级教师	语文	2006年12月
钟正柱	男	贞丰中学	中学高级教师	化学	2003年12月
张永郁	男	贞丰中学	中学高级教师	政治	2004年12月
黄洪忠	男	贞丰中学	中学高级教师	语文	2006年12月
王道明	男	贞丰中学	中学高级教师	语文	2003年12月

续表 18-1-2

姓名	性别	工作单位	职称名称	专业	评定时间
赵德富	男	贞丰中学	中学高级教师	地理	2004 年 12 月
潘庆文	男	贞丰中学	中学高级教师	数学	2004 年 12 月
庹永品	男	贞丰中学	中学高级教师	语文	2004 年 12 月
徐兴富	男	贞丰中学	中学高级教师	语文	2004 年 12 月
罗　鸣	男	贞丰中学	中学高级教师	化学	2003 年 12 月
梁昌平	男	贞丰中学	中学高级教师	化学	2004 年 12 月
龙　英	女	贞丰中学	中学高级教师	数学	2004 年 12 月
刘友芳	男	贞丰中学	中学高级教师	语文	2004 年 12 月
冷　俊	男	贞丰中学	中学高级教师	数学	—
王庆年	男	贞丰中学	中学高级教师	政治	2004 年 12 月
黄宗娅	女	贞丰中学	中学高级教师	数学	2005 年 12 月
黄玉兰	女	贞丰中学	中学高级教师	政治	2006 年 12 月
孙志春	女	贞丰中学	中学高级教师	体育	2009 年 12 月
陈　杰	男	贞丰中学	中学高级教师	语文	2010 年 12 月
谭文平	女	贞丰中学	中学高级教师	化学	—
张丕基	男	贞丰一中	中学高级教师	语文	1993 年
韦正律	男	贞丰一中	中学高级教师	语文	2001 年 12 月
李景英	女	贞丰一中	中学高级教师	物理	1997 年 12 月
郭庆旭	男	贞丰一中	中学高级教师	语文	2000 年 12 月
景大尤	男	贞丰一中	中学高级教师	语文	2001 年 12 月
姜　立	男	贞丰一中	中学高级教师	数学	2001 年 12 月
王和武	男	贞丰一中	中学高级教师	语文	2009 年 12 月
龚修莉	女	贞丰一中	中学高级教师	数学	2007 年 12 月
王知素	女	贞丰一中	中学高级教师	语文	2007 年 12 月
帅斌武	男	贞丰一中	中学高级教师	化学	2008 年 12 月

续表 18–1–2

姓名	性别	工作单位	职称名称	专业	评定时间
毛洪波	男	贞丰一中	中学高级教师	数学	2006 年 12 月
刘良喜	男	贞丰一中	中学高级教师	物理	2008 年 12 月
罗　颖	女	贞丰一中	中学高级教师	数学	2009 年 12 月
卢元书	男	贞丰一中	中学高级教师	数学	2002 年
龚德国	男	贞丰一中	中学高级教师	地理	2002 年
任泽银	男	贞丰一中	中学高级教师	英语	2009 年 12 月
李秀江	男	贞丰一中	中学高级教师	语文	2009 年 12 月
李丽萍	女	贞丰一中	中学高级教师	英语	2010 年 12 月
霍大模	男	贞丰一中	中学高级教师	语文	2010 年 12 月
谢启刚	男	贞丰一中	中学高级教师	语文	2002 年
王庆忠	男	贞丰一中	中学高级教师	语文	2003 年 12 月
龙　红	女	贞丰一中	中学高级教师	语文	2004 年 12 月
龙玉刚	男	贞丰一中	中学高级教师	数学	2005 年 11 月
王天远	男	贞丰一中	中学高级教师	生物	2006 年 12 月
钱跃国	男	贞丰一中	中学高级教师	政史	2006 年 12 月
严　峰	男	贞丰一中	中学高级教师	数学	2007 年 12 月
毛祥伦	男	贞丰一中	中学高级教师	物理	2004 年 12 月
李辽黔	男	贞丰一中	中学高级教师	政史	2006 年 12 月
姜　林	男	贞丰二中	中学高级教师	语文	1996 年
朱昌文	男	贞丰二中	中学高级教师	化学	—
张再平	男	贞丰二中	中学高级教师	物理	2005 年 11 月
张　隐	男	贞丰二中	中学高级教师	化学	—
王明忠	男	贞丰二中	中学高级教师	语文	2008 年 9 月
康国敏	女	贞丰二中	中学高级教师	语文	2005 年 11 月
张雪梅	女	贞丰二中	中学高级教师	数学	—

续表 18-1-2

姓名	性别	工作单位	职称名称	专业	评定时间
王安铭	男	贞丰民族中学	中学高级教师	物理	1998 年
马文华	男	贞丰民族中学	中学高级教师	语文	1999 年 12 月
岑　平	女	贞丰民族中学	中学高级教师	政治	2007 年 12 月
韦　琪	男	贞丰民族中学	中学高级教师	语文	2004 年 12 月
熊　伟	男	贞丰民族中学	中学高级教师	数学	2004 年 12 月
周明勇	男	贞丰民族中学	中学高级教师	数学	2006 年 12 月
罗廷凯	男	贞丰民族中学	中学高级教师	语文	2009 年 12 月
沈玉泉	男	贞丰民族中学	中学高级教师	语文	2006 年 12 月
李景华	男	贞丰民族中学	中学高级教师	历史	2003 年 12 月
彭朝会	女	贞丰民族中学	中学高级教师	语文	2004 年 12 月
鲍林青	女	县教育局教研室	中学高级教师	物理	—
黄庆雄	男	县职业中学	中学高级教师	教育管理	2006 年 12 月
梁正国	男	县委党校	高级讲师	政史	2003 年 12 月
严兴泽	男	者相中学	中学高级教师	政史	2003 年 12 月
左承志	男	者相中学	中学高级教师	语文	2004 年 12 月
刘华龙	男	北盘江镇教辅站	中学高级教师	语文	2004 年 12 月
梁永德	男	牛场中学	中学高级教师	语文	2004 年 12 月
梁文明	男	牛场中学	中学高级教师	物理	2005 年 11 月
王明伦	男	长田中学	中学高级教师	化学	2009 年 12 月
杨代军	男	长田中学	中学高级教师	数学	2009 年 12 月
张庆达	男	龙场中学	中学高级教师	化学	2003 年 12 月
朱华志	男	挽澜中学	中学高级教师	语文	2008 年 9 月
毛洪章	男	挽澜中学	中学高级教师	政史	2003 年 12 月

附 录

一、文献选录

中共贞丰县委 贞丰县人民政府
关于加快个体、私营经济发展的意见

为促进我县国民经济持续、快速、健康地发展，现就加快我县个体、私营经济发展的问题提出如下意见：

一、解放思想，更新观念

1.“坚持以公有制为主体，多种经济成分共同发展”是党和政府一项长期不变的方针，个体、私营经济是社会主义市场经济不可分割的组成部分，是我县富有活力的经济增长点之一。鼓励我县个体、私营经济的超常规发展，对于繁荣城乡市场、增加财政收入、方便群众生活、扩大社会就业、促进商品经济的发育和发展，都有极其重要的意义。

2.各乡镇、各单位要按照“三个有利于”的标准，按照“发展才是硬道理”的精神，坚决破除一切不适应社会主义市场经济发展的观念，充分认识个体、私营经济在我县经济发展中的特殊地位和重要作用，把支持、帮助个体、私营经济的发展纳入重要的工作内容，使之真正成为促进我县经济发展的一个战略重点。

二、加强领导，搞好协调

3.加强领导与管理：由县政府领导牵头，财政、税务、工商、公安、城乡、工业管理、金融、工商联等部门的负责同志组成贞丰县非国有经济发展领导小组，定期召开领导小组会议，协调、研究、解决个体、私营经济在发展过程中存在的问题，切实解决好政出多门、多头领导、大家都管都不管的状况。

4.各有关业务部门都要各司其职，搞好综合管理、引导、协调和服务。要认真解决个体、私营经济发展中存在的困难和问题。属于部门职权范围的工作要及时、主动地办理；

属于过去职责不清的问题，要明确划分。根据发展需要，明确县工商行政管理局为我县非国有经济的综合管理和服务部门。

5.在国家政策法律和产业政策的指导下，对发展个体、私营经济实行“五不限”，即不限发展比例、不限发展速度、不限经营方式、不限经营规模、不限经营范围。结合我县资源优势，尤其要鼓励大力兴办生产型、开发型、科技型、示范型、外向型非国有制企业。

6.要通过强大的社会舆论、新闻媒介手段，消除对个体、私营经济的种种偏见，甚至不公正的待遇。对国有企业和个体、私营企业要一视同仁，为个体、私营经济创造平等的市场竞争环境。在电价、贷款、技术、咨询、通讯服务等方面与国有企业享受平等待遇。

三、提供优惠，大力扶持

7.鼓励和支持个体工商户、私营企业参与各种形式的横向经济联合，鼓励他们承包、租赁、兼并、购买包括国有和集体企业在内的其他企业；鼓励他们成立企业集团或股份合作制、股份制企业；鼓励他们承包、领办县内正在规划和实施的工业企业项目；鼓励他们与国有企业的联合与协作，大力发展一厂一制、一厂两制或一厂多制的非公有制企业。

8.允许机关干部、职工，采取股份制或股份合作制的方式联办非国有企业。非国有企业要建章立制，遵章守纪，依法交纳国家税费。

9.对个体工商户、私营企业的税收征管，可实行核定营业额和税款，按月纳税的征管办法，对直接为农业生产提供产前、产中、产后服务的个体工商户和私营企业，以及新创办的生产型、外向型、科技型企业，发生亏损或盈利微薄造成生产经营困难的，按国家有关税收法规规定，给予适当优惠照项。

10.金融系统要为个体、私营经济提供贷款、结算方面的优质服务。近期由县工商银行在其营业部设置“个体私营经济结算专柜”，专门加强个体、私营经济的结算工作。各专业银行对个体工商业主的结算需要，在金融法规允许范围内优先满足，尽力创造条件，提供现金供应。

11.个体工商户和私营企业与国有、集体企业一样，具有同等的法律地位。任何部门、单位或个人无权干预其合法的生产经营活动，不得随意侵害个体工商户和私营企业的合法权益。

12.维护个体工商户和私营企业的合法权益，对各种扰乱、破坏个体、私营企业生产经营活动，侵害个体、私营企业合法权益的犯罪行为，要及时查处，坚决打击。对个体工商户、私营企业向司法机关提起的包括侵权行为、合同纠纷、经营往来、三角债务之类的案件，要快审快结，提供法律保护。

13.大力招商引资，鼓励县外客商到我县兴办包括个体、私营经济在内的各种企业，在土地使用、项目立项、证照办理等方面提供优惠服务；充分吸引外来资金参与我县的经济开发活动。

四、加强法制建设，提供优质服务

14.各执法监督管理部门，要严格依法办事，凡不属于国务院，省政府批准的收费项目，坚决取消；对属于地方性合理的收费项目，要公开收费政策和标准，由工商行政管理局统一制作“收费卡”，凭收费卡收费。收费单位一律凭财政部门监制的专用票据收费。

15. 执法、监督、管理部门的工作人员，要秉公执法、公正地履行职责，严格禁止利用职权向个体工商户、私营企业敲诈勒索、吃拿卡要，如发生此类情况，个体、工商户和私营企业有权举报，经查实后严肃处理。

16. 对个体工商户和私营企业依法进行监督、检查等工作，由工商行政管理部门负责，任何单位和个人无权收缴、吊销个体工商户、私营企业的营业执照。

17. 对个体工商户、私营企业，按照“团结、帮助、引导、教育”的方针，提高他们“爱国、敬业、守法”的自觉性，遵纪守法，按法办事，遵守市场规则，维护市场秩序，不断提高经营管理能力和职业道德水平。

18. 工商联、工商局等组织，要在发展非国有经济中，起桥梁、纽带作用，做好非国有经济代表人士的思想工作。个体劳动者协会、私营企业协会要做好“自我教育、自我管理、自我服务”的工作，在广阔的市场经济里大显身手，为贞丰的经济发展做出贡献。

中共贞丰县委
贞丰县人民政府
一九九四年十一月二十日

贞丰县国民经济和
社会发展第九个五年计划的报告（摘要）

——1996 年 4 月 16 日在贞丰县第十届人民代表大会第四次会议上通过

今后五年的奋斗目标

根据中央提出的九条指导方针和省、州的安排部署，并综合分析我县发展的机遇和有利条件，以及面临的挑战和制约因素，本着既要积极进取，加快发展，又要实事求是，留有余地的原则，对“九五”时期的主要奋斗目标确定如下：

——经济建设再上新台阶。到 2000 年，国内生产总值达到 6 亿元，在 1980 年的基础上翻 3.4 番，年均增长 26.3%，比“八五”提高 1 3.03 个百分点；工农业总产值达到 1 0 亿元，年均增长 29.85%，比“八五”提高 11.18 个百分点。其中工业总产值达到 6.5 亿元，年均增长 38.36%，比“八五”提高 4.05 个百分点；农业总产值达到 3.5 亿元，年均增长 19.65%，比“八五”提高 8.93 个百分点。粮食总产量达到 10 万吨，年均增长 6.9%；地方财政收入达到 6000 万元，年均增长 24.95%；社会商品零售总额达到 15000 万元，年均增长 14.57%；乡镇企业总产值达到 7 亿元，年均增长 32.41%。

——基础设施建设迈出新步子。全面完成安坝公路、挽澜至三河等六条乡镇公路的建设，到 2000 年，实现村村通公路的远景目标。不断加快通讯建设步伐，争取建成一点多址微波通讯网络，千方百计实现 13 个乡镇通讯程控化。进一步抓紧抓好输电线路建设，争取“九五”期末实现电气化县。切实抓好改水工作，完成云洞水库至县城的供水工程，为城镇居民生活和经济发展打下良好的基础。在搞好金都商贸小区和富民路延伸工作的同时，要抓好一个多功能体育活动中心的建设工作，不断加快城镇建设的步伐。

——社会发展开创新局面。全县人口控制在 33 万人以内；力争普及九年义务教育的乡镇达到 60%以上，文化教育卫生等社会事业得到较快发展。建立健康、文明、活泼的生活方式，生活环境和自然生态环境质量有所改善。社会治安进一步好转。

——各项改革有新的进展。基本形成社会主义市场经济运行机制，国有企业初步建立起现代企业制度。基本形成统一开放、竞争有序的市场体系，突现宏观调控下资源配置的市场化，逐步建立起社会保障体系。转变职能，完善经济管理体制。

——人民生活水平有新的提高。农民人均纯收入达到 1200 元，年均增长 23.7%。有三分之一的农民接近小康，贫困人口基本脱贫，极贫户基本解决温饱。城镇居民生活总体上达到或接近小康。

为实现以上奋斗目标，“九五”期间，我们的指导思想是：以党的基本理论、基本路线和基本方针为指导，按照“一线突破，两翼齐飞”的发展格局．围绕经济体制和经济增长方式的根本性转变和 224410 工程，强化农业基础，加大改革力度．增强开放实效，依靠科学进步，推动结构升级，发挥资源优势，实施重点突破，保持社会稳定，走一条效益好、速度快，人口、经济、社会，环境和资源相互协调、持续发展的道路。这一指导思想要求我们要以党的基本路线为指导，全面贯彻中央提出的九条方针，把加快发展作为全部工作的出发点和落脚点；并以农民增收、财政增收为重点，夯实农业和基础设施建设的基础，做好乡镇企业、山区农业开发、国有企业和个体私营经济发展四篇文章，抓好黄、白、黑、绿四大工程，突出抓好金、锑、糖、油桐、烤烟、畜牧业、煤、油菜、大理石、酒十大支柱产业。因此，各级各部门务必弄清指导思想的深刻内涵和丰富的内容。并卓有成效地以此指导和统率我们的工作。从当前到今后更长一个时期来看，要使我县经济真正达到富民升位的目的，最关键的是要实行好两个具有全局意义的根本性转变：一是经济体制从传统的计划经济体制向社会主义市场经济体制的转变；二是经济增长方式从粗放型向集约型转变。这两个转变要求明确，含义深刻．相互联系又互相促进。搞好两个转变对加快我县经济发展，提高我县经济整体素质和效益，顺利实施“九五”计划具有决定性的意义。

（一）大力推进经济体制的根本性转变。今后五年，要初步建立社会主义市场经济体制，到 2010 年要形成比较完善的社会主义市场经济。这个目标宏伟，任务艰巨，因此，我们要以党的十四届三中全会通过的《中共中央关于建立社会主义市场经济体制若干问题的决定》为指导，大胆探索，勇于实践，不断深化改革，大力推进经济体制的根本性转变。

1. 稳定农村基本政策，深化农村改革，继续稳定和完善家庭联产承包责任制和双层经营体制。建立健全土地合理流动机制，妥善解决好农民和土地的关系，鼓励使用权合理流动。加快非耕地使用权的拍卖、租赁和转让，逐步推进适度规模经营。大力发展农村社会化服务体系，逐步壮大集体经济实力。培育公司加基地加农户或公司加能人加干部等多种新型经济组织，千方百计促进传统农业向现代农业转变，使其与市场尽快接轨，逐步实现农业的专业化、商品化和社会化。

2. 以建立现代企业制度为目标，重点抓好国有企业的改革。改革是推进经济和社会发展的强大动力，实现“九五”奋斗目标，关键在于深化改革。要紧紧围绕建立社会主义市场经济体制的目标，全面推进以国有企业改革为重点的各项改革，不断加快建立“产权明晰、权责明确，政企分开、管理科学”的现代企业制度，以增强其对市场的适应性、灵活性和平等参与竞争的能力。在进行流通体制改革的过程中，对粮食要坚持政策性经营和商品性经营两条线，以确保国家建设和人民生活的需要。物资要试行代理制，供销要坚持“以农为本，为农服务”的原则，开展农商联营，以更好地为农业生产服务。坚持以公有制为主体，多种经济成分共同发展的方针，在积极促进国有经济、集体经济发展的同时。鼓励引导个体、私营经济的发展，对其在政治上要同等，政策上要宽松，法律上要保护，以确保其健康快速发展。对于资不抵债、效益差的企业，可通过兼并、承包、租赁、破产、拍卖等形式，加快企业改革改组的步伐。

3. 搞好配套改革。改革是一项系统工程，只有搞好各项配套改革，才能真正推进经济和社会的全面发展。首先要大力发展商品市场，着力培育劳动力、人才、技术、信息等要素市场，要在城镇和乡镇政府驻地培育发展市场，逐步建立起一个开放统一、竞争有序的市场网络，以利全面深化流通体制改革；其次要进一步深化分税制财政体制和税制改革；再是要继续以加快养老、医疗保险制度改革为重点，逐步建立健全由社会保险、社会救济、社会福利、优抚安置和社会互助、个人储蓄与保障相结合的多层次的社会保障制度，以确保企业改革的顺利进行。此外，还要继续推进住房制度和其他各项配套改革，建设“安居工程”，逐步向住房商品化迈进。

（二）积极推进经济增长方式的根本性转变。我县虽然经过 40 多年的建设，特别是十七年的改革开放，经济总量有了很大增长，但经济的增长质量不高，结构不太合理，劳动生产率低，资源消耗高，资金周转慢，重数量轻质量，重投入轻效益的现象仍较普遍。这种粗放型的增长方式，是我县当前经济运行中许多矛盾和问题的症结所在。在今后的五年或更长的时间内，加快发展就必须以提高经济效益为中心，多层次地推进经济增长方式从粗放型向集约型转变，向结构优化，规模经济，科技进步，科学管理要效益。重点加强基础设施建设，狠抓“黄、白、黑、绿”四大工程，积极培育壮大金、锑、煤、糖、烤烟、油桐等支柱产业，依靠科技进步，推动结构升级，发展开放型经济，加快乡镇建设，走人口、经济、社会、环境和资源相互协调持续发展的道路。

1. 持之以恒地强化农业基础地位，全面发展农村经济。在整个“九五”和今后更长时期内，我们都要把农业放在经济工作的首位，必须坚定不移地实施科技兴农的方针，大力推广农业实用技术。切实稳定和完善农村政策，千方百计增加农业投入，并结合扶贫开发，分别在珉谷、龙场、者相、兴北、挽澜等乡镇建设商品粮基地，在鲁贡、沙坪、白层、鲁容等乡镇建设 10 万亩蔗糖基地和 6 万亩油桐基地，同时抓好花椒、板栗，中药材等经济作物和柑橘、香蕉、夏橙等亚热带水果基地的建设工作，最终实现“三增一控”目标（粮食增产、农民增收，财政收入增加、控制人口过快增长），从而使粮食生产和农民人均纯收入分别按年均 6.9% 和 21.67% 的速度增长。

继续坚持“决不放松粮食生产，积极发展多种经营”的方针，到“九五”期末建成 3 万亩的优质烤烟基地，油菜生产要通过推广高产优质品种，使其产量达到 5000 吨以上。林业生产也要有较大的发展，要在已取得成绩的基础上，每年至少造林 2.5 万亩，封山育林 2 万亩以上，到“九五”期末，使森林覆盖率达到 25% 以上。畜牧业是农村经济的重要支柱之一，要大力推进科学养畜进程，使畜牧业产值在农业产值中的比重由现在的 23.68% 提高到 28%。

乡镇企业要继续贯彻“大发展、大提高”的方针，以市场为导向，以人才为依托，以效益为中心，以工业小区为载体，以股份合作制为突破口，走“发展、改革、完善、提高”的路子。面向市场需求，因地制宜，充分发挥本地优势，适应不同生产水平，宜农则农，宜工则工，宜商则商，全面发展农村经济。要把乡镇企业作为“一把手”经济来抓紧抓好，重点实施“亿元乡镇”和“小康村”工程。到“九五”期末乡镇企业产值争取达到 7 亿元，同时力争建成珉谷、龙场、小屯、沙坪四个亿元乡镇。

进一步加强农业基础建设，特别是贫困地区的基础设施建设，为稳定脱贫和长期发展创造条件。在抓好纳山岗水库配套、水车田水库恢复建设以及小（2）型水库补配套工程的同时，每年要完成 6000 亩以上的坡改梯和 7000 亩以上的中低产田土改良。到 2000 年，力争每个农业人口有半亩旱涝保收高产田土，并基本解决农村人畜饮水难的问题。要加强领导。把扶贫攻坚列入领导任期目标内。不断完善扶贫责任制度，努力加快扶贫工作的进程。继续搞好各级各部门的挂钩扶贫工作，做到不脱贫不脱钩，努力开创全社会扶贫济困的新局面。

2. 加强基础设施建设，重点突出交通、通信、能源和城镇基础设施的建设工作，努力改善经济环境。首先要抓紧抓好安坝公路第三期工程的建设工作，确保整个工程按期全面完成。在抓好挽澜至三河等六条乡（镇）际公路的立项和建设的同时，按照州政府的统一部署，争取年初动工的兴义至兴仁公路按在建等级延伸进入我县，为贵黄公路的延伸进入我县打下良好的基础；二要抓好农村电气化建设，千方百计提高农村通电率，争取“九五”期末实现电气化县；三要抓好饮水工程，县城内要抓好云洞水库至县城的供水工程，乡镇要抓好人畜饮水工程，争取“九五”期末实现人人饮用卫生水的目标；四要继续搞好内环路商业小区和金都商贸小区的建设，同时要抓好各乡镇政府驻地乡镇企业小区的建设工作，逐步形成一个合理有序的经济贸易网络；以县城为中心，进一步发展、扩大通信网络，争取到2000年乡乡开通程控电话。此外，要配合有关部门共同抓好北盘江两岸水土防护林建设以及河道整治等工作，逐步改善北盘江航运条件并提高航运里程。

3.加快产业结构调整步伐，培育壮大支柱产业。“九五”期间，必须把推动结构升级作为战略性措施来抓，大力加强第一产业，调整和优化第二产业，积极发展第三产业。在农业方面，我们要在抓好粮食的基础上，狠抓烤烟、油菜、甘蔗、油桐和亚热带水果以及黑山羊、生猪等的发展，使其逐步成为致富一方的支柱产业。在矿产开发上，要抓住烂泥沟金矿即将上马和对灰家堡背斜金矿点的勘探开发以及南昆铁路、盘北公路的建设为契机，切实抓好锑、煤、大理石的开发工作，使其逐步形成能够带动全县经济增长。推动结构升级的支柱产业和一批有竞争能力的拳头产品。到“九五”期末，使黄金严量达到15—20万两，煤产量达到50万吨。与此同时，要积极创造条件、在改扩建白糖厂的基础上。再建一座日处理1000吨甘蔗的白糖生产线和日处理50吨甘蔗的红糖加工厂，便白糖产量达到1万吨，红糖6000吨；要充分利用废渣废料，争取建设一座以蔗渣为原料的年产1万吨的造纸厂。在加工业上要抓住黔贞醇获奖的良好势头，在保证质量的基础上，进一步提高技术工艺，扩大生产规模，千方百计使其形成一个新的支柱产业。争取到“九五”期末，产量达到3000吨。随着加工业和矿产业的发展，我县的产业结构将得到进一步的优化，经济的增长方式也将得到根本性的改观。

4.实施科教兴县战略，不断提高经济增长的质量和效益。转变经济增长方式，推动结构升级，归根到底要依靠科技进步和提高劳动者素质，必须加大技术改造力度，提高投入企业改造水平，强化技术开发和推广，加速科技成果商品化、产业化进程。我们要按照上级的部署，为引进技术、引进资金开发我县金矿等资源做出应有的努力。糖厂和水泥厂要通过技术改造，提高科技对经济增长的贡献率。

要进一步抓好科技兴农。良种化和规范化种植要有新的进展，特别是玉米良种的推广要有较大的突破。到“九五”期末，杂稻和杂苞种植面积要分别达到9.5万亩和8.5亩以上，科学进步对农业增长的贡献要达到40%以上。继续贯彻落实《中国教育改革和发展纲要》，牢固树立“百年大计、教育为本”的思想，在巩固普及初等义务教育成果的基础上，到“九五”期末，力争60%以上的乡镇实现普及九年制义务教育；进一步深化教育体制改革，要认真总结一中、二中、民中和珉谷一、二、三小校长选聘等方面的改革经验，在总结经验的基础上，逐步在全县推开。要进一步提高教学质量，大力发展职业技术教育和成人教育，千方百计培养出更多更好永久牌的乡土专业人才和熟练劳动者。今后。要有计划地组织科技人员或干部到贫困地区开展科技扶贫工作，努力提高贫困地区经济增长中的科技含量，把《“八七”扶贫攻坚计划》真正落到实处。

5.努力扩大对外开放，多渠道发展开放型经济。充分利用县内县外资金和技术，是实现“九五”目标的重要条件之一。过去我们先后引进县外省外资金、技术和人才，到我县进行矿产资源开发，并建立了锑冶炼厂、黄金冶炼厂和桐油加工厂等，对促进我县经济增长方式的转变起到积极的作用。我们要在已取得成绩的基础上，努力在上水平、增实效方面下功夫，充分发挥我县资源优势，把开放带动战略真正落到实处。

（三）狠抓各项社会事业的健康发展，切实搞好精神文明建设和法制建设，确保经济体制和经济增长方式的根本性转变。

“九五”期间，我县仍处于第三次人口出生高峰期，我们必须坚定不移地贯彻执行计划生育的基本国策，继续实行党政一把手负总责和一票否决权制度，坚持“三为主”的方针，积极推行“三结合”，不断增强全社会的人口意识和人均意识，把人口自然增长率控制在13‰以下。到“九五”期末，全县人口控制在33万人以内，努力实现人口与经济、资源、环境的协调发展。要加强对地方病和重大疾病的防治工作，千方百计改善农村，特别是贫困山区的医疗卫生条件。到“九五”期末，使全县法定传染病的发病率下降到10%以下，最终实现人人享有卫生保健的目标。坚持贯彻环境保护的基本国策和《中国21世纪议程》，加强对城镇特别是矿产开发区环境污染的管理，切实搞好环境保护工作，进一步强化政府对土地、矿产等资源的管理，完善自然资源有偿使用制度，逐步建立资源更新的补偿机制，为发展创造良好的条件。

社会主义精神文明建设既是现代化建设的重要目标，又是顺利推进改革开放和现代化建设的重要保证。要坚持“两手抓，两手都要硬”的方针，把社会主义精神文明建设不断推向前进。要坚持“为人民服务，为社会主义服务”的方向和“百花齐放，百家争鸣”的方针，弘扬主旋律，提倡多样化，丰富和繁荣城乡人民群众的文化体育生活；要加强广播，电视设施和城乡文化站的建设，到2000年，广播，电视的覆盖率达到90%以上。

要加强社会主义民主和法制建设，努力创造良好的社会主义政治环境。各级各部门都要自觉接受人大代表及其常委会的监督，充分发挥人民政协和社会各界的政治协商、民主监督和参政议政的作用。支持工会、共青团、妇联等群众团体创造性地开展工作。全面贯彻党的民族宗教、侨务和对台政策。大力开展“三五”普法工作，普遍提高全民法制意识。加强行政管理工作，不断提高广大干部依法行政，依法管理的水平和能力。继续深入持久地开展反腐败斗争，标本兼治，使廉政建设逐步走上规范化、制度化的轨道。要在已取得成绩的基础上，进一步落实社会治安综合治理的各项措施，全面实施“平安工程”。坚持开展“扫黄”斗争，扫除各种社会丑恶现象，净化社会环境。大力加强国防教育，做好民兵、预备役工作，深入持久地开展“双拥”活动，加强军政、军民团结。

要进一步转变政府职能。要按照政企分开的原则，把政府职能逐步转移到制定中长期规划和搞好基础设施建设，以及创造良好的经济环境上来。政府的综合部门要逐步调整和建设为职能统一，具有权威的调控部门。专业经济管理部门要逐步改组为不具有政府职能的经济实体，把不应由政府行使的职能逐步转给企业、市场和中介组织。这样，才能适应社会主义市场经济体制的需要，确保“九五”计划的全面完成。

中共贞县委　贞丰县人民政府
一九九九年工作要点

1999年是我国历史上具有特殊意义的一年，我们将迎来澳门回归和建国50周年，同时也是我县全面贯彻落实党的十五届三中全会精神和省委八届二次全会精神，全面完成“九五”计划的关键一年。全县各级党委、政府和广大干部群众要抢抓机遇、奋力拼薄、迎难而上，排难而进、扎实工作，积极推进我县的改革和发展。

根据省、州有关指示精神，结合我县实际，我县1999年工作总的指导思想是：高举邓小平理论伟大旗帜，深入贯彻落实党的十五大和十五届三中全会精神。深化改革，扩大开放，紧紧抓住国家增加投入，扩大内需的机遇，加大农业和基础设施建设，继续打好扶贫攻坚战，调整经济结构，引导消费，推进国民经济持续、快速、健康发展和社会全面进步，以优异的成绩迎接国庆五十周年的到来。

总的工作目标是：努力实现工农业总产值（90价）50300万，比上年增长8.6%。其中：工业总产值达27100万元，比上年增长10.86%，农业总产值达23200万元，比上年增长6%；粮食产量达102100吨，比上年增长4%，农民人均纯收入达1291元，比上年增长7.4%，财政总收入达2764万元，比上年增长7.4%，乡镇企业总产值56700万元，比上年增长10%；完成8000人口的脱贫计划，实现社会商品零售总额11400万元，比上年增长14%，年末总人口控制在317308人以内，人口自然增长率控制在14‰以下，同时使党的建设、精神文明建设和民主法制建设等社会各项事业也得到新的发展，取得新的成就。

围绕上述目标，县委、县政府确定了“122510”的总体工作思路。即：以扶贫开发为中心，以“两增”（即财政增收，农民增收）为目标，加大“两大基础”（即基础设施和农业基础）建设力度，突出五个工作重点，努力办好人民群众关心的十件实事，力争使全县工作再上一个新的台阶。具体是要抓好以下几个方面的工作：

一、以扶贫开发为中心，巩固扶贫开发的成果，继续打好扶贫战

1999年，我县扶贫开发的主要任务是：实现农民人均纯收入1291元，解决8000贫困人口的温饱，全面完成扶贫攻坚任务。工作中要继续深化对扶贫工作的认识，加强扶贫工作的领导，强化扶贫资金的使用和管理，巩固已经取得的扶贫成果，加大扶贫开发力度，努力实施好扶贫项目，向脱贫致富奔小康迈进。

二、以“两增”为目标，努力实现财政增收和农民增收

要突出抓好财源建设，强化税收征管；要进一步健全完善县乡财政激励机制，加强财政的管理，做到生财有道，聚财有方，用财有效，确保财政增收目标的实现。要认真贯彻中央、省农业农村工作会议精神，稳定农村基本政策，增加农业投入，抓好粮食、烤烟、甘蔗、油菜、生姜、辣椒、畜牧业等产业的开发，努力实现农民增收。

三、加大“两大基础”建设力度，突出五个工作重点

第一、大力开展农业和农村工作，努力实现农业增产、农民增收。要以十五届三中全会和省委八届二次全会精神为指针，认真贯彻中央和省委关于加强农业和农村工作的指示精神：深化农业基础地位，依靠科技进步，大力开展科技兴农，科技兴牧、科技兴烟、科技兴蔗等工作，切实使全县粮食产量和农村农民收入在上年基础上有所增加。

第二、抢抓机遇大上一批基础项目。根据县委、县政府的总体部署，1999 年，我县将紧紧抓住国家增大投入扩大内需的契机，大上一批重点建设项目，如兴（北）贞（丰）公路续建工程，纳山岗、三岔河水库的病险库治理，水车田水库立项建设，坡稿海子排涝工程，贞丰县珠防工程生态建设，县城 5 万吨水厂及县城城网改造工程，白层码头建设工程等，切实改变全县农业和基础设施建设的面貌。

第三、积极调整经济结构，大力培植支柱产业。1999 年，支柱产业培植的重点主要放在黄金、烤烟、蔗糖、畜牧业、煤炭、旅游业等产业上。在稳住烤烟生产，大力发展蔗糖、畜牧业和旅游业的同时，力争在省政府和州政府的领导下，争取烂泥沟金矿正式上马开发；要积极以市场为导向，以科技为依托，以质量为基础，以效益为中心，加大喀斯特岩溶片区和北盘江流域的农业综合开发力度，要按农业产业化要求，大力发展花椒、辣椒、砂仁、苡仁米、芭蕉芋等特色经济，切实推动全县经济结构优化升级，以适应社会主义市场经济发展的需要。

第四、切实加快小城镇建设步伐，推动全县经济发展。1999 年要将小城镇建设作为推动县域经济发展、增加财政收入的主要措施来抓。要充分发挥县城所在地（珉谷镇）经济、文化中心的优势，加大县城新区开发步伐，全面启动新区开发的第二期工程；要紧紧抓住镇（宁）兴（义）公路立项上马建设的时机，加快者相、龙场小城镇建设的进程，要以国家加大投入，扩大内需的机遇，多渠道多形式地引进资金，加大对小城镇建设的投入，积极引导和刺激消费，扎实推动全县经济大发展。

第五、大力发展非公有制经济。要进一步提高认识，充分认识到非公有制经济是社会主义市场经济的重要组成部分，加强领导，搞好服务，制定具体的配套政策措施，切实解决好非公有制经济办事难的问题，依法保护非公有制经济的合法权益，促进非公有制经济加快发展。

四、办好十件实事

1999 年，县委、县政府决定集中力量办好人民群众关心的十件实事：

1. 全面完成兴（北）贞（丰）公路改造工程；

2. 完成 5 所学校的义务教育工程；

3. 完成县城中心大道及塔山大道的主体配套工程；

4. 完成纳山岗、三岔河病险库治理工程；

5. 完成者相沙坡商贸区主体道路骨架建设；

6. 完成 20 个村通电建设任务；

7. 完成 20 个村通路建设任务；

8. 完成 30 个地卫站建设任务；

9. 解决 1.8 万人 /1.92 万头（匹）的人畜饮水困难；

10. 改造贞（丰）卡（子）线汽车站至左旗桥头的道路建设。

五、工作措施和办法

1. 按照江泽民总书记关于“讲学习，讲政治，讲正气”的要求，县乡各级党政班子要认真开展“三讲”活动，并把“三讲”教育作为今年党建工作的重点，要加强学习，重点是学习邓小平理论，并深刻领会其精神实质，在掌握科学体系上下功夫；要把学习邓小平理论同学习十五大报告和江泽民总书记的一系列讲话结合起来，自觉在思想上、政治上同党中央保持一致，努力提高贯彻执行党的路线、方针、政策的坚定性和自觉性；各级领导干部要大力弘扬理论联系实际的马克思主义学风，着眼于马克思主义的运用，坚持以“三个有利于”为标准，尊重和把握客观规律，按照客观规律推动当前的改革和发展；要加强班子建设，认真贯彻执行《中国共产党地方委员会工作条例（试行）》，坚持民主集中制，强化领导班子整体功能，提高领导干部的思想政治素质和政治政策水平；要按照中央和省、州的部署，切实认真地抓好党风廉政建设。各级党委、政府要认真贯彻落实江泽民总书记的重要讲话精神和中央纪委、省纪委关于党风廉政建设的有关规定，贯彻落实好中央、国务院、省委、省政府《关于加强党风廉政建设责任制的规定》，努力促进全县党风政风的进一步好转。

2. 切实加强精神文明建设。坚持“两手抓，两手都要硬”的工作方针，紧紧围绕精神文明的“五创”活动和以“讲文明，树新风”为重点，按照“巩固、提高、辐射”的要求，努力抓好文明单位、文明行业、文明村寨、文明校园、文明小区和“十星级”文明户的创建工作；深入开展爱国主义、集体主义、社会主义教育，树立正确的世界观、人生观、价值观，自觉抵制拜金主义、享乐主义等腐朽思想的侵蚀；要加大宣传力度，提高知名度，鼓舞全县人民艰苦奋斗，脱贫致富的信心和决心；要重视科技文化建设，真正发挥科学技术是第一生产力的作用；要扎实推进“贫困地区义务教育工程”的实施，提高教育质量，改善办学条件，提高电视覆盖率，丰富人民群众的文化生活；要进一步抓好乡村医疗卫生工作的开展，推动卫生工作健康发展；努力抓好人口生态建设，下大力抓好计划生育工作，继续坚持“三不变”，落实“三为主”，推行“三结合”，实现 “两个转变”，继续抓好计划生育合格村的创建工作，提高计划生育率，降低多孩率，认真查处违反计划生育的案件，提高计划生育工作的水平；要强化环保意识，加强对环境的培育、保护和治理，为广大人民群众创造一个良好的生态环境。

3. 清理不利因素，优化经济环境。从一切为了全县经济出发，严格制止各种阻碍全县经济发展的现象发生。各级各部门一定要为全县经济大局着想，树立开放意识，强化服务意识，制定优惠政策，大力招商引资，切实改善、优化投资环境，促进全县经济发展。

4. 拓宽筹资渠道，加大建设投入。要采取多渠道，多形式筹资办法争取资金投入，加快全县经济发展步伐。要继续积极争取扶贫资金，信贷资金，以工代赈资金，世行回补资金等投入；要制定优惠政策，以政策换资金，资源换资金的办法增加投入；要充分发挥银行的职能作用，争取大量资金的快速回笼；要采取行之有效的措施和办法调集社会闲散资金，充分发挥闲散资金的作用；要大力鼓励并支持个人集资入股兴办企业，以此解决非国有经济发展中资金不足的问题。

5. 强化民主法制建设，确保社会治安稳定。要充分发挥法律监督职能，加强对法制工作的领导，采取有力措施，推进社会治安综合治理工作，坚决依法严厉打击各种犯罪活动，查禁、取缔各种社会丑恶现象，进一步净化风气；要继续抓好“三五”普法工作，提高执法人员的执法水平，提高和增强人民群众的法制意识，努力创造一个安定祥和的良好环境。

6. 加强和改善党的领导。要加强党的思想建设，掀起学习马克思列宁主义，毛泽东思想、邓小平理论和十五大精神以及十五届三中全会精神的热潮，完整、准确地把握邓小平理论和十五大精神的实质和科学体系，全面提高党员特别是党员领导干部的思想素质；要加强党的组织建设，着力抓好基层党建工作，在加强乡镇班子建设的同时，继续抓好村级班子建设，使“有人办事”向“有能人办事”方向发展，“有钱办事”向“有经济实力办事”方向发展；“有章理事”向“按章理事、依法治村”方向发展；重点解决好村级经济积累问题，加大农村党员发展力度，努力实现村务公开；要进一步做好年轻干部、少数民族干部、妇女干部的选拔培养工作，促进年轻干部的尽快成长；要严肃党风党纪，树立起良好的干部形象；要进一步加强对工、青、妇等群众团体的领导，充分发挥他们的职能作用。

7. 大力倡导开拓创新，全县各级干一定要从思想上尽快适应发展形势的需要，积极为全县各项事业建设献计献策。对那些思想僵化、顽固、封闭、落后、对发展有抵触情绪，只顾部门利益，不顾整体利益，影响全局发展的干部，要进行教育，直至采取必要的组织措施。

8. 转化机关职能、壮大“实业”队伍。各级各部门要树立起发展意识，认真研究，寻找发展路子，切实转变机关职能。要鼓励并支持机关干部兴办经济实体，积极投身经济建设主战场，努力壮大“实业”队伍力量。

9. 切实转变工作作风。县乡各级领导干部要从烦琐的工作事务中解脱出来，深入基层、深入群众、深入实际、广泛听取各方面的意见，尊重群众的首创精神，对群众的呼声要认真倾听，对群众的合理意见要及时采纳，对群众的疾苦要关心体贴；要克服口头上一切从实际出发，而行动上却严重脱离实际的现象发生；要坚决摒弃“唯书唯上不唯实，谋官谋人不谋事”的思想，增强发展意识，立足县情，创造性地开展工作；要学会从全局找位置，正视困难和差距，增强忧患意识，变压力为动力，开创性地做好各项工作；要强化工作纪律，强化目标责任制，强化激励机制，加强干部纪律教育和职业道德教育，实行奖优罚懒，以贡献大小论功过，以政绩大小论赏罚，切实发挥机关职能作用，提高工作效率；要反对形式主义，增强实干精神，提倡先干后说，多干少说或只干不说，伏下身子办实事，抓落实；要采取集中力量办大事，抓重点，攻难点等特殊措施，解决关键问题，加快经济发展；重要工作要实行领导分工，责任到人，加强协调，形成合力；要树立全局观念，保证政令畅通；要加强督促检查，鼓励干部立足本职，勤奋工作，求真务实，开拓进取，为推动全县经济发展和社会进步做贡献。

中共贞丰县委
贞丰县人民政府
一九九九年二月二十五日

中共贞丰县委　贞丰县人民政府
关于做好二〇〇三年农业和农村工作的意见

（2003 年 3 月 21 日）

2002 年，我县的农业和农村工作，坚持以“三个代表”重要思想统揽全局，把农业放在经济工作的首位，以农业和农村经济结构调整为主线，以增加农民收入为核心，促进了农业农村经济的快速发展。农业结构调整、基础设施建设和生态建设进一步加强，农村改革迈出了新的步伐，农村社会事业有了新的发展。在农业生产受到秋风、冰雹、风灾等自然灾害的情况下，仍然实现农业总产值 48985 万元，比 2001 年增长 8.61%，农民人均纯收入达到 1418 元，比 2001 年增长 4.17%。在肯定成绩的同时，也应该看到，当前我县农业和农村经济发展还面临许多困难和问题，比较突出的是农民收入增长缓慢，农业结构调整进展不快，农业产业化水平低，农村基础设施建设还很薄弱，抵御自然灾害的能力不强，扶贫开发任务依然艰巨。对这些困难和问题，必须有清醒的认识，树立长期奋斗的思想。

2003 年，我县的农业和农村工作，要以党的十六大精神为指导，努力实践“三个代表”重要思想，认真贯彻落实中央和省、州及州委农村工作会议精神，紧紧围绕全面建设小康社会的战略目标，以增加农民收入为核心，以培育发展龙头企业，推进农业产业化为突破口，以结构调整为主线，按照“产业调特、产品调优、规模调大、效益调高”的思路，做大以“五个十万亩”为主的特色农业。确保农民人均纯收入比 2002 年增长 5%以上，粮食产量达到 11.1 万吨，实现农民增收，财政增收，使全县农村经济实力有明显加强。

一、加快农业结构调整，推进产业化经营。

调整农村经济结构，推进农业产业化经营是解决农民增收，推进农村城市化、工业化的战略措施，各乡镇党委、政府要以农民增收、农业增效、农村经济实力加强为目标，按照“一基、三率、三层次”要求，制定配套政策，增加投入，推进农业结构调整和农业产业化经营。

粮食是国计民生的特殊商品，也是农业结构调整的基础，必须充分认识粮食在经济社会发展中的重要地位。特别是在我县去年粮食受灾减产的情况下，更要稳定粮食种植面积，大力推广良种良法，提高复种指数和粮食单位面积产量，确保夏秋粮食的全面丰收。

推进农业产业化经营要围绕“五个十万亩”实现新的突破。今年要在抓好烤烟油菜等传统优势经济作物种植的同时，大力发展甘蔗、花椒、砂仁、金银花、木豆、辣椒、生姜等特色经济作物。甘蔗种植面积要达到8万亩以上，要加大品种改良和优质蔗种的推广力度，实现甘蔗产量实现22万吨；糖厂要加大技改力度，使日处理甘蔗能尽快达到1500吨，并充分利用自身技术、资金、人才和设备优势，向草地畜牧业和花椒、砂仁、畜产品精深加工方向拓展，形成综合企业集团。花椒种植面积要达到9.5万亩，产干椒300吨；砂仁种植以连环乡为中心，力争发展到5万亩，实现年产生砂仁达到1.35万吨。草地畜牧业要按照做大“草场、品改、畜群”的思路，加大人工草场建设，实施草畜配套，积极鼓励和引导县内外企业介入草地畜牧业，运用企业运作方式建设示范基地和龙头企业，财政部门要安排专项资金，扶持草地畜牧业发展，要抓好良种繁育工程和疫病防治体系建设，积极培育和发展以金惠食品有限责任公司为主的畜牧产品加工企业，形成产业化经营。力争肉类总产量达到16000吨，提高畜牧产值占农业总产值的比例。农业产业化是农业组织方式、经营方式的重大变革，龙头企业是联结农民与市场的桥梁和纽带，发展龙头企业可以有效解决千家万户的分散经营与千变万化市场的矛盾。为加快我县农业产业化步伐，要成立农业产业化经营联席制度及其办公室负责抓好全县龙头企业的发展。今年，要认真抓好花椒、砂仁、辣椒等精深加工企业和气调库的立项建设工作，同时鼓励和支持党政机关企事业单位的干部职工带职带薪创办和领办各类加工企业或通过参股、控股兼并、租赁等形式，参与“五个10万亩”产业化经营，鼓励各类经济组织积极发展建立农产品加工企业，加快我县农业产业化经营步伐。

二、加强农村基础设施建设和生态环境建设，改善农村生产生活条件。

加强农业基础设施建设和生态环境建设，是改善农村生产生活条件的根本途径。要继续抢抓西部大开发机遇，争资金、跑项目，抓好农业综合开发县的申报立项。多渠道引进资金，引进项目，加大椒水、烟水、草水、蔗水等农业配套设施建设，抓好人畜饮水、农村沼气、坡改梯、乡村通道、蔗区路等项目的实施，逐步改善农村生产生活条件。以改土治水为重点，改善农业生产条件，提高农业综合生产能力。完成坡改梯7300亩，实现人均0.5亩高产稳产田土打好基础。解决农村10000人4500头（匹）的人畜饮水困难，治理水土流失面积6平方公里。把村容村貌的改善和生态建设结合起来，抓好1000口沼气池建设，力争完成2000口。完善乡村公路改造，提高农村公路的通达深度，改善农村交通状况。各乡镇要切实抓好农村各个基础设施建设项目的实施和管理，改善农村的生产生活条件。

林业生态建设是关系社会可持续发展的战略措施，特别要珍惜国家大规模退耕还林的难得历史机遇，今年，要扎实有效地完成上级下达我县退耕还林和荒山造林6.5万亩的任务，要认真落实退耕还林行政首长负责制，搞好《退耕还林条例》的学习宣传，加快“林权证”发放，高度重视工程质量，切实做好各项基础工作。同时，要加大实施和督查验收力度，及时兑现粮食和现金补助。林业生态建设要注重和农业结构调整相结合，进一步总结推广林草、林竹、林果、林药等多种治理模式，认真解决退耕农民的长远生计问题。要加强封山育林和小流域综合治理，抓好“天保”“珠防”工程，搞好水土保持。要重视森林防火和病虫害防治，切实保护林业生态环境的建设成果。

三、认真抓好新阶段扶贫开发工作，努力推进农村小康进程。

抓好新阶段扶贫开发，对于加快全面建设农村小康社会意义重大。今年的扶贫开发要把极贫村和特困户作为重点，狠抓各项扶贫措施的落实，确保扶贫济困的措施真正落实到村到户，使贫困群众受益。要把发展种养业作为扶贫开发的首要任务，依靠科技，调整结构，稳定解决贫困农户的温饱问题。在此基础上，大力发展“五个10万亩”特色经济，努力拓宽贫困农户的收入渠道。要抓好鲁贡电站、龙滩电站移民和环境移民工作。对移民工作中存在的困难和问题，要认真研究，及时妥善解决。要切实抓好计划生育“三结合”工作，全面推行村为主管理方式，严格控制人口增长，重视提高人口素质，真正把扶贫开发和计划生育结合好。要坚持和落实党政机关定点挂钩扶贫责任制，认真做好宁波市对口帮扶、省州定点扶贫、县机关挂点扶贫等社会扶贫工作，切实搞好服务。要严格管好用好各类扶贫资金，提高扶贫资金的使用效益，将对挤占、挪用、截留、贪污扶贫资金的依法惩处。要把扶贫和小康建设工作有机结合起来，加快小康建设步伐。

四、加强农业科技的推广，不断提高农业生产的科技水平。

农业的根本出路在于科技。要进一步深化“科学技术是第一生产力”的认识，继续大力推广玉米肥球育苗移栽等先进适用技术，改良品种，走优质、高产、高效的农业发展之路。要完善农技推广的服务体系，稳定基层农业技术队伍，确保农技人员把主要精力放到农技推广工作上，广泛开展多种形式的农民技术培训，完成3万人次的农业适用技术普及培训和200人的“绿色证书”培训，提高广大农民的素质。农技部门要搞好农业畜牧等新技术的推广普及，充分发挥辐射带动作用，提高农业的整体水平。

五、拓宽农民就业空间，多渠道增加农民收入。

农民外出务工已成为增加农民收入的重要途径，同时也促进了城镇经济的发展。要积极引导农村富余劳动力向非农产业和城镇转移。有关部门要为农民外出进城务工创造有利条件，做好农民进城务工的管理、职业技能、法律法规培训等方面的服务工作。县内重点工程，扶贫开发，农业综合开发等涉及农村基础设施建设的项目，在保证工程质量的前提下，尽量使用当地农民工，让农民从中得到实惠，增加收入。我县煤矿、焦化厂、页岩砖厂，水银洞、烂泥沟金矿建设以及鲁贡电站、马马岩电站、董箐电站等重点项目建设是拉动农业结构调整，发展农村经济，增加农民收入的有效途径。乡镇和有关部门要做好思想动员和服务工作，引导农民调整种养业结构，增加农民收入，逐步走上致富路。要多渠道引进资金、技术、人才，加快乡镇企业的发展，容纳更多的农村富余劳动，拓展农民增收渠道。

六、加强农村社会事业建设，促进农村全面发展。

全面建设小康社会，离不开农村社会事业的发展。必须把加强农村教育、卫生、文化、法制建设和农村基层党组织建设作为工作重点，切实抓好九年义务教育和基本扫除青壮年文盲的“两基”验收工作，提高农民的文化素质，积极开展对贫困家庭学生的教育帮助，降低农村适龄儿童辍学率。把改善农村卫生环境、解决农民看病难问题作为农村卫生工作的重点。坚持预防为主，加大对重大疫病的预防控制。做好农村妇幼保健工作，不断健全和完善农村卫生服务室。切实抓好农村计划生育工作，降低人口自然增长率，推进人口与计划生育综合改革，实现人口与经济协调发展。大力开展丰富多彩的文体活动和坚持开展科技文化卫生“三下乡”等活动，丰富农民的文化生活。通过开展创建文明户、文明村等活动，引导农民逐步摒弃旧观念、旧习俗，逐步在农村形成文明健康的生活方式和社会风尚。深入开展《村民委员会组织法》等法律法规的宣传学习，建立健全村级各种组织，加大普法力度，推进农村民主法制建设。

七、认真落实党的农村政策。

认真落实土地承包政策，在宣传、贯彻《农村土地承包法》的同时，各乡镇要加强土地利用总体规划和城镇建设规划的管理，对被征用土地的农户依法给予合理补偿，反对乱征、强占土地。要做好鲁贡电站、龙滩电站建设的移民搬迁工作，使他们搬得走、稳得住、不反弹。有条件的地方还可按照依法、自愿、有偿的原则，稳妥推进土地承包经营权的合理流转。继续推进农村税费改革，切实减轻农民负担。要树立“减负也是增收”的观念，进一步推进配套改革，防止农民负担反弹，巩固和发展改革成果。要认真落实涉农价格和收费公示制度，切实减轻农民负担。

加强金融体制改革，农村信用社要坚持为农业、农村和农民服务的宗旨，加大农业信贷投放，为农民生产生活和农业、农村经济结构调整提供资金服务。农业银行要重点支持农业产业化经营、农村城镇发展和信贷扶贫工作。其他国有商业银行也要加强对农村经济发展的信贷支持。

八、加强对农业、农村工作的领导，改进干部作风，加快小康建设步伐。

党的十六大提出全面建设小康社会的宏伟目标，各级各部门要高度重视农业、农村和农民问题，把解决好“三农”问题作为工作的重中之重来抓。各级党委政府要成立相应的组织机构，制定发展规划，增加农业投入，选派优秀干部、出台优惠政策，搞好农村基层组织建设等方面来加强对农村工作的领导。各级干部要加强政治、业务等知识的学习，以“三个代表”重要思想来要求自己，树立全心全意为人民服务的思想，改进思想和工作作风，弘扬艰苦奋斗、求真务实的精神，抓好农业、农村和农民工作，开创我县“三农”工作新局面。

中共贞丰县委　贞丰县人民政府 关于加快工业经济发展的决定

（2003 年 11 月 20 日）

为进一步贯彻党的十六届三中全会、省委九届四次全会精神，积极实施全县经济社会发展规划，全面推进工业经济发展，特作如下决定。

一、确立工业经济的主导地位

（一）深刻认识工业经济的重要地位和作用，确立工业经济在县域经济中的主导地位。工业发展水平是衡量一个地区经济与社会发展程度的重要标志。近两年来，我县工业经济虽然有了一定的进步，但工业总量小、基础薄弱、结构不合理、竞争力弱、人力缺乏、观念陈旧等问题依然突出；与先进地区相比，综合实力有很大差距。这种差距实质上就是工业经济发展的差距。为此，全县上下必须牢固树立工业经济意识，现代工业意识，工业强县意识，举全力发展工业。只有加速工业经济发展进程，才能适应西部大开发的需要，才能有效开发和利用资源，不断拓宽税源和就业渠道，农民增收和农村城镇化才有稳固的基础，才能确保贞丰经济和社会持续、快速、健康发展。

（二）全县工业经济发展的总体思路为：坚持以党的十六大和十六届三中全会精神为指导，以市场为导向，以资源开发为依托，以项目建设为载体，全方位扩大开放，深化改革，创新机制，优化结构，合理布局，加大招商引资力度，实施工业规划区基础设施建设，加快煤金电三大资源开发，加速科技进步，逐步促进工业经济与信息化、城镇化的有效结合，不断提升我县工业发展水平，提高科技含量，做大经济总量，增强竞争能力。

（三）我县工业经济发展近期目标是：经过 3 至 5 年的努力，增强基础，做大总量，优化结构，提升效益。从 2004 年到 2007 年，工业增加值年递增率在 30%以上，工业生产性投入递增率达到 50%以上。工业增加值占国内生产总值的比重提高到 50%以上；工业企业入库税金占全县财政收入比重的 50%以上。

二、调整优化工业经济结构

（四）加快所有制结构调整。进一步加大国有（集体）企业改革力度，实现“公退民进，退而有序，进而有为，以退促进”，采取出售、联合、兼并、引资嫁接、租赁、破产等多种形式进行资产重组，创造条件，促使国有企业全面实施“两转”，即“国有企业转民营，国企员工转身份”。所有集体企业能卖不股，能股不租，能租不包，能破不等，加快民营化进程。组建国有或集体资产经营公司，统管国有或集体企业未置换的国有或集体资产，通过资本运营，提高资产效益。大力支持非公有制工业企业的发展，鼓励个私工业唱主角，挑大梁，大幅度提高私营工业比重，逐步实现县域经济工业化，工业经济民营化，民营经济现代化。

（五）推进企业组织结构调整。以煤炭、黄金、电力三大产业为基础，选择有技术资金实力的企业，依托资源，以资产为纽带，按照市场经济规划，构建真正有牵动能力的煤炭、黄金、电力三产业板块，逐步做强做大做优。支持规模优势企业建立和完善以产权清晰、权责明确、政企分开、管理科学为特征的现代企业制度，创造条件与科技型企业联姻，力争到2007年，全县培育出销售收入1000万元以上企业10～15家，5000万元以上企业3～4家.并争取贵州紫金公司率先上市融资。

（六）加快工业经济布局结构调整。根据“建设有一定工业基础的旅游小城市”的发展定位。结合资源、旅游、环境保护、工业基础等实际情况，引导工业企业向城镇和工业园区集中连片发展，重点规划建设龙场至北盘江镇沿路工业经济走廊。经过3至4年的努力，在资产重组中逐步形成以原煤开采、焦炭生产、煤炭化工开发为主的煤炭板块；以黄金选矿、冶炼、精炼、制品加工、黄金化工、黄金旅游为主的黄金板块；以铁合金生产、电石生产等为主的载能工业板块；以水泥、大理石、砂石、页装砖生产为主的建材工业板块；以花椒、砂仁、制糖、畜禽制品、民族食品、民族服饰等为主的农副产品和旅游产品加工工业板块。

（七）优化调整产品结构。面向市场，从主导产业和产品入手；积极引进新技术：新工艺，新装备，提高产品的竞争力和市场占有率。煤炭工业重点加快技术装备和安检设施改造步伐，在做大原煤生产规模的基础上，加大煤炭深加工力度，提高产品增值率；黄金开发要以机制促进三大金矿如期规模投产，以机制加快境内黄金资源的风险勘探，同时有效延长产业链，使黄金最大限度地在贞丰增值。要强力推进全国产金大县的建设进程，建黄金基地，打黄金牌。农副产品和旅游产品加工，要依托贞丰白糖厂、贵州味美公司、金惠食品公司，在甘蔗、花椒、橄榄、砂仁、特色食品等方面加快产业化步伐。经过几年的努力，使我县初始资源型的产品结构逐步提升为资源增值型和外向度较高的产品结构，创造一批附加值较高、科技含量较高的名牌产品。

三、强化工业项目建设和招商引资

（八）把项目建设排列到更加突出的位置，作为经济建设和工业发展的重中之重。当务之急是要下大力抓一批工业生产性项目的建设，近期重点围绕矿产资源开发、农业产业化、旅游产业化、传统生产线的改造和扩张等，策划包装更多的工业生产性项目。新上的重点项目具有较高的技术含量、较长的产业链条、较大的投资规模、较好的预期效益。当前要重点抓好水银洞金矿二期技改、烂泥沟金矿、大田河电站，贞丰背斜金矿等的建设工作，要建立重大项目优先制度和责任制度，责任到人，跟踪督察，缩短工期，节约投资，确保质量，早见成效。

（九）树立借“外资、外市、外人”促发展的观念，全方位地开展招商引资。着力围绕“三大资源”开发、企业改革、盘活闲置资产、发挥人文区位优势等方面，建好项目库，排出重点项目，通过网上招商、代理招商、小分队招商、以商招商、上市公司融资等多种办法来扩大引资，力争生产性工业项目投入有重大突破。

（十）设立工业发展基金。以投资公司为主体，县财政投入为辅助，多方筹措资金，为工业发展资本金，放大资本，同时应加快成立县投资担保中心，以保证对工业企业的资金扶持和奖励兑现。

（十一）在股份制和股份合作制企业中，鼓励加大个人持股比重，鼓励经营者和企业骨干在企业总股金中占有较大份额。鼓励以技术、管理等生产要素入股；提倡和鼓励企业职工与经营者共同出资买断或控股现有国有（集体）企业，购买国有（集体）资产数额较大的可以按一定年限分期付款；一次性付款，最多可以优惠20%。

（十二）凡新办的工业企业，上交税款形成地方财政可用财力的部分，可按一定比例给予奖励三年政策，对参与国有（集体）企业改革，利用自有资金兼并或租赁特困企业、安排下岗职工、盘活资产的投资者也可按上述办法办理。实现形式均为先征收后支出。

（十三）工业规划区建设用地要在规划和计划上优先予以保证，除法律规定可以划拨方式供应土地外，应实行有偿使用。使用存量建设用地的土地有偿使用费，50%返还规划区用于基础设施建设。在符合土地利用总体规划和确保耕地占补平衡的前提下，经县政府批准，可用新增的耕地占补平衡指标，优先解决工业用地急需。

（十四）工业规划区完成“三通一平”的工业用地或建成的标准厂房，经批准，按成本价出让或出售。企业购置或租赁工业用房的，免收交易费。工业规划区内基础设施建设项目收费不得超过工程总造价的10%。进入工业规划区内的工业企业，经批准，免收或减收各类行政事业性收费。

（十五）新建工业规划区和新办工业项目（含技改项目）新增建设用地，应按规定一次性办理土地出让手续，交足出让金。确有困难的，经县政府批准，可实行年租赁制，租金标准按县政府规定的最低限执行，或先行办理土地出让手续，但土地出让金酌情减免缓。县直有关部门对工业规划区的道路、通讯、用电、用水等配套建设要优先予以安排。

（十六）环保部门参加项目审批，提前介入做好服务。对在风景区、水资源保护区、居民区等重点环境功能区的建设项目，有污染物产生的或建设项目对生态环境影响较大的行业，应执行环境评价和“三同时”制度。县环境保护部门负责全县的环境保护工作，定期派员到乡镇或企业服务，帮助企业制定治理环境污染和恢复生态琢境的方案，并免收技术服务费。

（十七）除煤、金、电优势产业外，对引进工业企业有功人员或单位予经济奖励，以引进企业投产当年为计奖首年，按年度引资企业上缴税收净额（扣除返还金额和退税金额）的3%。

（十八）除煤、金、电以外，对年实际入库税金达200万元以上（含本级数，后同），且当年实现税收增长率达到15%以上的企业，奖励法定代表人3万元；对年实际入库税金达100万以上，200万元以下且当年实现税收增长率达到20%以上的企业，奖励法定人2万元；对年实际入库税金达50万元以上，100万元以下且当年实现税收增长率达到20%以上的企业，奖励法定代表人1万元；对年实际入库税金达30万元以上、50万元以下且当年实现税收增长率达到20%以上的企业，奖励法定代表人6千元。

（十九）对新取得ISO—9000质量标准体系认证的企业，奖励人民币2万元；对新取得国家、省级、市级名牌商标的企业，分别奖励人民币2万元、1万元、6千元。

（二十）对全县十三个乡镇进行工业经济发展指标考核，考核责任人为乡镇党委书记、乡镇长和分管工业副乡镇长，获得前三名的乡镇，分别奖励人民币2万元、1万元、5000元。

（二十一）对县直涉工部门支持、服务工业的情况进行年度考核、评分排序，对取得前3名的部门，给予奖励。

以上奖励资金均由县财政在工业发展基金中列支。

四、优化工业经济发展环境

（二十二）优化工业经济发展的环境政策。对中央、省、州关于加快国有企业改革和工业发展的各项政策，要不折不扣落实到位。对发展中出现的新问题，应按"三个有利于"的标准和"三个代表"的要求，从实际出发，突出创新，采取个案处理或变通的办法，其责任由决策者承担，各部门要切实转变作风，做到急事急办、特事特办、随到随办，对已出台的政策不执行或相互推诿、故意刁难等现象，一经发现，从严从重处理。

（三十三）加大工业经济宣传力度。对重点企业、重点项目、招商引资工业、工业名人、工业名牌产品等进行大力宣传。县电台开设工业经济主题，及时反映运行状态，交流改革发展经验、报道社会各界对加快工业发展的建议和对策，营造浓厚的工业经济发展氛围。

（二十四）金融部门要加大对工业企业的扶持力度，真正建立企业和信贷相互依存和互为发展的新型银企关系，尽量满足企业流动资金的需要，同时确定合理的贷款期限和利率，对技改项目，新产品开发项目要优先保证信贷交持。

（二十五）强化县行政服务中心服务职能，不断扩大服务范围，提高服务质量和效率，各涉工部门对工业企业审批、收费等工作，统一在行政服务中心办理。

（二十六）加强社会治安综合治理。进一步规范部门管理行为，强化部门利益，强化部门服务功能，保护企业的合法权益，确保有一个良好的工业经济发展的社会环境。

（二十七）以人为本，加快发展贞丰工业经济。各级党委、政府要加强与企业经营的联系。真正树立亲商意识，对发展工业有突出贡献者要从精神上和物质上给予表彰鼓励。各级人大、政协组织中均要有一定比例的工业界代表，充分发挥经营者在参政议政中的重要作用。加快企业经营者人事制度改革，对在人才市场，广开选拔渠道，建立有效的激励与保障制度。建立"工业人才库"，创造优惠条件，吸引县内优秀人才，为贞丰工业发展服务。

（二十八）加快完善社会保障体系建设。加大对社会保障的投入，多渠道筹集社会保障基金，扩大社会保险的覆盖面，提高基金征缴率，增强社会保障部门的服务功能，确保社会稳定。

（二十九）加强和改善党委、政府对工业经济工作的领导。县、乡两级要成立工业经济发展领导小组，负责协调工业经济发展的重大问题。选好配强工业经济领导干部，支持他们在工业发展过程建功立业。同时，建立各级党政领导联系重点骨干工业企业和重点工业项目制度，及时帮助解决实际问题，促进我县工业经济持续、快速、健康发展。

（三十）本决定自发布之日起执行，以前有关规定与本决定有抵触的，按本决定执行。各乡镇和县直有关部门要依据本决定精神，制定具体配套实施办法。本决定由县经贸局负责牵头组织实施。

中共贞丰县委
贞丰县人民政府
二〇〇三年十一月二十日

二、诗、词、赋、文、楹联选录

还 乡

范子文

一别乡关四十年，归来白发已盈颠。
山河到处换新貌，城郭依稀忆旧颜。
人望楼台皆近水，当门松桧欲摩天。
儿孙满堂同欢笑，话到宵深不肯眠。

范子文，贞丰县人，中华民国时期曾任清溪县长、龙里县县长、湘西师管区司令部和川东师管区司令部参谋长，中华人民共和国成立后任贵阳市政协委员。

咏贞丰

刘锡龄

金州有座民族城，水绕山环似桂林。
圣母奇观誉四海，高桥跨岭可摩云。
岔湖恍似神仙境，冬看红枫复神怡。
当地村姑最喜客，风情歌舞醉游人。

刘锡龄，贞丰县人，曾任小学校长，县政府主任科员。

贞丰布依学会成立志喜

（藏头排律）

余后隆

贞观再现北盘江，丰姿招展谱华章。
布谷声响歌盛世，依稀身置桃源庄。
学人相聚谋发展，会商良策奔小康。
成就民族光辉业，立意奇葩闪灵光。
志在勇探文明路，喜祝珉州更辉煌。

珉州赞

余后隆

胜景珉州多，民族风情博。
双乳拔地起，幽河赛情歌。
石林天造化，盘江泛百舸。
名流晓炎居，七马瞰铁索。
珉球云际耸，蟒蛇逐蛤蟆。
群虎啸莲岛，红枫映碧波。
沉醉清幽境，梦醒尚游乐。
人寰生态景，此地胜阳朔。

余后隆，历任县民政局副局长。

岩鱼新村（藏头诗）

韦万朝

岩鱼布依民族村，鱼米之乡世代耕。
新筑坦途通邑市，村民感谢党深恩。

韦万朝，贞丰县人，曾任乡村教师。

贞丰竹枝词

曾敬孚

（一）

珉球矗立耸云霄，还有蛇昂势天娇。
天马山雄西郭峙，清泉涌出水滔滔。

（二）

贞丰原是古明州，唐置明州界石留。
先达吾宗曾证谬，几人知道这根由。

（三）

天气温和是仲春，柳绿桃红色色新。
男女几堆林里坐，共吹木叶合成声。

曾敬孚，贞丰县人，曾任乡村教师，贞丰县城关区区长。

盘江神韵

向　往

盘江峡谷显神功，春夏秋冬景不同。
浏览百回仍有趣，旅人陶醉画图中。

向往，贞丰县人，历任白层镇党委书记，县支边办主任、县总工会主席，县旅游局长，县文联主席。

急军令·抢渡北盘江

张爱萍

1935 年 4 月

北盘水吼山谷震，敌岸陡峭插入云。
大军西去夺要津，出奇兵，雷击电闪占百层。
连克贞丰下兴仁，风扫落叶马不停。
挥戈者相守关岭，断后阵，机关算尽休得逞。

张爱萍（1910.1.9—2003.7.5），四川达县人。1926年参加革命。曾任国防科委主任、国务院副总理、国务委员兼国防部长。1955年授予上将军衔。著有《神剑之歌》等。

（选自2006年解放军文艺出版社出版的《长征诗词选萃》）

浪淘沙·过北盘江

赵　镕

1935年4月

江中乱石多，屹立巍峨，水深流急卷汹涡。
崇山峡谷隘径绝，寇奈予何？
高唱纪律歌，众群皆和，红军哪能畏蹉跎。
巧遇仙翁将桥架，跃渡滂沱。

赵镕（1899.10.17—1992.2.7），云南宾川人。1927年参加革命。曾任北京军区后勤部副部长、全国政协委员。1955年被授予中将军衔。（选自2006年解放军文艺出版社出版的《长征诗词选萃》）

孔岭赋

（以山林中夜有书声为韵）

王冠群

贞丰新籍，旧属安南。
村名孔岭，即我乡关。①
旧寨、大湾之表，头毛、尾洒之间。②
那摩岭祖山突兀，磐水河翠带弯环。③
日起朗田，漫吹石牛之角；
月光明寨，回照马鞍之山。④
既而溯及前世，跻彼后庭。
苗瑶去而垣庸颓坏；
曾君来而宅第维新。
木刻风调，抚顶箫兮不应；
石磬雨洗，闻邑号兮无音。⑤
石岩、石板之田，拿秧何用？

龙凼、龙江之地，清水缸深。⑥
几多长丘、长田，哪羡碓窝之井?
无限大山、大岭，转成杉树之林。⑦
时而流憩前庄，闲行捧袂。
布棋盘于大树脚边
顿笔架于老羊冲背⑧
苗王屯，高撑帐篷之田；
野狗坡，充塞菜花之隧。⑨
青龙拜伏，开裂坡呈瑞门前；
白虎朝迎，月亮田光彻室内。⑩
兹乃北院桃舒，东阁梅卸。
龙未云兮潜渊，
鸟倦飞兮还舍。
室悬马融之帐，旁迓少年；
座开尼父之坛，倒尝甘蔗。⑪
闲谈而捧竹根，交游如北海之融；
更静而翻丹简，苦读效东山之谢。⑫
圣道孔长，剪烛焰于三更；
心气方平，感鸡声于中夜。⑬
由是扫叶烹茶，拈花酌酒；
同抚衬腰之岩，旋挽哪哈之柳。⑭
竹林湾夜冲煤炭，响达杨柳之湾；
碑丫口晚洞豪猪，挺引石狮之口。⑮
出洞螃蟹要横行，潜井蛤蟆不屑走。⑯
桐木山翠，恒飞拿务之鸦；
杉树园深，常栖咬寨之狗。⑰
云台寺壁立千仞，所在良多；
柏果木干巨十围，世稀罕有。⑰
若夫
手指贞丰，半边城蛾眉出现；
眼观者相，一渔蓑雪浪滚入。
座七眼桥边，游鱼自化；
登九头坡上，还鸟攸居。⑲
敲棒寨之瓦缸，声传万人之洞；
开仁曹之木厂，造就半山之机。⑳

欲平土石田，喜得大水井，还须要务农；
懒入神仙洞，若到秀才岭，宜读圣贤书。㉑
余于是成立家塾，策励后生。
逍遥乎红岩石畔，散步乎水打田滨。㉒
双拱桥目下如伏狮现爪，
五里岗行将见懒龙翻身。㉓
管它烟色草色，茅檐中自多景色；
任是鸟声水声，方寸内独有书声。

附：《孔岭赋》注释

（《孔岭赋》作者王冠群，贞丰县小屯镇孔岭村人，出生于清末民初，平生以教书办学为业，兼代人诉讼，博学能文，名重一时）

（文中字体加粗者，均为地名）

①（安南，旧县名，今晴隆县。孔岭，小屯镇尾洒村孔岭村民组，本文作者王冠群故乡）

②（旧寨、大湾属小屯镇尾洒村）

③（那摩岭、磐水河，在小屯镇头猫村）

④（朗田属石板田村，石牛角属纳秧村，明寨、马鞍山属小屯镇头猫村）

⑤（顶箫、岜号，属珉谷街道办事处顶肖村）

⑥（石岩田、石板田属石板田村，拿秧属纳秧村，龙凼、龙江属小屯镇头猫村；清水缸属龙场镇五里岗村）

⑦（长丘属长田镇，碓窝井、大山、大岭、杉树林属小屯镇大山村）

⑧（棋盘山、笔架山属小屯镇龙井村；大树脚属珉谷镇李家屯村）

⑨（老羊冲、野狗坡属小屯镇尾洒村）

⑩（开裂坡、月亮田，属小屯镇尾洒村）

⑪（马融，汉代学者，尼父，孔子）

⑫（北海之融，马融，东山之谢，东晋人谢安，“东山再起”典故的由来）

⑬（孔长、方平属小屯镇纳秧村）

⑭（衬腰岩在兴仁县马马崖镇与平街乡交界；哪哈属北盘江镇北盘江村）

⑮（竹林湾、煤炭冲、杨柳湾属小屯镇小屯村；碑丫口在者相镇坡烂云村，豪猪洞在小屯镇石板田村；狮子口属小屯镇米冲村）

⑯（螃蟹洞、蛤蟆井属龙场镇五里岗村）

⑰（桐木山属小屯镇石板田村，拿务田属小屯镇头猫村，杉树林属小屯镇大山村，狗咬寨属小屯镇集贤村）

⑱（云台寺、柏果木，属小屯镇尾洒村）

⑲（七眼桥、九头坡，在小屯镇尾洒村）

⑳（棒寨属小屯镇米冲村，瓦缸在小屯镇石板田村，万人洞在小屯镇纳秧村，仁曹在小屯镇仁朝村，木厂在小屯镇仁朝村，半山机属于小屯镇纳秧村）

㉑（土石田属小屯镇石板田村，大水井属小屯镇尾洒村，神仙洞在者相镇者坎村，秀才岭属小屯镇头猫村）

㉒（红岩石属小屯镇石板田村，水打田，属龙场镇新童村）

㉓（双拱桥属小屯镇尾洒村，五里岗属龙场镇五里岗村）

（《孔岭赋》全文944字，含小屯镇一带地名71个，历史文化人物2人）

平屋赋

（以长春居士设教其中为韵）

段锦荣

慕贞丰之胜境，叩兴义之边疆。
弃安庄而转徙，至者相而彷徨。
幽人在望，平屋名乡。①
渊明之柳宅全殊，时非西晋。
诸葛之草庐俱在，景似南阳。②
是谁抛羊祜之裘，沐惠风之畅；
自我设马融之帐，沾化日之长。③
客有邀余至平屋者，曰彼西曾家祖地，刘氏芳邻。
者茫在望，打料相因。
坡哨坡关之畔，那湾那孔之滨。④
查箕山伊谁拔帜，响水洞与尔问津。
地近坡鳌，臂鞭残沧海石。
门迎那马，蹄踏遍长安春。⑤
余观乎鹰岩逐雀，龙井化鱼。
黄泥与白泥分土，新寨及大寨连墟。⑥
尖坡削笔，者坎成渠。⑦
忆此间从别木天，不过傍木桑小住；
想是处即同花县，无非对花陇闲居。⑧
于是与客穿茶子之林，入花秧之里。⑨
觅喜洞于前村，访长冲之旧址。⑩

逍遥于龙那池边，啸傲于鹅田峰里。[11]
黄泥山当罗葫洞门，石岩田悬翠屏山寺。[12]
回望顶江兮不见，莫寻泛泛之渔人；
适逢坡者兮相迎，尽属番番之良士。[13]
噫！异哉！此何地也？
平原滋蔓，茅草坪亦止如斯；
平圃多蔬，罗卜寨更无差别。[14]
息咸砭于平日，这艾奚庸；
观种植于平田，那秧可悦。[15]
平寨不同伦，平袍不同例。[16]
平桥之石板一湾，平地则西波三折。[17]
性平和而董菁，心平静而打村。[18]
不屑道孔场，则平能如砥，是或天成。
指明望，而平直如衡，谁非地设。[19]
客曰，是即所谓平屋也。
余观乎舍角莺迁，檐牙蝶闹，
门似灯笼，室如隐豹。
有谷而不慕子午，漫擎那阿之旗；
有人而不悼癸庚，奚开坡石之窖。[20]
晤周子于莲花穴外，苑屋中而别畅天机。
忆宰予在毛栗坪前，坐竹林里务饶风韵。[21]
教于是，客虚余，闲行阶次，老若少，敬迓门楣。
霹雳墙顶消瘴疠，梧桐院那别公私？[22]
坐问及犀牛洞口，
翘瞻于陇燕山眉。[23]
坡腊梁，坡鳌盎，屋侧之坡羊归晚；
石牛角，石鹅地，屋前之石马行迟。[24]
庐陵出而黄土未干，心当启乃；
孟德遥而红岩尚在，风更凄其。[25]
室人曰，君子至斯，敢供鸡黍。
客亦曰，先生休矣，暂屈蓬蒿。
虽他年凤翔坡鸾、坡哈，效封华之祝；
而此日驹歌者马、者相，致空谷之崇。[26]
阿乌之翱翔已倦，高龙则变化无穷。[27]
何难叩角于井角之地，

何难治丝于螺丝之冲。㉘
余于是对那西位正西宾，兴孝尤兼乎兴悌，
怀雨北而情北般，致和不减学致中。㉙

附：《平屋赋》注释

（《平屋赋》作者段锦荣，号长春居士，镇宁籍人，晚清贡生，民国年间应友人之邀到贞丰县者相镇平屋设馆执教，本文作于民国31年，即公元1942年），选自贞丰县政协文史资料第十三辑《者相专辑》。

（文中字体加粗者，均为地名）

①（安庄，在关岭县断桥镇安庄村；平屋，在者相镇纳孔村）

②（渊明，晋代诗人陶渊明，诸葛，三国时蜀国丞相诸葛亮；西晋，朝代名，在三国之后；南阳，河南省地名）

③（羊祜，晋代学者，马融，汉代学者）

④（者茫、打料，属者相镇纳孔村；坡哨属者相镇平桥村，坡关属者相镇打村村，纳湾小屯镇头猫村，纳孔属者相镇纳孔村）

⑤（查箕山、响水洞在北盘江镇镇青杠林村；坡鳌属者相镇纳孔村，纳马属者相镇纳马村）

⑥（鹰岩属小屯镇头猫村，龙井属小屯镇龙井村，黄泥田、白泥田在兴仁县回龙镇，新寨在者相镇，大寨在者相镇纳孔村）

⑦（尖坡属长田镇金叶村，者坎在者相镇猫坡村）

⑧（木桑、小屯属小屯乡木桑村、小屯村；花陇旗在者相镇新寨村）

⑨（茶子林在者相镇喜洞村，花秧在者相镇新寨村）

⑩（喜洞在者相镇喜洞村，长冲在长田镇雨柏村）

⑪（龙纳，在者相镇这艾村，鹅田是珉谷街道办事处辖区内自然村寨）

⑫（石岩田，小屯镇石板田村石岩田组；黄泥山在小屯镇头猫，罗葫洞、翠屏山在者相镇田湾村）

⑬（顶江，珉谷街道办事处辖区内自然村寨，又名前一；坡者在者相镇平桥村）

⑭（茅草坪在者相镇茅坪村，罗卜寨在者相镇罗卜寨村）

⑮（纳秧在小屯镇纳秧村，这艾在者相镇这艾村，平田在小屯镇分水岭村）

⑯（平寨在者相镇罗卜寨村，平袍在者相镇平袍村）

⑰（平桥在者相镇平桥村，平地在珉谷镇大碑村）

⑱（董菁在者相镇董菁村，打村在者相镇打村村）

⑲（孔场在小屯镇纳秧村，明望在者相镇平桥村）

⑳（纳阿旗在者相镇新寨村，坡石窖在者相镇罗卜寨村）

㉑（毛粟坪属者相镇罗卜寨村；周子，北宋学者周敦颐，宰予，春秋学者，孔子门生）

㉒（顶消属珉谷街道办事处顶肖村）
㉓（犀牛洞，在北盘江镇董畔村；陇燕山属珉谷街道办事处河堡村）
㉔（石牛角属小屯镇纳秧村，坡腊、坡鳌、坡羊、石鹅、石马，者相镇自然村名）
㉕（庐陵，江西吉安别称，素有“天下第一进士之乡”美誉。孟德，三国时人曹操）
㉖（坡鸾属者相镇新寨村，坡哈属者相镇冬妹村，者马属珉谷镇东门村）
㉗（阿鸟属北盘江镇青杠林村，高龙在者相镇平桥村）
㉘（井角地、螺丝冲长田乡与兴仁县交界地名）
㉙（那西在者相镇罗卜寨村；雨北属长田镇雨北村）
（《平屋赋》全文852字，含者相一带地名72个，历代文化名人9个）

源远流长　注重出新

（简谈中华诗词的弘扬发展）

黄国瑄

中华诗词，又称古典诗歌，千百年来为人们所喜爱，历久不衰。在劳动生产中产生的古典诗歌，林林总总，不计其数。其中，许多脍炙人口，意味隽永的名篇佳作，具有不可磨灭的艺术魅力，让一代又一代人所传诵。

中华诗词有着鲜明的特色和民族特点，是我国特有的一种文学体裁和文学遗产。两千多年前孔子说：“不学诗，无以言”；又说“诗可以兴，可以观，可以群，可以怨。”长久以来，中华儿女多奉为信条，习以为是。我们党和国家当今领导人习近平同志《在纪念中央学校成立80周年大会上的讲话》中说：“中国优秀传统文化，领导干部也要学习，以学益智，以学修身。”又说“学诗可以情飞扬，志高昂，人灵秀”。所以我们应该努力学习各种文化科学知识，诗词爱好者，就应刻苦学习古典诗词歌赋。

我国原始的诗歌，称古体诗或古风，写作不讲究格律，可长可短，押韵可平可仄，还可换韵，比较自由。近体诗，又称今体诗，是按照一定格律写的，所以又被称为律诗。其格律形式有五言七言绝句，有五律七律和长律。词，是诗歌性质的文学样式，是诗歌的一种特定表现形式，又称诗余。王力教授给词下的定义是：一种律化的、长短句的、固定字数的诗。曲，是元代教曲的简称，是我国文学史上著名的文学体裁之一，与唐诗宋词鼎力，成为中华诗歌的三座丰碑，是我国文化宝库的一朵奇葩。律诗、词、曲，都各自有格律和谱式，都讲究平仄押韵，但律诗一般只押平声韵，词和曲，可押平声和仄声韵，还有可换韵。

回顾古典诗歌的发展历程，虽有遭受挫折和冷落的际遇，但由于它有相对成熟、完美的艺术形式和有富于魅力的艺术佳作传世，以及有广泛的群众基础，它仍以顽强的生命力和艺术的光辉，不断地流传和发展，究其原因，除了它的艺术成熟和广泛的群众基础而外，还因为用白话写的新诗，几十年来迄无成功，难以取代旧体诗词给人们的作用和喜爱，不能满足人们对诗歌艺术的需求。因而五四运动之后，许多新文化运动的著名人物，如胡适、鲁迅、郁达夫、郭沫若和矛盾等，都不约而同地先后写起旧体诗来。鲁迅在律诗《自嘲》中的名句："横眉冷对千夫指，俯首甘为孺子牛。"深入人心，流传极广，堪为我们的座右铭。

关于旧体诗的写作，1965年夏天，毛泽东在武昌与梅白谈话时说，"旧体诗源远流长，不仅像我们这样的老年人喜欢，而且像你们这样的中年人也喜欢。我冒叫一声：旧体诗要发展、要改善，一万年也打不倒。"这对于热爱旧体诗词，致力诗词创作的人们，无疑是很大的鼓舞。之后，在诗词领域，又呈现繁荣景象。对旧体诗词写作的所谓"紧箍咒"就此打破了，束缚消失，这是唯物史观闪烁的光芒。

思路开通，春潮涌动，广大诗词爱好者欣然弄笔，要为新时期社会主义精神文明和物质文明，满足社会生活对诗歌的需求写作。新旧诗歌有同等地位，郭沫若说："应是两个万岁"臧克家说："新诗旧诗我都爱。"这是时代的要求，人民的心声。袁本良教授进一步阐述说："新时代的诗坛，应是新诗旧体诗兼容并蓄，各自发挥自己的长处和优点，并互相借鉴，取长补短，共同表现时代风貌，讴歌时代精神。"如今诗歌园地在春风吹拂中，沐浴着雨露阳光，欣欣向荣。《贵州诗联》主编罗庆芳说："改革开放以来，中华诗词从复苏走向复兴，近百万的诗友潜心创作，上千的刊物大量刊用作品。面对大量的诗词作品和诗词著作问世，中华诗词学会及时地引导广大诗友实施精品战略。"为弘扬发展中华诗词，广大诗友和诗词爱好者努力深入生活，细心观察生活，深切体验生活，向着有思想性和艺术性相统一的精品力作方向前进，是所追求。

目标明确，不是为写诗消遣而写诗，要为弘扬发展中华诗词，践行"二为方向"和贯彻"双百方针"而努力。当今诗词界所熟知的里手行家，贵州省诗词楹联学会的领导人赵西林先生，身体力行，引领众诗友执着地竞创精品力作。他不但在刊物上经常发表佳作，近几年又连续在省出版《栖霞书屋诗词集》（一、二集），率先垂范，让我们来选诵他的精品吧：他在山川造型启示录组诗中，咏山脉是中坚的英伟气概，诗云："崇峻辟峰结集长，风烟历尽莽苍苍，江因利导奔腾去，地赖梁坚器宇昂。"他咏溶洞是智者的笃实风貌，吟道："亿年积累绝嚣尘，消滴垂成是异珍；今日欣逢开拓者，一腔锦绣献民生。"又有咏《山泉》是鉴察者的清明品格："铿锵玉语石泉声，沙白苔青本质莹；人影洁污清鉴晓，年成丰歉词察明。"就选诵这三绝，堪可示范。

弘扬发展中华诗词的另一重要方面，是要做好和加强诗词评论，20多年来赵西林先生看到，一方面写作诗词的人逐渐增多，作品有所进步而感到欣喜；但另一方面也看到"甘瓜抱苦蒂，美枣生荆棘"和诗词有待提高的现实，而倡导加强诗词评论。他不辞辛劳地编著《栖霞书屋随笔》出版，以促评论。他在《迫切需要开展诗词评论》一文中说："在建立和发展社会主义市场经济的大潮中，有许多美好的新鲜事物待我们去激励、去促进、去歌颂；在体制转换过程中，由于法制不完善，社会沉渣又会泛起，出现一些丑恶现象，需要我们去揭露，去鞭挞、去扬弃。”他明确地说：“通过诗词评论，可以听到反响，引起思索，吸起有益的意见，促进提高。”开展评论，是架起沟通读者与作者之间的桥梁，同时它能促进理论研究与创作时间的统一。开展诗词评论，诗友们还会发觉许多诗词名家，发现更多篇佳作和名言警句。然而，诗词界和其他领域一样，也有蛀虫和败类，这些败类巧借诗词殿堂来图名谋利，阳奉阴违，干起龌龊的勾当。这就要同仁们来清理，去扫除，以正能量。诗歌园地是歌颂真、善、美的殿堂，鞭挞假、恶、丑的阵地；是弘扬精神和物质文明的堡垒，推陈出新的热土。在繁荣创作，发展中华诗词的道路上，我们诗友和诗词爱好者要奋发，竟创精品，努力清除和扬弃污染，推陈出新。

（选自《贵州诗词》诗刊）

古渡春秋

韦正律

在贵州西南的崇山峻岭中，北盘江穿越峡谷向南奔去，经过贞丰东部的白层时，接纳了丝弯河与那郎河汇集的流水，呈现出一个小小的三角洲。由于这一区位的特殊和江河水运的便利，渡口岸上形成了极为繁盛的地方集镇，白层渡口也应运而生。

随着人类社会的发展，白层渡口的名字从陌生到熟悉，小到当地城乡，大到相邻州郡乃至全国都知道它。白层渡口是闻名遐迩的名津古渡。

白层渡是具有悠久历史的渡口，是盘江地域文明史册的壮丽篇章。

早在殷商时期，汉人和土著越人已经开发这一片土地，农耕文化和商业文明在这里传播。秦汉时期，夜郎和牂牁郡境内的豚水上已有百层渡。豚水就是牂牁江，现名叫做北盘江。白层原为“百层”，后人将“百”写成“白”而沿用至今。虽然当时白层渡没有辟为官渡，但作为夜郎南下番禺（广州）的起点，又是夜郎与南粤的水陆咽喉和锁钥。夜郎及邻近地区的商旅马帮沿着山间驿道将土特产品运到白层上市，又经南粤货船运往岭南各地；岭南及海外的产品用货船经珠江和红水河运到白层集镇进行交易。白层集镇这块弹丸之地，凭借得天独厚的水陆运输优势，呈现出鼎盛和繁华的景象。据说当时南粤的货船云集白层渡口，迟到的船群没有泊位，只好停靠在小河口以内，简直拥挤得水泄不通。

当时的白层集镇和渡口，天天都像赶场一样热闹。若遇到赶场天，马啸船喧，人山人海，人流和马帮遍及山麓与江滨，夕阳西下时才逐渐散去，集镇和渡口也才开始趋于暂时的平静。

白层集镇和渡口的繁华与鼎盛，时至今日，还可以作为见证的是：有被系船绳索摩擦变细的石柱子，有马帮蹄掌踩踏变凹的石板路，有历代文人墨客留下的赞美诗文和题字，有情趣横生的民间歌谣、传说、故事……

白层渡是具有红色记忆的渡口，是红军长征留下光辉足迹的地方。

1935 年 4 月，红军为了继续摆脱敌人的围追堵截，从黔南西折，途经惠水、长顺、紫云及镇宁东部，先后由纳翁、纳腊、洒若进入贞丰县境。4 月 16 日至 18 日，一部分队伍在群众帮助下架设浮桥抢渡北盘江坡扪段进入平袍等地，其余的中央军委纵队和几个兵团主力直逼白层渡口，采取造势强攻和过江谈判相结合的方式，促使白层渡口守敌让道渡江。红军在白层集镇上召开大会，对群众进行革命宣传活动，并在集市西边的古榕树下批斗和宣判了欺行霸市者。毛泽东率领红军打开白层渡口的咽喉锁钥向西挺进之后，敌机闻讯飞来疯狂地扔下几枚炸弹，均坠入江中，变成了为红军送行的礼炮。时任红三军团第 11 团政委的张爱萍欣然写下了著名的《急军令・抢渡北盘江》一词，其中，有“雷鸣电闪占百层”的豪迈句子。后来，毛泽东以平平仄仄的枪声为韵，用浓重的湖南乡音咏诵，写出了《七律・长征》一诗，其中的“万水千山”一词，毫无疑问也包括白层渡口在内。而在白层渡口上边划船摆渡红军先头部队的里岜寨船工周云先、为红军提供多种帮助的渡口对岸的王八公一家……他们是值得肃然起敬的人而永远留在红色的记忆里。还有难以忘怀的，是发生在渡口周边的军民鱼水情深的许许多多的动人故事……

全国解放以后，党和国家领导人一直惦记着白层渡口和周边的人民群众。中央首长委托贵州省有关部门领导，曾经前往白层探望和慰劳当年给红军很大帮助的老船公和老住户；国务院批准红军过境的贞丰县为革命老区，在经济等方面给予一定的优惠政策；张爱萍将军之女张小艾，把寻访红军长征经过的白层等地当作心仪夙愿，连续几天走遍了白层渡口及周边许多村寨和山水；中国革命历史题材电视剧《雄关漫道》和现代京剧《布依女人》均取材于此地，白层渡口的芳名为千家万户所熟知和喜爱；已经出版的几十部红军长征纪实专著，都把白层渡口写进了历史的书页。

时至今天，白层渡口西边石门洞里的“誓灭倭奴”四个大字标语仍旧依稀可见，那殷红的颜色有如点点血迹激励着后人。渡口上边的山坳里，近年修建的白层古渡红军纪念碑宛如一把长剑，把一颗五星擎上万里蓝天。每年春末夏初时节，一队队机关干部，一群群学校师生，他们组成重走长征路的队伍，到这里举行革命传统教育活动，让红色的记忆世代延伸，让长征精神永远发扬光大。

白层渡是顺应时代发展的渡口，是当地人民群众大公无私的真实例证。

在数千年的历史长河中，古老的江河文化和高原文化在白层渡口和谐共处。这里的文明积淀相当厚重，透过它的层面可以折射出珠江流域历史文明的绚丽光辉。新中国六十年和改革开放三十年间，白层渡口及其周边的人民群众在党的惠民德政指引下，用勤劳的双手建设出自己美好的家园。当地人民珍视白层渡口，热爱白层渡口，把白层渡口当作北盘江母亲河饰上的明珠，无论走到全国各地，还是漂洋过海，都永远忘不了它。

可是，由于今天的社会发展和国家建设需要，人们毅然忍受割爱之痛，把白层古渡和自己的家园转让给国家，用作龙滩大型水电站的蓄水库区。与长江三峡库区的人民一样，人们顾大家，舍小家，慷慨献出千年故土和美丽家园，让更多的地区和人民共享新时代的福祉。

正当龙滩水电站建成蓄水在即之际，当地人民政府及其有关部门紧锣密鼓地布置移民搬迁工作。白层渡口及其周边的居民深明大义，顾全大局，积极响应国家号召，自觉服从政府安排着手动迁事宜。渡口岸上的古街老宅，周围村寨的高楼大厦，都即将与主人告别而沉入高原平湖的水底，这是多么难以割舍的心灵阵痛啊！痛归痛，迁归迁。永别了，我的老渡口！永别了，我的石板路！永别了，我的古老榕树！还有婆娑起舞的刺蛮竹，弯躬让人过往的小石桥，徐城北《石门听瀑》的摩崖石刻游记，南宣主人“畅幽叙情”的篆书题字，白层厘金局的镌刻碑文，贞丰八景之首的“百层晓月”胜景，石门顶上的“黔桂锁钥”四字耀眼楷书……

（选自 2009 年 12 月中国作家出版社出版的《金都散文集》）

刘锡龄楹联选

（一）

兴建贞安路，喝令龙山缠玉带

招徕四海客，喜见峰乳露慈颜

（二）

取道龙山，好让煤龙畅出海

穿越峡谷，利于金凤再飞天

（三）

南北盘江多宝藏

贞丰遍地是黄金

刘锡龄，贞丰县人，历任小学校长，县人民政府主任科员。

马文华楹联选

智水仁山养道德文章千古秀

奇花瑶草数风流人物四时春

马文华，贞丰县人，历任贞丰县文化局副局长，贞丰县民族中学校长。此楹联为县城文昌宫内楹联之一。

《贞丰县志（1991—2010）》编纂人员名录

统　稿	黄　飞　刘德仁　李大文　吴定生
大事记	吴定生
地理环境篇	刘德仁　刘定斌　韦　诚
人口民族宗教篇	黄　飞　吴定生　王文信
党政群团篇	黄　飞　刘德仁　胡　超
政权政协篇	胡　超
司法军事篇	李大文　王文信　李　晶
基础设施篇	黄　飞　刘德仁　刘定斌
经济综合管理篇	黄　飞　李大文　李　晶
工业乡镇企业篇	黄　飞　刘德仁
农业篇	冯华弟　吴定生
旅游篇	王文信　刘德仁
商贸流通篇	李大文　李　晶
财税金融篇	吴定生
人劳社保篇	黄　飞
教育科技篇	刘德仁　韦修华　冯　琳
文化体育篇	王文信　刘德仁
医疗卫生篇	韦修华
民政篇	韦修华
社会生活篇	黄　飞
人　物	黄　飞　李大文　向仕学　倪红松　王荣庆

提供《贞丰县志（1991—2010）》资料人员一览表

表 19-1-1

单位	姓名	单位	姓名	单位	姓名
县委办	刘秀艺	县人社局	余学万	县物价局	龙志远
县人大办	徐　刚	县贸易局	屈志刚	县气象局	王恋祝
县政府办	韦保铁	县企业局	裴家国	县供电局	常友志
县政协办	李　娜	县民宗局	杨胜伟	县邮政局	徐显吉
县纪委	刘宏鑫	县粮食局	黄德文	县电信局	龙成关
县组织部	黄科祥	县黄金局	徐兴荣	县联通公司	王　彪
县宣传部	毛如远	县民政局	王　娓	县移动公司	徐家伦
县统战部	杨德华	县交通局	高　骏	县人民银行	周运关
县人武部	马　锋	县国土局	韦　诚	县供销社	吴光美
县编委办	罗信亮	县环保局	梁　松	县国税局	吴　涌
县直工委	梁文洲	县农业局	吴启伦	县地税局	罗煜斌
县信访局	毛启光	县林业局	杨正伦	县政法委	邹大国
县保密局	陈建英	县畜牧局	王吉刚	县公安局	余雁星
县党校	黄初清	县农机中心	周玉国	县检察院	杨明高
县农办	李全荣	县水利局	刘定斌	县法院	梁胜艳
县清超办	吕良宏	县建设局	黄乃信	县司法局	黄秀坤
县工会	刘德仁	县房管局	吴玉琼	珉谷镇	朱登琳
团县委	韦黄曼	县文体广电局	毛天松	者相镇	刘正江
县妇联	王天秀	县卫生局	罗明俊	北盘江镇	汪　洋
县文联	李大文	县药监局	王　刚	白层镇	徐　方
县科协	李　莉	县计生局	左前辉	鲁贡镇	黄明飞
县工商联	张　刚	县审计局	饶顺林	连环乡	杨宇庆
县残联	郭连政	县安监局	王朝胜	挽澜乡	王泽文
县老龄办	姜　健	县统计局	王荣庆	小屯乡	王家立
县红十字会	杨景国	县档案局	吴　鹤	长田乡	余定成
县发改局	潘显文	县移民局	农文质	平街乡	余　波
县科技局	刘凤文	县扶贫办	王定湖	鲁容乡	韦正兴
县财政局	黄　龙	县工商局	张　耿	沙坪乡	徐　勇
县教育局	冯　琳	县质监局	李发会	龙场镇	岑家洪

提供图片资料人员名单：樊　川、柴邦州、郭泽义、朱明辉、张秀仙、余　里、丁　波

索 引

说 明

一、本索引采用主题分析方法，索引范围包括各部类条目。按主题词汉语拼音顺序排列。

二、索引的主题词后面的数字表示内容所在页码。

A

B

E

F

G

H

J

K

L

M

N

P

Q

R

S

T

Y

Z

非音序

编后记

2003年5月26日，中共贞丰县委、贞丰县人民政府根据上级史志部门关于开展地方志续修工作的安排部署，结合贞丰县实际，印发《关于做好〈贞丰县志〉续修工作的通知》，对《贞丰县志》（以下简称县志）续修工作作了安排，上限为1991年1月1日，下限为2003年12月31日，计划2005年年底完成编纂工作，要求各单位安排有一定写作能力，工作责任心强的干部专门负责收集资料和编纂工作。由于只有少数单位重视此项工作，到2005年年底，还有大部分单位没有按时向县志办公室提供县志续修资料。县志续修工作未按计划完成。

2007年，县政府重新启动县志续修工作，并于8月15日召开《贞丰县志》续修工作会议，全县13个乡镇和县直各单位领导参加会议，县委常委、县政府副县长杨丽敏出席会议，并对县志续修工作作了安排，提出了要求。全县各单位领导与县政府签订县志续修工作责任状。2007年12月26日，县政府按照《地方志工作条例》规定，印发了《〈贞丰县志〉续修方案和篇目的通知》，对县志续修工作提出具体要求，确定县志续修的时限为1991年1月1日至2007年年底，明确了各单位的编纂工作任务，计划2010年年底完成编纂工作。续志设地理环境、人口与计划生育、基础设施、县域经济、工业、农业、旅游、商贸流通、财税金融、政党群团、政权政协、军事、政法、人事劳动、民政扶贫、科技文体、教育、卫药卫生、社会事务、人物共二十篇。

2007年县政府虽然对县志续修工作重新作了安排，专门召开了全县县志续修工作会议，各单位与县政府签订了工作责任状，但到2010年年底，全县110个单位还有46个单位未按责任状要求抓落实，没有向县史志办公室提供资料等。由于各种原因，县志续修工作进度缓慢，仍未按计划完成。

2012年3月，贞丰县进行县级机关领导班子换届，县委对县史志办公室领导做了调整，调县政协秘书长黄飞任县史志办公室主任，新的县史志办公室主任到任后，认真履行职责，理清工作思路，创新工作方法和措施，调动县史志办公室全体干部工作的积极性，充分发挥干部职工积极作用，明确工作职责，还经县委、县政府分管史志工作的领导批准，聘请热心史志工作的退休干部州人大常委会原副主任、县人大常委会主任卢盛芳，县人大常委会原主任余忠华，县人大常委会原副主任潘吉华，县政协副主席冯华弟，县文化局原局长王文信，县教育督导室原主任张丕基，县民族中学原校长马文华，县政协原秘书长杜相礼，县政协民宗委主任余祯祥，县政协文史委原主任向仕学，县委党校副校长梁正国，县水务局干部刘定斌，贞丰第一中学政史教师韦正律、李辽黔，贞丰中学教师黄朝用为县史志顾问，加强史志工作力量。

2013 年 3 月 29 日，根据州史志办公室要求结合贞丰县实际，县人民政府印发《关于对县志续修方案和篇目进行调整的通知》，将县志续修下限由 2007 年年底调整为 2010 年年底，将原设的二十篇调整为地理环境、人口、基础设施、经济、工业、农业、旅游业、商贸流通、财税金融、政党群团、政权政协、军事、政法、人事劳动和社会保障、教育科技、文化体育广播电影（视）、医疗卫生、社会事务、民族宗教、社会生活、人物共二十一篇。由于县志续修下限延长至 2010 年年底，加上没有交资料的单位有 46 个，上级史志部门又要求在 2014 年底完成初稿，2016 年完成续修工作。县志续修工作时间紧，工作量大，任务重。为确保在上级要求的时间内完成任务，县史志办公室向县政府申请了 1 个公益性岗位指标，特聘请县文化局原局长王文信（退休干部）参加修志，特邀县政协副主席冯华弟工作之余帮助编纂农业篇目，请县人事劳动局退休干部梁祖学对人事劳动篇进行审核。县志续修工作进度加快，按州史志办公室的要求，到 2014 年年底完成初稿。2015 年 5 月征求部分领导和有关部门领导以及县史志顾问的意见后对初稿做修改。此后，特请县史志顾问张丕基对志稿文字作校勘。2015 年 8 月报贵州省地方志编纂委员会办公室预审，11 月预审结束。贵州省地方志编纂委员会办公室的钟莉处长、车秀琴老师提出了许多很好的修改指导意见。之后，县史志办按照贵州省地方志编纂委员会办公室的指导意见对志稿进行修改补充，将原二十一篇调整为十八篇。2016 年 8 月修改补充完成。2016 年 9 月 22 日经过县保密局局长罗信亮和保密干部陈建英保密审查后进行初审，10 月报州史志办公室复审，2017 年 1 月报贵州省地方志委员会办公室终审，2017 年 10 月经贵州省地方志委员会办公室验收，2019 年 12 月通过方志出版社终审，2020 年出版。

鉴于史料欠缺，编者水平有限，人力有限，时间有限，本志不足之处难免，敬请读者指正。

编　者

2020 年 6 月 18 日

图书在版编目（CIP）数据

贞丰县志 ：1991—2010 / 贞丰县史志征集编纂委员会编 . -- 北京 ：方志出版社，2019. 12
ISBN 978-7-5144-4049-2

Ⅰ . ①贞… Ⅱ . ①贞… Ⅲ . ①贞丰县—地方志—1991-2010 Ⅳ . ① K297.34

中国版本图书馆 CIP 数据核字（2020）第 012611 号

贞丰县志（1991—2010）

编　　者： 贞丰县史志征集编纂委员会
责任编辑： 朱　姝
出 版 者： 方志出版社
地址　北京市朝阳区潘家园东里 9 号（国家方志馆 4 层）
邮编　100021
网址　http://www.fzph.org
发　　行： 方志出版社图书经销中心
电话（010）67110500
经　　销： 各地新华书店
印　　刷： 云南速盈印刷有限公司
开　　本： 889×1194　1/16
印　　张： 54.5
字　　数： 1247 千字
版　　次： 2019 年 12 月第 1 版　2019 年 12 月第 1 次印刷
印　　数： 0001~3000 册

ISBN 978-7-5144-4049-2　定价：480.00 元